1 MONTH OF FREE READING

at

www.ForgottenBooks.com

By purchasing this book you are eligible for one month membership to ForgottenBooks.com, giving you unlimited access to our entire collection of over 1,000,000 titles via our web site and mobile apps.

To claim your free month visit:

www.forgottenbooks.com/free1212279

ISBN 978-0-332-04785-0
PIBN 11212279

REVUE

DE

L'UNIVERSITÉ

DE BRUXELLES

VINGT - SIXIÈME ANNÉE
1920-1921

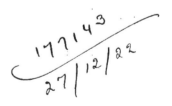

BRUXELLES
SECRÉTARIAT DE LA *REVUE DE L'UNIVERSITÉ*
14, RUE DES SOLS
—
1921

AU LECTEUR

—

Notre Revue a suspendu sa publication au moment où l'Université ferma ses portes. Nous eussions souhaité la voir reparaître dès le jour où professeurs et étudiants se retrouvèrent dans nos auditoires. Malheureusement, des difficultés de divers ordres nous obligèrent à retarder sa réapparition. Le travail de reconstitution de notre haut enseignement, interrompu par la brutalité des événements du mois d'août 1914, exigea quelque temps : il fallut sérier les problèmes en fonction de leur relative importance ; les devoirs envers le corps professoral et plus encore envers le corps estudiantin prirent le pas sur tous les autres. Le premier numéro de cette renaissante revue ne put coïncider qu'avec la troisième séance de rentrée académique.

Faut-il nous en excuser? Nous ne le pensons pas. Tous ceux qui ont suivi le cours de notre vie universitaire nous ont déjà compris. Ce n'est pas à eux mais plutôt à ceux qui, peu au courant de cette vie, se demandent s'il est vraiment opportun de reprendre notre publication, que nous adressons ces quelques mots d'Avant-Propos.

La fondation de la revue de l'Université de Bruxelles remonte à l'année 1895. Il y a donc vingt-cinq ans de cela! On était alors à un tournant de l'histoire de notre Alma Mater, qui venait de traverser une crise et en sortait fortifiée par la création des Instituts du Parc Léopold. Le premier comité de rédaction estima qu'un organe perma-

nent de publicité était un complément naturel à la vie scientifique d'une université, d'une Universitas au sens que les docteurs du moyen âge, les humanistes de la renaissance et les chercheurs modernes ont donné à ce mot. Pareil organe forme le prolongement logique de l'enseignement oral ainsi que des travaux personnels. Il forme surtout, pour la pensée des membres de notre grande famille spirituelle, un lien permanent, un moyen de cohésion et d'interpénétration d'une incontestable valeur. La richesse et l'étendue du domaine réservé à toute science font de la spécialisation une nécessité. Et pourtant il serait regrettable que celle-ci fût excessive, qu'elle aboutit, pour les savants et les observateurs, à une espèce d'isolement intellectuel. En nous initiant mutuellement à nos idées et à nos labeurs, nous nous connaissons mieux les uns les autres : avantage inappréciable que doivent favoriser les dirigeants d'un établissement de haut enseignement et auquel doivent contribuer tous ceux qui s'intéressent à sa prospérité.

Nous comptons donc pour notre revue, sur les sympathies de ses anciens amis et demandons celles des nouveaux venus dans la maison. Le succès dépend d'eux.

Rappelons à nos lecteurs d'aujourd'hui ce que nous disions à nos lecteurs d'il y a vingt-cinq ans: « La Revue sera avant tout un asile où les membres de l'Université de Bruxelles, les jeunes et les anciens, se sentiront chez eux; en y publiant leurs œuvres, ils contribueront au renom de haute impartialité scientifique dont jouit notre Université, cette école de libres recherches, où aucune doctrine n'est imposée et où l'enseignement du maitre est simplement proposé à l'adhésion raisonnée des disciples. »

Plus qu'en 1895, nous pouvons compter aussi sur la collaboration effective comme sur l'appui moral de nos amis de l'étranger. A cet égard, l'Université libre de Bruxelles *est entrée dans une ère nouvelle à laquelle correspondra la seconde série de ce périodique, inaugurée aujourd'hui. Des témoignages d'intérêt nous sont venus si nombreux du Pays et surtout du dehors, si efficaces et si encourageants, que nous osons envisager l'avenir avec confiance, au point de vue spécial où nous nous plaçons ici, comme au point de vue général de notre Université.*

Nous ne croyons pas devoir reprendre la vie académique là où nous l'avons laissée en juillet 1914 : ce serait répéter ce qui a été dit — mieux que nous ne pourrions le dire — aux séances solennelles des 21 janvier et 10 novembre 1919 ainsi que dans les rapports et notices publiés aux Annuaires de ces dernières années. Nous rentrons dans le cours des évènements au jour où nous paraissons à nouveau et écartons le rétrospectif. Mais nous ne pouvons le faire sans jeter au moins un regard en arrière, sans adresser un souvenir ému à tous nos disparus.

Le Comité de la Revue tient à joindre ses félicitations à celles qu'ont reçu déjà les autorités académiques pour l'attitude suivie par elles pendant toute l'occupation étrangère. Est-il une seule circonstance en laquelle ces autorités eussent dû ou pu agir autrement qu'elles ne le firent? Nous ne le pensons pas. Aussi, les années 1914 à 1918, si elles furent perdues pour l'enseignement, ne le furent certes pas pour le bon renom, disons même pour la gloire de notre Université.

Parmi nos disparus, c'est à nos étudiants morts pour la Patrie que va notre premier hommage. Nous nous associons aux paroles rectorales si émouvantes qui firent de la cérémonie du 21 janvier 1919, une des plus nobles et des plus touchantes d'après guerre. A notre tour, déposons sur ces tombes le tribut de pieux hommage que nous inspirent l'affection et l'admiration pour ceux qui ne sont plus.

La mort a fauché dans notre corps professoral quel-
ques-unes des têtes les plus justement vénérées. Au cours
de la guerre : Joseph Sacré, Albert Bergé, Emile Yseux,
Lucien Anspach, Alfred Vauthier, Prosper De Wilde,
Charles Francotte, Willem Rommelaere, Emile Waxwei-
ler, Alphonse Huberti, Edmond Thomas et Auguste
Ledoux. Depuis l'armistice : Henri Lonchay, Adolphe
Prins, Robert Vinçotte, Ernest Nys. Ne pouvant rappe-
ler les services et les travaux de tant d'hommes éminents,
nous devons nous borner à saluer ici respectueusement
leur mémoire.

Le plan de chaque numéro de la Revue et sa composi-
tion continueront les traditions passées. On y trouvera
des articles scientifiques, historiques, philosophiques,
esthétiques ou littéraires, n'excluant que la politique
militante ou les polémiques personnelles. Le monde uni-
versitaire étranger nous apportera, nous l'espérons, une
collaboration active dont les premiers numéros four-
nissent déjà la preuve.

Quant à l'esprit qui nous inspire, il reste comme par le
passé celui de l'Université elle-même : la libre recherche
respectueuse des idées d'un chacun, affranchie de toute
entrave dogmatique; en un mot, ce que nous appelons le
libre examen.

LE COMITE.

Les méthodes modernes de formation de l'ingénieur

L'enseignement technique supérieur :
ce qu'il doit être; ce qu'il est; ce qu'il sera

Discours prononcé à l'ouverture solennelle des cours, le 18 octobre 1920

par Ch. De Keyser

Recteur de l'Université Libre.

I. — INTRODUCTION

Je me propose d'exposer devant vous les idées modernes sur le rôle de l'ingénieur et d'en déduire les méthodes propres à assurer sa meilleure préparation.

Pour préciser ce rôle il convient de définir d'abord l'industrie. Cette définition n'est pas facile. Je pense cependant qu'en se plaçant au point de vue le plus général et le plus élevé, on peut dire que l'industrie embrasse l'ensemble des opérations qui ont pour objet la production, la transformation et l'utilisation de la matière et de l'énergie dans les conditions les plus économiques.

Cette définition présente, à mon avis, ce premier avantage de s'appuyer sur le principe dualiste de l'indépendance de la matière et de l'énergie, principe qui, avec le principe de l'invariance de la matière et de l'énergie sert de base à l'enseignement de la science de l'ingénieur.

La théorie dualiste est actuellement combattue; les physiciens modernes et, à leur suite, des philosophes, ont montré que lorsqu'il s'agit de déterminer la nature intime des phénomènes, elle conduit à des contradictions et à des difficultés souvent inextricables (1).

---

(1) Rougier. La matérialisation de l'énergie (Gauthier-Villars, 1919)

- 6 -

Il n'est pas moins vrai qu'elle fournit une explication simple et suffisante de l'aspect extérieur et concret des phénomènes, (aspect qui intéresse surtout l'ingénieur) et qu'elle constitue un instrument de premier ordre dans l'enseignement des sciences appliquées.

C'est ce que fait remarquer M. Paul Janet lorsqu'il admet comme base de l'étude de l'électricité industrielle, le principe de la conservation de l'énergie :

« L'étude d'une science quelconque, dit-il, est singulièrement facilitée lorsque, dès le début, il est possible d'acquérir la notion d'un principe général qui domine et éclaire toutes les parties de cette science. Tous les faits viennent alors se grouper régulièrement autour de ce principe unique; au lieu d'avoir à parcourir péniblement une multitude de phénomènes et de lois sans lien apparent, on entre tout naturellement dans les idées les plus nouvelles et les plus difficiles et ces idées cessent de paraître nouvelles ou difficiles tant elles viennent à point nommé prendre la place qui leur est assignée par le principe général. »

La définition que je propose présente ce deuxième avantage ue contenir implicitement la notion du rendement en tenant compte des conditions économiques auxquelles doit satisfaire toute opération industrielle.

Cette définition embrasse donc tout l'ensemble des opérations de production et d'exploitation telles que l'extraction des richesses naturelles minérales ; l'obtention des produits végétaux et animaux; leur transformation en produits demi-finis ou finis; l'utilisation de ces produits à la fabrication de tous les objets de consommation (aliments, vêtements, appareils, machines); la captation des énergies naturelles, leur transformation et leur utilisation à la production de la force motrice, aux transports, par terre, par eau ou par air, etc.; toutes ces opérations devant être conduites de façon à *obtenir le résultat le meilleur au prix le plus bas.*

En partant de cette définition, nous pouvons fixer les conditions que doit réunir l'ingénieur.

Nous pourrons ensuite rechercher les méthodes de préparation scientifique que doit lui appliquer l'école.

Si nous suivons l'ordre logique de notre définition nous voyons qu'à la base des connaissances de l'ingénieur doit se trouver d'abord la connaissance des matériaux ; non pas la connaissance superficielle telle qu'elle résulte d'un examen extérieur ou de la lecture d'une description ; mais une connaissance complète de toutes leurs propriétés tant physiques que chimiques, ainsi que des lois qui régissent leurs actions mutuelles et les actions qu'ils subissent de la part des agents extérieurs (chaleur, lumière, électricité, etc.).

Ce sujet est tellement vaste qu'il ne peut être question de le considérer tout entier : pour fixer les idées sur l'importance de cette connaissance je me bornerai à en indiquer un groupement sommaire.

a) Produits naturels ou produits bruts.

1. Produits minéraux. En première ligne se trouvent les combustibles solides, liquides et gazeux ; leur connaissance complète comporte la détermination de leur composition chimique, de leurs propriétés physiques extérieures (poids spécifique, volatilité, etc.) ; de leurs propriétés physiques internes ; puissance calorifique, chaleurs spécifiques, température de combustion, etc.

Dans ce groupe des produits minéraux se trouvent ensuite tous les minerais dont il faut étudier les propriétés chimiques au point de vue des qualités des produits finis et les propriétés physiques au point de vue des procédés de préparation mécanique à leur appliquer.

Dans ce même groupe se trouvent encore les produits minéraux qui constituent, soit sans préparation ou moyennant des préparations relativement simples, les matériaux de construction ; telles sont les pierres de construction, les argiles, les sables. Ces matériaux ainsi que leurs dérivés: briques, ciments, bétons, produits émaillés et vitrifiés doivent, encore une fois, pour être connus, être soumis aux méthodes de l'analyse chimique et surtout à des essais de résistance mécanique.

2. Produits végétaux et animaux.

A moins qu'il s'agisse d'exploitation agricole, ces produits doivent surtout être considérés sous la forme de produits manufacturés: ils entrent donc dans la catégorie :

b) Produits demi-finis ou finis.

Le nombre de ces produits est tel qu'il n'est pas possible de les connaître tous.

Il n'est pas moins vrai qu'elle fournit une explication simple et suffisante de l'aspect extérieur et concret des phénomènes, (àspect qui intéresse surtout l'ingénieur) et qu'elle constitue un instrument de premier ordre dans l'enseignement des sciences appliquées.

C'est ce que fait remarquer M. Paul Janet lorsqu'il admet comme base de l'étude de l'électricité industrielle, le principe de la conservation de l'énergie :

« L'étude d'une science quelconque, dit-il, est singulièrement facilitée lorsque, dès le début, il est possible d'acquérir la notion d'un principe général qui domine et éclaire toutes les parties de cette science. Tous les faits viennent alors se grouper régulièrement autour de ce principe unique; au lieu d'avoir à parcourir péniblement une multitude de phénomènes et de lois sans lien apparent, on entre tout naturellement dans les idées les plus nouvelles et les plus difficiles et ces idées cessent de paraître nouvelles ou difficiles tant elles viennent à point nommé prendre la place qui leur est assignée par le principe général. »

La définition que je propose présente ce deuxième avantage de contenir implicitement la notion du rendement en tenant compte des conditions économiques auxquelles doit satisfaire toute opération industrielle.

Cette définition embrasse donc tout l'ensemble des opérations de production et d'exploitation telles que l'extraction des richesses naturelles minérales ; l'obtention des produits végétaux et animaux; leur transformation en produits demi-finis ou finis ; l'utilisation de ces produits à la fabrication de tous les objets de consommation (aliments, vêtements, appareils, machines); la captation des énergies naturelles, leur transformation et leur utilisation à la production de la force motrice, aux transports, par terre, par eau ou par air, etc. ; toutes ces opérations devant être conduites de façon à *obtenir le résultat le meilleur au prix le plus bas.*

En partant de cette définition, nous pouvons fixer les conditions que doit réunir l'ingénieur.

Nous pourrons ensuite rechercher les méthodes de préparation scientifique que doit lui appliquer l'école.

Si nous suivons l'ordre logique de notre définition nous voyons qu'à la base des connaissances de l'ingénieur doit se trouver d'abord la connaissance des matériaux ; non pas la connaissance superficielle telle qu'elle résulte d'un examen extérieur ou de la lecture d'une description ; mais une connaissance complète de toutes leurs propriétés tant physiques que chimiques, ainsi que des lois qui régissent leurs actions mutuelles et les actions qu'ils subissent de la part des agents extérieurs (chaleur, lumière, électricité, etc.).

Ce sujet est tellement vaste qu'il ne peut être question de le considérer tout entier : pour fixer les idées sur l'importance de cette connaissance je me bornerai à en indiquer un groupement sommaire.

a) Produits naturels ou produits bruts.

1. Produits minéraux. En première ligne se trouvent les combustibles solides, liquides et gazeux ; leur connaissance complète comporte la détermination de leur composition chimique, de leurs propriétés physiques extérieures (poids spécinque, volatilité, etc.) ; de leurs propriétés physiques internes ; puissance calorifique, chaleurs spécifiques, température de combustion, etc.

Dans ce groupe des produits minéraux se trouvent ensuite tous les minerais dont il faut étudier les propriétés chimiques au point de vue des qualités des produits finis et les propriétés physiques au point de vue des procédés de préparation mécanique à leur appliquer.

Dans ce même groupe se trouvent encore les produits minéraux qui constituent, soit sans préparation ou moyennant des préparations relativement simples, les matériaux de construction ; telles sont les pierres de construction, les argiles, les sables. Ces matériaux ainsi que leurs dérivés : briques, ciments, bétons, produits émaillés et vitrifiés doivent, encore une fois, pour être connus, être soumis aux méthodes de l'analyse chimique et surtout à des essais de résistance mécanique.

2. Produits végétaux et animaux.

A moins qu'il s'agisse d'exploitation agricole, ces produits doivent surtout être considérés sous la forme de produits manufacturés : ils entrent donc dans la catégorie :

b) Produits demi-finis ou finis.

Le nombre de ces produits est tel qu'il n'est pas possible de les connaître tous.

Certains cependant sont d'un emploi général. De ce nombre sont les métaux et surtout les métaux ferreux.

La connaissance parfaite des métaux est donc indispensable à l'ingénieur et leur étude devra se faire au point de vue physique, chimique et même microscopique.

Par les essais de résistance il devra connaître leurs propriétés élastiques, leur résistance aux efforts extérieurs dans les conditions de sollicitation les plus diverses, éventuellement leur résistance à certains agents tels que l'air, l'eau, les produits chimiques. Il devra surtout savoir comment leurs propriétés chimiques physiques et mécaniques sont modifiées par l'adjonction de corps étrangers (étude des alliages) par les traitements thermiques (trempe, recuit, revenu, etc.).

Connaissant les matériaux, l'ingénieur doit être capable de les mettre en œuvre et de les transformer. Ces transformations qui peuvent affecter les modalités les plus variées impliquent, en tous cas, la connaissance approfondie des lois de la chimie et de la physique; car tous les phénomènes qui interviennent au cours d'une opération se rattachent à l'une ou à l'autre de ces sciences.

Enfin, ces transformations, qu'elles soient chimiques ou physiques, ne peuvent se réaliser industriellement et *économiquement* qu'avec le concours de machines actionnées par des agents naturels fournissant de l'énergie.

Tout ingénieur doit donc également posséder des notions approfondies de mécanique, d'électricité; il doit connaître la théorie des machines de façon à les utiliser rationnellement et posséder des notions suffisantes sur leur construction, de façon à pouvoir les réparer, les améliorer et éventuellement en créer de nouvelles.

Voilà un ensemble de connaissances bien vaste et qui explique qu'une fois entré dans la vie industrielle, l'ingénieur doit se spécialiser s'il veut donner à son activité son maximum d'effet utile.

Et cependant, un ingénieur qui posséderait ces connaissances, même d'une façon approfondie, serait inapte à remplir son rôle. Et ici nous arrivons à la dernière partie de notre définition : les opérations industrielles doivent s'effectuer *dans les conditions les plus économiques*.

Nous préciserons ces conditions lorsque nous étudierons les méthodes. Mais l'on sent que cette condition d'économie est une des plus difficiles à réaliser. Il ne suffit pas pour y satisfaire de choisir avec discernement les matières premières et les procédés de transformation ou de préparation. Il faut tenir compte d'une série de facteurs extra-techniques dont certains même ont un aspect psychologique et moral.

Dans une conférence faite sous les auspices de la « Technique moderne » (1), M. Henry Le Chatelier a précisé, à ce point de vue, le rôle et les qualités du chef d'industrie. A côté des qualités techniques nécessaires pour bien orienter son action et des con-- naissances professionnelles, qu'il paraît placer en rang secondaire, M. Le Chatelier signale comme qualités primordiales, 'e caractère, indispensable, dit-il, pour l'action et l'intelligence indispensable pour orienter l'action.

Et comme connaissances, il paraît placer avant les connaissances professionnelles, les connaissances psychologiques « nécessaires pour utiliser au mieux l'activité des collaborateurs ». Il eut pu y ajouter les connaissances physiologiques qui sont également indispensables dans l'appréciation de la puissance productive de l'individu.

Cette étude de l'intervention de l'individu dans la production est certes l'une des plus délicates, en raison de sa complexité qui rend particulièrement difficile l'application des méthodes scientifiques.

Elle a cependant été faite, notamment par Taylor et les résultats auxquels ce dernier est arrivé sont une démonstration éclatante de cette affirmation qu'un chef d'entreprise doit posséder plus que tout autre, la discipline scientifique et l'esprit de méthode.

Les travaux de Taylor présentent, à notre point de vue, un tel intérêt qu'il convient de s'y arrêter.

Nous ne parlerons pas des résultats techniques très importants auxquels il est arrivé et dont le principal a été l'établissement de règles rationnelles pour la taille économique des métaux. Nous résumerons plutôt les observations générales réunies dans son travail sur la direction des ateliers.

La lecture de son mémoire montre que le rôle de l'individu dans la production présente un aspect physiologique et un aspect

_____

(1) V. Technique moderne. N° 5. mai 1911.

psychologique. D'autre part, ce rôle présente des manifestations individuelles et des manifestations collectives.

Taylor a analysé l'action de l'ouvrier comme celle du patron avec la probité et l'impartialité que l'on doit attendre d'un homme qui, comme chef d'industrie, s'infligeait à lui-même des pénalités qu'il portait à la connaissance de son personnel. Il arrive à la conclusion que « l'organisation industrielle doit devenir plus qu'un art et que de nombreux éléments considérés comme étrangers aux connaissances exactes, peuvent être ramenés à certains étalons, classés, acceptés et employés de la même façon que les instruments de la mécanique ».

C'est bien là un programme scientifique et il l'a appliqué en partant de ce principe fondamental: « Le principal objet de l'organisation est de réaliser une main-d'œuvre économique en même temps que des salaires élevés. »

Ce principe, en apparence paradoxal, s'explique ainsi : « Il existe une énorme différence entre la production d'un très bon ouvrier dans des circonstances favorables et le travail effectif de l'ouvrier moyen. » Ce phénomène était connu qualitativement; le mérite de Taylor est de l'avoir mesuré systématiquement et d'avoir appliqué le résultat de ses mesures à un mode rationnel de paiement des salaires. « Si, dit-il, on peut démontrer expérimentalement à un ouvrier habile qu'il est capable, en travaillant continûment et sans supporter une fatigue excessive de gagner un salaire de 30 % à 100 % supérieur à celui d'un ouvrier moyen; si, d'autre part, on accorde à l'ouvrier moyen un salaire suffisant pour lui assurer les conditions normales d'existence, on aura résolu le problème du rendement maximum de la main-d'œuvre; en d'autres termes, on aura réalisé une main-d'œuvre économique profitable à l'employeur, en même temps que des salaires élevés, profitables à l'ouvrier. »

Nous n'entendons pas faire ici la critique du taylorisme. Le système est loin d'être parfait, ou complet. Il n'est pas moins vrai que son auteur a eu le mérite d'appliquer les méthodes d'investigation scientifique à un problème très ardu et qui, par sa nature, paraissait devoir s'y dérober. Et si nous avons choisi cet exemple, c'est pour montrer que, dans le domaine de la technique, la mentalité du chercheur doit différer suivant qu'il s'agit d'un problème de science pure ou d'un problème de science appliquée. C'est aussi pour montrer que les problèmes soumis à l'ingénieur sont parfois d'une nature particulièrement complexe et délicate et que, pour les résoudre, il doit avoir reçu une éducation intellectuelle et morale complète.

II. — BUT DE L'ENSEIGNEMENT TECHNIQUE SUPERIEUR.— SES PROGRAMMES ET SES METHODES

Nous venons de définir le rôle de l'ingénieur en tant que chef d'industrie et d'énumérer les connaissances qui lui sont indispensables. Nous pouvons aborder l'objet principal de notre travail: la préparation de l'ingénieur par l'enseignement technique supérieur.

Le but de cet enseignement peut se définir bien simplement :

Il doit préparer des *hommes* qui possèdent toutes les qualités et toutes les connaissances que nous venons d'indiquer ; qui possèdent donc une instruction scientifique sérieuse ; une éducation technique complète (dans le sens le plus large du terme) ; qui possèdent de plus des connaissances psychologiques, et de solides qualités morales : intelligence, esprit d'initiative, volonté, maîtrise de soi-même.

a) *Des programmes.* — Le problème est complexe et sa solution est d'autant plus difficile que toute cette préparation doit se faire en un temps très limité.

Pour le résoudre il faut en établir les principes directeurs. Ici nous nous trouvons en présence de deux formules qui ont divisé et divisent encore parfois les auteurs de programmes:

La formule de la spécialisation ; la formule de l'encyclopédisme.

Disons immédiatement que c'est la deuxième qui paraît devoir triompher, à la condition cependant de l'interpréter rationnellement.

Nous venons de résumer les connaissances *indispensables* à l'ingénieur et au chef d'industrie et de signaler que le temps consacré aux études est à peine suffisant pour les acquérir convenablement. Peut-on songer dès lors à ajouter à ces connaissances indispensables des connaissances spéciales ?

D'abord, il ne peut être question d'introduire dans les programmes l'énoncé de toutes les spécialités industrielles. Même en ne considérant que les principales, leur nombre est tel que leur étude ne pourrait être que très sommaire et partant inefficace.

D'autre part, il n'y a pas de raison d'introduire dans des programmes de formation générale, certaines spécialités plutôt que d'autres. Ce serait abaisser l'enseignement supérieur au rang d'enseignement professionnel.

C'est bien l'avis de M. Le Chatelier lorsqu'il dit :

« Pour bien des personnes le but esséntiel de l'enseignement technique est l'acquisition des connaissances professionnelles... Je professe à ce sujet une opinion qui passe aujourd'hui pour paradoxale (1). Autrefois l'enseignement professionnel constituait à lui seul tout l'enseignement technique; mais sa place diminue progressivement et finira, à mon avis, par s'annuler complètement, *au moins dans l'enseignement supérieur.* »

Et rapportant une conversation qu'il eut avec le directeur des Usines de Saint-Gobain au sujet de l'opportunité de la création d'un cours de chimie industrielle à l'Ecole des Mines, il cite la réponse de son interlocuteur, réponse qui, paraît-il, lui causa, à ce moment, un certain étonnement :

« Si vous voulez me permettre de vous donner franchement mon avis, le mieux serait de ne pas faire de cours de chimie industrielle à vos élèves, *mais seulement des cours de physique et de chimie générale. Ils n'en sauront jamais trop pour remplir les services que nous leur demandons dans nos usines.* C'est au contraire *perdre son temps* que de leur décrire des procédés de fabrication qu'ils apprendront à connaître beaucoup mieux et avec moins de peine par un séjour de quelques semaines dans les ateliers. »

L'enseignement technique supérieur doit donc être encyclopédique. Encore importe-t-il de s'entendre sur la signification de ce terme qui a été (la complexité du sujet l'explique) employé dans des acceptions fort différentes.

---

(1) Depuis le moment où ces lignes ont été écrites (1911), les idées ont changé. Il n'est pas moins intéressant de constater que M. Le Chatelier a été parmi les premiers adversaires de la spécialisation.

Certains spécialistes se plaçant au point de vue étymologique considèrent comme encyclopédique un enseignement technique qui englobe l'ensemble de toutes les connaissances, tant générales que particulières, relatives à l'art de l'ingénieur. Ce point de vue conduit à introduire dans les programmes, à côté des cours fondamentaux, tous les cours d'application à caractère monographique, tels que chimie industrielle, exploitation des chemins de "er et des mines, métallurgie, constructions du génie civil, voire même l'architecture.

Entendu de cette façon, l'enseignement encyclopédique n'est qu'un enseignement spécialisé fortement délayé et essentiellement superficiel.

Mais actuellement on tend à désigner sous ce nom (MM.Le Chatelier et Guillet, par exemple) (1), un enseignement que nous appellerions plus volontiers *synthétique* et que nous croyons devoir définir d'une façon plus précise, parce qu'à notre avis sa formule est la formule de demain.

.Cette formule tient compte dans la rédaction des programmes, des connaissances générales nécessaires à tout ingénieur et de certaines connaissances spéciales à certaines catégories d'ingénieurs, en s'inspirant, en tous cas, de ce principe que l'on ne doit enseigner à l'école que les choses qui ne pourraient pas s'apprendre en dehors de celle-ci et qu'il faut s'abstenir comme le disait l'industriel dont M. Le Chatelier rapporte l'avis « d'y décrire des procédés que les élèves apprendront à connaître beaucoup mieux et avec moins de peine par un court séjour à l'atelier. »

Dès lors, la rédaction générale des programmes devient aisée, si l'on tient compte de la définition de l'industrie et du rôle que l'ingénieur doit y remplir :

Si l'on considère les phénomènes naturels qui interviennent au cours des transformations industrielles, on reconnaît aisément qu'ils se divisent en deux grandes classes : les phénomènes d'ordre physique; les phénomènes d'ordre chimique.

Les opérations industrielles peuvent donc être soumises à une classification du même genre, sous la réserve que cette classification n'ait pas un caractère exclusif. Chacun sait que les industries chimiques font appel à des procédés d'ordre physique et

---

(1) Léon GUILLET. L'enseignement technique supérieur à l'après guerre.

notamment mécanique et que, d'autre part, des phénomènes chimiques peuvent intervenir dans des opérations, en apparence exclusivement physiques.

A notre point de vue spécial, cette classification nous conduit à grouper comme suit les connaissances fondamentales de l'ingénieur. A la base des études, nous trouvons deux groupes fondamentaux : les sciences physiques ; les sciences chimiques.

L'étude de ces sciences implique deux modes d'activité : l'un qui relève de l'observation, l'autre de la déduction et auxquels correspondent l'emploi de l'outillage expérimental, d'une part et de l'instrument mathématique, d'autre part.

Les programmes devront donc comprendre dans l'ordre rationnel, des branches telles que l'algèbre et l'analyse, la géométrie, la physique et la chimie générales, la mécanique et l'électricité.

L'éducation de l'ingénieur continuera logiquement par l'étude des sciences appliquées fondamentales ou synthétiques telles que la technique de la chaleur, la connaissance des matériaux, la résistance des matériaux, la stabilité, la mécanique appliquée, l'électrotechnique, etc.

En même temps il suivra des cours de culture générale propres à développer ses qualités morales.

Tel est le programme dans ses énoncés principaux.

Il importe d'en préciser l'esprit et d'en indiquer les modes d'application ; ce qui nous conduit à discuter les méthodes mêmes de l'enseignement technique.

Il faut se pénétrer de ce principe que l'esprit d'un programme et, par voie de conséquence, les méthodes d'enseignement diffèrent nettement suivant qu'il s'agit de l'enseignement de la science pure ou de la science appliquée.

Ici encore nous ne pouvons mieux faire que d'invoquer l'autorité de M. Le Chatelier :

« L'enseignement scientifique technique, dit-il, doit pour répondre complètement au rôle qui lui est assigné, présenter un caractère spécial le différenciant de l'enseignement purement théorique dirigé vers la *connaissance seule*, sans aucune idée d'application pratique.

La science est certainement partout la même : il n'y a pas une science pour le savant et une autre pour l'ingénieur. Mais son domaine est tellement vaste qu'il est impossible d'en explorer tous les recoins dans le temps nécessairement limité consacré aux études. Il faut faire un choix et le choix ne sera pas le même suivant le but poursuivi. Pour le savant, les points nouveaux et incertains de la science sont les plus intéressants; pour l'ingénieur, les parties les mieux étudiées, qui ont reçu des applications nombreuses sont seules utiles. »

En un mot, le savant recherche la connaissance pour elle-même; le rôle de l'ingénieur est de l'appliquer à la production, à la transformation et à l'utilisation de la matière et de l'énergie dans les meilleures conditions d'économie, c'est-à-dire en faisant donner à chaque opération son rendement maximum.

C'est la notion du *rendement maximum*, dont la science pure ne s'occupe pas et dont il est heureux qu'elle n'ait pas à s'occuper, qui doit dominer tout l'enseignement de l'art de l'ingénieur. Cette notion doit lui être tellement familière qu'il l'applique automatiquement; et c'est ici qu'il convient de rappeler la définition du Dr Lebon : « L'éducation est l'art de faire passer le conscient dans l'inconscient. »

D'une façon générale, le rendement d'une opération industrielle est le rapport entre la valeur du résultat et la dépense faite pour l'obtenir. Si nous étudions, par exemple, la production thermique de la force motrice, nous définirons le rendement d'une installation motrice par le rapport entre l'énergie disponible à l'arbre de la machine et l'énergie totale contenue dans le combustible employé. Ces deux énergies devront être rapportées à un étalon commun : la calorie par exemple.

Si l'on considère la période qui s'est écoulée entre la construction des premières machines de Watt et l'époque actuelle, on constate que ce rendement a augmenté dans des proportions énormes. Les machines de Watt qui étaient déjà des machines perfectionnées, consommaient de 4 à 5 kilog. de houille par cheval et par heure, ce qui représente un rendement d'environ 2 p. c. Quelques années plus tard, la consommation de combustible tombe à 2 kilog. 1/2 (1).

L'introduction de la multiple expansion, des distributions à déclic, de la surchauffe, de l'enveloppe de vapeur, réduisit successi-

---

(1) Thurston. La machine à vapeur.

vement ces consommations à 1 kilog. 1/2 puis à 700 grammes. Enfin, dans certaines circonstances favorables, on obtient avec les meilleures machines marines à triple et à quadruple expansion, des consommations encore inférieures ; de sorte que le rendement peut atteindre jusqu'à 20 p. c., c'est-à-dire environ dix fois le rendement atteint dans les machines de Watt.

C'est là un fait d'une importance sociale énorme. On peut affirmer que les rapides et immenses progrès matériels de la civilisation pendant le cours du XIXe siècle sont dus *exclusivement* à cette amélioration considérable du rendement de la machine à vapeur. Sans elle aucun progrès sérieux n'était possible dans aucun domaine. C'est grâce à elle que les paquebots ont pu transporter à travers les mers des chargements de plus en plus considérables dans des temps de plus en plus réduits ; que les transports sur terre des marchandises et des voyageurs ont pu s'effectuer dans des conditions de plus en plus favorables. C'est grâce à elle que l'on peut actuellement produire l'énergie électrique et la distribuer au loin dans des conditions qui la rendent accessible aux particuliers et aux industriels.

Chaque fois qu'un ingénieur a trouvé le moyen de réduire de *quelques* grammes la consommation de combustible d'un moteur, il a contribué au progrès de la civilisation et au bien-être de l'humanité dans une mesure inestimable.

La notion du rendement ne se restreint même plus actuellement (comme pourrait le faire croire l'exemple qui précède), à un rapport entre deux quantités de même nature. De la façon la plus générale le rendement mesure, comme je le disais tout à l'heure, le rapport entre un résultat obtenu et la dépense faite pour l'obtenir et cela en satisfaisant à *toutes les conditions économiques* du problème. Un exemple me fera mieux comprendre.

Je faisais allusion, il y a un instant, à la distribution de l'énergie électrique par l'intermédiaire de la machine à vapeur ; et je signalais que l'économie réalisée dans la consommation du combustible, c'est-à-dire le *rendement thermique* des machines motrices est un des facteurs principaux du problème. Il en est cependant un autre : c'est le *rendement massique* des machines. Quand on songea à créer des unités de grande puissance allant jusqu'à 25,000 kilowatts, on reconnut l'impossibilité d'employer des machines du type à piston à marche lente. Leurs dimensions étaient telles que les dépenses d'acquisition, terrains, fondations, locaux, entretien conduisaient à des frais d'intérêts et d'amortissement qui grevaient lourdement le prix de l'unité d'énergie produite.

Il fallait donc découvrir la machine capable de.développer une puissance considérable sous un volume et, par conséquent, sous un poids réduit et qui présentât à la fois un rendement interne élevé, une puissance spécifique considérable, et par conséquent, un *rendement massique* élevé.

La théorie et la pratique ont fini par démontrer que la turbine, autrefois considérée comme une machine à faible rendement, est, par excellence, la machine qui réunit ces conditions et c'est ce type de machine qui, dans les grandes centrales modernes est actuellement adopté à l'exclusion de la machine à piston.

Les notions de puissance massique et de rendement massique ont trouvé une application extraordinairement féconde dans les problèmes de la locomotion mécanique et spécialement de l'aviation.

Tout le monde sait que la solution du problème de la locomotion sur route et surtout de la locomotion aérienne est intimement liée à la possibilité de construire un moteur de *grande puissance massique*, c'est-à-dire présentant une grande puissance sous un poids réduit. Jusqu'à présent la solution a été demandée au moteur à piston que l'on fait tourner à grande vitesse. Mais le moteur de locomotion rationnel doit être non pas un moteur à *grande puissance massique*, mais surtout un moteur à *grand rendement massique*, c'est-à-dire, une turbine ainsi que je le disais tout à l'heure. Et on peut prévoir l'apparition prochaine d'un moteur extra léger du type turbine qui certainement déterminera une révolution dans le domaine de la navigation aérienne et probablement dans d'autres domaines.

En résumé, et pour revenir à notre sujet, les programmes des écoles d'ingénieurs, alors même qu'ils présentent certains points de contact avec les programmes des facultés de sciences, doivent être complètement distincts de ces derniers, parce que l'orientation à donner aux études, dès le début, est tout à fait spéciale.

Et non seulement les programmes doivent être rédigés dans un esprit adéquat à leur destination; mais les méthodes d'application doivent être déterminées de façon à préparer, dès le début, l'ingénieur à sa mission future.

Cela nous amène à dire ce que doivent être les méthodes modernes dans une école d'enseignement technique supérieur.

b) *Des méthodes*. — C'est cette question des méthodes qui paraît avoir le moins préoccupé les réformateurs. Or, comme le dit le Dr Gustave Lebon : « Les programmes ne signifient rien ; ils n'ont en eux-mêmes aucune vertu. »

Le programme, en supposant même qu'il soit parfait, ne peut être qu'une énumération sommaire des connaissances correspondant à une activité déterminée. Il ne viendra à l'esprit de personne de prétendre qu'un enseignement est excellent par cela seul qu'il est basé sur des programmes excellents.

L'efficacité d'un enseignement dépend surtout de la façon dont il applique son programme et l'on peut affirmer que des méthodes rationnelles appliquées à un programme médiocre conduiront à des résultats meilleurs que ceux obtenus par l'application de méthodes irrationnelles à un programme irréprochable.

Proposons-nous donc de déterminer les principes directeurs en ce qui concerne le choix des méthodes. Nous pouvons les réduire à un petit nombre.

1° Les méthodes doivent tendre à inculquer aux élèves, *dès le début*, en même temps que la technique de la mathématique, instrument d'induction et par conséquent de progrès, la connaissance concrète des phénomènes, en leur permettant de les observer et de les mesurer. D'où les nécessités de la pratique du calcul et de la discipline des mesures et des essais.

2° Elles doivent mettre les élèves en état d'appliquer leurs connaissances à la solution des problèmes de la pratique. D'où la nécessité des travaux d'application.

3° Elles doivent développer les qualités morales et le caractère.

Reprenons successivement ces principes :

Le premier se résume en cette formule : L'élève doit apprendre à calculer, à observer et à mesurer.

L'étude théorique d'un phénomène peut donner des indications qualitatives sur sa marche et sur ses résultats. Des considérations purement théoriques peuvent indiquer dans quel sens telle ou telle circonstance agira sur le rendement d'une opération. Ces indications peuvent être un guide précieux; il convient de ne pas les négliger et il faut que l'étudiant possède une formation mathématique supérieure et une connaissance des principes qui lui permettent de pousser à fond ces études analytiques.

Mais la connaissance quantitative d'un phénomène ou d'un rendement, le contrôle de l'étude théorique, relèvent de l'expérience seule; or, c'est cette analyse quantitative qui est la fin que l'on doit se proposer. Avant donc de faire l'étude particulière des matériaux et des machines, l'élève doit acquérir, en même temps que la connaissance approfondie des mathématiques, la science des mesures.

L'étudiant, en entrant à l'école, devra avoir suivi à l'athénée ou au collège un cours de physique expérimentale suivant l'ancienne formule, c'est-à-dire un cours consacré à la description des phénomènes et des expériences. Cette connaissance d'ordre plutôt qualitatif sera complétée à l'Université par l'acquisition de notions quantitatives. Il devra être familiarisé, à son entrée dans les cours spéciaux, avec la pratique des mesures de toutes natures, longueurs, températures, quantités de chaleur, mesures électriques, magnétiques, optiques, acoustiques, etc., au point de mesurer avec la précision maximum une grandeur physique quelconque, sans qu'il lui en coûte ni effort anormal, ni réflexion. Mon collègue, M. Bogaert, qui revient d'une tournée d'études qu'il a faite en Amérique en compagnie de M. l'ingénieur Dustin, me disait, au moment où j'écrivais ces lignes, que ce qui l'a frappé le plus lors de ses visites dans les laboratoires des universités, c'est non pas la perfection ou le luxe des installations, mais la facilité, le « naturel » avec lesquels les étudiants procèdent constamment aux mesures les plus diverses. Ils ont acquis, me disait-il très justement ,le « *réflexe de la mesure* ».

Dans son dernier livre (1), Félix Le Dantec met en lumière l'importance de la physique comme science universelle et le rôle des méthodes de mesure dans l'étude de cette science. Après avoir

---

(1) Savoir. Bibliothèque de philosophie scientifique, 1920.

établi le caractère énergétique de tous les phénomènes naturels, il[1] s'exprime ainsi :

« L'observation du monde nous conduit seulement à la certitude que tout changement prépare d'autres changements, mais nous devons nous demander s'il n'y a pas dans tout cela une diminution progressive de la masse des changements possibles... A cette question, nous sommes amenés à faire deux réponses *également importantes et entièrement distinctes :*

1° Il faut faire des expériences, c'est-à-dire nous placer artificiellement dans des cas où aucun changement résultant d'une activité donnée ne peut nous échapper; c'est le rôle de la physique;

2° Il faut que nous arrivions à *évaluer* les provisions d'énergie, les capacités de changement. Et puisque tout peut se transformer dans tout, puisque les changements possibles sont en nombre infini, il n'y aura de réponse à ce desideratum que si nous trouvons une *commune mesure* des capacités de changement. »

Mais si tous les phénomènes ont une origine commune, c'est-à-dire une origine énergétique, les formes qu'ils peuvent affecter sont des plus diverses et les quantités qu'ils mettent en jeu sont, au point de vue de leur nature, fort nombreuses. Etablir pour chacune de ces quantités un étalon propre et établir des liens rationnels et pratiques entre ces divers étalons, c'est, en définitive, le but essentiel de la science.

Aussi, Le Dantec, conclut-il ainsi :

« Il faut donc d'abord *mesurer!* c'est d'ailleurs, à mon avis, *la définition de la science :* mesurer les diverses manifestations de l'activité universelle et, ensuite, si c'est possible, établir un lien numérique entre les quantités mesurées dans les cantons si divers de cette activité; ce lien numérique sera ce qu'on appelle le coefficient d'équivalence. Mais il faut d'abord mesurer : c'est la première étape de la physique. »

Le deuxième principe s'inspire de cette considération qu'une science appliquée ne pourra être parfaitement acquise et efficacement utilisée qu'à la condition que toutes les théories soient illustrées par des travaux pratiques exécutés par l'élève lui-même. Ce sera le cas de tous les cours d'application tels que la résistance des matériaux, la stabilité, l'électrotechnique, la mécanique appliquée, etc.

Ce principe fait, dans une certaine mesure, dépendre les programmes de la méthode, car il faut que les programmes réservent le temps nécessaire aux travaux d'application. C'est là un des arguments les plus forts en faveur des programmes synthétiques qui seuls permettent de limiter les enseignements théoriques aux questions qui ne peuvent vraiment s'acquérir qu'à l'université.

Mais pour appliquer intégralement le principe, il ne suffit pas de limiter le nombre des rubriques, il faut encore *réduire le plus possible le temps consacré à l'exposé oral des cours.*

Les moyens d'atteindre ce but sont d'ordres divers. On peut citer : l'impression des cours ou des syllabus, une rédaction rationnelle de cours n'indiquant que les parties essentielles et négligeant les parties accessoires et surtout les parties purement descriptives dont la connaissance peut s'acquérir par l'observation ou par un travail personnel facile ; la coordination des divers cours, de façon à supprimer les doubles-emplois ; l'unification des notations, etc...

Quant à la proportion à établir entre la durée de l'enseignement oral et les travaux d'application, elle varie d'un cours à l'autre ; on paraît cependant être d'accord sur une proportion moyenne de deux heures d'application pour une heure de cours oral. C'est la proportion qui semble être adoptée, au dire de MM. Bogaert et Dustin, par les universités américaines, où une très large place est laissée aux travaux d'application ; elle peut être considérée comme satisfaisante.

Restent les méthodes propres à développer le caractère et les qualités morales. Ici la question de la méthode en elle-même devient prépondérante.

La connaissance des questions d'ordre psychologique, moral et social doit évidemment faire l'objet de certains exposés verbaux ; mais l'acquisition profonde des qualités morales dépend surtout de l'ambiance dans laquelle est placé l'élève et de l'action continue d'une série de facteurs qui agissent sur lui presque à son insu, de façon à créer de véritables reflexes moraux.

On peut dire que c'est ce point de vue psychologique et moral qui a été le moins considéré jusqu'à ce jour par les auteurs de programmes et les réformateurs. M. Le Chatelier est peut-être le premier en Europe qui en ait signalé toute l'importance et qui ait indiqué avec quelque précision les principes de ce qu'il appelle l'*enseignement psychologique*.

« Le but essentiel de l'enseignement technique, dit-il, est de préparer à l'action; cela le distingue de l'enseignement scientifique proprement dit qui vise seulement à l'acquisition des connaissances. *Savoir et pouvoir sont deux choses absolument distinctes;* or, pour l'action les qualités du caractère priment toutes les autres. »

Parmi ces qualités, il cite :

Une volonté tenace. Après un échec il ne faut jamais se tenir pour définitivement battu;

Le sens moral, c'est-à-dire le respect de la vérité et de l'intérêt d'autrui;

L'esprit d'initiative. C'est une des qualités que l'école peut, par le choix des méthodes, développer le plus aisément; l'exécution de *travaux personnels,* de projets, les recherches de labora·toire sont, à ce point de vue, des procédés pédagogiques par excellence.

L'esprit de discipline qui peut aussi s'enseigner efficacement a l'école par une réglementation intelligente. Comme le dit Taylor « l'organisation anarchique des écoles est funeste aux élèves; il leur est très dur après avoir joui d'une licence presque absolue de retrouver dans les usines une discipline inflexible. Il faut laisser une large initiative aux jeunes gens et faire peu de règle-ments, mais être impitoyable dans leur application. »

Cette question de la formation morale paraît avoir préoccupé les industriels plus que les professeurs; cela s'explique si l'on considère que c'est l'industriel qui souffre surtout d'une insuffisante préparation morale de ses collaborateurs. Dans un article publié dans la revue *Idées modernes,* M. Ernest Solvay s'exprime ainsi : « Si j'étais obligé de m'occuper de la question capitale d'une réforme de l'enseignement au point de vue d'obtenir la plus grande productivité sociale de l'enseigné, la première question que je mettrais en avant dans mon étude serait la spécialisation des tempéraments. Les vrais hommes sont; nous ne les créerons jamais; mais nous pourrons certes les distinguer et les classer au début dans leur direction propre, dans celle où ils pourront rendre à la société le plus de services tout en travaillant avec le maximum de satisfaction. »

Ainsi que je le disais, les qualités morales ne s'acquièrent que si l'étudiant est placé dans une ambiance favorable et soumis à une action continue. Je pense que l'exercice de cette action constitue un des principaux et des plus nobles rôles du professeur. Et dans cet ordre d'idées, le principe de méthodologie qui consiste à substituer à l'enseignement verbal, fait en chaire et *à distance* des élèves, un enseignement pratique qui établisse un contact permanent entre le professeur et ses élèves est d'une extraordinaire fécondité.

Le rôle du professeur se bornera à exposer son cours oral et à surveiller de loin l'exécution de travaux pratiques restreints. Il devra, dorénavant, exister une véritable collaboration entre l'élève et le professeur, ce dernier suivant le premier pas à pas, lui donnant les directions pour les travaux imposés, le guidant de ses conseils dans ses recherches et dans ses travaux personnels; le premier étant assuré de trouver dans son maître un ami sûr et un guide éclairé.

Cette méthode de travail peut seule assurer un développement harmonieux de la personnalité de l'élève. Seule elle permettra au professeur d'évaluer avec certitude la valeur de ses disciples. Seule aussi, elle conduira à la réforme des examens de fin d'année qui, dans l'organisation actuelle, constituent des épreuves d'une efficacité illusoire, également fastidieuses pour le professeur et pour l'élève.

Le problème de la détermination des méthodes propres à assurer le développement des qualités pratiques et morales de l'élève, paraît avoir été résolu par les universités américaines, sinon d'une façon intégrale, tout au moins dans un esprit progressif.

Si les ingénieurs américains qui en général, ont une culture scientifique plutôt moins développée à la nôtre, arrivent à résoudre des difficultés qui paraissent parfois hors de proportion avec leurs connaissances techniques, ils le doivent surtout à leurs qualités morales.

C'est ce que mon collègue M. Bogaert a mis en lumière dans une de ses notes sur son voyage d'études aux universités américaines.

« Les ingénieurs américains, dit-il, sont sans aucun doute moins bien préparés (au point de vue scientifique) que les nôtres;

ils n'ont pas la connaissance profonde des principes et bien souvent entreprennent une expérience coûteuse, alors qu'en Europe on s'en tirerait par un calcul. *C'est l'habitude de l'expérimentation qui les sauve;* l'ingénieur américain, même frais émoulu de l'école, *n'est jamais arrêté.*

Sa préparation scientifique présente peut-être certaines lacunes, mais il sait comment s'y prendre *pour faire parler les faits...*

Il mesure, il expérimente, il redécouvre ce que l'on peut trouver dans nos traités; cela coûte parfois un peu plus cher, mais le prix ne l'arrête généralement pas. J'ai eu l'occasion d'exprimer cette impression à plusieurs professeurs et ingénieurs américains; ils la trouvent très exacte et m'ont fourni des preuves de son exactitude.

Cette tournure d'esprit, si *elle a des inconvénients,* a l'avantage de donner à l'ingénieur américain une *confiance en lui-même* qui est souvent précieuse et qui pourrait être développée chez nous par un enseignement plus expérimental mais qui *ne réduirait pas l'importance accordée à l'étude des principes.* »

C'est là un point qu'il convient de ne pas perdre de vue dans la discussion des réformes de l'enseignement. Il faut considérer que, quelles que soient les faiblesses de l'enseignement actuel, il a cependant produit des résultats et contribué à établir des traditions dont quelques-unes sont excellentes. Parmi celles-ci se trouve précisément le respect des grands principes directeurs et il importe que les méthodes nouvelles tendent à le renforcer plutôt qu'à le détruire.

III. — LA SITUATION ACTUELLE
DE L'ENSEIGNEMENT TECHNIQUE SUPERIEUR

Nous venons d'exposer le but de l'enseignement technique supérieur et d'indiquer ce que devraient être ses programmes et ses méthodes.

Voyons si l'enseignement actuel atteint ce but. Au moment où ils quittent nos écoles, les élèves possèdent, en général, la connaissance des principes; mais leur éducation pratique et technique n'a pas été développée parallèlement à la préparation scientifique, et ils sont mal armés pour aborder les problèmes industriels.

La cause du mal gît à la fois dans les programmes et dans les méthodes.

Pour déterminer l'influence de chacun de ces deux facteurs, il est utile d'entrer dans quelques considérations historiques.

Les premières écoles d'ingénieurs furent fondées, il y a quelque soixante-dix ans, par l'Etat, sous la forme d'écoles spéciales annexées à ses universités et greffées sur les facultés des sciences.

Leur but principal était de former des fonctionnaires : ingénieurs des ponts et chaussées, des mines, des chemins de fer. Leurs programmes, leurs méthodes et leur organisation, adaptés à ce but, se justifiaient aussi longtemps que la plupart des élèves aspiraient aux carrières administratives et avaient des chances u y entrer. Telle était la situation à une époque où l'industrie privée, relativement peu développée, ne réclamait qu'un faible contingent d'ingénieurs.

S'il existe un fonds de connaissances générales commun aux ingénieurs industriels et aux ingénieurs d'administration, il n'est pas moins vrai que, dans la situation actuelle de l'industrie, les mêmes programmes et les mêmes méthodes ne doivent plus s'appliquer à leur préparation.

La préparation de l'ingénieur industriel exige spécialement l'application des programmes et des méthodes que j'ai suffisamment définis.

L'ingénieur d'administration qui exerce surtout une mission de contrôle *peut à la rigueur* (je ne dis pas qu'il le doive) (1), être préparé d'après une autre formule. Et s'il exerce un rôle spécial qui se rapproche par certains côtés de celui de l'ingénieur industriel (c'est le cas des ingénieurs des chemins de fer et des télégraphes et, dans une certaine mesure, des ingénieurs des ponts et chaussées), il devra, de ce fait, subir une préparation spéciale, qu'il est inutile d'imposer à l'ingénieur d'industrie.

---

(1) Je ne suis pas du tout d'avis que les programmes dits légaux soient propres à former convenablement même les Ingénieurs d'Administration. Ces programmes qui résultent d'additions successives ont le grave défaut d'être pléthoriques et surannés. Ils contiennent nombre d'éléments parasites. Leur réforme devrait être étudiée en tenant compte des conditions techniques et sociales actuelles.

nique en Belgique. L'atmosphère était propice aux innovations; et cependant le résultat du travail législatif fut déplorable. La loi accordait aux universités libres le droit de délivrer des diplômes légaux d'ingénieur (avantage contestable au point de vue scientifique); elle maintenait les programmes et en accentuait les vices.

Parmi les professeurs cependant, les idées de Dwelshauwers avaient trouvé de chauds partisans. Peu de temps après la promulgation de la loi, des laboratoires de mécanique étaient également fondés à Bruxelles par notre regretté Lucien Anspach, dont je salue ici la mémoire, à Gand par Jules Boulvin.

Le principe des travaux pratiques était généralement admis; mais son application ne pouvait être que restreinte, car l'extension excessive des programmes laissant une place prépondérante à l'enseignement verbal, limitait le temps consacré aux travaux de laboratoire et de la salle de dessin.

Il est nécessaire, pour donner à notre critique toute sa portée, de citer des chiffres.

L'évolution qui se produisit dans l'industrie peu de temps après la fondation des premières écoles d'ingénieurs, eût dû conduire à des remaniements successifs de leurs programmes. Il n'en fut malheureusement pas ainsi. Et même, lorsque, à leur tour, les Universités de Bruxelles et de Louvain fondèrent leurs écoles polytechniques, il ne fut pas suffisamment tenu compte des conditions du moment, ni surtout des nécessités de l'avenir. Au moment de cette fondation, les diplômes d'ingénieurs délivrés par ces écoles n'avaient pas de valeur légale. Leurs ingénieurs ne pouvaient donc trouver de débouchés que dans l'industrie privée. Il eut fallu opposer à l'enseignement restrictif et rigide de l'Etat un enseignement plus extensif et plus souple.

Il semble cependant que les auteurs des programmes aient senti la nécessité de différencier les deux enseignements. Malheureusement, la différentiation fut plutôt de forme. Ils créèrent ce que l'on appela les ingénieurs spécialistes (ingénieurs chimistes, architectes, mécaniciens, etc.). En fait, les programmes de ces diverses spécialités présentaient un défaut commun : ils s'inspiraient de ce principe, contradictoire même du principe de la vraie spécialisation, qu'un jeune ingénieur quittant l'école doit avoir des connaissances générales dans tous les domaines de la technique. En effet, disaient les défenseurs du système, un jeune homme ne peut pas, en général, prévoir dès l'école, quel sort 'ui est réservé. Il peut, s'il a une certaine prédilection pour une spécialité, s'y engager, mais à la condition d'y apprendre à peu près ce qu'il eut appris en choisissant une autre.

.De plus, comme les programmes étaient très étendus et que la durée des études n'était que de quatre années, l'enseignement devait rester purement verbal; la création de ces écoles libres ne réalisa donc de progrès réels ni dans les programmes, ni dans les méthodes.

Vint la loi de 1890. On pouvait espérer qu'elle serait l'occasion d'une réforme sérieuse, d'autant plus que dès 1885, une campagne active avait été menée, dans le monde de l'industrie et de l'enseignement technique supérieur, en faveur de la révision des programmes et des méthodes. Les résultats de la première enquête faite à cette occasion furent coordonnés par le professeur Dwelshauwers-Dery et l'ingénieur Weiler. Le professeur Dwelshauwers-Dery, fervent adepte de Hirn et de la méthode expérimentale, venait de fonder le premier laboratoire de mécanique en Belgique. L'atmosphère était propice aux innovations; et cependant le résultat du travail législatif fut déplorable. La loi accordait aux universités libres le droit de délivrer des diplômes légaux d'ingénieur (avantage contestable au point de vue scientifique); elle maintenait les programmes et en accentuait les vices.

Parmi les professeurs cependant, les idées de Dwelshauwers avaient trouvé de chauds partisans. Peu de temps après la promulgation de la loi, des laboratoires de mécanique etaient également fondés à Bruxelles par notre regretté Lucien Anspach, dont je salue ici la mémoire, à Gand par Jules Boulvin.

Le principe des travaux pratiques était généralement admis; mais son application ne pouvait être que restreinte, car l'extension excessive des programmes laissant une place prépondérante à l'enseignement verbal, limitait le temps consacré aux travaux du laboratoire et de la salle de dessin.

Il est nécessaire, pour donner à notre critique toute sa portée, de citer des chiffres:

Consultons, par exemple, les programmes du grade d'ingénieur civil des Mines, qui est le plus suivi. Nous y trouvons, pour la première épreuve spéciale, l'énoncé de *quatorze* cours; pour a deuxième épreuve, l'énoncé de *quinze cours*. Dans chacune des épreuves, la moitié seulement des cours comporte l'exécution de travaux de laboratoire ou de travaux pratiques. Le programme de la troisième épreuve est un peu moins chargé au point de vue du nombre de cours (neuf cours); ce qui se justifie par l'ampleur que doivent présenter certains travaux pratiques.

Si, d'autre part, nous examinons le programme du doctorat en sciences physiques et mathématiques, qui ne passe cependant pas pour un doctorat facile, nous y trouvons pour la première épreuve *six* cours avec des exercices pratiques sur les mathématiques seulement; à la deuxième épreuve, *huit* cours dont trois comportent des exercices et des travaux de laboratoire.

Serrons la question et évaluons le travail spécifique exigé de l'étudiant. En tenant compte des périodes d'examens, de vacances, etc., on peut évaluer à 200 par année, le nombre des journées que l'étudiant peut consacrer à la préparation d'une épreuve. Une simple division indique qu'il peut consacrer à l'étude de chaque branche une moyenne de *treize jours*. Quel est l'homme sérieux qui prendrait l'engagement d'aborder l'étude de la plus simple des branches du programme et de la pousser de façon qu'après treize jours de travail, même intensif, il la possède au point de pouvoir l'appliquer ? Que dire lorsque cet effort doit s'appliquer simultanément à l'acquisition d'une quinzaine de connaissances diverses.

Si nos étudiants arrivent à conquérir leurs diplômes, parfois avec distinction, c'est d'une part, parce que les jurys doivent tenir compte des circonstances et, d'autre part, parce que ces jeunes gens fournissent un travail anormal qui, parfois, compromet leur santé pour de longues années. Et malgré ces efforts excessifs, ils ne sont pas armés au sortir de l'école. Les déclarations faites lors de l'enquête de Dwelshauvers-Dery; celles publiées lors du Congrès de l'enseignement supérieur en 1911; et enfin les conclusions de la Commission de 1918 pour l'étude de la réforme de l'enseignement technique dont je parlerai tout à l'heure, sont unanimes sur ce point.

Nous avons dit qu'il importe assez peu que les programmes soient parfaits, pourvu que les modes d'application soient rationnels. Cela n'est vrai que pour autant que les programmes ne présentent pas un vice fondamental ou essentiel. Or, nos programmes présentent ce vice : « Ils sont inexécutables ». Et dès lors, il ne faut pas s'étonner de ce que les initiatives prises pour améliorer les *méthodes* d'enseignement aient échoué. Tous les perfectionnements aux méthodes doivent reposer sur le *principe de la réduction de l'enseignement verbal et de l'extension des travaux d'application*. Mais comment étendre ces derniers, si l'on dispose à peine du temps nécessaire à l'exposé oral des cours et à leur assimilation hâtive ?

———

Dès les années qui suivirent la promulgation de la loi de 1890, notre Faculté se préoccupa de ses inconvénients. En 1908, elle essaya de créer un grade d'ingénieur civil établi sur un programme rationnel. Empressons-nous de dire qu'il ne fût guère apprécié. Ce grade n'était pas « légal » et le public préfère, en général, à une marchandise de bon aloi, un produit de qualité médiocre pourvu qu'il soit couvert d'une étiquette officielle.

Il est intéressant de rappeler qu'au moment où notre Faculté technique essayait ainsi de réagir, l'Association des élèves des écoles spéciales de Liége adressait de son côté, le 25 septem-

bre 1908, au Ministre des Sciences et des Arts, une requête réclamant une réorganisation complète de l'enseignement à l'Ecole
des Arts et Manufactures et des Mines à Liége. Dans son rapport
présenté au Congrès de l'enseignement technique (1910), M. Greiner signale notamment que l'Association réclamait la séparation
absolue entre l'enseignement de la Faculté des Sciences et celui
de la Faculté des Sciences appliquées, ainsi que la revision du
régime des examens d'admission et de passage, et protestait contre le régime actuel des études. M. Greiner terminait son étude en
rappelant la déclaration de M. Appell : « L'enseignement ne
doit pas être une leçon faite par le professeur du haut de sa chaire
devant un auditoire qui recueille des paroles pour les apprendre
ensuite dans des cahiers de cours afin de les réciter à un examen. »

En résumé, les méthodes d'enseignement ne peuvent, avec les
programmes actuels, qu'être inefficaces : dès que l'on admet, pour
la rédaction des programmes, le principe de l'extension à
outrance, on tombe, au point de vue des méthodes, dans le défaut
du verbalisme. Nous l'avons montré tout à l'heure : malgre le
désir de consacrer le principe des travaux pratiques il est impossible de l'appliquer efficacement, parce que le temps fait défaut.

A ces critiques, on pourrait objecter que la récente guerre a
démontré que notre valeur technique ne s'est pas montrée inférieure à celle de nos adversaires. Il est indéniable que la France
a réalisé, au point de vue de la technique, des merveilles ; que les
ingénieurs belges qui ont participé à la guerre, ont été à la hauteur de leur tâche. Mais ces faits ne contredisent pas notre thèse :
la situation créée par la guerre était une situation anormale : cha
cun a fourni, sous l'empire d'une nécessité invincible, un effort
extraordinairement intense.

D'autre part, les conditions de production n'étaient pas celles
de l'industrie : il s'agissait de créer du matériel coûte que coûte
et à n'importe quel prix. Les conditions d'économie et de rendement étaient méconnues, et pour cause ; et la plupart de ceux qui
ont collaboré à la création d'engins et d'appareils nouveaux
savent combien ont coûté certaines expériences. On peut affirmer
qu'une meilleure préparation technique du personnel n'eût pu
avoir que des résultats favorables au point de vue des dépenses
de guerre.

Ce paraît, du reste, être l'avis de M. Guillet, lorsqu'il dit dans un livre récent (1) : « Sans doute, nos ingénieurs ont-ils rendu au pays et rendent-ils aux heures actuelles les plus éminents services. Nul ne cherche à le nier et il ne peut s'agir de détruire 'es grandes écoles; mais *bien de les faire progresser*. »

C'est la solution de ce problème qui fera l'objet de la dernière partie de ce discours.

IV. — L'ENSEIGNEMENT TECHNIQUE SUPERIEUR DANS L'AVENIR

Cette solution a fait l'objet des études d'une Commision qui s'est constituée le 24 avril 1918 à l'intervention d'un certain nombre de personnes appartenant aux conseils d'administration de l'Université de Bruxelles et de l'Ecole des Mmes du Hainaut. Cette Commission, présidée par M. Roch Boulvin, était composée d'ingénieurs dont la capacité technique s'est développée par leur participation active à l'industrie.

Ce choix fut dicté par la considération que les industriels, c'est-à-dire ceux qui emploient les ingénieurs, sont, mieux que personne, à même d'indiquer la préparation que l'école doit leur donner.

Dans ses délibérations, la Commission s'est inspirée des principes indiqués dans la première partie de notre exposé et que nous croyons devoir résumer encore une fois :

Pour assurer la parfaite connaissance d'une science appliquée, il faut compléter l'enseignement oral par de nombreux travaux d'application.

Les programmes doivent donc être conçus de manière à ménager le temps nécessaire aux travaux d'application et aux travaux personnels des élèves.

On arrive ainsi logiquement aux règles suivantes :

a) *Limiter le nombre des enseignements oraux :* ce qu'il importe d'enseigner à l'Université, ce sont les choses que l'étu-

---

(1) L'enseignement technique à l'après gue re.

diant ne pourrait pas apprendre au dehors, ou ne pourrait apprendre que dans de mauvaises conditions. En un mot, il faut substituer à *l'enseignement en surface, l'enseignement en profondeur.*

b) *Réduire considérablement la durée des cours oraux.*

c) *Organiser les travaux de laboratoire et les travaux d'application.*

En tenant compte de ces règles ainsi que de la nécessité de permettre aux étudiants la fréquentation des cours accessoires facultatifs dont nous parlerons plus loin, la Commission a été amenée à fixer la durée des cours oraux à un maximum de 300 heures par année académique.

Elle a estimé que le temps à consacrer aux travaux d'application doit être de six cents à sept cents heures (soit en moyenne deux heures de travail pratique par heure de cours oral).Le temps consacré aux *études techniques proprement dites* serait donc de neuf cents heures par année.

Il faut y ajouter le temps consacré aux cours facultatifs, à 'a fréquentation des conférences, aux visites d'ateliers, etc.

Si l'on tient compte des journées de vacances intercalaires, on constate que cette répartition laisse à l'élève un temps très suffisant pour la préparation des cours à domicile, pour l'exécution de ses travaux personnels et pour les soins qu'exige sa culture générale et même sa culture physique.

La Commission a voulu se rendre compte des possibilités d'exécution de ce programme. Au rapport publié en 1919 sont annexés des plans d'études avec horaires qui démontrent que les principes sont parfaitement applicables.

Pour la rédaction des programmes, la Commission tenant compte des nécessités de l'industrie moderne, a reconnu que toutes les formes de l'activité industrielle peuvent se rattacher à quelques groupes. Elle fut ainsi amenée à distinguer trois categories principales d'ingénieurs :

Les ingénieurs électro-mécaniciens,
Les ingénieurs des mines et de la métallurgie,
Les ingénieurs du génie civil.

A chacune de ces catégories doit correspondre un programme approprié, tout au moins pendant la dernière période des études.

Les différences entre les programmes portent surtout sur les branches présentant le caractère de sciences appliquées qui exigent pour leur enseignement un personnel nombreux et expérimenté et des installations spéciales, souvent importantes et coûteuses.

Cette nécessité de posséder un personnel et un matériel de premier ordre conduit à une conséquence importante du point de vue du mode d'activité de chaque école.

Il ne serait pas rationnel de continuer la tradition actuelle d'après laquelle les grandes écoles spéciales libres, s'inspirant d'un principe de concurrence mal compris, cherchent à former à la fois des ingénieurs des constructions civiles, des ingénieurs civils des Mines et une série d'ingénieurs dits spécialistes. Il y a là un morcellement de l'activité et des ressources qui se traduit par un abaissement du niveau des études, nuisible en dernier ressort, au développement industriel du pays tout entier.

L'Université libre qui veut former des ingénieurs modernes ne doit plus être entravée par les programmes légaux actuels et doit consacrer toute son activité et ses ressources intellectuelles et financières à la formation d'une catégorie déterminée d'ingénieurs ou tout au moins d'un petit nombre de catégories dont la préparation exige de larges bases communes, tant au point de vue des programmes que des installations.

La Faculté des Sciences appliquées et le Conseil d'administration de l'Université de Bruxelles paraissent être d'accord pour marcher dans cette voie. Si leurs projets se réalisent, l'Université de Bruxelles se réserverait la *spécialité d'électro-mécanique* avec ses diverses sections.

Je voudrais revenir, sous forme de parenthèse, sur la question de la préparation des ingénieurs d'administration.

J'ai dit que l'on peut admettre à la rigueur pour cette classe d'ingénieurs une formule de préparation différente de la formule normale. J'estime cependant que la formule actuelle correspondant aux programmes dits légaux est désuète et doit être rajeunie.

Ce paraît être l'avis de la sous-commission d'études techniques, issue de la Commission pour le perfectionnement de l'enseignement universitaire.

.. Il est intéressant de constater que les vues d'ensemble de cette sous Commission et ses conclusions sont en parfaite concordance avec celles de la Commission de 1918

L'avant-projet de rapport fait justement remarquer : qu'il faut avant tout « veiller à ce que la loi n'immobilise pas les études comme l'a fait la loi de 1890 et que les études techniques supérieures doivent pouvoir s'adapter aux nécessités de l'industrie ».

Comme conclusion l'avant-projet propose la création d'un grade unique d'ingénieur civil obtenu après cinq années d'études faites dans une université de l'Etat, une université libre ou à l'Ecole des Mines et Métallurgie du Hainaut et portant notamment sur : le calcul supérieur, la mécanique, la physique et la chimie, l'électrotechnique, la technique de la chaleur, la connaissance des matériaux, auxquelles s'ajouteraient des branches facultatives. Comme conséquence la loi nouvelle ne devrait plus contenir de dispositions visant le recrutement du personnel technique des administrations. Il n'existe, en effet, aucune relation entre l'organisation de l'enseignement supérieur et le recrutement des fonctionnaires. La première est de la compétence des universités; le deuxième intéresse exclusivement les administrations.

––––––

La Commission d'études de 1918 a prévu dans la catégorie des ingénieurs électro-mécaniciens trois sections :

La première relative aux constructions électro-mécaniques proprement dites;

La deuxième aux transports par chemin de fer;

La troisième aux industries chimiques.

Les enseignements donnés à ces trois sections sont tous dominés par l'étude de la mécanique appliquée et de l'électro-technique. Ils sont, à peu de chose près, identiques. La différence ne se marque qu'à partir de la cinquième année d'études, par la nature spéciale des travaux d'application et des projets.

Les programmes de ces diverses sections, conçus dans l'esprit le plus moderne, s'inspirent des principes généraux que nous avons énoncés déjà à diverses reprises et surtout de la nécessité d'étayer et de renforcer l'enseignement théorique par de nombreux travaux d'application.

A ce sujet il convient de rencontrer une objection : certaines personnes, confondant peut-être, les travaux d'application à caractère scientifique avec les travaux manuels, ont craint que la large place accordée à ces travaux tende à donner à l'enseignement un caractère professionnel.

Cette crainte serait peut-être fondée s'il s'agissait de la situation actuelle : nous avons dit que nos programmes sont trop touffus et encombrés de branches d'un intérêt secondaire; à tel point que l'on dispose à peine du temps nécessaire aux exposés verbaux. Il est évident que les travaux d'application ne pourraient être développés qu'en réduisant encore ce temps, ce qui altérerait le caractère scientifique des cours, et, par voie de conséquence donnerait aux travaux pratiques un caractère trop professionnel. C'est, il faut le reconnaître, ce qui existe. Il est certain que nous ne pouvons donner à nos travaux d'application ni l'ampleur, ni le caractère scientifique qu'ils devraient avoir. Faute de temps, les élèves doivent exécuter des travaux de caractère banal, qui se répètent d'année en année et dans lesquels aucune place n'est laissée à l'initiative et à la recherche personnelle.

Toute autre sera la situation dans l'avenir : Examinons, par exemple, le plan d'études proposé pour le grade d'ingénieur électro-mécanicien. Nous y trouvons :

Pour la troisième année d'études, l'énoncé de six cours (au lieu des quatorze cours de la troisième année actuelle) auxquels il serait consacré 225 heures d'enseignement verbal, 660 heures de travaux d'application.

Pour la quatrième année d'études, sept cours avec 291 heures d'enseignement oral et 650 heures de travaux d'application, sans compter les visites d'ateliers.

Pour la cinquième année d'études, six cours avec 220 heures d'enseignement oral, 700 heures d'enseignement pratique, sans compter les visites d'ateliers.

Grâce à l'élimination des branches accessoires, on arrive a maintenir le temps consacré à l'enseignement verbal de chacune des branches principales et on en améliore la qualité en le renforçant par les travaux d'application sans lesquels tout enseignement de sciences appliquées est inefficace. Loin d'abaisser le niveau des études, on le relève singulièrement.

La tendance au relèvement du niveau des études apparaît déjà dans les programmes des deux premières années, communes à toutes les catégories, ainsi que dans le programme de l'examen d'admission.

Le programme de la première année comporte six cours avec environ 300 heures de leçons orales et 550 heures de travaux d'application. Celui de la deuxième année, six cours également, avec approximativement, les mêmes temps.

Enfin, en ce qui concerne les conditions d'admission, le rapport de la Commission s'exprime ainsi :

« Pour aborder les études techniques supérieures, les jeunes gens doivent avoir accompli d'une manière complète les études moyennes du degré supérieur, soit six années y compris la rhétorique. Il convient de leur imposer de faire la preuve qu'ils ont suivi des cours complets d'humanités modernes, latines ou gréco-latines, ou des enseignements équivalents en nombre d'années et en valeur. Par le fait même, une condition d'âge sera imposée, puisque régulièrement, on ne termine les études moyennes au degré supérieur qu'entre 17 et 18 ans. »

« Cependant cette garantie ne suffit pas. Les statistiques relatives aux écoles d'ingénieurs annexées à nos universités établissent que *moins de 50 p. c.* des jeunes gens reçus à l'admission sortent diplômés. Dès lors, une sélection sérieuse doit être faite à l'entrée. Il n'est pas loyal d'admettre, pour les rejeter au cours des études, pour cause d'incapacité, une pareille proportion d'élèves ; d'autre part, ces éléments médiocres constituent une entrave à la marche des études et aux progrès des éléments sérieux. »

Pour ces raisons, la Commission modifiant les conditions actuelles, préconise un examen d'entrée qui aurait surtout pour but d'apprécier la valeur intellectuelle, *le degré de maturité et de culture générale des candidats.* Cette épreuve, se passerait devant un jury non permanent, divisé en sections comportant chacune au moins deux ou trois membres appartenant à l'école ou à une école similaire.

L'épreuve porterait sur la connaissance du français (rédaction) ; sur les branches des mathématiques figurant actuellement au programme d'admission ; sur la physique générale telle qu'elle est enseignée dans les athénées et les collèges (1); sur le dessin, sur l'anglais et l'allemand. »

Nous ajoutons que le Conseil d'administration et la Faculté des Sciences appliquées de l'Université de Bruxelles ont approuvé ces propositions considérées comme un minimum des conditions à exiger des candidats.

On constate que les projets de programmes dont nous parlions tout à l'heure réduisent le temps consacré à l'enseignement technique dans les locaux de l'école.

La Commission s'est inspirée, en effet, de l'idée fondamentale que l'ingénieur doit remplir, non seulement une mission technique, mais aussi une mission sociale; qu'il doit lui être permis d'étendre ses connaissances et de former son caractère. Aussi un temps suffisant a-t-il été réservé pour son travail personnel et sa culture générale.

La Commission propose, au surplus, d'établir des cours libres laissés au choix des élèves. Ces cours seraient accompagnés, s'il y a lieu, d'exercices ou de travaux de laboratoire. L'étudiant en choisirait obligatoirement un ou deux et les suivrait régulièrement.

Il appartiendra à la Faculté de décider de la nature de ces cours. Nous pensons qu'il faudra les classer en deux catégories: cours de sciences exactes tels que mathématiques pures, physique mathématique, astronomie, géologie, etc., et cours de culture générale, tels que physiologie, logique, éléments du droit, littérature, etc.

Aux premiers seraient adjointes des conférences sur les sciences industrielles faites par des spécialistes et dans lesquelles seraient enseignés des détails qui ne peuvent trouver place dans les exposés généraux.

Nous voudrions accentuer sur ce point, les suggestions de la Commission; nous estimons que chaque année l'étudiant devrait suivre obligatoirement deux cours libres à son choix; l'un technique, l'autre de culture générale, sans préjudice des cours et des conférences qu'il suivrait de son plein gré.

---

(1) La Commission d'études de l'Université de Bruxelles a proposé d'y adjoindre la Chimie élémentaire.

Examinons d'un peu plus près la composition des programmes proposés par la Commission. Nous reconnaîtrons qu'elle correspond bien aux conditions générales énoncées dans la première partie de cet exposé.

Tout d'abord la Commission a renoncé au système des cours (même généraux) communs à la Faculté des sciences et à l'école technique. Les deux enseignements seront donc indépendants.

S'inspirant du rôle de l'ingénieur : produire, transformer, utiliser la matière et l'énergie, la Commission a placé à la base des études de l'ingénieur, à côté des cours de mathématiques qui figurent dans les programmes actuels, mais orientés en vue des nécessités de l'enseignement technique, deux cours à tendances nouvelles : le cours de *physique générale*, dirigé vers la pratique des mesures, et *le cours de matériaux*.

Le cours de *physique générale* qui se donnera en première année n'aura plus pour objet l'étude de la physique expérimentale telle qu'on l'enseigne actuellement et qui consiste surtout dans la description des phénomènes et des expériences. L'étudiant ayant subi sur ce cours une épreuve au moment de son admission pourra, dès la première année, acquérir les premières notions de physique mathématique et en même temps se familiariser avec les procédés de la méthode expérimentale et la pratique des mesures; cette pratique n'allant pas jusqu'aux mesures de haute précision que l'on fait dans les laboratoires des recherches scientifiques pures, mais comportant toutes les *mesures industrielles*. Comme le dit le rapport de la sous commission de mécanique-électricité, « il est indispensable que l'ingénieur sache faire des mesures précises (il s'agit de mesures industrielles) et c'est dès le début des études qu'il faut habituer l'étudiant à mesurer. »

C'est dans ce domaine surtout qu'il faut « faire entrer le conscient dans l'inconscient », afin que l'élève mesure comme il calcule: sans effort et avec exactitude.

Ces mesures porteront plus spécialement sur les quantités que l'ingénieur manie le plus fréquemment. Les mesures relatives aux phénomènes acoustiques et optiques seront évidemment moins importantes pour lui que des déterminations de poids spécifiques de chaleurs spécifiques, de températures, d'intensités de courant, de résistances électriques, de champs magnétiques, etc.

Le cours de physique ainsi compris constituera une préparation, d'une part à la thermodynamique appliquée et, d'autre part, à l'*étude des matériaux* qui prend place en troisième année. Cette étude comme celle de la physique se fera non à un point de vue descriptif, mais à un point de vue purement expérimental. Elle aura pour objet la détermination des propriétés physiques et chimiques des matériaux.

Ici le champ est extrêmement vaste et il convient de le limiter aux parties qui intéressent la catégorie d'ingénieurs que l'on se propose de former.

En ce qui concerne la catégorie des électro-mécaniciens et ses dérivées, M. l'ingénieur Dustin qui a particulièrement étudié la question lors de son récent voyage en Amérique, propose d'établir le cours sur le modèle des cours appelés en Amérique « Materials of Engineering » ; leur caractère, à notre point de vue, est assez exactement défini dans la deuxième partie du Traité du professeur G.-B. Upton, de la Cornell University.

Ce cours a spécialement pour objet l'étude des matériaux de construction surtout des métaux et des alliages usuels. Une large place est évidemment accordée aux matériaux ferreux.

Les travaux de laboratoire comprennent des essais mécaniques, certains essais chimiques et microscopiques. L'étude du traitement thermique des métaux y est particulièrement développée.

Ajoutons que le programme des premières années sera complété par un cours de chimie générale orienté dès le début vers la physico-chimie; il servira d'introduction aux cours de chimie spéciaux aux ingénieurs d'industries chimiques.

A partir de la troisième année, les étudiants commenceront à suivre les cours d'application : la technique de la chaleur, 'a mécanique appliquée, l'électro-technique, la résistance des matériaux avec les exercices et les travaux de laboratoire que ces cours comportent.

Ces cours d'application recevront enfin leur couronnement en quatrième et cinquième année où ils s'orienteront dans les directions particulières choisies par l'étudiant (constructions électro-mécaniques, transports ou industries chimiques).

Pour que ces programmes et ces méthodes portent tous leurs fruits, il importe qu'ils soient rationnellement mis en œuvre.

Et cela m'amène, pour terminer, à parler de l'intervention des professeurs. L'adage pédagogique : « Tant vaut l'homme, tant vaut la méthode » s'impose dans le cas présent, avec une force singulière. Les programmes proposés par la Commission se recommandent par leur caractère logique et coordonné : ils doivent être appliqués par des hommes qui en ont parfaitement compris l'esprit et qui sont décidés à apporter tout leur dévouement à leur réalisation.

Je pense qu'à ce sujet toute inquiétude serait vaine : il m'est difficile, étant professeur moi-même, d'exprimer mes sentiments sur la valeur intellectuelle et morale de notre corps professoral. Je peux cependant parler de mes collègues que je vois travailler à mes côtés et dire l'admiration et la reconnaissance que l'on doit témoigner à des hommes dont beaucoup, appelés par des occupations absorbantes hors de l'Université, consacrent avec un désintéressement absolu un temps considérable au progrès de la science et à la formation de notre jeunesse universitaire.

Ce dévouement, il faut qu'à l'occasion de la réforme proposée, l'Université puisse le reconnaître et fasse appel pour cela au concours de *tous ceux qui directement ou indirectement profitent de son enseignement.*

L'application des formules nouvelles exigera, en effet, un mode d'intervention nouveau du professeur, intervention qui se traduira par une présence presque permanente dans les salles de travaux et dans les laboratoires et par un contact constant avec les élèves.

A cette condition seulement on peut espérer que l'enseignement donnera tout son effet utile, non seulement au point de vue de la préparation technique des élèves mais encore et surtout au point de vue de leur formation morale.

D'autres, du reste, que les professeurs doivent exercer cette mission morale. Et à ce point de vue il est à souhaiter que dans l'intérêt de l'Université toute entière, l'Union des anciens Etudiants voie son influence croître de plus en plus.

L'Union ne doit pas se borner à être une association d'anciens camarades : elle doit rester en contact permanent avec les professeurs et les étudiants; c'est elle qui notamment devrait organiser ces fêtes annuelles qui se célèbrent dans les universités américaines et qui réunissent périodiquement des milliers de personnes revenant souvent des endroits les plus lointains, vers l'Alma Mater pour lui apporter des témoignages de reconnaissance qui souvent se traduisent par des dons magnifiques.

L'Association des ingénieurs sortis de l'Ecole polytechnique de Bruxelles a une mission du même genre à remplir envers notre Faculté des Sciences appliquées.

Nos projets prévoient l'organisation d'une bibliotheque et d'un office de documentation technique qui seraient mis à la disposition des étudiants et des ingénieurs sortis de l'école.

Il serait intéressant que l'Association examinât le moyen de contribuer à la création de cet office et aussi de resserrer les liens qui l'unissent à l'école; en y établissant son siège et ses services.

En un mot, il faut que tous ceux qui ont contracté une dette vis-à-vis de l'Université apportent leur concours à la grande œuvre de la réforme de l'enseignement.

C'est l'action post-universitaire qui a peut-être le plus préoccupé la Commission de 1918 et nous ne pouvons mieux faire, pour terminer notre exposé, que de reproduire la partie du rapport consacrée à cette action.

« Des études d'ingénieur faites selon une méthode rompant avec la tradition des enseignements presque exclusivement oraux, caractérisées par une grande extension donnée aux applications et aux travaux de laboratoire, et comportant des cours libres ou facultatifs, constitueront un perfectionnement sérieux de l'enseignement actuel. Elles auront une influence profonde sur le développement du caractère et de la mentalité des étudiants qui, travaillant davantage par eux-mêmes, libres dans leur travail, subiront moins l'influence du dogmatisme et pourront diriger leur activité dans la voie la plus convenable .. Cependant, il reste une étape à franchir. Il faut que nos établissements d'enseignement technique supérieur offrent la possibilité de prolonger leurs études à ceux qui en ont le goût et les aptitudes. Notre pays, produit, comme les autres, un certain nombre de cerveaux particulièrement bien doués; mais il ne fournit nulle part, en ce qui concerne les sciences appliquées à la technique, les moyens de développer ces aptitudes au profit de la collectivité. Pour combler cette lacune, il faut que le diplômé puisse continuer ses études et qu'il trouve pour ce faire, un matériel scientifique et du personnel.

Sans doute, à présent, suivant la bonne volonté des professeurs et des administrateurs de nos établissements d'enseignement supérieur, les diplômés peuvent suivre, à l'Université, certains travaux ; mais il convient que ce prolongement des études soit prévu et visé par les règlements universitaires, au même titre que les autres enseignements.

Il est bien entendu que ces études n'auraient pas le caractère des études « complémentaires » que l'on fait actuellement et qui ont pour but, *non de se perfectionner dans une direction déterminée*, mais d'acquérir un diplôme supplémentaire considéré **comme une arme de plus.** Elles consisteraient en des travaux de pénétration plus profonds, en des recherches entreprises avec l'aide et sous le contrôle des professeurs et de leurs adjoints. Elles s'appliqueraient, non aux sciences industrielles, mais aux sciences pures ou appliquées telles que, la physique mathématique, métallurgique ou industrielle, la mécanique appliquée, l'électricité et la technique électrique, la connaissance des matériaux (résistance, métallographie), la géologie et la paléontologie, etc.

Il n'est pas besoin d'insister sur le parti que, dans l'avenir, l'industrie pourrait tirer de l'organisation de tels travaux, surtout si elle arrivait à les provoquer et à les subsidier elle-même : de nombreux problèmes industriels sont encore à résoudre par des recherches scientifiques. »

Puisse ce dernier appel être entendu de tous ceux qui désirent voir notre Patrie se relever rapidement et briller, comme dans le passé, au premier rang des nations civilisées.

SOCRATE

L'HISTOIRE DE LA PHILOSOPHIE GRECQUE

PROFESSEUR A L'UNIVERSITÉ DE BRUXELLES

> ἀλλ ᾽ὅπη ἄν ὁ λόγος ὥσπερ
> πνεῦμα φέρῃ, ταύτῃ ἰτέον.
> Platon, Rep. 394 D.
>
> ἀμφοῖν γὰρ ὄντοιν φίλοιν
> ὅσιον προτιμᾶν τὴν ἀλήθειαν.
> Aristote, Ethica Nicom. 1096 A 16.

C'est vers l'âge de onze ou douze ans que l'on nous met au latin ; un peu plus tard vient l'étude du grec. Les phrases qui servent d'exemple dans l'apprentissage de la grammaire, les petits thèmes et les versions qu'on s'aventure bientôt à nous faire faire nous rendent dès lors familiers les noms de Socrate et de Platon, nous apprennent les anecdotes rapportées par l'Antiquité sur ces grands hommes et nous préparent à aborder enfin la lecture des écrits prestigieux où les droits qu'ils ont à notre admiration se découvrent directement. Ainsi, les traits élémentaires et les grandes figures de la philosophie grecque, ce n'est pas, comme il pourrait en être de la pensée hindoue ou de la science des Incas, de jeunes savants tout formés·mais absolument neufs qui l'abordent un jour, prêts à en cribler les données avec une parfaite indifférence critique pour en séparer le faux et le vrai; philologues, historiens ou philosophes, nous apportons d'un âge où nous ne méritions encore aucun de ces noms, des croyances et des inclinations, nous sommes *édifiés* à l'égard de Socrate, de Platon et d'Aristote, nous savons qu'ils sont grands, profonds, estimables, avant de savoir pourquoi ils le sont et ce qu'est exactement cette grandeur, cette profondeur, ce mérite enfin qui leur a valu la gloire. La tradition à leur sujet

se prolonge depuis l'Antiquité, non par le seul canal de la science
et de la critique, non par des carrières de savants mises bout a
bout, mais par l'œuvre d'une pédagogie, d'ailleurs excelleute et
pour laquelle nous professons, quant à nous, amour et respect.

Lequel des historiens de la pensée antique se souvient du
moment où il a commencé de savoir que ce siècle de Périclès,
si brillant d'ailleurs, fut un moment menacé de voir dégénérer le
goût littéraire, la pureté et la simplicité de la langue grecque,
la sincérité, l'originalité et la profondeur de la pensée, à cause
du succès exorbitant de certains « faiseurs » à gages, les sophistes? qu'au moment où l'inspiration philosoph'que de l'âge
antérieur faiblissait ou arriva t à son terme, un homme aux
dons les plus exceptionnels a accompli la révolution opportune,
qu'il a, dans des entretiens familiers et ironiques, entrevu les
principes de la logique en fondant et en appliquant la méthode,
uni indissolublement la morale avec la haute spéculation ratie n-
nelle, en un mot, fondé sur des bases définitives, en même temps
qu'il sauvait le naturel de la langue et de l'esprit grecs, la
philosophie éternelle de la conduite humaine? De la même manière chacun sait que l'esprit de son œuvre littéraire et son bel
élan philosophique, Platon en est redevable à son maître Socrate,
que presque toutes les écoles philosophiques du monde grec ont
désormais dû à celui-ci d'être engagées principalement dans
l'étude de la morale; que Platon encore, après avoir couronné
le socratisme par l'invention de la théorie des Idées, a eu l'honneur d'être pendant des années le maître d'Aristote, son seul
rival en gloire philosophique, que ce dernier, malgré sa vénération pour son maître, s'est absolument affranchi de son enseignement et, non moins heureux à son tour, a édifié un système
complet, le monument phi'osophique le plus immédiatement
parfait que l'histoire ait connu, fondé le Lycée, comme Platon
l'Académie, écoles rivales appelées à durer des siècles, instruit
enfin le plus grand conquérant et créateur d'empires du monde
hellénique, Alexandre.

Voilà ce que nous avons tous appr's, sans surprise, parce que
cela nous est venu, non par une narration complète, un beau
jour, mais comme des parties qui s'arrangent peu à peu sur un
canevas historique reçu dès l'enfance, passivement. Mais lorsque nous essayons de nous formuler à nous-mêmes et d'enseigner
aux autres le détail de cette brillante histoire, et surtout de faire

coïncider l'enchaînement logique des théories avec les données historiques et anecdotiques sur les individus et les écoles, alors d'innombrables objections surgissent, des obscurités décevantes font tache, des contradictions formelles demandent à être résolues. Les critiques ne s'en plaignent que pour la forme; ils jouissent en réalité de ces occasions de montrer leur sagacité, d'apporter des découvertes de détail, de corriger indéfiniment ce monument historique qu'ils aiment d'autant plus qu'ils le voient ainsi devenir un peu leur œuvre. Evidemment, la science vit d'obstacles, aussi la littérature critique sur le Vᵉ et le IVᵉ siècles philosophiques a-t-elle bien prospéré; elle est devenue immense, et les progrès qu'elle a réalisés depuis trois ou quatre générations sont très apparents. Est-ce à dire qu'on entrevoie le moment où les difficultés graves auront disparu, où l'écart entre l'exposition historique et la vérité pourra être considéré comme réduit au minimum compatible avec l'état des sources, où l'accord sur ces sources, sur les faits, sur le développement logique des systèmes et sur leur succession sera à peu près réalisé?

C'est tout le contraire qui nous paraît se produire. Plus on accumule les résultats positifs — sans compter les autres — plus se remarquent le disparate de nos informations et la difficulté de leur mise en œuvre. Bien loin qu'il fasse entrevoir la solution de tous les problèmes, le progrès semble aller à en préciser un certain nombre et à en faire comprendre en même temps toute la gravité. On peut voir de moins en moins confusément que les difficultés portent non sur les détails, mais sur l'essentiel même de l'histoire de la pensée grecque au Vᵉ et au IVᵉ siècles.

Si l'on essayait de se représenter les étonnements d'un esprit mûri et bien préparé, mais ignorant tout des Grecs et des Romains, quelque savant chinois, par exemple, abordant l'histoire de notre philosophie ancienne au point où la science l'a portée, il me semble qu'il remarquerait d'abord la dissemblance profonde qu'il y a entre nos exposés des débuts de la philosophie grecque et ceux de son apogée. Les débuts consistent dans ce qu'on est convenu d'appeler les « présocratiques », le grand moment est celui de la trinité Socrate, Platon, Aristote. Quelque utiles que soient demeurées les notices que nous devons aux compilateurs anciens, notre histoire des présocratiques a la physionomie d'un travail tout moderne. On s'est attaché à recueillir toutes les données sur les penseurs « primitifs », surtout les fragments de leurs écrits, et tenant compte de cet ensemble autant et plus que des simples « doxographies » anciennes, on est parvenu à faire de leurs travaux un tableau où les lacunes les plus graves foisonnent, où sans doute l'incertain et l'inconnu dépassent notablement le connu et le certain, mais du moins le départ de ce qu'on sait et de ce qu'on ignore y est assez net, et le tout, unifié par des pointillés conjecturaux, se présente avec un air de vraisemblance scientifique qui agrée. On trouve là les traces d'une multiplicité de milieux philosophiques s'influençant réciproquement et se combattant, on entrevoit l'essor progressif de la connaissance scientifique, les problèmes de moins en moins élémentaires, dérivés naturellement des premiers résultats. On voit se constituer l'esprit de quelques grandes écoles, l'ionisme, le pythagorisme, l'éléatisme, la philosophie d'Héraclite, le matérialisme atomistique. Cela nous conduit fort avant dans la deuxième moitié du cinquième siècle, mais alors, au moment le plus éclatant de la civilisation grecque, toutes ces richesses philosophiques semblent se perdre comme des sources dans le sable; de leur destinée ultérieure il ne sera plus question qu'incidemment. On nous parle de la vogue des professeurs de sciences pratiques, les sophistes, individualités isolées, de leur scepticisme intéressé, de leur mauvais esprit; puis c'est la réaction socratique. C'est ici que tout change; la scène est maintenant à Athènes, et pour longtemps; l'histoire de la philosophie devient dramatique, Socrate est un apôtre et un martyr; sa pensée et sa vie nous sont présentées dans une étroite liaison et s'expliquent l'une par l'autre, non seulement sa pensée et sa vie, mais aussi sa doctrine et sa mort. D'une manière moins saisissante il en sera pour Platon comme pour Socrate; la biographie de l'inventeur des Idées est d'aspect dramatique et pittoresque. Platon, d'ailleurs, est le disciple de Socrate, comme le sont tous les fondateurs des écoles philosophiques du temps. La pensée du martyr athénien prend racine et fructifie de toutes parts, dans les îles et sur les continents. Aristote en provient à son tour, par sa longue initiation platonicienne. La physionomie de l'histoire des antésocratiques et celle de l'époque socratique diffèrent donc radicalement; là un exposé plurilinéaire, des données éparses, non reliées entre elles ou rattachées par des conjectures présentées comme telles; ici une narration dramatique et des doctrines développées, nées d'un

germe unique, quelque chose de continu, d'enchaîné et d'animé.
On dirait d'un côté ces salles d'archéologie des musées récemment fondés, où l'on ne voit que des fragments, des torses sans
bras et des têtes sans nez, mais ordonnés avec une science et
une sincérité scrupuleuses, de l'autre ces collections d'antiques
célèbres où le soin des vieux restaurateurs a su faire en sorte
qu'il ne manque rien à rien.

Mais cela ne tient qu'à la différence de nos sources, dira-t-on,
nous avons le bonheur de disposer, pour restituer la pensée de
Socrate et de Platon, des œuvres complètes de celui-ci et d'autres
ouvrages de grande étendue, tandis que nous n'avons rien de
semblable pour les penseurs plus anciens.

Il n'en reste pas moins que ces données abondantes sur Socrate et ses disciples demandent à être interprétées historiquement et que cette interprétation les modernes l'ont, pour l'essentiel, reçue toute faite des biographes de l'Antiquité, si nombreux depuis la fin du IVᵉ siècle. Or, il s'en faut que l'on trouve
cette version ancienne exempte de difficultés graves, soit que
l'on considère la succession des faits ou le développement des
théories. Ce personnage de Socrate que nous croyons si bien connaître, demeure en fait souverainement énigmatique. Nous avons
sur lui des renseignements contemporains de sa vie, ce sont les
allusions satiriques des auteurs comiques, et principalement la
comédie des *Nuées* d'Aristophane. Socrate y apparaît un tout
autre personnage que dans les dialogues; il s'occupe de physique, ses compagnons ne sont que des bohèmes faméliques; pas
un mot de ses relations brillantes avec tout ce qu'Athènes comptait de plus relevé et dont les dialogues sont remplis. La critique
moderne écarte cette contradiction des sources en *préférant* le
Socrate des dialogues à celui des comédies; mais elle ne saurait
soutenir que ses données de prédilection ne fournissent que des
renseignements concordants. Socrate nous est présenté comme
extrêmement pauvre et d'autre part comme ayant fait la guerre
dans le corps des hoplites où seuls les citoyens d'une réelle
aisance avaient accès. Plusieurs petits points de ce genre ont
depuis des siècles préoccupé les érudits. Ainsi, de nombreux
passages qui paraissent inspirés tous, en dernière analyse d'Eschine le Socratique, auteur de dialogues reconnus de première
main aussi bien que ceux de Platon, donnent à Socrate deux
femmes, et *Myrto* après *Xanthippe* (quand ce n'est pas en même

temps!). Là, comme partout, la critique opère un choix, elle reconnaît que les disciples les plus immédiats se sont permis d'ajouter aux traits réels de la vie de leur maître les plus libres fantaisies. Elle écarte comme telles tout ce qui ne se concilie pas avec la représentation la plus plausible de Socrate, avec l'image brillante que l'on s'en fait d'après les passages les plus favorables de Platon et de Xénophon.

Si l'on considère la philosophie de ce même Socrate, les obscurités sont bien autrement graves. Nous savons tous que Socrate fut un philosophe de génie, un moraliste inspiré et qu'il est mort en martyr pour ses idées. Mais sur le point de savoir quelles furent ces idées, il n'y a presque aucun accord ni entre les œuvres anciennes ni entre les historiens modernes. On peut toujours mettre sur pied un socratisme cohérent, mais c'est à la condition de laisser inutilisées quantité de données — des mêmes auteurs dont on s'inspire — qu'il n'y a d'autre raison d'écarter que ce seul motif qu'on ne sait qu'en faire. C'est ainsi que nos sources ont permis de proposer je ne sais combien de types différents de Socrate, sans compter les variétés et les hybrides.

Xénophon le fait parler comme un moraliste assez platement utilitaire; Platon de son côté lui fait souvent honneur d'une doctrine, la même au fond, mais présentée d'une manière plus générale et plus relevée, que résume l'idée que là vertu est science. On voit Socrate la soutenir, notamment, dans le *Protagoras*. Mais si l'on met en œuvre d'autres dialogues, Socrate nous apparaîtra préoccupé avant tout de sa méthode scientifique dont sa critique des concepts moraux ne sera plus qu'une application parmi d'autres. Les historiens ont ainsi à choisir entre deux Socrates, le premier est un moraliste entraîné par son système à s'occuper de science, le second est plutôt un logicien ou un théoricien de la connaissance que sa méthode critique conduit à s'occuper de morale. Encore pourrait-on entrevoir une conciliation entre ces deux représentations, ou se résigner à un choix, si les sources ne variaient jamais soit quand elles présentent un Socrate moraliste, soit quand elles nous campent un Socrate logicien, mais rien de plus ambigu que ces deux représentations, et les contradictions formelles y abondent. Que pense Socrate de la science en général et des sciences de la nature en particulier? Cela dépend des dialogues, dans l'un il méprise les sciences physiques et les condamne sans rémission, ailleurs il

s'en déclare un partisan enthousiaste; et quant à cette formule
de la vertu-science, qui serait le cœur de sa doctine, s'il la défend à plusieurs reprises, à d'autres il la réfute avec entrain; et
la préoccupation des historiens de se tirer de ces contradictions,
hélas trop évidentes, nous conduit à ce qu'il y a de plus piquant
peut-être, dans les problèmes socratiques et platoniciens.

Il est généralement reçu que Platon ne s'est avisé d'écrire des
dialogues que pour retracer, sur le modèle de ses entretiens authentiques, la pensée et le caractère de son maître. Ainsi les dialogues les premiers écrits seraient une expression assez fidèle et
à coup sûr intelligente de la pensée de Socrate. Mais à la longue
Platon a repensé les problèmes socratiques, il a subi d'autres
influences et, en possession de théories nouvelles, il a continué
d'écrire des dialogues qui s'en inspirent, mais il a conservé
comme porte-parole le même Socrate. Il s'agit dès lors d'ordonner chronologiquement les écrits platoniciens et de fixer le moment à partir duquel Socrate cesse de parler pour Socrate et
parle pour Platon. Or si le classement chronologique des dialogues peut être considéré comme très avancé — grâce à l'emploi
de critères tout philologiques principalement — la question du
départ du Socrate-Socrate et du Socrate-Platon est plus obscure
que jamais. Chose décevante, Platon-Platon revient à des thèses
anciennes chères à Platon-Socrate; s'il prend dans le *Lachès* le
contre-pied de certaines propositions capitales du *Protagoras*,
s'il réfute dans le *Ménon* la thèse essentielle de ce dialogue, on
la retrouve admise de nouveau dans l'*Euthydème* et dans le
Philèbe. Or l'*Euthydème* paraît plus récent que le *Ménon*, tous
deux étant de la prétendue période où Platon a cessé d'être un
socratique orthodoxe, et le *Philèbe* est de sa vieillesse avancée. .
Il ne faudrait pas croire que la distinction du platonisme et du
socratisme dans les dialogues n'est qu'une question de frontière,
que l'hésitation ne peut porter que sur une zone mitoyenne plus
ou moins large, qu'il y a telles œuvres où l'on est sûr enfin d'être
dans le platonisme pur, rien de semblable; la variété des thèses,
les contradictions mêmes se retrouvent partout. Tous les dialogues ont leur mystère; tel d'entre eux que les critères philologiques forceraient à ranger parmi les œuvres proprement socratiques porte sur la théorie des Idées, qui est reconnue comme de
l'invention de Platon et dont Aristote dit que Socrate ne l'a
pas connue...

Mais cette doctrine des Idées, si Platon y fait de nombreuses allusions, c'est parmi des allusions non moins nombreuses à quantité d'autres théories et de problèmes qui ne s'y rattachent pas spécialement; nulle part, en somme, Platon ne fait une exposition complète et quelque peu détaillée du système qui fait sa gloire philosophique; c'est dans des auteurs plus récents de plusieurs siècles que la théorie idéaliste de la connaissance, d'après Platon, se rencontre exposée en forme, et c'est là que nos manuels sont allés la chercher. Bien plus, dans les œuvres de sa vieillesse la théorie des Idées a disparu. Le *Parménide*, dialogue un peu antérieur, nous en présente une réfutation d'une vigueur et d'une profondeur étonnantes. C'est Socrate qui la rapporte pour l'avoir entendue dans sa jeunesse, dans la bouche de Parménide d'Elée. Vers la même époque, dans le *Sophiste*, Platon parle des « amis des Idées » comme d'une école philosophique connue et répandue. Le gênant *Parménide* est souvent regardé comme un « simple exercice dialectique ». Le *Sophiste*, document capital pour l'exposition du platonisme, est, dans le détail, si embarrassant que pendant quelque temps on s'est décidé en Allemagne à en faire un dialogue apocryphe. Voilà, à propos du *Sophiste* et du *Parménide*, deux exemples des façons d'écarter, dans les sources, ce qui est superflu ou incompatible avec la version choisie; qu'on y joigne d'autres ressources telles que « ici Platon plaisante » ou bien « ceci est une façon de Platon de pousser à l'extrême l'absurdité de l'adversaire » — ou encore : « on trouve là une parodie de ses rivaux », etc... Les exégètes contemporains les plus autorisés se bornent à admettre une *évolution* de la pensée du philosophe, qui l'a conduit notamment à l'abandon définitif de l'idéalisme. Encore si cette notion d'évolution appliquée à tous les moments de cette longue carrière donnait toute satisfaction; mais il n'en est rien, la diversité des attitudes de notre auteur, ses éternels retours à des vues antérieures empêchent de ramener sa pensée à un ordre unilinéaire autrement qu'en la « forçant », en laissant de côté certaines données, voire en se résignant à tenir pour suspect tel dialogue de première valeur.

Mais après tout on peut se dire que les dialogues sont des œuvres littéraires et poétiques plutôt que scientifiques, que la fantaisie qui est de règle rend explicable toute cette diversité, qu'il n'y a que lourdeur à traiter Platon comme un professeur

pressé de révéler ses idées à mesure qu'elles lui viennent et occupé
de son seul système. On se complaît, au contraire, à voir dans les
écrits d'Aristote un modèle de précision didactique et d'exacte
information. Nous ne dirons rien ici des difficultés que rencontre
un exposé systématique et complet de l'aristotélisme; elles ne
sont d'ailleurs pas du même ordre que celles auxquelles se heurtent les historiens de Socrate et du platonisme; mais l'œuvre
d'Aristote est une source aussi pour ces derniers, et jugée par eux
de première importance. Dans plusieurs de ses ouvrages Aristote
nous dit ce qu'on doit à Socrate en morale et dans la théorie de
la connaissance; il essaye aussi de marquer ce que Platon a ajouté
au socratisme. Ces indications sont brèves et fournies presque
toujours dans un langage technique. Elles passent pour d'autant
plus précises; l'un après l'autre, les auteurs se flattent de trouver
dans Aristote le critère décisif qui va leur permettre de distinguer, dans la masse des autres données, celles qu'il faut retenir
de celles qu'on doit négliger. Mais, d'accord presque tous sur
son autorité, ils trouvent le moyen de tirer de ses propositions,
des arguments en faveur des interprétations les plus opposées. Le
fait est qu'on ne trouve aucune liaison entre ce qu'Aristote nous
dit de Socrate comme moraliste et ce qu'il nous en apprend
ailleurs comme théoricien de la connaissance; à l'un et à l'autre
point de vue les renseignements qu'il nous apporte sont très
minces, et connus déjà par les sources plus anciennes; ils ne
peuvent donc être qu'une confirmation. Or dans ces dernières
années, un savant a courageusement entrepris de démontrer, en
reprenant ses notices une à une, que non seulement Aristote ne
dit rien de neuf sur Socrate, mais que tous ses renseignements,
à part quelques anecdotes de fantaisie, c'est dans Platon qu'il
les a pris, que son idée du socratisme, il se la fait d'après les dialogues, qu'en fin de compte l'avis d'Aristote sur Socrate n'est
fondé que sur des sources que nous avons comme lui, et qu'ainsi
les écrits d'Aristote sur ce point constituent, non pas une source,
mais une première version historique. La démonstration de Taylor est péremptoire ou peu s'en faut, et ce n'est pas, pour les
orthodoxes, un petit scandale. Car si l'autorité d'Aristote n'est
pas plus grande quand il s'agit de Socrate, demeure-t-elle ce
qu'elle fut jusqu'ici en toute autre matière historique, en matière
platonicienne notamment?

De Socrate, nous disent les manuels à la suite de Diogène

Laerce, sont issues toutes les écoles philosophiques qui ont fleuri après lui, Platon et les Cyniques à Athènes, les Mégariques, les Cyrénaïques, les écoles d'Elis et d'Erétrie. A la tête de chacune de ces écoles on trouve un disciple de Socrate, au moins quelque sophiste local, venu jadis à Athènes exprès pour l'entendre, κατὰ κλέος Σωκράτους. Mais tous ces disciples de Socrate sont aussi différents les uns des autres et de Socrate lui-même qu'il est possible; les uns déduisent la vertu d'une métaphysique plus ou moins idéaliste, les autres l'expliquent par un hédonisme fondé sur le sensualisme le plus décidé. Ce n'est pas là qu'il faudra chercher des éclaircissements sur la doctrine du maître, et je plaindrais celui qui s'obstinerait à chercher dans toutes ces écoles cette moitié commune qu'impliquerait l'épithète de *demi-socratiques* que leur a donnée Zeller.

Ce sera un livre bien curieux qui nous retracera un jour l'*histoire de l'histoire de la philosophie grecque*. On est parti d'une grande confiance dans les données des compilateurs grecs et latins; mais, s'en référant aux écrits philosophiques eux-mêmes, les contradictions et les difficultés de toutes sortes ont de plus en plus frappé les esprits. On a cru tout sauver par un traitement cathartique simple et énergique: la distinction préalable des textes authentiques et des apocryphes. Des passages ont été jugés interpolés, des œuvres entières reconnues pour des faux altérant la pensée des maîtres. Mais on n'a pas tardé de s'épouvanter et des désaccords irréductibles sur le vrai et sur le faux, et surtout de la masse des écrits condamnés ou frappés de suspicion pour des raisons diverses; la réaction s'est produite, on est devenu conservateur en matière de textes et l'on a compté sur l'accumulation lente des petits progrès de détail. Ceux-ci n'ont jamais manqué, mais l'effet de leur rapprochement me paraît digne d'attention. Si notre restitution de l'histoire des philosophes et des systèmes s'acheminait normalement vers la perfection, on s'attendrait à voir diminuer la gravité des désaccords et surtout le radicalisme des innovations proposées ; or c'est le contraire que nous constatons. Si l'on représente par une ligne la façon traditionnelle de se représenter le Ve et 1v^e siècles philosophiques, nous dirons que les oscillations de la critique autour de cette ligne se produisent avec une amplitude croissante. Il y a déjà longtemps que la sagacité d'un Grote avait porté à la tradition un coup éclatant: on voyait dans les sophistes, terrassés par

la dialectique socratique, des personnages aussi piètres que malfaisants; Grote les a réhabilités, il a montré leur valeur non
négligeable et leurs intentions honorables. Depuis, l'importance
de Protagoras et consorts croît avec chaque édition de manuel et
l'on ne conteste plus guère leur réelle grandeur. Plus récemment
un des problèmes les plus classiques de la critique a changé de
face. Tout exposé du socratisme commençait naguère par cette
question préalable: les deux sources en sont Platon et Xénophon,
laquelle préférer? Depuis les travaux de Dümmler, de Joël, de
Dittmar, Xénophon est, peut-on dire, hors de course. Les écrits
socratiques qui nous sont parvenus sous son nom ne sont pas de
première main; ils démarquent notamment les dialogues perdus
d'Antisthène et d'Eschine, connus tous deux comme auditeurs de
Socrate au même titre que Platon. Les *Mémorables* et le *Banquet*
de Xénophon demeurent donc une source de première valeur,
mais non plus comme une vue d'ensemble sur Socrate; ils valent
par les détails dont on peut conjecturer qu'ils proviennent d'écrits
plus anciens et que l'on y trouve arbitrairement combinés. Ce
sont là des résultats considérables; on entrevoit de plus en plus
nettement l'esprit et le détail des dialogues d'Antisthène et surtout, grâce au livre admirable de Dittmar, d'Eschine. Ces socratiques ont traité leur maître avec une liberté devant laquelle les
fantaisies de Platon apparaissent bien réservées, et de plus en
plus il appert que les Σωκρατικοὶ λόγοι sont un genre littéraire qui
n'a avec la littérature historique que des rapports lointains.

Mais où l'audace des dernières hypothèses se révèle tout
entière, c'est dans les travaux extraordinairement brillants des
savants anglais, de Taylor et de Burnet. Nous avons parlé plus
haut de la liberté prise par Taylor envers l'autorité d'Aristote,
ce n'est là qu'un corollaire de sa thèse générale. Selon Taylor,
Socrate est bien plus grand encore que la tradition ne le fait, c'est
lui qui, trouvant déjà proposée la théorie des Idées, l'a menée à
sa perfection en reconnaissant la nature toute spirituelle des idées
telles que les Beau ou le Juste. Tout récemment Burnet est entré
délibérément dans la même voie; il donne à la fameuse question
des dialogues socratiques et des dialogues proprement platoniciens
une solution nouvelle: à peu près *tous* les dialogues où Platon fait
parler Socrate, sont l'expression du socratisme vrai. Le platonisme traditionnel est ainsi transféré de Platon à Socrate, et du
IVe siècle au Ve. Il faut dire que dans un travail magistral et

par une méthode « exhaustive » Taylor, dans ses *Varia Socratica*, avait démontré à l'évidence que la doctrine des idées est fondée et répandue au V⁰ siècle ; cette découverte nous paraît définitive.

Que nous voilà loin de la pure tradition ! On pense à un arbre que l'on déracine, qui d'abord frémit légèrement puis oscille et se penche enfin en de longs balancements, tandis que l'on perçoit sous terre de sourds craquements.

Disons vite que les solutions générales auxquelles ont cru pouvoir s'en tenir Taylor et Burnet, de même que les conjectures romantiques u'un Joël, appellent de sérieuses réserves e. qu'elles nous paraissent soulever autant de difficultés qu'elles prétendent en résoudre. C'est la nécessité de faire de telles hypothèses qui nous paraît avant tout significa..ve. Leur tort commun c'est encore, en somme, d'user de la même méthode vicieuse qui a servi à l'établissement de la version traditionnelle : on est obligé de *choisir* un socratisme et un platonisme en retenant certaines données, en négligeant les autres de la même provenance, parce que incompatibles ou superflues. Un traite la masse des écrits authentiques comme un sculpteur fait d'un bloc de marbre, en sacrifiant des parties de la pierre d'un grain aussi parfait que la statue même. Pour les faits biographiques, par exemple, on élimine d'abord l'invraisemblable formel, tel que les anachronismes, la bigamie, etc. ; puis dans ce qui est « à priori » vraisemblable, on écarte une des alternatives de toutes les contradictions, conformément à une vue d'ensemble qu'on s'est faite de la question. On ne procède pas autrement pour les théories philosophiques, et là, c'est d'autant plus grave qu'on ne s'aperçoit pas toujours qu'on le fait. Je parierais que nos exposés classiques de l'idéalisme et du socratisme n'utilisent pas dix pour cent des passages philosophiques des dialogues.

Quand on en est là dans un ordre de recherches, c'est vers des révisions d'ensemble qu'il faut aller ; tout annonce qu'un vice d'interprétation fondamental arrête ici l'essor de la reconstitution historique, empêche le sain enchaînement des faits, force à méconnaître le rapport logique des doctrines et rend impossible une représentation de l'objet étudié, conforme à tout ce qui en est valablement rapporté. C'est ce vice qu'il faut chercher.

. . . .

Les anciens historiographes aimaient que tout débutât noblement et par l'opération unique d'un fondateur. Pour la science ils eurent le choix entre Thalès et Pythagore; ils virent dans Socrate le premier moraliste, le fondateur de la philosophie. Les modernes ont adouci certains angles de cet édifice en expliquant l'œuvre de Socrate comme une réforme, mais ils n'en ont point modifié le plan. C'est à ce plan au contraire que nous nous en prendrons et nous demanderons : si Socrate fondateur de la science morale ou réformateur de la philosophie n'était qu'une légende, née d'une interprétation littérale des dialogues, s'il y avait eu développement normal, continu, assuré par des efforts multiples, opposés et concomitants, dans la pensée du Vᵉ siècle et dans la morale grecque, par cette hypothèse admise et suffisamment étayée, ne se rendrait-on pas maître, en quelque sorte, de ce nœud stratégique que nous cherchons, ne se placerait-on pas en un point central d'où le regard pût voir, comme par des avenues rectilignes, nos données et nos problèmes s'ordonner, s'éclaircir et se concilier ? Développons quelques aspects de notre proposition et quelques-unes de ses conséquences immédiates.

Les écrits socratiques sont des fictions littéraires, les unes appartiennent au genre dialectique, les autres relèvent de la rhétorique, comme ce réquisitoire contre Socrate qu'inventa Polycrate, rival d'Isocrate; d'autres, enfin, sont d'un caractère mixte comme le *Ménexène* et l'*Apologie*. Platon nous présente Socrate en conversation avec Critias, Nicias, Lachès ou Parménide, Antisthène le rapproche d'Alcibiade et d'Aspasie, Eschine le fait s'entretenir avec Télaugès, fils de Pythagore. Polycrate passe de l'accusation contre Socrate à une apologie de l'ogre Busiris: tous les écrits socratiques sont d'une égale fantaisie, de même que les romans psychologiques et les contes de fée ne sont que littérature; la Princesse de Clèves n'est pas plus historique que Peau-d'Ane.

Le Socrate des dialogues n'est pas le Socrate qui a vécu; l'œuvre de celui-ci, que seuls nous signalent les auteurs de comédies de son temps, nous ne la connaissons pas, elle est indiscernable dans la pensée philosophique du Vᵉ siècle. Quant à la doctrine ou plutôt les thèses de toute nature que lui font défendre les dialogues, elles proviennent de cette même philosophie du grand siècle, elles sont empruntées aux systèmes les plus divers et les plus opposés. La personne du Socrate des dialogues, si elle conserve quelque chose du prototype, c'est à travers la caricature d'un Aristophane et le masque comique; elle est en fait, un produit tout littéraire. Ce ne sont pas les particularités du Socrate vrai qui nous ont valu les entretiens socratiques de Platon et de Xénophon, ce sont les nécessités du genre dialogué qui ont présidé à l'accomplissement du type socratique. Ses qualités et ses bizarreries sont ce qu'il faut pour que le dialogue développe ses virtualités; non point cause, mais effet, sa personnalité évolue, à travers les dialogues, exactement comme évolue la technique de ceux-ci. Socrate est *déconcertant* dans les dialogues les plus anciens, aux « apories zénoniennes », c'est le *Socrate-torpille;* il est *édifiant* dans les dialogues didactiques ou « protreptiques », c'est le *Socrate-accoucheur;* il est *héroïque et inspiré* dans l'*Apologie,* c'est le *Socrate delphique.*

Platon, dont l'œuvre a été conservée, Eschine et Antisthène, que nous connaissons de mieux en mieux malgré leurs écrits disparus, sont au même titre des compilateurs philosophiques et littéraires. Leurs procédés, leurs sources sont les mêmes, ils s'imitent et rivalisent. Ils font à l'envi défendre par un compère, philosophe athénien de la grande époque, des théories qui proviennent de divers écrits du temps; les idées qu'ils me.ent dans la bouche des adversaires de Socrate n'ont d'ailleurs pas d'autre origine. Ces écrits, il n'est pas impossible de les reconstituer en partie; ce sont, avant tout, les œuvres de ces mêmes sophistes dont Socrate triomphe si aisément par ses questions et son ironie, Gorgias, Protagoras, Prodicus et Hippias. On voit fréquemment l'un de ceux-ci défendre lui-même une partie de ses idées devant Socrate qui les réfute par celles de quelque autre sophiste, ainsi dans le *Protagoras,* le *Grand Hippias,* le *Gorgias;* mais parfois les artifices littéraires sont beaucoup plus compliqués. C'est surtout dans les premiers dialogues, ceux qui passent pour réfléter la doctrine propre de Socrate, que l'œuvre de ces sophistes est utilisée; plus tard Platon a dû puiser dans d'autres écrits, mais il n'a jamais abandonné tout-à-fait ses premières sources.

Quant aux personnages et à l'affabulation des dialogues, la plupart, à commencer sans doute par Socrate lui-même, sont pris aux comédies d'Eupolis, d'Aristophane et de leurs rivaux. La grande scène du *Protagoras* où l'on voit déambuler le sophiste d'Abdère entouré de ses admirateurs provient des *r'latteurs* d'Eupolis — la suggestion, je crois, en a déjà été faite —; dans le *Banquet,* l'irruption d'Alcibiade pris de vin et couronné de lierre, soutenu par une joueuse de flûte, a la même origine. Le début du même *Banquet* est inspiré des *Thesmophories.*

Au reste, le genre dialogué, cette manière de κατὰ βραχὺ διαλέγεσθαι n'est pas né en même temps que l'idée de prendre Socrate pour compère; les socratiques l'ont reçu de l'âge antérieur, et Athènes ne l'a pas vu naître; le monde grec occidental, foyer le plus brillant de la civilisation hellénique avant le plein essor du milieu attique, eut l'honneur de son invention et de ses premiers développements. La comédie satirique telle qu'elle fleurit à Athènes au Ve siècle et la prose dialectique du IVe siècle paraissent l'une et l'autre devoir beaucoup à un genre à la fois poétique et philosophique qui fleurit à Syracuse, et ce n'est pas pour rien que les anciens nous ont rapporté la vive admiration de Platon pour Sophron et pour Epicharme.

Nous trouvons au IVe siècle, à Athènes, désormais la capitale intellectuelle de la Grèce, deux grands genres en prose, le genre dialectique représenté pour nous par Platon, et le genre oratoire illustré par Isocrate. Celui-ci soutient effrontément, dans son panégyrique d'Athènes que l'un et l'autre de ces genres sont nés dans cette ville. Tous les deux proviennent de la Grèce occidentale. La littérature socratique est ainsi une *version attique* du trésor de la pensée philosophique et de l'invention littéraire du ve siècle, qui en a supplanté l'expression primitive.

Les écrits originaux, non athéniens, ont disparu dans l'indifférence générale ou par l'effet d'un patriotisme local que nous voyons à l'œuvre dans Isocrate et dans Platon même. Plus tard, à l'époque des écrits aristotéliciens ou dans la période érudite qui les suivit, lorsqu'on s'avisa de collectionner des biographies de grands hommes et même de faire plus ou moins scrupuleusement l'histoire de la pensée philosophique, on eut comme principales sources ou comme documents de prédilection les dialogues socratiques et prenant, dans la mesure du possible, leur fictions à la lettre, on établit sur elles les cadres de l'histoire de la philosophie tels que les modernes les ont pieusement conservés. Ainsi se créa la légende d'une révolution socratique ou d'une seconde création de la philosophie, supplantant la physique (1). La

_____

(1) Les textes « déterminants » sur Socrate et sur Platon dont nos traités modernes ne sont qu'un développement conforme, pourraient bien être ces deux passages de Cicéron : ... jusqu'à Socrate, disciple d'Archelaüs, qui l'avait été d'Anaxagore, la philosophie enseignait la science des nombres, les principes du mouvement et les sources de la génération et de la corruption de tous les

nullité ou la malfaisance des sophistes était un complément logique et nécessaire de l'idée d'une réforme socratique; le dénigrement dont ils sont victimes dans les dialogues, et qui fait suite aux moqueries des auteurs comiques, n'a pu manquer d'être entériné par l'histoire.

Mais que penser d'Aristote et de son œuvre? Il va sans dire que lorsqu'on s'est libéré de l'empire de la tradition pour considérer le développement probable de la spéculation hellénique, les circonstances de la production du monument aristotélicien doivent changer d'aspect. Il est trop évident qu'Aristote n'a pu se former à l'école de Platon et que sa doctrine vient d'ailleurs que des milieux où fleurit l'idéalisme classique. Il est hors de contestation d'autre part, que l'unité du système et des procédés d'exposition constitue dans les écrits aristotéliciens la marque d'une individualité de génie; mais dès qu'on s'est avisé d'y penser, il devient non moins nécessaire de reconnaître que cette unité de ˌœuvre est synthèse d'une masse de données qui, loin de provenir d'un seul et même inventeur, est l'assemblage systématique d'un

---

êtres: elle recherchait avec soin la grandeur, les distances, le cours des astres; enfin les choses célestes. Socrate le premier fit descendre la philosophie du ciel, l'introduisit non-seulement dans les villes, mais jusque dans les maisons, et la força de régler la vie, les mœurs, les biens et les maux. Ses diverses méthodes de raisonnement, la variété des choses qu'il a traitées et l'étendue de son génie, si bien représentée dans les écrits de Platon, ont fait naître différentes sectes. ·
Tusculanes, l. I, c. IV, traduction de l'édition Garnier, t. XVII, p. 264.

TUBÉRON. Je ne sais, Scipion, sur quoi se fonde cette opinion, que Socrate s'interdisait toute discussion de cette nature, pour ne s'occuper que de la morale. Peut-on, au sujet de Socrate, invoquer un témoignage meilleur que Platon? Eh bien, dans mille endroits des écrits de ce philosophe, Socrate, tout en traitant une question de morale ou de politique, tâche comme Pythagore, d'y rattacher les nombres, la musique et la géométrie. — SCIPION. Cette remarque est juste; mais tu n'ignores pas, je pense, qu'après la mort de Socrate, Platon voyagea pour s'instruire, d'abord en Egypte, puis en Italie et en Sicile, afin d'y étudier la doctrine de Pythagore: qu'il y fréquenta Archytas de Tarente, Timée de Locres, et y trouva les ouvrages de Philolaüs; enfin que, dans ces contrées, où le nom de Pythagore jetait alors un si vif éclat, il se lia avec des disciples de ce philosophe, et adopta ses dogmes. Aussi, comme de sa prédilection pour Socrate, naissait le désir de lui prêter une science universelle, il fondit ensemble la grâce et la finesse de son maître avec les connaissances mystérieuses de l'école de Pythagore.
De la République, l. I, c. X, traduction de l'édition Garnier, t. XIX, p. 239.

dumes que l'unité d'esprit et de méthode est comme la forme qui assure l'individualité du système en s'imposant à une matière qu'elle n'a pas créée. L'ensemble des écrits aristotéliciens, pour tout dire, nous apparaît comme une somme philosophique, résumé probable d'un enseignement universitaire très complet et très systématique. Rien ne nous permet de nous en tenir aux dates traditionnelles quant aux origines de cette compilation: on montrera sans peine que les matériaux en sont pour une bonne part plus anciens que l'Aristote contemporain de Platon et d'Alexandre, mais leur mise en œuvre pourrait être dans certains cas plus récente, et l'absence d'allusions à des faits datés postérieurs à Aristote ne saurait être invoquée à l'encontre de cette assertion, quand donne le nombre de « recensions » qu'a dû subir la bibliothèque aristotélicienne et dont les dernières n'ont pas manqué d'être inspirées par les croyances qui ont prévalu. Les dates nous sont laissées en cette matière comme dans toute l'histoire de la philosophie grecque.

Cette manière de considérer l'œuvre aristotélicienne rendra compte des disparates, des redites, des contradictions mêmes qu'on y peut relever et qu'on y découvrira de plus en plus, nous en sommes convaincu, à mesure qu'on cessera de croire d'avance à son inspiration absolument cohérente et individuelle. Elle permettra une utilisation meilleure des données d'Aristote relatives à la philosophie antérieure: celles-ci, en effet, trahissent une évidente diversité d'information. Tantôt Aristote nous paraît faire exactement allusion à l'état des choses tel que nous l'exposons ici, nommément à l'existence d'une pluralité de penseurs idéalistes qui n'ont rien à voir avec Socrate ou Platon, tantôt au contraire il traite de Platon et de Socrate comme les modernes ont continué de le faire. Les passages où Aristote procède de cette dernière façon, il y a lieu de les considérer, en adoptant la démonstration de Taylor, comme la première expression d'une vue fausse de l'histoire de l'idéalisme, née de l'interprétation littérale des dialogues.

Quant aux prétendues écoles socratiques ou demi-socratiques, telles que les Cyniques, les Mégariques ou les Cyrénaïques, il sera facile de les rattacher, dans ce qu'elles ont d'historique, à ces courants de pensée brusquement coupés par la légende de la

réforme socratique et que la critique moderne a commencé de
retrouver jusqu'à Socrate exclusivement. L'histoire de la philosophie grecque est une femme dont on a trop aminci la taille en
la serrant dans l'anneau socratique : cela ne convient plus à sa
santé... On dénoncera les artifices par lesquels les auteurs
responsables de notre mythologie philosophique ont fait partir
ces écoles du seul Socrate. Le procédé le plus évident a été de susciter comme chef d'école un de ces auditeurs des derniers entretiens de Socrate tels qu'ils sont énumérés dans le *Phédon*. Euclide
devint le père des Mégariques, Antisthène le fondateur des Cyniques, Aristippe l'auteur des Cyrénaïques, Phédon lui-même le
créateur de l'école d'Elis. On range dans ces écoles des penseurs
qui s'en seraient montrés fort étonnés. Antisthène n'est nullement le premier des Cyniques; c'est un écrivain polygraphe qui
fit des dialogues socratiques à l'instar de Platon. Le cynisme,
comme Tannery l'a entrevu sans oser le conclure, est le prolongement à Athènes d'une secte de philosophes populaires se rattachant au pythagorisme. Le Télaugès d'Eschine parlait en cynique
à Socrate; à cause de l'anachronisme, Xénophon, copiant Eschine
pour son Banquet, a substitué à Télaugès Antisthène qui, lui
aussi, avait fait l'éloge de la pauvreté. Les Mégariques sont des
Eléates: l'école de Cyrène enfin, comme Taylor l'a déjà présumé,
n'est historique que par des représentants bien postérieurs à
Socrate, et c'est par une fiction que le sophiste Aristippe a été
mis à la tête de cette école et déclaré natif de Cyrène pour la circonstance.

En résumé, nous dirons que le problème capital de l'histoire de
la philosophie grecque se ramène à une question de sources. Il
s'agit de reconnaître la vraie nature de nos données fondamentales, les dialogues socratiques d'une part, et les écrits d'Aristote
de l'autre. Les uns sont une exploitation littéraire et très éclectique, les autres un développement systématique et unilatéral
d'un trésor de travaux philosophiques du Vᵉ siècle, antérieurs
à la primauté intellectuelle d'Athènes. Le IVᵉ siècle, loin d'être
l'époque de l'invention des plus grands systèmes, n'est que la
période où furent rédigés les écrits qui nous les font connaître.
En devenant partie intégrante de ce fonds de littérature attique
adopté comme base de l'éducation libérale dans le monde ancien,
ces écrits ont assuré la disparition des travaux originaux dont
ils s'inspirent. Mais quiconque y appliquera un minutieux tra-

monde de renseignements et de *textes* préalables. Pour employer,
en la dénaturant un peu, la langue même de notre auteur, nous
dirons que l'unité d'esprit et de méthode est comme la forme qui
assure l'individualité du système en s'imposant à une matière
qu'elle n'a pas créée. L'ensemble des écrits aristotéliciens, pour
tout dire, nous apparaît comme une somme philosophique,
résumé probable d'un enseignement universitaire très complet et
très systématique. Rien ne nous permet de nous en tenir aux dates
traditionnelles quant aux origines de cette compilation ; on montrera sans peine que les matériaux en sont pour une bonne part
plus anciens que l'Aristote contemporain de Platon et d'Alexandre, mais leur mise en œuvre pourrait être dans certains cas plus
récente, et l'absence d'allusions à des faits datés postérieurs à
Aristote ne saurait être invoquée à l'encontre de cette assertion,
étant donné le nombre de « recensions » qu'a dû subir la bibliothèque aristotélicienne et dont les dernières n'ont pas manqué
d'être inspirées par les croyances qui ont prévalu. Les dates nous
iont défaut en cette matière comme dans toute l'histoire de la philosophie grecque.

Cette manière de considérer l'œuvre aristotélicienne rendra
compte des disparates, des redites, des contradictions mêmes
qu'on y peut relever et qu'on y découvrira de plus en plus, nous
en sommes convaincu, à mesure qu'on cessera de croire d'avance
à son inspiration absolument cohérente et individuelle. Elle permettra une utilisation meilleure des données d'Aristote relatives
à la philosophie antérieure ; celles-ci, en effet, trahissent une évidente diversité d'information. Tantôt Aristote nous paraît faire
exactement allusion à l'état des choses tel que nous l'exposons
ici, notamment à l'existence d'une pluralité de penseurs idéalistes
qui n'ont rien à voir avec Socrate ou Platon, tantôt au contraire
il traite de Platon et de Socrate comme les modernes ont continué
de le faire. Les passages où Aristote procède de cette dernière
façon, il y a lieu de les considérer, en adoptant la démonstration
de Taylor, comme la première expression d'une vue fausse de
l'histoire de l'idéalisme, née de l'interprétation littérale des dialogues.

Quant aux prétendues écoles socratiques ou demi-socratiques,
telles que les Cyniques, les Mégariques ou les Cyrénaïques, il
sera facile de les rattacher, dans ce qu'elles ont d'historique, à
ces courants de pensée brusquement coupés par la légende de la

réforme socratique et que la critique moderne a commencé de retrouver jusqu'à Socrate exclusivement. L'histoire de la philosophie grecque est une femme dont on a trop aminci la taille en la serrant dans l'anneau socratique ; cela ne convient plus à sa santé... On dénoncera les artifices par lesquels les auteurs responsables de notre mythologie philosophique ont fait partir ces écoles du seul Socrate. Le procédé le plus évident a été de susciter comme chef d'école un de ces auditeurs des derniers entretiens de Socrate tels qu'ils sont énumérés dans le *Phédon*. Euclide devint le père des Mégariques, Antisthène le fondateur des Cyniques, Aristippe l'auteur des Cyrénaïques, Phédon lui-même le créateur de l'école d'Elis. On range dans ces écoles des penseurs qui s'en esraient montrés fort étonnés. Antisthène n'est nullement le premier des Cyniques ; c'est un écrivain polygraphe qui fit des dialogues socratiques à l'instar de Platon. Le cynisme, comme Tannery l'a entrevu sans oser le conclure, est le prolongement à Athènes d'une secte de philosophes populaires se rattachant au pythagorisme. Le Télaugès d'Eschine parlait en cynique à Socrate ; à cause de l'anachronisme, Xénophon, copiant Eschine pour son Banquet, a substitué à Télaugès Antisthène qui, lui aussi, avait fait l'éloge de la pauvreté. Les Mégariques sont des Eléates ; l'école de Cyrène enfin, comme Taylor l'a déjà présumé, n'est historique que par des représentants bien postérieurs à Socrate, et c'est par une fiction que le sophiste Aristippe a été mis à la tête de cette école et déclaré natif de Cyrène pour la circonstance.

En résumé, nous dirons que le problème capital de l'histoire de la philosophie grecque se ramène à une question de sources. Il s'agit de reconnaître la vraie nature de nos données fondamentales, les dialogues socratiques d'une part, et les écrits d'Aristote de l'autre. Les uns sont une exploitation littéraire et très éclectique, les autres un développement systématique et unilatéral d'un trésor de travaux philosophiques du Ve siècle, antérieurs à la primauté intellectuelle d'Athènes. Le IVe siècle, loin d'etre l'époque de l'invention des plus grands systèmes, n'est que la période où furent rédigés les écrits qui nous les font connaître. En devenant partie intégrante de ce fonds de littérature attique adopté comme base de l'éducation libérale dans le monde ancien, ces écrits ont assuré la disparition des travaux originaux dont ils s'inspirent. Mais quiconque y appliquera un minutieux travail d'exégèse saura bien progresser dans la connaissance de ces archétypes. Parmi les penseurs originaux du V° siècle, l n'y en eut pas de plus grands que ces hommes à jamais, peut-être, anonymes, auxquels nous devons les aspects multiples de l'idéalisme. A côté d'eux, comme nous l'avons dit, nous pouvons placer quelques hommes connus de tout temps par des traces de leurs travaux et des lambeaux de leurs œuvres et injustement dépréciés. les sophistes Protagoras, Prodicus, Hippias et aussi Gorgias, grand adversaire des trois autres. Tous ces hommes de génie ont traité de morale : il n'y eut jamais de fondation brusque de la philosophie morale ou sociale ; on la voit pointer partout chez les présocratiques. Les sophistes s'en sont occupés dans des esprits divers, depuis le scepticisme et la négation bouffonne de Gorgias, jusqu'à l'enthousiasme âpre et exalté de Prodicus. Prodicus ! voilà, on l'avait d'ailleurs pressenti, le nom de l'homme à qui il faut restituer ce qu'il y a d'avéré dans l'œuvre morale socratique, la doctrine de la morale-science.

Un autre trait honorable, attribué à Socrate, l'hostilité à la rhétorique formelle et la confiance dans la seule force de la vérité, l'idée que la vraie technique du discours est l'art de la démonstration, c'est un autre sophiste, Hippias, bien plus méconnu que Prodicus, qui doit en recevoir l'attribution. La difficulté qu'on éprouvait à réduire à l'unité le Socrate moraliste et le Socrate logicien se ramène donc en partie à une dualité de sources de Platon : Prodicus fut surtout un moraliste et Hippias un logicien.

Quant aux origines de la théorie des Idées, l'hypothèse que nous développons peut passer, on le voit, pour une généralisation des vues de Taylor et de Burnet. Ces savants ont bien reconnu que la théorie des Idées date du V° siècle et c'est le point principal, mais ils y rattachent le nom de Socrate tandis que nous faisons honneur du développement de l'idéalisme à l'effort collectif d'un nombre indéterminé de penseurs. L'idéalisme, en effet, n'est pas une doctrine unique, il faut, croyons-nous, se résoudre à en distinguer plusieurs, depuis le système qui fait des Idées des qualités substantielles jusqu'à celui qui ne veut y voir que de pures relations.

Au reste, ce que nous appelons Idéalisme n'est qu'un cas particulier de ce que les penseurs du V° siècle auraient reconnu comme tel. Le principal effort philosophique de ce temps gravite autour de la notion d' εἶδος , et ce mot de *forme* ne désigne pas seulement ce qui est pour nous l'idée platonicienne, mais aussi bien l'atome de Démocrite et la *forme*, opposée à la matière, d'Aristote. Car on trouve au Vᵉ siècle des traces évidentes de la théorie qui deviendra le système aristotélicien, et ce n'est pas seulement chez Hippocrate: des yeux dessillés ont la stupéfaction d en lire de véritables esquisses chez Platon lui-même exploitant une source reconnaissable, dans le *Cratyle* et dans le *Grand Hippias*. Les grandes théories de la connaissance appelées à une rivalité universelle, l'idéalisme platonicien, le matérialisme, l'aristotélisme, le scepticisme enfin sont nées, non pas une à une, le long de générations successives, comme l'ont voulu des historiens férus de généalogies philosophiques, mais presque en même temps, dans leur opposition logique mutuelle et leur rivalité irréductible. On a défendu les êtres individuels de la perception commune et leurs « affections » bien peu de temps après qu'on eût inventé les Idées, et le premier « nominaliste » s'appelle *Hippias d'Elis*.

. . . .

En achevant ces lignes, devant cette gradation de paradoxes accumulés sans précaution, nous sentons plus vivement l'imprudence, voire meme une sorte d'inconvenance qu'il y a à présenter ainsi ces vues révolutionnaires séparées des preuves sur lesquelles nous croyons les fonder.

Le travail de recherches et de démonstration dont on trouve ici les conclusions, fait l'objet d'un livre que nous avons intitulé *La Légende Socratique et les Sources de Platon*. Il nous a occupé durant les années de guerre, et c'est parce que nous désespérons un peu de voir notre manuscrit publié de longtemps que nous nous sommes décidé à annoncer nos principaux résultats. Est-ce une illusion ? il nous semble que le passage de la mythologie philosophique à l'histoire positive annoncé ici est imminent, soit qu'il résulte d'un effort d'ensemble comme le nôtre ou qu'il se produise automatiquement et comme malgré les auteurs, par la simple addition des conversions partielles. Notre étonnement est que des hommes tels que Taylor ou Dittmar n'aient pas sauté déjà ce fossé devant lequel leurs découvertes les ramènent sans cesse, et ce n'est que par notre éducation classique qui nous a inculqué ces belles légendes philosophiques comme des dogmes religieux, par l'amour que nous sentons tous pour leurs héros, que je puis m'expliquer cette espèce de somnambulisme critique.

Qu'on m'excuse d'essayer prématurément d'y mettre fin et de marquer une place à prendre à la suite des savants éminents cités dans cet article, parmi les réformateurs de l'histoire de la philosophie grecque.

Aux plus sceptiques je demande seulement d'appliquer à la question cette méthode analytique qui se recommande d'autant plus à leur faveur qu'on la dit venir de Platon, de supposer le problème résolu et de traiter provisoirement les écrits de Platon et d'Aristote comme des constructions faites d'après des textes plus anciens. Qu'on rapproche les dialogues, authentiques ou apocryphes, la *Métaphysique*, la *Rhétorique*, la *Morale à Nicomaque* des débris sauvés de l'œuvre des sophistes, des Δισσοὶ λογοί, du recueil hippocratique, de l'*Histoire* de Thucydide, de tout ce qui nous met dans la présence directe de la pensée du Vᵉ siècle, et notre étonnement sera grand si la fécondité immédiate de cette méthode, les découvertes inattendues qu'elle procurera, les aperçus nouveaux qu'elle suscitera, le rendement meilleur qu'elle assurera à nos sources ne donneront pas de l'indulgence pour notre initiative à ceux-là mêmes qui persisteront à repousser nos conclusions les plus radicales.

Le moment, sans doute, est peu favorable à la publication d'ouvrages inspirés d'une critique aussi hétérodoxe, et l'on se sent en général peu de goût pour ces nombreux amateurs ou ces spécialistes dévoyés qui, s'en prenant aux gloires les plus éclatantes, découvrent à l'envi, dans la tradition qui s'y rapporte, les méprises ou les travestissements les plus sensationnels. Pour Socrate en particulier, dont la pensée, a-t-on dit, est si vivante parmi nous, ne supportera-t-on pas avec une impatience plus marquée un effort qui pourrait, au sentiment de certains, tendre à diminuer notre patrimoine de grandeur psychologique et de valeur morale ?

Je ne sais, mais si le veilleur de Potidée, celui que l'Oracle avait désigné d'avance comme le plus sage des Grecs, au lieu d'être, à force de supériorité une espèce de monstre séduisant, devient le produit collectif de l'émulation intelligente et du génie littéraire, je ne vois pas, quant à moi, qu'il y ait pour cela moins sujet de s'émouvoir et d'admirer; une légende où s'unit la fleur d'une pluralité d'esprits est aussi précieuse, aussi honorable et aussi féconde qu'une réalité extraordinaire mais accidentelle.

Ne soupirons point, comme Criton, ne pleurons point, comme

Apollodore; *l'âme socratique* n'est pas conditionnée par ce débat qui n'importe qu'à la stricte connaissance des doctrines philosophiques et des genres littéraires. Le pur esprit ne garde rien des circonstances de sa venue au monde, c'est en nous que vit cette âme, elle n'est pas en danger d'y mourir. Quant à la philosophie grecque, je ne l'ai pas vue s'amoindrir en la connaissant mieux et en tâchant de raviver des réputations injustement obscurcies. Le génie et la gloire dont est fait le prodige grec est une quantité définitivement donnée, aux artistes et aux philosophes de l'apprécier et de la comprendre, aux historiens de la *répartir*.

Juin 1920.

Les Méthodes de la Chimie moderne

par André Job
Professeur au Conservatoire National des Arts et Métiers à Paris.

___

*Conférence faite à l'Université libre de Bruxelles, le 16 avril 1920
sous les auspices de l'Institut international de chimie Solvay*

___

L'Université de Bruxelles en m'invitant à venir ici m'a fait un grand honneur dont je sens tout le prix, et que je voudrais maintenant mériter par cette conférence. Je me demande comment j'y parviendrai. Peut-être réussirai-je à vous intéresser, Mesdames et Messieurs, en vous parlant tout simplement de la chimie comme je la vois, c'est-à-dire comme la voit un chimiste.

Je suppose que la plupart d'entre vous ne sont pas des chimistes ils voient donc la chimie, pour ainsi dire, du dehors; je voudrais essayer de vous montrer comment le chimiste qui en fait son étude familière, la voit, pour ainsi dire, du dedans. Je ne vous apprendrai sans doute pas beaucoup de faits nouveaux, car vous êtes certainement informés des principales conquêtes de la chimie moderne. Mais je voudrais grouper les faits connus afin de reconnaître les principes qui ont présidé au développement de cette science et de dégager, si possible, les idées directrices qui en guident actuellement les progrès.

D'abord, qu'est-ce que la chimie? Quel est son point de départ? Quel est son but? La raison d'être de la chimie, c'est la multiplicité des formes de la matière. Les matériaux qui nous entourent et qui constituent le milieu où nous vivons, nous apparaissent avec des propriétés, disons sous des formes infiniment variées. De cette diversité complexe on a essayé de faire un tableau simple. Dans cet apparent désordre, la science s'est appliquée à chercher un ordre.

Un premier pas a été fait quand on a commencé à discerner des espèces pures. Les formes de la matière telles qu'elles nous apparaissent dans la nature, sont presque toujours des mélanges. L'eau elle-même, l'eau réputée pure est un mélange, et il y a une infinie variété d'eaux naturelles. Discerner une espèce pure, c'est dégager de ses divers mélanges, un produit unique et constant, défini par un ensemble de mesures physiques, véritables caractères d'identité qui constituent un signalement précis et invariable. C'est ainsi que l'eau pure est définie par la mesure précise de ses propriétés physiques, et notamment de sa conductibilité électrique.

Comment sépare-t-on les espèces pures? On y réussit par différents procédés. Le plus connu, le plus ancien, est la distillation. Dès l'origine de la chimie organique, c'est par la distillation qu'on a peu à peu reconnu les espèces. Ainsi, la distillation du vin a donné de l'esprit de vin. Ce n'était pas encore de l'alcool mais un mélange d'eau, d'alcool et des impuretés de l'alcool. Plus tard, en perfectionnant la technique (et c'est là que l'art de l'ingénieur servi par la science du physicien interviennent), en multipliant les distillations par le jeu de l'appareil à plateaux, on est arrivé à faire la séparation de plus en plus parfaite, ce qu'on appelle la rectification de l'alcool. L'alcool rectifié est presque de l'alcool pur. Il ne reste plus qu'à le distiller une dernière fois sur un déshydratant comme la chaux.

La distillation fractionnée, quand elle est faite avec soin, sert non seulement à purifier le produit principal, mais aussi à isoler les impuretés. C'est ainsi que la distillation perfectionnée de l'air liquide a donné des résultats tout à fait inattendus. Elle a permis de découvrir dans l'atmosphère des gaz rares qui s'y trouvent à l'état de traces infiniment petites, tels que l'hélium ou le néon.

Un autre mode de fractionnement des mélanges, c'est la cristallisation et là aussi, on a poussé très loin l'affinement des méthodes.

Donnons d'abord un exemple de purification. Il n'y en a peut-être pas de plus frappant que celui qui nous est fourni par l'industrie du sucre. C'est par des cristallisations successives que le raffineur prépare le sucre blanc qui sert à notre consommation. Ce sucre est déjà très pur, mais, par de nouvelles cristallisations, on peut le purifier encore si l'on veut obtenir certaine variété de sucre candi qu'on destine à la fabrication des vins de Champagne. Alors on arrive à une pureté presque absolue.

3

La cristallisation fractionnée a conduit aussi à la découverte d'espèces nouvelles. Nous en avons des exemples remarquables en chimie minérale, et notamment dans le domaine des terres rares. C'est ainsi que par des milliers de cristallisations successives, Auer von Welsbach est parvenu à discerner dans le mélange qu'on appelait autrefois le didyme, deux constituants, le néodyme et le praséodyme. Tout le groupe des éléments rares a été exploré par ces procédés (notamment, en France, par M. Georges Urbain). Enfin, n'oublions pas que la même technique a servi à M. et Mme Curie pour isoler le radium.

Dans ce travail de discernement des espèces ne croyèz pas, d'ailleurs, que le succès soit toujours assuré. Il y a souvent des cristallisations confuses qui rendent la séparation difficile et l'identification incertaine. C'est le cas des alliages métalliques dont l'étude très récente, en somme, est loin d'être achevée. Mais le problème devient beaucoup plus difficile encore lorsqu'il s'agit de solides amorphes comme les verres ou les résines. Là nous sommes à peu près désarmés et la science en est encore à ses premiers tâtonnements.

Supposons que nous ayons isolé des produits naturels, directement ou indirectement, toutes les espèces définies, que nous en pouvons extraire, notre tâche sera de les classer. Puis, nous nous demanderons s'il y a des lois qui en limitent le nombre. C'est ainsi qu'à l'origine les théories chimiques ont pris naissance et qu'elles ont évolué. Elles ont évolué exactement comme si les chimistes s'étaient posé cette question: quelles sont les espèces possibles ? Et la réponse, nous la trouvons dans la théorie atomique.

Un philosophe, Condillac, a dit que les sciences sont des langues bien faites. Cette parole est profondément vraie, et elle est vraie surtout de la chimie. Les sciences se sont d'abord donné pour objet de raconter les phénomènes naturels. La chimie raconte ceux qui ressortissent à son domaine, mais elle les raconte si bien, dans un langage tellement clair, qu'il suffit de parler ce langage pour évoquer non seulement les faits connus mais encore les faits à connaître.

La notation chimique est fondée sur la comptabilité rigoureuse des masses qui entrent dans les combinaisons. Cette comptabilité perfectionnée qui constitue l'analyse pondérale, nous la devons à Lavoisier. C'est lui qui a fixé la notion d'élément. Il a montré que l'élément n'est pas perdu dans le composé et qu'il y garde au moins un représentant qui est son poids. Aucune combinaison, aucune migration d'élément d'un composé à l'autre ne peut s'effectuer sans qu'il y ait déplacement de masse et que l'analyse le révèle.

Mais l'élément, au cours de ses métamorphoses, conserve un autre signe de son individualité, son poids relatif. Si, par exemple, on considère divers composés volatils pris sous un même volume de comparaison, et qu'on les analyse, on trouve qu'un élément donné y est toujours représenté par la même dose ou par ses multiples simples. Cette dose est donc une constante caractéristique de l'élément, on l'appelle son poids atomique. Notons chaque poids atomique par un signe, désignons 1 gr. d'hydrogène par H, 16 gr. d'oxygène par O, 12 gr. de carbone par C, etc. Vous voyez qu'un composé quelconque d'hydrogène, d'oxygène et de carbone peut être représenté très simplement, à l'aide de ces signes, par une formule qui donne exactement le dosage des éléments. Ex. H^2O, CO^2, etc.

Nous écrivons la formule d'un composé quelconque en juxtaposant simplement les symboles des éléments. Ceci suggère une hypothèse, c'est que les éléments eux-mêmes sont juxtaposés dans leur combinaison. Cette hypothèse les chimistes l'ont faite tout naturellement, mais, éclairés par les données de la physique, ils en ont développé les conséquences, et ils ont abouti à la théorie atomique. Le physicien s'imagine un gaz comme formé de particules extrêmement petites, toutes pareilles, isolées les unes des autres, qui sont les individus gazeux ou molécules. Le chimiste voit dans ces molécules les éléments qui ont servi à les constituer. Il fait correspondre à chaque élément des particules extrêmement petites, toutes pareilles, dont la masse est proportionnelle au poids atomique de l'élément. Et comme la formule symbole du poids moléculaire est composée avec les signes, symboles des poids atomiques, de même la molécule est réellement composée avec des atomes.

Aujourd'hui vous pouvez hardiment vous confier à la théorie atomique. Elle a reçu un si grand nombre de vérifications, physiques et chimiques, que ce n'est plus à proprement parler une hypothèse, c'est une vérité scientifique, s'il est permis de dire que nous atteignons jamais la vérité.

La molécule se construit avec des atomes. Il nous reste à savoir suivant quelles lois. Quand nous connaîtrons les lois des assemblages nous serons capables aussitôt de prévoir les espèces possibles. Ces lois ont été trouvées, au moins pour la chimie du carbone. Elles se résument dans la notion de valence. D'une façon simpliste on peut dire que chaque atome a des attaches par lesquelles il peut retenir d'autres atomes. L'hydrogène a une valence, l'oxygène deux, l'azote trois, le carbone quatre. Et toute une architecture chimique peut se construire sur ces données.

Tel fut le travail des atomistes depuis Laurent et Gerhardt et il en est résulté cette extraordinaire floraison de découvertes qui marque le développement de la chimie organique depuis le milieu du XIXe siècle.

Et à présent, que pouvons-nous attendre de l'avenir? Créer des espèces nouvelles, c'est, en somme, créer des propriétés nouvelles. Et c'est par là vraiment que nous pouvons asservir la matière à nos besoins. Mais il nous faudra pour cela connaître les lois qui relient les propriétés aux assemblages.

On a déjà fait quelques progrès dans cette voie. Ainsi, pour les matières colorantes, dans certaines séries bien connues, le chimiste sait déjà de quelle manière il doit modifier la molécule chimique pour faire varier dans un sens déterminé la nuance du colorant. On peut travailler de même dans la chimie des parfums, bien que la physique de l'odorat soit encore très imparfaite. Et la même méthode a déjà donné des résultats dans la chimie des remèdes. Ainsi l'on commence à discerner des relations entre la constitution de certains dérivés organo-arséniés et leurs propriétés thérapeutiques.

Enfin, il y a tout le domaine des propriétés mécaniques (dureté, élasticité, etc.) où l'activité créatrice du chimiste peut aussi se donner carrière. Mais là, on peut dire que tout ou presque tout est à trouver. Nous commençons pourtant à savoir constituer des matériaux comme le caoutchouc. Vous savez qu'on a fait la synthèse du caoutchouc naturel par condensation d'un carbure d'hydrogène, l'isoprène. On peut aussi créer des caoutchoucs nouveaux par condensation d'autres carbures, et faire varier méthodiquement les propriétés. De plus, par le jeu des mélanges, on peut les modifier encore. Vous voyez combien il serait intéressant d'étudier à ce point de vue toutes les matières plastiques, résines, vernis, éthers de cellulose, etc.

Pour les matériaux que nous fournit la chimie minérale les mêmes problèmes se posent et nous sommes à peu près aussi ignorants. Ainsi nous savons très mal ce que c'est qu'un verre et de quoi dépendent ses propriétés mécaniques. Nous en sommes encore à chercher ce que c'est qu'un métal, nous ne savons pas dire à coup sûr quels alliages il faut préparer pour obtenir telle conductibilité, telle dureté, telle résistance. Vous voyez que la science est loin d'être faite, et que le champ à explorer reste immense.

Dans ce qui précède nous avons, en somme, esquissé les règles qui permettent de dire quelles sont les espèces possibles. Il y a un autre problème à résoudre et un mystère à éclaircir, celui de la genèse des espèces. Quand nous créons des espèces c'est que nous provoquons des métamorphoses de la matière, c'est que nous mettons en jeu des réactions chimiques. Comment le chimiste peut-il se rendre maître de ces réactions ? En d'autres termes, quelles sont les transformations possibles ?

Ici l'esprit humain a passé par bien des tâtonnements avant de trouver sa route. Les idées directrices qui nous servent de règles se sont dégagées lentement. Il y a trente ans au plus, elles étaient encore obscures pour la plupart des chimistes. Maintenant elles leur apparaissent tout à fait claires, et ils s'y confient sans réserves.

La notion la plus importante que je voudrais fixer dans votre esprit, c'est celle du potentiel chimique. Pour cela considérons un exemple bien connu de transformation. Laissons du phosphore sec exposé à l'air sous une cloche fermée. Le phosphore ne tarde pas à prendre feu et sa combustion produit des flocons blancs d'anhydride phosphorique. Mettons l'anhydride phosphorique au contact de l'eau, il se dissout avec élévation de température. Faisons bouillir pour achever la dissolution. Nous avons à présent de l'acide phosphorique. Filtrons la liqueur. D'autre part, préparons de l'eau de chaux en dissolvant de la chaux vive dans l'eau, et filtrant la dissolution. Si nous versons l'eau de chaux dans l'acide phosphorique jusqu'à saturation complète, nous voyons paraître un précipité qui se rassemble au fond du vase. C'est du phosphate de calcium. Toutes ces transformations se sont succédé, pour ainsi dire, d'elles-mêmes, sans que nous ayons fait autre chose que choisir les réactifs et les mettre en présence. Et maintenant le phosphate de calcium est une substance à peu près inerte, que nous pourrons très malaisément faire entrer en réaction et qui est péu différente du phosphate de calcium naturel.

Si nous considérons l'ensemble de cette évolution, nous pouvons dire: à mesure qu'elle progresse, on voit diminuer le nombre des réactions spontanées qui demeurent possibles. Ainsi il est évident qu'il y a plus de promesses de réactions dans le système eau, anhydride phosphorique, chaux vive, que dans le système eau de chaux et acide phosphorique. Il y a plus de promesses encore dans le système eau, oxygène, phosphore et chaux. Ces systèmes, qui ont même composition élémentaire, peuvent donc être classés suivant l'avenir qu'ils recèlent. Nous dirons que celui qui promet le plus de réactions est au potentiel le plus élevé. Et la définition du potentiel chimique se trouve dès lors implicitement contenue dans ces mots : étant donné un système chimique, toute réaction spontanée de ce système abaisse son potentiel.

Laissons-nous guider par cette notion nouvelle. Tout d'abord il est évident que si nous voulons observer le plus grand nombre possible de faits, nous aurons intérêt à faire commencer l'évolution du système à partir du potentiel le plus élevé. Dans l'exemple précédent, avons-nous réalisé cette condition? Certainement non, car l'hydrogène et l'oxygène tendent spontanément à former de l'eau, l'oxygène et le calcium tendent spontanément à former de la chaux. Il y avait donc intérêt, pour multiplier les possibles, à partir de l'ensemble : hydrogène, oxygène, phosphore, calcium. Ce sont là précisément des éléments. Et nous trouvons dans ce cas particulier l'application d'une règle à peu près générale : à la température et sous la pression où nous observons d'ordinaire, un système qui ne contient ni carbone ni azote est à un potentiel moins élevé que l'ensemble de ses éléments isolés. Cette remarque explique la simplicité relative des espèces minérales. En effet, comme il arrive le plus souvent qu'en se compliquant elles se dégradent, on comprend que leur complication trouve bientôt un terme. En chimie organique il n'en est pas ainsi. Si nous assistons à l'évolution d'un système qui ne contient pas d'autres éléments que le carbone, l'hydrogène, l'oxygène et l'azote, nous constatons assez généralement qu'en se dégradant il se simplifie. D'où l'opposition qu'on a cru pouvoir établir entre la chimie organique et la chimie minérale. Cette opposition, bien entendu, n'est qu'apparente. Et vous verrez qu'il est facile de joindre les deux domaines.

Mais revenons à notre préoccupation, qui est de saisir toutes les transformations possibles. Si nous poussons plus loin la critique de l'expérience que je viens de décrire, une question nous vient nécessairement à l'esprit. Nous prenons le système phosphore oxygène, nous l'abandonnons à lui-même et nous retrouvons à sa place le système acide phosphorique dont le potentiel est moins élevé. Voilà qui est très simple. Mais sommes-nous bien sûrs d'avoir épuisé ainsi toutes les promesses que le premier système pouvait recéler?

Cette question est très suggestive car elle nous amène à observer les phénomènes de plus près. Et l'observation attentive montre, en effet, que nos premiers résultats sont incomplets. Dans un courant lent d'air sec le phosphore sec peut s'oxyder sans brûler. Et alors le produit de l'oxydation n'est pas uniquement de l'anhydride phosphorique. Par sublimation lente on parvient à y discerner l'anhydride phosphoreux. Or, l'anhydride phosphoreux est susceptible de s'oxyder à son tour pour donner de l'anhydride phosphorique. Ainsi l'anhydride phosphoreux et l'oxygène constituent encore, au-dessus de l'anhydride phosphorique, un système dont le potentiel est plus élevé. Et, par suite l'ensemble eau, anhydride phosphoreux, oxygène, sera certainement plus riche en réactions que l'ensemble anhydride phosphorique et eau. En effet, l'anhydride phosphoreux dissous dans l'eau donne l'acide phosphoreux qui est un réactif particulièrement sensible. A l'ébullition il se dédouble et donne, outre de l'acide phosphorique, le phosphure d'hydrogène qui est lui-même d'une grande activité.

Nous tirons de là une leçon précieuse; nous ne devons dégrader un système chimique qu'avec les plus grandes précautions. Si on avait méconnu l'acide phosphoreux, on se privait d'une foule d'observations nouvelles. Mais précisément l'acide phosphoreux, par sa mobilité, était, de toutes les formes du système, la plus propre à nous échapper.

En fait, les chercheurs avisés qui ont su faire usage de ces formes mobiles ont toujours été conduits à d'importantes découvertes. Si vous le voulez bien, je vais faire sous vos yeux une expérience assez instructive à cet égard. Nous exploiterons ici l'activité, non pas de l'acide phosphoreux, mais de l'acide nitreux qui lui est assez comparable.

Prenons donc l'acide nitreux et, mettons-le en présence d'aniline. Pour représenter l'anilline nous écrivons $C^6 H^5 AzH^2$, c'est

une ammoniaque composée dans laquelle un atome d'hydrogène
est remplacé par $C^6 H^5$.

Quand nous faisons réagir l'acide nitreux, il se fait de l'eau, de
l'azote et du phénol, $C^6H^5AzH^2 + OAzOH = H^2O + Az^2 + C^6H^5OH$.

On a donc transformé l'aniline en phénol, et c'est tout. Mais
si l'on opère avec précaution, en · refroidissant dans la glace
comme nous allons le faire ici, on s'aperçoit que l'azote ne se
dégage pas immédiatement et l'on voit apparaître une coloration
rouge. A ces indices, le chimiste reconnaît qu'une réaction intermédiaire s'est produite et qu'une espèce nouvelle s'est formée.

Cette espèce a été saisie par Griess et ce fut une des grandes
conquêtes de la chimie organique. On lui a donné le nom de diazoïque (C^6H^5) Az^2OH. C'est un composé très instable (à l'état
isolé il est même explosif), mais son instabilité même est un gage
d'activité et vous allez voir, en effet, que c'est un agent de réaction extraordinairement fécond.

Nous allons préparer un diazo et le faire agir sur un phénol.
Nous partons ici, non pas de l'aniline même mais d'un dérivé sul-
fanilique, plus soluble dans l'eau. Nous mélangeons deux solutions l'une de sulfanilate de soude, l'autre d'azotite de soude, en
quantités calculées. Nous avons ainsi de quoi faire de l'acide sul-
fanilique et de l'acide azoteux.

Refroidissons dans la glace et ajoutons un peu d'acide chlorhydrique afin de libérer les acides. Vous le voyez, il se produit déjà
un changement de couleur, qui signale une réaction, c'est l'apparition du diazoïque.

Voilà le diazoïque formé. Nous allons maintenant le faire agir
sur un phénol, sur le β naphtol par exemple, qui est un phénol
dérivé de la naphtaline. Vous voyez qu'immédiatement nous obtenons une matière colorante. Cette matière colorante très importante a été précisément découverte de cette manière dans l'usine
Poirier et Dalsace à Saint-Denis. C'est le premier colorant industriel qu'on ait préparé dans cette série.

Voilà le colorant obtenu, et d'une façon bien simple. Il ne nous
reste plus qu'à le précipiter par de l'acide chlorhydrique.

Essayons maintenant de calculer combien de matières colorantes on peut préparer de la sorte. Supposons que l'on dispose de
cent amines analogues à l'aniline, c'est peu, car il y en a en
réalité plusieurs centaines. Supposons que l'on ait, d'autre part,
cent phénols comme le β naphtol (et il en existe bien davantage).

Cent bases et cent phénols cela fait aussitôt dix mille colorants possibles.

Vous voyez quelles richesses Griess a découvertes quand il a saisi la formation du diazoïque.

Je pourrais vous donner d'autres exemples de ces formes fugitives qui deviennent entre les mains du chimiste de si puissants réactifs. Tels sont les aldéhydes. Citons l'aldéhyde formique qui par suite de son instabilité a longtemps échappé aux chercheurs. Citons aussi l'acroléïne que l'on n'avait pas encore véritablement saisie et que M. Charles Moureu a pu tout récemment rendre stable.

Les chimistes d'autrefois n'ont pas toujours travaillé avec tant de précautions. Ils n'avaient pas reconnu l'importance de ces formes mobiles. Ils opéraient en dégradant les corps organiques par la chaleur. Ils distillaient par exemple le bois et la houille. Distiller, c'est déjà mieux que brûler, mais il y a encore beaucoup de progrès à faire pour distiller le plus méthodiquement possible et capter le plus grand nombre de produits intermédiaires. On s'en est avisé récemment pour la distillation de la houille: on a remarqué qu'il était possible de la distiller à une température beaucoup plus basse, à la condition de faire le vide, et qu'on obtenait ainsi des produits très intéressants (voir Pictet et ses goudrons du vide). Mais d'une façon plus générale, ne pouvons-nous pas, en profitant des enseignements de la chimie moderne, multiplier les découvertes de genre?

Oui, nous le pouvons, et pour cela il nous suffira de chercher nos leçons dans la nature organisée. Observons la dégradation des espèces organiques telle qu'elle s'opère à froid dans les conditions naturelles; nous trouvons dans les produits obtenus une infinie variété. Si, par exemple, nous observons la dégradation du sucre, nous le voyons se transformer soit en alcool, soit en acide acétique, soit en acide lactique, soit en acide butyrique, etc., etc. Et quels sont les agents de cette dégradation ménagée, de cet abaissement si parfaitement réglé du potentiel chimique? Ce sont les diastases.

Ces diastases que, pendant très longtemps, on a cru attachées aux cellules organisées, on commence à les en extraire. Büchner a extrait de la levure de bière la zymase qui, isolée de la cellule vivante, agit encore *in vitro* sur le sucre pour donner de l'alcool.

La nature nous donne là une leçon très importante, elle nous enseigne la *catalyse*. C'est une méthode qui est maintenant familière aux chimistes : pour dégrader les potentiels avec le plus de ménagements possible, à basse température, ils choisissent avec soin des accélérateurs de réaction, disons des catalyseurs.

Jusqu'à présent, c'est dans la chimie minérale qu'ils les ont trouvés. C'est ainsi que Gabriel Bertrand a démontré le rôle des sels de manganèse dans l'oxydation des phénols et que Sabatier a démontré la fonction très générale du nickel comme accélérateur d'hydrogénation. Vous savez que c'est en présence du nickel réduit qu'on réalise l'hydrogénation des huiles et qu'on les transforme en graisses solides.

On a fait aussi de grands progrès dans la recherche des catalyseurs d'hydratation et d'hydrolyse. Vous connaissez un exemple simple d'hydratation et d'hydrolyse, c'est la transformation du sucre de canne en lévulose et glucose, ou encore la transformation progressive de l'amidon en dextrine, maltose et glucose. Ces transformations se font dans la nature sous l'influence de diastases. Et nous les imitons très imparfaitement d'ailleurs, avec le secours de nos catalyseurs artificiels, notamment des acides. Vous connaissez aussi l'hydrolyse des graisses en acides gras et glycérine, mais dans l'industrie il y a d'autres exemples non moins importants et j'en choisirai deux qui sont particulièrement intéressants au point de vue de l'histoire de la chimie. Je veux parler des synthèses de l'alcool.

Il est assez curieux, en effet, de constater que Berthelot a réalisé la synthèse de l'alcool vers 1855 et que l'application industrielle vient seulement d'être mise au point dans ces derniers mois.

Berthelot dans sa recherche, obéissait à une préoccupation philosophique. Il voulait démontrer que le chimiste, avec les seuls matériaux que lui offre la chimie minérale, est capable de reproduire dans son laboratoire les mêmes substances qui prennent naissance dans la nature organisée. Il allait jusqu'à préparer du carbone à partir du carbonate de baryum des roches afin de s'affranchir plus sûrement de toute origine organique. Avec le carbone et l'hydrogène, nous verrons qu'il faisait de l'acétylène C^2H^2. Cet acétylène, hydrogéné à son tour, donne l'éthylène C^2H^4. Enfin l'éthylène fixant les éléments de l'eau donne de l'alcool C^2H^5OH. L'agent d'hydratation était l'acide sulfurique. Avec de grandes difficultés, Berthelot parvint ainsi à préparer un peu d'alcool, puis, sa démonstration faite, sollicité par d'autres recherches, il ne se soucia pas de perfectionner sa méthode et d'en faire l'application pratique.

A vrai dire, dans la pratique industrielle, la synthèse de l'alcool est restée pendant de longues années dépourvue d'intérêt. L'alcool de fermentation était beaucoup plus économique que ne pouvait être l'alcool de synthèse. Mais pendant la guerre les données du problème ont changé. D'une part les besoins en alcool grandissaient par suite de la fabrication des poudres, d'autre part les grains qui servaient à la fermentation faisaient défaut de plus en plus, réclamés pour la consommation alimentaire. Dans ces conditions la synthèse fut envisagée à nouveau. Deux procédés furent mis en œuvre. Le dernier en date prend pour point de départ l'éthylène et on en fait l'hydratation pour obtenir l'alcool, exactement selon la réaction de Berthelot. Mais il y a un fait nouveau, et c'est justement l'addition du catalyseur. L'acide sulfurique à 95 % additionné d'acide vanadique, absorbe très rapidement l'éthylène à la température de 70° et donne l'acide sulfovinique; il suffit de diluer ensuite la liqueur pour détruire l'acide sulfovinique par l'eau et libérer l'alcool. Le catalyseur a été trouvé par MM. Lebeau et Damiens, et l'application en a été faite par M. de Loisy. La source à laquelle il puise l'éthylène est à la portée de tout industriel, c'est le gaz d'éclairage qui en contient 2 %. Voilà donc le procédé Berthelot rendu viable. Dans l'expérience que vous avez devant vous, l'absorption de l'éthylène par le réactif est rendue visible.

Un autre procédé part de l'acétylène C^2H^2. Ainsi avait opéré Berthelot; mais il hydrogénait l'acétylène C^2H^2 et c'est C^2H^4 (éthylène) qu'il soumettait ensuite à l'hydratation. On a trouvé depuis que l'acétylène lui-même est susceptible de fixer les éléments de l'eau. Ce qu'il donne alors, ce n'est pas de l'alcool, mais bien de l'alcool déshydrogéné, c'est-à-dire de l'adéhyde C^2H^4O. Là encore un catalyseur intervient qui est un sel de mercure. Nous opérons à 70° avec de l'acide sulfurique, à 50 % environ, en présence d'oxyde de mercure. L'expérience se fait sous vos yeux. L'acétylène passe dans un ballon au contact du réactif et, à la sortie, nous caractérisons l'aldéhyde par la bisulfite rosaniline qui redevient rouge. Veuillez bien remarquer comment nous faisons l'acétylène. Pratiquement on le prépare en traitant le carbure de calcium par l'eau. Mais ici nous répétons la synthèse directe de l'acétylène telle que l'a faite Berthelot. Nous faisons passer de l'hydrogène sur les charbons d'une lampe à arc, c'est-a-dire sur le charbon, à la température de l'arc. (Vous reconnaissez l'acétylène au précipité rouge qu'il donne avec le chlorure cuivreux ammoniacal). Il faut retenir que l'acétylène s'est formé à haute température. Il en est de même de son générateur usuel le carbure de calcium qui se fabrique, ainsi que vous le savez, au four électrique.

Revenons à l'aldéhyde. Une fois que nous sommes en possession de l'aldéhyde C^2H^4O, l'hydrogénation nous conduit à l'alcool. Ainsi nous ferons ici une hydrogénation tardive ; tandis que Berthelot la pratiquait sur l'acétylène antérieurement à l'hydratation, nous avons hydraté l'acétylène d'abord pour hydrogéner l'aldéhyde ensuite. L'hydrogénation se faisait pendant la guerre, dans l'usine qu'avait organisée M. Pascal, au moyen de l'électrolyse. Je n'insiste pas sur cette méthode. Il vous suffira de savoir qu'on obtient de l'alcool avec un bon rendement et qu'en somme le procédé synthétique est viable.

Une autre fabrication peut d'ailleurs se greffer sur celle-ci. L'oxydation de l'aldéhyde C^2H^4O fournit l'acide acétique $C^2H^4O^2$. Et certaines usines allemandes fabriquent ainsi l'acide acétique cristallisable. L'oxydation se fait simplement par l'oxygène sous l'influence d'un catalyseur, sel de manganèse ou sel de cérium.

Ainsi vous voyez que la catalyse intervient de plus en plus dans les préparations chimiques. Et là encore le champ qui reste à explorer est immense ; nous avons bien quelques résultats coordonnés sur la fixation catalytique de l'eau ou de l'hydrogène, ou de l'oxygène. Mais combien de réactions encore à étudier et de catalyseurs à découvrir !

Ce ne sera pas tout. Quand nous aurons appris à conduire de la façon la plus parfaite la dégradation ménagée d'un système, notre tâche ne sera pas finie. Car n'oublions pas que toute ce qui précède supposait que nous avions toujours à notre disposition des systèmes chimiques susceptibles de se dégrader. Et nous n'avons pris aucun souci de savoir si nous pourrions à volonté former de tels systèmes. Ce qui importe donc ce n'est pas seulement de savoir dégrader les potentiels, c'est aussi et surtout de les relever.

En chimie organique, on y arrive par un artifice dont l'emploi est très général. On infuse de l'énergie au système chimique en y introduisant des éléments minéraux actifs. On lui communique ainsi de l'activité. Nous allons prendre comme exemple, une série de réactions dont le terme sera encore l'acide acétique. Prenons cette fois pour point de départ le gaz carbonique CO^2 et le méthane du gaz d'éclairage ou du grisou CH^4. Avec CO^2 et CH^4, nous avons précisément les éléments nécessaires pour former l'acide acétique, $C^2H^4O^2$. Mais si nous mettions ensemble de l'acide carbonique et du méthane, aucune réaction ne se produirait. Nous arriverions peut-être en élevant la température à modifier le système d'une façon très compliquée, mais nous n'atteindrions pas le résultat cherché, nous n'aurions pas d'acide acétique.

Voici alors comment on procède. Nous allons avec ménagement, introduire dans le système deux éléments minéraux actifs, le brome et le magnésium. Avec le brome et le méthane, faisons d'abord du bromure de méthyle CH^3Br et de l'acide bromhydrique HBr. Le bromure de méthyle étant obtenu, nous le faisons réagir sur le magnésium et nous obtenons un nouveau composé CH^3MgBr. Faisons maintenant intervenir l'acide carbonique. Il va d'une façon très curieuse se fixer sur le composé magnésien et donner CH^3CO^2MgBr. A présent il ne nous reste plus qu'à mettre en jeu l'acide bromhydrique HBr que nous avons tenu en réserve: $CH^3CO^2MgBr + HBr = MgBr^2 + CH^3CO^2H$. Nous obtenons finalement du bromure de magnésium et de l'acide acétique. Ainsi, en introduisant ces éléments séparés, brome et magnésium, nous avons infusé de l'énergie au système. Nous les retrouvons combinés à la fin, mais ils ont travaillé à faire entrer en combinaison CO^2 et les éléments de CH^4.

Cette méthode particulière des organomagnésiens est due à M. Grignard. Elle s'est montrée extrêmement féconde. Mais je pourrais multiplier les exemples en vous citant des réactions tout à fait différentes. Vous verriez qu'en chimie organique on travaille constamment à relever les potentiels à l'aide des réactifs minéraux. C'est ainsi qu'on prépare des dérivés chlorés avec le chlore, nitrés avec l'acide nitrique, sulfonés avec l'acide sulfurique, etc.

Nous voici amenés à la préparation des réactifs minéraux eux-mêmes, c'est-à-dire conduits à nous demander comment dans le domaine de la chimie minérale, on peut relever les potentiels. L'électrolyse est, sans contredit, le procédé le plus élégant, le plus direct, pour restituer de l'énergie aux systèmes dégradés, pour tirer des combinaisons les éléments chimiquement vivants. Ainsi, électrolysez du bromure de magnésium fondu, et vous pourrez retrouver à l'état séparé le brome et le magnésium. C'est ce qui vous explique pourquoi les méthodes électrochimiques ont pris dans l'industrie une place grandissante. Mais il est une autre méthode, beaucoup plus ancienne, que les premiers métallurgistes avaient trouvée d'instinct, que plus tard les alchimistes ont suivie, c'est de travailler à la chaleur des foyers. On peut dire que les progrès de la chimie minérale ont été dus pour beaucoup à la réalisation des températures élevées, aux perfectionnements de la technique du feu. Et si l'exploration des hautes températures a été féconde, ce n'est pas seulement par les résultats immédiats qu'elle a donnés, comme la préparation du carbure de calcium, ou des métaux réfractaires, c'est surtout par les notions nouvelles qu'elle a fournies. L'étude de la technique du feu a conduit à une notion tout à fait fondamentale, celle des équilibres thermochimiques.

C'est à Sainte-Claire Deville que nous devons de l'avoir établie. Et je regrette de ne pouvoir vous parler plus longuement de ses immortels travaux sur la dissociaion. Le premier exemple sur lequel a porté son étude fut la dissociation de l'eau. Vous savez que l'hydrogène brûle dans l'oxygène en donnant de la vapeur d'eau avec grand dégagement de chaleur. Mais si l'on porte la vapeur d'eau à une température très élevée, on voit se reformer un peu d'oxygène et d'hydrogène libres. Voilà le fait, très paradoxal en apparence, que Sainte-Claire Deville a découvert. Il en vit tout de suite l'interprétation et la portée générale. A une même température l'hydrogène et l'oxygène peuvent se combiner en eau, et l'eau peut se résoudre en hydrogène et oxygène. Les deux réactions antagonistes se font équilibre, et cet équilibre est caractérisé, à une température donnée, par le pourcentage d'hydrogène et d'oxygène libres dans le système. On a fait depuis des mesures et on a trouvé qu'à 1500° par exemple, il y a environ . 0,02 % d'hydrogène et d'oxygène qui demeurent libres, tout le reste étant combiné à l'état de vapeur d'eau.

Admettons la généralité du phénomène d'équilibre. Il sera très important que nous connaissions les moyens d'agir sur cet équilibre, car si nous pouvons à volonté faire prédominer soit le composé soit les éléments, nous aurons trouvé le secret d'abaisser ou de relever le potentiel. La loi du déplacement de l'équilibre a été clairement formulée pour la première fois par M. Le Chatelier, continuateur de Sainte-Claire Deville et interprète des travaux du mathématicien Gibbs.

En réalité, c'est un cas particulier d'une loi très générale, d'une loi de modération commune à tous les phénomènes physiques qui mettent en jeu de l'énergie. Rappelez-vous la loi de Lenz en électrodynamique. Déplacez un circuit de fil conducteur dans un champ magnétique, un courant prend naissance dans le fil et d'après la loi de Lenz le courant est tel que sa réaction sur le champ tend à s'opposer au déplacement. En chimie nous allons voir qu'une opposition du même genre se manifeste pour gêner notre intervention. Ainsi la combinaison de l'hydrogène et de l'oxygène dégage de la chaleur, la dissociation de l'eau en absorbe. Essayons d'élever la température, c'est la dissociation qui va se produire, car elle tend à l'abaisser. Essayons d'abaisser la température, un peu plus de vapeur d'eau se reformera afin que la température s'élève. En d'autres termes, dès que nous agissons sur un système chimique équilibré en modifiant un des facteurs de l'équilibre (température, pression, etc.), le système évolue de telle sorte qu'il tend à s'opposer à notre action.

Ce principe étant bien compris nous voyons tout l'intérêt que présente l'étude des chaleurs de réaction. Une combinaison est-elle exothermique ? C'est à basse température qu'elle sera le plus stable. Est-elle endothermique au contraire ? C'est aux températures élevées qu'il faut aller la chercher. Témoin l'acétylène composé endothermique au premier chef, instable à basse température (puisqu'il est explosif) mais que Berthelot a su former à la température de l'arc électrique, ainsi que nous l'avons fait tout à l'heure, par union directe de l'hydrogène et du charbon. Témoin aussi l'oxyde azotique AzO. Permettez-moi d'insister davantage sur l'oxyde azotique, parce que sa formation conduit à la synthèse de l'acide nitrique. L'oxyde azotique, en effet, fixe spontanément l'oxygène pour donner AzO^2 qui, en présence de l'eau et de l'oxygène en excès donne finalement l'acide nitrique AzO^3H. L'oxyde azotique AzO est endothermique, car sa décomposition dégage de la chaleur. La conséquence, c'est qu'il se forme à température élevée. En réalité c'est au-dessus de 1800° que l'on commence à saisir un équilibre mesurable. A 1811° dans le mélange d'azote et d'oxygène il se forme environ 0,37 % d'AzO. A 2700° il s'en forme déjà 2,2 %. Il fallait donc réaliser de telles tempé-

ratures. On y réussit par l'arc électrique, tout comme pour l'acétylène. Mais quand il s'agit de capter ces corps ainsi formés à
haute température, une grave difficulté se présente : dès qu'on
les refroidit (en vertu du principe même du déplacement de
l'équilibre) ils tendent à se détruire. Heureusement nous avons
un recours; la vitesse de destruction décroît en même temps que
la température. Si bien que les températures moyennes, disons
de 600° à 2000° sont seules dangereuses, et si nous pouvons brusquement refroidir le gaz AzO dès qu'il est formé, nous diminue-
rons les chances de perte et nous accroîtrons le rendement. C'est
ainsi qu'on a procédé dans l'industrie et que la synthèse de l'acide
nitrique par l'arc est devenue pratiquement possible.

On prépare aussi AzO par l'oxydation catalytique du gaz
ammoniaque. On brûle le gaz ammoniaque par l'oxygène de l'air
en présence du platine et on a soin de refroidir immédiatement
les gaz de la combustion. La synthèse du gaz ammoniac est elle-
même une application du principe que nous venons d'établir. Le
gaz ammoniac est un composé exothermique, c'est donc à des températures aussi basses que possible qu'il faut en chercher la formation. Malheureusement la vitesse de réaction entre l'azote et
l'hydrogène est faible, on a donc recours aux catalyseurs (en l'espèce, le fer) et malgré ces catalyseurs, on est obligé de travailler
à une température voisine de 600°. A cette température déjà (sous
la pression atmosphérique) 100 litres du mélange azote et hydrogène ne contiennent plus, à l'état d'équilibre que 50 cc. d'ammoniac. Mais la partie n'est pas perdue, car on peut recourir à
la compression. Remarquez que la réaction $Az^2 + 3H^2 = 2AzH^3$ se
produit avec contraction de volume (4 volumes en donnent deux).
Conséquence : supposons le système en équilibre, et cherchons à
y accroître la pression. D'après notre principe, il va réagir aussitôt de telle sorte que la pression diminue, il va donc évoluer dans
le sens de la contraction, c'est-à-dire que l'équilibre doit se déplacer au profit du gaz ammoniac. Nous n'en avions que 5/10000
sous une atmosphère, nous en aurons 4,5 % sous 100 atmosphères.
C'est sous 200 atmosphères que travaille Haber. Mais Georges
Claude va beaucoup plus loin, il réalise des pressions de 1000
atmosphères, et alors il obtient un rendement excellent et un
débit rapide d'ammoniaque. Georges Claude a eu d'ailleurs une
idée extrêmement intéressante, c'est de lier sa production de
l'ammoniaque à celle de la soude par l'intermédiaire du pro-

cédé Solvay. Je vous signale cela comme une œuvre d'avenir.

Il me faut terminer cette conférence, je me bornerai donc à ces quelques exemples. Ils suffisent, je pense, pour vous montrer comment les théories et les méthodes de la chimie moderne ont joué un rôle direct et décisif dans les applications qui touchent aux intérêts les plus essentiels de l'industrie et de l'agriculture.

Vous voyez comment le chimiste travaille, et comment il s'oriente vers de nouveaux progrès. Vous le voyez à la recherche de ces composés endothermiques, chargés d'énergie, à l'aide desquels il forme les systèmes chimiques de haute activité. Vous le voyez aussi affinant ses méthodes et choisissant ses catalyseurs pour dégrader les potentiels avec le plus de ménagements possibles et par les voies les plus variées. Il accroît ainsi la puissance de l'homme. Il multiplie les espèces donnant à la matière des propriétés nouvelles calculées selon nos besoins. Il multiplie aussi les supports d'énergie, jusqu'au jour où il sera près d'atteindre le parfait accumulateur ou le parfait combustible.

Il semble donc (comme le dit Maeterlinck), que l'humanité entrera bientôt dans la plaine des loisirs. Et Maeterlinck se demande avec inquiétude si elle fera un bon emploi de ces loisirs. Certes, la récente guerre nous laisse un exemple attristant de tout le mal que l'homme peut commettre avec les moyens que la technique moderne lui confère. Mais malgré tout je veux être optimiste. La science, en assurant à l'homme une vie plus saine et plus facile, lui prépare certainement aussi une vie morale plus haute. Et j'ai la conviction profonde que la recherche du vrai nous conduit aussi vers le bien.

BIBLIOGRAPHIE

J. G. Frazer, **Les origines magiques de la Royauté ;** tr. Loyson, Paris, Geuthner, 1920.

On connaît le monumental ouvrage où M. Frazer, sous le titre commun : The Golden Bough (Le Rameau d'Or), étudie quelques-uns des problèmes essentiels des religions primitives et de celles des peuples anciens et tâche, par une application hardie de la méthode comparative, de dégager l'origine psychologique de rites célébrés dans les diverses civilisations et d'en découvrir les survivances actuelles. Il en a développé séparément l'une des thèses principales, celle qui fait remonter à la magie l'origine de la royauté, et M. Leyson vient de publier, de ce livre, une excellente traduction qui le rend facilement accessible au public français.

C'est le culte étrange du bois de Némi qui, dans ce nouveau travail comme dans le Rameau d'Or, est le point de départ des investigations de l'auteur ; cet endroit écarté, situé sur le territoire d'Aricie, au pied des monts Albains, était consacré à Diane, et le prêtre, qui portait le titre royal et semble avoir eu au début exercé les pouvoirs de la royauté, était, à tout instant, exposé aux attaques de quiconque prétendait lui succéder dans sa dignité et était parvenu à cueillir une branche sainte dans le bois de la déesse ; Strabon le montre, toujours inquiet, toujours prêt à se défendre contre les prétendants qui, à tout moment, pouvaient l'assaillir, s'efforcer de le tuer et de le remplacer jusqu'au jour où, à leur tour, ils succomberaient sous les coups d'adversaires victorieux.

M. Frazer analyse tous les détails de cette institution curieuse, et son immense érudition lui permet de signaler, pour chacun d'entre eux, de nombreux parallèles chez les peuples les plus divers. Cette recherche l'amène à formuler les conclusions suivantes :

On sait l'immense importance de la magie chez les primitifs ; magie sympathique (ou homéopathique), qui constate que le semblable agit sur le semblable, et grâce à la connaissance de laquelle l'homme parvient, en imitant, en jouant d'avance les phénomènes dont il souhaite la réalisation, d'en provoquer en fait l'avènement ; magie par contact, qui s'imagine que tous les objets ayant été une fois en contact avec un être restent en rapport avec lui, au point qu'il souffre lui-même de toutes les vicissitudes auxquelles ces objets matériels sont exposés. L'homme qui manie le plus efficacement les principes de cette science magique est maître de ses semblables et de la nature tout entière ; c'est lui qui devient le premier roi. Les fonctions premières de la royauté sont magiques plutôt que politiques ou militaires; les obligations pesant sur les rois, les règles présidant à l'initiation et à l'accession au trône ne s'expliquent que si l'on tient compte de ces origines.

La royauté primitive étant d'essence magique et religieuse, les premiers rois sont à la fois des sorciers et des prêtres; ils s'efforcent, d'autre part, d'imiter l'aspect et l'activité des dieux; ils sont eux-mêmes des dieux.

Parmi les fonctions qui leur incombaient, les principales les obligeaient de s'unir aux grandes déesses de la nature pour faciliter, grâce à la célébration d'un mariage sacré, la naissance et la croissance annuelles de la végétation. Frazer suppose, sur la base d'arguments, il est vrai fort fragiles, que tel était aussi l'un des devoirs essentiels du prêtre-roi de Némi; personnifiant la végétation, il mourait avec elle, pour être remplacé, l'année suivante, par un nouveau roi dont l'accession préludait à la réapparition de la végétation elle-même, et c'est là ce qui expliquerait les règles étranges de la succession à la royauté; ce n'est que si le roi, en l'emportant sur tous ses concurrents, montrait qu'il était digne encore de représenter la puissance reproductrice de la nature, qu'il pouvait officier pendant un nouveau terme : théorie séduisante, mais qui paraît contredite par les faits, puisque rien ne démontre que la prêtrise était annuelle, et que le témoignage formel de Strabon paraît impliquer, par contre, que ce n'est point à des dates fixes, que c'est à chaque instant que le prêtre avait à se défendre contre tout adversaire pouvant surgir devant lui.

Dans cette union entre le prêtre, dieu mortel, et Diane, déesse immortelle, la déesse joue le rôle essentiel; on ne peut s'en étonner si l'on songe à l'organisation matriarcale des sociétés méditerranéennes primitives, et notamment de celle du monde égéen et italien. Frazer l'établit dans des pages excellentes et suggestives; outre les arguments historiques connus depuis longtemps, et qui tendent à prouver que les rois de Rome se succédaient en ligne féminine, il cite de nombreuses légendes grecques et romaines, qui ne s'expliquent que si l'on tient compte de cette prédominance des femmes dans le monde qui les imagina.

Telles sont quelques-unes des idées essentielles développées par Frazer; ses hypothèses sont souvent d'une grande hardiesse et l'on hésite parfois à mettre une aussi grande confiance qu'il le fait dans l'emploi de la méthode comparative; mais les rapprochements qu'il établit sont souvent ingénieux, son érudition immense, et là même où ses conclusions ne sont pas entièrement convaincantes, il éclaire les problèmes obscurs des origines des suggestions les plus instructives et les plus séduisantes.

R. K.

CHRONIQUE UNIVERSITAIRE

UNIVERSITÉ LIBRE DE BRUXELLES. — *Actes officiels* (année académique 1920-1921).

RECTORAT. — M. Charles De Keyser, professeur à la Faculté des Sciences appliquées, a été élu Recteur de l'Université libre pour l'année académique 1920-1921.

FACULTÉ DE PHILOSOPHIE ET LETTRES. — M. L. P. Thomas a été chargé du cours de philologie romane.

M. E. Dupréel, professeur ordinaire, a été, sur sa demande, déchargé du cours d'histoire de la philosophie moderne. Ce cours a été confié à M. P. Decoster, chargé de cours.

Les cours de Méthodologie générale, Pédagogie et Histoire de la Pédagogie — titulaire : M. T. Jonckheere, chargé de cours, — ont été transférés de la seconde à la première épreuve du doctorat en philosophie et lettres. Il y a lieu de se féliciter de cette décision qui allège d'autant le programme de la dernière épreuve et permet à l'étudiant de se consacrer davantage à l'élaboration et à la rédaction de la dissertation doctorale.

FACULTÉ DE DROIT. — M. De Hoon, atteint par la limite d'âge, a été nommé professeur honoraire.

FACULTÉ DES SCIENCES. — Le cours de Microscopie a été partagé entre MM. Lameere, professeur ordinaire, pour la partie zoologique, et Massart, professeur ordinaire, pour la partie botanique.

M. M. Philippson, professeur ordinaire, a abandonné les fonctions d'assistant qu'il remplissait auprès de M. Lameere.

Le conseil d'administration de l'Université libre a renouvelé, pour une période de deux ans, le mandat d'assistant de M. Marc de Sélys Longchamps, professeur ordinaire.

FACULTÉ DE MÉDECINE. — M. Dustin, professeur ordinaire, a été chargé du cours d'Anatomie pathologique.

Le cours d'Histologie a été confié à M. le D\u1d63 P. Gérard, chargé de cours.

M. L. Herlant, professeur ordinaire, a été chargé du cours de Pharmacologie pratique.

M. N. Wattiez a été chargé du cours de Pharmacognosie et des recherches microscopiques qui s'y rapportent.

DAME SCIENCE

par A. REYCHLER

UN AVEU DE LA PATRONNE

Du temps où j'étais encore en service actif à l'Université de Z..., j'avais deux excellents camarades, dont l'un, Jean, spécialisait la psychologie, tandis que l'autre, Charles, était physiologiste. Moi-même je faisais de la chimie. Tout le long de la journée nos cours et nos travaux nous appelaient dans des locaux différents, mais après besogne faite nous aimions à nous délasser en dînant ensemble, et en nous permettant ensuite un bon cigare et un bout de conversation.

Or, un soir que nous nous étions attardés à causer littérature dans quelque restaurant suburbain, le retour en ville fut l'occasion de certains propos dont j'ai gardé le souvenir.

— Ce bon Hamlet, commença Charles, a bien raison de se préoccuper de ce que nous ferons dans l'au-delà (*être, ou ne pas être..., dormir, rêver peut-être !...*), car déjà sur terre il nous arrive de ne pas trop savoir où nous en sommes. Personnellement je me suis trouvé l'autre jour dans un état indéfinissable ; j'existais, mais à mon insu ; je dormais et ne dormais pas... ; et surtout je travaillais de la tête d'une manière extrêmement lucide. Voici le cas :

« J'étais encore au lit, mais tout juste réveillé, lorsque j'entendis la servante de la maison pénétrer dans mon cabinet d'étude et déposer mon premier déjeuner à sa place habituelle. Ayant consulté ma montre, et constaté que j'avais encore quelques instants à perdre, je me retournai délicieusement entre mes draps, et retombai tout aussitôt dans une espèce de somnolence. Or, *je vis* alors se dérouler sous mes yeux, comme en une représentation théâtrale, toute une série de scènes, qui ne manquaient ni d'intérêt ni de naturel, et dont l'ensemble formait *une vraie pièce*, logiquement agencée. Réveillé en sursaut par le dénouement de l'affaire, et craignant d'avoir trop longtemps paressé, je repris ma montre, et constatai à mon grand étonnement que je n'avais mis que dix minutes à composer le drame auquel je venais d'assister. En un rien de temps ma pauvre tête avait donc élaboré, d'après un plan bien conçu, la matière de tout un roman ! N'étant pas un littérateur de profession, je négligeai naturellement ue prendre la moindre note. Et je regrette cette omission, car l'impression reçue fut aussi fugace qu'elle avait été rapide. A midi j'avais déjà perdu de vue plusieurs de mes personnages, et le soir j'aurais eu de la peine à retrouver plus ou moins la trame de ma pièce. Mais ce que je n'oublierai pas de sitôt, c'est que j'ai fait l'expérience de cette activité indéfinissable, tenant à la fois du rêve et du travail conscient

— Ce que votre cas offre de remarquable, dit Jean, c'est que, grâce à la soudaineté de votre réveil définitif, vous ayez eu l'occasion de prendre votre imagination sur le fait, et de juger de l'intensité de son action.

« Mais, puisque nous en sommes à parler de travail involontaire, permettez-moi d'appeler votre attention sur cette activité lente mais soutenue, et généralement très cachée, dont nous sommes tous plus ou moins coutumiers, et dont M. H. Poincaré a dit un mot dans sa conférence à l'Institut Psychologique (1). L'éminent mathématicien reconnaît sans ambages que, lors de son étude des fonctions « fuchsiennes », il fut plus d'une fois arrêté par les difficultés extraordinaires du sujet. Telle démonstration, nécessaire à l'ensemble du travail, demeurait absolument introuvable, et l'examen d'une multitude de questions similaires ou connexes n'amenait pas l'éclaircissement désiré. Reconnaissant alors son échec momentané, l'auteur finissait par entreprendre une autre recherche, ou se permettait même la distraction d'un voyage d'agrément. Il tâchait donc d'oublier... Mais son moi subliminaire n'oubliait pas. Ce collaborateur inlassable continuait à compulser les éléments de preuve déjà recueillis, ajoutait éventuellement quelque pièce au dossier et réussissait un beau jour, et comme par hasard, à mettre le tout en bon ordre.

---

1) *Revue Générale des Sciences*, nos de mai et de juillet 1908.

Une révélation subite, un éclair d'intelligence, survenant au beau milieu d'une occupation quelconque, était alors le signal de de la trouvaille. Le savant n'avait qu'à rentrer chez lui pour vérifier la réalité du succès et reprendre la rédaction du mémoire interrompu.

Alors, moi, qui n'avais encore rien dit, je trouvai que le moment était venu d'y aller de ma petite histoire.

— Je crois, commençai-je, que si nous voulions fonder une entreprise de communications avec l'au-delà, nous formerions à nous trois un excellent collège de médiums. Charles a dans la tête toute une installation théâtrale ou cinématographique, Jean connaît la théorie du subliminaire, et moi-même je ne suis pas sans avoir quelques relations avec le monde des spectres. Vous savez qu'il y a quelques jours j'ai manqué à l'appel du soir. Or, voici quelle était la cause de mon absence. J'avais passé toute la journée au laboratoire, essayant de préparer d'une manière nouvelle une substance dont j'avais besoin pour mon travail. Mais après de longues et pénibles manipulations je n'avais recueilli qu'un produit mal défini, ne répondant nullement à mon attente. Désolé de mon insuccès, j'avais fini par quitter le laboratoire, pestant contre la chimie et ses illusions, et profondément découragé. Au restaurant je ne trouvai, comme de juste, qu'une table solitaire et un dîner mal réchauffé. Aussi ne m'y arrêtai-je pas longtemps, et m'empressai-je de regagner mes pénates pour aller m'y affaler dans un fauteuil. Or, comme j'étais sur le point de m'endormir et de goûter la douceur de l'anéantissement et de l'oubli, je vis s'avancer du coin le plus sombre de mon appartement une noble dame tout de blanc drapée. «.Incessu patet dea », pensai-je ; et j'allais me lever respectueusement lorsque, m'arrêtant du geste,

« — Restez, dit-elle, restez où vous êtes, et ne faites que m'écouter. Vous avez été injuste envers moi cette après-midi, car ce n'est pas à la Science qu'il faut imputer vos erreurs, mais à vous-même. Vous reconnaîtrez cela bientôt ; et, pour peu que vous ayez le talent de tirer profit d'une leçon, votre méprise d'aujourd'hui deviendra le point de départ d'un beau succès... Mais de grâce, mon fils, ne vous irritez et ne vous découragez plus pour si peu de chose. A mon service il ne suffit pas de se montrer inteligent et actif, il faut aussi faire preuve de calme et de patience. Acquérez ces deux vertus-là, et pour trouver en vous un disciple parfait je n'aurai plus qu'à vous supposer une grande fidélité...

» — Oh Madame, m'écriai-je, je vous jure...

» — Ne jurez de rien, dit-elle, car je sais d'expérience que la Gloire ou la Fortune vient quelquefois tenter ceux qui se sont montrés vaillants à mon service, et qu'il arrive trop fréquemment alors que mon culte soit délaissé pour celui d'une autre déesse. Regardez autour de vous, et demandez-vous si bon nombre de mes anciens zélateurs n'ont pas perdu le droit de se réclamer de mon autorité. Marchent-ils encore sous ma bannière ces professeurs qui se bornent à fournir leur nombre de leçons, et ne s'inquiètent nullement d'augmenter par leurs travaux la célébrité de leur Alma Mater ? Puis-je avoir confiance dans ces discoureurs, qui s'intitulent vulgarisateurs scientifiques et qui, dans bien des cas, ne sont que des colporteurs de notions erronées et de promesses fallacieuses ? Et ne dois-je pas renier formellement ces exploiteurs d'inventions, faites ou achetées, qui ne considèrent pas la moralité des affaires qu'ils lancent, et qui, mis entre le choix d'une machine à faucher les blés et d'une autre à faucher les hommes, se laisseraient uniquement guider par les chances de bénéfice ? Vraiment, mon fils, en voyant les hommes comme ils sont, et les choses comme elles vont, je me surprends parfois à prononcer un « odi profanum vulgus » bien sincère, et à regretter que je ne sois plus, comme jadis, protégée contre la familiarité des foules par les gros murs de quelque sanctuaire égyptien.

» — Comment, Madame, vous si jeune et si belle, vous avez été la contemporaine des traceurs d'hiéroglyphes ?

» — Rien n'est plus vrai, dit-elle, et je me souviens volontiers des prêtres en robe blanche, car ils m'affectionnaient sincèrement et me rendaient des honneurs presque divins. Mais tant que je restai chez eux je demeurai toute petite; et, comme je m'impatientais de ne pas grandir, j'eus un jour l'ingratitude de prendre la clef des champs, et de m'en aller au pays grec chercher des dévouements plus éclairés. Là j'eus l'occasion de travailler avec d'illustres philosophes, et je me développai rapidement. Déjà même je commençais à plaire et à former école, lorsque la débâcle de la Grèce et la conquête romaine me forcèrent de me déplacer vers la capitale de l'Italie et du monde. Les Romains étaient trop occupés de leurs luttes intestines, et surtout de la défense et de l'agrandissement de leur empire, et n'avaient pas beaucoup de

temps à consacrer à ma petite personne. Aussi tombai-je dans un
abandon presque complet, et n'est-ce que grâce au talent de quelques rares disciples que je fus préservée d'un déclin prématuré.
Mais l'épreuve la plus dure que j'eus à traverser fut cette nuit des
temps que vous appelez le moyen âge. Alors plus de temples hospitaliers; rien que de sombres couvents et des moines hostiles !
Quelques Arabes me voulurent du bien, mais leur protection ne
dura pas longtemps; et bientôt j'en fus réduite à errer d'officine
en officine, recevant par-ci par-là les soins de quelque bon enfant
d'alchimiste. Bref, j'étais une bien pauvre fille lorsque enfin je
trouvai un vrai refuge au foyer d'un brave chanoine polonais (1).
Après lui je connus Kepler et le noble Galilée, Harvey, Descartes
et Pascal, Huygens, Newton et Leibniz, Laplace et Lavoisier, et
tant d'autres encore, et grâce à leur génie je repris toute ma
vigueur et devins plus belle que jamais. Depuis l'époque illustrée
par ces grands noms mes disciples sont devenus de plus en plus
nombreux et de plus en plus puissants. Aussi suis-je l'objet d'une
rénovation continuelle, qui me soustrait, définitivement je pense,
aux atteintes de l'âge. Comprenez-vous maintenant le secret de
mon étonnante jeunesse?

» — Je le comprends, Madame, et j'y trouve avec bonheur la
justification des plus hautes espérances. De tout temps vos disciples se sont efforcés d'épier les secrets de la nature et d'ouvrir à
la pensée humaine des perspectives de plus en plus profondes.
Mais aujourd'hui la fécondité de leurs travaux devient tellement
merveilleuse, que le temps n'est peut-être pas loin où ils réussi-
ront à soulever enfin les derniers voiles, et à donner une réponse
définitive aux grandes questions concernant l'essence et la destinée de l'homme et de l'Univers.

» — Hélas, reprit-elle, je me vois forcée de modérer vos transports, et de vous avouer que la solution des problèmes primordiaux n'est pas tout-à-fait de ma compétence... Mais je vois que
ma sincérité vous désole, et que vous êtes irrémédiablement pos-
sédé de la tentation de *tout* comprendre. Aussi ne terminerai-je
pas cet entretien sans vous avoir donné un bon conseil. Adressez-
vous de ma part à une mienne consœur, une personne de fort bon
caractère, et que je crois quelque peu devineresse. Comme toutes
les sibylles elle tient parfois des propos un peu obscurs; mais elle

---

(1) Copernic.

a le talent d'indiquer à ceux qui la consultent des possiblités très consolantes.

» — Et cette consœur, Madame ?

» — Elle a nom *Sentiment...*

» Après ces mots la vision s'évanouit.

» M'étant mis au lit, je dormis profondément. Inutile d'ajouter, n'est-ce pas, que le lendemain je découvris bien vite la cause de mon insuccès de laboratoire, et que l'erreur commise me donna l'idée d'un travail, dont j'ai déjà commencé l'exécution.

— L'ami Albert, conclut Jean, vient de nous fournir un bel exemple à l'appui de la thèse de M. Poincaré. Car il est évident, n'est-ce pas, que sa Dame Science n'a fait que présenter sous une forme agréable des opinions depuis longtemps, mais peut-être inconsciemment, élaborées par Albert lui-même. En outre, il a soulevé par les paroles de la déesse, une multitude de questions dont nous pourrons nous occuper utilement.

» Si vous m'en croyez, nous profiterons demain du congé universitaire pour aller déjeuner à la Laiterie du Bois, afin de poursuivre une discussion si heureusement introduite.

La proposition fut admise, et nous regagnâmes nos demeures respectives, pour aller prendre un repos bien mérité.

SCIENCE ET SENTIMENT

Le lendemain nous fûmes fidèles au rendez-vous.

Aussi longtemps que dura le repas on s'entretint des nouvelles du jour ; mais la conversation languissante et déraillante montrait bien que chacun de nous se préoccupait d'autre chose. Enfin, lorsque le café eut été servi, et les cigares allumés, Jean laissa éclater son impatience de reprendre le sujet de la veille.

— Eh mais, s'écria-t-il, on dirait vraiment que nous avons oublié pourquoi nous sommes venus ici dès le milieu du jour ! Albert nous a servi hier un petit discours qui était bourré de choses intéressantes, et qui, je l'avoue candidement, a quelque peu troublé mon repos nocturne et mon travail matinal. Sa Dame Science m'obsède et me tourmente, et je demande que nous examinions bien vite ce qu'il y a de fondé dans ses dires.

» Quant à moi, je suis tout disposé à faire bonne mesure à la déesse. Je lui concède qu'elle a raison d'être mécontente de bon nombre de ses soi-disant disciples, et, sans vouloir aucunement flatter sa coquetterie féminine, je la félicite volontiers de son antique et toujours verte jeunesse. Mais je me déclare désolé autant que surpris de son aveu d'impuissance.

» Elle nous annonce, en effet, que sous son patronage nous sommes appelés à poursuivre docilement et prosaïquement l'œuvre de nos devanciers. Il nous sera permis de déceler des relations plus ou moins intéressantes, et parfois même utilisables, entre les diverses modalités de la matière, et entre les forces dont 'a matière est animée; mais il nous est à jamais interdit de rien apprendre sur l'essence même de la matière et des forces, et d'aborder le grand problème de l'origine et de la raison d'être de l'Univers et de l'homme. Mais à ce compte-là, mes amis, nous sommes engagés dans un marché de dupes, car tout notre savoir, quelque développement qu'il prenne, restera toujours quantité négligeable à côté de ce qu'il nous importerait d'apprendre.

» Je déduis de là que, s'il y avait beaucoup de vrai dans la confession de la Patronne, il ne nous resterait qu'à fermer définitivement livres et laboratoires, et à ne plus nous préoccuper que de devenir de vigoureux animaux, aussi aptes que possible à prendre leur bonne part des joies vulgaires de l'existence.

— Mon cher Jean, répondis-je, bien que votre raisonnement soit assez logique, j'espère vous amener à en mitiger énormément la conclusion.

« Mais avant de vous exposer mes arguments, je vous prie d'observer un instant le garçon qui nous a servis. Le malheureux nous regarde d'un œil inquiet. Il redoute que nous n'allions lui diminuer sa recette en nous éternisant à sa table. Ne croyez-vous pas que nous ferions bien de dissiper cette crainte, et d'aller nous installer sur le banc de pierre que vous voyez là-bas à l'ombre d'un grand arbre ?

Lorsque nous fûmes arrivés à l'endroit choisi, et que nous vîmes s'étaler devant nous la plus belle clairière de la forêt, je profitai de la circonstance pour présenter ma réplique en ces termes.

— Contemplez, dis-je, ce gracieux paysage, et supposez un instant qu'un peintre vienne de le mettre sur toile. L'artiste caresse son œuvre du regard, en vérifie la perspective et le dessin, la tonalité et les jeux de lumière, et lui accorde amoureusement les dernières retouches. Croyez-vous qu'en ce moment il se désole de n'avoir pu faire après tout que la copie d'un original auquel il ne comprend rien? Pas du tout ! Très satisfait de son travail et de lui-même, il se demande uniquement en quel endroit de la forêt il trouvera dès demain l'occasion de brosser un autre tableau, qui soit un digne pendant du premier.

« Or, le tempérament des hommes de science tient beaucoup de celui des artistes. Lorsque nous avons mené à bien une recherche de quelque envergure, nous trouvons un plaisir immense à vérifier la concordance des données expérimentales, à remarquer l'élégance des démonstrations et à juger de l'importance éventuelle des déductions pratiques ; et tout à la joie du succès obtenu, nous n'espérons qu'une chose : trouver bien vite un travail nouveau, qui nous permette de faire durer notre état de contentement intime.

» Vous-même, Jean, vous devez connaître, pour l'avoir éprouvé, le sentiment que je viens d'analyser. Après votre dernière enquête de psychologie pratique, vous avez bien certainement relégué la préoccupation du transcendant à un plan aussi insondable que lui-même, et, très heureux de la beauté de vos résultats, vous vous êtes promis de rester fidèle à la méthode expérimentale et d'en tirer des indications plus précieuses encore.

» Somme toute, mes amis, je suis d'avis que Madame la Science peut se permettre la plus grande franchise, et qu'elle ne doit pas, dans le but de retenir ses disciples, leur donner des espoirs irréalisables. Le service de notre patronne est attrayant et passionnant, et quiconque en a goûté ne l'abandonne pas de sitôt.

— Soit, répondit Charles, nous vous donnons raison sur ce point secondaire. Mais il reste à voir si la Patronne, tout en ayant le droit de parler bien franchement, n'a pas *exagéré* son aveu d'incompétence. Quant à moi, tout en n'étant pas de ceux qui espèrent rencontrer un jour l'âme au bout de leur scalpel, je croirais bien que les progrès de la physiologie nous réservent, pour un temps assez prochain, des découvertes étonnantes.

— J'admire votre foi, répondis-je et serais désolé si mon calme allait refroidir votre ardeur. Mais je ne puis m'empêcher de vous faire observer que votre physiologie n'existerait pas sans la physique et la chimie, et qu'elle dérive en dernière analyse de conceptions purement *mécaniques et mathématiques*. Or, on s'est déjà demandé plus d'une fois quelle chance il pourrait bien y avoir de réaliser à partir d'une telle base l'élucidation des grands secrets de la nature. Et la réponse n'a pas été encourageante.

» Vous connaissez sans doute les deux discours à la suite desquels Emile DU BOIS-REYMOND (1) lance au monde étonné les sentences « *ignorabimus.* » et « *dubitemus* ». Mais comme votre lecture de ces morceaux peut dater d'il y a quelque temps, il ne sera probablement pas inutile que je vous en remémore quelques passages, et notamment quelques citations importantes. Voici d'abord un bout de texte que le physiologiste berlinois emprunte à son compatriote LEIBNIZ.

« Il n'y a pas de doute qu'un homme pourrait faire une
» machine capable de se promener durant quelque temps par une
» ville, et de se tourner justement au coin de certaines rues...
» Un esprit incomparablement plus parfait, *quoique borné*, pour-
» rait aussi prévoir et éviter un nombre incomparablement plus
» grand d'obstacles; *ce qui est si vrai que si ce monde, selon l'hy-*
» *pothèse de quelques-uns, n'était qu'un composé d'un* nombre
» fini d'atomes, *qui se remuassent suivant les lois de la méca-*
» *nique, il est sûr qu'un esprit fini pourrait être assez relevé,*
» *pour comprendre et prévoir démonstrativement tout ce qui y*
» *doit arriver* dans un temps déterminé; de sorte que cet esprit
» pourrait non seulement fabriquer un vaisseau capable d'aller
» tout seul à un port nommé (en lui donnant d'abord le tour, la
» direction et les ressorts qu'il faut), mais il pourrait encore for-
» mer un corps capable de contrefaire un homme. »

« Vous remarquerez que Leibniz met un esprit fini aux prises avec une sorte de système mondial détaché du restant de l'Univers, et soustrait à toute influence venant du dehors. Il fait donc agir cet esprit dans des conditions qui ne sont pas bien imaginables. Aussi est-il plus intéressant d'entendre sur le même sujet l'opinion de LAPLACE. Dans son *Essai philosophique sur les probabilités* l'illustre Français s'exprime de la manière suivante :

« ...Tous les événements, ceux même qui par leur petitesse
» semblent ne pas tenir aux grandes lois de la nature, en sont
» une suite aussi nécessaire que les révolutions du soleil...

« Les événements actuels ont avec les précédents une liaison

---

(1) *Ueber die Grenzen des Naturerkennens, Die sieben Welträtsel,* zwei Vorträge von EMIL DU BOIS-REYMOND. Veit & Cᵒ, Leipzig, 1907.

N. B. Les discours datent de 1872 et de 1880.

» fondée sur le principe évident qu'une chose ne peut pas com-
» mencer d'être sans une cause qui la produise. Cet axiome connu
» sous le nom de *principe de la raison suffisante* s'étend aux
» actions même les plus indifférentes...

» Nous devons donc envisager l'état présent de l'Univers (1)
» comme l'effet de son état antérieur, et comme la cause de celui
» qui doit suivre. *Une intelligence qui, pour un instant donné,*
» *connaîtrait toutes les forces dont la nature est animée, et la*
» *situation respective des êtres qui la composent, si d'ailleurs*
» *elle était assez vaste pour soumettre ces données à l'analyse* (2),
» *embrasserait dans la même formule les mouvements des plus*
» *grands corps de l'Univers et ceux du plus léger atome. Rien ne*
» *serait incertain pour elle, et l'avenir comme le passé serait pré-*
» *sent à ses yeux. L'esprit humain offre, dans la perfection qu'il*
» *a su donner à l'astronomie, une faible esquisse de cette intelli-*
» *gence.* Ses découvertes en mécanique et en géométrie, jointes
» à celle de la pesanteur universelle, l'ont mis à portée de com-
» prendre dans les mêmes expressions analytiques les états passés
» et futurs du système du monde... »

« Continuant à broder sur ce thème, DU BOIS-REYMOND relève
quelques exemples typiques du pouvoir de pénétration du personnage fictif de Leibniz et de Laplace.

« En effet, dit-il, de même qu'un astronome peut se servir des
» équations lunaires, en y attribuant au temps une valeur néga=
» tive, pour apprendre si le Pirée était obscurci par une éclipse
» de soleil au moment de l'embarquement de Périclès pour Epi-
» daure, de même *le Génie* de Laplace pourrait nous dire qui était
» l'homme au masque de fer, ou par quel accident le « Prési-
» dent » s'engouffra dans les flots. De même que l'astronome pré-
» voit le jour où une comète doit sortir des profondeurs du firma-
» ment et redevenir visible sur la voûte étoilée, de même le Génie
» lirait dans sa formule universelle le jour où la croix grecque
» brillera sur le dôme de Sainte-Sophie de Constantinople, ou le
» jour où l'Angleterre brûlera son dernier charbon. Mettant dans
» son système d'équations différentielles $t = -\infty$ il obtiendrait
» des renseignements sur l'état initial des choses... Il apprendrait
» notamment si la matière se mouvait déjà dans l'espace sans bor-

---

(1) Pendant un temps infiniment petit *dt*.
(2) L'analyse mathématique.

» nes, ou si elle était encore en repos mais inégalement distri-
» buée (1). En attribuant au contraire à *t* une valeur de plus en
» plus grande il pourrait reconnaître pour quelle époque le prin-
» cipe de Carnot menace l'Univers d'un arrêt glacial... »

« Vous admettrez, mes amis, que le Génie mis en scène par
Laplace et par du Bois-Reymond dispose d'une intelligence bien
supérieure à la nôtre, et d'une science adéquate à cette intelligence ; et vous remarquerez aussi que ses parrains lui permettent
de faire des révélations tout-à-fait extraordinaires. Mais son
intelligence n'est cependant pas divine, et ne dominerait pas un
système d'équations différentielles comprenant une *infinité* de
variables ; et sa science est, comme la nôtre, essentiellement *mécanique et mathématique*. Aussi du Bois-Reymond n'a-t-il pas de
peine à mettre le personnage au pied du mur, et à lui démontrer
que, malgré toute sa supériorité, il n'est pas de taille à fournir
la solution de certains problèmes réellement transcendants.

« En questionnant le Génie sur l'état du chaos initial (au
temps − ∞) le physiologiste obtient la réponse que nous savons.
Mais lorsque, mis en appétit par ce demi-succès, il pousse la curiosité jusqu'à vouloir apprendre quelle était l'essence et l'origine
de la matière déjà existante, et quelle était la raison d'être soit
de l'inégale distribution de cette matière, soit des forces déjà
actives, le Génie éprouve un premier accès de mutisme.

« Et le résultat de l'examen ne devient pas plus brillant lorsque le physiologiste pose au candidat la question que voici. Nous
autres, hommes, nous croyons qu'il arrive à tout instant que des
ondulations éthérées, du genre lumineux, partent d'un objet plus
ou moins éloigné, franchissent l'espace, et viennent déterminer
dans notre rétine une excitation nerveuse, qui court se communiquer à un récepteur cérébrocentral. Comme, avec la puissance
de pénétration que vous tenez de votre formule magique, vous
devez être à même de suivre de très près et dans tous les détails la
danse des atomes et des molécules, voire même le tourbillonne-
ment des électrons, j'ose vous demander de me fournir un rensei-
gnement de la plus haute importance, et de me dire comment tout
ce remue-ménage donne à la personne impressionnée *la conscience*
de voir quelque chose... En d'autres termes, je désirerais appren-

---

(1) La matière ne pouvait être en repos et uniformément répandue, car le
repos durerait encore.

dre quel est *le joint* entre *le mécanisme* du flux nerveux et *la réception psychique* du message apporté... Deuxième accès de mutisme !

» Sur d'autres points encore (1) le Génie ne parvient pas à se tirer d'affaire. Mais je crois vous en avoir dit assez, mes amis, pour montrer la tendance du passage analysé, et pour justifier la conclusion de l'auteur. L'homme, dit du Bois-Reymond, pense de la même manière que le Génie de Laplace, mais son intelligence et sa science sont très inférieures à celles du personnage imaginaire. Nous ne devons donc pas nous attendre à remporter des triomphes là où le Génie ne rencontre que des échecs. La science ne nous donnera jamais la clef des grands arcanes, et à moins que nous ne trouvions un autre guide (et quel pourrait-il être?) nous ferons bien de nous résigner à dire humblement: *ignorabimus*.

» Or, s'il en est ainsi, persisterez-vous, mes amis, à vous plaindre de la Dame Science de mon rêve, et à lui faire un grief de sa prudente réserve ?

— Vive la patronne ! s'écria Jean d'un air moqueur.

— Oui, répondis-je, et vive la petite consœur dont elle nous a permis la fréquentation.

— Pourquoi cela ? demanda Charles.

— Mais parce qu'il y a un tas de choses, que nous croyons savoir et comprendre, et dont nous n'avons en réalité qu'une intuition très confuse.

« Voici par exemple l'*infini*, dans l'espace et dans le temps.

» Nous sentons que l'Univers est sans bornes ; et d'autre part nous voyons devant nos yeux que toute longueur rectiligne, prise dans notre milieu terrestre, fait partie intégrante d'une dimension de l'Univers. Mais nous ne saurions nous imaginer qu'un alignement indéfini de pareilles longueurs puisse réaliser la dimension sans bornes.

» D'une manière analogue nous sentons que le temps n'a ni fin ni commencement. Mais, bien que nous sachions d'expérience que chaque journée est une étape dans le temps, nous ne saisissons point qu'une succession de jours, quelque nombreuse qu'elle soit, puisse jamais parfaire l'éternité.

---

(1) La pensée, le libre arbitre, etc.

» Nierons-nous donc l'infini parce que nous lui trouvons la propriété étrange d'être décomposable en des parties, à l'aide desquelles nous ne voyons pas la possibilité de le recomposer? Ou adopterons-nous quand même nos impressions, en nous disant que leur manque de netteté provient sans doute de ce que nous sommes allés les recevoir dans la zone brumeuse qui entoure le champ de nos observations positives ? C'est évidemment ceci que nous ferons.

» Or, mes amis, la situation dans laquelle nous nous trouvons vis-à-vis de l'infini, se représente chaque fois que nous envisageons une de ces questions obscures, mais souverainement importantes, dans lesquelles le sentiment nous est un conseiller moins silencieux que la science. Et ces questions ne laissent pas que d'être assez nombreuses.

— Par exemple ? interrogea Charles.

— Vous réclamez un exemple? répliquai-je. Mais ouvrez donc vos yeux de naturalistes ! Ne voyez-vous pas le soleil verser ses trésors d'énergie à cette brillante verdure ? Et ne découvrez-vous pas sous le feuillage des arbres, dans l'eau du ruisseau, sous la moindre motte de terre, une vie impatiente et grouillante, amoureuse même, qui s'agite autour de nous? Et n'êtes-vous pas éblouis par la beauté du spectacle ? Et ne vous dites-vous pas...? Mais j'aurais mauvaise grâce à vouloir vous dicter vos méditations, et préfère vous donner les miennes. Or, voici l'impression que je reçois... Je sens que tant de grandeur et tant d'ordre ne sont point là par un simple effet de hasard et pour ne servir de rien, *mais réclament pour le moins une appréciation compétente.* Et puisque l'homme, avec sa faible science, ne saurait être l'appréciateur voulu, je me demande aussitôt s'il se pourrait que la nature se comprît elle-même et se complût en sa splendeur, ou s'il ne serait pas plus probable qu'elle fût comprise par un être digne de la dominer .

— L'impression, remarqua Jean, ne paraît pas exempté de raisonnement.

— Peut-être bien, répliquai-je ; mais cela provient sans doute de ce que, l'ayant déjà éprouvée tant de fois, je ne saurais plus vous la rendre sous sa forme la plus primitive et la plus intime. Mais, quelque remaniée qu'elle puisse être, elle appelle un complément essentiellement sentimental. S'il est vrai qu'un esprit universel voit constamment jusqu'au fond de toutes choses, il est admirable que, tout chétifs que nous sommes, nous sachions du moins nous heurter obstinément aux mystères, et nous trouver obsédés de la tentation de vouloir les pénétrer. Cette aspiration surhumaine, cette impatience de savoir ce qu'il sait, Lui; pourrait bien nous être l'indice d'une noble nature et d'une haute destinée et contenir la promesse qu'un jour enfin nous saurons.

L'impression est pour le moins consolante. Et si elle était juste, elle nous imposerait de grandes obligations : elle nous prescrirait de respecter la dignité humaine, en nous-mêmes et en nos semblables.

— Elle pourrait servir de base à un traité de morale, ajouta Charles.

— Ou de texte à un sermon, fit Jean.

— Quoi qu'il en soit, dis-je, le commentaire de Charles sur la tirade d'Hamlet nous a menés bien loin, si loin même que je commence à me trouver un peu fatigué du chemin parcouru.

— Si ce n'était trop vous importuner, reprit Jean, je voudrais néanmoins vous faire une remarque au sujet même de la fatigue dont vous avez fait l'aveu. Votre lassitude, en effet, provient de ce que bon nombre de vos cellules cérébales viennent de fournir, une heure durant, un travail considérable. Plus ou moins épuisées en substances aptes à réagir, et encombrées de résidus impropres au service, elles ne répondent plus que paresseusement à vos appels, et ne produisent que péniblement l'énergie nécessaire à l'évocation d'idées. Elles reprendront leur activité première après un temps de repos et de réfection ; mais pour le moment elles commencent à crier grâce, et vous laissent un peu inférieur à vous-même. Votre machine à penser est donc sujette à des vicissitudes d'ordre matériel, et il me semble que cette faiblesse ne cadre pas trop bien avec la pureté de vos tendances spiritualistes.

— L'objection, répliquai-je, ne manque ni d'à-propos ni de justesse ; mais elle gagnerait à être présentée d'une manière plus générale. Ce que vous voudriez me faire entendre, c'est que la somme de travail fournie par le corps humain trouve son origine, et son équivalent, dans les trésors d'énergie apportés par les aliments ingérés, et qu'il n'y a pas lieu d'exclure de cette somme le travail fait par le cerveau (1).

« Or, je partage absolument cette manière de voir, et je reconnais volontiers que, pour fabriquer des idées, il me faut mettre à contribution la source d'énergie dont je dispose dans le chimisme de mes cellules cérébrales. Je trouve seulement que *la fabrication d'idées*, c'est-à-dire l'évocation de notions simples, exprimables en un ou deux mots, n'est pas à confondre avec l'élaboration bien ordonnée de pensées ou de raisonnements.

» Si je poussais le sans-gêne jusqu'à m'allonger paresseusement sur cette verte pelouse, il y a mille à parier contre un que, lâchant la bride à mon imagination, je me mettrais bientôt à rêvasser. Bercé au rhythme de cette valse, dont quelque piano ambulant nous envoie de loin les gracieuses cadences, je songerais peut-être à la danse en général, et à la chorégraphie antique en particulier, aux bacchanales, au dieu de la vigne, au père Noé, à l'antialcoolisme, et à tant d'autres choses encore qu'après un temps de cet exercice je pourrais bien me trouver en face du nombre π, tiré de quelque série Taylorienne. Et le plus beau de l'histoire, c'est que je serais incapable de retracer le chemin parcouru.

» Tout autre devient le résultat lorsque, attablé devant mes bouquins, et m'intéressant à la solution d'un problème, je laisse ma personnalité intime prendre la direction de l'enquête. Les choses se passent alors comme si cette personnalité avait le talent de scruter la compétence de mes régions cérébrales, et de n'écouter que celles qui ont à dire quelque chose d'utile et de pertinent. Aussi les idées se présentent-elles dans un ordre logique, et tendent-elles à répondre à la question posée.

» En retour d'une dépense d'énergie, que rien ne m'empêche de supposer égale dans les deux cas, je recueille donc soit une sarabande d'idées à peine connexes, soit un groupement d'idées constituant de la pensée, du raisonnement. Et dès lors le cerveau me paraît investi de fonctions très supérieures à celles d'un simple transformateur d'énergie. Dans ses productions il sait mettre de la logique, de la beauté, de la profondeur, toutes *qualités* qui sont bien indépendantes des lois de la thermodynamique.

» Vous pourriez m'objecter que certains appareils purement

---

(1) Les mots *travail, énergie, équivalent,* sont à prendre dans leur sens thermodynamique.

mécaniques sont à peu près dans le même cas. Songez donc au métier à tisser du célèbre Jacquard, au phonographe, au projecteur cinématographique, et à tant d'autres combinaisons encore! Ou plutôt, regardez ce piano, que nous entendons depuis quelque temps déjà, et que deux Italiennes viennent de traîner jusque devant la terrasse de la Laiterie. Dès que le bras de l'une des jeunes filles voudra bien tourner la manivelle l'instrument nous enverra des ondes sonores, et j'aime à croire que les notes émises ne seront pas désordonnées, mais que, groupées en accords et en phrases musicales, elles nous composeront un morceau digne d'être écouté. Or, mes amis, vous connaissez la construction de cette boîte sonore, et vous savez que, s'il lui arrive éventuellement de faire *de la beauté*, cela provient de ce que le déclenchement de ses notes est commandé par un mécanisme régulateur. Mais vous n'ignorez pas non plus que ce régulateur musical est un simple automate, très indifférent à la valeur de ses productions, et ne rendant, en fait de beauté, que ce qu'une intelligence humaine a bien voulu lui confier. Si donc je vous concède que mon *cerveau* ressemble au piano en ce qu'il est un transformateur d'énergie opérant sous la direction d'un régulateur, vous voudrez bien m'accorder, n'est-ce pas, que mon régulateur intellectuel offre ceci de particulier qu'il est l'auteur responsable de toute ce qu'il élabore, et que, loin d'être comparable au jeu de cartons du piano, il tient énormément d'un président d'assemblée, bien au courant des aptitudes et des dispositions de ses nombreux orateurs, et très habile à conduire les débats à des résolutions promptes et sensées.

Je veux bien que notre présidence intellectuelle parvient d'autant mieux à remplir ses délicates fonctions qu'elle commande à un cerveau mieux conformé, mieux nourri, mieux entraîné au travail, et plus enrichi par l'âge, l'étude et l'expérience, en notions évocables. Mais, si cette considération me dit, une fois de plus, qu'il y a dans le fonctionnement de notre machine à penser un côté matériel, elle ne permet tout de même pas de matérialiser ce fonctionnement bien à fond. Je ne vois pas, en effet, qu'il soit possible d'imaginer une équation thermodynamique dans laquelle une *quantité d'énergie* soit mise en un rapport *d'équivalence* avec la *valeur esthétique* d'une transformation de cette énergie.

« Et maintenant, mes amis, je crois vous avoir fourni tout ce qui est en moi. Car vous ne me demanderez pas, je suppose, que je vous donne des précisions concernant la nature et la résidence de notre personnalité intime, et que je vous dise d'après quel mécanisme elle parvient à comprendre le langage des cellules cérébrales et à se faire entendre d'elles. Ces questions-là me dépassent, et je désespère de les voir jamais résolues.

— Vous pourriez avoir tort, fit Charles. Car enfin, l'art de la microscopie ne piétine pas sur place ! Savez-vous bien que nous avons poussé l'indiscrétion jusqu'à épier le jeu des connexions fibrillaires dans le territoire cortical, et jusqu'à voir des différences matérielles entre l'état normal des neurones et leur état de fatigue ou d'épuisement? Et pourriez-vous nous dire où nous conduira la prochaine étape dans la voie du progrès ?

— Je souhaite qu'elle vous mène fort loin répondis-je. Je voudrais même que, doué enfin d'un perspicacité semblable à celle du Génie de Laplace, vous vissiez clair non seulement dans le jeu des cellules, mais dans celui des molécules et des atomes, voire même des électrons, et que vous connussiez d'expérience les impressions intimes données par les différentes localisations et modalités du remue-ménage cérébral. Je pourrais alors vous adresser d'emblée la question *du joint* qui doit exister entre ce mécanisme et son effet psychique, entre cette activité de la matière et son résultat spirituel. Mais je pense que, pas plus que le Génie, vous ne vous empresseriez de répondre.

— Eh mais non, dit Charles, je ne m'empresserais pas ! Car, même si j'avais une explication bien prête, je la remettrais certainement à un autre jour.

« Voilà plus d'une heure que nous disputons *de omni re scibili et quibusdam aliis*..., et il est temps que nous passions à d'autres exercices ! Rentrons à la Laiterie, et payons-nous le luxe d'un bock mousseux et de quelques airs de piano. Cette caisse à musique ne joue vraiment pas trop mal...

— La proposition part d'un bon naturel, m'écriai-je. Mais laissez-moi d'abord rallumer mon cigare. Il y a un siècle que je n'ai plus fumé !

REMARQUES

Lorsque du Bois-Reymond prétend que *le Génie* serait à même de tirer de son système d'équations différentielles des renseignements sur l'état initial de l'Univers, et de déceler notamment si au temps — ∞ la matière se mouvait déjà dans l'espace illimité, ou si elle était au repos, mais alors inégalement distribuée, il se flatte probablement d'une illusion. Le Génie pourrait, en effet, lui opposer une fin de non-recevoir.

— Vous demandez, répondrait-il, ce que j'apprends au sujet de la matière et des forces lorsque dans ma formule universelle je mets t = — ∞.

« Mais dites-moi, s'il vous plaît, quelle est la signification précise du symbole à employer.

» Chez les mathématiciens le signe ∞ représente tout bonnement une grandeur énorme, tellement énorme même qu'elle rend négligeable toute autre grandeur de même espèce figurant à côté d'elle dans une même équation. Mais cet infini relatif est tellement vague qu'il me répugnerait de l'introduire dans mon système.

« Je ne doute pas que par — ∞ vous n'entendiez l'éternité passée, c'est-à-dire un temps qui, tout en étant unilatéralement illimité, viendrait aboutir au moment actuel (1). Or, s'il en est ainsi, je dois vous avouer, Monsieur le professeur, que mon attirail mathématique, bien que très perfectionné, n'est pas absolument exempt d'approximations et que dès lors ma formule ne me permet point d'essayer *la formidable extrapolation* que vous avez en vue. Je crois d'ailleurs pouvoir me consoler de mon impuissance à vous servir, en me disant qu'au sujet de la matière et des forces vous paraissez avoir quelque moyen secret d'en savoir plus long que moi... Votre question même ne me dit-elle pas que vous croyez pouvoir attribuer aux choses et aux énergies une existence éternelle, et par conséquent une nature divine ?

Touché en plein par ce dernier trait, l'interrogateur n'insisterait pas. Il passerait bien vite à un autre sujet...

* *
*

Depuis longtemps on a signalé, comme un fait très important, la tendance de l'intelligence humaine à scruter jusqu'aux arcanes de l'insondable. Dans une lettre de Sénèque nous lisons en effet :

« Magna et generosa res est humanus animus. In immensum se extendit, nec ullos sibi poni nisi communes cum Deo terminos

---

(1) L'éternité passée ! Quelle contradiction dans les mots !

patitur... Arctam sibi aetatem dar dari non sinit. Omnes, inquit, anni mei sunt. Nullum saeculum magnis ingeniis clausum est, nullum non cogitationi proprium tempus » (1).

Et la même considération se retrouve dans les *Pensées* de Marc Aurèle (2) :

« L'âme embrasse dans ses spéculations le monde tout entier,
» et le vide qui environne le monde... Elle s'étend jusque dans
» l'infini de la durée. »

Chez l'empereur romain nous rencontrons d'ailleurs des principes de morale qui sont absolument conformes aux déductions que nous avons tirées de notre aspiration quasi divine à tout comprendre.

« Honore, dit-il, ce qu'il y a dans le monde de plus excellent :
» c'est l'être qui se sert de tout et qui administre toutes choses.
» Pareillement honore ce qu'il y a de plus excellent en toi: c'est
» un être de la même famille que le premier, car lui aussi il se
» sert des choses qui sont en toi, c'est lui qui gouverne ta vie.

« A quelque instant que tu doives arriver au bout de ta course,
» si tu dédaignes tout le reste pour t'occuper uniquement de la
» partie principale de ton être et de ce qu'il y a de divin en toi, si
» ce que tu crains n'est pas de cesser de vivre, mais de ne jamais
» commencer à vivre conformément à la nature, alors tu seras un
» homme digne du monde qui t'a donné l'existence.

« Ce qui est le propre de l'homme de bien, c'est l'acceptation
» sans murmure de ce qui lui arrive, de ce qui est dans la trame
» de son existence ; c'est le soin de ne jamais souiller le génie qui
» habite dans sa poitrine, de ne point le troubler d'une foule con-
» fuse de perceptions, mais de le conserver calme, modestement
» soumis à la divinité, ne disant jamais un mot qui ne soit vrai,
» ne faisant jamais une action qui ne soit juste. »

N'est-il pas admirable qu'après plus de dix-huit siècles d'intervalle, et après les énormes progrès de la science, la méditation nous ramène encore aux principes et à la morale, qui étaient en

---

(1) C'est une grande et noble chose que l'esprit de l'homme. Il plonge dans l'infini, et n'admet d'autres limites à sa pénétration que celles qui s'imposeraient à la Divinité elle-même... Et il n'entend pas non plus que son action soit limitée dans le temps. Toutes les années, dit-il, m'appartiennent. Aucune époque n'est fermée aux grandes intelligences, aucun temps n'est soustrait à l'investigation philosophique. (Lettre 102.)

(2) MARC AURÈLE, *traduction Pierron*, Livre XI, n° 1 ; V, 21 ; XII, 1 ; III, 16.

honneur du temps de Marc Aurèle, et qui émanaient de l'école stoïcienne, vieille alors de cinq cents ans ?

DIE WISSENSCHAFT

Une opinion sincère ne peut généralement que gagner à être contredite. Aussi ai-je béni mon étoile lorsqu'un ami m'eut signalé la brochure *Die Wissenschaft*, écrite en 1911 par M. le Geheimrat Wilhelm Ostwald. Dans cet opuscule j'ai trouvé la contre-partie à peu près exacte de mes propres idées, et cette contre-partie n'est pas irréfutable (1).

Il n'est pas toujours facile d'apprécier exactement la portée des phrases ostwaldiennes, mais il me semble bien que l'auteur commence par nous présenter la science *comme un être*, doué de personnalité et de vie.

La science, dit-il, n'est plus un instrument mis entre les mains de quelques privilégiés, mais nous apparaît de plus en plus comme *un être personnel*, poursuivant en toute indépendance la voie logique de son évolution. Elle ressemble d'ailleurs à un organisme vivant en ce que *sa vie*, comme celle de l'organisme, résulte de la collaboration bien ordonnée d'une multitude d'unités individuelles. Mais dans le cas de la science ces unités sont les savants, dont le travail, moins ephémère que celui de cellules animales ou végétales, est journellement enregistré dans de nombreux périodiques, et mis en lieu sûr dans les bibliothèques de tous les pays civilisés (2).

Passant alors à un autre ordre d'idées, l'orateur consacre un long passage à nous entretenir du caractère prophétique des sciences, de leur classification, de leur but et de leur importance sociale. Mais après cet intermède il revient à ses moutons (loin de moi de penser à ses auditeurs), et se met en devoir de *diviniser* en quelque sorte celle qu'il a déjà revêtue d'un caractère personnel (3).

Ce n'est pas sans intention que j'ajoute le correctif « en quelque sorte ». M. Ostwald, en effet, ne nous invite pas franchement

---

(1) *Die Wissenschaft*, Vortrag gehalten auf dem ersten Monistenkongresse, zu Hamburg, am 10 September 1911, von W. OSTWALD (Kröner, Leipzig).

(2) L'exposé de ce premier sophisme prend les pages 5 à 15 de la brochure.

(3) Voir les pages 45 à 54 de l'opuscule.

à nous prosterner devant la nouvelle idole, mais se contente
d'adresser à ses confrères en monisme la proposition que voici.
*Tout ce que les hommes, dit-il, ont su mettre de plus magnifique-
ment idéal dans leurs imaginations et dans leurs aspirations, ils
l'ont concentré dans l'idée de Dieu. Mais il est temps de renoncer
à cette conception d'un autre âge, et de lui substituer la Science,
puisque celle-ci réalise tous les attributs de la divinité...*

« Et d'abord, poursuit-il, on veut que Dieu soit *tout-puissant.*
Mais c'est la Science qui est effectivement *ce que nous connaissons
de plus tout-puissant sur la terre* (1). Tous les jours elle apporte
des possibilités auxquelles on n'eût pas osé songer auparavant.
Tous les jours elle complète l'exploration de son domaine, à tel
point qu'il est devenu presque plus difficile de découvrir de nouveaux problèmes que de les résoudre. On objectera sans doute
qu'il y a des limites au pouvoir de la Science, et qu'il lui serait
impossible de rien faire à l'encontre des lois naturelles. Mais ce
n'est point là un défaut. Les chrétiens éclairés reconnaissent que
leur Dieu, lui aussi, se plaît à respecter les lois qu'il a lui-même
établies. »

Fort bien! Mais ne dirait-on pas avec plus de vérité que ce
qu'il y a de réellement assez puissant sur la terre, ce n'est pas la
science, abstraction pure, mais *l'humanité* armée de sa science et
pourvue de ses moyens d'action scientifiques? Sera-ce donc l'humanité que nous mettrons à la place de Dieu?

Mais poursuivons notre analyse.

« La Science est *éternelle*, car elle triomphe du temps. Mise en
sûreté, comme elle l'est, dans les bibliothèques de l'Europe, de
l'Amérique et du Japon, elle ne saurait périr que dans un cata-
clysme qui ruinerait à la fois l'ancien et le nouveau monde. »

Très bien encore! A moins qu'un grincheux ne fasse observer
qu'une chose sujette à se développer graduellement, et destinée
à ne pas durer plus longtemps que la terre, n'est peut-être pas
absolument indépendante du temps.

« La Science est *omniprésente*, car elle triomphe de l'espace. Il
suffit de penser un instant au perfectionnement et à la multiplicité de nos moyens de transport, et surtout à cette merveilleuse

---

(1) Gott wird uns zunächst als allmächtig hingestellt. Das Allmächtig*ste*, von
dem wir tatsächlich Kenntnis haben, ist die Wissenschaft.
Admirons ce superlatif à fin de mitigation !

télégraphie sans fil, par laquelle chacun de nous peut correspondre en un instant avec les habitants d'une moitié de la terre, pour
reconnaître que nous avons réussi à supprimer la distance. »

De mieux en mieux ! Mais lorsqu'un diplomate correspond du
haut de la tour Eiffel avec un collègue de Londres ou d'une autre
capitale, ce n'est pas la science qui est dis-présente, c'est le diplomate...

« Un quatrième attribut veut que Dieu *sache tout.* Or, *pour
autant que le tout-savoir puisse entrer dans nos vues*, la Science
remplit le desideratum. Elle est en effet la somme de ce que nous
savons... Et elle est même mieux que cela, car elle tend à devenir objectivement complète et à prévoir infailliblement les conséquences de n'importe quelle hypothèse. On objectera peut-être
qu'il doit s'être produit, dans le passé de notre planète, des faits
qui n'ont guère laissé de traces, et qui par conséquent nous resteront toujours inconnus. « Mais des événements qui n'ont pas laissé
» de traces sont à coup sûr des événements qui n'ont pas exercé la
» moindre influence sur nous ; car, s'ils avaient exercé une
» influence, celle-ci constituerait tout juste les traces dont
» nous avons expressément supposé l'absence. Or des évé
» nements, qui n'ont pas eu d'influence sur notre état actuel, ne
» valent après tout pas la peine d'être connus, et rentrent dans la
» catégorie des faits que nous avons exclus du domaine scienti
» fique (1). Dès lors, si la Science ignore certaines choses, elle a
» du moins le mérite de concentrer son attention sur les choses
» qui ont de l'importance pour nous, parce qu'elles nous touchent
» en quelque manière, et de se désintéresser des choses qui ne
» nous concernent pas » (2).

Ce passage appellerait des objections nombreuses. Mais je me
contenterai de demander à M. le Geheimrat s'il estime que la
question de notre raison d'être et de notre destinée soit suffisam-

---

(1) Comme ne permettant pas de déductions prophétiques.

(2) La traduction de ce passage est littérale.

Le raisonnement de M. Ostwald revient à ceci. La Science néglige les faits qu
n'ont eu aucune influence sur notre état actuel. Et elle a bien raison. Car si elle
s'y intéressait, à ces faits, elle devrait les connaître. Or, elle les ignore absolument.

C'est à peu près comme si je disais, avec papa Prudhomme : je n'aime pas les
épinards, et j'en suis bien aise. Car si je les aimais j'en mangerais. Or, je ne peux
pas les souffrir !

ment intéressante, pour que la science ait pour mission de nous la résoudre un jour...

« *Enfin* Dieu est réputé *souverainement bon*. L'homme lui adresse ses prières pour être délivré de la souffrance et de la maladie, et pour obtenir l'accomplissement de ses vœux et la réalisation de ses espérances. Mais la Science est une déité tout aussi propice, car elle accueille petit à petit toutes nos demandes. Elle calme et guérit les maladies, restreint et empêche les malheurs, et nous rend la vie longue et prospère. Il est vrai que, pas plus que Dieu, elle n'écoute immédiatement et indistinctement toutes nos doléances, et qu'elle ne nous aide que si nous nous aidons nous-mêmes; mais alors elle nous donne le moyen d'atteindre le but par la voie la plus directe et avec la moindre dépense de temps et d'énergie (1). De même que le Dieu des chrétiens elle repousse les demandes dont l'exaucement serait funeste aux suppliants. Mais, tandis que ce Dieu ne fut jamais qu'un seigneur et maître, n'admettant que de très humbles prières et y répondant selon les caprices de son bon plaisir, la Science nous est une mère toujours accessible, et décide du sort de nos demandes conformément aux prescriptions des lois naturelles » (2).

Il y a dans tout cela une part de vérité. Mais, pour avoir la vérité entière, on doit se dire que la science n'est, après tout, que l'œuvre collective des savants, et qu'au point de vue de la philanthropie ceux-ci ne sont pas bien supérieurs au commun des mortels. Les *pionniers du progrès* obéissent à des mobiles divers, mais travaillent la plupart du temps à se faire une renommée ou une fortune. C'est même l'égoïsme qui les pousse le plus efficacement à faire des découvertes utiles, et à fournir au monde ce que les bonnes gens appellent *les bienfaits de la science*.

Et il s'en faut de beaucoup que ces bienfaits soient toujours essentiellement bienfaisants.

Voyez plutôt *les explosifs*. Ils servent à l'exploitation des mines, au percement des montagnes, et même à l'égaiement de nos kermesses. Mais comment pourrait-on vivre en 1920 et ne pas savoir de quels crimes ils peuvent devenir les terribles instruments ?

Et voyez même cette brave *machine à vapeur!* Nous lui devons l'usage intensif de la houille et, comme suite à ce progrès fonda-

---

(1) Quel prosaïsme !
(2) Quelle bonté ! mes amis.

mental, la métallurgie moderne, la locomotive, le steamer, l'outillage de la grande industrie, la vulgarisation de l'électricité, la
télégraphie sans fil, et le reste... Mais nous lui devons aussi les
conséquences d'une ère de prospérité sans pareille, et notamment
une surpopulation de plus en plus accentuée de l'Europe occidentale. Or, à l'époque fatale où l'épuisement ou seulement la raréfac-
tion du combustible viendra troubler la fête, et nous imposer un
retour à la vie simple et aux habitudes du bon vieux temps, nous
lui devrons enfin la nécessité d'un rétablissement d'équilibre entre
l'étendue du territoire et le nombre des habitants. L'opération
sera douloureuse, et au temps où elle se fera on ne célébrera plus
en des discours académiques les bienfaits de la Science.

Après avoir parlé de la toute-bonté, M. Ostwald croit avoir
sensiblement épuisé la liste des attributs divins, et passe directement à la présentation de considérations finales (1).

« Depuis des milliers d'années, dit-il, théologiens et philosophes se sont ingéniés à trouver une preuve de l'existence d'un
Dieu spirituel et extramondial. Mais leurs efforts ont été vains,
et leurs soi-disant démonstrations ont été reconnues fausses et
illusoires. Aussi *le déisme moderne* est-il devenu purement sentimental, et compte-t-il autant de formes diverses que de partisans.
Ne représentant dès lors qu'un groupe indiscipliné d'opinions
personnelles, il manque de l'unité qui donne la puissance, et se
montre incapable d'exercer une influence directrice sur notre
organisation sociale.

» La Science, au contraire, manifeste à tous les yeux la réalité
de son existence. Nous avons déjà dit qu'elle se montre de plus en
plus indépendante des opinions individuelles de ses nombreux
adeptes. Aussi possède-t-elle au plus haut degré la qualité qui
fait défaut à son concurrent. Née de l'activité sociale et pour le
bien de la société, elle est prédestinée à remplir dans cette société
la fonction de divinité « moderne » par excellence » (2).

---

(1) Viertens hat man der Gottheit ein Praedikat gegeben, *welches so ziemlich
das letzte ist*, nämlich dass sie allgütig ist (page 50 de la brochure . — *So ziemlich
das letzte* !... Il resterait bien un mot à dire de *l'absolue justice*, mais l'auteur
aime mieux ne pas s'en douter.

(2) Was also dem Gottesbegriff fehlte, finden wir reichlich und organisch an
der Wissenschaft, die auch in solcher Beziehung ihre *im modernen Sinne
göttliche Natur erweist.*

Une nature divine au sens mode ne du mot, qu'est-ce que cela veut dire ?

Cette conclusion grandiloquente était peut-être bien faite pour soulever l'enthousiasme d'un congrès de monistes, mais sur un lecteur isolé, jouissant de toute sa liberté d'appréciation, l'effet est plutôt médiocre. Dans le silence du cabinet on remarque trop bien que M. Ostwald a dû se permettre une dernière malice, et que ses frais d'éloquence tendent à masquer une défaite. S'il s'était risqué à comparer l'influence sociale de la Science à celle du Dieu des chrétiens, il n'aurait pu s'empêcher de dire un mot de l'attribut de *la suprême justice*, et de reconnaître que le rôle d'un Dieu distributeur de récompenses et de punitions n'est peut-être pas absolument négligeable. Aussi a-t-il trouvé opportun de changer l'un des termes de sa mise en parallèle. Laissant en repos l'ancien adversaire, il s'en prend tout-à-coup à cet innocent déisme, qui croyait n'assister qu'en spectateur à toute la querelle et ne s'attendait pas le moins du monde à être attaqué à son tour.

Je reconnais que, grâce à sa manœuvre finale, M. Ostwald s'est procuré l'avantage d'une péroraison facile. Mais il n'en reste pas moins acquis que l'ensemble de ses démonstrations est d'une faiblesse extrême. Pour *personnifier* la science il nous sert un raisonnement de sophiste, et pour *diviniser* la petite il se complaît à nous faire l'étalage d'une collection d'attributs, qui sont tout simplement empruntés à l'humanité savante, et dénués de grandeur idéale. La tentative d'apothéose est même à ce point manquée que l'on en vient à douter des intentions de l'orateur, et à se demander si la véritable signification de l'allocution de Hambourg ne serait pas à résumer en ces mots :

Vous voyez, chers confrères, qu'il est plus facile de renier l'Ancien que de lui trouver un Ersatz présentable. Ne vous livrez donc pas à cette recherche ingrate. Vous risqueriez d'y patauger encore plus que moi.

SOYONS JUSTES !

Rien ne ressemble moins aux procédés de *M. Ostwald* que ceux d'*Anatole France*. Tandis que le premier affecte le raisonnement âprement systématique, et ne recule pas devant la défense d'une thèse artificieuse (1), l'autre laisse à la pensée une grande liberté

---

1) Exemple : *Die Wissenschaft.*

d'allure et « dédaigne de jeter entre les idées le mortier de la sophistique ». Le savant prétend n'écouter que la raison pure, alors que le littérateur prête volontiers l'oreille au sentiment. L'un propose de *diviniser* la Science, tout en lui permettant d'ignorer un tas de choses ; mais l'autre se refuse à sacrifier à la nouvelle idole, et déplore amèrement qu'elle soit incapable de donner le mot des suprêmes énigmes. Et la différence que l'on observe dans la façon de penser des deux hommes, on la retrouve tout naturellement dans leur style. Le langage du Geheimrat ne manque certes ni de correction ni d'adresse, mais la phrase de France coule infiniment plus gracieuse, plus fine et plus persuasive.

Ayant donné un exemple de la manière Ostwaldienne, je ne résiste pas à la tentation de citer une couple de pages de M. France. Je les prends dans *Le Jardin d'Epicure*, un livre où l'auteur ne prête pas trop la parole à des personnages fictifs, et se contente la plupart du temps d'exposer directement ses idées personnelles (1).

« C'est une grande erreur, dit-il, de croire que les vérités scientifiques diffèrent essentiellement des vérités vulgaires. Elles n'en diffèrent que par l'étendue et la précision. Au point de vue pratique c'est là une différence considérable. Mais il ne faut pas oublier que l'observation du savant s'arrête à l'apparence et au phénomène, sans jamais pouvoir pénétrer la substance ni rien savoir de la véritable nature des choses. Un œil armé du microscope n'en est pas moins un œil humain. Il voit plus que les autres yeux, il ne voit pas autrement.

» Demander une morale à la science, c'est s'exposer à de cruels mécomptes. On croyait, il y a trois cents ans, que la terre était le centre de la création. Nous savons aujourd'hui qu'elle n'est qu'une goutte figée du soleil. Nous savons quels gaz brûlent à la surface de lointaines étoiles. Nous savons que l'univers, dans lequel nous sommes une poussière errante, enfante et dévore dans un perpétuel travail ; nous savons qu'il naît sans cesse et qu'il meurt des astres. Mais en quoi notre morale a-t-elle été changée par de si prodigieuses découvertes ? Les mères en ont-elles mieux ou moins bien aimé leurs petits enfants ? En sentons-nous plus ou moins

---

(1) *Le Jardin d'Épicure*. pages 53, 66, 136 et 145 de la 36** édition.

la beauté des femmes ? Le cœur en bat-il autrement dans la poitrine des héros ?...

. . . .

» C'est sur le sentiment seul que la morale repose naturellement. De très grands esprits ont nourri, je le sais, d'autres espérances. Renan s'abandonnait volontiers en souriant au rêve d'une
morale scientifique. Il avait dans la science une confiance à peu
près illimitée. Il croyait qu'elle changerait le monde, parce
qu'elle perce les montagnes. Je ne crois pas, comme lui, qu'elle
puisse nous diviniser...

. . . .

» C'est la force et la bonté des religions d'enseigner à l'homme
sa raison d'être et ses fins dernières. Quand on a repoussé les
dogmes de la théologie morale, comme nous l'avons fait presque
tous en cet âge de science et de liberté intellectuelle, il ne reste
plus aucun moyen de savoir pourquoi on est sur ce monde et ce
qu'on y est venu faire.
Le mystère de la destinée nous enveloppe tout entiers dans ses
puissants arcanes, et il faut vraiment ne penser à rien pour ne pas
ressentir cruellement la tragique absurdité de vivre (1). C'est là,
c'est dans l'absolue ignorance de notre raison d'être, qu'est la
racine de notre tristesse et de nos dégoûts. Le mal physique et le
mal moral, les misères de l'âme et des sens, le bonheur des
méchants, l'humiliation du juste, toute cela serait encore supportable si l'on en concevait l'ordre et l'économie, et si l'on y devi-
nait une providence. Le croyant se réjouit de ses ulcères; il a
pour agréables les injustices et les violences de ses ennemis : ses
fautes même et ses crimes ne lui ôtent pas l'espérance. Mais dans
un monde où toute illumination de la foi est éteinte, le mal et la
douleur perdent jusqu'à leur signification, et n'apparaissent plus
que comme des plaisanteries odieuses et des farces sinistres...

. . . .

» La tristesse philosophique s'est plus d'une fois exprimée avec
une morne magnificence. Comme les croyants parvenus à un haut

_____

(1) Quelle différence d'avec M. Ostwald !

degré de beauté morale goûtent les joies du renoncement, le savant, persuadé que tout autour de nous n'est qu'apparence et duperie, s'enivre, de cette mélancolie philosophique et s'oublie dans les délices d'un calme désespoir. Douleur profonde et belle, que ceux qui l'ont goûtée n'échangeraient pas contre les gaietés frivoles et les vaines espérances du vulgaire...

. . . .

» Le charme qui touche le plus les âmes est le charme du mystère. Il n'y a pas de beauté sans voiles, et ce que nous préférons c'est encore l'inconnu. L'existence serait intolérable si l'on ne rêvait jamais. Ce que la vie a de meilleur, c'est l'idée qu'elle nous donne de je ne sais quoi qui n'est point en elle. Le réel nous sert à fabriquer tant bien que mal un peu d'idéal. C'est peut-être sa plus grande utilité...

. . . .

Le style de ces citations est tout bonnement admirable! Il est empreint de cette simplicité, dont l'auteur dit lui-même qu'elle est faite d'ordre, de logique et d'infiniment de travail (1).

Quant aux pensées émises, elles sont nobles et profondes, mais déprimantes à l'excès.

J'aime à constater, par exemple, que l'auteur place dans le sentiment la base de la morale. Mais je regrette de ne pas le voir soupçonner que le sentiment aidé de la science fournit à la fabrication d'un peu d'idéal un meilleur point de départ que la rêverie pure.

Et puis, il me semble que M. France n'a pas une notion très moderne de ce que c'est que l'investigation scientifique, et qu'il déprécie outre mesure les procédés et les résultats de ce genre de travail. Mais ceci demande des explications, et réclame l'ouverture d'un nouveau chapitre.

***

Dans son volume intitulé *Les opinions de M. Jérôme Coignard,* M. France prête à cet aimable ecclésiastique les propos que voici (2).

---

(1) *Le Jardin d'Epicure,* pages 106 à 108.
(2) *Les opinions de M. Jérôme Coignard,* 44ᵐᵉ édition, page 144.

« Je ne comprends pas, dit l'abbé à son jeune élève, que M. Descartes et tant d'autres philosophes aient cherché dans la connaissance de la nature une règle de vie et un principe de conduite.
Car enfin, Tournebroche, mon fils, qu'est-ce que la connaissance
de la nature sinon la fantaisie de nos sens ? Et qu'est-ce qu'y
ajoute, je vous prie, la science avec les savants depuis Gassendi,
qui n'était point un âne, et Descartes et ses disciples, jusqu'à ce
joli sot de M. de Fontenelle ? Des besicles, mon fils, des besicles
comme celles qui chaussent mon nez...

... Et que sont-ils tous ces instruments dont les savants et les
curieux remplissent leurs galeries et leurs cabinets ? Que sont les
lunettes, astrolabes, boussoles, sinon des moyens d'aider les sens
dans leurs illusions, et de multiplier l'ignorance fatale où nous
sommes de la nature en multipliant nos rapports avec elle ? »

Or, en lisant ces spirituelles boutades, on est tenté de s'écrier:
« Allez-y donc, Monsieur l'abbé ! Vous avez bien raison de
dire leur fait à bon nombre de vos contemporains. Mais, pour
l'amour de Dieu, laissez en repos les lunettes, astrolabes et boussoles, car on pourrait croire que vous en avez à la physique et à
l'astronomie, qui sont sciences déjà très respectables (1). Moquez-
vous plutôt des réchauds, des alambics, des pélicans, et de toute
la cuisine de ces arriérés de chimistes et de médecins, qui croient
encore au feu élémentaire d'Aristote et jurent par le phlogiston
de MM. Becher et Stahl. Coguez ferme, mon cher Coignard, mais
tâchez de mieux diriger vos coups... »

Mais lorsqu'on lit dans *le Jardin d'Epicure*, et par conséquent
à l'adresse de la science moderne, « qu'un œil armé du microscope
» voit plus que les autres yeux mais ne voit pas autrement, et
» *que l'observation du savant s'arrête à l'apparence et au phéno-*
» *mène*, sans jamais pouvoir pénétrer la substance ni rien savoir
» de la véritable nature des choses », on ne peut s'empêcher de
trouver que tout cela n'est vrai que dans une certaine mesure.

Certes, nous n'éluciderons jamais le fin fond des choses, mais
nous pouvons tout de même étendre nos investigations de plus en
plus loin. Et à cet effet nous sommes doués d'une faculté dont
M. France oublie de tenir compte, et dont le pouvoir de *pénétra-*
tion l'emporte de beaucoup sur celui de nos organes des sens,
armés des instruments les plus perfectionnés. Après avoir bien

---

(1) Du temps où raisonnait l'abbé Coignard.

regardé, bien pesé, bien écouté, bien palpé, bien reniflé même, et
après avoir appliqué à ces diverses opérations toutes les ressources
de l'art expérimental, nous ne sommes pas au bout de nos moyens
ni de nos peines. Il nous reste à couronner notre œuvre en coor-
donnant et en interprétant nos observations et nos chiffres. Après
les yeux du corps il nous faut ouvrir ceux *de l'intelligence*.

Tous ceux qui ont plus ou moins mené la vie de laboratoire
savent à quoi s'en tenir à ce sujet. Et quant aux non-initiés, aux
profanes comme on dit, il leur suffit de consulter les biographies
des savants illustres pour trouver des choses dans le genre de
celles-ci.

Tycho-Brahé consacra de longues années à l'observation très
minutieuse des allures de la planète Mars, mais il était réservé à
Kepler de comprendre les chiffres de son prédécesseur, et d'en
tirer les deux premières lois des révolutions planétaires.

Torricelli découvrit la montée du mercure dans un vide tubu-
laire, mais il fallut la perspicacité de *Pascal* pour interpréter correctement « l'apparence et le phénomène ».

S'il faut en croire la légende, *Newton* était encore un jeune
fellow de Trinity College (1665 ?) lorsque la chute d'une pomme
lui inspira l'idée que tous les corps, grands et petits, tendent continuellement à tomber les uns vers les autres, et que cette tendance est déterminée par une force universelle, agissant partout
de la même manière. Le contrôle expérimental de cette conception
grandiose échoua tout d'abord devant l'attribution d'une longueur erronée au rayon de la terre. Mais après l'élimination de
cette erreur par le géomètre Picard (1682), le grand Anglais
n'eut plus qu'à s'appuyer sur la connaissance du rayon terrestre
et des rayons orbitaires de la lune et des planètes, pour trouver
dans les accélérations centripètes de ces astres la démonstration
de sa prévision géniale, et pour établir définitivement la formule
de la gravitation.

Ces remémorations prouvent à suffisance que la part de l'esprit
dans l'élaboration de la science n'est certes pas inférieure à celle
des organes des sens et des instruments. Mais il n'en sera pas
moins utile de développer un exemple supplémentaire, qui montrera mieux que les trois autres comment la science procède souvent par bonds (s'appuyant sur des faits pour risquer une hypothèse, et sur l'hypothèse pour aller à la découverte de faits nouveaux), et comment elle sait profiter d'une trouvaille opportune

pour consolider à un moment donné l'ensemble de ses acquisitions.

Il y a une bonne centaine d'années *la chimie* était déjà sérieusement documentée. Mise dans la bonne voie par *Lavoisier* (avant 1794), elle connaissait des corps élémentaires et des combinaisons, et avait appris à formuler des lois qui régissent la formation de ces dernières. Cet *initium sapientiæ* conduisit *Dalton* (1803) à supposer que la matière est essentiellement discontinue, et se compose de molécules, formées elles-mêmes d'atomes élémentaires. Huit ans plus tard l'étude de l'état gazeux, et des réactions entre matières gazeuses, vint susciter l'hypothèse d'*Avogadro*, d'après laquelle des volumes égaux de différents gaz contiennent, dans des conditions égales de température et de pression, des nombres égaux de particules intégrantes. Dès lors il devint possible de déterminer le poids (relatif) des molécules, et aussi des atomes, et de formuler la composition quantitative des corps en faisant usage de symboles atomiques. Les conséquences de ces innovations furent admirables, et la chimie prit un tel essor que les « formules brutes » devinrent bientôt insuffisantes pour représenter toutes les substances connues, et qu'il fallut envisager la structure intime des molécules et le mode d'agencement des atomes. De là l'idée que cet agencement pourrait bien être déterminé par des forces attractives, émanant en nombre caractéristique des diverses particules élémentaires (*Kekulé* 1858). La notion de la valence fut à son tour d'une fécondité sans pareille, et le nombre des substances connues, analysées et interprétées, se multiplia avec une telle rapidité, que le perfectionnement de la nomenclature eut énormément de peine à suivre le développement des connaissances pratiques. Dans l'entretemps des branches auxiliaires avaient poussé aux confins de la chimie et de la physique, et la théorie cinétique de la matière avait fait de grands progrès sous l'impulsion de *Clausius*, *Maxwell* et *Van der Waals*. Bref, à la fin du siècle passé la chimie formait un ensemble prestigieux, se dressant sur une base dont on ne songeait plus guère à mettre en doute la solidité.

Ce ne fut pourtant qu'en 1908-1909 que cette base subit victorieusement l'épreuve d'un sondage direct et approfondi.

Ayant soupçonné que le mouvement brownien de grains de mastic ou de gomme-gutte, suspendus dans l'eau, devait être assimilable au mouvement de translation que la théorie cinétique

attribue aux molécules d'un gaz, *M. J. Perrin* trouva la confirmation de son idée en examinant au microscope des suspensions
prises à l'état d'équilibre stationnaire, et en constatant que la
répartition des grains, dans le sens de la hauteur, répondait constamment aux prescriptions de la formule hypsométrique (1).
L'étude de certains milieux troubles permettait donc de reconnai-
tre de visu le mécanisme de l'état gazeux. Aussi le physicien
français a-t-il profité de l'heureuse circonstance que les grains
suspendus étaient dénombrables, mesurables et même pesables,
pour étendre la portée de la théorie cinétique, et pour déterminer
expérimentalement *le nombre* des particules intégrantes, qui
entrent dans la composition d'une molécule-gramme d'une substance quelconque. Le chiffre ainsi obtenu fut confirmé par
l'étude de phénomènes très divers (2), et la concordance des résultats fut tellement satisfaisante, que M. Perrin a pu dire, en toute
vérité, que la preuve directe de l'hypothèse de Dalton était enfin
fournie, et qu'il serait désormais difficile de justifier par des
arguments raisonnables une attitude hostile aux théories moléculaires et atomiques.

Il est donc bien évident, n'est-ce pas, que *notre inspection de la
nature ne s'arrête pas à l'apparence et au phénomène,*mais qu'elle
ose s'engager bien plus avant, jusque dans le domaine de l'invisible et du mystérieux. La mission du chercheur est d'observer,
d'interpréter, de généraliser et de prévoir, et de reprendre indéfiniment, mais d'étape en étape et de progrès en progrès, la
même série d'opérations. Et cette tâche ne manque ni de noblesse
ni d'attrait. Elle est même tellement passionnante que, pour qui
s'y adonne entièrement, la certitude de ne jamais tout savoir ne
parvient pas à gâter la joie d'en apprendre de temps en temps un
peu davantage.

*   *
*

M. France ne se contente pas de tracer à notre pouvoir d'investigation des limites par trop étroites. Il va jusqu'à dire que nos

---

(1) La richesse en grains de couches superposées, prises dans une suspension,
varie comme la densité, c'est-à-dire comme la richesse en molécules, de couches
superposées prises dans un milieu gazeux.

(2) Le chiffre est très élevé, voisin de $68,5 \times 10^{22}$.

Parmi les phénomènes confirmateurs on peut citer : La diffusion des gaz le
spectre infrarouge, le bleu du ciel, la radioactivité, etc.

études ne donnent que des résultats *illusoires*, et ne servent qu'à multiplier l'ignorance fatale où nous sommes de la nature en multipliant nos rapports avec elle (1). Or, sur ce point encore il m'est impossible de me ranger de son avis.

Considérons, par exemple, une planète. Grâce à de longues étu- des la course de cet astre est si bien connue, que les annuaires ne craignent pas de préciser la place qu'il doit occuper dans le ciel à tel instant de tel jour de telle année, et de soumettre cette pré- diction au contrôle expérimental de tous les astronomes et de tous les marins du monde entier. Or, je me le demande, est-il possible de ne voir dans la concordance de toutes les observations, passées, présentes et futures, qu'un simple concert d'illusions ?

Et voici, je suppose, une substance que j'ai synthétisée et puri- fiée dans mon laboratoire, et que, d'après son mode d'obtention, je tiens pour tel corps bien défini.

L'analyse élémentaire de ce produit, et de quelques dérivés éthérés ou salins, donne des résultats confirmatifs, et l'étude des propriétés physiques de la substance apporte les dernières assu- rances. Et tout cela ne me représenterait que l'accord trompeur d'une série de constatations illusoires? Non, non, M. France, il y a quelque réalité dans les phénomènes, et dans la matière qui en est le siège, et quelque réalité aussi dans les impressions que nous font les phénomènes, et dans la conscience que nous avons de ces impressions.

Je suis certes d'accord avec vous pour déplorer que la science, si réelle qu'elle soit, ne découvre jamais que *des relations* entre les diverses modalités de la matière et de l'énergie, et ne dise *rien d'absolu* concernant la nature intime, la raison d'être et la destinée de toutes choses. Mais je ne vois pas dans la dispropor- tion, qui règne entre l'énormité de nos aspirations et la petitesse des satisfactions reçues, un motif de désespoir et de renoncement. Lorsqu'on est tourmenté d'une soif ardente, d'une soif à boire la mer, une gorgée d'eau fraîche est un bienfait des dieux.

---

(1) *Les Opinions de M. J. Coignard* (pp 144-145).

Dans le *Jardin d'Épicure*, la même idée trouve une expression mitigée (p. 54) :
« Le savant multiplie les rapports de l'homme avec la nature, mais il lui est » impossible de modifier en rien le caractère essentiel de ces rapports. Il voit » comment se produisent certains phénomènes qui nous échappent, mais il lui » est interdit, aussi bien qu'à nous, de rechercher pourquoi ils se produisent ».

Autour du problème des méthodes juridiques

par Henri ROLIN

Conseiller à la Cour d'appel
Professeur à l'Université de Bruxelles

I

PRELIMINAIRES

Il serait exagéré de dire que le problème des méthodes juridiques a jusqu'ici beaucoup préoccupé les philosophes, ou même les juristes. La raison en est trop évidente, pour les années qu'a dévorées la Grande guerre. Mais l'observation reste vraie pour la période de travail intense et fructueux dans tous les domaines qui les a précédées. Si les hommes de loi conseillaient et plaidaient, si les juges tranchaient les procès, si les professeurs de droit enseignaient, si les auteurs de traités théoriques et pratiques écrivaient, ils le faisaient comme ils l'ont toujours fait, allant en quelque sorte droit devant eux, sans faire de retour sur eux-mêmes, sans scruter de près la démarche de leur propre pensée, sans chercher à décomposer ses mouvements et à en faire l'analyse logique.

Cependant cette indifférence traditionnelle n'était que relative. Elle était moins profonde, moins épaisse, si l'on peut dire, qu'autrefois. Une clarté s'estompait dans sa masse opaque. Ça et 'à, chez des penseurs isolés, s'éveillait un certain intérêt pour des questions longtemps négligées et peut-être primordiales: qu'est-ce au fond que cette « science du droit » dont le nom est sur tant de lèvres ? Qu'est-ce que la « vérité juridique », à la poursuite de laquelle s'acharnent les jurisconsultes et à laquelle, lorsqu'ils croient l'avoir saisie, ils s'attachent avec tant d'ardeur ? Au moyen de quels éléments leurs croyances se forment-elles ? En d'autres termes, quels sont le point de départ, l'itinéraire, le point d'arrivée de l'esprit humain, lorsqu'il emploie ses forces à résoudre des difficultés d'ordre juridique ?

Quelques travaux ont été publiés depuis le début du vingtième siècle sur ces problèmes abstrus. Ils appartiennent à la catégorie des publications qui n'attirent l'attention que de peu de lecteurs, passent inaperçues en dehors d'un cercle limité et n'exercent pas d'influence appréciable sur les idées en cours. Ces études, éloignées des préoccupations des hommes du Palais, sont en général regardées par eux, lorsqu'ils daignent s'apercevoir de leur existence, avec un dédain plus ou moins dissimulé (1). .

---

(1) Voici, sans aucune prétention à dresser une « bibliographie » proprement dite, même incomplète, quelques titres de livres et d'articles de revue, la plupart récents, relatifs à ces questions: A. ALVAREZ, *Une nouvelle conception des études juridiques et de .la codification du droit civil*, Paris, 1904 ; F. BERNHÖFT, *Zur Lehre von den Fiktionen* (Festgabe für Bekker, pp. 239 et suiv. ; E. R. BIERLING, *Juristische Prinzipienlehre*, 5 vol. Tubingue, 1894-1917 ; DUGUIT, *Le droit social, le droit individuel et la transformation de l'Etat*, Paris, 1908 (exposé simplifié des théories développées dans l'*Etat, le droit objectif et la loi positive*, 1901) ; DESLANDRES, *Etude sur le fondement de la loi*, « Revue de Droit public ». 1908 ; ELTZBACHER, *Ueber Rechtsbegriffe*, Berlin, 1900 ; E. EHRLICH, *Die juristische Logik*, Tubingue, 1918 (tiré à part du tome 115 de l'*Archiv für die civilistische Praxis*) ; A. ESMEIN, *La jurisprudence et la doctrine* (« Revue trimestrielle de droit civil », 1902) ; F. GÉNY, *Méthode d'interprétation et sources en droit privé positif*, Paris, 1899 ; F. GÉNY, *Science et technique en droit privé positif*, Paris, 1914-1915 ; KRANENBURG, *Positief recht en rechtsbewustzijn*, Groningue, 1912 ; KRABBE, *De moderne Staatsidee*, La Haye, 1915 ; KOSTERS, *De plaats van gewoonte en volksovertuiging in het privaatrecht*, Arnhem, 1912 ; LARNAUDE, etc., *Les Méthodes juridiques*, Paris, 1911 ; LE FUR, *La Souveraineté et le droit*, « Revue de droit public », 1908 ; M. LEROY, *La Loi*, Paris, 1908 ; LAGORGETTE, *Le fondement du droit et de la morale*, Paris, 1907 ; E. LÉVY, *Le droit repose sur des croyances* (« Questions pratiques de législation ouvrière et d'économie sociale », 1909) ; H. LÉVY-ULLMANN, *Programme d'un cours d'introduction au droit civil* (« Revue trimestrielle de droit civil », 1903) ; H. LÉVY-ULLMANN, *Eléments d'introduction générale à l'étude des sciences juridiques*, t. I, Paris, 1917 ; Sir W. MARKBY, *Eléments of law*, Oxford ,1896 ; F. MALLIEUX, *L'exégèse des Codes et la nature du raisonnement juridique*, Paris, 1908 ; RUMPF, *Le Droit et l'opinion*, Paris, 1911 ; RÜMELIN, *Reden und Aufsätze* (notamment t. I, *Ueber das Rechtsgefühl* et *Juristische Begriffsbildung*, 1878) ; SCHOLTEN, *Recht en levensbeschouwing*, Haarlem, 1915 ; John W. SALMOND, *Jurisprudence*, 4e édition, Londres, 1913 ; VAN DER EYCKEN, *Méthode positive d'interprétation juridique*, 1907 ; WURZEL, *Das juristische Denken*, Vienne, 1904 (tiré à part de l' « Oesterr. Zentralblatt für die juristische Praxis »), etc.

Sourire de cette attitude, n'y voir que le manque de curiosité ou d'esprit scientifique de praticiens habiles dans leur métier, mais n'apercevant rien au delà du procès à gagner ou à trancher, serait toutefois peu philosophique. Beaucoup d'intelligences, même très vives et vigoureuses, sont dépourvues d'inclination naturelle à examiner les problèmes dont l'intérêt immédiat n'est pas évident. Les nécessités de la vie sont d'ailleurs là, pressantes, parfois angoissantes, le temps fait défaut. Pourquoi, demandent ces esprits éminemment positifs, s'embarrasser de toutes superflus, pourquoi s'absorber et risquer de se perdre dans des recherches au sujet de questions purement théoriques, et probablement insolubles ?

L'indifférence des praticiens, peu soucieux d'analyser et de définir leurs méthodes, a beau scandaliser ceux qui s'attachent à tout comprendre, à tout approfondir plutôt qu'à agir, elle a des raisons qui la justifient ou du moins lui servent d'excuse. Les hommes de loi n'accomplissent-ils pas, en général, leur mission sociale de façon satisfaisante ? N'atteignent-ils pas leur but ? Pourquoi, dès lors, se donner beaucoup de peine pour savoir par quelle voie ils y arrivent?

Ces réflexions, inspirées par le sens commun, suffisent, pour beaucoup, à clore le débat, ou plutôt à l'écarter. Mais il est impossible qu'elles ne suggèrent pas, d'autre part, des remarques s'enchaînant aux précédentes; elles ne sont qu'une entrée en matière.

Les profanes, envisageant les choses *a priori*, pourraient s'étonner de ce que des juristes, prétendant donner la solution scientifique de questions de droit, n'aient pas pour premier souci de se tracer d'avance la voie à suivre, d'établir les règles selon lesquelles ils conduiront leur pensée. Il semble élémentaire, dans toute recherche, pour tout emploi des facultés humaines, de déterminer d'abord les matériaux ou éléments sur lesquels le travail de l'esprit va porter, de fixer le but à atteindre, de définir en termes généraux les opérations mentales à effectuer. Si tout cela n'était pas arrêté préalablement, si l'intelligence à la poursuite de la vérité s'aventurait sans carte ni boussole, pourrait-on parler de science? En d'autres termes, peut-il être question de *science*, quand il n'y a pas de *méthode* ? Et la méthode ne précède-t-elle pas, logiquement et nécessairement, la science ? On admet volontiers que l'artiste, le poète, marche ou plutôt erre, ébloui par son rêve, guidé par son instinct, mené pas une force mystérieuse qu'on appelle génie ou inspiration. Mais le juriste ? Lui qui est un savant, lui qui se défie des songes, raisonne froidement, s'appuie sur des données précises et prétend démontrer tout ce qu'il affirme, comment pourrait-il se passer d'une méthode préétablie, antérieure à tout exercice de la profession de juriste et par conséquent aussi ancienne que la science du droit elle-même ? Si cette méthode existe, si elle est appliquée, quelle difficulté peut-on éprouver à l'exposer, à en énoncer les préceptes ?

Tout au plus pourrait-on admettre que l'intelligence humaine, en matière de droit comme dans bien des domaines, a commencé par procéder empiriquement, s'est avancée d'abord à tâtons, a reconnu le chemin en le parcourant pour la première fois. La pratique aurait ainsi devancé la théorie. La méthode juridique aurait été découverte peu à peu, au moyen d'essais successifs. Elle aurait, pour ainsi dire, été appliquée avant d'être connue.

Mais si tel est le cas, si cette hypothèse, qui est vraisemblable, est vraie, les profanes n'auront aucune peine à poursuivre leur argumentation. La science du droit a été fondée par les Romains, plusieurs siècles avant notre ère ; la méthode juridique n'a pas varié depuis ces temps lointains, tout au moins dans ses traits essentiels (puisqu'on enseigne encore le droit romain, précisément pour inculquer cette méthode aux commençants) ; si elle a été trouvée, par voie de tâtonnements, il y a vingt-cinq siècles, si depuis lors elle a toujours été suivie ou si, après des infidélités passagères, on y est toujours revenu, la méthode doit être connue à fond et il doit être aisé de l'analyser.

La logique rectiligne des non-initiés est parfois embarrassante, comme le sont les questions des enfants. On ne peut y répondre qu'en constatant les faits, quitte à en chercher l'explication plus tard. Le fait, ici, c'est que la méthode juridique, après deux mille cinq cents ans d'application, est encore en grande partie une énigme. Les juristes l'avouent implicitement en s'abstenant de la résoudre, en renonçant à toute analyse approfondie de leurs procédés intellectuels même les plus familiers. Il est d'ailleurs des juristes, et non des moindres, dont l'aveu est explicite. « La méthode juridique intégrale apparaît comme un mélange extrêmement subtil d'éléments divers » écrit Gény, qui signale « le caractère éminemment complexe, à la fois abstrait et vivant, encore incomplètement déterminé, d'ailleurs, de l'investigation juridique » (1). Il revendique comme légitime « la curiosité de savoir, en tant que jurisconsulte, *ce que je fais* et *comment je le dois faire*, aussi bien que l'ambition de communiquer pareille curiosité à d'autres, qui ne seront jamais trop nombreux pour travailler à la satisfaire » (2). Les juristes ne savent-ils donc « ce qu'ils font » ou « comment ils le font »? En 1910 ont été données à Paris, au Collège libre des sciences sociales, une série de leçons, dont plusieurs sont remarquables, sur les « méthodes juridiques » (3). On peut y voir un signe heureux de l'intérêt naissant pour cet ordre de questions, mais elles constituent en même temps un témoignage de l'extrême diversité des vues, et des points de vue, sur une matière dont elles font admirablement ressortir l'obscurité.

L'indifférence générale, à l'égard de ces problèmes, parmi les praticiens de notre temps, n'est donc pas seulement un trait de professionnels vivant à une époque active et fiévreuse, surchargés de besogne ou trop absorbés par des préoccupations matérielles. C'est un grand fait, remontant aux origines de la science du droit et demeuré à peu près constant au cours des siècles. Les juristes ont des méthodes délicates, subtiles, exigeant pour être convenablement appliquées, de hautes facultés intellectuelles. Mais ces méthodes, ils ne savent pas les analyser. Les juristes raisonnent, mais ne savent pas définir le canon de leurs raisonnements. Il est par suite à peu près impossible d'enseigner du haut de la chaire l'art de penser juridiquement. On se contente de l'inculquer par l'exemple des anciens maîtres — de là la valeur éducative inestimable des textes des Pandectes — et par l'exemple des praticiens actuels : c'est pour ce motif qu'un licencié ou un docteur en droit ne devient véritablement jurisconsulte que par la pratique, par le stage professionnel.

D'autres points s'éclairent d'ailleurs, certaines particularités de l'histoire s'expliquent, du moment qu'on voit dans le droit un *art*, autant et peut-être plus qu'une science. Les Romains de l'époque classique ont réussi à élever l'art juridique à un degré

(1) *Science et technique en droit privé*, t. Ier, pp. 188 et 8.

(2) *Ibid.*, p. 13.

(3) Publiées en volume l'année suivante chez Giard et Brière, sous le titre *Les méthodes juridiques*, par MM. Berthélemy, Garçon, Larnaude, Pillet, Tissier, Thaller et Truchy, professeurs à la Faculté de droit de Paris, et Gény, professeur à la Faculté de droit de Nancy.

de perfection qui n'a pas été surpassé, bien que l'enseignement universitaire du droit soit resté, jusque très tard, à peu près inexistant à Rome. L'Angleterre a produit pendant longtemps, et produit encore, d'éminents jurisconsultes, à la formation desquels les cours de droit n'ont contribué que pour une faible part. Les « méthodes d'interprétation », quel qu'en soit l'intérêt philosophique, n'ont jamais, jusqu'à présent, servi que dans une mesure bien limitée à faire rendre de meilleurs arrêts. Enfin, il y a dans le talent des grands juristes quelque chose d'indéfinissable qu'on peut chercher à imiter — pourvu que l'imitation soit une découverte personnelle — mais qui ne s'enseigne pas plus que le *tact*, et qui, effectivement, tient de sa nature.

Ce sont là des considérations que pourraient évidemment invoquer, à l'appui de leur opinion, ceux qui jugent superflues les recherches sur la méthode juridique. Ils pourraient être tentés d'étendre au droit ce qu'a écrit Truchy au sujet des méthodes en économie politique (1) : « Il y a des périodes de crise méthodologique qui sont marquées par des querelles de méthode, et des périodes où l'équilibre est à peu près réalisé, qui sont des périodes d'apaisement et d'éclectisme : nous sommes dans une de ces périodes. Il y a parmi les économistes un accord presque général pour admettre que l'économie politique est assez vaste, et assez variée dans ses aspects, pour comporter l'application de méthodes diverses. Quelques-uns vont jusqu'à dire, comme M. Pareto, que les discussions sur la méthode en économie politique sont sans aucune utilité, *et c'est exactement mon opinion* ».

Il n'y a pas lieu, cependant, de s'arrêter à cette manière de voir.

L'objection contre des recherches scientifiques ou philosophiques, tirée de leur inutilité prétendue, est toujours sujette à caution. Pour déclarer vain leur résultat, il faudrait le connaître d'avance. *A priori*, on ne peut pas affirmer que les juristes, s'ils avaient analysé et compris profondément la nature et l'enchaînement de leurs propres opérations mentales, ne les effectueraient pas mieux qu'auparavant... L'expérience seule peut décider.

L'objection méconnaît d'autre part un penchant irrésistible de l'esprit humain, l'instinct qui le porte à chercher, à comprendre, simplement pour satisfaire sa curiosité et le besoin de savoir.

---

(1) Ouvrage cité sur les *Méthodes juridiques*, p. 104.

L'esprit humain est moins utilitaire qu'on ne le croit parfois **(1)**.

On n'a pas l'ambition, qui serait démesurée, d'apporter ici une solution au problème de la méthode juridique. On se propose seulement de se promener, pour ainsi dire, alentour, de reconnaître certains de ses aspects, de préciser quelques-unes de ses données. Bien poser une question, c'est déjà un moyen d'éviter nombre d'erreurs et c'est faire un premier pas vers le vrai.

II

UNITE OU PLURALITE DE METHODES

Il y a, en effet, telle manière d'énoncer un problème, qui implique déjà, à cause des termes qu'on emploie, une solution ou une catégorie de solutions déterminées. Les mots sont d'un maniement dangereux et difficile. Ils ne servent pas seulement à exprimer des pensées, ils aident à penser, comme les formules algébriques aident à calculer. Mais, malheureusement ou heureusement, ce ne sont pas, comme elles, de simples signes. Ils sont à la fois moins, et plus. Chargés de forces obscures, ils possèdent sur ceux qui les prononcent, les écoutent, les lisent, un empire indéfinissable. Comme un son faisant vibrer les cordes harmoniques d'une lyre, ils évoquent dans l'esprit des notions autres que le sens auquel on songeait. Même pour celui qui les emploie et sans qu'il en ait toujours clairement conscience, ils signifient plus de choses qu'il ne *voulait* et croyait dire. Les impressions et les sentiments qu'ils éveillent confusément se rangent autour d'eux, comme une série de halos, comme de vagues auréoles. Source d'erreurs désespérantes! Mais aussi, de ces résonnances indéfinies viennent la beauté du langage humain, sa magie, sa puissance singulière, et qui fait peur, parfois.

La circonspection, première qualité du chercheur, commande d'aborder l'examen des questions en réduisant au minimum ces risques d'erreur, en écartant les idées préconçues dont les mots sont les véhicules, en posant les problèmes dans des termes tels

---

(1) On pourrait d'ailleurs demander sur quoi s'appuie cette proscription de certaines recherches comme *inutiles*, au nom de quel principe on prétend les déclarer telles et comment on définit l'*utilité*. Mais l'examen de ce point entraînerait trop loin...

qu'ils laissent à l'esprit le plus de liberté possibe dans ses investigations.

C'est déjà trop de dire qu'on se propose, comme objet d'étude,
la méthode de la *science* du droit. Cette formule, extrêmement
captieuse, suppose ou tend à faire admettre deux choses qui ne
sont nullement certaines *a priori* : d'abord que la méthode est
une, la même pour toutes les parties du droit, ou de la science
juridique; ensuite que le droit est essentiellement et toujours,
de quelque côté qu'on le considère, une *science*. Il est aisé de
r ontrer où mènent ces deux suppositions.

On peut diviser de différentes façons le *droit* pris dans le sens
le plus large, comme « spécialité de la caste des *juristes* ». On
peut, selon la tradition, y distinguer le droit international, le
droit public, le droit privé, puis sectionner ces compartiments
fondamentaux; les subdiviser par exemple en droit pénal, droit
civil, droit commercial, procédure, etc. La méthode suivie par
les jurisconsultes qui se consacrent plus particulièrement à l'une
ou à l'autre de ces branches du droit est-elle essentiellement la
même ou différente dans chaque cas ? C'est la seconde alternative que paraissent avoir admise les organisateurs des conférences
parisiennes de 1910, ainsi que l'indiquent le titre choisi (*Les
Méthodes juridiques*) et le plan adopté par eux (la méthode en
droit public, en droit administratif, en procédure civile, en droit
commercial, en droit international privé, en droit civil, en droit
criminel) (1). L'idée que la méthode juridique pourrait être *une*
n'a pas été mise en lumière. Cependant c'est une hypothèse qui
n'a, *a priori*, rien d'invraisemblable. Sans aller jusqu'à dire avec
certains (2) que la distinction entre le *jus publicam* et le *jus
privatum* est artificielle, il faut avouer qu'elle manque en plus
d'un endroit de netteté et s'est parfois obscurcie au cours de l'histoire. Quant aux subdivisions du droit public et du droit privé,
elles sont en grande partie franchement conventionnelles ou
même arbitraires. De là à penser que la méthode juridique, dans
ces diverses branches de l'arbre juridique, est identique tout au
moins dans une large mesure, il n'y a qu'un pas. Ce qui tendrait

---

(1) On a ajouté « la méthode en économie politique » probablement
parce que l'économie politique fait partie du vrogramme des Facultés
de droit.

(2) Par exemple, avec DUGUIT, *L'Etat, le droit objectif et la loi positive*,
Paris. Fontemoing, 1901, pp. 368 et suiv.

même à corroborer cette manière de voir, c'est que les juristes suffisamment exercés sont aptes, d'emblée, à résoudre des questions rentrant dans l'une ou l'autre de ces provinces du droit. En tout cas, la question de l'unité ou de la diversité de la méthode ne pourrait être résolue que par un examen détaillé et spécial pour chaque matière.

La même incertitude règne, avec des raisons plus fortes, et peut-être plus justifiées, de douter de l'unité de la méthode, si on distingue, dans le droit *sensu lato :* le domaine du législateur, celui du juge et de l'avocat, celui du professeur et de l'auteur d'ouvrages de doctrine, celui de l'historien du droit, enfin, celui du sociologue. Leur méthode, à tous et à chacun d'entre eux, est-elles la même, au moins dans ses traits essentiels ? Est-elle la même, au moins pour une partie des « spécialités » énumerees ?

Assez bien de raisons pourraient, à première vue, le faire croire. On considère généralement qu'un juriste, un avocat, comme « homme de loi » connaissent les textes en vigueur et habile à les interpréter, est éminemment qualifié pour en rédiger de nouveaux, pour légiférer. De fait les Parlements remplissent à certains égards, au milieu des conflits sociaux d'intérêts, entre des groupes adverses, par exemple de patrons et d'ouvriers, de bailleurs et de locataires, de producteurs et de consommateurs, etc., un rôle d'arbitre, statuant d'après les principes de l'équité. Le législateur exerce (ou est censé exercer) une sorte de haute juridiction ; il résout en termes généraux des litiges actuels ou futurs, et non des espèces comme le juge. Malgré cette différence, on pourrait supposer qu'il y a certaines analogies entre leurs manières de raisonner.

Entre la « méthode » des cours et tribunaux et celle des avocats, ou des *conseils des parties* en général, il est évident que la parenté est étroite. Les conclusions qu'on prend à la barre et les arrêts qu'on prononce du haut du siège sont des enchaînements presque identiques d'arguments et d'idées. Les conclusions sont en quelque sorte un projet de décision, proposé au juge.

La doctrine, en commentant les codes et les autres lois, en dégageant leurs principes directeurs, en précisant leur portée, ne tend pas à autre chose, au fond, qu'à résoudre des espèces. ou à fournir des éléments de solution en vue de procès ou de conflits possibles. Si les auteurs ne serrent pas le fait aussi étroitement que les tribunaux, c'est qu'ils envisagent, forcément, des hypothèses plus générales, soit celles que le législateur a eues en vue, soit des hypothèses voisines formulées en termes abstraits. Mais les traités de droit sont essentiellement des réserves de matériaux à utiliser lorsqu'il s'agira de résoudre des cas particuliers. Il est vrai que ce genre d'ouvrages a un caractère tantôt plus pratique, tantôt plus théorique; ce dernier trait est surtout marqué lorsque l'auteur s'attache à discuter des *idées juridiques*. Le but positif, l'application sont alors moins visibles. Il est toutefois permis de penser qu'ils sont la raison dernière des théories, et la mesure de leur valeur.

Si c'est une législation morte que l'auteur étudie, encore qu'il le fasse comme si elle était vivante, et en apparence dans le même esprit, le but ne peut pas être le même, puisqu'il ne peut être question, ici, d'appliquer le droit à des espèces concrètes. On peut, il est vrai, pour mieux pénétrer la portée d'une disposition légale, ou le sens d'un « principe », en rechercher l'origine dans le passé et remonter dans cette voie assez haut. On peut aussi considérer un droit ancien, par exemple le droit romain, comme s'il était en vigueur, et l'étudier en vue d'applications *fictives*, comme matière à exercices propres à former des jurisconsultes. C'est ainsi que l'enseignement des Institutes et surtout des Pandectes, a été longtemps compris. Mais, par une transition insensible, les travaux sur le droit ancien peuvent tendre à devenir plus historiques que juridiques. Tel sera le cas lorsqu'ils auront pour objet soit un droit très éloigné du nôtre, soit des détails entièrement périmés d'un droit même récent. Il serait difficile de trouver un intérêt pratique à des recherches sur le Code de Hammurabi, ou sur le droit féodal, même sur ce qui en subsistait au XVIII° siècle en France. A cet égard, l'éloignement dans l'espace a le même effet que l'éloignement dans le temps et ce qui vient d'être dit de certaines législations du passé pourrait être étendu, sans risque d'erreur, à des droits exotiques, comme le droit chinois, etc.

Il est évident que lorsqu'on s'adonne à des investigations historiques ou ethnographiques de ce genre, lorsqu'on essaie par exemple de déterminer *quel était le droit*, sur telle ou telle matière, à l'époque des invasions des Barbares ou dans le royaume de Jérusalem à l'époque des Croisades, ce n'est pas pour *dire le droit*, ou pour aider à dire le droit, comme si l'on écrivait un traité sur le contrat de mariage ou sur les hypothèques en

France, ou en Belgique, à l'heure actuelle. La méthode est-elle
la même dans les deux cas ?

Les historiens du droit inclinent parfois à le penser. Habitués
à vérifier et à collectionner les textes et les faits, à observer et a
généraliser par voie d'induction, frappés des grands résultats
ainsi atteints, ils glissent facilement sur la pente qui conduit à
proclamer la supériorité et l'universalité de leurs procédés de
recherche. Ils rangent le droit, ou science juridique, telle qu'ils
la conçoivent, à côté de l'histoire des religions ou des régimes
économiques. L'étude du droit actuel, de celui qu'appliquent les
tribunaux, en vient ainsi à être considérée, tout au moins implicitement, comme un chapitre particulier de la vaste étude du
droit de tous les temps et de tous les pays. Et comme il semble que
les institutions publiques et privées ne puissent être bien comprises que si on les met en rapport avec l'état social, on en arrive
facilement à croire que cette manière de les expliquer constitue
la *vraie* « science du droit » (1).

Un pas de plus, on généralisera les résultats obtenus, et la frontière, d'ailleurs indécise, entre l'histoire et la sociologie sera
franchi. On parlera d'évolution du droit, on y verra un ensemble
de « phénomènes sociaux », dont on cherchera à découvrir les
« lois ».

La gamme des sciences juridiques, depuis la législation jusqu'à la sociologie, en passant par la jurisprudence, la doctrine et
l'histoire du droit, est ainsi parcourue. Nulle part on n'y rencontre de limites absolument tranchées. Il est difficile de dire où
le juriste — celui qui légifère, plaide et juge — devient un historien, lorsqu'il se met à enseigner et à écrire, et si l'historien-
sociologue est encore un juriste, ou dans quelle mesure il l'est
encore. Les méthodes se pénètrent plus ou moins, ou si c'est
d'*une* méthode qu'il faut parler, c'est tantôt un esprit, tantôt
un autre, qui prédomine. L'enseignement des Facultés de droit,
dans lesquels, depuis trente ou quarante ans, la tendance historico-sociologique a gagné tant de terrain aux dépens de la tendance juridico-dogmatique (est-ce tout profit au point de vue de

---

(1) On trouvera cette manière de voir exposée avec beaucoup de force
dans l'Introduction de l'excellent *Cours d'histoire générale du droit français public et privé* de BRISSAUD, Paris, Fontemoing, 1904, 2 volumes.

la formation des juristes ? on pourrait en douter) (1), portent la marque et sont un témoignage écrit de ce mélange, on dirait presque, parfois, de cette confusion.

L'opinion, selon laquelle la méthode est *une*, rencontre ainsi moins de résistance et devient plus hardie. On ne se contente plus d'admettre tacitement ou de proclamer hautement l'unité de méthode des sciences juridiques, on dit que la science du droit est un chapitre de *la Science* en général. C'est surtout dans le clan des sociologues qu'on incline à tenir ce langage. Or, sous diverses influences, puissantes depuis un siècle ou deux et qu'il ne serait guère difficile d'analyser, on définit « la science » — d'après le modèle des sciences physiques ou des sciences naturelles — comme « la connaissance des corps qui composent le monde, des phénomènes qui s'y passent et des lois auxquelles sont soumis les corps et les phénomènes » (2). On s'efforce de faire rentrer dans ce cadre le droit, conçu comme branche de la sociologie. La tentation est forte : on espère atteindre ainsi la *réalité*, fantôme décevant que poursuit éternellement l'esprit humain et qui, au moment où l'on croit le saisir et refermer sur lui ses bras, se dissipe en fumée. Néanmoins on espère toujours... On cherche à apercevoir l'enchaînement des faits, depuis la nébuleuse primitive jusqu'aux sociétés humaines, en passant par la mécanique et la biologie. Le droit ne serait qu'un paragraphe de l'histoire naturelle des sociétés. Magnifique espérance et chez beaucoup, foi profonde ! Les sciences viennent se ranger, comme d'elles-mêmes, en une série, dont les termes successifs s'emboîtent exactement l'un dans l'autre. On concède que les lois sociologiques seront, probablement, moins précises que, par exemple, les lois astronomiques ; c'est que l'écheveau à démêler est beaucoup plus compliqué, mais, dit-on, il n'y a là qu'une différence quantitative.

La Science, ainsi comprise, devient l'objet d'un véritabe *culte* et d'un culte *monothéiste*. Les classifications des sciences proposées par A. Comte et par H. Spencer partent au fond de l'idée que les diverses parties du savoir humain sont les notes d'une même

---

(1) Ne perd-on pas un peu de vue, parfois, cette vérité simple que l'histoire du droit, ce n'est pas du droit, mais de l'histoire ?

(2) M. LECLERC DU SABLON, *L'Unité de la science*, dans la « Nouvelle collection scientifique » publiée par la librairie Alcan, 1919, p. 1.

gamme, les sons d'un même instrument, les variantes d'un thème unique (1).

Les jurisconsultes éprouvent, à l'égard de cette absorption de leur discipline traditionnelle dans l'unité de la science, doublée de l'unité de méthode, une défiance instinctive.

On en veut pas, ici, trancher la difficulté, mais il faut reconnaître qu'il y a entre certaines des « sciences juridiques » des différences tellement profondes que l'unité de méthode paraît difficile à soutenir.

On prétendra peut-être qu'il n'y a pas d'abîme entre la tâche du législateur et celle du juge, ni entre cette dernière et celle de l'exégète. Le juge, dira-t-on, est souvent obligé, pour combler les lacunes du droit, de tirer certaines règles des principes généraux de l'équité, c'est-à-dire de faire précisément ce qu'est chargé de faire le législateur. La jurisprudence vient progressivement s'ajouter aux textes et crée du droit : on ne peut plus sérieusement le contester aujourd'hui. La nature des produits qu'elle distille n'est donc pas absolument autre que celle des lois. L'interprète, auteur d'études de doctrine, ne se place pas, on l'a déjà vu, à un point de vue essentiellement distinct de celui du juge ou de l'avocat. On pourra même s'avancer jusqu'à dire que l'historien du droit, *dans la mesure* où ses recherches ont pour but de déterminer la portée des règles en vigueur, se borne à collaborer à l'œuvre de ceux qui sont chargés de les appliquer, en leur fournissant des éléments de décision.

Mais dès qu'on aborde les recherches purement historiques ou sociologiques, une différence radicale apparaît, à la fois quant aux données qui servent de point de départ et quant au but poursuivi, entre, d'une part, le droit pris dans le sens traditionnel ou, si l'on veut, « romain », et, d'autre part, la science du droit au sens historico-sociologique.

Pour le *jurisperitus* proprement dit, tout raisonnement juridi-

---

(1) Nous ne prétendons pas qu'il soit impossible de construire une science des faits d'ordre juridique, en partant de cette conception. Nous le prétendons si peu que nous avons nous-même tenté d'en esquisser les grandes lignes dans un essai publié en 1910 sous le titre de *Prolégomènes à la science du droit*. Mais la question est précisément de savoir si c'est la « science du droit ».

que, toute suite de raisonnements enchaînés ont pour base ou pour premier terme une règle de droit, c'est-à-dire un *impératif* et, notons-le, un impératif *catégorique*. La coutume ou la loi ne disent pas : si tu veux atteindre tel but, fais telle chose ou agis de telle façon ; elles disent simplement : conduis-toi comme ceci. Que le juriste écoute le murmure collectif de la foule, dont l'unisson forme le droit coutumier, ou la voix de commandement du législateur, il n'y entend pas le simple énoncé d'un fait, mais un *ordre*. Il ne prend pas, lorsqu'il le reçoit, l'attitude spéculative du philosophe ou du physicien, mais une attitude d'obéissance. Ce n'est pas l'intelligence du juriste qui entre seule en jeu, c'est sa *volonté* ou, du moins, l'élément volitif l'emporte nettement, dans son « état d'esprit », sur l'élément intellectuel. Le droit que le juriste considère sous cet angle ou de ce point de vue, 'qui est celui de l'*action*, c'est toujours le droit *en vigueur* ou un droit mort *supposé en vigueur*.

L'historien-sociologue, qu'il porte son attention sur les règles actuelles ou sur un droit quelconque, choisis dans les immenses amas de matériaux que fournit l'étude du passé ou l'ethnographie, y voit simplement des *faits* : il les regarde, les décrit, tâche de les expliquer. Il considère le même objet que le juriste, à savoir la règle de droit, mais cet objet est, pour lui, tout autre chose. On pourrait s'y méprendre, parce qu'en apparence, c'est vers le même point que se dirigent leurs regards. Mais ce qui importe, c'est le point de vue où ils se placent, c'est *ce* qu'ils voient. Tout est dans l'esprit qui pense. Or, à cet égard, la différence est capitale. La voix de la coutume ou du législateur, ce n'est plus un ordre pour l'historien, c'est *le fait qu'un ordre a été donné*. Ce fait s'exprime par une proposition à l'indicatif. Ce n'est pas un impératif.

La distinction peut paraître subtile si l'on se contente d'un examen superficiel. Au contraire on s'apercevra, si l'on y réfléchit suffisamment, qu'elle est fondamentale au point de vue de la méthode.

D'abord parce que d'un impératif, à quelque opération intellectuelle qu'on le soumette, quelque raisonnement qu'on fasse, on peut tirer *seulement* un impératif. D'un indicatif, on ne peut tirer qu'un indicatif. Le point d'attache ou de départ de la chaîne logique conditionne absolument, sous ce rapport, le point d'arrivée. Le juriste aboutit à un jugement dans le sens judiciaire, à un *dispositif*. L'historien aboutit à des *constatations*, ou à une théorie destinée à les expliquer (1).

En second lieu, le juriste et l'historien se trouvent placés dans des situations toutes différentes, parce que le premier *doit*, à tout prix, résoudre la difficulté qui lui est soumise, tandis que l'historien peut et doit souvent, en présence d'éléments insuffisants, déclarer que la question est obscure et s'abstenir de décider. L'article 4 du Code civil porte que « le juge qui refusera de juger, sous prétexte du silence, de l'obscurité ou de l'insuffisance de la loi, pourra être poursuivi comme coupable de déni de justice »: cette disposition ne vise directement que les questions de droit, mais le juge est également obligé de résoudre les questions de fait, même les plus obscures, en s'appuyant, au besoin, sur des présomptions ou sur les principes relatifs au faix de la preuve. La règle précitée n'est pas non plus particulière à la législation napoléonienne. A toute époque, qu'il y ait un texte, ou non, relatif à cet objet, le juge est obligé, au moins par les mœurs, par l'esprit de l'institution judiciaire dont il fait partie, de statuer sur les différends qui lui sont soumis et de leur donner une solution, coûte que coûte. L'appel de « défaute de droit » (*de defectu juris*) prouve qu'il en était bien ainsi au moyen âge, sous le régime féodal, puisque cet appel est conçu, en principe, comme un recours contre une faute du juge, une plainte au sujet d'un refus coupable de rendre justice. Si le juge ou l'arbitre, siégeant *in judicio*, peut, en droit romain classique, prononcer : *non liquet*, cette exception ne concerne que les questions de fait et il serait intéressant de rechercher si les mœurs ne la rendaient pas excessivement rare.

Obligé, en droit ou en fait, de statuer en tout cas et à tout prix, le juge sacrifie nécessairement tout scrupule de méthode au but à atteindre. Pour lui, *en logique bien entendu*, la nn justifie les moyens, c'est-à-dire que toute présomption, fiction, idée, ou croyance juridique lui paraîtront dignes d'être accueillies si,

---

(1) L'impossibilité de passer de l'indicatif à l'impératif a été bien montrée par H. POINCARÉ, *Dernières pensées*, Flammarion, 1913, pp. 22 et suiv. — GOBLOT, dans son *Traité de logique*, Colin, 1918, pp. 3 et suiv., n'a combattu l'opinion de Poincaré qu'en ce qui concerne les impératifs *hypothétiques*. Il enseigne qu'il n'y a qu'une seule science normative, la morale (p. 9) Il faut, si l'on accepte cette manière de voir, y comprendre le droit.

utilisées dans le raisonnement, elles conduisent en pratique à une solution satisfaisante, au point de vue de l'équité. La logique du juriste, c'est la logique de l'*action*.

L'historien-sociologue est animé d'un tout autre esprit. Peut-être, en allant au fond des choses, trouverait-on aussi que ses hypothèses, ses croyances, sa méthode lui sont dictées, sans qu'il s'en doute, par des raisons latentes d'inspiration pragmatique. Il n'en reste pas moins vrai qu'il peut ajourner indéfiniment sa décision : sa conscience de logicien l'éclaire sur un véritable devoir moral et l'oblige à dire : « je n'y vois goutte » ou « ce n'est pas certain » chaque fois que la preuve n'est pas faite. Sa logique est en tout cas, comme celle du physicien ou du chimiste, beaucoup plus une logique de théoricien qu'une logique d'homme d'action.

Ajoutons que le juriste, avocat ou juge, applique le droit aux faits; il y a pour lui deux ordres de questions, celles de droit et celles de fait. Pour l'historien ,il n'y a que des questions de fait.

Conformément au but qu'on s'est tracé en écrivant cette étude, on ne veut rien trancher ici définitivement.Le lecteur appréciera. Cette prudence est justifiée par la difficulté du problème des méthodes. Une conclusion s'impose cependant, en raison même de l'attitude expectante dont on s'est fait ici une règle : il ne faut admettre *a priori* ni que les méthodes juridiques sont une seule et même méthode (avec, peut-être, quelques variantes ou nuances), ni que ce sont réellement des méthodes différentes. Avant de rien décider, là-dessus, en dernier ressort, il faut examiner le problème de très près et à fond. Il ne peut guère y avoir d'inconvénient à analyser la méthode des civilistes, celle des pénalistes, celle des « publicistes », etc.,, ou la méthode des législateurs, celle des juges, celle des auteurs d'ouvrages doctrinaux, celle des historiens et celle des sociologues *comme si* elles étaient différentes dans chaque cas. Leur examen révèlera-t-il des analogies, ou même une identité ? Elles apparaîtront, et on les proclamera. Par contre il y aurait un grave péril à croire, *in limine*, à l'unité de méthode. Une pareille idée préconçue pourrait vicier toute la suite des recherches.

Afin de bien mener celles-ci, il importe de « sérier les questions ». Ici, l'hésitation n'est guère possible. Parmi les divers aspects de l'activité de ceux qui se consacrent au droit, l'activité judiciaire occupe, tout au moins historiquement, la première place. On a plaidé et jugé avant d'écrire des ouvrages de doctrine, avant de songer à retracer l'histoire du droit (pour ne point parler de la sociologie, cette nouveauté), avant même de faire des lois. La catégorie sociale et intellectuelle appelée aujourd'hui « gens du Palais » a existé au temps où la justice se rendait en plein air ou dans des chaumières. Ils avaient adopté progressivement et possédaient, longtemps avant l'ère chrétienne, des modes particuliers de raisonner, caractéristiques de leur outillage ou équipement mental, des idées qui leur servaient d'instruments ou d'armes. Il semble bien, en effet, que les règles de la méthode juridique se sont d'abord formées dans l'atmosphère du débat judiciaire (1). C'est là qu'il faut les étudier avant tout. On pourra, ensuite, s'appliquer à dégager les principes des logiques législative et doctrinale, historique et sociologique (pour les deux dernières, dans la mesure où elles concernent le droit.)

III

DE L'ETUDE DES IDEES JURIDIQUES

L'expression: la « science du droit », courante aujourd'hui, n'est-elle pas issue du « scientisme » qui est l'une des caractéristiques du dix-neuvième siècle ? ne lui doit-elle pas du moins la faveur dont elle jouit ? Et n'est-ce pas sous son influence qu'elle a remplacé, dans le langage usuel, l'appellation de « jurisprudence » que préféraient nos prédécesseurs ? Il est permis de le supposer, et de le regretter. Cette ancienne dénomination, dont on ne restreignait pas le sens au droit créé ou fixé par les décisions de justice, embrassait à la fois la « jurisprudence » au sens moderne et la « doctrine »: elle servait à désigner tout le savoir des jurisconsultes et marquait bien la place qu'y occupent le tact, l'appréciation judicieuse, le sentiment des nuances, la *prudence* enfin, sans rien préjuger au sujet des rapports de cette discipline autonome avec la Science en général.

L'idée que celle-ci est un unique et vaste édifice ne s'était pas encore emparée des esprits. Rien n'empêchait de concevoir les

---

(1) M. VAUTHIER, *Le débat judiciaire* (« Revue de droit international et de législation comparée », 1906).

sciences comme des constructions plus ou moins voisines, mais séparées, dispersées çà et là dans le champ de la pensée humaine. La juriprudence s'y élevait comme un temple antique isolé dans la plaine. Ses prêtres, les *sacerdotes* dont parle Ulpien, frayaient peu avec autrui, à part des relations intermittentes avec les philosophes. Ils possédaient et nous ont transmis un savoir traditionnel, la science des « prudents », héritage d'idées et de formules, manières de penser et de s'exprimer intimement unies les unes aux autres, au point qu'on peut se demander si c'est la pensée qui y sert de soutien au langage ou le langage à la pensée. On ne s'égarera pas en cherchant les secrets de la méthode juridique au fond de ce sanctuaire qui, parmi tant de ruines, a résisté en grande partie aux assauts du temps et conserve la majesté de ses lignes romaines.

Cette méthode juridique est essentiellement une méthode judiciaire. Ceux qui s'en servent l'emploient à résoudre des *cas*, des espèces. Aux hypothèses imprévues fournies en abondance par les combinaisons multiples et sans cesse renouvelées de la vie, ils appliquent les *règles* que leur apportent toutes faites la loi ou la coutume. Pour les juristes, ces règles sont des *données* sur lesquelles ils s'exercent. La logique judiciaire n'a pas à se préoccuper de la façon dont la société ou les assemblées délibérantes élaborent ces matériaux, qui, pour les *jurisperiti*, sont des matières premières. Leur naissance ou leurs « procédés de fabrication » peuvent être fort curieux à observer et à analyser; mais ce sont là questions de psychologie ou de logique sociale, non de méthode judiciaire.

La tâche des juristes est avant tout de mettre les règles de droit en rapport avec les faits de chaque espèce et de tirer la conclusion de ce rapprochement. Tout le monde le sait, cette opération s'effectue par voie de syllogismes, où la majeure est un impératif juridique, — la mineure une description du « cas » — et le troisième terme, un second impératif, non plus général cette fois, mais particulier, l'ordre ou l'interdiction d'agir, suivant ce qu'enjoint ou défend la règle. Ainsi, l'article 463 du Code pénal belge punit le vol simple d'un emprisonnement d'un mois à cinq ans et d'une amende de 26 francs à 500 francs. Cette disposition, combinée avec la définition du vol donnée par l'article 461, constitue la majeure du syllogisme juridique. Le jurisconsulte ou le juge chargé d'appliquer ces textes vérifiera si les faits — supposés éta-

blis — rentrent dans cette définition. L'affirmation de cette concordance, c'est la mineure. La conclusion n'est autre que le dispositif du jugement de condamnation. L'article 229 du Code Napoléon (le mari pourra demander le divorce pour cause d'adultère
de sa femme) équivaut à l'injonction donnée par le législateur
au juge d'admettre le divorce en cas d'adultère démontré. En
logique, c'est une majeure de syllogisme. L'affirmation du fait
que ce manquement au devoir conjugal de fidélité a été commis
par la défenderesse est la mineure correspondante. Ici encore,
l'admission du divorce, ou son prononcé par jugement si la loi
l'admet, sera la conclusion du raisonnement très simple fait par
le juge, ou esquissé avant lui par les conseils des parties.

On peut concevoir que la recherche du texte en vigueur ou la
constatation des faits donnent lieu à des vérifications préalables
plus ou moins compliquées et étendues ; mais elles aboutissent
toujours aux termes d'un syllogisme, qu'on peut appeler juridique ou *judiciaire*.

Les cas où l'application des règles du droit ne peut donner lieu
à aucune contestation sérieuse et où le raisonnement des juristes
se formule aisément et pour ainsi dire *de plano*, comme il vient
d'être dit, sont innombrables. Mais précisément, les décisions judiciaires, quand il y en a, qui entérinent de pareils raisonnements,
sont de celles que ne publie aucun recueil de jurisprudence. Les
rendre, ce n'est que l'A. B. C. de la tâche des juges, exigeant un
minimum de science et d'effort: il y a la même différence entre de
tels exercices et l'art de résoudre des cas difficiles qu'entre l'épellation d'une phrase et la composition d'un discours.

Si simples que soient de telles espèces, encore y a-t-il lieu de
remarquer que le juge, en résolvant le petit problème qu'elles
soulèvent, jouit d'un pouvoir d'appréciation assez étendu. Ce
n'est pas arbitrairement que doit être choisie la peine à infliger,
entre le maximum et le minimum légal. Les considérations qui
guident en pareil cas le tribunal ou la cour reflètent au fond des
« règles de droit », complexes, difficiles à énoncer, et que le juge
ajoute aux textes. Il est banal de signaler que les plus clairs
demandent à être interprétés : la définition du vol comprend-elle,
par exemple, la soustraction frauduleuse de courant électrique ?

Une grande partie de la science du droit, ou de l'art de rendre
la justice, consiste dans la connaissance, et surtout dans l'emploi judicieux, des moyens d'interpréter les termes des « règles »,

ou *majeures* des syllogismes judiciaires, et dans l'appréciation des preuves de la *mineure* (ou énoncé du fait). D'une façon générale, les deux catégories de procédés et leur combinaison donnent aux formules en apparence les plus rigides une souplesse étonnante dans l'application. Le pouvoir du juge s'en trouve singulièrement accru : grâce à la théorie de l'interprétation et à celle des preuves, il est presque toujours possible de réaliser un « ajustement » des règles coutumières ou écrites, répondant aux besoins de la pratique et au sentiment de l'équité. L'analyse logique de ces modes de raisonner en droit et en fait a déjà été poussée fort loin ; il serait imprudent de dire qu'elle a été poussée à fond et que rien ne reste à découvrir dans cette direction.

Quoi qu'il en soit, la théorie de l'interprétation et des preuves ne forme qu'un chapitre de la logique judiciaire ; celle-ci comprend une autre province, beaucoup moins explorée, non moins importante et d'où les juristes tirent d'immenses ressources dans la pratique de leur art.

Jusqu'à présent, on a supposé, dans les exemples donnés, deux prémisses syllogistiques, comprenant une majeure à l'impératif et une mineure à l'indicatif. Si l'inventaire de la pensée juridique se bornait là, on pourrait dire que les jurisconsultes, lorsqu ils parlent *fait*, affirment l'*existence* des éléments de l' « espèce », mais que, lorsqu'ils parlent *droit*, ils ne portent pas de « jugements d'existence » proprement dits (1). On sait que la caractéristique de ces derniers gît dans l'emploi du verbe *être* sans attribut (quand je dis : *Dieu est*) ou avec un attribut pourvu que le verbe ne serve pas simplement de copule (exemple : *l'Allemagne est vaincue*, ce qui implique l'affirmation que l'Allemagne existe) (2).

Or, les juristes énoncent continuellement, *même en parlant droit*, des jugements d'existence. Ils affirment que l'acheteur pos-

---

(1) Lorsque j'énonce une règle légale, j'affirme implicitement, il est vrai, l'existence de la volonté du législateur et la possibilité des *cas* en vue desquels la loi a été édictée. Mais le prescrit de la loi, lui-même, n'est pas un « jugement d'existence », c'est un impératif catégorique. Sur les jugements d'existence, voyez le *Traité de logique* de GOBLOT, nᵒˢ 3, 95 et 115 et la *Logique* de SIGWART, 4ᵉ édition, Tubingue, 1911, t. I, pp. 12 et 403.

(2) Exemple, donné par J.-STUART MILL, de jugement où *être* sert simplement de copule : *Le centaure est une invention des poètes.*

sède, vis-à-vis du vendeur, un droit à obtenir la livraison de la
chose vendue, dans les conditions convenues ou établies par la
loi. Dans la pensée du juriste, ce droit *existe* : il est *là*, dans le
patrimoine de l'acheteur. Celui-ci peut disparaître, le vendeur
aussi, le droit *subsiste* entre leurs héritiers, invariable, intangible, tant qu'il ne sera pas éteint, par l'effet de la volonté des parties ou du législateur. Ce qui est vrai du droit de l'acheteur est
vrai de toutes les créances : ce sont des biens, une sorte particulière de « choses » immatérielles à la réalité desquelles le juriste
croit. Un droit réel est conçu de la même façon, comme quelque
chose qui *est*, qui naît, qui dure, est soumis à des vicissitudes
variées, peut-être transféré d'une personne à une autre, peut-être
plus ou moins étendu ou restreint, et finalement détruit. Les droits
de famille, les droits dits intellectuels, bref tous les « droits subjectifs » ont le même caractère : aux yeux du jurisconsulte, ce
sont des *êtres* d'une nature particulière, passifs, subissant dans
une certaine mesure l'action des volontés humaines qui les
influencent, de même que les agents naturels ou les causes effi-
cientes transforment ou déplacent les corps dans la nature.

Est-ce tout ? Le juriste n'affirme-t-il pas l'existence d'autres
réalités encore dans le domaine du droit ? Elles surgissent autour
de lui comme les ombres sur les pas d'Orphée dans les Champs-
Elysées.

En dehors et au-dessus de l'infinie multitude des droits
reconnus ou créés par la loi, il y a, selon le juriste, des *forces:*
— par exemple la « force obligatoire » des contrats, la « puissance » du législateur, le « pouvoir d'agir » des personnes capables.

Il y a aussi des opérations particulières qui, telles les
paroles ou les gestes d'un magicien, agissent sur les droits, lient
ou délient les volontés : ce snt les *actes juridiques*. Accomplis de
certaine façon, ils atteignent sûrement leur but; faits autrement,
faute d'une formalité ou d'une condition essentielle, ils demeurent inefficaces, ils ne sont rien.

Ces actes sont faits, ce pouvoir d'agir est exercé par les *personnes*. Les juristes en connaissent deux espèces, les physiques et
les juridiques, *plus ou moins* confondues, respectivement, avec
les hommes en chair et en os ou avec certains groupes d'hommes.
Si la personnalité physiologique, psychologique ou sociale sert de
support à la personnalité juridique, cette dernière ne coïncide pas

toujours exactement avec la première, dont elle est pour ainsi dire le *double*.

Au-dessus de toutes les autres personnes, il y a l *Etat*, Dieu du monde juridique, créateur du droit, tout puissant, vigilant, intervenant miraculeusement dans les affaires humaines pour les ordonner... ou les bouleverser.

Les juristes ne se contentent pas de croire, les uns fermement, les autres avec des sourires d'augures, à l'existence de ce Ciel et de cet Ici-bas juridiques, ils énoncent, nouveaux théologiens, des principes ou *dogmes* ; ils attribuent aux êtres, aux droits, aux actes des *qualités* ou des *propriétés*, parfois antinomiques. L'Etat est *un*, mais, pour certains, il a une double personnalité (civile et politique) et la puissance publique, dont il est le détenteur, se manifeste sous la forme de trois pouvoirs nettement distincts: le législatif, l'exécutif et le judiciaire. — Les lois sont souvent présentées, dans le langage métaphorique du droit, comme des volontés permanentes, transcendantes et détachées de tout soutien psychologique réel.

Innombrables sont les *croyances* que les juristes ont eues ou ont encore : ils ont dit et pensé que « toute justice émane du Roi », aujourd'hui le pouvoir judiciaire est exercé par les cours et tribunaux au nom de la Nation; — les juristes ont cru qu'il était impossible, en général, d'être représenté en justice (notamment à Rome sous les actions de la loi), cette possibilité est couramment admise aujourd'hui; — ils déclarent les terres vacantes « domaniales » et le domaine public « imprescriptible »; — les feudistes ont cru à l'existence, dans l'ordre idéal, du « domaine utile » et du « domaine éminent », etc.

Toutes ces propositions, qui, à dessein, sont citées ici pêle-mêle, sans classement par époques ou par matières, ont, du point de vue de l'analyse logique, le caractère de *jugements d'existence*, distincts des impératifs juridiques, ou impliquent de tels jugements. Ils ont pour objet non les réalités matérielles ou morales de la nature ou de la société, mais les réalités d'un monde à part, suprasensible : le *Monde juridique* (1).

Les profanes ont les yeux à peine ouverts sur cet « au-delà » familier aux vrais juristes. On reconnaît ceux-ci à la facilité avec

---

(1) Il interfère d'ailleurs souvent, dans une certaine mesure, avec le monde des faits sociaux, ou « chevauche » sur lui.

laquelle ils se le représentent, en parcourent les allées sans s'égarer et en rapportent des solutions heureuses dans la pratique. Tout
jurisconsulte vraiment digne de ce nom est doué, à quelque degré,
de l'imagination spéciale qui lui permet de *voir* les tres ou entités de cette sphère quasi-mystique, leurs qualités, attributs, relations, vicissitudes, etc.

Le logicien, désireux de suivre la pensée juridique dans les
détours de sa méthode si subtile, trouvera là un vaste champ de
recherches. On ne se propose pas de les ébaucher ici, on veut seulement attirer l'attention sur leur intérêt.

L'ensemble de tout ce que le juriste affirme au sujet de ces entités, auxquelles il n'attribue d'existence qu'*en droit*, peut être
appelé *les idées juridiques*, par opposition aux *impératifs juridiques*.

L'étude des idées juridiques doit d'abord être poursuivie historiquement. « L'histoire des idées juridiques, écrit Gavet **(1)**,
a-t-elle jamais été même tentée ? Elles constituent tout un monde
intellectuel aussi intéressant à voir se former de siècle en siècle
que celui des idées mathématiques, des sentiments esthétiques,
etc. Il n'est pas une de ces conceptions si abstraites qui, pour naître dans l'esprit de quelques spécialistes, se vulgariser ensuite et
entrer, comme beaucoup l'ont fait, dans le domaine public, n'ait
demandé des siècles d'invention inconsciente et de progrès de
l'intelligence humaine ». M. Vauthier avait dit dès 1887, dans
la Préface de ses *Etudes sur les personnes morales dans le droit
romain et dans le droit français* (2) : « J'ai essayé d'écrire l'histoire d'une idée juridique » et ajoutait « La méthode historique...
considère une idée juridique comme un produit naturel » et « je
pense qu'il est peu de notions, dans la science du droit, qui ne
puissent faire l'objet d'un travail de ce genre ».

Ensuite, il convient de considérer les idées juridiques comme
facteurs des opérations logiques effectuées par les juges et par les
juristes en général. Ici s'ouvrent des avenues où pourrait s'engager l'esprit et se livrer à lointaines investigations. Les idées juri-

---

(1) *Sources de l'histoire des institutions et du droit français* Paris,
Larose, 1899, pp. 11 et 12. — Il y a d'ailleurs lieu d'observer que l histoire
des idées juridiques a déjà été tentée, pour certaines d'entre elles, et
fragmentairement.

(2) Pages VII à IX, *passin.*

diques se forment et se transforment peu à peu. Si l'on considère toute la suite des *juristes*, pendant le cours de tant de siècles « comme un même homme qui subsiste toujours et qui apprend continuellement » (1) on pourra s'efforcer de comprendre comment, à la suite de quels raisonnements, au moyen de quelles combinaisons d'autres idées et sous l'empire de quels sentiments ont pris naissance les idées juridiques.Mais c'est là plutôt un problème de logique sociale ou de logique « génétique » (2). Le juriste individuel,si grand qu'il puisse paraître, est petit à côté de l' « homme qui subsiste toujours ». Il reçoit plus ou moins passivement et accepte en général « toutes faites » les idées que le passé et son entourage lui apportent, et qui sont le produit d'une croissance comparable en lenteur aux révolutions des astres. Le juriste individuel adhère ordinairement aux idées juridiques qu'on lui a enseignées et s'y attache avec une foi plus ou moins vive: elles sont en lui des idées-force, des *croyances*.

Quel est le rôle de ces croyances dans le raisonnement judiciaire? Question capitale, dont la solution avancerait singulièrement celle du problème des méthodes juridiques en général.

On ne peut, évidemment, dans cette courte étude, pas même essayer d'esquisser une réponse. Mais il y a quelques points utiles à noter, avant toute tentative de solution.

Les « jugements d'existence » qu'énoncent les juristes parlant droit, ou *idées juridiques*, pourraient être considérés de deux façons: *soit* comme ayant une valeur propre, indépendante de leur utilité dans le raisonnement, c'est-à-dire comme des vérités objectives,d'ordre théorique, analogues aux enseignements des sciences de la nature, *soit* comme des notions ou des thèses provisoires, admises par l'esprit à titre d'artifices de raisonnement pour atteindre un but déterminé, c'est-à-dire comme rentrant dans la catégorie des *fictions* de la pensée humaine, que VAIHINGER a si magistralement étudiées (3). Dans la seconde hypothèse, on pourrait

---

(1) PASCAL, *Fragment d'un traité du vide (Pensées et opuscules*, publiés par L. Brunschwicg, 5e édition. Paris. Hachette, 1909, p. 80).

(2) On se rend compte ici de ce que l'histoire du droit, comprise comme une histoire des *idées juridiques*, pourrait contribuer à l'intelligence de la méthode et par suite à la formation des juristes.

(3) *Die Philosophie des Als Ob*, Berlin, Reuther et Reichard, 1re édition, 1911. On peut lire aussi sur ces questions, *Les Paralogismes du rationalisme* par L. ROUGIER, Paris, Alcan, 1920. On trouvera des élé

comparer les idées juridiques à ces échafaudages temporaires qu'on dresse pour élever un édifice et qu'on s'empresse de démolir dès qu'il est achevé.

En faveur de la première hypothèse, on pourrait dire que les idées juridiques sont souvent inspirées par les réalités sociales, dont elles sont l'image plus ou moins déformée. Ainsi les personnes morales ont généralement pour *substratum* la vie collective, très réelle, de certains groupes d'hommes. L'Etat n'est pas une abstraction aérienne: la communauté nationale est un fait non seulement psychologique, mais même matériel, que les juristes, en élaborant la notion de l'Etat, ont plus ou moins exprimé en langage juridique. De même le dogme de la séparation des trois pouvoirs, si fécond en conséquences, correspond à une certaine division du travail ou des fonctions parmi les agents de la collectivité: cette division s'est produite dans l'histoire bien avant la formation du dogme correspondant. Les affirmations des juristes parlant droit ont, sinon toujours, du moins fréquemment, une certaine valeur *objective*, si bien qu'on a pu appeler leur science « la première en date des sciences sociales ».

D'autre part, il est manifeste que les « jugements d'existence » des juristes ne sont pas des descriptions de phénomènes sociaux. Un esprit réaliste, animé de la passion d'apercevoir le vrai de la vie sociale, pourrait même, pour ce motif, être porté à rejeter en bloc les idées juridiques, comme radicalement fausses et dépourvues de valeur scientifique: c'est ce qu'a fait DUGUIT, avec une verve extraordinaire et un entrain d'iconoclaste (1). Mais c'est se donner beau jeu, pour renverser les notions, les entités et les dogmes des juristes, de supposer que ces derniers, ou du moins les grands parmi eux, y voient des vérités objectives, à la façon des vérités « scientifiques » des physiciens ou des chimistes. Il est vrai

---

ments faisant ressortir l'analogie entre la valeur des dogmes juridiques et des dogmes religieux dans Ed. LE ROY, *Dogme et critique*, Paris, 1907.

(1) Voyez l'*Etat, le droit objectif et la loi positive*, Paris, Fontemoing, 1901. Cet ouvrage, auquel on serait tenté d'ajouter comme sous-titre « comment on peut philosopher avec le marteau », est au fond un vigoureux essai de substitution de l'esprit sociologique à l'esprit juridique dans la science du droit. A notre sens, cette tentative, si originale qu'elle soit, et quel que soit le talent de son auteur, est destinée à échouer.

que certains juristes, d'esprit au fond médiocre, s'attachent à leurs
dogmes avec fanatisme (1) Par contre, ceux qui tâchent de voir
le fond des choses n'ignorent pas qu'il y a là, comme en toute
chose, une mesure à garder; qu'il est bon, parfois, de tempérer
les croyances dogmatiques d'un grain de scepticisme; que tout
en restant le serviteur des idées juridiques, il faut savoir *s'en
servir*, et même savoir les écarter à propos, pour rendre une meilleure justice. Il faut sans doute *croire* aux doctrines abstraites du
droit, mais, à l'occasion, avec un sourire...

Les idées juridiques se trouvent nécessairement dans une relation logique, qu'il ne serait pas impossible de déterminer, avec
les impératifs juridiques. On peut supposer qu'elles jouent le rôle
de formules concentrées destinées à les résumer, ou bien le rôle
de « génératrices » d'impératifs (2). En tout cas, elles semblent être
surtout — et peut-être sont-elles uniquement — des *moyens* ou
leviers de la pensée juridique : leviers d'une singulière puissance,
d'ailleurs, car, parmi ces idées construites par les juristes et quelquefois à peine connues du législateur, il en est qui ont plus
influencé le développement du droit que n'importe quelle loi.

C'est seulement quand les belles recherches qu'on entrevoit ici
auront été poussées assez loin et à une profondeur suffisante qu'on
verra clair dans la *méthode juridique*, qu'on saura au juste ce
qu'est la *vérité juridique* et ce qu'est la *science du droit* elle-
même. Mais on peut conjecturer dès maintenant que cette der-

---

(1) C'est ainsi que LAURENT, qui a d'ailleurs écrit de meilleures pages,
développe avec une exagération forcenée la pensée que « les principes,
c'est tout le droit » et que les principes « ne sont autre chose que les
dispositions du code, ou les règles qui en découlent ». Voy. la Préface
du *Cours élémentaire de droit civil* en quatre volumes. Bruxelles et Paris,
1878.

(2) Les croyances ont toujours une portée pragmatique. « Croire, c'est
se retenir d'agir » a écrit PAYOT (*La croyance, sa nature, son mécanisme,
son éducation*, 2e édition, Paris, Alcan, 1905, p. 139). — Ceci n'est pas en
contradiction avec ce qui a été dit de l'impossibilité de passer de l'indicatif à l'impératif ou réciproquement. On pourrait montrer que c'est *en
conjonction* avec un impératif sous-entendu que certaines idées juridiques
(par exemple celle de droit subjectif) engendrent des impératifs. On
devrait peut-être aussi considérer certaines idées juridiques comme mêlées
de droit et de fait, d'impératif et d'indicatif. Mais l'examen de ce point
mènerait trop loin.

nière apparaîtra comme une discipline autonome ou *autocéphale*, ayant pour base la connaissance des règles coutumières ou légales, et pour superstructure les produits d'un vaste ensemble de *procédés* intellectuels, destinés à éviter à la fois l'*arbitraire* et la *raideur* dans l'administration de la justice et à satisfaire ainsi l'*instinct du juste*, qui est au cœur d'à peu près tous les hommes. .

LA LOGIQUE CONTEMPORAINE

par Marcel Barzin

Chargé de cours à l'Université libre de Bruxelles

Leçon d'ouverture faite le 18 novembre 1919

I

Aucune fortune intellectuelle n'est comparable à celle de la logique formelle d'Aristote. Elle put traverser une vingtaine de siècles de spéculation philosophique, sans subir aucune modification importante. Jusqu'au XIXᵉ siècle, elle apparaissait comme le seul chapitre immuable de la philosophie, — comme le champ privilégié où l'esprit humain avait conquis d'un seul bond, la vérité définitive et complète. Sans doute perdra-t-elle de l'importance que lui attribuaient les scolastiques pour qui, elle était l'outil universel de l'esprit et la science des sciences. Quand Bacon fera la théorie de l'expérimentation, on reconnaîtra que la syllogistique ne contenait pas dans ses cadres toutes les démarches de la pensée. Descartes lui niera toute fécondité inventive. Et dès lors, elle n'apparaîtra plus guère que comme un instrument de démonstration.

Mais, dans ces limites, elle conserve son autorité de science parfaite. Kant peut affirmer au seuil du XIXᵉ siècle : « La logique » est entrée depuis les temps les plus anciens dans cette voie certaine. Depuis Aristote, elle n'a pas eu besoin de faire un pas » en arrière, à moins que l'on ne regarde comme des améliorations, le retranchement de quelques subtilités inutiles, ou une » plus grande clarté dans l'exposition, choses qui tiennent plutôt » à l'élégance qu'à la certitude de la science. Il est aussi digne » de remarque que, jusqu'ici, elle n'a pu faire un pas en avant » et qu'ainsi, selon toute apparence, elle semble arrêtée et » achevée. »

Et, malgré ces prudences d'expression, il le croyait si profondément qu'il n'a pas hésité à asseoir l'Analytique transcendentale sur la théorie du jugement.

Qu'était-ce donc, en son essence, que cette logique d'une si extraordinaire longévité? Elle repose sur une analyse de la proposition. Tout jugement comporte trois constituants; un sujet, la copule être et un attribut. Le sujet et l'attribut sont des concepts, et un concept n'a de valeur que parce qu'il est réalisé dans une série d'êtres concrets, dont il est en quelque sorte le type. L'ensemble des individus groupés ainsi sous un concept forment une *classe*, et c'est la classe qui, pour Aristote, est l'élément fondamental de toute pensée. Le même objet fait partie en même temps d'une multitude de groupements divers : nous retrouverons le même homme, par exemple, parmi les membres de tel parti politique, sur la liste des titulaires de comptes-chèques, et inscrit au rôle du barreau.

Ces objets communs constituent les liens et les seuls liens possibles entre les classes. Il ne pourrait exister entre elles des rapports d'un autre genre; puisqu'elles se réduisent essentiellement à des collections, toutes leurs propriétés doivent émaner des termes qui les composent. Tout ce que nous pourrons donc affirmer touchant deux d'entre elles, c'est que l'une ne contient aucun des êtres qui forment l'autre, ou qu'elle en contient quelques-uns, ou qu'elle les contient tous. C'est à l'une de ces trois modalités de la relation de *contenant à contenu* que se réduit la signification de n'importe quel jugement. Le raisonnement, à son tour, reposera sur la propriété suivante de la même relation : A, B, C, étant des classes, si elle existe entre A et B, et entre B et C, elle existe aussi entre A et C. Tel est l'axiome qui fonde le syllogisme, type universel des démarches de l'esprit. Ainsi donc, groupement des objets et reconnaissance des rapports de contenance qui existent entre ces groupes, voilà pour la logique, les deux opérations fondamentales : l'activité de la pensée n'est qu'une perpétuelle classification.

Mais la classification n'est qu'un stade du savoir : elle n'est que le travail préliminaire à la construction de la science proprement dite. Essayer d'y ramener toutes les opérations intellectuelles, c'est mutiler la raison de son activité la plus haute, où elle manifeste le mieux son inépuisable fécondité.

II

Mais alors, comment expliquer le long succès de cette logique que nous venons de reconnaître *si étroite et si pauvre?* Aucune circonstance extérieure ne pourra nous résoudre cette énigme ; car elle aurait agi aussi sur les autres branches de la philosophie, qui, elles, se sont perpétuellement renouvelées. C'est à l'intérieur de la logique elle-même qu'il faut chercher les raisons de son immobilité. Lorsque l'esprit tire une conclusion nouvelle d'un fait observé ou d'une vérité antérieurement admise, il suit assurément certaines règles. L'unité de l'activité spirituelle et la valeur objective qu'elle confère à ses affirmations nous le garantissent également. Tout l'objet de la logique consiste dans la découverte de ces lois, et l'obstacle qui s'oppose à ses progrès comme à son étude, c'est qu'elles demeurent, dans l'ordinaire de la vie, profondément inconscientes. Ce qui intéresse, en effet, l'esprit, qui essaie de vérifier telle ou telle opinion, c'est la proposition vraie qui servira de point de départ à sa démonstration, et non la règle de son opération qu'il est sûr d'appliquer infailliblement. Et même lorsqu'il se replie sur ses procédés pour les saisir et qu'il se demande ce qui l'a autorisé à tirer telle conclusion de telle prémisse, ce qu'il trouvera, c'est une vérité intermédiaire découlant de la prémisse et entraînant la conclusion. Mais les principes logiques qui l'ont conduit d'un chaînon à l'autre lui échapperont toujours. Qu'on emprunte les raisonements à analyser à la pensée courante ou au raisonnement scientifique, on se heurtera toujours à la même impossibilité de les observer directement. A tel point que, si un logicien nous offre un système de préceptes qui prétende nous les révéler, le seul moyen que nous aurons d'en apprécier la valeur sera de l'appliquer. Et, pourvu que cette machine logique fonctionnant à partir de la prémisse choisie, nous construise la conclusion que nous savons en découler, nous serons incapables de décider si elle l'a fait en suivant les voies mêmes de la raison. Si elle s'en écarte en chemin et qu'elle ne rejoint le but que par un détour artificiel qui lui ôte toute valeur comme le faisait, par exemple, le calcul logique de Boole, nous ne nous en apercevrons point.

Impuissante à saisir immédiatement son objet, la logique n'existerait même pas, si une aide ne lui venait du dehors. Mais les sciences, lors de leur constitution, ou pour lever des difficultés qui arrêtent leur développement, sont contraintes parfois de préciser leurs méthodes de recherches. Alors, elles élaborent des techniques opératoires, dont la condition indispensable sera la fécondité pratique, et qui, maniées par des esprits différents, se débarrasseront de toutes les inutilités qui auraient pu les encombrer au début et atteindront bientôt toute la simplicité dont elles sont capables. C'est en elles, quand elles sont à ce point, que la logique pourra trouver les voies réelles de la raison agissante. Encore faut-il que ces procédés ne soient pas trop particuliers et limités à un objet trop spécial, mais qu'ils aient une portée universelle. C'est donc seulement quand une science ou un groupe de sciences scrutera et transformera ses méthodes fondamentales, que la logique pourra s'accroître. Ces transformations étant fort rares, elle est condamnée à de longues périodes d'immobilité entre chacun de ses renouvellements.

Aristote, quand il fonda la logique, se trouvait à l'un de ces moments d'organisation scientifique. Les sciences naturelles, qui tiennent une place considérable dans sa formation intellectuelle, après avoir été un simple recueil d'observations, s'occupaient maintenant à les ordonner et à y introduire des ébauches de classement. D'ailleurs, rappelez-vous la tournure générale 'e l'esprit grec à cette époque : les dialogues de Platon ne gravitent-ils pas le plus souvent autour d'une définition ? La grande affaire du temps, c'est d'élaborer des concepts précis qui permettront d'atteindre des certitudes définitives. Rien d'étonnant alors à ce que la logique d'Aristote soit une théorie de la classification : elle n'a fait que codifier les méthodes générales de l'activité intellectuelle contemporaine. De même, quand Bacon formulera la théorie de l'expérimentation, il transcrira simplement les procédés techniques qu'avaient élaborés les premières applications industrielles des sciences. Or, au XIXᵉ siècle, deux disciplines scientifiques se sont trouvées dans les conditions requises pour offrir à la logique matière à progrès. D'une part, la sociologie lui a découvert, au-delà de ses limites traditionnelles, un champ d'activité neuf. D'autre part, les méthodes mathématiques ont fait irruption sur le terrain même de la théorie aristotélicienne, ont brisé toutes les barrières qui l'immobilisaient, et lui ont ouvert de nouveaux et larges horizons.

De tout temps, les hommes ont réfléchi à la structure de la société, mais les innombrables « cités » qu'ils ont construites depuis la République de Platon demeuraient des œuvres isolées et sans lien. Pour qu'on puisse parler de science sociale, il faut qu'une méthode commune vienne unifier les efforts épars en un savoir collectif et progressif. La constitution de cette méthode est aujourd'hui encore le problème capital de la sociologie, et c'est là ce qui rend cette discipline si intensément intéressante pour le logicien. D'autant plus qu'elle est naturellement conduite par son objet aux problèmes logiques. La plupart des faits sociaux, en effet, dépendent dans une certaine mesure du raisonnement, et la recherche de leurs conditions doit mener à l'analyse des lois de la pensée en tant qu'elle engendre nos actes.

Situés dans cette région où logique et science sociale confondent leurs frontières, plusieurs travaux importants sont venus former un nouveau chapitre à joindre à ceux qu'avaient écrits Aristote et Bacon. Pour saisir l'esprit et la fécondité de cette nouvelle « logique sociale » nous ne pourrons mieux faire que nous reporter à l'analyse de la notion confuse qu'a donnée M. Dupréel, mon prédécesseur dans cette chaire, auquel je suis heureux de pouvoir rendre ici, un témoignage public de reconnaissance et d'admiration.

Tandis que pour les philosophes classiques, les sens sont l'unique source du confus, M. Dupréel a mis en lumière toute une autre classe d'idées qui ne doivent rien aux sens, et qui pourtant, non seulement manquent de clarté, mais encore sont absolument irréductibles à une combinaison d'idées claires. Telles sont, par exemple, la plupart des idées morales. Leur ambiguïté foncière leur vient de leur origine : elles sont filles, en effet, non pas de la connaissance spéculative, mais de l'action. C'est aussi pourquoi elles nous sont absolument indispensables.

Naturellement, en s'introduisant dans nos raisonnements, elles les vicient : embarrassés dans les inextricables replis de la notion confuse, ils n'atteignent plus à la nécessité de la pensée claire. Aussi obéissent-ils à des lois d'une autre espèce que la logique sociale a maintenant à découvrir dans le champ de recherches qui s'ouvre devant elle.

IV

L'autre branche de la logique contemporaine, c'est la logistique. Elle tire ce nom d'un caractère tout externe : c'est que tous les travaux qui en traitent sont écrits dans un système de signes conçu sur le type de la notation algébrique. Ce langage spécial donne à ces œuvres un aspect hermétique et quelque peu rébarbatif ; l'effort réel qu'il impose au lecteur a limité leur diffusion. Mais, en revanche, en n'employant que des symboles clairement et distinctement définis, il a l'inappréciable avantage d'échapper aux confusions qui fourmillent dans la langue courante, et que le logicien le plus méfiant ne saurait éviter toutes.

Sous ces longs enchaînements de formules chiffrées circule d'ailleurs une inspiration commune, dont on place fréquemment la source chez Leibniz. Sans doute, Leibniz a bien conseillé de démontrer les axiomes, et il s'y est employé, sans parvenir d'ailleurs à renouveler la syllogistique. Sans doute aussi, certains logisticiens, notamment Russell et Couturat, désireux de rattacher leurs travaux à une tradition, ont retrouvé chez lui certaines de leurs idées directrices. Mais ce n'est point là qu'il faut rechercher la vraie origine de la logistique : elle est née du besoin croissant de rigueur qui caractérisé les mathématiques du XIX⁰ siècle.

Au début de presque toutes les démonstrations géométriques du passé, ou tout au moins de celles qui servent de base à tous les développements ultérieurs, on trouve des appels à l'intuition sensible, qui sont des facteurs importants de l'évidence du raisonnement : il est courant, par exemple, dans la géométrie élémentaire de superposer deux figures dont on veut démontrer l'égalité. Or, les progrès des mathématiques montrèrent avec une force toujours croissante les dangers de ces recours aux sens, et dénoncèrent même des erreurs graves qu'ils avaient introduites dans la science.

Ainsi, il est parfaitement évident que, si l'on considère deux longueurs, l'une d'elles est comprise dans l'autre, un nombre entier ou fractionnaire de fois. Il n'en est pourtant rien et presque toujours, les deux lignes n'ont point de commune mesure : leur rapport sera exprimé par un nombre incommensurable. De même, il nous est impossible d'imaginer qu'il n'y ait pas moyen de mener une tangente à une courbe donnée : nous pouvons toujours la couper par une sécante, et en faisant pivoter la droite autour d'un des points d'intersection, amener l'autre point d'intersection sur le premier. Là encore, notre imagination nous trompe et les courbes sans tangentes ou, ce qui revient au même, les fonctions sans dérivée forment une importante province de l'Analyse. Ces faits et bien d'autres pareils, conduisirent les mathématiciens à essayer de construire la science sans faire intervenir ces appels aux sens qui en compromettaient la rigueur. Pour cela, il était nécessaire de ne plus y laisser subsister rien « qui allât de soi » : il fallait pouvoir tout démontrer à partir de principes explicitement énoncés. Un immense labeur d'analyse pour dégager tous les postulats qui se cachent dans le raisonnement mathématique, a été accompli depuis une centaine d'années.

Chaque progrès réalisé dans ce sens était plein d'intérêt pour le logicien. Ces déductions portant sur des éléments toujours plus simples de la science, mettaient au jour les démarches primitives de la raison, et lui permettaient d'en déterminer les lois. Aussi voyons-nous s'élaborer toute une série d'œuvres logiques de plus en plus éloignées aussi de celle d'Aristote. Ce courant a abouti à trois œuvres capitales : les *Grundgesetze der Arithmetik* de Frege, le *Formulaire* de M. Peano, et les *Principia Mathematica* de M.Russell. Nous allons essayer d'exposer brièvement les caractères dominants de la réforme qu'ils ont accomplie.

C'est évidemment au moyen de la classe que nous pourrons définir et expliquer une des idées fondamentales des mathématiques, celle de nombre : le nombre n'est en effet qu'une collection d'objets, qu'une classe envisagée sous un angle particulier. C'est dans cette tentative d'explication que ce concept, l'unique base, vous vous le rappelez, de la logique aristotélicienne, a manifesté son absolue insuffisance. Car l'ensemble des unités étant donné, le nombre est donné par cela même. Nous devons donc confondre la classe avec l'ensemble des êtres qui la constituent. Cela nous forcerait à rejeter l'existence de classes infinies tandis que depuis Cantor, la théorie des nombres infinis prend une importance toujours croissante.

Il n'y a pas d'autre moyen de lever cette antinomie que de renoncer à considérer la classe comme un être logique indépendant et primitif. Et ce rôle d'élément logique qu'Aristote lui faisait jouer, c'est la proposition qui en hérite. C'est en effet là l'acte simple de l'esprit : toute analyse la fait s'évanouir et n'aboutit qu'à des abstractions:

Loin de dévier de la classe, c'est elle qui la fonde par l'inter: médiaire de la fonction propositionnelle. Si, dans une proposition quelconque, Socrate est mortel, par exemple, nous remplaçons l'un des termes par une variable, nous obtiendrons ainsi la fonction propositionnelle: X est mortel. En soi, cette expression n'est ni vraie ni fausse, mais elle est susceptible de le devenir aussitôt que nous remplacerons la variable par une valeur quelconque. Dès lors, la classe sera l'ensemble des valeurs qui satisfont à telle fonction propositionnelle donnée. Cette définition a le mérite d'être la seule à échapper à la difficulté que je vous exposais tantôt. Et elle implique cette conséquence capitale que nous retiendrons : les propriétés logiques de la classe découlent de celle de la fonction propositionnelle.

La fonction propositionnelle nous permet encore d'isoler dans la proposition un autre objet logique important : la Relation. Nous avons vu la logique classique analyser tout jugement en un sujet, la copule être, et un attribut; le sujet peut être un objet comme « Socrate » ou un abstrait comme « les hommes », mais l'attribut doit toujours être abstrait. Si ce procédé s'applique sans difficulté à « Socrate est mortel », il n'en va plus de même quand nous l'essayons sur « A = B », par exemple. Pour maintenir la vue aristotélicienne, il faut dissocier le verbe « égaler » en deux éléments et couper la phrase ainsi : A. est égal à B. On retrouve ainsi, et la copule être, et l'attribut abstrait « égal à B », les indispensables conditions du jugement. Mais on n'y arrive qu'en forçant étrangement la vérité. L'expression « égal à B » n'est nullement un être logique simple, et il ne joue aucun rôle dans notre jugement réel. Ce qui est vraiment dans notre pensée, ce sont les deux objets *concrets* A et B, et la relation d'égalité qui les unit. Aussi la logistique a-t-elle distingué à côté du type de proposition « *sujet-prédicat* », le type « *relationnel* ».

Pour étudier la relation, on procèdera à peu de chose près comme pour la classe. On partira d'une proposition relationnelle quelconque, « Pierre est fils de Paul », par exemple, et l'on substituera des variables aux termes concrets. Il restera une fonction propositionnelle « X est fils de Y » d'un genre *nouveau*, dont les propriétés détermineront celles de la relation considérée.

Ainsi, théorie des relations et théorie des classes reposent toutes deux sur les mêmes fondements: les caractères logiques de la fonction propositionnelle. Mais qu'est-ce au juste qu'une fonction propositionnelle ? Nous l'avons obtenue en remplaçant dans une proposition quelconque, les termes concrets qui y figuraient, par des variables. Si bien que l'expression logique trouvée représente en somme, maintenant que le ou les sujets y sont indéterminés, toute une classe de propositions à structure constante. Tout ce que nous en pourrons affirmer découlera évidemment des propriétés formelles de la proposition. Ces dernières à leur tour ne se révéleront point si nous étudions des propositions isolées, car toute analyse ferait disparaître l'unité d'affirmation qui les constitue; et les éléments qu'on obtiendrait n'existent, nous venons de le voir, que par elles. Nous ne découvrirons les lois de la proposition qu'en l'étudiant dans ses rapports avec d'autres, c'est-à-dire dans le raisonnement. Tandis qu'Aristote partait de la classe pour arriver au jugement, puis au syllogisme, toute la logique repose à présent sur la théorie de la déduction qui détermine la nature de la proposition puis celle des classes et des relations.

Au prix de ce renversement radical des méthodes classiques,elle s'est rapprochée définitivement du réel. Il est impossible en effet de concevoir la pensée comme un assemblage d'éléments statiques, reflets des choses, sans autres rapports entre eux que celui de contenant à contenu. La pensée est avant tout activité, et activité constructrice. Aussi la logistique étudie-telle non plus des « termes » mais les « fonctions » qui relient les propositions, et en les scrutant de manière toujours plus profonde, elle espère arriver aux lois qui gouvernent toutes les démarches de la raison.

V

Essayons à présent de situer la logique dans l'ensemble de la philosophie : nous saisirons ainsi l'intérêt qui s'attache aux enrichissements que nous venons d'examiner. Toute philosophie veut être une représentation de l'univers. Essentiellement une, elle ne peut être que l'œuvre d'un seul esprit. D'autre part, devant tenir compte et des informations nouvelles que les sciences nous apportent, et des valeurs que crée l'activité des hommes, elle est toujours à refaire. Aussi, ne peut-elle avoir un développement progressif comme celui des sciences, où les découvertes viennent grossir un patrimoine collectif.

Néanmoins, des siècles de spéculation ont unifié jusqu'à un

certain point les méthodes de philosopher : pour arriver à une conception de l'univers, il faut avant tout examiner la validité de nos moyens de connaître la réalité. La philosophie est devenue théorie de la connaissance. Et son problème central, depuis Kant, est de déterminer s'il y a dans la pensée des lois qui règlent chacune de ses démarches (catégories). S'il en est, elles s'étendront universellement et nécessairement à tous les objets de notre esprit, puisque, par définition, aucun de ses actes n'échappe à la forme qu'elles leur imposent. La première tâche du philosophe consistera donc à rechercher quelles sont les conditions nécessaires ue toute connaissance, quelle qu'elle soit. Et cela est vrai même des philosophies antirationalistes, comme celle de M. Bergson, dont tout le système est sorti de méditations sur la catégorie « temps ».

Cette méthode peut trouver un puissant auxiliaire dans a logique. Pour dresser la table des catégories, la plupart des penseurs les ont cherchées parmi les notions fondamentales des sciences, en les élaborant ensuite au contact les unes des autres. Mais la plupart des concepts ainsi obtenus sont confus : celui de force par exemple, et même celui d'espace ont deux ou trois sens inextricablement enchevêtrés. Si cela ne présente aucun inconvénient pour le savant qui les emploie pour des buts bien définis, et qui en tire des résultats toujours justiciables de l'expérience, il en va tout autrement pour le philosophe: ces catégories et les jugements qui les unissent constituent le critérium qui doit vérifier toutes nos connaissances et l'expérience elle-même. Toute confusion pourrait fausser l'ensemble du système.

Mais le labeur du logicien tend précisément à décomposer les relations entre propositions en relations plus simples, dont il détermine les lois de composition. Au terme de son effort, il atteint des relations qui se refusent, au moins provisoirement, à toute analyse ultérieure; et il s'en sert pour reconstruire, par des procédés nettement définis, les notions fondamentales des sciences. C'est dans ses analyses que nous pourrons trouver, à un degré supérieur de pureté, les catégories que nous cherchions.

Ainsi, l'on voit qu'à une certaine profondeur, logique et philosophie se rejoignent, l'une fournissant à l'autre, au moyen de ses méthodes rigoureuses, une base solide et sûre; l'autre en communiquant à la première l'ampleur et l'intensité de son intérêt. Les analyses logiques, par leurs méthodes minutieuses t quelque peu ardue, nous mènent à des perspectives de plus en plus larges qui finissent par embrasser toute la réalité connue.

BIBLIOGRAPHIE

A. Loisy, **Essai historique sur le Sacrifice.** Paris, E. Nourry, 1920.

M. Loisy vient de publier un ouvrage d'ensemble sur le sacrifice. On sait que les idées relatives à cette institution capitale de la vie religieuse ont beaucoup varié ces derniers temps ; on est à peu près unanime aujourd'hui à estimer inexacte l'ancienne opinion, qui voyait dans le sacrifice essentiellement une oblation, un don fait par l'homme à la divinité, conception qui ne s'applique que dans un nombre restreint de cas et qui n'est certainement pas primitive. Les belles études de Robertson Smith sur les religions sémitiques ont pour la première fois montré l'importance du sacrifice-communion, opération par laquelle l'adorateur consomme l'être divin pour s'assimiler la substance surhumaine dont il est le siège, et dont la célébration a été établie depuis chez les peuples les plus variés, aussi bien chez les non-civilisés d'aujourd'hui que chez les anciens. Mais, ici encore, il est certain que l'on a trop dogmatisé, que l'on a erré en voulant à tout prix faire dériver tous les rites de sacrifice de cette unique conception.

Une œuvre comme celle de M. Loisy, qui s'efforce avant tout de décrire objectivement toutes les séquences sacrificielles célébrées chez les différents peuples, d'en montrer l'extraordinaire diversité, tant au point de vue des circonstances où elles se déroulaient que des motifs qui les inspiraient, vient donc à son heure et sera particulièrement utile. Il décrit tour à tour et les sacrifices-don, et les sacrifices-communion traditionnels, et les sacrifices multiples consommés à l'occasion du culte des morts, pour livrer au défunt des compagnons qui le suivront dans l'autre monde ou pour assurer sa propre survivance ; les sacrifices mêlés aux rites de saisons, notamment les sacrifices agraires destinés à promouvoir la fertilité des champs ; les opérations où le meurtre d'un animal sacré devait permettre, par l'inspection de ses entrailles, la divination de l'avenir ; les sacrifices où, par la consommation commune d'une victime, se consacraient les alliances, ou ces autres cérémonies où l'homme, prêtant un serment, tuait en même temps un animal et prononçait des formules solennelles où il appelait sur lui-même un sort pareil en cas de parjure ; les innombrables sacrifices de purification et d'expiation, notamment les cérémonies curieuses et répandues sur toute la surface du globe où l'homme faisait passer sur la tête d'un animal émissaire les fautes qu'il avait pu commettre, et faisait ainsi disparaître ces fautes elles-mêmes en chassant ou en tuant la malheureuse victime ; les sacrifices de fondation, où les morts étaient censés veiller à la sécurité des bâtiments sous les fondations desquels on les enterrait ; les sacrifices d'initiation surtout, où la consommation d'un animal faisait entrer celui qui y participait dans le clan même dont cet animal est le symbole, le totem où l'animal sacré (forme caractéristique, soit dit en passant, mais non point unique, du sacrifice-communion), et beaucoup d'autres encore.

Cette longue et patiente énumération de rites innombrables, observés chez les peuples les plus divers, est éminemment instructive et fait du livre de M. Loisy un instrument de travail de la plus haute valeur.

Cette analyse, cependant, appelle une synthèse; plus les significations du sacrifice peuvent être diverses, plus aussi la ressemblance que l'on constate entre les procédés soulève de questions et exige une explication.

Cette explication, M. Loisy la cherche dans la mentalité magique et mystique de l'homme inculte: méthode excellente, qui s'efforce de retrouver dans la psychologie même de l'adorateur les motifs de son adoration.

Cette psychologie se manifeste surtout dans ce que M. Loisy appelle l'action sacrée; peut-être l'analyse de cette action sacrée appellerait-elle quelques réserves; ses bases psychologiques ne se discernent pas très clairement; on voit difficilement en quoi cette action diffère, suivant l'auteur, d'une action profane, pourquoi, et dans quels cas, le primitif lui attribue un pouvoir particulier; et je doute que l'on puisse absolument identifier, comme M. Loisy semble le faire (p. 59), cette action sacrée à une figuration, une représentation, ramenant ainsi, avec M. Frazer, la religion primitive à la magie, qui, elle, est en effet essentiellement une action mimétique; je ne trouve, pour ne citer qu'un exemple, aucune figuration dans le sacrifice-communion, mais uniquement une opération que le primitif croyait très réelle et nullement symbolique, et qui, directement, sans rien imiter, procurait au sacrifiant les vertus qu'il consommait.

Mais ce sont là de très légères réserves, et qui sont relatives à des problèmes très obscurs et où les opinions divergent encore considérablement. Elles ne peuvent diminuer la haute valeur que l'on doit reconnaître à cet ouvrage important, qui met au point un problème capital et rendra comme instrument de travail les plus grands services.   R. K.

Revue du Néo-Positivisme. Directeur François HERTE. Herstal, 1920.

M. François Herte publie, à Herstal, une nouvelle revue, *La Revue du Néo-Positivisme*, dont il est le fondateur, l'administrateur et, provisoirement, l'unique rédacteur. Il y développe les principes d'une religion nouvelle, dont il cherche les bases dans la psychologie de l'inconscient. On peut se réjouir de cet effort pour donner plus de profondeur à la vie de l'esprit, sans cependant pouvoir toujours se rallier à l'opinion de l'auteur. On souhaiterait qu'il étudiât davantage les graves problèmes psychologiques et métaphysiques qu'il aborde; on lui souhaiterait surtout plus de dignité dans l'expression de ses idées; un ouvrage qui se prétend sérieux n'a rien à gagner à qualifier de « conception baroque » la philosophie de Descartes, ou d' « hallucination mentale » la doctrine du cardinal Mercier.

                                                  R. K.

C. AUTRAN, **Phéniciens, essai de contribution à l'histoire antique de la Méditerranée.** Paris, Geuthner, 1920.

M. Autrun publie, sous le titre : *Phéniciens*, un volume où il essaie d'envisager à un point de vue nouveau l'histoire ancienne de la Méditerranée orientale. Il croit pouvoir discerner en Grèce, en Asie Mineure, en Syrie, un élément commun, asianique, un peuple unique, d'origine septentrionale, de race indo-européenne, les Phéniciens, et dont l'importance serait telle que c'est en fonction de lui que toute l'évolution du proche Orient pendant l'antiquité devrait être envisagée : thèse hardie, et par là même sympathique, puisqu'il est toujours intéressant d'étudier des travaux qui s'efforcent de quitter les chemins battus et de s'attaquer à des problèmes traditionnels suivant des méthodes originales ; mais dont je présume que bien peu de lecteurs cependant seront disposés à l'accepter.

Une thèse neuve demande des précisions et des preuves ; M. Autran a cru pouvoir se passer de l'obligation de les donner. « C'est à dessein, dit-il, que le présent travail n'a pas été plus développé. S'il m'avait fallu lui donner toute l'ampleur qu'il comporte et entrer dans la discussion des principales controverses, vingt années m'eussent été nécessaires pour en venir à bout... Mon objectif est limité. Il consiste à poser une question que je n'aurais certes point la présomption de compter résoudre à moi tout seul. »

Il est juste de tenir compte de ces intentions de l'auteur, et de constater d'ailleurs que son ouvrage contient plus d'une suggestion intéressante. Il semble pourtant qu'il eut été plus utile de commencer par un examen approfondi, tout au moins des thèses essentielles sur lesquelles l'ouvrage entier repose et dont quelques-unes paraissent des plus contestables.

Pour me borner à quelques exemples, M. Autran identifie sans justification la civilisation asiatique, dont participent notamment les Hittites, avec celle du Caucase, identification plus que douteuse et qui ne peut invoquer en sa faveur l'opinion des spécialistes les plus compétents : M. Rostovzev, par exemple, dont on connaît les belles études sur les nécropoles du Caucase septentrional et du Kouban, croit ces deux civilisations indépendantes l'une de l'autre.

M. Autran rattache ses Asianiques aux Indo-Européens. Assurément les noms de dieux indo-iraniens ont été retrouvés dans les ruines de Boghazkeui, et parmi les princes hittites et mitannis, il en est dont le nom est incontestablement indo-européen. Mais il est impossible de résoudre le problème sans tenir compte des multiples éléments qui plaident en sens inverse, des documents épigraphiques que fournissent, si nombreux et si précis, les peintures murales égyptiennes ou les monuments anatoliens (sculptures de Boghaz-keui, de Carchemich, d'Aintab, ou de la passe de Karabel, etc.) et nous montrant un peuple dont tous les caractères ethniques diffèrent totalement de ceux des envahisseurs ultérieurs venant du nord, ou même des populations primitives du bassin de la mer Egée ; documents littéraires, telles que les lettres d'Amenhotep III à Tarkoundaras d'Arzawa, ou les tablettes trouvées en Cappadoce, et qui semblent écrites en un dialecte très différent des langues ariennes; la solution la plus vraisemblable semble bien consister à dire que des peuplades indo-européennes, bien loin de fonder la civilisation hittite, l'ont détruite, ont renversé le puissant empire de Soubbilouliouma et de Chattousir, et ont ailleurs fourni des princes et une aristocratie militaire à des peuples ana-toliens soumis (tels les Mitannis). En présence de la multitude des documents dont l'analyse s'imposait, on s'étonne de la fragilité des argu-ments dont M. Autran se contente : pour établir le caractère indo-européen des Phéniciens, il invoque Strabon et Diogène Laërce (encore nommé Diogène de Laërte), qui parlent d'un philosophe phénicien Mochos, anté-rieur à la guerre de Troie et premier fondateur d une philosophie atomis-tique; seul, dit M. Autran, un Indo-Européen peut avoir été capable de développer aussi profonde doctrine !

M. Autran soutient d'ailleurs que, dès le début du deuxième millénaire, l'influence septentrionale était prépondérante en Syrie, où elle aurait remplacé celle des Sémites. Et cependant, c'est l'époque où les Amourri, Sémites incontestablement, dominaient à Babylone même; et l'histoire de Sinouhit nous montre, sous le règne de Senousert I, les environs de Byblos habités par des hommes aux noms sémitiques, maîtres incontestés de la région, vivant dans des villes au nom pareillement sémitique; et ce n'est que Thotmès III, et plus tard Ramsès II qui ont à lutter en Syrie contre des armées hittites dont les archives d'Amarna décrivent, avec des détails si précis, l'avance progressive vers le sud. Les recherches archéo-logiques aboutissent au même résultat; je me borne à un exemple : les récentes fouilles de Sidon, dont M. Contenau rend compte dans la jeune revue *Syria*, née de l'occupation française de Syrie, montrent que, pendant toute cette période, l'influence septentrionale était nulle dans le grand port phénicien (à la différence de celle du monde égéen, représentée par de nombreux objets importés). M. Autran ne discute pas ces témoignages contemporains. il invoque l'*Odyssée*, rédigée plus de mille ans après l'époque dont s'agit !

Je n'insiste pas sur les multiples questions de détail, les étranges théo-ries, par exemple, sur les dieux grecs. presque tous (Zeus, Posidon, etc.), qualifiés de Phéniciens sur la base d'arguments auxquels aucun helléniste ne se ralliera (c'est, par exemple, une méthode très fausse que d'identifier absolument un dieu grec avec une divinité barbare que les Hellènes ont ultérieurement désignée du nom d'un de leurs dieux à eux pour en con-clure à l'origine étrangère de ce dieu grec; ou les vues sur les rapports de l'Egypte et du monde septentrional, où des idées intéressantes se mêlent à beaucoup d'erreurs et d'assertions non prouvées.

D'une façon générale, c'est d'ailleurs la thèse fondamentale elle-même de M. Autran qui semble contestable. Des travaux patients et minutieux ont permis de discerner très nettement l'apport égéen, celui des Anato-liens, celui des septentrionaux; beaucoup de questions restent obscures, assurément; mais c'est une analyse détaillée, groupant les documents par siècle et par contrée, qui seule permet de les résoudre. Qu'on n'oublie pas qu'il s'agit de pays immenses et d'une histoire qui se prolonge pendant des milliers d'années. Vouloir la comprendre en envisageant tout en bloc, sans l'examen préalable de chacun des éléments du problème, prétendre faire des Phéniciens, Egéens, Cariens, Lélèges, Lyciens, Hittites, Mitannis, etc., un peuple à civilisation unique, identique d'ailleurs aux Caucasiens eux-mêmes, c'est se condamner à rester dans le vague ou à confondre des courants de civilisation très différents d'origine qui ont été, bien entendu, souvent en rapport entre eux, mais qu'il n'en importe pas mois de nettement distinguer.

Ces erreurs de méthode, ce manque de rigueur dans les démonstrations sont d'autant plus regrettables que l'histoire ancienne du bassin oriental de la Méditerranée méritait assurément, même après le grand ouvrage de Hall, une étude systématique où les apports anatolien et égéen fussent méthodiquement mis en lumière. A cette histoire, M. Autran apporte quelques contributions qui sont à retenir; on regrette qu'elles soient perdues dans une construction d'ensemble qui appelle tant de réserves.

R. K.

CHRONIQUE UNIVERSITAIRE

SÉANCE SOLENNELLE DE RENTRÉE

La séance solennelle de rentrée a eu lieu le lundi 18 octobre, en la salle des fêtes du Palais d'Egmont, en présence d'une nombreuse assistance. Nos lecteurs ont lu, d'autre part, le magistral discours inaugural qu'y prononça le recteur, M. Ch. De Keyser. Il avait été précédé du rapport traditionnel sur l'année académique 1919-1920, que M. P. Heger, président du Conseil d'Administration de l'Université, lut avec son autorité coutumière. Après avoir retracé les événements marquants de l'année écoulée, et rappelé les distinctions dont plusieurs des membres du corps professoral furent l'objet, tant en Belgique qu'à l'étranger, M. Heger caractérisa les conditions nouvelles selon lesquelles le haut enseignement se développera désormais. Le temps des rivalités mesquines est passé, et M. Heger termina son allocution par un émouvant appel à l'Union. Nous ne doutons pas que cet appel ne soit entendu.

Enfin M. le Bourgmestre Max déclara ouverte l'année académique 1920-1921.

INAUGURATION DE LA MAISON DES ETUDIANTES

L'inauguration de la Maison des Etudiantes a eu lieu le lundi 18 octobre, à l'issue de la séance solennelle de rentrée. Cette cérémonie, tout intime et charmante en sa simplicité, s'est déroulée dans les salles coquettes du home engageant et tranquille qu'orna le goût sûr de nos étudiantes et de leurs protectrices. Professeurs et amis de l'Université avaient répondu en grand nombre à l'invitation du comité organisateur. Au nom de celui-ci, Mme Paul Hymans remercia, en quelques paroles d'une sobre élégance et d'une émotion voilée, tous ceux dont le concours généreux rendit possible le succès d'une entreprise noble et hardie. Puis M. Paull Heger, parlant au nom de l'Université, félicita les étudiantes en une allocution tour à tour humoristique et émue. Il dit l'importance du rôle qu'elles remplissent dans la vie universitaire, et insista sur l'influence heureuse que leur présence, faite de cordialité et de dignité, exerce dans les réunions d'étudiants. Au nom des étudiantes, Mlle Bloch dit à tous un grand et chaleureux merci. Après quoi, un thé servi par les soins des étudiantes, permit à chacun d'apprécier le charme hospitalier de la Maison et la grâce aimable et souriante de nos étudiantes.

DISTINCTION

M. le Dr Paul Heger, président du Conseil d'Administration de l'Université libre, a été élevé à la dignité de grand officier de l'Ordre de Léopold.

A Jules Bordet

Cher Maître,

Il y a environ vingt ans, un jeune agrégé vint un soir, au Cercle des étudiants en médecine, faire une conférence sur l'Immunité. Dans cette atmosphère bruyante, alourdie de fumée et de relents de bière, nous vîmes s'avancer un jeune homme d'allure simple et décidée, qui nous tint, une heure durant, sous le charme de sa parole pénétrante et claire. Il nous conta de façon si attrayante les phases successives de la lutte de l'organisme et du microbe, il nous expliqua d'une manière si lucide les propriétés acquises par l'organisme vacciné, que cette courte leçon, cher Maître, nous est restée profondément gravée dans la mémoire.

Vous veniez de rentrer de Paris, appelé à la direction de l'Institut Pasteur, dont le conseil provincial du Brabant avait tout récemment décidé l'édification.

Après de brillantes études universitaires et un court séjour à Middelkerke, durant lequel vos goûts pour les recherches de laboratoire s'étaient déjà révélés, vous étiez parti à Paris, où très rapidement Roux et Metchnikoff apprécièrent vos dons extraordinaires pour l'expéri-

mentation. C'est durant les sept belles années de votre
séjour à Paris — que vous évoquez toujours avec joie —
que vous avez jeté les bases de votre théorie physique de
l'Immunité, qui vient de vous conduire aux plus hautes
destinées scientifiques

A trente ans, vous êtes déjà un maître connu et estimé
dans le monde savant. Vous imaginez la réaction de
fixation de l'alexine. L'ingénieuse adaptation qu'en fait
Wassermann pour le diagnostic de la syphilis devait
porter votre nom dans tout l'Univers. Votre théorie
physique de l'Immunité a été âprement combattue. Mais
vous avez déployé dans la défense de vos idées une telle
habileté d'expérimentateur que la victoire vous est restée.

Peu après, vous découvrez avec Gengou, votre collaborateur de la première heure, le bacille de la coqueluche :
vous décrivez ensuite le microbe de la diphtérie aviaire
ainsi que celui de la péripneumonie des bovidés. Le
microbe de la coqueluche, vous l'aviez déjà remarqué
bien des années auparavant (1901) ainsi que le spiro-
chète pallida : mais l'absence de liaison étroite entre
l'hôpital et le laboratoire ne vous avait pas permis de
poursuivre vos études sur l'étiologie de la syphilis.

Puis sont venues vos recherches sur cette troublante
question de l'anaphylaxie, sur la coagulation du sang,
que vous aviez déjà travaillée antérieurement, et que
vous fouillez à nouveau jusqu'aux plus extrêmes limites
que l'état actuel de la science permette d'atteindre. Avec
quelle minutie, quel luxe de précautions vous préparez
vos recherches expérimentales, ne laissant dans l'ombre
aucun des facteurs et quand le Génie de l'Expérience
vous a saisi, ni le bruit, ni l'arrivée intempestive d'un de
vos collaborateurs ou d'un visiteur, ne vient troubler la
genèse de votre pensée, de cette pensée que Duclaux, dans
son admirable préface à l'histoire de la Vie de Pasteur,

compare au vol de l'oiseau : « L'esprit d'un savant, c'est l'oiseau qui vole; on ne le voit que quand il se pose ou qu'il prend son essor. » Et quand l'oiseau s'est posé, quand l'expérience est venue vérifier l'hypothèse, quelle joie dans le labo, à laquelle prennent part assistants et préparateurs !

Mais vous ne restez pas confiné dans votre laboratoire. Le devoir social vous appelle: l'Université vous charge de l'enseignement de la bactériologie; la Ligue contre la Tuberculose, l'Œuvre de la Préservation de l'Enfance font appel à vos conseils. Tout à coup, la guerre survient, isolant la **Belgique du monde; la vie** *de laboratoire s'arrête; quoi de mieux à faire que de vous recueillir, de classer dans votre mémoire l'immense production scientifique des vingt dernières années, et de rédiger votre livre sur l'Immunité, modèle de style et de concision, dont chaque mot évoque un fait et dont l'Aperçu général constituera pour nos descendants l'image la plus vivante de nos connaissances au début du XXe siècle.*

Peu à peu on vous décerne tous les honneurs. En 1906, vous recevez le prix quinquennal des sciences (Académie de Médecine de Belgique); en 1909, le prix de Paris (Congrès international de médecine de Buda-Pesth); la médaille d'or du Prix Hansen (Académie de Copenhague), en 1914; l'Académie de Médecine de Belgique, puis celle de France vous ouvrent leurs portes.

Le Gouvernement s'honore de vous appeler au Conseil d'Hygiène; votre place y était marquée. Au mois de juin de cette année, vous allez à Cambridge recevoir le titre de docteur honoris causa *de cette vénérable Université. Stockholm vous appelle en octobre pour vous décerner la grande médaille d'or de Pasteur.*

Vous touchez barre à Bruxelles et vous partez aux États-Unis pour y donner une série de conférences et y recueillir, avec vos collègues de la Faculté de Médecine de l'Université, les fonds destinés à l'amélioration de notre enseignement. A peine avez-vous débarqué en Amérique que vous apprenez par la voie des journaux que l'Institut Karolinska de Stockholm vous a décerné le prix Nobel. L'accueil que vous recevez en Amérique est triomphal : on vous proclame le successeur des Pasteur, des Behring, des Metchnikoff...

Vous venez à peine d'atteindre la cinquantaine, cher Maître : vous appartenez à une famille robuste ; tout porte à croire que vous n'avez parcouru que la moitié de votre carrière scientifique. Puissiez-vous longtemps encore tenir ferme dans vos mains le flambeau que vous ont passé vos illustres devanciers !

La Rédaction de la Revue de l'Université, *où vous ne comptez que des amis et des admirateurs, vous présente ses cordiales félicitations.*

LE COMITE:

La Guerre des Gaz

par E. F. Terroine

Professeur de Physiologie générale à l'Université de Strasbourg.

———

Conférence faite à l'Université Libre de Bruxelles, le 5 mars 1920
sous les auspices de l'Institut International de Chimie Solvay.

———

Le 22 avril 1915 dans la soirée, sur un front qui s'étendait entre Bixchoote et Langemark, nos troupes voyaient déferler une sorte de nappe gazeuse, transparente, verdâtre qui envahissait toutes les tranchées et tous les abris, allait atteindre à plus de 3 kilomètres en arrière tous les emplacements de batterie et causait à tous les occupants à la fois d'atroces souffrances et une indicible angoisse. C'était le premier essai de gaz à l'état de vague tenté par l'ennemi. Cinquante canons abandonnés aux Allemands, toute notre première position occupée par eux, un grand nombre, un très grand nombre de morts et de prisonniers, tel était le bilan de ce premier essai.

Mais si les résultats matériels étaient considérables, l'effet moral fut plus important encore. Et je n'en veux pour preuve que le rapport du maréchal French dont les troupes opéraient en liaison avec les nôtres sur ce point. Le maréchal French écrit en effet :

« Je désire particulièrement repousser toute idée qui pourrait être interprétée comme le plus léger blâme de la division française pour cet incident malheureux. Après tous les exemples que nos braves alliés ont donné de leur courage tenace et acharné dans les diverses situations dans lesquelles ils se sont trouvés au cours de cette campagne, il est parfaitement superflu pour moi d'envisager cet aspect de l'incident. Je voudrais seulement exprimer ma ferme conviction que si, dans le monde, des troupes avaient été

capables de tenir leurs tranchées en face d'une attaque aussi per-
fide qu'inattendue, la division française les aurait tenues. »

A la même époque, peut-être même un peu avant, mais ce point
d'histoire reste encore incertain, l'ennemi utilise aussi les gaz,
en les enfermant à l'intérieur des projectiles. Mais, pendant les
premiers mois de la guerre, ce n'est que rarement, sporadique-
ment, qu'il fait appel à ce nouveau moyen de combat.

Le 22 juin 1915, en Argonne, dans le bois de la Grurie, il
envoie 20,000 projectiles chargés de substances violemment lacry-
mogènes, et dont l'analyse révéla qu'elles étaient constituées par
un mélange de bromures de benzyle et de xylyle. Là encore, ainsi
qu'il résulte des rapports de l'époque, l'effet matériel fut considérable, le nombre de prisonniers élevé ; là encore l'émotion fut
profonde.

Ainsi violant l'un après l'autre tous les engagements auxquels
elle avait souscrit, l'Allemagne recourt à un moyen de combat
qu'elle s'était elle-même interdit d'employer.

Après le traité qui garantissait l'indépendance de la Belgique,
c'est maintenant au tour de la Convention de La Haye d'être un
« chiffon de papier ».

La Convention de La Haye comporte en effet une déclaration
distincte, explicite, d'après laquelle « *les puissances contractantes*
s'interdisent formellement l'emploi de projectiles qui ont pour
but unique de répandre des substances asphyxiantes ou délé-
tères. » Je n'ai pas besoin de vous dire que l'Allemagne figure
parmi les puissances contractantes.

Si nos ennemis ont commis cette violation après tant d'autres,
c'est que, comme dans les cas précédents, ils espéraient en tirer
un profit réel. Nous devons donc nous demander quels résultats
ils escomptaient de l'emploi de ce nouveau moyen de combat.

A-t-on, avec les gaz, la possibilité d'atteindre le combattant en
des points de son organisme que le projectile n'atteint pas ?
L'atteinte par gaz est-elle plus rapide, plus brutale ou bien au
contraire plus lente, plus insidieuse mais aussi plus profonde et
plus durable? Au total, exerce-t-on avec le gaz d'autres actions
nocives qu'avec le projectile ?

Pour répondre à cette question primordiale, il nous faut tout
d'abord passer en revue les actions que l'on sait obtenir avec les

projectiles jusqu'alors employés; nous les comparerons ensuite
avec les effets que nos ennemis étaient en droit d'attendre des différents produits que leur industrie chimique, si développée, mettait
largement à leur disposition.

I

MODES D'ACTION DES PROJECTILES

Qu'obtient-on avec un projectile, quelle que soit la nature de
ce projectile : éclat d'obus, balle de shrapnell, de fusil ou de
mitrailleuse.

Ce qu'on obtient tout d'abord, le résultat le plus frappant, c'est
évidemment la mort immédiate.

Mais il ne suffit pas, pour la comparaison que nous avons à
poursuivre, de dire que le projectile provoque la mort immédiate,
il nous faut voir, au moins rapidement, par quels mécanismes il
la provoque.

Cette mort immédiate il peut la provoquer par la destruction,
par la lésion plus ou moins étendue d'un des organes, qui dans
notre organisme assure la coordination des fonctions : coordination mécanique, le système nerveux central; cordination chimique, le cœur. Je m'explique.

Lorsqu'un soldat en campagne voit un ennemi, immédiatement
il se produit en lui une réaction naturelle variable suivant les
circonstances dans lesquelles il se trouve : il épaule une arme,
il lance une grenade, il s'abrite.

A toute excitation d'origine extérieure quelle qu'elle soit,
qu'elle soit visuelle comme celle que je viens de prendre en exemple, qu'elle soit auditive, tactile, correspond toujours un ensemble
de mouvements.

Et non pas un ensemble de mouvements quelconques, incohé-
rents, désordonnés mais un ensemble de mouvements parfaitement reliés entre eux, parfaitement en rapport avec l'excitation
reçue, parfaitement coordonnés en vue du but à atteindre.

Ce qui assure, et la perception de l'excitant et la réponse
motrice coordonnée, c'est-à-dire ce qui établit la corrélation entre

notre organisme et l'extérieur, c'est l'ensemble de organes qui constituent le système nerveux central: c'est-à-dire le cerveau, le cervelet, le bulbe, la moelle.

Et maintenant supposez une lésion de ce systèmenerveux central; une destruction même très peu étendue de cte partie du système nerveux que constitue le bulbe et immédiement cesse tout à la fois toute perception des excitants extérieurs et par conséquent toute réponse motrice. Et qu'est-ce que ne plus sentir et ne plus se mouvoir : c'est la mort.

Le second procédé par lequel le projectile provoque la mort immédiate, c'est la lésion de l'organe qui assure lacoordination chimique : le cœur.

A tout moment, tous les organes constitutifs de notre organisme, tous les tissus constitutifs de ces organes, tous les cellules constitutives de ces tissus ont besoin de recevoir eux choses : d'abord des aliments, ensuite et plus encore des xcitants qui commandent leur fonctionnement. Un organe ne factionne harmonieusement qu'à la condition d'être en corrélaion constante avec la totalité de l'organisme.

Un exemple. Pendant ce repos profond de notre organisme qu'est le sommeil, la respiration est lente: pendant le travail, au contraire elle est rapide. Pourquoi? Parce que, pendant le repos, les combustions sont faibles, la production de gaz carbonique est médiocre; pendant le travail, au contraire, les combustions sont intenses, la production de gaz carbonique est élevée

Mais comment peut-i se réaliser à l'intérieur e notre organisme une entente entre deux phénomènes aussi di ects que la production de gaz carbonique dans l'intimité des tissus d'une part et la ventilation pulmonaire, d'autre part?

Cette entente s'opère par l'intermédiaire du bulbe rachidien lequel commande des mouvements respiratoires d'autant plus intenses que la production de gaz carbonique est plus élevée.

Mais ce bulbe lui-même comment est-il averti es variations de production du gaz carbonique? Par le véhicul qui permet à tous les organes de communiquer entre eux : par le sang. Mais ce sang, comme à tout véhicule, il lui faut un moter: ce moteur, c'est le cœur.

Soixante-dix fois par minute environ chez l'homme, le cœur se contracte, et, par le moyen de ses gros vaisseaux artériels qui se subdiisent ensuite à 1 infini dans les tissus, il envoie aux organes) sang chargé des áliments et des excitants qui leur sont nécessaiis.

Et c'e. ainsi qu'il réalise entre tous les organes, la constance de la liaion chimique, indispensable au fonctionnement régulier de l'orgnisme.

Suppœz maintenant que le projectile aille léser le cœur, aille toucher articulièrement le tiers inférieur de ce viscère, portion extrêmeient sensible; immédiatement les contracti/.ns cardiaques .arrêtent. Immédiatement le sang cesse de circuler dans les vaissaux. Et alors, organes, tissus, cellules ne recevant plus ni alimets, ni excitants deviennent incapables de fonctionnement hamonieux et c'est encore la mort immédiate.

Mais tus les projectiles ne sont pas également efficaces. Tous n'iront ps atteindre un de ces organes fondamentaux qui assurent la coordiation des fonctions.

Le priectile ira atteindre maintenant un organe, des organes, dont le onctionnement régulier, bien qu'indispensable à toute survie polongée, peut cependant être partiellement et momentanémen supprimé sans que la mort s'ensuive immédiatement. Le projetile ira alors toucher un des organes de la cavité thoraco-abdminale autre que le cœur : le poumon, le foie, le rein, l'estomai etc.

Que v-t-il se passer ? Tout d'abord une lésion de l'organe atteint, ue destruction plus ou moins étendue suivant la nature, la forme la vitesse du projectile. Et puis nous allons assister ensuite itout un ensemble de phénomènes secondaires.

Ou bio il s'agit d'un projectile lent. Et ce projectile n'a pas pénétré ul, il a entraîné avec lui, dans la plaie, tout ce qu'il a rencontr sur son passage, c'est-à-dire des débris de vêtements, d'équipeient et ce qui les recouvre bien souvent, de la terre, de la poussire et avec cela des microorganismes. Il a donc ouvert la voie à ue infection: ce sera la gangrène gazeuse, le tétanos.

Ou bia au contraire il s'agit d'un projectile rapide. Et dans ce cas, brûint tout ce qu'il rencontre, il pénètre stérile dans l'organisme Mais dans les voies respiratoires, par exemple, cavités chaudes t humides, dans les voies digestives, cavités non seulement chudes et humides mais remplies de matériaux nutritifs les microrganismes pullulent. Et alors par la simple effraction notre organisme et l'extérieur, c'est l'ensemble des organes qui constituent le système nerveux central: c'est-à-dire le cerveau, le cervelet, le bulbe, la moelle.

Et maintenant supposez une lésion de ce système nerveux central; une destruction même très peu étendue de cette partie du système nerveux que constitue le bulbe et immédiatement cesse tout à la fois toute perception des excitants extérieurs et par conséquent toute réponse motrice. Et qu'est-ce que ne plus sentir et ne plus se mouvoir : c'est la mort.

Le second procédé par lequel le projectile provoque la mort immédiate, c'est la lésion de l'organe qui assure la coordination chimique : le cœur.

A tout moment, tous les organes constitutifs de notre organisme, tous les tissus constitutifs de ces organes, toutes les cellules constitutives de ces tissus ont besoin de recevoir deux choses : d'abord des aliments, ensuite et plus encore des excitants qui commandent leur fonctionnement. Un organe ne fonctionne harmonieusement qu'à la condition d'être en corrélation constante avec la totalité de l'organisme.

Un exemple. Pendant ce repos profond de notre organisme qu'est le sommeil, la respiration est lente; pendant le travail, au contraire elle est rapide. Pourquoi? Parce que, pendant le repos, les combustions sont faibles, la production de gaz carbonique est médiocre; pendant le travail, au contraire, les combustions sont intenses, la production de gaz carbonique est élevée.

Mais comment peut-il se réaliser à l'intérieur de notre organisme une entente entre deux phénomènes aussi différents que la production de gaz carbonique dans l'intimité des tissus d'une part et la ventilation pulmonaire, d'autre part?

Cette entente s'opère par l'intermédiaire du bulbe rachidien lequel commande des mouvements respiratoires d'autant plus intenses que la production de gaz carbonique est plus élevée.

Mais ce bulbe lui-même comment est-il averti des variations de production du gaz carbonique? Par le véhicule qui permet à tous les organes de communiquer entre eux ; par le sang. Mais ce sang, comme à tout véhicule, il lui faut un moteur; ce moteur, c'est le cœur.

Soixante-dix fois par minute environ chez l'homme, le cœur se contracte, et, par le moyen de ses gros vaisseaux artériels qui se subdivisent ensuite à 1 infini dans les tissus, il envoie aux organes le sang chargé des aliments et des excitants qui leur sont nécessaires.

Et c'est ainsi qu'il réalise entre tous les organes, la constance de la liaison chimique, indispensable au fonctionnement régulier de l'organisme.

Supposez maintenant que le projectile aille léser le cœur, aille toucher particulièrement le tiers inférieur de ce viscère, portion extrêmement sensible; immédiatement les contractions cardiaques s'arrêtent. Immédiatement le sang cesse de circuler dans les vaisseaux. Et alors, organes, tissus, cellules ne recevant plus ni aliments, ni excitants deviennent incapables de fonctionnement harmonieux et c'est encore la mort immédiate.

Mais tous les projectiles ne sont pas également efficaces. Tous n'iront pas atteindre un de ces organes fondamentaux qui assurent la coordination des fonctions.

Le projectile ira atteindre maintenant un organe, des organes, dont le fonctionnement régulier, bien qu'indispensable à toute survie prolongée, peut cependant être partiellement et momentanément supprimé sans que la mort s'ensuive immédiatement. Le projectile ira alors toucher un des organes de la cavité thoraco-abdominale autre que le cœur : le poumon, le foie, le rein, l'estomac, etc.

Que va-t-il se passer ? Tout d'abord une lésion de l'organe atteint, une destruction plus ou moins étendue suivant la nature, la forme, la vitesse du projectile. Et puis nous allons assister ensuite à tout un ensemble de phénomènes secondaires.

Ou bien il s'agit d'un projectile lent. Et ce projectile n'a pas pénétré seul, il a entraîné avec lui, dans la plaie, tout ce qu'il a rencontré sur son passage, c'est-à-dire des débris de vêtements, d'équipement et ce qui les recouvre bien souvent, de la terre, de la poussière et avec cela des microorganismes. Il a donc ouvert la voie à une infection: ce sera la gangrène gazeuse, le tétanos.

Ou bien au contraire il s'agit d'un projectile rapide. Et dans ce cas, brûlant tout ce qu'il rencontre, il pénètre stérile dans l'organisme. Mais dans les voies respiratoires, par exemple, cavités chaudes et humides, dans les voies digestives, cavités non seulement chaudes et humides mais remplies de matériaux nutritifs les microorganismes pullulent. Et alors par la simple effraction qu'il commet, le projectile libère les microorganismes normalement renfermés dans les cavités naturelles, il permet leur pénétration dans l'intimité de l'organisme; il a là encore, ouvert la voie à l'infection.

Qu'il y ait donc libération des microorganismes normalement renfermés dans ces cavités naturelles, qu'il y ait apport du dehors de microorganismes, dans les deux cas les phénomènes se développeront parallèlement: la lésion initiale d'un organe important, l'infection surajoutée et pour conséquence, bien qu'à échéance, l'issue fatale.

Enfin, le projectile peut exercer un dernier mode d'action : c'est la simple immobilisation du combattant. Immobilisation qui peu d'ailleurs être immédiate ou à échéance, temporaire ou permanente.

L'immobilisation immédiate, il l'obtiendra par la fracture des organes moteurs, des membres, ce qui mettra l'homme aussitôt hors de combat sans cependant constituer une irrémédiable menace pour sa vie. Il va de soi que, suivant la gravité de la blessure, cette mise hors de combat sera temporaire ou définitive.

Quant à l'immobilisation à échéance, le projectile l'obtiendra par des blessures à peine perçues dans le feu de l'action; telles que de multiples lésions superficielles par des éclats de grenade qui nécessiteront cependant dans la suite des soins prolongés.

Ces derniers modes d'action sont évidemment d'ailleurs les plus minimes, les plus médiocres qu'exercent les projectiles.

Et maintenant voyons quelles actions nos ennemis étaient en droit d'attendre de l'emploi des gaz.

II

MODES D'ACTION DES GAZ

Disons tout de suite que nous allons être frappés sinon par une identité absolue, tout au moins par un remarquable parallélisme entre les deux groupes d'actions.

Et tout d'abord la mort immédiate. Eh bien, cette mort immédiate elle sera provoquée avec la même sûreté, avec la même instantanéité, avec la même brutalité par le poison gazeux que par le projectile.

Tous vous connaissez d'ailleurs l'action foudroyante de l'hydrogène sulfuré, du fameux poison de plomb dont sont victimes les ouvriers qui pénètrent dans des fosses d'aisance n'ayant pas subi une ventilation préalable suffisante.

Cette action foudroyante vous la retrouverez dans toute une série de corps, en particulier dans l'acide cyanhydrique employé au cours de cette guerre.

Placez un animal dans une atmosphère qui contient une certaine quantité d'acide cyanhydrique et vous le verrez s'effondrer aussi rapidement que si vous lui aviez tiré une balle dans l'oreille.

Mais non seulement l'action a été aussi efficace, aussi brutale, aussi instantanée que dans le cas du projectile, mais de plus elle s'est exercée par un mécanisme identique.

L'acide cyanhydrique, introduit dans le poumon avec l'air inspiré passe aussitôt dans le sang et véhiculé par lui va se fixer sinon spécifiquement tout au moins électivement sur ce bulbe rachidien dont nous avons vu tout à la fois et l'extrême importance et l'extrême sensibilité. Il va supprimer toute activité de ce bulbe. La seule différence c'est que, tout à l'heure, à la suite, de l'irruption du projectile, il y avait destruction anatomique visible, grossière alors que maintenant par une intervention plus subtile mais non moins sûre, non moins efficace, il y a simplement suppression fonctionnelle.

D'autres poisons iront, par une action réflexe brutale, provoquer la syncope, arrêter le cœur sans, là non plus, intervenir par une lésion visible.

Mais le résultat n'en sera pas moins obtenu dans tous les cas: la mort immédiate par la suppression de toute coordination soit avec l'extérieur, soit des organes entre eux.

Le second mode d'action du projectile c'est la lésion immédiate accompagnée par la douleur, puis l'infection et la mort. Mêmes résultats avec un second groupe de gaz qu'on a appelé les suffocants; corps parmi lesquels se rangent le chlore, l'oxychlorure de carbone, les chloroformiates de méthyle chlorés, la bromacétone, l'acroléine, la chloropicrine, etc., substances qui constituèrent le fonds de l'arsenal chimique de la guerre.

Que provoque l'inhalation d'un de ces corps ? Tout d'abord une atroce sensation de constriction de la cage thoracique, un désir fou de respirer à l'aise, une commande d'amplification des mouvements respiratoires. Mais aussitôt la douleur que provoquent ces mouvements entraîne une inhibition des mouvements respiratoires commencés, en commande l'arrêt.

Ordre, contre-ordre, désordre ; désordre qui se complique très rapidement de troubles circulatoires. Nous avons alors le tableau complet de la suffocation.

Mais l'action ne s'en tient pas là. En arrivant au contact du poumon, ces corps provoquent une lésion profonde du tissu ; ils le brûlent. Vous vous êtes tous brûlés. Vous savez qu'aussitôt après avoir saisi un objet trop chaud, la peau se soulève très rapidement ; sous la poussée d'un liquide exsudé des vaisseaux il y a formation d'une ampoule, pour parler savamment d'une phlyctène. Il en va exactement de même du poumon atteint par un gaz suffocant.

Ce qu'on pourrait appeler la peau du poumon, son épithélium, brûlé par le gaz, se soulève, se remplit de liquide et nous assistons ainsi à la formation d'un phénomène hélas, trop connu, l'œdème pulmonaire.

Voilà donc la lésion initiale constituée. A côté du poumon normal, ayant ses alvéoles pleines d'air, fournissant ainsi l'oxygène aux globules rouges qui s'y viennent ravitailler, voici le poumon lésé, avec ses alvéoles remplis de liquide d'œdème. Et si la mort n'est pas survenue en quelques heures, conséquence de l'asphyxie qui résulte de l'œdème pulmonaire, alors les microorganismes vont pulluler sur cette lésion exactement comme ils le faisaient tout à l'heure sur celle provoquée par le projectile.

L'infection provoquera encore la mort en quelques jours.

Les gaz peuvent, enfin, provoquer l'immobilisation du combattant, immédiate ou à échéance, courte ou prolongée.

L'immobilisation immédiate, le projectile l'assurait en s'attaquant aux membres, aux organes d'exécution du mouvement ; le gaz la réalisera aussi sûrement en s'attaquant aux organes de commande et de direction du mouvement : aux yeux.

Placez un sujet dans une atmosphère contenant du bromure de benzyle à la concentration de 1/100.000 — et la réalité du combat nous a montré qu'on peut obtenir des concentrations beaucoup

plus élevées —; vous observerez aussitôt un larmoiement abondant, une douleur oculaire très vive, l'impossibilité de fixer la lumière, dans certains cas l'obligation absolue de l'occlusion des paupières. Et voilà, la mise hors de combat obtenue, l'immobilisation réalisée aussi rapidement, aussi sûrement, par l'impossibilité de diriger les mouvements que par celle de les exécuter.

L'immobilisation à échéance par blessures multiples, les gaz la réalisent aussi ; le type des corps qui agissent dans ce sens est le sulfure d'éthyle dichloré, la fameuse ypérite ou gaz moutarde. Voici une batterie soumise à un tir d'obus à ypérite. Munis de leurs masques les hommes ne s'en soucient point et continuent à tirer. Cependant le poison se dépose sur leurs vêtements, les traverse lentement, va traitreusement, insidieusement attaquer la peau. Le lendemain — en voici un exemple que vous voyez projeté sur l'écran — la surface du corps n'est plus qu'une plaie. Des semaines de soins seront nécessaires avant de refaire, de l'homme touché, un combattant.

Ainsi dans tous les cas, mêmes actions par mêmes mécanismes. La seule différence entre le gaz et le projectile, différence qui n'a d'intérêt que pour le physiologiste mais non pour l'homme de guerre, c'est que le projectile intervient toujours par une lésion brutale, visible, une destruction anatomique alors que le gaz exerce une action moins visible, parfois moins immédiate mais plus profonde et plus intime.

III

RAISONS MILITAIRES DE L'EMPLOI DES GAZ

Mais alors s'il en est bien ansi, si la comparaison que je viens d'esquisser devant vous n'est pas forcée, si l'on n'obtient rien de plus avec le gaz qu'avec le projectile, pourquoi donc faire appel à ce nouveau moyen de combat?

Pourquoi donc l'ennemi courut-il le risque d'attirer sur lui l'universelle réprobation s'il n'était point sûr d'avoir en mains, avec le poison, un moyen de combat plus efficace que les armes et les projectiles jusqu'ici employés ?

Que provoque l'inhalation d'un de ces corps? Tout d'abord une atroce sensation de constriction de la cage thoracique, un désir fou de respirer à l'aise, une commande d'amplification mouvements respiratoires. Mais aussitôt la douleur que provoquent ces mouvements entraîne une inhibition les mouvements respiratoires commencés, en commande l'arrêt.

Ordre, contre-ordre, désordre: désordre qui se complique très rapidement de troubles circulatoires. Nous avons alors le tableau complet de la suffocation.

Mais l'action ne s'en tient pas là. En arrivant au contact du poumon, ces corps provoquent une lésion profonde du tissu; ils le brûlent. Vous vous êtes tous brûlés. Vous avez u'aussitôt après avoir saisi un objet trop chaud, la peau soulève très rapidement: sous la poussée d'un liquide exsudé des vaisseaux il y a formation d'une ampoule, pour parler savamment d'une phlyctène. Il en va exactement de même du poumon atteint par un gaz suffocant.

Ce qu'on pourrait appeler la peau du poumon son épithélium, brûlé par le gaz, se soulève, se remplit de liqui et nous assistons ainsi à la formation d'un phénomène hélas, trop connu, l'œdème pulmonaire.

Voilà donc la lésion initiale constituée. A côté du poumon normal, ayant ses alvéoles pleines d'air, fournissant ainsi l'oxygène aux globules rouges qui s'y viennent ravitailler, voici le poumon lésé, avec ses alvéoles remplis de liquide d'œdème. Et si la mort n'est pas survenue en quelques heures, conséquence de l'asphyxie qui résulte de l'œdème pulmonaire, alors les microorganismes vont pulluler sur cette lésion exactement comme ils le faisaient tout à l'heure sur celle provoquée par le projectile.

L'infection provoquera encore la mort en quelques jours.

Les gaz peuvent, enfin, provoquer l'immobilisation du combattant, immédiate ou à échéance, courte ou prolongée.

L'immobilisation immédiate, le projectile assurait en s'attaquant aux membres, aux organes d'exécution du mouvement; le gaz la réalisera aussi sûrement en s'attaquant aux organes de commande et de direction du mouvement : aux yeux.

Placez un sujet dans une atmosphère contenant du bromure de benzyle à la concentration de 1/100.000 — et la réalité du combat nous a montré qu'on peut obtenir des concentrations beaucoup

plus élevées — vous observerez aussitôt un larmoiement abondant, une douleur oculaire très vive, l'impossibilité de fixer la lumière, dans certains cas l'obligation absolue de l'occlusion des paupières. Et voilà, la mise hors de combat obtenue, l'immobilisation réalisée aussi rapidement, aussi sûrement, par l'impossibilité de diriger les mouvements que par celle de les exécuter.

L'immobilisation à échéance par blessures multiples, les gaz la réalisent aussi ; le type des corps qui agissent dans ce sens est le sulfure d'éthyle dichloré, la fameuse ypérite ou gaz moutarde. Voici une batterie soumise à un tir d'obus à ypérite. Munis de leurs masques les hommes ne s'en soucient point et continuent à tirer. Cependant le poison se dépose sur leurs vêtements, les traverse lentement va traîtreusement, insidieusement attaquer la peau. Le lendemain — en voici un exemple que vous voyez projeté sur l'écran — la surface du corps n'est plus qu'une plaie. Des semaines e soins seront nécessaires avant de refaire, de l'homme touché un combattant.

Ainsi dans tous les cas, mêmes actions par mêmes mécanismes. La seule différence entre le gaz et le projectile, différence qui n'a d'intérêt que pour le physiologiste mais non pour l'homme de guerre, c'est que le projectile intervient toujours par une lésion brutale, visible une destruction anatomique alors que le gaz exerce une action moins visible, parfois moins immédiate mais plus profonde et plus intime.

III

RAISONS MILITAIRES DE L'EMPLOI DES GAZ

Mais alors s'il en est bien ainsi, si la comparaison que je viens d'esquisser devant vous n'est pas forcée, si l'on n'obtient rien de plus avec le gaz qu'avec le projectile, pourquoi donc faire appel à ce nouveau moyen de combat?

Pourquoi donc l'ennemi courut-il le risque d'attirer sur lui l'universelle réprobation s'il n'était point sûr d'avoir en mains, avec le poison, un moyen de combat plus efficace que les armes et les projectils jusqu'ici employés ?

Que provoque l'inhalation d'un de ces corps ? Tout d'abord une atroce sensation de constriction de la cage thoracique, un désir fou de respirer à l'aise, une commande d'amplification des mouvements respiratoires. Mais aussitôt la douleur que provoquent ces mouvements entraîne une inhibition des mouvements respiratoires commencés, en commande l'arrêt.

Ordre, contre-ordre, désordre ; désordre qui se complique très rapidement de troubles circulatoires. Nous avons alors le tableau complet de la suffocation.

Mais l'action ne s'en tient pas là. En arrivant au contact du poumon, ces corps provoquent une lésion profonde du tissu ; ils le brûlent. Vous vous êtes tous brûlés. Vous savez qu'aussitôt après avoir saisi un objet trop chaud, la peau se soulève très rapidement ; sous la poussée d'un liquide exsudé des vaisseaux il y a formation d'une ampoule, pour parler savamment d'une phlyctène. Il en va exactement de même du poumon atteint par un gaz suffocant.

Ce qu'on pourrait appeler la peau du poumon, son épithélium, brûlé par le gaz, se soulève, se remplit de liquide et nous assistons ainsi à la formation d'un phénomène hélas, trop connu, l'œdème pulmonaire.

Voilà donc la lésion initiale constituée. A côté du poumon normal, ayant ses alvéoles pleines d'air, fournissant ainsi l'oxygène aux globules rouges qui s'y viennent ravitailler, voici le poumon lésé, avec ses alvéoles remplis de liquide d'œdème. Et si la mort n'est pas survenue en quelques heures, conséquence de l'asphyxie qui résulte de l'œdème pulmonaire, alors les microorganismes vont pulluler sur cette lésion exactement comme ils le faisaient tout à l'heure sur celle provoquée par le projectile.

L'infection provoquera encore la mort en quelques jours.

Les gaz peuvent, enfin, provoquer l'immobilisation du combattant, immédiate ou à échéance, courte ou prolongée.

L'immobilisation immédiate, le projectile l'assurait en s'attaquant aux membres, aux organes d'exécution du mouvement ; le gaz la réalisera aussi sûrement en s'attaquant aux organes de commande et de direction du mouvement : aux yeux.

Placez un sujet dans une atmosphère contenant du bromure de benzyle à la concentration de 1/100.000 — et la réalité du combat nous a montré qu'on peut obtenir des concentrations beaucoup

plus élevées —; vous observerez aussitôt un larmoiement abondant, une douleur oculaire très vive, l'impossibilité de fixer la lumière, dans certains cas l'obligation absolue de l'occlusion des paupières. Et voilà, la mise hors de combat obtenue, l'immobilisation réalisée aussi rapidement, aussi sûrement, par l'impossibilité de diriger les mouvements que par celle de les exécuter.

L'immobilisation à échéance par blessures multiples, les gaz la réalisent aussi ; le type des corps qui agissent dans ce sens est le sulfure d'éthyle dichloré, la fameuse ypérite ou gaz moutarde. Voici une batterie soumise à un tir d'obus à ypérite. Munis de leurs masques les hommes ne s'en soucient point et continuent à tirer. Cependant le poison se dépose sur leurs vêtements, les traverse lentement, va traitreusement, insidieusement attaquer la peau. Le lendemain — en voici un exemple que vous voyez projeté sur l'écran — la surface du corps n'est plus qu'une plaie. Des semaines de soins seront nécessaires avant de refaire, de l'homme touché, un combattant.

Ainsi dans tous les cas, mêmes actions par mêmes mécanismes. La seule différence entre le gaz et le projectile, différence qui n'a d'intérêt que pour le physiologiste mais non pour l'homme de guerre, c'est que le projectile intervient toujours par une lésion brutale, visible, une destruction anatomique alors que le gaz exerce une action moins visible, parfois moins immédiate mais plus profonde et plus intime.

III

RAISONS MILITAIRES DE L'EMPLOI DES GAZ

Mais alors s'il en est bien ansi, si la comparaison que je viens d'esquisser devant vous n'est pas forcée, si l'on n'obtient rien de plus avec le gaz qu'avec le projectile, pourquoi donc faire appel à ce nouveau moyen de combat?

Pourquoi donc l'ennemi courut-il le risque d'attirer sur lui l'universelle réprobation s'il n'était point sûr d'avoir en mains, avec le poison, un moyen de combat plus efficace que les armes et les projectiles jusqu'ici employés ?

Parceque la raison véritable de l'emploi du gaz est une raison militaire, une raison de tactique. Cet emploi, il est en quelque sorte, le corollaire obligatoire de la guerre de retranchement.

Suivez, si vous le voulez bien, l'évolution et des armes et des projectiles depuis les plus anciens jusqu'à nos jours.

Vous constatetrez chez tous ceux qui les perfectionnèrent la préoccupation constante, explicite le plus souvent, implicite parfois d'augmenter à la fois la zone d'action de l'arme et du projectile et la puissance destructive du projectile.

Il n' y a rien de commun, en effet, entre la zone d'action des vieux appareils de lancement, des catapultes, et celle d'un canon ou d'une mitrailleuse.

Il n'y a rien de commun non plus entre un vieux boulet de pierre, à action si limitée, et l'un de nos obus explosifs actuels, si petit soit son calibre, aussi bien quant à la puissance destructive que quant à la zone d'action.

Mais, si puissant soit un projectile, si étendue sa zone d'action par son souffle ou par la projection de ses éclats meurtriers, il y a un moment où il ne peut plus rien ou presque rien.

C'est le moment où vous avez à opposer à la puissance de son explosion, à la force de ses éclats cette matière en même temps solide et plastique qu'est la terre.

S'il est parmi vous des artilleurs, je suis sûr de ne point les désobliger en disant que ce que cette guerre a surabondamment démontré, c'est la faiblesse de rendement de leurs armes lorsqu'on a pour se garantir contre eux les retranchements qui amortissent les ondes explosives et enrobent les éclats de projectiles. Ils savent, mieux que quiconque, à quelle extraordinaire débauche de projectiles il fallait se livrer pour bouleverser une tranchée convenablement construite.

Mais alors pour pouvoir pénétrer quand même dans ces retranchements, dans ces abris même les plus profonds, pour aller y atteindre le combattant caché, il faut faire appel à quelque chose qui ne soit pas arrêté par la terre, à quelque chose de plus ténu, de plus subtile que le projectile. Il faut changer l'état de la matière agressive et passer de la matière solide à la substance gazeuse.

Alors que le projectile ne peut plus qu'avec peine et par hasard pénétrer dans les retrancheents, le gaz, lui — qu'il s'échappe d'un projectile ou soit lancé, en nappe , comme je vous le montre sur cette photographie prise d'un avion — roule sur le sol, entraîné par le vent; il en épouse fidèlement toutes les anfractuosités, il pénètre dans tous les retranchements, il va chercher le combattant dans tous les abris où le projectile habituel ne peut l'atteindre.

Telle est la raison fondamentale, primordiale, raison militaire de l'emploi des gaz. Et je n'en veux pas de meilleure preuve que la date même de l'emploi de cette nouvelle arme par l'ennemi.

C'est après la seconde bataille d'Ypres, alors que le front allié est solidement établi de la mer du Nord aux Vosges, que la manœuvre favorite allemande du débordement par les ailes est devenue impossible et qu'il ne reste qu'une chance à courir, l'attaque frontale et la percée; c'est alors que les Allemands ne croient pouvoir la tenter qu'en faisant précéder leurs troupes d'assaut d'une vague de gaz. C'est, pour nous, la grande et terrible épreuve du 22 avril 1915.

IV

LA SITUATION SCIENTIFIQUE ET INDUSTRIELLE DES ALLIES AU MOMENT DES PREMIERES ATTAQUES ENNEMIES PAR GAZ

L'horreur inspirée par ce nouveau crime vous est encore présente. Mais chez quelques-uns d'entre nous, chez ceux qui savaient — nous n'avons pas crainte de l'avouer car cela est a notre honneur — combien peu nous étions préparés aussi bien à nous défendre contre ce nouveau moyen de combat qu'à l'employer efficacement à notre tour, quelle insupportable angoisse.

Et pourtant la double nécessité s'imposait impérieusement. Protéger nos soldats d'abord, et ensuite, pour ne pas les placer en état d'infériorité manifeste devant l'ennemi, leur mettre en mains les armes permettant de riposter.

Tout était à faire. Car avant de fabriquer les armes nouvelles, offensives et défensives, il fallait savoir quoi fabriquer et pour cela avant tout, étudier, chercher. La réalisation atteinte ce n'était point tout encore. Il fallait préciser la tactique d'emploi des armes nouvelles. Il fallait enfin convaincre les combattants qui n'en avaient point subi les effets de leur efficacité; et cela d'autant plus énergiquement, avec d'autant plus d'intensité, avec d'autant plus de foi persuasive, qu'ils répugnaient, et nous sentions comme eux, à l'emploi d'une arme qu'ils considéraient comme dégradante.

Et de quelles ressources disposions-nous? Les centres industriels belges et ceux du Nord de la France aux mains de l'ennemi; les centres industriels constitués à l'arrière déjà surchargés, débordés par la fabrication intensive des armes, des projectiles, des poudres, des explosifs envisageant avec une inquiétude compréhensible toute fabrication nouvelle; une ignorance à peu près complète de la fabrication du chlore liquide dont nous ne produisions point une goutte en France avant la guerre et dont la production était cependant à la base de toute lutte chimique; enfin les savants capables d'étudier ces questions dispersés de tous côtés, les plus jeunes aux armées et les autres occupés déjà dans les usines et les laboratoires militaires.

Des solutions empiriques et fragmentaires ne pouvaient apporter aucun résultat efficace. Devant de telles difficultés, il fallait un formidable effort d'ensemble, une action méthodique et coordonnée.

Tous les alliés le comprirent immédiatement et se mirent à l'œuvre. Je n'entreprendrai point ici de vous retracer dans sa totalité ce que fut l'œuvre entière ; je n'en aurais point le temps matériel.

Mais je voudrais, par l'exposé rapide de ce que fit la France — ce que je connais évidemment le mieux — vous permettre de sentir la grandeur de l'effort accompli.

Devant l'énigme de la « guerre des gaz » que fallait-il faire avant tout? Ainsi que je vous le disais tout à l'heure, d'abord étudier. Etudier rationnellement la question comme toute question scientifique et confier cette étude aux hommes qui ont l'habitude de l'investigation, aux hommes de science. Et c'est ce qui fut fait aussitôt. Deux commissions réunissant chimistes, physiologistes, médecins et officiers furent chargées d'entreprendre toutes

études utiles tant en vue de protéger nos hommes contre les attaques ennemies que de leur permettre aussi rapidement que possible de prendre à leur tour l'offensive sur ce terrain (1).

V

LES ETUDES

Ah, ces études, ce n'est pas de gaîté de cœur que des hommes
qui avaient voué leur vie à la science avec le secret espoir qui fut
toujours au fond de nous tous d'en tirer quelque bienfait utile à
l'humanité toute entière, ce n'est pas de gaîté de cœur, vous pouvez m'en croire, que ces hommes les entreprirent.

Et ce n'est pas le moindre grief que je retiendrai contre ceux
qui voyaient la guerre « fraîche et joyeuse » que de nous avoir
obligé, pour la défense de ce que nous avons de plus sacré — le
droit de vivre libre — de participer malgré nous à ce qu'un de nos

---

(1) Les chimistes, physiologistes et médecins qui participèrent aux tra-
vaux des commissions d'études, présidées par le général Perret, furent:
MM. Moureu, membre de l'Institut, professeur au Collège de France,
    vice-président.
Achard, membre de l'Académie de Médecine, professeur à la Faculté
    de Médecine de Paris, vice-président.
Banzet, ancien chef de clinique à la Faculté de Médecine de Paris.
Bertrand, professeur à la Sorbonne.
Delepine, professeur à l'Ecole de Pharmacie de Paris.
Desgrez, professeur à la Faculté de Médecine de Paris.
Dopter, médecin principal.
Flandin, ancien chef de clinique à la Faculté de Médecine de Paris.
Grignard, professeur à l'Université de Nancy (depuis, à l'Univer-
    sité de Lyon).
Job, professeur au Conservatoire national des Arts et Métiers.
Kling, Directeur du Laboratoire municipal de Paris.
Lebeau, professeur à l'Ecole de Pharmacie de Paris.
Simon, de l'Ecole normale supérieure (depuis professeur au Muséum
    d'Histoire naturelle).
Terroine, maître de conférences à l'Ecole des Hautes-Etudes (depuis
    professeur à l'Université de Strasbourg).
Urbain, professeur à la Sorbonne.
Vincent, Médecin Inspecteur général.

éminents compatriotes a si justement appelé leur barbarie savante.

Et ne l'oublions pas, nous autres intellectuels, ce sont les travaux de certains de nos collègues des universités d'outre-Rhin, qui ont permis d'introduire le poison dans la technique de la guerre.

Aussi, quels que puissent être les doutes, les hésitations de certains, pour mon compte je n'hésite point quant à l'attitude à conserver vis-à-vis de ceux-là.

Ne rien négiger de leurs travaux, suivre attentivement toutes leurs publications — il serait intellectuellement absurde d'agir autrement — mais reprendre avec eux les relations d'autrefois, personnelles, cordiales, confiantes, ah, cela, jamais !

Des études auxquelles il nous fallut nous livrer, je ne vous donnerai évidemment point le détail. Je voudrais seulement, car je crois que c'est là une très importante leçon pour l'avenir, vous indiquer les principes qui y ont présidé.

Tout d'abord une liaison constante, permanente, avec les organes d'exécution, avec les usines : ne rien étudier, ne rien commencer sans la connaissance préalable des moyens de réalisation. Réaliser ensuite par une constante collaboration entre le laboratoire et l'usine.

Ensuite une liaison plus intime peut-être encore, toujours extrêmement affectueuse avec les armées. Il ne se passe pas un jour sans que, directement ou indirectement, officiers, savants, usiniers ne soient en contact, ne collaborent de la manière la plus fraternelle sans autre pensée, sans autre ambition, sans autre espoir que de doter le plus rapidement possible les combattants des armes les plus efficaces.

N'eut-il pas été entièrement inutile d'imaginer un produit, un appareil, eussent-ils été parfaits si le lendemain nos industriels s'étaient vus dans l'obligation de nous déclarer qu'ils ne seraient jamais en mesure de les fabriquer par suite de l'impossibilité de se procurer les machines ou les matières premières?

N'eut-il point été également inutile d'offrir à nos hommes un appareil leur assurant une protection fût-elle parfaite, si cet appareil n'était point adapté à leurs habitudes, à leur psychologie, si nous ne réussissions pas, non à ce qu'ils le supportent, mais à ce qu'ils en sentent eux-mêmes les qualités?

Mais il fallait plus encore. Sur ce terrain de la guerre des gaz comme sur tous les autres, l'unité de front, l'unité d'action était indispensable. Tout travail fait par un allié indépendamment des autres, sans rapport avec eux, risquait de n'être qu'une répétition d'essai déjà tenté et devait être évité. Une liaison complète entre les alliés devait être réalisée et c'est une de mes joies d'y avoir contribué. Elle le fut de deux manières: d'abord par l'existence à Paris d'un organisme permanent composé de représentants de toutes les nations alliées (1), organisme dont les membres se rencontraient à peu près chaque jour et se tenaient ainsi au courant des travaux effectués et des progrès accomplis dans les laboratoires et les usines de leurs pays respectifs.

Ensuite comme cela ne nous parut point encore suffisant, des conférences interalliées comprenant chimistes, physiologistes, officiers, médecins furent réunis à Paris deux et trois fois par an. Vous voyez sur cette photographie les délégués des diverses nations alliés à la première conférence et parmi eux à côté des camarades italiens, anglais, américains, nos compatriotes, les vôtres — les professeurs Nolf, Zunz, Henri Frédéricq, Erculisse et le médecin-major Lizin — et aussi nos camarades russes, qui hélas! à leur douleur comme à la nôtre devaient bientôt nous quitter.

Et c'est à cette collaboration dans laquelle disparurent — et je me refuse à croire qu'ils réapparaissent jamais — tous les antagonismes désuets et tous les vieux préjugés de métier qu'est incontestablement dû le succès de notre œuvre. Si nous avons fait pendant la guerre besogne utile, c'est dans cette collaboration qu'il en faut chercher la cause.

Ce qu'une telle méthode a pu donner, quelques chiffres vous mettront rapidement en mesure de le voir : nous avons poursuivi en France l'étude approfondie, tant au point de vue chimique qu'au point de vue des propriétés physiologiques (2) de près de

---

(1) Cet organisme était ainsi composée : Belgique : Capitaine Renard : Etats-Uuis : Lieutenant-Colonel Zanetti ; France : M. Terroine ; Grande-Bretagne : Commandant Lefèbure ; Ialtie : Lieutenant Cardoso.

(2) Les études chimiques ont été réparties dans seize laboratoire placés sous la Direction des membres des commissions d'études ; les études physiologiques ont été entièrement poursuivies au laboratoire de M. Mayer, alors Directeur adjoint à l'Ecole des Hautes-Etudes et depuis professeur à la Faculté de Médecine de Strasbourg.

300 substances, parmi lesquelles une vingtaine environ, plus particulièrement efficaces, furent utilisées.

Mais un exemple typique — les dates qui marquent l'histoire de l'ypérite — parle plus éloquemment encore :

Le 10 juillet 1917, l'ypérite est utilisée pour la première fois par l'ennemi et l'on ne tarde point à nous signaler les accidents caractéristiques que provoque ce nouveau produit;

Le 23 juillet, nous arrive un projectile non éclaté;

Le 30 juillet, le produit est identifié simultanément par les chimistes et les physiologistes;

Le 7 août, nous sommes en mesure d'indiquer aux armées le procédé de protection efficace que constitue l'emploi du chlorure de chaux.

Et moins d'un an après, à travers les difficultés, qui paraissaient au début presque insurmontables, de nouvelles installations, nous fabriquions plus de 10 tonnes par jour par un procédé que l'espionnage ennemi cherchait à nous ravir.

L'étonnement, la surprise de l'ennemi devant cette dernière réalisation furent d'ailleurs vraiment inimaginables, persuadé qu'il était de notre impuissance à lutter avec lui sur le terrain chimique par suite de l'infériorité de nos savants et de nos industriels.

Que craindre en effet d'un pays dont la production en science chimique se traduisait par la publication d'un ou deux volumes par an en face de la montagne des publications allemandes.

Mais nos ennemis avaient oublié ou plutôt n'ont jamais compris — et c'est un point qu'il convient de rappeler lorsque s'ébauchent certaines comparaisons et que nous sommes sur le point de souffrir de la maladie si française du dénigrement — que ce n'est point à la tonne, mais à l'originalité que se mesure la valeur des productions scientifiques et par là même la puissance créatrice de leurs auteurs.

VI

FABRICATIONS

Et puisque nous en venons aux fabrications, voyons donc ce que nos études ont permis de réaliser.

Ici, les chiffres parlent trop éloquemment pour qu'il soit nécessaire d'y ajouter de longs commentaires.

Le tableau que je fais placer sous vos yeux résume ce que fut
la production française des appareils de protection.

Production des appareils de protection

Avril à août 1915 : Plusieurs millions de tampons à hyposulfite.

Août 1915 à avril 1916
$\begin{cases} 6,800,000 \text{ sachets.} \\ 4,500,000 \text{ tampons P.} \\ 1,000,000 \text{ masques T.} \\ 6.800,000 \text{ masques T. N.} \\ 11,850.000 \text{ paires de lunettes.} \end{cases}$

Février 1916 à nov. 1918: 29,300,000 masques M_2 avec leurs étuis.

Nov. 1917 à nov. 1918: 5,271,470 appareils A. R. S.

690,000 appareils Tissot.

100,000 appareils à oxygène.

250,000 appareils de protection pour chevaux.

300,000 appareils de protection collective.

Au total : plus de **80 millions** d'appareils antiasphyxiants.

Mais il ne suffit pas évidemment de faire des appareils, encore
faut-il qu'ils soient efficaces, c'est-à-dire — ce sont les deux dési-
derata que nous nous sommes toujours efforcés de concilier —
qu'ils livrent à l'homme un air pur, complètement privé de substances nocives, sans diminuer cependant ses qualités combat-
tives.

Avons-nous réussi ? La démonstration en fut apportée par des
expériences dont je vais faire défiler devant vous les temps principaux qui furent photographiés au cours de leur exécution.

Voici des artilleurs porteurs de l'appareil A. R. S. et maniant
le 155 court Schneider; ils mettent leurs pièces en place ; ils
transportent les projectiles; ils effectuent le tir. Voici des fantas-
sins portant le même appareil; les uns font en 24 heures une
étape de 16 kilomètres avec le chargement complet; d'autres se
livrent, à raison de huit heures par jour, à divers exercices de

combat, au lancement de la grenade,à l'aménagement d'une tranchée, à la construction d'un réseau de fils de fer. Or, après une
durée d'expérience de 28 heures, 52 % de l'effectif de la batterie,
70 % de l'effectif de la compagnie avec la totalité des cadres sont
encore à leurs postes, les hommes n'ayant pas quitté leur masque
un instant et n'ayant de ce fait ingéré ni nourriture ni boisson.
Et tous se déclarent prêts à reprendre l'expérience aussitôt après
avoir bu et mangé.

Voyons maintenant ce qui fut fait pour l'agression. Au début,
comme je vous le disais tout à l'heure, pas une goutte de chlore
liquide, les procédés de fabrication sont à peine connus.

Le jour de l'armistice la production globale du chlore en
France avait atteint 23,900 tonnes dont 12,500 à l'état liquide;
la production quotidienne atteignit 50 tonnes par jour. Le pays
avait fait jaillir les usines du sol, telle cette belle création de
Pont-de-Claix dont je fais défiler devant vous les principales
installations qui furent édifiées en moins d'un an sur des terrains
de culture où n'existait aucun bâtiment.

Mais ici encore voyons les chiffres de production plus éloquents
que tous les commentaires.

Production des substances agressives
Produits fabriqués (en tonnes)

Chlore, 23,900.
Phosgène, 15,800.
Vincennite, 4,160.
Sulfure d'éthyle dichloré, 1,968.
Chloropicrine, 493.
Bromacétone, 481.
Acroléine, 183.

Sulfate de méthyle, 40.
Iodure de benzyle, 90.
Iodacétone, 36.
Chlorosulfate d'éthyle, 71.
Chlorure d'étain, 4,116.
Chlorure d'arsenic, 2,710.
Chlorure de titane, 191.

Au total : plus de **60,000** tonnes.

Nombre d'engins chargés

Plus de 300,000 bouteilles pour les vagues.
13,193,000 projectiles de 75.
3,930,000 projectiles de calibre supérieur.
1,140,000 grenades.

Mesdames, Messieurs, permettez-moi ici d'exprimer, comme Français, un double sentiment.

Un sentiment de fierté, je ne veux point le dissimuler, vis-à-vis de ceux qu'on a appelé nos grands alliés. Qu'on ne s'y méprenne point. Je ne veux en aucune manière diminuer la beauté et la grandeur de l'effort accompli par chacun d'eux. Mais je dois constater que si nous avons reçu d'eux des matières premières, nous n'avons reçu que cela. Et dans un pays comme le nôtre où le développement de l'industrie chimique était, nous pouvons bien l'avouer, des plus médiocres, nos troupes n'ont cependant utilisé que des produits manufacturés en France et ne furent protégées que par des appareils fabriqués en France.

Bien plus, nous avons été en mesure de pouvoir faire profiter nos grands alliés de l'avance que nous avions pu réaliser en leur cédant, comme permet de le constater le tableau que vous avez devant vous, des quantités importantes de produits et d'engins.

Cessions diverses faites aux alliés

	Appareils de protection	Obus à gaz	Gaz
Belgique	880,000	193.500	—
Etats-Unis	807,000	948,000	150 tonnes
Gr.-Bretagne ..	—	—	7,000 t. dont 6,200 de phosgène.
Grèce	500,000	12,000	—
Italie	815,000	92,000	000 tonnes.
Portugal	—	46,000	—
Russie	—	12,000	—
Roumanie	230,000	50,000	—

Mais à côté de ce sentiment de fierté, j'en éprouve un autre plus intime et plus doux, que je voudrais vous exprimer tout simplement comme je le ressens : la satisfaction du devoir accompli vis-à-vis de la Belgique. Nous avons en effet, pu mettre à la disposition de votre armée tous les appareils qu'elle nous a demandés et qui lui étaient utiles dans la guerre des gaz, et nous avons ainsi eu la joie de doter l'armée belge de tout ce qui lui était nécessaire à un moment où votre nation, privée de toutes ses ressources matérielles, n'avait plus comme unique richesse que son incomparable héroïsme.

CONCLUSIONS

Notre effort a-t-il été efficace ? Il ne suffit pas, en effet, de vous présenter des chiffres. Ces appareils, ces projectiles sont-ils utilement intervenus dans la victoire ? J'ai évidemment été trop mêlé à cette question pour me permettre d'exprimer moi-même une opinion, mais il est deux hommes qui peuvent le faire et je vais leur laisser la parole.

Dans le discours qu'il prononça devant l'assemblée des chimistes de toutes les nations alliées, réunie à Paris le 16 avril dernier, le ministre français de l'armement déclarait :

« Le 18 juillet, au moment où nos armées ont attaqué de nouveau les Allemands, ce jour-là trois armes ont pour ainsi dire dominé l'adversaire : l'aviation, les tanks et, on ne l'a jamais dit ou on ne l'a pas assez dit, le matériel chimique de guerre... Vous avez pour votre part déclanché ce jour-là, la victoire définitive. »

Et si le ministre de l'armement s'exprimait ainsi, c'est que le maréchal, commandant en chef l'armée française avait pu lui écrire: « Vos services ont réalisé un effort immense d'autant plus remarquable que les ressources industrielles faisaient presque complètement défaut. Cet effort a permis d'égaler et parfois de surpasser un adversaire supérieurement outillé. »

Mesdames, Messieurs, les problèmes que pose à tout moment l'organisation pacifique des nations débarrassées enfin de cet effroyable cauchemar de la guerre, ne sont ni moins redoutables, ni moins angoissants que ceux que posait hier la lutte pour la défense de notre civilisation. Les méthodes sur lesquelles j'ai insisté au cours de cet exposé, — et je voudrais que ce fût la conclusion qui se dégageât de cette conférence, — ces méthodes qui, hier, ont prouvé leur efficacité par leur succès, valent encore aujourd'hui. L'union de toutes les forces pensantes et agissantes, de toutes les puissances morales, intellectuelles et matérielles dans chaque nation d'abord; l'union de toutes les nations qui ont combattu pour le même idéal ensuite, nous permettront seules, mais nous permettront, et quelles que soient les difficultés de l'heure présente, j'en suis convaincu, de résoudre les problèmes de la paix dans le sens du progrès et de la justice, comme elles nous ont permis hier de résoudre le problème de la guerre dans le sens de la liberté.

Le milieu géographique
et les principaux aspects de la civilisation japonaise

par Charles Pergameni

Professeur à l'Université libre et aux Cours publics
de la Ville de Bruxelles.

———

Les relations qui unissent l'histoire des civilisations et la géographie proprement dite sont diverses: suivant l'angle sous lequel on les envisagera, telle ou telle direction scientifique sera imprimée aux recherches entreprises par l'historien-géographe. Une nomenclature spéciale est née, qui classe en catégories distinctes les investigations dont l'histoire et la géographie fournissent les éléments. Si je la signale au début de cette monographie, c'est dans l'intention de fixer les limites des disciplines scientifiques, qui s'appliquent aux phénomènes historico-géographiques et de justifier par la même occasion la méthode que j'appellerai une fois de plus *la géographie de l'histoire* (1).

La géographie *politique* se propose, on le sait, de *transposer sur la carte* l'organisation *actuelle* des nations. Elle embrassera aussi, un peu abusivement à mon sens, tout ce qui se greffe sur la vie politique même des Etats. On y comprendra également le tracé des voies artificielles de communication par eau et par terre, les divisions territoriales, les régions et circonscriptions politiques, administratives et judiciaires. Par l'expression *géographie historique*, on entend *sensu stricto*, notamment dans l'enseignement universitaire belge de l'heure présente, l'étude des transformations et des vicissitudes de la carte politique des nations ou des groupes ethniques, à la suite des traités internationaux et des grands événements de l'histoire. Elle étudie aussi l'évolution politique et territoriale des nations par les modifications de la

———

(1) Voir mon étude intitulée: *La géographie de l'histoire* (Causerie méthodologique parue en 1913 dans la *Société nouvelle*).

carte même de ces nations à travers les âges. En d'autres termes,
la géographie historique apparaît donc comme l'étude du reflet
cartographique des conventions étatiques et régionales ou comme
la projection graphique sur la carte des changements territoriaux
survenus chez un peuple déterminé. Ainsi comprise, la géographie historique est une variante de la géographie politique, mais
considérée cette fois *dynamiquement*. Les travaux de mon maître
regretté Léon Vanderkindere sur la formation des principautés
belges au Moyen âge, constituent, sous ce rapport, la meilleure
contribution qui ait paru en Belgique dans le domaine de la géographie historique ainsi entendue (1).

De date assez récente, l'*Anthropogéographie*, intéressant à la
fois l'historien et le géographe, a provoqué spécialement en
France, l'apparition de toute une pléiade de monographies
curieuses dues à Blanchard, Demangeon, Jules Sion et consorts,
sans oublier de mentionner la très originale et très touffue *Géographie humaine* de Brunhes, l'un des théoriciens actuels de cette
méthode. Pour lui, l'anthropogéographie embrassera un « groupe
spécial des phénomènes superficiels de notre globe, groupe complexe de faits infiniment variables et variés, toujours englobés
dans le cadre de la géographie physique, mais qui ont toujours
cette caractéristique aisément discernable de toucher plus ou
moins directement à l'homme (2). » Ailleurs il affirmera ne vouloir étudier que *les traces et les traits superposés au moyen desquels s'inscrit sur l'épiderme de notre planète l'ingéniosité active
de notre espèce.*

Ainsi définie, la géographie exclurait logiquement les phénomènes purement *naturels*, pour ne plus traiter que des phénomènes géographiques *artificiels:* la maison, la route, les exploita-
tions minières, etc. De plus, sans aucun doute par défiance professionnelle vis-à-vis des historiens, Brunhes recommande l'étude
des phénomènes *actuels* de surface. Or, il me paraît bien difficile

---

(1) A titre d'exemple de travail de géographie historique régionale,
voir la carte du Hainaut ancien que j'ai dressée pour l'intelligence de la
Chronique de Gislebert de Mons éditée par L. Vanderkindere dans les
publications de la Commission royale d'histoire en 1904.

(2) BRUNHES, *La géographie humaine. Essai de classification positive.
Principes et exemples* (Paris, Alcan, 1910, pp. 5 et 6).

Cf. VERRIEST, *Revue de l'Université de Bruxelles*, 1911-1912, pp. 483
et suiv.

d'expliquer certains phénomènes actuels de surface sans en reconstituer préalablement la génèse historique.

Sans pénétrer dans l'analyse de cette méthode et tout en me bornant à émettre certaines réserves à son sujet, je tiens à souligner comme bienfaisante l'intervention de Brunhes en faveur de la valeur historique *explicative* de la géographie.

Enfin, il y a l'*histoire de la géographie*, cette discipline scientifique que Peschel appelait « l'histoire du développement dans l'espace des connaissances de la surface du globe » et qui n'est autre que l'étude de l'évolution des idées géographiques, puisant des matériaux dans les travaux des cartographes, des savants de cabinet et dans les récoltes rapportées par les grands voyageurs, les explorateurs et les *découvreurs*. Ainsi l'histoire de la géographie est bien la contemplation physique du globe dans le temps.

Comme Alexandre de Humboldt l'avait prévu, l'alliance de la géographie et de l'histoire n'aboutit pas à un divorce : elle est de nature à féconder les recherches des historiens et des géographes. Deux sciences en sont nées : l'*histoire de la géographie* et la *géographie de l'histoire*. Celle-ci part de l'actualité et se fondant toujours sur les données géographiques, elle parvient à pénétrer dans l'histoire de la civilisation, à reconstituer plus exactement la genèse des situations actuelles sans jamais abandonner le milieu géographique (1).

***

Situé en marge de la côte orientale d'Asie, l'Empire du Soleil levant (2), appelé par les laponais *Nihon* ou *Nippon*, doit à sa

---

(1) L'un des meilleurs exemples de l'application de la géographie physique à la solution des problèmes historiques est le chapitre que consacre *Suess* à l'explication scientifique du Déluge, dans son ouvrage magistral intitulé *Das Antlitz der Erde*, dont une bonne traduction. due à Em. de Margerie, a paru chez Colin à Paris sous le titre de *La Face de la Terre*.

(2) La bibliographie relative à la civilisation japonaise est très abondante. Je mentionnerai les ouvrages qui me paraissent devoir intéresser le plus grand nombre de lecteurs. en négligeant les monographies trop spéciales. On consultera avec fruit les admirables études de LAFCADIO HEARN (*Glimpses of unfamiliar Japan; Kokoro; Out of the East; Shadowings; Kwaidan; In ghostly Japan*, etc.). Puis les travaux documentés de BASIL HALL CHAMBERLAIN (*Things japanese*, 1902), de CHALLAYE (*Le Japon illustré*, 1915), de WEULERSSE (*Le Japon d'aujourd'hui*. 1905), de

position géographique de servir d'intermédiaire entre la civilisation asiatique (hindoue, malaise, chinoise) et la civilisation européenne : en effet, le Japon s'ouvre par la mer Pacifique aux influences du nouveau-monde *européanisé*. Les îles qui le constituent s'étendent sur une trentaine de degrés de latitude et cet allongement du Sud au Nord est la cause directe de la variété de ses climats et de ses richesses naturelles. Les Japonais sont des insulaires et de bonne heure ils ont compris tout le parti qu'ils pouvaient tirer des flots qui baignaient les côtes de leur pays aux indentations littorales multiples et qui en animaient les golfes et les baies aux îlots innombrables. La mer bienfaisante les sollicita et le milieu géographique développa en eux, de très bonne heure, l'esprit d'entreprise.

Le relief japonais est tourmenté : les montagnes qui en forment la trame sont d'origine volcanique et participent au « Cercle de feu »,qui encadre le Grand Océan.D'ailleurs,l'activité volcanique se manifeste encore actuellement au Japon par le moyen d'une vingtaine de volcans et l'on n'ignore pas que les secousses sismiques, même sous-marines, y sont fréquentes : les ras de marée dévastateurs et les tremblements de terre défraient annuellement la chronique des sinistres locaux. Les régions montagneuses -- les plus nombreuses — affectent des allures éminemment pittoresques : elles sont riches en lacs de montagne, en torrents, en cascades et les fleuves — relativement courts -- dont la course est alerte peuplent d'animation les terres qu'ils sillonnent.

La configuration du relief japonais — relief plissé, accidenté, animé d'eaux courantes et dont maintes dépressions jouent le rôle de *bassins* lacustres --- cette configuration, dis-je, donne au paysage son individualité, telle que nous la retrouvons si exactement transposée dans les estampes et les peintures nippones.

Le paysage japonais est nettement *décoratif* et naturellement *stylisé*. Il est *linéaire*, maritime et montagneux, rocheux ou verdoyant, rehaussé de fleurs et d'une grâce de contours inégalée. Il

NAUDEAU (*Le Japon moderne, son évolution*. 1909), de REVON (*Le shintoisme*, 1907) et les livres de SATOW (*The revival of pure Shinto*) et de ASTON (*Shinto, the way of the gods*) consacrés à la religion nationale. Enfin je recommande vivement la lecture de l'œuvre d'OKAKURA (*Kakuzo*) : *Les idéaux de l'Orient. Le réveil du Japon*. Traduction de Jenny SERRUYS. Paris. Payot, 1917.

est redevable de son originalité pittoresque à la nature du sol et à ses climats qui s'étagent depuis la plaine aux alluvions et aux dépôts volcaniques fertiles jusqu'à la cime neigeuse du Fuji-Yama, en passant par les savanes fleuries et les terrasses forestières.

Le Japon n'échappe donc pas à la loi commune aes influences géographiques sur le développement des civilisations. Il apparaît, dans son ensemble, comme un vaste territoire volcanique, recouvert, à certains endroits, de matériaux vomis par les cratères de ses volcans. Aussi bien, sous l'action même du volcanisme, action constructive et destructive, le paysage nippon s'individualise : les lignes directrices des horizons, la disposition des plaines, le chaotique amoncellement des zones récemment bouleversées, les anomalies apparentes du relief, tout révèle l'empreinte du volcanisme. C'est le pays des « pierres suggestives » dont s'inspire l'art indigène. Leur étrangeté et leurs origines mystérieuses ont, d'ailleurs, alimenté le folklore régional. Mais les pierres volcaniques sont estimées aussi pour leur beauté propre, pour l'harmonie de leurs contours, pour le pittoresque de leur situation.

En vertu du pouvoir fascinateur qu'elles exercent sur l'âme populaire, elles jouent un rôle prépondérant dans l'élaboration du *jardin nippon*.

Le parc japonais déroute de prime abord nos conceptions naturistes occidentales : ce n'est pas là une raison suffisante pour lui refuser toute valeur intrinsèque, pas plus que ce n'en est une de le transporter sous nos climats.

Le jardin nippon est une réduction de la nature, une miniature réaliste, un paysage familier vu par le verre rapetissant de la lorgnette. Et, en l'occurrence, la lorgnette n'est autre que le tempérament japonais, si je puis ainsi dire.

Les dimensions de ce paysage artificiel varient depuis le grand jardin jusqu'au jardinet logé dans une simple corbeille. On y trouve des collines, des maisonnettes, des bassins, des pentes herbeuses, des fleurs, des cailloux ou des rochers et, entrevu sous un certain angle, le jardinet trompe notre œil à la façon des divers plans de ces « panoramas » qui furent en vogue jadis en Occident.

Les créations des artistes-jardiniers nippons sont directement inspirées par l'observation de la nature. Elles sont sincères et la fantaisie en est exclue. Elles s'adressent à un peuple qui comprend et qui aime la beauté des fleurs, des plantes, des oiseaux, des lignes fondamentales du paysage patrial. On a fait.remarquer que le dessinateur de jardins japonais ne se propose pas uniquement de susciter chez le spectateur une impression de beauté,mais aussi de provoquer chez lui un état d'âme à l'instar des vieux moines bouddhistes, qui les conçurent comme des allégories.

Qu'il me soit permis toutefois, de formuler une légère critique à l'adresse de ceux qui, à la suite de Lafcadio Hearn, interprètent l'art des jardins nippons avec un exclusivisme admiratif quelque peu exagéré. Loin de n'être qu'une résultante des conceptions raffinées de la race, l'art des jardins me paraît refléter simplement des habitudes traditionnelles, des coutumes décoratives inspirées par l'observation attentive et fidèle du milieu naturel nippon et dont les procédés de réalisation sont demeurés immuables.

Dès lors, les jardins japonais valent ce que valent les créations artificielles qui ont la nature pour élément. Elles me charment au même titre que les cascades artificielles et les rocailles de ciment en grandeur naturelle, que nous servent nos architectes-jardiniers. Je me complais momentanément à leur spectacle, mais j'avoue leur préférer la contemplation des vrais rochers,des vraies cascades, du vrai visage de la nature. Les imitations ou les interprétations qu'en font les hommes, même les plus habiles, n'en sont jamais que des contrefaçons.

***

Tel est le *milieu naturel* où vivent les Japonais. Si la civilisation se fonde toujours sur une base géographique, elle n'acquiert sa personnalité que par la combinaison active d'autres facteurs supplémentaires : l'identité racique et la communauté de vie avec les joies et les revers que le passé a légués au présent.

La question des origines ethniques du Japon est fort obscure. Notre intention n'est pas de la résoudre, mais bien de nous borner à quelques observations générales. On est actuellement. d'accord pour reconnaître qu'il existe au Japon deux types caractéristiques: le *type aristocratique* de taille élancée et d'allure souple, dont le visage est allongé, les yeux bridés, le teint clair, le nez fin et la bouche menue. Une analogie existe entre cette catégorie d'individus et les Coréens et les Chinois du Nord.

Le *type populaire* est caractérisé par un corps massif et trapu, le crâne arrondi, le front bas, la face élargie, les pommettes saillantes, les yeux à peu près droits, le nez plat, le teint sombre et la bouche vulgaire. Des ressemblances de traits existent entre ce type populaire et les Annamites et Chinois du Sud.

Sans doute ces divergences proviennent-elles de ce que la race japonaise est due à deux courants d'immigration étrangère: Mongols et Malais ont jadis envahi l'Empire du Soleil levant et de leur mélange avec les indigènes est née la nation japonaise avec sa mentalité et ses mœurs originales.

Quant à la population primitive, elle aurait été partiellement refoulée vers le Nord de l'Empire, dans l'île Yeso et au-delà : ses représentants actuels sont les Aïnos.

Il n'est pas inutile de rappeler que le Japon est une région très peuplée (au-delà de 50 millions d'âmes) et que les centres urbains de Tokio, Osaka, Kyoto, Yokohama, Nagoya et Kobe dépassent tous 285,000 habitants. L'animation des grandes villes ne le cède en rien à celle des nôtres, mais elle est de *qualité* différente. Une foule bariolée s'y presse et le spectacle des contrastes se déroule sans cesse devant l'œil averti de l'étranger, contrastes entre les survivances traditionnelles des costumes nationaux et l'usage des vêtements européens, entre les moyens de locomotion japonais et les moyens de transport les plus modernes, entre les habitations légères et basses de style nippon et les bazars ou les *palaces* d'importation. Le Japon a introduit chez lui le chemin de fer, les tramways électriques, l'automobile, l'avion, mais il ne laisse pas de rester fidèle au palanquin ou *kago* et au *jinrikisha* ou pousse-pousse, cette voiturette gracieuse et légère montée sur deux hautes roues, que conduisent des coureurs professionnels.

***

Si les fleurs sont la parure du Japon, les femmes, au dire de tous les voyageurs et de tous les résidents, sont l'ornement de la société japonaise. Au physique, le type aristocratique le plus pur se caractérise par certains traits distinctifs : taille petite et souple, cheveux noirs touffus et brillants, yeux noirs très vifs, nuque fine, attaches délicates et distinguées. Le type populaire correspond à ce que nous en avons dit précédemment. Il convient toutefois de faire remarquer que la japonaise est assez *artificielle* : le fard, les poudres et les étoffes chatoyantes contribuent à l'éloigner singulièrement de la nature.

Au moral, elle est douce, docile, servile, résignée et souriante (1). Si la femme mariée est moins, comme on l'a dit, à amour de son époux que sa servante, si le mariage d'amour est tout à fait exceptionnel au Japon, il est utile de constater que, sous l'action des circonstances graves de ces dernières années, le féminisme a pénétré dans l'Empire et y poursuit son apostolat en vue du relèvement de la condition de la femme et de la moussmée (2). La situation des *geishyas* est bien différente. Au nombre

(1) Parmi les gestes distinctifs du Nippon, tous ceux qui ont fait abstraction de leur personnalité occidentale pour se pénétrer de l'âme japonaise, ont signalé le *sourire*, et Lafcadio Hearn en a analysé la signification avec finesse. Sourire, pour un Nippon, c'est offrir à son entourage l'apparence du bonheur dans le dessein d'éveiller, chez autrui, d'heureuses pensées : cette intention louable est d'une psychologie profonde, car il est démontré que le langage de la physionomie est instinctivement imité par celui qui le perçoit. De l'expression du visage au sentiment qu'elle provoque, il n'y a qu'un pas à franchir. La mimique dramatique est entièrement fondée sur cette loi de la sympathie. Au Japon, sourire est donc un *devoir social.*

En Extrême-Orient, les règles de l'étiquette sont minutieuses et strictes. Elles nous révèlent, sous une forme parfois étrange, les caractères distinctifs du savoir-vivre et dans l'Insulinde et en Asie orientale. L'*éducation* y fait l'objet de soins très attentifs et, assurément, y est poussée bien au delà des limites que nos climats lui assignent.

Au Japon, la *courtoisie* est de rigueur. Mais à mesure que se modernisent les classes dirigeantes, à mesure qu'elles empruntent à l'étranger certaines manières d'être, elles perdent progressivement le charme de leur originalité. Elles affichent un scepticisme assez mesquin à l'égard de ce qui rappelle les vieux âges ; elles s'efforcent de paraître « nouveau jeu » en se dégageant avec un empressement fâcheux des traditions ancestrales.

Cette tournure d'esprit, nous la connaissons aussi chez nous, où elle n'est pas moins déplaisante ; mais nous avons soin de considérer ce scepticisme dédaigneux comme un besoin maladif de se singulariser, comme le désir morbide de ceux qui entendent nous démontrer qu'ils sont des esprits forts et des cœurs secs ils nous prouvent à toute évidence qu'ils souffrent d'indigence intellectuelle et sentimentale.

(2) La condition de l'ouvrière japonaise était peu enviable jadis ; elle laisse encore à désirer. C'est par la transformation des conditions du travail que se résoudra d'abord la question féministe au Japon. On lira avec intérêt, dans la *Révolte de l'Asie* de V. BÉRARD, les réflexions que suggère notamment ces lignes indignées : « Les abominations de la féodalité industrielle transforment en chambres de torture ces ateliers du Japon où les enfants de six ans, les fillettes et les femmes sont enchaînés à seule fin d'enrichir quelques daimyos d'un nouveau genre, capitalistes et banquiers, et de tenir tête à l'industrie de l'Europe.. »

de 30,000 environ, elles reçoivent dès l'âge de 7 ans, une éducation appropriée à leur destinée future. Elles apprennent à chanter et à danser, à causer, à broder, à faire des bouquets et à servir le thé. Elles charment de leur frivolité les réceptions et les dîners des riches et en raison du métier qu'elles exercent, elles jouissent d'une grande liberté d'allure. Elles peuvent se marier et les unions d'amour se rencontrent dans le monde des geishyas; mais une fois mariées, elles sont tenues de s'adapter à leur nouvelle condition.

Les danses qu'elles exécutent apparaissent comme des successions d'attitudes et de gestes rythmés par le *shyamisen* et d'autres instruments de même nature; elles traduisent, en les mimant, des légendes ou des histoires. Enfin, dans plusieurs centres religieux, à Nara (1) par exemple, existe encore un bâtiment spécialement affecté aux danses *sacrées*, qui rappellent les cérémonies rituelles d'il y a douze siècles.

***

Le milieu géographique japonais « conditionne » le genre de travaux des habitants. Mais naturellement agriculteurs et pêcheurs, les Japonais ont vu naître, par l'accroissement même de la population et le développement de la vie économique, des catégories professionnelles nouvelles : ouvriers des ports de mer, employés de grands magasins, ouvriers de la grande industrie, employés de banques, etc.

Néanmoins, le Japon a conservé la petite industrie qui crée les objets utiles à la vie quotidienne et des œuvres d'art. Les procédés de travail des petits métiers fidèles à la tradition sont curieux et originaux : menuisiers, charpentiers, sabotiers, fondeurs, potiers, porcelainiers et faïenciers continuent à travailler, dans un grand nombre de cas, selon la mode antique du vieux Japon.

L'Empire du Soleil levant est le pays de la soie : aussi bien l'élevage des vers à soie et les filatures sont-elles des industries très florissantes. Il en est de même de l'industrie du papier : on l'utilise non seulement pour confectionner des albums et des livres, mais aussi pour en tapisser les murs, pour en fabriquer des cloisons et des paravents, des parapluies et des manteaux de

(1) Au sud-est de Kyoto, au centre du Hondo.

pluie, des tissus, sans parler des lanternes, des mouchoirs de poche, des éventails, des fleurs artificielles, etc.

Les métiers d'art japonais jouissent dans le monde entier d'une célébrité de bon aloi. Tel celui des potiers. On n'ignore pas qu'à Kyoto vit une population qui se consacre uniquement à la décoration des porcelaines que la France y envoie : ainsi s'est scellée une alliance esthétique entre les deux peuples les plus artistes de la terre.

D'autres travaux nippons sont universellement appréciés : incrustations d'or et d'argent sur métal; meubles incrustés ; bronzes ; objets en laque; peignes et boîtes en écaille; tapis et nattes; broderies d'art (1).

***

La nation japonaise s'est créée sous la poussée de deux courants convergents qui, ailleurs, eussent produit l'anarchie : pendant que, d'une part, le *Mikado*, chef suprême représentant l'action pacifique, veillait à l'organisation administrative de ses Etats, réglait les finances, favorisait les grands travaux publics, accordait sa haute protection à l'agriculture et encourageait directement les arts de la paix, d'autre part les *Shogun*, commandants militaires, défendaient le territoire et en reculaient les limites (2).

Le contact naturel avec la Chine et la Corée détermina des importations religieuses, sociales, intellectuelles et industrielles au Japon. Le peuple nippon, doué d'une faculté d'assimilation exceptionnelle, qui n'est pas une simple aptitude à imiter, mais bien *une tendance à perfectionner ses modèles*, le peuple nippon apprit à fabriquer de la soie et de la porcelaine, s'initia à l'architecture et au commerce : la Corée lui enseigna à écrire et au VIᵉ siècle de notre ère, le Bouddhisme pénétra dans l'Empire du Soleil levant. Dès le siècle suivant, le Japon connaît l'imprimerie, sait exploiter les mines et applique, *en les améliorant*, les procédés chinois d'agriculture. Si la Chine et la Corée se sont immobilisées, le Japon lui, n'a cessé d'évoluer et son évolution ne s'est pas faite sans heurts. C'est ainsi que, sur le terrain poli-

(1) Cf. CHALLAYE, *op. cit.*, *passim*.
(2) Cf. le beau travail du marquis DE LA MAZELIÈRE, *Essai sur l'histoire du Japon*, Paris, Plon, 1899.

rique, les shoguns, ces maires du palais d'Extrême-Orient, enlevèrent tout pouvoir réel au Mikado qui, dès le XIIIᵉ siècle, ne détient déjà plus qu'un fantôme d'autorité. Puis les factions ayant à leur tête les Daïmios, princes féodaux, se disputent les unes les autres jusqu'à ce que l'un des shoguns — Yeyasu — annule le rôle du Mikado, usurpe le pouvoir et fonde la dynastie des shoguns Tokugava au XVIIᵉ siècle. Ce Yeyasu, que d'aucuns ont comparé à Pépin-le-Bref et qui rappelle à certains égards le Richelieu d'Occident, laissa subsister le Mikado mais à l'état de souverain purement nominal: il donna au peuple une constitution féodale, *mais en soumettant à son contrôle les grands seigneurs.* Richelieu avait accompli en France une œuvre plus radicale : il avait annihilé le pouvoir des grands seigneurs au profit de la royauté et en tuant la grande féodalité il avait centralisé la monarchie.

La constitution de Yeyasu enraya le développement normal du Japon : elle contenait en germe les ferments de révolutions futures, par le fait même qu'elle conservait le dualisme politique et la féodalité. Les traditions nationales et la philosophie chinoise firent bientôt apparaître comme le salut, le rétablissement du Mikado dans ses droits de souveraineté. Les lettrés s'évertuèrent à propager cette doctrine et le peuple l'accueillit avec d'autant plus de faveur qu'elle se fondait sur les traditions religieuses et politiques, le Mikado ayant été toujours considéré comme le descendant des dieux.

Finalement, la victoire resta aux partisans du Mikado qui abolit le shogunat en 1868. Ressaisissant les rênes du pouvoir, Mutsu Hito s'appuya sur la masse du peuple et son coup d'Etat inaugura la pénétration sociale de l'Europe dans l'Empire du Soleil levant. Enfin, en 1889, sous la pression des idées occidentales qui avaient inspiré la jeunesse intellectuelle du Japon, le régime représentatif, à la façon anglaise, fut instauré et appliqué.

Il est vrai que les partisans de l'ancien régime opposèrent au gouvernement du Mikado une résistance acharnée et qu'ils provoquèrent même une insurrection contre les Européens et leurs amis. Mais elle fut écrasée et le triomphe des hommes de progrès fut définitivement assuré.

* * *

L'une des voies d'accès qui conduisent le plus sûrement au sanctuaire de la civilisation japonaise, c'est la voie religieuse, car, à mon sens, toute la culture japonaise est inspirée par l'idéal religieux. A vrai dire la religion n'est pas une forme de l'activité japonaise dans le temps, mais elle constitue l'essence même de l'histoire du Japon ; elle est la trame qui relie le passé au présent. Ce sont les religions *naturistes* qui inspirèrent la littérature, l'art, la philosophie et la politique, les institutions et les mœurs de l'Empire.

Le Japon connaît et pratique, abstraction faite du christianisme qui ne groupe que 120,000 partisans, trois grandes religions : le shintoïsme, le confucianisme et le bouddhisme. Je ne retiendrai, dans cette étude, que la première de ces doctrines parce qu'elle est la seule *originale*. Quels que furent les succès des religions venues du dehors, jamais le vieux culte shintoïste ne disparut : il resta l'idéal propre de la race. Les écrivains de mérite ne laissèrent pas d'entretenir dans le cœur des masses l'amour de la religion originelle ; ils se mirent ainsi à la tête d'un courant nationaliste, politique et religieux. Favoriser le retour au shinto, ce fut le rôle de tout vrai *japonisant*, puisque les deux autres religions asiatiques n'étaient que des articles d'importation.

Le mouvement patriotique aboutit à la révolution de 1868 qui marqua le triomphe du Mikado sur les shoguns, du principe de centralisation monarchique sur la décentralisation féodale ; or, le Mikado n'était que l'incarnation du shinto. Le shintoïsme devint donc la religion officielle.

En général, le Japonais est *peu* religieux (1) si l'on entend désigner par ce qualificatif le côté pratique, formaliste, extérieur de la religion. Les classes supérieures affectent même une certaine indifférence religieuse : elles se contentent de suivre des habitudes sociales, de se réjouir les jours de fêtes, d'accomplir des pèlerinages sous forme d'excursions collectives; mais elles conservent pieusement le respect des ancêtres. La vraie religion du Japonais, au sens élevé du terme, se confond avec son amour de la patrie : elle résulte logiquement du culte des ancêtres puisque, comme on l'a dit maintes fois, dans la patrie il y a beaucoup plus de morts que de vifs.

---

(1) Salomon REINACH, *Orpheus*, p. 221 (édition de 1909).

La religion du shinto (voie des dieux) n'a guère de pompe : son culte est très simple et ne réclame de ses adhérents que des visites peu fréquentes aux temples voisins, lors des fêtes locales. Il recommande surtout l'adoration de la nature et la vénération des ancêtres.

Semblable originellement à la mythologie hellénique, le shintoïsme a des milliers de dieux, mais sa déité principale est Ama-Terasu, fille d'Izanagi, créateur du Japon, mère de la série céleste d'où descendent les mikados, qui règnent nominalement ou effectivement depuis vingt-cinq siècles sur l'Empire. L'empereur est un personnage sacré, comme le Japon est une terre sacrée.

L'un des éléments essentiels du Panthéon shinto, ce sont les *héros*, hommes divinisés en raison des services qu'ils ont rendus à leur pays. On les a très exactement désignés sous le nom d'*ancêtres de choix* (1).

La morale shintoïste enjoint, au point de vue *familial*, de garder le souvenir des morts et de prouver sa reconnaissance aux ancêtres. Devant les tablettes des défunts, sur l'autel des *ihai*, on déposera des offrandes et l'on accompagnera ce geste de la récitation de courtes invocations. Au point de vue *tribal*, elle prescrira la subordination des familles aux traditions du clan et la solidarité des membres qui le composent. Considérée comme morale *nationale*, elle se muera en patriotisme et en loyalisme. Enfin, envisagé sous l'angle des relations entre les dieux et l'individu, le shintoïsme deviendra le code de la purification physique et morale.

Le shinto doit sa vitalité à sa nature même : l'esprit moral qui l'anime s'est identifié, selon l'expression de Lafcadio Hearn, avec les émotions les meilleures de la race. Il peut se modifier, car il est malléable, mais la morale shintoïste persistera ; elle persistera parce que « shinto signifie la piété filiale, l'amour du devoir, le *caractère* représenté par les qualités suivantes : le courage, la courtoisie, l'honneur et surtout la loyauté »

En dernière analyse, le shinto, religion de la Patrie fondée sur celle de la famille, se confond avec l'âme japonaise. Dans le culte familial, l'amour a élevé les morts au rang des dieux. Jamais au Japon les défunts ne sont rapidement oubliés. Leur place reste

---

(1) Salomon REINACH, *op. cit*, p. 222.

sacrée au foyer domestique. C'est ce que Lafcadio Hearn a exprimé en un langage poétique pénétrant: « Le vieux patriarche qui va quitter la terre, écrit-il, sait que des lèvres aimantes, chaque soir, devant l'autel familial, balbutieront des mots à sa mémoire; il sait que des cœurs fidèles l'imploreront dans la douleur et le béniront dans la joie; que de douces mains présenteront à son *ihai* de pures offrandes, des fleurs et les mêmes friandises qu'il aima, que ces mains verseront dans la coupe des ombres et des ancêtres le thé parfumé ou le vin de riz ambré. D'étranges changements se préparent en ce pays où s'évanouissent les coutumes anciennes et les vieilles croyances. Les idées d'aujourd'hui ne seront plus celles de l'âge prochain. Mais tout cela, heureusement, il l'ignore en sa province d'Izoumo (1), si jolie et si simple! Il songe que de génération en génération, pour lui comme pour ses frères, la petite lampe brûlera. Il rêve à ceux qui ne sont point nés encore, aux enfants de ses petits enfants, qui frapperont leurs petites mains en signe de vénération et s'inclineront devant la tablette poudreuse qui porte son nom inoublié. »

Le shinto, religion nationale et patriotique, n'est point en contradiction formelle avec les autres religions japonaises. Elle en est plutôt le couronnement.

En France, à la fin du XVIIIe siècle, Robespierre voulut constituer, lui aussi, une religion et un culte sur des données patriotiques (2). Il conçut le projet de réaliser l'*unité morale* de la République à la faveur du culte de l'Etre Suprême, patriotique, humanitaire et social. Tous les citoyens devaient être groupés en une vaste sodalité morale, quels que fussent les cultes privés auxquels ils étaient attachés.

Il ne réussit pas dans son entreprise parce qu'il lui manquait le concours de la *tradition*. Au Japon, la religion nationale suivit une évolution graduelle et devint le culte de la Patrie identifiée au Mikado.

***

---

(1) Province de la partie méridionale de l'île Hondo ou Nippon, aboutissant à la mer du Japon, sur la côte occidentale de cette île.

(2) Cf. mon livre intitulé : *L'Esprit public bruxellois au début du Régime français*. Bruxelles, Lamertin, 1914, pp. 22 et suiv.

Il est devenu d'usage courant dans certains milieux d'affirmer que la civilisation japonaise se caractérise surtout par son manque d'originalité. En émettant cette opinion, on se borne à répéter, sans la soumettre à la moindre critique, celle des autres. On invoque parfois, comme argument, le fait que le peuple nippon se serait contenté d'adopter les lois et les arts de la Chine. En admettant qu'il en soit ainsi, toute la question n'est-elle pas de savoir ce qu'il en a fait? Car qu'y a-t-il *en cela* de particulier à l'Empire du Soleil levant ?

L'Orient et l'Egypte n'ont-ils pas civilisé la Grèce ? La Grèce n'a-t-elle pas initié Rome à la haute culture et Rome n'a-t-elle pas civilisé les Barbares ?

On a dit également que, dans le cours du siècle dernier, le Japon s'était modernisé grâce à la constitution politique de l'Angleterre dont il adopta les principes et aux lois françaises qu'il introduisit chez lui.

En raisonnant de la sorte, aurait-on oublié que l'Angleterre a toujours été le laboratoire politique expérimental de l'Occident, qu'elle fut la créatrice du régime parlementaire représentatif et que si la France a fourni au Japon les éléments du code napoléonien, d'autres Etats civilisés ne se firent pas faute de se les assimiler ?

S'il me fallait dire en quoi consiste l'originalité de la culture japonaise, je rappellerais que le Japon s'est efforcé de conformer ses actes à une règle morale supérieure et que s'il fut entraîné par des courants rénovateurs qui l'empêchèrent de s'immobiliser, sous ces courants se cachait le secret de sa force progressive. J'ai nommé le *shinto*, pierre angulaire de l'édifice nippon. Qu'ils aient perdu la foi naïve des origines ou qu'ils l'aient conservée, les Japonais communient tous dans un même sentiment, fraternisent tous dans un même amour, l'amour de la Patrie. Or, dans l'ordre des valeurs morales, le sentiment patriotique est si élevé que rien ne peut empêcher les âmes bien trempées, mais en apparence les plus éloignées les unes des autres, de s'unir et de sympathiser sous ses inspirations. Le Japon fut appelé à de brillantes destinées, car il l'a compris. Ce que les Nippons ont reçu de l'étranger, ils l'ont adapté à leur idéal : ils ont perfectionné leurs emprunts, mais jamais ils ne renièrent la vieille tradition morale de la terre japonaise (1). Grâce à l'utilisation de ces deux forces — l'une d'assimilation intelligente et l'autre d'attachement fidèle aux traditions nationales — le Japon s'est assuré le premier rang en Asie. Après avoir choisi en Eurasie les matériaux de civilisation les plus conformes à son *génie* et au milieu naturel qui le « conditionna », il s'est forgé une originalité, dont bénéficiera par un singulier retour des choses, tout l'Extrême Orient.

---

(1) Cf. OKAKURA, *op cit.*, p. 215. L'auteur écrit notamment à propos de l'étonnement qu'éprouvent les Européens en constatant la facilité avec laquelle le Japon a adopté les méthodes et les institutions de l'étranger : « Ils oublient que la force du mouvement qui amena le Japon à sa situation présente est due tout autant à la vigueur native qui l'a rendu capable d'assimiler les enseignements d'une civilisation étrangère qu'à sa capacité d'en adopter les méthodes. Pour une race comme pour un individu, ce n'est pas l'accumulation extraordinaire des connaissances, *mais la réalisation de soi-même qui constitue le progrès véritable*. Malgré l'immense gratitude dont nous sommes redevables à l'Occident pour tout ce qu'il nous a enseigné, nous devons continuer à regarder l'Asie comme la vraie source de notre inspiration. Ce fut elle qui nous transmit son ancienne culture et jeta la semence de notre régénération. »

De quoi se constitue l'opinion publique
à l'heure présente

par Georges HEUPGEN

Chargé de cours à l'Ecole des Sciences politiques et sociales

———

Leçon inaugurale faite le 2 mars 1920

———

A m'apercevoir au pied de cette chaire, j'éprouve une émotion dont je tente, en vain, de surmonter la puissance. En ma mémoire s'évoque la figure d'un jeune provincial d'il y a quelques trente-sept ans. Timide et désorienté, portant gauchement son titre d'étudiant, le voici dans un des auditoires de la Faculté de Philosophie et Lettres, brusquement plongé dans le tourbillon enthousiaste et ardent de jeunes gens plus affinés et mieux cultivés que lui. On était au début de ce mouvement intellectuel et littéraire, auquel la Jeune Belgique avait communiqué sa flamme. Les discussions qu'il entendit là, sans être préparé à en pénétrer tout le sens! Il se sentit, d'un coup, dévêtu de sa gloriole de fort en thème, et il eut comme une honte de sa nudité mentale. Mais à entendre traduire en paroles précises, quoique fatalement excessives en l'expression, ces aspirations vagues et flottantes, qui avaient dormi au fond de lui-même, et que des bribes d'humanités reueillies au hasard de thèmes et de versions, n'avaient pu délimiter, il reçut le choc salutaire de quelque chose de nouveau.

Cette première impression ne s'est point effacée de son esprit.

Elle fut le centre autour duquel, peu à peu, se groupèrent et s'organisèrent les acquisitions de sa pensée.

Au cours des semaines et des mois, des semestres et des années, des horizons insoupçonnés s'ouvrirent devant lui, des clartés jusque là inconnues lui apparurent. Et, timidement, presque avec défiance, il eut l'audace d'entreprendre l'œuvre primordiale de l'exploration de soi-même.

Elle ne s'accomplit point sans guides.

Il est dans la vie de tout homme, des heures décisives et presque solennelles, où tout ce qu'il y a d'énergies accumulées et de virtualité en lui, se condense et s'oriente dans une direction désormais fixée.

Un jour, au cours de morale, il entendit ce commandement, formulé par l'une des plus hautes consciences, dont se soit honoré l'enseignement de cette université : « Fais ce que dois, advienne que pourra ! ». Ainsi parlait Guillaume Tiberghien. Il me souvient du mélange de joie et d'anxiété, que provoqua en lui cette simple phrase, vêtement d'une pensée encore trop haute pour lui. « Fais ce que dois », sans doute et cet impératif le suivait comme son ombre. Mais qu'est-ce que tu dois faire ? Où trouver la clef, non pas du devoir abstrait, que son étendue rend imprécis et insaisissable en apparence, mais celle de ces devoirs concrets, qui sont de toutes les heures et de tous les lieux, et, sous mille formes toujours renaissantes, sollicitent une obéissance réfléchie et sincère ? Ah oui, il y a les devoirs de la vie de chaque jour, de la vie professionnelle ; il semble qu'ils tendent à s'automatiser, tant ils se répètent semblables à eux-mêmes, dans la forme tout au moins. Serait-ce donc là le devoir, le conformisme pur et simple ? Mais la même voix disait : « Pense, médite, cherche, cherche surtout, apprends à connaître par l'esprit et apprends aussi à connaître par le cœur ». Et obstinément, modestement, mon jeune provincial partit, comme le vieux lama de « Kim », pour accomplir sa recherche. Elle n'est point terminée. Elle ne le sera jamais. Tout de même, lentement, il a commencé à soupçonner que derrière tous ces devoirs, infinis à première vue, on doit pouvoir, un jour, découvrir une synthèse qui soit assez haute et assez puissante pour grouper, en une cohérente harmonie, les devoirs les plus humbles et les devoirs les plus élevés, toutes les formes et toutes les expressions d'un devoir unique. Si elle existe, il en est arrivé à penser qu'elle se trouve dans le devoir de vivre, c'est-à-dire dans le devoir d'agir, dans l'action humaine harmonique.

Et toutes les leçons qu'il entendit au cours de ses études, l'acheminèrent lentement vers cette conclusion, qui fait la joie de sa pensée d'aujourd'hui.

L'histoire littéraire par Pergameni, l'histoire politique par Philippson et Vanderkindere, la lui montrèrent, peu à peu, se formant d'un ensemble d'efforts, souvent d'aspect chaotique, mais s'organisant néanmoins suivant une trajectoire qui s'impose à l'esprit.

Puis ce fut la Faculté de Droit.

Le droit romain, le *romanum jus*, ce formidable édifice s'érigeant pierre à pierre, sous la poussée de la complication croissante de la vie sociale, se révélait à son étonnement, sous l'éloquente clarté des leçons de Rivier, et la limpide bonhomie de celles de Modeste Cornil, qui, plus tard, par la puissance d'un inaltérable bon sens, rendait aimable le droit civil, lui-même, en collaboration avec M. Eugène Vander Rest. Puis, voici encore Rivier et Nys, éclairant de la puissance de leur pénétration, l'amas encore amorphe des coutumes internationales s'efforçant de se constituer en droit. Et enfin, Adolphe Prins, âme ardente, pensée précise, volonté indépendante, dont le cours de droit pénal, cette pathologie de droit, s'illuminait de fulgurantes conceptions sociales.

En ce moment, je les revois tous ceux-là, que j'ai nommés, et ceux-là que j'ai oubliés, se consacrant à un sacerdoce dont l'imagination de notre provincial n'apercevait point encore toute la grandeur. Il pensait, le pauvre, que tout cet effort avait un aspect plutôt professionnel : qu'il était question d'épreuves, d'examens, de diplômes. Oui, sans doute, il y avait, par la nécessité des choses, cela. Mais, il y avait surtout quelque chose, dont il n'eut que plus tard la claire et pleine conscience, et qui lui expliqua, alors, la joie de ses maîtres à enseigner : l'enthousiaste volonté d'amener des esprits et des caractères à se révéler. Ils lui apprenaient à apprendre! c'est-à-dire à agir.

Et puisque, à l'heure présente, ce provincial d'il y a quelques années se trouve, devant cette chaire, invité par votre bienveillance, Messieurs, à en gravir les degrés et à associer son très modeste effort à la glorieuse activité de l'Université de Bruxelles, qu'il me soit permis, monsieur le Président, de rappeler que votre bienveillance, à l'intervention de mon maître Adolphe Prins, consentit à me laisser entendre vos leçons.

Je ne les ai point oubliées : par la raison qu'elles ont exercé sur ma pensée une action décisive et ineffaçable.

L'excès, peut-être obligé, de spécialisation des études fait que les futurs juristes nourissent leur pensée d'études trop exclusivement littéraires et, disons le mot, verbales.

Les constructions livresques et l'éloquence des formules nuisent

souvent, convenons-en, à la perception du fait dans sa réalité.
Mathew Arnold recommande, avant toutes choses, de « voir les
choses comme elles sont ». Trop souvent, littérateurs, écrivains,
juristes, aussi, ne voient les choses que comme elles « *pourraient* »
peut-être être, ou comme ils les souhaiteraient « *devoir* » être.

Mais, le fait, le fait pur et simple, a son implacabilité.

Il est, il est ce qu'il est, rien de plus, rien de moins.

Et tous les discours du monde, tous les décrets des souverains,
les lois des Parlements, les votations des peuples, n'y peuvent rien
ajouter, ni rien en retrancher, si minime qu'on en veuille concevoir l'addition ou la soustraction.

C'est la qualité éminente des sciences d'observation, et surtout
des sciences expérimentales, d'affirmer, à chaque seconde, sans
qu'aucune contradiction ne s'élève jamais, cette intangible vérité.

Encore que je n'aie point acquis de connaissances scientifiques,
qui vaillent la peine d'être mentionnées, dans une vie consacrée
au barreau, il m'est au moins demeuré des leçons que j'eus le
privilège d'entendre de votre bouche, monsieur le Président, cette
conviction que : « savoir » c'est appréhender, le plus étroitement
qu'il se peut, un fait dans sa réalité toute nue.

Et pour les services que la vie professionnelle lui doit, comme
pour ceux qu'elle rend à tout homme qui, simplement et modestement, cherche à se connaître en essayant de comprendre ce qui
forme son environnement, vous me permettrez de vous exprimer
une gratitude que m'impose tout le bien, que j'ai éprouvé de cette
initiation à la méthode scientifique.

Messieurs les Etudiants, j'éprouve, au moment d'inaugurer ce
cycle de quelques leçons, tout le poids de ma responsabilité devant
vous. Si je la mesurais à l'honneur qui m'est concédé par l'Université, elle m'effrayerait. Si je l'accepte, néanmoins, c'est que
je connais que l'indulgence de ceux qui m'ont appelé parmi vous,
trouve dans votre bonne volonté et, permettez-moi d'ajouter, trouvera bientôt dans votre sympathie, un écho et une réponse.

Je souhaite que vous voyiez en moi un camarade (le mot a eu
des fortunes diverses) un camarade plus âgé, sans doute hélas, qui
après avoir fait un voyage de quelque trente années dans ce
monde si proche et si lointain à la fois, qu'est la vie vécue jour
par jour, est revenu au milieu de vous. Il ne vous promet ni
contes extraordinaires, ni récits palpitants. Non : il vous rapporte
simplement son cahier de notes, brèves et sincères, dont les pre-

mières pages contiennent les conseils et les indications, qu'il écrivit sous la dictée des maîtres de cette Université.

Il en a vérifié la sûreté et la profonde sagesse. Si vous le voulez bien, nous les relirons ensemble, afin que vous voyiez que, si son voyage ne lui a guère appris de choses nouvelles, il lui a rendu le service éminent de contrôler, de vérifier et affirmer définitivement l'exactitude des enseignements qu'au jour de son départ, il a emportés d'ici.

***

Depuis un siècle et demi environ, l'homme de notre civilisation a vu son action sur le monde matériel prendre une efficacité, je voudrais employer le terme « efficiency », presque illimitée. Des rêves, vieux de milliers d'années, sont devenus des réalités à ce point coutumières, qu'on n'en aperçoit même plus la magie. La photographie, le télégraphe, le téléphone, l'automobile, le sous-marin, l'aéroplane, se joignant à l'imprimerie, au chemin de fer, à la navigation à vapeur, à la production mécanique, en général, sont, pour les gens que nous sommes, choses vraiment trop banales pour qu'il soit décent de s'en étonner. L'accoutumance a fait entrer toutes ces merveilles pratiques dans le capital consolidé de nos représentations mentales. Et cela, si profondément, qu'il nous est presque impossible d'en concevoir l'absence. Nous nous étonnons même qu'un Walt Whittman leur consacre le lyrisme de sa poésie.

La majorité des hommes n'ont même point cette curiosité primordiale de se demander de quoi est faite toute cette « multitude instrumentale ». Pour eux, l'aéroplane et le téléphone sont passés à l'état de réalités en quelque sorte « naturelles », n'ayant en soi rien de plus surprenant qu'un arbre ou un rocher.

Cette indifférence devant sa propre ingéniosité, n'est cependant qu'apparente. L'homme moyen des temps présents s'est presque automatiquement imprégné d'une conception, qui a pris allure d'axiome, de vérité à priori. Presque inconsciemment, il tend à affirmer son pouvoir de réaliser tout ce qu'il imagine dans l'ordre matériel. Par l'effet d'une transposition, dont se nourrit son illusion, il s'accorde gratuitement une puissance de réalisation égale dans le domaine mental.

Cette illusion est d'autant plus forte que l'individu, ou le groupe d'individus, est moins habitué à l'analyse et à l'examen critique.

Cette généralisation s'attache non aux méthodes par lesquelles, aux résultats, eux-mêmes, pris en eux-mêmes, comme tels séparés des conditions de leur production. Elle conduit d'emblée à des espèces d'absolus.

On vole dans l'atmosphère, à des vitesses vertigineuses et des altitudes déroutantes. Parfait. Puisqu'on vole, c'est qu'on *pouvait* voler. Auparavant, on ne parvenait pas à le faire. Entendu. C'est tout de même qu'il y avait un moyen d'y arriver. Ce moyen, on l'a créé, voilà tout. Comment? Peu importe. Tout cela, c'est de l'histoire ancienne. Une seule chose est à considérer. On vole.

Tentez donc d'expliquer à la plupart des gens, qui ne lèvent même plus les yeux au passage d'un avion, que cette merveille repose sur une combinaison d'incidences, de constantes dynamiques que la science a progressivement aperçues, vous aurez grande peine à retenir leur attention. Pourquoi ? Encore une fois, parce que, seul, le fait d'un résultat acquis présente pour eux un intérêt.

Là gît, sans doute, l'origine de la paradoxale, mais absolue indifférence de la foule à l'égard de l'homme qui donne sa vie à une recherche désintéressée, aussi longtemps que le succès n'a point matérialisé son effort en quelque résultat tangible.

L'homme moyen, celui que les Anglo-Saxons appellent « The man in the Street » élimine inconsciemment et radicalement tout ce qui, dans une invention mécanique, occupe l'intervalle, souvent douloureux, qui sépare la conception d'un but de la réalisation de celui-ci. Pour lui le désir d'une fin se soude immédiatement à son obtention.

Le procédé demeure identique, quand on passe du monde matériel et spatial au monde mental et de la durée. En vérité, l'homme n'est point enclin à la méditation, moins encore à la spéculation. Ce qu'il retient de sa vie mentale, c'est son désir. Et ce désir en s'imprégnant de l'esprit de puissance, s'élève à une intensité si grande qu'elle en est parfois redoutable.

C'est là qu'en est notre temps.

Il se sent dépouillé, si immédiatement, il n'obtient pas ce que son désir lui suggère. Il a la conviction non seulement d'une puissance créatrice illimitée en étendue, mais aussi d'une indépendance absolue au regard du temps. « Tout et tout de suite », tel est le mot d'ordre. Ce qui, dans l'ordre des inventions matérielles se traduit en une confiance orgueilleuse, prend, dans l'ordre des facteurs moraux et sociaux, forme d'impatience fébrile et de colère violente. Vous direz, en vain, que dans le domaine matériel, il s'agit avant tout de construction de dispositifs extérieurs à la vie de l'esprit. On ne veut point reconnaître que, sur le terrain mental, on se trouve confronté avec des éléments et des facteurs spéciaux, extrêmement complexes, encore imparfaitement délimités : qu'il s'agit ici de la vie psychique avec sa petite pointe de conscient visible et son immense masse à peine soupçonnée de subsconscient et d'inconscient.

On ne vous entendra point, ou guère.

Une machine est ce qu'elle est, en ce sens, qu'elle donne tout ce qu'il y a de réalisable par les moyens imaginés dans l'idée de son créateur. Elle n'est point grevée d'une hérédité, qui la domine, ni orientée par une éducation, qui la sollicite. Elle n'est point, comme telle, un moment d'une succession qui se déroule, le présent d'une lignée lourde de son passé et grosse de son avenir.

Une machine n'a point de liens personnels avec les autres machines du même type. Elle est presque en soi.

Une pensée, une émotion, un acte humain ne sont, au contraire, ce qu'ils sont que parce qu'ils proviennent et s'appuyent sur d'autres pensées, d'autres émotions, d'autres actes humains. De sorte telle que, s'il est relativement aisé de modifier et de corriger, en vue d'un rendement supérieur, un dispositif mécanique, il est extrêmement ardu d'acquérir, sinon des notions nouvelles, tout au moins une méthode de pensée nouvelle et, surtout, une susceptibilité à des émotions nouvelles et partant à des désirs d'autre nature. Ce qui équivaut à dire qu'il y a la plus grande difficulté à modifier, même très faiblement, les orientations de l'activité mentale.

En l'occurence, le facteur « temps » est essentiel. La transformation ne se réalise que par l'accumulation d'une infinité d'enrichissements minimes, mais successifs. En vouloir faire abstraction, c'est s'exposer aux plus douloureuses désillusions. Serait-il téméraire de penser que le mécontentement presque universel dont nous sommes les témoins et peut-être quelquefois aussi les involontaires participants, a pour raison première cette confusion de deux ordres distincts de phénomènes ou, tout au moins, de deux méthodes différentes nécessitées par les diversités de leurs objets?

Ainsi l'opinion publique s'est pénétrée de deux croyances qui se complètent : celle de son pouvoir presque illimité dans le domaine social et politique de réaliser toute intention qui lui paraît heureuse, et celle de son même pouvoir d'imprimer à l'évolution sociale et politique une accélération, dont elle ne veut point considérer la limite. Voilà pour ce que, volontiers, on appellerait le procédé opératoire. Il convient de tenter ensuite, de dégager l'objet de sa préoccupation vraie, l'orientation qu'elle s'est donnée.

**

Nous sortons de la plus effroyable épreuve qu'ait jamais acceptée l'humanité, si prodigue pourtant de douleurs infligées à elle-même. Après quatre années de souffrances « au-delà des forces humaines »…,quatre années d'hypertension nerveuse, telle qu'auparavant, on n'en eût point osé concevoir la possibilité, les hommes de ce coin de la terre se retrouvent confrontés à des exigences presque aussi formidables que celles de la gurre.

Ils se disent écrasés par une immense désillusion.

S'ils ont enduré, avec un courage d'une effrayante beauté, ces années de souffrance, qui eurent des longueurs de siècles, c'est qu'ils concevaient des espoirs radieux et enivrants.

Les uns apercevaient clairement la signification de la tragédie.

Les autres confusément en devinaient le sens. Au fond, elle était la rencontre devenue inévitable, et par le fait même, inévitablement violente, de deux conceptions antagonistes des rapports de l'individu avec l'Etat. Peut-être, dans toute la littérature dont la guerre a provoqué l'apparition, n'est-il personne qui ait plus nettement posé le problème que Hugo Munsterberger, dans un pamphlet de propagande répandu à des milliers d'exemplaires aux Etats-Unis dès la fin de 1914 : « The War and America. »

« L'Amérique, dit-il, se sentirait déshonorée de faire un roi de
» son plus grand et plus influent citoyen; de même l'Allemagne
» s'abaisserait si elle élisait président son « Best Man ». L Alle-
» mand n'est pas sans se rendre compte de la splendeur de l'éner-
» gie morale qui vit dans la pensée d'une démocratie véritable-
» ment républicaine.

« Il sait, parfaitement, que les défauts les plus criants du gou-

» vernement démocratique : le manque fréquent d'efficacité dans
» l'administration, la prédominance des intérêts d'argent, et
» beaucoup d'autres défauts sont, après tout, superficiels et insi-
» gnifiants si on les compare à la valeur formidable que signifie
» la participation de chaque citoyen, pris individuelement, au
» pouvoir. Cette répartition intégrale de la responsabilité, qui,
» en dernière analyse fait dépendre toute l'activité de l'Etat, de
» chaque électeur, est un bienfait civique, qui ne peut se payer
» trop cher et inspire à la nation la volonté d'accomplir des choses
» étonnantes.

« Mais derrière tout cela, se trouve et doit se trouver une cer-
» taine conception de la nature de l'Etat.

« L'Etat doit être considéré comme une organisation existant
» dans l'intérêt des individus.

« Cette idée est, en effet, le credo fondamental de la civilisa-
» tion anglo-saxonne. Elle est en harmonie avec la philosophie
» individualiste, qui règne dans tous les autres domaines.

« Quelle est la fin de la Science et de la Connaissance, de l'Art
» et de de la Littérature, de la Culture et du Progrès, sinon d'être
» une aide et une puissance conférées aux individus, en vue de
» la poursuite du bien être et de la joie de vivre pour le plus
» grand nombre possible d'individus. »

« Le bonheur de l'individu est le but suprême de l'Anglo-
» Saxon. »

« Mais la philosophie sur laquelle s'appuye la nation alle-
» mande, a toujours été complètement différente. »

« Du point de vue allemand, l'Etat n'existe pas pour les indi-
» vidus : les individus existent pour l'Etat. »

« L'unité idéale de l'Etat, qui ne se réalise que par la foi des
» individus, est sentie plus haute et plus importante que les per-
» sonnalités de hasard, qui entrent dans sa constitution. De
» même, la vérité et la beauté, le droit et la moralité, le progrès
» et la religion sont des valeurs en soi, et non pas seulement des
» procédés propres à procurer du confort matériel et du bonheur
» moral à des individualités. »

« Le devoir de l'homme est de servir ces idéals. »

« Mettre sa vie au service de la science et de l'art, de la cul-
» ture et *de l'Etat*, et, s'il le faut, donner sa vie pour eux, est une
» valeur éternelle.

« Le credo allemand est que la signification réelle de l'exis-

» tence humaine n'est pas la recherche d'un certain bonheur,
» mais l'accomplissement de devoirs. La vie n'a de valeur que
» dans la limite où nous servons des idées, et pour autant que
» nous soyons décidés à tout sacrifier pour elles. »

Cette citation est longue. Mais elle méritait, sans doute, d'être
faite. A la vérité, le plus grand nombre de ceux qui, à un titre
quelconque, ont été enveloppés dans la tourmente de 1914-1918,
n'ont point aperçu le problème sous les espèces de cette tranchante
alternative.

Il semble que, le plus souvent, il se soit présenté à leur esprit,
sous un autre aspect. La phrase paradoxale de certain personnage
du « Feu » résume assez bien la conception courante : « Je veux
bien obéir, mais je ne veux pas être commandé » expression originale, dans sa contradiction apparente, d'un état d'âme, au
demeurant aisé à traduire plus explicitement : « Je veux bien
» accepter n'importe quelle obligation ou quel sacrifice, mais à
» la condition que je connaisse et le but poursuivi et la nécessité
» de l'acte. »

En somme, la généralité s'est parfaitement rendu compte qu'au
fond du conflit, au delà de toutes les contingences du moment, se
livrait une lutte gigantesque — la dernière assurément, croyait-
elle — entre le Droit divin, à peine laïcisé en la forme, et le pouvoir de l'individu d'organiser l'Etat de la manière tenue pour a
plus expédiente et la plus opportune pour son bonheur.

Réduite à ce schéma, la guerre s'est avérée, aux yeux des peuples adversaires de la politique prussienne, comme la défense de
l'indépendance individuelle. La Victoire, couronnant leurs efforts,
n'a pas pu avoir, pour eux, d'autre signification que le triomphe
du droit de disposer de soi-même, celui du self government dans
son acception la plus radicale.

Aussi, sous des apparences parfois trompeuses, le premier facteur constitutif de l'opinion politique des temps présents, est une
aspiration passionnée vers la liberté.

Mais comme cette aspiration ne suffit pas à élaborer les moyens
de la satisfaire, que cette idée de liberté ne représente, le plus
souvent, qu'une abstraction, fatalement, chacun peuple et ne
peut peupler le champ de ce concept que de ce que son imagination en peut concevoir.

L'aspiration, en somme, demeure vague : elle se résout en une
anticipation affective, qui fait songer à ces premières éclosions

d'un amour, qui à défaut d'un être concret à qui se dévouer corps
et âme, s'exalte en un lyrisme anonyme, impersonnel et souvent
purement verbal.

On appelle la liberté, une liberté plus grande, tout au moins,
sans encore être à même de concevoir sous quels traits elle se donnera à connaître. La Démocratie nouvelle, qu'on annonce et qu'on
invoque de toutes parts. demeure, semble-t-il, pour la généralité,
la déesse inconnue, qu'on adore de confiance.

* *

C'est un fait d'observation courante que la crainte d'un mal
ou d'un danger simplement possible est plus pénible et moins
aisée à dominer, que l'événement lui-même de ce mal ou de ce
danger. A supposer — ce qui n'est rien moins que nécessaire —
que la mort soit un mal en soi, il est certain que la pensée de la
mort est bien plus terrible, pour les hommes de ce continent au
moins, que la mort elle-même. Le contraste est le plus souvent
frappant entre la placidité des derniers moments d'un individu
et la terreur que lui inspirait la mort, alors qu'il était dans toute
sa vigueur.

Ce qui est vrai de la mort, formidable mystère, on peut en convenir, ne l'est pas moins de tous les maux qui assaillent un homme
dans le cours de son existence. Quelqu'un a dit : « Nous avons surtout peur d'avoir peur ». Et rien n'est plus pittoresquement exact.
Devant un danger réel, on se découvre souvent des bravoures dont
on ne se soupçonnait pas capable.

Cette observation n'est, après tout, que la traduction de cette
observation que de tous nos états d'émotion l'un des plus pénibles est celui que provoquent le doute, l'incertitude et surtout
l'insécurité.

Pendant ces longues et interminables quatre années de guerre,
avec leurs alternatives de succès et de revers, de confiance et de
dépression, il paraissait, n'est-il pas vrai? que le bien suprême
qu'apporterait la Paix, qu'on voulait victorieuse, ne pourrait être
autre qu'une solide et définitive sécurité. J'en atteste tous ceux
qui ont vécu, dans l'angoisse, ces quatre années infernales. La
raison de vivre, ils la trouvaient, comme tant d'autres, les meilleurs y trouvaient la raison de mourir, dans cet espoir inébranla-

ble que les sacrifices acceptés étaient la rançon d'une sécurité à
conquérir dans toutes les directions.

Sécurité extérieure des peuples enfin débarrassés de la menace
des conflits armés; sécurité interne des nations, décidées à balayer
même le souvenir d'anciennes compétitions intestines, dont la fragilité bruyante se noyait dans la lueur des incendies et le hurle-
ment des canons. Sécurité économique, fruit de la reprise du travail producteur, faisant oublier les destructions systématiques de
la guerre. Sécurité sociale, aussi, surgissant d'une pénétration
plus aiguë des conditions fondamentales de la vie des individus et
d'une volonté plus désintéressée d'en assurer la réalisation. Sécurité personnelle, enfin, reposant sur l'exercice d'une liberté plus
large fournissant à chacun le pouvoir de s'affirmer, dans le présent, en fonction d'un avenir protégé contre les hasards douloureux.

Ce fut, sans doute, le caractère le plus remarquable de cette
convulsion mondiale que cet optimisme têtu. Il donna aux armées
la force de garder intact leur « allant », et aux non combattants,
la patience obstinée et inflexible, qui rend invulnérables.

Dans cette direction aussi, s'affirma une aspiration d'une incalculable intensité. Elle s'imprégna jusqu'aux replis les plus
intimes de leur être, les âmes les moins imaginatives. Elle s'iden-
tifia avec tous leurs désirs. Et ainsi se formula une croyance, une
foi si profonde, qu'on peut presque la qualifier d'organique. C'est
dans la montée de cet enthousiasme qu'à l'heure où le canon se
tût, on accueillit la victoire.

Et se fût le second facteur essentiel de la mentalité générale à
la fin de la guerre.

On commença l'erreur ou plutôt en quoi devait consister l'erreur, c'est dans la croyance qu'il suffisait d'éprouver l'intensité
de ces désirs de liberté et de sécurité pour que, du même coup,
ils reçussent satisfaction. Plus qu'en toute matière peut-être, il
n'est point, en matière sociale et politique de réalisation « mira-
culeuse ». Pour légitime que soit un désir, il est, dans l'impas-
sible rigueur des lois naturelles, des facteurs dont il est impossible de faire abstraction. Ils s'imposent à tous avec l'écrasante
puissance de la nécessité. On a perdu de vue que cette liberté et

cette sécurité sont conditionnées par la connaissance de la limite des possibilités, que l'homme peut s'assigner comme buts, et la discipline des désirs, fruit d'une longue et méthodique éducation. La sécurité, qui est réclamée, est faite de la claire perception, non seulement des risques extérieurs, τα ουκ παρ' ημιν, mais aussi et surtout de ceux qui naissent de notre propre façon de sentir et de réagir, τα παρ' ημιν. Quelle est, dans les souffrances de l'homme, la part du destin, de la fatalité extérieure et quelle est la part de son ignorance, de sa faiblesse, de ses erreurs, de ses vices ? On n'essaye point d'en faire le départ, on se refuse à voir que ce sont surtout et avant tout contre ceux-ci, que c'est d'abord contre soi-même qu'il faut protéger sa sécurité.

Naturellement, parce qu'il est plus proche et plus direct, c'est dans le domaine économique et social que ces attitudes d'esprit se devaient montrer les plus agissantes et l'inquiétude plus angoissante. Il est surprenant de constater que beaucoup d'hommes ne comprennent pas que le trouble actuel était inévitable, fatal même: qu'il devait être prévu et que la prudence convenait à s'y préparer.

On a, d'ailleurs, perdu de vue que la guerre, est, par essence, une opération destructive; que le procédé s'en impose au vainqueur comme au vaincu. Tout se paye en ce monde, aussi bien le crime du coupable que l'honneur de le lui avoir fait expier. Plus riche d'espérances, notre temps est, devait être et ne pouvait ne pas être, du chef de la guerre, plus pauvre de biens actuels et immédiatement saisissables. Le présent, après tout, ne se soutient qu'à force d'escompter l'avenir.

De cette discordance entre le désir et la substance de sa réalisation possible est née l'angoisse du moment. Parce que le désir non satisfait provoque une espèce de dépression, on a la tendance à se laisser envahir par une désillusion pleine d'amertume et quelquefois de colère.

Erreur, à coup sûr, erreur profonde et, pourtant réelle. Dans certains milieux, elle a provoqué des explosions dont, à vrai dire, nous ne connaissons pas tous les effets, mais, dont les échos pour effrayants qu'ils soient, et dans la mesure où ils sont vraisemblables, nous paraissent, à la lumière d'une histoire encore relativement proche, ne pas justifier une désespérance définitive.

En somme, à l'heure présente, la mentalité générale des peuples reproduit les interactions de deux aspirations intenses : a)

ble que les sacrifices acceptés étaient la rançon d'une sécurité à
conquérir dans toutes les directions.

Sécurité extérieure des peuples enfin débarrassés de la menace
des conflits armés; sécurité interne des nations, décidées à balayer
même le souvenir d'anciennes compétition intestines, dont la fragilité bruyante se noyait dans la lueur de incendies et le hurle-
ment des canons. Sécurité économique, fait de la reprise du travail producteur, faisant oublier les destructions systématiques de
la guerre. Sécurité sociale, aussi, surgissant d'une pénétration
plus aiguë des conditions fondamentales ô la vie des individus et
d'une volonté plus désintéressée d'en assuer la réalisation. Sécurité personnelle, enfin, reposant sur l'exercice d'une liberté plus
large fournissant à chacun le pouvoir de 'affirmer. dans le présent, en fonction d'un avenir protégé corre les hasards douloureux.

Ce fut. sans doute, le caractère le plu remarquable de cette
convulsion mondiale que cet optimisme tôt. Il donna aux armées
la force de garder intact leur « allant ». caux non combattants,
la patience obstinée et inflexible. qui ren invulnérables.

Dans cette direction aussi, s'affirma une aspiration d'une incalculable intensité. Elle s'imprégna jusq'aux replis les plus
intimes de leur être, les âmes les moins inginatives. Elle s'iden-
tifia avec tous leurs désirs. Et ainsi se formula une croyance, une
foi. si profonde. qu'on peut presque la qualifier d'organique. C'est
dans la montée de cet enthousiasme qu'à l'heure où le canon se
tût. on accueillit la victoire.

Et se fût le second facteur essentiel de la mentalité générale à
la fin de la guerre.

* * *

On commença l'erreur ou plutôt en qui devait consis
reur, c'est dans la croyance qu'il suffisa' d'éprouver
de ces désirs de liberté et de sécurité por que. du
ils reçussent satisfaction. Plus qu'en toue mati
n'est point, en matière sociale et politiqu de
culeuse ». Pour légitime que soit un dés
sible rigueur des lois naturelles, des fact
ble de faire abstraction. Ils s'impose
puissance de la nécessité. On a perdu

cette sécurité sont condionnées par la connaissance de la limite des possibilités, que l'homme peut s'assigner comme buts, et la discipline des désirs, fru d'une longue et méthodique éducation. La sécurité, qui est réclamée, est faite de la claire perception, non seulement des risque extérieurs, τα ουκ παρ' ημιν, mais aussi et surtout de ceux qui naissent de notre propre façon de sentir et de réagir, τα παρ' ημιν. Qude est, dans les souffrances de l'homme, la part du destin, de la italité extérieure et quelle est la part de son ignorance, de sa iblesse, de ses erreurs, de ses vices ? On n'essaye point d'en faire le départ, on se refuse à voir que ce sont surtout et avant tout ontre ceux-ci, que c'est d'abord contre soi-même qu'il faut protér sa sécurité.

Naturellement, parce qu'il est plus proche et plus direct, c'est dans le domaine économiae et social que ces attitudes d'esprit se devaient montrer les lus agissantes et l'inquiétude plus angoissante. Il est surprenant de constater que beaucoup d'hommes ne comprennen pas que le trouble actuel était iné-vitable, fatal même; qu'il levait être prévu et que la prudence convenait à s'y préparer.

On a, d'ailleurs, perdu d vue que la guerre, est, par essence, une opération destructive; ue le procédé s'en impose au vain-queur comme au vaincu. Tut se paye en ce monde, aussi bien le crime du coupable que l onneur de le lui avoir fait expier. Plus riche d'espérances, noti temps est, devait être et ne pouvait ne pas être, du chet de la gurre, plus pauvre de biens actuels et immédiatement saisissables. Le présent, après tout, ne se sou-tient qu'à force d'escompter avenir.

De cette discordance entre désir et la substance de sa réali-sation possible est née l'angose du moment. Parce que le désir non satisfait provoque une espce de dépression on la tendance à se laisser envahir par unedésillusion quelquefois de colère.

Erreur, à coup sû certains milieux, nous ne conna ffrayan

aspiration vers une liberté plus large et aspiration vers une sécurité plus solide et *b*) les résistances de toute nature auxquelles
elles se heurtent : les unes insurmontables parce qu'elles sont
dans la nature des choses, les autres, sans doute, réductibles mais
par des procédés plus complexes que l'opinion ne le conçoit d'ordinaire. Il est puéril de s'en autoriser pour crier à la faillite de
l'effort humain.

***

.. Que cette désillusion fut inévitable, c'est ce qui est évident :
Pour s'en défendre, il eut été nécessaire de reconnaître, qu'avant
de continuer l'œuvre brusquement interrompue en août 1914, il
faut, d'abord, réédifier tout ce qui a été détruit des moyens adaptés
à son accomplissement. Ce qui, en quelques mois, a été anéanti,
était l'héritage d'une génération, au moins, et, c'est cela qu'il
faut, en premier lieu, faire ressurgir des ruines et des cendres.
Pour ce faire, il reste à trouver en soi la ferme volonté de donner
à la Paix une partie de l'énergie qui fut prodiguée à la guerre.
Car, et c'est là le paradoxe, les mêmes hommes qui réclament,
pour eux, une liberté plus vaste, n'arrivent point à se convaincre
que c'est de leur propre effort qu'ils peuvent faire jaillir un maximum de sécurité.

Avec une sorte de ferveur extatique, ils se tournent vers cette
intangible entité dont ils ont doté l'Etat. Ils le rendent responsable de leurs désillusions. Par une contradiction, plus apparente
que réelle (parce qu'au fond les conceptions extrêmes ne diffèrent
que par leurs aboutissements, mais sont identiques dans leurs
méthodes), les uns menacent de destruction l'Etat, qu'ils chargent
de leurs déconvenues, pendant que d'autres exigent de lui qu'il
s'introduise la Providence de leurs espoirs: ils iraient, dans cette
voie, jusqu'à admettre l'absorption de l'individu dans l'Etat.
Celui-ci devient, par le fait, le centre virtuel vers lequel conver-
gent des courants tumultueux et torrentiels d'opinion.

Singulière incarnation de cet Etat — tantôt ange, tantôt
démon.

L'Etat, qu'est-ce après tout ? Si ce n'est l'organisation des
rapports nécessaires, qui résultent pour les hommes de l'interdé-
pendance et de l'interaction de leurs activités extérieures. La vie
politique se réduit, en somme, à une discipline nécessaire, à une

adaptation de moyens humains à une fin purement humaine.Sans doute, au cours de ces leçons, il sera nécessaire d'approfondir la notion de l'Etat. Qu'il suffise de dire, pour le moment, que la politique est cette partie de l'activité humaine qui s'assigne l'organisation et le fonctionnement, la conservation et la défense, de cette discipline spéciale, qui prend le nom d'Etat. Dès à présent, il faut écarter l'assimilation de l'Etat à un organisme, auquel se pourraient appliquer, sans grandes modifications, les lois de la biologie. Des analogies, même impressionnantes, n'autorisent pas pareille identification. Loin d'absorber l'individu dans cette entité imaginaire, il conviendrait plutôt de réintégrer l'Etat dans l'individu, en faisant de la discipline, qui le constitue, une fonction d'ordre socio-psychologique, un ensemble de manières d'être et d'agir des individualités qui le constituent.

Sous des formes diverses, les institutions politiques ont suivi un développement qui présente cependant des traits communs.Au fond, on retrouve toujours,comme substratum,l'acceptation d'une discipline ou l'imposition d'une contrainte collective. Ce n'est point à dire que la contrainte soit toujours actuelle : le plus souvent elle n'est que virtuelle; mais elle apparaît toujours comme possible, en dernier ressort. De là des obligations dont la nature et l'étendue peuvent varier, mais qui, toutes tendent à la sécurité de l'ensemble. On ne dit pas que les obligations dont il s'agit, soient nées de la contrainte. Au contraire, on pense que la contrainte est une construction secondaire, l'affirmation consciente et souvent *post facto* de l'obligation. Mais dès qu'elle est formulée, cette affirmation prend une valeur propre et efficace. L'obligation est, en définitive, fonction de deux éléments :

a) Représentation des besoins qu'implique la sécurité de l'ensemble (mission de l'Etat);

b) Conception des modes propres à donner à ces besoins les satisfactions qu'ils réclament (organisation de l'Etat).

L'Etat est, avant tout, une réalisation pratique : la théorie n'en apparaît que par la suite. On peut en dire ce que William James pense de la vérité, à savoir qu'il n'est pas, qu'il devient. Sa valeur réelle en est donnée par son rendement (efficiency), ce qui revient à dire, en d'autres termes, que l'Etat se développe dans un certain empirisme. Il est une expérience qui s'organise dans le temps, une expérience qui « s'expérimente elle-même », sans qu'on puisse en apercevoir le terme ultime. L'histoire peut en retracer les fortunes diverses dans le passé et les civilisations diverses. L'imagination peut, sans grande certitude pourtant. tenter de deviner ses destinées futures; ce sont là des spéculations, qui, pour précieuses qu'elles soient, n'épuisent pas le problème.

La vérité pure et simple est que nous vivons dans l'Etat, que nous sommes participants de son activité, et que c'est l'Etat d'aujourd'hui, celui dont nous sommes, qui réclame de nous une collaboration qu'il n'est pas possible de refuser.

Par le fait, chaque citoyen, qu'il ne veuille ou non, se trouve aux prises avec les problèmes de la politique.

Le langage courant pourrait, ici, susciter une équivoque. Puisque les expressions « s'occuper de politique », « faire de la politique », existent, il vaut mieux tout de suite, s'entendre sur cette notion de participation à l'œuvre civique. « S'occuper de politique », c'est pour les quatre-vingt-dix-neuf centièmes des citoyens, qui se reconnaissent une responsabilité quant aux destinées de l'Etat, prendre une part directe et active « *au travail électoral* ». Ce qui se réduit à s'efforcer de procurer à certains candidats le plus grand nombre possible de suffrages. En pratique, ces candidats sont ceux d'un parti. Les partis politiques sont des réalités dont il serait vain de vouloir faire abstraction. Ils expriment chacun un angle sous lequel se peuvent apercevoir la mission et l'organisation de l'Etat. Ils représentent les courants qui se partagent l'opinion du moment. Mais en vérité, il faut bien le reconnaître, dans la plupart des cas, le citoyen confond de la manière la plus étroite, l'intérêt électoral de son parti avec l'intérêt général. Il faut avoir observé de tout près certains milieux, avoir été témoin des ingénuosités déconcertantes et des combinaisons extraordinaires de certains agents électoraux, pour se figurer, même approximativement, le caractère et l'étendue de l'influence que la « machine électorale » peut exercer. Encore qu'il soit inévitable que suivant leurs tempéraments, leurs intérêts, leurs aspirations, des citoyens orientent leurs opinions dans certaines directions, qu'ils se classent en partis, encore serait-il souhaitable que chacun reconnaisse que tout programme politique n'est point de l'ordre des vérités absolues, mais seulement de l'ordre des possibilités défendables. En un mot, il pourrait concevoir son propre parti non comme le possesseur d'une vérité définitive, mais comme l'exposant de la proposition provisoirement considérée comme la meilleure sur une question donnée.

La conséquence de semblable prise de position saute aux yeux. L'activité politique deviendrait, dans ce cas, une œuvre de critique, ne disons pas encore une œuvre scientifique, une œuvre pragmatique, dans laquelle on s'efforcerait de comprimer les élans de la passion pour s'en remettre aux lumières de l'expérience et de la méditation. Elle tendrait à se créer une méthode.

Mais, ce sont là vaines spéculations. La réalité toute nue est celle-ci. Pour la grande, l'immense majorité des hommes, l'adhésion à un parti est un acte de croyance, de caractère affectif et qui, souvent, tend vers le passionnel. L'hérédité, l'éducation, le milieu, les préjugés, et, trop souvent aussi, les intérêts s'y fondent. On a ainsi, dans chaque parti, un programme-credo, qui comporte quelques formules très précises, dans l'expression, et le plus souvent, très vagues, en tant de représentations. Généralement, ces formules constituent des ensembles de propositions qui s'enchaînent avec l'apparence d'une logique mathématique. Elles prennent figure de vérités indiscutables. Il suffit de mettre les événements du jour, ou du moins, l'idée qu'on s'en fait, en équation, puis d'y appliquer la formule, pour que automatiquement celle-ci joue, et que les inconnues X et Y prennent une valeur numérique. Et quand la formule est de celles qui demandent à l'Etat d'être le père nourricier, et le tuteur d'un peuple considéré comme toujours en minorité, l'Etat devient une Providence laïcisée, qui est le commencement, le milieu, et la fin de tout.

Ces simplifications des programmes-croyances ne vont pas sans quelques corollaires aussi évidents que l'axiome fondamental.

D'abord, l'évidence de la formule. Comment peut-on discuter ses axiomes ? Pour le faire, il faut que l'hérétique manque de bonne foi ou de bon sens : qu'il choisisse ; le vocabulaire électoral, dans sa rudesse, ne laisse aucune illusion quant à la possibilité de se soustraire à cette alternative. Et comme, dans le premier cas, l'hérétique est dangereux, à raison de quelque mobile inavouable auquel il cède, et que, dans le second, il est plus dangereux encore, du fait de sa débilité mentale, il est légitime de le combattre par tous les moyens imaginables, pourvu qu'ils soient efficaces.

Ensuite, la simplicité de la formule. Elle est telle qu'il suffit de l'appliquer pour qu'automatiquement elle soit efficace. Elle fait songer à ces spécialités pharmaceutiques que la quatrième page des journaux offre à l'ardente angoisse des malades ou de ceux qui se croient tels. La continuation de maux de l'humanité n'a d'autre cause que le refus ou l'hésitation de ceux qui ont la responsabilité du pouvoir, d'y avoir recours.

Ce serait parfait s'il n'y avait pas des contradictions irréductibles entre les diverses formules des différents partis. Car, en une heure, on peut, en recueillant ce qui se dit autour de soi, entendre en même temps, ces troublantes propositions, toutes affirmées également indiscutables, à savoir que la centralisation asphyxie le pays et la décentralisation le décompose, que l'impôt sur le revenu est le vol légalement organisé et la suprême équité; que le libre échange est un suicide et le protectionisme un crime; que le vote plural est une garantie indispensable et le suffrage pur et simple un acte de justice, sans oublier que les religions sont le salut des peuples et la cause de leur décadence. Bref, le blanc et le noir, l'acide et l'alcalin, le chaud et le froid, tour à tour sont exaltés par des gens, au demeurant, de la meilleure foi du monde. En affaires, ils sont prudents. Dans l'exercice de leur profession, adroits et consciencieux. Dans la vie courante, sinon attachés à une haute philosophie, du moins, guidés par un placide mais solide bon sens.

Pour être sincère, le tableau, à première vue, ne paraît guère encourageant. Et de fait, cette situation n'est pas exempte de quelque danger.

L'idée de la possibilité de faire passer dans la réalité n'importe quelle conception théorique, l'impatience de ne point atteindre d'un jet les buts désirés, l'intolérance des partis, la contradiction des formules donnent à l'activité politique de notre temps, une allure fébrile, violente, heurtée qui n'est guère propice à la méditation. Les esprits qui se sont fait de celle-ci une règle de travail, ceux qui se livrent, avec méthode, à l'investigation critique se sentent des étrangers. et même des suspects, au sein des organisations électorales.

Nécessairement, leur originalité paraît suspecte. On les accuse de manquer de « sens pratique ». Là, où on pense en bande, l'esprit personnel se sent dépaysé et quelquefois un peu effrayé. Involontairement, il tend à s'isoler de ces milieux bruyants, trépidants, passionnés, où le fil de la réflexion se perd.

Le plus grand danger qui menace les démocraties gît en cela, qu'elles s'exposent à décourager les âmes hautes et fières et à se priver du concours des hommes de méditation et de pensée.

Il ne faudrait point voir en ceci une constatation volontairement défavorable aux démocraties et à l'honneur des autocraties ou des oligarchies. Rien ne serait moins justifié. En fait, les mêmes passions, ou des passions équipollentes, s'y agitent et s'y manifestent sous des formes peut-être plus aiguës et plus pressantes encore. L'homme de pensée et de science s'y heurte à des jalousies de castes, des intrigues d'antichambres ou de salons, des envies subreptices, sournoises, impitoyables. L'apparence d'une maladresse, le soupçon d'une imprudence suffit pour coaguler passagèrement des appétits, d'ailleurs antagonistes. Il est écarté, plus ou moins brutalement du conseil du Souverain ou du Sénat de la République. Le courtisan triomphe, dont le mérite consiste en la souplesse d'échine ou l'élasticité de conscience. Les démocraties ont aussi leurs courtisans, voilà tout.

Quelle que soit la forme de l'Etat, autocratie, oligarchie, démocratie, il vaut exactement ce que valent les hommes auxquels est confiée sa puissance d'orientation et il ne peut pas plus que ce qui est dans les possibles du moment. En définitive, cette entité, cette fiction qu'est l'Etat, n'est rien en elle-même, et sa seule réalité se trouve dans la volonté, limitée par la nature même de l'homme, de ceux qui le composent et participent à l'exercice de son pouvoir. Imaginez toutes les formules qu'il vous plaira, organisez l'Etat comme vous l'entendez, promulguez décrets et édits, votez des lois, il y a une chose que ni oukases, ni édits, ni décrets, ni lois, ni arrêtés, ni circulaires quelles qu'elles soient, ne pourront faire, c'est à savoir tailler un homme d'esprit dans la substance d'un sot et ériger en compétence une incompétence congénitale.

***

Depuis le début de la guerre et surtout depuis l'armistice et la paix, la masse attend ce qu'elle appelle un monde nouveau. On ne se fait point faute de le lui annoncer.

Il serait blâmable de glacer de salutaires enthousiasmes au

contact d'un scepticisme irréductible et ricanant. Mais il est bien permis de s'enquérir de ce qu'on entend par ce « monde nouveau ».

Serait-ce une « invention » politique radicalement neuve, sans liens avec tout ce qui a été expérimenté et réalisé dans les temps qu'il s'agit de clôturer ? Serait-ce une adaptation nouvelle, une sorte de mutation, impliquant une accélération du processus évolutif ?

Il ne semble guère, malgré les apparences, qu'on ait grande foi dans la première hypothèse. Par contre, tout indique, en effet, qu'une extraordinaire accélération se manifeste dans la transformation des corps politiques.

Quel sera le « rendement » de cette forme nouvelle de l'Etat ?

Tous les espoirs ne sont pas défendus, mais toutes les craintes ne doivent point être tenues pour injustifiées.

Ce que l'on peut affirmer, c'est que ce rendement sera fonction de la valeur des hommes auxquels seront confiées les destinées des nations ; que les transformations politiques ne vaudront que ce que vaudra l'effort que les individus accompliront sur eux-mêmes ; qu'en un mot, le « monde nouveau » qu'on annonce, sera ce qu'en pourra faire l'esprit humain, obéissant à la méthode, éclairé par la critique et guidé par l'expérience. Ce qui revient à dire, que ce qui peut être nouveau en politique, c'est la substitution à la foi passionnelle et subjective de l'action basée sur l'objectivité et de sens critique.

Déjà, sans doute, l'inventaire politique du monde et de l'Europe en particulier a été profondément revisé. La monarchie a fait place à la République en Allemagne, en Autriche, en Bulgarie, en Russie, en Chine. Des Etats nouveaux sont ressuscités ou ont surgi : la Pologne, Tcheckoslavie, Yougoslavie. La Russie, à l'intérieur, trépide d'on ne sait quel bouillonnement mystérieux et terrifiant. Et au-dessus de ce monde coloré de reflets variés et changeants, l'idée d'une Ligue des Nations, enfant de l'optimisme américain, s'efforce de se donner un corps, et espère s'élever, dans son essor, assez haut pour que, de cette distance, toute ces nuances se fondent en une lumière blanche.

Tout cela est nouveau. Mais tout cela réclame pour vivre, croître, se développer, persister et évoluer des hommes, pas seulement de bonne volonté, mais de pénétrante perspicacité, de prudence prévoyante, d'énergie inlassée et de pensée lumineuse.

Se trouveront-ils à temps à pied d'œuvre, ces ouvriers de la cité future ?

Dans d'autres pays, plus anciens, chargés d'une plus riche tradition, les constitutions sont remises en discussion.

En Angleterre, voici que, suivant de près « The representation of the People Act de 1908 », les Communes sont saisies d'un nouveau projet de résolution tendant à une plus large extension du droit du suffrage. En France, la loi du 12 juillet 1919, a institué pour l'élection des Chambres, le scrutin de liste combiné avec une certaine représentation des minorités.

Voici, enfin, que la Belgique procède à la revision de sa Constitution. Des déclarations du Sénat et de la Chambre des représentants, publiées au *Moniteur Belge* du 23 octobre 1919 en ont proclamé l'opportunité. Divers groupes de dispositions, les unes, remontant à la Constitution du 7 février 1831, d'autres à la première revision constitutionnelle du 7 septembre 1893, y sont intéressées.

Quel sera le produit de ce mouvement politique d'une amplitude et d'une importance qu'il serait enfantin de sous-évaluer? L'avenir le dira.

Il n'est point de rôle plus ingrat et plus stérile que celui de prophète. Tout de même, il importe à l'avenir de la démocratie, qu'une idée directrice se dégage et se précise.

Si elle n'aspire qu'à la puissance incontrôlée de la force, que ce soit celle du pur nombre absolu abandonné à ses passions, ou celle d'une minorité audacieuse décidée à tout tenter pour créer et maintenir son pouvoir, toute cette agitation se résoudra en une formidable convulsion, sans aboutissement pratique et sans profit réel et durable pour les hommes en tant qu'individualités agissantes, pensantes et capables de douleurs et de joies. Mais si, après tout la démocratie, en se cherchant, arrive à reconnaître la nécessité de développer son effort d'après un plan raisonné et dressé en fonction de l'expérience, si, sans se soumettre aveuglément à des maîtres, elle consent à consulter, tout au moins, 'es chercheurs consciencieux et désintéressés, si, enfin, elle fait confiance à toute bonne volonté sincère, d'où qu'elle provienne quelle que soit sa naissance, sa fortune ou sa condition, toutes les espérances sont légitimes, et, peut-on dire, presque justifiées. Il semble vraiment qu'en dépit des apparences contraires, c'est de cela qu'il s'agisse, d'un effort, sans méthode, il est vrai, en vue de dégager et libérer les valeurs encore dissoutes dans la masse amorphe de la foule. Inconsciemment, dirait-on, la démocratie moderne tend à se « *capacitarier* » pour employer l'expression d'un grand penseur qui est un grand citoyen. Si cette interprétation des contingences du moment n'est pas une illusion, un jour viendra où toutes les souffrances, où toutes les douleurs, tout le sang répandu seront payés; mais, en attendant, reconnaissons que, dans le domaine social, l'éternelle lutte continue entre la passion et la raison.

Jusqu'ici, avec des fortunes diverses, des à coup formidables, des victoires suivies de retraites, la raison a pris l'avantage.

Pour minime qu'il soit, il n'en existe pas moins. La raison n'at-elle point pour la soutenir et la défendre la plus merveilleuse des armes, l'expérience. Pour les peuples comme pour les individus, il est vrai de dire que « Necessity is the best teacher ».

Je vous propose, messieurs, de prendre comme cadre des leçons qui vont suivre, le projet de revision de la Constitution Belge. Il va de soi que cet examen, nous le ferons ensemble, dans un esprit de recherche désintéressée et de scrupuleuse objectivité. Avec Mathew Arnold, nous nous efforcerons de « voir les choses comme elles sont ». Et nous n'oublierons jamais que la substance de toute recherche digne de ce nom, est le fait, poussière d'éternité, mais seule réalité immédiatement accessible, derrière laquelle l'esprit humain espère découvrir, un jour peut-être, en même temps que la loi du monde, sa propre loi.

Les Méthodes en Astronomie

par Paul Stroobant

Professeur à la Faculté des Sciences.

———

Leçon du cours d'introduction aux Etudes Supérieures, le 19 octobre 1920

Aug. Comte, l'illustre fondateur de la philosophie positive, a imaginé, il y a près d'un siècle, une classification des sciences qui, aujourd'hui encore, nous paraît la plus parfaite de toutes celles qui ont été proposées. Il a subdivisé nos connaissances, envisagées au point de vue abstrait, suivant une hiérarchie allant des sciences les plus simples aux sciences les plus complexes dans l'ordre suivant : mathématique, astronomie, physique, chimie, physiologie et physique sociale, nous dirions aujourd'hui sociologie.

La science astronomique, dont je vais vous indiquer les méthodes générales, avait été divisée par Aug. Comte en deux parties : géométrie céleste et mécanique céleste, correspondant à deux branches de la mathématique. Ce savant philosophe croyait impossible de parvenir un jour à appliquer la physique à l'étude des phénomènes astronomiques, mais l'avenir lui a donné tort et une troisième partie s'est constituée : la physique céleste, qui a pris de nos jours un magnifique développement.

Chacune de ces trois divisions de l'astronomie a ses méthodes particulières, dont je vais chercher à vous donner une idée.

Le but de la *géométrie céleste* est l'étude du mouvement apparent des astres et la détermination de leurs mouvements réels, considérés indépendamment de la cause qui les produit.

Les méthodes en géométrie céleste consistent essentiellement à mesurer les angles et à compter le temps.

Les instruments destinés à ces divers genres de déterminations ont subi, dans le cours des siècles, d'énormes perfectionnements:

les observatoires possèdent actuellement des chronographes à l'aide desquels on peut mesurer le centième de seconde de temps, des pendules dont l'écart journalier n'atteint pas un dixième de seconde, des cercles et des micromètres qui permettent d'obtenir les angles avec l'approximation d'un dixième de seconde d'arc.

Ces mesures donnent ainsi les directions occupées successivement par les corps célestes dans le cours du temps.

Les premières notions à acquérir doivent se rapporter à la forme du monde que nous habitons. L'idée qui se présente d'abord à l'esprit est que la Terre est plane et indéfinie dans tous les sens, même en profondeur, c'est la croyance des peuples primitifs. Des observations simples montrent cependant que sa surface est convexe et de grossières mesures de son rayon nous apprennent qu'elle se rapproche de la forme sphérique. Des déterminations précises, les grandes triangulations géodésiques, permettent de se rendre compte de la véritable figure de la Terre, qui est sensiblement celle d'un ellipsoïde de révolution aplati.

On peut constater que tous les astres sont doués d'un mouvement commun d'orient en occident et qui s'effectue en un jour environ. Ce mouvement diurne a lieu comme si tous les astres étaient fixés à la surface d'une sphère creuse tournant autour d'un axe passant par l'observateur, et qui rencontre la sphère aux pôles célestes. Ce mouvement est aussi insensible que celui de l'aiguille des heures sur le cadran d'une horloge, mais quoique lent il n'en est pas moins continu et il faut une observation un peu prolongée pour s'en rendre compte. On peut le mettre en évidence en dirigeant une lunette photographique immobile vers le pôle céleste, qui est, en quelque sorte, le pivot autour duquel s'effectue cette rotation ; chaque étoile produit une traînée qui est l'arc de petit cercle qu'elle a décrit pendant la durée d'exposition de la plaque.

Le mouvement diurne du ciel est une apparence résultant de la rotation de notre globe en sens inverse, de l'ouest vers l'est.

Depuis l'antiquité on a réparti les étoiles en groupes, nommés constellations et les mouvements apparents des étoiles, les unes par rapport aux autres, sont si petits, que ces constellations conservent, à travers les siècles, une forme à peu près immuable.

Dans le cours d'une année le Soleil semble faire un tour complet de la sphère céleste dans le sens direct, c'est-à-dire de l'ouest vers l'est, et traverser successivement les douze constellations zodiacales; ce déplacement apparent du Soleil est dû au mouvement de translation de la Terre autour de cet astre.

Le mouvement plus compliqué des planètes, généralement direct, mais parfois rétrograde, provient de la combinaison de leur mouvement autour du Soleil avec celui de l'observateur entraîné avec la Terre dans sa révolution annuelle.

Je n'ai pas à entrer ici dans le développement des multiples preuves accumulées en faveur de l'existence de la rotation de la Terre et de son mouvement de translation, ce sont là des faits qui, aujourd'hui, ne sont plus contestés sérieusement par personne.

La mesure des angles et la détermination du temps donnent les directions, c'est-à-dire le mouvement apparent, mais pour obtenir le mouvement réel il faut connaître de plus les distances des astres, aux instants correspondants.

Le principe de la mesure des distances célestes est le même que celui dont on fait usage à la surface de la Terre pour obtenir la distance d'un point inaccessible A (fig. 1), BC est une base

Fig. 1.

dont on détermine la longueur, on mesure ensuite les angles B et C, ce qui permet de construire, à une échelle donnée, un triangle semblable à ABC et de mesurer sur cette figure les longueurs BA et CA; mais celles-ci seront obtenues, avec beaucoup plus d'exactitude, en appliquant des formules très simples de trigonométrie rectiligne.

La base BC doit être choisie en proportion de la distance à mesurer. Lorsque celle-ci est relativement petite, comme dans le cas de la Lune, il suffit de deux observateurs placés en des endroits assez éloignés l'un de l'autre et observant simultanément notre satellite (fig. 2).

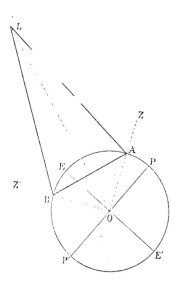

Fig. 2.

Le même moyen ne donnerait guère de résultats précis pour le Soleil, qui est 400 fois plus loin, et l'on a recours à un procédé indirect, basé sur l'observation de planètes dont on connaît la distance relative.

Quant aux étoiles, elles sont si éloignées que leur distance ne peut être déterminée, et encore pour un petit nombre d'entre elles seulement, qu'en prenant pour base le diamètre de l'orbite terrestre T₁ T₃ (fig. 3), qui est 23000 fois plus grand que celui de la Terre.

On a trouvé ainsi que les étoiles sont des millions de fois plus éloignées de nous que le Soleil et que, par conséquent, celui-ci, placé à la distance qui nous sépare des étoiles, aurait également l'aspect d'un simple point étincelant.

C'est en se basant sur le mouvement apparent et la détermination de la distance des corps célestes que Képler, au commencement du XVII° siècle, a pu établir les lois du mouvement des planètes.

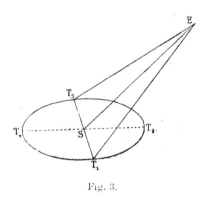

Fig. 3.

Ces lois, sont au nombre de trois :

1° Les planètes décrivent des ellipses dont le Soleil occupe un des foyers (fig. 4).

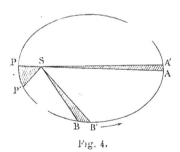

Fig. 4.

Il importe de remarquer que les orbites des planètes diffèrent beaucoup moins, en réalité, d'un cercle, que l'ellipse représentée dans la figure ci-contre;

2° Les aires parcourues par le rayon vecteur (droite qui joint le Soleil à la planète), sont proportionnelles aux temps;

En vertu de cette loi, si les surfaces ou aires PSP', BSB' ASA'... sont équivalentes, les arcs PP', BB', AA'... sont parcourus en des temps égaux.

3° **Les carrés des temps des révolutions sont proportionnels aux cubes des distances moyennes au Soleil.**

Ainsi, si la distance d'une planète A est 4 fois plus grande que celle d'une planète B, la durée de révolution de A sera 8 fois celle de B, parce que $4 \times 4 \times 4 = 8 \times 8$.

Cette loi montre que les vitesses des planètes dans leurs orbites respectives sont d'autant plus petites que ces planètes sont plus éloignées du Soleil, car si ces vitesses étaient les mêmes, les durées de révolution seraient proportionnelles aux distances.

Lorsque le mouvement réel des planètes a été connu d'une manière suffisamment exacte, on a pu se demander s'il existe une loi qui permette d'expliquer ce mouvement en partant d'un principe unique et applicable à tous les astres du système solaire.

Newton a démontré la loi de l'attraction universelle en faisant voir que la force qui fait décrire à la Lune une orbite à peu près circulaire autour de la Terre est identique à la pesanteur, qui produit la chute des corps à la surface de notre globe; il a ainsi jeté les bases de la *mécanique céleste*.

Il a montré que la deuxième loi de Képler prouve que les planètes sont constamment sollicitées par une force dirigée vers le Soleil et que la troisième démontre que l'intensité de l'attraction varie en raison inverse du carré de la distance de chaque planète au Soleil.

La Terre et les autres planètes exercent, elles aussi, une action attractive sur le Soleil et sur tous les corps du système planétaire.

En se basant sur ces considérations, on a été conduit à admettre que des corps quelconques gravitent l'un vers l'autre, que la force qui les sollicite est dirigée suivant la droite qui les joint et que, de plus, elle est proportionnelle aux masses des deux corps et en raison inverse de la distance qui les sépare.

Les corps étant composés de molécules, il en résulte que l'on doit concevoir la gravitation comme s'exerçant entre les molécules, l'attraction d'un groupe de molécules sur une molécule donnée étant la résultante de toutes les actions attractives de chacune d'elles.

La forme des trajectoires que décrivent les astres est une conséquence de la loi de l'attraction. Newton a reconnu, en effet, qu'un corps animé d'une vitesse initiale et soumis à l'action d'une force centrale, variant en raison inverse du carré de la distance au centre, considéré comme fixe, devait nécessairement décrire une courbe de forme déterminée, telle qu'une ellipse dont le centre d'attraction occupe un des foyers

Les instruments d'optique, lunettes et télescopes, ont permis de reconnaître qu'il existe des systèmes d'étoiles constitués par deux composantes en mouvement relatif. Des observations très délicates, des mesures très précises effectuées dans le but de déterminer les positions relatives occupées successivement par les deux composantes des étoiles doubles, ont montré qu'elles se déplacent l'une par rapport à l'autre conformément aux lois de Képler. Il est donc permis d'en conclure que la force qui s'exerce entre ces corps lointains est identique à l'attraction solaire.Ce qui montre l'universalité de la loi de la gravitation, dont la pesanteur qui fait tomber les corps à la surface de notre globe n'est qu'un cas particulier.

La loi démontrée par Newton peut s'énoncer ainsi :

Les corps s'attirent en raison directe de leurs masses et en raison inverse du carré de leur distance.

L'effet de la force de la gravitation diminuant rapidement avec la distance, on peut, dans l'étude du mouvement des corps célestes d'un système, tel que le système solaire, faire abstraction d'astres aussi lointains que les étoiles.

Chacune des planètes est attirée non seulement par le Soleil, mais encore par chacune des autres et le mouvement qui en résulte est beaucoup plus complexe que celui donné par les lois de Képler. Celles-ci ne sont donc rigoureuses que si l'on suppose chaque planète existant seule avec le Soleil; cependant le mouvement réel ne s'écarte pas beaucoup du mouvement elliptique et la différence est assez faible pour ne pas avoir empêché Képler de découvrir les lois si simples qu'il a fait connaître, mais qui ne doivent être considérées que comme une première approximation.

A cause de la petitesse de leurs masses par rapport à celle du Soleil, les planètes n'écartent chacune des autres que de petites quantités, du mouvement elliptique dont elle aurait été animée si elle existait seule avec le Soleil. En d'autres termes, l'attraction de deux planètes l'une sur l'autre n'est qu'une petite fraction de celle que le Soleil exerce sur chacune d'elles.

On a donné aux déplacements que les planètes éprouvent ainsi dans leur mouvement, le nom de perturbations ou inégalités; celles-ci peuvent acquérir finalement des valeurs considérables.

Pour représenter ce mouvement on suppose encore que la planète décrit une ellipse, mais dont la forme, la position dans l'espace, etc., sont variables avec le temps, ce sont les inégalités séculaires. On a ainsi le déplacement d'une planète fictive qui se meut conformément aux lois de Képler sur une ellipse variable, tandis que la planète vraie oscille de part et d'autre de cette planète fictive et éprouve ainsi des inégalités périodiques.

Laplace a démontré que les inégalités séculaires des planètes sont toujours comprises entre certaines limites, de sorte que les caractères généraux du système planétaire ne changent pas dans le cours des siècles : les orbites resteront sensiblement circulaires et peu inclinées les unes sur les autres, les distances moyennes au Soleil et les durées de révolution restent toujours les mêmes, c'est ce qu'on a appelé la *stabilité du sytème solaire*.

L'application du principe de la gravitation universelle a permis aussi de calculer les masses relatives des corps célestes et par la considération de leurs dimensions, leur densité moyenne, l'intensité de la pesanteur à leur surface; d'étudier les lois du mondans leur mouvement, le nom de perturbations ou d'inégalités, vement de rotation des planètes et en particulier de notre globe; d'expliquer le phénomène des marées, etc.

La concordance entre l'observation et le résultat des calculs basés sur la loi de l'attraction universelle est remarquable; ce calcul a même permis d'établir dans le mouvement des astres l'existence d'inégalités qui n'ont été vérifiées que longtemps après par l'observation.

La découverte de la planète Neptune est le plus bel exemple des déductions de ce genre.

Les anciens connaissaient cinq corps célestes que nous rangeons parmi les planètes et qui sont (abstraction faite de la Terre), dans l'ordre de leurs distances au Soleil: Mercure, Vénus, Mars, Jupiter et Saturne. En 1781, William Herschel découvrit une nouvelle planète, à laquelle on donna le nom d'Uranus et qui décrit autour du Soleil une orbite sensiblement circulaire dont le rayon est à peu près le double de celui de l'orbite de Saturne.

Les observations permirent de déterminer avec précision les positions successives que cette nouvelle planète occuperait ultérieurement dans son orbite; pour calculer ce mouvement on tint compte de l'action des planètes Jupiter et Saturne, qui devait faire dévier légèrement Uranus de la position que lui aurait assignée la simple application des lois de Képler. Mais on remarqua l'existence d'un écart systématique inexplicable entre les positions observées et les positions calculées : les différences constatées se présentaient, dans un certain sens au commencement du XIXᵉ siècle, pour aller en diminuant et devenir sensiblement nulles vers 1822, puis après avoir changé de sens augmentaient rapidement ensuite. Ces inégalités ne pouvaient être attribuées qu'à l'action d'une planète plus éloignée qu'Uranus, dont le mouvement était troublé par cette attraction.

Le Verrier analysa la question au point de vue mathématique et put calculer la position que la planète inconnue devait occuper sur la sphère céleste, à une certaine date (le 1ᵉʳ janvier 1847) et il évalua son éclat à la huitième grandeur stellaire, c'est-à-dire à celui d'une étoile télescopique. La planète fut, en effet, trouvée, à peu près dans la position indiquée, le 23 septembre 1846, par Galle à Berlin ; la différence entre les positions observées et calculées n'atteignait pas un degré. Cette planète reçut le nom de Neptune.

La figure 5 représente les orbites d'Uranus et de Neptune et les positions que ces astres occupaient en 1781. Neptune plus éloignée qu'Uranus se meut plus lentement, l'attraction de Neptune sur Uranus s'exerce dans le même sens presqu'en 1822, époque de la conjonction, puis ensuite dans le sens inverse ; son action est d'abord accélératrice puis retardatrice.

Adams avait effectué, en Angleterre, un travail analogue à celui de Le Verrier, mais la publication des résultats fut retardée jusqu'après la découverte de la nouvelle planète.

On pourrait encore citer d'autres exemples de vérification de ce genre, notamment la découverte de la composante obscure de l'étoile Sirius, dont Peters et Auwers avaient calculé la position et qui fut trouvée par Clarke, en 1862, exactement à l'endroit indiqué par le calcul.

La découverte de la gravitation universelle a été non seulement le point de départ de l'épanouissement de l'astronomie mathématique, mais aussi la source de progrès considérables dans les sciences physiques en général, car la loi du carré de la distance se retrouve dans un grand nombre de phénomènes naturels.

L'invention des lunettes et des télescopes a ouvert, pour l'astronomie, une ère de découvertes, qui ont conduit à la création de la *physique céleste*.

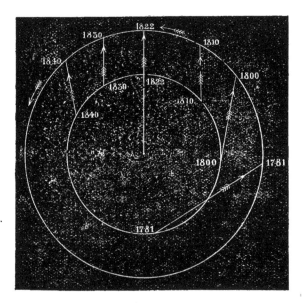

Fig. 5.

Ce furent ces instruments qui permirent de reconnaître que les planètes ne sont pas des points étincelants comme les étoiles, mais des corps opaques éclairés par le Soleil et accompagnés, pour la plupart, d'un ou plusieurs corps secondaires ou satellites ; que le Soleil présente ordinairement à sa surface, des taches qui révèlent son mouvement de rotation. C'est également aux lunettes et aux télescopes que nous devons la découverte des nébuleuses, des étoiles multiples et d'une quantité innombrable d'étoiles trop faibles pour être aperçues à simple vue.

La photographie a été un auxiliaire des plus précieux dans les recherches astronomiques et astrophysiques ; elle permet, en prolongeant suffisamment le temps de pose, de découvrir des astres nouveaux et d'obtenir des images de sources lumineuses trop faibles pour agir directement sur la rétine ; on conçoit, en effet, que par la méthode photographique on peut totaliser, pendant un temps assez long, les radiations qui viennent impressionner toujours le même point de la plaque sensible.

Les étoiles sont douées d'éclats apparents très divers, depuis les plus brillantes, visibles à l'œil nu, jusqu'à celles qui ne peuvent être aperçues qu'à l'aide des plus puissants instruments ou qui ne se révèlent que sur des clichés obtenus à l'aide de poses de longue durée. On a imaginé divers moyens d'évaluer ces éclats apparents, soit en les comparant à simple vue, soit en les mesurant par l'intermédiaire d'une étoile artificielle dont l'intensité lumineuse est variable et peut être déterminée avec exactitude, ou encore par des procédés basés sur diverses propriétés physiques et dans le détail desquels il m'est impossible d'entrer ici.

Certaines étoiles présentent des variations d'éclat, les unes irrégulières, les autres périodiques ; l'étude des étoiles variables repose également sur les méthodes photométriques dont nous venons de signaler l'existence.

Mais c'est surtout depuis que l'on a utilisé la méthode spectroscopique, que la physique céleste a fait des progrès considérables.

Le spectre solaire fut produit pour la première fois par Newton en 1666. Cependant, ce n'est que beaucoup plus tard, en faisant passer la lumière par une fente étroite, parallèle aux arêtes d'un prisme, que Wollaston, puis Fraunhofer ont reconnu que le spectre solaire est sillonné de raies transversales.

Après sa dispersion par le prisme, la lumière peut être analysée à l'aide d'une petite lunette astronomique : on constitue ainsi l'instrument auquel on a donné le nom de spectroscope ; si à la lunette analysatrice, on substitue une chambre photographique, on obtient un spectrographe.

L'étude physique du spectre des sources lumineuses a conduit aux résultats généraux suivants :

Les corps solides ou liquides à l'état incandescent ont des spectres continus, du rouge au violet, ne présentant aucune raie ; les vapeurs et les gaz rendus lumineux par une température très élevée donnent un spectre présentant un certain nombre de lignes brillantes dont la disposition caractérise la nature du gaz ou de la vapeur. Ainsi l'hydrogène a un spectre renfermant une raie rouge, une seconde vert-bleue et deux violettes, la vapeur de sodium une double raie jaune, etc.

Brewster a trouvé que quand on fait passer la lumière provenant d'un corps solide ou liquide incandescent à travers un gaz ou une vapeur à une température relativement basse, le spectre présente des raies obscures, identiques à celles du spectre solaire; ces lignes sont connues sous le nom de raies d'absorption. Kirchhoff a reconnu, vers le milieu du siècle dernier, que les raies brillantes, produites par un gaz à l'état incandescent, occupent précisément la même position que les raies obscures observées dans le spectre d'un corps lumineux vu à travers ce même gaz. Ce phénomène est connu sous le nom de *renversement des raies du spectre*.

Il résulte de ce qui précède, que l'étude du spectre d'ue source lumineuse est de nature à nous révéler l'état physique du corps et même sa composition chimique.

Le spectre du Soleil montre que l'atmosphère de cet astre renferme de l'hydrogène, du fer, du calcium, du sodium, du chrome, du nickel, etc., à l'état gazeux. Les protubérances, qui s'élèvent parfois à une grande hauteur au-dessus de la surface solaire, sont formées, principalement, d'hydrogène, d'hélium et de vapeur de calcium.

L'analyse spectrale appliquée aux corps célestes a permis d'étudier leur constitution, mais quand il s'agit d'astres faibles il faut se servir de lunettes ou de télescopes puissants dont l'objectif ou le miroir concentre les rayons lumineux sur la fente du spectroscope.

Les spectres des planètes montrent que ces astres réfléchissent la lumière du Soleil et sont entourées d'atmosphères analogues à celle de la Terre et qui absorbent certaines radiations. Enfin, l'analyse spectrale a fait voir que la constitution physique et chimique des étoiles est analogue à celle de notre Soleil; elles peuvent être divisées en trois classes principales: les étoiles blanches, les étoiles jaunes et les étoiles rouges, et chacun de ces types présente des caractères spectraux particuliers.

La physique céleste est venue apporter également son concours à l'étude du mouvement des astres, par l'application d'un principe d'optique établi vers le milieu du XIXe siècle, mais qui n'a été utilisé avec succès que depuis une petit nombre d'années. Le caractère très particulier de cette méthode et les belles découvertes auxquelles elle a conduit m'ont engagé à vous en exposer le principe. Celui-ci permet de déterminer non pas une vitesse apparente, mais une vitesse linéaire, exprimée par exemple en kilomètres par seconde ; la vitesse mesurée ainsi est comptée dans le sens du rayon visuel, on la nomme vitesse radiale.

Si une source lumineuse, une étoile par exemple, va en une seconde de E en F (fig. 6), elle se déplace de EG par rapport à l'observateur, qui se trouve dans la direction EO ; c'est la composante de la vitesse suivant le rayon visuel ou vitesse radiale.

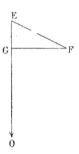

Fig. 6.

D'après le principe énoncé par Doppler en 1842 et complété par Fizeau en 1848, lorsqu'une source lumineuse se rapproche de nous, les raies de son spectre sont déplacées vers l'extrémité violette ; quand, au contraire, elle s'éloigne, les raies sont déviées vers le rouge. Les premières mesures basées sur le principe de Doppler-Fizeau remontent à 40 ans environ, mais la méthode du déplacement des raies du spectre, pour la détermination des vitesses astrales, n'est devenue vraiment précise que depuis que l'observation directe a fait place à la mesure de clichés obtenus à l'aide d'un spectrographe.

Après avoir photographié le spectre de l'étoile, on recouvre la partie impressionnée de la plaque et on expose de nouveau celle-ci de manière à obtenir l'image d'un spectre de comparaison, donné par une source lumineuse terrestre, telle que celui de la vapeur du fer, produite par l'arc électrique développé entre deux crayons

de ce métal. Les raies du spectre de comparaison ne sont pas
déplacées et on mesure l'écart existant avec les raies du spectre
de l'astre.

Cet écart est petit, mais peut être déterminé avec exactitude ;
il dépend du rapport de la vitesse radiale de l'étoile à la vitesse
de la lumière, qui est de 300,000 kilomètres par seconde. La
méthode a été vérifiée en mesurant la vitesse de certains astres
dont le mouvement par rapport à la Terre est connu, celui d'une
planète, par exemple.

On a appliqué cette méthode à la détermination de la durée de
rotation des corps célestes tels que le Soleil ; on sait que cet
immense globe dont le rayon vaut 109 fois celui de la Terre,
tourne sur lui-même en 25 jours environ. Il en résulte que quand
le bord oriental s'approche de nous, le bord occidental s'éloigne
avec une vitesse de 2 kilomètres par seconde, à l'équateur. Les
mesures très précises de clichés du spectre solaire, ou spectro-
grammes, pris alternativement sur les deux bords de l'astre ont
mis en évidence ce déplacement et ont permis de reconnaître,
grâce à l'exactitude des valeurs obtenues, que la durée de rotation des diverses zones du Soleil, va en augmentant à mesure que
l'on s'éloigne de l'équateur de ce corps céleste.

Les vitesses radiales des étoiles par rapport à nous s'élèvent en
moyenne à quelques dizaines de kilomètres par seconde et en se
basant sur un grand nombre de résultats isolés on a pu en déduire
le déplacement du Soleil par rapport à l'ensemble des étoiles.

On a reconnu aussi que, en général, la vitesse des étoiles dans
l'espace va en augmentant avec leur degré d'avancement dans
l'évolution stellaire : les étoiles rouges se déplacent plus rapidement que les étoiles jaunes et celles-ci plus rapidement que les
étoiles blanches.

La plus belle découverte due à cette nouvelle méthode est celle
des étoiles doubles spectroscopiques. En 1889, Ed. Pickering,
directeur de l'Observatoire du Harvard College, aux Etats-Unis,
a constaté que le spectre de l'étoile, qui porte le nom arabe de
Mizar et qui appartient à la belle constellation de la Grande
Ourse, présente un phénomène particulier : toutes les raies de ce
spectre se dédoublent périodiquement. Cela résulte de ce que cet
astre est formé de deux composantes brillantes très rapprochées,
tournant rapidement l'une autour de l'autre. D'après les lois de
la mécanique, ces deux corps tournent autour de leur centre de

gravité commun G (fig. 7), il en résulte que, alternativement, l'une (A) se rapproche de nous quand l'autre (B) s'éloigne. Lorsque le mouvement est dirigé perpendiculairement à la ligne de visée GO (en A' B'), les vitesses radiales sont nulles, les raies des deux spectres ne sont pas déplacées et restent confondues.

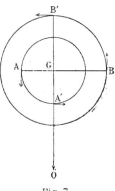

Fig- 7.

Les spectres de certaines étoiles montrent une oscillation périodique de leurs raies, mais sans dédoublement; cette variation est attribuée au mouvement de circulation d'une étoile brillante par rapport à un corps relativement obscur, ces corps constituent également un couple ou une étoile double spectroscopique.

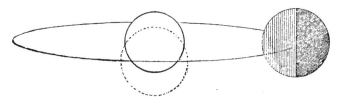

Fig. 8. — Le système d'Algol vu de la terre

Le caractère principal de ces systèmes est que la distance qui sépare les deux composantes est petite relativement à leurs dimensions; on peut en citer comme exemple les corps qui constituent l'étoile variable à éclipses, Algol, de la constellation de Persée (fig. 8).

Ces deux astres sont si rapprochés qu'il serait absolument impossible de les séparer, même avec des instruments beaucoup plus puissants que ceux que nous possédons actuellement.

On conçoit l'aide précieuse que cette nouvelle méthode apporte dans l'étude de l'Univers, car elle donne directement la valeur métrique d'un déplacement linéaire, tandis que, jusqu'ici, on ne pouvait obtenir que les valeurs angulaires de mouvements apparents.

Avant de terminer il me reste à signaler les applications de la géométrie et de la mécanique célestes.

Les éphémérides, les tables, calculées grâce à la connaissance du mouvement réel des astres, permettent d'obtenir l'heure d'un phénomène céleste; il en résulte que, réciproquement, l'observation de ce phénomène fait connaître l'heure locale.

L'aspect du mouvement diurne du ciel, se modifie suivant la position de l'observateur à la surface de notre globe: certaines observations astronomiques peuvent être utilisées pour la détermination des longitudes et des latitudes terrestres, et servent ainsi de base à la géographie mathématique, à la navigation et à géodésie.

L'exposé succinct, que nous venons de faire, des méthodes en astronomie, montre que les sciences ne peuvent être nettement séparées les unes des autres, mais que, au contraire, elles se pénètrent mutuellement et que le développement de chacune d'elles est intimement lié au progrès de toutes les autres.

VARIÉTE

Quelques portraits d'Anglais
ou d'anglomanes dans la Comédie française du XVIII° siècle

Si l'influence intellectuelle de l'Angleterre sur la France du XVIII° siècle a été étudiée depuis longtemps de manière approfondie en ce qui concerne la science, la philosophie, l'histoire, la poésie, le roman, etc., ce n'est pas le cas pour le théâtre comique français, dont les rapports avec la littérature et les mœurs britanniques ont, semble-t-il, moins attiré l'attention.

Nous avons essayé, dans un travail présenté pour l'obtention du Certificat d'études littéraires, d'examiner de plus près une partie de ce sujet.

Guidé par les précieux conseils de M. le professeur Charlier, à qui nous tenons à exprimer tous nos sentiments de gratitude, nous avons recherché et analysé les comédies où se manifeste l'influence anglaise, qu'elles s'inspirent des modèles anglais ou qu'elles mettent à la scène des personnages anglais ou anglophiles.

C'est à ces pièces que nous avons, de propos délibéré, limité notre étude.

Il nous est impossible de donner ici, faute de place, un résumé, même succinct, de ces œuvres. Nous nous bornerons à indiquer leurs titres, leurs auteurs, leur ordre chronologique, et à reproduire la conclusion de notre dissertation.

*
* *

En 1727, *Le François à Londres*, de Boissy ;
En 1739, *L'Amant Protée*, par Romagnesi ;
En 1744, *L'Epoux par Supercherie*, de Boissy ;
En 1745, *Sidnei*, par Gresset ;
En 1756, *La Mahonaise*, par Baco ;
En 1757, *Le Mariage par escalade*, de Favart ;
En 1760, *L'Ecossaise*, par Voltaire ;
En 1763, *L'Anglais à Bordeaux*, par Favart ;
En 1768, *L'Anglais à la Foire*, par Taconnet et *La Vérité dans le Vin*, de Collé ;
En 1772, *L'Anglomane*, par Saurin ;

En 1780, *Le Lord anglais et le Chevalier français*, par Imbert, et *Mina*, de Garnier;

En 1780, *L'Anglais ou le Fou raisonnable*, de Patrat;

En 1782, *Les Journalistes anglais*, par Culhava;

En 1783, *L'Anglaise déguisée*, par Régnier de la Brière, et *l'Anglais à Paris*, par Bertin d'Antilly;

En 1786, *Le Mariage secret*, par Desfaucherets;

En 1787, *La Soirée des Boulevards*, œuvre anonyme.

Les auteurs de ces pièces sont aujourd'hui, pour la plupart, oubliés. Ils le sont, parce qu'ils n'ont pas réussi à dégager suffisamment le caractère humain et général qui apparaît, par exemple, dans le théâtre de Molière, parce qu'ils se sont bornés à des observations de détail et qu'ils n'ont guère su trouver d'autre moyen d'exciter l'intérêt que la complication de l'intrigue. Mais si ces écrivains ont été, parfois, inhabiles dans la composition de leurs comédies, si leurs créations paraissent être plus plaisantes que comiques, si, par endroits, leur style, imitant le parler anglo-saxon, n'a reproduit qu'un aspect tout extérieur du comique anglais, ils ont été, néanmoins, des *initiateurs*. A ce titre, ils méritent peut-être mieux qu'un simple souvenir.

Dans chacune des comédies que nous venons de citer sont dessinés des types variés d'Anglais et d'Anglomanes: lord Craff, dans le *Français à Londres*, c'est l'Anglais, plein de préjugés à l'égard de la nation française; Houzey, c'est l'insulaire, devenu continental. Francophile, spirituel au contact des Français, il n'a trouvé, de ce côté-ci de la Manche, que l'occasion de manifester un libertinage quil croit de bon ton d'adopter à son retour au pays. Jacques Rosbef, que nous rencontrons encore dans la même pièce, c'est le bourgeois, peu soucieux des formes, bourru, grossier, pénétré des idées nouvelles sur la société. Il a d'ailleurs un émule dans le héros d'un conte en prose du Prince de Ligne, le Georges Englifan de *l'Anglais à Paris* (1).

Sidnei (de Gresset) ou Splin (de Patrat, dans le *Fou raisonnable*), sont des Anglais pessimistes analysant leur mélancolie. Celui de l'*Amant Protée* est simplement un personnage ridicule, prêtant à la caricature et destiné à provoquer l'hilarité du public. C'est Favart encore qui, après avoir silhouetté un type d'Anglais dans le *Mariage par escalade*, en fait un portrait plus fouillé dans l'*Anglais à Bordeaux* en nous le présentant sous les traits d'un personnage fier et arrogant. Dans le *Lord anglais et le Chevalier français*, Imbert oppose deux personnages qui veulent incarner

---

(1) Pendant que nous rédigions ce travail, M. F. Leuridant publiait dans les *Annales du Prince de Ligne* cette courte nouvelle où se trahit, sous une forme plaisante, tout l'intérêt que suscitait l'Angleterre chez les écrivains de ce temps. *L'Anglais à Paris* date de 1755 environ.

Dans le même recueil paraîtra bientôt l'*Anglais à Mons*, écrit à la même époque par le Prince.

l'esprit de chacune des deux nations, avec les simplifications de mise au théâtre. L'Anglais de chez Patrat est un extravagant, avec, toutefois, la dose de raison à la mode du siècle. Et Cailhava silhouette, fort agréablement trois exemplaires représentatifs, à ses yeux, du peuple britannique : Stirling, le banquier maniaque et vaniteux ; Discord, le journaliste perfide et sans scrupules ; Sedley, l'homme raisonnable et pondéré. Boissy, enfin, dans le portrait de l'Anglais complaisant, Belford, s'est attaché à nous montrer un citoyen britannique, sous des dehors agréables, généreux et originaux.

Cette galerie de portraits et de croquis se complète par des esquisses de Français gagnés aux idées et aux mœurs anglaises. Ils atteignent les limites extrêmes du ridicule, nous dirions aujourd'hui du *snobisme*. C'est ainsi qu'Eraste, le héros de Saurin, est le prototype d'une série de personnages fréquemment mis à la scène. Il peut être comparé à Lucile, de l'*Anglaise déguisée* de Régnier de la Brière.

Malgré les défauts de ce théâtre, il reste, et c'est là son importance, que ces peintures de mœurs et de caractères, en général assez vivantes et bien venues, annoncent déjà, par de nombreux traits, l'Anglais tel qu'il figurera dans des comédies plus modernes. Ces écrivains, si peu connus, ont à l'égal des autres promoteurs de l'influence anglaise en France, ouvert la voie à des auteurs du début du XIXe siècle, oubliés eux aussi aujourd'hui, tels que Mittié, Jacquelin, Rougemont.

Combien d'autres pourrions-nous encore citer qui depuis cent ans ont exploité la même veine! Bornons-nous à signaler, parmi les pièces récentes, l'amusante comédie de Tristan Bernard, *L'anglais tel qu'on le parle*. Sous une forme satirique et comique, c'est une réplique du type de l'Anglais en voyage déjà « croqué » par Bertin d'Antilly. Plus près de nous encore, des comédies s'apparentent aussi, par certains côtés de leurs situations, à celles qui ont fait l'objet de notre étude.

Ces ressemblances s'expliquent aisément d'ailleurs. La Grande Guerre a mis en contact Français et Anglo-Saxons aussi bien que les Guerre des Successions d'Espagne ou d'Autriche, de Sept ans ou d'Amérique.

S'il est aujourd'hui question d'alliés et non plus d'ennemis, le contact entre Anglais (ou Américains) et Français, pour être pacifique, n'en a pas moins été riche en conséquences intellectuelles et morales. C'est ce qu'a voulu montrer M. Maurice Donnay dans la *Chasse à l'Homme*. Il y a tracé le portrait d'un anglo-saxon, sans-gêne et désinvolte, le Major Basket, qui représente admirablement l'état d'esprit de l'étranger sur le continent lorsqu'il s'adresse en ces termes à une Française :

« Well you know, we Americans always manage to do sohat we want, especially in France. »

MM. Coolus et Hennequin viennent de mettre à la scène de fort amusante façon un homme de sport anglomane, Bulin, qui rend la vie insupportable à sa famille en pratiquant, à l'exemple des Anglais, les exercices à domicile les plus divers, notamment le « med'cing-all » dont il fait grand cas. Buhn, c'est, en tenant compte de la différence des temps, l'Eraste de Saurin. Enfin M. E. Brieux s'est attaché à nous montrer, dans les *Américains chez nous*, des types anglo-saxons du XXe siècle, reprenant ainsi la thèse développée par Favart dans l'*Anglais à Bordeaux*. Il a esquissé le motif des conflits entre deux races séparées par des préjugés surannés.

L'originalité de ces œuvres est dans les détails, d'ailleurs exquis ; elle n'est pas dans l'idée maîtresse. A plus d'un siècle de distance reparaissent des personnages presque identiques. Une part de la joie que nous procurent ces pièces, nous la devons donc à ces auteurs comiques du XVIII° siècle qui ont créé des types nouveaux, parfois assez conventionnels, mais qui ont fait souche. Ne nous auraient-ils rien offert d'autre, cela ne suffirait pas à leur conférer le droit d'être encore lus aujourd'hui avec quelque curiosité.

Mais ils ont fait plus, et leur œuvre a, comme celle des penseurs de leur époque, une valeur sociale. Ils ont, en effet, plus ou moins consciemment et à leur manière, prouvé combien étaient nuisibles les préjugés qui séparaient deux grands peuples. En opposant les deux esprits nationaux, en les éclairant l'un par l'autre, en les rapprochant tout en les distinguant, ils ont fait œuvre, « tout à la fois de chroniqueur et d'historien, de sociologue aussi et même de patriote » (1).

Cette appréciation de la pièce de M. E. Brieux peut s'appliquer exactement aux auteurs comiques du XVIII° siècle dont nous avons analysé les œuvres.

Marcel LECLÈRE.

_____

(1) *Revue Bleue* (13 mars 1920). G. RAGEOT, LE THEATRE, *Une tendance nouvelle* : la Chronique de scène.

BIBLIOGRAPHIE

Léon BLANCHET, **Campanella.** Paris, Alcan (Collection historique les grands philosophes), 596 pages.

Léon Blanchet (1884-1919). Ces dates nous disent que l'auteur est mort jeune et la préface du livre nous fait partager les regrets causés par sa perte prématurée. Mais combien plus poignants ces regrets ne deviennent-ils pas après la lecture de l'ouvrage lui-même qui nous révèle un penseur de claire et haute intelligence, un savant déjà formé et averti, que n'effraient ni les recherches ardues, ni les méditations profondes. Ce sentiment, exprimé par M. le professeur Léon Brunschvich, sera partagé par tous ceux qui connaîtront la magistrale étude sur Campanella dont nous allons essayer de donner une faible idée.

Campanella appartient à cette famille d'esprits étranges, nombreux à la Renaissance comme à toutes les époques dites « critiques », où les qualités les plus éminentes s'allient à d'incroyables faiblesses, du moins si nous nous plaçons au point de vue actuel ; mélange qui défie les classifications pour captiver l'attention, sinon toujours la sympathie. L'intérêt de semblable étude réside en premier lieu dans l'intime relation entre la vie de l'homme et son œuvre. Seule cette interpénétration fait comprendre la véritable physionomie de Campanella, à laquelle est consacré un chapitre essentiel que l'auteur qualifie de « partie centrale de son livre ».

On ne sait en général de la vie de Campanella que son long emprisonnement et de son œuvre que la *Cité du Soleil*, création imaginaire d'une république, utopie, selon l'expression devenue vulgaire. Combien sa personnalité apparaît plus complexe après l'étude de Blanchet !

Le livre attire notre attention sur trois ordres d'idées également vastes, dans le domaine desquels s'est mue la pensée de Campanella : le premier relatif aux conceptions de physique, de psychologie et de technique scientifique ; le second relatif à la théorie de la connaissance et à la métaphysique ; le troisième à la morale et à la religion (p. 10).

Ajoutons que Campanella fut poète et ce non sans talent, si bien que M. Benedetto Croce, l'un de ceux qui l'ont le mieux étudié avant Blanchet et qui d'ailleurs fait rentrer dans son œuvre d'imagination son essai de réforme sociale et communiste, a pu dire de lui que c'est à ce titre surtout qu'il reste et restera connu (p. 121) (1).

La première parte du livre traite de l'homme et nous retrace la vie aventureuse de ce Calabrais, né en 1568, presque autodidacte, entré tôt dans les ordres, mais soupçonné d'hérésie dès sa jeunesse. S'il n'eut pas le sort tragique de Giordano Bruno et si son génie n'est pas comparable à celui de Galilée, il est impossible cependant de ne pas songer à l'un et à l'autre au récit de l'étrange carrière de Campanella. Mais aussi n'hésitait-il pas à aborder les sujets alors les plus brûlants (ceci est à peine une figure de rhétorique) : la magie et la religion, la politique temporelle et spirituelle. Homme d'action et de rêve, ne voulut-il pas réaliser toutes ses conceptions! C'est ce qui amena «le complot de Calabre» (1599) pour instaurer une sorte de république idéale, une Cité parfaite, dans la province natale de Campanella. Un procès politique et un procès d'hérésie en furent les conséquences; ils valurent à Campanella un emprisonnement à Naples, de 1599 à 1626. Quatre fois, il fut soumis à la question avec des raffinements de cruauté alors usuels. Malgré cela, cette période n'est pas la mo'ns féconde de l'activité intellectuelle de Campanella, bien que la privation de la liberté, le danger que courait sa vie, ne fussent pas sans influencer, sinon sur sa pensée, du moins sur ses écrits. On s'en rend compte à la lecture du livre de Blanchet, qui y trouve la raison de bien des contradictions autrement inexplicables.

Dans la nuit de sa prison, Campanella voyait luire parfois des rayons de faveur qui lui venaient du Vatican lui-même. De 1626 à 1634, nous le trouvons à Rome, enfin libre, devenu «consulteur» du Saint-Office, lui le condamné de la veille! A ce titre, il put même servir Galilée, dont il fut l'ami et le défenseur, ce qui n'est certes pas l'un de ses moindres titres de gloire. Déjà du fond de son cachot, il avait rédigé, dès 1616, et fait publier, en 1622, son «Apologie de Galilée», réponse au décret qui condamne les

---

(1) Voici par exemple la traduction de quelques vers de Campanella (p. 117), à l'occasion desquels nous oserions évoquer le grand nom de Lucrèce:

«Ma juste prière, je l'adresse à toi, ô Phébus, emblème de mon école.

» Je t'aperçois dans le Bélier, dans toute la gloire de ton lever, et je vois toute substance vitale devenir déjà ton émule.

» C'est toi qui relèves, ranimes et convies à de nouvelles fêtes toutes les choses cachées, languissantes, engourdies et mortes.

» Comme à elles, de grâce! rends-moi la vie, à moi aussi, ô puissante divinité, à moi qui plus que les autres te chéris et t'aimes!

» S'il est vrai que mieux que tous je t'honore, ô Soleil très-haut, pourquoi faut-il que, plus que tous, transi de froid, je grelotte dans les ténèbres?

- Que je sorte de mon cachot, tandis qu'à la lumière sereine, issues de racines profondes, s'élancent les cimes verdoyantes!

» Les vertus enfermées dans les troncs des arbres, tu les transformes en fleurs à leur sommet, tu les en extraits pour une douce génération!

» Les veines gelées de la terre se résolvent en une eau pure qui, en jaillissant, joyeuse, arrose le sol.

» Les loirs et les blaireaux s'éveillent de leur long sommeil; aux plus humbles vermisseaux tu donnes l'âme et le mouvement.

» Les serpents blêmes de froid à ton rayon retrouvent la vie; moi, malheureux, je porte envie à toute leur troupe... »

thèses fondamentales du système nouveau du mouvement des astres (pp. 346 et suiv.). Une seconde fois, en 1632, Campanella intervient en faveur de son ami (pp. 349 et suiv.). Pour les adeptes de la théorie morale du mérite, il y a là de quoi compenser bien des défaillances dans la vie de l'auteur de l'*Atheismus triumphatus* et du *Reminiscentur*, ouvrages qui peuvent passer pour des actes de contrition, sinon des rétractations. « On peut les oublier,» dit Blanchet, « dans le raccourci de l'Histoire et, pour la postérité, Campanella restera toujours l'auteur de l'*Apologia pro Galilaeo*. » (P. 355.)

De 1634 à 1639, date de sa mort, nous le trouvons à Paris, jouissant de la considération des plus grands personnages, tirant l'horoscope de l'enfant qui devait être Louis XIV et mêlé au mouvement naissant de la philosophie rationaliste du XVIIe siècle.

Par réaction sans doute contre le morcellement excessif du pouvoir, Campanella ressentait un besoin pressant d'unité politique. Ceci lui fit tourner le regard successivement vers les puissances qu'il croyait aptes à réaliser cette unité : la Papauté, la Maison d'Autriche-Espagne, la Maison de France ; Ernest Nys a même dit de lui qu'il avait été plus ultramontain que le Pape, plus monarchiste que l'Empereur (1).

Si l'orthodoxie de Campanella a été niée à juste titre, sa religiosité ne peut l'être. Passionné en tout, il fut aussi un passionné de la foi : « *fides tua te salvum fecit* »! C'est dire qu'il était de l'essence des grands croyants, des grands initiés, dirait Schuré. Plus rien alors d'étonnant à ce qu'il s'attribue une mission surhumaine et traite du suprasensible et du surnaturel avec la même facilité que des phénomènes sensibles et naturels. Mais au fond de toutes ses croyances, en relation avec son temps, son milieu, ses études, se retrouve chez Campanella le sentiment inné du croyant, indépendant des dogmes comme des pratiques, expression de ces « élévations de l'âme » qui requièrent seulement une grande puissance de suggestion et de foi chez celui sur qui agit cette puissance. Si un pareil esprit s'est parfois rétracté sous l'empire de la contrainte physique, s'il a menti, la maladresse même avec laquelle il le fait peut lui servir d'excuse.

L'originalité de Campanella est due à ce qu'il forme un trait d'union entre les idées disparates de la Renaissance et les connaissances organisées du rationalisme cartésien. Au point de vue philosophique, il admet un panpsychisme qui donne une âme à toute chose et qui conduit aisément au panthéisme, bien qu'en en différant comme l'immanence diffère de la transcendance. « Il n'est donc, d'après lui, aucune réalité qui ne jouisse de sa vie propre, en harmonie avec toutes les autres vies et avec celle de l'Ame du Monde : chacune, pour remplir sa destinée et pour l'accorder avec les fins de l'univers, possède une conscience plus ou moins claire, suivant le degré et le rang qui lui ont été assignés dans la hiérarchie des existences. » (P. 157.) Il serait aisé de retrouver cette pensée chez des philosophes plus modernes! De même lorsque Campanella décrit le double

---

(1) Ernest NYS, *Th. Campanella, sa vie et ses Théories politiques*. Etudes de Droit international, etc. 2e série. Bruxelles, Paris, 1901, pp. 220 et 237.

aspect de l'interaction universelle : «expansion infinie des mouvements, incessante communication des pensées » (*ibid.*).

Aucun de ceux qui connaissent l'œuvre de Bodin ne sera surpris de trouver chez un de ses contemporains la croyance à la magie unie à la plus haute raison. Cette croyance est même bien plus raisonnable (nous nous servons à dessein de ce mot) chez Campanella que chez Bodin : aussi n'en est-elle que plus hérétique. En effet, c'est par la magie qu'il explique les miracles : « ce sont des événements non pas contraires en réalité au destin astral et au cours de la nature, mais qui sortent de l'ordinaire et ne réapparaissent que de loin en loin, après de très longues périodes astronomiques. » (P. 209.) Un émule de Campanella n'a-t-il pas donné pour titre à son principal ouvrage : *Magia naturalis?* Et cette magie chez Campanella devient même en quelque sorte rationnelle (p. 213). Que nous nous rapprochons de la philosophie contemporaine quand nous le voyons analyser « ces **phénomènes** subconscients dont la psychologie moderne a restauré l'étude et qui étaient familiers aux occultistes du XVI⁰ siècle »! (P. 216.) Nous suivons là un procédé logique adopté afin de faire descendre le miracle du ciel sur la terre, pour ainsi dire (p. 220). L'extraordinaire et le surprenant ne sont pas forcément le surnaturel : c'est ce qui ressort de l'œuvre de Campanella, *De Sensu Rerum* (p. 223). Nous en revenons toujours au mot d'Hamlet : «*There are more things between Heaven and Earth...* » Campanella dira cela sous une forme bien moins géniale, presque scolastique encore, dans sa « Métaphysique ».

Il touche également au Moyen Age quand il établit « la hiérarchie des cinq Mondes qui s'enveloppent et se pénètrent mutuellement : le monde archétype ou Dieu, le monde mental, le monde mathématique, le monde matériel et le monde des corps distincts » (p. 238). Sa conception du temps est supérieure à sa conception de l'espace lorsqu'avant J.-J. Rousseau, il nous dit déjà que (p. 314) « le temps est l'image mobile de l'immobile éternité ».

C'est évidemment dans ses idées morales et religieuses que Campanella est le plus moderne, le plus moderniste, dirons-nous avec Blanchet, qui le compare aux chefs de l'Ecole pragmatiste, à M. Edouard Le Roy et plus directement encore à Loisy, faisant ressortir dans les œuvres certaines analogies de fond et de forme qui ne peuvent procéder que d'une intime communion de pensée. De la part d'un esprit aussi averti que Blanchet et aussi capable que lui de saisir toutes les nuances, une assimilation totale n'est pas à craindre. Entre la philosophie de Campanella et le modernisme, « la différence des temps et des situations historiques a donc entraîné des divergences et des oppositions qui interdisent de les assimiler l'une à l'autre. Nous croyons pourtant qu'envisagées d'un point de vue très général, dans leurs tendances et leurs fins plutôt que dans leurs vues théoriques, elles présentent, pour le psychologue plutôt que pour l'historien, des ressemblances dont l'intérêt est loin d'être négligeable » (p. 482). Comme nous rappelions il y a quelques instants la scolastique, il n'est que juste de mentionner aussi les violentes attaques de Campanella à l'adresse d'Aristote. Leur véhémence devait passer pour une façon d'hérésie, puisque, tout au moins depuis saint Thomas, le système du Stagirite avait été adopté par l'Eglise. Aristote « est le premier responsable de toutes les impiétés des libertins et des athées ; sa philosophie est une officine d'hérésies et de blasphèmes... etc. » (p. 331). Rarement l'Ecole eut à subir de pareilles avanies! Après Télésio, qui fut son maître immédiat, et avec Giordano Bruno, Campanella apparait, malgré ses concessions formelles et ses protestations intéressées, comme un apôtre de la libre pensée. « Sous couleur de christianiser la science, c'est à rationaliser le christianisme que visent tous les efforts de Campanella, et c'est pourquoi, ainsi que nous allons le voir, dit Blanchet, il tente d'introduire dans l'apologétique le libéralisme nécessaire à la fois aux progrès du savoir profane et à l'expansion illimitée du christianisme naturel » (p. 333).

Nous ne pouvons, en ce court exposé, suivre Blanchet lorsqu'il développe sa pensée sur ce point et nous montre Campanella estimant « dangereux et absurde de tenir pour immuables les dogmes qu'à des dates déterminées de l'histoire de l'Eglise, les théologiens ont définis, en se servant pour interpréter l'Ecriture Sainte des doctrines scientifiques de leur temps » (ibid.). On était moderniste à la fin du XVIe siècle quand on réclamait avec les protestants la liberté de lire la Bible, dans laquelle Campanella voit une des deux grandes révélations de Dieu, l'autre étant le monde lui-même. La lecture combinée de ces deux grands livres peut seule nous révéler Dieu. « Interdire cette lecture dans laquelle consiste la recherche scientifique, et condamner comme contraire à la foi des doctrines astronomiques et physiques, fondées sur l'observation des phénomènes et conformes à la raison, c'est interdire le christianisme lui-même et faire injure à la divinité en supposant, entre les deux textes dans lesquels sa pensée s'est exprimée, d'inadmissibles contradictions » (p. 335). Ainsi raisonne l'ami et le défenseur de Galilée. Certes Campanella était bon prophète en prédisant que les systèmes de Copernic et de Galilée seraient acceptés — mieux que cela : absorbés par l'orthodoxie selon la tradition constante de l'Eglise à l'égard des vérités scientifiques nouvelles (p. 137).

Il nous plaît d'évoquer ici la douce figure de notre ami défunt Marcel Hébert, dont la pensée était si proche de tous ceux qui essaient de sauver le divin en sacrifiant le dogme et enseignent « aux peuples de la terre un christianisme rationnel qui, par son harmonie avec toutes les tendances de la nature humaine et avec toutes les vérités de la philosophie, possèdera une puissance jusqu'alors inconnue de persuasion et d'expansion » (p. 338). Nous voici sur la voie du déisme tel que l'enseignera à Emile le Vicaire Savoyard : « « le monde a une seule loi naturelle imprimée dans le cœur de tous les hommes et que nulle diversité ne peut effacer » (p. 472). Mais il faut un peu plus de malice que n'en avait sinon Jean-Jacques, du moins Marcel Hébert, le pur auteur de la *Forme idéaliste du sentiment religieux*, pour exprimer des apophtegmes comme celui-ci : « *quante più cose si proibiscono, tanto più heretici nascono* » (p. 341). Ce n'est pas que, par une contradiction commune à bien des esprits exaltés, Campanella bannisse tout dogmatisme de sa république idéale : au contraire, dans plusieurs écrits, ses idées se rapprochent de celles qu'exprimaient bien longtemps avant lui Platon et bien longtemps après lui Auguste Comte vieillissant. Selon eux, jusqu'en matière d'opinions scientifiques, l'hérésie peut devenir punissable dès qu'elle entre en conflit avec la discipline de l'Etat. Le libre examen n'est alors qu'une arme de combat destinée à remplir une fonction négative et provisoire (p. 344). On le voit, même chez d'aussi grands esprits, il restait encore à la raison humaine bien du chemin à parcourir

Lorsqu'il en vient à synthétiser sa vaste étude, Blanchet grandit peut-être plus qu'il ne le croit lui-même son héros en rappelant le rôle de propagateur et de défenseur des conceptions méthodologiques et scientifiques de Vinci et de Galilée, noblement assumé par Campanella. « Il falla t bannir le miracle, affirmer contre le dogmatisme religieux les droits de la libre recherche, soustraire à la juridiction de la théologie le domaine des vérités d'expérience, enfin construire sur la base de principes nouveaux une nouvelle théorie de la connaissance. » (P. 533.) Rien de surprenant à ce que, parvenu ainsi jusqu'aux plus hauts sommets de la pensée humaine, Campanella y soit rejoint bientôt par Descartes, par Spinoza, par Leibnitz. C'est par une sorte de parallèle entre les systèmes de ces trois génies avec les idées de Campanella que se termine le livre dont nous essayons de rendre compte. Nous connaissons déjà suffisamment son auteur pour être assuré de la force des arguments par lesquels il l'établit. Il semble que l'attention de Blanchet ait été spécialement attirée vers les influences exercées par le subjectivisme de Campanella sur le point de départ de la connaissance selon Descartes. Il lui assigne une place importante entre saint Augustin et le « Discours sur la Méthode ». Ceci fait l'objet d'un autre livre de Blanchet qui mérite de retenir à son tour l'attention de tous les studieux de la philosophie (1).

Il est superflu d'ajouter à ce résumé quelques paroles élogieuses : nous voudrions que la richesse de la documentation, le vaste savoir et la sûre méthode de l'auteur apparaissent d'eux-mêmes à l'esprit de nos lecteurs. Loin de les dispenser de connaître le livre lui-même, notre analyse n'a qu'un but : provoquer le désir de le méditer.

Paul ERRERA.

L. BLANCHET, **Les antécédents historiques du « Je pense, donc je suis ».** Paris, Alcan. (Collection historique des grands philosophes, XI, 289 pp.)

Nous avons tous le sentiment que le *Cogito* cartésien est une rupture totale avec la tradition et le début d'une ère nouvelle pour la philosophie. D'autant plus que les historiens du cartésianisme n'ont jamais qu'effleuré le problème de ses origines et pour conclure aussitôt à l'impossibilité de toute filiation doctrinale. C'est cette question, jamais résolue, que reprend L. Blanchet, pour lui donner une réponse qui, sur bien des points, restera définitive.

Les contemporains de Descartes ont connu le *Si enim fallor sum* de Saint-Augustin, et plusieurs, notamment Arnauld et le P. Mersenne, le lui ont signalé aussitôt paru le « Discours de la Méthode ». Le philosophe

---

(1) Léon BLANCHET, *Les Antécédents historiques du « Je pense, donc je suis ».* Paris.

protesta, parfois avec mauvaise humeur, de son indépendance d'inventeur, et il obtint, semble-t-il, assez facilement gain de cause. L'opinion du XVIIe siècle, c'est celle de Pascal : le *Cogito* « est aussi différent dans ses écrits d'avec le même mot dans les autres qui l'ont dit en passant qu'un homme plein de vie et de force, d'avec un homme mort ».

Mais c'est que Pascal et ceux de son temps voyaient avant tout en Descartes le physicien, et que le *Cogito* n'avait, à leurs yeux, de valeur que pour autant qu'il fondait la théorie mécaniste de la nature : dès lors, peu importait qu'il fût ou non repris de Saint-Augustin. Pour nous qui nous enquérons surtout de la métaphysique cartésienne, le point est d'importance, et, après la minutieuse comparaison des textes que fa t L. Blanchet, il devient bien difficile de ne pas croire à une influence positive. Non seulement, on trouve chez Saint-Augustin la preuve de l'existence de l'âme par la conscience de son doute ou de son erreur, mais aussi l'utilisation de cette preuve pour distinguer les natures spirituelles ou matérielles et même — quoique de façon moins nette — la réduction de la matière à l'étendue.

On sait que Descartes, aux environs de 1625, s'est préoccupé de construire une apologétique. Entreprise assez cur euse, en vérité, qui tendait autant à défendre ses opinions de physicien révolutionnaire en rupture avec l'enseignement officiel de l'Église, qu'à réfuter les philosophies sensualistes qui, depuis Pomponace et Telesio, circulaient dans les milieux libertins avec un succès grandissant. A la recherche d'un accord entre la physique et les vérités religieuses fondamentales, et l'é, à cette époque, avec le cardinal de Bérulle et les Oratoriens, tous imbus d'augustinisme, il ne pouvait ignorer les ressources qu'offrait à son dessein cette philosophie, dirigée précisément contre les Académiciens, ces « libertins » de l'antiquité.

Et cette opinion se confirme encore lorsque nous voyons apparaitre autour de Descartes une foule d'apologistes — entre autres les PP. Mersenne et Sirmond — qui recourent tous à des arguments plus ou moins apparentés au « De Trinitate » ou au « De Civitate Dei ». Il faut donc cesser d'isoler le *Cogito* et le replacer dans un courant qui va d'Aristote à Saint-Augustin en passant par Plotin ; puis qui traverse, en se chargeant de toutes sortes d'impuretés, mais aussi de la notion de l'autonomie de l'esprit, les philosophies de la Renaissance, surtout celles de Nicolas de Cusa et de Campanella. Et enfin Descartes en donne l'expression définitive incomparable de netteté et de profondeur. Qu'il l'ait orientée vers un idéalisme, comme le veut Blanchet (après Hamelin), et qu'on retrouve chez lui, en germe, quelques-unes de nos habitudes d'esprit actuelles, c'est ce dont, pour ma part, je doute fort. Tout ce qui n'est pas, chez lui, ontologisme réaliste, c'est nous qui l'y projetons. Mais, cette chicane taite, je puis louer, sans réserve, la facture solide et probe et l'érudition pénétrante de ce beau livre. On regrette profondément, à le lire, que la mort ait interrompu l'œuvre dont il était un des premiers chaînons. D'ailleurs cette œuvre inachevée reste pourtant l'une des plus importantes contributions françaises à l'histoire de la philosophie.

Octobre 1920.   M. BARZIN.

Ch. Pergameni, **L'esprit bruxellois au début du régime français.**
Bruxelles, Lamertin, 1914, XI-269 pages, 18 planches.

Nous rendons compte, bien tardivement, du très intéressant volume de
M. Pergameni. On nous excusera : le livre a paru au mois de mai 1914 ; le
dernier numéro de la *Revue*, avant l'interruption causée par la Grande
Guerre, a été distribué au mois de juillet de la même année.

Mais il n'y a jamais de temps perdu pour louer les mérites d'un ouvrage
historique ; et d'ailleurs, à y bien regarder, les événements qui se sont
succédé depuis six années ont conféré, comme on va le voir, au livre de
M. Pergameni une sorte d'actualité.

L'auteur avait déjà consacré plusieurs études aux questions traitées
dans son volume. Il les y a incorporées en les exposant d'une manière
approfondie et en les complétant par d'autres recherches. L'ouvrage est
divisé en six chapitres : I. *La politique religieuse de la Révolution et ses
effets à Bruxelles jusqu'au Concordat*. II. *Les fêtes et cérémonies révolutionnaires dans leurs relations avec l'esprit public bruxellois au début du
Régime français*. III. *Les Déclarations, Soumissions, Serments révolutionnaires dans le département de la Dyle et spécialement à Bruxelles*. IV. *Mal-
adresses, excentricités et exagérations révolutionnaires*. V. *Le théâtre
politique et l'esprit public bruxellois au début du Régime français*. VI. *Le
Parc de Bruxelles et l'esprit public local*.

Les études de M. Pergameni tiennent plus que ne promet le titre de
son livre. Il n'est pas seulement un recueil de faits, d'anecdotes sur l'esprit
bruxellois à la fin du XVIIIe siècle. C'est, en réalité, plus que cela ; la
description des réactions produites dans notre milieu belge, brabançon
et bruxellois par les innovations politiques, administratives et religieuses
de l'époque conventionnelle et directoriale. Les faits mentionnés sont le
fruit d'une riche documentation extraite des archives, et notamment de
celles de la ville de Bruxelles. M. Pergameni ne se borne pas à les reproduire et à les analyser soigneusement ; il les met dans la lumière qui leur
convient en donnant à chacun d'eux sa véritable importance ; de leur
examen, il dégage des idées maîtresses, des vues d'ensemble.

Pour lui, l'idéal robespierriste, dont on a trop médit, fut dénaturé par
les faiseurs et les arrivistes de temps. Chez nous, les meilleures réformes
françaises furent compromises par les excès de zèle et les niaiseries de
fonctionnaires — français et belges — en mal d'arriver.

D'autre part, les Bruxellois étaient peu préparés à bien accueillir les
idées françaises à cause de leur attachement à des traditions fortement
enracinées. Bonnes ou mauvaises, ces traditions engendrèrent la résistance
aux nouveautés importées de Paris. Nos aïeux de 1795 à 1800 furent aussi
rétifs au régime français que nous le fûmes, en ces dernières années, au
régime allemand. C'est par là que l'ouvrage de M. Pergameni nous paraît
plus actuel aujourd'hui qu'il y a six années. En analysant la façon dont
les Bruxellois, il y a cinq quarts de siècle, résistaient à la domination
étrangère, il nous permet de constater que leur manière n'a guère changé
depuis lors.

Le volume de M. Pergameni, recueil de fa.ts, étude de psychologie collective, mélan heureusement l'analyse à la synthèse, est précédé d'un avant-propos où l'auteur insiste avec raison sur l'insuffisance de l'interprétation économique de l'histoire et sur la nécessité de faire, dans l'étude du passé, une très large place à l'histoire des idées et des sentiments religieux.

N'oublions pas de noter que l'agrément du livre est encore augmenté par l'élégance de sa présentation matérielle et par l'intérêt, sérieux ou plaisant, des gravures inédites qui y ont été jointes.

CHRONIQUE UNIVERSITAIRE

A L'INSTITUT DES HAUTES ETUDES DE BELGIQUE.

La séance de rentrée a eu lieu le samedi 30 octobre 1920, dans la salle de l'Union Coloniale.

M. le Dr P. Sollier, qui en avait assumé la présidence en lieu et place de M. Guillaume De Greef, empêché, fit connaître, en un bref discours, le but et le programme de l'Institut des Hautes Etudes ; après quoi la parole fut donnée à M. Henri Pirenne, recteur de l'Université de Gand, qui s'attacha, avec la science, la verve et l'élégance qu'on lui connait, à démontrer que les crises économiques semblent obéir à une loi d'alternance entre des périodes de liberté et des périodes de restriction. Il avait donné pour titre à sa conférence, qui fut accueillie par des applaudissements enthousiastes : *Une hypothèse d'histoire économique.*

CONFÉRENCE DE M. D'ARCY THOMPSON.

M. d'Arcy Thompson, professeur à l'Université de Saint-Andews, a fait, le vendredi 26 novembre, dans le grand auditoire de l'Université, une conférence sur « *les Mathématiques en Biologie* ». Un public nombreux suivit avec un intérêt passionné les développements à la fois profonds et lucides du savant conférencier, que M. P. Heger, président du conseil d'administration de l'Université Libre, avait présenté à l'auditoire avec sa bonne grâce habituelle. Son Excellence l'ambassadeur d'Angleterre assistait à cette belle séance.

La *Revue* publiera la conférence de l'éminent professeur anglais

LA JOURNÉE BORDET

L'un des prochains numéros de la *Revue* sera consacré à l'œuvre du Dr J. Bordet. On y lira les discours qui seront prononcés à l'occasion de la « journée Bordet ».

UNIVERSITE LIBRE DE BRUXELLES. — ACTES OFFICIELS

Faculté de Droit. — Le Conseil d'Administration de l'Université libre a appelé M. Maurice Bourquin, professeur ordinaire, à recueillir la succession de M. Ernest Nys. M. Bourquin a été chargé, en conséquence, du cours de Droit des gens, à la Faculté de droit, et du cours d'Histoire diplomatique de l'Europe, à l'Ecole des Sciences politiques et sociales.

M. L. Cornil a été chargé du cours de Droit civil dont M. Bourquin a été déchargé.

Les éléments de droits pénal et de procédure pénale (cours flamand) ont été confiés à M. W. Straetmans.

Faculté des Sciences. — Le Conseil d'Administration de l'Université libre a accepté la démission de M. Verschaffelt, professeur ordinaire. M. Verschaffelt renonce au haut enseignement et poursuivra en Hollande ses travaux de science pure. Il laissera parmi nous d'unanimes regrets.

M. Seligmann a été chargé, pour quelques années, du cours de Physique expérimentale.

M. E. Dupréel, professeur ordinaire à la Faculté de philosophie et lettres, a été déchargé, sur sa demande, du cours de Logique. Ce cours a été confié à M. Marcel Barzin, chargé de cours à la même faculté.

Les mandats d'assistant de MM. R. Crombez, M. de Selys Longchamps et V. Van Straelen ont été renouvelés pour une durée de deux ans.

Ecole de Commerce. — Sur la proposition de la commission administrative de l'Ecole, le Conseil d'Administration de l'Université libre a supprimé les fonctions de Directeur de l'Ecole.

Faculté de Médecine. — Sur la proposition de la Faculté, ont été chargés : MM. les professeurs A. Dustin, du cours d'anatomie pathologique ; L. Herlant, du cours de pharmacie pratique ; P. Gérard, du cours d'histologie : N. Wattiez, du cours de pharmacognosie avec les exercices pratiques de microscopie : O. Decroly, du cours d'hygiène de l'éducation médico-pédagogique (grade de médecin hygiéniste), en remplacement de M. le docteur A. Ley.

M. le Dr E. Renaux est nommé assistant au cours de bactériologie, en remplacement de M. le Dr I. Vander Ghinst.

MM. J. Lorthioir, A. Van Lint et I. Gunzburg ont été nommés agrégés.

M. le Dr R. Ley est nommé assistant au cours d'anatomie pathologique.

Le Conseil d'Administration des Hospices et Secours de la Ville de Bruxelles a nommé :

MM. les professeurs A. Dustin, chef de service des autopsies à l'Hôpital

St-Pierre; L. Leclercq-Dandoy, chef de service d'urologie à l'Hôpital St-Pierre; R. Danis, chef de service de chirurgie; M. Roussiel, chef de service de chirurgie à l'Infirmer'e; R. Ley, aide au service des autopsies à l'Hôpital St-Pierre.

DISTINCTIONS.

M. le Dr P. Heger, président du conseil d'administration de l'Université, a été nommé membre associé de l'Académie de Médecine de Naples..

M. le Dr J. Bordet s'est vu décerner, par la Société de Médecine de Suède, la médaille en or de Pasteur.

Il a été nommé docteur *honoris causa* de l'Université de Cambridge.

M. le Dr Depage a été nommé membre du Royal College of Surgeons de Londres et membre du Conseil des Gouverneurs des Ligues des Sociétés de Croix-Rouge (pour la Belgique et la Hollande).

Il a été appelé à présider à titre exceptionnel le 29e Congrès de l'Association française de Chirurgie.

M. E. Gallemaerts, professeur ord.naire, a été nommé membre d'honneur de la Société d'Ophtalmologie de Paris.

MM. H. Dony-Hénault et L. Wodon ont été nommés membres correspondants de l'Académie Royale de Belgique.

MM. F. Heger-Gilbert et A. Slosse ont été nommés membres correspondants de l'Académie de Médecine.

MM. A. Bayet, J. Demoor, O. Gengou, M. Herman, E. Zunz ont été nommés membres titulaires de l'Académie Royale de Médecine.

M. le professeur J. De Meyer s'est vu décerner le prix Alvarenga par l'Académie de Médecine.

M. le professeur E. Allard a été nommé directeur du laboratoire aérotechn'que de l'Administration de l'aéronautique qui vient d'être créé à Bruxelles.

LA MAISON DES ETUDIANTS

La Fondation Universitaire a décidé de remettre à l'Université une somme de 100.000 francs destinée à favoriser la création de la Maison des Etudiants.

L'Association générale des Etudiants a mis à la disposition du conseil d'administration de l'Université les fonds nécessaires à la constitution d'une bourse destinée à perpétuer le souvenir des étudiants tombés au champ d'honneur durant la guerre.

Cette bourse sera attribuée de préférence à un combattant ou à un descendant de combattant.

UN CONCOURS D'EDUCATION POPULAIRE

Une initiative des plus intéressantes vient d'être prise par l'Œuvre des Bibliothèques et Universités populaires du Centre. Cet organisme, qui rendit de si nombreux services à la cause de l'éducation populaire depuis sa fondation en 1916, met au concours la préparation, suivant un plan déterminé, d'une série de 12 leçons expérimentales sur les *Phénomènes naturels de la vie quotidienne*. L'ensemble doit former un cours itinérant d'initiation scientifique qui sera donné dans les œuvres d'éducation populaire, de manière à en assurer le succès et le rendement maximum.

Les expériences, les projections lumineuses constitueront la partie essentielle de cet enseignement purement objectif. A cette fin, un petit laboratore ambulant et un matériel pour projections accompagneront le cours, qui possèdera sa bibliothèque composée spécialement d'ouvrages d'initiation et de vulgarisation scientifique soigneusement choisis.

Des prix importants, dont l'ensemble atteint 2,000 francs, seront décernés aux auteurs des envois reconnus satisfaisants par le jury d'examen.

Ce concours s'étend à tout le pays ; il intéresse surtout les instituteurs, les docteurs en sciences, les professeurs de l'enseignement technique, etc. Ils sont invités à y prendre part en s'adressant, pour tous renseignements, au Président de l'Œuvre. M. Arthur Soupart, 18, place du Préau, à Morlanwelz.

EN SUISSE

Pendant le semestre d'hiver 1920-1921, l'Université de Zürich a organisé, outre les cours réguliers destinés aux étudiants des diverses facultés, des séries de leçons qui sont accessibles à tous les étudiants et auditeurs inscrits à l'Université. Parmi ces séries de leçons, nous relevons les sujets suivants : la Société des Nations ; la Politique extérieure de la Suisse depuis 1476 jusqu'au XIXe siècle : Mythe et symbole dans le Christianisme : la Suisse pendant la guerre mondiale ; le Système nerveux ; Introduction à la philosophie ; le Jura et les Alpes ; l'Homme préhistorique.

Il n'est pas sans intérêt de constater que l'Université de Zürich a senti, comme l'Université de Bruxelles, la nécessité de combattre la spécialisation prématurée des étudiants en les invitant à suivre des cours de culture générale. Les sujets des leçons faites à Zürich diffèrent de ceux qui ont été traités dans le « cours d'introduction aux études supérieures » professé à l'Université de Bruxelles en 1919 1920 et en 1920-1921, mais le but est le même.

EN ITALIE

En attendant qu'un accord semblable à celui qui vient d'être signé entre la France et l'Italie pour l'échange de professeurs et d'étudiants (Office des Universités, 96, boulevard Raspail, Paris) permette à de nombreux Belges, surtout à ceux qui se sentent emmurés et qui en souffrent, de faire un long séjour dans le Midi, les jeunes gens qui ne craignent pas de travailler pendant les vacances, trouvent à Florence une excellente occasion de s'instruire. Chaque été (août-septembre) l'*Università Estiva Florentina* organise des cours dans les locaux du *R. Istituto di Studi Superiori* (piazza S. Marco). Le programme de cette année-ci — la quatorzième — comprenait les matières suivantes : Letteratura Italiana ; Letteratura Italiana contemporanea ; Letteratura Dantesca ; Storia Fiorentina ; Storia del Risorgimento Italiano ; Storia dell' Arte Italiana (projections lumineuses), Galileo e l'Accademia del Cimento. Environ seize heures par semaine. Droit d'inscription : 80 lires. Examens facultatifs.

Rome est moins hospitalière : l'Université, l'Institut français (palais Farnèse) et l'Institut belge (piazza Rusticucci) chôment complètement de juillet à octobre. Les bibliothèques même des deux instituts n'admettent aucun visiteur.

Les mathématiques dans la biologie
(La Coquille du Nautile)

Conférence donnée à l'Université de Bruxelles le 26 novembre 1920

par M. le professeur D'Arcy Wentworth Thompson

de l'Université de Saint-Andrews.

Mesdames, messieurs,

En m'adressant la parole, M. le président vient de vous rappeler que je suis l'auteur d'un livre sur « la Croissance et la Forme des corps organisés ». Permettez-moi de préciser en quelques mots.

Lorsque j'entrepris les études qui devaient aboutir à ce livre, je trouvai dans les travaux de votre compatriote Joseph Plateau de véritables lumières. Puis, en songeant aux rapports des mathématiques et des sciences naturelles ce fut par l'anthropométrie de Quetelet et par sa physique sociale que je fus guidé en plus d'un chemin. Et enfin, dans le développement de ma thèse, ce fut avec Léo Errera que je me rencontrai bien souvent.

Je vais à Gand, lundi, pour saluer le nom de Plateau, sans oublier ni celui de Quetelet qui était son maître, ni celui de Errera, qui a imaginé une nouvelle et très importante application de quelques-unes de ses découvertes. Ici, à Bruxelles, sans oublier le nom de Plateau, je voudrais saluer la mémoire de Quetelet, et celle aussi de Léo Errera en y ajoutant une note plus affectueuse et plus personnelle. Je l'ai vu; je l'ai connu, et je l'ai tant regretté! Il mourut jeune : il avait si bien semé, et il ne lui fut accordé que de commencer sa riche moisson!... Il mourut jeune: et nous l'avons pleuré, comme on pleura Lycidas !

Messieurs, même sans avoir entendu les mots trop aimables que M. le président m'a adressés, je serais très fier de me trouver ici.

On m'a appelé du sein de ma petite Université pour vous parler pendant une petite heure. Imaginez-vous, messieurs, comme j'en suis content, comme je m'en trouve encouragé?

Mon Université de là-bas est très lointaine, très petite, et très ancienne. Elle est située au haut de son rocher, à côté d'une mer grise et froide; et la petite cité est grise et froide comme la mer. Les rues sont presque solennelles dans leur tranquillité; et entre leur menu mouvement nos étudiants vont et viennent dans leurs vieilles robes écarlates, — belle tache de couleur sous notre ciel gris, belle réminiscence de la magnificence fastueuse du moyen âge.

De temps en temps, on sort de cette vie tranquille et paisible, comme j'en sors aujourd'hui, quelque peu timide, pour prendre part à une vie plus large, plus animée que la nôtre, pour échanger des idées en serrant la main à des confrères, et pour sentir (ou pour s'imaginer) que même là-bas nous appartenons, nous autres aussi, au grand monde (à un petit coin du grand monde) des lettres et de la science.

Mais en m'invitant à Bruxelles, vous me donnez un plaisir, vous me faites un compliment, plus touchant, plus flatteur pour moi que vous ne le savez. Et voici pourquoi! Il y a une centaine d'années, à peu près, il arriva par hasard à ma grand'mère de passer quelques années à Bruxelles et à mon père de venir ici pour toutes les vacances de sa jeunesse. Les années se passèrent; et lorsque nous étions jeunes, mes frères et moi, mon père nous parlait et reparlait de Bruxelles, en lui attribuant toutes les délices, tous les raffinements de la vie civilisée, tels que nous ne l'avions pas à notre portée dans notre milieu presque farouche de l'extrême-ouest de l'Irlande. Pendant toute sa vie, Bruxelles resta toujours à ses yeux la grande ville par excellence, la ville des Musées, des Bibliothèques, surtout de la belle musique. Enfants, nous écoutions notre père avec une croyance absolue; dans cette croyance nous grandissions — et nous ne nous trompions pas ! Ce n'était pas Paris, ni Londres, ni même Jérusalem qui était pour nous la Ville Sainte, la ville merveilleuse; c'était toujours Bruxelles !

Mon père était professeur, professeur de Grec : c'est dire qu'il était pauvre. Pendant plus de cinquante années il ne s'accorda pas le plaisir de voyager; — il ne traversa jamais la Manche. Mais il y a dans la vie des désirs si ardents qu'à la fin ils se réalisent. Et dans la dernière année de sa vie, âgé déjà de soixante-douze ou soixante-treize ans, mon père traversa la mer pour visiter la ville tant désirée, le but de son pélerinage, sa terre promise; en un mot, il vint à Bruxelles! Veuillez me recevoir aujourd'hui aussi, MM. les Bruxellois, chez vous, comme pélerin très humble, très dévôt et infiniment reconnaissant!

Un seul mot encore avant d'entrer en mon sujet. Ce n'est pas le moindre de mes agréments et de mes honneurs d'aujourd'hui que d'avoir pour président et parrain, mon ami, mon collègue et mon maître, M. Paul Héger. Mais ce n'est pas à moi de faire son éloge, de lui offrir des compliments. Souvenez-vous de cette vieillle histoire du Dr Samuel Johnson? Il avait été reçu par le roi, Georges III, et le roi lui avait dit de très belles choses, et des plus aimables. Et qu'est-ce que vous lui avez dit en retour? — demanda quelqu'un. « Rien du tout, dit l'écrivain; pensez-vous que j'oserais échanger des compliments avec mon souverain? »

Messieurs, je suis simplement professeur d'histoire naturelle, et les grands thèmes ne sont pas dans mes cordes. De mon petit répertoire, je ne vous apporte qu'une coquille, — un rien, une bagatelle. Jouet d'enfant, monnaie d'un sauvage, pauvre trésor de nautonier, la coquille morte et vide est presque un symbole de l'insignifiance. Le grand Newton a dit que nous nous promenons aux bords de cet océan qui est l'océan de l'Inconnu, et tout ce que nous pouvons y faire c'est de ramasser çà et là, comme le font les enfants, quelques coquillages sur le sable. C'est déjà beaucoup! C'est Newton lui-même qui nous encourage: alors, ramassons donc notre coquille.

On revient toujours, — vous savez bien à quoi! En choisissant mon sujet, ma pensée s'est reportée en arrière à travers plus de quarante années, à une autre conférence, la première, je crois, d'une importance capitale, à laquelle j'avais assisté. Pour nous autres, étudiants de l'Université de Cambridge, ce fut un vrai jour de fête, ce jour où Huxley vint en visite chez nous pour faire une des grandes conférences traditionnelles de l'Université; dans la salle du Sénat il se tenait devant nous, avec cette *coquille de Nautile à la main*. Nous avons cette coquille devant nous, comme l'avait Huxley; mais je n'ai guère besoin de vous dire que peu s'en fallut que la coquille ne disparut à nos yeux dans la charmante histoire que le conférencier sut développer tout autour

d'elle. En fait, c'était l'œuvre de sa vie entière, c'était l'application de la théorie de l'évolution au développement de tous les
êtres animés, dont il allait faire le résumé pour nous. Au loin
s'étendent les voies de la science : « Latœ undique sapientibus
viœ » comme disait Lord Bacon... et au loin, et partout nous
mena Huxley en racontant l'histoire du Nautile. Il nous conduisit en imagination aux mers de l'Orient, et nous montra la créature chez elle. Il nous guida par les sentiers de l'anatomie comparée et nous expliqua les parties et les organes de l'animal ; il
nous montra comment toutes ces choses-là, un peu modifiées en
forme, un peu changées de place, un peu déguisées pour ainsi
dire dans leur costume, étaient après tout les mêmes parties,
les mêmes organes, que nous voyons dans les poulpes et les seiches
et les calmars de nos mers ; il nous fit contempler les merveilles
infinies du développement embryonnaire d'une telle créature ;
enfin, il nous fit descendre la grande route du géologue, et nous
invita à considérer les archives paléontologiques du nautile et de
ses alliés dans toute la multiplicité de leurs formes, révélant
toutes, plus ou moins évidemment, une parenté ancestrale pendant la durée incommensurable des temps géologiques.

Mais chaque petite chose vivante nous fournit une si grande
multiplicité de leçons que même toutes ces grandes lignes d'observation, ces larges voies de la pensée qu'il développa devant
nous ne sont pas, peut-être, suffisantes. Elles font beaucoup pour
nous faire comprendre l'étude de la forme organique, comme la
comprenait Huxley, — *la science de la Morphologie*, comme il
l'appelait, en empruntant le mot de Goethe. Mais c'était toujours
la Forme précisément du point de vue biologiste, et il existe
une autre science, plus grande encore que la biologie, qui a beaucoup à nous enseigner touchant la Forme. N'est-il pas possible
que le mathématicien, le géomètre, même au sujet des formes
organiques, ait quelque chose à dire, que, privé de son aide, le
biologiste ne peut pas deviner.

Θεὸς ἀεὶ γεωμετρεῖ — le bon Dieu fait toujours de la géométrie,
dit Platon ; c'était de Pythagore qu'il avait appris l'aphorisme,
et c'était des sages de l'Egypte que Pythagore l'avait tiré.
« Conterminous with space and coeval with time is the Kingdom
of Mathematics », a dit un grand mathématicien de nos jours.
Si cela est vrai, le biologiste doit assurément se hâter de s'allier
avec une science si fondamentale et si élevée.

Quant à la Forme, ses problèmes, grands et petits, nous entourent de tous côtés, du grand globe de la terre jusqu à la goutte de rosée : dans un clapotement d'eau, dans une bulle de savon, dans les rides du lac, dans les ondes de la mer ; — et le mathématicien sait nous raconter les merveilles intimes de toutes ces formes-là. Pensez-vous qu'il n'y ait pas de problèmes analogues parmi les êtres vivants? qu'il n'y ait pas de géométrie dans la fleur? pas de mathématique dans la coquille?

Mais le zoologiste n'a guère commencé à rêver de pouvoir définir dans le langage de la mathématique les formes organiques, même les plus simples. Nous avons dans le rayon de miel une construction géométrique d'une simplicité exquise, et depuis la haute antiquité divers mathématiciens ont essayé de l'expliquer par des lois mathématiques, par quelque balancement de forces, quelque finalité d'équilibre dynamique. Mais le naturaliste se trouve toujours disposé plutôt à attribuer cette symétrie curieuse, cette parfaite beauté, à une source psychique, à une expression d'intelligence, à un phénomène d'adaptation téléologique, plutôt qu'à aucune opération, aveugle et automatique, des forces physiques ; et M. Maeterlinck, par exemple, naturaliste et poète, se range fortement de ce côté téléologique dans son charmant ouvrage sur la vie de l'abeille.

· En effet, le naturaliste a une profonde répugnance à comparer l'être animé avec l'inanimé, la chose morte avec l'être vivant, à expliquer par la géométrie ou par la dynamique les choses qui jouent un rôle dans les mystères de la vie.

Reste à faire une réflexion de plus. La mathématique peut bien jouer son rôle dans notre biologie descriptive ; on peut trouver sous la main de beaux problèmes, simples en apparence, qui attendent une solution mathématique ; mais il est possible que ces problèmes soient réellement très difficiles, et résistent à tout effort. Il y a dans la physique et dans la mathématique cette chose très curieuse, très évasive et déconcertante, qu'il a fallu toujours de très grands hommes pour découvrir des choses très simples. La trajectoire d''un caillou dans l'air, la courbe de suspension de la corde à sauter d'un enfant, les couleurs d'une bulle de savon, les ombres ou reflets d'une tasse de thé, ce sont tous problèmes très simples, très ordinaires, mais les hommes qui les ont résolus sont parmi les plus illustres du monde.

Il s'ensuit que, bien que le biologiste puisse désirer une solution mathématique de ces problèmes de la forme, il faut qu'il se contente en attendant (et, peut-être pendant très longtemps encore), d'une adombration faible et préliminaire d'une morphologie mathématique, d'un traitement élémentaire de peu de cas d'une simplicité exceptionnelle. Peut-être que nous trouverons dans nos coquillages un exemple d'une telle simplicité!

Dans ma première jeunesse, j'aimais beaucoup un certain vieux mathématicien, qui m'enseigna un petit peu de mathématique et beaucoup d'autres choses. C'était le professeur Allman, savant irlandais, qui a écrit une œuvre célèbre sur la géométrie grecque. Il avait un penchant inouï pour les coquilles. Du côté naturaliste, j'oserais dire qu'il en savait peu, presque rien; hormis quelques pauvres trésors, tels que sa *Gloria maris*, son *Cauris jaune*, il en ignorait même les noms; mais il semblait prendre un plaisir infini à regarder leur beauté; il les maniait, il les caressait, il les avait toujours dans sa poche. Jusqu'à ce jour je ne sais quelle était son idée : il la gardait secrète, mais il trouvait dans ses coquilles quelque chose qui était au courant de son intelligence, quelque chose de curieusement sympathique, quelque chose qu'un vieux mathématicien pouvait comprendre et semblait vouloir savourer.

Une courte génération antérieurement à mon vieil ami le Dr Allman, vécut le chanoine Moseley, docte ecclésiastique, à la fois homme de lettres, prélat, mathématicien et ingénieur. Le chanoine publia, il y a plus de quatre-vingts ans, une petite brochure, qui est, à mon avis, un ouvrage classique en histoire naturelle. C'était d'abord une étude mathématique de ce Nautile même, et ensuite de quelques autres coquilles. Et l'essentiel était, en premier lieu, que cette coquille, d'une exacte précision mathématique, d'une vraie perfection de détail (autant que nous pouvions raisonnablement l'espérer dans une structure matérielle), se conformait à la courbe mathématique qui s'appelle la « *spirale logarithmique* »; et encore, et voilà qui est vraiment extraordinaire, dans toutes les coquilles, toutes celles que le bon chanoine étudiait, il trouvait toujours cette même spirale logarithmique. Voilà, messieurs, sur la table, quelques coquillages. Il y en a de bivalves et d'univalves; voici des coquilles plates et des coquilles hautement coniques; il en est de grandes et de petites, de rudes et de polies; quelques unes sont simples et d'autres apparemment compliquées et même de formes extravagantes; mais la spirale logarithmique y existe toujours, elle est fondamentale pour toutes.

Mais les coquilles, les milliers d'espèces de coquilles, sont infiniment variées; elles nous montrent une série de formes dont les variétés semblent infinies alors que chacune cependant est toujours rigoureusement conforme; la variété est rigoureusement soumise à la même loi mathématique ou formule fondamentale.

Quoique les possibilités de la variation nous apparaissent infinies, cependant elles se trouvent toutes entre certaines lignes étroitement délimitées et, en dehors de ce cadre, il y a un nombre infiniment plus vaste de formes qu'aucune coquille ne prit jamais et ne sera jamais capable de prendre.

Nous voici, d'une part, en présence de ce mot dont nous percevons difficilement le sens : *l'infini* — et, d'autre part, nous sommes en face d'une de ces lois étranges de la nature, plus rigoureuse et plus inflexible que les lois dont s'occupe ordinairement le biologiste. Il s'agit d'un de ces « *fœdera Naturœ* » dont parla jadis Lucrèce, d'une de ces lois de fer qui marquent les bornes de ce qui peut et de ce qui ne peut pas être :

> *Quid quœque queant, per fœdera Naturai.*
> *Quid porro nequeant.*

Et la merveille s'accroît quand nous découvrons que toutes les formes spirales (presque sans exception) que nous pouvons rencontrer dans les deux règnes organiques, parmi les animaux et parmi les plantes, se conforment rigoureusement à cette même définition mathématique.

Lorsque les petites griffes de votre serin s'accroissent, et se courbent gauchement autour du perchoir; lorsque la dent d'un castor ou la défense d'un éléphant se développe dans une courbe violente; dans les cornes courbes ou enroulées du bouc ou du bélier, toujours la spirale logarithmique est là. Voilà une poignée de petites nummulites (les petites coquilles fossiles dont les montagnes du nord d'Afrique et les pyramides d'Egypte sont composées), la spirale logarithmique est marquée sur toutes. Et voici l'image d'un grand tournesol « the noble flower of the sun! » (comme l'appelle sir Thomas Browne) et, vous le voyez, les spirales logarithmiques se croisent, s'entrecroisent et se déchaînent tout au travers de sa surface.

Un mathématicien très humble, mais très expérimenté, l'arai-

gnée, va nous donner notre première leçon dans la géométrie de
cette courbe; mais la leçon est longue, il faut l'abréger sévèrement et nous pouvons d'autant mieux le faire que le grand Henri
Fabre a déjà traité cette question en y marquant toutes les subtilités mathématiques.

La toile d'araignée est remplie de mathématiques. C'est de sa
belle spirale que nous allons parler; mais regardez aussi les jolies
gouttelettes de rosée qui l'emperlent quelquefois, et qui montrent
une géométrie toute spéciale dont je vais parler demain à Gand,
en rappelant les travaux de Plateau; voici encore les belles courbes caténaires que le poids de ces gouttelettes imprime sur les
lignes droites de la toile. Mais revenons à notre spirale.

Après avoir construit une rude charpente entre les buissons,
l'araignée y met une belle roue de fins rayons; ces rayons font
des angles presque égaux l'un avec l'autre. Fabre nous dit que,
quoiqu'il eut surpris maint secret de l'araignée, la petite bête
lui cachait ce secret ésotérique de savoir comment elle parvenait
à faire ces angles radiaux si merveilleusement égaux. Elle fait
alors un petit escalier, simple préliminaire, et l'opération la plus
soignée commence ensuite : de chaque rayon au rayon voisin elle
tire un petit fil; je dis « *elle* » parce que dans le pays des araignées ce sont les femmes qui sont les tisserands et aussi les mathématiciens. Elle tire donc une petit fil droit et tendu d'un rayon au
rayon voisin; et vous pouvez observer que l'angle d'un côté diffère
un peu de l'autre; elle rencontre l'un des rayons sous un angle
légèrement aigu, et l'autre sous un angle tant soit peu plus obtus.
Le fil s'allonge de suite à travers l'intervalle prochain, et cette
fois les angles sont précisément les mêmes qu'auparavant, — avec
précisément la même différence de chaque côté; et il est évident
que ce procédé tend graduellement, mais très, très lentement dans
la direction du centre de la roue. L'araignée fait le tour complet
de sa toile, et arrive là où elle a commencée; et, tout en tirant
toujours son fil avec des angles constants et invariables, il est
évident que la droite qui suit est exactement parallèle à la ligne
initiale.

Vous connaissez le poète Pope, qui sous le règne de Queen Anne
écrivit ses beaux vers dans son joli jardin de Twickenham. Il y
avait des araignées dans ce jardin, et le poète les étudiait heureusement; il fait un compliment très poli à l'araignée, lorsqu'il
la compare au mathématicien le plus célèbre de cette époque.

How does the spider parallels design,
Sure as De Moivre, without rule or line?

Par ce procédé continu, l'araignée construit son escalier spiral, et après le travail d'une heure voilà achevée la belle toile avec toute sa géométrie minutieuse.

Vous pouvez m'objecter que cette longue ligne tournante que l'araignée a tirée, de la circonférence jusqu'au centre, n'est pas actuellement une courbe spirale, parce qu'elle ne se compose que d'une succession de petites droites. Mais la courbe imaginaire qu'on peut tracer en passant par tous ces points d'attache serait ni moins ni plus que la spirale logarithmique. Elle est suffisamment définie par le fait que partout où un rayon, un vecteur, rencontre la courbe, il la rencontre sous un angle constant. C'est là une des propriétés intrinsèques de notre courbe, qui est par conséquent appelée aussi la spirale équi-angulaire.

Notre araignée ne se sert en rien de la spirale logarithmique, elle ne s'en soucie pas; elle ignore qu'elle fait des spirales logarithmiques, comme nous autres biologistes ignorons, pour la plupart, que nous faisons de la prose. Mais de ce simple fait qu'elle répète sans cesse la même manœuvre, qu'elle tire chaque petite ligne de la même manière, qu'elle fait des angles successivement identiques, soit intentionnellement, soit automatiquement, soit en vertu d'un mécanisme inné dans sa propre personne, il n'en résulte pas moins, comme inévitable résultat, que cette succession de lignes parallèles avec des angles identiques se développe à la fin dans la belle et subtile courbe mathématique; — et le mathématicien voit de suite qu'il y a une progression géométrique qui existe partout, entre toutes les parties successives de la spirale, et entre tous les intervalles successifs de chaque rayon. Nous retrouvons dans ce travail si précis de l'araignée la même loi que dans la disposition de notre coquille.

Comme dans la toile de l'araignée ainsi dans la coquille du nautile se trouve une progression géométrique entre les rayons successifs; et Moseley a démontré cette constance exacte par des méthodes de mensuration des plus raffinées. Et D'Orbigny a imaginé un petit instrument par lequel, en s'appuyant sur cette simple loi, on peut reconstruire la forme d'une coquille brisée, dont il ne reste qu'un fragment.

Les propriétés de la spirale logarithmique sont très nombreuses; en voici une très belle et très curieuse, que nous pouvons illustrer par l'examen de nos coquilles, bien qu'elle n'ait rien à faire avec leur nature ou leur origine. Si j'enroule un fil autour de mon Nautile, et le déroule en le tenant tendu, le bout de mon fil trace une très belle courbe qui est, pour ainsi dire, notre spirale à l'envers; c'est ce que nous appelons l'évolute de notre courbe. Et cette courbe nouvelle n'est pas autre chose que la même spirale logarithmique que nous avions auparavant; elle a changé de place, mais elle n'a pas changé de forme. Déroulez le fil dans le sens opposé, et le résultat est toujours le même; la spirale logarithmique reparaît. Cette persistance de la spirale logarithmique est un phénomène très remarquable et très beau; dans toute la géométrie il n'y a pas d'autre théorème tou-à-fait semblable. C'est une espèce de renaissance perpétuelle, parce que la même courbe se reproduit toujours après des transformations mathématiques des plus variées. Le célèbre Jacques Bernoulli, qui découvrit ces propriétés-ci, en était plus fier que de toutes ses autres découvertes. Il ordonna que la spirale logarithmique fut gravée sur son tombeau, avec l'inscription pieuse et emphatique, *Eadem mutata resurgo* ; car cette courbe était devenue pour lui un emblème de l'immortalité : — en un moment elle change, en un moment elle ressuscite.

Nous avons pris notre première leçon de mathématique de l'araignée, et Jacques Bernoulli nous a donné la seconde; allons plus loin pour en trouver une autre : asseyons-nous aux pieds de Pythagore et d'Aristote et des anciens géomètres d'Alexandrie. Ils ne connaissaient pas notre courbe, car ce furent Descartes et Newton qui, les premiers, l'élucidèrent. Mais les Ammonites sont éparpillées dans le désert autour du grand temple de Jupiter dans l'oasis, et les pyramides, comme je l'ai déjà dit, ne sont qu'une masse de nummulites spirales. Il serait vraiment étrange que les géomètres égyptiens n'eussent pas médité sur ces choses-là, sur la spirale de l'escargot, ou la spirale analogue des pétales d'un lotus, ou des fleurettes d'un tournesol. Mais si nous ne pouvons aller tout droit à la haute antiquité pour une étude de notre spirale, nous trouvons pourtant quelque chose dans la géométrie grecque qui peut nous aider; c'est le théorème très important du *Gnòmon*.

Avouez, messieurs les hellénistes, que ce théorème est important, — et un peu mystérieux. Les allusions faites sur ce sujet par les auteurs classiques ne sont pas rares, mais la plupart d'entre elles piquent notre curiosité encore plus qu'elles ne la satisfont. Vous connaissez le passage très curieux dans les Catégories d'Aristote où il compare à ce phénomène mathématique la nature et la croissance des tissus simples de nos corps, les parties similaires, les ὁμοιομερῆ. C'est une analogie très curieuse et très subtile. Lorsque Platon nous dit, dans le Timée, qu'un triangle particulier est κάλλιστον τρίγωνον — le plus beau de tous les triangles; lorsque Iamblique nous dit que trois types particuliers de triangle représentent le monade, le dyade et le triade, ils font allusion, je le crois, dans tous ces cas, à ce théorème ancien du Gnomon, qui date au moins des jours antiques de Pythagore, sinon de siècles beaucoup plus reculés.

Si je fais une addition à un carré, d'un seul côté, je le convertis naturellement en un oblong: mais si j'ajoute une portion symétrique, de la figure d'un L, à deux côtés de mon carré, la figure résultante reste toujours un carré : — la portion que nous avons ajoutée, en forme d'une équerre de menuisier, est appelée par Aristote un Gnomon.

Plus tard, parmi les géomètres alexandrins, le terme désignait n'importe quelle figure, qui, ajoutée à une autre figure, laissait la forme de cette autre sans changement.

Il y a une infinité de tels gnomons, et, à première vue, ils semblent être très éloignés de notre problème de la coquille. C'est le mathématicien Héron, d'Alexandrie, qui nous enseigne qu'il est toujours possible de diviser un triangle en deux parties, telles que l'une des parties est similaire au triangle entier; c'est-à-dire que l'autre partie est un gnomon, qui, ajouté à la partie première, reproduit un triangle identique. Et maintenant, nous allons voir, enfin, la relation de ce théorème des gnomons avec notre sujet. Parce que, si nous continuons ce même procédé, si nous ajoutons un gnomon après l'autre, maintes fois successivement, à notre triangle, alors, par un corollaire très beau, on voit qu'une spirale logarithmique peut toujours se dessiner autour de ceux-ci — que leurs points correspondants ont leur *locus* sur une spirale logarithmique. Et il s'ensuit que maintenant le naturaliste peut emprunter un terme des mathématiciens anciens, et dire que, toutes les fois qu'une spirale logarithmique se montre dans la nature organique, c'est toujours quand la croissance a procédé *par des étapes successives, ou des incréments successifs,*

*et quand chaque addition successive est un gnomon par rapport
à la structure qui la précède.*

Prenons un autre exemple : le cône, est un cas très simple. Il
y a beaucoup de coquilles coniques, très simples de forme, la
Patelle par exemple ; elle s'accroît par une extrémité seulement,
et elle reste toujours de la même forme, c'est-à-dire que la portion
successivement ajoutée est un gnomon, et la figure entière a ses
relations étroites avec la spirale logarithmique, dont, en effet, elle
n'est qu'un cas de limite. Les anciennes alliées coniques du Nautile, les Orthocères, ressemblaient parfaitement à un Nautile
dont le tube circonvoluté a été redressé ; mathématiquement aussi
bien que zoologiquement, les deux coquilles sont étroitement rapprochées, et encore la coquille de l'Orthocère constitue un cas
limitant de la spirale logarithmique.

Dans toutes ces coquilles que nous avons devant nous, dans le
Nautile, l'oreille de mer, la turritelle, le murex et les autres, on
aperçoit facilement que le mode de la croissance est d'une simplicité exquise ; car chaque portion nouvelle obéit à la loi de la similitude continue, en répétant tout simplement la forme de celle
qui la précédait. La coquille en grandissant ne change pas sa
forme. Chaque incrément nouveau est un gnomon par rapport à
tout le reste ; et la spirale logarithmique est le beau résultat,
résultat inévitable, de cette très simple loi. Et remarquez que les
lois de la mathématique sont éternelles, elles ne changent jamais.
Les formes géométriques, les belles spirales des coquilles, étaient
aussi parfaites dans les temps les plus reculés de la paléontologie
qu'elles le sont aujourd'hui, comme les flocons de neige ne sont
pas différents aujourd'hui de ceux des neiges qui tombaient dans
l'enfance du monde. Les lois de la physique, les principes de la
mathématique, n'ont pas besoin d'une évolution.

Cet autre échantillon n'est pas une coquille, mais un couvercle, ou opercule, espèce de porte par laquelle un buccin s'enferme
dans sa maison. Le buccin s'accroît toujours, et le portail est
nécessairement une section d'un tube croissant. Le couvercle s'accroît comme vous pouvez le voir, d'une façon spirale, d'un seul
côté, tandis que l'ouverture dans laquelle ce couvercle doit continuellement s'emboîter, s'accroît de tous côtés à la fois. Le problème semble être difficile, mais il est résolu immédiatement par
les propriétés de la spirale logarithmique, c'est-à-dire du gnomon ; parce que nous comprenons que, quoique les additions

soient asymétriques elles sont, en même temps *gnomoniques*; la forme du couvercle reste sans changement. Le bon chanoine Moseley, qui a découvert ce beau phénomène, en dit: Le bon Dieu a accordé à cet humble architecte l'adresse d'un géomètre savant. Il nous est permis, s'il nous plait, de modifier un peu ce langage, en retenant l'esprit des mots.

La similitude continue est l'essence même de la spirale logarithmique, et peut constituer (et on l'a fait constituer), une définition de cette courbe. Voilà une représentation d'une petite coquille microscopique, l'une des Foraminifères. C'est un des organismes les plus simples; de toute l'organisation compliquée du corps de Nautile il n'y a rien ici; l'organisme vivant n'est rien de plus qu'une goutte vivante, ou plutôt une série de gouttes, une gelée vivante. Mais quoi que ce soit qui donne la forme à une de ces gouttes, nous restons persuadés que la même cause ou système de causes opère sur la goutte suivante; goutte après goutte, une petite chambre après l'autre, elles se répètent en forme, pendant qu'elles s'accroissent dans une progression continue et invariable. Une telle coquille est un diagramme mathématique parfait d'une série de gnomons, et, *ipso facto*, des propriétés de la spirale logarithmique.

Cette dernière illustration nous conduit directement à une autre leçon (elle devra être la dernière), sur la spirale logarithmique. Nous avons vu que cette spirale se montre partout parmi les organismes; toutefois son existence est limitée d'une façon très originale. Lorsque la curiosité enfantine demande à Nounou quelle âge elle a, nous connaissons la réponse presque invariable : « Du même âge que ma langue, et un peu plus âgée que mes dents »; et pour nous la morale à tirer, la leçon de la physiologie, même de la physique et de la mathématique, c'est que (sauf une petite exception peu importante), nos corps sont du même âge partout : mon doigt est aussi âgé que mon pouce; mon nez, mes yeux, mes oreilles ont vieilli ensemble : — mais nous avons un cas tout-à-fait différent dans la corne ou dans la coquille. Quant à moi, je crois, ou je croissais, par une espèce d'*expansion* presque uniforme, — le *corps* de l'escargot ou du nautile le fait aussi, mais il n'en est pas de même de la coquille.

Dans la spirale logarithmique l'élément du temps entre toujours. La coquille et la corne croissent, non pas par une expansion ou grandissement général, mais par des incréments succes-

sifs; une partie se développe, se perfectionne, et une autre la suit
après. Il y a une vieille histoire du voyageur qui visitait les
saintes reliques dans le trésor de la cathédrale de Cologne. On lui
montrait trois petits crânes ratatinés comme les crânes des trois
rois de Cologne, — Melchior, Gaspar et Balthazar. Comme vous
vous en souvenez, il disait: « Mais ce sont là des crânes d'enfants ». « Oui, monsieur, dit le guide, ce sont les crânes des
rois, lorsqu'ils étaient enfants ». C'est trop absurde, me direz-
vous; je l'avoue, mais il n'y a plus trace d'absurdité lorsque nous
transférons cette réponse à n'importe laquelle de nos conforma-
tions spirales. Au centre même de notre Nautile ou de cette
Ammonite, entouré par tous les accroissements successifs, se
trouve encore la coquille lorsqu'elle était enfant; au sommet de
cette coquille du bucin ou d'escargot, au gond de cette huître,
au sommet de cette corne de bélier, sont les commencements
enfantins de ces structures : la corne ou la coquille de l'enfance
subsiste toujours, et toutes les étapes intermédiaires et successives
sont conservées.

Il suit de toute cela que la spirale logarithmique, bien qu'elle
soit étroitement associée à première vue avec la vie, est néanmoins une réelle caractéristique non du vivant mais du mort. Ce
n'est pas dans le protoplasme vivant, mou et fluide, ce n'est pas
dans les organes de chair et de sang que nos spirales se démontrent; c'est dans les accumulations entassées de matière formée
mais rejetée, c'est dans les substances qui ne vivent plus mais que
la matière vivante a sécrétées et déposées, c'est dans la corne,
la défense, et la coquille que nous trouvons la spirale logarithmique, avec sa courbe toujours croissante...

Messieurs, nous avons essayé de nous frayer un chemin à travers quelques-uns des problèmes de la Morphologie, en suivant
les fils que le physicien et le mathématicien ont mis entre nos
mains. Je sais bien qu'en faisant de la sorte, ou en cherchant à
faire de la sorte, nous faussons compagnie à beaucoup de traditions de la biologie, et nous nous opposons aux préceptes de beaucoup de savants et de penseurs. Nous y introduisons une conception physique qui, peut-être, semble peu convenable à notre
science; et nous avons l'air de fermer les yeux (du moins pour
le moment), à d'autres conceptions qui, tant bien que mal, sont
utiles à nos confrères, au milieu des phénomènes obscurs, comme

une lanterne placée devant leurs pieds. Nous évitons les théories de l'hérédité, du progrès, de la récapitulation, de la succession des types, de l'avancement séculaire. Nous glissons sur cet aspect de la Nature vivante qui se révèle dans la convenance, dans l'adaptation, dans le dessein, en un mot dans les causes finales.

Oui, nous passons à côté de ces choses! — mais je suis un peu las des questions simples et des réponses aisées touchant les grands problèmes du monde. Vous vous souvenez des six honnêtes serviteurs de Robert-Louis Stevenson, qui lui avaient enseigné tout ce qu'il savait; leurs noms étaient : *Qui? Que? Quoi? Où? Comment? Pourquoi?* — « I had six honest serving men, They taught me all I kne; their names are What and Where, and When, and How, and Why and Who! » J'ai des doutes au sujet de l'un d'entre eux. Celui-ci est trop curieux; il est quelquefois indiscret; il est exposé à la tentation, et son honnêteté a été sujette à caution de temps en temps. Je ne pense pas, comme biologiste, à demander *pourquoi?* c'est-à-dire pour quel bon but, l'œuf du rouge-gorge est tacheté ou l'œuf du mouchet est bleu? J'ai perdu foi dans les raisons qu'on m'a données et que j'ai enseignées autrefois, quand je croyais savoir pourquoi une espèce de violette est bleue et une autre jaune. Mais je veux me souvenir que ces raisons paraissent bonnes aux hommes aux pieds desquels je me suis assis, dont j'ai été le disciple et entre lesquels j'ai passé mes jours. Je ne préfère pas le moins du monde cette autre école plus récente, qui voudrait attribuer à l'intuition, à l'impulsion, à des efforts inconscients, à une habileté tectonique, à un sens artistique naissant, et ainsi de suite, — à une série de facteurs idéalistes — la forme concrète et objective de la cellule ou d'une particule vivante de protoplasme.

Quand Kepler étudiait la structure du flocon de neige et discutait la beauté, la délicatesse infinie de ces cristaux minutieux, il imagina une force régulatrice ou contrôlante, une espèce de *Deus ex machina*, une « facultas formatrix » comme douée d'une sagesse merveilleuse, d'une sorte d'expérience mathématique héri-ée de tous les âges, — comme « gnara totius geometriæ, et in ea exercita ». J'accepte l'hypothèse, seulement comme une parabole, — c'est-à-dire dans le sens poétique et allégorique qui était impliqué dans les termes dont Kepler s'est servi.

Mais là où il s'agit de la Forme, c'est-à-dire des concaténations ou configurations de la matière, qui sont toutes évidemment le résultat des mouvements de la matière, je ne pense pas qu'aucune ligne de démarcation sépare les problèmes de la Forme dans les choses vivantes de tous les problèmes analogues dans les choses inanimées; car également dans le vivant et dans le mort, je ne connais aucun nom à donner, sauf la force physique, à l'agent qui peut accomplir ce résultat, qui peut effectuer ces mouvements de la matière. Je ne connais aucune méthode, hors la sévère discipline de la mathématique, qui permette de comprendre l'opération de ces forces-là, et les arrangements et configurations qu'elles entraînent.

. Mais je ne voudrais pas admettre pour un seul moment qu'en cherchant une explication de la forme organique parmi les forces physiques et les lois mathématiques, on abaisse ou dégrade les prétentions du biologiste, ou que l'on obscurcisse la beauté de son monde.

On a appelé la mathématique la servante des sciences physiques, mais elle est aussi leur reine. Par le nombre, l'ordre et la position, elle nous met sur la voie de la connaissance exacte, la voie de la vérité scientifique; ces trois termes, le nombre, l'ordre et la position, nous fournissent les premières grandes lignes d'un croquis de l'univers. Par le compas et par l'équerre, par le cercle et le carré, on nous fait mieux comprendre, comme dit le vieux charpentier dans le poème de Verhaeren: « Les lois indubitables et fécondes, qui sont la règle et la clarté du monde ».

Les mathématiques ne sont pas seulement une science avec ses lois, elles nous fournissent une langue, — et on a dit que c'est la seule langue que le physicien puisse parler. Et un grand mathématicien écossais, qui étudia le rayon de miel il y a près de deux siècles, en a tiré la leçon que la perfection de la beauté mathématique est telle, que tout ce qui est le plus beau et le plus régulier est en même temps le plus utile et le plus excellent.

Hier soir, sur un rayon de la bibliothèque de M. Paul Héger, j'ai mis la main sur un des ouvrages d'Henri Poincaré, — et comme vous le savez bien, même après avoir maintes fois lu ses écrits, on y trouve toujours quelque chose de frappant et de nouveau. A la première page que j'ai ouverte, il compare la réalité objective avec l'harmonie que l'intelligence humaine croit découvrir dans la nature; et en dernière analyse il arive à la conclusion que cette harmonie, qui s'exprime par les lois mathématiques, est la seule réalité objective, la seule vérité que nous puissions atteindre. Et en ajoutant que l'harmonie universelle du monde est la source de toute beauté, Henri Poincaré, mathématicien, arrive à la même conclusion à laquelle Henri Fabre, naturaliste, est parvenu, — c'est-à-dire que dans le Nombre on trouve *le pourquoi et le comment des choses*, et que l'on s'imagine y voir *la clef de voûte de l'Univers*.

Henri de Kleist et sa poésie nationaliste

par Charles BECKENHAUPT

Chargé de cours à l'Université Libre de Bruxelles

Leçon inaugurale faite le 17 février 1920

Je sens toute la responsabilité que comporte ma tâche extrêmement délicate. La littérature d'une nation est une de ses manifestations les plus marquantes; elle exprime son caractère, sa
manière de voir, de penser, de juger, elle montre ce qui fait couler ses larmes, ce qui provoque son rire — comment pourrais-je
sans émotion parler de littérature allemande dans un pays, dans
une ville qui ont subi la joie bruyante, l'arrogance exultante de
l'Allemand vainqueur, qui ont éprouvé la défiance anxieuse,
l'odieuse rancune de l'intrus redoutant l'heure prochaine de la
défaite et du châtiment? Je connais les souvenirs qu'évoque ce
mot « l'Allemagne »; je suis Alsacien et si la Belgique a souffert
le martyre atroce que lui a infligé la cruauté du vainqueur, l'Alsace a dû supporter avec patience pendant de longues années le
joug savamment appliqué, les intrigues toujours renouvelées,
l'outrecuidance pédante, conséquente, calculée qui auraient dû
d'après les idées du pangermanisme dompter notre aversion pour
l'Empire Allemand et notre amour pour la mère-patrie.

Peut-on oublier ce que cette nation a fait souffrir à cet héroïque
peuple belge qu'elle croyait pouvoir englober parce qu'il était
moins nombreux qu'elle? Peut-on parler de sa littérature où se
révèle sa vie la plus intime sans penser aux incendies qu'elle a
allumés, aux innocents qu'elle a assassinés, aux noms tragiques
de Dinant, d'Aerschot et de Louvain? Même si nous n'avions pas
le devoir de signaler toutes les traces de l'esprit qui a conduit la
Germanie au crime, un fait purement littéraire nous forcerait à
établir le rapport entre les manifestations du nationalisme tyran-
nique et la poésie de ce peuple. La littérature ne saurait être

considérée comme une chose isolée, elle est la dernière manifestation d'un enchaînement d'idées, elle ne fait que sublimer l'ensemble des instincts de la nation. Mais, en outre, chaque écrivain
a contribué individuellement à former les opinions politiques de
ses compatriotes. Même celui qui semble indifférent ou hostile
à la politique a eu son influence en excitant l'ardeur des autres,
des nationalistes; mais nous devons respecter ses intentions,
ces noms ne doivent pas être mêlés à ces questions, ils ne représenteront pour nous qu'un symbole d'idéalisme. Leur génie a
fait un magnifique effort pour vaincre la brute et pour faire
triompher l'humanité. Puisse la profonde sagesse de Gœthe,
puisse l'ironie mordante de Henri Heine agir enfin sur la conscience de ceux qui sont appelés à diriger la destinée de la civilisation et de la politique allemandes.

Si la littérature allemande paraît être de prime abord un organisme facile à décrire, si ses représentants ont une certaine uniformité, elle nous ménage cependant beaucoup de surprises. Presque tous les poètes allemands ont des arrières-pensées, des saillies
qui nous déroutent et nous révèlent des qualités qui ne cadrent
guère avec leur conformation générale. Presque tous ceux qui se
sont distingués par leur puissance poétique ont eu une évolution
qui semble manquer de logique, qui en tous les cas est tout à fait
contraire à celle qu'on pouvait attendre. Schiller a écrit les
« Räuber » et « Kabale und Liebe » — mais cela n'a été qu'une
explosion révolutionnaire et il finit par revenir au drame antique.
Gœthe, l'original sensitif et ombrageux de Werther, devient le
placide Olympien et pour me reporter à une époque plus récente,
je n'aurai qu'à vous rappeler combien nous avons tous été déconcertés par les brusques manifestations de poètes allemands auxquels nous avions prêté des sentiments meilleurs et plus humains.
Leur mentalité est sujette aux influences mystiques de la race et
les influences obscures de leur sang, de leur entourage, de leur
époque viennent souvent compliquer des caractères qui, primitivement, ne semblent obéir qu'à leurs instincts tout individuels
et veiller avec jalousie sur leur indépendance. Chez Henri de
Kleist ce développement est très curieux et ses commentateurs
loin d'éprouver ce que ce phénomène a de choquant le relatent
comme quelque chose de naturel. Je cite M. Hermann Schneider,
professeur à l'Université de Berlin :

« Henri de Kleist a, le premier, démontré la compatibilité des intérêts moraux, intellectuels, artistiques les plus élevés avec l'activité politique la plus intense, une compatibilité que le XVIII⁰ siècle ne pouvait ni comprendre ni accepter. L'homme pour qui la lecture de Kant devint un événement ébranlant toute sa vie, l'homme qui était capable de lutter avec un sujet poétique pendant cinq cents jours et cinq cents nuits sans discontinuer, jusqu'à l'épuisement de ses forces — cet homme se laisse pénétrer avec la même intensité et la même obstination par l'idée de la nécessité morale d'une guerre d'anéantissement contre une nation étrangère. »

Pour quiconque sait ce que veut dire pour l'Allemand la guerre d'anéantissement (« Vernichtungskrieg ») et l'obligation morale (« sittliche Verplichtung »), cette comptabilité reste un problème, mais M. Schneider la trouve toute naturelle, car il continue: « Sous ce rapport Kleist est certainement de beaucoup en avance sur son temps qui, il est vrai, sous la pression des circonstances l'a bien vite rattrapé; il est pour nous un guide qui peut nous mener à cet esprit moderne qui nous garantit un avenir sain — eine gesunde Zukunft ». C'est là le cri de guerre du pangermanisme et personne n'ignore quelles espérances s'attachaient à cet avenir.

Henri de Kleist a été pour tous ses biographes et commentateurs le poète mystérieux, sinon le mystère de la littérature allemande. Au dire de Hebbel, qui hérita de sa psychologie pathologique, il est impossible de trouver un poète qui fut plus malheureux que lui et la tragédie de sa vie suffirait à l'entourer à jamais des ténèbres d'une destinée extraordinaire et inexplicable. Ce malheur se refuse même à l'interprétation audacieuse du symboliste Hebbel qui met à jour dans les événements les plus irréductibles le mécanisme psychique réglant en souverain absolu la marché des tragédies humaines.

Un écrivain qui se dérobe à l'interprétation des exégètes les plus subtils de la littérature allemande, un poète qui n'obéit pas dans les faits extérieurs de sa vie à la suprême sagesse de la poésie, qui n'élimine pas tout ce qui pourrait, dans le cours de sa vie, nuire à sa mission poétique — ça c'est déconcertant, troublant, inquiétant; c'est inconcevable pour ces commentateurs exégètes d'outre-Rhin pour lesquels la biographie est une préfiguration mystique de l'œuvre.

Les détails inexpliqués de cette vie à eux seuls suffisaient à occuper le zèle des biographes : le voyage à Wurzbourg qu'ont étudié Morris et Rahmer, les rapports avec sa sœur originale, cette virago d'Ulrique, l'idée d'entrer au service de la France révolutionnaire après avoir été officier dans la garde royale à Berlin, le suicide, le suprême bonheur d'avoir trouvé une compagne qui consent à être l'épouse de sa mort — autant d'énigmes.

Mais ne s'agit-il pas là de faits romanesques, susceptibles de captiver les curieux plutôt que ceux qui désirent connaître le sens que ces événements ont eu dans le développen.ent et le dénouement de la destinée littéraire du poète? Pour eux ces mystères ne sauraient avoir qu'une valeur secondaire : Kleist, dans ses œuvres n'est pas sujet à l² « Erlebnis », à l'expérience intime qui demande à recevoir la forme poétique, aux préoccupations tout à fait privées de l'homme qui se traduisent dans ses œuvres. Il est plutôt rationaliste : dans ses œuvres il se propose de résoudre une question (ou plutôt de la trancher), et son imagination est celle d'un illustrateur : je n'ai qu'à citer les origines de sa comédie « La Cruche cassée » ; elle veut expliquer une gravure de Debucourt, qui l'a moins séduit par son sujet que par les difficultés d'interprétation qu'elle lui imposait.

Tous les accidents de la vie de Kleist n'ont pour l'étude de son œuvre que la valeur de parallèles très éloignés, ils ne sont pas les nerfs qui font vibrer son âme de poète. D'autres faits de plus haute importance réclament une explication et avant tout les autres cette incohérence entre l'homme et l'écrivain. On n'a qu'à lire sa correspondance avec sa fiancée pour remarquer une divergence mystérieuse entre l'amant de Wilhelmine et l'auteur de la « Famille Schroffenstein ». Comment cet adolescent, qui se plaît à émettre en phrases mal tournées des naïvetés pédantes, peut-il se révéler si soudainement poète et même poète de génie? S'il est question d'amour dans ses lettres, il s'agit d'un amour tout théorique. L'éducation intellectuelle et morale de Wilhelmine est sa seule préoccupation : il lui parle avec ses 23 ans de ses devoirs vis-à-vis de sa progéniture et il y met un sérieux imperturbable:

« Je te vois, Wilhelmine, et à tes pieds deux enfants et sur tes genoux un troisième et j'entends comme tu apprends à parler au plus petit, à sentir au deuxième, à penser à l'aîné, comme tu sais convertir l'entêtement de l'un en constance, l'esprit de contradiction de l'autre en franchise, la timidité du troisième en

modestie et la curiosité de tous en zèle studieux; je vois comme
tu prêches le bien par l'exemple sans beaucoup parler, comme
tu leur montres par ta propre image ce qu'est la vertu. » Si cette
lettre nous montre un jeune homme fort sérieux, elle est loin de
nous annoncer un poète.

Et il y a pis : il y a ces thèmes que Kleist propose à sa fiancée
et qu'elle exécute docilement; il les corrige, toujours sans se
douter que ce rôle de professeur est ridicule vis-à-vis d'une fiancée, même si elle n'a reçu que l'éducation sommaire que dans une
ville de province vers 1800, un colonel prussien pouvait donner
à sa fille. Et on ne peut observer sans y prendre un plaisir extrême
la manière dont Kleist s'est acquitté de sa tâche : « Si en trico-
tant tu perds une maille et si, avant de continuer, tu la deprends
soigneusement pour que ce seul nœud délié en dissolvant tous les
autres ne détruise le tissu artificiel — quel enseignement utile
en tires-tu pour ton développement intellectuel et moral ou que
signifie ce fait?

« Si à la cuisine tu verses l'eau bouillante dans un vase froid
et si le liquide en ébullition chauffe un peu la casserole et y
perd sa chaleur jusqu'à ce que leurs températures respectives se
soient mises en équilibre — quelle excellente espérance (« vor-
treffliche Hoffnung ») peut-on puiser dans ce fait pour nous deux
et plus particulièrement pour moi ou que peut signifier ce symptôme?

« Tiens, pour te donner un exemple des travaux les plus communs — si tu rinces à l'eau un mouchoir sale, quel livre peut te
donner une leçon aussi élevée, aussi sublime que ce travail ?

Il y a là un problème : comment ce fiancé si candide, si pédant
a-t-il pu écrire quelques mois plus tard ce dialogue du cinquième
acte de la « Famille Schroffenstein » où Ottokar trouve des paroles
enivrantes et chastes à la fois pour faire fondre en Agnès jusqu'à
l'idée même d'une résistance ?

Rien n'annonce dans les nombreux documents de cette péride
l'évolution future du poète comme rien n'annonce le fougueux
patriote qui se révèlera plus tard dans les poèmes de la dernière
période. Kleist a été assez indépendant pour se soustraire aux
idées mesquines qui régnaient dans son entourage, entourage d'officiers de la garde prussienne, entourage de courtisans frivoles
et élégants de Frédéric-Guillaume III. Les mots sévères qu'il
trouve pour juger ce milieu sont inspirés par une révolte morale

très sincère. « Les plus grandes merveilles de la discipline militaire qui étaient l'objet de l'admiration de tous les experts devinrent l'objet de mon plus sincère mépris. Je regardais les officiers comme autant de « Exerciermeister », les soldats comme autant d'esclaves et quand le régiment entier exécutait ses tours de force il me paraissait un monument vivant de la tyrannie. »

Il ne faut pas voir là ce que l'on pourrait nommer des idées révolutionnaires. Kleist ne songe pas à exprimer publiquement ses idées critiques et les passages précédents de cette lettre (datée du 19 mars 1799), comme les suivants montrent nettement que cette appréciation du métier militaire est uniquement l'effet de la contrainte morale où le mettait la discipline — et la discipline est quelque chose de tout à fait incompatible avec son caractère. Durant sa vie d'officier, il n'a cessé d'être martyrisé par ce doute: agir suivant sa conscience humaine ou agir selon les conventions réglant la conduite de l'officier.

C'est l'égotisme ardent de Kleist qui se traduit dans ces hésitations et il l'a poussé à des déclamations qui devaient paraître inouïes aux membres de sa famille, famille d'officiers prussiens qui, de père en fils étaient habitués à obéir en silence et à vénérer la personne sacrée de Sa Majesté. Lors de sa dernière visite à Potsdam, Kleist écrit à sa sœur, le 25 novembre 1800 : le roi n'a pas été très accueillant, « s'il n'a pas besoin de moi j'ai encore moins besoin de lui. Car il ne me serait pas difficile de trouver un autre roi, mais il aurait de la peine à trouver d'autres sujets. »

Les traditions de famille sont encore assez fortes pour lui faire atténuer ce que cette phrase avait de choquant pour sa sœur : « Je sens bien qu'il est malséant de dire ces choses » — mais il est indiscutable que l'organisation égotiste de son esprit l'a poussé à fronder le pouvoir et que ce descendant de fidèles serviteurs des rois de Prusse n'a plus le respect héréditaire du trône. La politique n'y est pour rien — on cherche vainement des allusions de ce genre dans les lettres de l'époque — mais l'ingénuité et la force de ce sentiment d'indépendance sont d'autant plus grandes qu'aucune théorie, aucune influence venant du dehors ne les ont fait germer.

Kleist n'est pas révolutionnaire, au contraire : il a le même dédain pour la révolution que pour le royalisme prussien. Lors de son séjour à Paris il écrit : « Ces études de sciences natu-

relles sur lesquelles s'est jeté tout l'esprit de la nation française
en y concentrant presque toutes ses forces — où vont-elles nous
conduire? Pourquoi l'Etat prodigue-t-il des millions à ces etablissements pour la propagande des sciences ? Veut-il propager
la vérité? Lui, l'Etat? » Le ton de ces derniers mots dénonce
l'anarchiste qu'était Kleist: il ne pouvait parler de l'Etat sans
dédain. Mais la source de ce mépris n'est pas la politique, c'est
son « rigorisme » qui, nulle part, dans les institutions publiques
ne voit triompher la morale. La première explosion de son aversion remonte à 1799 et elle est trop spontanée, trop bien expliquée
par le réel embarras moral du jeune officier pour qu'on puisse y
voir un effet ou seulement une réaction indirecte des œuvres de
Rousseau.

*
* *

L'intransigeance, l'exaltation morale du jeune poète qui se
débat avec furie contre la force inerte des conventions lui a
inspiré la tragédie de Robert Guiscard; ce héros succombant à
la peste a le sublime héroïsme de cacher la maladie funeste sous
un masque de sérénité pour ne pas compromettre son but et la victoire. L'héroïsme de Guiscard n'est cependant qu'une solution littéraire que Kleist a donnée aux problèmes qui le travaillaient; il
a essayé de s'affermir, de se donner à lui-même un bel exemple
d'intransigeance au milieu des angoisses que lui causaient la vie
réelle, ses travaux poétiques et le dépit qu'il ressentait en luttant
contre la sécheresse de son imagination. Car il n'est pas né poète;
pour bien s'en rendre compte on n'a qu'à observer ce style noueux,
ces phrases hachées, secouées par des inversions, ces tirades où
les mots s'entortillent, se pressent, se bousculent :
(Schroffenstein II. 3. 1163.)

```
Ei, möglich wär es wohl, dass Ruperts Sohn,
Der doch ermordet sein soll. bloss gestorben,
Und dass von der Gelegenheit gereizt,
Den Erbvertrag zu seinem Glück zu lenken.
Der Vater es verstanden, deiner Leute,
Die just vielleicht in dem Gebirge waren,
In ihrer Unschuld so sich zu bedienen,
Dass es der Welt erscheint. als hätten wirklich
Sie ihn ermordet — um mit diesem Scheine
Des Rechts sodann den Frieden aufzukünden,
Den Stamm von Warwand auszurotten, dann
Das Erbvermächtuis sich zu nehmen.
```

J'essaie de traduire:

« Eh bien, il se pourrait bien que le fils de Rupert qui pourtant a été assassiné d'après ce que l'on entend, aurait péri d'une mort naturelle et que, tenté par l'occasion le père eût réussi, afin de donner au testament une tournure favorable, à se servir de l'innocence de ses gens qui alors, peut-être, étaient à la montagne, de sorte qu'il semble au monde qu'ils l'auraient vraiment assassiné — tout cela pour suspendre la trève sous le prétexte d'exterminer le clan des Warwand et de s'emparer ensuite de l'héritage. »

Les efforts surhumains qu'il s'impose pour suffire à ses devoirs de poète le minent — il désespère. La tournure que prend son désespoir est significative : « A Paris, j'ai relu mon œuvre, [il s'agit de Robert Guiscard, du moins les parties terminées], je l'ai condamnée et brûlée. Et maintenant c'en est fait. Dieu me refuse la gloire, le plus grand des biens de ce monde ; je jette tous les autres devant ses pieds comme un enfant entêté. Je ne puis me montrer digne de ton amitié et néanmoins je ne puis vivre sans cette amitié. Je me précipite à la mort. Sois tranquille, auguste sœur, je mourrai la belle mort des batailles. J'ai quitté la capitale de ce pays (Kleist est en France), j'ai marché jusqu'à ses côtes du Nord ; j'entrerai au service militaire de la France. L'armée bientôt va faire voile pour l'Angleterre, notre mort à tous nous guette au-delà des mers, je triomphe en songeant à l'immense splendeur de ce tombeau. O toi, ma bien-aimée, tu seras ma dernière pensée » (1).

Kleist a essayé d'atténuer plus tard le fait qu'il a voulu entrer dans l'armée française. Il a expliqué au général de Köckeritz, aide de camp du roi de Prusse, que l'histoire de cet embarquement pour l'Angleterre était tout à fait étrangère à la politique, qu'elle méritait plutôt d'être examinée par un aliéniste (2). Pour apprécier cette explication, il faut examiner la situation qui l'a provoquée : Kleist sollicite un poste et pendant les mois suivants les lettres ne parleront que de cet emploi et des chances qu'il a de l'obtenir. Mais même si la confiance que mérite son interprétation n'était pas ébranlée par son attitude de quémandeur, son explication ne rendrait compréhensible que le désir d'en finir

---

(1) Lettre à Ulrique du 26 octobre 1803, datée de Saint-Omer.
(2) Lettre du 24 juin 1804.

mais jamais ce moyen qu'il choisit: de devenir officier français. Ce plan est tout à fait conforme aux idées de Kleist sur la patrie et les devoirs civils, à son indifférence nationale et civique.

M. Hermann Schneider dans ses *Studien zu Heinrich von Kleist* (p. 7), prétend que Kleist aurait, dès 1801, pris en haine la nation française, mais c'est là l'interprétation d'un chauvin qui voit partout les traces de ses propres sentiments. Le malaise que le poète éprouve à Paris, le mépris que lui inspire « l'immoralité » des Parisiens, sont simplement l'effet des idées exaltées qu'il a apportées à Paris et que Rousseau a puissamment contribué à développer. Le fait qu'il invoque le nom du philosophe au cours de ses déclamations suffit pour démontrer que c'est de lui qu'il s'inspire et qu'il ne s'agit pas d'aversion nationale : son jugement est une critique rigoriste et non une explosion de chauvinisme.

Pour lui la nation n'existe que très vaguement à cette époque. Il est tout préoccupé des questions morales qui l'agitent, il regarde la vie et le monde d'une manière si primitive que rien ne semble avoir de valeur pour lui, si ce n'est la nature et l'homme, l'homme naturel, l'homme de la morale absolue, l'homme de Rousseau, l'homme dégagé de tous les attributs artificiels dont l'a affublé la civilisation. Cette indifférence nationale ne se rencontre pas souvent parmi les auteurs de cette époque : prenons Schiller, prenons Goethe comme représentants qu'on peut comparer à Kleist sans trop s'éloigner des idées qui lui étaient familières. Ils vivaient, eux aussi, retirés du monde réel et pourtant ils avaient une conception bien claire et bien définie de la nationalité allemande. Goethe avait interprété la situation de sa nation: « L'Allemagne n'est rien, mais chaque individu allemand a une grande valeur. Il faut transplanter et disperser les Allemands par le monde entier comme les Juifs, afin de développer pour le salut de toutes les nations la masse de bonnes qualités qu'ils ont. » Et Schiller partage son opinion: « Sans prendre part à la politique l'Allemand a développé une importance qui n'appartient qu'à lui et si l'Empire succombait, la dignité de la nation n'en serait pas atteinte. Elle est une grandeur morale, elle réside dans la culture et le caractère de la nation qui sont indépendants de sa destinée politique. Si l'empire politique est ébranlé, l'empire intellectuel ne fait que s'affermir et se perfectionner. » (On était loin alors de regarder la culture comme un moyen de propagande politique et d'expansion). Je n'ai d'ailleurs cité les deux héros littéraires de l'époque que pour bien faire ressortir l'attitude de Kleist : la nation qui pour Schiller et Goethe est une communauté civiilsatrice à condition qu'elle renonce à jouer un rôle politique, n'a pas pour Kleist ce sens humanitaire, elle n'a pour lui aucun sens — elle n'existe pas.

La lettre du 24 juin 1804 nous montre Kleist sous un nouveau jour. On ne reconnaît guère le philosophe idéaliste, le sévère moraliste, le poète malheureux qui va chercher la mort au-delà des mers parce qu'il a l'âme ravagée par ses luttes désespérées et ne peut suffire aux exigences qu'il se crée lui-même. Il regarde l'état par lequel il vient de passer comme un état de folie et il ne songe plus qu'à s'établir, à trouver une position qui lui permette de vivre.

Il déclare au général de Köckeritz qu'il désire « servir son roi et aucun autre ». Les lettres suivantes nous le montrent dans un parfait apaisement : il témoigne bien son amitié dans un style exalté à son ami Pfuel, et il y a même une emphase un peu scabreuse dans ces déclarations (1), mais pour le reste il ne parle que de son projet d'entrer dans la carrière diplomatique et ne laisse paraître aucun des soucis qui autrefois travaillaient son âme, aucune des préoccupations poétiques ou philosophiques qui le dévoraient.

Il faut croire que le besoin de trouver une situat'on l'a complètement changé : il ne s'intéresse plus qu'aux choses pratiques et suit avec un intérêt presque anxieux les démarches de Köckeritz et du ministre Gualtieri pour lui obtenir un poste.

Mais voilà que dans la lettre adressée en 1805 à Rühle de Lilienstern, Kleist nous étonne par une explosion de patriotisme : « Pourquoi le roi n'a-t-tl pas, lors de l'irruption des Français en Franconie, rassemblé ses Etats? Pourquoi ne leur a-t-il pas dépeint sa situation dans un touchant discours (— et la douleur seule eût suffi à le rendre touchant). S'il avait permis à leur amour-propre de décider s'ils voulaient obéir à un roi maltraité l'esprit national ne se serait-il pas réveillé en eux?... S'il avait fait frapper en monnaie toute sa vaisselle d'or et d'argent, s'il s'était défait de tous ses chambellans et de ses chevaux, si toute

_____

(1) Lettre du 7 janvier 1805.

sa famille l'avait suivi et si, après avoir donné cet exemple, il eût demandé ce que la nation décidait de faire [ne l'aurait-elle pas suivi]?»

Nous ne pouvons savoir ce qui s'est passé dans Kleist pour produire le changement radical que dénote cette lettre. C'est là un des véritables mystères de sa vie et il est d'autant plus impénétrable que quel que soit son explication, elle met en doute ce qui paraît être le fondement même de son existence : sa sincérité candide et son indépendance d'esprit farouche, jalouse, absolue. Détail curieux : ce problème n'existe pas pour ses biographes qui donnent à ses déclamations contre l'immoralité des Français une interprétation nationaliste et construisent ainsi un rapport direct entre Henri de Kleist, le patriote de 1805, et l'élève de Rousseau qui, en 1801, déplorait l'inclination voluptueuse des Français. On sait que dans ces derniers temps, chaque patriote allemand avait le devoir de croire à la dépravation générale du peuple français : parce que les mœurs des Parisiens ont offusqué Kleist, il est tout naturel pour ses biographes d'outre-Rhin, qu'il ait été un fougueux patriote allemand. Et l'idée de devenir officier français pour trouver la mort serait tout simplement inspirée par le désespoir et ne saurait mettre en doute son patriotisme.

Même ceux qui, comme Herzog, connaissent les antécédents du poète grévés d'anarchisme et d'antimilitarisme, ne s'étonnent pas de son soudain et violent patriotisme. L'explication de ce fait est facile : ce qui vous semble naturel ne vous frappe pas et comme il serait difficile de trouver un Allemand du dernier siècle capable d'admettre qu'on puisse avoir une autre appréciation de a situation politique en 1805 que celle de Kleist, il n'y aurait personne pour poser la question si Kleist lui-même aurait pu autrement envisager la situation.

Il est certain que les modifications extérieures de sa vie sont pour beaucoup dans ce changement subit. Kleist a gagné l'amitié du baron de Stein qui, plus tard, devint le ministre bien connu de la réorganisation; il a travaillé dans ses bureaux, il est attaché à la Chambre des Domaines à Kœnigsberg. Mais comment ces changements extérieurs ont-ils pu provoquer en lui une révolution complète? N'était-il pas l'anarchiste qui, dans son radicalisme intransigeant rejetait toute occupation ne servant pas uniquement aux besoins impérieux de sa nature si primitivement et si exclusivement égotiste? N'était-il pas le poète qui ne vivait

que pour l évolution de son moi vers un individualisme humanitaire si ardu, qu'il devait nécessairement l'isoler de toute société,
lui faire ignorer les besoins de la vie réelle pour établir l'harmonie complète de l'idéal et de la vie que rêvait son rigorisme?
C'étaient les dernières conséquences de cette disposition d'esprit
qui l'avaient guidé vers la mort au-delà des mers.

L'occupation tranquille, régulière, l'entourage bureaucratique,
l'avenir qui commençait à être assuré n'ont certainement pas suffi
à apaiser cette âme qui s'était déchirée, meurtrie, anéantie pour
gagner la pureté immaculée, cette âme qui n'obéissait qu'à la
souveraine moralité de son cœur. Ces conceptions devaient nécessairement paraître inconcevables, absurdes à son entourage, ses
proches étaient incapables de comprendre cette fière parole : « Je
porte en moi un commandement intérieur vis-à-vis duquel tous
les ordres extérieurs, fussent-ils signés du roi, seraient méprisa-
bles. »

Les lettres ne contiennent aucune allusion capable de nous
fournir une explication, mais d'un façon générale nous comprè-
nons ce qui s'est passé ou plutôt : ce qui a pu se passer en Kleist.
Les luttes isolent l'homme, il n'écoute que les commandements
qu'il se donne intérieurement, il n'entend que la voix qui l'entraîne au combat — la tranquillité ouvre l'âme aux influences du
dehors. Et quand, après des journées de tempête, le cœur retrouve
son repos, il est accessible aux idées bien connues qui ont agi sur
sa première jeunesse, aux habitudes de famille, à la douce insou-
ciance que donnent les traditions — il y retourne comme vers une
source de bonheur.

Il convient ici de rappeler que les Kleist sont une famille bien
prussienne, que de père en fils ils étaient officiers, que leurs cousins l'étaient et leurs oncles et leurs beaux-pères, que leurs mères
étaient filles d'officiers et que leurs filles épouseront des soldats.
Malgré tout l'individualisme compliqué du poète, les instincts
de cette race de soldats se sont réveillés en lui au contact sympathique de cet entourage homogène, de cet entourage royaliste,
patriotique, prussien qu'il trouva à Berlin et à Koenigsberg.

Comment cette révolution s'est-elle faite en lui? Personne ne
saurait le dire : nous ne possédons que des documents permettant
de constater le fait mais pas de l'expliquer. Il est plus que probable que Kleist lui-même ne s'est pas rendu compte du changement qui s'opérait en lui. Son patriotisme s'accentue; il se com-

plique de rancunes personnelles qui s'accumulent en lui à la
suite de sa captivité à Châlons-sur-Marne, où il a été transporté
comme suspect d'espionnage. Il faut toutefois noter que son indi-
gnation s'est exprimée en termes singulièrement doux si on considère son caractère explosible. Sa production poétique ne porte
aucune trace de ses idées patriotiques —, et pourtant, son esprit
n'a jamais été plus fécond qu'à cette époque; c'est la période où
il termina la « Cruche cassée », où il acheva « Amphytrion » et
ce chef-d'œuvre débordant d'un charme barbare, d'une douce
cruauté, cette « Penthesilée » qui assouvit son amour virginal dans
le sang, qui après avoir tué le héros qu'elle aime demande si elle
l'a étranglé de ses baisers ou déchiré de ses mains. Aucun rapport
ne semble exister entre cette tendre et funeste amazone et le
patriotisme du poète. Et pourtant, la tragédie est une étape bien
marquée dans l'évolution du poète patriotique : cette soif de sang,
cette compréhension intime de la candeur dans la cruauté, cet
héroïsme tellement empreint du rigorisme particulier au poète,
qu'il devient immoral à force de moralité — tous ces éléments
entreront plus tard dans la poésie nationaliste de Kleist et 'ui
communiqueront un caractère tout individuel. Au mois d'août
1806, lorsqu'il s'occupe de sa tragédie, la physionomie de Kleist
est en pleine formation : la Penthésilée ne la révèle pas encore
mais si on la rapproche de ses témoignages patriotiques, elle
annonce la tournure définitive de son esprit. Les éléments sont là
— ils n'attendent que la synthèse qui va s'opérer dans le poète.

Elle ne semble toutefois pas s'être accomplie sans retard. Après
le retour de Châlons-sur-Marne, Kleist évite visiblement de parler
politique et ses sentiments patriotiques ne l'empêchent pas de
songer très sérieusement à se faire l'éditeur du Code Napoléon et
de solliciter du gouvernement français qu'il lui confie l'édition
de ses publications officielles pour l'Allemagne. C'est à peine
si, dans la lettre du 25 octobre 1807, il dit à sa sœur de ne donner
aucune interprétation politique à ses démarches. Il s'éloigne du
nationalisme et tâche de ne pas effaroucher ses amis patriotiques.
Il s'excuse de sa retraite et essaye de se préparer un terrain
neutre.

Lorsqu'il annonce à son ancien chef, le « conseiller intime
supérieur aux finances » Auerswald, l'intention de publier la
revue « Phœbus », il fait ressortir que ce plan n'a aucun rapport
avec la politique. L'explication qu'il envoie de Dresde au

baron de Stein dans la lettre du 22 décembre 1807, fait même
l'effet d'une excuse quelque peu embarrassée: « Quel que soit le
pays où les circonstances me forceront de résider, jamais mon
cœur ne choisira une autre patrie que celle où je suis né. »

Cependant, malgré tous ces retards, le 1er janvier 1809 Kleist
a terminé une œuvre où le chauvinisme délire : la Bataille d'Arminius. Je ne m'arrêterai pas à retracer dans leurs détails ses
allusions très directes à la configuration politique de l'Allemagne
en 1809; il suffit de dire qu'elles sont tellement importantes
qu'elles forment la trame même de l'œuvre. Hermann y repré--
sente la Prusse, Marbod l'Autriche, Aristan la Confédération du
Rhin. La France cependant n'a pas trouvé de représentant de premier ordre : l'éminent prince des Chérusques n'a comme adversaires que des généraux et des légats romains d'un caractère un
peu effacé. Aussi la question se pose : pour quoi Kleist n'a-t-il pas
introduit dans son drame un personnage qui eût pu dignement
représenter la France en évoquant le souvenir du plus grand
homme de son temps? Pourquoi ne nous a-t-il pas montré la
gigantesque silhouette de Napoléon ? Pourquoi le poète n'est-il
pas allé jusqu'au bout de la conformité avec la situation réelle ?

Meyer-Benfey a voulu expliquer ce fait par la vénération que
Kleist professait pour le génie — cette vénération aurait, selon
l'exégète allemand, empêché le poète de s'attaquer à un héros
comme Napoléon. Mais ses sentiments pour l'empereur sont trop
évidents pour qu'on puisse admettre cette délicatesse; je rappelle la lettre adressée à Rühle de Lilienstern en décembre 1805:
« Est-ce qu'il ne se trouvera pas un seul homme qui logera une
balle dans le crâne de ce mauvais génie du monde ? »

D'une façon générale Kleist n'était guère sujet au culte des
héros. Meyer-Benfey a lu Carlyle, mais Kleist ne l'a pas lu
et il ne l'aurait d'ailleurs guère apprécié. Il avait lui-même l'aspiration très décidée d'être héros et homme de génie et n'entendait guère faire une idole de ceux qu'il regardait comme ses
ennemis ou ses concurrents. Il ne s'est pas gêné de dire qu'il
voulait arracher les lauriers du front de Goethe: cette disposition n'indique pas un homme enclin au culte que lui impute le
savant allemand.

La seule raison qui a empêché le poète de mettre en scène le
César est l'exaltation de son patriotisme, le rapport très direct de
son drame avec la politique. Si la haine qu'il voulait semer se

tournait contre le César, contre un individu, elle manquait son
but ; ce qu'il voulait, c'était déchaîner la furie contre une nation ;
chaque soldat français était l'ennemi et Kleist eût cru compromettre sa tâche en mettant en évidence un seul homme qui aurait
concentré sur lui l'animosité générale. La Bataille d'Arminius
devait être le poème de la haine implacable, absorbante de toute
une nation.

> « Die ganze Brut, die in den Leib Germaniens
> Sich eingefilzt wie ein Insektenschwarm
> Muss durch das Schwert der Rache jetzo sterben ».

(« Tout ce nid de vermine qui s'est logé dans le corps de la
Germanie et le ronge doit subir maintenant la vengeance et
périr. »)

Kleist, d'ailleurs, a eu plus de bon goût que ne semble lui con-
céder Meyer-Benfey ; il a prouvé par les types de Romains qu'il
peint qu'il eût été capable de faire entrer en scène le César sans
l'affubler de la scélératesse professionnelle des mauvais génies
de théâtre. Le rôle qu'il destine aux Romains ne l'empêche pas
de ménager dans leurs caractères certains traits généreux et
aimables contrastant singulièrement avec les figures héroïques
mais sombres et peu sympathiques de ses véritables héros. Il a
notamment voulu dépeindre dans Hermann l'homme qu'il fallait
selon lui à l'Allemagne, mais il n'a rien fait pour séduire la
nation par la figure du héros national. Celui-ci ne vit que pour
sa tâche ; il est prêt à tout lui sacrifier, il ne redoute pas de devenir un scélérat pour accomplir sa mission. Le poète ne craint pas
de compromettre celui qui devait enflammer le patriotisme de
toute l'Allemagne en lui conférant un rôle exécrable. Hermann
camoufle ses guerriers en Romains et les envoie sur les traces de
l'armée de Varus pour que sur toutes les routes que prendront
les ennemis ils tuent, pillent, allument des incendies — peu
importe que ce soient ses propres compatriotes qui seront affligés
de ces atrocités, leur haine des Romains n'en sera que plus
grande.

L'action que je viens de relever ne mérite guère le mot
« crime » ; le crime dans ses formes les plus abjectes garde un
certain prestige de force, de passion ; il n'est, en somme, que l'éga-
rement d'un sentiment humain et même noble. Kleist n'a pas
cherché à excuser la sournoiserie de Hermann ; il l'a fait ressortir
par la promesse cynique du prince de récompenser ceux qui

auront le mieux exécuté leur besogne. C'est une ruse, une simple ruse de sauvage. Le trait suffirait pour démontrer la justesse d'appréciation de ceux qui voient en Kleist un précurseur du pangermanisme; comme tous les apôtres de cette théorie, il voit dans les actions les plus odieuses un moyen permis pour servir la cause. Mais il faut lui faire cette justice qu'il a été parmi les nombreux écrivains qui ont prôné ces théories le seul poète, le seul qui ait su communiquer à ses idées la grandiose fureur d'une passion débordant toute mesure.

Un des biographes de Kleist, M. Arthur Eloesser, a comparé la figure de Hermann à ce pangermaniste violent qui n'a pas hésité à employer les mêmes méthodes que le Chérusque, qui dans sa politique avec un art consommé s'est servi de ruses tout-à-fait primitives. Le passage est si caractéristique que je crois devoir le citer: « Hermann englue Varus, comme Bismarck a fait de Napoléon III, il rédige les bruits qui circulent sur les crimes des Romains comme Bismarck arrangea la dépêche d'Ems et après avoir essayé tous les moyens de la ruse, il emploie comme dernier l'aveu complet de ses intentions et de toute sa personnalité. Comme Bismarck, il est cassant, arrogant, puis moqueur, enjoué, aimable..., il a cette même religiosité soldatesque qui, après avoir préparé tout avec les soins les plus minutieux, laisse la décision suprême au Dieu allemand, et si le Chérusque, en écoutant le chant des Bardes est pour une fois débordé par ses passions qu'il ne parvient plus à maîtriser, il ressemble encore à Bismarck, qui pouvait fondre en larmes après des émotions violentes. »

On ne saurait, en quelques mots, mieux caractériser Bismarck et Hermann et aussi un peu Heinrich de Kleist (tout en se caractérisant soi-même). Il y a, toutefois, un détail dans l'analyse d'Eloesser qui ne me semble pas tout-à-fait exact. Il dit que les larmes « suivent » les crises qui mènent aux grandes explosions. Ce n'est pas le cas pour Hermann chez qui les sentiments plus doux se mêlent aux pires excès de sa volonté démoniaque pour être engloutis par le furor teutonicus. Regardez cette scène de la jeune Hally : devant la bière où repose la jeune fille violée par les Romains, Hermann fléchit et l'accent de ses paroles accablées est simple et vrai :

« Hally, — que dis-tu? la jeune Hally? »

Mais voilà qu'il bondit : « En avant, mauvais père, aidé de tes

12

cousins porte la vierge immolée dans un coin de ta maison. Quinze est le nombre des tribus de la Germanie: avec ton glaive tu découperas son corps en quinze morceaux et tu les enverras aux quinze tribus de la Germanie par quinze messagers — je te donnerai pour eux quinze chevaux... Ce corps morcelé ralliera à ta vengeance toute l'Allemagne et tout ce qui est en elle jusqu'aux é'éments inanimés. » L'horreur l'emporte sur la pitié et Kleist reste tout-à-fait dans la conception barbare de son héros en ne laissant pas dominer les sentiments humains qui rendent sa figure vraisemblable.

C'est ainsi qu'il maudit l'action généreuse d'un jeune Romain qui, au péril de sa vie, a sauvé un enfant des flammes: « Qu'il soit maudit s'il m'a fait cela. Il a pour un moment mis l'infidélité dans mon cœur, pour un instant il m'a fait trahir la grande cause de l'Allemagne. »

Nous frémissons en voyant délirer cette passion et ce n'est pas le frisson humain, l'esthétique émotion seule que suscite en nous la Bataille d'Arminius. C'est une sorte de haine mêlée de peur qui nous prend, nous sentons dans le drame une rancune très directe, une haine implacable, inassouvie dont nous menace le poète, une volonté qui nous vise, nous, nos peuples, tous ceux qui ne veulent pas obéir à Hermann le Chérusque, tous ceux qui ne veulent pas être ses alliés. C'est là un sentiment qui, nécessairement, viendra s'interposer entre le drame et tout lecteur. Malgré toutes ses qualités, la forme de l'œuvre n'est pas assez parfaite pour dominer complètement la passion primitive du poète. Mais si nous essayons de surmonter ce sentiment et d'envisager la Bataille d'Arminius d'un point de vue purement esthétique, nous sommes forcés de lui reconnaître un grand mérite : c'est l'œuvre d'un poète de large conception, d'un poète qui n'a pas eu la mesquinerie de voiler ou d'idéaliser les crimes de ses héros, comme il a dépeint sans sentimentalité et sans galanterie déplacée 'a compagne de Hermann, Thusnelda. Elle fait dévorer par une ourse affamée le légat qui croyait son amour exaucé et qui était, en effet, très près de la séduire — rien d'humain ne devait persister dans l'héroïsme sauvage du drame patriotique.

Avec un tact remarquable Kleist a évité tout ce qui eût pu donner à son œuvre une tournure pittoresque et par là atténuer le violent choc des passions ou la simplicité primitive de ses personnages. Il n'a pas voulu écrire un de ces drames qui sont uniquement intéressants par leur milieu archaïque; aussi n'a-t-il fait qu'un emploi très modéré de toute cette antiquaille, qui comme ces peaux d'ours et ces cornes d'aurochs sont un des symboles du teutonisme et font la joie du public allemand gourmand de nationalisme pittoresque. L'Allemand est très accessible au charme du costume héroïque et vénéré des vieux Germains et ne demanderait pas mieux que de le revêtir. Mais Kleist a si bien négligé ces détails que Meyer-Benfey a pu dresser toute une liste d'anachronismes et d'autres fautes que le poète a commises contre le véritable style teutonique et Erich Schmidt a dû prendre la défense du poète contre les amateurs de la pure poésie nationale. Je ne veux pas dire que Kleist ait absolument dédaigné certains charmes paléo-historiques, mais s'il les a employés il en a fait un usage intelligent.

La sauvagerie de ses personnages par exemple, qui semble de premier abord un détail tout-à-fait authentique de cette poésie de peau d'ours, est, à vrai dire, un élément constitutif du style de Kleist. On ne saurait la lui reprocher au point de vue esthétique, elle a de fortes attaches dans sa personnalité ombrageuse et il a su lui donner une expression persuasive et vraie. C'est elle encore qui a préservé son drame de devenir uniquement une pièce à propagande; c'est grâce à elle qu'il n'a pas sacrifié la violence impopulaire de son style, car l'agitateur, l'habile écrivain patriotique n'eût pas manqué d'éviter tout ce qui pouvait choquer le public et nuire à la popularité de son ouvrage. Ce fanatisme aux dimensions géantes, ces passions furieuses, ces passions préhistoriques sont la forme et l'unité esthétique de l'œuvre de Kleist.

Mais comment expliquer la note patriotique dans cette sauvagerie?

Les sentiments patriotiques de Kleist, même où ils se sont nettement prononcés, n'ont jamais eu de teinte très personnelle; il doit y avoir eu en Prusse, vers 1805, plus d'un brave bourgeois qui savait aussi bien que Kleist démontrer ce que le roi aurait dû faire pour vaincre les Français, il y avait certainement quantité de bonnes gens qui maudissaient Napoléon avec les mêmes termes que le poète: « Mauvais génie du monde », « fou furieux » — c'est du patriotisme, mais un patriotisme un peu trop théâtral pour ne pas nous laisser de doutes sur sa profondeur. Il y a, en outre, ces hésitations, ces idées d'éditer le Code Napoléon et les

publications officielles du gouvernement français, idées tout au
moins curieuses chez un fervent patriote prussien. Kleist a été,
durant toute sa vie, un pauvre diable, un besogneux, empruntant
de l'argent à sa sœur, à ses amis; il est allé jusqu'à demander
à son ancien chef, le ministre de Hardenberg, une avance de
20 louis pour son équipement lorsque le roi lui avait vaguement
promis de penser à le réintégrer comme officier pour le cas (tout
à fait improbable alors) où la guerre serait déclarée. On pourrait donc, à la rigueur, dire que les dures nécessités de la vie lui
auraient suggéré ces démarches auprès du gouvernement français
mais elles s'accordent trop bien avec l'indifférence nationale qu'il
a montrée en d'autres circonstances pour qu'on puisse y voir
l'action tragique d'un désespéré qui sacrifie son patriotisme pour
vivre.

Pour que la thèse du martyre fut admissible, il faudrait, en
outre, que le sentiment national se présentât sous une forme bien
positive et évidente dans l'organisme psychique du poète. Mais
le patriotisme est-il pour lui un fait invariable, un élément bien
défini, une grandeur mesurable? On ne pourra jamais expliquer
le nationalisme mystique de la Bataille d'Arminius en l'envisageant de ce point de vue rationaliste. Les convictions n'ont guère
eu de prise sur la mentalité de Kleist; il a été trop rudement
ébranlé par le choc de passions contraires, incompatibles même
— ses passions seules ont eu une influence décisive sur sa personnalité. L'effet qu'ont sur lui leurs secousses est toujours d'une
telle violence, qu'elles l'envoient à une passion opposée : l'amour
le bouleverse, le consume et, quand son œuvre est faite, le laisse
aride, vidé aux prises avec une ambition dévorante.

D'un air tout à fait dégagé il écrit à Wilhelmine que tout est
fini dans leur amour, à cette même Wilhelmine avec laquelle il
avait rêvé l'unisson la plus parfaite du cœur et de la vie (— le
ton parfaitement amical et serein de la lettre a dû être plus cruel
pour la pauvre fille que la froideur la plus hautaine). Il lui dit
avec le plus grand calme que l'ambition l'empêche de retourner
en Allemagne sans la gloire qu'il a rêvée et qu'il ne reviendra
pas. Son amour n'a été qu'une crise : crise de tyrannie en somme,
car il a voulu faire de sa fiancée un être qui lui fût parfaitement
dévoué; après quelque temps, il revient chez Wilhelmine mariée
comme si de rien n'avait été. Tout est crise dans sa vie: la série
de ces attaques commence par les études, résultat elles-mêmes du
bouleversement moral du jeune officier. L'incohérence de son tra-

vail scientifique dénote la passion qui l'agite : il a voulu étudier
à la fois la théologie supérieure (!) (« höhere Theologie »), les
mathématiques, la philosophie et la physique (1). Puis, c'est la
philosophie de Kant qui le plonge dans le scepticisme le plus
aigu (2) et toutes ses préoccupations philosophiques l'ont, enfin,
réduit dans un tel état, qu'il décide de se vouer à l'agriculture
(— on trouvera l'analyse complète des convulsions qui l'ont
amené à cette extrémité dans la lettre du 12 janvier 1802).

Il n'y a dans sa vie aucune continuité: elle est une suite d'explosions. La Bataille d'Arminius n'est compréhensible que
comme crise des sentiments qui, de longue date se sont accumulés
en lui. Les soucis, les démarches qu'il faisait pour assurer son
avenir, son indécision politique, ses travaux et ses ennuis de
rédacteur — tout cela a pesé sur son instinct d'indépendance —
son âme s'est dégagée de tous ses liens par la brusque éruption
d'héroïsme sauvage qu'est la Bataille d'Arminius.

Mais l'explication n'est pas complète : pourquoi, dans cet
héroïsme la tendance nationaliste? Pourquoi pas un héroïsme
tout humain, pourquoi pas l'héroïsme de Robert Guiscard, de
Penthesilée ?

On n'a qu'à observer l'œuvre de Kleist pour se rendre compte
de la diversité stupéfiante de son talent. La famille Schroffenstein, jeu tragique et grotesque du hasard, et Robert Guiscard, le
héros maître de la destinée, l'Amphitryon tiré de Molière et la
Penthesilée qui fait songer à la tragédie antique, La Cruche cassée qui rappelle les toiles de Teniers et de Van Ostade, et une
Bataille d'Arminius — quels contrastes inouïs ! Et pourtant ces
œuvres se suivent de près, quelques-unes ont occupé l'auteur
simultanément. Le génie de Kleist ne se développe pas — il
subit une suite de révolutions qui le rejettent d'un contraste à
l'autre. Toujours il lui faut un thème nouveau qui permette aux
fureurs accumulées en lui de prendre leur essor. Lorsqu'il commença sa « Bataille d'Arminius » il lui fallait un poème où hur-
lerait son âme meurtrie, sa soif de liberté. Guiscard, la Penthesilée ne sont que des monologues — il lui faut une forme
plus puissante, il lui faut une symphonie, l'orage, le déluge — il

(1) Lettre du 19 mars 1797.
(2) Lettre du 22 mars 1801.

ne peut rendre ce qui gronde en lui que par les innombrablēs voix d'une nation ameutée.

Mais le patriotisme, l'indéniable, le furieux patriotisme de l'œuvre?

Il est certainement une des conséquences de la forme symphonique de la « Bataille d'Arminius ». Mais il est aussi la réaction inévitable de l'indifférence du poète, de ses hésitations antérieures. Cette réaction est d'autant plus compréhensible que le patriotisme de. Kleist ne se fonde nullement sur le raisonnement, sur les convictions civiques, mais uniquement sur l'instinct nationaliste qui, après tant de retards doit enfin éclater. Le patriotisme allemand, si on fait exception de rares individus tels que Kant, repose uniquement sur les sentimen.s héréditaires et mystiques de la race et des traditions. Kleist, malgré toute son individualité bizarre,est un bon représentant de la mentalite allemande et l'auteur de la « Bataille d'Arminius » est le type du patriote féroce.qui se jette les yeux fermés dans les pires atrocités quand le sang teutonique le tourmente. La raison, l'esprit, la civilisation sont des mots vains pur lui : il n'écoute que le bouillonnement du volcan qui est en lui. Chez Kleist évidemment, cet instinct prend des formes gigantesques, il se complique de son égotisme qui ne voit dans la nation qu'une idole énorme du moi, il se complique de son génie — mais malgré cela ce patriotisme garde tout à fait la forme typique du pangermanisme. Je ne crois pouvoir mieux faire ressortir le caractère national et représentatif du poète qu'en me rapportant à ce qu'a dit au sujet du patriotisme des classes intellectuelles allemandes M. Thomas Mann, l'un des écrivains les plus distingués de l'Allemagne contemporaine. Dans une série d'essais parus pendant a guerre il a analysé les instincts dominants qui donnent à toute manifestation de l'esprit germanique une couleur irréductible. Il trouve pour caractériser la mentalité allemande vis-à-vis de celle des autres nations l'antithèse de culture et de civilisation. La culture, selon lui, est une organisation, une forme, un style qui donne aux manifestations intellectuelles et morales de l'âme humaine leur entité, l'expression adéquate, conforme, nécessaire d'une puissante volonté. La culture n'exclue pas les éléments les plus primitifs, les plus sauvages, les plus terribles, les plus crus — elle peut comprendre la magie, l'oracle, l'inquisition, l'autodafé, le culte des idoles, le cannibalisme, les atrocités les plus pittoresques. La culture est une force créatrice qui donnera au monde l'empreinte de sa passion, qui lui communiquera la forme très individuelle de son génie. La civilisation c'est la raison, la morale, tout ce qui atténue, toute ce qui tend à la stabilité, tout ce qui est sociable, tout ce qui nous procure les formules définitives de la vie humaine, tout ce qui impose des lois aux passions, aux instincts. Thomas Mann réserve la culture aux Allemands, la civilisation aux peuples de l'Europe occidentale — et la guerre, la guerre allemande selon lui, c'est une des manifestations de la culture. C'est la guerre que le génie fait à l'esprit, à la civilisation, à la sécurité, à tout ce qui tend à donner au monde un caractère défintif, civil, ordonné. Voilà — soit dit en passant — l'aveu d'une des intelligences supérieures de l'Allemagne, d'un écrivain qui, avant tous les autres est autorisé à représenter l'intelligence de son peuple.

Il est certain que Kleist n'a jamais réfléchi sur les problèmes que je viens d'effleurer, mais l'antithèse de Thomas Mann peut parfaitement faire ressortir ce qu'il y a de typique dans le poète. Il est un représentant de la culture: dans la « Bataille d'Arminius » il lâche les furies avec cette même passion attendrie, ce fanatisme inexorable, cette candeur cruelle, avec laquelle son peuple considère la guerre, la guerre méchante, infernale, inévitable, la guerre qu'il a déchaînée au nom de la culture. Et son œuvre restera à jamais un monument de ce peuple, monument de passion, monument d'ardeur belliqueuse, monument d'inflexible volonté, monument de cruauté, monument de sauvagerie, monument de cette culture qui met le monde en feu et en sang pour lui imposer sa volonté démoniaque. On oublie devant ses proportions colossales de l'œuvre le poète qui l'a érigé, le poète sensitif, génial, égotiste, le poète pauvre, le poète profondément malheureux qu'a été Henri de Kleist.

A propos du Mémorial Brisseau

par le Dʳ H. Coppez

agrégé à l'Université libre de Bruxelles.

A la séance d'avril de la Société Belge d'Ophtalmologie, le Dʳ De Mets a proposé l'érection, à Tournai, d'un mémorial en l'honneur de Michel Brisseau qui a démontré le premier, en 1705-1708, le siège véritable de la cataracte. Un Comité d'organisation, dont font partie les Professeurs d'Ophtalmologie de nos quatre universités et le Comité directeur de la Société Belge d'Ophtalmologie, fut aussitôt constitué.

Quelques jours plus tard, la réunion annuelle de la Société Française d'Ophtalmologie émit un vœu tendant au même but et on constitua un Comité français sous la présidence du professeur de Lapersonne.

Le mémorial sera inauguré à Tournai en septembre 1921.

L'honneur tardif rendu à Michel Brisseau donne quelque actualité à la question de l'opération de la cataracte. Il est intéressant, même pour les profanes, de suivre celle-ci dès ses débuts, de connaître les discussions passionnées auxquelles elle a donné lieu, de comparer l'extraction de la cataracte telle qu'elle se pratique actuellement avec les premières extractions exécutées par Jacques Daviel, en 1745.

La cataracte était connue dès la plus haute antiquité. Les Grecs l'appelaient *hypochyma* et parfois *glaucoma* et les Latins *suffusio*.

Le mot *cataracte* apparaît pour la première fois vers le XIᵉ siècle, dans un écrit de Constantinus Africanus qui traduisit en latin des textes arabes d'ophtalmologie. On rappelle, dans l'histoire de l'Académie royale des Sciences (1706) « que les cataractes des yeux ont été ainsi appelées d'un mot grec qui signifie une porte qu'on laisse tomber de haut en bas comme une sarasine et, en effet, ce sont des espèces de portes qui ferment l'œil aux rayons de la lumière. »

On croyait que le cristallin était l'organe essentiel de la vision, que lui seul était le siège de la perception des impressions lumineuses. Valescus de Tharanthas s'exprime comme suit: « Comme le soleil se trouve au milieu des planètes, le cœur au milieu du corps, le roi au milieu de son royaume, le pape au centre de la chrétienté, ainsi le cristallin siège au milieu de l'œil. Tout ce qui en outre se trouve dans l'œil n'est là que pour le cristallin ».

Non seulement on se méprenait sur les fonctions du cristallin, mais, chose plus extraordinaire, on était également dans l'erreur au sujet du siège du cristallin.

Dans le traité d'anatomie de Vésale, qui date du XVIe siècle, se trouve un schéma représentant une coupe antéro-postérieure du globe oculaire. Le cristallin est placé, non pas immédiatement derrière l'iris, mais vers le centre du globe oculaire. Vésale admettait ainsi l'existence d'une chambre postérieure très profonde, limitée en avant par l'iris, en arrière par le corps vitré. Il faut arriver à Fabricius Ab Aquapendente, en 1600, pour voir représenter pour la première fois exactement le siège du cristallin.

L'on était pas mieux renseigné sur la cataracte que sur le cristallin. On professait que la cataracte était formée par une membrane due à l'épaisissement de l'humeur aqueuse et siégeant entre la pupille et le cristallin.

Quant aux causes de la cataracte, l'ouvrage de Bartisch qui parût en 1583, nous renseigne sur les idées régnantes à cette époque. « La cataracte, dit Bartisch, provient d'une nature spéciale
» du cerveau dont le liquide albugineus est corrompu et dans
» lequel se coagule une matière muqueuse et trouble qui s'épaissit
» et se dépose devant l'uvée et la pupille. La cataracte peut pro-
» venir du sang, du foie, de l'estomac, de la rate dont les mau-
» vaises vapeurs montent à la tête et troublent la vue. Elle peut
» provenir de mauvaises nourritures: oignons, ail, raifort, gruau,
» écrevisses, morue, etc., d'avoir trop pleuré, d'une trop longue
» abstinence des fonctions sexuelles, de causes extérieures, coups,
» blessures, chutes, piqûres. »

Le même Bartisch affirme que tout oculiste doit avoir été conçu, mis au monde et élevé par des parents craignant Dieu, pieux, vertueux et honnêtes. Il ne suffit pas qu'un oculiste ait des parents pieux, mais il doit lui-même être chrétien, avoir une foi véritable et constante, commencer toutes choses au nom de Dieu et les accomplir de même, aimer la prière, aller à l'église, entendre avec assiduité la parole divine, la lire lui-même, aimer Dieu de tout cœur et son prochain comme soi-même. Il doit avoir étudié, connaître la langue latine, l'anatomie du corps humain, surtout de la tête, des yeux et des organes génitaux. Tout oculiste doit, dès sa jeunesse, avoir étudié et pratiqué le métier de barbier ou tout au moins de baigneur. « C'est pourquoi ceux-là ne valent » rien qui viennent de quitter la charrue ou le char de fumier » comme le font la plupart des oculistes actuels. »

L'opération en usage était l'abaissement; à l'aide d'une fine aiguille introduite dans le globe oculaire, on embrochait la cataracte et on la réclinait dans l'humeur vitrée. Mais les opérateurs ne se doutaient pas qu'ils déplaçaient le cristallin; ils croyaient simplement abaisser une membrane pathologique située au devant du cristallin.

C'est à Michel Brisseau que revient l'insigne honneur d'avoir démontré le premier la nature exacte de la cataracte.

Michel Brisseau naquit à Tournai, en la paroisse de Saint-Piat, le 2 juin 1676. Ses mémoires sur la cataracte datent du début du XVIIIe siècle. Il fit l'opération par abaissement sur les yeux cataractés d'un soldat qui était mort à l'hôpital de Tournai : après quoi, dit-il, « je disséquai son œil et trouvai le cristallin » opaque, endurci et logé au-dessous de l'humeur vitrée où je » l'avais assujetti avec mon aiguille. »

En 1708, après de longues et mémorables discussions, l'Académie de chirurgie reconnut le bien fondé de la doctrine de Michel Brisseau, laquelle devait avoir des conséquences certainement insoupçonnées de ce dernier (1).

C'est grâce à la découverte de Michel Brisseau, le Tournaisien, que Jacques Daviel, quarante ans plus tard, trouva une raison scientifique pour tenter l'extraction de la cataracte, au lieu de simplement l'abaisser.

Daviel est une des grandes figures de l'ophtalmologie: il domina tout le XVIIIe siècle, dans cette branche de la médecine; son opération eut des résultats incalculables.

Rappelons en quelques lignes la carrière de Jacques Daviel.

_____

(1) Le professeur Van Duyse rappelle que par l'organe de Duverney, l'Académie commença par prier Brisseau de ne pas couvrir de ridicule en l'obligeant à entendre de pareilles communications.

Il naquit en Normandie, au village de La Barre, le 11 août 1696. Pour ses débuts dans la pratique médicale, il fut appelé à Marseille que ravageait la peste. Plus tard, il se consacra à l'ophtalmologie. L'opération de la cataracte sollicita particulièrement son attention. Mécontent de la méthode exclusivement pratiquée jusqu'à cette époque, l'abaissement, il tenta en s'appuyant sur les démonstrations de Brisseau, d'extraire le cristallin opacifié. Il fit sa première extraction en 1745, chez un ermite de Provence, sans succès d'ailleurs; ce n'est que cinq ans plus tard, au cours d'un voyage à Mannheim, qu'il prit la décision de recourir systématiquement à l'extraction. Fait digne d'être noté, il arriva d'emblée à la quasi perfection, c'est-à-dire, que la section de la cornée, l'ouverture du sac capsulaire et l'expulsion de la cataracte se font encore de nos jours à peu près selon les préceptes de l'illustre chirurgien.

Daviel fit paraître plusieurs mémoires sur l'opération qu'il avait inventée. Son ouvrage fondamental est celui dont il donna lecture le 13 avril 1752 à l'Académie royale de chirurgie.

Voilà comment Daviel écrit son procédé:

« Le malade étant assis sur une chaise basse, l'opérateur s'as-
» sied en face de lui sur un siège plus élevé. Un aide est placé
» derrière le patient, appuyant une main sur le front et lui sou-
» levant la paupière supérieure à l'aide de deux doigts. L'autre
» main soutient le menton. L'opérateur abaisse la paupière infé-
» rieure et introduit dans la chambre antérieure à la partie la
» plus déclive du limbe cornéen, un couteau en forme de lance.
» Après avoir retiré l'instrument, il agrandit l'incision à l'aide
» d'une pique mousse et de ciseaux courbes. La section totale
» correspond à la moitié inférieure du limbe cornéen. L'opéra-
» teur rabat ensuite, vers le haut, le lambeau cornéen au moyen
» d'une spatule, et il ouvre la capsule du cristallin avec une
aiguille fine et pointue. Il exerce alors une pression douce et
progressive sur le globe oculaire à l'aide de deux doigts posés
sur la paupière inférieure. Le cristallin passe à travers la
pupille, est expulsé au dehors et tombe sur la joue. L'opérateur
remet l'iris en place et pose un pansement protecteur. »

Ainsi que je l'ai dit plus haut, pour tous ceux qui ont eu l'occasion d'assister à une opération de cataracte, il est aisé de se convaincre que la technique n'a guère subi de modifications essentielles depuis Daviel.

Malgré son objectivité absolue, la découverte du siège exact de la cataracte par Brisseau avait donné lieu à des controverses nombreuses avant d'être admise par tous. Daviel et ses successeurs eurent des luttes bien plus ardentes encore à soutenir ; il fallut plus d'un siècle pour faire de l'extraction la méthode exclusive.

Ce ne fut que vers 1850, sous l'impression énergique de de Graefe et de ses élèves, que l'extraction s'imposa définitivement. Et encore, a-t-on oublié que, vers 1870, le professeur de la clinique chirurgicale de l'Université de Bruxelles, à qui était confié le service d'ophtalmologie, ne pratiquait que l'abaissement?

La chose est facile à comprendre ; malgré les accidents secondaires auxquels exposait la méthode de l'abaissement, celle-ci avait de nombreux partisans. Elle était beaucoup plus commode à exécuter ; le résultat immédiat était généralement satisfaisant, ce qui était très favorable aux oculistes ambulants, nombreux à cette époque, qui allaient de village en village opérer les cataractes. Ils paraissaient faire des miracles ; les aveugles recouvraient instantanément la vue et sans douleur excessive. L'opérateur était largement rémunéré et il était déjà loin, quand fréquemment, quelques jours plus tard, l'opéré déchantait, la vue se voilait de nouveau, l'œil s'irritait et finissait par se perdre au milieu de symptômes inflammatoires des plus pénibles.

L'extraction est beaucoup plus délicate ; elle exige une main habile et exercée ; elle est plus longue, plus douloureuse et échoue souvent à cause d'accidents survenant au cours même de l'intervention ou se produisant par la suite. Les statistiques de l'époque ne renseignent pas seulement les succès, demi-succès ou insuccès, mais également les décès consécutifs à l'extraction de la cataracte! Vers 1815, Dupuytren se réjouissait de n'avoir que quatre morts sur une centaine d'opérations oculaires.

Que l'on se représente les circonstances désavantageuses dans lesquelles les chirurgiens pratiquaient alors leur art. L'infection des plaies était la règle, les principes les plus élémentaires de propreté étant négligés ; la toilette des yeux était rudimentaire ; une seule et même éponge servait à tous les ophtalmiques de la salle. On lotionnait les yeux avec de l'eau pure, non bouillie ou parfois avec du vin aromatique. Les infections se transmettaient ainsi d'un malade à l'autre avec la plus grande facilité. A certains moments régnaient dans les cliniques ophtalmologiques de véritables épidémies de suppuration. Pas un opéré n'était épargné. Les chirurgiens étaient obligés de fermer leurs salles pendant des laps de temps plus ou moins longs.

Or, si une plaie d'un membre qui suppure, peut encore se cicatriser convenablement par seconde intention, il n'en est pas de même du globe oculaire; la moindre infection conduit à la perte de l'organe, surtout après l'opération de la cataracte.

On ignorait l'anesthésie générale ou locale; il fallait donc exiger du malade une dose de patience et de courage qui, souvent, dépassait ses forces. L'opéré ne pouvait rester suffisamment immobile jusqu'à la fin de l'opération, il se défendait, criait, fermait les paupières, provoquant ainsi des accidents des plus graves : perte de corps vitré, hémorragies, etc.

De son côté, l'opérateur devait avoir un sang froid absolu, une main d'une habileté sans pareille et son assistant devait partager ses qualités.

Les instruments étaient loin d'avoir la perfection de notre outillage moderne; quant on voit, dans les ouvrages de l'époque, reproduire les instruments utilisés par Daviel, on ne peut qu'admirer davantage encore le talent de l'homme qui, aussi mal armé, put arriver à des résultats tels qu'ils le rendirent rapidement illustre.

Daviel ne fut heureusement pas de ces savants méconnus qui mènent une vie obscure et misérable et qui disparaissent sans avoir eu le bonheur de voir apprécier et répandre leurs découvertes.

Aucun honneur ne lui manqua. Il fut même célébré en vers. Rappelons l'ode fameuse qui parut dans le *Mercure de France* en 1752.

> Mais quand de cette orbe mobile
> Le mal vient briser les ressorts
> Quel mortel est assez habile
> Pour en ranimer les accords ?
> Quelle main flexible et légère
> Ose trancher en hémisphère
> Le globe privé de clarté
> Et par une audace intrépide
> Emporte le cristal liquide
> Loin de l'organe épouvanté.

Enfin, il n'est pas d'oculiste contemporain qui n'ait, dans son cabinet de travail, une reproduction de la gravure de F. de Voge, qu'Otto Becker distribua en 1888 aux membres du Congrès international d'Ophtalmologie de Heidelberg.

Cette gravure représente Daviel guidé par son génie se rendant au temple du souvenir. A côté de Daviel, une vieille femme figure la pratique de l'oculiste, tandis que dans le ciel un héraut ailé proclame à tous la renommée de Daviel.

Faisons comme le public de l'époque, inclinons-nous devant ce grand homme et célébrons son audace bienfaisante et son talent.

Quittons maintenant cette époque déjà lointaine et voyons ce qu'est devenue actuellement l'opération de la cataracte.

Il fallait, avons-nous dit, pour réussir, une dextérité sans pareille de l'opérateur,une résistance vraiment héroïque de l'opéré et encore fallait-il en plus, de la chance, tant il y avait de facteurs prêts à contrecarrer la guérison, facteurs dont on ignorait la nature et que dès lors on ne pouvait combattre victorieusement.

Si les résultats étaient cependant plus encourageants qu'en chirurgie générale, où la pensée même d'exécuter une laparotomie eut paru folie pure, cela tient à ce que l'œil, et les tissus voisins sont en général d'une asepsie suffisante et surtout à ce que l'oculiste ne touche pas la plaie avec les doigts : seule l'extrémité des instruments est en contact avec le globe oculaire. Les instruments, il est vrai, étaient conservés dans des boîtes somptueusement doublées de velours et de peluche, mais sur l'acier des lames et des pinces, les microbes se dessèchent et périssent rapidement..

De nos jours, l'opération de la cataracte s'accompagne d'une presque certitude de succès; il ne faut plus des prodiges d'adresse pour extraire le cristallin ; on vient facilement à bout de l'indocilité du patient. On peut vraiment aborder l'opération sans appréhension, qu'on soit chirurgien ou patient.

Tout d'abord, les moyens d'investigation perfectionnés que nous possédons, nous permettent de diagnostiquer les affections profondes de l'œil et de choisir, parmi les cas qui se présentent, ceux qui sont favorables. On n'opère plus au hasard comme autrefois; le temps n'est plus où nos connaissances en fait de cataracte se bornaient à les classer en cataractes grises, vertes ou noires. Certains dictionnaires donnent encore cette classification qui demeure répandue parmi le public. Or, nous savons que, si les cataractes grises sont bien des cataractes, les vertes sont des glaucomes et les noires des affections de la choroïde, de la rétine, ou du nerf optique, inopérables par conséquent.

Une seconde sélection se fait en examinant soigneusement les annexes de l'œil. Une conjonctivite, un rétrécissement des voies lacrymales accompagné de larmoiement ou de suppuration, un orgeolet, des poussées eczémateuses sur les paupières constituent autant de contre indications, ces lésions pouvant donner lieu à une infection de la plaie opératoire.

Dans les cas suspects, il est recommandable de recueillir sur une anse de platine quelque peu de la sécrétion conjonctivale et d'en ensemencer les tubes de culture. On se rend compte ainsi de la présence de microbes virulents, tels que le pneumocoque et le streptocoque.

Enfin, il ne faut pas négliger l'état général; on diffère l'opération chez les sujets qui ont été atteints récemment de grippe ou de pneumonie, chez ceux qui toussent ou expectorent, enfin chez ceux qui ont des plaies ouvertes ou des furoncles à un endroit quelconque du corps. Le diabète n'est plus, comme autrefois, une contre-indication formelle, mais il est bon de redoubler de précautions chez les diabétiques, dont les plaies s'infectent plus facilement que celles des sujets normaux.

Il n'est plus question actuellement d'opérer une cataracte sans soins préalables et sans exiger soit l'internement dans une clinique, soit la présence d'une infirmière compétente.

Dès la veille de l'opération, on désinfecte le sac conjonctival en l'irrigant avec une solution tiède de sérum physiologique, on savonne les paupières et la peau voisine et on stérilise les cils et leur base d'implantation en les badigeonnant d'huile antiseptique. On pose ensuite devant les yeux un grillage protecteur pour que le patient ne puisse infecter de nouveau la région en y portant les doigts.

Au moment même de l'opération, on coupe les cils à ras de la paupière, on fait une nouvelle irrigation du sac conjonctival et on applique sur la peau une couche de teinture d'iode diluée au quart. Enfin l'on couvre toute la face et le cuir chevelu de compresses de gaze stérilisée.

Les soins d'asepsie et d'antispesie doivent se borner à ce que nous venons d'énumérer.

Autrefois, aux premiers temps de l'antisepsie, il y eut souvent excès de zèle; j'ai vu des opérateurs frotter la muqueuse oculaire à l'aide d'une brosse à dents imbibée d'une solution de sublimé; ils produisaient ainsi une irritation telle que les microbes au lieu de disparaître, pullulaient au contraire, d'où fréquence plus grande encore des suppurations consécutives. Il fallut quelques années de mécomptes constants pour atteindre la juste mesure.

Jusqu'au milieu du XIX° siècle, les extractions de cataracte se pratiquaient, comme toutes les interventions chirurgicales, sans anesthésie générale ou locale. L'emploi du chloroforme constitua un premier progrès; mais, si l'on immobilisait ainsi le patient pendant la durée de l'opération, au réveil l'agitation et les vomissements consécutifs agissaient défavorablement sur le globe oculaire et compromettaient fréquemment la guérison.

C'est l'anesthésie locale à la cocaïne, découverte par Koller en 1888, et qui fut d'abord appliquée aux interventions sur la gorge, qui donna aux oculistes la sécurité qui leur avait manqué jusqu'alors pour assurer la marche normale de leurs opérations sur le globe oculaire.

Dans les premiers temps, l'anesthésie à la cocaïne rencontra quelques résistances; on n'était fixé ni sur la dose et la concentration de la solution de cocaïne à employer, ni sur le temps nécessaire pour obtenir l'insensibilisation complète de l'organe. Certaines cocaïnes mal préparées provoquèrent des crises épileptiformes; on vit aussi des applications trop multipliées ou l'emploi de doses trop fortes amener des syncopes, parfois mortelles.

On sait actuellement qu'il suffit d'employer une solution de cocaïne à 2 %; on instille une goutte toutes les deux minutes pendant dix minutes et l'effet voulu est obtenu. On peut ajouter une goutte d'adrénaline qui favorise l'absorption de la cocaïne et terminer l'anesthésie par une goutte de cocaïne à 5 %.

L'œil est ainsi suffisamment insensibilisé, mais il n'en existe pas moins encore des inconvénients qui peuvent compromettre le résultat de l'opération chez les sujets nerveux et indociles. Si l'opéré contracte les paupières au cours de l'intervention, il peut, malgré la présence d'instruments de contention, exercer sur le globe oculaire une pression telle qu'il en exprime le contenu, et que l'on voit, sans qu'on puisse intervenir à temps, le cristallin projeter en l'air et l'humeur vitrée s'écouler en abondance. Inutile de dire que l'œil est alors presque toujours irrémédiablement perdu. Si l'opérateur est assisté d'un aide expérimenté, il arrive à prévenir ou à pallier ces accidents, mais tel n'est pas toujours le cas.

Nous possédons actuellement des procédés qui assurent une immobilisation temporaire complète des paupières. L'aplégie palpébrale, qui a été préconisée d'abord par notre ami et collabora-

teur Van Lint, consiste à pratiquer dans le muscle orbiculaire des
paupières une injection de novocaïne à 4 %. La novocaïne est un
succédané de la cocaïne, moins toxique que celle-ci et qui convient spécialement pour les injections sous-cutanées. Quelques
moments après l'injection, on constate que les paupières perdent
tout pouvoir de contraction, la fente palpébrale reste béante et
l'on opère vraiment alors comme sur un cadavre, avec une sensation complète de sécurité.

Mais si l'on évite ainsi les mouvements des paupières, on ne
paralyse pas les mouvements du globe oculaire qui sont également désagréables pour l'opérateur, l'œil ayant une tendance
naturelle à se dérober sous la paupière supérieure. On obvie à cet
inconvénient en fixant le globe oculaire à l'aide de deux pinces,
maintenant, l'une le muscle droit interne, l'autre le muscle droit
supérieur. On obtient ainsi une immobilisation parfaite. On a
également proposé de pratiquer des injections de novocaïne le
long du muscle droit supérieur de manière à le paralyser de la
même manière que l'orbiculaire.

On voit que nous sommes loin de l'époque où l'on intervenait
sans anesthésie aucune, et où certains oculistes préparaient les
malades en leur piquant la cornée plusieurs jours consécutifs à
l'aide d'une lance, pour les habituer à l'opération.

L'acte opératoire, ainsi facilité par une anesthésie parfaite,
peut se dérouler beaucoup plus à l'aise et dans des conditions de
confort absolu. Il ne s'agit naturellement plus d'opérer vite,
mais d'opérer sûrement.

Une autre condition, à laquelle il faut veiller scrupuleusement,
c'est l'éclairage du champ opératoire. La cornée réfléchissant les
objets placés en face d'elle, la lame du couteau, une fois introduite dans l'œil, peut être voilée par un reflet, l'opérateur s'égare
et peut blesser des parties essentielles de l'œil. On a, dans ces
dernières années, imaginé une série de dispositifs qui permettent
de suivre clairement la marche du couteau. Il est inutile d'énumérer ici ces procédés. Disons simplement que nous comptons
parmi ceux qui préfèrent opérer en chambre quasi noire ; on évite
ainsi tout jeu de lumière sur la cornée. Les murs de la salle sont
peints en gris. On baisse le volet, ne laissant pénétrer dans la
salle que quelques raies de lumière, juste ce qu'il faut pour reconnaître les instruments. Le malade étant couché horizontalement
sur la table, la tête serrée dans un étau, on éclaire l'œil à l'aide

d'une lampe à main. On illumine ainsi parfaitement le champ opératoire et on manie le couteau sans crainte de le voir s'égarer.

L'opération en elle-même est des plus élégantes. Ayant recommandé le silence et l'immobilité au patient, on fixe le globe oculaire ainsi que nous l'avons indiqué et on détache les 2/5 supérieurs de la cornée de l'insertion à la sclérotique au moyen d'un couteau mince et allongé qui porte le nom de couteau de Graefe. C'est la partie la plus délicate de l'opération ; il ne faut placer son instrument ni en-deçà ni au-delà de la limite assignée. Cela fait, on peut, si on le désire, exciser un morceau de l'iris dans le but de favoriser la sortie du cristallin, mais cette manœuvre est souvent évitable ; elle a l'inconvénient de déformer la pupille en l'allongeant vers le haut. On ouvre ensuite le sac capsulaire à l'aide d'un fin crochet tranchant ou d'une pince à griffes et on expulse le cristallin en exerçant une pression sur la partie inférieure de la cornée au moyen d'une cuillère dont le modèle est resté le même que celui recommandé par Daviel. On voit alors la plaie bailler peu à peu et le cristallin sort progressivement. L'opération est terminée ; il ne reste qu'à remettre en place l'iris refoulé par le cristallin. Les lèvres de la plaie se joignent et on ramène doucement la paupière supérieure au devant du globe.

Telle est l'opération dans toute sa délicate simplicité.

Un des principaux inconvénients de la méthode que nous venons d'exposer, méthode adoptée par presque tous les oculistes, c'est que l'évacuation de la cataracte n'est pas toujours complète. Nous savons que le cristallin est contenu dans une capsule que l'on déchire : mais souvent, le cristallin n'est pas dur dans sa totalité ; le noyau central est entouré de masses molles qui demeurent dans le sac capsulaire et qui nuisent au succès final, en obstruant plus ou moins complètement la pupille ; c'est ce que l'on appelle la cataracte secondaire, laquelle réclame une nouvelle intervention.

C'est pourquoi, dans ces dernières années, au lieu d'ouvrir le sac capsulaire, on a tenté d'extraire le cristallin dans son sac fermé. On obtient ainsi une pupille d'une clarté absolue. Mais cette opération est particulièrement difficile : le sac capsulaire adhère en effet sur tout son pourtour à la coque oculaire par son ligament suspenseur qu'il faut rompre ; mais plus rien ne s'oppose alors à la sortie de l'humeur vitrée et souvent, quand le cristallin se présente dans la plaie, l'œil se vide entièrement. Il faut une dextérité toute spéciale pour exécuter convenablement cette opération.

C'est aux Indes Anglaises, où les cataractes s'opèrent par milliers, que le colonel Smith a préconisé l'extraction dans la capsule; il a propagé sa méthode dans le monde entier, l'exécutant dans les principales cliniques, notamment à Bruxelles, mais, jusqu'à présent, il a trouvé peu d'imitateurs, tant la méthode est périlleuse.

Au lieu d'agir par pression comme le fait Smith, Barraquer, de Barcelone, extrait le cristallin par succion. Il introduit dans l'œil une petite ventouse actionnée électriquement, et il happe ainsi le cristallin en totalité. Barraquer a exécuté récemment son opération à la clinique du professeur Gallemaerts et j'ai exposé sa technique, ainsi que celle du colonel Smith, à la Société Belge d'Ophtalmologie, à l'aide de films que ces hardis chirurgiens ont eu l'obligeance extrême de me prêter.

On voit qu'à la faveur de l'asepsie d'une part et de l'anesthésie-aplégie d'autre part, les voies sont ouvertes à de nouveaux progrès et que l'opération de la cataracte n'a pas dit son dernier mot.

Parlons aussi des soins post-opératoires. Que de progrès également dans ce domaine; autrefois l'opéré, les yeux bandés, devait garder le lit pendant des semaines. Actuellement, beaucoup d'opérateurs, dont je suis, ont supprimé le bandeau. Ils se contentent de poser un grillage protecteur qui empêche l'opéré de se blesser ou de s'infecter en portant les doigts à l'œil. Le clignotement palpébral est ainsi conservé et le flux lacrymal assure le nettoyage de la conjonctive et la propreté de la plaie.

La chambre n'est plus obscure, mais la lumière est simplement tamisée, moins pour garantir l'œil de l'action du jour que pour assurer au malade le calme et le recueillement voulus.

Dès le lendemain, on autorise l'opéré à se lever et à prendre place dans un fauteuil.

Le séjour à l'Institut ne dépasse guère deux semaines, et, si tout marche normalement, un mois après l'opération, le patient est pourvu de verres correcteurs qui suppléent à la lentille enlevée et qui lui permettent de se guider et de lire commodément.

J'ai voulu, en prenant l'exemple concret de la cataracte, montrer quelle a été l'évolution de la science et de la chirurgie ophtalmologique dans ces deux derniers siècles. Il y a deux cents ans à peine que Brisseau nous a fait connaître la nature exacte de la cataracte. Nos lecteurs peuvent maintenant apprécier, combien féconde a été la voie ouverte par notre illustre compatriote Tournaisien.

La Démocratie Américaine

par James W. Garner

Professeur de Science Politique à l'Université d'Illinois (Etats-Unis)

La démocratie américaine représente une expérience sur une immense échelle, de self-Government; elle a réussi au-delà de toute espérance et il semble que le reste du monde comme poussé par la fatalité, se déplace dans ce sens-là. Telle qu'elle a été réalisée, elle vous offre à vous, l'Ancien Monde, à la fois un encouragement et un avertissement.

Il était inévitable que l'Amérique, à raison des circonstances particulières dans lesquelles elle est née à l'indépendance en tant que nation, et à son éloignement géographique de l'Europe, ait produit une civilisation, un ensemble de traditions, une philosophie politique et sociale, ainsi qu'un système de gouvernement différents à bien des égards, de ceux de l'Ancien Monde. Cela ne veut pas dire qu'ils sont supérieurs à ceux d'Europe, je veux dire seulement qu'ils s'en écartent sur certains points.

Naturellement, il y a des Américains qui les croient meilleurs, car l'égoïsme national, l'aveuglement à ses propres faiblesses et la croyance en la perfection de ses propres institutions sont des traits nationaux qui ne sont pas l'apanage exclusif des Allemands.

Tout comme les autres peuples, les Américains ont leurs fautes, leurs défauts, leurs préjugés, leurs faiblesses. Aucun peuple n'a le monopole de la sagesse politique ou de la vertu; tous les gouvernement ont des défauts en même temps que des éléments de force, et il n'en existe probablement pas un qui supporterait le contre-interrogatoire d'un juriste criminaliste. Notre confiance dans la capacité des masses de se gouverner elles-mêmes avec sagesse est presque illimitée, et notre croyance en l'infaillibilité de l'opinion publique, fait partie de notre credo national.

Notre optimisme frise le fatalisme. Il ne manque pas d'Américains qui semblent croire que leur pays est sous la protection spéciale de la Providence et que, d'une manière ou d'une autre, elle nous tirera des conséquences de nos folies, de notre prodigalité et autres péchés par omission et par action. Lord Bryce, un auteur anglais distingué, dans son analyse pénétrante mais sympathique de nos défauts et de nos vertus nationaux a insisté sur ce qu'il caractérise comme « l'attitude fataliste » des Américains, c'est-à-dire, leur douce croyance qu'ils sont prédestinés à la réalisation de ce que les autres nations n'ont pas réussi à faire et que cela se produira en dépit d'eux-mêmes. Cette foi en notre. « destinée manifeste » — cette conviction que l'Amérique est prédestinée à se développer davantage et à devenir plus grande à tous égards que tout autre pays, a logtemps fait partie de la philosophie politique d'un grand nombre d'Américains.

Si j'essayais d'énumérer les idées et les traditions qui nous différencient, à certains égards, des autres peuples, principes auxquels les Américains ont toujours été attachés et qu'ils ont toujours considérés comme une partie de leur patrimoine national, je serais obligé de placer en tête de la liste, la croyance profondément enracinée, presque sacro-sainte, des Américains en la vertu inhérente et à la justice de la démocratie.

Dans la déclaration immortelle qui proclama notre indépendance en tant que nation, est affirmé le principe que tout gouvernement dérive ses justes pouvoirs du consentement des gouvernés. Ce principe, bien qu'il ne soit pas rigoureusement appliqué dans le gouvernement de nos possessions coloniales, a été constamment suivi et développé dans les régions de l'Union Fédérale qui ont été organisées en « Etats ». Tout principe général a des exceptions et les Américains ont eu la sagesse de comprendre que la doctrine du « consentement des gouvernés » n'était pas et ne pouvait être d'application universelle dans toutes les circonstances et dans tous les cas.

En disant que la foi en la jutice et l'excellence de la démocratie est un principe fondamental de la philosophie politique américaine, je ne veux pas insinuer que c'est un principe exclusivement américain. Il y a longtemps que l'Amérique a cessé d'être la seule patrie de la démocratie ; quelques-uns des Etats d'Europe sont, aujourd'hui, des démocraties et leurs peuples nourrissent des idéals démocratiques avec non moins de ferveur que les Américains. Mais on peut dire à juste titre que les Américains ont été les premiers à proclamer leur foi profonde et inébranlable dans ses principes, qu'ils les ont les premiers introduits sur une large échelle, qui en ont montré le caractère pratique et ont donné au monde l'exemple concret d'un peuple qui se gouverne absolument par lui-même. Pendant longtemps les autres nations les observaient avec une certaine curiosité, toujours avec doute et scepticisme quant au résultat. Il y a quarante ans encore, des savants anglais comme Maine et Lecky prédisaient que l'expérience américaine échouerait finalement parce que démocratie signifiait nécessairement gouvernement de la masse ignorante et que les enseignements de la raison et de l'expérience s'opposaient aux succès d'un gouvernement dans ces conditions. Mais pour sceptique que fût Lecky, il risqua la prophétie que « les destinées futures de la race anglaise étaient nécessairement liées à celles de la puissante république qui était née au-delà de l'Atlantique ». De même de Tocqueville, auteur français bien connu, malgré la sympathie qu'il avait pour la démocratie américaine, où il avait tant à admirer, ne pouvait dissimuler son scepticisme sur le résultat. Pourtant, il eut la vision que la démocratie était destinée en définitive à se répandre au-delà des frontières de l'Amérique, et il prédit que tous les Etats européens suivraient la même loi de progrès et deviendraient finalement démocratiques. Fort heureusement, nous avons échappé à la plupart des dangers qui lui semblaient menacer la démocratie américaine, et nombre des vices de la démocratie qu'il croyait inhérents à cette forme de gouvernement ou incurables ne se sont jamais manifestés en réalité. Je suis porté à croire que, dès le début, les Américains ont fait preuve d'une certaine sagesse qui les a sauvés de l'erreur dans laquelle quelques nations sont tombées lorsqu'elles ont adopté les institutions démocratiques. Au lieu d'établir tout d'un coup le suffrage universel et sur une grande échelle, ils commencèrent d'une façon modeste; ils établirent un suffrage restreint et l'étendirent peu à peu au fur et à mesure que la capacité politique du peuple se manifesta.

Bref, la démocratie qui fut d'abord établie en Amérique, était d'un type très modéré et d'un caractère conservateur et elle n'exigeait du corps électoral ni beaucoup de temps ni une grande capacité politique.

Parti de ces modestes commencements, le principe de la démocratie se développa, de sorte que vers 1832, de Tocqueville pouvait dire que l'Amérique était le pays le plus démocratique du monde et elle a gardé cette position jusqu'à nos jours.

Si on compare le système américain de démocratie avec celui
de la Grande-Bretagne, de la France et de la Belgique, plusieurs
autres différences vous frappent. L'une des plus importantes est
le nombre extraordinaire des fonctions électives aux Etats-Unis,
ou plutôt dans les gouvernements des divers Etats qui composent
l'Union, car le gouvernement national ou fédéral comme on
l'appelle d'ordinaire, n'est pas organisé sur une base démocratique, deux de ses fonctionnaires seulement (le président et le
vice-président) étant choisis par vote populaire. Comme je l'ai
dit, les fondateurs de la République avaient foi en une forme
modérée de démocratie ; ils n'étaient pas partisans du principe
que tous les emplois doivent être pourvus par élection populaire ;
cette idée se développa plus tard. Le fait que le gouvernement
national est beaucoup moins démocratique dans son organisation
que le Gouvernement d'Etat, a souvent été critiqué comme une
« inconséquence » choquante, un peu comme le système de centralisation en France a été critiqué par des Français comme
incompatible avec leur constitution démocratique-républicaine.
A raison surtout de la difficulté avec laquelle la constitution
fédérale peut être amendée, l'organisation antidémocratique
primitive du gouvernement fédéral n'a pas été modifiée, sauf que
l'élection des sénateurs fédéraux a été enlevée aux législateurs
d'Etat en 1913 et confiée au peuple. Les constitutions des différents Etats étaient plus élastiques, et lorsque la démocratie nouvelle et militante eut la suprématie, elles furent rapidement
modifiées et les plus importantes fonctions exécutives et judiciaires devinrent éligibles par le peuple. Le principe de l'élection
populaire a atteint de telles limites que le « fardeau du bulletin
de vote » est devenu très lourd pour l'électeur. Dans quelques-uns
des grands Etats, le bulletin de vote, pour une élection générale
est, aujourd'hui de proportions énormes et il contient parfois
les noms de 500 ou 600 candidats. L'électeur ordinaire se trouve
perdu et stupéfait devant une tâche pareille ; la grande majorité
des noms qui se trouvent sur ce bulletin lui sont inconnus ; dans
ces conditions, l'exercice de la fonction électorale ressemble
beaucoup à un jeu de hasard. En présence de cette situation,
beaucoup d'électeurs votent seulement pour les candidats qu'ils
connaissent ; mais la grande majorité vote au hasard pour la liste
des candidats qui appartiennent au parti dont ils sont membres.
La tâche de l'électeur est facilitée par la répartition des noms

des candidats en différentes colonnes en tête desquelles se trouve
le signe symbolique du parti pour éclairer les électeurs ignorants.

De plus en plus, les Américains qui pensent se rendent compte
que des élections dans ces conditions ne représentent pas souvent
le choix intelligent du corps électoral, que seuls les « politi-
ciens de profession » peuvent se servir de bulletin de vote de la
dimension que j'ai dit et que c'est une perversion de la véritable
démocratie que d'essayer d'élire tant de fonctionnaires par vote
populaire. Aujourd'hui, dans le pays, une propagande active est
menée par une organisation connue sous le nom de « Société du
bulletin de vote court » (Short Ballot Society), qui préconise une
réduction du nombre des fonctionnaires électifs et une réduction
corespondante des dimensions du bulletin de vote. Elle préconise
aussi l'élection par le peuple des fonctionnaires qui déterminent
la politique seulement et la nomination par le gouverneur ou tous
autres hauts fonctionnaires exécutifs de ceux dont les fonctions
sont simplement bureaucratiques ou administratives. Ce mouvement a déjà donné des résultats et dans quelques Etats on a considérablement réduit le nombre des fonctions électives. Il est
inévitable que ce mouvement se généralise. La démocratie véritable n'exige pas l'élection par le peuple des fonctionnaires dont
les attributions sont purement administratives ou techniques;
poussée à ces extrémités elle irait à l'encontre de son propre but.
Dans la Belgique démocratique vous n'élisez que les députés à
votre Parlement et vos conseillers provinciaux et municipaux.
Il faudrait à un électeur belge vivre plusieurs centaines d'années
pour avoir l'occasion de voter pour autant de fonctionnaires
qu'un électeur américain vote à une seule élection.

Notre démocratie ne se différencie pas seulement de la vôtre par
le grand nombre des fonctions électives mais aussi par la fréquence des élections. La courte durée des mandats faisait partie
de la philosophie politique des démocrates Jacksoniens — non
seulement pour les représentants législatifs et les fonctionnaires
exécutifs mais même pour les juges des tribunaux. Les représentants au Congrès sont élus pour deux ans, dans beaucoup d'Etats,
les gouverneurs et les membres des Législatures sont élus pour
une période aussi courte; et dans quelques Etats de la Nouvelle
Angleterre, le mandat n'est que d'une année, car dans cette partie du pays, l'ancienne maxime « lorsque les élections annuelles
prennent fin, la tyrannie commence » a encore cours. Le résultat

c'est que nous avons des élections soit nationales, soit d'Etat, et quelquefois les deux, tous les deux ans, et il faut encore y ajouter une multitude d'élections locales pour divers objets. Il n'y a pour ainsi dire, pas de localité américaine dans laquelle les électeurs ne soient appelés chaque année à prendre part à une élection quelconque, et certaines ont été affligées d'au moins dix élections en une seule année.

Si je puis me permettre de critiquer notre conception américaine de la démocratie, je dirai que nous avons commis la faute de croire que la responsabilité et le bon rendement de la masse des fonctionnaires exécutifs sont obtenus par l'élection populaire, au moyen de mandats de courte durée, grâce à la fréquence des élections et au roulement. Mais il n'en est pas ainsi dans les affaires privées et ces principes ne sont pas suivis en pratique dans l'administration des entreprises privées financières et industrielles. En fait, nous avons une double méthode : l'une repose sur le principe éprouvé que la permanence dans le service assure le mieux la responsabilité et le bon rendement : c'est celle que nous appliquons à la conduite des affaires privées ; l'autre s'appuie sur le principe erroné que l'on obtient la responsabilité et le bon rendement au moyen de mandats de courte durée et par de fréquents changements : nous l'appliquons à l'administration des affaires publiques. C'est là la principale raison pour laquelle nous n'avons pas obtenu au Gouvernement le même succès que dans notre vie industrielle et économique.

La fonction électorale a été largement développée et le fardeau de la politique alourdi dans ces dernières années par l'instauration de nouveaux procédés démocratiques, en particulier du système d'élection primaire pour la nomination des candidats de parti aux fonctions ; de l'initiative, procédure par laquelle le peuple peut rédiger des projets de loi et se prononcer par un vote sur leur adoption et par le développement extraordinaire du referendum. Aujourd'hui, dans la plupart des Etats qui composent l'Union, chaque parti politique choisit ses candidats aux fonctions non pas au moyen d'une convention représentative, comme cela se faisait autrefois, mais par une élection populaire appelée « primaire ». Il arrive ainsi que chaque campagne électorale comporte deux luttes longues et coûteuses, chacune suivie par une élection populaire, une à laquelle les candidats de parti sont choisis et l'autre qui arrête le choix définitif parmi les candidats ainsi nommés.

Le développement et l'extension du referendum ont encore ajouté à la lourde tâche du bulletin de vote. Employé au début seulement à l'adoption des constitutions et à la ratification des amendements constitutionnels, on l'a graduellement étendu à la législation ordinaire et à la détermination d'une grande variété de questions de politique publique. Quelques constitutions d'Etat exigent qu'on soumette au referendum certains projets de lois votés par la législature et la plupart l'autorisent sur pétition d'un nombre relativement faible d'électeurs. Il existe également dans les gouvernements locaux où il est fréquemment obligatoire pour les ordonnances municipales impliquant des dépenses financières, la contractation de dettes, l'organisation de nouvelles entreprises municipales, l'octroi de concessions à des sociétés d'utilité publique et autres. Il est rare aujourd'hui à une élection d'Etat ou locale, que les électeurs ne soient pas appelés à se prononcer sur un certain nombre de questions qui leur sont soumises par voie de referendum et il est fréquent que ces questions soient posées au corps électoral à des élections spéciales faites dans ce seul but. Très souvent, le nombre des propositions soumises aux électeurs en une seule fois est si considérable, que le bulletin atteint des dimensions énormes; il est rendu encore plus immense par la nécessité de ménager une place pour les noms de plusieurs centaines de candidats. Ainsi, dans l'Etat de Californie, en 1914, 48 propositions de loi ont été soumises aux électeurs et dans le Colorado 32. Pendant les vingt dernières années, 1,500 amendements constitutionnels et plus de 700 lois ordinaires, sans parler de milliers de mesures locales, ont fait l'objet d'un referendum dans les divers Etats de l'Union. La confusion et la perplexité, que la tâche de se prononcer sur une telle multitude de propositions en une seule fois, cause à l'électeur, s'accroissent souvent de son ignorance des mesures sur lesquelles il est appelé à légiférer, car il n'est pas rare que l'on soumette des propositions ayant un caractère plus ou moins technique et qui sont incomprises d'un nombre très considérable d'électeurs. Heureusement, dans quelques Etats ,des « brochures de publicité » expliquant le but des mesures soumises au referendum et contenant parfois des arguments pour et contre, sont placées entre les mains des électeurs avant l'élection pour les éclairer. La valeur éducative de ce procédé constitue l'un des principaux mérites de ce mode de législation et en même temps est, dans une certaine mesure, une sauvegarde contre le vote inintelligent.

Le principe du referendum est juste et logique dans une démocratie et employé avec certaines réserves et restrictions, quant
au nombre et au caractère des propositions auxquelles on l'applique, il n'est pas nécessairement dangereux. Cependant, beaucoup d'Américains estiment qu'il a été poussé trop loin dans certains Etats et qu'il menace de miner le système du gouvernement représentatif. Heureusement, les résultats n'ont pas été
aussi mauvais qu'on aurait pu s'y attendre; parfois les résultats
ont été un peu regrettables, mais dans l'ensemble, les cas de ce
genre n'ont pas été nombreux. Avec un corps électoral très versé
dans les affaires politiques, très au courant des questions publiques, jouissant depuis de longues années du self-government et
portant un intérêt intense à la politique, les Américains ont, en
général, employé le referendum avec prudence et sagacité et il
est rare que la législation adoptée ait été extrême, radicale ou
malavisée. La vérité c'est que les Américains sont beaucoup plus
conservateurs que les Européens ne le croient généralement. A
un plus haut degré que le peuple d'aucun autre pays peut-être,
ils possèdent des biens et dans une large mesure des propriétés
immobilières. C'est pourquoi ils sont naturellement opposés à
une législation radicale qui compromettrait la valeur de leurs
biens ou entraînerait une lourde augmentation des impôts. Ils
aiment bien faire des expériences en matière de gouvernement,
mais ils sont peu disposés à renverser les institutions établies
ou à bouleverser l'ordre existant.

Il ressort des observations qui précèdent que la conception
américaine de la démocratie est fondée sur une foi presque illimitée en la capacité politique du peuple, la croyance que les
masses sont tout à fait compétentes pour choisir leurs centaines
de fonctionnaires, exécutifs et judiciaires aussi bien que législatifs, qu'elles sont parfaitement capables de résoudre toutes les
questions importantes de politique administrative et de juger
d'une manière intelligente les propositions législatives et même
de légiférer directement elles-mêmes. Manifestement, cette théorie de la démocratie s'effondrerait si elle était mise en pratique
par un peuple qui ne posséderait à un degré très élevé le sens
et l'habileté politiques. Permettez-moi de dire que les Américains possèdent, en fait, cette intelligence et cette capacité. Cela
vient d'un système d'enseignement public qui met à la disposition de chaque citoyen les bienfaits de l'instruction; de l'exis-

tence d'une presse largement répandue et lue avec un vif intérêt par toutes les classes; d'une participation de longue date et
d'une manière large des masses aux affaires et de l'intérêt passionné et intense du peuple à la politique. Bien des observateurs
étrangers ont insisté sur ce fait. De Tocqueville, à son époque,
fut impressionné par les preuves qu'il en observa. L'auteur
anglais Bagehot a remarqué que c'était la disposition naturelle
des Américains pour la politique et leur respect des lois qui a
empêché la démocratie de « mal tourner » et le vicomte Bryce a
fait aux Américains le compliment de dire qu'ils ont « une aptitude pratique pour la politique, une netteté de vue, et une puissance de self-control qui n'ont jamais été égalées par aucune
autre nation. » L'appréciation flatteuse de lord Bryce n'est peut-
être pas tout à fait méritée et pourtant, je suis tenté de dire avec
Bagehot que c'est la disposition naturelle des Américains pour
le self-government qui a rendu possible le succès de la démocratie sous la forme extrême où elle existe aujourd'hui. C'est assurément ce qui nous a sauvés des dangers qui, autrement, auraient
fait échouer depuis longtemps le vaisseau de l'Etat.

Il n'est pas douteux que la démocratie américaine comme toute
autre démocratie organisée d'après le principe de la capacité des
masses à se gouverner elles-mêmes, implique nécessairement un
certain sacrifice de rendement, d'économie et même de responsabilité. Une démocratie hostile aux mandats de longue durée et
qui croit au principe du roulement, n'envisage évidemment pas
avec faveur le service professionnellement expérimenté qui
résulte de la permanence des mandats. La plupart des Américains
sont tout prêts à admettre que leur système de mandats de courte
durée, de roulement, d'absence de connaissances professionnelles
pour l'éligibilité au service public, et une large participation du
peuple à la conduite pratique du Gouvernement, ont nécessairement amené une certaine perte d'habileté et de bon rendement.
Ils reconnaissent, par exemple, qu'au point de vue du bon rendement administratif, la bureaucratie prussienne, avec son corps
de fonctionnaires bien disciplinés, expérimentés, irresponsables
envers le peuple est supérieure à notre système de gouvernement
« populaire ». Mais ils ne considèrent pas que le bon rendement
administratif soit la seule ou même la principale preuve du bon
gouvernement; pour les Américains, le gouvernement n'est pas
uniquement une machine, mais doit être une espèce d'école édu-

cauve du citoyen. Ils insistent sur la valeur éducative le la participation du peuple au gouvernement, la stimulation de l'intérêt populaire aux affaires publiques et le développement de l'amour, et du loyalisme envers le pays, qui résultent forcément du fait que le peuple prend une large part au gouvernement. Ils croient que ces avantages seraient sacrifiés dans un système bureaucratique tel que celui de la Prusse.

Si je puis me permetre de critiquer encore le système américain de démocratie, je dirai qu'il s'occupe de trop de choses; il descend dans trop de détails, que, à raison de leur nombre et de leur diversité, le corps électoral n'est pas capable de régler toujours avec intelligence et compétence. Nous élisons trop de fonctionnaires, surtout de petits fonctionnaires locaux. A mon avis, on obtiendrait de meilleurs résultats, si la tâche de l'électeur était limitée au choix des fonctionnaires les plus importants qui ont pour mission de déterminer la politique publique.

De même, comme je l'ai dit, nous avons trop d'élections en Amérique, trop de campagnes politiques avec leurs influences néfastes et souvent démoralisantes; trop d'occasions où le corps électoral est sollicité de consacrer son temps, son intelligence et son argent à la politique. S'il était possible de calculer la dépense en argent, temps, efforts et pertes provenant de la démoralisation et du trouble apporté aux affaires, que cause le fonctionnement de notre lourde et dispendieuse machine démocratique, je crois que beaucoup d'Américains en seraient surpris et effrayés. Il n'y a pas de moyen d'évaluer avec exactitude les frais d'une élection présidentielle aux Etats-Unis, mais on serait certainement au-dessous de la vérité en disant que du commencement à la fin, la dépense totale en argent, temps et efforts a été pour le peuple américain pendant la récente élection présidentielle, d'au moins 20 millions de dollars.

Des frais si formidables ne peuvent être supportés que par un pays riche. Les Américains aiment le jeu de la politique comme ils aiment le base-ball. C'est le grand sport national auquel chacun donne le plus vif intérêt. Ils donnent leur argent aux trésors des partis aussi généreusement et avec la même satisfaction qu'ils le donnent aux œuvres charitables. Les délégués aux conventions de parti supportent allègrement la dépense d'un voyage à travers le continent et de vivre pendant des semaines dans des hôtels coûteux, uniquement pour servir leur parti ou leurs favoris politiques et pour le plaisir que leur procure la participation au jeu.

Je ne voudrais pas, néanmoins, que l'on croie que les immenses sommes d'argent, ainsi dépensées, soient consacrées, en tout ou en grande partie, à des fins illégitimes ou malhonnêtes. Au contraire, je suis persuadé que seulement une partie relativement faible est employée aujourd'hui à des objets à proprement parler immoraux ou illégaux. La plus grande partie est affectée à la publication et à la distribution de tracts, à la location de salles de réunion publique, à la rétribution des orateurs et des agents électoraux, à l'organisation et à l'entretien des clubs politiques, et autres dépenses de cet ordre. En réalité, des dépenses considérables ont été provoquées par l'adoption des lois sur les « primaires » d'après lesquelles les candidats sont choisis par le vote direct du peuple. Là, où ces lois sont en vigueur — et elles le sont dans la plupart des Etats — les candidats sont tenus d'entrer en contact direct avec les électeurs et de s'adresser directement à eux. Ceux qui ont la chance d'être nommés par leur parti sont alors obligés, comme je l'ai dit, de mener une deuxième campagne qui précède l'élection finale. Cette obligation pèse plus nécessairement d'un grand poids sur la bourse du candidat, exige de lui un gros effort et beaucoup de temps. Dans un grand Etat comme l'Illinois ou New-York, il faut des mois pour en visiter toutes les régions et la dépense est considérable ; pour les candidats à la présidence, dont le champ d'activité est le pays tout entier, les frais sont évidemment encore plus lourds .

Heureusement, la dépense de temps, d'argent et de peine n'est pas complètement perdue. Les campagnes politiques et les élections ont une certaine valeur éducative : la participation du peuple à la politique éveille et stimule l'intérêt dans les affaires publiques ; elle tend à faire de la démocratie une école de civisme ; elle développe parmi le peuple un intérêt et un attachement à son gouvernement qui manquent aux peuples qui ne prennent pas part à la direction de leurs affaires politiques. Elle a contribué à développer chez les Américains une habileté politique et les a mis en mesure de faire fonctionner une machine politique lourde et massive qu'un peuple ayant une moins grande aptitude politique n'aurait jamais pu réussir à faire marcher. Les Américains croient, à tort ou à raison, que malgré les frais considérables qu'entraînent nos méthodes démocratiques, les lourds sacrifices et les charges qu'elles imposent, les avantages qui en résul-

tent au point de vue éducatif, civique et politique contrebalan-
cent les dépenses et la perte d'efficacité.

Poussant plus loin mon analyse de la démocratie américaine,
je ferai remarquer que les Américains sont profondément attachés au principe du gouvernement par la majorité. L'empressement avec lequel ils acceptent le verdict de la majorité et se
soumettent à sa volonté est un trait qui a souvent frappé les
étrangers qui étudient notre démocratie. Ils mènent de longues
campagnes électorales, âprement disputées, parfois pleines de
colère et de passion, ils attaquent leurs adversaires comme une
armée assaille l'ennemi, mais quand l'élection est faite, le parti
battu accepte de bonne humeur sa défaite et se soumet de bonne
grâce à la volonté des vainqueurs. C'est là un des premiers devoirs
qu'on enseigne au citoyen américain : la soumission à la volonté
de la majorité est pour lui une habitude, il sait que c'est la pierre
angulaire du gouvernement populaire.

Toutefois, c'est un principe fondamental de la démocratie américaine que la minorité a des droits que la majorité est tenue de
respecter et je crois pouvoir dire en toute assurance, que nulle
part ailleurs ces droits ne sont mieux sauvegardés et protégés par
la Constitution. De Tocqueville avait vu, en la possible « tyrannie
de la majorité » le vice capital de la démocratie américaine.
« Si jamais les libres institutions de la démocratie sont détruites,
— disait-il, — cela tiendra au pouvoir illimité de la majorité ».
Mais cette prophétie comme les autres, ne s'est pas encore réalisée
et ne semble pas devoir s'accomplir. En fait, les majorités américaines ne semblent pas disposées à tyranniser les minorités. A raison du grand nombre de citoyens riches dans le pays, l'Amérique offre un champ particulièrement tentant pour l'exploitation
du riche au moyen d'un régime fiscal écrasant, mais jusqu'ici,
rien de semblable n'a été entrepris. Le droit de propriété est
sacré en quelque sorte en Amérique, et peut-être mieux protégé
que partout ailleurs par la Constitution, contre les atteintes de
la majorité.

J'ai à peine besoin de dire que la démocratie américaine
est fondée sur la foi profonde, quasi-religieuse, en les deux vertus jumelles, la liberté et l'égalité. L'Amérique est l'exemple
d'une république qui a fait de la liberté l'une de ses fins principales, sinon la principale. Il y a peu de pays, si même il en
existe, où le domaine de la liberté est aussi vaste et où il est

plus efficacement sauvegardé et protégé par des barrières constitutionnelles. L'Amérique, comme le pays de la liberté et de l'égalité est la première chose qui frappe l'étranger quand il débarque. Liberté de parole, de réunion, d'association, de presse, de religion, d'enseignement, liberté économique et liberté de contracter, existent à un degré presque illimité. Même le préjugé traditionnel contre la réglementation de l'industrie par l'Etat est si fort que l'Amérique retarde peut-être sur les nations plus avancées au point de vue du progrès social et économique. La démocratie américaine a été, jusqu'à une date récente tout au moins, extrêmement individualiste, elle nourrissait un sentiment d'horreur contre tout ce qui ressemblait au paternalisme. La législation qui réglemente la liberté de contracter, la liberté économique, les intérêts acquis ou les droits sacrés de la propriété était considérée avec défaveur, comme un empiètement sur le domaine naturel de la liberté individuelle.

Pourtant, les Américains n'ont pas hésité à voter des lois contre la boisson et les autres vices sociaux, lorsque cette législation devait avoir pour effet d'agir sur un grand domaine de liberté « personnelle ». Toutefois, ceux qui sont responsables de cette législation ou qui la préconisent ne considèrent pas que la véritable liberté comporte le droit de se livrer à une entreprise ou des pratiques qui résultent en un vice social reconnu. C'est pourquoi cette législation n'a pas été jugée incompatible avec la conception américaine traditionnelle de la liberté.

La conception américaine diffère à un autre point de vue de celle de certains autres pays, l'Allemagne par exemple. La liberté en Amérique embrasse les droits et privilèges politiques y compris le droit de self-government local, et non pas seulement l'immunité de l'ingérence de l'Etat. Pour un Américain, un régime de liberté qui ne comprend pas le droit de self-government et un large droit de participation au Gouvernement n'est pas digne de ce nom. Pour lui, en d'autres termes, liberté et démocratie sont inséparables.

Enfin, la liberté américaine diffère, comme je l'ai dit, de celle de la plupart des autres pays, en ce qu'elle a été « constitutionnalisée ». Les constitutions américaines sont des instruments de liberté en même temps que de gouvernement. Par la déclaration des droits, qui est une partie intégrante de toute Constitution et à raison des nombreuses limitations qu'elle impose aux autorités législatives et exécutives, elles créent une sphère définie de liberté pour l'individu sur laquelle le gouvernement ne peut légalement empiéter. C'est pourquoi le domaine de la liberté est non seulement plus vaste à beaucoup d'égards que dans les autres pas, mais il est généralement mieux garanti et protégé par les sauvegardes constitutionnelles.

Les Américains sont plus profondément attachés encore au principe d'égalité. Il a été affirmé dans la Déclaration d'indépendance, il est proclamé dans beaucoup de Constitutions d'Etat et tout notre système juridique et de gouvernement repose sur lui. Lord Bryce a fait aux Américains le compliment de dire qu'ils jouissent de la plus grande liberté au monde, parce qu'elle s'allie à l'égalité. C'était le grand thème de Tocqueville qui voyait dans l'Amérique la terre classique de l'égalité. Une classe dirigeante, une classe d'individus que la naissance, la fortune ou l'éducation ont élevés au-dessus de leurs semblables, qui forment l'opinion publique et qui occupent les situations les plus importantes dans le Gouvernement, n'existe pas aujourd'hui en Amérique, si elle a jamais existé. L'Amérique n'a jamais connu une aristocratie au sens anglais ou allemand du mot. Des barrières artificielles ne séparent pas une partie de la population de l'autre; le plus pauvre, le plus humbles des citoyens peut aspirer à tout poste ou tout honneur dont dispose la nation, et, en fait, il peut y atteindre s'il possède intelligence et caractère, comme le prouve la carrière extraordinaire d'Abraham Lincoln.

Une des gloires de la démocratie américaine, c'est que, jusqu'à ce jour, notre pays a été remarquablement exempt des luttes de classes et des discussions qui ont affligé certains pays. Il n'y a pas, en Amérique, de prolétariat au sens propre du mot; il n'y a même pas de parti ouvrier suffisamment important pour mériter ce nom; le socialisme lui-même a fait peu de progrès parce que la situation économique des classes laborieuses est sans doute meilleure que partout ailleurs; en effet, les classes ouvrières reçoivent des salaires très élevés et la majorité des ouvriers possèdent leur maison à eux; en outre, la plupart des droits politiques que réclament les socialistes des autres pays, sont déjà possédés par les ouvriers américains. Il y a donc peu de raison d'être pour un parti de ce genre.

Le principal obstacle que nous ayons rencontré au fonctionnement de notre machine extrêmement démocratique, est la présence de millions d'étrangers — dont beaucoup sont des ouvriers venus de l'Europe méridionale. En réalité, l'Amérique est un gigantesque creuset dans lequel le trop plein de tous les pays s'est déversé et où il doit être fondu et américanisé si le pays doit rester américain. Inaccoutumés au self-government, ignorants de la langue anglaise, étrangers aux institutions américaines, et nourrissant fréquemment l'illusion que la liberté de l'Amérique est un autre nom pour la licence, ils ont créé le plus grand problème à certains égards, que la démocratie ait à régler.

A part ce nuage à l'horizon — nuage qui peut être écarté par une vigoureuse politique d'américanisation — la démocratie américaine ne me semble pas menacée d'un danger particulier qui risque de miner ses fondations ou d'ébranler sa superstructure. Les maux que Maine, Lecky, de Tocqueville et les autres critiques étrangers prévoyaient autrefois, et dont Maine en particulier prophétisait qu'ils amèneraient en fin de compte la faillite de la démocratie américaine, n'ont heureusement pas été graves, quelques-uns en réalité ne se sont jamais produits. La seule condition qui semble essentielle au succès durable et à l'existence de la démocratie américaine, c'est d'avoir des citoyens intelligents, actifs et instruits. C'est la bonne fortune de l'Amérique de posséder ceci, la meilleure des ressources nationales, et l'intérêt intense du peuple américain pour l'instruction publique — intérêt qui frise la passion — justifie la conviction que si notre démocratie doit jamais disparaître, comme d'autres ont autrefois disparu, ce ne sera pas par ignorance ou incapacité.

VARIÉTÉ

LA CRISE DE LA MORALE

Tel est le titre de cinq conférences qui furent données, du 11 au 23 novembre, à l'Institut des Hautes Etudes par M. D. Parodi, inspecteur de l'Un:versité de France. Le conférencier, auteur d'un ouvrage remarquable sur la philosophie française contemporaine, connait bien la pensée de notre époque. Il nous a parlé de la crise profonde par laquelle passe la philosophie morale du temps présent.

*\
* *

Les *solutions traditionnelles* ne donnent plus satisfaction à la pensée.

Les morales à base religieuse, sans avoir perdu l':nfluence qui leur vient du passé et qui tient à certaines affirmations fortes et précises, sont impuissantes à résoudre spéculativement le problème moral. Elles considèrent la vie morale comme une obéissance à la volonté divine. Or, comment concevoir cette volonté? Déclarer, avec Duns Scot, que la volonté d.vine a sa raison d'être en elle-même, c'est dire qu'elle est sans raison ; affirmer avec Thomas d'Aquin que ce que Dieu veut est nécessairement le bien, c'est déclarer implicitement qu'il y a, dans la nature des choses, un principe moral et que la volonté divine elle-même dépend du bien. Ainsi entendue, la morale religieuse dev ent une morale métaphysique.

Cette transposition n'écarte pas toutes les difficultés du problème. Qu'est-ce que le bien? Les métaphysiques ont donné à cette question des réponses divergentes et vagues. Le bien, c'est l'idéal, l'ordre, l'harmonie, l'unité, la félicité. Ces notions sont à ce point contrad ctoires qu'elles ont inspiré des types opposés de vie humaine : le sage grec et le saint du moyen âge, l'homme énergique et l'homme modéré, le patriote et l'humanitaire, le surhomme de Nietzsche et le pacifiste de Tolstoï.

*\
* *

Aussi comprend-on que les penseurs contemporains aient cherché, dans des voies nouvelles, la solut on du problème moral. On a demandé à la *science* une idée de l'universel, afin d'en déduire une morale. Telle est l'inspiration de l'utilitarisme et de l'évolutionnisme anglais ; telle est aussi la tendance des « Etudes sur la nature humaines » de Metchnikoff. Ma:s ces essais dépassent aisément la science pure et perdent ainsi leur caractère positif. Et surtout, la difficulté inhérente à toute morale scientifique, c'est que, dans l'idée même de sc ence, il y a quelque chose qui contredit la mora!ité. La morale implique une certaine liberté, une certaine responsabilité ; la science postule le déterminisme. La morale est un effort pour exprimer ce qui doit être ; la science est la descript on de ce qui est. Il semble que si la science est considérée comme absolue, la morale devient une illusion.

L'impossibilité de déduire de la science une morale a détermné une tentative nouvelle, celle de l'école sociologique. Dans le monde des faits, le savant discerne les faits moraux, c'est-à-dire les faits qui sont caractérisés par l'existence de règles, conformément auxquelles certains actes sont commandés et d'autres, interdits. Le sociologue, tout en respectant la nature propre de ces données, affirme que la moralité est une conséquence de l'état social. Il en résulte que toutes les morales sont relativement vraies. La nature n'est pas uniforme : il y a plusieurs types de moralité. Les règles morales ne peuvent pas être ramenées à une unité logique : les prescriptions sont relat ves à l'état social et, comme telles, disparates. Il faut donc renoncer à vouloir fonder une morale sur la science. On doit se contenter de faire une science des faits moraux, une « science des mœurs ». La science échoue, comme la métaphysique, à établir une morale normative. Ainsi, de l'aveu même de l'école sociologique, reparaît, sous une forme plus accusée, l'antinomie entre la science et la morale : la morale paraît impliquer une obligation ; la science, elle, ramène les règles morales à des faits tout relatifs et contingents.

* * *

Si la démonstration rationnelle ou scientifique est impossible, — disent les philosophes de l'*école individualiste*, — c'est que les valeurs morales sont ce qu'il y a de plus intime en l'homme. Les fins sont l'expression de l'individualité de chacun. Le problème moral est tout entier dans le devoir d'être soi-même, d'agir de la manière la plus naturelle, conformément à l'instinct le plus original et le plus caractéristique. Cette action n'est pas purement impulsive et spontanée : elle exige de chacun un effort pour se libérer de la coutume et pour découvrir sa propre âme. Cette tendance individualiste a pris en France une forme à la fois philosophique et littéraire dans les romans de Maurice Barrès. Cette doctrine est essentiellement aristocratique ; rares sont ceux qui peuvent aspirer à ce haut idéalisme ; la masse est anonyme, impersonnelle. De plus, l'individualisme échappe difficilement à la contradiction : l'instinct altruiste, quand il est le plus profond, conduit l'homme à nier son individualité par le dévouement et le sacrifice. M. Barrès lui-même n'a-t-il pas découvert en lui l'âme lorraine, l'âme des disparus ?

La morale individualiste revêt un caractère original dans la pensée de M. Bergson. Dans sa communication au congrès de philosophie d'Oxford (septembre 1920), il a donné l'ébauche de sa morale. La doctrine tant attendue est une morale de l'héroïsme. Agir moralement, c'est tendre le plus haut possible au delà des règles. La morale n'est pas un ensemble de prescriptions, car la règle — aussi bien que le concept — est une forme abstraite, conventionnelle. L'acte est particulier : c'est une découverte. Le devoir n'est pas une loi fixe ; la morale n'est pas une consigne : le bien est une inspiration ; l'action n'est une création. Ces vues — qui sont bien dans la ligne de la philosophie générale de M. Bergson — donnent-elles pleinement satisfaction à l'esprit ? Le fanatisme, lui aussi, a dépassé les règles ? Certains hommes — et même certaines nations ! — dans l'enthousiasme de leur cause, ont justifié même la violence !

Enfin, dernière manifestation de l'individualisme moral, voici la doctrine de F. Rauh. Le bien ne peut pas se démontrer ; nous allons infailliblement dans le sens de la volonté la plus profonde. Mais pour découvrir cette direction originale, nous devons nous soumettre à une discipline. Il faut être sincère, imiter l'attitude impartiale du savant ; il faut se renseigner sur le problème à résoudre ; il faut prendre l'avis des compétences morales. Si je réalise ces conditions, je découvrirai ma préférence profonde, invincible, personnelle. Ici encore, il faut faire des réserves. Pourquoi ces précautions ? Je finis par ne découvrir que mon vouloir : pourquoi ne pas le suivre tout de suite ? Ces précautions assurent-elles une décision meilleure ? Le fanatique pourrait, en s'y conformant, devenir plus entêté et plus dangereux ! Les conditions posées par Rauh sont le pressentiment de cette conviction qu'il y a une découverte morale, valable pour tous : une vérité morale rationnelle.

* *
*

C'est le *rationalisme*, selon M. Parodi, qui nous permet de donner au problème moral la solution la plus vraie.

L'ancienne métaphysique a eu le tort grave de prétendre concevoir, par la raison, un idéal immuable, absolu. La raison ne fournit pas de connaissance, mais seulement des exigences, des tendances. Elle n'est pas un principe matériel mais un principe formel. Ainsi, dans l'ordre expérimental, la raison affirme la liaison causale des phénomènes, mais elle ne nous donne pas une définition de la cause. De même, dans l'ordre moral, la raison ne peut nous donner le principe matériel de la moralité, une définition adéquate du bien ; mais elle renferme des lois qui nous permettent d'établir entre certains faits des rapports de valeur, de convenance. A vrai dire les anciennes doctrines, malgré leur prétention, n'ont exprimé que le côté formel de la moralité. L'utile n'est pas une fin, mais un moyen. L'harmonie exprime l'idée a accord ; la perfection, celle d'achèvement, de plénitude ; l'ordre, celle d'une organisation rationnelle : ces notions ne définissent pas une fin, mais des conditions. Le bonheur n'est pas non plus un but ; c'est le signe d'une action qui se développe dans certaines conditions. Toutes ces idées traditionnelles ont prêté des équivoques, parce qu'on les a considérées comme exprimant des fins. Le rationalisme n'a pas la prétention de formuler un idéal tout fait : il s'efforce de rechercher les conditions de l'action, une méthode pour discerner la manière d'être susceptible de satisfaire aux exigences de la moralité.

Si donc la raison est impuissante à exprimer la matière de la moralité, elle est capable de déterminer les principes, la forme de l'action. L'acte, pour présenter le caractère moral, doit satisfaire à trois conditions : 1º il doit être impersonnel : l'homme qui agit doit se juger comme s'il était un spectateur impartial ; 2º l'acte doit être susceptible d'être généralisé : selon les vues de Kant, nous agissons moralement lorsque notre action peut servir de type universel ; 3º enfin l'acte isolé doit pouvoir, sans contradiction, rentrer dans des synthèses générales ; les règles extraites des actes doivent fournir un ensemble harmonieux et constituer une sorte de logique morale. Lorsque ces conditions sont observées, l'homme a une attitude morale : ses actes, parce qu'ils sont rationnels, ont une valeur, un caractère obligatoire. Quant aux buts de l'action, ils sont fournis par notre constitution psychique ou le milieu social : à ce point de vue, toute morale est relative, car les circonstances individuelles ou collectives changent: la morale du sauvage n'est pas celle du civilisé; jadis les sacrifices humains éta ent consi- d'érés comme sacrés. Si donc le penseur ne peut édifier une morale maté- rielle, il est en possession de certains principes formels qui lui permettent de fixer le caractère moral des actes. Et ainsi la pensée reprend ses droits: elle est capable de poser le fondement de la moralité.

*
* *

La morale rationnelle a subi, elle aussi, les assauts de la *critique*. Comment des principes universels pourraient-ils rendre compte d'une expérience de conscience: l'obligation? Ceux qui formulent cette object on, répond M. Parodi, ne paraissent pas comprendre le rôle de la raison. Déjà dans l'ordre spéculatif, nous nous sentons liés par la vér té. Dans l'ordre pratique, dès que j'ai jugé un acte comme rationnel, je me sens tenu de l'accomplir. Je puis sans doute me soustraire à cette injonction, car je conserve ma liberté et je ne subis pas de contra nte. Mais j'ai conscience d'une obligation impérative.

Cette obligation — objecte-t-on — reste rationnelle. Peut-elle parler au cœur? La moralité n'est-elle pas affaire de v e, d'enthousiasme? Comment un motif rationnel, nécessairement froid et abstrait, pourrait-il inspirer la conduite et, surtout, nous faire triompher des conflits et des difficultés de l'expérience? L'object on n'est pas concluante. C'est à tort que l'on dépeint la raison comme un ensemble de principes froids et abstraits. La raison est une puissance active, vivante. Elle n'est pas intelligence pure; elle est aussi sentiment et volonté. La recherche du vrai n'est pas conditionnée par des motifs purement logiques: elle est couronnée par la joie, l enthousiasme de la découverte! La morale rationnelle n'est, pas plus que la science, condamnée à l'inertie.

Le rationalisme moral — déclare-t-on enfin — n'a de valeur que pou une élite qui pense. Sans doute, répond M. Parodi, la morale rationnelle parce qu'elle est formelle, ne fournit que les motifs impersonnels et universels de la condu te. Mais elle n'exclut pas les mot fs sensibles, qui restent de puissants auxiliaires de l'action. Je puis, par exemple, restituer un bien mal acquis, non seulement pour un motif rationnel, en vertu d'une obligation impérative, ma s encore pour des motifs sensibles moins élevés mais puissants, comme la bonne réputation que mon action me vaudra à moi-même et à ma famille. Le jugement rationnel n'exclut pas la force du sentiment: il peut, au contraire, s'appuyer sur des motifs sensibles. Au reste, n'en est-il pas de même dans les morales trad tionnelles? le croyant n'agit pas uniquement par la pensée de l'amour de Dieu; Kant lui-même a reconnu que l'acte moral pur est rare; il a, malgré lui, réintégré la sen sibilité dans la moralité.

*
* *

Ce n'est pas tout. Si l'on accorde que la morale rationnelle est efficace, on peut se demander si elle enveloppe bien tout le domaine de la moral té. Il y a, dit-on, des actes particuliers qui, par leur caractère exceptionnel, rentrent difficilement dans les règles universelles formulées par la raison.

Ainsi le sacrifice : ne déborde-t-il pas les cadres ordinaires de la conduite ? ne manifeste-t-il pas un « hors la loi » ? n'est-il pas, selon le mot de Gourd, « incoordonnable » ? L'objection est troublante, car elle pose un gros problème à la raison. Toutefois, poser les principes d'une morale rationnelle, ce n'est pas décréter que la raison peut résoudre tous les problèmes. N'y a-t-il pas des cas où la science elle-même renonce à donner une solution ? Certains savants ne sont-ils pas orientés dans leur recherche par une sorte de vision, d'intuition ? Dirons-nous que la science n'est pas une œuvre de raison ? De même, sur le terrain de l'action : nous ne connaissons pas toujours tous les motifs ; nous agissons parfois par intuition. Mais cela ne détruit en rien la valeur des principes universels de la raison ; c'est par elle que nous jugeons ; l'intuition n'est qu'une raison confuse, une raison virtuelle. En fait, le sacrifice serait-il irrationnel ? serait-il impossible de le rattacher à une loi générale ? Le soldat qui expose sa vie pour secourir un blessé n'agit-il pas comme tous les hommes généreux devraient agir dans les mêmes circonstances ? Sans doute, il fait ce que les autres ne font pas. Mais peut-on dire qu'il fait « plus que son devoir » ? oui, si l'on compare son action à la moralité moyenne ; non, si l'on juge du point de vue de la conscience supérieure. La guerre nous a montré que l'héroïsme peut se généraliser et devenir la loi commune. En temps normal, au sein d'une humanité supérieure, le sacrifice apparaîtrait comme rationnel.

*
* *

Quels sont les rapports de la morale rationnelle avec la métaphysique et la religion ? Telle est la dernière question que M. Parodi a abordée dans sa conférence finale.

La morale rationnelle, par le fait même qu'elle puise en elle-même ses propres principes, n'est pas déduite d'un système. Cependant elle n'est pas absolument indépendante de la *métaphysique*. En effet, elle affirme la valeur de la raison. Ce postulat renferme un important problème de critique. Si la raison n'est considérée que comme un épiphénomène, comme un produit pur et simple de l'évolution sociale, comme une puissance de doute, aussi bien que de certitude. la morale rationnelle s'évanouit. Cette conclusion, toutefois, n'est pas pour nous alarmer, car la science — elle aussi — se fonde sur la raison : le scepticisme détruirait tout, la science comme la morale.

La morale rationnelle ne dépend pas non plus d'un credo religieux. Cependant il est possible, comme Kant l'a montré, de poser certaines affirmations religieuses comme postulats de la morale : la morale ne dépend pas de la religion, mais elle ne l'exclut pas nécessairement. Bien plus, si l'on part d'une conception large de la *religion*, il est difficile de ne pas maintenir des rapports étroits entre la morale et la religion. La religion peut être conçue comme l'affirmation des valeurs suprêmes, le vrai, le bien, le beau ; elle peut consister essentiellement dans la certitude qu'il se fait, en nous-mêmes et dans l'univers, quelque chose qui va invinciblement dans le sens de la justice et de la bonté. A ce point de vue, tout rationalisme est religieux : car affirmer les droits de la Vérité et du Bien, c'est affirmer Dieu. La morale rationnelle devient ainsi une morale religieuse.

M. Schyns.

BIBLIOGRAPHIE

—

Frans Van Kalken, **Histoire de Belgique.** Bruxelles, Office de publicité. 1920, 644 pages. Illustré.

M. Van Kalken, chargé de cours à l'Université et professeur à l'Ecole normale, était bien préparé à écrire un exposé synthétique de l'histoire de notre pays par ses publications antérieures, notamment par son *Histoire du royaume des Pays-Bas et de la Révolution belge* et par ses recherches sur la *Fin du régime espagnol aux Pays-Bas* qu'il groupa dans sa thèse de doctorat spécial en histoire.

Le volume qu'il publie aujourd'hui tient le milieu entre le manuel et l'ouvrage historique détaillé; et il combine heureusement les caractères de ces deux sortes de livres. Par son plan, par la disposition des matières, voire par ses procédés typographiques, c'est un manuel, qui rendra à la jeunesse de nos écoles d'excellents services; mais c'est aussi une œuvre inspirée par les études de nos meilleurs historiens. L'auteur, qui s'est complètement documenté sur toutes les questions, fournit, pour chacune d'elles, les renseignements et les solutions que contiennent les travaux spéciaux les plus récents et les plus justement appréciés.

Dans sa préface, l'auteur définit sa méthode et son plan qui s'écartent assez sensiblement sur plusieurs points de la tradition jusqu'ici suivie par les auteurs de nos manuels d'histoire nationale : « J'ai passé rapidement, écrit M. Van Kalken, sur les premiers siècles de notre histoire; car, jusqu'à l'époque des Croisades, nos annales se confondent singulièrement avec celles des peuples voisins. J'ai agi de même lorsque j'ai parlé du fonctionnement de la société féodale, de l'organisation interne des communes, de la technique des corporations, bref, lorsque le sujet n'avait rien de spécifiquement belge ou lorsqu'il me paraissait relever plutôt du domaine des ouvrages spéciaux. D'autre part, je n'ai guère insisté sur l'histoire de principautés à l'époque féodale. Les interminables querelles entre leurs princes intéressent certes le chroniqueur, mais elles n'ont pas assez d'importance pour trouver place dans un ouvrage à caractère synthétique. J'ai donné un développement peut-être inusité aux dernières époques de notre histoire. Je suis, en effet, profondément convaincu que le XVII⁰ siècle et le XVIII⁰ siècle ont exercé sur la Belgique d'aujourd'hui une influence considérable. Quant au XIX⁰, je suis d'avis que jamais nous ne pourrons l'étudier d'une manière assez approfondie. » De là, les proportions que M. Van Kalken a délibérément données aux onze parties de son œuvre : de là, par exemple, une centaine de pages pour le haut moyen âge, le régime féodal et la période communale, ensemble; mais une soixantaine pour la fin du régime espagnol (XVII⁰ siècle) ; plus de quatre-vingts pour la Belgique indépendante de 1831 à 1914 ; une quarantaine, pleines à la fois de précision et d'élan, sur la part que la Belgique a prise à a Grande Guerre, de 1914 à 1918.

Pour chaque époque, l'auteur a réussi — avec une habileté dont il faut le louer — à exposer toutes les manifestations de la vie nationale, à lier intimement les faits d'ordre économique et intellectuel aux faits d'ordre politique. Son livre est ainsi une histoire complète de la civilisation belge. Institutions, phénomènes industriels, agricoles et commerciaux, questions linguistiques, organisation de l'enseignement, caractères de la littérature et des arts, rien n'est omis. Et s'il parle de Philippe d'Alsace ou de Jean le Victorieux, des Artevelde ou du Téméraire, de Marie de Hongrie ou de Francisco de Mello, du marquis de Bergeyck ou de Charles Rogier, il n'oublie pas de placer au bon endroit les noms et les œuvres de Ruysbroeck l'admirable et des frères Van Eyck, de Plantin et de Marnix, de Juste Lipse et de Van Meteren, de Verhaeren et de Constantin Meunier.

On nous reprochera peut-être de ressembler à M. Josse, orfèvre, si nous félicitons M. Van Kalken d'avoir en conclusion écrit un brillant chapitre consacré à la Grande Guerre, puisque nous-même nous avons essayé, dans la dernière édition de notre *Histoire contemporaine*, de tracer une esquisse, toute provisoire, des événements qui se sont succédé, en Europe, de 1914 à 1920. Mais nous féliciterons tout de même notre jeune collègue de ce que d'aucuns pourront appeler sa hardiesse. Il est nécessaire et il est bon que l'histoire, brûlante encore, de ces grandes années d'héroïsme et de souffrances soit mise le plus tôt possible sous les yeux de la jeunesse, et pour son instruction et pour sa formation morale.

Ecrit d'une plume alerte, d'un style sobre et vigoureux, semé de portraits « croqués » avec justesse, clair, méthodique et vivant, — très vivant, — le livre de M. Van Kalken est tout entier dominé par une idée maîtresse. En composant cet ouvrage, en grande partie rédigé pendant les années de l'occupation allemande, « alors qu'au loin, par les soirs calmes, on entendait gronder le canon de l'Yser », il a voulu nous montrer — et il l'a fait avec maîtrise — que « tout notre passé n'est qu'un enchaînement de luttes patientes, tenaces, intrépides, pour la conquête ou le maintien de la liberté. Pendant les siècles les plus sombres, il semble parfois que le Belge doive succomber ; mais son robuste optimisme le guide à travers les ténèbres ; et dès que lui l'aube des jours meilleurs, il proclame hardiment à la face du monde le droit de vivre sa vie ». Ainsi se joint, par la seule constatation des faits, la Belgique du XXe siècle à celle du passé. A cette conception, apparentée étroitement, on le voit, à celle de notre grand historien national, Henri Pirenne, l'ouvrage de M. Van Kalken doit une saisissante unité. Réjouissons-nous de voir paraître un livre d'une si sérieuse valeur historique, à l'heure où plus que jamais les Belges ont le devoir de bien connaître le passé de la Patrie pour mieux travailler, tous ensemble, à préparer son avenir (1).

L. LECLÈRE.

(1) Signalons les épigraphes caractéristiques de chaque chapitre, ingénieusement empruntées à des textes de toutes les époques. Page 257 au nom de Granvelle, il faut substituer celui de Morillon ; p. 498, en note, il faut rectifier le nombre des sénateurs et des députés p. 571, il faut lire *Emile* et non *Henri* de Laveleye

P.-S. — M. Van Kalken vient de faire paraître, sous le patronage de l'Association : *Les beaux livres pour la jeunesse*, un charmant volume contenant quinze *Récits du passé* de la Belgique, depuis la première croisade jusqu'à la garde de l'Yser. Nul doute que les adolescents et les jeunes gens à qui ce livre est destiné ne le lisent avec fruit et avec agrément. Le texte en est accompagné de plus de soixante-dix dessins de nos meilleurs artistes ; et le volume, édité par l'*Office de publicité*, se présente sous un aspect très élégant.

C.-G. PICAVET, **Une démocratie historique, la Suisse.** Paris, Flammarion, 296 pages, 1920.

L'auteur, docteur ès lettres, professeur d'histoire à la Faculté des lettres de Toulouse, a consacré les loisirs forcés d'un long internement en Suisse, comme prisonnier de guerre, à l'étude de l'histoire et des institutions de ce pays. C'est le résultat de ses recherches et de ses réflexions qu'il a consigné dans l'intéressant volume que vient de publier la *Bibliothèque de philosophie scientifique*.

Les deux premiers tiers de l'ouvrage font connaître le passé des cantons et de la Confédération depuis le pacte de 1291 jusqu'au début de la Grande Guerre. Cette étude, condensée mais où ne fait défaut aucun trait essentiel, est suivie d'un excellent tableau de la vie suisse de 1914 à 1919. C'est, si je ne me trompe, le premier exposé d'ensemble qui ait été fait en langue française de l'histoire de la Suisse pendant la grande Guerre. Tour à tour, M. Picavet étudie la politique extérieure de la Confédération, son œuvre humanitaire, la politique intérieure et les questions économiques, l'attitude et le développement du socialisme, la mentalté collective du peuple, l'influence allemande (serve par une habile propagande) sur les milieux dirigeants, la profonde divergence d'opinion qui séparait la Suisse alémanique de la Suisse romande, toute dévouée, celle-ci, à la cause de la Belgique et de ses alliés. En lisant ces pages nourries de faits, on comprend mieux encore qu'on ne pouvait le faire naguère, le courage tenace d'Emile Waxweiler lorsqu'il entreprit et poursuivit en Suisse, pour le service de notre pays, cette belle campagne de propagande dont son livre sur la *Belgique neutre et loyale* a reproduit la substance.

En matière de conclusion, M. Picavet énumère les problèmes qui se posent en ce moment en Suisse : Ce pays arrivera-t-il à cette atténuation de la lutte des classes à laquelle aspire l'Europe ? Sera-t-il capable de résister à la centralisation excessive que réclament certains partis ? Trouvera-t-il un juste milieu entre le cosmopolitisme intellectuel et économique et l'*helvétisme*, reflet de son histoire et création de sa volonté raisonnée ? Prendra-t-il la place qui lui convient dans la Société des Nations ? Quelle sera l'attitude, en ce milieu encore mal défini, de la plus ancienne démocratie du monde européen, abritée sous le manteau vieilli de la neutralité ?» L'auteur souhaite à la Suisse une rénovation spirituelle : « Elle doit liquider les survivances d'un passé récent, trop entaché d'influences germaniques, se débarrasser de la *Realpolitik* qui a fait faillite, revenir à la conception d'une Suisse unifiée d'esprit, variée de réalisation et, tout en gardant son autonomie, médiatrice naturelle entre les diverses formes de la civilisation européenne. » Quoiqu'il en soit, il croit en l'avenir du peuple suisse qui, malgré la diversité des groupes ethniques qui le composent, possède un caractère original, permanent, indice d'une nationalité qui ne se confond ni avec la race ni avec la langue.

Est-il besoin d'insister sur l'intérêt tout particulier que présente en ce moment, pour nous Belges, la lecture du livre de M. Picavet, si riche de substance, si bien composé, si judicieux dans ses appréciations? Ne formons-nous pas aussi une nation malgré notre dualisme linguistique? Et n'est-il pas question d'introduire dans notre constitution des réformes inspirées par les institutions de cette démocratie helvétique qui mérite à bon droit d'être appelée : historique, puisqu'elle plonge ses racines dans un lointain passé? **L. Leclère.**

Les souffles libres. Poèmes de Paul Vanderborght. Bruxelles 1920. 30 pages.

Voici le recueil d'un jeune. Voici des vers. Les poètes auront toujours cet avantage sur les autres artisans de la plume de pouvoir déceler plus vite leur mesure vraie. On gagne du temps parfois avec eux. Point n'est besoin d'un gros livre. Toute leur imagerie tient dans ce don merveilleux de l'instinct qui chez le lecteur saisit l'instinct seul.

Ici, 500 à 600 vers au plus : cela suffit à nous faire reconnaître un poète. Souffles libres? L'auteur veut-il marquer par là son intention de s'affranchir, en dehors des préjugés d'école ou de croyance, de faire avant tout matière de soi-même, rien que de soi-même? Tant mieux, car c'est là le fond de toute poésie, mais il y a plus. « La joie de vivre est peut-être la libération », dit quelque Ibsen. Eh bien, c'est cette joie-là, toute païenne, animale un peu, mais combien luxuriante en sa faune et en sa flore, cette joie qui vient de l'excès de force et qui en a toutes les tristesses, c'est cette joie-là que chante et nous communique M. Vanderborght. Il y a chez lui comme un désir de régression aux sens et aux seuls instincts, — aux sources. Sans doute, y sent-on encore des influences : Samain, Grégoire le Roy, Verhaeren, Richepin surtout, un parnassisme assuré dont riront peut-être les « derniers-bateaux », — mais à quoi bon rappeler cela, et au fond, qu'est-ce que ça fait? Il y a là des vers qui ont du nombre, de la musique, peu de complexité peut-être, mais de la force, de la tristesse qui sait rester claire, du souvenir en tas, du désir en masse, un artiste enfin qui a moins de nerfs que de muscles : c'est bien assez!

> « Et toi, païen, tu veux de ma chair odorante?
> Ton regard est-il méprisant et clair et dur,
> Je te suivrai d'instinct, troublée et consentante,
> Et je te donnerai mon corps comme un fruit mûr. »

> « Du temps où j'avais des yeux de poupée,
> Des yeux comme en verroterie,
> Qui regardaient, sans trop fixer, la vie... »

Belle, très belle promesse. Peut-être aurons-nous bientôt des souffles entièrement « libérés ». J'attends M. Vanderborght à son second recueil.

René Purnal.

CHRONIQUE UNIVERSITAIRE

COMPTE RENDU DE LA VISITE DES ETABLISSEMENTS D'AERO-
NAUTIQUE FRANÇAISE, FAITE DU 18 AU 23 AOUT 1920, PAR
LES ELEVES DU COURS D'AVIATION DE L'UNIVERSITE DE
BRUXELLES.

La visite aux Etabl ssements d'aéronautique français, organisée par
M. le professeur Allard, fut le digne couronnement du premier cours
d'aviation professé à l'Université de Bruxelles.

Si cette excursion ne nous révéla aucune chose absolument neuve dans
le domaine de l'aviation, elle eut du moins le grand mérite de fixer en
quelque sorte les connaissances acquises au cours des leçons théoriques.

A l'heure actuelle,. il est unanimement reconnu que l'enseignement technique ne peut plus se fonder uniquement sur des leçons orales, que l'expérience doit en être la base et, à ce point de vue, cette visite fut très suggestive : elle montra la grande utilité qu'il y aurait de « matérialiser »
davantage la plupart des cours professés dans nos universités.

Les laboratoire d'aérodynamique constituèrent le principal but de la
visite. Par laboratoire d'aérodynamique, on entend un établissement pos-
sédant des dispositifs capables de reproduire sur des modèles réduits, ou
en grandeur d'exécution si possible, les phénomènes utilisés pour la sus-
tentation et la propuls on dans l'air.

Le laboratoire de M. Eiffel, un des premiers créés, fut pour ainsi dire
le seul établissement du genre en France, en activité pendant la guerre ;
il donna des indications du plus haut intérêt sur les avions, sur les projectiles : bombes et obus, et contribua puissamment aux succès de l'aviation militaire française et alliée.

Le laboratoire et tout son matériel furent mis à la disposition des élèves
du cours d'aviat on, ce qui leur permit d'essayer un modèle d'avion en
réduction, construit d'après le projet du lieutenant R. de Glymes, de
l'aviation militaire belge, élève du cours.

Il était en effet d'un grand intérêt de pouvoir constater le degré de
concordance entre les qualités prévues de l'avion et les qualités déduites
des essais sur un modèle. Ce fut aussi une occasion pour les élèves de
manipuler les instruments de mesure et de se rendre compte par le fait
de ce qu'est l'expérience dans un laboratoire d'aérodynamique.

Malgré le peu d'expérience des manipulateurs, l'essai fut des plus concluant. On put voir qu'entre les courbes de fonctionnement prévues et
celles trouvées, il y avait une concordance prat quement suffisante, ce qui
permet de mettre toute sa confiance dans les méthodes actuelles.

Pour les profanes, la chose peut paraître de mince importance : il leur
paraîtrait inadmissible qu'il pût y avoir de grandes divergences entre la

théorie et l'expérience. Mais il ne faut pas oublier que ce genre de manipulation est d'une grande complexité, que les méthodes employées ont été et sont encore critiquées. Nous sommes dans l'enfance de cette science : « la connaissance des lois de l'air ». Aucune théorie ne peut encore encadrer ces phénomènes, et de nombreux expérimentateurs réputés parviennent à des résultats forts différents, pour des expériences identiques, sans que l'on en sache exactement les causes.

Les quelques lois fondamentales ne sont même pas rigoureuses, pense-t-on : la résistance à l'air ne serait pas exactement proportionnelle au carré de la vitesse ; la loi de la similitude, c'est-à-dire l'indépendance de la résistance unitaire et des dimensions du modèle, ne serait pas tout à fait exacte. On voit d'ici l'importance des essais dans la technique de l'aviation.

Le laboratoire de Saint-Cyr permit de confirmer ces vues ; en effet, ce laboratoire nous montra le chemin parcouru depuis la création de l'installation de M. Eiffel. Saint-Cyr possède, en outre, un grand tunnel de 2 mètres de diamètre dans lequel on peut obtenir un courant d'air régulier de plus de 45 mètres par seconde, un petit tunnel où l'on approche de 80 mètres par seconde. Il comprend également une voie de 1,500 mètres environ, à l'air libre évidemment, sur laquelle un chariot, mû par de puissants moteurs électriques, peut porter des avions et des hélices de grandeur réelle, ce qui permet de vérifier les essais du laboratoire. Le laboratoire possède enfin une rotonde de 36 mètres de diamètre qui abrite un manège, c'est-à-dire un levier de 16 mètres de longueur, tournant autour d'un axe vertical au centre de la rotonde ; l'extrémité du bras parcourt donc 100 mètres par tour et peut porter des modèles réduits. On obtient ainsi aisément un fort courant d'air relatif.

En plus des installations purement aérodynamiques, Saint-Cyr possède diverses autres installations plus spéciales, notamment une grande cloche pneumatique, dans laquelle on peut produire un vide et une température correspondants à une altitude quelconque.

Dernièrement, le recordman de la hauteur, l'aviateur Casale, se soumit à l'expérience de la dépression et, après un voyage à 12,000 mètres en quarante-huit minutes, revint à la pression normale en dix-sept minutes sans aucune espèce de malaise.

En fait de curiosités, le laboratoire de Saint-Cyr possédait les débris d'un avion géant allemand, tout récent d'ailleurs. Les dimensions et la puissance de cet engin dépassent certainement ce que l'on a fait dans les autres pays. Le corps de l'avion, c'est-à-dire le fuselage, de 2 mètres de large et 2^{m}50 de haut, abrite à l'avant une chambre de machines, où quatre moteurs de 300 chevaux chacun, attaquent un arbre creux de 20 centimètres de diamètre sur lequel est calée une énorme hélice de 6^{m}50. Les roues, toutes en métal, avaient 1^{m}60 de diamètre et 45 centimètres de large. Le reste était en proportion.

Ceci est un bel exemple au point de vue technique, mais quelle signification au point de vue commercial, industriel et militaire !

En fait d'avions, la visite au Etablissements Caudron et Farman permit de voir de beaux exemplaires.

Caudron avait en construction un gros appareil à trois moteurs. Farman nous montra ses fameux « Goliath », un des plus beaux types d'avion de transport : il peut enlever confortablement quatorze passagers. Il y avait une douzaine de « Goliath » sur le chant er à des phases de construction différentes, ce qui permit de se rendre compte rapidement et complètement de la façon dont on fabrique les aéroplanes à l'heure actuelle.

Enfin la visite des ateliers des hélices « Eclair » montra la fabrication et les nombreuses manipulations que les hélices doivent subir avant leur mise en place sur les moteurs d'avions.

A. RENARD,

Elève de la section d'aviation de l'Université Libre de Bruxelles.

L'ECOLE INTERNATIONALE DE DROIT INTERNATIONAL

A la suite de la Grande Guerre qui pendant près de cinq années a bouleversé le monde, le droit international est entré dans une phase d'évolution qui doit conduire à sa rénovation. Il est dès lors indispensable de faire à son enseignement une place prépondérante à l'heure où les anciennes puissances se transforment, des Etats nouveaux se créent et de multiples traités s'offrent à l'interprétation. Dans ces conditions, il a paru à l'Union juridique internationale qu'il fallait établir un centre où seront étudiées, avec le souci de l'ensemble des détails, des principes et des applications, suivant une méthode nouvelle et dans un esprit nouveau, les nombreuses questions que font naître les problèmes relatifs à la vie des Etats. C'est à ces fins que, sur l'initiative de trois internationalistes, MM. Alejandro Alvarez, Paul Fauchille et Albert de Lapradelle (1), elle a décidé de fonder à Paris l' « Ecole internationale de droit international ».

Les personnalités les plus autorisées de la France et de l'Etranger en matière internationale ont accordé à cette institution l'appui de leur haut patronage.

L'Académie des sciences morales et politiques, de l'Institut de France, en donnant à son tour son approbation à l'œuvre de l'Union juridique internationale (2), en a reconnu également l'importance pour le progrès de la civilisation et le développemest pacifique des relations internationales.

Le Comité d'honneur de l'Ecole comprend MM. G. Ador, ancien Prési-

---

(1) La première idée de la création à Paris d'une Ecole de droit international, destinée à faire faire de ce droit une étude approfondie par des professeurs appartenant à tous les pays, appartient à M. Alejandro Alvarez et à M. Paul Fauchille. Ils la conçurent dès la fin de l'année 1912, et ils s'en ouvrirent alors à diverses personnalités qui l'accueillirent avec une grande faveur. Mais les événements politiques qui bientôt troublèrent l'Europe ne leur permirent pas de mettre leur projet à exécution. Ils le reprirent en 1919, après le rétablissement de la paix du monde, en demandant à M. Albert de Lapradelle, secrétaire général de l'Union juridique internationale, de s'adjoindre à eux pour faire aboutir l'œuvre projetée.

(2) Séance de l'Académie du 9 octobre 1920 (*Journal officiel de la République française* du 11 octobre 1920, p. 15399).

dent de la Confédération Helvétique, Président du Comité international de la Croix-Rouge à Genève ; Balfour, secrétaire d'Etat de la Grande-Bretagne ; Ruy Barbosa, ancien sésateur du Brésil ; de La Barra, ancien Président de la République du Mexique, vice-Président de l'Union juridique internationale ; Benès, ministre des affaires étrangères de la République tchéco-slovaque ; ; Léon Bourgeois, de l'Institut, Président du Conseil de la Société des Nations ; Baron Descamps, de l'Académie royale de Belgique, ministre d'Etat, professeur à l'Université de Louvain, ancien Président de l'Institut de droit international ; d'E chthal, de l'Institut, directeur de l'Ecole libre des sciences politiques ; Fernandez Prida, professeur à l'Académie royale de Madrid ; G. Gram, ancien ministre d'Etat de Norvège ; G. Hanotaux, de l'Académie française, ancien ministre des affaires étrangères ; Paul Hymans, ministre d'Etat, ancien ministre des affaires étrangères, délégué de la Belgique à la Société des Nations ; Vicomte Ishii, ambassadeur du Japon près la République française ; van Karnebeek, ministre des affaires étrangères des Pays-Bas ; F. Larnaude, doyen de la Faculté de droit de Paris, Président de l Union juridique internationale ; Lou-Tsieng-Tsang, ancien ministre des affaires étrangères de la République chinoise ; Ch. Lyon-Caen, secrétaire perpétuel de l'Académie des sciences morales et politiques, doyen honoraire de la Faculté de uroit de Paris, ancien Président de l'Institut de droit international ; Raymond Poincaré, de l'Académie française, ancien Président de la République française ; A. Ribot, de l'Académie française, ancien Président du Conseil des ministres ; Albéric Rolin, de l'Académie royale de Belgique, ancien Président et secrétaire général de l'Institut de droit international ; Elihu Root, ancien secrétaire d'Etat des Etats-Unis, Président d'honneur de l'Institut américain de droit international ; Scialoja, ancien ministre ues affaires étrangères d'Italie ; James Brown Scott, Président de l'Institut américain de droit international ; Take Jonesco, ministre des affaires étrangères de Roumanie ; Venizélos, Président du Conseil des ministres de Grèce ; Vesnitch, Président du Conseil des ministres du Royaume serbo-croate-slovène.

L'Ecole internationale de droit internationale est placée sous l'autorité d'un Comité de direction de trois membres, qui est composé de ses trois fondateurs : MM. Alejandro Alvarez, secrétaire général de l'Institut américain de droit international, associé de l'Institut de droit international, membre de l'Union juridique internationale ; Paul Fauchille, directeur de la *Revue générale de droit international public*, membre de l'Institut de droit international, membre correspondant de l'Institut américain de droit international, membre associé de l'Académie royale de Belgique ; Albert de Lapradelle, professeur de droit des gens à la Faculté de Paris, secrétaire général de l'Union juridique internationale, associé de l'Institut de droit international, membre correspondant de l'Institut américain de droit international. L'un de ces directeurs, M. Paul Fauchille, remplit en outre les fonctions de secrétaire général.

La nouvelle Ecole présente un double caractère.

Elle est d'abord une Ecole *spéciale* de droit international. Cette partie de la science juridique y sera seule étudiée, mais elle y sera examinée de la manière la plus complète et sous tous ses aspects : diplomatique, militaire, naval, économique, de droit privé.

Elle est, d'autre part, une Ecole *internationale*. Des maîtres de toutes nationalités y donneront des exposés de leurs vues personnelles et des doctrines et pratiques de leurs pays. Ce n'est pas simplement le rayonnement de la pensée française qu'elle se proposera de développer ; par son caractère cosmopolite, elle apportera en même temps à la science française l'appoint des idées étrangères en vue de la réalisation d'un idéal commun : la formation et la diffusion, dans un esprit d'amitié internationale, du droit auquel il est réservé d'assurer la justice et la paix dans le monde nouveau. C'est donc à toutes les nations qu'elle demande de coopérer pour son enseignement, auquel la France se contentera d'offrir, avec sa langue, son hospitalité. Et c'est de même à tous les Etats qu'elle s'adresse pour le recrutement de ses auditeurs et de ses élèves (1). Mais, internationale par son personnel, l'Ecole l'est également par sa méthode : consciente de l'existence d'une communauté de plus en plus étroite entre les nations, elle s'appliquera à faire un examen parallèle des différentes conceptions nationales ou continentales du droit international, afin de chercher, avec les motifs de leurs divergences, les possibilités de les faire cesser, ou du moins s'atténuer.

Les buts de l'Ecole internationale de droit international sont multiples. Elle se propose :

1º De contribuer à la reconstitution du droit international en conformité des exigences actuelles de la vie des Etats ;

2º De développer l'influence des idées de justice et de morale sur la formation du droit international ;

3º De resserrer les liens de bonne entente et d'amitié entre les membres de la Société des Nations ;

4º De répandre les connaissances du droit des gens dans le public, dans la presse, et aussi dans les milieux militaires ;

5º D'aider au perfectionnement de la préparation à certaines carrières, comme la diplomatie et les consulats, la magistrature et le barreau, le commerce et les finances.

L'Ecole internationale de droit international sera ainsi tout à la fois un Institut de recherches et de progrès scientifiques, un Centre d'éducation de l'opinion publique, une Ecole d'application et de préparation diplomatique, commerciale, militaire et navale. En aidant à l'instruction des nouveaux diplomates des Etats, surtout de ceux des Etats récemment créés, et à la formation des hommes appelés à juger ou à défendre dans la future Cour de justice internationale les intérêts des nations, elle établira chez eux une unité de doctrine qui servira grandement l'entente entre les peuples.

---

(1) Les ministres des affaires étrangères d'un certain nombre d'Etats, convaincus de l'utilité de la nouvelle Ecole, ont déjà promis à ses directeurs de créer des bourses pour les jeunes gens de leurs pays se destinant à la carrière diplomatique.

Cette Ecole ne lait double emploi ni avec les Facultés de droit, ni avec l'Ecole libre des sciences politiques, ni avec l'Académie de droit international projetée à La Haye. Les Facultés de droit et l'Ecole des sciences politiques ne peuvent nécessairement étudier le droit des gens qu'accessoirement, avec d'autres matières, et elles n'en donnent l'enseignement que par des professeur de nationalité française. L'Académie de La Haye est surtout un ensemble de conférences sur des points isolés : elle ne constitue pas, comme l'Ecole, une école permanente d'enseignement préparatoire et de perfectionnement : ses leçons devant être faites à l'époque des vacances de l'Ecole internationale, les élèves et les auditeurs de cette dernière auront, d'ailleurs, toute facilité pour les suivre et en tirer profit.

Les cours de l'Ecole seront nombreux et variés. Ils seront combinés de manière à permettre, suivant les convenances personnelles, des études courtes, restreintes ou prolongées. D'une durée normale de deux années, l'enseignement est divisé en trois trimestres (1er décembre-15 février : 15 février-1er mai : 1er mai-15 juillet) (1) dont les leçons, à la rigueur, se suffiront à elles-mêmes. Par leur diversité, les cours, réunis au gré des auditeurs, pourront constituer des sections distinctes : section générale, section diplomatique, section militaire et navale, section judiciaire, section de la presse. Les sujets dès à présent prévus pour former l'enseignement des deux années sont les suivants : Droit international public (cours général en deux années). Droit international privé (deux cours généraux d'une et de deux années, traitant l'un du droit de l'étranger, l'autre du conflit des lois d'après les principes et la jurisprudence). Systématique et philosophie du droit international. La morale internationale. L'Europe et le droit international. L'Amérique et le droit international. L'Asie et le droit international. L'Afrique et le droit international. La France et le droit international. La Grande-Bretagne et le droit international. Les Etats-Unis et le droit international. L'Amérique latine et le droit international. L'Italie et le droit international. L'Espagne et le droit international. La Belgique et le droit international. Les Pays-Bas et le droit international. Les Pays du Nord de l'Europe et le droit international. La Suisse et le droit international. La Russie et les Pays slaves et le droit international. Les Pays balkaniques et le droit international. La Turquie et le droit international. L'Europe centrale et le droit international. La Chine et le droit international. Le Japon et le droit international. La Perse et le droit international. Les auteurs du droit des gens. Les grands instituts de droit international. L'Eglise et le droit international. Les systèmes politiques et le droit international. Les droits et les devoirs des Etats. Les traités. Les sentences arbitrales. L'invention scientifique et le droit international. Les sanctions du droit international. Les colonies et le droit international. L'histoire des relations internationales. Le régime consulaire des différents pays. La pratique diplomatique. La protection des nationaux à l'étranger. La paix de 1919-1920. La Société des Nations. Les traités de commerce. Les Unions internationales. Le régime des voies de communi-

---

(1) Exceptionnellement, la première année de l'Ecole, les cours ne commenceront qu'au mois de janvier.

cation (mer, fleuves, chemins de fer, air). Les finances internationales. La propriété industrielle, littéraire et artistique au point de vue international. Le régime international du travail. Le droit de la guerre terrestre. Le droit de la guerre maritime. La pratique de la guerre navale. La pratique de la guerre terrestre. La guerre aérienne. La Croix-Rouge. L'occupation militaire en temps de guerre et en temps de paix. Le commerce en temps de guerre. Les armistices. Les prises maritimes. La neutralité. Le droit pénal international. L'extradition. La nationalité. Le régime des Capitulations. Le droit civil international. Le droit commercial international. Le droit maritime international. La procédure civile internationale. L'unification législative. La justice internationale. L'application des traités de paix de 1919-1920 devant les juridictions arbitrales. La Presse, la politique extérieure des Etats et le droit international. La correspondance postale et aérienne en droit international.

Chacun de ces cours sera fait par un spécialiste réputé de la France ou de l'étranger. L'Ecole s'est dès maintenant assuré le concours de nombreux professeurs : MM. Raymond Poincaré, ancien Président de la République française ; Leon Bourgeois, Président du Conseil de la Société des Nations ; de la Barra, ancien Président des Etats-Unis du Mexique : Lyon-Caen, secrétaire perpétuel de l'Académie des sciences morales et politiques, ancien doyen et professeur de la Faculté de droit de Paris ; Larnaude, doyen de la Faculté de droit de Paris : Weiss ; Pillet ; de Lapradelle ; Basdevant ; Gidel ; Rolland, professeurs à la Faculté de droit de Paris ; Sjoeborg, ministre plénipotentiaire, directeur du contentieux au ministère des affaires étrangères de Suède ; Ch. de Visscher, professeur à l'Université de Gand ; Bourquin, professeur à l'Université de Bruxelles ; André Mercier et Antoine Rougier, professeurs à l'Université de Lausanne ; Pearce Higgins, professeur à l'Université de Cambridge ; Garner, professeur à l'Université de Illinois (Etats-Unis) ; Van Eysinga, professeur à l'Université de Leyde ; Le Fur ; Marcel Nast ; Moncharville, professeurs à l'Université de Strasbourg ; Scelle, professeur à l'Université de Dijon ; Alvarez, secrétaire général de l'Institut américain de droit international, ancien professeur à l'Université de Santiago du Chili ; Dupuis ; René Pinon ; Bleciszewski, professeurs à l'Ecole libre des sciences politiques ; Des Gouttes, secrétaire général du Comité international de la Croix-Rouge à Genève ; Mandelstam, ancien directeur du Département juridique du ministère des affaires étrangères de Russie, ancien premier drogman à l'ambassade de Russie à Constantinople ; Le Page, capitaine de corvette, de l'Etat-major général de la marine française ; Eisenmann, professeur à la Sorbonne.

En dehors des cours, il sera aussi donné à l'Ecole des exercices pratiques de diverses sortes, consistant notamment en des études de textes, qui pourront avoir lieu en langues étrangères, et qui seront faits sous la direction de professeurs et de maîtres de conférences.

Ainsi le droit international sera étudié à l'Ecole non pas seulement d'une manière théorique, mais aussi sous la forme la plus pratique.

L'un des principaux buts de l'Ecole de droit international est l'éducation de l'opinion publique en matière de politique étrangère. Il importe qu'à l'avenir, dans les démocraties modernes, l'étude et la connaissance des questions extérieures, ne soient plus, comme par le passé, l apanage exclusif de ceux qui assument la charge et la conduite des relations internationales. L'Ecole se propose donc, le jour où elle aura pleinement affirmé sa vital té, d'instituer encore, à côté des cours et des exercices pratiques, bases de son enseignement. des conférences de vulgarisation ouvertes au grand public, sur les plus graves sujets d'actualité.

PROGRAMME DES ÉTUDES DU PREMIER TRIMESTRE DE LA PREMIÈRE ANNÉE.

1. — Cours.

MM. Léon Bourgeois, de l'Institut, Président du Conseil de la Société des Nations : La mora'e internationale. — F. Larnaude, doyen de la aculté de dro t de Paris : La Société des Nations. — A. Weiss. de l'Institut, professeur de droit international à la Faculté de Paris : Le droit de l'étranger. — A. Pillet, professeur de droit des gens à la Faculté de Paris : Le conflit des lois d'après les principes et la jurisprudence (Cours complet en 72 leçons : 1re année : Etudes des principes). — A. de Lapradelle, professeur de droit des gens à la Faculté uc Paris : Droit international public (Cours complet en 140 leçons. 1er trimestre : Introduction à l'étude du droit international : objet, histoire. sources, méthode). — L. Le Fur, professeur de droit des gens à la Faculté de Strasbourg : Systématique et philosophie du droit international. — A. Alvarez, secrétaire général de l'Institut américain de droit international : L'Amérique et le droit international (Cours complet en 60 leçons. 1er trimestre : Nouvelle phase du droit international. L'Amérique et le droit international au cours du XIXe siècle et pendant la grande guerre. Droit public américain : ses éléments constitutifs, sa portée). — A. Mercier, professeur ue droit pénal et de droit international à l'Université de Lausanne : Le droit pénal international. — C. de Visscher, professeur à la Faculté de droit de l'Université de Gand : Le régime des voies de communications (mer, fleuves, chemins de fer, air). — A. Mandelstam, ancien premier drogman à l'ambassade de Russie à Constantinople : La situation jurid que internationale de la Turquie et des pays détachés d'elle d'après le traité de Sèvres. — J. Blociszewski, professeur à l'Ecole libre des sciences politiques : L'Europe centrale et le droit des gens (Formation et transformation des Etats de l'Europe centrale. Frontières, nationalités). — M. Bourqu n, professeur à la Faculté de droit de l'Université de Bruxelles : La Belgique et le droit international (La Belgique d'avant guerre. La Belgique pendant la guerre. La Belgique d'après guerre). — Le Page, capitaine de corvette : La pratique de la guerre navale et le dro t des gens. — L. Eisenmann. professeur à la Sorbonne : La Tchéco-Slovaquie et le droit international.

II. — Exercices pratiques

MM. Basdevant, professeur agrégé à la Faculté de droit de Paris Les traités de la France (en français). — Garner. professeur à l'Université de Illinois (Etats-Unis) : Les traités des Etats-Unis (en angla's). — Mandelstam : Les traités de la Russie et de la Turquie (en français). — Alvarez : Les traités de l'Amérique latine (en espagnol). — De Lapradelle : Les sentences arbitrales (en français). — Goulé, secrétaire de la *Revue de droit international privé et de droit pénal international* : Les jugements internationaux de droit privé (en français).

INSCRIPTIONS.

1° Inscription d'ensemble donnant entrée à tous les cours : 150 francs par trimestre, ou 400 francs pour l'année entière :

2° Inscription partielle donnant entrée à un cours trimestriel d'au plus 12 leçons : 50 francs :

3° Inscription partielle donnant entrée à un cours trimestriel d'au plus 24 leçons : 70 francs.

Droit d'immatriculation à la Faculté de droit, donnant droit à l'usage de la bibliothèque de la Faculté : 30 francs.

Des droits, dont le taux sera ultérieurement fixé, seront perçus pour les exercices pratiques.

L'Ecole délivrera, après examen, à ses élèves, des diplômes qui pourront être utiles pour l'entrée dans certaines carrières. Aucun grade universitaire n'est exigé de ceux qui veulent suivre les cours de l'Ecole : les élèves et auditeurs y sont admis sans examen, après agrément de la Direction.

L'ouverture des cours de l'Ecole internationale de droit international aura lieu le 5 janvier 1921 dans les locaux de la Faculté de droit, 10, place du Panthéon, Paris.

Les inscriptions sont reçues au secrétariat de l'Ecole (Faculté de droit, les lundi, mercredi et vendredi de 3 heures à 5 heures de l'après-midi, à partir du 13 décembre 1920.

DISTINCTIONS

M. Paul Errera, vice-président du Conseil d'Administration de l'Université libre, a été nommé Commandeur de la Couronne d'Italie.

M. le Dr Jules Bordet a été nommé Commandeur de l'Ordre de Léopold avec étoile d'argent.

La « Distinguished Service Medal » a été conférée au Dr Antoine Depage, par le gouvernement américain.

La Classe des Sciences de l'Académie royale de Belgique a décerné le Prix Louis Melsens, à M. Octave Dony-Hénault, le Prix Léo Errera, à feu M. Maurice Herlant, agrégé et assistant à l'Université.

MM. Depage, Demoor et Gengou feront partie du Comité Médical créé auprès du Conseil général de l'Association de la Croix-Rouge de Belgique, dont M. le Dr A. Depage a été nommé président.

M. G. Charlier, professeur à la Faculté de philosophie et lettres, a été élu membre, à titre de philologue, de l'Académie de langue et de littérature françaises.

MANIFESTATIONS

organisées en l'honneur de M. Jules BORDET,

professeur à l'Université libre de Bruxelles,

à l'occasion de l'attribution qui lui a été faite

du Prix Nobel de Médecine pour 1920.

JULES BORDET

L'Hommage des Académies royales

—

I

A l'Académie des Sciences

La première des manifestations organisées en l'honneur du Dr Jules Bordet, a eu lieu à la Classe des Sciences de l'Académie royale de Belgique, réunie en séance publique le jeudi 16 décembre 1920, à 2 heures.

Prennent place au bureau: *M. A. Gravis*, directeur de la Classe; *M. G. Cesaro*, vice-directeur; *M. Paul Pelseneer*, secrétaire perpétuel; *M. J. Brunfaut*, directeur de la Classe des beaux-arts, président de l'Académie, et *M. Jules Bordet*, membre de la Classe, en l'honneur de qui est organisée la manifestation qui occupe la première partie de la séance.

M. le ministre Wauters assiste à la séance.

M. le Directeur de la Classe prononce l'allocution suivante :

Monsieur le Ministre,
Mesdames, Messieurs,

Le programme des séances publiques de chacune des Classes de l'Académie royale de Belgique est déterminé par le Règlement. En ce qui nous concerne, il comprend un discours par le Directeur de la Classe, une lecture par un membre, et enfin la proclamation des résultats des concours annuels, des Prix perpétuels et des Elections.

Cette année, un événement heureux permet de modifier un

peu l'austérité de ce programme. Le Prix Nobel vient d'être attribué à l'un d'entre nous, à M. le docteur J. Bordet, Directeur de l'Institut Pasteur du Brabant et Professeur à l'Université de Bruxelles. Depuis l'institution du Prix Nobel, c'est la première fois que l'un de ces prix est décerné à un homme de science en Belgique. C'est un grand honneur qui a été fait à notre cher Confrère, un honneur qui rejaillit sur l'Académie et sur le pays tout entier.

Aussi, d'une voix unanime, nous avons décidé d'inscrire à l'ordre du jour de la séance d'aujourd'hui une manifestation en l'honneur de M. Bordet. Cette manifestation sera bien simple dans sa forme. Malgré l'élan de nos cœurs, nous ne pouvons rivaliser avec l'enthousiasme que ne manquera pas de manifester la jeunesse universitaire, lorsqu'il lui sera permis de témoigner son admiration à l'un de ses maîtres vénérés et aimés. Mais si nous sommes plus calmes, soyez assuré, cher Confrère, que nous sommes aussi plus conscients de votre valeur et que nous comprenons mieux toute l'importance de la distinction qui vous a été accordée. Nous vous en félicitons bien chaleureusement et bien sincèrement.

Pour mieux vous honorer publiquement, nous avons prié l'un d'entre nous, l'un des plus compétents en cette matière, de résumer vos recherches sur l'immunité, recherches qui vous ont valu la distinction grandiose dont nous nous réjouissons en ce jour.

M. le docteur P. Nolf, professeur à l'Université de Liège, a bien voulu se charger de cette mission. Je l'en remercie au nom de nous tous, et je lui cède la parole.

Discours prononcé par M. Nolf

Monsieur le Ministre,
Mesdames, Messieurs,

La Classe des sciences a voulu que les premières paroles prononcées en sa séance publique fussent adressées à celui de ses membres dont les travaux ont couvert de gloire l'Université de Bruxelles et la science belge tout entière. Anticipant sur la cérémonie grandiose de samedi prochain, elle a désiré que dès aujourd'hui il soit fait ici un exposé succinct des principales découvertes de notre Collègue. Elle m'a chargé de cette tâche aussi agréable que lourde. Heureux d'être l'interprète de notre compagnie pour dire toute l'estime et l'admiration que nous avons pour l'homme et pour son œuvre, je suis en même temps effrayé par l'énorme difficulté du sujet. Comment vous faire comprendre sinon les découvertes elles-mêmes, au moins l'intérêt général qu'elles présentent, alors qu'elles demandèrent à son auteur près de trente années de labeur opiniâtre et ininterrompu, et que je ne dispose moi-même que de quelques instants. A vouloir tout citer, on risque de ne composer qu'une aride nomenclature; veut-on se limiter aux faits que l'on juge principaux, on s'expose à trahir l'auteur, à ne donner de son œuvre qu'une image infidèle et tronquée. Puissé-je être assez heureux pour ne pas encourir le double reproche. Je voudrais que ceux qui m'écoutent aujourd'hui, sortissent d'ici avec le désir d'en apprendre davantage et qu'ils aillent entendre samedi prochain des exposés plus longs et plus complets, dont celui-ci n'est que le prologue.

Quand Jules Bordet entra dans la carrière médicale, le problème qui occupait tous les esprits était celui de l'immunité dans les maladies infectieuses. En quelques années, plusieurs découvertes de la plus haute importance venaient de se succéder. Pasteur avait créé les méthodes générales grâce auxquelles, pour la première fois, on put immuniser contre la plupart des maladies infectieuses; Metchnikoff avait montré l'importance qui revient à certaines cellules de l'organisme, notamment aux globules blancs du sang et de la lymphe, dans la lutte que nous livrons aux microbes pendant la maladie; Behring et Kitasato avaient découvert la propriété antitoxique du sérum des animaux immunisés contre le tétanos et la diphtérie; d'autres savants : Buchner, Pfeiffer, avaient commencé avec fruit l'analyse expérimentale de l'influence qu'exercent les humeurs, sang et lymphe, sur la vitalité des microbes. Les médecins étaient partagés en deux camps: les uns cherchaient dans la chimie des liquides humoraux l'explication des faits d'immunité; les autres voulaient tout attribuer aux cellules, aux phagocytes. C'était un chapitre nouveau de la querelle séculaire entre les humoristes et les solidistes.

Bordet avait pris le goût de la recherche scientifique auprès de ses maîtres Héger et L. Errera. Il eut l'inestimable chance de pouvoir achever son éducation médicale dans la maison hospitalière où l'illustre Pasteur terminait sa glorieuse carrière.

A cette époque, les disciples du grand savant, Duclaux, Roux,

Metchnikoff, célèbres eux-mêmes par leurs travaux et leur enseignement, avait fait de l'Institut Pasteur le principal établissement de la Science médicale du monde entier. Les laboratoires et les auditoires étaient remplis de jeunes médecins venus de tous les pays. L'Institut était une ruche bourdonnante, où s'élaborait un miel très pur : ses travaux étaient réputés pour la sûreté des observations et la richesse de l'invention. L'enseignement était merveilleux de méthode, de documentation, d'information. Pas une idée neuve, pas une publication importante de l'étranger qui n'y fussent commentées, contrôlées.

Dans ce milieu propice à l'éclosion des talents, un esprit aussi doué que Bordet devait se développer avec une prodigieuse rapidité. Dès son premier mémoire, notre Collègue appelait sur lui tous les regards ; on sentait qu'un nouveau maître venait de parler.

Ses premières recherches ont trait à l'immunité dans la péritonite du cobaye par le vibrion cholérique et les microbes voisins (1894). Pfeiffer et Issaeff venaient de publier d'importants résultats. Ils avaient reconnu que l'immunité, que produisent facilement quelques injections sous-cutanées d'une culture de vibrion cholérique au cobaye, s'accompagne de l'apparition d'une propriété particulière dans les humeurs de l'animal vacciné. Si l'on introduit dans son péritoine un peu d'une culture de vibrion cholérique, on assiste à une transformation très caractéristique du microbe dans la lymphe péritonéale. De bâtonnet incurvé et mobile qu'il était, il devient sphérique, immobile et perd en grande partie son affinité pour les matières colorantes. Chose remarquable, cette transformation granuleuse du vibrion peut être obtenue dans le péritoine d'un cobaye neuf, à la condition d'y introduire en même temps que la culture microbienne un peu de sérum sanguin d'un cobaye vacciné. Et cependant, d'après eux, ce sérum est inactif à lui seul. *In vitro*, il laisse intacts les vibrions auxquels on le mélange. Il n'agit qu'au contact du tissu vivant, de la séreuse péritonéale.

Reprenant l'étude de ce phénomène (1895), Bordet démontra tout d'abord que cette dernière affirmation est inexacte. Le sérum de l'animal vacciné est bien capable d'opérer la transformation granuleuse du vibrion. Pour cela, il faut et il suffit qu'il soit bien frais. Vieilli ou chauffé à 56°, il cesse d'agir. Mais il récupère toute son activité, si on le mélange au sérum frais d'un

animal normal. Bordet en conclut que le sérum de l'animal vacciné contient deux substances, dont l'une est détruite à 56° (ou
par le vieillissement à la température ordinaire), tandis que
l'autre résiste à cette température. La première est contenue
dans le sérum frais de tous les animaux, tant vaccinés que neufs.
C'est elle que plusieurs bactériologistes, notamment Buchner,
avaient déjà étudiée sous le nom d'alexine. La seconde est produite au cours de la vaccination. Elle est spécifique, c'est-à-dire
qu'elle porte son action exclusivement sur le microbe contre
lequel on a vacciné. A elle seule, elle est incapable de détruire
ou même d'atténuer le microbe. Son rôle est, en se fixant sur
lui, en l'imprégnant, de le rendre sensible à l'action meurtrière
de l'alexine, qui, sans cette imprégnation préalable, serait sans
aucune influence sur lui. Pour caractériser cette fonction, Bordet
lui donne le nom de substance sensibilisatrice.

Grâce à l'acquisition de ces données nouvelles et à leur exacte
interprétation, un progrès important est réalisé dans notre compréhension de la lutte contre les microbes. Une formule simple
et claire corrige et assemble des données jusqu'alors en partie
erronées, en partie confuses et éparses. Elle est devenue classique
et a permis d'interpréter d'innombrables observations.

En 1898, Bordet publie de nouveaux résultats hautement intéressants. On savait depuis Landois que le sérum de chaque verté-
bré n'est l'ami que de ses propres globules et qu'il détruit les
globules des espèces étrangères, n'ayant pas plus d'égards pour
eux que pour de simples bactéries. La destruction des globules
rouges par une substance toxique s'appelle en médecine hémolyse. Certaines analogies qui existent entre la propriété bactéri-
cide qu'il venait d'étudier amènent Bordet à se demander s'il
n'est pas possible d'appliquer à l'hémolyse par les sérums les
règles découvertes par lui pour la bactériolyse. Le résultat confirma pleinement les prévisions.

Ayant injecté à des cobayes du sang de lapin, il vit apparaître
dans le sérum des cobayes un pouvoir hémolytique extrêmement
intense, en tout semblable au pouvoir bactériolytique que confère
la vaccination contre le vibrion cholérique. Le chauffage à 56°
enlève au sérum de cobaye vacciné son pouvoir hémolytique; mais
celui-ci reparaît entier si l'on ajoute au liquide chauffé un peu
du sérum d'un cobaye neuf ou même du lapin, dont on a pris les
globules. Comme la bactériolyse, l'hémolyse est donc due à la

coopération de deux substances : l'alexine et la sensibilisatrice.
La première est détruite par une température de 56°; elle est
présente dans le sang de tous les vertébrés; la seconde est ther-
mostable, spécifique; elle n'existe que chez l'animal vacciné;
elle est élaborée par lui au cours de la vaccination. Bordet démontra ultérieurement, contre Ehrlich et son école, que l'alexine est
une : c'est la même substance qui, suivant qu'elle porte son action
sur les globules rouges ou les microbes, détruit les uns et les
autres : et que la sensibilisatrice hémolytique ne diffère de la
sensibilisatrice bactériolytique que parce que son affinité spécifique l'oriente vers le globule rouge plutôt que vers le microbe.

Ainsi les substances employées dans la lutte contre les microbes ne sont pas des armes nouvelles, créées de toutes pièces pour
un danger nouveau. Elles sont le produit d'une adaptation heureuse aux microbes d'une fonction vitale d'ordre général, dont les
possibilités d'application débordent largement les limites de la
maladie infectieuse.

La vérité de cette conception fut démontrée immédiatement
par de nombreux auteurs, qui injectèrent aux animaux en expérience non plus des microbes ou des globules rouges, mais des
globules blancs, des spermatozoïdes, des cellules prélevées à différents organes et obtinrent des sérums toxiques pour ces globules
blancs, ces spermatozoïdes, ces cellules ou ces organes. L'analyse
du mode d'action de ces sérums permit d'attribuer leur toxicité
à la coopération de l'alexine et d'une sensibilisatrice.

Poussant plus loin cette enquête, Gengou, un collaborateur de
Bordet, abandonnant les éléments figurés, injecta à l'animal des
substances albuminoïdes en suspension ou en dissolution, telles
que les protéines du sérum, la caséine du lait, l'albumine du
blanc d'œuf, et il put établir qu'ici encore l'organisme réagit
chaque fois, en accumulant dans son sérum une sensibilisatrice
spécifique pour la substance injectée. Mise en présence de celle-
ci, la sensibilisatrice s'unit à elle en un complexe colloïdal, sur
lequel l'alexine se fixe ultérieurement. D'une enquête approfondie à laquelle se sont livrés de nombreux auteurs, il résulte que
cette réaction si curieuse de notre organisme s'étend à la classe
entière des substances protéiques et à elle seule. Elle n'est pas
fonction de la grandeur de leur molécule, puisqu'elle fait défaut
pour des molécules aussi volumineuses, telles que les fécules, ni
de leur toxicité, puisque les albumines non toxiques la mettent

en jeu autant sinon plus que les albumines toxiques; elle fait d'ailleurs défaut dans l'état d'accoutumance aux poisons de nature non protéique tels que glycosides et alcaloïdes. Diverses explications ont été proposées. La plus simple consiste à dire qu'elle appartient à cet ensemble de mécanismes régulateurs au moyen desquels l'organisme défend avec vigilance et précision la constance de composition de son milieu humoral; qu'elle est celui dont l'action s'oppose plus particulièrement à la pollution du milieu humoral par des protéines étrangères. Les travaux de Bordet sur les sérums cytotoxiques ont donc jeté une clarté inattendue sur un côté important de cette chimie mystérieuse de l'être vivant, qui s'élabore dans l'intimité des organes et des tissus et dont la connaissance est indispensable à la médecine.

Mais Bordet nous a donné plus que cette connaissance nouvelle, il nous a fourni un moyen de l'approfondir et de l'étendre, grâce à l'étude de l'hémolyse. Il n'est, en effet, pas d'altération cellulaire qui se prête mieux à l'observation que cette hémolyse, parce que les globules rouges du sang sont des éléments très maniables, faciles à obtenir à l'état de pureté et dont l'altération même légère est accompagnée de la diffusion du pigment rouge, l'hémoglobine, qu'elles contiennent. Rien de plus aisé que de déceler ou de doser l'hémoglobine et, par conséquent, de mesurer le degré de souffrance des globules rouges. Ces heureuses circonstances ont fait que depuis la découverte de Bordet, des milliers de travaux ont été consacrés à l'hémolyse et que la liste est loin d'en être close. Bordet lui-même a fait de l'hémolyse l'index de sa méthode de la fixation du complément, dont les applications sont journalières en bactériologie et en clinique et qu'il convient d'exposer ici en quelques mots.

Il a été dit précédemment que toute protéine étrangère à l'organisme provoque, quand elle est injectée sous la peau ou dans le sang, la production d'une sensibilsatrice. Dans la nomenclature actuelle, on désigne la protéine ainsi utilisée par le vocable générique d'antigène et l'on donne à la sensibilisatrice le nom d'anticorps. Mis en présence l'un de l'autre, l'antigène et l'anticorps se combinent et le complexe colloïdal, antigène-anticorps, est doué de la propriété de fixer l'alexine. Supposons qu'un microbe vienne d'être isolé chez un malade : Nous désirons connaître sa nature exacte, savoir, par exemple, s'il est le microbe du choléra. Vite, nous le mettons en présence de l'anticorps cholérique, dont les laboratoires de bactériologie sont pourvus, et d'un peu de sérum frais qui apporte l'alexine. Après quelques instants de contact, nous recherchons si l'alexine a été fixée. Dans l'affirmative, le microbe est bien celui du choléra; dans la négative, il appartient à une autre espèce. Mais comment savoir si l'alexine a été fixée? Simplement en introduisant dans le mélange une gouttelette de sang de mouton accompagnée d'un peu d'anticorps hémolytique, c'est-à-dire de sérum chauffé à 56° d'un lapin qui a été injecté de sang de mouton. Globules rouges et anticorps hémolytique constituent aussi un groupe antigène-anticorps doué d'affinité par l'alexine. Si l'alexine a été fixée par les microbes, il n'en restera pas à la disposition des globules rouges; l'hémolyse fera défaut et vice versa. Comme rien n'est plus simple que de déceler l'existence ou l'absence d'une hémolyse, on arrive aisément au but.

Le cas inverse peut se présenter : Le médecin se trouve en présence d'un malade qu'il soupçonne atteint de fièvre typhoïde. Pour assurer le diagnostic, il recueille, par une simple piqûre de la peau, quelques gouttes de sang du malade et fait agir le sérum chauffé à 56° sur une culture de bacille typhique en présence d'un peu de sérum frais de cobaye. Suivant que l'alexine est fixée ou non, il conclura que son malade est ou n'est pas atteint de fièvre typhoïde.

Cette méthode, découverte et décrite par Bordet, rend journellement les plus grands services aux médecins praticiens. Elle est d'exécution simple et facile; les renseignements qu'elle fournit dépassent en précision les résultats de l'examen clinique le mieux conduit. Elle a été appliquée avec un succès tout particulier par Wassermann au diagnostic de la syphilis, et le bénéfice qu'en a retiré l'humanité est inestimable

Mais le problème de l'hémolyse offre encore d'autres aspects intéressants : L'hémolyse, c'est la mort du globule rouge, d'une cellule particulièrement simple et facile à observer. Avant les travaux de Bordet, les physiologistes s'étaient déjà beaucoup intéressés à l'hémolyse par les solutions salines hypotoniques, et les observations faites par Hamburger avaient montré la grande portée des phénomènes osmotiques en biologie. Ces observations devaient nécessairement conduire à l'étude des conditions de perméabilité de la paroi cellulaire qui est à l'heure actuelle un des problèmes les plus importants de la physiologie générale. Quand une cellule souffre ou meurt, sa paroi cesse d'être imperméable à des substances qu'elle ne laisse pas passer à l'état normal. Il en est ainsi du globule rouge. Seulement, comme son contenu est fortement coloré, on s'aperçoit aisément de la moindre fuite, ce qui fait de l'hémolyse un objet de choix pour l'étude des altérations d'une paroi cellulaire.

De ce point de vue, il était intéressant d'observer les rapports qui s'établissent entre la paroi globulaire et les substances hémolytiques, anticorps et alexine. Bordet a apporté une contribution expérimentale importante à la solution de ce problème. Il écarte délibérément toutes les explications simplistes basées sur des données empruntées à la chimie des substances cristalloïdes et montre que la lumière doit venir de cette partie encore mal connue de la chimie générale qui traite de l'état colloïdal de la matière.

Dans le même ordre d'idées, il prouve que l'agglutination des microbes et des globules rouges sous l'influence des sérums spécifiques, agglutination qui précède habituellement leur destruction, doit être rangée parmi les phénomènes de floculation des milieux troubles, chapitre voisin de celui des colloïdes.

Il faudrait que je vous cite ici l'étude approfondie qu'il fit des substances antagonistes ou auxiliaires de l'hémolyse et de l'agglutination et que je vous fasse entrer à sa suite dans le dédale des combinaisons entre alexines et antialexines, sensibilisatrices et antisensibilisatrices, agglutinines et conglutinines, etc. Mais j'ai peur d'être un guide moins sûr que lui et de me perdre avec vous dans le jeu de ces rapports complexes. Je me contenterai de dire que les faits nouveaux sont nombreux, très intéressants pour les spécialistes et que certains ont été appliqués avec succès à des recherches de bactériologie et de clinique.

Le temps me manque aussi malheureusement pour vous exposer le point de vue de notre savant collègue dans la question, devenue si importante, de l'anaphylaxie, à laquelle il apporta une contribution expérimentale très suggestive.

La première publication de Bordet sur l'immunité remonte à 1894 ; la dernière est un livre de sept cents pages, paru cette année même, monument imposant de science et d'érudition. A le lire, on voit nettement toute l'étendue du chemin parcouru depuis un quart de siècle et l'importance de la contribution personnelle du maître et de ses élèves. Lecture consolante pour le philanthrope, auquel elle montre les étapes de la progressive victoire de l'homme sur la maladie; lecture suggestive pour le médecin, qu'elle incite à de nouveaux efforts en lui indiquant les chemins du progrès; œuvre de maturité et de recueillement d'un esprit original et puissant, qui, ayant beaucoup médité, est arrivé à une conception personnelle de la plupart des questions et qui met généreusement au service de tous ce que vingt-cinq années de labeur ininterrompu lui ont appris.

Comme tous ceux qui ont approfondi l'étude du milieu humoral et plus particulièrement des colloïdes protéiques qui en sont l'élément essentiel, Bordet a été amené a considérer avec une attention spéciale un phénomène, banal en apparence, connu depuis toujours et qui attend encore son explication : la coagulation du sang. Par quel prodige ce liquide si fluide tant qu'il est dans les vaisseaux, animé d'une vitesse considérable de circulation, se transforme-t-il presque instantanément en un caillot compact, résistant, dès qu'il s'épanche à l'extérieur ? Voilà cent ans que les physiologistes cherchent la réponse à cette question; aucune n'a encore rallié l'assentiment de tous.

Bordet a consacré à cet objet une attention particulièrement soutenue. Au dernier congrès de médecine de langue française, il exposa, au cours d'une conférence captivante, l'ensemble de ses patientes et fructueuses recherches, et il en fit une harmonieuse synthèse devant un public éclairé, qui ne lui ménagea pas les marques de son intérêt et de son admiration. Pour refaire devant vous cet exposé magistral, il me faudrait toute la durée de notre séance et le talent de mettre, en une langue claire et accessible à tous, les phénomènes très compliqués, très obscurs, qui appartiennent à une science encore en formation : la chimie des colloïdes.

Qu'il me suffise de dire que les découvertes de Bordet, dans ce chapitre particulièrement difficile de la physiologie, ont éveillé le plus vif intérêt parmi tous ceux qui se sont essayés, comme lui, à y voir clair, et que la science lui doit plusieurs notions nouvelles de la plus haute importance, sans la connaissance desquelles il serait impossible d'arriver à la solution définitive du problème. Parmi les principales, je citerai son étude du plasma paraffiné, ses observations sur la genèse de la thrombine et sur l'influence des précipités inorganiques sur le plasma sanguin, sa conception du rôle des lipoïdes dans la coagulation, ses expériences sur l'intervention des éléments figurés du sang, notamment des plaquettes.

Nulle part, mieux que dans ces dernières recherches, Bordet n'a montré les qualités de penseur et de technicien qui le distinguent.

Je terminerai cette revue, beaucoup trop succincte, en rappelant que dans le domaine de la bactériologie pure, notre confrère a également cueilli de beaux lauriers.

En 1896, il signala une particularité morphologique intéressante des streptocoques, quand on les inocule dans la cavité péritonéale du cobaye. Un grand nombre de microbes sont avalés en quelques minutes par les phagocytes, mais quelques-uns d'entre eux restent libres dans la lymphe péritonéale, comme si les phagytes se refusaient à les attaquer. Ces microbes, chose curieuse, se sont entourés d'une gaine que les matières colorantes rendent nettement visible, et qu'ils ne possédaient pas dans leur culture. Plus une race est virulente, plus nombreux sont les individus qui s'entourent d'une gaine et qui échappent aux attaques des leucocytes. Il semble donc bien que la gaine protège les microbes et que la plus ou moins grande aptitude à la produire mesure la virulence de la race microbienne. Ultérieurement, des faits concordants ont été signalés par différents auteurs pour d'autres espèces microbiennes. Dans l'ignorance où nous sommes souvent des qualités qui différencient une race microbienne virulente d'une race non virulente, ce caractère signalé par Bordet prend beaucoup d'intérêt.

En 1906, Bordet découvrit et cultiva avec Gengou le microbe de la coqueluche. Il en est résulté plus de précision dans notre connaissance de cette maladie et la démonstration rigoureuse d'une notion que plusieurs cliniciens avaient déjà pressentie, à savoir l'existence de nombreux cas de coqueluche sans quintes, notamment chez l'adulte. Cette notion est importante au point de vue de la prophylaxie de la maladie.

En 1910, Bordet décrit, en collaboration avec M. Fally, le microbe de la diphtérie aviaire, maladie très fréquente des poules.

Il décrit la même année le microbe de la péripneumonie des bovidés, que Nocard et Roux avaient isolé et cultivé, sans parvenir à en fixer les caractères morphologiques. C'est le premier des virus dits filtrants, à cause de leur propriété de traverser les

bougies de porcelaine dégourdie, qui ait été observé au microscope.

S'il fallait, d'après ses œuvres, caractériser l'esprit de notre
collègue, on serait tenté d'affirmer tout de suite que deux qualités principales y dominent : La première est le goût de la
recherche pour elle-même. D'instinct, il choisit les problèmes les
plus difficiles, les travaux les plus longs. Ce n'est pas par un effet
du hasard qu'il consacra le meilleur de son effort à la solution
des deux principaux problèmes de la chimie des humeurs : l'immunité contre les maladies infectieuses et la coagulation du sang.
Quand il commença l'étude, c'était parmi les plus compliqués,
les plus obscurs, mais aussi parmi les plus essentiels. On peut
affirmer que celui qui saurait tout de la chimie du sang connaîtrait du même coup la chimie de tous les organes. Car le sang
est le réservoir où se déversent les produits de toutes les fonctions
organiques, le film cinématographique sur lequel s'inscrivent,
dans leurs détails les plus infimes, les moindres activités cellulaires. Et c'est peut-être le plus grand mérite des recherches sur
l'hémolyse que d'avoir fourni un moyen précis, élégant, de scruter une partie du grand mystère.

On sent, à la lecture des travaux de Bordet, que c'est un plaisir pour lui de déchiffrer patiemment le livre de la nature, d'analyser les éléments d'une fonction, d'un phénomène par le judicieux emploi de la méthode expérimentale.

Ses recherches sont faites avec le soin, décrites avec le souci
de précision qu'y mettent ceux pour lequel le travail est un agrément; une expérience réussie lui donne, comme à l'artiste, la
joyeuse émotion du Vrai dans le Beau. Des hommes de ce caractère sont faits pour vivre au laboratoire; ils ne sont vraiment
heureux que là.

· Mais si Bordet aime la difficulté du problème, il n'est pas
moins passionné de clarté dans la solution. Il répond à une question, non par des discours, mais par une expérience, simple
autant que possible, claire et dont le résultat ne prête pas à équivoque. Ses déductions ne dépassent pas la donnée objective; il se
défie de l'hypothèse, de l'anticipation. Et c'est naturel chez un
esprit qui est supérieurement doué pour découvrir le fait nouveau
et, au besoin, pour le susciter. On est peu enclin à rêver devant
une abondante moisson.

Grâce à ces qualités, que doublent une inlassable activité et une technique ingénieuse et sûre, il a établi de façon définitive un grand nombre de faits nouveaux, qui ont été, pour lui ét pour de nombreux chercheurs, un point de départ assuré pour d'autres travaux. Tout ce qu'il a affirmé s'est trouvé être exactement vrai. Ce criticisme expérimental l'a servi non seulement dans son travail personnel, mais aussi dans les discussions qu'il eut différentes fois à soutenir contre d'éminents savants de l'étranger. C'est alors que se manifeste chez lui le plus nettement cette tendance, qui est l'esprit même de la méthode scientifique, à ne rien demander à une expérience que ce qu'elle contient, à laisser toujours parler les faits eux-mêmes, sans les solliciter. Leur langage n'est-il pas singulièrement éloquent pour qui sait le comprendre ? En cela, il s'est montré un des plus fidèles disciples de Pasteur.

C'est à ce souci d'exactitude, de vérité, qu'il faut attribuer, pour une part, l'extraordinaire crédit dont ses travaux et ses opinions jouissent à l'étranger, et cette autorité toujours grandissante qui lui a permis d'exercer une profonde influence sur le courant des idées dans la science qu'il cultive.

Mon cher Confrère,

Permettez-moi de terminer ce résumé bien imparfait de vos publications les plus importantes, en vous disant combien tous ici nous avons été heureux d'apprendre qu'un prix Nobel de médecine vous avait été accordé. Nous n'avions pas attendu l'événement pour apprécier vos travaux à leur juste valeur. Depuis longtemps nous espérions qu'un jour vous recevriez cette juste récompense de votre travail désintéressé.

Vous êtes le premier savant belge proclamé vainqueur dans cette pacifique compétition entre les plus dignes et les plus grands. L'éclat de votre succès rejaillira sur la science belge et sur toute la Nation. Grâce à vous, nous aurons un peu plus l'estime de l'humanité; c'est dans les tournois de l'esprit que les petits peuples doivent briller.

En Belgique même, vous avez beaucoup fait pour la Science. Votre vie de travail et d'étude servira d'exemple aux jeunes et fera comprendre aux meilleurs d'entre eux que les plus belles carrières ne sont pas nécessairement les plus rémunérées. Grâce à vous, on comprendra mieux aussi en ce pays qu'il vaut parfois mieux pour le bonheur de tous qu'un médecin s'abstienne de soigner des malades et réserve tout son temps à ses études. Une découverte importante permet de sauver plus de vies humaines que cent praticiens éminents dans toute leur carrière. Beaucoup ignorent encore que tous les progrès de la médecine sortent du laboratoire et de la méthode expérimentale. Enfin, il convient, pour finir, de proclamer à votre honneur que si vous avez décidé de travailler et de professer à Bruxelles, ce n'est pas faute d'offres brillantes de l'étranger. Mais vous avez cru, comme Pasteur, qu'un savant, si grand qu'il soit, a une patrie et qu'on ne sert nulle part mieux l'Humanité que dans son pays et par son pays. (*Applaudissements.*)

Réponse de M. Bordet

Je ne puis vous dire toute la gratitude que j'éprouve. Les marques d'estime et de sympathie que vous m'avez prodiguées m'émeuvent profondément. Je dois une reconnaissance particulière à mon éminent Collègue M. Nolf, qui a bien voulu retracer, avec une bienveillance excessive, ma carrière scientifique. Nul n'était mieux désigné que lui pour cette tâche, puisqu'il s'est illustré lui-même dans l'étude de questions voisines de celles qui ont sollicité mon attention.

Les félicitations que vous venez d'adresser à l'un des vôtres, la satisfaction que vous inspire la distinction dont il a été l'objet, sont l'expression de ces sentiments de solidarité et d'affection mutuelle qui unissent tous ceux qui se sont consacrés à la science. Vous avez voulu d'autre part honorer le travail scientifique, en affirmant ainsi votre conviction profonde du rôle prédominant qu'il joue dans le développement de la civilisation, tant au point de vue moral que pour ce qui concerne l'amélioration des conditions de vie.

Parmi les devoirs qui incombent aux Académies, l'un des plus impérieux, certes, est de mettre leur influence et leur prestige au service de la science, en s'efforçant d'obtenir pour elle la faveur et le respect du public, la protection des autorités et leurs encouragements. C'est une mission à laquelle vous n'avez pas failli. Notamment, vous avez récemment consacré votre attention à cette question si essentielle, celle du mode de nomination du personnel des établissements scientifiques. Vous avez insisté sur cette notion d'ailleurs indiscutable que les pouvoirs administratifs, n'ayant pas qualité pour juger des mérites des savants, ne peuvent assumer la responsabilité d'une désignation qu'à la condition de s'être inspirés d'avis autorisés. Et c'est pourquoi vous émettiez le vœu que l'Académie fût consultée. Rien n'est plus nécessaire. Le choix des personnes sur qui doit reposer désormais la réputation d'un établissement scientifique ne saurait être entouré de trop de circonspection. Seuls, les corps savants sont à même d'apprécier quels sont, parmi les candidats, ceux dont le passé fournit les plus belles promesses d'avenir. Puisqu'un membre du Gouvernement nous fait l'honneur d'assister à la séance d'aujourd'hui, qu'il me permette de lui signaler combien il est désirable que la question soulevée par l'Académie soit promptement examinée et résolue dans le sens indiqué.

Travailler ensemble au progrès de la science dans notre pays, c'est bien notre pensée commune. Et je suis heureux de ce que la circonstance présente me fournisse l'occasion de vous dire, en vous exprimant ma profonde reconnaissance, combien je me sens attaché à notre institution, où je compte non seulement tant de collègues éminents, mais aussi tant d'amis.

———

II

A l'Académie de Médecine

LE 18 DÉCEMBRE 1920

M. Bordet, introduit par M. le Président, est accueilli à son entrée par les applaudissements enthousiastes de la Compagnie dont tous les Membres debout l'ovationnent longuement. Il est accompagné de MM. Roux, Calmette et Delezenne, ainsi que de M. Waller et de M. Brunfaut, qui prennent place à ses côtés dans des fauteuils réservés au premier rang des sièges académiques.

M. le Président, après être remonté au bureau, lui adresse, debout, le discours suivant :

Cher Collègue et Cher Ami,

Appelé à l'honneur de prendre la parole au nom de l'Académie royale de médecine, j'éprouve une joie bien douce à vous exprimer les sentiments d'admiration et de reconnaissance que tous nous ressentons pour votre personne et pour vos mérites; mais, en même temps, je suis dominé par la crainte de ne pouvoir le faire de la manière et dans les termes qu'il eût fallu en présence de cette imposante assemblée et au moment où vous nous revenez auréolé de gloire et couvert de lauriers.

Mais, heureusement pour moi, les acclamations et les applaudissements, qui viennent d'accueillir votre entrée en séance, reflètent plus et mieux qu je ne pourrais vous le dire les généreuses pensées de nos cœurs.

L'enthousiasme, que cette ovation exprime, nous rappelle l'explosion de bonheur et de fierté patriotique qui a retenti dans cette enceinte le 30 octobre dernier, lorsque votre Président se leva pour annoncer à la Compagnie que le Prix Nobel venait d'être décerné à un des siens, au professeur Jules Bordet, Directeur de l'Institut Pasteur de Bruxelles.

En vous attribuant cette récompense mondiale, réservée aux grands bienfaiteurs de l'humanité, le jury Nobel ne pouvait être mieux inspiré. Nul plus que vous, mon cher Bordet, n'en était digne !

Depuis longtemps, vos incomparables travaux et vos retentissantes découvertes en immunologie vous avaient classé au tout premier rang des sommités scientifiques de notre époque; depuis longtemps, les savants les plus autorisés de la Belgique et de l'étranger vous avaient désigné à l'attention de l'aréopage suédois, comme le candidat de beaucoup le plus méritant.

Aussi, l'heureux choix qui a été fait de votre nom a-t-il été universellement acclamé dans le monde des sciences.

Déjà, au cours de votre récent voyage aux Etats-Unis, vous avez eu la joie d'en recueillir des preuves touchantes et des plus flatteuses pour vous et pour notre pays. Et aujourd'hui même, des maîtres illustres de la science française, les plus grands parmi les disciples de Pasteur, auxquels se joint un très éminent physiologiste d'Angleterre, nous font l'honneur d'assister à cette séance et de glorifier avec nous votre triomphal succès.

A cette occasion, permettez-moi, cher Collègue, d'ouvrir un instant une parenthèse, pour remplir un devoir bien agréable. MM. Roux et Calmette, vous qui êtes les héritiers directs de la pensée pasteurienne, vous que nous sommes si fiers de compter parmi nos Membres et que nous avons le bonheur de voir, en ce moment, assis aux côtés de notre Bordet, au nom de l'Académie, je vous souhaite la bienvenue et je vous remercie d'avoir voulu participer à cette manifestation de confraternité.

Vous avez été les témoins des travaux de notre lauréat et votre présence ici atteste que le Prix Nobel ne pouvait être attribué à des travaux qui en fussent plus dignes !

Et vous aussi, M. Waller, qui êtes chez vous dans notre Compagnie et y représentez la Science de cette grande nation à laquelle les Belges assignent la première place, auprès de la France, dans leur amitié reconnaissante, soyez le bienvenu et croyez à toute notre gratitude pour votre participation à notre allégresse.

J'exprime également notre vive reconnaissance aux autres savants, étrangers et belges, qui nous font l'honneur de leur présence parmi nous.

Hommages de la France, hommages de l'Angleterre, hommages de l'Amérique, des nobles et fidèles amies de la Belgique, en peut-il être qui aillent plus droit au cœur du grand patriote que l'on fête aujourd'hui !

Mon cher Bordet,

L'événement historique, que nous célébrons en ce jour et dont vous êtes le héros, est sans précédent dans les annales de la science de notre pays. Il constitue un grand honneur pour vous et aussi pour toutes les institutions scientifiques auxquelles vous appartenez. Chacune d'elles s'enorgueillit de pouvoir se réclamer de vous et prétendre à une part de la gloire qui s'attache à votre personne.

Tantôt, dans ce palais d'Egmont, qui rappelle tant de dates tristes et de dates heureuses de notre histoire, vous serez reçu en triomphateur par les délégués de ces corps savants, auxquels s'unira l'élite de nos médecins et de nos hommes d'études, impatients tous d'acclamer votre œuvre glorieuse et d'honorer le travailleur probe et désintéressé que toujours vous avez été.

Tous veulent témoigner leur admiration pour vos grandes découvertes, pour les éminents services qu'elles rendent chaque jour et ratifier par de chaleureuses félicitations la juste récompense qui les a couronnées.

Mais de tous les hommages dont vous êtes comblé aujourd'hui, il n'en est pas, j'en suis certain, qui touchent plus directement votre cœur que ceux qui vous viennent de votre chère Patrie, à laquelle vous faites l'offrande de tant de conquêtes pacifiques. La Belgique, heureuse et fière des succès d'un de ses enfants, a salué avec orgueil votre élévation au titre de lauréat du prix Nobel; aucun patriote belge n'y est resté insensible.

S. M. le Roi, toute le premier, et sans attendre votre retour de voyage, a daigné vous adresser Ses félicitations personnelles par delà les mers et vous décerner une des plus belles récompenses honorifiques dans l'Ordre national, voulant reconnaître par ce témoignage de Sa haute bienveillance, les inappréciables services que vous avez rendus à la Science et à la Patrie.

Ce geste royal est une marque de la sollicitude constante et éclairée que Sa Majesté accorde à tout ce qui touche à la grandeur intellectuelle et morale de la Nation. Il nous apparaît comme l'expression de la noble aspiration du Roi de voir la Belgique se porter au premier rang dans le domaine scientifique, comme elle a su prendre le premier rang dans la défense de son honneur et de sa liberté. Nous y voyons la profonde conviction du chef de l'Etat que, dans la conduite du monde, la science a la plus grande part et que les progrès des nations, comme la considération dont elles jouissent, peuvent se mesurer aujourd'hui aux efforts de leurs savants et à l'importance de leurs découvertes.

L'Académie se réjouit de ce précieux encouragement que S. M. le Roi a publiquement donné à tous ceux qui s'adonnent aux recherches scientifiques et Lui en exprime respectueusement sa plus vive reconnaissance.

Mon cher Collègue,

Je n'entreprendrai pas de refaire ici l'exposé de votre œuvre géniale, si grande dans le passé, si belle dans le présent, et dont l'avenir autorise les plus justes espérances. Elle est immensément vaste; elle constitue presque à elle seule une science nouvelle, dont l'horizon s'élargit chaque jour davantage.

Déjà plusieurs de nos membres, les plus qualifiés par leur spécialisation scientifique, se sont chargés de la faire connaître en d'autres milieux.

Parmi nous, d'ailleurs, vos travaux sont bien connus et très hautement appréciés. Nous les avons suivis avec un intérêt toujours croissant, à travers vos luttes et vos triomphes, depuis vos débuts à l'Institut Pasteur de Paris, dans ce temple élevé à la Science, où plane l'esprit génial de celui qui fut le plus grand parmi les grands.

Nous vous avons retrouvé plus tard, à la tête de l'Institut Pasteur du Brabant, où vous avez apporté les glorieuses traditions de la Maison-Mère de Paris. Là, vous n'avez pas tardé à devenir à votre tour un grand maître, entouré de collaborateurs et de disciples formés à votre clair enseignement, initiés à vos ingénieuses méthodes et entraînés par votre puissant exemple.

De tous les corps savants, l'Académie de médecine a été le premier à juger publiquement les mérites de vos travaux; elle en a compris la portée et prévu les retentissements, alors que leur valeur commençait seulement à s'affirmer et quand leurs résultats pouvaient encore être discutés. Elle s'est empressée de vous ouvrir ses rangs, comme à l'un des jeunes savants qui pouvaient le plus contribuer à son prestige.

Il y aura bientôt quinze ans, elle vous décernait le prix quinquennal des sciences médicales, sur l'avis d'un jury formé dans son sein et qui vous avait proposé à l'unanimité.

Elle était certaine que l'œuvre, dont elle avait reconnu l'unité, la fécondité et la grandeur, s'imposerait un jour à l'universelle attention. Mais, en lui accordant la récompense nationale, due avant toute autre, l'Académie ne se doutait guère qu'il suffirait de bien peu d'années pour qu'elle obtienne la récompense mondiale la plus enviée.

Après avoir applaudi à votre jeune gloire, la joie nous est donnée d'en pouvoir acclamer le complet épanouissement.

Mais quelque transcendants que soient les mérites de votre œuvre, permettez-nous de croire que, sans l'intervention de la *Justice immanente*, le Prix Nobel ne les aurait peut-être point si tôt consacrés.

Au nombre de vos précieuses découvertes, il en est une qui a fait le tour du monde sous un nom d'emprunt.

Camouflée adroitement, on en a fait honneur, jusqu'en ces derniers temps, à une nation où les découvertes scientifiques passaient souvent pour des *biens sans maître*, et on l'a attribuée uniment à un de ses savants habile dans la pratique de cette science dont il a été dit que « *rien ne s'y perd et rien ne s'y crée* ».

La juste attribution du Prix Nobel en a peut-être été retardée...

Mais, depuis, il y a eu la guerre et la victoire du droit et de la justice ; la réaction de Wassermann est redevenue celle de Bordet et Gengou !

Nous nous en réjouissons grandement, puisque nous pouvons unir dans nos félicitations deux noms, le vôtre et celui d'un autre de nos Collègues, dont les recherches ont été souvent associées fraternellement aux vôtres.

Mon cher Bordet et cher ami,

Ce jour marque une date impérissable dans les annales de l'Académie de médecine. Elle rappellera qu'un des nôtres, inspiré par un noble idéal de travail et de dévouement à l'humanité souffrante, a su atteindre les sommets de la science.

Elle dira que ses recherches patientes et désintéressées, poursuivies dans le long et pénible labeur du laboratoire, ont été productrices de grandes et fécondes vérités, et qu'à force de peines et de génie elles ont inondé un des problèmes particulièrement obscurs de la biologie d'éblouissantes clartés !

Elle montrera que les entreprises en apparence les plus infructueuses qu'on traite parfois d'inutiles spéculations, peuvent conduire, grâce à la constance de l'effort, à des découvertes de haute valeur pratique, à des applications de tous les jours, si utiles et si heureuses, qu'on ne se figure guère ce que serait la médecine, si elle n'en avait pas été dotée !

Mais il faut que je borne à ces courtes paroles l'expression des sentiments que chacun de nous sent monter à ses lèvres en partant de son cœur.

Je n'y ajoute plus qu'un seul mot !

Mon cher Bordet,

L'Académie de médecine est fière de vous ! Elle vous remercie pour le corps médical qui est honoré en vous ; elle vous remercie pour la Patrie aimée, que tant de maux injustes accablent et à laquelle vous apportez le réconfort de votre gloire, d'une gloire qui n'a pas coûté une goutte de sang, et que vous lui avez conquise au nom de la science bienfaisante et civilisatrice.

Puissiez-vous vivre et travailler encore longtemps pour elle et l'humanité ! (*Applaudissements prolongés.*)

M. Bordet se lève, monte au bureau aux applaudissements redoublés de la Compagnie et, lorsque ceux-ci ont pris fin, prend la parole en ces termes :

Mes chers Collègues, mes chers amis, je remercie vivement notre cher et éminent Président de ses trop flatteuses paroles. Parmi les nombreux, trop nombreux témoignages d'estime et de sympathie dont on a bien voulu m'honorer aujourd'hui, il en est peu auxquels je puisse être aussi sensible qu'à ceux de l'Académie. Il y a déjà bien longtemps que je fais partie de cette Compagnie et je m'y retrouve toujours avec la même joie, non pas tant peut-être pour écouter des communications scientifiques que pour y rencontrer des amis, des hommes avec qui l'on aime causer et auxquels on se sent uni par ces liens multiples, délicats et pourtant si solides que crée le sentiment d'une convergence des efforts et d'une communauté d'idéal.

Cette atmosphère de l'Académie de médecine, elle me paraît aujourd'hui plus vivifiante encore et plus douce à respirer, car, parmi les personnes présentes, je vois non seulement notre distingué compatriote, M. Brunfaut, qui veut bien représenter l'Académie royale, non seulement d'éminents représentants de la science américaine et de la science anglaise, mais aussi mon cher Collègue et ami, M. Delezenne, mon vieil ami M. Calmette qui est pour moi presque un frère, (*marques d'approbation émue*) et puis mon Maître, M. Roux, qui, avec ces illustres disparus, dont nous gardons le pieux souvenir, Metchnikoff et Duclaux, m'a ouvert les portes de l'Institut Pasteur de Paris, a fait de moi ce que je suis, en m'aidant de ses conseils et de son affection.

Votre présence à la cérémonie d'aujourd'hui, mon cher Maître, lui confère à mes yeux un caractère particulièrement touchant. Vous vous le rappelez, lorsque, très peu de temps après l'armistice, je suis retourné à Paris, vous m'avez serré sur votre cœur et j'ai eu à ce moment la sensation que vous accueilliez ainsi, non pas seulement un ancien élève, devenu votre Confrère en bactériologie, mais aussi un Belge. Et c'était une raison, une raison profonde de plus pour que je fusse ému, et je le suis encore maintenant en vous revoyant parmi nous.

Quant à mes mérites, Messieurs, ramenons tout cela à une plus juste mesure, à une proportion plus équitable. Il est bien vrai que la nature effeuille de temps en temps un peu de son mystère et que parfois on réussit à ramasser quelques uns des pétales qu'elle a semés au vent. Mais ce qui importe, ce n'est pas la contribution d'une individualité particulière, car elle se perd dans l'ensemble, c'est l'impulsion totale qui résulte de la convergence des efforts, c'est l'œuvre commune de la collectivité scientifique. Quand on voit défiler une troupe, sans doute remarque-t-on que les soldats qui passent n'ont pas tous exactement la même taille. Ce n'est souvent qu'une question de millimètres. Ce qui compte en réalité, ce qui est puissant, ce n'est pas le soldat isolé, c'est le bataillon tout entier. Combien difficile n'est-il pas, en science, d'évaluer les mérites de chacun, de mesurer comparativement les services que chacun a rendus. Sincèrement, je pense que le Jury de Suède doit avoir à sa disposition des instruments de mensuration bien précis ! N'insistons donc pas davantage. Je me bornerai à vous dire ce que j'éprouve.

Je sens que je me trouve en présence d'amis, et c'est pour moi la grande chose. C'est à des amis que j'exprime mes sentiments d'infinie gratitude. (*Applaudissements prolongés.*)

M. WALLER. — M. le Président, je vous remercie de m'avoir admis à assister à cette séance, ce à quoi d'ailleurs j'ai quelque droit, puisque je suis Correspondant de l'Académie de médecine, de m'avoir admis à participer à cette cérémonie qui fait naître en moi une profonde émotion.

Si je me suis permis de vous demander la parole, c'est pour présenter à M. Bordet l'expression des sentiments de la Société royale de Londres qui s'honore de le compter parmi ses Membres. Dans une lettre écrite en anglais et dont je ne vous donnerai pas lecture, le Président de cette Société me prie de présenter en cette occasion à M. Bordet ses félicitations personnelles et celles de la Société royale à laquelle M. Bordet appartient.

Je n'allongerai pas ce discours en joignant à ces félicitations l'expression de mes sentiments personnels. Je tiens seulement à ajouter que l'association des hommes de science de toutes les nations civilisées est bien une réalité.

Anglais à Londres, Belges à Bruxelles, Français à Paris ne se distinguent pas les uns des autres; ils ne forment qu'un seul peuple. Je regarde dans l'avenir et je me dis qu'un Anglais devrait, comme je le fais en ce moment, se sentir aussi heureux, aussi bien chez lui à Bruxelles qu'un Belge à Londres ou à Paris, qu'un Français à Bruxelles ou à Londres.

Et, pour la réalisation de cette association scientifique pour la vérité, pour le droit et pour la paix, il est, je crois, d'un heureux augure qu'un Anglais prenne aujourd'hui la parole ici et, aux hommages rendus aux mérites de M. Bordet, ajoute l'hommage de la science anglaise. (*Applaudissements.*)

M. Bordet. — Merci, mon cher Collègue, de vos aimables paroles. Vous savez quel honneur ç'a été pour moi que d'être inscrit au nombre des Membres de votre Société : c'est, en effet, la distinction la plus flatteuse qui puisse échoir à un savant. J'en ai été, à l'époque, profondément ému, et je le suis encore.

M. Roux. — Mon cher ami, vous venez d'évoquer des souvenirs qui me sont aussi chers qu'à vous. Vous nous avez quittés, mais vous faites toujours partie de l'Institut Pasteur et votre place n'y a jamais été prise par personne.

Vous avez rappelé tout à l'heure ce que vous deviez à l'Institut Pasteur. Je ne veux vous répondre qu'un mot : vous nous avez apporté plus que nous vous avons donné. (*Vifs applaudissements.*)

M. Bordet, qu'accompagnent les applaudissements enthousiastes de la Compagnie, se retire avec MM. Roux, Calmette, Delezenne et Brunfaut.

La séance du Conseil provincial

Le Conseil provincial du Brabant, dont le Dr Bordet dirige l'Institut Pasteur, a tenu à honorer à son tour son éminent collaborateur.

Le 17 décembre, à 3 heures, M. Bordet, accompagné par les membres du bureau et M. le Gouverneur de la Province, fait son entrée dans la salle des séances, salué par les vifs applaudissements du Conseil. Il prend place, entouré de sa famille, au pied de la tribune.

M. le Président Mathieu lui adresse l'allocution suivante que l'assemblée écoute debout :

Monsieur Bordet,

M. le Gouverneur, la députation permanente et le bureau du conseil provincial, expression de celui-ci unanime, avaient décidé d'enthousiasme de vous prier de venir au milieu de nous, désireux et impatients de vous recevoir et de vous féliciter dès le début de la première séance de la présente session. Nous vous remercions de vous être rendu à notre invitation.

C'est à moi qu'est dévolu l'insigne honneur de congratuler le professeur éminent et le savant célèbre que vous êtes, de vous exprimer notre admiration et notre reconnaissance.

C'est, pénétré de l'infirmité de mon discours, impuissant à vous glorifier pertinemment et avec l'ampleur qui sied à votre renommée universelle, que je m'efforce à remplir cette mission, rassuré cependant par votre bonté simple et par votre modestie.

Car, profane, je ne sais de vous que ce que connaît le vulgaire, ce que tout le monde sait :

Que vous avez été, à l'Institut Pasteur, pendant sept ans, le collaborateur assidu de Metchnikoff et de Roux; que vous illustrez la chaire de bactériologie à l'Université de Bruxelles; que vous avez édifié un monument scientifique plus durable que l'airain par vos incomparables travaux, devenus classiques, sur l'*Immunité* ; que vos nombreuses découvertes constituent autant de bienfaits pour l'humanité et ont sauvé, sauvent et continuent à sauver d'innombrables existences; que votre labeur génial vient d'être récompensé par la plus haute distinction actuellement existante, couronnant la longue série de celles qui vous étaient déjà conférées, et que l'attribution qui vous en a été faite a été ratifiée par le monde savant tout entier; que vous êtes le digne successeur de l'immortel Pasteur et le Pasteur de la Belgique, au point que notre institut provincial est dénommé indifféremment « Institut Pasteur ou Institut Bordet ».

Vous êtes un des grands artisans de la glorification du nom belge dans l'univers, un des hommes illustres entre tous qui le feront aimer, respecter et admirer dans les siècles futurs; votre nom est inscrit à une place d'honneur au tableau des noms lumineux des génies bienfaisants qui font resplendir la grandeur d'une nation.

Mais, si l'humanité vous revendique, si la Belgique entière ressent de votre gloire une saine et légitime fierté, il est échu à la province de Brabant la grâce particulière de vous posséder plus spécialement, plus intimement.

Vous en connaissez, mieux que personne, la raison, qu'il est toutefois opportun de rappeler:

A la séance du 16 janvier 1900, notre regretté collègue M. Monville proposait la fondation d'un « Institut provincial de sérothérapie et de bactériologie », comprenant un service antirabique. Nous en votions la création le 15 mai suivant.

Notre but était de contribuer à la prophylaxie des maladies infectieuses et d'aider au développement des recherches scientifiques, surtout dans le domaine de la bactériologie.

Tous les régnicoles devaient profiter, et ils ont bénficié, de cette institution, d'un caractère hautement humanitaire et désintéressé.

Nous substituant à l'Etat, nous comblions ainsi une regrettable lacune : nous étions tributaires de l'étranger pour la préparation des sérums, et la Belgique était presque le seul pays non doté d'un institut antirabique.

Mais ce qui importait le plus, c'était de découvrir le savant apte à diriger notre nouvel établissement scientifique, l'âme qui devait lui insuffler la vie. Et pour cette œuvre de créateur, nous avons reconquis sur Paris M. Bordet, qui s'est d'ailleurs laissé reconquérir de la meilleure grâce du monde, pour le bien de son pays.

Dès lors, le sort de notre institut était assuré.

Certes, les débuts en furent modestes, mais sous l'impulsion de son directeur et des collaborateurs éminents dont il sut s'entourer, ses différents services des sérums, des vaccins, des analyses, des recherches, de désinfection, s'organisèrent rapidement, prirent une extension d'année en année grandissante, et en firent l'un des premiers du continent.

Des savants de diverses nationalités l'ont fréquenté assidûment, consacrant ainsi sa renommée.

Disons encore que, depuis 1902, plus de mille personnes y ont été soumises au traitement antirabique.

Aussi, la province de Brabant vous est profondément reconnaissante, Monsieur Bordet, d'avoir si · parfaitement réalisé cette grande œuvre scientifique et humanitaire.

Et, du fond du cœur, vous associant à Mme Bordet dans nos remerciements, nos louanges et nos vœux, nous souhaitons ardemment que vous poursuiviez, pendant de longues années encore, votre noble tâche, glorieuse et salutaire, non seulement pour la prospérité, qui sera toujours ainsi croissante, de notre institut, mais aussi et surtout pour le bien de l'humanité. » (*Longs applaudissements.*)

M. le Gouverneur s'exprime à son tour en ces termes :

Cher Maître,

Hier, l'Académie royale des sciences tenait une réunion solennelle en votre honneur.

Elle avait hâte de vous offrir son salut de haute estime et d'admiration.

Demain, c'est la grande journée où les corps savants vous présenteront l'hommage de leurs chaleureuses félicitations.

Tout ce qu'il y a de personnalités éminentes dans le monde universitaire et académique, les associations scientifiques, le Conseil supérieur d'hygiène publique, les représentants autorisés des œuvres humanitaires et sociales vont, en un sentiment unanime de gratitude et d'admiration, célébrer l'honneur rendu à leur illustre concitoyen par l'attribution de la récompense idéale qu'on appelle le prix Nobel.

Cette glorieuse manifestation ne s'arrêtera pas à votre personnalité, mon cher Maître, pour en magnifier les mérites. Elle prendra, sous vos auspices, les proportions d'une fête grandiose de la Science en Belgique.

Mais le conseil provincial désirait ardemment être le premier à attester sa joie et sa reconnaissance envers celui de ses collaborateurs dont il est le plus fier.

Vous êtes son agent, cher Maître, que dis-je, vous êtes sa gloire et sa couronne !

Lorsque en 1900, les délégués de la province sont allés vous reprendre à l'Institut Pasteur de Paris et vous recevoir des mains de vos illustres maîtres, ceux-ci avaient déjà le sentiment du grand avenir scientifique qui vous attendait; ils vous cédèrent comme on cède un trésor précieux.

Votre candidature étant ainsi posée, vous formuliez vous-même dans ses grandes lignes, en un lumineux rapport, le programme de l'organisation et des attributions de l'institut, qui allait devenir votre champ de bataille.

Les services d'analyse des produits morbides que vous dirigez;

Vos services des diagnostics et du traitement antirabique;

Ceux de la sérothérapie, du séro-diagnostic de la syphilis, du gonovaccin, du vaccin antityphique;

Vos admirables services de recherches, tous ces organismes fonctionnent matériellement sous l'œil de l'administration provinciale.

C'est nous qui mettons à votre disposition vos instruments d'études et de recherches et cette sorte de collaboration, intellectuelle, de votre part, administrative de la nôtre, s'est poursuivie de progrès en progrès sans que jamais vous vous soyez rebuté devant les rigueurs, trop souvent mesquines hélas, des lois et des règlements !

Votre Institut Pasteur, c'est l'Institut Pasteur du Brabant.

Le laboratoire où vous accomplissez vos merveilleux travaux a, sans doute, un caractère mondial, mais, à raison de son origine, les triomphes que vous obtenez rejaillissent sur la province.

Aussi, avec quelle fierté venons-nous d'entendre le digne Président de cette assemblée rappeler vos titres à la reconnaissance publique et vous exprimer, au nom du conseil provincial unanime, ses plus vives félicitations.

C'est pour moi un vrai bonheur d'avoir l'occasion d'ajouter à ces compliments autorisés le témoignage spécial de haute sympathie de la députation permanente et de mes sentiments personnels d'admiration.

Je me flatte d'avoir entretenu avec vous des relations toujours cordiales et d'avoir conquis votre affectueuse confiance au cours de nos communs efforts vers des buts élevés d'intérêt social.

Ce qui me plaît en vous, c'est la clarté de votre esprit et la simplicité de votre caractère. Dans toutes vos paroles et dans tous vos écrits, la pensée est exprimée lumineusement. Si vous hésitez, vous le dites, et si vous ne vous sentez pas compétent, vous vous récusez.

J'ai lu dans un écrit de René Roumic, de l'Académie française, que votre grand maître, l'immortel Pasteur, ne supporta pas la contradiction. Ce n'était pas chez lui susceptibilité d'amour-propre, car toute vanité personnelle lui était étrangère.

Mais, quand des méthodes dont il ne pouvait douter, à moins de renoncer à son œuvre même de savant, lui avaient apporté un résultat qui était un fait d'expérience, il ne supportait pas qu'on refusât de s'incliner devant l'expérience, devant le fait.

J'ignore si vous avez hérité quelque chose de ce caractère. Je n'en serais pas étonné et je ne pourrais que vous en louer.

Combien de fois, vous voyant à l'œuvre, n'ai-je pas souffert à l'idée que trop de préoccupations matérielles, provenant d'installations insuffisantes, allaient peut-être troubler vos méditations de laboratoire !

J'avais peur que des instants précieux ne fussent perdus pour la science, crainte tempérée toutefois par la pensée que le génie supplée à l'insuffisance des moyens matériels.

Il ne faut pas que votre carrière, aujourd'hui en plein rendement, soit entravée au détriment du bien de la patrie.

La Nation encore meurtrie attend son salut de la force et de la santé de ses enfants.

Le facteur fondamental de sa restauration c'est la santé publique.

Or, sans vous, sans les découvertes de vos illustres maîtres, sans les vôtres, sans Pasteur, sans les grands bactériologistes de temps actuels, Roux et Calmette dont nous allons demain, nous dit-on, saluer la présence parmi nous, sans la France, cette noble et immortelle amie, la prophylaxie des grandes maladies qui désolent le plus l'humanité, serait encore aujourd'hui dans les ténèbres.

Votre œuvre, cher Maître, poursuivie depuis un quart de siècle dans les profonds et modestes silences du laboratoire se résume en un mot :

Vous personnifiez la maîtrise de l'immunité contre les maladies infectieuses.

Vous en êtes l'apôtre résolu et glorieux.

L'immunité, mot magique qui veut dire ici la protection des organismes vivants contre les maladies d'origine microbienne.

Depuis l'année 1892, alors que vous n'aviez que vingt-deux ans, c'est la date de votre première publication, toute votre activité n'a cessé de fouiller les replis les plus intimes des sciences bactériologiques et biologiques.

C'est par centaines que se comptent vos travaux dans ce domaine.

Lorsqu'en 1906, vous obteniez le prix quinquennal des sciences médicales, le rapporteur du jury qui vous a décerné ce prix, votre collègue, le Dr Van Ermengem, signalait l'incomparable continuité de vos travaux. Toutes les investigations que vous poursuiviez depuis une quinzaine d'années, écrivait-il, se tiennent ; les découvertes de la période quinquennale présente, ajoutait-il, ont été souvent amenées par des découvertes de la période antérieure.

« Pour ses recherches, écrivait encore l'éminent rapporteur, M. Bordet a su trouver des méthodes qui n'ont pas tardé à devenir classiques et qui paraissent aujourd'hui indispensables.

Marchant dans ses propres voies, il est resté lui-même dans ses conceptions, dans ses théories, car M. Bordet ne se montre pas seulement expérimentateur habile autant qu'ingénieux, il s'est acquis encore la réputation d'un esprit généralisateur et d'un dialecticien redoutable. Esprit clair, synthétique, ennemi de la complexité assurément et dont l'œuvre témoigne d'une originalité peu commune...

Chacune· de ses découvertes — et elles sont nombreuses — marque une étape dans nos connaissances à ce sujet.

Chaque jour, les faits qu'il a observés le premier amènent des découvertes nouvelles en stimulant au travail d'innombrables chercheurs. Bref, on peut l'affirmer sans crainte d'être contredit, l'œuvre de M. Bordet est grande. Elle porte en elle un triple caractère de grandeur : l'unité, l'originalité, la fécondité. »

Tel était, en 1906, le jugement porté sur votre œuvre par un jury composé des plus hautes compétences du pays.

Demain, nous entendrons d'autres voix autorisées proclamer la fécondité des travaux que vous avez accomplis depuis.

On saluera votre découverte du microbe de la coqueluche. On signalera qu'en découvrant l'agent de la diphtérie des poules vous avez dissipé la confusion qui s'était abusivement établie entre cette affection et la diphtérie humaine.

On dira que vous poursuivez avec une prodigieuse ténacité vos recherches sur la coagulation du sang.

Je m'exposerais à des sourires si, dans mon incompétence, je tentais d'entrer moi-même, devant vous, dans des considérations d'ordre technique sur ces études nouvelles.

Mais comme je suis président du Conseil supérieur d'hygiène publique, qui compte dans son sein le héros de cette journée, et que j'ai l'honneur de prendre la parole devant une assemblée qui porte à un haut degré le souci des intérêts de l'hygiène, l'on ne trouvera sans doute pas trop présomptueux de ma part, qu'en simple profane, je signale les importants résultats pratiques que la santé du peuple belge doit au labeur continu de notre grand Bordet.

Plus de 2,000 personnes ont été soumises par vous au traitement antirabique.

Vous vous êtes institué, cher lauréat, le sauveur des hommes qui échappent par vos soins à l'horrible mort de la rage.

Le sérum antidiphtérique, que votre laboratoire prépare dans les plus parfaites conditions, est le remède souverain de la diphtérie. Au cours de l'année 1918 vous en avez fourni 50,000 doses.

C'est en quantités considérables que vous avez produit le vaccin antityphique, arme puissante de préservation de la fièvre typhoïde, dont vous procurez également le séro-diagnostic.

Il est terrible de penser que la syphilis fait actuellement d'innombrables victimes. On a estimé à plusieurs centaines de mille le nombre des syphilitiques en Belgique.

Avec quelques-uns de vos éminents collègues, vous êtes à la tête de ceux qui combattent ce mal effrayant. Vous n'avez pas découvert vous-même les remèdes stérilisants qui s'appliquent aux porteurs de germes, mais vous avez si bien découvert la célèbre réaction Wasserman, permettant, par l'analyse du sang, de déceler le mal et d'en suivre pas à pas l'évolution, qu'elle porte aujourd'hui le nom classique de réaction « Bordet-Wasserman ».

Quant à la tuberculose, la plus grande faucheuse d'hommes qui soit, puisqu'elle occasionne le septième de la totalité des décès et que ce taux s'est fortement accru depuis la guerre, elle n'a pas son sérum ni son vaccin spécifique et je ne sache pas que vos recherches tendent spécialement à la révélation de procédés bactériologiques d'inoculation qui auraient pour but de stériliser les germes répandus dans l'organisme ; mais ce que je puis affirmer, c'est que, en toute occasion, pour rendre plus efficace la lutte contre la tuberculose, vous avez indiqué aux pouvoirs publics et à la philanthropie des intitiatives privées, les sages mesures que vous dicte votre science si complète de l'hygiène sociale.

On se rappellera sans doute ce que, durant la guerre, vous fîtes dans ce domaine de l'assistance populaire. On ne le rappellera jamais assez.

Quant à moi, je vous ai vu à l'œuvre en ces temps douloureux.

Lorsque vous interrompiez vos travaux de laboratoire, vous apparaissiez dans les groupes où l'on forgeait les armes de la résistance et vous y développiez magnifiquement les plans que vous aviez conçus dans votre esprit organisateur.

Vous étiez l'un des conseillers les plus précieux du Comité national de secours et d'alimentation.

Vous fûtes l'inspirateur et l'organisateur principal de la grande Société coopérative nationale contre la tuberculose et vous en êtes resté le savant directeur.

Votre plus intense souci dans la préparation de la lutte contre la tuberculose était la préservation de l'enfance. Vous avez participé à l'instauration des principales œuvres destinées à soustraire les enfants au péril de la contamination tuberculeuse ou à procurer aux enfants encore indemnes de lésions contagieuses des conditions de vie susceptibles d'accroître leur résistance vitale.

Lorsqu'au cours de la guerre, vous nous fîtes part de votre plan de réforme de la Ligue nationale contre la tuberculose, dans lequel tout le programme de la prophylaxie était développé, ce n'était pas le bactériologiste qui parlait, c'était l'homme d'œuvres, c'était l'homme de cœur, c'était le grand patriote préparant l'avenir.

La plus redoutable des maladies, nous disiez-vous, celle qui entraîne la mortalité la plus forte, est aussi celle qui se trouve le plus visiblement en rapport avec l'état général de l'organisme et, partant, avec les conditions d'existence. Telle est, ajoutiez-vous, la notion fondamentale qu'on ne saurait rappeler trop instamment au public, car elle lui fait mesurer l'étendue de ses devoirs.

Mais, cher Maître et Ami, vous trouvez sans doute que j'abuse de votre patience et que je mets votre modestie à une trop dure épreuve.

Il le fallait; nous honorons en vous la science dans sa splendeur.

Je vois à vos côtés Mme Bordet et votre aimable famille. Vous ne trouverez pas mauvais que j'associe ces êtres chers à l'hommage que nous vous rendons et que je leur offre, en notre nom à tous, l'assurance de notre respectueuse sympathie.

Enfin, vous m'en voudriez si je ne réservais une part de mes compliments de gratitude à ceux qui ont le bonheur de vous assister dans vos travaux et parmi lesquels j'ai le grand plaisir de distinguer surtout le Dr Gengou, votre éminent et trop modeste collaborateur.

Votre tâche a été grande et belle, cher Maître, mais elle n'est pas finie.

On attend de vous de nouvelles armes de salut.

Un article du Pacte de la Société des Nations a décrété une croisade contre la maladie.

Elle aura pour objet, dit son texte en termes fort généraux « l'amélioration de la santé, la défense préventive contre la maladie et l'adoucissement de la souffrance du monde.

Vous serez, en Belgique, l'un des chefs de cette croisade.

Les richesses scientifiques que vous avez rassemblées se traduiront en progrès nouveaux.

On a réussi à vaincre les grandes épidémies.

Pour la première fois, elles ont fait moins de victimes que l'affreuse guerre elle-même.

Mais il y a encore à extirper des maladies, contagieuses ou non, qui sont de véritables fléaux.

L'épidémie de grippe qui récemment a régné un peu partout a tué en six mois, dit-on, près de six millions d'hommes.

Le cancer fait des ravages de plus en plus effrayants.

Les décès causés par lui atteignent certainement la moitié des décès par tuberculose et ils dépasseraient de beaucoup le total fourni par toutes les maladies épidémiques réunies.

On n'en connaît pas la cause et on ne sait pas comment le prévenir.

Faut-il admettre l'explication de la théorie *microbienne* ou *parasitaire* ? Ou bien est-ce la théorie de *l'irritation* cellulaire d'où naît la maladie, sans l'intervention d'un virus pathogène, qui prévaudra ?

La question ainsi posée, je crois ne pas être trop naïf en souhaitant que la vraie théorie soit la théorie parasitaire ou pasteurienne car elle nous permettrait d'espérer qu'avec le concours de savants tels que vous, l'on trouvera une thérapeutique curative de sérum ou de vaccin. La partie serait gagnée !

Mesdames, Messieurs, c'est dans ces sentiments de foi et d'espérance que je salue notre cher et éminent Directeur de l'Institut Pasteur du Brabant. Je forme le vœu que ses travaux soient bénis et que Dieu lui garde encore de longs et heureux jours pour l'honneur de la patrie et le bien de l'humanité, (*Applaudissements prolongés.*)

M. le docteur Bordet répond en ces termes :

> Monsieur le Gouverneur, Monsieur le Président du Conseil, Messieurs les Membres de la Députation permanente et du Conseil, Mesdames et Messieurs,

Il y a quelques jours à peine, je me trouvais encore en Amérique. J'y étais allé parce qu'on m'avait demandé de donner des conférences dans les universités américaines et, surtout, parce que l'Université de Bruxelles m'avait chargé d'une mission auprès de nos amis américains en vue de recueillir leur appui pour la

Faculté de médecine. J'ai la satisfaction de pouvoir dire que nous avons réussi, mais ceci est un peu en dehors de l'objet de cette réunion.

Il y a quelques jours donc, j'étais fort loin d'ici et je ne me doutais pas de ce qui m'attendait à mon retour à Bruxelles. Je visitais à New-York le Mount Sinaï Hospital. C'était le samedi 30 novembre. Un des médecins de cet établissement s'approche de moi et me dit : « Je suis très heureux de vous congratuler. » « Eh ! pourquoi, lui demandai-je. » « Comment ! répond-il, vous ne savez pas ? Vous avez obtenu le prix Nobel ! »

Je savais bien qu'en Suède on considérait mes travaux avec une certaine indulgence, mais je ne m'imaginais pas que cette indulgence irait jusqu'à l'attribution du prix Nobel, et je ne me doutais pas, surtout, que je serais, à mon retour, l'objet d'une manifestation aussi grandiose et aussi touchante. C'est vous dire qu'il m'a été, faute de temps, impossible de préparer une réponse qui fût digne des paroles trop flatteuses qui viennent d'être prononcées. Il faut donc que je me laisse aller à tous les périls d'un langage un peu familier, et c'est d'autant plus dangereux pour moi qu'il s'agit, en ma personne, d'un homme de laboratoire habitué à vivre dans le silence, dans la paix et dans le recueillement. Vous me permettrez une comparaison : je me sens un peu comme un animal qui aurait passé toute sa vie au fond d'une tanière obscure et que, brusquement, on amènerait en pleine lumière. Vous me pardonnerez donc un moment d'éblouissement.

J'ai entendu avec une profonde émotion ce qu'a dit M. le Gouverneur. Il a fait de moi un éloge, je n'ai pas besoin de le dire, considérablement exagéré et, avec cette indulgence et cette bonté qui sont dans son caractère et dans ses traditions, il a analysé rapidement ma carrière scientifique. Or, comme cette carrière s'est déroulée pour la plus grande part sous l'égide de la province de Brabant, vous me permettrez de dire quelques mots et de la **province et de ce qu'elle a fait pour moi.**

On s'imaginerait, à première vue, que la province est un pouvoir à attributions plutôt limitées, puisque son ressort ne s'étend qu'à une fraction du territoire national et que ses pouvoirs sont presque essentiellement d'ordre admnistratif. Mais les pouvoirs sont ce que sont les hommes qui les exercent. En Belgique — et le fait a beaucoup frappé les autres nations — on a constaté que, **bien souvent, c'étaient les provinces** qui prenaient les initiatives les plus originales et les plus intéressantes. Alors que l'Etat, qui obéit à des influences politiques, qui a des services très complexes, qui a beaucoup à faire, gardait souvent une immobilté prudente, les provinces marchaient de l'avant et faisaient des choses tout à fait neuves et intéressantes.

La justice m'oblige à le reconnaître, cette remarque ne s'applique pas exclusivement à la province de Brabant; elle s'applique tout aussi justement à la province de Liège, au Hainaut et à la province de Namur. Dans le domaine bactériologique, par exemple, ces diverses provinces ont fait appel, puis-je dire, à toutes les personnalités un peu compétentes. Je ne fais pas allusion à moi-même; je songe à mon vieil ami M. Malvoz, l'apôtre de l'hygiène sociale en Belgique, qui a tant contribué à la lutte contre les maladies contagieuses. Je songe à M. Herman, de Mons, qui a créé un très intéressant musée; à M. Van Ermengem, de Gand, le père de la bactériologie en Belgique, qui a introduit chez nous des méthodes qui y étaient inconnues et qui s'est fait un grand nom par ses recherches sur les infections alimentaires et par la découverte de l'agent du botulisme; je songe aussi à M. Haïbe, de **Namur.**

Vous le voyez, Messieurs, les provinces ont joué dans la vie nationale un grand rôle; elles ont pris des initiatives hautement intéressantes. Mais je n'ai pas besoin de vous le dire, car vous en avez le juste orgueil.

Je me souviens encore de la visite que j'ai reçue, à Paris, il y a de longues années et, à ce propos, Messieurs, permettez-moi de payer un tribut d'hommage mérité aux deux éminents disparus que j'ai eu l'honneur de voir àe cette occasion, MM. Janssen et Monville, qui venaient me demander de me charger d'organiser l'Institut provincial du Brabant. Nous nous sommes entendus très vite, comme on vient de le rappeler et, immédiatement, la province a élargi son plan; elle ne s'est pas bornée à créer un service antirabique, elle a institué aussi un service d'analyses et un service de recherches.

Peu de temps après, Monsieur le Gouverneur, vous êtes intervenu, en votre qualité de gouverneur de la province, et mes collaborateurs et moi, nous avons eu tout de suite l'impression que nous nous trouvions en présence, non pas d'un chef hiérarchique, mais d'un collaborateur empressé et, laissez-moi vous le dire, affectueux.

Vous obéissez en cela à des impulsions qui, depuis bien longtemps, sont en vous et qui vous entraînent, car vous êtes bien plus
encore un hygiéniste qu'un gouverneur. Vous êtes tellement un
hygiéniste qu'à l'étranger il y a beaucoup de gens qui vous connaissent comme tel et qui ignorent totalement que vous êtes gouverneur. *(Rires.)* J'étais récemment à Genève, à la Ligue de la
Croix-Rouge, et l'on m'y parlait de vous. — Vous devez, me
disait-on, connaître, à Bruxelles, M. Beco, l'hygiéniste ? — Vous
voulez dire le Gouverneur ? — Non pas, l'hygiéniste. — Mais,
ai-je répondu, c'est le même homme. *(Rires.)* Et, en effet, Messieurs, la préoccupation dominante de M. Beco a toujours été
l'hygiène.

Je ne veux pas, Mesdames et Messieurs, faire l'éloge de M. le
Gouverneur. Il se rebifferait et me dirait que je cherche à inter-
vertir les rôles, ce qui serait assez juste. Il est cependant légitime
de faire allusion à ses écrits, à ces lumineux exposés que vous
admirez tous et qui sont intéressants même pour nous, hommes de
métier, hygiénistes et bactériologistes ; je me souviens surtout des
réunions que nous avons eues pendant la guerre pour organiser la
lutte contre la tuberculose. Je me rappelle, Monsieur le Gouverneur, à quel point, bien que travaillant d'une façon tout à fait
indépendante, vous vous rencontriez avec mon vieil ami, M. Jaspar, devenu plus tard ministre, sur les conditions dans lesquelles
il fallait lutter contre les grands fléaux. M. Jaspar s'occupait spécialement de la protection de l'enfance ; pour vous, la préoccupation fondamentale, c'était la lutte contre la tuberculose. Vous
avez élaboré à ce moment un rapport extrêmement documenté
préconisant la création d'une œuvre nationale contre la tuberculose, et j'ai toujours pensé que c'était la véritable solution. De son
côté, M. Jaspar a, comme vous le savez, constitué tout de suite
l'Œuvre nationale de la protection de l'enfance ; il a pu aboutir
parce qu'il était ministre ; M. Beco n'était pas ministre, et c'est
bien malheureux pour la tuberculose ! On prévoyait alors que les
deux idées se réaliseraient parallèlement. Je ne sais pas quel est
le sort réservé au projet de M. Beco, mais je souhaite ardemment,
de tout cœur, qu'il soit repris, étudié à nouveau et finalement
adopté.

La collaboration de tous les instants, qui s'est ainsi établie, a
eu ce résultat que l'Institut Pasteur que vous avez créé a vécu.
Il a vécu d'abord d'une vie bien modeste et il s'est développé lentement, mais enfin il s'est développé.

A ce propos, permettez-moi de rendre immédiatement justice à mes chers et éminents collaborateurs, pour qui je ne suis pas le directeur de l'Institut, pour qui je suis seulement un ami un peu plus âgé, car c'est la seule différence qui existe entre nous.

Cette collaboration prouve aussi que, des éloges qui viennent de m'être décernés, la plus grande part doit être reportée sur le pouvoir provincial, toujours en éveil, toujours attentif, toujours soucieux des intérêts de l'hygiène et aussi de cet intérêt supérieur, l'intérêt intellectuel du pays.

Et c'est pourquoi, Messieurs, je vous exprime à tous mes sentiments de vive, d'infinie gratitude, car c'est vous qui, en très grande partie, m'avez fait ; sans vous, ma carrière n'aurait pas été fructueuse comme on prétend et comme nous admettrons un instant qu'elle l'a été ; sans vous, je ne serais pas devenu ce que je suis. *(Applaudissements prolongés.)*

M. le président Mathieu. — Tout à l'heure, Monsieur Bordet, le conseil provincial, pour commémorer cette solennité inoubliable, a décidé à l'unanimité et par acclamation, de vous offrir votre portrait. Nous espérons que vous voudrez bien agréer cette offre.

M. Bordet. — Comment la refuser ? *(Applaudissements et rires.)*

L'hommage des étudiants et des corps savants

Le 18 décembre, à 10 heures du matin, à l'Institut d'Anatomie (Parc Léopold), se sont réunies les délégations d'étudiants et de sociétés qui désiraient présenter leurs félicitations à M. J. Bordet. Dès 10 h. 1/2 la salle était comble, y compris les galeries où les étudiants avaient pris place. Les drapeaux des cercles estudiantins relèvent d'une note gaie l'austérité de la salle.

A 10 h. 1/2, M. J. Bordet, Mme Bordet et ses enfants, M. Charles Bordet, M. le professeur Gengou sont introduits au milieu d'acclamations enthousiastes et prennent place à la table abondamment fleurie par les délégations.

Le Président du Cercle de médecine et de pharmacie de l'Université libre de Bruxelles prend la parole :

Mesdames, Messieurs,

Au nom de mes camarades du Cercle de Médecine et de Pharmacie, j'ai le grand honneur de prendre la parole en cette solennelle assemblée où se trouvent réunis les amis et les savants collaborateurs du maître que nous fêtons aujourd'hui.

Je remplis cette mission avec l'émotion la plus intense mais aussi avec la joie la plus pure, car elle me permet de vous exprimer toute la place que la haute et puissante personnalité de M. le professeur Bordet tient dans l'esprit et dans le cœur de ses élèves.

Quand nous parvint la nouvelle que le prix Nobel des sciences médicales pour 1919 lui était décerné, aucune surprise ne s'éveilla, mais ce fut, chez nous, l'affirmation enthousiaste et unanime que jamais distinction ne fut plus méritée.

Aussi notre joie fut-elle grande de saisir cette occasion pour proclamer notre affectueuse admiration envers notre illustre maître.

Des voix plus autorisées que la nôtre nous détailleront tantôt les travaux et des découvertes scientifiques qui valent au savant sa célébrité mondiale.

Je me bornerai donc à ne parler ici que du professeur.

La modestie a dit un auteur, est au mérite ce que les ombres sont aux figures dans un tableau : elle lui donne de la force et du relief.

N'est-ce pas pour cela que le mérite du professeur nous apparaît encore plus puissant et plus impressionnant ?

Du haut de sa chaire, sa voix douce et bienveillante nous pénètre et nous convainc.

Notre attention le suit sans défaillance.

Il possède si parfaitement sa matière qu'il en développe les moindres détails avec une surprenante simplicité qui fait que, dans sa bouche, les théories les plus ardues paraissent les plus simples.

On l'écoute avec avidité parce que rien, chez lui, n'est inutile ni apprêté.

Son auditoire sent si bien sa volonté de convaincre sans dogmatiser et son souci de faire partager à autrui tout son bonheur de savoir que, entre ses auditeurs et lui, se crée un courant d'irrésistible sympathie.

On l'écoute et on retient, parce que tout, dans son enseignement, va vers le but visé, sans détours, mais aussi sans raideur, avec une simplicité qui s'accompagne d'un puissant ascendant sur ses élèves.

C'est que non seulement le professeur nous procure toutes les joies que donnent le travail et l'amour de la science, mais aussi que ses élèves comprennent que rien chez cet homme admirable ne va sans la bonté, sans la constante préoccupation de servir la science, d'être utile à son pays.

Monsieur le professeur,

Permettez-nous de vous offrir l'hommage de notre enthousiaste admiration.

Nous savons que vous aimez les étudiants et vous n'ignorez pas combien les étudiants ont pour vous de respectueuse affection.

Votre vie est pour nous un exemple et un enseignement. Vous nous avez appris à aimer la science pour elle-même et pour le bien de l'humanité.

A côté des trésors scientifiques dont vous nous avez dévoilé les secrets, vous nous avez montré les trésors d'altruisme dont votre cœur déborde.

Tous nos efforts tendront à être dignes de vous.

Vous avez reçu et recevrez encore de sincères hommages d'admiration. Soyez certain qu'aucune de ces manifestations ne partira de cœurs plus dévoués que les nôtres et ne reflètera des sentiments plus affectueux que ceux que j'exprime ici au nom de tous mes camarades, vos élèves d'hier, ceux d'aujourd'hui, ceux de demain. *(Vifs applaudissements.)*

M. Jules Bordet, très ému, répond brièvement.

Le président de l'Association générale des Etudiants, en des termes très heureux, évoque la terre natale du grand savant, la petite ville de Soignies, aujourd'hui fière de son illustre fils ; il rappelle ensuite sa vie estudiantine et insiste sur l'attitude énergique qu'il sut prendre à maintes occasions, pendant la guerre, vis-à-vis de l'occupant. *(Vifs applaudissements, cris :* « Vive Bordet! ».

Après ces deux orateurs, M. J. Bordet prend la parole et prononce un bref discours, tour à tour humoristique et ému, et empreint de cette bonhommie qui est l'un des traits de sa personnalité éminemment sympathique.

Le Président de l'Union des Anciens Etudiants apporte l'hommage de ces derniers au Dr Bordet qui n'est pas seulement le maître qu'on admire mais encore le plus aimé et le plus sûr des camarades.

Puis les délégations se succèdent dans l'ordre suivant, les délégués prenant tour à tour la parole pour congra-tuler, au nom du corps qu'ils représentent, le héros de la journée.

Se sont fait représenter :

Le Conseil communal d'Anvers; le Service de Santé; l'Union nationale pour la protection de l'Enfance; la Commission Médicale provinciale et le Collège des Méde-cins de l'Agglomération bruxelloise; les Associations pour la lutte contre la tuberculose; l'Union pour l'Education morale; la Ligue de l'Enseignement; les Ligues pour la Culture française; l'Union des fonctionnaires provin-ciaux; les « Amitiés françaises »; la Fédération des Sociétés scientifiques; la Société belge de Biologie; la Société royale des Sciences médicales et naturelles; la Société chimique; la Société belge de Géologie; la Société internationale de Chirurgie; la Société d'Anthropologie de Bruxelles; la Société belge de Dermatologie et de Sy-philigraphie; la Société belge d'Oto-Rhino-Laringologie; la Société belge d'Urologie; les Sociétés de physiothérapie et de Médecine physique; la Société des Chefs de service des hôpitaux; la Nationale pharmaceutique; les Associa-tions dentaires belges; la Médico-Chirurgicale du Bra-bant.

M. le Président de la Fédération Médicale belge pré-sente à M. Bordet la maquette du médaillon, œuvre du sculpteur Bonnetain, que les médecins belges veulent offrir à leur illustre confrère en témoignage de leur admi-ration.

Il communique également à l'assemblée, un extrait des délibérations du Conseil communal de Soignies, ville natale de Jules Bordet, donnant son nom a l'une des places de la ville, et une adresse de l'Université de Paris.

En quelques mots, M. Bordet répond à tous.

De cette manifestation, il veut retenir surtout que l'on a voulu glorifier en lui le travail scientifique. La modestie du maître ne lui permet pas de prendre toute la part personnelle qui lui revientdans cette admiration qu'on lui témoigne et que de frénétiques hourras et d'impeccables bans confirment au moment où, la séance étant levée. J. Bordet se retire très ému.

Après avoir caractérisé brièvement l'atmosphère de cette émouvante cérémonie, nous reproduisons ici le texte des principales adresses qui furent lues par les représentants des divers corps suivants, et donnons ces adresses dans l'ordre selon lequel elles se sont succédé, et que nous venons de rappeler.

La Ville d'Anvers :

Monsieur le Professeur,

En cette assemblée où sont réunis les admirateurs de votre lumineuse et si féconde carrière, j'ai l'insigne honneur de venir vous renouveler les félicitations enthousiastes de l'Administration communale d'Anvers.

Aussitôt que fut connue la nouvelle de votre désignation pour le prix Nobel attribué aux sciences médicales, notre Conseil comunmal, en séance publique, décida de vous exprimer les sentiments de fierté qu'il éprouvait de voir glorifier un savant Belge, s'associant ainsi à l'acclamation unanime par laquelle la Belgique en a salué la nouvelle. Il a, de cette manière, interprété la pensée de toute la partie intellectuelle de la population d'Anvers, ville à laquelle on accorde le titre de métropole du commerce et des arts, mais où il serait injuste de croire que le domaine des sciences n'y est pas honoré. Et beaucoup de nos concitoyens se sont rappelé avec émotion les belles conférences que le professeur Bordet y avait données, notamment à l'extension universitaire qui bénéficie souvent de l'enseignement si clair, si attrayant et si grandement instructif qu'admirent tous ceux qui vous ont entendu développer votre pensée scientifique.

Le Conseil communal d'Anvers a tenu à associer à l'hommage qu'il vous rend, l'Université libre de Bruxelles qui, après vous avoir donné jadis l'instruction scientifique, a l'honneur de vous compter au nombre de ses maîtres éminents.

En son nom enfin, Monsieur le Professeur, je formule le vœu de voir longtemps encore se poursuivre votre belle carrière qui est l'honneur de la science médicale belge et dont la route est jalonnée d'œuvres impérissables, marquant toujours des progrès accomplis pour le bénéfice de l'Humanité.

Le Service de Santé de l'Armée :

Monsieur le Professeur,

Le Service de Santé de l'Armée est honoré de vous dire toute la joie qu'il éprouve à vous voir fêté, en ce jour, par l'élite intellectuelle de la naton et par le pays tout entier.

L'Institut Pasteur du Brabant, dont vous êtes l'âme, et qui fut le berceau de ces découvertes fondamentales qui rayonnent sur l'humanité, s'est toujours plu à accueillir les Médecins de l'Armée, et à leur prêter, dans la lutte contre les maladies infectieuses et contagieuses, l'aide de ses conseils et de son assistance matérielle.

Chargés comme médecins militaires de maintenir dans toute sa vigueur physique et dans la plénitude de sa beauté morale, le précieux outil qu'est le soldat pour la défense de la patrie, nous apprécions à sa juste valeur l'importance de vos remarquables travaux.

C'est au bienfaiteur de l'Humanité, au savant illustre, à l'homme de cœur, que nous apportons aujourd'hui l'hommage de notre reconnaissance et de notre admiration.

L'Œuvre de préservation de l'enfance contre la tuberculose :

Mon cher Bordet,

L'Œuvre de préservation de l'enfance contre la Tuberculose, les Sanatoria populaires de La Hulpe-Waterloo, la Coopérative nationale, la Section du Brabant de la Ligue contre la Tuberculose, ont bien voulu me faire confiance et ont chargé le Président de la Ligue contre la Tuberculose de la délicate, mais agréable mission de venir, en leur nom, non pas saluer le grand savant que la Belgique entière acclame avec fierté, mais apporter au philanthrope éclairé le tribut de leur gratitude affectueuse.

Il ne pouvait en être autrement, car vous avez fait de la lutte contre la Tuberculose une description nouvelle; vous avez préconisé avec autorité des transformations judicieuses, et vous les avez suggérées avec la maîtrise puissante qui en fait tout le prix.

Tout prend valeur sous votre plume et s'anime de fécondes pensées et là où d'autres pouvaient être acerbes, même sans le vouloir, vous avez des délicatesses exquises qui tiennent à vos hautes qualités morales.

Sans doute, pour le Pasteurien, pour le savant que vous êtes, dans cette société où nous vivons, la tâche est ardue, mais vous avez désiré que votre mission, toute désintéressée, toute pure, s'accomplisse dans le calme et la sérénité de votre caractère si fièrement trempé.

A la tête de ce mouvement, vous fûtes l'homme de tact, de goût, de clairvoyance, ne songeant qu'à élargir les horizons, sans demander en retour le moindre éloge.

Et si votre nom, à juste titre, est inscrit en lettres profondes sur la coupole idéale de la Science, dans nos cœurs émus et reconnaissants, le culte de votre prodigue bonté, de votre élévation de sentiments, y est définitivement gravé.

Pendant des années, nous vous avons vu mener de front toutes les activités généreuses et encourager vos amis de vos sympathies ardentes.

Derscheid, depuis 1903, eut le rare bonheur de vous compter parmi les administrateurs des Sanatoria de La Hulpe.

Président d'honneur de la Préservation de l'Enfance, vous aviez instauré en Belgique, l'œuvre de Grancher, vous lui aviez donné une forme décisive.

Combien votre grande âme a dû être meurtrie, le jour où les hostilités vous obligèrent à faire abandonner à vos protégés, le nid de Frasnes-lez-Buissenal, que votre sollicitude leur avait si paternellement préparé... mais quelle fut votre joie de pouvoir, bientôt après, élargir votre œuvre et lui donner une expansion plus considérable.

Quoiqu'absorbé par un rude labeur scientifique, vous avez toujours apporté à la Section du Brabant de la Ligue contre la Tuberculose, une part d'activité féconde et incessante.

Dès 1918, avec une clairvoyance remarquable qui porte bientôt ses fruits et vous permet de grouper autour de vous des philanthropes généreux, tel notre grand citoyen Ernest Solvay, vous constituez la Coopérative nationale et vous assumez les charges de la présidence du Comité exécutif.

Et dans tous ces organismes, où votre franche nature se dépensait avec une énergie inlassable, votre haute compétence, vos conseils avisés, imposaient la confiance et donnaient toujours le réconfort nécessaire.

Vous êtes, mon cher Bordet, une des figures les plus caractéristiques de notre temps.

Votre nom, connu de tous, éveille, dès qu'on le prononce, un sentiment profond de respect affectueux, car vous passez dans la vie en créant autour de vous une atmosphère de sympathie inaltérable, et la modestie exquise qui vous enveloppe en augmente singulièrement le charme.

Certes, vous avez rencontré des obstacles. Vous avez vu s'élever devant vous le mur de la routine, mais, ce qui ne vous a jamais manqué, c'est le courage et la volonté. Nul, mieux que vous, ne sut comprendre les points faibles de notre société moderne, que vous avez si largement envisagée, si souvent talonnée et devancée en plus d'un sens.

Avec vous, les faits sociaux s'accomplissent, les entraves, devenues trop étroites, se brisent, les cercles s'élargissent à l'infini.

Vos idées, exprimées avec une noblesse incisive, font la précision de votre programme, d'autant plus que vous ajoutez quelque chose de votre esprit d'administrateur au service de votre logique.

La beauté, le charme de votre parole pénétrante, profonde, créatrice d'attraits et d'émotions, remplie de nobles désirs, d'aspirations généreuses, nous ont toujours impressionnés.

Et si tantôt je disais que vous aviez donné à la Ligue contre la Tuberculose une description nouvelle, j'en trouve la preuve dans le discours que vous prononciez au Comité général de la Ligue en 1916.

Vous disiez :

« Le développement de la tuberculose dans un peuple est l'étalon de sa misère : alimentation insuffisante, surmenage, manque
d'air, métiers insalubres, alcoolisme, tout ce que le paupérisme ·
comporte, tels sont les facteurs adjuvants qu'à juste titre on
accuse.

« Il est un autre agent actif de la propagation de la tuberculose, c'est l'ignorance, et, c'est surtout le manque d'une étu-
cation morale inculquant à chacun le souci de la santé et de la
vie du prochain.

« Tâcher d'enrayer les progrès de la tuberculose, c'est donc par
définition, combattre toutes causes de détresse, de souffrance et
d'abaissement.

« Et c'est pourquoi l'organisation largement conçue de la lutte
contre la tuberculose est l'une des entreprises les plus vastes à
la fois et les plus fécondes que puisse suggérer le sentiment de
la solidarité sociale; elle est, en ce moment surtout, l'une des
formes les plus souhaitables, la plus nécessaires que la philanthropie et le patriotisme puissent revêtir.

« On pourrait dire qu'elle en est l'expression la plus complète,
la plus synthétique, puisque en s'efforçant d'atteindre, dans ses
racines, le fléau de la tuberculose, on cherche à supprimer l'ensemble des maux qui lui permettent de grandir. »

Aussi, il nous a plu aujourd'hui de vous dire combien nous
sommes heureux que vous n'ayez pas permis que vos énergies res-
tassent confinées dans l'atmosphère sereine de votre Institut.

Vous avez désiré, et vous le fîtes avec une rare compétence,
vous avez voulu que le rayonnement de votre haute culture s'épa-
nouît sur tout ce qui est digne de secours, sur l'humanité toute
entière.

Il nous est donné de mesurer la grandeur de votre apostolat,
d'en apprécier les résultats.

Les maîtres de notre Ecole ont toujours eu pour devise : « Tout
pour la Science et par la Science ». Cette devise, vous l'avez complétée en y ajoutant ces mots lapidaires : « Et pour l'Humanité !»

C'est pourquoi, nous avons voulu vous dire notre admiration
affectueuse et vous exprimer notre gratitude ardente.

La Ligue de l'Enseignement :

Cher Monsieur Bordet,

Le Conseil général de la Ligue de l'Enseignement s'associe de tout cœur à l'hommage qui vous est rendu aujourd'hui par de nombreux amis et par d'innombrables admirateurs. Nous saluons en vous, avec une affectueuse émotion, le collègue très sympathique participant aux efforts de notre association en vue de perfectionner l'éducation et l'instruction publiques, et l'homme de science dont l'éminent labeur a suscité l'attention du monde savant de toutes les Nations et vient d'être l'objet d'une marque d'honneur particulièrement flatteuse à la fois pour vous et pour notre Pays.

Nous vous prions, cher Monsieur Bordet, de recevoir nos chaleureuses félicitations et l'expression la plus cordiale de nos meilleurs sentiments.

L'Union des Fonctionnaires provinciaux du Brabant :

Les membres de l'Union des fonctionnaires provinciaux du Brabant prient le Dr Bordet d'accepter leurs vives et sincères félicitations à l'occasion de la distinction honorifique dont il vient d'être l'objet et se permettent de lui témoigner également, en cette circonstance, l'hommage de leur admiration profonde pour l'œuvre toute de dévouement et de labeur continuel à laquelle le Dr Bordet consacre si simplement sa vie, son intelligence et son cœur.

Les « Amitiés françaises de Bruxelles »:
Le « Comité d'Initiative médicale »:

Cher et illustre Professeur,

Les « Amitiés Françaises » dont vous êtes membre d'honneur, m'ont délégué pour venir vous apporter leurs félicitations ainsi que le témoignage de leur admiration. Car nous avons l'honneur de compter, depuis notre fondation, le grand Bordet dans notre Comité de patronage.

En effet, n'êtes-vous pas de ceux qui aimez dévotement la France pour son clair génie, la puissance de ses cerveaux, la générosité de son geste et la chaleur rayonnante de son cœur!

N'êtes-vous pas de ceux qui, dans la prescience de leur instinct, haïssent le Germain et sa science hiérarchisée comme on hait toutes les tyrannies, les syllabus et les systèmes rigides qui plient l'homme à une discipline d'esclave.

Et voilà pourquoi, Monsieur, vous nous avez apporté, à nous qui peinons le dur labeur pour la culture française, votre très précieuse collaboration.

En même temps que ces quelques fleurs que nous remettons à votre admirable compagne, aux pieds de laquelle nous déposons nos hommages respectueux, daignez recevoir également de la part du Comité d'Initiative médicale, humble collaborateur de la Fédération médicale qui vous remet votre médaillon, les témoignages d'adhésion admirative qui nous ont été adressés par les plus hauts dignitaires de la Science médicale belge ayant tenu à honorer votre génie dont l'éclat rejaillit glorieusement sur toute la Belgique intellectuelle.

La Fédération des Sociétés Scientifiques:

Très cher et honoré Collègue,

Le Conseil général de la Fédération est certain d'être l'interprète de toutes les sociétés affiliées en vous félicitant très cordialement pour l'attribution du prix Nobel de médecine. Cette haute distinction constitue la juste récompense du labeur acharné et sagace qui, joint à vos belles qualités intellectuelles, vous a amené à tant de fructueuses découvertes, d'une importance capitale aux points de vue théorique et pratique.

Nous sommes persuadés que vous contribuerez, dans l'avenir, à élucider encore beaucoup de problèmes de biologie pour le plus grand bénéfice de l'humanité et pour la gloire de notre chère Belgique.

Veuillez bien accepter, très cher et honoré Collègue, l'hommage de notre sincère admiration et de notre très profond et très respectueux dévouement.

La Société belge de Biologie :

Monsieur le Président et très honoré Collègue,

C'est avec une joie profonde que tous les membres de la Société belge de Biologie ont appris l'honneur si mérité qui venait de vous être conféré par l'attribution du Prix Nobel. Nous sommes heureux de vous voir conférer la suprême consécration scientifique, récompense de vos beaux travaux sur l'anaphylaxie, la coagulation du sang, l'hémolyse, l'immunité et tant d'autres sujets de biologie pure et appliquée.

Vous avez pris une part très importante à la fondation de notre jeune Société. Vous lui avez apporté la primeur des remarquables travaux poursuivis tant par vous-même que par vos zélés collaborateurs. Vous avez bien voulu consentir à guider les pas de notre Société pendant la seconde année de son existence. Votre présidence a permis à la Société belge de Biologie de montrer une vitalité des plus marquées. Vous avez présidé la première réunion plénière des Sociétés de Biologie des pays alliés et neutres qui s'est tenue à Bruxelles, le 23 mai 1920, et qui constitue le prélude d'autres assemblées analogues du plus haut intérêt. Votre grand prestige scientifique, votre talent si considérable d'exposition, votre caractère si modeste et si serviable vous ont valu l'admiration et la reconnaissance de tous vos collègues.

Permettez-nous, Monsieur le Président et très cher Collègue, de vous féliciter de tout cœur et de vous souhaiter une ample moisson future de remarquables découvertes.

Tous vos collègues, tous vos amis de la Société belge de Biologie s'inclinent respectueusement devant vous en ce jour solennel et vous assurent de leur très vive et très sympathique admiration.

La Société royale des Sciences médicales et naturelles:

Cher et très honoré Collègue,

La Société royale des Sciences médicales et naturelles de Bruxelles, bientôt centenaire, s'honore de vous compter parmi ses membres titulaires depuis le 3 février 1902.

Mais déjà sept années auparavant vous aviez pubié dans nos *Annales* une remarquable contribution à l'étude du sérum chez les animaux vaccinés, où vous abordiez les problèmes ardus de la phagocytose *in vitro*, des modifications subies par les microbes dans l'intérieur des leucocytes, du chimiotaxisme et du mécanisme intime de l'immunité. Si vous n'avez pas été des nôtres dès cette époque, ce fut par suite de votre séjour à Paris auprès de vos maîtres Metchnikoff et Roux, et la Société des Sciences se fit un devoir de vous élire membre titulaire, peu après votre nomination à la direction de l'Institut Pasteur.

Nul parmi nos membres n'a été plus assidu à nos séances, n'a fait de communications plus intéressantes, n'a mieux éclairé nos débats.

Vous nous avez démontré en 1905 un nouveau spirille, en 1906 le microbe de la coqueluche, en 1907 l'agent de la diphtérie aviaire. Vous nous avez parlé de la recherche médico-légale du sang humain, de la morphologie du microbe de la péripneumonie bovine, du spirille syphilitique, des ressources de la sérothérapie, de la question des races en bactériologie et de l'influence des conditions d'alimentation à ce point de vue, de l'anaphylaxie, du rôle des plaquettes sanguines dans la coagulation et de beaucoup d'autres questions. Vos exposés si attachants, si clairs, si méthodiques, où les expériences, d'une ingéniosité sans pareille, s'enchaînent les unes aux autres avec une logique merveilleuse, ont toujours été écoutés avec la plus scrupuleuse attention par vos auditeurs charmés.

Bien des fois vous ête intervenu à nos séances pour signaler à l'un ou l'autre d'entre nous des expériences complémentaires ou des points de vue auxquels il n'avait pas songé. Vous nous avez montré ainsi le grand intérêt que vous preniez aux recherches de vos collègues qui vous en sont tous profondément reconnaissants.

Notre Société est fière de la haute distinction qui vous a été décernée par l'Institut Karolinska de Stockholm et qui consacre votre gloire scientifique mondiale. Le Prix Nobel que vous venez d'obtenir, honore non seulement vous-même, mais aussi la Science belge et toute la Belgique.

La Société royale des Sciences médicales et naturelles à Bruxelles est heureuse et fière de s'associer à l'hommage rendu au plus illustre de ses membres. Elle présente au professeur Jules Bordet l'expression de ses plus affectueuses félicitations.

La Société chimique de Belgique :

Monsieur le professeur Jules Bordet,

La Société chimique de Belgique est heureuse de voir votre grande œuvre distinguée, entre toutes, par le monde scientifique.

Elle admire votre activité et votre intelligence pénétrante; elle a aussi pour vous de la gratitude car vous avez mis l'une et l'autre au service de l'humanité.

Elle serait fière de vous compter parmi ses membres d'honneur et vous prie de bien vouloir accepter ce modeste hommage.

La Société belge de Géologie :

A Monsieur le Docteur Bordet,

La Société belge de Géologie, à l'occasion de l'attribution qui vient de vous être faite du Prix Nobel, est heureuse de vous exprimer ses sentiments d'admiration et de reconnaissance : d'admiration pour l'œuvre universellement connue et réputée qui vous a valu la distinction la plus flatteuse; de reconnaissance, pour la gloire que vous faites rejaillir sur la Patrie entière.

La Société internationale de Chirurgie :

Cher Maître,

Le bureau permanent de la Société internationale de Chirurgie nous a chargé de vous apporter ses plus chaleureuses félicitations à l'occasion de la distinction si hautement méritée qui vous a été accordée.

Nous ne saurions oublier que, sans les immortels travaux de Pasteur dont vous êtes le disciple et le continuateur, la chirurgie moderne toute entière serait inexistante; durant la guerre encore vos travaux, et ceux de vos élèves, ont rendu à la chirurgie d'inappréciables services. Toutes nos connaissances relatives à l'évolution des plaies aussi bien que toutes les règles de l'aseptie, de la désinfection, de la pratique opératoire journalière sont basées sur les notions acquises en bactériologie.

Des voix plus autorisées ont déjà caractérisé l'importance considérable de l'impulsion personnelle que vous avez donné à des questions essentielles de cette science en apparence si abstraite et dont la portée humanitaire est inappréciable.

La Société internationale de Chirurgie, à tous ses Congrès, lui a consacré une place particulièrement en vue à côté de discussions purement techniques : en juillet dernier, au Congrès de Paris, une séance toute entière a été consacrée à l'étude si passionnante du tétanos. Et pour le prochain Congrès que notre Association tiendra à Londres en 1923, la première question inscrite à l'ordre du jour, à une énorme majorité des suffrages, est intitulée: Vaccinothérapie et Sérothérapie des infections chirurgicales.

La réputation mondiale que vous vous êtes acquise me dispense de vous dire, Monsieur le Professeur, que votre nom se retrouve à chaque page dans nos comptes-rendus.

Aussi, nous a-t-il paru que vous nous excuseriez d'allonger la liste de vos admirateurs en venant, à notre tour, vous dire combien le bureau permanent de la Société internationale de Chirurgie a été heureux et fier de voir consacrer, par un solennel hommage, les immenses services que vos géniales découvertes et votre inlassable labeur ont rendu à d'innombrables malades.

La Société d'Anthropologie de Bruxelles :

Monsieur Bordet,

La Société d'Anthropologie de Bruxelles, heureuse de participer à la manifestation de ce jour, m'a chargé de vous transmettre ses félicitations les plus vives pour la glorieuse distinction dont vous avez été l'objet; elle m'a prié de vous dire combien elle s'est réjouie de l'honneur qui vous est échu à si juste titre; je dois, en son nom, vous exprimer les vœux sincères qu'elle forme pour que vos fructueuses recherches continuent, de longues années encore, à illustrer la science belge.

Sans toucher directement au domaine, si vaste cependant, de l'Anthropologie, vos travaux ne laissent pas, toutefois, d'intéresser de près, à bien des points de vue, les études anthropologiques : vos expériences si convaincantes sur les réactions sanguines — pour ne citer que cet exemple-là — ne sont-elles pas appelées à nous aider singulièrement dans la lutte contre la syphilis, cette cause trop fréquente de dégénérescence physique et morale ? En examinant les délinquants, en s'efforçant de remonter jusqu'aux causes, souvent si lointaines, qui les ont amenés en prison, l'anthropologie criminelle n'a que trop souvent à signaler les tares produites par l'avarie : elle ne peut donc que bénéficier largement de travaux tendant, comme les vôtres, à déceler plus rapidement, donc à combattre avec plus d'efficacité, cette maladie terrible, l'une des pourvoyeuses attitrées de nos hôpitaux, de nos asiles d'aliénés, de nos établissements pénitentiaires.

Quoi d'étonnant, donc, à ce que la Société d'Anthropologie de Bruxelles suive vos travaux avec l'intérêt le plus vif, et comment pourrait-elle ne pas se joindre, de tout cœur, aux nombreux groupes scientifiques réunis ici pour vous exprimer, en même temps que leur profonde admiration, la légitime fierté éveillée en eux par le bel hommage rendu, à l'étranger, à un savant de notre pays.

La Société belge de Dermatologie et de Syphiligraphie:

Dans la lutte incessante contre la maladie, il est un combat particulièrement dur, — opiniâtre, — et difficile: c'est celui que mène le médecin contre la syphilis — l'un des pires fléaux attaquant l'Humanité dans sa source de vie.

La syphilis est un ennemi protéiforme, déroutant le clinicien par ses aspects les plus divers, dissimulant ses attaques silencieusement et longuement dans la profondeur des tissus et des organes.

Le syphiligraphe doit veiller, l'attention toujours en méfiance, — scrutant et interrogeant, — à la recherche de problèmes diagnostiques dont la solution a une importance capitale, exigeant un contrôle constant et sûr des réactions de défense de l'organisme.

A ces questions parfois si angoissantes une solution est intervenue, simple, claire, pratique. Les travaux de Bordet, ses découvertes — si belles au point de la science pure — ont une conséquence pratique inestimable : leurs applications au diagnostic et au contrôle des réactions contre l'infection. Ces procédés de recherches sont unanimement employés et classiques dans le monde entier, c'est la réaction de Bordet.

Que d'existances précieuses ont été sauvées grâce à ces applications! et quelle foule innombrable d'êtres humains nous devrions évoquer si tous ceux qui doivent la vie à ce Bienfaiteur de l'Humanité étaient ici présents !

La Société belge de Dermatologie et de Syphiligraphie est heureuse et fière de s'unir aux Sociétés scientifiques ici assemblées pour acclamer le nom du savant belge Jules Bordet, pour lui exprimer l'hommage de son admiration et la reconnaissance de cette foule innombrable d'êtres humains qui lui doivent le retour à la vie et à la santé.

La Société belge d'Oto-Rhino-Laryngologie :

La Société belge d'Otologie, de Rhinologie et de Laryngologie qui réunit la plupart des spécialistes du pays et d'éminents collègues de l'étranger, est heureuse et fière de pouvoir rendre publiquement hommage à l'illustre confrère Bordet. Elle le félicite chaleureusement d'avoir mérité la glorieuse récompense d'une carrière éblouissante vouée au culte désintéressé de la Science et au soulagement de l'Humanité.

Nous nous inclinons, pleins de respect et d'admiration, devant l'artisan d'une œuvre dont la portée est immense et devant l'homme qui honore le corps médical belge aux yeux du monde entier.

La Nationale pharmaceutique:

Monsieur le Professeur,

La Nationale Pharmaceutique est heureuse de pouvoir participer à la manifestation de ce jour.

Poursuivant elle-même le progrès des sciences pharmacologiques, elle ne pouvait se désintéresser des travaux effectués dans le domaine voisin, celui de la médecine.

Vos travaux, Illustre Maître, sont de ceux qui appellent l'attention de toutes les personnes qui s'occupent de la santé publique.

Le pharmacien comme le médecin doit, pour être à la hauteur de son art, suivre les évolutions que subit l'art de guérir et aussi celui de l'hygiène.

La science médico-pharmaceutique a fait dans ces dernières années de tels progrès que nous voyons notre domaine s'élargir à l'infini. Partis des simples, passant par les glucosides et les alcaloïdes, nous nous trouvons en ce moment devant les problèmes innombrables créés par la découverte des vaccins et des sérums. Ces problèmes ont été résolus en grande partie par vous d'une façon magistrale. Les solutions trouvées nous intéressent au plus haut degré.

Aussi est-ce avec la plus grande joie que nous avons appris la haute distinction dont vous venez d'être l'objet.

Permettez-moi, Monsieur le Professeur, de saluer en vous l'homme érudit, le savant modeste, le bienfaiteur de l'Humanité.

Au nom des pharmaciens belges, je vous adresse nos plus chaleureuses et nos plus cordiales félicitations.

La Fédération Dentaire nationale belge :

Monsieur,

La Fédération dentaire nationale belge s'associe à la manifestation organisée en votre honneur par le corps médical. Elle représente les groupements suivants :

L'Association générale des Dentistes de Belgique ;

La Société belge d'Odontologie ;

La Société d'Odontologie d'Anvers ;

Le Cercle dentaire provincial liégeois ;

Le Groupement professionnel des Dentistes et Médecins-Dentistes de la région Tournai-Ath ;

La Société Odontologique des Deux-Flandres ;

L'Ecole Dentaire belge ;

Le Dispensaire Dentaire belge ;

comprenant ainsi la majorité des praticiens intéressés au progrès de l'Art dentaire.

Nous venons vous exprimer notre profonde admiration pour les belles découvertes dont vous avez enrichi la science médicale.

Nous honorons en vous le travailleur patient, le savant aussi éclairé que modeste, dont les travaux ont éveillé l'attention du monde entier, et jeté un nouvel éclat sur notre chère patrie.

Honneur à vous, cher Maître, et honneur aussi à la compagne dévouée qui a su vous encourager et vous soutenir dans vos efforts.

Les Unions professionnelles médicales :

Monsieur le Professeur,

Au nom des quarante Unions professionnelles médicales légalement reconnues en Belgique et qui groupent trois mille six cents médecins, la Fédération médicale belge salue en Jules Bordet, l'honneur et la gloire universelle qu'il a conquis par son génie et son labeur, pour le renom de notre chère Patrie, pour le bonheur de l'Humanité.

La haute distinction scientifique internationale qui vient, Monsieur Bordet, de vous être si légitimement octroyée, est pour les médecins belges une occasion unique de venir vous dire le respect qu'ils éprouvent depuis longtemps pour votre vie volontairement effacée, toute consacrée au labeur scientifique désintéressé, à l'ambition suprême d'apporter à l'humanité toute entière les lumières capables de faire reculer les ténèbres de ses maux.

Vous leur apparaissez comme la plus haute incarnation de la liberté de l'esprit scientifique, de la conscience inébranlable du véritable savant.

Et comment ne saisiraient-ils pas ce moment de reconnaissance universelle pour vous exprimer l'immense gratitude qu'ils vous doivent ?

Il n'est pas un jour de leur laborieuse vie où vos conceptions ne les inspirent, où vos méthodes ne viennent à leur secours pour trancher leur incertitude et leur indiquer le moyen d'accomplir leur lourde tâche.

Amirable récompense d'une vie sévèrement orientée vers la vérité ! Votre œuvre vous confère, Monsieur Bordet, le merveilleux privilège d'une invisible et tutélaire présence au chevet de tous nos affligés.

C'est en leur nom, comme au nom des médecins eux-mêmes, que nous vous apportons aujourd'hui l'hommage d'une reconnaissance sacrée entre toutes, comme celle que nous vous devons aussi pour la gloire si pure que vous avez su conquérir pour notre profession et pour notre pays par les triomphes de votre souveraine pensée.

Les Elèves de l'Ecole de Médecine vétérinaire:

Monsieur le Professeur Bordet,

Les élèves de l'Ecole de médecine vétérinaire sont heureux de vous féliciter pour le magnifique succès mérité par vos travaux scientifiques.

Vos études sur l'immunité et l'anaphylaxie, vos importants travaux sur la diphtérie aviaire et la peste bovine ont été d'un grand apport à la médecine vétérinaire.

Aussi est-ce plein de respect et d'admiration pour un maître que les étudiants vétérinaires forment des vœux pour que votre carrière soit longue et féconde encore.

Les « Amitiés Interalliées »:

Monsieur le Professeur,

Permettez-moi, au nom des « Amitiés Interalliées » de joindre mon humble voix d'étudiant au concert d'hommages que 'a Belgique intellectuelle apporte au grand et modeste savant dont les immortels travaux font l'admiration du monde.

S'il ne m'est pas permis ici de juger votre œuvre, qu'il ne me soit pas interdit cependant d'admirer votre méthode, votre haute probité scientifique, le désintéressement du maître, et de me sentir heureux et fier de ce que, suivant l'expression d'un grand Français, vous ayez fait à notre Patrie l'aumône d'un peu de gloire.

Honneur à vous, vénéré maître.

La séance académique

La séance académique, tenue en la salle du Manège du Palais d'Egmont, le 18 décembre 1921, à 3 heures, revêtit un caractère vraiment grandiose. Ceux qui y assistèrent en conserveront un souvenir impérissable. La grande salle était trop petite. C'était un public choisi : savants, médecins, personnalités politiques et mondaines, étudiants, étudiantes, etc. La plupart de nos ministres et des membres du corps diplomatique occupaient les premiers rangs des fauteuils. On se pressait également sur la vaste estrade occupée par le corps professoral et administratif de l'Université de Bruxelles et les professeurs des trois autres Universités belges. Au fond, sur le mur blanc, se détachait l'écusson de Belgique entouré de drapeaux, qui dominait une frise de plantes vertes semée des drapeaux des facultés.

Un rang de fauteuils est demeuré vide au bord de l'estrade. Un peu avant trois heures et demie, une clameur s'élève: LL. MM. le Roi et la Reine, le docteur Bordet et sa famille, le bourgmestre Max, les docteurs Roux, Calmette, Delezenne, Héger, Demoor, Bayet, Malvoz, MM. De Keyser, recteur de l'Université; Errera, Leclère, Jacqmain, Goblet d'Alviella, Tassel, Max Hallet, Bourquin, Lepreux, Cattier, Richard, Willems, d'autres encore s'avancent au milieu des cris de : « Vive le Roi ! Vive la Reine! Vive Bordet! » et prennent place sur l'estrade, derrière la vaste table au tapis vert.

La séance est présidée par M. Adolphe Max, bourgmestre de la Ville de Bruxelles, ministre d'Etat et Président d'honneur de l'Université libre de Bruxelles. Il prend la parole en ces termes :

Sire,

Madame,

Une fois de plus la Belgique a eu l'honneur de se voir attribuer le prix Nobel.

Notre Université est particulièrement fière de ce que ce soit l'un des siens qui, après plusieurs autres de nos compatriotes, recueille à son tour cette haute et rare distinction.

En apportant ici au professeur Jules Bordet l'enthousiaste hommage de la Ville de Bruxelles, je me fais l'interprète de tous ceux qui gardent le culte fervent de nos gloires nationales.

Au lendemain des événements tragiques où notre Pays a conquis des titres impérissables à l'estime du monde par l'héroïque manifestation de sa bravoure et de ses vertus civiques et morales, il est réconfortant de constater que n'a pas cessé de s'accroître la renommée qu'il s'est acquise dans les sciences, les lettres et les arts. Car si la prospérité d'un peuple est le fruit de son industrie, de son commerce et de son ardeur au travail dans la production de la richesse matérielle, sa grandeur véritable s'édifie par le labeur de ses savants, de ses écrivains et de ses artistes. *(Vifs applaudissements.)*

C'est parce que nous avons la conscience de cette vérité que nous nous sommes réunis aujourd'hui pour dire à Jules Bordet notre profonde et vibrante gratitude. La présence du Roi et de la Reine donne à cette cérémonie la signification la plus éclatante. C'est la Patrie elle-même, en la personne des Souverains, qui en sont à nos yeux l'incarnation la plus haute et la plus noble — oui, c'est la Patrie elle-même, qui, dans sa vivante image, vient décerner à un grand Belge le témoignage solennel de la reconnaissance et de l'admiration publiques. *(Acclamations prolongées. Tous les assistants se lèvent, aux cris de: « Vive le Roi ! » « Vive la Reine ! »).* Pour vous, mon cher Bordet, c'est un honneur qu'aucun autre ne pourrait dépasser. Mais si ce geste royal vous honore, il honore aussi Ceux qui l'accomplissent. *(Nouvelle ovation.)* Du fond de nos cœurs, nous remercions le Roi et la Reine d'avoir, en cette circonstance, comme tant de fois déjà, par l'ascendant de leur exemple, dicté et; en quelque sorte, symbolisé le devoir national. *(Acclamations répétées. Les cris de: « Vive le Roi ! » « Vive la Reine! » retentissent de nouveau.)*

Qu'il me soit permis de dire également combien nous sommes touchés de voir aux premiers rangs de l'assistance les représentants qualifiés des puissances étrangères. Ils ne démentiront certes pas l'opinion que leur place était ici marquée à plus d'un titre. S'ils sont venus, ce n'est point uniquement mus par une courtoisie dont nous mesurons, du reste, l'éminente et précieuse valeur. Une autre raison, je veux le croire, les a conduits aujourd'hui dans cette salle : l'œuvre de Jules Bordet n'a pas seulement contribué à orner d'un prestige nouveau le patrimoine scientifique dont la Belgique a le droit de tirer orgueil, elle a été féconde pour l'humanité tout entière. *(Vifs applaudissements.)*

Illuminé par le rayonnement du génie de Pasteur, le domaine de la biologie et de la bactériologie garde encore maints recoins inexplorés où les investigations peuvent s'exercer avec profit. Jules Bordet y a fait des découvertes nombreuses dont la science médicale a bénéficié dans une large mesure.

Il ne m'appartient pas d'énumérer les différents objets de ses recherches. L'analyse de sa tâche magnifique sera faite tout à l'heure par ses pairs. Mais il reste aux profanes la satisfaction de lui payer le tribut d'émerveillement dû aux résultats acquis et aux bienfaits rendus.

Honneur de notre Université, illustre parmi tant de savants formés à l'Institut Pasteur de Paris, Bordet nous offre l'un des exemples les plus convaincants de ce que peut l'imagination créatrice alliée à la plus rigoureuse méthode expérimentale.

Comme tous les grands chercheurs, il a des inspirations, des instincts divinatoires qui devancent et préparent la constatation des vérités.

« Heureux, disait Pasteur, heureux celui qui porte en soi un idéal et lui obéit. »

Vous avez obéi toute votre vie, mon cher Bordet, à un idéal de science, au noble souci de soulager les souffrances des hommes. Une scrupuleuse recherche des réalités objectives vous a guidé dans la brillante évolution de vos travaux. Toutes vos pensées, toutes vos actions se sont éclairées au reflet de cette lumière intérieure : l'amour du vrai. *(Applaudissements.)*

Vous avez pour tous le symbole du savant consciencieux, tenace et sincère.

Aussi — moi qui fus votre ami d'enfance et l'un des premiers témoins de l'éveil de votre génie — suis-je fier de pouvoir aujourd'hui, en vous offrant cette médaille au nom de la Ville de Bruxelles, m'associer aux autorités académiques, au corps professoral, aux étudiants de l'Université et au monde savant pour applaudir à l'hommage qui vous est justement rendu.

Et si nos acclamations font violence à votre modestie, nous avons, du moins, l'excuse d'accomplir un devoir : celui de stimuler le généreux et fertile enthousiasme des jeunes générations en exaltant devant elles l'une de nos gloires les plus pures. *(Longue et chaleureuse ovation. M. le Bourgmestre remet au professeur Jules Bordet en triple exemplaire — or, argent et bronze — dans un écrin aux armes de la Ville, la médaille que l'Administration communale réserve aux citoyens dont elle veut honorer les mérites et les services. Pendant plusieurs minutes, les cris de « Vive Bordet ! » retentissent de toutes parts.)*

***

Quand les acclamations ont pris fin, M. le Président reprend la parole et s'exprime en ces termes :

Sire, Madame,

Nous avons reçu de M. Hymans, Président honoraire de l'Université, le télégramme que voici :

« Retenu à Genève, suis désolé ne pouvoir participer aux manifestations organisées pour la célébration de l'honneur éclatant décerné à notre illustre collègue et compatriote Bordet. Je m'associe de tout cœur à l'hommage rendu au savant, au professeur, au grand Belge.

» (s) HYMANS. »

(Applaudissements.)

Nous avons reçu également des adresses et des télégrammes de sympathie et de félicitations de la Faculté de médecine de l'Université de Lausanne, de l'Institut de Botanique et de microbiologie de l'Université de Genève, de l'Ecole coloniale supérieure de Belgique, de la Section namuroise de la Ligue nationale contre la Tuberculose, de la Fédération médicale vétérinaire de Belgique, du Syndicat des Médecins vétérinaires des arrondissements de Charleroi et Thuin, de la commune de Watermael-Boitsfort, de MM. les sénateurs Digneffe et Lepreux, de l'échevin de l'instruction publique de la ville d'Anvers.

Trois hommes éminents dont les travaux font honneur à la France et à l'Humanité, le professeur Roux, Directeur de l'Institut Pasteur de Paris, le professeur Calmette, Sous-Directeur au même Institut, et le professeur Delezenne, Directeur du Laboratoire de physiologie de Paris, ont bien voulu, ainsi que des délégations des Universités de Louvain, de Liége et de Gand, se joindre à nous pour fêter le héros de la manifestation de ce jour.

C'est dans le sentiment de la reconnaissance la plus vive que je salue leur présence comme un témoignage d'éloquente et précieuse solidarité. *(Applaudissements prolongés).*

M. Jean Demoor, professeur à l'Université libre de Bruxelles, prend la parole pour exalter l'œuvre scientifique de Jules Bordet:

Sire,

Madame,

Nous sommes en 1894, vingt-cinq ans après la découverte par Pasteur, de la vaccination par microbes atténués.

L'immunité est définie mais sa cause reste ignorée.

Metchnikoff a montré que l'animal infecté terrasse son ennemi au cours d'un terrible corps à corps entre ses globules blancs et les microbes envahisseurs. Il est signalé, d'autre part, que les humeurs du corps ont quelquefois la propriété d'anéantir l'agent pathogène.

Néanmoins, le drame organique reste mystérieux, car nul ne comprend pourquoi le sujet vacciné ou le convalescent est réfractaire au mal.

***

Bordet commence les admirables recherches qui le conduiront jusqu'aux « abîmes de l'être où naît la vie. »

Il a le calme enthousiasme et la forte discipline de l'expérimentateur.

Il accumule les documents et ne devance jamais l'expérience. Il sait qu'en augmentant notre patrimoine intellectuel il atteindra le but, tandis qu'en procédant par généralisations hâtives, il se perdrait là où l'imagination devient maîtresse, crée l'esprit de parti, **et tue** l'activité ultérieure.

Il a fait, jeune médecin de 23 ans, le panégyrique de la science expérimentale, dans un article sur la bactériologie. Il veut marcher vers le vrai, guidé par elle seule

*
* *

L'animal normal a dans le sang un principe destructeur, dont l'origine se trouve partiellement dans les globules blancs, et dont l'efficacité est minime, parce qu'il ne parvient que très exceptionnellement à toucher l'agresseur.

Bordet démontre que sous l'influence de la vaccinaton, l'organisme élabore une nouvelle substance qui donne à la première une énergie spécifique.

Il prouve ensuite, que lorsque ces deux éléments, *alexine* et *sensibilisatrice*, s'associent, la sensibilisatrice oriente carrément le dangereux pouvoir alexique normal du sang vers l'agent infectieux, au grand avantage du malade miné par ce dernier.

Et en vue de préciser le mécanisme de cette réaction il essaie de reproduire les phénomènes hors de l'économie, et il y réussit.

Il crée ainsi une technique nouvelle qui permettra l'exploration complète du chimisme et l'immunité.

Les documents s'accumulent et les conclusions se dégagent. Un ensemble imposant surgit, dont les assises se détachent en pleine lumière, tandis que les superstructures, hardiment élancées vers des « nouveaux » à atteindre, quoique dans la pénombre encore, se dessinent cependant avec netteté. A l'admirer, on comprend dans l'intime de soi-même que la froide analyse du réel conduit à une émouvante perception du Vrai, qui se confond avec celle du Beau.

*
* *

Le microbe subit dans les organes, l'assaut des agents chimiques secrétés pour l'anéantir. Bordet vient de prouver qu'une lutte identique s'engage, hors des appareils, quand les mêmes substances sont mises au contact de l'ennemi.

Dans ce cas, seul est anéanti le microbe entraîneur, qui a servi à vacciner ; les autres restent intacts, parce qu'aucune sensibilisatrice ne les prépare à se laisser entamer. Le fait est d'une rare netteté et Bordet en dégage une remarquable méthode pratique, pour définir les espèces du monde des infiniment petits.

Grâce aux observations faites hors du corps, la démonstration de l'existence des substances bactéricides dans le sang des animaux vaccinés et de leur rôle immense dans la lutte contre le microbe, fut bien vite définitive.

Lorsque Bordet publia ses premiers travaux et en exposa toute la portée, notamment dans la thèse qu'il vint défendre devant la Faculté de médecine de Bruxelles, l'attention du monde savant fut vivement éveillée. Cette géniale découverte rénova les conceptions biologiques, car elle fait envisager le dynamisme de la vie sous un angle nouveau.

La pensée scientifique, ébranlée par elle, accepta rapidement l'idée des principes actifs, portant leurs effets et leurs influences au loin, dans le plus profond des organes. Elle se métamorphosa.

On décrivit bientôt les *hormones* ; ces étranges composés qui surveillent ou excitent les échanges chimiques des tissus. On trouva ultérieurement les *vitamines*, les énigmatiques régulateurs du développement.

L'interprétation humorale de la vie fait tous les jours des progrès. Ainsi se désagrège l'insaisissable ensemble de l'irritabilité qui englobait dans une apparente clarté de mots, toutes les causalités incomprises des choses. Bordet fut le précurseur de cette remarquable évolution des idées.

* *

Généralisant ses premières expériences, notre éminent compatriote démontra bientôt que les phénomènes essentiels de l'immunité sont les mêmes dans toutes les infections.

Sa logique pénétrante, dépistant le simple dans le complexe, lui fait alors élargir son champ d'action.

Au cours de la vaccination naissent, en même temps que la sensibilisatrice spécifique, une série d'autres substances, parmi lesquelles il en est qui précipitent où agglutinent les microbes.

Par quelle puissance mystérieuse, le microorganisme parvient-il à susciter de telles révolutions dans l'être qu'il attaque ? Pourquoi, d'ailleurs, le microbe qui ne se différencie essentiellement en rien des autres éléments vivants, aurait-il un pouvoir tout-à-fait particulier ?

Bordet se pose la question et conclut. Il estime que l'introduction, dans un animal, de cellules étrangères quelconques, y fera apparaître des substances antagonistes analogues à celles qui caractérisent l'état d'immunité. Il entreprend de vacciner un animal au moyen des globules rouges du sang d'un sujet d'une autre espèce, et met en évidence que le sang du vacciné agglutine les hématies et les détruits.

Les recherches se multiplient d'une manière étonnante, car les frontières de la bactériologie sont franchies et l'activité des chercheurs se déploie maintenant dans le vaste domaine où peuvent se manifester les antagonismes cellulaires. Il est prouvé bientôt que toutes les unités morphologiques du corps, cellules du foie, du rein, du cerveau, etc., peuvent susciter l'apparition d'anticorps.

Bordet comprend la grande signification de ces faits nouveaux et curieux. Mais, ne s'arrêtant pas aux recherches connexes, avec une hardiesse étonnante, mais justifiée, il parcourt d'une marche sûre, le sillon qu'il entr'ouvre droit devant lui. Il tend vers la solution du problème qui lui permettra de mesurer le chemin parcouru.

** *

Nous venons de voir que l'animal immunisé agglutine et détruit le microbe, le globule rouge étranger ou la cellule hétérogène qui essaie de le parasiter.

En passant en revue les épisodes de la remarquable stratégie qui s'extériorise ainsi, l'idée vient, que l'être lutte contre son ennemi, par des procédés de guerre restés jusque là latents, mais que l'attaque développe et généralise.

La formule est cependant erronée et l'idée fausse.

La vie est la totalisation des propriétés physiques et chimiques qui président à son épanouissement et à ses périodiques mutations. Lorsqu'un immigrant s'y insinue, un nouvel équilibre physico-chimique s'installe, faisant sourdre des propriétés nouvelles, auxquelles correspondent les anticorps de l'état d'immunité.

Ainsi entrevue, l'immunité n'apparaît plus à Bordet comme téléologiquement imposée par les nécessités d'un combat, mais bien comme la conséquence fatale d'une orientation de la matière et de l'énergie dictée par l'intégration des facteurs de la rénovation.

Cette notion, simple et aujourd'hui classique, était troublante et révolutionnaire à son origine. Mais elle était logique, et il s'en dégageait un tel souffle de victoire qu'elle s'imposa.

Comment les cellules vivantes, injectées à un animal, hôtes nouveaux de ses tissus, y provoquent-elles la dissociation de la structure intime de la matière? Que sont effectivement ces cellules et qu'y a-t-il de si puissant dans ce que nous nommons leur vie ? Le dernier « pourquoi » importe peu en science. L'unique préoccupation du chercheur, a dit Pasteur, est « l'Inconnu dans le Possible ». « La recherche du déterminisme de tout phénomène est l'exclusif devoir de celui qui expérimente » a formulé Claude Bernard.

- Si la vie n'est que l'aboutissement des propriétés des substances qui les manifestent, il faut que l'être, troublé au contact de cellules qui s'infiltrent en lui, le soit également quand il doit lutter contré les propriétés chimiques des corps qui constituent les cellules et les tissus.

Guidé par ce concept, Bordet prédit que le sang de l'animal auquel on injecte du lait, doit coaguler le lait.

L'expérience démontre qu'il en est ainsi. Et les études ultérieures prouvent le bien fondé de l'hypothèse fondamentale.

Il n'est pas, dans les sciences biologiques, de recherches plus ingénieusement et logiquement sériées que celles dont il vient d'être question. Il fallait, pour les imaginer, l'énorme savoir et la vigilante critique de Bordet; pour les réaliser, sa magnifique technique et sa rare ténacité; pour en comprendre l'immense portée, son incomparable pouvoir de déduction.

L'impressionnante conclusion qui s'en dégage mérite de fixer l'attention.

L'anticorps, élaboré par un organisme, a une allure fonctionnelle déterminée, mais il possède aussi un cachet particulier qui
dépend des caractères de l'espèce qui l'a formé. Bordet démontre
que les précipitines pour les globules rouges de poule, fabriquées
par le cobaye, le lapin ou le chien, précipitent certes toutes les
trois les hématies de l'oiseau, mais qu'elles ont aussi chacune
un aspect particulier résultant de leur origine.

Tandis qu'il adapte ses propriétés les plus élémentaires aux
nouvelles conditions créées, l'être vivant conserve donc, au milieu
de ses fluctuations moléculaires, jusque dans la dernière de ses
unités chimiques constitutives, l'empreinte de son individualité
et les stigmates de son espèce et de son genre.

Bordet nous amène ainsi à une merveilleuse et positive conception de la structure de la matière vivante. Nous sommes sur une
des plus hautes cimes que la pensée humaine puisse aspirer atteindre. Bordet nous y a conduit par la voie de la démonstration sans
jamais nous faire passer par les obscurités de la logique pure ou
de la spéculation.

* * *

La notion de la spécificité du travail chimique de l'être vivant
cristallisa autour d'elle un monde d'idées, restées jusque là indépendantes et incoordonnées. Elle explique l'extraordinaire diversité des phénomènes vitaux qu'il faut opposer à leur constance
apparente, trop facilement justifiée par leurs uniformes causes
premières, admises jusqu'à présent.

Elle nous dit pourquoi les manifestations de l'immunité sont
si étonnamment nuancées, et pourquoi aussi le développement et
la morbidité des êtres, cependant tous bâtis avec les mêmes
matériaux primaires représentent des séries indéfinies de possibilités.

Elle résoudra peut-être la grande énigme. Rien n'explique
jusqu'ici, en physiologie, l'enchaînement des êtres les uns aux
autres dans le temps, et la conservation des mosaïques variées de
leurs fonctions.

Mais l'espoir surgit. Bordet, dans son tout dernier travail —
octobre 1920 — étudie l'étonnante persistance, à travers des
séries de générations microbiennes, de certaines propriétés particulièrement curieuses, et apporte des suggestions hautement cap-

tivantes au sujet de ce « quelque chose » qui unit le présent au futur et qui réalise la permanence des fonctions écloses dans la vie.

**

La partie de l'œuvre scientifique de notre collègue, que nous venons d'analyser est d'une remarquable unité. Les conclusions qui en découlent intéressent hautement le zoologiste, le médecin-légiste et le clinicien.

rare intérêt pour le zoologiste, le médecin-légiste et le clinicien en découlent.

Mais Bordet approfondit les conséquences de ses découvertes. Et voici que d'une exploration perspicace de toutes les particularités des substances protectrices du sang, il dégage un procédé de dépistage parfait de l'ennemi caché ou du souvenir abandonné par l'envahisseur, au cours de sa retraite précipitée ou de sa défaite.

Il arme ainsi l'hygiéniste qui, aux avant-postes, reconnaît le mal, et protège nos populations.

La défense de la Société, notamment contre la syphilis, la terrible dévastatrice et la cruelle pourvoyeuse de l'armée de la dégénérescence, a pu être entreprise, et deviendra efficace, grâce à cette découverte.

Il est impossible de chiffrer le bénéfice que l'Humanité a retiré de ces travaux.

**

Bordet continue à scruter le mécanisme réactionnel de l'immunité et le fait rentrer bientôt dans le cadre de la physique moléculaire.

Son idée, déjà esquissée antérieurement, se précise au cours de ses études sur la coagulation du sang.

Pendant la coagulation, une matière albuminoïde du sang devient insoluble sous l'influence d'un corps nouveau, formé grâce à la coopération de deux substances, d'origines distinctes, et apparaissant dans le liquide nourricier dans des conditions bien déterminées.

Les transformations qui se succèdent dans ces circonstances sont multiples, et Bordet insiste sur la signification des phénomènes physiques qui les accompagnent.

Dans aucune autre manifestation de la vie, il n'est possible de définir aussi exactement qu'ici, le rôle joué par les équilibres instables des complexes organiques et la conséquence biologique énorme de la moindre altération apportée à l'édifice moléculaire de la vie.

Les curieux résultats de ses dernières recherches confirment Bordet dans son concept primordial, excitent son ingéniosité et sa clairvoyance et le conduisent dans des sphères nouvelles.

***

L'anaphylaxie vient d'être décrite.

Tandis qu'il acquiert progressivement ses caractéristiques défensives de l'immunité, l'animal passe par une sensibilité exagérée vis-à-vis de l'agent contre lequel il lutte, avant d'atteindre la phase de défintive domination.

Ce curieux état temporaire de fragilité est celui de l'anaphylaxie.

L'interprétation qui fait de cette période la première étape de l'immunité, donne du phénomène une idée exacte et inspire de nouvelles recherches.

La base la plus solide de cette profonde conception est représentée par une expérience de Bordet, directement déduite des idées du maître sur l'état physique des humeurs.

Bordet met du sang au contact de la gélose et obtient ainsi un poison qui, injecté à un animal, déclanche chez lui des troubles de la plus haute gravité. Or, sous l'influence de la gélose, le sang ne s'est pas modifié chimiquement, mais il s'est altéré physiquement. Et, tel quel, il provoque les cruelles et tumultueuses réactions qui amènent à accorder aux changements physiques du sang et de la lymphe la première place parmi les facteurs réalisant la défense de l'économie contre le microbe, la cellule ou le poison.

Ainsi est démontré aussi que l'état moléculaire des humeurs peut expliquer les nombreuses manifestations anaphylactiques de la vie normale et pathologique.

Un monde nouveau s'entr'ouvre. Bordet nous a mené au delà des limites imposées jusqu'ici au savant qu'intrigue et passionne le problème du mécanisme vital.

***

Nous avons extrait de l'œuvre du maître les idées les plus fondamentales. Nombreuses sont les données, souvent essentielles, que nous avons dû passer sous silence.

Bordet a fait comprendre ce qu'est l'immunité.

Il a jeté dans le concept biologique une notion nouvelle. Grâce à lui, l'existence des êtres est entrevue sous un aspect nouveau et l'exploration de la vie est aiguillée dans des directions jadis inconnues.

Il a complété nos connaissances et il a largement ouvert la croisée sur d'immenses étendues vierges, qui se couvriront demain d'abondantes moissons.

Semeur d'idées, il suscité le labeur, éveillé l'entr'aide.

* * *

Son travail se poursuit.

Son idéal, projeté chaque jour plus avant, éclaire la route.

Bordet tend vers le but final, d'ailleurs fuyant puisqu'il progresse lui-même, et toujours ignoré, perdu dans des ténèbres que l'expérience doit dissiper encore.

Que sera la science future ? Nous l'ignorons. Mais les conceptions de Bordet survivront.

A jamais, elles resteront l'expression parfaite de l'actuelle connaissance, et définiront ainsi un *moment* de la *Pensée*, une *Etape* franchie par l'*Idée*, glissant à travers les temps vers la *Vérité*. (*Vifs applaudissements.*)

Cher ami,

Excuse-moi, de ne pouvoir étouffer en ce moment les sentiments de profonde amitié qui nous unissent depuis plus de trente ans.

Illustre collègue,

Dominé par le calme et doux souvenir de vos braves parents que vous avez tant aimés; heureux d'adresser à Madame Bordet, la compagne de votre vie d'immense labeur et de belle sérénité, l'expression de notre sympathique admiration; en présence de vos enfants, délicieusement émus devant leur père qu'ils adorent; je vous exprime la profonde émotion qu'évoquent :

Votre œuvre, dont je perçois beaucoup mieux que je n'ai pu le dire, la beauté et la grandeur;

Vos activités professionnelle et professorale;

Votre vie sociale, dont seuls peuvent se rendre compte ceux qui connaissent l'intime de votre existence et tout ce que vous avez fait, au cours de la guerre, pour vos concitoyens en danger et malheureux;

Et votre profonde et calme sentimentalité qui fait de vous l'excellent camarade et le meilleur des amis.

M'adressant à tous, et principalement à la jeunesse travailleuse, avec laquelle vous sympathisez si cordialement, je proclame que vous réalisez un grand exemple et je vous dis : Merci.

Chères Etudiantes et chers Etudiants,

Votre ancien recteur vous le demande : pour Bordet, debout.

Que vos acclamations, synthétisant votre jeunesse et votre ardeur, vos sentiments de respect et d'admiration, et votre dévouement à la Science et à la cause du Bien, éclatent enthousiastes :

Honneur à Bordet, notre maître à tous. *(Applaudissements et acclamations.)*

M. Adrien Bayet, professeur à l'Université libre de Bruxelles, expose en termes vibrants la partie médicale de l'œuvre de Jules Bordet:

Maître,

C'est, en vérité, une joie délicate et profonde tout à la fois, pour un de vos amis de toujours, d'être appelé à venir exposer, à vos admirateurs, quelles sont les répercussions sociales de vos découvertes, à l'instant même où elles recueillent l'applaudissement du monde entier.

Vous venez d'entendre un ami aussi, célébrer la grandiose unité de votre œuvre et les faits dominateurs qu'elle a établis. Mais il est un autre aspect de celle-ci qu'il nous reste à envisager maintenant, car il la complète et la rend plus harmonieuse encore: c'est son aspect humanitaire.

La Science, dans son essence intime et par son origine, est utilitaire; elle est fille de la nécessité; elle s'efforce de donner à l'homme les armes dont il a besoin pour la lutte de la vie. Quelque éloignée qu'elle paraisse parfois de ces tendances originelles, elle en a conservé la lointaine empreinte : une œuvre scientifique paraîtra toujours quelque peu incomplète, si elle n'apporte à l'humanité la satisfaction d'une aspiration morale ou d'un intérêt matériel.

L'œuvre scientifique pure garde une majesté froide, distante, accessible aux seuls initiés; pour qu'à son annonce l'humanité tressaille, il faut qu'à cette majesté s'ajoute quelque chose de plus chaleureux: la sympathie, le secours, l'altruisme, en un mot, ce que le XVIe siècle appelait la *bénéficence*, le pouvoir de faire le bien.

C'est en descendant des grands temples sereins qu'elle se fait plus humaine, plus vibrante, qu'elle s'anime de ce souffle pathétique que lui confère la souffrance. Elle se donne alors à tous; elle s'enfonce et se perd dans la foule; celui qui l'apporte est béni...

C'est au nom de ceux que votre science a secourus, que je vous parle... Je voudrais vous dire les mêmes paroles que le disciple de Faust adresse à son maître, le jour des Pâques fleuries · « Quelles douces sensations, lui dit-il, tu dois éprouver, ô grand
  homme, devant les honneurs que cette foule te rend! Heureux
» celui qui peut, de ses dons, retirer de tels avantages ! Le père
» le montre à son fils; chacun interroge, court et se presse; le
» violon s'arrête, la danse cesse; tu passes, ils se rangent en cer-
» cle, les chapeaux volent en l'air et peu s'en faut qu'ils se
» mettent à genoux. »

A cet hommage de fervente admiration, le vieux savant répond, il vous en souvient, par des paroles désabusées sur la vanité de la science et l'inanité de l'effort humain.

Ces paroles, vous ne les prononcerez pas; car, avec la claire vision que vous avez des choses de la science, vous ne pouvez ignorer que vous avez apporté, à la souffrance humaine, non la vaine illusion d'un allègement de sa misère, mais des moyens sûrs de la combattre, basés sur des faits, sur des certitudes.

Le rayonnement puissant de votre pensée a créé autour d'elle des réalités consolatrices et vous avez uni, dans un harmonieux ensemble, la science qui révèle à celle qui soutient, réconforte et soulage.

C'est pourquoi, Maître, je m'enorgueillis de notre vieille amitié, et, dans cette fête de l'intelligence, je salue, avec allégresse, votre nom trois fois glorieux.

Sire, Madame,

Mesdames, Messieurs,

Vous venez de m'entendre dire que la science est utilitaire, dans son essence et dans son origine et cependant, tous les travaux de Bordet ne traitent que de science pure. Il semble y avoir là quelque contradiction. Elle n'est que dans les apparences.

La science, comme toute activité humaine, cherche, en dernière analyse, le bien de l'homme. Mais, au cours de son développement, certaines de ses parties se sont différenciées : abandonnant la recherche de l'utilité immédiate, elles se sont orientées vers celle de la vérité pure et se sont donné pour but la découverte de la nature, sans se soucier de savoir si ce qu'elles trouvaient pourrait jamais servir à l'homme. Cette science désintéressée, c'est la science *pure*, c'est la plus haute spécialisation de la recherche, celle qui ouvre les horizons plus vastes, celle dont les découvertes sont les plus générales et les plus fécondes.

Ses adeptes sont comme les prêtres d'une religion très haute. Et ce sacerdoce scientifique a les prescriptions rigoureuses de tous les sacerdoces et aussi leurs grands renoncements : il exige que le savant ne s'attarde pas aux fins pratiques, qu'il ne se préoccupe pas de ce qui peut découler de ses découvertes; pour lui, une science qui n'aurait en vue que des applications ne serait plus une science.

C'est pourquoi il est souvent méconnu du grand public que seuls intéressent les résultats tangibles et les réalisations immédiates ; le monde, enclin aux ironies stériles, le monde qui ne comprend pas, qui ne peut comprendre, sourit ou passe indifférent à ces découvertes qui ne disent rien à son esprit fermé. Le savant, le vrai savant reste un grand isolé.

Et c'est cependant de ces découvertes de science pure, de ces laboratoires solitaires que Pasteur appelait les temples de l'avenir, que sont sortis, comme d'une source vive, les grands perfectionnements qui font l'orgueil de notre civilisation.

Il en fut ainsi des découvertes de Bordet. Quand il faisait ses expériences sur les sensibilisatrices et l'alexine, il ne songeait guère aux applications pratiques qui en découleraient bientôt, aux larges répercussions mondiales des quelques réactions qu'il étudiait. Car le savant ignore l'avenir qu'il prépare...

Et c'est là le miracle... Imaginez-vous une petite chambre de laboratoire, avec quelques instruments, pas beaucoup, quelques éprouvettes, des tubes de verre, des réactifs, des flacons, des pipettes... L'homme est là...qui expérimente...C'est peu de chose, en apparence : ce sont de petites manipulations, menues, très simples, semble-t-il.

Avec une pipette, il prélève un peu du sang d'un animal, quelques gouttes, les mélange à d'autres liquides dans des tubes... et attend ; et voilà que l'un des mélanges reste opaque, tandis que l'autre s'éclaircit comme un vin généreux qui rit à la lumière. C'est là un spectacle qui paraîtrait indifférent à un profane ; un peintre n'y trouverait qu'une jolie touche de couleur... Cela n'a l'air de rien, ces deux petits tubes dissemblables... Mais l'œil du savant a vu... il a compris la signification profonde de ces aspects divers, le jeu compliqué des corps qui se cachent et se dérobent, dont il faut démêler le sens mystérieux, dans la profondeur de la matière.

Il a vu... Le problème est là, résolu... Les deux petits tubes l'attestent, témoins muets de la découverte, témoins chétifs d'un formidable travail de pensée...

Et parce que ces deux tubes sont là, dissemblables d'aspect, de transparence et de couleur, et que des yeux et une intelligence ont su voir, il y aura désormais sur la terre plus de santé, plus de force, plus de bonheur. Des hommes qui, sans eux, eussent été de misérables malades, fouleront les routes de la vie d'un pas fort et joyeux ; tel artiste, qui eût été une lamentable épave, éblouira le monde de l'éclat de son génie ; l'homme choisira l'épouse sans craindre un avenir troublé et, sur les berceaux protégés, les mères souriront à l'enfant endormi, dans la joie de leur maternité triomphante...

Et ils ne sauront rien... ils ignoreront toujours ce qu'ils auraient pu souffrir, en eux-mêmes et dans leur descendance, si un jour, dans une salle de laboratoire, un savant, aux yeux clairs, à l'intelligence attentive, n'avait pas su voir ce que signifiaient deux tubes dissemblables, teintés de quelques gouttes de sang.

Définir dès maintenant, dans toute leur étendue, les répercussions sociales des découvertes de Bordet serait hasardeux et prématuré. Nous ne pouvons encore percevoir tout ce que recèle son œuvre, toutes les applications qui surgiront d'elle, dont quelques-unes sont déjà à l'étude. Nous pouvons être rassurés à cet égard : une vérité est toujours féconde ; elle pose à l'intelligence humaine des questions nouvelles, elle est excitatrice de progrès. Sur le terrain scientifique, a dit Pasteur, toutes les victoires sont des bienfaits.

De l'œuvre de Bordet jailliront, en toute certitude, dans un avenir prochain, des applications nouvelles, dans des domaines encore inexplorés.

Mais le présent est assez riche pour nous permettre d'attendre avec confiance les révélations de l'avenir.

Dans l'œuvre de Bordet, je considérerai surtout la découverte de la fixation du complément.

On vous a dit en quoi elle consistait. Elle s'applique à nombre de maladies et a rendu, pour le diagnostic de celles-ci, surtout pour le diagnostic précoce (le plus important de tous), d'inappréciables services : je citerai comme exemple le diagnostic de l'échinococcie et celui de la morve.

Ces applications qui suffiraient déjà, elles seules, à faire la réputation d'un savant, passent au second plan, si l'on songe que la réaction du complément est devenue une arme puissante contre une des plus redoutables endémies qui déciment l'humanité, contre la syphilis.

Si le mérite d'un savant se mesure à son intelligence, à sa perspicacité, à sa force inventive, à son aptitude à saisir les rapports profonds des choses, la portée des répercussions sociales de ses

découvertes s'apprécie, lorsqu'il s'agit de médecine, à la mesure des fléaux qu'elles aident à combattre.

Pour faire ressortir en pleine lumière l'étendue des services qu'ont rendus à la société les découvertes de Bordet, il est donc nécessaire avant tout de nous créer une idée exacte de ce qu'est l'endémie syphilitique et de quelle effrayante gravité sont les ravages qu'elle cause.

Je vais essayer de la faire. La tâche est quelque peu délicate.

Quand la syphilis descendit des caravelles de Christophe Colomb, avec les aventuriers et les mauvais garçons qui en formaient l'équipage, elle se répandit d'abord dans les bouges à matelots et les tavernes à soldats où elle acquit le fâcheux renom qu'elle a gardé jusqu'aujourd'hui... Elle ne tarda pas à envahir le monde connu : d'épidémique qu'elle était d'abord, elle devint bientôt endémique et s'installa à demeure dans la civilisation. Depuis, elle en est resté le commensal fidèle. Mais, en se généralisant, elle changea de masque et d'allure; elle se fit plus honnête, sinon moins redoutable. A l'heure actuelle, ce n'est plus dans les seuls lieux de plaisir qu'elle choisit ses victimes; elle rôde maintenant dans les populations, frappant souvent au hasard, marquant certaines demeures, sans choix, sans raison, au caprice cruel de son activité meurtrière. Elle s'assied au plus pur des foyers, frappe la femme dans sa maternité, atteint le père, flétrit l'enfant... Et plus tard, beaucoup plus tard, quand on croit en avoir fini d'elle, quand le souvenir même s'en est effacé, l'intruse revient, sournoise, à pas feutrés. Elle reparaît, toujours insidieuse, mais cette fois plus néfaste et frappe de maladies parfois mystérieuses, souvent mortelles, ceux dont elle a troublé et empoisonné les jeunes années...

Elle est devenue une maladie sociale, répandue partout, dans tous les peuples, dans toutes les classes de la société.

C'est comme telle qu'il nous faut aujourd'hui l'envisager. Nous ne sommes pas ici pour lui faire un procès de moralité; parlons-en comme nous parlerions de la tuberculose, et considérons, non pas le mal qu'on en dit, mais celui qu'elle fait.

C'est une endémie terrible; dans les grandes villes 10 % de la population en sont ou en ont été atteints, proportion énorme et dont l'on pourrait douter si elle n'était justifiée par **des calculs** bien établis et très concordants. Dans un petit pays comme le nôtre, il n'est pas exagéré de fixer le nombre des syphilitiques à plus de 300,000 et cette proportion est sensiblement la même dans tous les pays civilisés. L'on voit combien est énorme le contingent des syphilitiques dans la population du monde.

Et c'est, de plus, une maladie de haute nocivité ; en France, il meurt, chaque année, du fait de la syphilis, au moins 40,000 individus ; en Allemagne 60,000 ; en Belgique, la proportion s'élève à 8,000 morts annuelles, presque autant que ce que nous a coûté une année de guerre.

Elle frappe l'enfance avec une violence redoutable ; c'est elle qui provoque le plus de morts chez le nouveau-né. Et quand les enfants arrivent vivants au monde, 50 % périssent pendant le premier semestre de leur existence. Ceux qui survivent sont souvent frappés de tares indélébiles.

Cette mortalité des enfants atteints de syphilis héréditaire d'une part, et d'autre part, la faible résistance vitale de ceux qui survivent, sont une cause puissante de dépopulation et de déchéance de la race. Les sacrifices d'enfants au Moloch tyrien ne sont rien au regard du tribut prélevé par la syphilis sur les jeunes existences ; quel est l'Hérode qui eût osé rêver d'un pareil massacre d'innocents, inlassablement renouvelé chaque jour et cela depuis des siècles !

Après la tuberculose, c'est, la suivant de très près, la syphilis qui tue le plus d'individus.

Et quelle ruines économiques ne cause-t-elle pas ! On a calculé en France qu'avant la guerre, la perte annuelle des salaires du fait de la syphilis, était de 500 millions de francs ; en Belgique, je l'estime à 40 ou 50 millions. Et il faut ajouter, à cette somme, les frais d'incapacité de travail, ceux de traitement et d'assistance, dont on pourra se faire une idée si l'on songe que le tiers de la population des asiles d'aliénés est composé de syphilitiques, que sur 100 aveugles, sur 100 sourds-muets, le quart est infirme du fait de la syphilis.

Et je ne parle pas des prisons !

C'est à ce fléau mondial, à cette endémie répandue sur toute la terre (car il n'est pas de populations qui en soient indemnes), que la découverte de Bordet a porté un coup terrible.

Pour bien comprendre l'étendue et la nature du service qu'elle
a rendu, il faut se rappeler que, contrairement à ce que l'on
pense, la syphilis est une maladie très difficile à diagnostiquer.
Les signes vraiment révélateurs n'existent le plus souvent que
pendant quelques mois; puis la maladie devient latente, ne se
traduisant plus par aucun signe visible; on la dirait guérie; en
réalité elle ne l'est pas; elle continue à miner sourdement l'organisme, aux sources mêmes de la vie. C'est lorsqu'elle se cache
qu'elle est la plus redoutable.

Ce qui manquait à la médecine, pour la déceler pendant ces
dangereuses périodes de latence, c'était un moyen de diagnostic
plus délicat, plus subtil que la simple observation des signes cliniques.

Ce critère plus pénétrant de l'existence d'une infection syphilitique, c'est la réaction de Bordet-Gengou qui nous le fournit.
Cette réaction est une épreuve d'une délicatesse extrême, qui
décèle l'infection syphilitique dans ses derniers retranchements,
dans l'intimité même des tissus, dans le liquide nourricier
de l'organisme, dans le sang. Après vingt ou trente ans de santé
apparente, elle permet de montrer que la guérison n'était pas
réelle, ce que la simple observation des signes cliniques était
impuissante à faire.

De clinique qu'il était, sujet à l'erreur et à l'hésitation, le diagnostic prend l'allure d'une réaction biologique d'une évidence
éclatante.

Et voici les conséquences de cette surprenante extension de nos
possibilités de diagnostic. Elles sont capitales et c'est en elles que
résident les répercussions sociales des découvertes de Bordet.

Tout d'abord, la réaction de fixation du complément nous a
permis de mieux connaître toute l'étendue du domaine de la
pathologie sur lequel s'étend l'infection syphilitique.

Il est difficile, pour les personnes non initiées, de se rendre
un compte exact de ce que signifient, au point de vue de la prophylaxie d'une maladie, ces mots : « connaître mieux l'étendue
de son domaine. »

Prenons comme exemple la tuberculose, qui nous est mieux
connue : avant la découverte de son microbe causal, combien restreintes en paraissaient les limites! Depuis la découverte du
bacille, les bornes de la maladie se sont démesurément reculées:

tuberculose, les bronchites chroniques, les rhumes négligés, les bronchopneumonies traînantes; tuberculose, les anémies suspectes, les affections articulaires et osseuses, telles que la coxalgie et le mal de Pott; tuberculose enfin, ces contagions familiales de la phtisie et sa transmission dans les bureaux et les ateliers.

Que d'existences sauvées, que de contagions évitées depuis que la découverte de l'agent causal est venue montrer l'étendue réelle du domaine de la tuberculose !

Pour la syphilis, il en est de même : son domaine se bornait naguère aux téguments, aux os, au système nerveux; maintenant, il s'étend à tous les organes, aux vaisseaux, au cœur, aux reins, au foie... Elle envahit, peut-on dire, toute la pathologie; elle intervient dans la genèse d'une foule d'affections où on ne la soupçonnait pas.

Pour arriver à cette conviction, les preuves étaient difficiles à rassembler ; la clinique seule n'y suffisait pas. C'est alors qu'intervint la réaction de complément, le sérodiagnostic, qui décela avec une irréfutable clarté, l'origine syphilitique d'affections que l'on attribuait à d'autres causes. Là où nous étions dans l'erreur ou le doute, elle nous apporta des certitudes et nombre de maladies devant lesquels nous étions désarmés, faute d'en connaître la cause réelle, sont aujourd'hui combattues avec succès.

Qui ne voit l'immense portée de ce fait : l'étiologie dévoilée là où on ne la soupçonnait pas, dans une proportion de cas énormes, à la période où l'affection est la plus meurtrière et, comme conséquence, une thérapeutique plus éclairée,plus directe, au lieu des stériles tâtonnements d'autrefois.

C'est ici le moment de nous arrêter un instant et de considérer la découverte de Bordet, en fonction, pourrait-on dire, des autres progrès de la syphiligraphie. Elle est arrivée à un moment émouvant dans l'histoire de la grande endémie : à peine était-elle entrée dans l'usage courant, que l'emploi des préparations arsenicales mettait entre les mains des médecins des médicaments dont le pouvoir curateur et stérilisant dépasse ce que l'on possédait jadis; nous avions donc enfin l'arme efficace pour la stérilisation des porteurs de germes.

Mais pour qu'elle fût utile, pour qu'elle pût être employée à plein rendement, il fallait que l'on sût où l'on devait frapper.

Or, on ne le savait qu'imparfaitement; on ignorait, comme je viens de le dire, les limites réelles de l'endémie qu'on avait à combattre. C'est le service éminent des découvertes de Bordet d'avoir porté sur ces obscurités une éclatante lumiere, de nous avoir montré où était l'ennemi qu'il s'agissait d'abattre.

Le deuxième service qu'a rendu la réaction de fixation est de nous permettre plus aisément le dépistage des cas de maladie. Si le patient se présente au médecin pendant une période de silence des symptômes extérieurs, comment reconnaître son mal? S'il n'a que des lésions ambiguës, douteuses, comment en déterminer la nature réelle? Si une nourrice, d'apparence saine, se présente pour allaiter un nourrisson, comment, avant de lui confier l'enfant, savoir si elle n'a jamais été contaminée? C'est ici qu'intervient encore une fois l'analyse sérologique du sang; la réaction de fixation reste le dernier indice qui décèle une infection antérieure, alors que tous les autres signes ont depuis longtemps disparu.

Et ici, aussi, comme conséquence d'un diagnostic plus ferme et plus délicat, la consécration d'une thérapeutique efficace, la santé rendue au malade, l'enfant préservé, le salut.

La dernière application de la réaction de fixation est enfin celle qui permet de suivre pas à pas les progrès du traitement et de déterminer quand on a le droit d'y mettre fin.

Autrefois, l'on en était réduit, sur ces points, au plus complet empirisme. Une fois les lésions visibles disparues (et c'était d'ordinaire dans le cours de la première année), nous n'avions plus rien pour nous guider. Sur la foi des enseignements des maîtres, l'on continuait le traitement d'une façon automatique pendant trois, quatre, cinq années, sans trop savoir si c'était ou nécessaire ou suffisant. Après cela, le malade était déclaré guéri et assuré d'un avenir tranquille. Neuf fois sur dix, ce malade déclaré guéri ne l'était pas.

Actuellement, quels changements, quelle sécurité dans nos prévisions ! Les variations de la réaction nous permettent de suivre, comme sur une courbe de température, les progrès de la stérilisation de l'organisme ; nous savons mieux quand il est légitime de suspendre le traitement, si le malade est encore sous le coup d'accidents contagieux, s'il peut songer à fonder une famille et quelles sont les chances pour ses enfants d'échapper à la transmission héréditaire.

La découverte de la fixation du complément agit donc sur la grande pandémie syphilitique dans trois directions différentes : elle en définit l'étendue et le domaine réel ; elle nous permet de dépister nombre de cas de la maladie ; elle donne au traitement une sécurité et un contrôle jusqu'ici inconnus.

S'imagine-t-on l'action sociale d'un telle extension de notre puissance diagnostique, lorsque celle-ci s'applique à une endémie aussi étendue, aussi meurtrière ? Recueillons-nous un moment et essayons de saisir, par les yeux de l'esprit, l'ensemble de la vaste terre : partout y règne la syphilis, partout, sur les nations immenses, sur la foule des peuples pressés, sous toutes les latitudes, dans toutes les races, dans toutes les classes de la société ; c'est par millions que se comptent les victimes. Et l'action bienfaisante de la découverte s'exerce sur ces multitudes ! Partout où la civilisation pénètre, s'installent des laboratoires sérologiques, postes avancés de la lutte contre l'endémie dévastatrice ; partout la réaction du complément éclaire le médecin dans le combat qu'il mène contre le fléau, partout elle lui met en mains le guide sûr qui lui permet d'agir à la grande lumière.

Combien de milliers et de milliers de malheureux ne lui ont-ils pas dû déjà et la santé et la vie ! Et dans l'avenir, combien n'en sauvera-t-elle pas encore ?

La découverte de la déviation du complément marque la première victoire sur l'endémie syphilitique et non la moins éclatante. La syphilis finira par disparaître ; son nom sera rayé à jamais de la liste des maladies qui déciment l'humanité ; nous en avons dès maintenant l'espoir, que dis-je, la certitude. Si notre volonté est à la hauteur de nos devoirs, ce sera, je l'atteste, dans un avenir peu éloigné. Des signes précurseurs indubitables nous en sont le garant. Le jour où la bête mauvaise sera abattue, vous pourrez, Maître, vous rendre témoignage que c'est vous qui lui aurez porté un des premiers coups et c'est vers vous que l'humanité délivrée se tournera comme vers un de ses libérateurs.

Et voilà comment se manifeste, dans la vie de notre civilisation, le rayonnement de la vérité que vous avez découverte.

Missionnaire de la science aux pays de l'inconnu, vous en avez rapporté des vérités et des consolations.

Permettez-moi de vous demander de considérer toujours votre œuvre sous ce double aspect. Homme de laboratoire surtout, vous êtes peut-être enclin à donner le pas aux choses de l'intelligence, à l'enchantement divin de la science pure; celui qui vous parle est médecin, plus exposé par le contact immédiat de la souffrance aux tressaillements de la pitié et il vous dit : Dans votre œuvre, ne donnez pas la plus petite place à ce qui fut, pour l'humanité, un immense bienfait; que votre esprit de renoncement ne compte pas pour rien les larmes que vous avez taries et l'adoucissement que vous avez apporté à la vieille lamentation humaine.

Renan nous a dit (et combien ces paroles s'appliquent à vous!) que toute belle pensée vaut une belle action, qu'une vie de science vaut une vie de vertu. Permettez à la bonté immanente de votre œuvre scientifique de s'orner d'une auréole de charité humaine. Plus tard, beaucoup plus tard, lorsque, comme Pasteur aux jours crépusculaires de sa vie, vous jetterez un regard sur votre œuvre passée, vous serez plus fier des existences que vous aurez sauvées, que de la lumineuse rigueur de vos démonstrations et des vertus inspiratrices de votre belle intelligence. Car vous aurez compris que vous avez vaincu les forces hostiles de la nature et remporté une victoire sur la mort.

Dans les fêtes triomphales qui consacrent votre génie, on vous a dit l'admiration des hommes de science pour vos belles découvertes et leur gratitude pour les vérités nouvelles dont l'humanité vous est redevable.

Mais il est une voix que vous n'avez pas encore entendue et dont je vous apporte aujourd'hui le frémissant hommage; c'est celle de tous ceux qui, dispersés sur la terre immense, vous doivent la santé et la vie, dont le bonheur est fait du travail de votre pensée, de votre labeur tenace, de vos grands renoncements, la voix de ceux auxquels vous avez prodigué, comme un don magnifique, tout ce que votre œuvre contient de miséricordieuse bonté.

Et je vous apporte aussi, surgie de l'espace et du temps, la reconnaissance anonyme de tous ceux que vous aurez secourus et sauvés et qui ne le sauront jamais.

M. E.Malvoz, professeur à l'Université de Liége, prend la parole au nom des trois Universités de Gand, de Liége et de Louvain :

Sire, Madame,

Mesdames, Messieurs,

Il y a quelques mois à peine, à l'Université de Liége, on inaugurait le monument élevé à l'immortelle mémoire de l'illustre biologiste Edouard Van Beneden.

Aujourd'hui, c'est l'Université de Bruxelles qui nous réunit pour une de ces occasions rares où la Science peut recevoir en Belgique, les honneurs qu'ont mérités ceux qui l'ont le mieux servie.

Je me sens très honoré, mon cher Collègue, que la confiance des Recteurs des Universités de Gand, de Louvain et de Liège m'ait donné ce privilège de vous offrir, en leur nom, l'expression de notre admiration. Vous êtes le premier savant belge auquel les Académies de Stockholm décernent un prix Nobel. Nulle part ailleurs qu'au sein de nos Universités le choix de l'aréopage suédois n'a produit plus d'allégresse : il a ravi tous vos collègues et enthousiasmé nos étudiants. C'est que chacun a senti que cette éclatante distinction était non seulement la consécration d'une œuvre scientifique de tout premier ordre, mais aussi comme un hommage rendu à notre patrie meurtrie et comme le commencement des réparations attendues... .

Votre œuvre de savant et de médecin, elle vient d'être rappelée à tous, en un tableau saisissant, par ces deux maîtres de la parole, nos collègues Demoor et Bayet : ils viennent de faire revivre à nos yeux cette splendide carrière de trente années au cours desquelles vous avez parcouru tous les domaines de la microbiologie, ouvert à tous les chercheurs des champs nouveaux d'exploration, exploité avec le plus heureux succès les riches filons que vous avez mis à jour et contribué plus qu'aucun autre à créer une science nouvelle : la *Sérologie.*

Qu'il me soit permis de découvrir à cette assemblée une autre face de votre personnalité, un des côtés les plus purs de celui que nous considérons comme une de nos gloires nationales : je voudrais faire ressortir que si vous êtes un incomparable savant, vous avez joué dans notre microcosme belge, un admirable rôle d'éducateur, vous avez éveillé autour de vous les énergies et, épris d'un noble idéal, avez défendu passionnément les idées de vérité et de justice.

Qui donc a prétendu qu'il y avait incompatibilité entre le spéculatif, le savant et l'homme d'action ?...

Mais Jules Bordet est justement le plus vivant exemple du chercheur dont l'activité, en présence des grands problèmes sociaux à résoudre, ne peut se satisfaire du seul culte de la science pure !

A peine appelé à la direction de l'Institut Pasteur du Brabant, vous êtes chargé par la Faculté de Médecine de Bruxelles de la chaire de bactériologie : heureux étudiants qui ont le privilège de suivre les leçons d'un tel Maître ! Mais ces leçons ne peuvent suffire à votre besoin d'apostolat : vous êtes convaincu qu'il n'est pas de plus beau devoir humain que celui d'éclairer les esprits et vous devenez rapidement un des plus brillants conférenciers de cette Extension de l'Université libre de Bruxelles qui a tant contribué à faire connaître les beautés de la Science jusque dans les coins les plus reculés du pays.

Les œuvres sociales vous attirent bientôt. Qu'il s'agisse de la protection de l'enfance, de la lutte contre les maladies des collectivités modernes, aucune de ces grandes questions ne vous laisse indifférent et vous consacrez à leur étude et à l'organisation des institutions de prophylaxie une grande partie de votre activité.

La guerre éclate : il vous faut faire des prodiges pour continuer à pourvoir le pays des sérums et vaccins que réclament les médecins et qu'ils vous supplient de mettre à leur disposition.

Vous parvenez, au prix de difficultés inouïes, à sauver votre service antirabique, vous vous mettez à fabriquer le vaccin antityphoïdique, ne dédaignant pas de vous occuper personnellement des plus infimes besognes pour maintenir, dans le désarroi général, l'activité féconde de vos laboratoires.

Vous exercez une action prépondérante au sein du Comité de la Ligue nationale contre la tuberculose. Mesurant toutes les tristes conséquences de cette calamité et convaincu que la tuberculose pèsera longtemps encore, de tout le poids des misères et des privations de la guerre, sur toute une partie de la population, vous concevez la création d'une grande œuvre nationale à laquelle vous parvenez à intéresser les plus grands philantropes du pays et ainsi est née la Coopérative des Sanatoriums populaires.

Combien nous paraissent loin déjà ces temps de la guerre où l'admirable élan des œuvres, que le Comité national de secours avait prises sous sa protection, décupla la résistance de la population !

A chaque besoin nouveau répondait sur le champ une nouvelle initiative, une nouvelle création : pas de jour que ne s'ouvrit un nouveau dispensaire, une cantine maternelle, une consultation de nourrissons, une cure d'air, un nouvel organisme d'assistance sociale...

Jamais pareil entrain, pareille animation n'avaient associé les médecins à l'œuvre générale de prophylaxie et de solidarité. Que de projets, que de rêves magnifiques d'un superbe avenir pour l'hygiène sociale en Belgique n'avez-vous pas conçus, mon cher Col.ègue, au cours de ces années de fièvre et de travail fécond !

Bien des déceptions ont quelque peu assombri depuis votre âme d'apôtre : les encouragements officiels que vous attendiez pour votre Institut Pasteur ne lui sont guère prodigués, et il nous faut lutter chaque jour pour sauver ce qui reste de la magnifique organisation de lutte antituberculeuse créée pendant la guerre, et qui fait l'admiration de nos collègues étrangers.

Tout au moins avez-vous l'immense satisfaction d'avoir assisté au succès et à la consolidation d'une œuvre conçue, elle aussi, pendant l'occupation étrangère et qui vaudra à ses créateurs la gratitude éternelle de tous les amis de l'Enseignement supérieur, celle de la *Fondation universitaire.*

Avec Héger, Cattier, Nérincx et quelques autres, vous vous rencontrez en avril 1916 pour envisager toutes les questions angoissantes touchant à l'avenir des Universités belges. Justement, un grand citoyen que la Belgique ne saurait trop honorer pour tous les services qu'il lui a rendus en créant presque de toutes pièces le Comité national de secours, M. Francqui, avait entrevu la possibilité d'affecter à une grande œuvre universitaire, le reliquat des fonds de la Commission for Relief, et depuis longtemps il caressait l'idée de faciliter aux jeunes gens bien doués mais peu favorisés de la fortune, l'accès des Universités.

M. Francqui vous confia, ainsi qu'à vos collègues, la mission de donner corps à son projet.

C'est de toutes ces réunions secrètes, qui se tinrent pendant les pires journées de l'oppression allemande, qu'est née la *Fondation Universitaire*. On a pu dire, sans la moindre exagération, qu'avec ce nouvel organisme une ère nouvelle était née pour les Universités belges. La Fondation est une œuvre de haut patriotisme et de générosité, elle est un hommage rendu au peuple belge tout entier, à son Roi, à la Reine, comme à tous ses vaillants soldats; elle affirme nos espoirs, notre confiance dans un avenir qui dépend de notre volonté... et de notre union!

La Fondation vous doit beaucoup, mon cher Bordet: j'ai assisté à plusieurs de ses réunions pendant la guerre et je puis affirmer que vos avis ont été souvent prépondérants dans l'élaboration des statuts. Comment en eût-il été autrement?

Fut-il jamais conception plus démocratique du recrutement des élites intellectuelles? Faciliter aux jeunes gens belges sans fortune l'accès des Universités, poursuivre l'avancement de la science, en développant la production et en favorisant les chercheurs trop souvent paralysés par l'exiguité de leurs ressources, faire appel aux énergies du peuple belge, dont la guerre a démontré la haute valeur de ses réserves, tout votre idéal, mon cher ami, n'est-il pas contenu dans ce programme?

C'est la création d'une élite intellectuelle que la Fondation universitaire va chercher à réaliser et pendant trop longtemps une partie des enfants de la Belgique n'a pas été appelée à participer à son recrutement. Ce n'est certes pas, ni M. Francqui, ni vous, ni aucun des créateurs de la Fondation qui eussent hésité à faire ainsi confiance aux mieux doués des enfants de notre peuple, sous le prétexte que l'octroi de nombreuses bourses universitaires créerait un dangereux prolétariat intellectuel et ferait des déclassés!

Aux dirigeants d'un pays que nous ne connaissons que trop bien pour avoir appris, trop tard hélas! les sentiments vils qui se cachaient derrière ses intellectuels, laissons cette conception que les hautes fonctions de l'Etat doivent appartenir de droit à certaines « castes », que l'intérêt social bien entendu exige que le recrutement de l'élite ne se fasse que parmi les représentants de certaines classes de privilégiés...

On a beau faire montre d'une activité scientifique, que personne ne conteste, quand on tolère pareilles conceptions, quand un universitaire ne sait plus protester contre la sourde domination de l'autocratie, alors on est mûr pour toutes les servitudes et pour toutes les platitudes... et on signe le manifeste des 93 professeurs allemands, pendant qu'on incendie la bibliothèque de Louvain!

Pareilles idées n'auront jamais cours dans nos vieilles démocraties, où on ne verra jamais non plus de tels abaissements.

Nos élites intellectuelles conserveront d'autant plus d'indépendance et de liberté qu'elles se renouvelleront par l'apport de nouvelles réserves, recrutées dans toutes ces couches sociales que la Fondation universitaire va appeler à participer a leur formation : nos familles d'artisans, de techniciens, d'instituteurs, de travailleurs de toutes catégories n'ont-elles pas déjà fourni assez d'artistes, de littérateurs, de professeurs, de savants même pour qu'on puisse être certain que par le choix des plus capables et des plus dignes l'avenir intellectuel de la nation peut être envisagé avec confiance?

Et en formulant toutes ces espérances d'un brillant essor pour la haute intellectualité en Belgique, grâce à l'initiative féconde de la Fondation, comment ne pas évoquer, surtout au cours d'une manifestation consacrée à la glorification de l'un des plus brillants disciples de son école, la grande figure qui domine la science au XIXᵉ siècle, celle de notre grand, de notre immortel Pasteur !

Il n'était certes pas de la « caste », ce fils d'un ouvrier tanneur, ce modeste élève d'un petit lycée de province, parvenu, par une puissance incroyable de travail, à la plus haute situation que puisse ambitionner un savant. *Rien ne grandit Pasteur comme la fierté qu'il avait de ses origines !*

Que tous les boursiers de notre Fondation s'inspirent d'un tel modèle et qu'ils sachent bien que jamais grand homme n'a rendu pareil hommage aux humbles auteurs de ses jours, ni proclamé plus haut tout ce qu'il devait aux qualités positives, à l'esprit grave et sérieux, à l'amour du travail appris au foyer d'artisans où il était **né !**

Aussi est-ce à son père, dont il proclame la « supériorité de sa raison », qu'il dédie ses magistrales *Etudes sur la bière*. Et plus tard, le 14 juillet 1883, venant revoir la pauvre petite maison où il était **né, un cri du cœur** jaillit de tout son être au souvenir de ses parents. « Oh! mon père et ma mère, s'écrie-t-il, en présence de ses concitoyens d'Arbois groupés autour de lui, oh! mes chers disparus qui avez si modestement vécu dans cette maison, *c'est à vous que je dois tout.* »

Et il évoque la mémoire de sa mère,dont il tenait la·sensibilité frémissante, celle de son père, dont « ι vie, s'écrie-t-il, fut aussi rude que son rude métier », qui avæt l'admiration des grands hommes, des grandes choses, et qui. eiapprenant à lire à son fils, avait ie souci de lui apprendre la gradeur de la France...

« Soyez bénis l'un et l'autre, mes ιers parents, ajoute-t-il en terminant, pour tout ce que vous aez été et laissez-moi vous reporter tous les hommages qui me sot faits aujourd'hui. »

Pardonnez-moi cette digression, mα cher Collègue, mais on ne se lasse jamais de parler de Pasteur qund on est devant un grand Pastorien comme vous...

Vous aussi, eussiez parlé comme Ιsteur... Plus heureux que votre Maître, dont les parents moururent trop tôt et ne jouirent guère de la gloire de leur fils, vouɛavez eu la consolation de voir les vôtres témoins de vos premirs succès, vous savez aussi proclamer tout ce que vous devez à·otre milieu familial. Permettez à vos amis universitaires de sncliner devant votre admirable compagne, Mme Bordet, et deui présenter l'hommage de notre déférence et de notre profond ɪspect.

Si nous souhaitons à la Fondatio universitaire de découvrir beaucoup de jeunes gens de notre peple laborieux qui, prenant comme exemple le puissant intellectel, le grand sociologue que vous êtes, sauront s'élever toujours jus haut et contribuer ainsi à la régénération de la patrie, noɪ leur recommanderons de savoir être aussi, comme vous, de boɪ citoyens, des citoyens agissants. Nous leur dirons qu'il est dι moments dans la vie des peuples, où ceux qui ont le privilèg d'appartenir à l'élite intellectuelle, quand ils voient que d'irɛparables erreurs vont être commises et que les passions démaɒgiques sont déchaînées, si hardis qu'iɪs puissent paraître en pɛlant, doivent craindre plus encore de se taire !

Et c'est parce que vous êtes, comιe nous tous, mon cher Collègue, angoissé en présence de menés dont le succès n'aboutirait à rien moins qu'à la suppression, dns notre pays, d'un magnifique foyer d'intellectualité françaiɛ, que vous n'avez pas hésité à aller crier à la foule toute la ferver de votre cœur pour la culture latine, particulièrement pour c grand pays que vous considérez comme notre mère spirituelle,ɔour cette France, dont nous avons l'immense joie de ɒouvoir saιer ici, au nom des Universités belges, trois de ses savants leɕplus aimés, pour la France enfin, lumière éternelle du monde...

Le Dr Roux, directeur de l'Institut Pasteur de Paris, rappelle la grande considration qui entourait Jules Bordet à Paris, et dit son reget de ne l'y avoir vu revenir.

« Il vous est resté, et nou vous l'envions. L'Institut Pasteur de Paris est fier de partager vec l'Institut Pasteur du Brabant, l'honneur de compter Borde parmi ses collaborateurs. »

Tous ces discours furnt salués de vifs applaudissements.

M. Jules Bordet, très ému, répond :

Madame,

Sire,

Parmi les tout premiers émoignages d'estime dont j'ai éte l'objet à propos de la décisic prise par le Comité Nobel, figurait un télégramme de félicitatics de S. M. le roi Albert, ainsi qu'un aimable message de S. M. l Reine. Je les ai considérés comme une inestimable récompens de mes efforts. Aujourd'hui, vous honorez de votre présence cete touchante cérémonie par laquelle le monde universitaire a cr devoir fêter, avec un éclat qui me déconcerte et m'éblouit, le accès d'un des siens. En assistant à cette réunion, vous avez valu non seulement témoigner votre haute bienveillance à un traailleur qui a fait ce qu'il a pu, mais encore affirmer, en cette cironstance particulière, l'intérêt constant que vous portez au déloppement scientifique du pays. Et c'est pourquoi je ne saurais e borner à vous exprimer ma reconnaissance personnelle. Je cis être l'interprète de mes collègues en vous disant combien nou sommes heureux de constater, une fois de plus, que parmi les sucis du chef de l'Etat, celui de notre activité scientifique se plac au premier rang.

Répondant à votre télégrmme par une lettre à laquelle vous me permettrez de faire une brève allusion, je vous ai annoncé, car je sais que rien de ce qi intéresse le haut enseignement ne vous laisse indifférent, qu'à la suite de démarches dont mes collègues Depage, Dustin, Sad et moi-même avions été chargés,

Et il évoque la mémoire de sa mère, dont il tenait la sensibilité frémissante, celle de son père, dont « la vie, s'écrie-t-il, fut aussi rude que son rude métier », qui avait l'admiration des grands hommes, des grandes choses, et qui, en apprenant à lire à son fils, avait le souci de lui apprendre la grandeur de la France...

« Soyez bénis l'un et l'autre, mes chers parents, ajoute-t-il en terminant, pour tout ce que vous avez été et laissez-moi vous reporter tous les hommages qui me sont faits aujourd'hui. »

Pardonnez-moi cette digression, mon cher Collègue, mais on ne se lasse jamais de parler de Pasteur quand on est devant un grand Pastorien comme vous...

Vous aussi, eussiez parlé comme Pasteur... Plus heureux que votre Maître, dont les parents moururent trop tôt et ne jouirent guère de la gloire de leur fils, vous avez eu la consolation de voir les vôtres témoins de vos premiers succès, vous savez aussi proclamer tout ce que vous devez à votre milieu familial. Permettez à vos amis universitaires de s'incliner devant votre admirable compagne, Mme Bordet, et de lui présenter l'hommage de notre déférence et de notre profond respect.

Si nous souhaitons à la Fondation universitaire de découvrir beaucoup de jeunes gens de notre peuple laborieux qui, prenant comme exemple le puissant intellectuel, le grand sociologue que vous êtes, sauront s'élever toujours plus haut et contribuer ainsi à la régénération de la patrie, nous leur recommanderons de savoir être aussi, comme vous, de bons citoyens, des citoyens agissants. Nous leur dirons qu'il est des moments dans la vie des peuples, où ceux qui ont le privilège d'appartenir à l'élite intellectuelle, quand ils voient que d'irréparables erreurs vont être commises et que les passions démagogiques sont déchaînées, si hardis qu'ils puissent paraître en parlant, doivent craindre plus encore de se taire !

Et c'est parce que vous êtes, comme nous tous, mon cher Collègue, angoissé en présence de menées dont le succès n'aboutirait à rien moins qu'à la suppression, dans notre pays, d'un magnifique foyer d'intellectualité française, que vous n'avez pas hésité à aller crier à la foule toute la ferveur de votre cœur pour la culture latine, particulièrement pour ce grand pays que vous considérez comme notre mère spirituelle, pour cette France, dont nous avons l'immense joie de pouvoir saluer ici, au nom des Universités belges, trois de ses savants les plus aimés, pour la France enfin, lumière éternelle du monde...

Le Dr Roux, directeur de l'Institut Pasteur de Paris, rappelle la grande considération qui entourait Jules Bordet à Paris, et dit son regret de ne l'y avoir vu revenir.

« Il vous est resté, et nous vous l'envions. L'Institut Pasteur de Paris est fier de partager avec l'Institut Pasteur du Brabant, l'honneur de compter Bordet parmi ses collaborateurs. »

Tous ces discours furent salués de vifs applaudissements.

M. Jules Bordet, très ému, répond :

Madame,

Sire,

Parmi les tout premiers témoignages d'estime dont j'ai été l'objet à propos de la décision prise par le Comité Nobel, figurait un télégramme de félicitations de S. M. le roi Albert, ainsi qu'un aimable message de S. M. la Reine. Je les ai considérés comme une inestimable récompense de mes efforts. Aujourd'hui, vous honorez de votre présence cette touchante cérémonie par laquelle le monde universitaire a cru devoir fêter, avec un éclat qui me déconcerte et m'éblouit, le succès d'un des siens. En assistant à cette réunion, vous avez voulu non seulement témoigner votre haute bienveillance à un travailleur qui a fait ce qu'il a pu, mais encore affirmer, en cette circonstance particulière, l'intérêt constant que vous portez au développement scientifique du pays. Et c'est pourquoi je ne saurais me borner à vous exprimer ma reconnaissance personnelle. Je crois être l'interprète de mes collègues en vous disant combien nous sommes heureux de constater, une fois de plus, que parmi les soucis du chef de l'Etat, celui de notre activité scientifique se place au premier rang.

Répondant à votre télégramme par une lettre à laquelle vous me permettrez de faire une brève allusion, je vous ai annoncé, car je sais que rien de ce qui intéresse le haut enseignement ne vous laisse indifférent, qu'à la suite de démarches dont mes collègues Depage, Dustin, Sand et moi-même avions été chargés, un important concours de la Fondation Rockefeller était désormais acquis à notre Faculté de médecine de Bruxelles. C'est un résultat, Sire, auquel vous n'êtes pas étranger. La visite qu'avec Sa Majesté la Reine vous avez faite aux États-Unis y a laissé d'impérissables souvenirs. Comme nous l'ont répété maintes fois diverses personnalités américaines, l'enthousiasme que votre présence inspira vibre encore. Le rayonnement de votre noble attitude comme défenseur de notre sol projette son éclat sur tout Belge qui se rend dans ce pays, où l'on éprouve pour vous la sympathie la plus profonde. C'est, pour une bonne part, parce que nous sommes Belges et que notre Roi jouit d'un grand prestige, c'est aussi, permettez-moi de l'ajouter, parce que notre Reine est la Reine Elisabeth, que les Américains se sont montrés si bienveillants à notre égard. J'ai tenu, Sire, au nom de mes collègues et au mien, à vous le dire.

Monsieur le Ministre de Suède,

Lorsqu'on se promène dans votre belle capitale, on se trouve bientôt, soit dans le Parc Berzelius, soit devant la statue de Scheele, soit devant le monument de Linné. Le souvenir de vos grands hommes plane sur la cité, et l'on éprouve tout de suite l'impression très pénétrante du culte que vous professez pour la science, et de la fierté que vous inspirent les découvertes de vos savants. Petite par le nombre de ses habitants, votre Nation est grande par le rôle qu'elle a joué dans l'évolution de la pensée humaine. Par l'éclat de votre organisation scientifique, par la perfection de vos laboratoires, de vos Universités, de vos bibliothèques, celle d'Uppsala par exemple, vous perpétuez à cette heure encore vos glorieuses traditions d'autrefois. C'est l'un de vos grands citoyens qui a fondé ces prix dont l'attribution représente, pour un homme de science, une suprême consécration.

A mon vif regret, d'impérieuses circonstances m'ont empêché de me rendre à Stockholm où j'eusse voulu exprimer au Comité Nobel mes sentiments de gratitude. Mais il semble, Monsieur le Ministre, que vous ayiez voulu, en acceptant de venir parmi nous aujourd'hui, réparer ce que ces circonstances ont eu de pénible pour moi. Vous me donnez l'occasion d'offrir publiquement, au Ministre qui représente ici avec tant de distinction la Suède, le juste tribut de ma reconnaissance.

Messieurs les Ministres, Mesdames, Messieurs,

Les sentiments de sympathie que l'on m'a exprimés, et d'autre part, le sentiment de gratitude que j'éprouve, se fondent dans une commune expression d'attachement et de ferveur pour notre grande Université libre — que dis-je, pour notre enseignement supérieur belge, puisqu'à cette réunion participent d'éminents représentants de plusieurs Universités, qui veulent bien témoigner leur estime et leur affection à un travailleur de laboratoire, montrant ainsi que sur le terrain scientifique, les diverses Universités se sentent unies par les liens d'une loyale, étroite et amicale collaboration. Voilà l'impression dominante que je ressens aujourd'hui, et j'en éprouve une joie très profonde. Quelle que soit l'Université à laquelle chacun de nous appartient, notre ambition à tous n'est-elle pas de servir le progrès scientifique; cette communauté d'idéal ne doit-elle pas nous rapprocher davantage ?

Tel est le sentiment qui me pénètre et que je voulais surtout vous exprimer. Je tâcherai d'ajouter encore quelques mots qui puissent vous faire sentir combien je vous sais gré de tout ce que vous avez fait pour moi, de cette admirable fête que vous avez organisée, de l'inestimable unanimité de ces démonstrations dont on m'honore. Je voudrais vous traduire ma gratitude en termes adéquats, mais je sens que cela me devient de plus en plus difficile... Songez à la situation d'un homme qui, sans y avoir jamais été habitué *(rires et applaudissements)*, se sent inondé tout-à-d'un flot ininterrompu, d'un déversement prodigieux d'éloges... Tout à l'heure, lorsque j'écoutais ces Messieurs, un soupçon a effleuré mon esprit : je me suis demandé s'ils ne s'étaient pas entendus pour que je ne sortisse pas d'ici vivant *(rires)*. En réalité, il s'agit, ne nous le dissimulons pas, d'une conspiration d'amis, car les orateurs que vous venez d'entendre sont mes amis, ils le sont même depuis longtemps. Notre cher et grand bourgmestre, que chacun se représente, et combien justement, comme l'incarnation même de la dignité du pays devant l'outrage et l'oppression *(applaudissements prolongés)*, je l'ai connu à une époque où il était difficile de prévoir le rôle glorieux qu'il était appelé à remplir. Il avait 12 ans à peine; nous étions condisciples en sixième latine. S'il m'était permis de prendre, en cette

solenneｌe circonstance, un ton un peu familier pour évoquer le
souvenir de ces lointaines années, j'ajouterais volontiers que le
jeune Max, bien qu'excellent élève, était plutôt espiègle, et que,
lorsque nous prenions nos ébats sous les frais ombrages du Parc,
ce futur chef de la police n'hésitait pas à courir sur les pelouses,ce
qui est contraire à l'ordre public *(rires et applaudissements)*; il
y aura bientôt quarante ans que nous nous connaissons ! Quant
à mon cher ami Demoor, je me sens uni à lui par une affection
fraternelle de trente ans; nous avons étudié ensemble à l'Université. Dans l'exposé qu'il vient de faire de mes travaux, il a mis
sa science de physiologiste averti, mais il a traité le sujet avec
une partialité flagrante qui trahit ses sentiments a mon égard;
je m'y attendais au surplus ! Nous venons d'entendre aussi notre
grand apôtre de l'hygiène sociale en Belgique; Ernest Malvoz,
qui, avec mon autre ami Calmette, a créé les premiers dispen-
saires antituberculeux, qui a organisé avec tant de succès la
défense contre des fléaux tels l'ankylostomasie, et qui mériterait
bien qu'on lui renvoie la plus grande part des éloges qu'il vient
de prodiguer. Et mon cher et si distingué ami Bayet, qui met si
vaillamment sa science, son énergie et son talent d'écrivain au
service de la lutte contre les maladies contagieuses. *(Applaudissements.)*

Parmi nos compatriotes ici présents, il en est un qui n'a pas
pris la parole, mais qui a organisé cette réunion et qui en est véritablement l'âme, un homme dont j'ai senti durant toute ma carrière la constante sollicitude et la fidèle affection, notre cher président du Conseil de l'Université libre, M. Paul Héger, mon maître
d'autrefois et mon ami d'aujourd'hui. *(Applaudissements prolongés)*. Je vois encore mes chers collaborateurs de l'Institut Pasteur, auxquels revient, selon la justice et dans mon cœur, une
grande part du succès que vous célébrez aujourd'hui.

Et vous, mon cher et grand ami, Monsieur Roux, vous qui
avec ces illustres disparus Metchnikoff et Duclaux m'avez
accueilli à Paris il y a vingt-six ans et m'avez initié à la
recherche scientifique; vous qui fûtes le génial collaborateur de
Pasteur dans ses travaux sur l'atténuation des virus, sur le traitement de la rage, et qui, par votre mémorable découverte des
toxines microbiennes et la souveraine application à la médecine
humaine des principes sérothérapiques, vous êtes élevé au rang

des plus hautes personnalités scientifiques de notre époque, quelle reconnaissance ne dois-je pas éprouver envers vous, de quelle gratitude ne devons-nous pas; tous, nous sentir pénétrés envers ceux qui, comme vous le faites si noblement, incarnent la pensée française! Croyez-le, notre pays, qui doit à votre culture sa formation intellectuelle en science comme dans les autres domaines, ne sera jamais ingrat, et même si on l'en sollicite, ne perdra jamais le souvenir de ce qu'il doit à la France ! *(Applaudissements prolongés.)* J'associe à votre nom ceux de mon vieil ami Albert Calmette, de mon cher collègue Delezenne, des distingués professeurs français, MM. Nicolas et Rinjard, qui sont venus parmi nous.

Un mot encore. Notre grand écrivain Maeterlinck a eu le prix Nobel, mais vous avez constaté avec satisfaction, Mesdames et Messieurs, que les recherches médicales ont, à leur tour, été récompensées. Il faut qu'il y ait encore des prix attribués à la Belgique, nous devons préparer l'avenir. Envisageons cette tâche avec confiance, les encouragements ne nous manqueront pas. Nous avons l'exemple et l'appui de l'étranger, nous avons les autorités belges dont je salue ici les éminents représentants, et qui comprennent toute l'importance de l'essor scientifique dans la grandeur d'une Nation ; nous avons notre jeunesse qui compte beaucoup d'éléments doués et travailleurs. Mes chers collègues, je m'adresse à ceux d'entre vous qui sont de ma génération ; il y a déjà bien longtemps que nous sommes en voyage, le moment inexorable viendra où nous devrons songer à descendre du train. Il faut que ceux qui nous succéderont, ceux qui nous remplaceront dans notre compartiment, y soient plus confortablement installés que nous ne l'avons été nous-mêmes. Il faut qu'ils puissent, en toute liberté d'esprit, en pleine clarté, sans que les soucis les en détournent, contempler le monde qui passe et qui vibre autour d'eux; il faut qu'ils puissent s'emplir les yeux de cet harmonieux et sublime paysage, la Nature ! Formons une jeunesse qui se consacre à la science !

Une ovation enhousiaste est faite à Jules Bordet.

Le Banquet

Le banquet, organisé dans la salle de la Madeleine, en
l'honneur du D' J. Bordet, avait réuni plus de six cents
personnes qui tenaient à exprimer au maître leurs sentiments d'estime et d'admiration. Ces personnes appartenaient à tous les mondes et à tous les milieux. Si les médecins, ainsi qu'il est bien naturel, formaient la majorité
des convives, on distinguait un grand nombre de littérateurs, d'artistes, de savants, d'hommes politiques.

La place d'honneur était occupée par M. Jules Bordet.
A ses côtés se trouvaient : M. Carton de Wiart, président
du Conseil; M. de Klercker, ministre de Suède; Mme de
Klercker et Mme Bordet;M. Calmette, de l'Institut Pasteur de Paris; M. Vandervelde, ministre de la Justice;
M. le baron Ruzette, ministre de l'Agriculture; M. Des-
trée, ministre des Sciences et des Arts; M. Franck, ministre des Colonies; M. Devèze, ministre de la Défense nationale; M. Béco, gouverneur du Brabant; M. Max, bourgmestre, et M. Lemonnier, échevin de la ville de Bruxelles;
M. Héger, président, et M. Errera, vice-président du
Conseil d'administration de l'Université libre; MM.
Louis Bertrand et Francqui, ministres d'Etat; Mmes
Emile Vandervelde, Jules Destrée et Paul Errera; M.
Charles Bordet; M.Harmignie, ancien ministre; M.Brun-
faut, président, et M. Pelseneer, secrétaire perpétuel de
l'Académie royale; M. Gratia, président de l'Académie
de médecine; M. Delezenne, de l'Institut Pasteur de
Paris, et M. Leclainche, directeur de l'Ecole d'Alfort;
M. Pirenne, recteur de l'Université de Gand; M. De Key-
ser, recteur de l'Université de Bruxelles; M. Loontjens,
président de la Fédération médicale belge; M. Krains,

président de l'Association des écrivains belges, membre
de l'Académie royale de littérature française; le lieute-
nant-général Wibin, inspecteur général du Service de
Santé de l'armée; le R. P. Rutten, de l'Ordre de Saint-
Dominique, représentant S. E. le Cardinal archevêque
de Malines ; M. Brachet, professeur à l'Université de
Bruxelles ; M. Félicien Cattier, administrateur de la
Fondation universitaire; M. Gengou, de l'Institut Pasteur du Brabant, et M. Grojean, directeur du *Flambeau* (1).

Trente-cinq associations scientifiques, littéraires et
philanthropiques s'étaient fait représenter. Nous cite-
rons notamment: la Fédération des sociétés scientifiques,
la Société belge de biologie, la Société chimique de Belgique, la Société royale des sciences médicales et naturelles de Bruxelles, la Société belge de géologie et hydro-
logie, la Société d'anthropologie de Bruxelles, les Sociétés
belges de chirurgie, dermatologie, urologie, physiothérapie, médecine physique, la Fédération nationale dentaire,
la Nationale pharmaceutique, l'Association des écrivains
belges, les Ligues pour la culture de la langue française,
la Ligue nationale contre la tuberculose, la Société coopérative nationale contre la tuberculose, les Sanatoria
populaires, la Société pour la protection de l'enfance, la
Ligue de l'Enseignement, l'Union pour l'éducation
morale, l'Association générale des étudiants de l'U. L. et
tous les cercles d'étudiants.

On notait la présence de hautes personnalités du monde
politique, de la magistrature et du barreau, du corps
médical, du Service de Santé de l'armée, de l'Institut
Pasteur du Brabant, du monde universitaire, de l'administration, du monde des Lettres et des Arts, de la Presse,
des étudiants et étudiantes en nombre.

---

(1) M. Henri Grégoire, indisposé, s'était fait excuser.

C'est M. Carton de Wiart, Premier Ministre, qui ouvrit la série des toasts. Il prononça le discours suivant:

Mon cher Maître,

Depuis trois jours, les manifestations ne cessent pas de ce succéder en votre honneur. Tour à tour les Académies, les corps savants, les œuvres humanitaires et sociales, le Conseil provincial du Brabant et cet après-midi même l'Université libre de Bruxelles, dans une séance solennelle relevée encore par la présence de nos Souverains, ont célébré la distinction qui vous a été attribuée et qui est, sans doute, la plus haute à laquelle puisse aspirer un homme de science.

Et voici que ce soir, à l'appel du « Flambeau », l'élite intellectuelle du pays s'est groupée pour cette émouvante apothéose où fusionnent, semble-t-il, le meilleur des esprits et le meilleur des cœurs de chez nous.

Quelle joie c'est pour moi de vous apporter devant une telle assemblée, au nom du Gouvernement de la Nation, l'expression de notre gratitude, de notre fierté et de nos vœux les plus fervents!

Nous vous savons gré, mon cher Maître, d'être toujours demeuré Belge de cœur et d'âme. A peine au sortir de l'Université, décidé à vous vouer sans répit aux travaux d'une science encore tâtonnante, vous étiez parti pour Paris. Le génie de Pasteur venait d'inventer des armes nouvelles pour aider les hommes dans leur perpétuel combat contre la douleur et la mort. C'est à son école, c'est au laboratoire de la rue d'Ulm que vous vous êtes bientôt haussé à l'émulation de ces savants illustres dont la présence ce soir parmi nous est une nouvelle consécration de votre mérite. Vous y avez pris le goût et le style d'une science claire et sobre, où la spécialisation n'exclut jamais ni les idées générales ni les idées généreuses, une science libre qui n'entend point se laisser asservir à des fins ténébreuses ou violentes; une science pure dans sa dignité fière; une science à la française. Mais vous êtes de chez nous et vous entendez y rester. Si large que soit l'envergure de leurs ailes, c'est dans leur patrie que la pensée et l'action doivent garder leur nid.

En vain des installations plus parfaites, des succès et des honneurs vous sollicitent et vous solliciteront ailleurs. C'est chez nous et avant tout pour nous, à l'Institut Pasteur du Brabant, que vous contribuez à faire sortir la science de l'immunité du domaine de la médecine et de l'hygiène. Comment votre pays ne vous en serait-il pas reconnaissant ? Comment ne soulignerait-il pas, en une circonstance comme celle-ci, cette belle leçon d'énergie et de persévérance dans un travail désintéressé, et la beauté tranquille et calme de votre effort toujours équilibré ? Comment n'y verrions-nous pas la réponse opportune à ce besoin de notre caractère national épris de vérité et d'utilité ? Comment ne vous remercierions-vous pas, au nom de toute la foule anonyme, de tant de larmes séchées, de tant d'angoisses apaisées, de tant de sourires revenus sur le front des petits enfants et dans le cœur des mères? Votre œuvre vouée au soulagement de la douleur humaine, n'est qu'une immense pitié débordante, et, parmi tant de mérites que l'on a justement vantés en vous, il me plaît de souligner cette vertu si complète et qui parfume en quelque sorte toutes les autres et qui s'appelle d'un seul mot : la bonté.

Mesdames, Messieurs, ne ressentons-nous pas tous, dans une journée comme celle-ci, une forme spéciale et bien précise du patriotisme ? Le patriotisme n'est pas seulement l'attachement au sol où ont vécu nos pères; il n'est pas seulement l'équation de notre être et du milieu auquel il s'est adapté de génération en génération : c'est aussi ce sentiment mystérieux qui existe au sein de la famille et qui nous fait solidaires de ceux avec lesquels nous vivons, nous pensons, nous agissons, nous mourons en commun. C'est à cause de ce sentiment que chacun de nous souffre et est humilié dans sa conscience et devant l'étranger des faiblesses ou des défaillances de l'un ou l'autre concitoyen. Mais c'est ce sentiment qui nous fait participer aussi au succès et à la gloire des meilleurs. De cette gloire, il semble que nous soyons les co-propriétaires indivis et qu'il rejaillisse quelque chose sur le moindre d'entre nous. Dans la paix comme dans la guerre, en voyant dans nos rangs de grandes figures qui dominent les autres, nous nous redressons physiquement et moralement. Nous jouissons, comme si nous y étions nous-mêmes pour quelque chose, de l'honnêteté suréminente d'un Roi Albert, de la fermeté sublime d'un général Leman, du simple héroïsme d'un Trésignies ou d'une Gabrielle Petit, de la noblesse morale d'un cardinal Mercier, de la grandeur civique d'un Adolphe Max. Et c'est d'un même orgueil que tous les Belges s'attribuent ingénuement quelques rayons de la gloire scientifique d'un Jules Bordet.

Demain ou après-demain, mon cher Maître, dans le silence de votre laboratoire, aidé de votre savant collaborateur, le Dr Gengou, entouré de vos disciples, vous poursuivrez la combinaison de vos patientes recherches et de vos subtiles expériences. Peut-être chercherez-vous à étendre à d'autres graves affections virulentes vos méthodes d'investigation et de diagnostic. Dans les heures de lassitude, si quelque ombre pouvait amortir votre ardeur et votre foi, pensez à cette communion patriotique dont vous éprouvez ce soir l'élan.

En un commentaire de l'œuvre d'Emerson, Maurice Maeterlinck que nous aurions souhaité voir en ce moment parmi nous, rappelle la parabole du charpentier. Le charpentier, s'il veut dégrossir une poutre, la place à ses pieds et ainsi, à chaque coup de hache qu'il donne, ce n'est plus lui seul qui travaille, c'est la terre entière qui travaille avec lui. En se mettant dans la position qu'il a prise, il appelle à son aide toutes les forces de gravitation et de pesanteur et l'Univers approuve et multiplie le moindre effort de ses muscles. Dites-vous, mon cher Maître, quand vous aurez repris vos travaux, que toutes les forces vives de votre pays, tout ce qu'il représente de meilleur dans ses traditions, tout ce qu'il a souffert et révélé d'énergie aux jours tragiques, toute la bonne volonté qui l'anime aujourd'hui dans son désir de remettre de l'ordre dans la maison, tout cela travaillera avec vous.

Qu'est-ce qui importe le plus à la restauration de notre Pays si non la restauration de la santé publique? Vous nous aiderez, mieux que personne, à construire cette Belgique de demain que nous entrevoyons moralement et physiquement plus saine; où les bons microbes aurons découragé et désarmé les mauvais; où l'esprit et la science auront la place qui leur revient: la première. Grâce à des hommes comme vous, à leurs œuvres et à leur exemple, notre pays, qui pendant la guerre s'est élevé à un niveau si haut pour la défense du droit, remplira, dans la paix, un rôle éminent pour l'adoucissement de la souffrance du monde. Ainsi vous aurez bien mérité à la fois de la Patrie et de l'Humanité.

Mesdames, Messieurs, au moment où j'entrais dans cette salle, j'ai reçu une lettre dont la lecture, j'en suis sûr, vous touchera tous. C'est une lettre du Roi. Sa Majesté m'écrit :

Cher Ministre,

Je vous serais bien reconnaissant de dire au banquet auquel je sais que vous assistez, que je tiens spécialement à m'associer à la grandiose manifestation organisée pour rendre un si juste hommage au Docteur Bordet. Cet hommage n'est pas seulement celui d'une élite, mais c'est celui du pays lui-même. (Applaudissements.) *La Nation tout entière sent profondément combien l'illustre Docteur Bordet lui fait honneur et elle tient à honorer en lui le travail désintéressé et persévérant des hommes de science, ce travail dont le succès importe à un si haut degré à l'avancement et au bien-être de nos sociétés modernes.* (Nouveaux applaudissements.)

Toujours, cher Ministre,

Votre bien dévoué,
(s.) ALBERT.

Bruxelles, le 18 décembre 1920.

(Applaudissements prologés. L'assemblée se lève aux cris de : « Vive le Roi ! »)

Mesdames, Messieurs, à l'heureuse initiative de M. Destrée, Ministre des Sciences et des Arts, il a plu au Roi d'accorder au Docteur Bordet la Croix de Commandeur de l'Ordre de Léopold avec étoile d'argent. (*Vifs applaudissements et acclamations.*)

C'est pour moi un grand honneur de pouvoir, devant une telle assemblée, certain que ce geste royal sera compris de vous, de pouvoir remettre au Docteur Bordet les insignes de cette distinction, avec mes félicitations les plus cordiales et les plus vives.

L'assemblée, debout, fait à M. Bordet une longue ovation.

Au moment où M. Calmette va prendre la parole, il est longuement acclamé.

Mesdames, Messieurs, Mon cher Jules Bordet,

Je dois tout d'abord présenter les excuses et les regrets de mon maître et grand ami, le Docteur Roux, directeur de l'Institut Pasteur, que son état de santé empêche d'assister à cette belle fête. Il vous a dit tantôt toute la joie que nous éprouvons de venir au milieu de vous féliciter notre cher et vieil ami Bordet à l'occasion de l'attribution du Prix Nobel, que nous attendions pour lui depuis bien des années avant la guerre. M. Roux m'a prié de le représenter ici, et j'ai pensé ne pouvoir mieux faire que de préparer à votre intention une brève histoire de la jeunesse de Jules Bordet. (Rires.) Comme je tiens à être exact — car, quand on parle d'hommes arrivant à la célébrité, il faut toujours serrer la vérité du plus près possible — j'ai écrit cette histoire et je vous demande la permission de vous la lire.

Tout d'abord, sachez, mon cher Jules Bordet, que je suis ici le porte-parole de vos vieux camarades de l'Institut Pasteur, et je suis sûr que leur hommage vous sera agréable, même après cette tournée triomphale que vous venez de faire aux États-Unis, même après les innombrables compliments et les ovations que votre modestie a dû subir au cours de ces journées d'apothéose. Je viens saluer en vous non plus le savant, jeune encore mais déjà immortalisé par ses travaux, mais surtout l'élève devenu le fidèle collaborateur de Metchnikoff, aux côtés de qui vous avez vécu pendant sept ans à l'Institut Pasteur de Paris; et aussi l'excellent camarade, l'ami dévoué que vous êtes resté pour ceux d'entre nous qui vous ont connu, et enfin l'homme, le citoyen, l'excellent patriote que vous n'avez cessé de personnifier pendant toute votre existence. (Applaudissements.)

Quelle heureuse idée vous avez eue de venir, aussitôt terminées vos études de sciences biologiques et de médecine, à l'Institut Pasteur de Paris, et quelle bonne étoile vous a conduit au laboratoire de Metchnikoff où vous avez si brillamment mis en valeur les merveilleuses qualités d'observateur et d'expérimentateur dont la nature vous avait si généreusement gratifié!

Vous aviez à peine 25 ans lorsque vous faisiez votre première grande découverte en montrant que les sérums antimicrobiens, le sérum anticholérique par exemple, agissent à la faveur de deux substances, la sensibilisatrice et l'alexine, et lorsque, par une expérience aussi ingénieuse que simple, vous montriez que le sérum spécifique, chauffé à 56°, et devenu inactif, peut être réactivé par addition de sérum normal non chauffé.

Presque en même temps, vous décriviez le phénomène d'agglutination des microbes et la méthode de sérodiagnostic des divers agents infectieux par les sérums spécifiques.

A 28 ans, vous découvriez les sérums hémolytiques et vous publiiez vos belles recherches sur les précipitines.

A 30 ans, vous faisiez la découverte fondamentale relative à la fixation de l'alexine sous l'influence de la sensibilisatrice, et vous appliquiez cette découverte, faite en collaboration avec votre élève et ami, devenu bientôt votre beau-frère, Gengou, au diagnostic des maladies infectieuses.

Toute une science nouvelle nous était ainsi révélée : *la sérologie*. Et cette science, vous l'avez créée tout entière pendant vos plus belles années de jeunesse, chez nous, dans l'atmosphère si amicale et si excitante pour votre imagination naturellement féconde, que vous respiriez à l'Institut Pasteur.

C'est encore chez nous que, poursuivant les études de Metchnikoff sur l'immunité, vous introduisiez dans ce chapitre de la Pathologie générale vos idées qui paraissaient alors subversives, sur la nature physico-chimique des phénomènes qui régissent l'action des sensibilisatrices spécifiques et de l'alexine sur les cellules et sur les éléments microbiens. En opposition avec la théorie purement chimique d'Ehrlich vous établissiez une analogie entre ces phénomènes et les phénomènes de teinture.

Et puis, après un voyage au Transvaal pour l'étude de la peste bovine, vous nous avez quittés pour prendre la direction de votre Institut Pasteur du Brabant que vos compatriotes ont voulu créer tout exprès pour vous reconquérir, devinant en vous une de leurs futures gloires nationales.

Ils ne se trompaient pas, et vous n'avez guère tardé à donner raison à leur pronostic. Vous avez marché depuis de découverte en découverte. Vous nous faisiez connaître successivement plusieurs agents infectieux jusqu'alors inconnus : le microbe de la coqueluche, puis celui de la diphtérie des poules et vous vous attaquiez bientôt avec succès à l'étude des virus invisibles, à ce que nous appelons aujourd'hui les *ultramicrobes*. La science pastorienne se félicite de vous voir engagé dans cette voie. Vous y ferez, nous en sommes sûrs, d'amples moissons. Votre caractère de savant n'est bien connu que de ceux qui ont eu l'occasion de travailler à vos côtés. Vous êtes, comme il le faut et quand il le faut, résolu, persévérant et entêté.

Vous en avez donné maintes preuves jusque dans vos désaccords passagers avec votre maître Metchnikoff et dans les polémiques parfois ardentes que vous eûtes avec ceux qui discutaient l'interprétation de quelqu'une de vos expériences, pourtant presque toujours impeccables.

Votre modestie était toujours grande et pleine de charme. Vous ne parliez que rarement de vos travaux personnels; il fallait solliciter vos confidences et vous ne faisiez jamais valoir l'importance de vos trouvailles. Vous ne recherchiez pas la publicité et si les travailleurs de laboratoire et les médecins du monde entier n'avaient pas appris à vous connaître par l'usage consant qu'ils ont dû faire de votre réaction de fixation, vous seriez certainement resté presque ignoré de la majorité des praticiens.

Par contre, de très bonne heure, les initiés et ceux qui suivaient vos recherches étaient remplis d'admiration pour vous. Aussi, quoique l'un des plus jeunes de notre génération, vous avez acquis rapidement une grande autorité parmi vos camarades. Vous étiez souvent l'arbitre de leurs discussions et ils vous reconnaissaient tous une si grande probité scientifique, un jugement si sûr et si plein d'indulgence en même temps, qu'ils aimaient à solliciter votre avis.

C'est surtout au « Microbe d'or » que vous vous êtes révélé à vos camarades. Le « Microbe d'or » était le nom que nous avions donné à une table d'hôte intime que notre maître Duclaux institua généreusement à l'Institut Pasteur afin que nous pussions prendre nos repas en perdant le moins de temps possible et dans des conditions d'économie que nous ne retrouverons, hélas ! plus jamais !

Les habitués du « Microbe d'or » se faisaient honneur d'inviter les amis et les célébrités bactériologiques de passage à Paris. C'était l'occasion de véritables petites fêtes, moins somptueuses que celle-ci, mais tout aussi cordiales. On discutait alors de tous les événements de quelque importance, politiques, littéraires ou scientifiques, avec la fougue juvénile et la liberté de langage qu'hélas aussi, les années nous ont fait perdre.

Les discussions devenaient souvent chaudes; elles se prolongeaient. La fumée du tabac troublait l'air de la salle, mais jamais notre belle humeur. C'est alors que vous vous révéliez causeur admirable, mon cher Bordet, plein de bonhomie, de verve et de l'esprit le plus charmant !

Le repas achevé, on n'avait qu'à traverser le couloir pour se retrouver chacun dans son laboratoire où l'on s'attardait souvent jusqu'à des heures avancées de la nuit.

Une fois par semaine, la veille du dimanche, on faisait relâche. On s'en allait en bande respirer l'air du Quartier latin, histoire de se dégourdir les jambes et de se mêler à la jeunesse des écoles. On vidait quelques bocks au d'Harcourt ou à la Source, et il arrivait parfois qu'on fît quelque folle équipée ! Mais ce sont là des souvenirs bien lointains ! Un quart de siècle s'est écoulé depuis... la prescription est acquise ! (*Rires.*)

Votre existence de savant est, pour les jeunes générations, le plus magnifique modèle qu'on puisse leur proposer. Vous avez su partager votre temps, votre intelligente activité et vos préoccupations entre la science, qui n'a pas à se plaindre de la part que vous lui avez faite, votre foyer familial où l'exquise compagne que vous avez choisie et vos trois charmonts enfants vous ont procuré les plus douces joies, et les œuvres sociales, — principalement celles qui visent à l'organisation de la lutte contre la tuberculose, car l'homme vraiment supérieur que vous êtes ne pouvait pas se désintéresser des applications immédiates de la science à l'amélioration des conditions de la vie humaine.

Il ne m'appartient pas d'exposer les services qu'avec votre intime collaborateur Gengou vous avez rendu dans cet ordre d'idées à la Belgique avant la guerre et pendant les quatre longues années que vous avez dû vivre ici, comme moi-même à Lille, sous l'horrible domination allemande. Je veux seulement rappeler que vous avez fait preuve des plus nobles sentiments altruistes et du plus pur patriotisme. (*Applaudissements.*)

Ce patriotisme, vous l'avez manifesté avec éclat en toutes circonstances et c'est à lui que vous avez sacrifié, — je ne crois pas me tromper en l'affirmant, — votre vieille affection pour la France, pour Paris qui vous avait adopté, et votre tendre attachement pour notre Institut Pasteur qui, ne pouvant imaginer que vous le quitteriez un jour, comptait vous assurer une place éminente parmi ses membres.

Vous avez eu, mon cher Bordet, la claire perception de votre véritable devoir. Quoiqu'il nous en coûtât de nous séparer de vous, nous avons compris que vous apparteniez d'abord à votre patrie belge. Nous savions bien, d'ailleurs, que vous ne cessiez pas d'appartenir à notre famille pastorienne, de sorte qu'aujourd'hui votre fête, qui est la fête de toute la Belgique intellectuelle, est aussi la nôtre. Nous prenons notre part de la joyeuse fierté de vos compatriotes, de vos anciens maîtres, de vos élèves, de vos amis et de vos enfants.

Puissent les années à venir, encore nombreuses — puisque vous êtes et savez rester jeune, — vous permettre un labeur aussi fécond que celui que vous avez déjà fourni. Vous ferez encore de belles découvertes !

Continuez à suivre votre étoile. Elle vous conduit sûrement à la gloire, à l'immortalité. (*Applaudissements.*)

Et maintenant que j'ai fini de vous dire l'histoire de la jeunesse de Bordet, il me reste à lever mon verre à sa santé, aux travaux qu'il donnera dans l'avenir à la science et à l'Université de Bruxelles, à Mme Bordet et à ses enfants, et aussi, permettez-le moi, à la Belgique, dont la gloire, déjà grande, grandit encore par l'attribution à Bordet du Prix Nobel ! (*Vifs applaudissements.*)

Quand les applaudissements ont cessé, les convives entonnent la *Marseillaise.*

Une longue acclamation salue M. Brachet quand il se lève pour porter son toast. Il s'exprime en ces termes :

Il m'est très agréable d'être applaudi avant d'avoir parlé. Quoi qu'il arrive, il y aura ainsi compensation. (*Rires.*)

Mesdames, Messieurs, en cette journée d'apothéose qui vient d'être **consacrée tout entière** à Jules Bordet, vous avez entendu glorifier ses travaux scientifiques. Vous avez entendu l'éloge qu'on a fait de leur portée sociale et des services que Bordet a rendus à l'humanité. Vous savez maintenant, grâce à ce que d'autres et, notamment, M. Calmette, vous ont dit, quel homme est Bordet: chez lui, les qualités du cœur égalent celles de l'intelligence. Je suis très fier et très heureux de pouvoir être ici l'interprète de tous les hommes de science de ce pays en lui apportant l'hommage de leur amitié, de leur estime et de leur admiration.

Mais il y a une idée plus grande qui se dégage des manifestations qui se déroulent depuis trois jours: nous devons considérer Bordet comme un symbole, le symbole de la grandeur et de la puissance de la science et de ce qu'elle peut faire d'un homme.

En parlant de science, je n'entends pas seulement la science bactériologique et ses extensions, domaine dans lequel Bordet s'est illustré : j'entends la science tout court, quels que soient ses méthodes et les buts qu'elle se propose.

Quand je vois les convives de ce banquet, j'imagine qu'on peut les répartir en trois groupes, dont chacun représente l'action que la science en général exerce sur le mouvement des idées et sur la marche de l'humanité.

Le plus restreint de ces groupes comprend les collaborateurs immédiats de Bordet, ceux qui travaillent dans la même voie que lui et qui, avec lui, cherchent à élargir les conquêtes scientifiques : ce sont les bactériologistes ou les biologistes purs. Ceux-là ont lu dans le texte les travaux de Bordet; ils savent quelle en est exactement la valeur et quelles en sont la portée et les conséquences, et, comme ils l'ont fait hier, ils travailleront encore demain à ses côtés.

Le second groupe, qui est peut-être le plus nombreux, comprend les médecins. Beaucoup d'entre eux, je puis bien le dire, n'ont pas lu dans le texte la plupart des travaux de Bordet, mais tous les connaissent parce que tous sentent que, dans ces travaux, se trouve le rayon de lumière qui les guide au cours de leurs occupations, près du lit des malades qu'ils visitent tous les jours. Ils sentent se dégager pour eux de l'œuvre de Bordet le sentiment d'une conscience plus sûre, d'une certitude plus grande de leur diagnostic et de leur traitement, et par conséquent, une confiance plus grande dans les soins qu'ils donnent à ceux qui leur demandent le soulagement de leurs souffrances. Pour ceux-là, bien qu'ils ne connaissent pas le détail de ses recherches, Bordet est un grand homme, qui leur rend service tous les jours. (*Applaudissements.*)

Reste la troisième catégorie : celle des hommes cultivant d'autres sciences que la bactériologie et la biologie, quelles qu'elles soient, celle des hommes simplement cultivés qui se trouvent parmi nous.

Eux non plus n'ont pas lu dans le texte des travaux de Bordet. Ils ne savaient peut-être même pas, avant ces jours derniers, quelles étaient et la portée et l'influence sociales de ces travaux. Mais aujourd'hui elles leur sont révélées et c'est pour eux un bonheur intense, parce qu'il dérive de la connaissance qu'ils ont du fait que l'humanité a appris quelque chose, qu'un patrimoine nouveau s'est incorporé à elle, qu'elle est plus grande, plus fière et plus sûre d'elle-même, parce qu'un homme a déchiré un coin du voile, parce qu'un peu de mystère s'est dissipé.

Mais, même en dehors de cette salle, dans la grande masse du peuple, qui connaît ce qui se passe ici, bien que n'y étant pas, il y a des trésors de curiosité et d'intelligence. C'est dans cette masse, pleine de ressources latentes que, demain, nous irons chercher des intelligences nouvelles et des Bordet nouveaux. (*Vifs applaudissements.*) Le peuple aussi est fier et heureux parce qu'il connaît le mystère qui nous entoure et qu'il se réjouit de savoir qu'il se dissipe petit à petit. Le peuple sait ce que c'est que la science; il aime qu'on la lui enseigne avant toute chose, et il l'aime parce qu'il sait que les savants sont des hommes qui travaillent non seulement pour son profit matériel, mais aussi pour son profit intellectuel et moral. (*Applaudissements.*)

Voilà les pensées qui me viennent à l'esprit en ce moment. Telle est bien l'influence générale que la science exerce sur toutes les catégories d'un peuple. Dès lors, l'idée vient tout naturellement de transposer ce que je viens de dire dans le passé et d'examiner de ce point de vue les faits au cours des siècles qui ont vu se dérouler notre histoire.

Quand nous méditons l'influence bienfaisante de la science au point de vue matériel et moral, nous saisissons ce qu'il y a de beau et de noble dans cette histoire et nous nous disons que les meilleures pages qui aient été écrites au livre d'or de l'humanité l'ont été par les moralistes, par les penseurs, par les artistes, par les savants et les grands inventeurs.

L'on se demande aussi si l'action que ces hommes ont eue au cours des siècles n'aurait pas été plus décisive encore si elle avait pu s'exercer dans sa plénitude et n'avait pas été dévoyée de son cours par ceux qu'on a appelés les puissants de la terre, les grands capitaines et les potentats. L'humanité ne serait-elle pas encore plus grande qu'elle n'est aujourd'hui ? (*Vifs applaudissements.*)

Mesdames, Messieurs, je vous convie à lever avec moi votre verre en l'honneur de la science, que l'on a souvent comparée à une très grande dame, austère et très hautaine, et, en même temps, à boire à **la santé** de Bordet, qui l'a beaucoup aimée, cette grande dame, et à qui elle n'a refusé aucune de ses faveurs. (*Rires et longs applaudissements. L'assemblée bat un « ban » en l'honneur du professeur Brachet.*)

M. Pirenne, au moment où il se lève, est, à son tour, l'objet d'une ovation et salué des cris de : « Vive Gand! ». Voici comment il s'exprime :

Mon cher et illustre collègue, tout à l'heure, pendant ces heures, d'où nous sortons encore tout émus, nous avons entendu M. Malvoz, un savant capable de comprendre vos travaux, qu'il certainement lus dans le texte, lui (*rires*), nous l'avons entendu, dis-je, faire votre éloge et parler de vous comme il fallait. J'ai maintenant l'honneur de prendre la parole, au cours de cette seconde partie de la manifestation Bordet, partie plus intime et *inter pocula*, au nom des universités belges. Il se fait que je ne suis pas un savant, dans le sens où l'on prend ce mot en général. De plus, je n'ai jamais lu aucune de vos œuvres dans le texte et je mourrai sans doute sans les avoir lues, pour la bonne raison que je n'y comprendrais rien. (*On rit.*) Mais il n'est point nécessaire d'avoir lu les œuvres d'un homme pour savoir ce qu'il a fait, ni pour savoir qu'il est grand et qu'il est un bienfaiteur de son peuple et de l'humanité. Il y a beaucoup d'hommes que l'histoire révère, dont nous n'avons pas lu les œuvres et qui sont cependant, nous le savons, de très grands hommes. Et si je prends la parole ici ce soir, peut-être que, après tout, j'ai quelque qualité pour le faire, car, enfin, de mon métier, je suis historien et, comme tel, je puis bien dire que, désormais, vous appartenez à l'histoire et plus spécialement à l'histoire de la Belgique.

Vous lui appartenez parce que vous êtes né en Belgique ; vous lui appartenez parce que, comme le rappelait tantôt M. Calmette — et l'on ne pourrait trouver, comme nous disons dans notre jargon d'historiens, une meilleure source (*rires*) — vous avez tellement aimé votre patrie que vous avez quitté l'Institut Pasteur de Paris, où vous aviez cependant contracté tant d'amitiés et où vous aviez puisé votre méthode, pour venir habiter au milieu de nous.

Nous vous en sommes reconnaissants et j'ajoute que nous en sommes fiers. Cette patrie, cette Belgique, vous lui appartenez

par toutes sortes de liens qui n'ont peut-être rien de commun avec
la science, mais qui ont quelque chose de commun avec vous. On
dit que la science n'a pas de patrie. C'est entendu ; mais on a dit
aussi que les savants en ont une ! (*Applaudissements.*)

Les savants ont autre chose que leur intellectualité pure; ils
sont, heureusement, autre chose que des cerveaux. Il faut sans
doute qu'ils soient des cerveaux; mais n'exagérons pas ! (*Hilarité.*) Ils ont aussi un cœur et une volonté et ce sont des hommes.
Or, dans l'homme, le cerveau est quelque chose, mais enfin il
n'est pas tout et l'on abuse peut-être de nos jours du mot d' « intellectuel ». S'il n'y avait que de purs intellectuels, il n'y aurait
pas d'hommes d'œuvre, il n'y aurait pas d'hommes sociaux, il
n'y aurait pas d'hommes ayant des sentiments de charité et
d'altruisme! (*Applaudissements.*)

Il faut donc que l'intellectuel se complète de l'homme de cœur,
et c'est de l'homme non intellectuel en vous que je voudrait parler, parce que celui-là, je ne dirai pas qu'il m'intéresse plus que
l'autre, mais je le comprends mieux. (*Rires.*) Je le comprends
même assez bien, parce que, étant moi-même, en somme, assez
Belge (*on rit*), je vois qu'il est un Belge très compréhensible pour
ses compatriotes.

Vous avez d'abord, cher Monsieur Bordet, cette modestie, cette
bonhomie, cette rondeur d'allures, ce bon-garçonnisme si goûté
chez nous; vous n'êtes pas pontife et vous êtes encore moins pom-
pier. (*Rires.*) Vous avez exactement ce qu'il faut pour que le
Belge vous admire comme une des manifestations les plus hautes
de son intelligence et, en même temps, pour qu'il vous aime parce
qu'il voit que vous êtes vraiment un des siens.

Voilà ce que je voulais tout d'abord vous dire.

Mais, entre le Belge et vous, je découvre une autre analogie.
Le Belge, dans ces dernières années, a été fortement pillé par
l'Allemagne. Or, si je suis bien renseigné, vous l'avez été un peu
aussi. (*Nouveaux rires.*) J'ai entendu dire — je m'aventure ici
sur un terrain glissant pour moi parce que je ne le connais pas
très bien — qu'il y avait une certaine réaction à laquelle on donne
votre nom et celui de M. Gengou.

Or, on m'assure que cette même réaction est camouflée en Allemagne sous le nom de Wassermann. Si donc mes renseignements
sont exacts — et je les tiens d'un savant — force m'est de dire

que vous avez été victime, vous aussi, du pillage germanique, qui vous fait encore plus Belge, qui fait de vous une sorte d'incarnation de la Belgique, dans les dernières années, les plus tristes, mais aussi les plus glorieuses qu'elle ait traversées. (*Vifs applaudissements.*)

Au point de vue historique, au point de vue belge, si vous préférez, je veux faire encore une autre constatation. Nous avons trop longtemps entretenu cette idée que les prix Nobel pour la science n'étaient pas faits pour nous et que, s'ils étaient décernés à de savants citoyens de petits Etats, nous étions incapables d'en obtenir. Non seulement j'ai entendu exprimer cette pensée dans des conférences, mais je l'ai lue dans des brochures. Certes, nous avions obtenu des prix Nobel pour la littérature, pour la paix et même, je crois, pour la guerre (*rires*); mais aujourd'hui le prix pour la science nous est décerné, et c'est un heureux événement. Vous nous avez, cher Monsieur Bordet, désensorcelés; vous avez abattu la muraille qui s'interposait entre ce prix et la Belgique et j'espère que, après vous, d'autres savants belges l'obtiendront. La voie que vous avez ouverte est ardue et difficile; mais vous aurez des élèves qui sauront s'engager dans le chemin que vous avez frayé. (*Applaudissements.*) Ce n'est sans doute pas aussi simple que je le dis, mais, puisque vous avez pris les devants, d'autres de nos compatriotes vous suivront! (*Rires et applaudissements.*)

Il y a encore une autre raison pour laquelle nous, qui ne sommes pas des savants, du moins des expérimentateurs, nous aimons à nous réclamer de vous et à agiter votre nom comme un drapeau. Grâce à ce prix qui vient de vous être attribué, vous avez tout d'un coup révélé à l'opinion publique l'importance que la science et les recherches scientifiques présentent pour un pays. Sans doute, les intellectuels, dont on parlait tantôt, le savaient, mais le public n'en était pas autant convaincu qu'eux. Vous avez provoqué un geste magnifique d'un homme qui est un roi, qui est un grand cœur, et l'on en a parlé tantôt comme il convenait. Ce geste du Roi, à qui s'est associée la Reine, n'a pas eu seulement pour effet de proclamer l'intérêt que Leurs Majestés portent à vos travaux et à ces grands intérêts scientifiques et intellectuels dont vous êtes chez nous un des principaux représentants et pionniers; mais il aura un grand retentissement dans l'opinion publique, trop souvent ignorante, qui aura constaté que

le Roi et la Reine avaient tenu à assister à une manifestation en
l'honneur d'un savant de laboratoire dont, la veille, dans les
salons, personne peut-être n'avait entendu prononcer le nom. Eh
bien, dorénavant, ce nom sera connu de tous et les snobs se diront
qu'il est utile d'honorer la science. Je ne dis pas qu'ils l'aimeront
mieux, mais ils se persuaderont, du moins, qu'il est bon d'en
parler avec respect. (*Vifs applaudissements.*) Constatant que le
Roi et la Reine se sont dérangés pour venir assister à la fête d'un
savant, ces gens se diront qu'il est aussi *chic*, après tout, de parler
de science ou d'avoir l'air de s'intéresser à la science, qu'il l'est de
parler d'automobiles, de carrosserie de tel modèle, de teuf-teufs
et de toute une mécanique à laquelle, du reste, ils ne comprennent en général rien. (*Longue hilarité.*)

Remarquez que je m'exprime ainsi comme historien qui connaît les choses de son métier. L'expérience prouve, en effet, combien il est utile que les gens du monde, si même ils n'aiment pas
la science, aient l'air de s'y intéresser. J'invoque à cet égard
l'exemple du XVIIIᵉ siècle. Alors, toutes les belles dames faisaient de la physique dans leur boudoir; elles risquaient même
un peu de chimie, et c'était excellent. Certes, je ne prétends pas
qu'elles y comprenaient grand'chose, mais, enfin, il en est résulté
probablement que beaucoup de travaux scientifiques ont été faits,
parce que ces belles dames, qui étaient influentes, dirigeaient
l'opinion de l'aristocratie, des richards et des gouvernants vers
les savants. D'où je conclus que le snobisme même peut venir en
aide à la science.

Un historien du XIVᵉ siècle, un vieux bonhomme du Hainaut,
constate que, dans ce pays, on n'a de goût que pour les *scientias
grossas et palpabiles*, pour les science grosses et palpables.
(*Rires.*) Eh bien, à ce pays vous avez tout d'un coup révélé un
autre idéal. C'est une chose excellente et dont je vous remercie.

Tantôt, en venant ici en tramway — car je puis bien avouer
que je n'ai pas d'automobile (*on rit*), — je regardais un agent
de police lire un journal du soir (je crois même que c'était *le
Soir*). Sur la manchette de ce journal se lisait en grosses lettres
ce titre : « Un grand savant belge, Jules Bordet ». Cet homme
lisait cet article avec passion. « Que lisez-vous là? » lui demandai-je. — « Je lis, me répondit-il, un article sur le professeur
Jules Bordet, un chic type ! » (*Hilarité.*) Ceci me paraît symptomatique. Voici un agent de police — disons un homme du peuple

— lisant un article de journal que vous avez provoqué, comme vous avez provoqué le geste du Roi qui aura tant d'action sur le beau monde, et le respect que cet homme du peuple pouvait avoir pour la science aura encore grandi.

Eh bien, de tout cela, de tout ce que vous avez fait pour le pays, de tout ce que vous faites encore pour le moment, de ce bienfait véritable dont nous vous sommes redevables parce que vous mettez au premier plan des préoccupations de l'opinion publique les intérêts scientifiques et les intérêts moraux, nous vous remercions tous. Et puisque j'ai l'honneur de parler ici au nom des quatre universités belges, c'est en haute estime, en toute gratitude et, permettez-moi de l'ajouter, en très sincère amitié que je lève mon verre à Jules Bordet. (*Vifs et longs applaudissements.*)

M. Hubert Krains, président de l'Association des écrivains belges et membre de l'Académie royale de littérature française, apporte ensuite l'hommage des littérateurs au savant.

Maître,

Albert Giraud, l'admirable poète de « La Guirlande des Dieux », devait prendre ce soir la parole, au nom des écrivains belges. Il en a été empêché au dernier moment, et mon ami Grojean, invoquant mes titres de président de l'Association des écrivains belges et de collaborateur de la première heure du *Flambeau*, m'a demandé de le remplacer. J'ai accepté avec un peu de crainte. Si l'honneur est grand, la tâche est lourde... Seul, un Giraud aurait pu louer comme il convenait l'éminent savant que nous fêtons aujourd'hui.

Mais — à son défaut — la littérature belge ne pouvait rester silencieuse dans le concert d'éloges qui, de toutes parts, monte vers vous.

Elle avait pour cela deux raisons. La première c'est qu'elle est belge et que rien de ce qui contribue à la gloire de la Belgique ne la laisse indifférente. De même que nos cœurs ont battu à l'unisson de ceux de nos soldats, dont l'héroïsme a fait l'admiration du monde, nos cœurs ont tressailli de joie en apprenant que le prix Nobel était décerné à un Belge illustre, à un homme qui est resté fidèlement attaché à sa patrie, qu. l'a toujours aimée d'un amour simple et profond, et à qui la Belgique doit d'être aujourd'hui encore mieux connue et plus admirée à l'étranger. (*Applaudissements.*)

Car vous n'avez pas seulement honoré votre pays par vos géniales découvertes : lorsqu'il s'est trouvé. dans la détresse, le patriote a été à la hauteur du savant : vous avez mis à son service tout votre dévouement, toute votre haute intelligence et tout votre noble cœur.

Nous saluons donc en vous, Maître, à côté du grand savant, le grand patriote. (*Applaudissements.*)

Nous saluons en vous un écrivain. Et c'est la seconde raison que nous avons de nous réjouir aujourd'hui avec vos amis et avec la Belgique entière.

Il existe encore chez nous des préjugés au sujet de la littérature. On se figure encore trop souvent qu'elle constitue un domaine fermé, accessible seulement aux spécialistes, une sorte de joaillerie où l'on ne cisèle que des poèmes, des romans et des contes. Le domaine littéraire est beaucoup plus vaste. Le savant qui expose ses idées avec clarté, avec précision, qui consigne le résultat de ses découvertes dans des pages d'une écriture impeccable, fait aussi œuvre de littérateur. Et c'est ce que vous avez fait, Maître. Quand on lit vos ouvrages, on est émerveillé de la netteté avec laquelle vous exprimez votre pensée, de la pureté de votre style, de l'harmonie qui existe entre la forme et le fond. La Bruyère, qui s'y connaissait, a dit que bien écrire, c'est écrire raisonnablement. C'est ainsi que vous écrivez et c'est pourquoi nous saluons aussi en vous, avec fierté, avec orgueil, un éminent confrère !

Permettez-nous de pousser l'accaparement plus loin encore et de saluer en vous un poète...

Votre vie de savant laborieux, votre vie de savant désintéréessé a été, en effet, une vie de poète. Comme le poète véritable, vous avez dû passer par toutes les angoisses intimes et par toutes les joies secrètes qui font palpiter le cœur du poète dans l'édification de son œuvre. Vos découvertes sont vos chefs-d'œuvre. En servant l'humanité, vous avez servi l'idéal. C'est au nom de cet idéal que nous levons nos verres en votre honneur.

Les écrivains belges, les poètes de la Littérature lèvent leurs verres en l'honneur du Belge illustre, du grand poète de la Science ! » (Vifs applaudissements.)

M. Gengou, le collaborateur de M. Bordet, porte un dernier toast, au nom de l'Institut Pasteur du Brabant :

Mesdames, Messieurs,

Après les paroles si éloquentes et si pleines de vérité que nous avons entendues hier, avant-hier et surtout aujourd'hui, il serait vraiment téméraire de ma part de vouloir tenter d'ajouter encore à ce qui a été dit — et si bien dit. Aussi n'est-ce pas un toast que je voudrais porter. C'est plutôt un devoir que je désirerais remplir, très agréable du reste. Et ce devoir que je suis heureux de remplir particulièrement au nom de l'Institut Pasteur du Brabant, qui a l'honneur et le bonheur d'avoir Bordet à sa tête, c'est de dire toute notre émotion et notre joie de voir aujourd'hui parmi nous les représentants de l'Institut Pasteur de Paris. Et j'espère que j'exprimerai en même temps les sentiments de ceux d'entre nous qui ont eu la faveur de travailler dans les laboratoires de la rue Dutot.

Combien, parmi nous, n'ont pas, en effet, contracté une dette de reconnaissance, — et quelle dette! — envers cet Institut Pasteur, où ils ont trouvé tant de sympathie, depuis notre cher maître et ami Malvoz jusqu'à nos jeunes confrères qui actuellement encore vont s'y imprégner des méthodes pasteuriennes. Tous ils connaissent l'accueil bienveillant, l'accueil amical, l'accueil fraternel, que l'Institut Pasteur de Paris réserve à ceux qui vont lui demander l'hospitalité. Et nous savons aussi de quelle affection y furent entourés, au cours de la guerre mondiale, tous ceux d'entre nous qui, pendant leur service aux armées, eurent recours à ses laboratoires, pour l'accomplissement de leur tâche de médecin ou d'hygiéniste; la maison de Pasteur est une grande famille, où l'on est reçu à bras ouverts. Non seulement les aspirations, les espérances y sont communes, mais l'entr'aide entre compagnons de laboratoire s'étend même bien souvent jusqu'aux questions matérielles de l'existence.

Cher Monsieur Calmette, vous rappelez-vous qu'' . y a vingt ans ou presque, vous donniez à l'Université de Bruxelles une conférence sur la rage, à l'occasion de la création, par le Gouvernement provincial du Brabant, d'un institut antirabique? Vous souvient-il que, au cours de cette merveilleuse causerie, vous nous avez parlé aussi de celui à qui allait être confiée la direction du nouvel établissement, dont le pays allait s'enrichir? Vous souvient-il que vous nous avez dit déjà alors ce qu'était Bordet, ce qu'on pouvait attendre de lui, et que vous nous avez montré combien l'espoir que des Héger, des Errera mettaient en lui était aussi votre espoir?

Et ce n'était pas seulement en bienveillant ami que vous jugiez alors notre cher Bordet, c'était aussi et surtout en représentant de cette belle institution, dont vous êtes depuis tant d'années l'un des plus illustres disciples. C'est à l'Institut Pasteur de Paris que vous aviez rencontré Bordet, que vous l'aviez vu travaillant dans le petit laboratoire qu'il partageait avec son ami Bésredka, faisant éclore avec son calme habituel, mais aussi avec sa merveilleuse intuition, ces découvertes fécondes dont se sont nourries depuis vingt ans toutes recherches entreprises dans le domaine de l'immunité.

Tout de suite, vous aviez tous deviné en lui les vertus maîtresses, les qualités fondamentales indispensables au progrès scientifique, vertus et qualités qui distinguaient à un si haut point l'immortel Pasteur et que nous retrouvons chez ses illustres disciples, les Duclaux, les Metchnikoff, les Roux, les Calmette, pour ne citer que ceux-là. Chez tous, c'est la même préoccupation des questions essentielles qui ont surgi des découvertes fondamentales de Pasteur. Tous, de Duclaux à Bordet, abordent ces grands problèmes et en cherchent l'explication avec la même discipline scientifique irréductible. Le même souffle les anime tous; le même génie marque leurs travaux; les mêmes méthodes gouvernent leurs laboratoires. Et c'est pourquoi, n'est-il pas vrai, nous pouvons dire que l'Institut du Brabant est bien l'enfant de l'Institut Pasteur de Paris.

N'est-ce pas d'ailleurs ce qu'a voulu affirmer Mme Pasteur, lorsque, suivant vos bienveillants conseils sans aucun doute, elle a accordé à notre Institut du Brabant l'autorisation de porter le nom de l'homme illustre, qui fut l'un des plus grands bienfaiteurs de l'humanité?

Et aujourd'hui, vous avez voulu revenir parmi nous! De même que l'Institut Pasteur de Paris a voulu, il y a vingt ans, saluer la naissance de l'Institut du Brabant, que le geste de Mme Pasteur a resserré, s'il était possible, les liens qui nous unissent, de même aujourd'hui, après les cruelles années de deuil et de séparation, nous avons le bonheur, en ce jour de fête, de vous avoir au milieu de nous. M. Roux, l'éminent collaborateur de Pasteur, M. Delezenne et vous même avez voulu venir affirmer par votre présence la filiation qui rattache Bordet aux grands pasteuriens.

Vous avez voulu venir exprimer à notre cher et grand ami, le bonheur qu'éprouve, devant la consécration publique de son œuvre, la célèbre institution dont les destinées vous sont confiées. Et cet hommage, vous le lui avez apporté, non seulement au nom de ceux qui travaillent actuellement dans les laboratoires de la rue Dutot et qui se souviennent tous d'avoir assisté à l'éclosion des premières et mémorables découvertes de Bordet, mais vous l'avez aussi apporté au nom des grands disparus, et particulièrement des Duclaux, des Metchnikoff, qui suivaient ses progrès, vous le savez, avec tant d'attention et d'amitié. Dans le cœur de Bordet — et aussi, croyez-le, dans le cœur de ceux d'entre nous qui l'ont connu là-bas — se ravive, grâce à vous, le souvenir de ces années fécondes passées au milieu de vous, de ces années où naquit sa grande renommée.

Cher Monsieur Calmette, vous êtes venu nous dire que, si Bordet est notre gloire, vous le comptez cependant aussi parmi les vôtres, et qu'il est toujours bien cher à la grande maison de Pasteur. Vous êtes venu nous dire que, de même que nos souffrances furent vos souffrances, notre joie est votre joie, notre bonheur votre bonheur.

Nous vous remercions de tout cœur! Nous vous remercions de ce nouveau témoignage de votre généreuse amitié ! Et nous exprimons à l'Institut Pasteur de Paris toute notre gratitude d'avoir voulu attester une fois de plus, en vous déléguant parmi nous pour fêter Bordet, tout l'intérêt, toute la sympathie, je dirai toute l'affection, qu'il n'a jamais cessé de nous manifester. (*Vifs applaudissements.*)

Au moment où M. Bordet se lève pour répondre, l'as-

semblée lui fait une longue ovation. Quand les acclamations ont cessé, M. Bordet s'exprime ainsi :

Mesdames, Messieurs,

Je ne me lève pas sans ressentir cette étreinte particulière que
donne l'angoisse. Pourquoi suis-je angoissé? Si je devais vous
entretenir du problème scientifique qu'on appelle l'anaphylaxie,
phénomène auquel nous ne comprenons pas encore grand'chose
et qui,pour cette raison même, a été décoré d'un nom particulièrement imposant *(rires)*,je ne me sentirais pas aussi embarrassé. Je
dois prendre la parole après des maîtres de la parole, notamment
après cet écrivain charmant chez qui les fonctions de Premier
ministre n'ont pas étouffé le sens de la beauté littéraire. *(Rires
et applaudissements.)* Je dois prendre la parole après mon vieil
ami Calmette, ce savant français au parler lucide et élégant, qui
a pour principe que le souci de l'exactitude, de la minutie, de la
précision et de la concision ne doit jamais faire tort au culte naturel et nécessaire qu'on doit à cette grande dame, la langue française. *(Applaudissements.)*

Je dois parler encore après mon vieil ami Brachet, qui a été
professeur d'anatomie à Paris et que ses élèves là-bas avaient pris
coutume d'appeler le Jaurès de l'anatomie. *(Rires et applaudissements.)* Brachet, après le discours qu'il a prononcé ce soir, aurait
peut-être le droit, si on lui adressait encore ce compliment, de
s'écrier: « Pourquoi cette restriction? » *(Hilarité.)* Comme dit
un personnage de Flers et Caillavet, dans le *Bois Sacré,* lequel
trouvait toujours insuffisants les éloges qu'on lui décernait. *(On
rit.)*

Je dois parler après M. Pirenne, dont les qualités profondes
d'historien n'empêchent pas qu'on lise ses livres avec l'intérêt
passionné qu'excitent les romans les plus attachants et les plus
dramatiques, et dont les discours sont un régal pour l'esprit. Je
ne vous apprends rien en disant que M. Pirenne est le Belge le
plus spirituel, et qu'il pourrait comme homme d'esprit rivaliser
avec les représentants les plus qualifiés des nations qui nous
entourent.

Je dois parler après M. Krains, une des gloires de la littérature
belge, après, enfin, mon cher collaborateur Gengou, que per-

sonne, jusqu'à présent, ne prenait pour un homme de lettres,mais
qui a parlé de façon à nous faire croire qu'il l'est. (Rires.)

Vraiment, oui, après de tels discours, je suis dans une situation
bien embarrassante.Il fallait tout de même que je prisse la parole,
mais je ne la prends qu'à une condition expresse : c'est de ne
faire aucune allusion, ni prochaine ni lointaine, à un individu
que je commence à trouver singulièrement encombrant, le susdit
et présusdit Jules Bordet ! (Longue hilarité.)

Dans une fête comme celle-ci, la personnalité disparaît. Ce
qu'on a voulu affirmer ces jours-ci, c'est que le culte de la science
est une des formes de l'activité sociale les plus indispensables.
C'est un principe : il est bon de le proclamer. M. Pirenne y a
fortement attiré votre attention. C'est peut-être une bonne chose
qu'on ait fondé les prix Nobel, mais ce n'est surtout à ce point de
vue-là ! (Rires et protestations.)

Une autre conséquence très heureuse du travail scientifique,
c'est qu'il établit des relations intimes et fraternelles entre des
hommes qui professent des opinions très différentes; j'éprouve
une joie patriotique à constater que, surtout depuis la guerre,
la concorde la plus parfaite règne entre toutes les universités du
pays, et ce m'est une vive satisfaction de constater la présence ici de personnes qui ont des attaches avec l'une ou l'autre
de nos universités. (Vifs applaudissements.)

C'est une chose à laquelle j'ai réfléchi bien souvent pendant
mon séjour en Amérique. L'Amérique a été découverte par Christophe Colomb, c'est entendu (rires); mais tout Européen qui va
en Amérique s'imagine renouveler l'épopée du célèbre Gênois
(nouveaux rires) : il a l'impression de découvrir à son tour l'Amérique. Comme j'y allais pour la première fois, j'ai éprouvé cet
émoi, et l'une des impressions les plus profondes que j'aie ressen-
ties, c'est qu'en Amérique on a un respect intégral et absolu pour
les opinions de ses voisins. (Bravos et applaudissements.)

A quoi cela est-il dû ? Est-ce que les Américains représentent
une variété de l'espèce humaine supérieure à celle que nous formons sur le vieux continent ? Peut-être. Je suis cependant trop
déterministe pour ne pas accepter une explication peut-être plus
naturelle et plus simple : Il y a eu en Amérique un très grand
nombre de conceptions philosophiques les plus divergentes,
notamment beaucoup de religions. Eh bien, toutes ces manières
de voir et de penser ont dû adopter entre elles un *modus vivendi,*

qui, seul, rendait la vie possible. Les citoyens ont tiré de ces conceptions, très différentes à l'origine, un principe moral : le dévouement au bien commun, et c'est la raison pour laquelle nous constatons à un si haut degré là-bas ce que les Américains appellent le « human spirit », c'est-à-dire l'enthousiasme pour les choses qui sont le symbole de la solidarité humaine. C'est aussi pour ce motif que les Américains sont intervenus si largement en notre faveur pendant la guerre : ils ont compris qu'ils défendaient, en nous défendant, une cause largement et véritablement humaine. (*Vifs applaudissements.*)

C'est là un des principaux facteurs de la très grande force de l'Amérique à l'heure actuelle.

Il y a un autre facteur, auquel je ne ferai qu'une très discrète allusion : c'est l'unité de langue. Que l'on soit à San Francisco ou à New-York, on entend parler la même langue. Certes, l'Amérique est constituée de peuples très différents, venus de tous les points de l'Europe. Les citoyens américains, d'où qu'ils viennent, ont le respect de leur langue natale ou ancestrale. C'est un sentiment qu'on ne saurait trop louer. Mais les Américains ont aussi le sens très net de l'indispensable nécessité d'user d'une langue mondiale, tel l'anglais. Cela ne les empêche pas d'apprendre d'autres langues mondiales, tel le français, et l'un des phénomènes les plus frappants en Amérique actuellement, c'est la renaissance du culte pour cette admirable langue qu'est le français. (*Vifs et longs applaudissements.*) Bien des Américains m'ont dit : « Le franc est en baisse, mais le français est en hausse. » (*Rires.*) Et l'un des sujets de conversation qui reviennent le plus souvent en Amérique lorsqu'on parle des choses d'Europe, c'est le désespérant morcellement de notre vieux continent.

Les Américains vous disent : « L'Europe offre un spectacle étrange. Il y a peut-être cinquante langues ; on ne voit que des frontières, que des gens qui se détestent, et nous, nous ne sommes qu'un seul et un très grand pays. Nous sommes constitués d'Etats différents, mais nous avons des intérêts communs et nous pouvons nous entendre et il y a longtemps que nous nous entendons, tandis qu'en Europe il y a une foule de petits peuples qui ont une langue à eux. C'est un sentiment très naturel de l'aimer, mais, vraiment, les Européens *vont un peu fort!* (j'emploie, bien entendu, l'expression française à la mode!) (*rires*). Ils tiennent même tellement à leur langue qu'ils veulent la garder pour eux tout seuls et qu'ils seraient désespérés si les autres la comprenaient. (*Hilarité.*) Ils conçoivent, semble-t-il, qu'une langue doit servir au monologue et non au dialogue ! (*Nouvelle hilarité.*) Une langue, c'est une monnaie d'échanges intellectuels; elle ne vaut que si elle a cours.

Eh bien, les Américains seraient peut-être étonnés et chagrinés de constater que, lorsqu'un pays d'Europe est très petit, il y a des gens qui cherchent à le diviser encore ! (*Vifs et longs applaudissements.*)

Mais je ne veux pas insister davantage sur cette question; quoique vos applaudissements me prouvent que je pourrais peut-être m'étendre. *(Oui, oui !)* Je n'en ferai rien, j'en ai dit assez, puisqu'il n'y a ici que des gens extrêmement intelligents!... (*Rires.*)

Il ne me reste plus qu'un devoir à remplir : vous exprimer ma profonde, mon infinie gratitude pour tout ce que vous avez fait non pas pour moi, mais pour le travail scientifique, ces jours-ci.

Je dois une reconnaissance particulière aux deux directeurs du *Flambeau*, qui ont organisé cette soirée. Mais si nous éprouvons un grand plaisir à voir ici M. Grojean, nous éprouvons un grand chagrin à constater que M. Grégoire est absent. Il est indisposé. C'eût été pour moi une joie de le revoir, car il est parmi mes collègues de l'Université de Bruxelles un de ceux que j'estime et que j'aime le plus. Bien entendu, je ne prétends pas comprendre ses travaux. C'est un helléniste et j'avoue que j'ai oublié le peu de grec que j'ai appris. *(Rires.)*

Je remercie donc les directeurs du *Flambeau*; je remercie tous ceux qui sont venus ici ce soir. J'éprouve une très vive gratitude pour les représentants de l'Autorité qui ont bien voulu honorer de leur présence cette réunion. J'exprime mes remercîments aux représentants du Corps diplomatique, et particulièrement à M. le Ministre de Suède. A vous tous, Mesdames et Messieurs, je dis du fond du cœur : merci ! (*Bravos, applaudissements, longue ovation.*)

L'assemblée se sépare, au milieu d'un grand enthousiasme, pendant que retentit le *Chant des étudiants.*

SAMUEL JOHNSON

par H.-F. STEWART

Fellow of Trinity College-Cambridge.

———

J'ai l'honneur de parler devant vous sous l'égide, pour ainsi dire, de l'Union Anglo-Belge.

En choisissant donc le sujet de ma causerie, j'ai naturellement pensé au but très louable dans lequel travaille cette Union.

Ce but, c'est tout simplement de faire mieux connaître nos deux pays l'un à l'autre. Or, il est de toute évidence que ce n'est pas par la seule présence parmi vous d'un conférencier anglais que cette connaissance peut être avancée. Les conférenciers de tous les pays se ressemblent tous plus ou moins. Et je n'ai aucune prétention à représenter mon pays. Je ne suis sous aucune illusion sur ce point. Il s'agissait donc de trouver quelqu'un qui le représente réellement et de le mettre en scène de la manière la plus convaincante possible. En remontant jusqu'au XVIIIᵉ siècle, je crois pouvoir vous montrer un homme qui le représente — qui rassemble tout en lui — les défauts aussi bien que les qualités de sa nation, et cela dans un des plus caractéristiques moments de l'existence nationale.

Je ne crains pas de dire que c'est au XVIIIᵉ siècle que l'Angleterre touche au comble de sa gloire, ni d'avouer qu'avec la gloire elle est devenue un peu glorieuse. Il est alors que les défauts que l'on nous reproche avec droit s'accusent avec le plus de relief : la morgue, l'esprit insulaire, le mépris de l'étranger et, conséquence inévitable, le manque de politesse. Et cela sans détruire

———

(1) Je ne connais qu'un seul ouvrage français consacré à Johnson. C'est le *Samuel Johnson : étude sur sa vie, etc.*, de H. Reynald (Paris, 1856, 212 pp.). Je m'en suis largement servi. L'article de Taine dans son *Hist. de la litt. anglaise* est d'une insuffisance complète, mais il m'a fourni quelques traits vivants pour mon portrait de Johnson.

entièrement les qualités dont nous osons, peut-être sans vanité, nous vanter — le bon sens, la franchise, la liberté d'esprit, un sentiment religieux qui n'est pas bigot.

Eh bien, ces qualités et ces défauts se trouvent réunis d'une manière tout à fait remarquable dans la personne d'un seul homme dont la vie correspond exactement à la courbe du siècle.

Transportez-vous, Mésdames et Messieurs, par la pensée dans une salle de cabaret à Londres un jour de février 1766. C'est une maison très comme il faut, très à la mode — la Mitre de Fleet St. rendez-vous des beaux esprits et des hommes de lettres. Trois personnes s'y trouvent réunis, dont nous allons écouter la conversation, discrètement tapis derrière un paravent.

De ces trois personnes, deux sont des jeunes gens de 24 ans environ. Le premier, M. W.-J. Temple, ayant pris es grades à Cambridge, va disparaître dans l'obscurité respectable d'une cure de campagne, d'où nous nous garderons bien de le tirer. Le second, M. James Boswell, avocat écossais de bonne famille, amateur de gens et de choses curieux, va se signaler dans la suite en écrivant la meilleure biographie qui existe, sans excepter même les *Memorabilia* de Xenophon.

Le troisième est un monsieur de 57 ans — une énorme masse de chair, tremblant sous les secousses d'une danse de Saint-Guy qui l'agite à tout moment, à demi sourd, à demi aveugle, le visage cicatrisé par les scrofules, avec une immense perruque grise, un habit brun, des bas de laine noire, et une chemise pas trop propre.

C'est Samuel Johnson, déjà docteur honoraire de l'Université de Dublin, qui sera docteur honoraire d'Oxford — auteur du dictionnaire de la langue anglaise, poète, satiriste, moraliste, l'oracle des cafés et des salons, *arbiter scientiarum* sinon *arbiter elegantiarum* — l'homme le plus en vue de la société lettrée d'alors, qui cependant aime la jeunesse, et qui passe volontiers ses jours à causer et ses nuits à courir les rues avec les jeunes gaillards en partie de plaisir, qu'il empêche de faire des bêtises, à qui il donne des leçons de philosophie et de morale salutaires.

Boswell, qui vient de faire une promenade sur le continent, où il a visité Jean-Jacques Rousseau à Motiers, et le célèbre John Wilkes en Italie, s'étale avec complaisance sur ses expériences.

Johnson le reprend: Il me semble, dit-il, que vous avez fréquenté fort bonne compagnie à l'étranger, Rousseau et Wilkes.

Alors Boswell, pensant que c'était bien assez pour une fois de défendre un seul de ces deux hommes, répond en souriant: Mon cher monsieur, trouvez-vous donc mauvaise la compagnie de Rousseau ?

Johnson. — Si vous désirez parler de Rousseau en riant, je ne vous répondrai pas; si vous voulez être sérieux, je vous dirai que je le range parmi les plus méchants des hommes : c'est un scélérat qui méritait d'être mis au ban de la société, comme il l'a été; trois ou quatre nations l'ont exilé, et c'est une honte qu'il ait trouvé protection en ce pays.

Boswell. — Je ne nierai pas que son roman ne puisse être dangereux, mais je ne crois pas que ses intentions aient été mauvaises.

Johnson. Ceci n'y fait rien; nous ne pouvons point prouver qu'un homme ait eu de mauvaises intentions. Vous pouvez frapper un homme à la tête, et prétendre que vous vouliez le manquer; mais le juge vous condamnera à être pendu. Quand le mal est commis, on n'admet pas, en justice, l'*intention* pour excuse. Rousseau est un très méchant homme. Je signerais sa condamnation à la déportation plutôt que celle de tous les misérables qui sont partis pour Botany Bay dans ces dernières années. Oui, je voudrais le voir condamné à travailler dans nos plantations.

Boswell. — Quoi! le croyez-vous aussi méchant que Voltaire?

Johnson. — Eh bien, monsieur, il est difficile de décider lequel est le plus grand vaurien.

Voilà pour la France. C'est un beau commencement. Mais attendez, vous allez en entendre de mieux.

Un autre écossais vient se joindre à la compagnie. Il préconise les beautés, les nobles perspectives de son pays. Johnson remarque : « La plus belle perspective qui puisse se présenter aux yeux d'un Ecossais c'est la route de Londres ». L'Ecossais froissé, indigné, lui rappelle avec solennité que l'Ecosse est bien l'œuvre du créateur. « Tout comme l'enfer », dit Johnson.

Et voilà pour l'Ecosse.

On parle des Américains qui se réclament contre l'établissemet des taxes nouvelles. « C'est, dit Johnson, une race de galériens; ils doivent nous être reconnaissants pour tout ce que nous leur accordons en leur faisant grâce de la hart. »

Cela dit, d'une voix de tonnerre, il frappe sur la table, pou·se des souffles et des sifflements, ponctués par de copieuses libations de thé, dont il avale seize tasses — on les a comptés — dans une seule séance. (Il faut avouer que les tasses d'alors étaient petites — mais seize! c'est considérable.)

Mettez-le dans un salon élégant, il se conduira de même. Il ne ménage pas les femmes plus que les hommes; avec lui il n'y a pas à discuter. Si son pistolet ne part pas, il vous assomme à coup de crosse. A une qui avance une opinion paradoxale il dit: « Belle dame — quittez cela — la sottise ne saurait être défendue que par la sottise. »

Une autre remarque que les femmes l'emportent sur les hommes dans le genre épistolaire. Johnson répond qu'il se garderait bien le dire. « Admettez, Monsieur, qu'elles brillent, qu'elles plaisent dans la conversation. » « Pardon, Madame, elles me plaisent surtout lorsqu'elles se taisent. »

Lasse de lui verser d'interminables tasses de thé, une troisième lui demande si un petit bassin ne serait pas plutôt son affaire; cela le dérangerait moins. « Ce n'est pas moi que vous ne voulez pas déranger, c'est vous-même. »

Quelquefois on a le courage de lui rendre la pareille.

Une grande dame écossaise lui demande poliment comment il trouve le potage que l'on est en train de servir. « C'est une excellente nourriture pour les cochons. » « En voulez-vous davantage, Monsieur le Docteur ? » (1).

Vous me direz, quel monstre! Pourquoi venir nous battre les oreilles par de telles anecdotes? Pourquoi offenser nos yeux par un portrait si déplaisant ?

C'est qu'il y a un autre côté de la médaille. Cet ogre, ce matamore, cet homme aux vues bornées, aux préventions grotesques, aux manières dégoûtantes, est d'une érudition encyclopédique, d'un goût littéraire impeccable, d'une tendresse féminine, d'une vaste sympathie, d'une piété touchante.

Je n'hésiterai pas à le comparer sous plusieurs rapports avec Blaise Pascal.

Comme Pascal, il se met à genoux avant d'écrire; comme Pascal, il ramasse de pauvres hères qu'il héberge et nourrit sous son toit. Une des dames qu'il ménageait le moins s'empressait nonob-

---

(1) Cette anecdote est inédite, mais je la tiens d'un descendant de la dame en question.

stant de lui donner un asile dans sa maison de campagne. Johnson en retournait à Londres ponctuellement chaque samedi pour
y faire les honneurs de son appartement aux quatre ou cinq néces-
siteux à qui il l'abandonnait pendant la semaine. C'étaient quatre vieilles femmes revêches qui le tracassaient sans cesse, et un
vieux médecin charlatan. Il voulait les égayer par sa présence,
leur faire bonne chère la fête du dimanche.

Pascal poussait ses aumônes à un point qui eût choqué l'administration de l'assistance publique. Johnson ne sortait jamais
sans avoir rempli ses poches de sous qu'il distribuait à tort et à
travers.

Quand on lui reprochait sa charité indiscriminée en disant :
« Regardez cette femme à qui vous avez donné une 1/2 couronne
hier. Elle était à l'église ce matin, toute décorée de rubans. »
« Eh bien, dit Johnson, eh bien, ma chère, puisque cela lui fait
plaisir! »

Et avec toutes ses incartades paralogiques, quel bon sens.
solide! Je ne peux m'empêcher de vous citer au long une de ses
conversations avec Boswell sur l'insincérité intellectuelle.

Boswell. — Je voudrais être membre de la Chambre des Communes.

Johnson. — Eh bien, cher monsieur, à moins d'entrer dans la
Chambre prêt à appuyer n'importe quel gouvernement, vous n'y
gagneriez rien, puisque vous seriez obligé de vivre plus coûteu-
sement.

Boswell. — En effet, monsieur; je m'y trouverais peut-être
moins à mon aise. Je ne voudrais pour rien au monde vendre ma
voix, et je serais vexé si les choses allaient de travers.

Johnson. — Cela, c'est une pose. Vous ne seriez pas plus chagrin dans la Chambre que dans la rue. Les affaires publiques
n'ennuient jamais un particulier.

Boswell. — N'est-ce pas qu'elles vous ont vexé vous même
quelquefois? N'aviez-vous pas été vexé par la turbulence du
régime actuel, et par cette décision absurde que les communes ont
adoptée tout à l'heure — que le pouvoir de la couronne a augmenté, qu'il augmente toujours, et qu'on devrait le restreindre ?

Johnson. — Cela ne m'a pas fait dormir une heure de moins ni
manger une once de moins. J'aurais bien voulu assommer ces
chiens de factieux ; mais ils n'ont pas réussi à me vexer

Boswell. — Je vous jure, parole d'honneur, que je croyais sin-

cèrement en être vexé: et que j'en étais tout fier. Mais après tout
ce n'était pas peut-être sincère. Car, il faut l'avouer, cela ne m'a
pas empêché de dormir ni de manger.

Johnson. — Mon cher ami, ne soyez pas dupe de vous-même.
Libre à vous de parler comme tout le monde. Vous pouvez bien
dire à quelqu'un: « Monsieur, je suis votre très humble serviteur. » Vous n'êtes pas son serviteur. Vous pouvez vous écrier:
« Hélas! quelle triste époque! quel malheur de vivre dans une
telle époque! » Peu vous chaut de l'époque. Vous dites à quelqu'un: je regrette beaucoup que vous ayez eu un si mauvais
temps le dernier jour de votre voyage; que vous vous soyez
mouillé. Est-ce que cela vous regarde qu'il se soit mouillé ou
non? Libre à vous de vous servir de ces propos-là, ce n'est qu'une
façon de parler; mais gardezvous bien de *penser* niaisement.

Malgré la brutalité de ses propos, il savait grouper autour de
lui tous les gens les plus considérables du temps : Fox, Burke, Sir
Joshua, Goldsmith, Gibbon, Garrick. Ce sont des membres de
son club, le Club littéraire qu'il fonda en 49, qui existe encore
aujourd'hui, où il régna en maître incontesté pendant une génération. Vivant, ses amis l'aiment, non sans le craindre; mort, ils
le vénèrent.

On peut juger de la terreur qu'il inspirait par l'anecdote suivante. Goldsmith venait de mourir. Johnson fit pour son ami
défunt une fort belle épitaphe — en latin. Les commensaux du
club n'en étaient pas tout-à-fait contents. Ils voulaient la lui
faire améliorer:surtout ils voulaient qu'il la fît en anglais. Mais
personne n'osait en parler au redoutable docteur. Alors ils eurent
recours au petit stratagème dont les matelots en train de dresser
un complot se servent pour ne pas laisser deviner qui a signé le
premier un document incriminant — c'est-à-dire en signant leurs
noms autour de la marge (un « round robin »).

Johnson le reçut avec calme et fit dire aux signataires, qu'il
était prêt à changer l'étoffe de son épitaphe, mais quant à la faire
autrement qu'en latin, jamais de la vie il ne voudrait consentir
à souiller les murs de l'Abbaye de Westminster par une inscription en anglais!

Il a laissé derrière lui un souvenir qui ne s'est pas laissé effacer. Son nom est même aujourd'hui dans toutes les bouches: il est
passé en proverbe chez nous.

Pour vous donner envie de le mieux connaître, je vais esquisser rapidement le cours de sa vie, qui a été tracée d'une main de maître par son fidèle disciple Boswell.

Il est né en 1709, à Lichfield, comté du centre de l'Angleterre, il est mort à Londres, le 13 décembre 1784.

Il était fils d'un petit libraire de province qui, malgré la promesse intellectuelle de son garçon, eût été tout à fait hors d'état de le placer à l'Université sans l'aide d'un riche voisin. Cet ami charitable a promis plus qu'il n'a pu accomplir, comme vous verrez. Mais dans tous les cas il l'a lancé. Samuel entre au collège de Pembroke à Oxford où il passe trois ans de misère. Il fut obligé, faute d'argent, de s'en aller sans avoir pris ses grades. Il se fait successivement pion dans une école de campagne, précepteur chez un gentilhomme du pays, traducteur de livres d'érudition. A l'âge de 22 ans, il épouse « sans dot », une veuve qui a vingt ans de plus que lui. Il ouvre une école qu'il qualifie d'académie, et qui lui procure trois élèves en dix-huit mois, mais dont un fut célèbre, David Garrick, le coméden. Cette académie close, il va chercher fortune à Londres. Il y vit aux gages des libraires, fournissant des articles de journal, des comptes rendus des débats du Parliament, auxquels il ne pouvait pas assister et pour lesquels il invente les arguments et l'éloquence des deux partis opposés. Il s'en lasse de bonne heure. Entre parenthèses il publie un poème intitulé *Londres*, imitation de Juvénal, qui lui valut 10 guinées et une vie du poète Savage qui lui procura un beau succès — moral.

Reconnu pour un homme d'esprit et de talent, on le charge en 1747 de rédiger un dictionnaire de la langue anglaise en deux volumes. Il y met huit ans de travail solitaire.

Cependant, il fond deux journaux, écrit une tragédie, des contes moraux, et ébauche un commentaire sur Shakespeare, pour lequel il recueille des souscriptions qu'il mange sans rien publier, car le dictionnaire, bien qu'il augmentât grandement la réputation de Johnson, ne gonfla pas sa bourse. Il faut ajouter que le commentaire vit le jour plus tard et qu'il demeure un des meilleurs qui existe sur notre grand poète.

En 1752 il perdit sa femme, en 58 sa mère. Pour subvenir aux frais de funérailles de celle-ci, il écrivit en huit jours le roman de *Rasselas*, dont nous parlerons tout à l'heure. En 1762, un changement de gouvernement mit fin à la vie de gêne et de travail forcé qu'il menait depuis trente ans. Georges III ayant succédé à Georges II, les tories prennent le dessus. Johnson, vieux tory, adhérent zélé du trône et de l'autel, peut bien accepter sans honte une pension annuelle de 300 livres sterling, ce qu'il n'aurait pu faire sous le régime whig. N'avait-il pas mis dans son dictionnaire la définition suivante du mot pension?

« Somme annuelle payée à un homme sans qu'elle soit méritée. En Angleterre on entend généralement par ce mot, de l'argent donné à un mercenaire qui trahit sa patrie. »

Une fois pensionné, il n'écrit presque plus, ou relativement peu, pendant dix-sept ans. Il achève son Shakespeare; l'heureuse idée lui vient de faire une série de biographies critiques — les Vies des poètes — un de ses meilleurs ouvrages. En revanche, s'il écrit peu, il parle beaucoup. Il fond son club.

En 1763, il fait la connaissance de Boswell, qui ne le quitte plus. Il reçoit des titres honoraires; il voyage en France, en Écosse. Il se lie avec un riche brasseur et sa femme, les Thrale, qui le reçoivent chez eux comme un membre de leur famille. Seize années durant il passa la grande partie de son temps sous leur toit. Lorsque Thrale disparut et sa veuve épousa un musicien italien, Johnson, qui détestait la musique et tous les étrangers, y compris les Italiens, quitta cette maison hospitalière et rentra dans son taudis. Là il fut frappé, une nuit de juin 1784, d'une attaque de paralysie. Il s'éveille en sursaut vers 3 heures du matin et trouve qu'il a perdu la parole. Pour s'assurer qu'il n'a pas également perdu la raison, il se met à composer des prières qu'il tourne ensuite en vers latins. Satisfait de son état mental, avec un sangfroid peu commun, il se rendort, et ne fait venir le médecin qu'à son réveil.

Il échappa à cette atteinte, mais il avait 71 ans et les maladies se précipitaient sur lui. Six mois après il mourut, dans les sentiments religieux qui ne lui avaient jamais fait défaut, entouré de ses amis, Reynolds, Burke, mais sans la présence du fidèle Boswell, retenu ailleurs. Si ce fut une négligence de sa part, ce que je ne crois pas, Boswell l'a plus que réparée en consacrant à la mémoire de son patron la belle biographie que l'on connaît. Je relève deux incidents de cette dernière scène. Burke lui dit en le quittant tout éploré : « Adieu, cher monsieur, vous avez toujours été plus que bon pour moi. » Le mourant demande trois choses à Reynolds: 1° de lui pardonner une dette de 30 livres; 2° de lire sa Bible tous les jours; 3° de ne jamais dessiner le dimanche.

Et voilà pour l'homme.

Il m'est évidemment impossible de dresser ici le bilan de sa vaste production littéraire. Nous n'avons le temps que de l'étudier sous un de ses aspects multiples, comme journaliste et comme moraliste — ou plutôt comme journaliste, essayiste moral.

En 1750, il commença la publication d'une série de lettres périodiques qu'il donnait deux fois par semaine sous le titre du *Rôdeur*, et qu'il renouvela après un court répit dans *l'Oisif*. Ce sont de petits sermons laïcs qui ont grandement irrité Taine. Taine les qualifie de platitudes, et leur auteur de respectable mais insupportable.

Or, il est certain que Johnson débite dans ses essais pas mal de lieux communs. C'est qu'il y traite les grands lieux communs, la vie, la mort, la destinée, les devoirs de l'homme. Libre à Taine de les trouver ennuyeux! Ainsi ce sont des articles sur la paresse, sur la suffisance de la vie à toutes les circonstances, sur la prison pour dettes, sur la peine de mort. Il y a en même temps quantité d'articles sur les lettres et les écrivains. Johnson est effrayé de la multitude d'auteurs de son temps, de l'amas de volumes entassés dans les bibliothèques (que dirait-il aujourd'hui!). Il voudrait détourner les jeunes gens de s'engager dans cette carrière à moins qu'ils ne se consacrent à rappeler aux hommes les principes de la morale et de la religion.

Pour bien apprécier ces efforts de Johnson dans ce genre important, il est nécessaire de jeter un coup d'œil sur l'œuvre de son plus proche devancier, le grand essayiste Addison (1).

Addison, qui précédait Johnson de quarante ans, avait pour but de corriger les travers et défauts de la société du règne d'Anne, vers 1710. « J'essayerai », écrit-il dans le 10e numéro de son *Spectateur*, « d'embellir le monde par les charmes de l'esprit, et de tempérer la fougue de l'esprit par les préceptes de la morale. »

Il y réussit parfaitement. Il avait la main légère; et un joli goût de critique sociale. Il examine la société de loin, en spectateur, s'adressant à ceux qui, comme lui, veulent étudier la marche des affaires en se tenant un peu à l'écart. Lui-même, du reste, instruit le monde d'exemple, et montre à tout instant comment la sagesse peut tenir un langage aimable et cacher sous l'enjouement

---

(1) Cf. Reynald, *op. cit.*, pp. 32, sqq.

une certaine profondeur. Il combat les défauts des hommes, mais avec des armes courtoises; il ne prête à la vertu qu'une protection souriante. Il est discret, bienveillant, tempéré. C'est l'ancêtre des moralistes de salon.

Arrive Johnson, qui par le succès même d'Addison est obligé de suivre une route différente. L'Angleterre n'avait plus besoin des mêmes leçons; la vie de Johnson, le caractère même de son talent ne lui aurait pas permis de les donner. Au moment où il se mit à l'œuvre, il n'avait pas encore pénétré dans la société qu'il devait critiquer. Il ne pouvait pas l'essayer. Il est douteux qu'à cette époque, en 1750-52, il eût consenti à en rire. Il avait beaucoup souffert, il souffrait encore; depuis trente ans il vivait aux gages des libraires; il avait souvent manqué de pain. Il devait se montrer aussi sévère pour le monde que le monde l'avait été pour lui. Aussi n'a-t-il pas la prétention d'amuser les hommes; il veut les corriger, il veut surtout défendre la morale et la religion, qui lui paraissent en péril. Convaincu de la gravité, disons la sainteté, de sa mission, il s'y prépare par la prière. « O Dieu tout puissant! auteur de nos biens, sans votre secours tout travail est inutile, sans votre grâce toute sagesse n'est que folie. Accordez-moi, je vous en supplie, que l'Esprit Saint ne m'abandonne pas dans mon entreprise, que je puisse étendre votre gloire, assurer mon salut et celui de mes frères. Faites-moi cette grâce, ô mon Dieu, par les mérites de votre fils Jésus-Christ. »

Un homme se faire journaliste par piété. C'est peu commun!

Je me garderai bien de dire que ses articles de journal ont joui de la popularité du Spectateur, ou qu'ils ont exercé une influence très étendue sur la vie contemporaine — leur circulation était trop restreinte pour cela — mais ils ont certainement eu une influence profonde. On en trouve des exemplaires sur les rayons des bibliothèques de maint « country house » anglais, souillés par des mains pieuses.

Passons à ses contes moraux. Comme on voit par ses dates, Johnson est le contemporain exact de Voltaire et de Rousseau. Il est en concurrence avec celui-là, non seulement par son universalité, mais par son roman de *Rasselas*.

Rasselas et *Candide*. Ces deux livres sont d'une même année, 1759. Le hasard a quelquefois de ses contrastes. Ils ont le même sujet — la recherche du bonheur.

Je n'ai pas à faire ici l'analyse de *Candide*, mais il me sera peut-être permis de vous rappeler les circonstances qui ont évoqué ce que Jules Lemaître appelle ce délicieux et pervers pamphlet.

Dans le désastre de Lisbonne en 1755 — la ville détruite — 30,000 personnes brûlées ou écrasées — Voltaire avait trouvé un terrible argument contre la Providence. « Le tout est bien de Pope est un peu démenti », écrit-il. « Je n'ose plus me plaindre de mes coliques. »

Là-dessus il composa 250 vers élégants, pas trop méchants, assez spiritualistes, concluant ainsi: « Un jours tout sera bien, voilà notre espérance. Tout est bien aujourd'hui, voilà l'illusion. »

Les pessimisme mitigé de ce petit poème avait choqué Rousseau. Il adresse une longue lettre à Voltaire, où il prend fait et cause pour la Providence et jette naturellement tout le blâme du désastre sur la maudite civilisation qui avait rassemblé tous les habitants de Lisbonne dans 20,000 maisons de six a sept étages.

Ecoutez ses propres paroles: « Frappé de voir ce pauvre homme, accablé pour ainsi dire de prospérités et de gloire, déclamer toutefois amèrement contre les misères de cette vie, et trouver que tout était mal, je formai l'insensé projet de le faire rentrer en lui-même, de lui prouver que tout était bien... Voltaire me répondit en peu de lignes, qu'étant malade et garde-malade lui-même, il remettait à un autre temps sa réponse... Depuis lors, Voltaire a publié cette réponse qu'il m'avait promise mais qu'il ne m'a pas envoyée. Elle n'est autre que le roman de *Candide*, dont je ne puis parler, parce que je ne l'ai pas lu » (*Conf.* II, 9). Cette dernière remarque est sujette à caution. Il me semble possible que cela veut dire que Jean-Jacques avait déjà épuisé ses foudres avec la lettre à Voltaire et qu'il n'allait pas perdre son temps à le réfuter plus au long. Mais il faut avouer que le dernier éditeur de *Candide*, M. Morize, n'accepte pas entièrement le récit de Rousseau, et discute la part qu'il se donne dans la genèse du roman. Il ne voit dans la lettre sur la Providence qu'un incident de cette histoire. Il est certain — il a souvent été noté — que l'opinion contre laquelle Voltaire se révolte dans *Candide*, est plutôt l'optimisme de Leibnitz et Wolf que celui de Pope; comme M. Lanson a observé, « la raison d'art écarte l'Anglais trop clair et sensé ». Moi, je serais enclin à croire que la lettre de Rousseau est venue précipiter des idées déjà depuis longtemps flottant dans

l'esprit de Voltaire. Sans oublier Pope, qu'il a si vertement critiqué dans le désastre de Lisbonne, il concentre et décharge sa
bile sur la métaphysique allemande, ridiculisée dans la personne
réjouissante de Pangloss.

Cela dit, revenons à *Rasselas.*

Si *Candide* est une improvisation, *Rasselas* n'en est pas moins
une. Johnson se trouva en 1759 très gêné. Il lui manquait de
l'argent pour payer les frais de la maladie de sa mère et ceux de
son enterrement. Il prit la plume et écrivit *Rasselas* d'un trait.

En voici un court résumé:

Le prince Rasselas est soigneusement gardé dans un palais au
fond d'une heureuse vallée, en attendant la succession au trône
d'Abyssinie. Il s'y ennuie; il pense sans cesse au monde extérieur
qui lui est interdit. Parmi les gens qui partagent sa prison se
trouve un homme, Imlac, qui a beaucoup voyagé, et qui fouette
son désir de s'élargir et de se mêler aux hommes. Rasselas observe
les lapins de la vallée, et instruit d'exemple, il se pratique un
trou par lequel lui, Imlac et sa sœur Nekayah réussissent à
s'évader. Et en route pour le monde extérieur et pour le bonheur
qu'il doit renfermer.

Ce qu'ils y voient les attriste.

Au Caire ils se mêlent aux marchands, et ils voient aussitôt
que le bonheur est incompatible avec les incertitudes du commerce. Admis parmi les jeunes gens, Rasselas ne tarde pas à
découvrir le vide de leurs plaisirs. Même un philosophe chez qui
il pénètre, dont les paroles attestent la sagesse et promettent le
bonheur, se trouve subitement accablé par la perte de sa fille.
Rasselas s'en va à la campagne, goûter de la vie pastorale. Il
trouve que les paysans sont brutaux, égoïstes, jaloux, écrasés par
la besogne. Il jouit de l'hospitalité simple mais abondante d'un
Sheik et croit y avoir trouvé le bonheur. Mais ce vieillard trem-
ble que son bien-être ne tente la cupidité du pacha. Il n'est pas
heureux. C'est donc le pacha qui doit être heureux. A l'instant
on apprend que le pacha a été révoqué par le Sultan, qui, à son
tour, est tué dans une émeute.

Le bonheur n'est évidemment pas dans la société. Serait-il dans
la solitude ? Tout au contraire. Un ermite que Rasselas interroge
longuement avoue qu'il n'avait quitté le monde que par dépit;
qu'il est déjà las de la retraite et qu'il veut retourner au monde.
La vie d'un solitaire sera peut-être pieuse, mais certainement

malheureuse. Alors Rasselas et sa sœur se séparent pour mettre plus d'activité dans leur recherche. Au bout de quelque temps ils se communiquent leurs observations. Dans les dernières conditions de la vie aussi bien que dans les cours on désire le bonheur sans le pouvoir atteindre. Chaque famille a ses infortunes que la discorde vient augmenter encore. Les parents sont toujours en lutte avec les enfants, les maîtres sont les tyrans ou les esclaves de leurs domestiques. Les pères de famille sont en proie aux plus cruelles angoisses, le célibataire souffre toutes les horreurs de la solitude.

Que faire ? A quel parti s'arrêter?

Rasselas apprend que les savants se sont réunis pour agiter la question du bonheur. Il y court. Après une longue discussion, l'un d'eux s'écrie que pour être heureux il faut vivre conformément aux lois de la nature. Mais Rasselas voit aussitôt qu'il a affaire à un de ces philosophes que l'on comprend moins à mesure qu'on les écoute. (Johnson songe évidemment à Jean-Jacques.)

Enfin, pour qu'il ne reste aux nobles voyageurs aucune illusion, un astronome leur apprend la vanité des sciences, leur impuissance à donner le bonheur. Il leur a tout sacrifié, et pour prix de ses veilles il a failli perdre la raison. Guéri de sa folie il jette autour de lui des regards pleins de découragement, s'aperçoit de sa solitude et songe en pleurant qu'il n'a ni mère ni épouse pour le soutenir dans ses épreuves et consoler ses douleurs (cela, soit dit en passant, c'est Johnson lui-même, qui venait de subir les deux pertes, et qui craignait toujours de devenir fou).

Alors Rasselas et sa sœur comprennent que le bonheur n'existe pas sur la terre. Ils se plaisent à former des plans qu'ils savent ne devoir jamais réaliser et se décident à retourner en Abyssinie.

Voilà l'analyse de Rasselas. C'est d'une simplicité extrême, et d'une monotonie qu'on ne saurait nier.

Mais il est beau, noble, et surtout décent. Johnson n'a jamais écrit une ligne qui puisse effaroucher le plus timide lecteur. Tandis que *Candide!* Je n'ai pas à développer le thème, à mettre les point sur les *i*. Et cependant, telle est la perversité de l'homme — pour deux qui lisent *Rasselas*, il y en a cent qui jouissent et qui profitent des leçons sérieuses cachées sous les indécences et les moqueries de Voltaire. Pour un qui veut suivre le conseil de Johnson, d'aller demander à Dieu par la prière le bonheur qu'il ne peut trouver ici bas, il y en a cent qui adoptent comme devise refrain de Candide et qui cultivent leur jardin. Il n'y a pas à dire, l'épicurien l'a emporté sur le stoïcien, sur le chrétien. Et la cause? C'est que le ris est naturel à l'homme.

Cependant Johnson savait bien rire, lui, et faire rire. Personne n'avait plus d'esprit, plus d'humour que lui. Et s'il l'avait voulu, il aurait pu très bien égayer son roman par des saillies indécentes. Elles étaient à la mode. Remarquez que le Tristram Shandy de Sterne est de la même année que *Rasselas* et *Candide*, et qu'il est de beaucoup plus indécent que Candide même. Le siècle ne faisait pas la petite bouche. Mais Johnson, lui, est pur: il veut l'être.

Ce serait excessif de dire que la relative décence de nos lettres et surtout de notre journalisme depuis cent-cinquante ans est entièrement due à Johnson. Mais il y a été pour quelque chose. Il n'était pas un Puritain. Il avait les Puritains de profession en horreur. Mais par ses écrits et par l'ascendant unique qu'il a exercé sur l'esprit de son pays pendant un demi-siècle — un ascendant qui est resté vivant parmi nous jusqu'à nos jours — il réveilla le sentiment puritain qui sommeillait depuis Milton, que plutôt la restauration de Charles II avait effarouché par ses orgies.

Et, bien que le puritanisme ait un aspect déplaisant, qu'il se prête à tout, à l'hypocrisie même, c'est toujours quelque chose que de rendre consciemment hommage à la vertu.

L'influence de Johnson sur la littérature anglaise a été donc, au point de vue moral, très salutaire. Il a aussi influé sur la forme — avec moins de bonheur. Il a créé le style journalistique. Tous ceux qui écrivent des « leaders » dans la presse quotidienne qui, sans avoir rien à dire, sont obligés de dire quelque chose, relèvent de lui. Et Dieu sait si c'est là une postérité dont il a à se vanter. Son style est bien de lui et à lui, un bon style de professeur. Vous avez déjà eu des échantillons de son élocution. Tout le monde est d'accord qu'il avait l'habitude de déclamer *ore rotundo* sur n'importe quel sujet. Sa plume y allait de même — « Tel sur le papier qu'à la bouche ».

Goldsmith parlait un jour de l'art d'écrire les fables et de la nécessité d'adapter son style aux conditions de la mise en scène. Par exemple, si les personnages de votre fable sont des poissons, il faut les faire parler comme des poissons. Johnson sourit dédaigneusement. « Eh bien, M. le Docteur », dit Goldsmith « ce n'est pas aussi aisé que cela. Par exemple, vous, si vous aviez à faire parler des poissons, ils parleraient comme des baleines. »

Ses phrases sont souvent emphatiques, ampoulées, mais il sait la valeur des mots, il ne se paie jamais de clichés ; et il serait impossible de vouloir simplifier son style sans lui nuire grandement. Mais qu'il arrive un jour des épigones, une génération d'écrivains qui sans avoir l'originalité de pensée, la loyauté artistique de leur modèle, veulent lui emprunter sa manière d'écrire, et le résultat sera inévitablement celui que l'on connaît.

En même temps, il faut reconnaître que Johnson a rendu de grands services à la prose anglaise. Tout en lui ôtant la libre allure qui est la gloire de nos auteurs du XVIᵉ siècle, de la Réforme et de la Renaissance, tout en l'assujettissant à une forme qui, pour être plus logique, n'en est pas plus belle, tout en abusant de l'antithèse et de l'équilibre verbal, il a certainement réussi à rendre notre langue plus claire. Les prosateurs, je ne dis pas de la Renaissance mais du XVIIᵉ, voire du commencement du XVIIIᵉ siècle, sont délicieux, ils sont d'une naïveté charmante, d'une bonne foi qui vous captivent. Leur langue est riche, imagée, érudite. Mais elle n'est pas facile : on s'y perd comme dans une forêt, faute de poteaux indicateurs. Tels Jeremy Taylor, Swift, Addison même.

La langue de Johnson au contraire pêche par excès de relief. Ses phrases antithétiques se mettent en marche deux à deux comme dans une procession, avec faste et cérémonie. Cela sent souvent l'artifice, mais cela ajoute énormément à la clarté. On peut regimber contre le pompeux de ces périodes, mais on ne peut jamais se méprendre sur leur sens. On sait toujours ce qu'il veut dire, quand on aurait mieux aimé qu'il le dît plus simplement.

D'autre côté la nouvelle langue, la langue romantique, qui préludait déjà, avait cent qualités de musique, de coloris, de richesse d'imagination, qui faisaient défaut à Johnson. Mais il est très peu de ces grands innovateurs qui aurait eu à se repentir des leçons de Johnson sur l'importance de la netteté et de la précision (1).

C'est que Johnson s'était inscrit de bonne heure à l'école française, c'est-à-dire chez une nation qu'il n'aimait guère et dont il a dit bien du mal. Mais il a été, peut-être un peu à son insu, le représentant et le défenseur parmi nous des doctrines et du style raisonnable de l'âge classique français.

---

(1) Cf Reynald, *op cit*, p. 211.

Vers la fin de la vie de Johnson une révolte presque universelle contre la discipline classique s'esquissait dans toutes les parties de l'Europe. La signification de cette révolution échappa complètement à Johnson. Il se moqua des ballades recueillies par Percy ; il devina la fourberie de Macpherson, le faussaire d'Ossian, qu'il traita comme il le méritait, car bien qu'il ne sût pas trop bien ce qu'il avait à défendre, il savait très bien qui il devait attaquer. Et sa campagne contre Macpherson fut d'une violence exceptionnelle — même pour lui — couronnée d'une victoire incontestable.

Jusqu'au bout Johnson est resté fidèle à la vieille religion littéraire inaugurée par Corneille, Racine et Boileau, transmise en Angleterre par Pope, et reconnue comme la seule authentique par notre héros.

Je vais maintenant infliger sur vous la traduction d'un morceau assez caractéristique de Johnson.

C'est une lettre adressée à Lord Chesterfield qui, après avoir négligé Johnson dans la détresse, lui tendait une protection tardive à l'occasion de l'apparition de son Dictionnaire.

Il ne faut pas vous attendre au brillant, au spirituel d'une lettre de Voltaire, mais vous avouerez, je l'espère, que la prose de Johnson ne manque ni de force d'expression, ni de noblesse de sentiment.

« Milord,

« Je viens d'être averti par les propriétaires du *Monde* que
» deux articles dans lequel mon dictionnaire est recommandé au
» public ont été écrits par votre seigneurie. Une pareille distinc-
» tion, pour un homme qui n'est pas accoutumé aux faveurs des
» grands, est un si grand honneur que je ne sais comment le rece-
» voir, ni en quels termes le reconnaître.

« Quand, après quelques légers encouragements, je visitai
» pour la première fois votre seigneurie, je fus subjugué, comme
» le reste de l'humanité, par vos manières enchanteresses, et ne
» pus m'empêcher d'éprouver le désir de pouvoir m'appeler le
» vainqueur des vainqueurs de la terre, et d'obtenir cette faveur
» que je voyais le monde entier se disputer. Mais je trouvai mes
» visites si peu encouragées que ni orgueil ni modestie ne me
» permirent de les continuer. Quand j'eus une fois loué votre sei-
» gneurie en public, j'avais épuisé tout l'art de plaire que possède

» un savant qui vit loin du monde et de la cour ; j'avais fait tout
» ce que je pouvais faire, et personne n'est flatté de se voir tout à
» fait négligé si peu qu'il soit.

« Sept ans se sont écoulés, Milord, depuis le jour où j'ai attendu
» dans votre antichambre, et où votre porte est restée fermée pour
» moi. Pendant ces sept années j'ai poursuivi mon travail à tra-
» vers des difficultés dont il serait inutile de me plaindre, et j'ai
» fini par arriver à pouvoir publier mon livre sans un mot d'en-
» couragement, sans un sourire de faveur. Je ne m'attendais pas
» à un semblable traitement, car jusqu'alors je n'avais jamais eu
» un protecteur.

« On n'est pas le protecteur d'un homme, Milord, quand on le
» regarde d'un œil tranquille disputer sa vie aux flots d'un tor-
» rent, et qu'on attend qu'il ait regagné la terre pour le secourir.
» Le désir que vous avez éprouvé de connaître mes travaux, si vous
» l'aviez témoigné plus tôt, m'eût été bien cher ; mais vous m'avez
» laissé le temps de devenir indifférent ; je ne puis plus en jouir ;
» je suis un solitaire, et n'y prends plus aucune part ; je suis
» connu, et n'ai plus besoin de votre protection. Je crois qu'on
» peut ne point se croire obligé, quand on n'a point reçu de bien-
» faits, sans montrer la rudesse d'un cynique. Il m'est aussi per-
» mis de ne pas vouloir laisser croire au public que je dois à un
» protecteur ce que la Providence m'a rendu capable d'acquérir
» par moi-même.

« Ayant conduit si loin mon entreprise avec si peu d'obligation
» envers les protecteurs de la science, je ne serai point déçu si je
» puis la terminer avec le moins de secours qu'il me sera possi-
» ble ; car j'ai depuis longtemps oublié ces rêves, pleuré ces espé-
» rances, dont je me berçais jadis avec joie. »

Celui qui écrit de la sorte est sans doute un personnage.

Je pourrais continuer à citer des citations à gré, mais je crains
de vous fatiguer et d'excéder mon sable. Ce que j'aurais voulu
vous faire sentir, c'est que Johnson est un homme curieux, grand,
plus grand encore que ses livres ; qu'il mérite d'être étudié ;
qu'il est vraiment anglais ; qu'il représente l'Angleterre. Nous
avons bien quitté les plus énormes de ses préventions. Nous savons
mieux notre monde. J'aimerais à croire que nous ayons gardé
quelques-unes de ses qualités. On est sans doute un peu plus poli.
Si seulement on était aussi franc, aussi loyal, aussi intelligent
que Samuel Johnson.

Pour la Réforme du Doctorat en Philosophie

par E. Dupréel

Professeur à l'Université libre de Bruxelles

———

Le Conseil de l'Enseignement Supérieur se propose d'élaborer un projet de réforme des doctorats. C'est ce qui a fait juger opportun à la Société belge de Philosophie, d'ouvrir un débat sur le programme du doctorat en philosophie et sur les améliorations à y apporter. La séance du 23 janvier a été consacrée à cette discussion, à laquelle ont pris part notamment Mlle G. Van Molle, MM. Kreglinger, Smets, De Donder, P. et A. Errera, N. Van Molle,, De Coster, Barzin, Dupréel. Un accord à peu près unanime s'est fait sur certaines conclusions qui nous ont paru suffisamment liées pour former le noyau d'une réforme complète, et mériter d'être fixées dans la note qu'on va lire.

Le premier point abordé a été la question, commune à presque tous les doctorats, de la thèse ou dissertation qui fait partie de la dernière épreuve. Se ralliant finalement aux vues de M. Smets, l'assemblée a été d'avis qu'il convenait de maintenir cette épreuve, plus utile encore, peut-être, pour le futur philosophe que pour le philologue ou l'historien, car elle lui donne l'occasion de discipliner ses initiatives de penseur débutant et de les faire aboutir à un résultat, grâce aux conseils de ses maîtres (1). Pour diminuer certains inconvénients de la pratique actuelle, il suffirait de permettre à l'étudiant de répartir sur trois épreuves les deux examens actuels du doctorat, la dissertation pouvant faire à elle seule l'objet de l'une de ces épreuves, en fait presque

---

(1) Si la thèse apparaît comme un exercice excellent, voire décisif, dans la formation des étudiants, c'est grâce au fait qu'ils sont peu nombreux au doctorat en philosophie, ce qui permet à leurs professeurs de suivre de près leurs recherches et de les diriger Si le nombre des étudiants dépassait un certain minimum, la thèse deviendrait bientôt un inutile pensum.

toujours la dernière. La durée minima des études du doctorat étant de deux ans, le récipiendaire pourrait, par exemple, subir la deuxième épreuve à la session de juillet suivant la deuxième année d'études, et défendre sa thèse à la session d'octobre de la même année, ou à une session ultérieure.

La Société a consacré plus de temps à la discussion du programme des études. Il est superflu de montrer qu'il n'en est guère de plus défectueux que le programme actuel de la candidature et du doctorat en philosophie proprement dite.

Ce n'est pas que tout y soit à refondre. Si l'on considère l'ensemble des cours imposés à l'étudiant en philosophie par le législateur de 1891, on peut les répartir en deux groupes : les cours proprement philosophiques, Psychologie, Logique, Morale, Exercices philosophiques, Histoire de la Philosophie, Analyse d'ouvrages, Métaphysique, et d'autre part, un ensemble de cours où dominent, en candidature, les cours d'histoire politique, et en doctorat, les cours de langues anciennes. Ce second groupe de cours constitue ce qu'on peut appeler un enseignement d'appoint, destiné à donner à l'étudiant des lumières sur des sujets d'études qui ne relèvent pas de sa spécialité, à parfaire sa culture générale et à lui procurer des connaissances auxiliaires.

Cette combinaison de deux groupes de cours dont le second est un appoint du premier est à approuver sans réserve. Il a paru de même qu'il était inutile de rien changer au contenu du premier groupe ; les cours dont il est formé constituent une initiation suffisante à la tradition philosophique et aux problèmes actuellement débattus. C'est dans le choix des cours d'appoint que l'initiative du législateur se montre totalement insuffisante. Or, bien plus qu'au philologue ou à l'historien, ces cours-là importent au futur philosophe.

Le fait qu'une même réalité ou qu'un même Univers est saisi et exprimé à la fois sous l'aspect des lois et des symboles scientifiques d'une part, et de l'autre par la connaissance et le langage qui servent à la vie pratique et aux créations de l'art, ce n'est pas là pour le philosophe l'occasion de se poser un problème parmi d'autres, c'est la cause et l'origine de tous les problèmes qu'il se pose. Si la dualité de la science et du sens commun n'avait pas surgi au cours de l'histoire pour aller grandissant en importance et en profondeur, il n'y aurait pas de place pour une activité proprement philosophique, et la philosophie même n'aurait eu ni l'occasion de naître, ni des raisons de durer.

Il est donc nécessaire que le philosophe s'intéresse à la fois aux choses de l'action pratique — dont c'est la vie même qui doit l'instruire — à toutes les formes de la culture esthétique — qui n'est pas proprement universitaire — et qu'il ait enfin sur les sciences les connaissances les plus étendues ou les plus approfondies qu'il se pourra. C'est toute cette préparation qui, venant à se combiner dans ses recherches avec son information du passé de la réflexion philosophique, pourra le mener sur le chemin difficile de la maîtrise.

Le programme actuel du doctorat n'est point conçu dans cet esprit. La science proprement dite est sacrifiée. On devient docteur en philosophie sans avoir suivi un cours de mathématiques, ni de physique, ni de chimie, ni de science biologique, ni d'économie politique. Sa préparation scientifique, le philosophe en est réduit à se la procurer de sa propre initiative, lorsqu'il s'est rendu compte de sa nécessité ou lorsqu'il en trouve le loisir, c'est-à-dire, le plus souvent lorsqu'il a quitté l'Université, et au prix d'efforts dont le moins qu'on puisse dire est qu'ils demeurent toujours disproportionnés au résultat.

Le rôle des Universités, en matière de préparation philosophique plus encore qu'en toute autre, n'est pas de tout apprendre à leurs élèves, mais de leur inculquer ce qu'il est le plus difficile d'apprendre seul. C'est le cas de la science et de certaines sciences en particulier.

Ne s'ensuit-il pas qu'il convient de mettre les Université à même de compléter la préparation des philosophes qu'elles tâchent de former en leur rendant abordables les cours scientifiques qui y sont donnés en si grand nombre?

La réforme urgente entre toutes nous paraît donc consister à permettre aux étudiants en philosophie de remplacer l'ensemble plus ou moins systématique de cours d'histoire politique et de philologie du programme actuel par des cours de sciences donnés dans les différentes facultés.

La loi se chargera-t-elle de désigner elle-même un nombre de cours formant un ensemble équivalent aux cours d'appoint actuellement imposés, et portant sur les sciences jugées les plus utiles à la formation philosophique ? Les difficultés les plus sérieuses s'y opposent ; nous ne signalerons que les moindres : ou bien il faudrait créer des cours de sciences tout exprès pour le petit nombre des étudiants en philosophie, ou bien on se heurterait à des impossibilités pratiques telles que celle de coordonner les horaires des différentes facultés pour permettre à l'étudiant en philosophie d'assister à tous les cours imposés par la loi. Mieux vaut entrer dans la voie de la liberté du choix, en ce qui concerne les cours d'appoint. Nous pourrons résumer ainsi le projet de réforme tel qu'il s'est dégagé comme une conclusion spontanée, tenant compte de considérations multiples présentées aussi bien par des philosophes de profession que par des savants de spécialités diverses :

1° Rendre la candidature en philosophie accessible indistinctement aux jeunes gens qui sortent de la section grecque-latine ou de la section latine des Humanités anciennes, et à ceux qui sortent d'une section quelconque des Humanités modernes.

2° Maintenir obligatoires les cours proprement philosophiques du programme actuel.

3° Imposer un nombre de cours d'appoint égal à celui du programme actuel.

L'étudiant choisira ces cours dans toutes les facultés. Dès le commencement de l'année il fera connaître son plan d'études aux professeurs de philosophie (1).

Au lieu de s'en tenir tous, comme à présent, aux cours d'histoire et de philologie, les étudiants pourront ainsi faire, au cours de leurs quatre années d'études universitaires, une exploration sommaire du domaine de la science en suivant successivement, par exemple, tel cours de mathématiques que leur préparation antérieure leur rendra accessible, les cours de physique, de chimie, de botanique ou de zoologie qui se donnent à la candidature en sciences, et certains cours de sciences sociales, de droit, d'histoire, de langues ou de littérature.

Mais l'on a été généralement d'avis qu'un autre type de plan d'études, rendu possible par la réforme, serait bien préférable à une tentative d'encyclopédie de ce genre : l'étudiant en philosophie pourra approfondir un seul groupe de sciences à son choix.

---

(1) Il va sans dire que, dans l'application, certains types de programmes, reconnus à la fois pratiques et féconds, seront spécialement recommandés aux étudiants qui, le plus souvent, ont le bon sens de se laisser guider par les conseils de leurs professeurs.

Dans l'impossibilité de faire le tour de la science, il est en effet hautement désirable que le philosophe puisse toujours trouver certains points d'appui dans une science qui lui soit suffisamment connue, et que sur le terrain commun de la discussion philosophique se rencontrent des philosophes mathématiciens, des philosophes physiciens ou chimistes, des philosophes biologistes et des philosophes sociologues, sans oublier des philosophes historiens ou philologues.

Dans cette intention, on aboutit logiquement à ouvrir plus largement la porte qui donne accès aux études philosophiques, en se résignant à admettre que les docteurs en philosophie de l'avenir ne lisent plus tous Platon et Lucrèce dans le texte. Tous les jeunes gens aptes aux études universitaires doivent donc être admissibles à notre doctorat; et, dans le même esprit, une dernière stipulation s'impose :

4° Les porteurs du diplôme de candidat en sciences physiques et mathématiques ou en sciences naturelles seront admis au doctorat en philosophie, en passant un examen complémentaire sur les exercices philosophiques. Les candidats ingénieurs y seront admis en subissant une épreuve complémentaire sur la psychologie, la logique et la morale, et sur les exercices philosophiques.

Autrement dit, toutes les candidatures peuvent conduire au doctorat en philosophie à condition que les cours philosophiques obligatoires à la candidature en philosophie y soient ajoutés.

Un corollaire de cette mesure sera qu'un docteur en droit, en sciences, un ingénieur, pourront obtenir le diplôme de docteur en philosophie à la suite d'examens portant sur les seuls cours philosophiques obligatoires de la candidature et du doctorat, les cours non philosophiques suivis pour l'obtention de leur premier diplôme étant un ensemble de cours d'appoint suffisant.

Ainsi la philosophie, tout en demeurant légitimement rattachée à la faculté qui porte son nom, trouvera dans l'Université un enseignement accordé à sa nature propre : n'est-elle pas comme un carrefour où se croisent toutes les routes de la connaissance, et où le penseur se place pour tâcher de saisir au passage tout ce qui diversifie les activités humaines et ce qui les unifie?

Tel est l'ensemble d'une réforme du doctorat en philosophie qui peut se présenter comme une élaboration collective de la Société belge de Philosophie, après une sérieux examen de la question. Encore une fois, il a paru qu'elle tenait compte de quantité de difficultés du problème judicieusement aperçues, les unes par des philosophes, les autres par des spécialistes, et qu'elle avait l'avantage d'être d'une application facile. En effet, elle ne repose tout entière que sur une meilleure utilisation de l'enseignement actuel des Universités, elle n'implique, à la rigueur, pas un cours de plus.

Il va sans dire que la formation philosophique avant tout historique, littéraire et philologique qui est actuellement de règle, demeurerait intégralement possible, l'étudiant ayant la liberté de choisir comme cours d'appoint les cours sur lesquels le législateur ancien avait jeté son dévolu.

A ceux qui s'effrayeraient de cet esprit novateur nous ferons remarquer que peu de choses serait changé en Belgique si notre réforme était adoptée. Les étudiants en philosophie ne seraient pas beaucoup plus nombreux, mais peut-être que parmi ces jeunes et vives intelligences que la philosophie attire et retient, sûre, à cause de son inutilité pratique, de n'être aimée que pour elle-même, quelques-uns se féliciteront de voir fournir à leur effort vers une réflexion synthétique, une information plus variée ou plus adéquate.

La Mentalité primitive

par R. KREGLINGER

Professeur à l'Université libre de Bruxelles.

———

Peut-on parler d'une mentalité primitive?

Assurément, quand on compare tous les non-civilisés dispersés sur le globe, on découvre entre eux d'incontestables divergences; l'Indien, réfléchi, grave, vindicatif et rusé, doué d'une vie intérieure d'une réelle richesse, diffère du Papou passionné, irritable et vif; le Nègre, souvent intelligent, mais sensuel, versatile, indolent, extrême dans toutes ses réactions, ne ressemble guère au Berbère nomade, enfant du désert, émacié par des jeûnes prolongés dont ses sens sortent affinés et qui exaltent son imagination; et ce serait un travail considérable et intéressant à faire que d'étudier en détail et séparément la psychologie de toutes ces races, de rechercher la part qu'ont eue, dans sa formation, le climat, l'histoire, le milieu physique.

Mais, dès à présent, l'ethnographie comparée a pu mettre en lumière qu'à côté de toutes ces divergences, il y a des caractères généraux, communs à toutes ces populations médiocrement civilisées, et qui les opposent toutes aux peuples qui, dans l'antiquité classique et le monde moderne, ont atteint un degré supérieur de développement. Au point de vue de la religion, de la morale ou du droit, dans le domaine économique, sous le rapport de l'organisation de la famille ou du clan, partout on découvre, chez les non-civilisés, d'étonnantes similitudes qu'il importe d'analyser avec un soin d'autant plus minutieux que le nombre même de ces analogies et l'éloignement des lieux où elles furent observées semble permettre des conclusions générales sur l'origine et l'évolution de la pensée humaine.

Ces non-civilisés, cependant, sont-ils vraiment des primitifs? N'est-ce pas commettre un véritable abus de langage que de les désigner de ce terme (1), assez vague, d'ailleurs, mais qui implique la notion d'antériorité, qui sous-entend qu'ils sont plus proches que nous d'un état par où nous aussi devons avoir passé, qui par conséquent incite à chercher, dans ces milieux barbares, le point de départ d'un développement dont nos civilisations à nous sont l'aboutissement. Ils sont moins cultivés que nous, assurément, plus simples, plus près de la nature; mais il n'est pas démontré qu'ils n'ont point, eux aussi, évolué; ce peuvent être, et ce sont dans bien des cas, comme celui des Papous ou des Pygmées, des dégénérés; c'est s'avancer à la légère que de supposer, sans démonstration rigoureuse, que le développement de l'humanité a dû être partout identique et rectiligne, les plus favorisés s'avançant un peu plus sur le chemin du progrès, les autres s'attardant, s'arrêtant dès les premières étapes, mais tous s'engageant sur une même route dont l'historien pourrait, en repérant les points occupés par les retardataires, reconstituer en détail tout le tracé.

C'est ce qui rend, par exemple, si précaire et si peu convaincante la tentative de M. Durkheim de retrouver la forme élémentaire de la vie religieuse en étudiant les croyances et les rites des tribus australiennes qu'après une comparaison attentive, il croit pouvoir reléguer à l'échelon tout-à-fait inférieur de la hiérarchie humaine. Le totemisme lui apparaît comme la manifestation première dont toutes les religions seraient nées par des développements successifs (et non point seulement les religions, mais d'importantes institutions et les catégories mêmes de la pensée), parce que les Arunta et les Loritja sont organisés sur une base totémique; ces populations sont, selon lui, les plus rapprochées des origines de l'évolution; leur technique est la plus rudimentaire, au point que les maisons mêmes et les huttes y sont ignorées; leur organisation, la plus primitive et la plus simple qui soit connue; dès lors, les observer, ce serait saisir sur le vif l'éclo-

---

(1) Il est bien entendu que le mot ne peut être pris que dans un sens relatif; personne ne songe à dire que les civilisations primitives sont les premières absolument et qu'avant elles rien n'était, que les institutions humaines ont donc été créées par elles sans avoir eu aucun antécédent; il suffit, pour qu'on puisse les qualifier de primitives, qu'elles soient antérieures, plus proches des origines, que toutes les autres sociétés que la science analyse.

sion même de la religion comme de la civilisation toute entière (1). C'est là un véritable abus de la méthode comparative; ce n'est pas parce que, chez ces sauvages contemporains, le totémisme est à la base de l'organisation sociale que nous pouvons admettre à priori que sur d'autres continents, aux âges lointains qu'aucun document ne permet plus d'étudier directement (2), le totémisme a dû pareillement exister, et que c'est donc par lui que doivent s'expliquer les premières institutions régissant ces sociétés. M. Durkheim postule un développement rectiligne de l'humanité; ce postulat n'est encore qu'une hypothèse indémontrée.

Mais la question change d'aspect si, nous détournant des non-civilisés d'aujourd'hui, nous remontons l'histoire; si nous discernons qu'aux premiers stades de leur longue évolution, les peuples classiques de l'antiquité, les Sémites, les Egyptiens, les habitants indigènes de l'Hellade et de l'Italie, obéissaient eux aussi à des lois mentales différentes de celles auxquelles nous sommes nous-mêmes soumis; et si, comparant enfin ces constatations avec les conclusions des ethnographes, nous trouvons que quelques-unes des caractéristiques essentielles de la psychologie des moins avancées d'entre les tribus actuelles sont les mêmes que celles des peuplades archaïques dont l'effort laborieux finira par créer les grandes civilisations de l'antiquité; car cette fois-ci, il sera possible de parler d'antériorité et de succession; de qualifier l'une de ces civilisations de primitive par rapport à l'autre; de considérer les institutions de la plus ancienne comme l'origine de celles qu'offre la plus récente. Ici éclate l'importance capitale de l'ethnographie comparée; l'archéologue ne dispose généralement que de documents clairsemés, muets, difficiles à interpréter; le rapprochement prudent avec des usages actuels facilitera leur compréhension; des problèmes, paraissant insolubles, ont pu être utilement abordés; et d'autre part, retrouvant dans l'antiquité des peuples très pareils aux sauvages d'aujourd'hui, le rappro-

---

(1) E. DURKHEIM, Les Formes élémentaires de la vie religieuse, Paris, Alcan, 1912, not. p. 131.

(2) En fait, les traces du totémisme dans l'antiquité sont très rares et généralement d'interprétation douteuse; rien ne démontre qu'il y ait jamais exercé une influence prépondérante. L'extension du totémisme chez les non-civilisés contemporains a, elle aussi, été fortement exagérée.

chement entre les mœurs rudimentaires de ces derniers et la civilisation moderne ne se heurte plus aux objections tantôt signalées: sur les points tout au moins où ces enquêtes auront établi des ressemblances certaines, la connaissance des sauvages pourra éclairer l'histoire de nos propres origines.

C'est ainsi que l'étude des non-civilisés actuels et celle des peuples les plus anciens se complète; ce n'est pas l'examen approfondi d'une tribu déterminée, puissamment intéressant assurément en lui-même, mais incapable de fournir des conclusions générales, qui peut être le point de départ de l'ethnographie comparée; c'est tout l'ensemble des faits, recueillis sur tous les continents et à toutes les époques, chez tous les peuples à civilisation inférieure, qu'il faut réunir et confronter, pour noter les analogies et les divergences, pour ne combler qu'avec une extrême prudence, grâce aux constatations faites dans un milieu, les lacunes qu'une documentation insuffisante laisse inévitablement subsister ailleurs. La méthode est souvent délicate à manier; les observations ne sont pas toujours faites avec toute l'objectivité désirable; et, d'autre part, les monographies consacrées aux non-civilisés sont innombrables, et fournissent des renseignements multiples au point que le théoricien hâtif y trouvera facilement des faits corroborant ses doctrines préconçues et que la tentation est grande de ne tenir compte que de ceux qui lui sont favorables; nulle part, le sage précepte de Descartes, recommandant d'être toujours complet dans les analyses, ne doit être davantage médité. Mais l'expérience a démontré que si ces précautions indispensables sont prises, des résultats positifs peuvent être atteints. Sans perdre de vue d'indéniables différences, sans céder au dogmatisme imprudent qui voudrait retrouver partout des idées et des institutions identiques, la science a mis au jour des analogies suffisantes pour qu'il soit permis de parler, sans exagération, d'une mentalité primitive.

I

Cette mentalité est, avant tout, collective.

L'individu, dès sa naissance, est le prisonnier du groupe dont il fait partie, qui lui impose ses mœurs, ses croyances, son genre de vie, qui l'obligera de prendre femme dans un milieu déterminé. La solidarité des membres de ce groupe s'étend à tous les domaines; elle entraîne, au point de vue pénal, la responsabilité de tous pour les fautes de l'un d'entre eux, responsabilité collective de tous les contemporains, responsabilité collective aussi des générations successives, la faute des ancêtres retombant, par une action fatale, inéluctable, sur la tête de leurs enfants. Elle ordonne à tous les parents de venger ensemble les outrages dont l'un d'entre eux fut la victime. Elle détermine le caractère social, et non point individuel, de la propriété, exploitée par tous dans un intérêt commun. Eile règle la collaboration de tous à l'exécution des rites religieux et magiques dont la prospérité du groupe est le principal objet. Elle se traduit, dans le domaine intellectuel, par la prédominance absolue de la coutume et de la tradition, dont personne n'ose se départir, dont la stricte observation justifie toutes les croyances. C'est le groupe qui est le centre de toutes les préoccupations du primitif; c'est en lui qu'il découvre la cause de toutes les vicissitudes de sa vie (1).

C'est vers lui qu'il se tourne à chaque hésitation; jamais il ne songe à s'interroger soi-même, à se faire une conviction personnelle, à chercher, dans son propre passé, les antécédents de son état présent. La fonction crée l'organe; la conscience individuelle de ces hommes qui jamais ne s'analysent, dont tous les regards sont toujours tournés vers le dehors, reste atrophiée; la croyance en une âme individuelle ne se dégage point.

L'animisme était, il y a peu d'années encore, la doctrine admise par presque tous les ethnographes. Tylor et ses disciples enseignaient que chaque individu, chez les non-civilisés déjà, croyait avoir une âme personnelle, une conscience où s'élaboraient ses volontés, et dont les décisions déclanchaient ses actes; constatant d'autre part des actes analogues chez les autres hommes, le primitif en concluait que chacun avait son âme; et étendant encore le même raisonnement, il attribuait pareillement une âme à tous les animaux et à tous les corps qui dans la nature se meuvent,

---

(1) Il est juste de faire remarquer que les travaux de Durkheim ont contribué pour la plus large part à mettre en lumière ce caractère esssentiellement collectif de la pensée primitive. Les exemples innombrables qui en ont été donnés, chez les non-civilisés et les anciens jusqu'à l'époque de leur développement le plus brillant, sont trop connus pour qu'il faille les répéter ici; des survivances en subsistent dans l'Europe contemporaine, notamment chez les Slaves.

aux astres circulant au ciel, aux arbres dont les feuilles s'agitent au souffle du vent. L'animisme devenait une théorie générale de l'univers; la croyance aux dieux, les religions tout entières étaient expliquées par lui.

Les faits apportés par Tylor à l'appui de sa doctrine sont si nombreux et ont été si souvent confirmés par d'autres, qu'il semble impossible de les mettre en doute. Mais l'animisme, incompatible avec le caractère impersonnel de la mentalité collective, ne peut être vraiment primitif. Dans l'une des branches essentielles de l'ethnographie, la science des religions, ils est aujourd'hui établi qu'en fait, un stade plus ancien l'a précédé, que l'on nomme, depuis Marett (1), la période préanimistique, où ce ne sont pas encore des dieux personnels qu'on adore, où le culte repose tout entier sur la croyance à ce qu'on a pu appeler un théoplasme (2), un « god-stuff », force vague, indéterminée, matérielle, circulant à travers le monde, donnant aux corps où elle se pose des pouvoirs inaccoutumés, redoutable généralement pour l'homme, mais dont il parvient pourtant à s'emparer pour la faire agir à son profit. L'observation attentive a retrouvé cette même notion fondamentale chez presque tous les primitifs.

II

Mais cette conception impersonnelle et matérialiste n'est pas particulière à la vie religieuse. Le primitif matérialise toutes ses pensées; chaque qualité lui apparaît comme une substance matérielle s'accrochant aux objets qui la possèdent, mais restant indépendante d'eux, pouvant les quitter, se porter ailleurs, n'ayant pas de contours précis, mais ayant cependant de l'étendue, se mouvant par conséquent exactement comme font les corps massifs; c'est par des procédés matériels, des purifications, qu'on s'en débarrasse; et d'autre part, on l'acquiert, soit en mangeant les êtres ou les choses qui la contiennent, soit encore en se contentant d'en approcher, de se frotter contre elle, de la faire agir sur soi par contagion.

Chaque individu, tout d'abord, possède une matière de ce

---

(1) R.-R. MARETT, Preanimistic Religion, Folklore, juin 1900.
(2) S. HARTLAND, *Folklore*, XII, p. 27.

genre, qui est sa marque propre, qui imprègne chacun de ses organes, dont la présence fait qu'ils sont siens, dont la persistance, alors même qu'ils se détachent de lui, continue à maintenir entre eux et lui une puissante solidarité. Le membre, le cheveu, l'ongle coupés vivent toujours d'une même vie que l'homme dont ils émanent; il souffrira des mutilations, des affronts, qu'on leur inflige; il est entre les mains de l'ennemi qui parvient à s'en emparer; il aura soin, par conséquent, de les déposer en un endroit où ils soient à l'abri de toute attaque malveillante.

Mais cette matière spécifique de l'individu n'adhère point à lui d'une façon absolue; elle imprègne les vêtements qu'il porte, et cette participation physique les unira à lui, justifiera son droit de propriété, fera, de ses biens et de lui, un tout dont toutes les parties sont solidaires et réagissent constamment les unes sur les autres. Il est présent lui-même où se trouvent ces meubles chargés de sa personnalité; dans l'Afrique centrale, en Polynésie, en enduisant d'une plante vénéneuse les habits d'un homme, ou d'autres objets s'étant trouvés en contact étroit avec lui, ou l'herbe même sur laquelle il a marché et qui conserve l'empreinte de ses pas, on croit l'empoisonner lui-même; et d'autre part, les chiffons, les lambeaux de vêtements que les primitifs, les anciens, nos campagnards encore pendent aux branches d'arbres vénérés mettent leur propriétaire lui-même en rapport durable avec les forces sacrées dont le bénéfice, leur semble-t-il, doit rayonner sur sa propre personne.

La substance individuelle peut s'échanger; mêlant dans une coupe quelques gouttes de leur sang, deux hommes peuvent boire le liquide ainsi produit; ils peuvent se faire dans la peau de légères entailles pour permettre à chacun de lécher le sang s'écoulant de la blessure de l'autre: ils vivront alors d'une même vie, auront noué des relations d'amitié indissolubles. Les chefs de tribus scelleront les traités d'alliance par les mêmes procédés, ou, plus simplement, participeront d'un même repas, ou encore, échangeront des cadeaux par où le donateur transmet une parcelle de sa personnalité à celui qui reçoit et conserve ses dons.

C'est sur les mêmes principes que repose la société. Un groupe social est une unité dont tous les membres sont porteurs d'une même substance; des rites périodiques, notamment de commensalité, maintiennent et renforcent ces liens sociaux; c'est parce qu'ils sont tous faits d'une même chair que tous sont animés des mêmes sentiments, éprouvent des espérances pareilles, réagissent ensemble aux dangers qui les menacent, s'attachent à l'intérêt général. Garder pure cette substance sociale, la préserver de toute contagion, voilà l'une des préoccupations essentielles de la politique primitive; des purifications rigoureuses précéderont la rentrée dans le village de l'individu que des voyages auront mis en rapport avec des milieux différents; ailleurs, dans l'ancienne Italie par exemple, on excluera de la vie sociale et notamment de l'armée celui qu'une absence ou une maladie aura empêché de participer aux cérémonies annuelles où les liens tribaux auront été renouvelés. L'étranger, d'autre part, est un ennemi dont on se méfie, dont le regard affaiblit, et l'étiquette qui règle sa réception a précisément pour but de rendre moins redoutable son approche; il ne sera vraiment inoffensif que lorsque par un repas pris en commun il se sera incorporé la matière même dont sont faits les membres de la tribu. Avant ce rite, il est un centre d'infection qu'on fuit; par lui s'établissent des liens d'hospitalité qui le protègent et dont naissent des obligations réciproques. qu'il serait impie de violer.

Chaque sexe, aussi, a sa substance spéciale, qui donne à l'homme son endurance, son courage, à la femme sa grâce et sa patience; et ici encore, le danger de voir par contagion ces substances contaminer l'autre sexe est perçu par tous les primitifs. Chez beaucoup, hommes et femmes vivent séparément; les enfants surtout ne pourront se mêler dans leurs jeux, leurs repas; l'Indien redoute que son garçon, éduqué avec les filles, ne devienne hermaphrodite. Aux délibérations politiques, aux grandes cérémonies religieuses, aux préparatifs militaires surtout, la présence des femmes sera rigoureusement interdite; souvent, les rapports sexuels devront être évités pendant toute la période qui les précède. Au mariage notamment, des précautions multiples s'imposeront; on n'y procédera que graduellement, on le fera précéder de mariages simulés, avec des prêtres, avec d'inoffensifs enfants; on obligera les époux, ou l'un d'entre eux, de porter, à l'occasion des cérémonies matrimoniales, les vêtements de l'autre, de façon à ménager les transitions, à ne produire qu'insensiblement l'union périlleuse, à éviter le choc qu'entraînerait tout rapprochement trop brusque.

Chaque âge enfin a son caractère, ses qualités, et par conséquent aussi sa matière spéciale; quand, adolescent, on pénètre

dans une classe d'âge nouvelle, ou quand on quitte le célibat pour
se marier, on devra se dépouiller de son ancienne personnalité
pour en revêtir une autre, et cette opération s'effectue par des
rites complexes que Van Gennep a nommés les rites de passage (1); des mutilations, des mortifications, des jeûnes débar-
rassent de la personnalité précédente; on abandonne les vêtements, ou même le nom auquel elle peut s'être attachée; on se
coupe les cheveux qu'elle peut imprégner. Puis on réserve une
période de marge, d'attente, suffisante pour qu'aucune trace du
fluide qui caractérisait l'âge qu'on quitte ne persiste, ne soit
entraîné dans l'existence nouvelle et puisse l'empêcher de pleinement s'épanouir; ce sont les fiançailles avant le mariage; ce
sont, lors de la puberté, de longues retraites dans la solitude.
Des cérémonies d'agrégation, pareilles, quant aux principes, à
celles qui permettent la réception de l'étranger, accueillent enfin
le candidat dans so nouveau milieu. Des rites analogues accompagnent l'intronisation du chef, l'ordination du prêtre, l'initiation dans les sociétés privées, notamment les sociétés secrètes.

Dans le domaine moral, le même matérialisme entraîne des
effets similaires; le vice est un miasme remplissant le malheureux
qui en est frappé; il s'étend, par contagion, à tout son entourage,
vicie toute l'atmosphère, s'attache aux meubles; chaque vertu, de
son côté, est une matière que l'on peut, par des rites précis, s'in-
corporer. C'est par conséquent très objectivement que le primitif
apprécie la valeur morale d'un homme; on est bon, on est mauvais suivant le fluide moral dont on est chargé; l'intention est
irrelevante; c'est tout-à-fait mécaniquement, par des contacts
physiques, par la consommation d'êtres vertueux ou méchants
que l'on devient soi-même moral ou immoral. On mange les
chairs, et notamment le cœur d'animaux courageux ou d'ennemis
valeureux pour acquérir leur courage; en consommant de jeunes
enfants, l'indigène du Queensland espère redevenir jeune comme
eux; des primitifs, sous toutes les latitudes, croient honorer leurs
parents décédés en les mangeant, et montrent par là combien ils
tiennent à briller par les qualités qui les distinguaient. On se
débarrasse d'un vice comme d'une malpropreté physique, par des
purifications, des baptèmes, des plongeons dans les fleuves sacrés
ou dans la mer, de même, dit l'Hindou, « que l'homme couvert

---

(1) A. VAN GENNEP, Les Rites de passage, Paris, Nourry, 1909.

de sueur se débarrasse de ses souillures en se baignant » ; mais pour que cette opération soit vraiment efficace, il faudra l'étendre à tous les objets matériels qui peuvent être infectés du même défaut ; les instruments ayant servi au crime seront détruits, les meubles du malfaiteur seront nettoyés, sa maison balayée, parce que chaque grain de poussière pourrait conserver les éléments délétères ; parfois, on va jusqu'à brûler l'habitation, comme font les Berbères et comme faisaient aussi, après des crimes graves, les anciens Grecs. Parfois, des villages entiers seront soumis à de minutieuses lustrations. Ou encore, on se débarrasse du mal en le cédant à d'autres : des boucs émissaires qui, chargés de toutes les fautes d'une tribu toute entière, les emporteront dans la solitude ou seront tués pour qu'avec eux, le mal lui-même disparaisse ; ou encore, des hommes, victimes expiatoires de tous les crimes de la nation qu'ils représentent.

Les facultés intellectuelles, le savoir se transmettent de la même façon ; on devient éloquent, en Nouvelle-Zélande, en dévorant la chair d'oiseaux à la voix harmonieuse, et le Cyclope encore dans Euripide, croyait devenir orateur habile en consommant la langue d'Ulysse ; la science théologique du prêtre égyptien était, comme nous l'apprennent les textes des Pyramides, une substance matérielle qu'on mangeait et dont la présence dans le corps lui était indispensable pour l'exercice de ses fonctions. Le docteur musulman initie ses élèves en les touchant, ou, mieux encore, en crachant dans leur bouche ; et en buvant l'eau où avaient trempé leurs livres, les enfant marocains ou chinois acquièrent toutes les connaissances qui y sont accumulées ; le simple fait de porter des amulettes où sont gravées des inscriptions significatives, fait participer l'Indien aux doctrines que ces textes résument ou symbolisent.

La croyance au matérialisme religieux n'est donc point un fait isolé dans la vie du primitif ; ce n'est qu'une application particulière d'un phénomène général. Le primitif se sent entouré de forces qui le dépassent. C'est le mana dont les Mélanésiens devinent la présence dans tous les objets aux formes mystérieuses, dans tous les êtres qui, par leur vigueur, excèdent la normale et par conséquent l'étonnent, dans l'arbre qui pousse, le bétail qui se multiplie, dans le cristal à l'éclat troublant (1). L'Algonkin

---

(1) CODRINGTON, The Melanesians, Oxford, 1891, p. 119.

croit en une propriété mystérieuse et cosmique, présente partout dans la nature, le manitou, dont il éprouve en lui-même les effets chaque fois que des émotions, des terreurs inaccoutumées le secouent (2). En Afrique, les Bafiote discernent « quelque chose d'indéfini, le Lounyensou, puissance qui pénètre toutes choses vivantes et leur permet de grandir; ce n'est pas la vie, mais une activité, une force dont l'intervention est la condition même de la vie, dont la présence donne la vigueur, la santé; un membre mutilé ne l'a point. Elle donne à la terre son énergie productrice; elle est la source de toute existence, de toute fertilité, de tout devenir (3) ». Le kami japonais, les numina romains, le brahma des Hindous, l'el des Sémites sont autant de manifestations de la même conception; les rites primitifs de la Grèce et d'Israël la supposent; le pneuma des Stoïciens et du paulinisme en est une survivance.

Force mystérieuse, elle terrasse l'homme qui approche imprudemment des corps qui la contiennent; il devra se tenir à distance d'eux; ils sont pour lui tabou; la mort, la maladie, la cécité le menacent à chaque dérogation aux règles qui lui sont à cet effet imposées; le sauvage, l'ancien, le Romain, par exemple, se sent ainsi constamment entouré de dangers qui l'affolent, et devra se soumettre, pour y échapper, à d'innombrables restrictions.

Mais s'il parvient à s'immuniser contre cette matière divine — et il y réussit par de longues cérémonies d'initiation qui, très graduellement et en évitant toute transition brusquée, le mettent en rapport avec la substance sainte et multiplient les états intermédiaires suffisamment pour que jamais la décharge du fluide, émis par le milieu à potentiel élevé ne puisse lui être fatale —, s'il parvient à s'en imprégner lui-même, il en disposera, dominera la nature qui l'environne, sera magicien ou prêre, finira peut-être, dans certains cas privilégiés, par être lui-même un dieu; onl l'adorera le tiendra pour réceptacle du mana tout puissant; les rois primitifs sont ainsi de véritables surhommes, tabou

---

(2) W. Jones, The Algonkin Manitou, *Journal of American Folklore*, XVIII, 183 sq.

(3) S. Hartland, Ritual and Belief, New-York, Scribner, 1914, p. 45 sq. Je me borne intentionnellement, dans ce bref article synthétique, à ces trois exemples choisis sur trois continents. Il serait aisé de leur trouver des parallèles à peu près chez tous les primitifs.

pour les profanes, vivant isolés, mais maîtres du monde qui dépend d'eux.

Cette assimilation de la matière divine par tous les initiés emprunte les procédés mêmes qui assurent la transmission mécanique de tous les autres éléments matériels, mais invisibles, dont le primitif devine autour de lui l'action: le contact et la consommation; l'homme dévore l'animal considéré comme divin — et c'est la forme première du sacrifice, le sacrifice-communion, par où l'on s'assimile les puissances mystérieuses qui donnent à la victime les pouvoirs merveilleux qu'on lui attribue; ou l'on s'enduit d'onguents, du sang divin, on se frotte contre les pierres sacrées, on se baigne dans les rayons blanchâtres de la lune, si c'est en elle qu'est le mana, ou l'on revêt la peau de la bête sainte, on introduit ses cendres dans des blessures qu'on s'ouvre à cet effet, on utilise mille procédés qui réalisent l'absorption de la matière divine par l'homme préalablement initié.

La croyance au mana résume ainsi les principes fondamentaux de la religion primitive. Sa présence hausse au rang divin; son action mystérieuse engendre les émotions que toute religion comporte; les rites d'éloignement, de sacrifice, de contact, permettent d'en fuir les dangers ou de la manier au profit de l'adorant; l'initiation est le passage prudent du monde profane, qui en est dépourvu, dans le monde sacré qui en est saturé. Le sol qui en est imprégné deviendra sanctuaire; le prêtre est celui qui en est fortement chargé; l'être ou l'objet où le mana réside normalement deviendra un dieu.

Toute la vie du primitif est ainsi dominée par la croyance à une multitude de puissances invisibles, mais matérielles, par l'intervention desquelles il explique les vertus qu'il découvre autour de lui. La tendance à matérialiser toutes les relations est une loi fondamentale de sa pensée. Pour reprendre une expression bergsonienne, ce n'est pas le temps seulement qui se spatialise dans sa mentalité; tous les états de conscience, quels qu'ils soient, subissent la même déformation.

III

Le primitif est réaliste. Il extériorise tous ses états de conscience; il prête la vie à toutes les figures qu'il perçoit, et ne soupçonne jamais que ce peuvent être des créations de son imagination, des illusions subjectives.

L'image, le mot vivent d'une vie réelle. L'existence d'un être se renouvelle dans chaque portrait qu'on en dessine, au point que dans des recensements de l'ancienne Egypte, les statues étaient comptées au même titre que les hommes vivants ; qu'ailleurs, l'image du dieu exerçait, par sa présence, tous les pouvoirs attribués à la divinité ; que l'envoûtement de la figure dessinée atteignait la personne elle-même avec une certitude que la persistance prolongée des exécutions en effigie suffit à attester. La confiance en l'existence réelle des mots était plus générale encore. Un individu n'est complet que grâce au nom qu'il porte ; l'opération par laquelle s'effectue le choix du nom est essentielle pour appeler un enfant définitivement à la vie ; il devra, aux dates importantes de sa carrière, lors de l'initiation, du mariage, l'accession à certaines fonctions, comme la royauté, changer de nom pour renouveler sa personnalité et permettre aux rites de passage de sortir tous leurs effets. Il évitera de prononcer les noms d'êtres néfastes, d'ennemis, de démons, d'animaux sauvages ; il recourra, quand il devra les désigner, à de prudentes circonlocutions, persuadé du danger de voir apparaître ces êtres à la suite du seul énoncé de leur nom ; il s'efforcera, dans bien des cas, de garder secret son nom véritable, pour éviter que des étrangers mal disposés ne l'introduisent dans des formules magiques, des malédictions, et ne déclanchent sur lui tout le mal que ces formules annoncent ; il croira qu'en disant un nom, il crée un être, et racontera comment c'est par le verbe que le monde entier put être formé ; il honorera ses dieux en multipliant leurs noms, chaque épithète supplémentaire devant renouveler leur vie, étendre leurs pouvoirs, et la multiplicité des noms finira, dans l'antiquité classique, par être un titre invoqué par les divinités pour justifier les hommages de leurs fidèles ; il fera renaître ses morts en répétant leur nom, ou mieux encore, en le donnant à de jeunes enfants qui ne seront ainsi que leurs ancêtres ressuscités ; il attachera, au choix du nom, une attention extrême, l'homme devant effectivement jouir de toutes les qualités que son nom indique. Il serait aisé de citer, chez les primitifs, chez les anciens, d'innombrables exemples illustrant ces principes.

Rien, peut-être, n'a davantage influencé l'histoire humaine que ces convictions réalistes. Le primitif ne pénètre point le fond des choses ; l'apparence lui suffit. Où nous ne découvrons que des analogies, des ressemblances plus ou moins prononcées, il croit à d'absolues identités; il suffit que deux objets présente à l'observateur une image, un aspect extérieur pareils, pour qu'il les confonde absolument. Les figures mystérieuses que tracent au firmament les constellations brillantes, sont, pour lui, les êtres mêmes dont elles suggèrent la forme; les lignes capricieuses qu'il lit sur les organes, le foie notamment, des victimes qu'il sacrifie se confondent avec les êtres mêmes dont elles reproduisent l'aspect, et, par conséquent, en analysant ces symboles, en devinant la direction vers où se meuvent les astres, il connaîtra l'avenir des hommes eux-mêmes ou des contrées dont la vie se répète dans l'image qu'il observe. La science des oracles naîtra de ces croyances; des objets qui nous paraissent absolument indépendants l'un de l'autre deviennent, par suite de ces ressemblances fortuites, solidaires les uns des autres; tout, pour le primitif, se tient dans la nature; tout pour lui, est significatif, car il n'est rien qui, dans une certaine mesure, ne rappelle des choses qui l'intéressent. De chaque accident, de toute rencontre imprévue, il conclut à des rapports réels: il écoute le bruissement des arbres, le murmure des sources, la voix harmonieuse des oiseaux, y cherche des analogies, y entrevoit l'annonce d'événements futurs qui le concernent. Son existence, constamment, dépend d'une foule de circonstances qui se déroulent ailleurs, loin de lui; une vie commune palpite dans des êtres que nous tenons pour complètement étrangers l'un à l'autre, mais que rapprochent des ressemblances extérieures qui frappent le primitif; une sympathie mystérieuse pénètre l'univers : impression naïve chez les non-civilisés, mais qui plus tard, en s'intellectualisant, permettra au penseur hellénique, et notamment au stoïcien, de construire, sur la base de cette harmonie cosmique, des doctrines d'une admirable profondeur, et d'où le sage hindou, se sentant solidaire de tous les êtres, conclura à des préceptes moraux d'un désintéressement parfait.

L'homme dépend ainsi d'influences innombrables dont l'action ne s'exerce qu'indirectement sur lui, et dont il parvient malaisément à découvrir le jeu. Mais, à son tour, il tâche, grâce aux mêmes analogies, d'agir sur l'univers qui l'entoure; sur l'image qu'il trace, le monde se modèlera; les figures qu'il dessine seront riches d'une authentique réalité, et, par conséquent, en combinant des symboles habiles et en jouant des rites mimétiques, il agira lui-même sur l'avenir et dirigera dans un sens qui lui est favorable les événements qui le concernent. Ce sont les rites de chasse, de pêche, de guerre, où, à l'avance, il représente des battues, des combats victorieux, où il terrasse des ennemis fictifs et s'assure ainsi des succès effectifs, et telle est la confiance qu'il a dans l'efficacité de ces pratiques que jamais il n'affronterait la bataille sans les avoir exécutées et que dans l'antiquité, avant des rencontres décisives, les plus grands capitaines, tels Alexandre, les répétaient encore; ce sont les cérémonies solennelles où le sorcier bantou, malgache, hindou, grec ou juif faisait tomber des pluies artificielles, préludes d'averses authentiques; c'est dans des temples symbolisant le monde, le chef indien, l'empereur chinois ou le pharaon qui circulent, porteurs des ornements appropriés, pour faciliter, par une exacte figuration, les révolutions célestes du soleil et des étoiles.

Chaque parole dite rituellement crée l'objet qu'elle décrit; les formules magiques du primitif ne sont point des prières qui s'adressent à l'un ou l'autre personnage surhumain; ce sont des ordres impératifs; automatiquement, par leur seul énoncé, elles façonnent les êtres désignés. Le mythe naîtra de cette croyance à la vie des mots, par où s'animent les termes abstraits euxmêmes. Et le drame tout entier, magique et religieux chez tous les non-civilisés, et encore dans l'Inde, ou l'Egypte, ou la Grèce classique, sortira de cette croyance qu'en jouant ou en disant des scènes appropriées, on agit directement sur le monde extérieur; qu'au printemps, il faudra montrer la végétation exubérante rentrer dans le pays pour qu'à la suite de ces Dionysies, la terre effectivement se couvre de feuillage et de fruits; que si, dans des mystères savamment agencés, on assiste d'avance au voyage pénible de l'âme ou du cadavre sur des routes ténébreuses, à travers les obstacles accumulés et des démons malveillants vers un paradis baigné de lumière, on est assuré de vaincre en effet les périls de la mort et d'aborder victorieux aux îles enchantées qui recueillent les Polynésiens défunts, au Douat égyptien, aux Champs-Elysées que chaque initié d'Eleusis avait la certitude d'atteindre et d'habiter.

Pareillement, pour le primitif, l'expérience du rêve a la même valeur que les enseignements que lui fournit la veille, et s'il distingue les images qu'il observe dans l'un ou l'autre de ces états, il ne les en croit pas moins toutes également objectives, au point que jamais il ne doute des visions de ses songes, que chez les

Indiens des villages entiers se déplacent pour échapper aux conséquences néfastes d'un rêve de mauvais augure, que les Yakoutes tous les jours se réunissent pour se communiquer leurs songes et délibérer ensemble sur le meilleur parti qu'ils en peuvent tirer ; que chez tous les sauvages et les anciens, et même chez les plus grands, comme Aristote, on trouve développées des règles efficaces pour n'avoir jamais que des rêves favorables.

Cette croyance à la réalité objective du rêve est capitale ; dans le rêve le primitif aperçoit de lointaines régions, et cependant ses compagnons, veillant à ses côtés, affirment que son corps ne s'est point déplacé ; c'est donc qu'il y a un autre élément, invisible normalement, doué de conscience, se mouvant avec une extrême rapidité, lié généralement au corps, mais pouvant le quitter ; cet autre élément, c'est l'âme. On l'identifie à l'image apparaissant à la conscience des tiers, qui dans leurs souvenirs ou dans leurs rêves à eux, voient des amis absents, reconnaissent leurs traits ; l'âme aura la forme même du corps, mais sera plus pâle, plus fluide, moins saisissable, une ombre agile, une idole. Mais après même le décès corporel, cette âme hantera l'imagination, troublera le sommeil des survivants ; ceux-ci reverront leur ami disparu, converseront avec lui ; c'est donc que l'âme survit au corps, qu'au-delà de cette existence limitée, une carrière nouvelle s'ouvre pour les défunts. Le réalisme du rêve découvre ainsi, par ces faciles déductions, des horizons nouveaux à l'imagination du primitif ; il finira par élever le niveau tout entier de sa mentalité : lui révélant l'existence d'une âme personnelle qui, peu à peu, deviendra l'objet de ses méditations, lui créera une vie intérieure et fera naître sa conscience morale, il l'émancipera de la pression du groupe dont il fait partie ; et d'autre part, il le conduira à la notion d'un monde différent de celui des corps matériels qu'il connaissait seul au début et auquel il assimilait les abstractions elles-mêmes et les vertus morales ou religieuses.

Ce ne sont là, d'ailleurs, que quelques-unes des manifestations de ce réalisme de la mentalité primitive et des survivances qui le rappellent.

Il s'explique aisément ; l'homme, naturellement, est crédule, accepte, sans les discuter, les données de sa conscience ; c'est peu à peu seulement qu'il apprend à douter, à se méfier, à considérer comme des illusions, des hallucinations, les expériences qu'au début il accepte naïvement. Il faudra des efforts séculaires pour

qu'il commence péniblement à discerner l'apparence de la réalité ;
longtemps, la magie des mots continuera à peser sur sa pensée ;
aujourd'hui même, nous sommes loin d'en être libérés.

La mentalité primitive n'analyse donc pas les données que lui
fournissent les sens. Nous insérons naturellement dans son cadre
toute perception nouvelle, faisons, inconsciemment, en l'accueillant, un travail de comparaison, d'analyse, distinguons, automatiquement, entre les données objectives, d'une part, les créations de notre imagination de l'autre. Ce travail mental, essentiel
chez le civilisé, reste rudimentaire chez le primitif ; chez celui-ci,
chaque image apparaissant à la conscience est admise en bloc,
telle quelle, les éléments subjectifs et les éléments objectifs n'en
sont point discernés, l'effort indispensable de critique, grâce
auquel est éliminé du monde réel ce qui nous appartient en propre, ne se fait point. Les sentiments, les espérances, les craintes
restent liés indissolublement à la sensation elle-même, sont pro-
jetés au dehors. Le primitif n'est jamais objectif ; il est ce que
M. Crawley appelle un « whole-thinker ».

Inhabile à analyser, il réfléchit peu ; la réflexion combine des
éléments de pensée dégagés par l'abstraction ; la mentalité concrète du primitif s'y prête difficilement. Chaque état de conscience, au lieu de se fondre dans l'ensemble de sa vie mentale,
reste immuable, un tout isolé dont seul le souvenir passif tirera
parti.

IV

Ainsi, par ses caractères collectif, matérialiste et réaliste, la
mentalité du primitif diffère profondément de la nôtre et l'amène
à des actes et des croyances qui nous étonnent.

Ces différences ne l'empêchent pas, cependant, de souvent se
comporter comme nous le ferions nous-mêmes : dans la vie quotidienne, les circonstances sont nombreuses où il raisonne et se conduit comme un civilisé. Ces constatations ne permettent pas,
assurément, de nier des divergences qui, par ailleurs, sont évidentes et que confirment d'innombrables observations ; mais il
faut qu'une théorie de la mentalité primitive en tienne compte
et les explique.

C'est la raison pour laquelle nous avons cru devoir nous écarter dans une certaine mesure des conclusions d'auteurs dont les travaux ont contribué le p.us, par l'étendue de la documentation, la nouveauté et la pénétration des anaiyses, à fonder 1 ethnologie comparée et à définir la psychologie du primitif.

M. Levy-Bruhl qualifie la mentalité primitive de prélogique et de mystique (1). Elle est prélogique en ce sens qu'elle ignore la loi de contradiction; et cela n'est peut-être pas tout à fait exact, car dans ses travaux professionnels et les raisonnements simples de son existence normale, le primitif applique sans doute souvent cette loi d'une façon correcte quoiqu'inconsciente, comme, d'ailleurs, nous le faisons généralement nous-mêmes; mais d'autre part, à côté de ces cas, il en est beaucoup d'autres où sa conduite contredit cette loi élémentaire: confondant un être avec son image, son ombre, toutes les figures qui en rappellent les traits, il lui découvre des doubles qu'il n'en distingue que confusément, et ces multipes répliques, situées en des endroits différents, peuvent éprouver à la fois des aventures contradictoires que la conscience trouble du primitif attribue au même objet, au même être réel. En d'autres termes, sa mentalité n'est prélogique que secondairement; sa réflexion ne heurte la loi de contradiction que quand il cède au réalisme de sa pensée.

La mentalité primitive est en outre mystique, en ce sens qu'elle ne reconnaît pas aux êtres de contours précis et tient pour solidaires des corps même distants l'un de l'autre, qu'elle se détermine en d'autres termes, par ce que M. Levy-Bruhl appelle la loi de participation. Cette loi paraît, en effet, dominer la psychologie du primitif; mais il importe de préciser; le primitif ne fait pas participer n'importe quelle réalité à n'importe quelle autre; il en est, et de multiples qui, comme chez nous, sont totalement indépendantes l'une de l'autre. Mais ce qui est vrai, c'est que par l'application même des principes que nous avons dégagés, le primitif découvre entre les choses une foule de relations qui, pour nous, sont idéales ou subjectives; c'est son réalisme qui lui fait entrevoir des rapports authentiques entre des êtres et leurs images, qui attribue, à des gestes figurés, une valeur effective et permet ainsi d'agir à distance sur le monde; c'est son matérialisme qui accorde à de simples relations et à des qualités qui pour

(1) L. Lévy-Bruhl, Les fonctions mentales dans les sociétés inférieures, Paris, Alcan, 1910.

nous sont immatérielles et abstraites, une réalité corporelle et des vertus contagieuses qui les transmettent, des êtres qui les ont, à d'autres êtres voisins. Ici, encore, le mysticisme de la mentalité primitive est un fait; mais c'est un fait secondaire, qui résulte, dans des cas déterminés, du mécanisme caractéristique de cette mentalité.

Enfin, M. Levy-Bruhl, après Durkheim, insiste sur le caractère collectif de la pensée primitive; c'est ce caractère qui pour lui la différencie avant tout; il suffit qu'il soit absent pour que l'attitude du non-civilisé cesse de s'opposer à la nôtre; il suffit que le primitif agisse comme individu, pour qu'au contraire, il nous ressemble et, dès lors, s'expliquent les cas où il se comporte comme nous. « Considéré comme individu, en tant qu'il pense et agit indépendamment, s'il est possible, de ces représentations collectives. un primitif sentira, jugera, se conduira le plus souvent de la façon que nous attendrions. Les inférences qu'il formera seront justement celles qui nous paraissent raisonnables dans les circonstances données. S'il a abattu deux pièces de gibier, par exemple, et s'il n'en trouve qu'une à ramasser, il se demandera ce que l'autre est devenue, et il la cherchera. Si la pluie le surprend et l'incommode, il se mettra en quête d'un abri. S'il rencontre une bête féroce, il s'ingéniera pour lui échapper, etc. Mais de ce que, dans les occasions de ce genre, les primitifs raisonneront comme nous, de ce qu'ils tiendront une conduite semblable à celle que nous tiendrions (ce que font aussi, dans les cas les plus simples, les plus intelligents des animaux), il ne suit pas que leur activité mentale obéisse toujours aux mêmes lois que la nôtre. En fait, en tant que collective, elle a des lois qui lui sont propres, dont la première et la plus générale est la loi de participation » (1).

Cette distinction se justifie-t-elle? Peut-on vraiment, dans la vie d'un homme, distinguer entre un élément individuel et un élément collectif, ne sont-ils pas en fait constamment entremêlés? C'est à propos de la chasse, de la pluie, que M. Lévy-Bruhl cite comme exemples d'activités individuelles, que le primitif fait intervenir constamment le magicien pour qu'il l'aide de ses formules impératives et de ses gestes mimétiques. Est-il rien de plus individuel qu'une maladie? Et c'est pourtant quand il se sent

---

(1) LÉVY-BRUHL, *op. cit.*, p. 79.

indisposé qu'avant tout le non-civilisé fait appel au féticheur qui lui applique ses remèdes naïfs, dont tout praticien contemporain sourirait, et qui, d'une façon particulièrement frappante, attestent la différence des points de vue, Où trouver entre le collectif et l'individuel la démarcation indispensable pour qu'à la fois les analogies et les divergences entre notre psychologie et celle des primitifs s'expliquent? Peut-être dira-t-on qu'en tant qu'obéissant à la tradition, le primitif agit collectivement, qu'en tant que sa pensée se rapproche de la nôtre, elle est individuelle? Mais ces termes alors ne sont plus que de simples définitions, et perdent toute valeur explicative.

De son côté, M. Frazer, dont on ne pourrait suffisamment admirer l'étonnante érudition, estime que, ce qui surtout différencie de nous le primitif, c'est qu'il applique faussement les lois d'association des idées. Ces lois, suivant les psychologues anglais que suit Frazer, se ramènent à deux: nous associons entre elles des idées qui se ressemblent; c'est l'association par similitude; ou encore, nous associons des idées, même dissemblables par leur objet, quand elles se sont trouvées simultanément dans notre esprit; c'est l'association par contact (2). Les primitifs, selon Frazer, en étendent indûment l'emploi, unissent des idées en réalité dissemblables, et arrivent ainsi à imaginer des relations en fait inexistantes; l'application injustifiée de l'association par similitude aboutit à assimiler l'objet, le portrait, l'ombre et l'image, et c'est de là que naîtront les rites mimétiques; l'application injustifiée de l'association par contact entraîne le primitif à croire que les qualités d'un être s'étendent à tous ceux qui se sont trouvés directement en rapport spatial avec lui; ces deux erreurs conduisent par conséquent à des effets correspondant à peu près à ce que nous avons appelé le réalisme et le matérialisme primitifs.

Mais s'agit-il vraiment d'une fausse application de la loi d'association des idées? Les idées ne s'appellent-elles pas chez un Européen moderne à peu près comme chez un non-civilisé? Le portrait, le nom, le vêtement d'un homme ne suggèrent-ils pas, chez nous aussi, le souvenir de cet homme lui-même? Quand nous songeons à un objet, cet état de conscience reste lié, chez nous aussi, à tous ceux qui, antérieurement, se sont trouvés en même temps que lui dans notre pensée. Ce n'est pas l'application de

---

(2) Not. les onze volumes du *Golden Bough*, Londres, Macmillan,1911 sq. Voir surtout, pour l'exposé des principes: *The magic art and evolution of kings*, vol, I, 1911, p. 52 sq.

l'association des idées qui diffère; elle est la même, les relations naissant entre les diverses Idées sont pareilles dans l'un et l'autre milieu; mais ces relations que nous considérons comme purement idéales, comme souvent subjectives, le primitif les croit objectives et réelles, et c'est là ce qui le distingue de nous.

Et d'autre part, comment, sur la base de la théorie de Frazer, expliquer les cas nombreux où le primitif agit comme nous? Comment cet homme qui, généralement, associe si mal, tout-à-coup, associe-t-il correctement, et évite-t-il les erreurs qui, tantôt, l'aveuglaient et troublaient sa vision du monde?

Ces difficultés que ni Frazer ni Levy-Bruhl ne nous paraissent rencontrer, semblent au contraire disparaître si c'est dans le réalisme de la pensée primitive que nous en cherchons l'élément caractéristique. Le primitif considère comme réels tous les objets qu'il aperçoit dans sa conscience, ceux-là même qui pour nous sont illusoires, que nous rejetons, que nous considérons comme des produits de notre imagination ou comme des symboles, parfois pratiques, mais dépourvus d'existence objective, et par conséquent dans tous ces cas, il sera amené à penser et à agir autrement que nous. Mais si nous ne sommes pas réalistes au même titre que lui, nous aussi, cependant, nous admettons la réalité de bien des objets, l'origine objective de bien des impressions; le philosophe idéaliste lui-même agit comme si le monde extérieur était réel. Dès lors dans tous ces cas, nous voyons s'évanouir la cause qui déterminait la nature particulière de la vie mentale du sauvage. Il agira comme nous; ou plutôt, c'est nous, qui, dans tous les cas où nous avons affaire au monde matériel et objectif, agissons encore exactement comme le font les non-civilsés et comme le faisaient nos plus lointains ancêtres; le doute qui, dans tant d'autres circonstances, nous a libéré des illusions où continue à se perdre le primitif, fait défaut, nous lui donnons raison quand, en présence de réalités que nous encore, nous considérons comme tangibles, il se fie à ses impressions et se meut utilement au milieu des corps matériels qui l'entourent. Les remarquables similitudes qui souvent s'observent entre nos actes et ceux des sauvages ne peuvent donc pas davantage nous étonner que les divergences profondes que nous avons passées en revue.

L'évolution humaine apparaît ainsi comme une libération graduelle de la pensée.

Le primitif, passivement, accueille toutes les impressions du dehors; il dépend entièrement du milieu où il vit; il n'exerce qu'une influence restreinte sur l'élaboration de sa pensée. Peu à peu, l'homme apprend à confronter les idées multiples qui se heurtent dans sa conscience; il discerne de l'impression sensible l'œuvre propre de l'esprit. L'enfant encore, au début de sa vie, est incapable de faire ces distinctions, et prête la vie à tous les objets qui s'opposent à ses caprices et à toutes les images où tombe son regard. L'homme simple reste naturellement crédule et considère comme vraies, comme réelles, les plus invraisemblables affirmations, et M. Pierre Janet, dans ses analyses profondes sur l'affaiblissement mental, a montré comment de toutes nos facultés, la première qui fléchit, c'est précisément le sens du réel. Plus l'homme s'élève, plus il se méfie de l'impression des sens, plus il élabore les données qu'il en reçoit, plus la part de l'esprit grandit au détriment de la sensation passive.

Et d'autre part, esclave de son groupe, le primitif accepte sans discernement les croyances traditionnelles et machinalement exécute les actes que la coutume lui transmet. Ici encore l'évolution se poursuit dans le même sens libérateur. La conviction personnelle remplace le dogme immuable; l'homme dégage et écoute la voix de sa conscience intime et ne regarde plus exclusivement en dehors de lui pour savoir comment se conduire. Le collectivisme intellectuel s'atténue, et cède à l'autonomie de l'individu; et si les foules irréfléchies et moutonnières y restent engagées, de plus en plus les fortes personnalités s'en émancipent, et c'est vers cette libération que tend tout le mouvement passé de la pensée humaine.

La Manifestation BORDET à Mons

Le Conseil provincial du Hainaut, réuni en séance extraordinaire vendredi matin, 11 mars, à 10 h. 1/2, a organisé une grandiose manifestation de sympathie en l'honneur de M. le Dʳ Jules Bordet, lauréat du prix Nobel, sénateur provincial du Hainaut.

Le Conseil provincial a associé à la manifestation Mme et Mlle Bordet.

Dans la salle des séances, avaient pris place, outre les membres du Conseil, les Sénateurs et Députés du Hainaut, ainsi que de nombreux bourgmestres et hommes politiques, artistes, industriels, militaires, etc. Plusieurs dames honoraient aussi la réunion de leur présence.

M. André, président du Conseil provincial, a pris place au bureau avec M. le ministre Destrée, représentant le gouvernement, et M. le gouverneur Damoiseaux. M. André fait l'éloge de M. Bordet, rappelle son œuvre et lui fait remise de son buste, œuvre du sculpteur montois Paul Joris.

M. André s'exprime ainsi:

Maître,

Notre Province ne pouvait pas oublier, à l'heure où le monde entier acclamait en vous la Science bienfaisante, que Jules Bordet est un fils du Hainaut et que c'est dans la vieille cité de la bonne pierre, à Soignies, qu'est né l'enfant qui portait en soi le lumineux destin des maladies vaincues.

Et la patrie wallonne a souhaité saluer en vous le plus glorieux des hennuyers.

Vous avez fait violence à votre modestie et vous vous êtes rendu à nos désirs, soyez-en profondément remercié.

Vous avez compris que s'il est toujours bon d'exalter les héros, il est salutaire au premier chef, surtout aujourd'hui, de donner en exemple à la foule, l'homme de science et de devoir, le simple citoyen qui, dans des besognes quotidiennes et sans pompe — si pas sans péril — s'acharne à dépister le mal pour vaincre la douleur et faire qu'il y ait par le monde un peu plus de joie.

L'humanité est enfin sortie du plus épouvantable cauchemar que la terre ait connu ; pendant plus de quatre ans, la mort s'est assise sur la poitrine du monde et ce fut une telle déroute dans nos cœurs qu'il n'est personne qui n'ait quelque jour souhaité avec Vildrac d'avoir été ·

> Le premier soldat tombé
> Le premier jour de la guerre.

Avec la paix, si rudement conquise sur le champ de bataille, est légitimement venue l'exaltation du soldat à qui nous devons, nous autres Latins, de pouvoir respirer encore l'air de notre pays.

Mais la guerre est finie et il faut que chacun reprenne conscience des vérités essentielles, des petites vérités de tous les jours.

En temps de guerre, celui qui ne fait que son devoir n'en fait pas assez, disait Villars, sans doute, mais en temps de paix, celui qui fait ponctuellement son devoir fait tout ce que la Société est en droit d'attendre de lui.

Mais il faut que chacun fasse ce qu'il doit conformément à la finalité des actes : le bien commun.

Nous mettons sur le même plan moral le citoyen le plus justement illustre et le simple brave homme qui, à la sueur de son front, gagne son pain quotidien. L'un et l'autre, ce sont des ouvriers du bon œuvre.

Mais il en est qu'il faut placer au-dessus de tous : ce sont ceux dont la vie enseigne au monde le travail, l'orgueil et l'amour.

Le travail, qui est la loi du monde et qui en est la joie.

L'orgueil qui fait que le penseur reste sur la montagne loin des compromissions, loin de tout ce qui est vil ou simplement médiocre.

L'amour qui ne le fait descendre dans la plaine que pour se mêler à la foule des pauvres, pour les mieux connaître et par conséquent les aimer plus fraternellement, afin de mieux servir la justice.

Et vous êtes l'homme de travail, d'orgueil et d'amour.

Et c'est votre bonté et votre simplicité qui projettent aujourd'hui en pleine lumière la science, dont vous êtes comme la vivante synthèse.

Extérieurement, vous fûtes toujours conforme, rien qui pût attirer sur vous l'attention du public, sinon peut-être votre extrême modestie ; personne, sinon ceux qui travaillaient avec vous, qui vivaient dans l'intimité de votre pensée, personne ne savait quel homme vous étiez ; ce n'est pas vous qui avez mis votre œuvre en lumière, c'est votre œuvre qui a crié au monde qui est Jules Bordet. Et ce n'est même point votre science qui vous a rendu modeste, modeste vous l'étiez déjà au temps où la sève de la jeunesse exalte et projette l'adolescent hors de soi-même.

Il y a trente-deux ou trente-trois ans, nous étions ensemble à l'Université de Bruxelles ; l'un et l'autre nous faisions partie du Comité de la Générale des Etudiants ; vous y représentiez la Médecine, j'y représentais le Droit ; nous étions en contact presque tous les jours ; je ne vous avais pas deviné ! Je le dis à ma confusion, je vous ignorais. Et comme je me voyais un jour avocat de petite ville, je vous voyais établi dans quelque village hennuyer, où vous eussiez accompli tout simplement la mission obscure de fraternité et de consolation qui est celle des médecins de campagne.

Nous n'avions pas compris que vous étiez un de ces avertis, marqués au front pour les grandes choses.

Et brusquement, vous voici pour le monde le plus brillant représentant de la science d'expression claire et sans emphase, la science du professeur latin que, malgré soi, l'on est amené à opposer à la science brumeuse et pédantesque du Herr doctor germanique.

En face de la Kultur, vous êtes la politesse dans le sens que donnait à ce mot Montesquieu, parlant de la politesse des mœurs qui distingue 'es peuples latins des peuples barbares.

Nous avons vu aux prises les deux conceptions et nous nous sommes étonnés ; nous n'avons commencé à comprendre que le jour où se sont opposés les ordres du jour d'Albert et de Joffre aux ordres du jour d'un Kaiser allemand, et nous avons vu qu'il n'y avait rien de changé depuis la bataille de Bouvinnes.

Le matin du grand combat, l'empereur germanique, Othon IV, qui au début du XIIIe siècle se ruait au saccage de la France, s'adressant à ses leudes roux, leur disait : « Je vais faire sentir aux Français la lourdeur de mon poing et le poids de mon glaive. Dès maintenant, je partage leurs dépouilles et vous les abandonne : à toi le Vermandais, à toi le Soissonnais ; tuez et pillez ! »

Et cependant, Philippe Auguste, Roi de France, qui avait dans les veines du sang hennuyer, — car toute la lignée des beaux Capétiens est sortie d'une princesse de chez nous, et lui-même avait épousé la fille du Comte de Hainaut, — Philippe Auguste disait à ses soldats, les communiers français : « Pour Dieu, faites aujourd'hui que vous gardiez mon honneur et le vôtre ! »

Et le soir de la bataille, le Kaiser allemand fuyait honteusement, brûlant tout dans sa déroute, et le Roi de France, en commémoration de la patrie sauvée et de l'honneur gardé, fondait l'Université de Paris, flambeau du monde. Kultur d'un côté, politesse de l'autre, 1214, Allemagne, France.

Sept cents ans plus tard : 1914 ! les savants allemands, dans leur manifeste monstrueux, légitiment d'avance le partage de nos ruines et magnifient le poing et le glaive teutons.

Où est-elle aujourd'hui, la science allemande ?

Mais vous avez gardé votre honneur et le nôtre.

Et vous nous apportez la leçon d'une vie de travail et d'abnégation ; non seulement vous êtes le bienfaiteur, mais vous êtes l'Exemple.

Vis-à-vis de la philosophie peut-être un peu émolliente de notre grand concitoyen Maurice Maeterlinck, philosophie pour gens heureux que ne possèdent point les nobles inquiétudes, philosophie faite de tous ces petits bonheurs à portée de la main qui laissent tant de vide dans les cœurs passionnés.

Vis-à-vis de cette philosophie lénifiante, vous dressez la rude discipline de la recherche scientifique, qui seule peut donner l'apaisement aux grandes âmes éprises de vérité. Car le doute, nous disait un jour Paul Heger, — vous vous en souvenez, — le doute scientifique n'est pas une inquiétude, c'est l'oreiller du savant ; on dort tranquille, en effet, quand on se sent bien certain de ne pas avoir été dupé et que l'on attend humblement la lumière du lendemain.

Cette philosophie proclame que si l'âme humaine est faite pour être heureuse, la joie est chose grave, et qu'il y aura toujours sur la terre de la solitude pour ceux qui en seront dignes.

Vous avez fui la vie facile de la plaine, vous avez gravi la montagne et volontiers — car savant, vous êtes aussi poète — je mettrais sur vos lèvres ces conseils du barde des hauteurs, s'adressant à la belle jeunesse avide de se donner carrière :

« Loue la montagne et demeure à la plaine »
　　Dit un proverbe du Midi.
　　Moi, je dis :
Loue la montagne, encore que ce n'en soit la peine
　　Et reste à la montagne, mon petit.
Elle demande un cœur de longue haleine ?
　　Et bien, fais-toi ce cœur, parai !

Fais-toi ce cœur dans la poitrine,
Prends-moi la sente des collines,
Clos la bouche, ouvre la narine,
Dans le silence et dans le vent,
L'air est pur, mais la route étroite,
Malaisée, puisque montant droite ;
N'importe, même si tu boites,
　　Va de l'avant.

Il n'est cure que d'altitude,
On descend, dans la multitude ;
Monte devers la solitude,
Seule, elle te fera monter.
Si le vent est rude, n'importe :
Par chaque fente de la porte
Dès l'aube, il arrive et t'apporte
Le goût vert de la liberté.

Te voilà maintenant maître de la campagne
　　Le sang sec et l'âme en éveil,
Ainsi loue la montagne et reste à la montagne,
　　Roi couronné par le soleil.

Vous êtes le roi couronné par le soleil : votre couronne est de science et d'amour.

Disciple de Pasteur, vous avez travaillé selon les méthodes françaises et vous avez jeté une lumière inattendue sur cette chimie compliquée et mystérieuse des êtres vivants.

Nombreuses sont vos découvertes relatives au vibrion cholérique, à l'identification des microbes, à la coagulation du sang, que sais-je moi, profane : mais rien que pour avoir décrit le microbe de la coqueluche, toutes les mères, j'en atteste ici, Madame Bordet, tous les mères vous porteront à jamais dans leur cœur.

Vous êtes le prototype du savant de notre race, du savant français ; vous êtes profond, méthodique et clair comme Pasteur, comme Claude Bernard, comme Poincaré, et comme eux, vous écrivez en cette langue pure qui, de Villon à Anatole France, en passant par les grands classiques, coule comme un fleuve d'élégance et de limpidité.

Vous êtes le passionné de la recherche, vous êtes le dialecticien de l'expérience ; de la science vous êtes le poète dans le sens étymologique du mot, car vous êtes le créateur, vous êtes l'Ouvrier.

De vos mains savantes et fraternelles, vous avez sculpté une sorte de figure morale de la science, et votre œuvre proclame que le mystère des faits est de tous le plus fécond ; qu'il y a dans les grandes lois scientifiques un symbolisme gigantesque où peuvent s'alimenter toujours notre avidité d'enthousiasme, notre soin d'expansion, notre désir profond de croire ; dans la gloire, l'avenir vous mettra aux côtés d'Emile Verhaeren et de What Whitman, ces autres visionnaires de la réalité, selon le mot profond d'Eugène Carrière.

Savant et poète, vous l'êtes certes, mais vous êtes aussi l'organisateur au plus haut chef ; vous êtes l'éminent Directeur de l'Institut Pasteur du Brabant ; pendant nos années terribles, ne fûtes-vous pas le conseiller précieux du Comité National de Secours et d'Alimentation ?

Et tout cela, avec une bonne grâce, une simplicité, une belle humeur vraiment wallonnes, car vous avez toutes les qualités de notre race dont vous êtes aujourd'hui la figure la plus représentative.

Et vous avez accepté de représenter au Sénat notre démocratique province ; quel honneur pour nous, quel bien pour le pays ! et combien, tous, nous vous devons de gratitude !

Pour nous, avant tout, vous êtes le Wallon ; c'est en cette qualité que nous nous réclamons de vous ; c'est le grand Wallon que la Wallonie aujourd'hui salue avec respect et avec passion.

C'est votre bonne tête de Wallon que, pour la gloire du Hainaut, un jeune sculpteur plein d'avenir, Paul Joris, a modelé dans la glaise du pays. Demain, les ouvriers de Soignies, selon leur souhait, et ce souhait rend le son de belles âmes, demain, les ouvriers de Soignies, votre cité native, tailleront votre masque dans la bonne pierre bleue moins dure que n'est profond votre amour de la science, moins dur que n'est fervent notre amour pour vous.

Et ce geste, la pierre étant offerte par les maîtres de carrières, aura quelque chose de largement symbolique qui, dès aujourd'hui, fait vibrer à l'unisson votre cœur et le nôtre.

Maître, voici votre effigie, veuillez en accepter l'offrande.

Plusieurs fois, le discours de M. André, qui a été écouté religieusement, est coupé par de longs bravos.

Lorsque le calme renaît, la chorale de jeunes filles chante un couplet de la « Brabançonne », puis M. André, au nom de la patrie wallonne, donne à M. le professeur Bordet une accolade fraternelle.

L'assistance, qui s'est levée, reste debout, tandis que M. le professeur Bordet prend place au bureau et répond avec beaucoup d'émotion:

Monsieur le Ministre, Monsieur le Gouverneur,
Monsieur le Président du Conseil provincial,
Mesdames, Messieurs,

Je tâcherai de vous dire ma gratitude; je ne pense pas que j'y réussirai, car ce sentiment se laisse traduire d'autant plus difficilement par des mots qu'il est plus vif et plus profond. L'embarras où me plongent les éloges excessifs qu'on vient d'entendre rend ma tâche plus difficile encore J'ai tellement la sensation qu'on fait pour moi plus que je ne mérite. Je vous avoue sincèrement qu'au moment où j'appris que vous projetiez la manifestation d'aujourd'hui, je ressentis une véritable gêne. J'avais été déjà, en décembre dernier, le héros d'une cérémonie si brillante et si grandiose que lorsque j'y songe maintenant, je me demande parfois si je n'ai pas rêvé. Conscient d'avoir déjà trop longtemps et trop violemment accaparé l'attention, j'eus l'impression qu'il serait exagéré de renouveler de telles démonstrations, et la confusion que j'éprouvais se mêla d'un peu d'effroi. Mais je perçus bien vite le sentiment qui vous faisait agir. Le Wallon que je suis comprit que l'âme wallonne s'agitait dans vos cœurs, et qu'elle débordait de vos lèvres. C'était elle qui me parlait par vos bouches en exigeant qu'on fît venir pour le fêter, dans ce pays qui vous tient pas vos fibres les plus secrètes, un des vôtres, un frère de Wallonie.

C'est comme Wallon surtout que vous m'avez invité, c'est comme Wallon que je suis l'objet de cet accueil fraternel, et j'éprouve en ce moment cette émotion à laquelle on n'échappe jamais lorsqu'on se retrouve parmi les siens, dans une ambiance familière toute peuplée de souvenirs lointains. Ne suis-je pas ici dans cette ville de Mons où je suis venu bien souvent étant enfant, et qui est proche de la vieille cité sonégienne où je suis né à l'ombre de Saint-Vincent? On aura beau dire et beau faire, des considérations philosophiques assurément très élevées auront beau nous proposer comme idéal suprême un patriotisme indéfiniment élargi, c'est-à-dire le culte de l'humanité tout entière, les affinités profondes résultant de la communauté de race garderont toujours leur empire. C'est un penchant naturel irrésistible qui pousse l'homme vers l'homme, mais cette sympathie instinctive se comporte un peu comme la lumière, elle tend à s'affaiblir en raison de la distance. Cette sympathie est une lumière

qu' certes se propage parfois assez loin ; elle franchit parfois les frontières, à condit.on, bien entendu, que l'air des pays etrangers soit assez
transparent et assez pur pour n'en pas arrêter les rayons, à condition
qu'on n'y dégage pas les gaz opaques et asphyxiants de la fourberie et du
mensonge. Cette sympathie est une lumière qui, débordant les limites de
notre Wallonie, éclaire notre patrie tout entière, et qui s'épanche aussi
dans d'autres directions encore, vers nos alliés, vers le Sud par exemple,
vers cette France où l'atmosphère nous semble si sereine et si douce, si
pareille à celle que nous respirons ici. Mais comme toute lumière, nos
affections ont leur source d'où leur chaleur émane, elles ont leur centre
d'irradiation, la famille et le clocher natal, le petit coin du monde où
règne le parler dont notre enfance fut bercée, et c'est pourquoi, en me
retrouvant ici, je me sens pénétré jusqu'au cœur des généreux et vivi-
fiants rayons de notre cher foyer wallon.

C'est la Wallonie qui a fait celui que vous acclamez aujourd'hui, c'est
elle qui l'a fait vivre en chair et en os, et qui l'a fait vivre aussi en
plâtre, car je me sens dédoublé aujourd'hui en deux exemplaires également réels.

C'est la Wallonie qui insufflera l'âme au bloc de pierre sonegienne,
confié aux mains habiles, aux bonnes mains amicales de nos braves
carriers. Ils y mettront tout leur art et aussi, ce qui est plus touchant,
toute leur amitié pour leur concitoyen, pour un homme qui est un travailleur comme eux et qui se sent près d'eux, qui ne se distingue d'eux
que parce que son effort s'est appliqué à des choses différentes. M. André
me permettra de reprendre l'idée qu'il exprimait éloquemment tout à
l'heure : nous avons des métiers différents, mais nous sommes tous des
ouvriers de l'édifice social. Et nous sentons profondément que le concours
de chacun à l'immense œuvre commune n'est jamais, quoi qu'on fasse,
qu'un très petit élément d'un très grand tout, nous sentons que toutes
les bonnes volontés, quel que soit le genre de travail, valent une reconnaissance égale, et que la fraternité des hommes naît de la probité de leur
labeur en vue du bien de tous. Je n'oublierai jamais le charmant témoignage d'affection que mes concitoyens m'ont accordé en offrant de tailler
ce buste. Vous, mon cher Monsieur Joris, vous avez fait une très belle
œuvre et vous pouvez en être fier ; laissez-moi vous dire combien j'admire
vos hautes qualités d'artiste et combien j'ai apprécié, d'autre part, au
cours de nos entrevues, cette modestie et cette simplicité qui sont vôtres
et qui sont la parure et le charme du talent ; je vous exprime aussi toute
ma reconnaissance.

Vous m'avez, Messieurs, comblé de toutes façons, je ne ferai qu'une
brève allusion au mandat sénatorial que vous m'avez conféré, car vous
ne m'avez pas invité surtout comme sénateur. Je me bornerai à dire,
songeant à cette grande question des langues qui trouble tant les esprits,
que les Wallons sont des Belges et qu'ils ne peuvent pas se désintéresser
du sort de leurs frères Flamands.

La patrie doit être accueillante et bienveillante pour tous, aussi bien
pour ceux qui ignorent le français que pour ceux qui le connaissent. Mais

parmi les droits imprescriptibles des Flamands, il en est un qu'on semble étrangement méconnaître aujourd'hui, c'est celui d'aimer la langue française et même de la préférer à d'autres. La question des langues ne peut se résoudre que sous l'égide d'une complète liberté, d'un respect intégral des préférences de chacun. Mais je ne puis oublier qu'aujourd'hui c'est surtout le travail scientifique que vous avez voulu récompenser. Vous obéissez en cela à vos aspirations les plus caractéristiques, le Hainaut ayant manifesté de toutes façons un enthousiasme ardent pour les intérêts de la science. Vous avez joué à cet égard un rôle absolument décisif et donné de très nobles exemples. Et j'associe a ce propos dans ma pensée le Hainaut et le Brabant. Je suis à Bruxelles le collègue de mon vieil ami Herman ; je suis comme lui l'exécuteur des volontés d'une province pour ce qui concerne l'étude des maladies transmissibles et de l'hygiène. Je suis comme lui fonctionnaire provincial, c'est un lien de plus qui m'unit à vous tous.

Je vous exprime, Messieurs, mes sentiments de profonde reconnaissance. Et il ne vous déplaira certes pas qu'en exprimant ma gratitude, je vous confonde, vous mes chers compatriotes, avec nos amis de France, car je ne puis oublier que c'est la grande école française qui m'a tout d'abord accueilli et qui m'a initié à la recherche scientifique. Encore une fois, merci de tout cœur !

À midi, une séance académique a eu lieu dans l'auditoire de l'Institut d'Hygiène.

Une centaine de médecins du Hainaut se trouvaient dans la salle avec les autorités, qui avaient assisté une heure plus tôt à la séance du Conseil provincial.

La séance était présidée par M. le Dr Caty, député permanent, ayant à ses côtés M. le Dr Bordet ainsi que MM. les professeurs Putzeys, de l'Université de Liège, et Heger, de l'Université de Bruxelles.

En ouvrant la séance académique, M. le Dr Caty s'est exprimé en ces termes:

Cher Maître,

En nous faisant l'honneur d'être ici, il vous a paru peut-être de venir un peu chez vous, que dis-je, tout à fait chez vous, puisque vous êtes a l'Institut d'Hygiène et de Bactériologie.

Mais, aujourd'hui, vous ne trouverez pas le calme et le silence habituel du Laboratoire. Vous y rencontrerez un public spécial, en grande partie composé de médecins qui désirent ardemment vous adresser le témoignage des sentiments d'admiration qu'ils éprouvent pour vos remarquables travaux.

Vous y rencontrez aussi ceux qui représentent plus spécialement l'Institut d'Hygiène et qui eux aussi tiennent à vous dire combien hautement ils apprécient votre science bienfaisante qui a fait de vous le grand animateur de nos laboratoires.

Ne sont-ce pas, en effet, vos merveilleuses recherches qui, frayant la voie à travers le dédale lugubre des maladies sociales encore si meurtrières aujourd'hui, se traduisent chaque jour en progrès nouveaux, provoquant dans nos instituts des activités toujours nouvelles, toujours plus grandes? C'est la raison pour laquelle la province de Hainaut reconnaissante a inscrit à la façade de l'Institut d'Hygiène, à côté des noms illustres de Pasteur, Roux, Calmette et d'autres, le nom non moins glorieux de J. Bordet.

Cher Maître,

Une voix plus qualifiée que la mienne dira dans un instant la valeur de vos mérites, la grandeur et l'importance de votre science profonde, mais avant de donner la parole à votre vieil ami et collègue Herman, qu'il me soit permis d'adresser à Madame Bordet, à Mademoiselle Bordet, la sincère expression de nos plus respectueuses sympathies.

Qu'il me soit permis également de saluer Messieurs les professeurs Heger et Putzeys qui, comme il y a douze ans, lors de l'inauguration de notre Institut, ont tenu d'honorer cette cérémonie de leur prestigieuse présence.

Salut enfin et merci à vous tous, qui avez voulu vous associer à la province de Hainaut pour porter à l'honneur le plus illustre de ses enfants. *(Acclamations.)*

C'est M. le Dr Herman, directeur de l'Institut provincial d'hygiène qui a prononcé le discours académique dans lequel il a raconté l'œuvre du Dr Bordet.

M. le Dr Herman s'est exprimé ainsi:

Mesdames, Messieurs,
Chers confrères,

Le Hainaut, à son tour, a l'honneur de recevoir Jules Bordet, le premier biologiste belge qui ait remporté le prix Nobel.

Après tout ce qui a été dit de notre illustre compatriote, il faudrait beaucoup d'audace pour le gratifier d'une harangue qui aurait la prétention de la nouveauté ou même de l'originalité.

Des maîtres de la science, — qui, comme par hasard, étaient des maîtres de la parole, — d'éminents hommes d'Etat, nos meilleurs orateurs nationaux dans la politique et la diplomatie, les plus hautes autorités académiques, tous, à l'envi, célébrèrent Bordet en termes magnifiques, et la louange n'était pas surfaite, car on avait l'impression de se trouver en présence d'un grand citoyen.

Les manifestations de sympathie les plus spontanées et les plus vibrantes se succédaient sans que l'enthousiasme en fût émoussé, si bien que ~ordet se demandait parfois si une conspiration générale n'était pas ourdie contre son repos ou sa raison.

Bordet fut reçu mieux qu'un triomphateur roma'n, car, derrière le char, aucune voix discordante n'avait lieu de surgir. L'allégresse était nationale et, d'être Belge comme Bordet, chacun était plus fier.

Mais, parmi tant de manifestants, combien connaissaient réellement le héros du jour et comb'en savaient apprécier la portée de son œuvre ?

Evidemment, dans notre équipe biologique, nous tenions Bordet pour chef de nage, mais, avant le prix Nobel, qui le connaissait en dehors de quelques in'tiés, de ses élèves et des personnalités que ses fonctions rapprochaient ?

Il est tout de même surprenant qu'une consécration officielle, venant de l'étranger, soit nécessaire pour situer en juste place, dans son pays, ur savant qui, depuis trente ans, donne à l'humanité le meilleur de soimême.

Dans la capitale, l'éloge du jubilaire devait forcément emprunter la voix des grandes orgues et nos gracieux Souvera:ns, en se rendant au Palais d'Egmont, eurent un geste vraiment royal.

Mais ici, en Ha-naut, nous sommes mieux chez nous ; et la part qui revient à chacun de notre Bordet national s'en accroît d'autant qu'on se rapproche de Soignies.

Aussi, laissons la dithyrambe et n'infligeons pas au jubilaire la nouvelle épreuve d'un discours déjà entendu et moins bien exprimé.

Ce que je voudrais, c'est vous présenter Bordet tel que peut le connaître un modeste collègue, mais un vieil ami, et nous croyons l'occasion d'autant plus propice que la grande Famille médicale est représentée ici comme elle ne le fut jamais.

Tout, en Bordet, est simple, clair et lumineux.

C'est l'esprit latin évoluant dans les voies de l'expérimentation moderne. Mais cette simplicité recèle une force de pénétration, une puissance d'analyse et un espr.v de synthèse qui lui donnent, précisément, la touche du génie.

La chute d'une pomme suggère à Newton la conception du phénomène de la gravitation ; Fresnel ~scouvre l'interférence de la lumière en regardant l'ombre d'un cheveu.

Mais combien de pommes éta'ent tombées avant Newton ?

Le génie réside précisément dans la faculté de saisir entre des choses en apparence banales, des rapports qui échappent à la généralité.

Que peut-il y avoir d'intéressant à voir, dans un tube en verre, une goutte de sang rouge brique prendre une teinte rouge cerise?

Tout le monde a vu cela, et c'est cela l'hémolyse. Ma's Bordet y a vu autre chose et ce phénomène, orienté de certaine façon, deviendra le moyen le plus subtil pour le diagnostic des maladies infectieuses.

Dès ses premiers travaux, l'originalité de Bordet se révèle.

En 1895, il démontre que l'action du sérum des animaux vacc'nés contre 'e vibrion cholérique est due à deux substances : l'une naturelle, banale, se trouvant dans tous les sérums (l'alexine) et l'autre spécifique, engendrée par la réaction de l'organisme contre le virus inoculé (la sensibilisatrice).

Individuellement, chacune de ces substances ne peut détruire le microbe; mais, agissant de concert, elles y parviennent aisément.

Un exemple familier facilitera cette conception :

Le rayon lumineux émis par un paysage sur une plaque photographique ne manifeste son action qu'au contact d'un révélateur.

Celui-ci peut être quelconque : c'est l'alexine.

Mais, en l'espèce, ce qui est particulier ou, si l'on veut, spécifique, c'est le rayon lumineux, car il est la trace latente du paysage et il en épouse tous les détails. Ce rayon, c'est la sensibilisatrice. En fait, on ne la rencontre que dans le sang des vaccinés ou des sujets en puissance de microbe et elle est variable avec la nature de celui-ci.

Il était assez facile d'admettre que les microbes attaquant l'homme en sécrétant des poisons ou toxines, l'organisme se défendit en élaborant des contrepoisons ou antitoxines.

Par une intuition géniale, Bordet se demande si le déclanchement de ces phénomènes de défense contre un virus ne pourrait, à l'occasion, avoir lieu vis-à-vis d'éléments tout à fait inoffensifs, tels que les globules rouges du sang encore nommés hématies.

Et l'expérience confirme cette hypothèse qu'on aurait, à priori, pu tenir pour invraisemblable.

Le sérum d'un lapin injecté avec des globules rouges de mouton détruit les globules rouges de mouton et rien que ceux-là ; et le mécanisme de cette action spécifique est identique à la dissolution d'un microbe par 'e sérum d'un vacciné ; autrement dit, l'hémolyse ou dissolution des hématies est un phénomène identique à la bactériolyse ou dissolution des bactéries.

Les moins prévenus pourraient ne voir là qu'une curiosité de laboratoire, intéressante pour les virtuoses du microscope, mais moins impressionnante pour le reste de l'humanité que l'invention des gaz asphyxiants, par exemple.

Cela prouve bien que le cheveu de Fresnel ne pousse pas sur toutes les têtes !

En effet, l'étude de l'hémolyse devait conduire Bordet à des conclusions d'ordre général et à des déductions pratiques qui permettent de sauver, annuellement, des milliers d'existences.

Quand l'homme réagit contre un microbe virulent en modifiant les propriétés de ses humeurs dans le sens de neutraliser le poison élaboré par le parasite ou en englobant l'intrus dans des cellules spéciales dites phagocytes, on est tenté de voir une espèce de fonction spéciale, antimicrobienne par prédestination ; mais, sans les microbes, cette fonction n'en existerait pas moins puisqu'elle s'exerce sur des globules rouges et même sur la plupart des cellules organiques d'espèces étrangères.

Et dès lors, la conception de l'immunité s'éclaire d'un jour nouveau et se simplifie; celle-ci n'est plus qu'un mode particulier d'une fonction générale de la digestion intracellulaire ou phagocytose de Metchnikoff et l'on peut, en quelque sorte, comparer les sérums actifs et les sucs digestifs.

Mais voyons comment la notion de l'alexine et de la sensibilisatrice va trouver une sanction pratique dans la réaction dont on a le plus parlé au monde, sous le nom de réaction de Wassermann.

Cette usurpation germanique n'est pas faite pour nous surprendre; Wassermann s'est borné à appliquer à la recherche de la syphilis le principe général établi par Bordet et Gengou. Cet audacieux démarquage n'avait trompé aucun des initiés, mais le nombre en était si petit, vis-à-vis de la masse !

Aujourd'hui que justice est rendue, crions « Noel » pour nos deux compatriotes : pour Bordet, parvenu au pinacle, et pour Gengou, trop ignoré encore chez nous, mais déjà célèbre au delà de nos étroites frontières.

La réaction de Bordet-Gengou a pour principe la déviation du complément, c'est-à-dire de l'alexine. Nous avons vu que celle-ci se constitue, somme toute, le dissolvant banal mais obligatoire pour que l'action de la sensibilisatrice soit suivie d'effet. Cette alexine, que l'on emprunte généralement au sérum de cobaye, peut aussi bien servir à dissoudre des microbes que des globules rouges du moment que ces éléments sont en présence de leur sensibilisatrice propre.

Si dans un tube nous introduisons des bacilles du typhus, puis une goutte ou deux de sérum d'un malade atteint de typhus, puis enfin un peu de sérum frais de cobaye, l'alexine contenue dans ce sérum est fixée par la sensibilisatrice sur les bacilles ; pratiquement, elle disparaît. Mais renouvelons cette expérience avec le sérum d'un sujet non atteint de cette affection ; le sang de ce sujet ne contient pas de sensibilisatrice typhique, dès lors, l'alexine qu'on ajoutera ne sera pas fixée et restera en quelque sorte disponible. Comme, dans l'un ou l'autre cas, l'aspect des tubes ne change pas, le diagnostic serait impossible ; et c'est ici que se révèle l'ingéniosité de la méthode : Si au premier tube nous ajoutons des globules rouges de mouton et la sensibilisatrice globulaire correspondante l'aspect de ces globules n'est en rien modifié parce qu'il n'y a pas, dans ce tube, d'alexine disponible pour compléter la réaction : le liquide reste trouble et de couleur rouge brique.

Mais si nous ajoutons les mêmes réactifs dans le second tube, l'alexine disponible sera fixée par la sensibilisatrice globulaire sur les globules et ceux-ci seront détruits : le sang est hémolysé et le liquide devient transparent en prenant une teinte rouge cerise.

Donc, en cas de typhus, il n'y a pas d'hémolyse et celle-ci se produit si le patient est indemne de cette affection. Il en est de même pour toutes les infections et spécialement pour la syphilis où le diagnostic est encore possible trente ou quarante ans après l'accident initial et en dehors de tout symptôme clinique.

On saisit facilement la portée sociale de cette découverte, non seulement au point de vue de la guérison de l'individu, mais encore et surtout au point de vue de la préservation de la race.

La réaction de Bordet-Gengou est le pivot de la prophylaxie thérapeutique de la syphilis; et c'est encore elle qui nous renseignera sur le moment où le terrible parasite de ce fléau sera jugulé et où le sang aura recouvré une pureté suffisante pour que la contagion ne soit plus a craindre.

A côté des guérisons physiques, que de guérisons morales et que d'espoirs renaissants après des périodes de désespérance!

Que d'enfants sauvés de tares héréditaires hideuses et que d'intelligences brillantes arrachées aux ténèbres de la paralysie générale!

Parmi les travaux de Bordet qui eurent le plus d'influence sur les doctrines de l'immunité, on ne peut oublier ses expériences sur les substances antagonistes (toxines et ant toxines).

Il démontra que ces substances peuvent se combiner en proportions variables et que leurs combinaisons échappent à la loi des propriétés définies, loi qui régit toutes les réactions de la chimie en dehors de la matère vivante.

Cette conception était diamétralement opposée à celle de l'école allemande et il y eut à ce propos une joute mémorable, rappelant en plus d'un point celle que Pasteur soutint contre Liebig, à propos de la génération spontanée.

Encore une fois, l'école française devait triompher.

Aux théories nébuleuses et entortillées d'Ehrlich, Bordet opposa des faits précis, multiplia les expériences, en dégagea des conclusions claires et prouva, une fois de plus, que la vraie méthode scientifique ne consiste pas à vouloir asservir les résultats de l'observation aux vues préconçues de l'esprit.

Dans l'étude de la coagulation du sang, Bordet fait preuve d'une sagacité remarquable. Ce problème si troublant et si intéressant au point de vue pathologique en reçoit une contribution précieuse. L'origne des constituants du ferment de la fibrine est établie, le rôle des hématoblastes est fixé.

Puis viennent encore des travaux sur l'anaphylaxie, sur l'agglutination, sur la chimie des colloïdes. L'œuvre est tellement touffue qu'il n'est pas possible d'en donner ici une esquisse quelque peu complète.

Le traité de l'Immunité qui vient de paraître est un monument qui subira l'épreuve du temps; c'est le livre de chevet non seulement de tous les médecins, mais encore de tous les savants, car la notion de l'immunité devrait rentrer dans le cadre des connaissances générales et y acquérir droit de cité aussi légitimement que les grands chapitres de la physique et de la chimie.

Bordet s'y affirme magistralement, non seulement comme l'architecte qui conçoit l'œuvre, mais aussi comme l'artiste qui en façonne les pierres d'angle.

Nous ne pouvons cependant pas terminer cet aperçu, fort incomplet d'ailleurs, sans citer la découverte du microbe de la coqueluche qui, jusqu'en 1906, s'était dérobé aux recherches des plus fins limiers.

Bordet et son fidèle collaborateur Gengou s'attelèrent à la tâche dans des circonstances tout à fait particulieres et où le cœur du père seconda peut-être le cerveau du savant.

Le coccobacille de la coqueluche était démasqué, mais il fallait encore le cultiver, l'obtenir en culture pure et l'identifier.

Ce microbe n'était pas d'un élevage commode ; il fallait l'acclimater sur des milieux délicats et compliqués, mais il finit par s'apprivoiser et il se caractérisa alors par les réactions spécifiques qu'il donna avec le sang des coquelucheux et spécialement pour la réaction de déviation du complément de Bordet et Gengou.

Des essais de vaccination et de sérothérapie entrepris avec ce microbe donnèrent des résultats encourageants.

Les plus récents travaux de Bordet en bactériologie ont trait au bactériophage d'Hérelle : ferment mystérieux détruisant les microbes et se reproduisant dans les cultures ? microbe de microbe ou infiniment petit de second ordre, comme diraient les mathématiciens ?

N'anticipons pas, mais tenons pour sûr que Bordet n'embrouillera pas les choses.

Dans le domaine de l'application des sciences microbiologiques, Bordet révéla sa maîtrise par l'instauration, à l'Institut Pasteur du Brabant, des services de la vaccination de la rage, de la préparation du sérum antidiphtérique et du vaccin antityphique.

Mais il nous est tout particulièrement agréable de constater que le premier prix Nobel de Belgique échoit non seulement à un Hennuyer, mais justement à un illustre représentant de ces œuvres provinciales de prophylaxie, — Liége, Brabant, Hainaut, — que l'on doit à l'initiative des grandes démocraties belges.

Le rayonnement scientifique de l'Institut Bordet est considérable et de très nombreux travaux y sont affectés sous l'inspiration du Maître. Lui-même, d'ailleurs, est souvent appelé à l'étranger où, avant le prix Nobel, on le connaissait mieux que chez nous.

Voici, à ce propos, une petite anecdote, peut-être indiscrète, mais pourtant véridique :

Un jour, à Tokio, le premier ministre japonais apprit à une éminente personnalité belge qu'il y avait en Belgique un grand savant : Jules Bordet.

Or, cette éminente pesonnalité était un ancien condisciple du grand savant. A un dîner intime, au moment des toasts, M. le ministre Franck, s'adressant au jubilaire, lui dit, dans une improvisation charmante d'ailleurs :

« Mon cher Jules, je savais que tu avais fait de remarquables travaux sur l'hémolyse, mais on m'a assuré à Tokio que tu étais un grand savant !»

C'est encore au cours d'une mission scientifique en Amérique que Bordet apprit d'un Yankee qu'il était prix Nobel. Juste revanche sur Christophe Colomb : l'Amérique découvrait l'Europe !

Et après une randonnée triomphale dans cet immense pays où tout le monde se comprend dans une même langue, Bordet revient sur le Vieux Continent et est stupéfait de trouver une nation minuscule où tout le monde se chamaille sur la question de savoir jusqu'où il est licite de parler français !

Il est bien entendu qu'il ne s'agit pas ici de la Belgique.

Monsieur le Sénateur,

Vous avez accepté de faire partie de la Haute Assemblee. C'est, pour elle, un grand honneur.

Nous ne vous cèlerons pas cependant que le geste déconcerta quelque peu ceux qui, admirant votre dialectique si élégante et si rigoureuse dans les discussions scientifiques, vous voyaient descendre dans une arène où la raison, le savoir et l'abnégation ne sont pas toujours les motifs déterminants des résolutions prises.

Vous avez décidé... et peut-être le souvenir d'Emile Duclaux vous décida-t-il ?

Lui non plus ne s'était jamais occupé de politique, et lorsque surgit « l'Affaire » qui a tant agité la France, on le vit descendre de sa tour d'ivoire et se jeter dans la mêlée.

Beaucoup le lui ont reproché sans comprendre les motifs qui avaient ému cette âme ardente et délicate. Il s'exposait à l'orage par devoir, par amour de son pays. « Il croyait, disait Roux, que tout citoyen qui a la nette conscience que le Droit et la Justice ont été méconnus, doit le proclamer. Dans cette période tourmentée, Duclaux a fait preuve du plus rare courage, du plus généreux talent ; il a dépensé au delà de ses forces. Pour lui, tout le mal venait de la mauvaise tournure donnée à l'esprit par l'éducation naturelle ; il voulait que l'on reprit tout par la base et qu'on apprit aux gens à penser. Aussi, a-t-il contribué de tout son cœur aux entreprises d'éducation populaires nées dans ces dernières années. »

Nous sommes absolument convaincus, Monsieur le Sénateur, que votre acquiescement est subordonné à des préoccupations du même ordre et, comme vous n'êtes pas un citoyen ordinaire, on peut attendre beaucoup de vous, car il reste beaucoup à faire en Belgique dans l'organisation de l'hygiène publique, dans les œuvres d'éducation populaire et dans la réforme de l'enseignement.

Illustre ami,

Vous me pardonnerez, à la faveur d'une vieille camaraderie, d'avoir avec nos amis du Hainaut, troublé votre quiétude et effarouché quelque peu votre légendaire modestie.

Le pardon de Madame Bordet serait peut-être plus difficile à obtenir si nous ne la savions la plus dévouée des épouses, la plus gracieuse des compagnes : vous intercéderez auprès d'elle, pour les Hennuyers.

Mais devant le geste si émouvant et si spontané des carriers de votre pays, ces autres carriers que sont les médecins pouvaient-ils rester inertes?

S'ils ne taillent pas votre visage dans la pierre, ils le gardent jalouse
ment dans ce coin du souvenir où, pour me servir de votre langage,
« l'on se sent uni par ces liens multiples, délicats et, pourtant, si solides
que crée le sentiment d'une convergence des efforts et d'une communauté
d'idéal ».

Houilleurs, carriers, hommes d'études, artisans de l'outil ou de la pensée, nous tirons tous sur la même corde et les distances s'amoindrissent
du moment que la bonne volonté y est.

Evidemment, la puissance humaine a des limites, le tout c'est de ne
pas rester en dessous. Et, à ce point de vue, illustre ami, nul plus que
vous ne s'est conformé à la maxime de Pasteur, notre maître à tous :
« Pour la Science, la Patrie, l'Humanité ».

La proclamation de vos mérites n'y ajoute rien peut-être, mais il est
humain que vous y trouviez un réconfort. Parmi les manifestations les
plus bruyantes, vous aurez fait la part de l'intention de ceux qui, vous
ayant ignoré jusqu'alors, voulaient rattraper le temps perdu. Parmi les
témoignages les plus sincères d'admiration et de reconnaissance, vous
aurez reconnu la voix de vos amis, de vos adeptes, de vos confrères et de
la nombreuse humanité que votre science a sauvée de la mort ou d'une
déchéance prévue.

Et c'est pour vous la plus pure des gloires, car, en même temps qu'un
grand savant, vous êtes un grand caractère.

La Patrie vous doit beaucoup, mais l'Humanité vous doit davantage.

Une longue ovation à l'adresse de M. Jules Bordet, salue la
péroraison du discours de M. le Dr Herman.

M. Bordet remercie en ces termes:

Mes chers amis, Mesdames, Messieurs,

Je suis doublement heureux d'être ici, puisque je suis en Wallonie et
dans un laboratoire ; je me sens baigné dans la race à laquelle j'appar-
tiens et dans la science à laquelle je me suis consacré. Et cette ambiance
wallonne et scientifique est d'une remarquable homogénéité, car les deux
éléments qui le composent se fondent l'un dans l'autre. En effet, en
créant cet admirable institut d'hygiène, avec son musée et ses laboratoires, vous avez résolu le problème d'associer un peuple tout entier au
labeur de ses savants. Votre Institut est le symbole d'une science au
service du public, et d'un public au service de la science. En le fondant,
les autorités du Hainaut ont affirmé d'une manière particulièrement
tangible et frappante ce principe nécessaire que les sociétés modernes
doivent considérer le culte de la science à la fois comme un honneur et
comme une sauvegarde, et que le chercheur, de son côté, doit comprendre
que le but ultime de ses efforts est de hausser la société à un niveau
moral plus élevé, de lui assurer des conditions d'existence meilleures et

plus équitablement réparties, de la mieux protéger contre les incertitudes de la destinée, contre la misère, la maladie et la souffrance.

Il serait aujourd'hui bien oiseux, Messieurs, de débattre encore la question de savoir s'il faut aimer la science pour elle-même, sans aucune considération de son utilité, s'il faut lui témoigner cette espèce de dévotion mystique toute de sacrifice, d'abnégation qui s'immole sans jamais rien exiger en retour, et si l'on doit poursuivre la vérité sans escompter que ses flancs féconds récèlent peut-être les germes de multiples bienfaits. Cette question ne se pose plus, puisqu'une foule d'exemples convaincants démontrent lumineusement que les études en apparence les plus théoriques et les plus désintéressées peuvent conduire, par la filiation des acquisitions successives, à des applications utiles.

Les travaux de Pasteur démontrant qu'il n'y a pas de génération spontanée semblaient n'avoir qu'une portée philosophique, c'est d'eux pourtant qu'est sorti tout entier cet admirable corps de doctrine, qui est en même temps un très haut code de morale, l'hygiène sociale, à laquelle, en bâtissant ce monument où nous sommes, vous avez dédié un temple digne d'elle. Songeons à tout ce que ce nom d'hygiène sociale évoque! Notions purement scientifiques sur la nature et les propriétés des agents morbides, sur les péripéties du conflit qui s'engage entre eux et l'organisme. Renseignements précieux sur le mode de propagation et de développement des maladies et sur l'influence en de tels phénomènes des conditions d'existence, des facteurs économiques et sociaux. Et surtout, inestimable leçon morale! Car la science, qui nous fait connaître les faits, nous dicte aussi l'attitude que la connaissance de ces faits nous impose. Elle est la grande éducatrice. Elle nous montre que les grands fléaux sociaux ne peuvent être vaincus que par l'intime association des efforts, par la collaboration permanente de tous dans un sentiment profond de dévouement mutuel, et que l'on doit, pour se sauver soi-même, travailler à sauver son prochain. Et c'est pourquoi des institutions comme celles-ci, qui concrétisent en un symbole frappant les devoirs réciproques, au point de vue de la santé publique, de l'individu et de la collectivité, font mieux que nous instruire, elles nous rendent meilleurs. Telle est la grande leçon que le Gouvernement provincial du Hainaut a voulu inculquer. Nul mieux que vous, mes amis Herman et Caty, n'était qualifié pour cette œuvre de science et d'éducation. Notre Université savait bien ce qu'elle faisait lorsqu'elle a réclamé, pour son doctorat spécial en hygiène, votre précieux concours, lorsqu'elle vous a demandé d'intervenir dans l'enseignement de notre Faculté. Au surplus, l'Université de Bruxelles est un peu l'Université du Hainaut. Grâce aux ardentes sympathies du public et des autorités, elle se sent, lorsqu'elle est chez vous, un peu chez elle. Elle plonge profondément ses racines dans le sol hennuyer et la sève qui la nourrit vient pour une bonne part de Wallonie.

C'est donc à vous, mes chers confrères Herman et Caty, qui incarnez dans ce bel Institut le Hainaut et notre science, c'est à vous et à vos chers collaborateurs que j'exprime tout particulièrement mes sentiments de profonde gratitude et de très grande et très vieille amitié. Merci!

A 1 h. 1/2, un déjeûner de 225 couverts réunissait autour de M. le Dr Bordet, ses admirateurs.

Le déjeûner servi dans le grand salon de l'Hôtel de Ville était présidé par M. François André, président du Conseil provincial, ayant à sa droite M. le Dr Bordet; Mme Damoiseaux, M. le professeur Héger, Mme André, M. Canon-Legrand, vice-président du Conseil provincial, Mlle Bordet et M. Lescarts, bourgmestre de Mons; à sa gauche, M. Destrée, ministre des Sciences et des Arts, Mme Bordet, M. Damoiseaux, gouverneur du Hainaut, Mme Canon-Legrand, M. Chevalier, député permanent, Mme Maistriau et M. Clerbois, bourgmestre de Soignies.

De nombreuses dames avaient pris place parmi les convives.

Pendant toute la durée du déjeûner, un orchestre symphonique dirigé par M. Antoine Nève, s'est fait entendre. Au dessert, M. le ministre Destrée, au nom de tous les convives a porté un toast à Jules Bordet.

M. Destrée rappelle que lors de la glorification de Jules Bordet à Bruxelles, ce fut le premier ministre M. Carton de Wiart, qui prit la parole pour que l'hommage fût plus solennel. M. Destrée estime qu'il n'est pas donné à la foule de découvrir une autorité parmi les savants ou les artistes. L'un et l'autre travaillent dans l'obscurité et il faut une occasion comme le prix Nobel pour les en faire sortir.

M. Destrée souligne que la lumière sur les sommets est aussi nécessaire que le travail dans la plaine. Le peuple sait cela, et il s'associe à la glorification de Jules Bordet.

Avec infiniment d'humour M. Destrée baptise le nouveau sénateur provincial du Hainaut qui brillera, dit-il, dans la politique comme il a brillé dans la science.

M. Bordet répond avec infiniment d'à-propos au toast de M. Destrée et boit à la Wallonie et à la prospérité du Hainaut.

BIBLIOGRAPHIE

Maurice ANCIAUX. **Traité d'Economie politique.** Tome premier : L'Organisation Economique. Paris, Marcel Giard et C⁰. 1920, in-8⁰, 389 pages

Le *Traité d'Economie politique* dont M. Ansiaux publie le premier
volume est le résultat de longues années de lectures, de méu.-ations et
d'enseignement. L'auteur s'est fait sur toutes les questions qu'il aborde
des convictions personnelles appuyées sur les faits qu'il a observés autant
que sur les données qu'il a puisées dans les travaux d'autrui, ayant mis
en pratique cette règle qu'il affirme dans son chapitre sur les méthodes
en économie politique, que « pour bien comprendre ce qui est écrit dans
les traités, il faut avoir eu commerce avec les faits ».

Avant d'aborder l'objet propre du présent volume, l'auteur traîte du
problème des méthodes en économie politique et précise le point de départ
de toute étude générale, à savoir la notion de besoins. Il consacre un
chapitre à l'analyse de cette notion, ce qui lui permet d'aborder les problèmes du classement des besoins, des services et de l'utilité, auxquels
tant d'économistes ont consacré d'interminables développements. En
quelques pages, il précise la notion qu'il convient de se faire des choses
ou biens, sous le triple aspect technique, juridique et psychologique.

M. Ansiaux distingue trois éléments agissant sur les phénomènes économiques : l'élément physio-psychologique, l'élément technique et l'élément juridique. Le premier se manifeste dans l'action de l'intérêt personnel, physiologiquement légitime et d'une intensité variable, dans le
sentiment de la solidarité et dans la prévoyance. Ansiaux démontre « le
caractère éminemment variable de cette force que l'on nomme l'intérêt
personnel » et combien la psychologie économique dépend du milieu.

Avec l'élément technique, nous abordons le domaine de la production
moderne et les problèmes de la productivité, parmi lesquels la division
et l'union du travail sont analysées avec leurs corollaires de l'éducation
professionnelle, de la connaissance des ressources naturelles et de l'outillage mécanique. Les conclusions sont en quelque sorte formulées par
l'analyse des obstacles à l'intensification de la production et des lois du
rendement (croissant, constant et décroissant).

L'action du droit sur les phénomènes économiques se synthétise surtout
dans les problèmes de la liberté et de la propriété.

Les facteurs de l'activité économique des hommes étant ainsi connus,
il est possible de rechercher comment nait et se développe l'organisation

économique. Or celle-ci est constituée par les entreprises, nom par lequel on désigne des groupes d'hommes et dont chacune « assume une part plus ou moins large de l'activité totale de la société. »

Ansiaux envisage tout d'abord l'entreprise in abstracto, qu'il examine organe par organe et qu'il décrit dans les diverses manifestations de son activité, ce qui lui permet de reprendre l'analyse des notions devenues classiques de la direction de l'entreprise, du capital qu'elle exige et ses diverses formes ainsi que ses résultats.

Puis il la prend en lutte avec ses semblables, sous l'empire de la concurrence, ou bénéficiant d'un monopole. Il termine cette étude en montrant la marche progressive vers la concentration de l'organisation économique contemporaine. Il justifie par des données statistiques le phénomène dont il recherche les causes générales et celles qui sont appelées à le limiter.

Cette étude est la partie centrale du livre : c'est la synthèse exprimant la façon dont l'auteur conçoit la constitution et l'évolution du monde économique.

Dans les chapitres qui suivent, il examine les diverses branches d'activités entre lesquelles se répartit la vie économique. Il donne comme il convient la première place, et la plus importante, à l'organisation industrielle. Il en décrit l'évolution vers la concentration, la constitution des syndicats et des trusts, et les phénomènes d'intégration et de participation qui ne sont pas une des formes les moins originales de la concentration. En opposition avec la vie si puissante et l'action de plus en plus absorbante de la grande industrie, Ansiaux montre la position de l'industrie à domicile, dont il fait un tableau impressionnant. Ici aussi il analyse l'évolution, suivie depuis un siècle, aboutissant à l'élimination de l'industrie à domicile des premiers stades de la fabrication pour se maintenir dans les travaux de finissage. Il en donne les motifs.

Dans les entreprises agricoles, si la partie culture n'a pas disparu ou même a progressé, Ansiaux montre que le fait en est dû en partie aux causes qui agissent sur le prix de revient et surtout à l'influence très faible de la concurrence. Cependant ici aussi la concentration agit sous forme d'intensification de la culture.

La même conclusion que pour l'industrie se dégage de l'étude des entreprises commerciales : le commerce s'est généralisé, spécialisé et concentré. La concentration prend diverses formes : elle s'est ou non spécialisée; elle se rencontre dans les grands magasins, dans les magasins à succursales multiples et les coopératives de consommation. Mais en face d'eux se maintiennent les petits détaillants et des commerçants spécialistes qui répondent à des nécessités d'ordre général ou à des besoins locaux. De même Ansiaux donne les raisons pour lesquelles les courtiers, les commissionnaires et les commerçants de gros ne semblent pas devoir disparaître de sitôt.

L'étude de cette entreprise spéciale qu'est l'exploitation des chemins de fer a permis à l'auteur de mettre particulièrement en relief les phénomènes de concentration déjà accomplis dans certains pays, en voie d'évolution dans d'autres. Il aborde naturellement la question de l'exploitation par l'Etat ou par des compagnies. Il se prononce sans hésiter pour la première forme et donne pour justifier son opinion des raisons tirées de l'histoire même des chemins de fer et relevant des divers points de vue à envisager.

C'est surtout dans le dernier chapitre de l'ouvrage, consacré aux entreprises bancaires et financières, que l'auteur a pu mettre en lumière le fait de la concentration qui en est, depuis un demi-siècle au moins, 'e trait caractéristique. Elle a commencé par les banques d'émission sous l'action de l'Etat ; elle se continue à l'égard des autres banques, sous des formes variées, mais principalement par la constitution d'énormes instituts de crédit, aux multiples agences, par l'amalgation de petites banques, l'absorption des banques privées et locales, tous faits qui sont dus à des causes assez diverses qu'Ansiaux analyse et qui sont souvent en rapport avec la concentration industrielle et commerciale.

La marche convergente vers une concentration de plus en plus grande dans tous les domaines : telle est la caractéristique de l'évolution contemporaine qu'Ansiaux a particulièrement mise en lumière. Elle n'est pas sans lui inspirer quelque appréhension. « La victoire de la grande banque laisse cependant planer plus d'un doute quant à sa productivité future. Ici comme pour le trust s'établit un quasi monopole de fait qui, étouffant à peu près toute concurrence, pourrait supprimer du même coup ce précieux stimulant de la nécessité qui entretient l'activité et qui est un facteur incomparable de renouvellement, de rajeunissement, d'esprit progressif (p. 380 ».

Les conséquences sociales du mouvement ne laissent non plus que d'inquiéter l'auteur, qui termine son livre par cet avertissement :

« Rappelons-nous la législation américaine contre les trusts industriels, n'oublions pas que la reprise des chemins de fer par l'Etat, en plus d'une contrée, a été motivée par la crainte de voir surgir un monopole privé ; souvenons-nous que l'intervention plus ou moins large du gouvernement dans les banques centrales d'émission s'inspire également du souci de faire prédominer l'intérêt public sur l'intérêt particulier, et nous pourrons juger, en toute son ampleur, le conflit des tendances démocratiques et ploutocratiques au sein des sociétés contemporaines. De son issue dépend bien moins sans doute le fait même de la concentration que l'orientation économique et sociale de l'avenir. »

L'étude du marché et des prix fera l'objet du second volume.

L'auteur ne multiplie pas les citations et il ne recourt à des données statistiques que lorsqu'elles sont indispensables pour appuyer sa démonstration. Il décrit et analyse les faits dont il a commencé par reconnaître la réalité. Ses généralisations sont sobres et prudentes.

Faut-il ajouter que le livre est d'une lecture aisée, que l'auteur n'a jamais sacrifié la clarté et la parfaite correction de la phrase à la rigueur et à la précision de la pensée ?

G. Bigwood.

CHRONIQUE UNIVERSITAIRE

UNIVERSITE LIBRE DE BRUXELLES : ACTES OFFICIELS

CONSEIL D'ADMINISTRATION. — M. E. Richard, membre de la Députation Permanente du Brabant, a pris au Conseil d'Administration de l'Université Libre, la place laissée vacante par la mort de M. J. Van Langenhove.

MM. Bordet, Depage, Dustin et Sand, qui avaient été chargés par l'Université d'une mission en Amérique auprès de la Fondation Rockefeller, sont rentrés à Bruxelles au début de décembre. Ils ont été reçus par le Conseil le 23 décembre, et lui ont fa·t·rapport sur leur mission qui a été couronnée d'un plein succès.

Le Conseil leur a exprimé ses remerciements les plus vifs et ses félicitations.

Le Conseil, désirant fixer la tradition, a décidé que les enfants des professeurs et chargés de cours en exercice bénéficieront de droit de la gratuité des cours à l'Université. Le Conseil a également pris la décision ·ui-vante :

Le Cercle estudiantin « Ling Universitas » fondé en 1904 est chargé de l'organisation autonome du cours de gymnastique éducative à la direction duquel a été appelé M. le Dr Lars Sandberg, G. D. de l'Institut Royal de Stockholm.

L'Université reconnait officiellement la Société « Ling Universitas » et lui accorde son patronage.

L'Association générale des Etudiantes a constitué une bourse qui sera allouée à une étudiante spécialement méritante pour l'aider à poursuivre ses études.

FACULTÉ DES SCIENCES. — M J. Timmermans a été chargé d'une partie des cours de chimie, en doctorat en sciences chimiques.

... de Sélys Longchamps a été chargé du cours d'histologie animale, en remplacement de M. A. Dustin.

Le Conseil d'Administration a accepté la démission de M. A. Gillet de ses fonctions d'assistant.

FACULTÉ DE MÉDECINE. — M. le professeur O. Laurent, qui a demandé un an de congé, est remplacé provisoirement par M. R. Danis.

FACULTÉ DES SCIENCES APPLIQUÉES.— En prévision de la prochaine réforme de l'enseignement technique, le Conseil a nommé M. A. Piccard, professeur ordinaire à l'Ecole Polytechnique fédérale de Zurich, comme titulaire de la chaire de phys·que à la Faculté des Sciences appliquées.

M. Piccard, qui aura rang de professeur ordinaire, entrera ultérieurement en fonctions.

Ecole des sciences politiques et sociales. — M. G. Heupgen, chargé de cours, a été élevé à l'ordinariat.

Ecole de commerce. — Le Conseil d'Administration a prié M. L. Wodon de remplacer M. L. Maingie, démissionnaire, au sein de la Commission Administrative de l'Ecole de commerce.

*
* *

DISTINCTIONS.

M. le professeur Louis Dollo a été élu membre associé étranger de l'Académie des Sciences d'Amsterdam; d'autre part, la Société Linéenne de Londres lui a décerné le titre ue membre associé étranger, distinction rare et flatteuse.

M. le professeur Paul Stroobant a reçu le prix décennal pour les sciences mathématiques appliquées.

Notre excellent collaborateur, M. Ch. Pergameni, professeur ordinaire à la faculté de philosophie et lettres de nótre Université, a entrepris la composition d'une série de notices sur les « Nouveaux pays » qui sont, en Europe, nés de la guerre : Tchéco-Slovaquie, Grande Roumánie, Royaume des Serbes, Croates et Slovènes, Pologne. Ces notices — analogues à nos « syllab! » d'extension — sont destinées à la fois à l'enseignement et au grand public. Nous les croyons appelées à rendre de grands services. Il est à souhaiter que les intéressantes études de M. Pergameni, qui comblent une grave lacune dans l'enseignement de la géographie, soient prises en sérieuse considération par les institutions qui se consacrent à la haute vulgarisation scientifique et que la publication en soit entreprise sans retard.

*
* *

L'Institut d'études supérieures de Florence organise pendant la saison d'été des cours pour étrangers (langue, littérature, histoire, sciences et art italiens).

Pour renseignements, s'adresser place Saint-Marc, Florence.

La prévision scientifique

par H.-A. Lorenz

Professeur à l'Université de Leyde

Conférence faite sous les auspices de l'Institut International de Physique
Solvay à l'Université de Bruxelles, le 28 mars 1919.

On trouve, vous le savez, dans les annuaires astronomiques, les données qui permettent d'indiquer pour un corps céleste quelconque, la position qu'il occupera à un moment donné. Prenons par exemple, une étoile fixe, une étoile que peut-être on ne peut apercevoir à l'œil nu : vous pouvez savoir d'avance dans quelle direction il vous faudra braquer le télescope pour la voir à un moment arbitrairement choisi de la soirée. Si, après avoir donné au télescope la direction voulue, vous appliquez l'œil à l'oculaire, quelques instants avant le moment indiqué, vous verrez bientôt apparaître l'étoile à l'un des bords du champ qu'elle va traverser. Exactement, à la seconde attendue vous la verrez obscurcie un instant par un des fils ténus tendus au milieu du champ ; le pronostic de l'annuaire se trouvera ainsi confirmé.

C'est de pronostics ou prévisions de ce genre que je voudrais vous entretenir, acceptant l'invitation flatteuse qui m'a été faite par votre Université.

A cet effet, si vous le voulez bien, nous resterons d'abord un instant dans le domaine de l'astronomie. Je commencerai par fixer votre attention sur tous les efforts qui ont été nécessaires pour rendre possibles les prévisions astronomiques et sur le grand degré de certitude qu'elles comportent. Quand au premier point, je n'ai guère à vous dire qu'elles sont basées sur les observations qu'on a faites depuis bien des siècles, et qui sont devenues de plus en plus précises.

Cependant, les données qui se sont accumulées de cette manière n'auraient qu'une importance relativement petite, si la théorie n'avait marché de pair. Pour ne parler que de celle du système solaire, je vous rappellerai que Kepler réussit à expliquer les mouvements compliqués des planètes en faisant voir que toutes elles décrivent autour du soleil des orbites elliptiques. Trois quarts de siècle plus tard, Newton prouva que ces mouvements ne sont possibles qu'à condition d'une attraction exercée par le soleil, attraction dont l'intensité est en proportion inverse du carré de la distance de la planète au soleil.

C'est ainsi qu'il aboutit à la loi de la gravitation universelle. Entre deux corps célestes quelconques il y a une attraction suivant la règle du carré inverse et la prévision des phénomènes dans le système solaire se réduit à un problème de mathématique: quel sera le mouvement d'un système de corps qui s'attirent selon la loi de Newton, problème excessivement difficile dans sa généralité et auquel les plus grands mathématiciens ont consacré leurs forces, mais qui, en principe, est de même nature que le calcul de la trajectoire décrite par un corps lancé obliquement en l'air.

Je voudrais vous dire quelques mots sur le degré de certitude des prévisions, et sur la confiance qu'on peut avoir en elles.

Depuis sa dernière apparition la comète de Halley va toujours s'éloignant du soleil; depuis longtemps déjà elle est à une telle distance de notre terre qu'elle ne réfléchit plus de lumière solaire perceptible aux yeux humains. Mais personne ne croit que ce corps céleste nous ait quitté pour toujours. Elle reste et restera reliée au soleil, et après s'être éloignée à une distance équivalant à 35 fois celle qui sépare la terre du soleil, elle sera forcée par l'attraction de ce dernier, de revenir septante-six ans après sa dernière apparition, et de se représenter fidèlement aux yeux de ceux qui vivront après nous. Le cas est analogue pour les autres corps célestes. A quel moment aura lieu l'occultation de certaines étoiles par la lune; à quel moment les satellites de Jupiter entreront-ils dans le cône d'ombre de la planète, à quel moment commencera une éclipse de lune ou de soleil et à quel moment cessera-t-elle, tout cela se calcule exactement et longtemps d'avance. Le fait que l'observation de ces phénomènes est souvent préparée de longue date, prouve à quel degré nous avons confiance en ces résultats. Les savants hollandais, par exemple, qui ont observé le 18 mai 1901, l'éclipse totale du soleil à Karang Selo dans l'île de

Sumatra, avaient consacré plusieurs mois aux projets et à la construction et l'essai des instruments mais, ni durant ces préliminaires, ni durant le long voyage il ne vint à l'idée d'aucun d'eux que l'évènement attendu pourrait ne pas avoir lieu.

Ils étaient *certains* que le soleil serait couvert entièrement par la lune à l'heure annoncée, durant 6 minutes et demie, et cette certitude était bien plus grande que n'est la nôtre quand nous disons que demain matin le train de Paris partira à 8 h. 10. Pour le train, il peut surgir un empêchement, mais pour l'éclipse, rien ne pouvait en empêcher ou retarder la réalisation.

Les nombreuses expéditions qui ont été organisées en 1874 et en 1882 pour observer le passage de la planète Vénus sur le disque solaire — le but était de déterminer plus exactement la distance de la terre au soleil —, pourraient donner lieu à des remarques analogues. Et afin de fortifier encore l'impression, permettez-moi de raconter une fois de plus la vieille histoire de la découverte de Neptune.

Dans la première moitié du siècle précédent, Uranus était l'ultime planète connue dans le système solaire. On ne réussissait pas à expliquer par l'attraction du soleil et des autres planètes, d'une façon tout-à-fait satisfaisante son mouvement observé. Les prévisions quant à sa position ne se réalisaient pas, elle s'écartait de plus en plus de la route que les calculs lui prescrivaient et cela jusqu'au moment où les écarts devinrent « intolérables ». Cette intolérabilité consistait en ceci, que le corps céleste se trouvait à une distance de deux minutes de la place qui lui avait été assignée par les calculs, c'est-à-dire à une distance équivalant à la quinzième partie du diamètre apparent de la lune. Cela a suffi pour établir la conviction qu'une cause entrait en jeu, dont on n'avait pas encore tenu compte. Quelques astronomes avaient déjà émis l'hypothèse qu'une planète, plus éloignée encore du soleil que ne l'est Uranus, pourrait causer cet écart. Eh bien, Adams à Cambridge et Le Verrier à Paris résolurent simultanément le problème difficile de déterminer la position que devait occuper cette planète. Le Verrier pria Galle, astronome de l'Observatoire de Berlin, de diriger son télescope sur un point du ciel qu'il lui indiquait et, en effet, on vit la planète attendue. Le Verrier avait écrit qu'elle ne devait être qu'à une distance d'au plus un degré, c'est-à-dire de deux diamètres de la lune, du point indiqué et elle en était éloignée de 9/10 de degré.

Je me suis étendu un peu sur ce sujet, parce que, grâce à leur simplicité relative, les phénomènes astronomiques appartiennent à ceux que nous connaissons le mieux. Mais il y a d'autres sciences dans le domaine desquelles l'observation et la théorie nous ont à tel point familiarisés avec nombre de phénomènes, que nous pouvons en déterminer le cours à l'avance; la physique et la chimie, elle aussi, sont en mesure de citer des découvertes qui, pour frapper moins vivement l'imagination, peuvent néanmoins être placées sur une même ligne que la découverte de Neptune.

Beaucoup de cristaux ont la propriété de diviser en deux un rayon de lumière qui les frappe, c'est la « réfraction double », dont la théorie commencée par Christiaan Huygens fut achevée au début du siècle précédent par Fresnel. Hamilton parvint à déduire des considérations du physicien français que dans certains cristaux, si la lumière incidente a une direction convenablement choisie, le rayon devait être réfracté non plus en deux, mais en un nombre infini de rayons situés sur la surface d'un cône.

Ce phénomène nouveau: la « réfraction conique » fut bientôt observé avec tous les détails que Hamilton avait prédits.

Autre exemple. De longue date on a cherché à se rendre compte des propriétés des gaz en admettant que ces corps se composent d'un nombre immense de petites particules, les molécules, qui se meuvent avec une rapidité considérable (et d'autant plus grande que la température est plus élevée) en s'entrechoquant sans cesse et en heurtant les parois du vase où elles sont renfermées. Cette conception a été développée mathématiquement il y a une cinquantaine d'années et a alors conduit à la conclusion que la conductibilité calorifique d'un gaz est indépendante de sa densité, c'est-à-dire que si une colonne verticale d'un gaz est maintenue à une température de 100° à l'extrémité supérieure et à celle de 0° à l'extrémité inférieure, la quantité de chaleur qui sera conduite de haut en bas à travers ce gaz dans un certain espace de temps ne changera pas si l'on enlève la moitié du gaz. Et cette conclusion à laquelle on ne se serait guère attendu sans l'hypothèse dont elle fut déduite, a été confirmée également par l'expérience.

Fort curieuses aussi sont les propriétés des gaz fortement raréfiés qui ont fait ces dernières années le sujet des recherches de

M.: Knudsen, à Copenhague. Pour une masse gazeuse se trouvant dans deux réservoirs communiquant au moyen d'un tube la condition d'équilibre est celle-ci : la pression sera égale, même lorsque les réservoirs sont maintenus à des températures différentes, si l'on a affaire à des densités élevées. Mais la considération des mouvements moléculaires nous apprend qu'il n'en va plus ainsi pour le cas où le gaz est raréfié au point qu'une molécule peut parcourir le tube de communication sans se heurter à une autre. Dans l'état d'équilibre les pressions seront alors non pas égales, mais dans le même rapport que les racines carrées des températures absolues. M. Knudsen a réussi à démontrer expérimentalement la différence de pression annoncée par le calcul.

Ne négligeons pas de dire que l'on attache une importance toute particulière à la vérification d'une pareille prédiction. Il va sans dire que la valeur d'une théorie pourrait être tout aussi bien vérifiée par l'explication qu'elle donne de phénomènes déjà observés, si nous ne courrions pas le risque de nous laisser induire à quelque inexactitude dans nos raisonnements par le désir involontaire de voir se réaliser nos hypothèses. Ceci est tellement vrai que si l'on veut expliquer quelque chose on fait souvent bien de se demander si, avec un peu de bonne volonté on ne pourrait pas tout aussi bien expliquer le contraire, et peut-être que cela n'est pas particulier à la physique seulement. Dans le cas d'une prédiction on a plus de chance de raisonner sans préventions: on ne peut plier un raisonnement d'après quelque chose que l'on ignore encore.

Quant à la chimie, elle peut se glorifier d'avoir démontré, avant que l'expérience les eût isolés, l'existence dans la nature de certains éléments ou corps simples. Voici comment cela se fit. On avait déterminé le poids atomique de tous les éléments connus, c'est-à-dire le nombre qui indique combien de fois le poids des plus petites particules dont ils sont composés surpasse celui de l'atome d'hydrogène, qu'on prend pour unité; par exemple 16 pour l'oxygène, 32 pour le soufre. On avait aussi étudié minutieusement les analogies et les différences existant entre les propriétés des nombreux éléments.

Or, vers 1869, il arriva que Mendelejeff, le célèbre chimiste russe, pour se former une vue d'ensemble de ces propriétés, rangea tous les éléments connus dans un seul tableau. En allant de gauche à droite il inscrivit sur un certain nombre de lignes les noms des éléments en rang d'ordre ascendant d'après leur poids atomique, et il remarqua que l'on pouvait s'arranger de façon que les noms d'éléments dont les propriétés présentent quelque analogie entre elles se trouvent placés dans une même colonne verticale. Je dis analogie, et non identité des propriétés: en descendant une colonne on voit que simultanément avec l'accroissement des poids atomiques, toutes les propriétés changent dans un sens déterminé, les points de fusion, par exemple, deviennent de plus en plus élevés. Si le tableau est dressé avec soin, la place qu'un élément y occupe nous fournit des indications précieuses sur ses principales propriétés.

Mais pour atteindre ce but, Mendelejeff se vit obligé de laisser en blanc un certain nombre de cases et l'idée lui vînt que ces blancs pourraient bien correspondre à des éléments non encore découverts. C'est ainsi qu'il devina l'existence de trois éléments qui, par leurs propriétés, devaient se rapprocher de l'aluminium, du silicium et du bore, raison pour laquelle il leur donna les noms de eka-aluminium, eka-silicium et eka-borium. Ces trois corps ont été réellement découverts quelques années plus tard et ont reçu les noms de gallium, germanium et scandium, parce qu'ils ont été respectivement trouvés par un Français, un Allemand et un Scandinave. Mais les propriétés nous intéressent plus que les noms. Le gallium est un métal qui a un poids atomique de 70 et un poids spécifique de 5.9; il se liquéfie à une température d'à peu près 30°. Mendelejeff avait prédit un poids atomique de 68, un poids spécifique approximatif de 5.2; il avait prédit aussi que le métal serait facilement fusible.

A propos de poids atomique j'ajouterai que le radium, la substance dont vous avez tant entendu parler, a un poids atomique de 225 et que, par l'étude des phénomènes merveilleux qu'il nous offre on a été porté à attribuer un poids atomique inférieur de 4, c'est-à-dire de 221 à la substance gazeuse, l'émanation, qui s'en dégage continuellement.

On peut déterminer le poids atomique d'un gaz en en pesant un certain volume. Le chimiste anglais Ramsay, loin de se rebuter par le fait que nous ne pouvons obtenir l'émanation que dans des quantités presque infinitésimales, a effectué le pesage au moyen d'une balance sensible à une très petite fraction d'un milligramme et, dans les limites des erreurs d'observations inévitables, il a trouvé, en effet, le poids atomique prévu.

Ce chapitre de la radio-activité, qui ne s'est ajouté que depuis peu à la physique, peut d'ailleurs nous fournir déjà de nombreux exemples de prévisions heureuses. L'académie des sciences de Berlin met à la disposition des expérimentateurs des échantillons de bromure de mésothorium, préparés sous la direction du professeur Hahn, et elle peut déclarer que la radio-activité augmentera pendant trois ans jusqu'à un maximum de une fois et demie le chiffre primitif; pour ensuite décroître de sorte qu'elle atteindra en 1931 la moitié de l'intensité primitive.

De pareils résultats nous donnent certainement le droit de nous réjouir des progrès des sciences bien que le chercheur qui se voit continuellement aux prises avec des énigmes insolubles et qui sent que nous ne pénétrons guère au-dessous de la surface des choses, ne se laissera aller qu'à une joie bien discrète. Une chose est certaine cependant, c'est que nous pouvons souvent prévoir le cours des phénomènes physiques et chimiques d'une façon très satisfaisante. Nous le faisons à tout moment sans nous rendre compte que ce soit là quelque chose de bien remarquable. Toute expérience faite en cours est une prévision et lorsque l'expérience ne réussit pas, ce qui arrive parfois, nous savons que c'est nous seuls qui en sommes la faute; nous ne songeons pas à supposer que nous puissions être arrivés dans le domaine de « l'incalculable ». Et l'exercice continuel nous fait faire toujours des progrès. C'est en forgeant qu'on devient forgeron, non sans efforts et sans peine; l'exemple emprunté à l'astronomie nous a montré combien de travail a été nécessaire. Toute nouvelle découverte est une conquête dans le domaine de l'énigme et de l'inaccessible. Ainsi, il y a eu un temps où l'on était dans une grande incertitude quant aux facteurs qui déterminent la perte de la charge d'un objet électrisé; à présent, après les recherches sur la radio-activité, nous savons, en maint cas, avec exactitude à quel degré l'air est rendu conducteur de l'électricité par la présence de substances radio-actives et avec quelle rapidité il pourra donc faire disparaître une charge. Dans le même ordre d'idées nous commençons aussi peu à peu à comprendre les lois de l'électricité atmosphé-

rique et de la formation des orages. Pour ce qui regarde la foudre, nos paratonnerres ne lui prescrivent pas encore complètement
la route à suivre: elle nous joue des tours en jaillissant sur des
masses de métal voisines. Mais ces écarts peuvent déjà être interprétés comme les conséquences de lois connues et nous pouvons
espérer savoir un jour exactement ce qu'il arrivera quand un édifice de composition donnée sera frappé par la foudre. Ici encore,
il ne s'agit que d'observer et d'interpréter.

Si maintenant, après ces considérations, j'affirme qu'en principe du moins, tous les phénomènes de la nature sont susceptri-
bles d'être prédits, je ne vous dis en réalité rien de nouveau. En
effet — je n'ai pas à vous le rappeler — nous faisons des prévisions tous les jours. Que le soleil se lèvera demain, que les saisons
se succéderont, que d'une certaine graine il germera une plante
d'une espèce déterminée, nous en sommes fermement convaincus.
Et, remarquons ici que ces prévisions, pour autant du moins
qu'elles ne sont pas basées sur la superstition ou sur des erreurs
traditionnelles, ne diffèrent pas de nature de la prévision scientifique. Cette dernière cependant l'emporte en ce qu'elle dispose
de meilleures données et qu'elle procède avec plus de méthode
et de jugement.

Cela est même vrai pour la météorologie. On se moque parfois
des prévisions des instituts météorologiques mais pour peu qu'on
y réfléchisse, on doit pourtant reconnaître que l'on saura prédire
le temps d'autant mieux que l'on connaîtra mieux les conditions
atmosphériques,que l'on en aura fait un sujet d'étude plus approfondi. L'ignorance ne saurait jamais être un avantage. D'ailleurs
les prévisions « officielles » du temps ne sont pas si mauvaises que
cela. Le service d'avertissement des tempêtes a sauvé maint navire
de sa perte, et les circonstances ne sont pas partout aussi peu
favorables qu'ici, à la côte occidentale de l'Europe, où l'état
atmosphérique est pour une bonne partie la conséquence des
cyclones qui nous viennent de l'océan, dont l'arrivée ne nous est
pas annoncée à temps et dont nous ne pouvons pas encore déterminer la marche avec une certitude suffisante. C'est ce qui fait que
la perturbation à laquelle on s'attendait s'est déclarée parfois non
pas en Hollande, par exemple, mais dans le Nord de la France.
Dans la partie orientale des Etats-Unis, où l'approche des dépressions venant de l'Ouest peut être annoncée plus facilement, les

circonstances sont bien plus favorables. Aussi, on y compte bien plus qu'ici sur la réalisation des prévisions. Eh bien, il nous est permis d'espérer que pour la partie du monde que nous habitons, le temps viendra aussi où les bulletins météorologiques seront de grande utilité pratique et où, par exemple, les travaux de l'agriculture pourront être réglés d'après eux. Cela pourra arriver si l'on continue à cultiver la science météorologique tant pratique que théorique. La télégraphie sans fils qui nous apporte des données sur l'état atmosphérique sur l'Océan, les ballons et les cerfs-volants dont on se sert pour étudier les couches supérieures de l'atmosphère, nous promettent de nouveaux progrès. Quant aux prévisions « non scientifiques », il est fort possible qu'un simple berger surpasse, dans son domaine à lui, un météorologiste de profession, mais alors c'est parce que par son expérience il a pénétré plus profondément le jeu du vent et des nuages, parce que réellement il sait plus et comprend mieux. Vous exclurez avec moi la possibilité qu'il ait une faculté toute particulière d'autre nature que les nôtres : nous pouvons tout au plus penser qu'il arrive d'instinct et inconsciemment à ses conclusions et que l'essai de lui faire atteindre le même but sciemment n'aboutirait qu'à l'affaiblissement de ce travail intuitif.

La question de savoir jusqu'à quel point les prévisions de la science admettent des limites me paraît assez simple. Il me semble que nous pouvons répondre: en principe, en ce qui concerne la nature des choses, il n'y a pas de limites. Mais il y en a d'autant plus par l'état limité de nos facultés. C'est pour cela que cette œuvre, comme toute œuvre humaine restera toujours défectueuse et imparfaite. Ces prévisions astronomiques elles-mêmes, que j'ai tant vantées, laissent quelque chose à désirer. L'éclipse de soleil de 1901 arriva quelques secondes plus tôt que l'on ne s'y attendait et il est heureux que les observateurs hollandais aient été avertis par un signal donné par une expédition anglaise dans le voisinage pour qui le phénomène fut visible quelques instants plus tôt. La durée totale fut de 10 secondes moins longue qu'on ne l'avait calculée. Il est à peine besoin de dire que la cause de ces différences ne doit pas être cherchée dans « l'incalculable » mais dans l'inexactitude des calculs:aussi bien le but qu'on se propose dans ces observations c'est justement d'obtenir

entre autres choses des données qui rendront possibles, dans un
cas futur, des résultats plus précis. Il est clair d'ailleurs que nos
prévisions seront d'autant plus hasardeuses qu'elles s'étendront
sur des laps de temps plus grands. Il est à craindre alors que des
influences qui sont négligeables pour une courte période, ne se
fassent sentir, ou bien que des facteurs inattendus n'entrent en
jeu; nous ferons donc bien d'être prudents quand il s'agit de
l'état de l'univers et du genre humain dans un avenir éloigné.
Cependant, en principe de semblables remarques n'infirment pas
notre point de vue. Si nous étions suffisamment avancés il ne
serait pas question d'influences qui échappent à notre·attention
ou de facteurs inattendus.

Je n'entrerai pas dans des spéculations sur les bases plus pro-
fóndes de la possibilité de prévoir les phénomènes et je ne me
demanderai pas pourquoi la science peut et doit affirmer comme
un *postulat* cette possibilité. Mais j'observerai que la forme particulière de nos théories physiques n'est pour rien dans cette question. Que l'on considère les phénomènes du point de vue mécanique ou énergétique, qu'on se serve ou non d'hypothèses ato-
mistiques ou moléculaires, cela est absolument indifférent.Quelles
que soient les théories physiques qu'on préfère, il faudra toujours
admettre que les phénomènes sont susceptibles de prévision, ou
bien qu'ils sont « déterminés ».

Le dernier terme demande quelque éclaircissement. Doit-il
signifier simplement qu'*une* série seule de phénomènes aura lieu?
Cela ne nous apprendrait pas grand'chose. Ou bien, dirons-nous
que les phénomènes ont été réellement déterminés d'avance par
ce qu'on peut appeler une intelligence? J'évite les questions
ardues, entièrement étrangères à la physique, que cette idée sou-
lèverait. Je crois pouvoir dire ceci : que tout phénomène, quel
qu'il soit, est susceptible d'être prévu à l'aide de moyens d'observation et de raisonnements de la même nature que ceux que
nous possédons, dussent-ils être, dans un cas concret, un million
de fois plus développés et plus affinés. Un million de fois ce n'est
sûrement pas trop dire pour bien des cas et il s'en suit que, tout
compte fait, il ne nous faut pas trop nous glorifier de notre faculté
de prévision.

Cette modestie que nous devons nous prêcher convient surtout quand nous quittons les phénomènes relativement simples que nous offrent la matière, pour parler des phénomènes spirituels ou psychiques. Aussi, c'est avec bien de la réserve que je dirai quelques mots de ces derniers. Du reste, dans mes remarques j'emploierai les termes « spirituel » et « matériel » dans leur signification usuelle sans entrer dans la question de savoir si la distinction pourra, à strictement parler, être maintenue.

En tous cas, il existe entre le monde psychique et le monde matériel un lien très intime. Nous ne savons que trop combien des dispositions physiques peuvent influencer notre état d'âme, notre intelligence et notre volonté. Tout particulièrement l'activité intellectuelle est intimement liée à l'état physique du cerveau et aux actions physiologiques dont il est le siège. Certaines fonctions psychiques appartiennent à certaines parties du cerveau: elles sont troublées ou détruites quand ces parties sont blessées ou enlevées. Comment ceci a lieu, quelles sont les voies qui servent à la transmission des impressions sensorielles et des impulsions motrices, cela a déjà été éclairci en partie et cela s'éclaircira sans doute de plus en plus, au fur et à mesure que l'anatomie et la physiologie du cerveau, pour lesquelles on a fondé de nos jours des instituts spéciaux, feront des progrès. Mais dès maintenant tout porte à croire qu'à chaque fonction de notre esprit correspond un état déterminé du cerveau. J'ajouterai en passant que nous n'avons pas à craindre que la matière soit trop « grossière » pour refléter une activité supérieure de l'esprit; j'ai une fois calculé qu'une petite quantité d'albumine contient un nombre d'atomes plus grand que le nombre total des lettres dans tous les livres d'une bibliothèque d'université bien fournie; et songez donc à la richesse de pensées reflétée par la disposition de ces lettres.

C'est à dessein que j'emploie ici des expressions aussi prudentes que « refléter » et « correspondre ». En effet, je sens fort bien que nous sommes ici en présence de deux choses de nature différente ou bien de deux formes très dissemblables sous lesquelles se présente la même chose. Mais ces deux choses, quelque différentes qu'elles soient, peuvent fort bien être reliées entre elles d'une façon inséparable. Si on admet que tout phénomène psychique est nécessairement accompagné de quelque chose qui se passe dans le monde matériel, ce qui, du reste, nous conduit naturellement à admettre aussi la proposition inverse, alors il est clair qu'on ne peut être déterministe en physique sans l'être aussi dans la psychologie.

Cependant, vous le verrez immédiatement, bien que nous puissions construire théoriquement de cette manière la possibilité de prévision pour les phénomènes psychiques nous n'en sommes guère plus avancés au point de vue pratique; il est absolument inimaginable qu'un homme puisse prévoir les pensées d'un autre à l'aide des actions physiologiques dans le cerveau de ce dernier. Le chiffre d'un million que j'ai avancé tantôt serait encore beaucoup trop petit pour ce cas. Mais heureusement, l'expérience de tous les jours nous l'apprend, il est en notre pouvoir de prévoir directement des phénomènes psychiques. Nous faisons des arrangements avec nombre de personnes et nous comptons fermement qu'elles se conduiront conformément à ce qui a été convenu; nous savons d'avance et avec certitude comment agira, dans des circonstances données quelqu'un que nous avons appris à connaître comme loyal et honnête. On ne pourrait pas faire de cours universitaires si l'on ne savait pas que l'on a prise sur l'auditoire et il serait impossible de passer un examen si l'on n'était pas assuré que de bonnes réponses satisferont les examinateurs. Sans la possibilité de prévoir des phénomènes psychiques la pédagogie, l'art de gouverner et même toute vie sociale seraient impossibles. Ici, comme dans les sciences naturelles, il s'agit de savoir et de comprendre, d'approfondir ce que nous observons. Celui qui est riche en expérience et qui connaît bien les hommes se sent chez lui dans ce domaine tout comme l'astronome versé dans le sien et de même que la physique de nos jours surpasse celle d'il y a quelques siècles, ainsi dans le siècle de la psychologie dont a parlé le professeur Heymans de Groningen, on se comprendra et s'entendra mieux mutuellement qu'à présent. Somme toute je ne vois pas pourquoi il nous faudrait briser la ligne quelque part et pourquoi nous ne pourrions pas conclure en principe à la possibilité de prévoir les phénomènes psychiques, avec la réserve d'introduire un facteur comme ce million dont j'ai parlé pour tenir compte de l'imperfection de nos facultés.

Amenés ainsi à poser en principe, que tout est déterminé, nous nous trouvons en face d'une question importante: quelle doit être l'influence de cette manière de voir sur notre conception de la vie et de l'univers?

Je crois pouvoir dire à ce propos que le point de vue auquel nous avons abouti se concilie fort bien avec les formes supérieures de la religion, et que c'est seulement avec certaines interprétations religieuses d'un niveau inférieur que nous entrons en conflit. Remarquons aussi que le déterminisme peut contribuer dans une certaine mesure à nous donner le calme et le contentement. Pour sentir cela il suffit de songer un instant à l'état des peuples sauvages qui passent leur vie dans la crainte continuelle de mauvais esprits et de forces naturelles capricieuses. Il est vrai que ce que le destin insondable nous apporte, nous est souvent douloureux, mais pourtant il nous est plus facile de nous résigner à une nécessité immuable qu'à être le jouet de puissances malicieuses et incalculables.

Cependant, il y a une grande difficulté à laquelle vous avez songé depuis longtemps: la question du libre arbitre et de la responsabilité qui en découle. Qu'il soit réellement en notre pouvoir de *choisir* quoi que ce soit, cela est en contradiction absolue avec le déterminisme et pourtant que nous puissions faire un pareil choix cela s'impose irrésistiblement et incontestablement à nous, quelque inébranlable que soit notre conviction déterministe. Il faut bien reconnaître qu'il y a là une contradiction pénible qu'il faudrait pouvoir faire disparaître. Mais il n'appartient pas à un physicien d'entrer dans la discussion de ce problème de philosophie fondamental et difficile. Aussi, si j'en dis quelques mots, c'est seulement pour ne pas vous laisser sous une impression que je n'ai pas voulu produire.

Si d'une part nous ne pouvons nous soustraire à l'idée du déterminisme et si d'autre part nous avons la conscience de pouvoir agir librement, cela prouve un manque d'*unité* dans notre être intime, ou du moins cela prouve que nous ne parvenons pas à trouver l'unité. Eh bien, acceptons cela et ne tâchons pas de ployer par force nos pensées et nos actions dans une harmonie factice qui irait à l'encontre de notre nature et qu'il nous serait impossible de maintenir longtemps.

Quand nous jouissons d'un beau coucher de soleil, nous ne songeons pas que les couleurs qui nous ravissent sont produites d'après les lois de la physique. De même, quand il nous faut prendre une décision, nous ne songerons pas que notre décision est peut-être déjà arrêtée, nous nous sentons libres et nous agissons et nous agirons conformément à cela dans une pleine conscience de notre devoir et de notre responsabilité. Des considérations déterministes n'atténueront pas ce sentiment. Cela ne doit pas être et cela ne peut être ; celui qui voudrait se disculper par la pensée qu'il lui est impossible d'agir autrement qu'il ne le fait, ne serait pas satisfait, tant cela est contraire à notre nature.

Il en est de même quand il s'agit des actions d'autrui. Une action belle et honnête sera applaudie et admirée par nous sans que nous l'analysions et nous ressentirons un dégoût spontané et nous l'exprimerons pour la malhonnêteté et le mensonge et pour celui qui s'en rend coupable. Il nous serait impossible de faire autrement, même si nous voulions l'essayer.

Pourtant nous ne dénierons pas toute influence au déterminisme. Il peut et même il doit nous porter à l'indulgence quand nous jugeons les autres. Il est fort probable que notre jugement sera moins sévère si nous essayons de nous rendre compte des circonstances qui ont porté à telle ou telle action et si nous nous demandons comment nous aurions agi dans le même cas. Et ce sera un sentiment de pitié qui prédominera envers les malheureux qui sont devenus des déséquilibrés psychiques par une tare héréditaire ou par l'influence d'un milieu funeste.

La justification définitive de la théorie atomique

Conférence faite sous les auspices de l'Institut International de Chimie Solvay
aux Universités de Liége et de Bruxelles, les 17 et 18 mars 1921

par Sir William J. Pope

Professeur de chimie à l'Université de Cambridge

Les rudiments d'une théorie atomique ont existé presqu'à l'aurore de la pensée philosophique. Aux époques primitives, cependant, l'idée que la matière existe en particules séparées ou atomes était une simple spéculation et ne s'appuyait pas sur l'expérience ou sur l'obervation des faits. Bien que l'histoire de la spéculation philosophique sur la nature de la matière ait son intérêt en tant que révélant les procédés de l'esprit humain, on doit admettre qu'aucun réel progrès ne fut fait jusqu'à ce qu'il devint courant de vérifier la spéculation par l'expérience et de se servir de l'expérience comme d'une aide à la spéculation.

Sans plus discuter les débuts de la théorie atomique on peut noter, comme étape importante, que Robert Boyle conclut en 1661, comme résultat de ses propres expériences que la matière n'est pas continue mais granulaire; de là il établit ce que l'on peut nommer la théorie corpusculaire. En mettant en avant cette théorie de la constitution de la matière, Boyle n'avait pour but que d'expliquer ses observations expérimentales, d'ouvrir un chemin aux nouvelles découvertes expérimentales et par là de contribuer à l'accroissement des connaissances positives. Il y a pleinement réussi.

Pendant le XVIIIme siècle, un grand nombre d'observations expérimentales furent accumulées par les chimistes. L'interprétation des faits établit que deux espèces de matière peuvent être distinguées, l'une qui consiste en matériaux primitifs, les corps simples ou les éléments chimiques, qui sont maintenant plus d'une centaine, et l'autre qui comporte le vaste nombre de corps composés qui résultent de la combinaison des éléments les uns avec les autres. Cette conclusion que la nature nous a fourni un petit nombre de matériaux élémentaires qui par leur combinaison produisent les innombrables corps composés qui existent, tient toujours bon ; c'est un digne mémorial à l'activité, à l'imagination et aux habitudes logiques des anciens chimistes.

La théorie corpusculaire fut renforcée pendant le XVIIIme siècle par l'idée qu'un élément hypothétique, le phlogistique, doit être regardé comme prenant part aux transformations chimiques. La théorie du phlogistique ne réussit pas à diriger la chimie dans un champ fertile de développement et fut à la fin renversée par les efforts de Lavoisier, qui fut le premier à distinguer rationnellement entre corps simples et corps composés et à se faire un aperçu de la vraie relation entre la matière et l'énergie. Néanmoins, vers la fin du XVIIIme siècle, le progrès de la chimie se ralentit ; une nouvelle idée devint nécessaire pour activer le développement de la chimie expérimentale. L'énoncé de la théorie atomique par John Dalton en 1803 fournit la charpente qui manquait et pourvut les chimistes d'un tableau mental des transformations chimiques qui conduisit à de rapides développements de la science.

La théorie atomique, telle qu'elle est établie par Dalton, nous dit brièvement que chaque élément se compose d'atomes homogènes dont le poids est constant et que les composés chimiques résultent de l'union des atomes des différents éléments en simples proportions numériques ; sa grande valeur s'attache moins à une nouveauté de conception qu'au fait qu'elle créait un mode d'envisager les réactions chimiques qui facilitait le progrès. Ainsi, elle détournait l'attention des discussions, jusqu'alors futiles, relatives à la divisibilité de l'atome et apprenait à regarder cette unité comme la plus petite particule d'un élément qui pourrait prendre part à une transformation chimique ; elle indiquait que la molécule est la plus petite particule de matière qui puisse avoir une existence indépendante et dirigeait le chimiste vers l'étude de la composition de la molécule. La théorie atomique était destinée à devenir l'idée fondamentale sur laquelle fut établie toute la chimie du XIXme siècle ; elle joua un rôle également prépondérant dans le développement de la physique. Deux grandes routes principales de progrès scientifique divergèrent tout de suite de la théorie atomique; nous verrons plus tard que bien que cette divergence ait conduit au divorce presque complet de la chimie et de la physique pendant une grande partie du XIXme siècle, ces deux directions de progrès sont maintenant reliées par tant de chemins de traverse qu'on ne peut plus tracer aucune ligne de démarcation entre la physique et la chimie. Les deux sujets ne sont que des divisions arbitraires d'une seule science qui se rapporte aux manifestations de la matière et de l'énergie; ils ont une base commune et ont conduit pendant ces premières années du XIXme siècle à tracer un plan commun qui est en passe d'embrasser tout l'Univers inanimé.

La première direction de progrès qui puisse être brièvement considérée est celle qu'a prise, en général, la chimie. L'acceptation de la théorie atomique suggère tout de suite la nécessité d'une distinction soigneuse entre éléments et composés, celle de la détermination des nombres d'atomes des divers éléments qui se trouvent réunis dans les molécules des corps composés, et celle de la mesure des poids relatifs des atomes de différents éléments. La réalisation de ce programme conduisit à la détermination des poids atomiques de tous les éléments en fonction du poids du plus léger atome connu, celui de l'hydrogène, comme unité; elle entraînait une connaissance détaillée de l'arrangement des atomes dans les molécules de plusieurs centaines de mille corps composés. Il faut remarquer, cependant, que ces résultats ne furent pas atteints à l'aide seulement de la théorie atomique telle qu'elle fut exposée par Dalton; de temps à autre des théories auxiliaires durent être introduites. Ainsi, le chimiste italien, Avogadro, à force de discuter les faits expérimentaux, formula une hypothèse selon laquelle des volumes égaux de tous les gaz dans les mêmes conditions de température et de pression contiennent le même nombre de molécules; plus tard, Frankland ajouta à la théorie atomique la doctrine de la valence dans laquelle il est postulé que les éléments se classent suivant le nombre d'atomes d'hydrogène avec lequel un atome peut entrer en combinaison chimique. L'atome de chlore se combine ainsi avec un atome d'hydrogène, celui d'oxygène avec deux, celui d'azote avec trois, et celui de carbone avec quatre atomes d'hydrogène.

Celles-ci, et d'autres hypothèses auxiliaires, ont facilité la détermination précise des poids atomiques de tous les éléments. Parmi les chimistes qui menèrent à bien ce travail, toujours reconnu comme réclamant la plus grande habileté expérimentale, le chimiste belge, Jean Servais Stas, apparaît comme un des plus distingués.

En tant que résultat du développement de la chimie pendant le XIXme siècle notre science se présenta, il y a vingt ans, comme un exemple presque parfait d'un grand amas de faits classés au moyen d'un système logique qui avait pour base la théorie atomique. On savait que la molécule composée ne consiste pas en un nombre d'atomes entassés comme des billes dans un sac mais qu'elle a une disposition architecturale parfaitement définie que l'on peut déterminer avec précision. Tous les triomphes de la chimie organique moderne, la certitude avec laquelle on peut maintenant entreprendre la synthèse de la plupart des composés chimiques complexes que l'on trouve produits par les végétaux et par les animaux, et la connaissance profonde que l'on a acquise de la disposition des atomes à l'intérieur de la molécule complexe, proviennent entièrement de l'aide prêtée par la théorie atomique à la science expérimentale. J'ai déjà remarqué que le progrès chimique se relachait vers la fin du XVIIIme siècle parce qu'aucune théorie n'était suffisante pour servir de guide. Un exemple encore plus frappant du besoin de vues théoriques solides est fourni par l'histoire de la chimie française au cours de la dernière moitié du XIXme siècle. En France, où Lavoisier, Dumas, Berthelot, Pasteur et bien d'autres ont tant fait pour la chimie, la théorie atomique avec toutes ses amplifications logiques, ne fut pas acceptée; bien que la France ait toujours beaucoup contribué au développement de la chimie organique, cette science languissait, en quelque sorte, parceque son étude n'était pas inspirée par de bonnes conceptions théoriques. La chimie française reprit son rang dès qu'elle eut foi en la théorie atomique amplifiée.

On pourrait prétendre, et beaucoup en vérité l'ont prétendu que la manière très parfaite dont les faits observés s'adaptaient à la théorie fournissait une preuve positive que la théorie n'est pas seulement une espèce de trame sur laquelle on arrange convenablement les observations expérimentales mais que l'atome et la molécule ont une existence réelle. Je suis porté à croire que le

développement de nos connaissances chimiques pendant le XIXme
siècle seul justifie la croyance en l'existence absolue des atomes
et des molécules, mais je reconnais en même temps que le raisonnement qui sert d'appui à cette thèse est tellement tortueux et
embrouillé que le doute est légitime.

La seconde direction principale de progrès qui fut indiquée par
la théorie atomique, quoiqu'elle ait aussi une grande importance
chimique, se rapporte à la physique plutôt qu'à la chimie. On
distingue, à l'ordinaire, trois états de la matière, le solide, le
liquide et le gazeux. Tous les gaz ont la même compressibilité et
le même coefficient de dilatation thermique, sauf quelques petits
écarts très importants observés dans chaque cas particulier; la
théorie corpusculaire de Boyle a conduit le mathématicien Ber-
nouilli au XVIIIme siècle à ébaucher la théorie cinétique des gaz,
d'après laquelle on considère un gaz comme formé de molécules
constamment en mouvement. Chaque molécule gazeuse est le
siège d'une certaine quantité d'énergie cinétique ou énergie de
mouvement; elle est constamment en marche et rebondit constamment sur les autres molécules qui se trouvent sur sa route. La
pression exercée par un gaz confiné est la somme des chocs répétés
sur les parois du vase; lorsque l'énergie cinétique s'élève par suite
d'une hausse de température la pression exercée par le gaz s'accroît à cause du renforcement du bombardement moléculaire.

Quoiqu'une molécule ne possède qu'une grandeur minime, elle
a un certain poids; comme tout objet pondérable elle est soumise
aux lois de la gravitation. Les molécules d'un gaz se repoussent à
cause de leur énergie cinétique, mais en même temps, elles s'attirent par suite d'une attraction qui s'exerce entr'elles. Dans un
gaz la force répulsive domine celle de l'attraction; une quantité
quelconque d'un gaz remplit donc un vase de n'importe quelles
dimensions. Mais si la température baisse, l'énergie cinétique
peut diminuer au point qu'elle soit dominée par la cohésion;
alors le mouvement libre des molécules s'arrête, le gaz devient
un liquide, et les molécules ne rebondissent plus mais peuvent
seulement glisser les unes sur les autres. Une baisse graduelle
de la température, accompagnée d'une diminution correspondante de l'énergie cinétique amène la prédominance presque
complète de la cohésion et le liquide se solidifie.

L'esquisse peu détaillée que je viens de faire de nos idées théoriques sur les trois états de la matière suffit à faire naître une réflexion importante. La considération de ces trois états nous fait voir que plusieurs conceptions doivent être envisagées. La grandeur des molécules, la quantité d'énergie qui y réside, et l'attraction exercée entre'elles, jouent un rôle. Mais tout cela est susceptible d'un traitement strictement mathématique; même les écarts aux lois simples qui règlent le comportement des gaz se prêtent au développement mathématique. La facilité avec laquelle elle se prête au traitement mathématique a fait que la théorie cinétique des trois états de la matière s'est développée à coup sûr et chaque étape s'est achevée presque sans discussion. Tandis que l'on demandait aux chimistes du XIX° siècle d'établir leurs conclusions théoriques par des procédés de pure logique, les grands physiciens mathématiciens, Clerk Maxwell, Clausius, van der Waals, etc., ont pu apporter au perfectionnement de la théorie cinétique toutes les armes puissantes de l'analyse mathématique. La thermodynamique, fondée par Carnot, développée par Kelvin et amplifiée par Willard Gibbs, aida à l'établissement de la théorie cinétique.

Un vaste élargissement de l'horizon scientifique est résulté de l'étude mathématique des trois états de la matière. Nous lui devons le perfectionnement de la machine à vapeur et du moteur à combustion interne, la fabrication de l'acide nitrique à partir de l'air atmosphérique, sans laquelle l'Allemagne n'aurait jamais osé déclancher une guerre universelle, et beaucoup d'autres résultats qui ont exercé une immense influence sur toutes les affaires mondiales.

La théorie cinétique, telle que nous la connaissons aujourd'hui, fournit un moyen de calculer presque toutes les constantes fondamentales qui se rapportent aux gaz; on peut ainsi déterminer les dimensions réelles des atomes et des molécules, leurs vitesses de mouvement et la quantité d'énergie qui réside dans chacune de ces minimes particules. J'ai déjà remarqué qu'Avogadro a postulé que des volumes égaux de gaz différents, dans des conditions semblables de température et de pression, contiennent le même nombre de molécules; il s'ensuit que le poids moléculaire en grammes de n'importe quel corps, simple ou composé, devrait contenir le même nombre de molécules. Ce nombre, qu'on appelle la constante d'Avogadro, se déduit à l'aide de la théorie cinétique des observations exactes faites sur les gaz. L'interprétation mathématique des déterminations de la viscosité des gaz donne à la constante d'Avogadro une valeur de 62×10^{22}. Nous verrons plus tard que d'autres méthodes pour calculer la même constante conduisent à des valeurs sensiblement identiques.

On pourrait citer beaucoup d'exemples de l'action stimulante exercée sur les sciences physiques par la théorie atomique dans cette seconde direction marquée par le traitement mathématique de la théorie cinétique ; l'accord entre les résultats expérimentaux et les anticipations théoriques est tellement complet. qu'on est tenté, une fois de plus, de convenir que la théorie atomique nous expose une vérité objective. Mais dans la seconde, comme dans la première direction issues de la théorie atomique on a dû faire des additions successives d'hypothèses nouvelles à la forme primitive ; même si l'accord entre la pratique et la théorie a répondu à toute attente, on ne peut pas nier que la preuve définitive de l'existence objective des atomes et des molécules n'ait échappé aux savants du XIXme siècle. En dépit de l'éclat étincelant de l'œuvre de nos prédécesseurs, ceux-ci ont passé sans établir la discontinuité de la matière avec une netteté qui seule entraînerait une conviction absolue ; jusqu'à la fin du XIXme siècle on les a vu se préoccuper d'imaginer des modalités de la théorie atomique qui soient mieux en accord avec les faits.

Nous allons maintenant examiner les améliorations apportées à cette situation incertaine pendant les vingt dernières années. En 1827 un botaniste anglais, Brown, en examinant au microscope des morceaux minimes de matière suspendus dans de l'eau remarqua que ces petits fragments solides étaient animés d'une agitation perpétuelle et parfaitement désordonnée. Ce phénomène extraordinaire se manifeste avec toute espèce de matière solide suspendue dans les liquides les plus divers ; on l'observe sans difficulté sur des particules de gomme-gutte suspendues dans de l'eau. Jusqu'au début du vingtième siècle l'on a cherché à expliquer le mouvement brownien en l'attribuant aux variations de la température ambiante, à l'action de la lumière ou des courants d'air, aux tremblements des appareils, etc., mais à la fin l'on a dû convenir que les trépidations de ces minimes particules microscopiques proviennent des chocs reçus des molécules liquides. La théorie cinétique nous apprend qu'un millimètre cube d'eau contient à peu près 3×10^{19} molécules dont la vitesse de mouvement à la température ordinaire dépasse dix fois celle d'un train express; le choc qu'une molécule d'eau produit en heurtant une particule solide énormément plus grande suffit à faire bouger cette dernière de sa place. L'étude du mouvement brownien, en fait, nous mène bien plus près des molécules que ne l'ont fait tous les efforts du XIXe siècle ; tandis que l'application des méthodes mathématiques et logiques aux observations physiques et chimiques nous conduit à induire là validité de la théorie atomique et moléculaire, nous voyons aujourd'hui l'action directe des molécules dans le spectacle des particules solides projetées dans toutes les directions par le bombardement moléculaire.

Le perfectionnement de la technique de l'étude du mouvement brownien a conduit dernièrement au traitement mathématique des observations expérimentales et celui-ci a fourni une riche moisson ; un exemple suffira à montrer la manière dont cette étude a pu étendre nos connaissances sur la matière et l'énergie. J'ai déjà fait remarquer que les molécules d'un gaz se repoussent mutuellement à cause de leur énergie cinétique et en même temps s'attirent parce qu'elles sont soumises à l'action de la gravitation comme tout autre corps pondérable. Les molécules gazeuses obéissent, de plus, à l'attraction terrestre ; c'est celle-ci qui retient notre atmosphère. En partant de la terre, la densité atmosphérique diminue avec la hauteur selon une loi parfaitement définie par la théorie cinétique. On se trouve ici en face de conditions tout à fait semblables à celles qui existent dans une suspension de particules de gomme-gutte dans de l'eau ; le bombardement moléculaire disperse les particules tandis que la pesanteur les attire vers le bas. Quoiqu'une atmosphère d'hydrogène doive conserver une concentration appréciable à des hauteurs de quelques centaines de kilomètres au-dessus de la terre et qu'une dispersion de particules browniennes ne conserve pas une concentration sensible à quelques millimètres du fond de la cellule qui la contient, la même loi relie la concentration atmosphérique et la concentration brownienne à la hauteur. L'étude du mouvement brownien se prête alors au calcul des constantes physiques des gaz au moyen de la théorie cinétique ausi bien que l'étude des gaz. Des observations faites sur la dispersion des particules browniennes avec la hauteur permettent donc de calculer la constante d'Avogadro. Ce calcul fournit la valeur 66×22^{22}; elle concorde suffisamment bien avec celle qu'on déduit de l'étude de la viscosité des gaz pour qu'on puisse être aussi certain de l'existence de la molécule, qu'on ne peut pas voir, que de l'existence de la particule brownienne, que nous voyons en agitation perpétuelle au microscope. C'est au chimiste français, Jean Perrin, qui s'est dévoué depuis vingt ans à l'étude du mouvement brownien, que nous devons cette belle justification de la théorie atomique.

Nous pouvons maintenant laisser ces résultats, sans plus nous occuper des autres exemples également frappants que fournit le traitement mathématique du mouvement brownien, pour passer en revue des considérations d'un ordre entièrement différent. Tandis que la fin du dix-neuvième siècle nous trouva possesseurs d'une théorie de la constitution de la matière très détaillée et très fructeuse, le siècle nouveau nous vit en présence d'un amas de faits expérimentaux qui ne rentraient pas dans le cadre de la théorie atomique, tout en étant en relation intime avec la constitution de la matière. A toute époque dans l'histoire de la science on a reconnu l'importance primordiale des observations dissidentes; elles ont toujours servi de point de départ aux spéculations de l'imagination qui sont les seules sources du progrès.

En 1815, un médecin anglais, Prout, proclama que les poids atomiques des éléments sont tous des multiples entiers de celui de l'hydrogène; des études plus soigneuses montrèrent la fausseté de cette assertion mais on dut admettre que les poids atomiques d'un grand nombre parmi les éléments connus se rapprochent de nombres entiers. Plus tard, Newlands remarqua qu'en découpant une liste des éléments disposés dans l'ordre de leurs poids atomiques en séries de huit, les membres correspondants des différentes séries montraient d'évidentes similitudes de comportement chimique; cette observation fut reprise par Mendeléef qui, en 1869, mit en avant la classification périodique des éléments et fit voir qu'une relation intime existe entre les poids atomiques et les propriétés des éléments. Le caractère tendancieux de telles observations fut reconnu même par Prout; si une parenté définie peut être constatée entre les poids atomiques et les propriétés des éléments, on ne peut s'abstenir de conclure que les atomes des différents éléments sont des corps composés, fabriqués des mêmes matériaux primaires. Une fois cette idée acceptée, le

devoir s'impose de chercher les moyens de pénétrer au-delà de la
théorie de Dalton et d'apprendre à connaître les détails de l'architecture des atomes élémentaires; un siècle s'est écoulé depuis
que Prout a émis sa conviction que l'atome n'est pas une unité
primaire mais ce n'est que pendant ces dernières années que la
preuve définitive de sa thèse est apparue.

Entre 1880 et 1890 Sir William Crookes constata que lorsque
une décharge électrique à haut potentiel traverse un gaz raréfié,
des phénomènes se produisent qui ne se rapprochent d'aucune
propriété des trois états de la matière jusqu'ici connue; c'était,
en effet, un quatrième état de la matière que Crookes proclama et
ses observations conduisirent plus tard à la découverte des
rayons X par Röntgen. En 1897, Sir J.-J. Thomson démontra
que tandis que la décharge électrique traverse le gaz raréfié, un
courant de particules chargées d'électricité négative, douées
d'une grande vitesse, émane de la cathode; ces particules qu'on
appelle des électrons, sont beaucoup plus petits que l'atome d'hydrogène, la plus minuscule particule de matière reconnue jusqu'alors.

Presqu'en même temps, la découverte de l'élément argon par
Lord Rayleigh conduisit Sir William Ramsay à reconnaître
l'existence terrestre de l'élément hélium qui fut découvert dans
l'atmosphère du soleil par Sir Joseph Lockyer en 1869; il fut
démontré que l'argon et l'hélium appartiennent à une série d'éléments doués du caractère spécial de paraître tout à fait dépourvus
de propriétés chimiques. Ajoutons que la philosophie expérimentale se trouva toujours aux prises avec la vieille énigme que
l'énergie, postulée comme étant continue et impondérable, agit
sur la matière, reconnue discontinue et pondérable; l'apparente
insolubilité du problème de l'action à distance a constitué pendant des siècles une brèche entre les sciences physiques et la philosophie abstraite.

Ce sont en raccourci, les principales questions qui ressortaient
comme étroitement apparentées à nos conceptions de la constitution de la matière mais qui ne furent pas encadrées en même
temps par nos théories; c'était une grande accumulation de faits
expérimentaux sans corrélation que le XIXme siècle nous laissa
comme legs. L'heure d'un vaste épanouissement de nos connaissances sur la structure ultime de la matière était proche.

Après la découverte de la radioactivité par Becquerel, Mme Curie donna la preuve expérimentale qu'un nouvel élément découvert par elle, le radium, présentait des propriétés différentes de toutes celles observées jusqu'ici; toute substance, n'importe laquelle, qui contient cet élément, laisse perpétuellement échapper une matière gazeuse qui fait de l'espace ambiant un conducteur d'électricité. En 1903, Ramsay et Soddy constatèrent que lorsque l'émanation gazeuse du radium est conservée, l'élément hélium se produit. Ainsi, pour la première fois, un des rêves les plus fréquents des alchimistes, celui de la transmutation des éléments, fut réalisé par la production d'un élément gazeux, l'hélium, à partir d'un élément métallique, le radium.

La suite de ces étonnantes découvertes démontra que, comme Sir J.-J. Thomson l'avait longtemps soupçonné, l'atome est une structure électrique. Alors qu'au commencement du XIXme siècle, Dalton avait pu établir la théorie atomique sur une base solide, nous pouvons énoncer, un siècle plus tard en nous appuyant sur des motifs expérimentaux plus forts encore, une théorie sousatomique. Cette nouvelle conception, qu'on peut appeler la théorie électronique de la matière, peut être définie dans les termes suivants: L'atome d'un élément chimique a une structure complexe; il est formé d'un noyau qui porte une charge d'électricité positive et d'un domaine extérieur qui contient un nombre suffisant de particules d'électricité négative pour être en équilibre avec la charge du noyau. Cette conception est due à Sir Ernest Rutherford; elle naquit de la découverte que l'électricité, comme la matière, est de structure granulaire. La théorie électronique entraîne l'idée que les atomes des éléments chimiques sont fabriqués avec des atomes, presqu'infiniment plus petits, d'électricité positive et d'électricité négative; ces unités ultimes peuvent s'appeler les électrons positifs et négatifs. Les observations expérimentales indiquent que le noyau est de dimensions minuscules en comparaison de celles de l'atome lui-même; le diamètre du noyau n'est qu'à peu près le dix-millième du diamètre de l'atome. La masse de l'atome réside presqu'entièrement dans le noyau; elle est proportionnelle au nombre d'atomes d'électricité positive contenus dans le noyau. Puisque le noyau de l'atome d'hydrogène ne contient qu'une unité d'électricité positive, le poids atomique d'un élément est égal au nombre des électrons positifs présents

dans le noyau. Le noyau contient, en général, des électrons négatifs aussi bien que des électrons positifs; le nombre d'électrons
positifs moins le nombre d'électrons négatifs présents dans le
noyau donne la charge électrique de ce.dernier en unités fondamentales et s'appelle le nombre atomique.

Aussitôt qu'on applique la théorie électronique au grand
ensemble de faits connus qui ne rentrent pas dans le cadre de
la théorie atomique, on s'aperçoit que toutes ces observations dissidentes commencent à s'ordonner. Ainsi, le travail classique de
Moseley en 1913 donna une signification tout à fait spéciale à la
conception du nombre atomique. Si l'on numérote consécutivement les éléments connus rangés dans l'ordre de leurs poids atomiques, chaque élément reçoit son nombre atomique; Moseley
a démontré que le nombre atomique est quantitativement relié
d'une manière très simple au spectre des rayons X particulier à
l'élément.

Pour jeter un peu de lumière sur les nouvelles conceptions que
nous discutons il sera utile de citer quelques exemples. Le poids
atomique et le nombre atomique du plus léger des éléments connus, l'hydrogène, est un. Le noyau atomique consiste donc en un
électron positif et le domaine extérieur contient un électron négatif en équilibre avec le noyau. Une explication est ici nécessaire.
L'élément hydrogène se présente, à l'état libre, en molécules dont
chacune contient deux atomes, mais l'atome libre ne consiste
qu'en un atome d'électricité positive; l'atome libre d'hydrogène
correspond, en vérité, à l'ion hydrogène du chimiste qui agit
comme porteur d'un courant électrique pendant l'électrolyse
d'une dissolution aqueuse d'un acide. Tandis que l'atome d'hydrogène n'est que le noyau positif, c'est-à-dire, l'atome d'électricité positive, la molécule d'hydrogène se compose de deux noyaux
positifs avec deux électrons négatifs en mouvement orbital autour
d'eux. Dans l'atome d'hélium, de poids atomique 4 et de nombre atomique 2, le noyau est composé de quatre électrons positifs
et de deux électrons négatifs tandis que le domaine extérieur contient deux électrons négatifs en équilibre avec la charge nucléaire
de deux unités positives. Le plus compliqué des éléments connus,
l'uranium, possède le poids atomique 238 et le nombre atomique
92. Le noyau positif contient donc 238 électrons positifs et 146
négatifs; ce dernier nombre est celui qui est nécessaire pour

donner au noyau une charge positive de 92, en équilibre avec 92 électrons négatifs compris dans le domaine extérieur.

On peut maintenant procéder à l'interprétation des transformations radioactives du radium au point de vue de la théorie électronique; de l'étude expérimentale de ce remarquable sujet est sorti le fait que le radium, ou n'importe quelle substance qui le contient, émet perpétuellement quatre produits caractéristiques; une émanation gazeuse, des particules α, des particules β et un rayonnement γ. L'émanation gazeuse se change à son tour en un nouvel élément, le radium A, qui est solide, et parmi les produits de tous ces changements on trouve l'hélium. C'est Rutherford qui, le premier, a constaté que la particule α est le noyau de l'atome d'hélium en mouvement très rapide; la particule α représente donc l'atome d'hélium dépourvu de son domaine extérieur, c'est-à-dire, un corps formé des quatre électrons positifs et des deux électrons négatifs qui constituent le noyau. La particule β a été de même identifiée avec l'électron négatif en mouvement rapide et le rayonnement γ est simplement formé de rayons X de très courte longueur d'onde.

La première phase de la désagrégation atomique du radium consiste dans l'expulsion violente d'une particule α du noyau et dans la production d'un élément gazeux, l'émanation du radium. Puisque le poids atomique du radium a la valeur 226, l'émission d'une particule α doit produire un élément, l'émanation, avec un poids atomique de 222, de quatre unités de moins, et un nombre atomique de 86, deux unités moindre. La particule α est expulsée du noyau de radium avec une vitesse d'à peu près 15,000 kilomètres par seconde et possède une activité chimique intense; pendant son trajet la particule α se combine à deux électrons négatifs libres pour produire un atome d'hélium, élément qui fut découvert par Ramsay et Soddy parmi les produits de désagrégation atomique du radium. La rapidité avec laquelle se passe cette première phase de la transformation du radium peut être déterminée à l'aide des méthodes extrêmement délicates imaginées par Rutherford; on peut la définir commodément en déterminant le temps nécessaire à la moitié d'une quantité donnée de radium pour traverser cette phase; celle-ci, la période de demi-transformation, est de 1,600 années pour la transformation du radium en émanation gazeuse. L'émanation se modifie à son tour; elle expulse une particule α et produit un élément solide, le radium A, de poids atomique 218 et de nombre atomique 84, mais cette fois la période de demi-transformation est de quatre jours. Le radium A se change maintenant par l'expulsion d'une nouvelle particule α, avec une période de demi-transformation de trois minutes, en radium B, de poids atomique 214 et de nombre atomique 82. Le radium B se change ensuite, avec une période de demi-transformation de 27 minutes, en radium C; mais cette fois la transformation résulte de l'expulsion d'une particule β. En conséquence le radium C a le même poids atomique, 214, mais un nombre atomique de 83, supérieur d'une unité à celui du radium B.

Je n'ose pas vous retenir plus longtemps dans la considération de toutes les étapes de cette série de transformations des éléments radioactifs, mais je dois vous faire observer que la désintégration du radium en radium C ne constitue qu'une petite partie d'une longue série de transformations qui ont subi un examen détaillé. On peut suivre dans le tableau la succession complète des transmutations radioactives étudiées en détail jusqu'ici. On verra que l'uranium I, l'élément de poids atomique le plus grand, 238, et de nombre atomique, 92, est le premier père du radium et qu'il se transforme en uranium X¹, par suite de l'expulsion d'une particule α; la période de demi-transformation est de 30,000,000,000 d'années. Chaque étape de cette longue série de transformations atomiques qui part de l'uranium et qui se termine par la production de l'actinium D, de poids atomique 206 et de nombre atomique 82, a été suivie expérimentalement; elle est accompagnée par l'expulsion ou d'une particule α ou d'une particule β. On voit dans le tableau qu'en général, toutes ces transformations se suivent consécutivement mais qu'à plusieurs points dans la série une bifurcation se présente, et le même élément se transforme simultanément en deux produits élémentaires.

Jusqu'ici deux grandes séries de transformations atomiques ont été reconnues, l'une qui commence avec l'uranium et l'autre avec le thorium; on n'a pas encore entrevu de liaison entre ces longues séries de transmutations mais le produit final de toutes les deux est, autant qu'on le sache à présent, l'élément plomb de nombre atomique 82.

Quoique ces deux séries de transformations radioactives soient les seules qu'on ait pu étudier en détail, il y a beaucoup de signes

234

232

230

228

226

224

22?

22.

218

216

214

212

210

208

206

90   ·   89   88   87   86   85   84   · 83   82   8 ι

Nombres atomiques

qui indiquent que la transmutation élémentaire n'est pas spéciale aux éléments nommés dans le tableau. On a reconnu tout récemment que l'élément rubidium est radioactif et qu'il se transforme en un élément de nombre atomique, 38, le strontium, avec une période de demi-transformation d'à peu près 10^{11} années ; les éléments caesium et potassium, qui sont des analogues très intimes du rubidium, doivent se comporter pareillement. Si l'on admet la transmutabilité du rubidium, du caesium et du potassium il faudra adopter cette conclusion: que la transformation atomique est une propriété générale des éléments. A mon avis un tout autre raisonnement prête un plus fort soutien à cette dernière thèse.

On a vu que l'expulsion d'une particule α d'un noyau atomique diminue le poids atomique de quatre unités et le nombre atomique de deux unités, tandis que la décharge d'une particule β n'apporte aucun changement dans le poids atomique mais fait monter le nombre atomique de deux unités. En conséquence, l'expulsion nucléaire d'une particule α et d'une particule β, soit en une seule étape, soit en étapes consécutives, n'apportera aucun changement dans le nombre atomique tandis qu'elle diminuera le poids atomique de quatre unités. On voit sur le tableau plusieurs cas d'éléments de poids atomique différents mais de même nombre atomique qui ont été dérivés par des procédés comprenant l'expulsion des particules α et β.

Les éléments de même nombre atomique mais de poids différents sont appelés « éléments isotopes.» et leur examen révèle une propriété très fondamentale du nombre atomique. Les éléments isotopes manifestent des propriétés chimiques identiques; ils montrent même un spectre identique et ne se distinguent que dans les propriétés qui sont associées à la masse, telles que le poids atomique et la densité. Le nombre atomique est ainsi l'une des constantes les plus caractéristiques qui s'attache à un élément. Tandis, que le nombre atomique, ou la charge positive du noyau atomique, détermine en grande partie les propriétés chimiques de l'élément, un autre facteur, comme nous le verrons plus tard, intervient pour une plus grande part encore, dans la définition d'un élément chimique.

La table nous indique que les trois éléments du plus petit nombre atomique, 81, qui sont produits dans la suite des désagrégations atomiques de l'uranium et du thorium, subissent d'autres changements encore par l'expulsion d'une particule β. Comme Soddy l'a remarqué, si cette phase finale avait été amenée par l'expulsion d'une particule α, des isotopes d'or, de nombre atomique, 79, en seraient résultées mais puisque cette dernière phase est amenée par la projection d'une particule β au lieu de l'expulsion plus ordinaire d'une particule α, des isotopes de plomb de nombre atomique 82 en résultent. Les produits finaux de la désagrégation de l'uranium sont ainsi des isotopes du plomb, l'actinium D et le radium G de poids atomique 206 et de nombre 82 qui sont peut-être identiques; le dernier produit de la série issue du thorium est le thorium D, ou le plomb de poids atomique 208. Il est particulièrement intéressant de noter que les poids atomiques de ces deux produits finaux ont été déterminés l'un par Richards et l'autre par Soddy et que les valeurs trouvées sont respectivement à peu près 206 et 208.

La preuve de la production des éléments isotopes comme produits de la désintégration atomique des éléments radioactifs est maintenant complète; on a vu aussi qu'on peut entrevoir un changement radioactif de l'élément rubidium, quoiqu'avec une période de transformation tellement longue que nos méthodes expérimentales le révèlent à peine. Le mécanisme même des changements radioactifs est connu et la raison d'être des éléments isotopes est expliquée; il dépend de l'expulsion des particules α et β du noyau. Il est évident que si nous pouvons reconnaître l'existence des éléments isotopes en dehors des séries des éléments radioactifs déjà reconnues, nous aurons le droit de soupçonner que tous les éléments ou sont sujets à transmutation ou sont le résultat final de la transmutation élémentaire. On aura presque raison de se figurer tous les éléments chimiques comme des étapes dans un immense réseau de transmutations radioactives.

Pendant les quelques dernières années Aston, à Cambridge, a donné la preuve décisive que beaucoup d''éléments, en dehors des séries jusqu'ici reconnues comme radioactives se présentent comme des mélanges de plusieurs isotopes. Ainsi le chlore, dont le poids atomique fut établi avec tant de précision par Stas comme étant 35,46, est un mélange de deux isotopes de poids atomiques 35 et 37 avec, selon toute probabilité un troisième, de poids atomique 39. Aston a reconnu aussi l'existence dans le krypton, de poids atomique 82-92, de six isotopes de poids atomiques 78, 80, 82, 83, 84 et 86. La séparation partielle des isotopes de plusieurs éléments, tels que le mercure, a véritablement été effectuée, mais la démonstration fournie par Aston de l'existence des isotopes en dehors des séries des éléments radioactifs est encore plus significative. La transmutation est une propriété commune à tous les éléments et non particulière aux éléments radioactifs.

Une autre réflexion importante se présente à ce sujet. Le noyau atomique d'un élément radioactif se compose souvent de plus de 200 unités d'électricité positive et de 100 électrons négatifs. En dépit de cette grande complexité de composition atomique, chaque changement consécutif est d'une grande simplicité et procède sans se laisser influencer par aucun moyen terrestre. Il faut ainsi conclure que le noyau atomique, même quand il est de la plus grande complexité de composition, est une mécanique de construction parfaitement définie; le fait que le noyau atomique accomplit une simple opération, telle que l'expulsion d'une particule α ou d'une particule β suivant un cours invariable tandis que la masse principale se change en un nouveau noyau également ment défini, est très frappant. Cela indique que nous ne devons pas seulement considérer le nombre des électrons positifs et négatifs composant le noyau mais aussi le plan architectural défini selon lequel les électrons sont disposés dans le noyau. A la suite de cette conclusion on n'est pas étonné de trouver que, pendant les changements radioactifs, deux éléments distincts surviennent parfois, identiques dans leur poids et leur nombre atomiques, mais entièrement différents dans leurs autres propriétés. Ainsi, l'on connaît deux éléments de poids atomique 230 et de nombre atomique 90; l'un est l'ionium qui se change en radium par l'expulsion d'une particule α avec une période de demi-transformation de près de 100,000 années, tandis que l'autre est l'uranium Y qui se change en ékatantale (Protoactinium, Pa) par l'expulsion d'une particule β, avec une période de demi-transformation d'à peu près un jour et demi.

Afin de conserver quelque clarté de vision parmi toutes ces complications, il est utile d'avoir en tête plusieurs définitions.

Les atomes d'un élément chimique ont tous la même masse, et sont identiques en nombre atomique et en disposition des parties dans le noyau atomique. Deux éléments sont isotopes s'ils ont des poids atomiques différents mais un même nombre atomique. Des isotopes isomères sont des éléments identiques en poids atomique et en nombre atomique mais de différentes constitutions.

L'examen d'une liste de poids atomiques des éléments rapportés à celui de l'hydrogène comme unité révèle que beaucoup diffèrent peu de nombres entiers. Si l'on calcule les poids atomiques avec la base 16 pour l'oxygène, on obtient dans beaucoup de cas un écart encore moindre avec les nombres entiers; dans cette table, cependant, le poids atomique de l'hyydrogène devient 1,008. Puisque la théorie électronique affirme que le poids atomique est le nombre d'atomes d'électricité positive contenus dans le noyau atomique, on doit s'attendre à ce que le poids atomique de chaque élément conformément à la définition donné plus haut soit un nombre entier. Comme Aston vient de le démontrer, les éléments, tels que nous les connaissons, sont souvent des mélanges de plusieurs isotopes. Le poids atomique d'un véritable élément chimique est toujours un nombre entier, l'hydrogène seul excepté.

Aucune explication satisfaisante n'a encore été donnée pour la légère déviation que présente l'hydrogène de poids atomique 1-008, mais on réalisera, cependant, que Prout avait presqu'entièrement raison quand il annonçait en 1815, que les poids atomiques sont des nombres entiers et que l'hydrogène est l'élément primitif avec lequel tous les autres sont fabriqués.

La particule a de masse 4 est expulsée d'un atome de radium avec une vitesse d'à peu près 20,000 kilomètres par seconde; voyageant avec cette rapidité, elle peut parcourir un chemin considérable dans un gaz avant d'être arrêtée. Une très belle méthode a été imaginée, à Cambridge, par Wilson, pour rendre réellement visible la trace de la particule a en mouvement. La particule a, portant sa charge positive, peut enlever des électrons négatifs aux molécules gazeuses qu'elle rencontre sur son chemin, les convertissant en particules chargées et transformant ainsi l'espace environnant en un conducteur électrique : elle peut aussi passer assez près du noyau d'un atome gazeux pour pouvoir le rompre. On réalisera que ce dernier mode d'action ne se présentera que peu souvent parce que l'espace total occupé par le noyau atomique n'est pas de plus d'un millionième du volume entier du gaz à la température ordinaire. Rutherford a récem-

ment constaté que le bombardement de l'azote gazeux ou des
composés de cet élément par les particules α brise le noyau atomique de l'azote et donne de l'hydrogène et un isotope d'hélium
de poids atomique 3; des observations semblables ont été faites
avec l'oxygène.

Ces résultats importants ouvrent un champ entièrement nouveau, à savoir, celui des connaissances que l'on acquérera en bri-
sant les noyaux atomiques par des chocs avec des particules α.
Plus encore, ils nous laissent prévoir une méthode pour déterminer la structure du noyau positif puisqu'ils indiquent que le
noyau de l'azote est constitué de quatre noyaux atomiques d'hélium isotopes et de deux noyaux d'hydrogène.

Jusqu'ici nous avons discuté principalement la constitution
et les propriétés du noyau atomique; ce dernier représente le
minuscule centre dynamique d'un large domaine atomique
externe dans lequel sont disposés les électrons négatifs. Selon
Bohr, les électrons négatifs dans ce domaine externe sont disposés en une ou en plusieurs séries; les membres de chaque série
sont en mouvement orbital autour du noyau. Ces séries d'électrons forment ainsi des anneaux qui sont imaginés concentriques
et dans le même plan. Cette conception, modifiée par d'autres, a
permis aux mathématiciens d'entreprendre l'étude de la stabilité
relative des différents arrangements possibles et a déjà conduit
à la découverte de relations quantitatives importantes entre la
constitution de l'atome et le spectre de l'élément. On peut déjà
voir, quoique vaguement, les débuts d'un développement de notre
connaissance de la structure intime de l'atome qui éclairerait
beaucoup de chapitres dans la chimie, tels que ceux qui se rapportent aux principes qui déterminent la constitution des composés organiques.

Il est curieux de remarquer que, malgré la différence d'époque,
la théorie électronique se développe et ses conséquences se déroulent précisément comme l'a fait, il y a un siècle, la théorie
atomique; aux premiers jours de la théorie atomique on n'a envisagé la molécule que comme un agrégat d'atomes désordonnés,
et ce n'est que plus tard que l'on a vu dans la molécule un édifice
dont on peut dessiner le plan. Les conditions régnant à la naissance des deux théories sont cependant très différentes. La
doyenne fut introduite à un moment où les méthodes expérimen-

tales de la chimie se trouvaient en défaillance et fut appelée à élucider la complexité immense de la structure des composés organiques. La cadette concerne principalement l'énergie et les combinaisons possibles entre les unités primitives de l'électricité; elle se prête immédiatement au traitement mathématique. Malgré la complexité des questions qui s'élèvent, la nouvelle tâche qui nous échoit est moins accablante que celle qui se présenta à nos ancêtres il y a un siècle; nous nous attendons en toute confiance à assister dans quelques années au développement complet de la théorie électronique.

On doit remarquer que la théorie électronique fournit une méthode indépendante et très précise pour la détermination de la constante d'Avogadro; d'après son étude de la charge électrique conduite par l'atome d'électricité, Millikan a calculé pour A une valeur de 60, 62 × 10²², avec une exactitude d'à peu près un pour mille. Ce nombre est du même ordre que les valeurs moins exactes déduites des propriétés des gaz et de l'étude du mouvement brownien.

On peut déjà voir des signes très distincts qui indiquent qu'une théorie encore plus fondamentale deviendra dans peu de temps la base de la théorie électronique, tout comme la dernière est maintenant le fondement de la théorie atomique. L'étude de la radioactivité a révélé la manière dont les deux éléments chimiques les plus complexes, l'uranium et le thorium, subissent une désagrégation atomique jusqu'à ce qu'ils donnent finalement de l'hélium et des isotopes du plomb; chaque étape dans ces longues séries de transmutations est accompagnée par la libération d'énormes quantités d'énergie. L'examen mathématique des propriétés de la matière et de l'énergie mène à cette remarquable conclusion, que la masse d'un corps est égale à l'énergie totale qui réside dans le corps; chaque gramme de matière représente une quantité d'énergie égale à celle que l'on obtiendrait en brûlant à peu près 3.000 tonnes de charbon. Chaque changement chimique que nous opérons dans le laboratoire est donc accompagné d'un changement de masse; la loi ancienne de la conservation de masse ne tient plus, mais nos procédés expérimentaux ne sont pas assez délicats pour révéler la diminution de masse qui résulte d'une évolution d'énergie par suite d'une réaction chimique. Bien que le radium émette tous les deux jours autant d'énergie qu'on peut en obtenir en brûlant son poids en charbon, la perte de masse qui doit accompagner la suite des transformations radioactives de l'uranium en hélium et radium D n'est a peu près qu'un dix-millième de la masse de l'uranium. On peut entrevoir que toute notre conception de l'Univers inanimé va reposer sur une entité ultime, l'énergie, de structure granulaire, qui par ses différents modes de manifestation et d'arrangement conduit à l'élaboration de toute l'organisation complexe de l'Univers.

Toutefois, il faut admettre que nous sommes gênés dans nos efforts par l'insuffisance des facilités expérimentales dont nous disposons, pour élucider le grand problème de la constitution de la matière. La température la plus haute que l'on puisse obtenir sur cette terre, celle de l'arc électrique, n'atteint pas 4,000°; la température du soleil n'est qu'à peu près de 6,500° mais, dans les grandes nébuleuses qui ont un diamètre du même ordre que celui du système solaire, il règne des températures supérieures à 15,000°. Les observations spectroscopiques montrent que dans ces vastes espaces existent des éléments que l'on ne connaît point sur la terre; ces régions éloignées sont les creusets dans lesquelles nos éléments terrestres sont faits et défaits.

VARIÉTÉS ·

LES CONSEILS DE PHYSIQUE SOLVAY.

Le premier Conseil de Physique se réunit à Bruxelles en 1911, à l'initiative de M. Ernest Solvay. Il groupait un petit nombre de physiciens,
choisis parmi les plus notoires, pour discuter et élucider certaines théories
récentes et controversées de la Physique.

Le plan de travail avait été ainsi fixé : choisir un petit nombre de questions ; faire rédiger pour chacune d'elles un rapport par les spécialistes
les plus qualifiés, et les distribuer aux participants quelques semaines
avant la date de la réunion. Ces rapports fixaient le cadre des discussions,
une séance ou une journée devant être consacrée à chacun d'eux.

Les résultats de ce premier Conseil furent remarquables : avec Einstein,
Henri Poincaré, l'illustre savant dont la science française déplore toujours
la mort prématurée, y tint une place importante ; un savant allemand,
Planck, y développa pour la première fois la théorie des quanta. Le compte
rendu des travaux de ce Conseil fut publié à Paris, chez l'éditeur Gauthier-
Villars, peu de temps après la réunion, en un volume intitulé *La Théorie
du rayonnement et les Quanta.*

C'est à la suite de ce Conseil que M. Ernest Solvay décida la fondation,
pour une période de trente années, d'un Institut international de Physique destiné à encourager toutes recherches de nature à étendre et surtout à approfondir la connaissance des phénomènes naturels. Cet Institut
devait avoir principalement en vue les progrès de la Physique, sans exclure
cependant les problèmes appartenant à d'autres branches des sciences
naturelles, pour autant, bien entendu, que ces problèmes se rattachent
à la Physique.

La direction en fut confiée à une Commission administrative et à un
Comité scientifique international. Dès l'origine, S. M. le roi Albert témoigna toute sa sympathie à la création de M. Ernest Solvay, en désignant
personnellement un des membres de la Commission administrative.

Les modes d'intervention furent, au début, l'octroi par la Commission
administrative de bourses de voyages à de jeunes savants belges ayant
donné la preuve de leurs aptitudes et de leur désir de se vouer aux études
scientifiques, et l'attribution sur le terrain international, par le Comité
scientifique, de subsides à des savants étrangers.

L'organisation périodique des Conseils de Physique fut également confiée à la Commission administrative.

En 1913, un deuxième Conseil de Physique, organisé par le nouvel Institut, se réunit à Bruxelles. Il comprenait, comme le premier, d⁻ₛ savants représentant les différents pays d'Europe. Le programme, arrêté par le Comité scientifique, comportait les questions suivantes : la structure de l'atome, les phénomènes d'interférence des rayons de Röntgen, la pyro. et la piézo-électricité, la structure moléculaire des corps solides.

Le compte rendu des travaux de ce Conse'l qui, surtout à la demande des savants allemands, avait été rédigé cette fois dans les différentes langues admises pour les discussions du Conseil, était à l'impression au moment où la guerre éclata. Il parut impossible à la Commission admin.s. trative d'en soumettre le texte au visa de la censure allemande et de le publier pendant l'occupation, alors que toute activité collective était suspendue en Belgique.

Jusqu'à ces derniers jours, des difficultés de toute nature en retardèrent encore la pulb'cation jusqu'à la veille du troisième Conseil de Physique, qui vient de se réunir à Bruxelles. La Commission administrative avait décidé de faire cette publication entièrement en langue française comme pour le premier Conseil et de la confier également à l'éditeur Gauthier-Villars. Le volume, qui vient de voir le jour, a été intitulé : *La Structure de la Matière*.

Au lendemain de la guerre, une revision des statuts de l'Institut avait été jugée indispensable. L'intervention en matière internationale a dû être réduite et limitée plus particulièrement à l'organisation des Conseils de Physique ; la langue française a été imposée pour les publications ; enfin des modifications ont été apportées à la composition du Comité scientifique international et la durée de l'Institut a été prolongée de quelques années.

La Commission administrative comprend actuellement MM. Paul Heger, Em le Tassel et Charles De Keyser, professeurs à l'Université libre de Bruxelles et le Comité scientifique international est constitué par : M. H. A. Lorentz, président, professeur à l'Université de Leyde ; Mᵐᵉ Pierre Curie, professeur à la Faculté des Sciences de Paris ; S r W. H. Bragg, professeur à l'Université de Londres ; MM. M. Brillouin, professeur au Collège de France ; H. Kamerlingh-Onnes, professeur à l'Université de Leyde ; M. Knudsen, secrétaire, professeur à l'Université de Copenhague ; P. Langevin, professeur au Collège de France ; Sir E. Rutherford, professeur à l'Université de Cambridge, et E. Van Aubel, professeur à l'Université de Gand.

Le tro'sième Conseil de Physique, dont les travaux viennent de se terminer, s'est réuni à Bruxelles du 1ᵉʳ au 6 avril. Le Comité scientifique avait porté à son ordre du jour une série de questions relatives à la théorie des électrons, à la structure de l'atome, aux phénomènes photo-électriques, aux moments magnétiques, au paramagnétisme aux basses températures, et aux superconducteurs.

Les rapports préalables ont été rédigés par MM. Lorentz, Rutherford, de Broglie, Kamerlingh-Onnes, Bohr et de Haas.

Les séances ont eu lieu au siège de l'Institut de Physique, établi au parc

Léopold dans les locaux de l'Institut de Physiologie fondé également par M. Ernest Solvay. Ces séances ont occupé les journées entières.

Les réunions étaient strictement privées. Seuls y furent admis comme auditeurs deux collaborateurs particuliers, désignés pour chaque Conseil par M. Solvay, suivant un droit qui lui a été réservé par les statuts ; la courtoisie du président y a donné accès aux membres de la Commission administrative.

Les participants au Conseil étaient les membres du Comité scientifique indiqués ci-dessus et une série de savants invités appartenant tous à des pays alliés ou amis : MM. C. G. Barkla (Edimbourg), L. Brillouin (Paris), W. L. Bragg (Manchester), de Broglie (Paris), W. J. de Raas (Delft), P. Ehrenfest(Leyde), J. Larmor (Cambridge), R. A. Millikan (Chicago), A. A. Michelson (Chicago), J. Perrn (Paris), O. W. Richardson (Londres), M. Siegbahn (Lund), P. Weiss (Strasbourg) et P. Zeeman (Amsterdam).

Sir W.-H. Bragg, membre du Comité scientifique, avait manifesté antérieurement son regret de ne pouvoir venir à Bruxelles. Au dernier moment M. Jeans, secrétaire de la Société Royale de Londres, M. Einstein, dont les théories passionnent le monde intellectuel, et M. N. Bohr, qui avait envoyé un remarquable rapport, n'ont pu venir à Bruxelles, où leur absence a été vivement regrettée.

La traduction en langue française des rapports et des discussions du Conseil a été confiée à M. Verschaffelt, ancien membre de la Commission administrative, qui suivit les travaux du Conseil. La publication du compte rendu aura lieu dans le plus bref délai possible.

Il nous est revenu que les discussions furent extrêmesment intéressantes. Alors que le Conseil groupait des savants professant les opinions les plus différentes relativement aux questions en discussion, depuis ceux appartenant à l'école classique jusqu'à ceux défendant les théories les plus modernes, la cordialité la plus affectueuse a caractérisé les réunions. Le travail scientifique, s'accomplissant dans l'atmosphère la plus amicale, a donné cette fois encore les meilleurs résultats.

Un des membres, qui a participé aux trois conseils, a pu dire avec raison que le caractère de telles réunions est unique et qu'il n'en est pas qui conduisent à un travail aussi soutenu et aussi fructueux.

Les membres du Conseil ont eté unanimes à manifester leur reconnaissance au fondateur de l'Institut et à leur président, M. H. A. Lorentz, que tous admirent. La présidence d'une telle réunion exige un ensemble de qualités et de connaissances que peu d'hommes possèdent et que M. Lorentz semble réunir tout naturellement. Toutes les questions traitées lui sont familières ; il excelle à élucider les points obscurs et à résumer avec clarté et simplicité les ensembles en apparence les plus confus ; jamais il ne laisse la discussion s'égarer et il met un tact extrême à harmoniser les opinions les plus opposées ; toutes les difficultés résultant de discussions poursuivies en différentes langues sont facilement résolues grâce à ses remarquables facultés de polyglotte. L'opinion que sans un conducteur tel que lui de semblables réunions eussent été impossibles nous a été rapportée.

D'autre part, M. Lorentz lui-même a tenu à souligner l'attitude de M. E. Solvay. Quoique ayant des idées personnelles sur bien des questions soumises à l'examen, obéissant aux mobiles les plus élevés, le fondateur de l'Institut a tenu à éviter soigneusement tout ce qui pourrait influencer en quoi que ce soit le choix des questions mises en discussion aux Conseils de Physique aussi bien que les discussions elles-mêmes, et cette tradition est soigneusement observée par la Commission Administrative.

Différant en cela, comme en beaucoup d'autres points, des congrès habituels, les réunions du Conseil de Physique ne se signalent par aucune festivité. La présence à Bruxelles de ce groupe de savants éminents n'a été marquée que par la réception toute simple, mais particulièrement cordiale, organisée en leur honneur par le Conseil d'administration de l'Université libre, et par le banquet que le fondateur de l'Institut et la Commission administrative de l'Institut ont offert à l'occasion de la clôture des travaux.

La réception à l'Université a eu lieu lundi 4 avril, à 8 h. 30 du soir, dans le cadre sévère de la salle du Conseil. Elle fut très simple. Une seule dame était présente : Mme Curie, la célèbre savante.

M. Paul Heger, président du Conseil d'administration, souhaita la bienvenue aux savants éminents que l'Université recevait. Il rappela l'origine du Conseil de Physique, rendit hommage à son fondateur, Ernest Solvay, et, faisant un retour sur le passé, rappela comment ses travaux avaient été interrompus par la guerre, laquelle, d'ailleurs, arrêta chez nous la vie des universités, celles-ci n'ayant pas voulu s'exposer à fournir à l'occupant une occasion de toucher à la pensée de la nation. En terminant, M. Heger salua la reprise des travaux du Conseil comme la manifestation du retour à la paix.

M. Lorentz remercia en rendant hommage à l'Université libre de Bruxelles. En termes heureux, il caractérisa les hautes tâches du Conseil de Physique et rappela les heures douloureuses où les savants qui la composent, connaissant et aimant la belgique, pleuraient sur le sort qui lui était si injustement infligé.

Durant deux heures, ce fut ensuite une conversation animée et grave : cette conversation variée des savants, curieux de toutes choses, passionnés pour les événements et préoccupés de les confronter avec leurs idées.

Le mercredi 6 avril, à 7 h. 30 du soir, eut lieu le banquet qui réunit les membres du Conseil de Physique et auquel avaient été invités quelques professeurs de l'Université de Bruxelles.

A la table d'honneur avaient pris place, autour de M. Paul Heger, M. Lorentz, président du Conseil ; M. Paul Hymans, président honoraire de l'Université libre de Bruxelles ; Mme Curie, de Paris ; MM. Rutherford. Brillouin, de Paris ; De Keyser, recteur de l'Université de Bruxelles, et Tassel, de Bruxelles.

M. Solvay, que son état de santé avait empêché de présider le banquet, était représenté par son fils, M. Edmond Solvay, et par ses petits-fils, MM. Ernest-John et Maurice Solvay.

Au dessert, plusieurs toasts furent prononcés. M. Heger porta la santé du Roi, et le professeur Lorentz, en quelques mots émus, rendit hommage à M. Solvay, rappelant le rôle civique qu'il remplit en Belgique pendant la guerre et le remerciant au nom de la science pour l'aide éclairée qu'il apporta aux savants dans le domaine de la physique.

Après eux, M. Paul Hymans, parlant au nom de l'Université, avec cette éloquence claire et élevée que nous lui connaissons, établit un parallèle entre les discussions des physiciens et celles des diplomates. Il rendit un émouvant hommage à la science, laquelle, dans cette époque troublée que nous traversons, continue inlassablement ses travaux et donne au monde un remarquable exemple d'optimisme.

Enfin M. Brillouin, du Collège de France, avec humour, but à la libre Belgique, à son Roi, à M. Solvay, son grand citoyen, et à M. Paul Hymans, son spirituel diplomate.

Une franche cordialité ne cessa de régner pendant toute cette soirée, qui fut vraiment une fête charmante, où les savants réunis communièrent dans l'intimité la plus souriante.

LES CONFÉRENCES DE M. MAURICE LEBLANC

DE L'INSTITUT DE FRANCE.

Vendredi 15 avril, les grandes conférences organisées par l'Institut International de Physique, fondé par M. Ernest Solvay, ont obtenu un nouveau succès, en amenant à la tribune de l'Université libre, l'éminent ingénieur Maurice Leblanc.

M. Maurice Leblanc, dont les travaux scientifiques à la fois clairs et audacieux sont parmi les belles manifestations du génie français, n'est pas seulement un savant, c'est aussi un réalisateur ; ses inventions dans les domaines de la mécanique et de l'électricité sont appliquées dans le monde entier. Il avait choisi deux sujets dont les titres étaient assez rébarbatifs pour les profanes : *L'emploi des grandes vitesses angulaires et tangentielles en mécanique* et *Le passage de l'électricité à travers les gaz.*

Ce furent pour lui deux occasions de remuer des idées nouvelles et de les répandre avec une rare générosité. Ayant une connaissance profonde des ressources de la science et de la technique modernes, M. Leblanc y puise des idées qui, interprétées par un esprit inventif et d'une hardiesse peu commune, le conduisent à concevoir des combinaisons nouvelles, expérimentales aujourd'hui, industrielles demain et qui pourraient donner dans quelques années une physionomie nouvelle à toute l'industrie.

Dans sa première conférence, M. Leblanc part de la nécessité d'économiser le charbon ; on peut encore le brûler directement dans certains appareils métallurgiques, où une haute température est nécessaire, mais il ne faut plus le brûler dans les moteurs que ramené à l'état de gaz pauvre. Quant aux opérations d'évaporation, de concentration, etc., de toutes les industries chimiques, elles peuvent se faire sans charbon à la température ordinaire dans le vide maintenu par des compresseurs prenant l'énergie nécessaire à la houille blanche.

Il s'agit donc de créer une machine thermique à gaz pauvre à haut rendement. M. Leblanc indique comme immédiatement réalisable ce qu'il appelle « la turbine à vaporisation interne ». C'est la réunion d'une chaudière chauffée au gaz pauvre, à vaporisation instantanée, de volume extrêmement réduit, mais à très naute pression, et d'une turbine à vapeur à roue unique, animée d'une vitesse très grande de l'ordre de 18,000 tours par minute. Ce moteur doit être accouplé directement — pour éviter tout intermédiaire — à la génératrice d'électricité qui, tournant très vite, fournit du courant à fréquence très élevée.

Ainsi se constitue une groupe électrogène complet de haut rendement, en même temps que d'une simplicité et d'une légèreté sans précédent.

Il importe aussi, dit M. Leblanc, de faire des moteurs électriques à courant alternatif ou continu capables de conduire directement des compresseurs rotatifs de toute puissance, destinés à faire même les plus grands vides et animés de vitesses de rotation très élevées.

L'exécution de ce programme soulève de nombreux problèmes de construction. M. Leblanc en indique des solutions souvent audacieuses, toujours élégantes ; de ses travaux récents et du succès de ses machines à grandes vitesses, il conclut que la réalisation de ces problèmes est possible dès maintenant.

En résumé, M. Leblanc est amené à concevoir des moteurs très différents des machines actuelles. Ils produiraient, nous l'avons vu, des courants à très haute fréquence qu' l s'agit de pouvoir utiliser. Ici se dresse un nouveau problème, celui de transformer ces courants en courant continu à haute tension, qui se prête au transport de l'énergie, et de les retransformer en courants alternatifs de fréquences diverses. M. Leblanc entrevoit la solution industrielle de ces problèmes dans l'emploi de transformateurs statiques basés sur les propriétés des tubes à gaz raréfiés. Ce fut l'objet de son second entretien qui s'adressait à un auditoire plus restreint de spécialistes.

Abordant la question dans toute son ampleur, le savant ingénieur français, faisant appel à la théorie cinétique des gaz et aux données les plus récentes de la physique des atomes, fit un exposé clair du mécanisme du transport de l'électricité entre les électrodes métalliques d'un tube contenant un gaz raréfié. On sait que si une des électrodes est maintenue à une température assez élevée, l'intervalle entre les électrodes peut être franchi par l'électricité passant dans un sens, mais constitue un obstacle infranchissable à un courant de sens opposé. C'est le principe des soupapes électriques qui permettent de redresser les courants alternatifs. Par une étude systématique et quantitative, M. Leblanc montra les défauts des appareils actuels et indiqua les perfectionnements qui permettent d'en étendre les limites d'application. M. Leblanc fit connaître, enfin, deux utilisations de ces appareils, convenablement modifiés, qu'imposera l'emploi industriel des courants à haute fréquence. D'une part, un véritable robinet électrique et, d'autre part, une combinaison d'une rare ingéniosité permettant de remplacer par un appareil statique le collecteur des machines électriques, qui est aujourd'hui le plus sérieux obstacle à l'emploi des grandes vitesses.

L'exposé de toutes ces idées dont l'application peut ouvrir à l'électro-technique des possibilités infinies, a valu au conférencier des applaudissements enthousiastes. M. Tassel, administrateur de l'Université, en remerciant M. Leblanc, à la fois remuer d'idées et réalisateur, a dégagé, en une improvisation heureuse, la portée de ces deux conférences. Elles montrent que pour des ingénieurs qui veulent contribuer au progrès, l'avenir est à ceux qui cultivent parallèlement la mécanique et l'électricité ; elles montrent aussi la fécondité de la technique lorsqu'elle reste étroitement en contact avec la science pure, elles justifient pleinement les tendances de la réforme de l'enseignement technique supérieur que prépare en ce moment l'Université de Bruxelles.

En raison de leur caractère spécial, les conférences que M. Maurice Leblanc a faites à Bruxelles ont été publiées dans le *Bulletin de l'Association des Ingénieurs civils sortis de l'Ecole Polytechnique de Bruxelles*, et dans le *Bulletin de la Société des Ingénieurs et Industriels de Belgique*. Ces deux groupements se sont mis d'accord pour en assurer la publication simultanée.

UNE PROTESTATION DE M. ALBERT EINSTEIN

Des amis de M. Albert Einstein, qui se trouve actuellement aux Etats-Unis, nous ont fait parvenir la lettre suivante. M. Albert Einstein, professeur à l'Université de Berlin, n'ayant pas signé le manifeste des 93, nous nous faisons un devoir d'insérer sa protestation.

« M. Lucien Fabre a fait paraître, chez l'éditeur Payot, à Paris, un livre intitulé : *Les théories d'Einstein*, présenté avec une préface de M. Einstein. Je déclare que je n'ai pas écrit de préface pour cet ouvrage et je proteste contre l'usage abusif de mon nom. Je vous fais part de ma protestation dans l'espoir qu'elle sera répandue par la voie de votre publication et qu'elle trouvera un écho dans les périodiques de l'étranger.

» Berlin, le 16 mars 1921.   Albert EINSTEIN. »

BIBLIOGRAPHIE

H. Pirenne. **Histoire de Belgique,** tome V, Bruxelles, Lamertin, 1921. XIII-584 pages.

Complètement rédigé le 11 novembre 1915, ce volume, impatiemment attendu, n'a pu paraître qu'au mois de février 1921.

Il n'est pas nécessaire de rappeler à quelles causes sont dus ces retards : la guerre et les difficultés de tout ordre qui en ont été les conséquences.

Le sous-titre de l'ouvrage indique son contenu : la fin du régime espagnol, le régime autrichien, la révolution brabançonne et la révolution liégeoise, c'est-à-dire l'histoire du siècle et demi qui sépare la conclusion des traités de Westphalie de la déclaration de guerre de la France à l'Autriche, le 20 avril 1792.

Le livre Ier est consacré aux cinquante dernières années du régime espagnol (1648-1700), tristes années où, comme l'écrit l'historien, la Belgique, « occupée et rançonnée successivement, quand ce n'est pas en même temps, par les armées de la France, des Provinces-Unies, de l'Angleterre, de l'Empire, ne peut que s'abandonner à la destinée. A Bruxelles, le gouvernement central n'existe plus guère que de nom. Chaque province se replie sur soi-même... La nation se désagrège en un particularisme timide et quasi servile. Plus de vie politique, plus d'art ni d'activité intellectuelle. Seul, le sentiment religieux reste profond (1) ». A la fin de cette période, notre pays « se caractérise, désormais et pour longtemps, par un archaïsme et un conservatisme qui frappent tous les yeux (pp. 5-6) ».

L'étude du régime « anjouin », de la guerre de la succession d'Espagne et du pays de Liége sous le gouvernement de l'évêque Maximilien-Henri, (livre II) introduit la partie la plus considérable du volume, le livre III, qui expose sous tous ses aspects le régime autrichien du XVIIIᵉ siècle, son établissement, la politique générale de Charles VI (2), de Marie-Thérèse et de Joseph II, l'organisation administrative, le mouvement économique et intellectuel, et s'achève par un chapitre relatif à la principauté de Liége. En s'appuyant sur l'analyse minutieuse des faits, l'historien montre le caractère réel du régime autrichien (pp. 167 et s.). Les empereurs furent peu attachés à notre pays. « Durant les quatre-vingt-

---

(1) On lira avec une attention toute particulière les pages nourries et neuves sur le jansénisme en Belgique (74-82, 209 et sq.).

(2) Le rôle d'Anneessens est apprécié d'une manière qui heurtera certains « préjugés » (pp. 188 et 189).

cinq ans qu'il leur appartint, i's furent constamment préoccupés du meilleur moyen de s'en débarrasser ». De là, l'indifférence de ce pays à leur égard. « La maison d'Espagne avait été populaire, la maison d'Autriche ne le fut jamais. » D'ailleurs, celle-ci disparut sans laisser plus de traces que celle-là. « L'Autriche avait moins germanisé les Pays-Bas que l'Espagne ne les avait espagnolisés ». Tout en rendant hommage à l'administration active, habile, intelligente des Neny, des Cobenzl et des Botta Adorno, M. Pirenne estime que les progrès réalisés par la Belgique entre les traités d'Utrecht et la Révolution brabançonne sont dus avant tout aux circonstances (le maintien d'une longue paix, sauf ue 1/44 à 1748) et au labeur des populations (1).

Il n'empêche d'ailleurs que cette administration fut des plus remarquables; et M. Pirenne en fait bien voir l'orientation générale. Contrastant avec celle des Espagnols ou de Philippe V (2), « elle travaille à transformer les institutions nationales en s'inspirant tout d'abord de l'absolutisme de Louis XIV, plus tard du « despotisme éclairé » de Frédéric II. La Belgique, immobilisée au XVIIe siècle dans l'archaïsme politique, est entraînée à son tour par le courant qui porte toute l'Europe continentale à l'absolutisme (p. 243) ». Les essais de réforme de Joseph II sont le terme logique de cette évolution commencée de longue date : ils se heurtèrent à la résistance populaire.

On sait quelles appréciations divergentes ont été portées sur la personne et sur l'œuvre de Joseph II. Je crois bien que M. Pirenne nous a fourni sur l'une et sur l'autre un jugement définitif. Tout en rendant hommage aux intentions de l'empereur, il montre, par une analyse minutieuse, comment le caractère de Joseph II « le portera encore à renforcer le strict du régime auquel le pousse sa théorie. Il est par nature aussi absolu dans ses idées que dans sa politique ». Joseph II et Marie-Thérèse, c'est Charles le Téméraire et Philippe le Bon. Des deux côtés, les fils ont poursuivi le but visé par leurs prédécesseurs, mais autrement : « c'est l'impatience succédant à la sagesse, l'ambition déchaînée à la prudence, l'idéalisme et l'utopie au sens exact des réalités, la théorie à la pratique... » Joseph et Charles, d'ailleurs, « restent attachants et respectables par la sincérité, la noblesse de leurs intentions et le dévouement absolu à leur tâche ». (pp. 385-390).

Dans le livre III, l'historien expose les causes, les débuts, le succès momentané et l'échec final de la Révolution brabançonne; et il juge cet événement en se tenant à égale distance des railleries et des panégyriques. Ce qu'il y eut de grand, d'après lui, dans cette Révolution, c'est qu'elle fut un soulèvement vraiment national, confondant en un élan, et malgré leur esprit particulariste, toutes les provinces.

---

(1) Voir les indications intéressantes sur la population de la Belgique au dix-huitième siècle (pp. 262-264), et sur l'emploi de la langue française (pp. 324-328), de plus en plus répandue dans le pays, sans que le gouvernement cherche à l'imposer; « il respecte les « droits » de la langue flamande, pour employer une personnification chère au mysticisme nationaliste de nos jours ».

(2) Voir pour celles-là les pages 51-68 et 93-104.

En des pages d'une puissante originalité, l'auteur compare le mouvement dirigé contre Joseph II et les « troubles » du XVIᵉ siècle. Des deux parts, ce fut une lutte des traditions nationales contre la centralisation monarchique. Mais, ajoute avec esprit M. Pirenne, la Révolution brabançonne ressemble à celle de 1572 « comme une toile de Lents à un tableau de Rubens : la copie est si mauvaise qu'à première vue elle paraît grotesque ». Quoi qu'il en soit, la Révolution brabançonne « est une révolution défensive, conservatrice. Elle l'est même devenue de plus en plus : après avoir tout d'abord combattu avec l'Eglise contre l'Etat autrichien, elle s'est laissé peu à peu absorber par elle. Elle finit dans la réaction et le cléricalisme », malgré les efforts de Vonck et des « patriotes », précurseurs du parti libéral belge : « les libéraux et les catholiques de 1815 et de 1830 se rattachent par un lien direct aux partisans de Vonck et de Van der Noot. Les Vonckistes n'étaient qu'une minorité dans les Pays-Bas. Leurs tendances, au contraire, dominaient dans le pays de Liége, et c'est ainsi que le retour de celui-ci au sein de la Belgique moderne devait avoir pour conséquence directe d'y établir entre les partis un équilibre qui subsista aussi longtemps que le régime censitaire ». Vue très juste, que confirme l'étude (pp. 503-535) de la Révolution liégeoise de 1789, sœur cadette de la Révolution française. Elle fut vaincue comme la Révolution brabançonne. A Bruxelles, on restaura l'empereur ; à Liége, le prince-évêque. Mais ce ne fut pas pour longtemps. En 1792, commence là longue série de guerres qui vont se prolonger jusqu'à Waterloo. M. Pirenne s'arrête au début de cette ère nouvelle, mais en faisant pressentir, à la dernière page de son ouvrage, les formidables événements qui se préparent. Empereur et prince-évêque seront entraînés par Valmy et Jemappes « dans la déroute du vieux monde ». Comme les gouverneurs autrichiens de Bruxelles, l'évêque François de Méan fuira devant l'armée victorieuse de Dumouriez. Belges et Liégeois seront « englobés les uns et les autres et, si l'on peut dire, fondus et amalgamés dans la grande République d'où devait sortir l'Europe moderne. » (P. 557).

« Le sujet que j'avais à traiter est le plus ingrat que comporte notre histoire ». Ainsi s'exprime l'historien dans son *avant-propos*. Sans doute, mais il a été traité, ce sujet, de telle façon que le lecteur y trouve un intérêt égal à celui des volumes précédents. Il serait superflu de constater que M. Pirenne a su utiliser toutes les sources, toutes les publications. Rien ne lui a échappé, pas même des notices académiques publiées en 1921 et mentionnées en manière de post-scriptum, pas même des travaux encore inédits en 1920, mais dont il a pu lire les bonnes feuilles. N'insistons pas sur la valeur de cette documentation irréprochable, ni sur toutes les qualités dont ce volume, comme ses aînés, fournît une preuve nouvelle et éclatante. Mais disons ce qui nous paraît être la caractéristique de l'ouvrage : sa composition harmonieusement équilibrée où toutes les parties se fondent en un ensemble. La narration des faits de l'histoire diplomatique ou guerrière est toujours, et dans la mesure où il le faut, entourée, soutenue, portée par de solides, de brillants exposés, soigneusement coordonnés, du développement des institutions, des transformations économiques, du mouvement intellectuel. A tout moment on a donc sous les yeux un tableau complet de la vie sociale du pays. Et,, sous la trame de cette magnifique tapisserie, court en quelque sorte le motif conducteur de l'œuvre (comme de toute l'*Histoire de Belgique* de M Pirenne).

De l'*avant-propos* à la conclusion, on le perçoit partout : la Belgique est une nation, une nation dont « la conscience ne doit rien qu'au peuple même en qui elle réside. Elle ne découle ni de l'unité géographique, ni de l'unité linguistique. Elle est le produit de la volonté de ses habitants. En dépit de la différence des tempéraments, de la diversité des langues, de l'opposition des intérêts, ils ont contracté au cours des siècles, dans la pratique des mêmes institutions, dans le même amour de l'indépendance, dans la même rés'stance aux mêmes souffrances, une camaraderie civique qui les a agrégés en une même famille. Par trois fois, des révolutions spontanées ont interrompu le cours des régimes étrangers qui pesaient sur nous : au XVIe siècle, contre l'Espagne ; au XVIIIe, contre l'Au-triche ; au XIXe, contre la Hollande. Nous nous sommes surtout sentis frères aux époques de crise. Nous avons une patrie, non point parce que la nature nous l'a assignée, mais parce que nous l'avons voulue. » (P. XII).

S'étonnera-t-on dès lors si l'historien, familier avec tout le passé de 'a Belgique, affirme, au début de son livre, en des pages admirables (et que nous voudrions voir commentées dans toutes nos écoles), sa confiance en l'avenir de notre pays ? Aux siècles les plus tragiques de son histoire, la Belgique n'a jamais désespéré : « Son relèvement, durant la seconde moitié du XVIIIe siècle, est une attestation vraiment émouvante de l'optimisme et de l'énergie de sa population. Et, plus surprenante encore que sa renaissance économique, apparaît sa renaissance nationale. » Avec la Révolution brabançonne, et en dépit de tant de faiblesses, les Pays-Bas autrichiens sont devenus la Belgique : « Les couleurs qui ont flotté sur les forts de Liége et les tranchées de l'Yser, c'est d'elle que nous les tenons. » C'est pourquoi, venu à un tel passé, le peuple belge a justifié de 1914 à 1918, « par la conduite de sa population civile, sa devise nationale, héritage de sa révolution du XVIe siècle, et par le courage de son armée, illustré son drapeau, héritage de celle du XVIIIe siècle. » C'est pourquoi aussi la Belgique, débarrassée de la neutralité, apparaissant pour la première fois, depuis l'époque bourguignonne, comme un Etat complètement autonome, peut compter sur l'avenir : « Une période nou-velle commence, au milieu de ce malaise et de ces difficultés auxquels n'échappe en ce moment aucun peuple. Mais déjà la rapidité de son relèvement prouve que la Belgique a conservé intacte son énerg'e. Elle aura la force de s'adapter aux transformations nécessaires et inévitables d'un monde en voie de reconstruction. Au milieu des conflits de tous genres qui la travaillent comme ils travaillent ses voisins, le sentiment national demeure la garantie de son unité (pp. VIII-XII). »

On le voit, le sixième volume de l'*Histoire de Belgique* de M. Pirenne, nouvelle pierre du bel éd'fice que le grand historien construit patiem-

ment depuis vingt ans (1), n'est pas seulement un livre d'une impeccable
érudition, riche en savantes analyses, en aperçus originaux sur tel ou tel
point de notre histoire du XVIIᵉ et du XVIIIᵉ siècles. C'est aussi une
œuvre frémissante de vie et un acte de foi. Je dirais volontiers, en songeant à l'heure où il paraît, que ce livre d'histoire est lui-même un
évènement historique.

Faut-il ajouter que la forme est à l'unisson du fond ; que le style est
toujours clair et précis, tantôt spirituel (2), tantôt d'une éloquence d'autant plus prenante qu'elle n'abuse jamais des mots, mais qu'elle est sobre
et contenue. Le volume abonde en pages dramatiques. Il n'en est point
qui nous émeuve davantage que la dédicace de l'ouvrage, consacré par
notre historien national à la mémoire de son fils Pierre, volontaire de
guerre, mort le 3 novembre 1914, sur les rives de l'Yser, pour cette patrie
belge magnifiée dans l'œuvre de son père.

L. Leclère.

E. Houzé. **L'Allemand à travers les âges.** *(Bulletin de la Société
d'Anthropologie de Bruxelles*, tome XXXIV, pp. 20-47, 1920.)

Le savant professeur a groupé sous ce titre une intéressante série
d'observations anthropologiques et historiques. Elles prouvent, d'après
lui, que les Allemands de 1914 ont gardé les caractères physiques et
moraux des Germains du temps de Marius. Deux mille ans ont passé ;
mais, malgré les énormes transformations matérielles dues à la science
et à la technique, l'influence de la race se fait toujours sentir. On se
doute bien que l'auteur, après avoir dépouillé avec diligence, et au prix
d'un travail considérable, les sources des annales germaniques et les
principaux historiens du peuple allemand, constate souvent que les Teutons, nos contemporains, ressemblent à leurs lointains ancêtres par
les vices et les défauts. Il s'élève à plusieurs reprises — et avec combien de raison ! — contre toutes les légendes fabriquées par l'orgueil
allemand au XIXᵉ siècle et qui faisaient de nos voisins de l'est le peuple
le plus laborieux, le plus intelligent et le plus vertueux que le monde ait
connu. Ceux qui ont cru, chez nous, à ces billevesées — il y en eut, et
des meilleurs — en sont heureusement débarrassés, grâce à une douloureuse expérience. Mais il est toujours bon de répéter des vérités utiles ;
et M. Houzé s'y est employé avec verve et érudition.

Sa brève étude, nourrie de textes et de faits, est à lire. Elle aura été
le dernier des travaux (3) du regretté professeur d'anthropologie qui
vient de nous être brusquement enlevé. Ses collègues, qui appréciaient

(1) Tome I : Des origines au XIVᵉ siècle. Tome II : De 1300 à 1482. Tome III : De
1482 à 1567. Tome IV : De 1567 à 1648.
(2) Voir le portrait exquis — un chef-d'œuvre en vingt lignes — du charmant
prince de Ligne (p. 325).
(3) Voir notamment son article sur le *Pithecanthropus erectus*, dans cette Revue
(1895) et son livre: *L'Aryen et l'anthroposociologie* (1906).

toute sa valeur scientifique, entouraient de leur affectueuse sympathie ce noble caractère, si droit et si franc, cet esprit généreux. Il laissera parmi nous un durable souvenir. **L. L.**

M. Stuyvaert. **Algèbre à deux dimensions.** (Publication faite avec le concours de la Fondation Agathon De Potter.) Gand, Van Rysselberghe et Rombaut, 1920, IV + 223 pages.

Depuis plus de vingt ans, M. Stuyvaert étudie les conditions algébriques que l'on peut exprimer par l'égalité à zéro de déterminants et de matrices ou systèmes rectangulaires. Ses recherches sont jalonnées par trois gros mémoires : son *Etude de quelques surfaces engendrées par des coniques ou des cubiques gauches* (1), présentée en 1902 comme dissertation de doctorat spécial à l'Université de Gand ; ses *Cinq études de géométrie analytique* (2), couronnées par l'Académie royale de Belgique (Prix François Deruyts, 1906), enfin son mémoire sur les *Congruences de cubiques gauches* (3) également couronnées par l'Académie (1913). Autour de ces mémoires se groupent des travaux de moindre ampleur, publiés dans différents recueils scientifiques. L'ouvrage actuel est un travail didactique et sert d'introduction, et parfois de complément, aux recherches antérieures de M. Sutyvaert. Sa publication a été subventionnée par l'Académie. L'auteur ne demande au lecteur que des connaissances tout à fait élémentaires, celles que possèdent les bons élèves de nos candidatures en sciences.

On peut caractériser le programme que s'est tracé M. Stuyvaert en disant qu'il s'occupe des cas exceptionnel de l'algèbre. Voici, entre autres, deux exemples de problèmes traités :

Trois surfaces algébriques ont en commun, en général, un nombre fini de points, mais elles peuvent en avoir une infinité, formant une courbe. Quels sont les caractères de cette courbe ?

Dans un système linéaire triplement infini de courbes planes, deux points déterminent un faisceau. Quand deux points cessent-ils de déterminer un faisceau pour déterminer un réseau ?

Le second problème est résolu complètement par l'auteur dans le cas où les courbes planes sont des coniques. Le premier problème conduit M. Stuyvaert à la représentation, par des matrices, de courbes gauches qui ne sont pas intersection complète de deux surfaces. C'est cette représentation qui, exploitée avec sagacité par la savant géomètre gantois, lui a fourni tant de résultats élégants, notamment sur les congruences linéaires de cubiques gauches.

L'ouvrage est rempli d'aperçus originaux sur l'algèbre et la géométrie Nous croyons que son étude serait particulièrement profitable aux candidats en sciences physiques et mathématiques de nos universités ; ils y

(1) Gand, 1902.
(2) Mémoires de la Société royale des Sciences de Liége, 1907.
(3) Mémoires in-8° de l'Académie royale des Sciences, 1920.

trouveraient ample choix de sujets de recherche intéressants pour leurs
thèses de doctorat.

Dans l'introduction, M. Stuyvaert nous raconte la genèse de son livre.
Ce aevait être primitivement un chapitre du cours qu'il professe à l'Université de Gand. Mais vint la guerre, qui lui donna des loisirs, et le chapitre devint un volume. A vrai. dire, M. Stuyvaert eût pu abréger ces
loisirs, mais il refusa catégoriquement de collaborer à la nouvelle Université créée par von Bissing. Et ce refus n'était pas sans danger, son auteur
ne pouvant alléguer l'ignorance de la langue néerlandaise. Qu'il soit
permis à un ancien combattant de dire, à ce sujet, que la patriotique
attitude des professeurs de l'Université de Gand fut, pour ceux qui
luttaient sur l'Yser, d'un grand réconfort moral ; elle leur permit de
constater — en ont-ils d'ailleurs jamais douté — que de chaque côté du
petit fleuve, les cœurs belges battaient à l'unisson.

L. GODEAUX,
Professeur d'Analyse à l'Ecole Militaire.

Eric K. RIDEAL and Hugh S. TAYLOR. **Catalysis in Theory and Practice.**
496 pages, 37 figures. Mac Millan, Ltd London, 1919.

Le fait que des substances peuvent, par leur seule présence et sans
s'altérer elles-mêmes, modifier le cours de réactions chimiques, est connu
depuis une centaine -'années déjà. Ce fut Berzelius qui, en 1835, coordonna
les observations isolées sur ce sujet ; il conclut qu'en dehors de l'affinité
les réactions chimiques sont sous la dépendance d'une force nouvelle que
la seule présence de certains produits est capable de développer. Berzelius nomma cette force la force catalytique et la réaction qu'elle engendre
la catalyse. Depuis l'importance des catalyseurs n'a fait que croître tant
au point de vue de la science pure qu'au point de vue industriel ; dans
la technique moderne, la catalyse joue souvent un rôle décisif.

Cependant la littérature chimique ne possédait aucun traité d'ensemble
sur la matière. On peut citer, il est vrai, comme ouvrages principaux,
« La catalyse en chimie organique » de Sabatier et quelques chapitres
dans « Staties and Dynamics » de Mellor, mais ce sont là, plutôt, des
mcnographies sur certains genres de réactions catalytiques.

En publiant leur livre, MM. Rideal et Taylor ont donc comblé une
importante lacune.

Les auteurs commencent par un exposé historique, suivi d'une introduction théorique et d'un chapitre sur la mesure des vitesses réactionnelles
dans les réactions catalytiques. Ils y consacrent 74 pages, où on trouve
une bonne condensation et un excellent rappel de théories et de faits
destinés à préparer le lecteur aux chapitres suivants. Puis les différents
types de réactions chimiques sont soigneuement passés en revue. Voici
l'énumération des différents chapitres : Procédés d'oxydation, Hydrogène
et Hydrogénation, Deshydrogénation, Fixation de l'Azote, Hydratation
et Hydrolyse, Deshydratation, Application de la Catalyse à la chimie

organique, Ferments et Enzymes, La Catalyse en Electrochimie, La Catalyse par l'Energie radiante, La Catalyse en Chimie analytique.

Cette liste montre que les auteurs ont voulu présenter une étude d'ensemble sur tous les phénomènes catalytiques, à quelque rubrique de la
chimie qu'ils appartiennent, ils y ont pleinement réussi. Chaque genre
de réaction fait l'objet d'un chapitre spécial et les parties relatives aux
procédés industriels sont toujours accompagnées de nombreuses et intéressantes considérations théoriques. Tout l'ouvrage d'ailleurs est char-
penté par de la théorie ; il n'en a que plus de valeur et tous les chimistes,
quelle que soit leur activité, auront intérêt à le lire. Pour beaucoup, le
livre de Rideal et Taylor sera de ceux que l'on aime à posséder parce
qu'il offre une source d'information rapide et une présentation heureuse
des théories modernes aux cas si nombreux de réactions catalytiques.

Nos étudiants qui débutent en chimie et qui désirent élargir rapidement le cadre de leurs connaissances trouveront dans ce livre un bon
exemple d'ouvrage complet sur une question spéciale. Ils apprendront
qu'à côté des traités classiques qu'ils lisent en français, il existe d'importants livres en langue étrangère. La voie leur sera ainsi ouverte vers la
littérature chimique anglaise, que l'on ne connait pas encore assez en
Belgique, et qui contient cependant des monographies de tous genres qui
sont souvent de véritables modèles de clarté, de simplicité en même temps
que d'érudition.   V. d. W.

La structure de la matière. Rapport et discussions du Conseil de Phy-
    sique tenu à Bruxelles du 27 au 31 octobre 1913, sous les auspices de
    l'Institut international de Physique Solvay. Paris, Gauthier-Villars.
    1921.

Le compte rendu des travaux de ce Conseil était achevé dès 1914, mais
il avait paru impossible à la commission administrative de l'Institut de
Physique d'en soumettre le texte imprimé au visa de la censure allemande
et de le publier pendant l'occupation. Le texte de ce compte rendu.
primitivement rédigé dans les différentes langues employées par les
auteurs des rapports, a été traduit en français par M. Verschaffelt.

On pouvait redouter que cette publication, retardée de huit années, ne
vint après son heure. Les questions qui y sont traitées relatives à la structure de la matière sont, en effet, de celles sur lesquelles les idées évoluent
le plus rapidement. La lecture de ce livre montrent que toutes ces questions sont toujours d'actualité.

Des phénomènes nouveaux, des théories récentes sont venus apporter
une contribution importante à notre connaissance de la molécule et de
l'atome, en complétant les faits étudiés dans cet ouvrage, mais en lui
laissant tout son intérêt. On ne peut donc que féliciter la commission
administrative d'avoir publié ce compte rendu, qui sera de la plus
grande utilité pour tous les chercheurs.

Le premier Conseil de Physique avait porté principalement sur les
quanta d'énergie ou d'action. Le deuxième Conseil se propose de dégager

quelques idées claires sur les points suivants : Comment la matière est-elle construite à partir des molécules ou des atomes ? Comment les molécules et les atomes eux-mêmes sont-ils construits à partir de leurs éléments primordiaux ?

Une très importante contribution est apportée au premier problème . il semble démontré, à la suite des rapports de M. Van Lane, de M. W.-H. Bragg, Sommerfeld, de MM. Barlow et Pope, que la matière solide (cristaux) soit plutôt construite avec des atomes qu'avec des molécules. Ces auteurs arrivent à cette conclusion par des chemins différents, les premiers par l'étude de la diffraction des rayons X, les derniers par la considération des volumes de valence.

Le deuxième problème, portant sur la structure de l'atome, est abordé dans le rapport de M. J.-J. Thomson, qui énonce quelques faits nouveaux et propose des modèles ingénieux pour les représenter, et dans celui de Mme Curie.

Dans la discussion qui fait suite à ce rapport, les physiciens arrivent à la conclusion que les électrons sont des constituants de l'atome, mais qu'ils y figurent de deux manières : liés au noyau central, ou gravitant autour de lui (élections planétaires).

Les découvertes récentes de Rutherford, Bohr ont confirmé cette manière de voir et elle a été entre leurs mains un moyen de synthèse dont ils ont tiré le plus merveilleux parti.

D'autres rapports de MM. Brillouin, Voigt, Gumeisen, Wood apportent d'importantes contributions aux questions de structure cristalline et moléculaire.   E. HENRIOT.

CHRONIQUE UNIVERSITAIRE

—

MORT D'ÉMILE HOUZÉ, PROFESSEUR D'ANTHROPOLOGIE
A L'UNIVERSITE DE BRUXELLES

L'Université vient de perdre une de ses figures les plus originales en la personne d'Emile Houzé, décédé le 13 avril 1921. Né à Bruxelles en 1848, d'origine française, c'est à l'Université de Bruxelles qu'il avait été élevé, c'est en Belgique qu'il avait fait ses recherches anthropologiques qui lui valurent une grande réputation.

Quel que soit le jugement que l'avenir portera sur l'anthropologie, le nom d'Emile Houzé sera toujours cité comme un de ceux qui contribuèrent le plus à l'édification de cette discipline. Son œuvre est considérable. Il importe d'autant plus de le souligner, qu'Emile Houzé n'a jamais pu consacrer toute son activité à la recherche scientifique. Soutenu par un bel enthousiasme, il avait dû partager son existence entre l'exercice de sa profession médicale et l'anthropologie. Jamais il ne s'est laissé détourner de celle-ci par la perspective du gain qu'aurait pu lui procurer l'exercice intensif d'une profession lucrative.

L'Université de Bruxelles conservera jalousement le souvenir de cet homme loyal et généreux, dont la vie a la valeur d'un exemple.

—

UNIVERSITE LIBRE DE BRUXELLES. ACTES OFFICIELS.

CONSEIL D'ADMINISTRATION. — Les négociations entreprises avec la Fondation Rockefeller ont abouti à la signature d'une convention entre la ville de Bruxelles, le Conseil des Hospices et le Conseil d'Administration de l'Université ; le texte en a été envoyé à M. le président de la Fondation Rockefeller, à New-York.

Le Conseil a nommé membres de la Commission antérieurement prévue pour l'étude des questions relatives à la réorganisation de la Faculté de Médecine et à la reconstruction de l'Hôpital Saint-Pierre : MM. Bordet, Brachet, Demoor, Depage, Dustin, Gallemaerts, Sand, Slosse, Vandervelde. J. Verhoogen, R. Verhoogen, Zunz. Le Conseil a décidé que cette Commission étudiera toutes les questions relatives à la réorganisation de l'enseignement de la Faculté de Médecine et à la reconstruction de l'Hôpital Saint-Pierre, conformément à la convention conclue avec le Conseil des Hospices et la Fondation Rockefeller, et se mettra en rapport avec le Bureau de l'Université en vue des propositions à soumettre au Conseil.

Le Conseil a délégué aux fêtes du centenaire de l'école des Chartes de Paris, M. Leclère, proroteur de l'Université (22 février 1921).

FACULTÉ DE PHILOSOPHIE ET LETTRES. — Le Conseil, dans sa séance du 12 mars, a adopté les propositions de la Faculté, qui sont formulées comme suit :

Section d'histoire. — 1° Porter de une à deux, à partir du 1er octobre 1921, le nombre d'heures hebdomadaires attribué à chacun des cours d'exercices historiques et d'exercices géographiques de la candidature.

2° A partir du 1er octobre 1921, diviser en deux parties le cours de critique historique fait au doctorat par M. le professeur Huisman, savoir :

a) Critique historique et application à une période de l'histoire moderne.

b) Critique historique et application à une partie de l'histoire contemporaine.

Charger M. Van Kalken de la partie relative à l'histoire contemporaine, M. Huisman restant titulaire de la partie relative à l'histoire moderne.

3° Charger, à titre provisoire, M. Van Kalken de suppléer M. Huisman : *a*) dans son cours de critique historique depuis Pâques 1921 jusqu'à la fin de l'année académique ; *b*) à partir d'octobre 1921 dans la partie du cours de critique historique relative à l'histoire moderne.

M. le professeur E. Boisacq, en congé de maladie, sera suppléé jusqu'à la fin de l'année académique par MM. les professeurs J. Demoor et M. A. Kugener.

FACULTÉ DES SCIENCES. — M. le professeur E. Henriot a été chargé de l'enseignement de la physique expérimentale et de la méthodologie spéciale au doctorat en sciences physiques et mathématiques.

FACULTÉ DE MÉDECINE. — Le Conseil des Hospices, sur proposition du Conseil d'Administration de l'Université, a décidé de nommer :

1° Pour la place d'adjoint au service de clinique d'ophtalmologie : M. le Dr Marcel Danis.

2° Pour les deux places d'adjoints au service de clinique interne de l'Hôpital Saint-Jean : MM. les Drs Oscar Weill et Léon Stordeur.

3° Pour la place d'adjoint au service de clinique interne de l'Hôpital Saint-Pierre : M. le Dr Victor Gallemaerts.

FACULTÉ DES SCIENCES APPLIQUÉES. — Le Conseil a délégué à la commission administrative des instituts internationaux de physique et de chimie, M. Charles De Keyser, recteur de l'Université, en remplacement de M. J. Verschaffelt, démissionnaire.

M. A. Dupret a été nommé titulaire de la chaire d'exploitation des mines, en remplacement de M. le professeur V. Brien, qui a été, sur sa demande, déchargé de ces cours.

Le Conseil a adopté à l'unanimité, dans sa séance du 12 mars, le vœu de la Faculté tendant à la suppression de l'équivalence de certificats d'admission à l'Ecole Polytechnique.

DISTINCTIONS.

M. le bourgmestre A. Max s'est vu conférer le grand cordon de l' « Order of the British Empire ».

M. J. Bordet a été élu membre correspondant étranger par l'Académie des Sciences de Paris.

M. M. Vauthier a été élu directeur de la Classe des Lettres et des Sciences morales et politiques pour 1922.

La Société géologique de France a décerné le Prix Prestwich à M. le professeur Maurice Leriche. Le Prix Prestwich est décerné tous les trois ans à un ou plusieurs géologues, sans distinction de nationalité, qui se sont signalés par leur zèle pour le progrès des sciences géologiques.

M. Th. De Donder a été nommé astronome correspondant de l'observatoire d'Uccle.

M. M. Bourquin a été élu membre de la Commission d'Enregistrement des Traités, par le Conseil de la Société des Nations.

UNIVERSITE DE GAND.

Le 21 janvier a eu lieu à l'Université de Gand la cérémonie d'inauguration des plaques commémoratives à la mémoire des étudiants de cette Université morts pour la Patrie.

L'Université de Bruxelles était représentée à cette manifestation par M le professeur P. Erculisse.

MANIFESTATION EN L'HONNEUR
DE M. LE PROFESSEUR LEON STIENON.

Le comité organisateur de la manifestation Stiénon (MM. E. De Craene, P. Heger, Hoedemakers, L. Lambert, R. Sand, P. Vandervelde, R Verhoogen, E. Villers) nous envoie le communiqué suivant :

« Après avoir pendant plus de trente ans consacré le meilleur de son temps à l'enseignement universitaire, le professeur Stiénon vient de quitter en juillet 1920 la chaire d'anatomie pathologique.

» Le Maître qui a initié tant de générations à l'étude si difficile de cette branche essentielle de la pathologie, se sépare de ses élèves alors que son énergie est encore à l'apogée et que son activité au travail est demeurée entière.

» A l'initiative du Cercle de Médecine de l'Université de Bruxelles, quelques amis, collègues, élèves et anciens élèves du professeur Stiénon ont résolu de rendre au Maître un hommage solennel : ils projettent de lui offrir un médaillon dû au ciseau d'un de nos meilleurs sculpteurs, et de créer une fondation qui rappelle aux générations à venir les services éminents que le professeur Stiénon a rendus à l'Université libre de Bruxelles et à la science médicale. »

Pour tous renseignements, s'adresser à M. le Baron L. Lambert, 24, avenue Marnix.

BYRON

par Paul DE REUL

Professeur à l'Université de Bruxelles.

———

Le Romantisme anglais, dans ses intuitions profondes et sa féconde rénovation poétique, commence aux *Ballades lyriques* de Wordsworth et de Coleridge. Mais le succès de Wordsworth ne dépassa pas une élite. Byron fut, aux yeux de tous, le coryphée de l'école nouvelle, Byron, d'emblée, conquit l'Angleterre et l'Europe, il devint « le Napoléon de l'empire des vers » (1), parce qu'il incarnait, dans sa personne et dans ses œuvres, la Révolte romantique.

La renommée de Byron est un chapitre de l'histoire des mœurs au XIX⁰ siècle.

Ni Shakespeare, ni Goethe, ni Voltaire, ni Chateaubriand ne connurent la vogue bruyante ni la secrète fascination de celui que Lamartine appelle

Esprit mystérieux, mortel, ange ou démon...

Quand ces lignes parurent, en 1820, le poète vivait encore, il n'avait pas mis le sceau à sa gloire en mourant, pour l'Indépendance grecque, sous les murs de Missolonghi. Désormais bustes et statues, dédicace de rues, enseignes d'auberge, inscriptions commémoratives aux palais, aux maisons de Venise, de Pise, de Ravenne, de Bruxelles répandront, jusque dans la foule ignorante, le nom illustre de George Gordon, lord Byron.

Rappelons un mot de Sainte-Beuve, à propos de Chênedollé:

« Les ouvrages pris isolément ne sont rien ou sont peu de chose pour établir un nom : il faut encore que la personne de

———

(1) *The grand Napoleon of the realm of rhyme.* (*Don Juan*, XI, 55.)

l'auteur soit là qui les soutienne, les explique, qui dispose les indifférents à les lire et quelquefois les en dispense. »

La gloire de Byron, son génie poétique, en effet, ne suffit pas à l'expliquer. Aussi fut-elle moins durable en Angleterre qu'aux pays où on l'admira de confiance et sur des traductions.

Au talent du poète, oratoire plutôt que lyrique, il faut joindre sa puissante individualité, l'accord parfait de certaines tendances avec l'esprit du temps et, surtout, l'éclat de sa vie extérieure.

Beauté, rang, fortune, il possédait ces avantages et ne les ignorait point.

Sur sa beauté, les témoignages concordent. Sa tête, nous dit Walter Scott, ressemblait à un beau vase d'albâtre éclairé par une rampe intérieure. Ses yeux, d'après Thomas Moore, étaient susceptibles de toutes les passions et « du feu roulait dans leur centre. »

Ce qu'il eût perdu à ne point s'appeler Lord Byron, on le devine au prestige que le noble poète exerce dans la chronique.

Enfin, le patrimoine ancestral, bien qu'ébréché, lui permit une mise en scène fastueuse qui souligna, d'un contraste piquant, sa révolte et sa mélancolie.

La vie de Byron non seulement éclaire son œuvre: elle en fait partie. Seul parmi les poètes modernes, il sut se créer une légende. Avec le tempérament d'un héros, il eut l'art aussi d'intéresser les autres, comme il s'intéressait lui-même, à ses moindres gestes, à ses aventures.

Aimant la solitude

> Mais, de sa solitude emplissant l'Univers,

il composa d'une façon moitié naïve, moitié consciente le personnage qu'il voulut être, qu'il croyait être et qu'il profila tout à tour sur les sites célèbres de la nature et de l'histoire.

Harold quitte, à 20 ans, le château de ses pères. De Lisbonne à Cadix, de Cadix à Malte, il promène son Ennui. En Albanie, vêtu de la veste albanaise et ceint du cimeterre, il salue le pacha de Janina. Il prend les augures au pied du Parnasse, visite l'antre de Trophonius et tous les lieux classiques; jette une chanson d'adieux « à une vierge d'Athènes »; « entend gémir les chacals autour du temple d'Ephèse »; lit Homère au pied de l'Ida, traverse l'Hellespont à la nage comme un nouveau Léandre et refait, le long du Bosphore, la route des Argonautes,

Rentré en Angleterre, il prononce à la Chambre des Lords son *maiden speech*, publie les deux premiers chants au Pèlerinage d'Harold et, le lendemain, « se réveille célèbre ».

Idole de la belle société, il rivalise d'élégance avec Brummel et le Prince Régent dont il se distingue par son col souple et déboutonné, sa cravate nouée avec négligence.

Les salons le regardent comme « un être supérieur à la foule frivole au milieu de laquelle il se croit exilé ». L'on admire son teint mat, ses cheveux bouclés, ses lèvres « ciselées », son « menton d'Apollon ». Une claudication légère ajoute à ces attraits une note pathétique pour les uns, « satanique » pour d'autres. Les femmes s'empressent et Lady Caroline Lamb, le voyant entrer, s'écrie: Cette face pâle sera mon Destin !

Du milieu de sa vie mondaine, il laisse tomber de sa plume des contes orientaux en vers, *le Giaour, Lara, le Corsaire* dont on vend dix-mille exemplaires en un jour.

Malheureusement, il épouse Miss Milbanke, une héritière qui, après un an de mariage et la naissance d'une fille appelée Ada, se retire chez ses parents, sans un mot d'explication. La « société », prise d'un de ces accès de vertu qui, selon Macaulay, la saisissent tous les sept ans, tourne le dos à Byron, l'accuse des forfaits de ses corsaires. Blessé, il dédaigne de répondre:

« On avait sali mon nom, qui remonte à Guillaume de Normandie... Je sentis que si ce qu'on chuchotait était vrai, j'étais indigne de l'Angleterre; si faux, l'Angleterre indigne de moi ». Il secoue sur Albion la poussière de ses souliers et salue les flots qui l'éloignent du rivage:

« Une fois de plus sur les vagues, une fois de plus les vagues bondissaient sous moi comme un coursier qui connaît bien son maître; bienvenu soit leur hennissement! »

Harold, volontaire exilé, reprend son pèlerinage

Self-exiled Harold wanders forth again.

Il foule, à Waterloo, « la poussière d'un Empire ». Il parcourt, avec Shelley, les bords du Léman. Parmi les neiges éter-

nelles et l'écume des torrents, il devient Manfred, somme les
avalanches de l'engloutir ,les aigles, de l'arracher à la terre...
Et c'est Harold en Italie! Le carnaval de Venise étourdit sa tristesse. La ville des doges le voit galopper le long du Lido, monter
à cheval dans le Campanile! On raconte que son palais abrite
un harem...

Harold se change en Don Juan. Mais il s'amende, par un
amour tendre et fidèle, bien qu'illégitime ,pour la blonde et
douce Teresa, femme du vieux comte Guicioli.

Les frères de Teresa l'entraînent dans les conspirations italiennes. Suspect aux Autrichiens, dégoûté de la poésie, passionné
pour la Liberté, il songe à rejoindre Bolivar en Amérique du
Sud, quand la révolution grecque offre une issue au besoin d'activité qui le dévore:

« Du haut des montagnes, on voit Marathon, de Marathon,
l'on voit la mer. C'est là que, rêvant seul un jour, je me disais
que la Grèce pourrait être libre encore car, debout sur la tombe
des Perses, je ne pouvais me croire esclave. »

A la cause philhelléne, il se dévoue corps et âme. Le voici
debout, sur le pont de l'*Hercule*, équipé à ses frais. Les Grecs
l'accueillent avec enthousiasme. Il déploie toutes les qualités
d'un chef mais il meurt, miné par les fièvres, le jour de Pâques
1824, tandis que la foule chantait « Christ est ressuscité! »

La Grèce entière prend le deuil. On ramène ses restes en
Angleterre mais la sépulture de Westminster leur est refusée.
Auguste Barbier fait parler son ombre:

> N'ai-je pas expié les fautes de ma vie ?
> Westminster, Westminster, dans ton temple de paix,
> Mes pâles ossements descendront-ils jamais ?

C'est le concert des éloges de Byron qui commence. Casimir
Delavigne, dans ses *Messéniennes*, Lamartine, dans le *Dernier
chant du Pélerinage d'Harold*, célèbrent sa mort. Alfred de
Vigny évoque le héros en ces vers:

> Lui dont l'Europe, encore toute armée
> Ecoutait en tremblant les sauvages concerts,
> Lui qui depuis dix ans fuyait sa renommée
> Et de sa solitude emplissait l'Univers,
> Lui, le grand Inspiré de la Mélancolie.

Après les éloges, les imitations. En France, les disciples admirent d'abord le « grand Inspiré » puis, après 1825, le poète libéral qu'ils opposent à Lamartine et à Chateaubriand légitimistes (1).

Musset se pénètre du rôle de Don Juan, Hugo reprend le sujet de *Mazeppa*; Dumas se souvient de *Lara* dans les aventures de *Monte-Cristo*.

Les peintres, Géricault, Delacroix, illustrent *Lara, le Giaour, la Fiancée d'Abydos;* les lithographies à la mode s'intitulent *Conrad et Médora, le Corsaire, Sélim et Zuleika.*

La musique s'empare de ses sujets. Berlioz écrit *Harold en Italie*, symphonie où l'alto principal représente le personnage d'Harold.

Goethe, flatté que Byron ait, dans *Manfred*, imité son *Faust*, immortalise le poète sous le nom d'Euphorion, fils d'Hélène et de Faust, c'est-à-dire du Classicisme et du Romantisme. Schumann orchestre les plaintes de Manfred. Henri Heine imite la mélancolie byronienne dans *Almanzor* et *Ratcliff*, l'ironie byronienne, dans ses satires contre l'Allemagne (2).

En Italie, les disciples s'appellent Berchet, Leopardi; en Espagne, Espronceda; en Danemark, Paludan-Muller; en Russie, Pouchkine et Lermontoff.

Byron est traduit en douze langues et Macaulay le déclare le plus célèbre Anglais du siècle.

Or, tandis que cette gloire se maintenait sur le continent, plus longtemps que celle d'Ossian qui la précéda, la réputation de Byron subit, dans son propre pays, un déclin rapide, persistant et qui semble définitif.

Alors que Taine, en 1863, parle, en vrai romantique, du « grand et malheureux génie » qui seul, des poètes de son temps, « atteint à la cime », Edmond Schérer, mieux instruit de l'opinion britannique, reproche à l'historien de la Littérature anglaise de « partager la superstition française au sujet de Byron. »

---

(1) V. Estève, *Byron et le Romantisme français.*

(2) Comparez, en particulier, le retour de Don Juan en Angleterre, XI, 9, 10, et VIII, 50 et *Deutschland*, I. II.

En Angleterre, dès 1831, Macaulay discutait le chantre d'Harold en l'un de ses essais, d'un jugement singulièrement juste et mesuré.

La réaction continua, morale au début, littéraire ensuite. Sans parler des clameurs de la Respectabilité choquée par la vie privée du poète et les licences de *Don Juan*, la réaction morale prit corps chez Carlyle qui s'écrie, dans *Sartor Resartus*, en 1834: « Byron ne m'a rien appris que je ne doive désapprendre... ferme ton Byron, auvre ton Goethe! »

Le socialisme naissant, le christianisme renaissant repoussaient à l'envi l'individualisme romantique. En 1839, Thackeray s'exprimait durement sur « le charlatanisme d'Harold ».

La réaction littéraire, plus récente, fut moins réfutable. Un essai de Matthew Arnold, en 1880, avait loué Byron dépens de Shelley. Aussitôt Swinburne exprima le sentiment de la génération artiste issue des mouvements esthétique et péraphaélite, en attaquant le style de Byron, la qualité de ses rythmes et de ses images. On vit un beau tournoi critique entre Matthew Arnold, Swinburne et le futur poète lauréat Alfred Austin. Aujourd'hui, nul critique anglais digne de ce nom ne sóngerait à placer Byron « à la cime ». Les plus modérés le rangent, comme poète, un peu au-dessous de Shelley, de Keats, de Wordsworth et même de Coleridge.

Une lecture attentive du poète nous rallie à cette opinion et nous voudrions l'étayer d'exemples et de preuves que les critiques anglais négligent de nous fournir. Une mise au point s'impose entre eux et ceux du continent. Georges Brandes, en 1876, terminait encore son livre sur le *Naturalisme anglais* par l'apothéose de Byron. Nous montrerons que Byron, comme poète, a été souvent apprécié à faux, admiré pour ses défauts, blâmé pour ses qualités. Mais nous croyons aussi que la critique littéraire à elle seule ne rend pas justice à une personnalité qui dépasse la littérature et déborde son cadre.

La partie la plus caduque de l'œuvre, la plus vraiment *démodée*, c'est l'expression de la révolte ou de la mélancolie romantique et c'est le héros de noms divers qui incarna ces sentiments.

Harold, pèlerin d'une tristesse hautaine, ennuyé de vivre avant d'avoir vécu, nous apparaît comme un cadet languissant de René, qui le devança de dix ans (1).

Avant lui, René s'est élancé seul sur « l'océan du monde » ; il a « visité les peuples qui ne sont plus... s'asseyant sur les débris de Rome et de la Grèce où les palais sont ensevelis dans la poudre et les mausolées des rois, cachés sous les ronces ».

Harold séduisit les imaginations mieux que ne l'avait fait René, parce qu'il était moins profond, plus accessible, plus visible aussi dans le pittoresque de son décor qui offre aux curieux la surprise d'un journal de voyage en vers. Harold vulgarise René, aux deux sens du mot. Le contraste est fâcheux, du style plat et facile du *premier* chant d'Harold, aux cris magnifiques de son aîné: « Levez-vous vite, orages désirés qui devez emporter René dans les espaces d'une autre vie! »

Harold adopte une attitude qui sied à sa physionomie mais qu'il ne créa point et qu'il ne justifie qu'imparfaitement. René analyse le vague de ses passions, en donne au moins quelques motifs légitimes. « La multitude de livres qui traitent de l'homme et de ses sentiments » l'ont rendu « habile sans expérience ». On l'accuse de « passer toujours le but qu'il ne peut atteindre ». — « Hélas, répond-il, je cherche seulement un bien inconnu dont l'instinct me poursuit. Est-ce ma faute si je trouve partout des bornes, si ce qui est fini n'a pour moi aucune valeur? »

Etranger à cette métaphysique, Harold ne comprend pas sa propre tristesse. Il l'explique d'abord par la satiété des plaisirs,

---

(1) Byron avait-il lu *René* (1802) ou l'*Itinéraire de Paris à Jérusalem* (1807) ? On ne peut le prouver par des « témoignages externes ».

Chateaubriand le croyait : « Lord Byron est allé visiter après moi les ruines de la Grèce ; dans *Childe Harold*, il semble embellir de ses propres couleurs les descriptions de l'*Itinéraire*. Au commencement de mon pèlerinage, je reproduis l'adieu du sire de Joinville à son château ; Byron dit un égal adieu à sa demeure gothique. » *(Mémoires*, II, 206.)

Chateaubriand prétendait même avoir reçu, au lendemain de la publication d'*Atala* (1805), une lettre de Cambridge signée G. GORDON, LORD BYRON. (DE LESCURE, *Chateaubriand*, p. 174.) L'on n'a pas retrouvé cette lettre et nous savons qu'on ne peut se fier à la mémoire du père de René. Dans l'œuvre de Byron, le nom de Chateaubriand ne se rencontre qu'une fois, à propos du Congrès de Vérone. (*Age of Bronze*, v. 714.)

puis par une tache originelle, une « malédiction de Caïn » (II, 83), le souvenir d'un *fait* extérieur, vague et mystérieux .

« Je suis condamné à errer dans mille contrées, emportant la malédictions de mes souvenirs. Toute ma consolation est de savoir, quelque nouveau malheur qui me frappe, que j'ai éprouvé déjà le plus terrible de tous.

» Ce malheur, quel est-il? Ah! ne le demande pas; par pitié, daigne ne pas m'interroger... ne cherche pas à dévoiler un cœur dans lequel tu trouverais un enfer! » (II, 84, stances à Inez).

Ces vers marquent la transition au héros ténébreux des histoires orientales. Il s'appelle le Giaour, Conrad, Alp ou Lara.

« Son front sombre et surnaturel est couvert d'un noir capuchon. L'éclair que lance parfois son œil farouche n'exprime que le souvenir d'un temps qui n'est plus; quelque changeant et vague que soit son regard, il effraie celui qui ose l'observer... Comme l'oiseau ᶠrémit de terreur et cependant ne peut fuir le serpent qui l'aspire, il y a dans le regard de cet homme quelque chose qui accable celui qui ose le rencontrer. » (*Giaour*, v. 832).

« En examinant avec attention (Conrad le Corsaire), on distinguait en lui quelque chose qui échappait aux regards de la foule, quelque chose qui commandait le respect sans qu'on pût dire pourquoi. Le soleil avait bruni son visage; son front large et pâle était ombragé par les boucles nombreuses de ses noirs cheveux. Le mouvement de ses lèvres révélait des pensées d'orgueil qu'il avait peine à contenir. Quoique sa voix fût douce et son aspect calme, on croyait y voir quelque chose qu'il eût voulu en retrancher: le froncement de ses sourcils, les couleurs changeantes de son visage causaient de la surprise et de l'embarras à ceux qui l'approchaient, comme si cette âme altière renfermait quelque secrète terreur et des sentiments qu'on ne pouvait deviner. » (*Corsaire*, I, IV.)

Lara ne diffère de Conrad que par 'âge: « les rides de son front soucilleux offrent les traces de passions, mais de passions anciennes; il a « la démarche altière... et ce langage moqueur, arme poignante de ceux que le monde a offensés » (V). La mise en scène tient du mélodrame:

« Lara marche à grands pas dans les appartements solitaires; son ombre gigantesque le suit le long des murs tapissés de tableaux représentant des hommes d'autrefois... la lune perce à travers les vitraux... Lara se promène en rêvant ; les boucles pendantes de ses cheveux, ses noirs sourcils, le mouvement de son panache agité (!), tout semble l'entourer des attributs d'un fantôme et donner à son aspect la terreur des tombeaux.» (*Lara*,XI.)

Le personnage est en guerre avec la société.Athée, renégat,corsaire, il mène une vie d'*outlaw*, pleine de tueries, d'enlèvements, de tempêtes. Un crime inconnu le hante mais il ne connaît point le repentir et meurt en se raidissant contre le Destin.

Ce héros, malgré ses crimes, prétend exercer sur nous une secrète séduction. C'est un ange déchu que le commerce des hommes a gâté, une nature noble qui se venge de ses déceptions:

« Le monde avait trompé (Conrad) ; il s'y était montré trop sage dans ses discours, mais insensé dans sa conduite ; trop ferme pour céder, trop fier pour s'arrêter, ses vertus avaient servi à le rendre dupe ; il maudit ses vertus comme la cause de ses maux plutôt que les perfides qui ne cessaient de le trahir. » (*Corsaire*, XI). Il devint criminel en haine de l'hypocrisie:

« Il se sentait coupable mais les autres n'étaient pas meilleurs que lui ; et il détestait tous ceux qui le paraissaient et commettaient dans l'ombre ces mêmes actes qu'un esprit audacieux ne craint pas d'avouer. » (*Ibid.*)

Ce héros ne parvient plus à nous passionner, que dis-je? à nous convaincre de son existence. Né d'une conception trouble, peint non d'après la réalité mais d'après un idéal de seconde main, superficiel et mal défini dans l'esprit du poète, il ressemble tantôt au bandit généreux, tantôt parfois aux traîtres des romans *terroristes*, notamment à l'*Italien* de Mrs. Radcliffe, l'auteur des *Mystères d'Udolphe:*

« Son capuce, jetant une ombre sur la pâleur livide de son visage, ajoutait à la sévérité de sa physionomie et donnait à ses grands yeux un caractère de mélancolie dont l'effet approchait de l'horreur... Il y avait dans sa physionomie quelque chose de très singulier, et qu'on ne pouvait aisément définir. On y voyait les traces de beaucoup de passions qui semblaient avoir formé et fixé des traits qu'elles n'animaient plus. La tristesse et la sévérité y dominaient. Les yeux étaient si perçants qu'ils semblaient pénétrer d'un seul regard dans les profondeurs du cœur des hommes et y lire leurs plus secrètes pensées. Peu de personnes pouvaient supporter son coup d'œil... » (1).

Le Corsaire est un type hybride et faux parce qu'il unit des caractères incompatibles. Cynique au « sourire amer », plein d'une atroce expérience, il a pourtant des amours d'âme vierge: « Au pirate chargé de mille crimes, il restait une vertu, l'amour pur, fidèle et sans partage. » (Corsaire, I, 12). Il a tué, pillé, incendié mais, quand la sultane Gulnare lui sauve la vie en tuant le pacha Seyd, la vue du sang au front d'une femme scandalise sa délicatesse: « Il avait vu les fureurs des combats, senti dans la solitude des cachots ce qu'a d'affreux l'attente du supplice... eh bien! les combats, la perte de liberté, le remords, rien de ce qu'il a éprouvé de plus terrible n'a pu le faire frissonner comme cette tache qui le glace d'horreur. Cette goutte de sang suffit pour ternir les charmes de Gulnare. Conrad a vu couler le sang, mais c'est dans le feu d'une bataille et par la main des hommes... » (Corsaire, II, 10.)

Nous refusons aujourd'hui à Conrad et à Lara l'espèce d'admiration que réclamait pour eux leur poète. Visiblement, il leur prête quelques traits sous lesquels il ne dédaignerait pas qu'on le reconnût. Qu'est-ce donc en eux qui le hante, l'attire? Sans doute il a voulu, mais confusément, produire des individualités fortes, géniales, surhumaines. L'intention n'est pas réalisée. La sentimentalité gâte le goût de l'énergie. Une psychologie incertaine présente comme une personnalité souveraine, autonome, self-sufficing un héros en même temps « ravagé par les passions ». L'individualisme de la Renaissance créa, dans la vie et dans le drame, le type du virtuose qui, lui, révélait son génie par des actes. Conrad, en ses pirateries, n'offre que du courage physique. Le poète affirme, il est vrai, qu'il domine les hommes par « la magie de l'esprit, le pouvoir de penser ». (Cors., I, v. 182). Mais Conrad à aucun moment, ne prouve cette puissance intellectuelle. Il n'a que les gestes du génie, il roule des yeux sombres plutôt que des pensées profondes. Et ce désaccord entre le fond et la forme le rend théâtral. Son orgueil manque de titres:

---

(1) L'Italien ou le Confessional des Pénitents noirs, par Anne RADCLIFFFE, traduit par Morellet, Paris 1798, t. I, p. 80.

On se méfie de lui comme d'un imposteur qui jouerait au sur-homme.

Certes, le héros byronien se relève à partir du troisième chant d'Harold. Byron a souffert dans sa fierté, dans son honneur, dans sa tendresse paternelle. L'échec de sa vie conjugale donne un fondement réel à sa misanthropie. Cette fois, les cris de René sont égalés par Harold, — Harold, « le plus improbe des hommes à vivre dans le troupeau des hommes, incapable de plier sa pensée à celle des autres, fier dans un désespoir qui savait trouver une vie en lui-même et respirer en dehors de l'huma-nité », Harold, « faucon sauvage heurtant sa potrine aux bar-reaux de sa cage, en sorte que la chaleur de son âme captive dévo-rait le sang de son cœur. »

Le héros byronien progresse encore dans *Manfred*, poème dont la composition bénéficia d'une lecture de *Faust* et du voisinage grandiose du Staubbach et de la Jungfrau. Manfred approche de la dignité de l'homme de génie dans son défi aux Esprits: « Ce ne fut point un pacte avec toi et les tiens qui m'acquit un pouvoir surnaturel; ce furent ma science, mes privations, mon audace... Je suis fort de ma propre force, je vous défie et je vous méprise! » (II, 4 v. 110).

Mais, ces Esprits qu'il prétend dominer, à la manière de Pros-péro, Manfred ne les a pas invoqués, ainsi que Faust, par inquié-tude métaphysique, pour briser les bornes de la connaissance humaine. Ce qu'il veut, c'est échapper au passé ténébreux qui le maudit. Manfred a aimé, d'un « embrassement fatal » sa sœur Astarté. Mystérieusement, il a causé sa mort, comme le Giaour causa la mort de Leïla. Le mélodrame renaît. De même que Con-rad et Lara, Manfred a « la tache de sang au front ». Manfred est un Corsaire grandi, haussé à l'échelle des montagnes qui l'entourent. Taine, qui admire ce drame poétique, l'a très juste-ment appelé « le poème de la personne ». Au moment où nous attendons une aspiration vers l'infini, Manfred retombe dans son égotisme. Loin de chercher l'oubli de soi, comme il s'en targue, Manfred ne cesse de se mirer dans son isolement, où le poète se mire avec lui.

C'est à son orgueil que nous devons les beautés de l'œuvre:

« J'aurais voulu m'élever, pour retomber peut-être mais retomber comme le cataracte des montagnes qui remonte sans cesse aux cieux en colonnes de vapeur... je dédaignai de faire partie d'un troupeau de loups, fût-ce pour les guider. Le lion est seul, je suis comme le lion... je voulus être comme le sauvage simoun qui n'habite que le désert, dont le souffle dévorant ne bouleverse qu'une mer de sables arides... » (III, 1.)

Byron est le poète de l'orgueil. Qu'on renonce à le juger, si l'on n'admet l'orgueil comme une source d'inspiration. Seulement, l'orgueil de Manfred est quelque peu stérile, monotone et dénué de motifs légitimes.

Ce qui manque à l''individualisme byronien, c'est la vie intérieure.

Comme lui, Wordsworth et Shelley s'opposent à leur entourage. Mais ils possèdent un monde idéal qu'ils découvrent, le premier au fond de son âme, le second, dans l'âme éparse de l'univers. Byron ne connaît ni l'intimité recueillie de l'un ni l'extase panthéiste de l'autre. Ce n'est plus une âme qui se révèle à nous, mais une personne qui s'exhibe, en des phrases pareilles à des gestes.

Byron ne peut s'écrier, comme Wordsworth :

> *The world is too much with us...*

« Le monde (c'est-à-dire la société) nous assiège, nous importune... »

Byron a vécu dans le siècle, pour le siècle et sous les yeux du public. Dès l'enfance, il subordonna l'être au paraître. Quand la mort d'un oncle, du fils et du petit-fils de cet oncle le rendirent inopinément héritier du titre et des biens de sa famille, et que le maître d'école d'Aberdeen, faisant l'appel des élèves, le nomma pour la première fois *dominus* Byron, il versa longuement des larmes que Taine appelle « des larmes de joie et d'orgueil ». De vanité, aussi: un titre ne change rien à la qualité de nos ancêtres mais, signe de domination, il notifie aux autres la supériorité sociale ou mondaine. George Gordon tenait à la préséance. Il voyageait en grand mylord, dans une berline copiée sur celle de Napoléon, que les Anglais avaient prise à Genappe. Stendhal, à Milan, le trouva « tellement Anglais et Lord » qu'il ne put se résoudre à accepter son invitation à dîner. A propos de la comtesse Guiccioli, Byron écrit à Murray (8 nov. 1819) qu'il l'a compromise et que l'honneur l'oblige à la défendre, « puisque ni sa naissance ni ses alliance ne sont inférieures aux siennes ! »

Il retombe inconsciemment dans les sentiments bourgeois de sa caste quand, par exemple, au quatrième chant d'*Harold*, agitant les destinées des empires anciens et modernes, les progrès et les naufrages de la Liberté, il consacre deux stances (169 et 170) à un sujet aussi éphémère que la mort de la princesse Charlotte et le veuvage du Prince consort, — le futur Roi des Belges Léopold Ier.

N'en déplaise à sa misanthropie, Byron est un homme du monde et un poète si sociable que toute sa fierté ne l'empêchera pas de livrer. au public ses affaires de ménage: *Adieu* à sa femme (1816); défi à sa femme qu'il traite de « Clytemnestre morale » dans les *Vers sur une maladie de lady Byron* (sept. 1816); injures à une gouvernante parvenue « qui mange dans les plats qu'elle lavait naguère » (*A Sketch*); malédiction à Lady Byron, dans l'Incantation de *Manfred*; adieux à sa fille Ada au troisième chant d'*Harold*, histoire poétique du mariage de Byron dans *le Rêve*, allusions nombreuses dans les trois épîtres à sa sœur Augusta, dans *Harold* et *Don Juan* (1).

Il aimait le succès, fût-ce au prix du scandale et c'est un peu sa faute, si le public lui attribua les crimes de ses héros, si Goethe lui-même crut que Byron avait sur la conscience le meurtre d'un mari (2) Les déclarations de ses préfaces, où il décline toute identité avec ses personnages sont faites du bout des lèvres. En revanche, il écrit dans une de ses lettres:

« On raconte que c'est moi qui suis le véritable Corsaire... Hem ! le public est parfois bien près de la vérité, mais il ne la devine pas tout entière ! » (3)

Il ne quitte pas des yeux le lecteur et le veut sans cesse occupé de lui. Ses vers sont moins une confession que l'étalage d'un *moi* de parade. Le poète ne s'interroge guère, il parle à un auditoire; mais ne lui parle que de lui-même. D'où le paradoxe et la contradiction essentielle qui font partie de sa définition: un poète

---

(1) MANFRED I, 191-261; HAROLD III, 1, 69-75, 111-118, IV, 125-138; DON JUAN I, 104.

(2) *Lettres*, 1898 II, 399.

(3) Article sur MANFRED dans *Kunst und Alterthum*, 1820.

subjectif s'exprimant dans une langue oratoire. Son style a la force et l'éclat mais non l'intimité, le charme insinuant, la magie du rythme et du son où flottent les impondérables d'une sensibilité rare et hautement différenciée.

Parmi les romantiques, Byron est l'un des moins novateurs et des moins personnels dans la forme.

Stendhal, avec sa clairvoyance habituelle, s'en était aperçu:

« Lord Byron, auteur de quelques héroïdes sublimes, mais toujours les mêmes et de tragédies mortellement ennuyeuses n'est point du tout les chef des romantiques » (1).

Par goût, par instinct, par éducation, Byron appartient à l'école satirique et didactique du dix-huitième siècle.

Elève de Pope dans ses premières satires, *English Bards, Hints from Horace*, il l'imite encore dans la *Valse*, la *Malédiction de Minerve*. Il retrouve ses grâces mondaines en *Don Juan* mais il avait commencé par copier ses clichés. En 1819, il prit part à la controverse soulevée par Bowles, au sujet des mérites de Pope. Dans une lettre à Disraëli, du 15 mars 1820, il déclare « qu'il a toujours admiré Pope de toute son âme, bien qu'il se soit honteusement écarté de lui dans la pratique »; il ajoute : a ce point de vue, nous avons tous péché, sauf Rogers, Crabbe et Campbell. »

Ildéfendit et observa les *unités* classiques dans *Sardanapale*, dans *Marino Faliero*. Il versa le vin nouveau dans les vieilles outres et ce fut une des raison de son succès. Sa voix n'effraya personne, elle ne venait point des profondeurs. Médiateur, interprète, il répandit les valeurs nouvelles par les moyens de l'ancienne rhétorique.

Il fut compris à l'étranger parce que les procédés oratoires sont les plus traduisibles, ne dépendant pas spécialement de la nuance et de la suggestion musicales. Il propagea le romantisme, passa pour son représentant le plus fidèle, mais le discrédita, l'infecta d'éloquence et, en France notamment, encouragea par son exemple un penchant à la déclamation.

Cependant, il ne s'en tint pas à l'imitation de Pope. A mesure que triomphait la jeune école, il empruntait son style, appre-

---

(1) *Racine et Shakespeare*, p. 35.

nait de Walter Scott le goût du Moyen-âge, de Wordsworth, un respect nouveau pour la Nature: telles étaient sa souplesse et son désir de popularité. « Ses préférences, écrit Macaulay, l'entraînaient vers le XVIII° siècle, son besoin d'éloges vers le XIX°. »

La manière composite, la juxtaposition peu sincère des deux styles est la cause principale de la désharmonie qui nous afflige au premier chant du *Pélerinage d'Harold.*

Le poète commence par invoquer les Muses mais il sacrifie au goût du jour en adoptant la stance de Spenser et quelques vocables « moyenageux », d'une authenticité douteuse:

> *Whilome* in Albion's isle there dwelt a yought
> Who *ne* in Virtues way way did take delight;
> But spent his days in riot most uncouth
> And vexed with mirth the drowsy ear of night
> Ah me! *in sooth*, he was a shameless *wight*
> Sore given to revel and ungodly glee;
> Few earthy things found favour in his sight
> Save concubines and carnal *companie*
> And flaunting wassailers of high and low degree (1).

Parfois il boursoufle un lieu commun pour emplir le contour

---

(1) « Jadis, dans l'île d'Albion, vivait un jeune homme pour qui les sentiers de la vertu étaient sans attrait, mais qui passait tous ses jours dans une débauche grossière et importunait par ses joies bruyantes l'oreille appesantie de la nuit. Hélas ! vraiment ! c'était un être perverti, se livrant sans honte aux orgies et aux plaisirs profanes ; il n'était guère d'objet sur la terre qui trouvassent faveur à ses yeux, excepté les concubines, une société charnelle, et des convives dissolus de haut ou bas degré.» (1, 2.)

Ces « concubines » reçoivent plus loin le titre de « filles de Paphos » : « Où la superstition jadis fit son antre» (le château de Newstead était une ancienne abbaye), les filles de Paphos, aujourd'hui chantaient et riaient ». *(Ibid.,* 7.)

Thomas Moore nous révèle que ces nymphes « appartenaient à la domesticité du château » et que l'orgie consistait à boire du vin de Bourgogne dans les crânes des anciens moines. La vogue de Byron poussa les Jeune-France de 1825 à imiter ses exploits : « Ce fut, dit Théophile Gautier, le doux Gérard de Nerval qui apporta pour nos orgies byroniennes un crâne de tambour-major dérobé à la collection paternelle. » *(Hist. du Romantisme,* p. 50.)

trop large de la stance, et le dernier vers qui dépasse les autres d'un accent, devient un vers-cheville:

> Yea ! non did love him, not his *lemans* dear, .
> But pomp and power alone are Woman's care
> And where these are, light Eros finds a *feere* ;
> Maidens, like moths, are ever caught by glare
> And Mammon wins his way where Seraphs might despair (1).

Le placage d'archaïsmes que nous soulignons choque surtout et semble une parodie quand le sens est banal, quand il s'agit d'exprimer que Lisbonne est une ville malpropre:

> But whoso entereth within this town
> That, sheening far, celestial seems to be,
> Disconsolate will wander up and down
> M:d many things unsightly to strange *ee* ;
> For hut and palace are like filthily :
> The dingy citizem are reared in dirt ;
> *Ne* personage of high or mean degree
> Doth care for cleanness of surtout or shirt,
> Though *shent with* Egypt's plague, unkempt, unwashed,
> [unhurt. (2)

Même reproche à la dernière stance du chant premier qui annonce le chant suivant:

> Here is one *fytte* of Harolds pilgrimage ;
> Ye who of him may further seek to know
> Shall find some tidings in a future page
> If he that rhymeth now may scribble *moe* (3).

---

(1) « Oui ! personne ne l'aimait, pas même ses maîtresses. La femme ne recherche que la puissance et la richesse : partout où elles sont, accourt la volupté volage. Semblables aux papillons de nuit, c'est la lumière qui attire les belles ; et Mammon réussit où les anges échoueraient. » *(Ch. H.,* I, 9.)

(2) « Mais en entrant dans cette ville qui brille au loin comme une cité céleste, l'étranger se promène désolé parmi ce qui peut le plus affliger la vue ; cabanes et palais se valent par l'aspect repoussant ; ses sales citoyens sont élevés dans la boue ; quel que soit leur rang, ils ne se soucient de la propreté de leurs vêtements ni de leur linge ; non peignés, non lavés, incorrigibles, même quand la peste d'Egypte les frapperait. » (17.)

(3) « Voici un chant du pèlerinage d'Harold ; vous qui voulez le suivre plus loin, vous en trouverez le récit continué dans une page future, si le rimeur ose encore écrivasser. » (93.)

Ailleurs, le style didactique du XVIIIe siècle, qu'on définissait comme « l'expression ornée de vérités abstraites », règne sans partage, avec ses poncifs, inversions, personnifications et apostrophes. La lune s'appelle Hécate, la sphère de Diane, la Reine des Marées. La Destruction s'embusque, l'Attente muette regarde autour d'elle (*Destruction cowers... Expectation mute gapes round*, Ch. H. I., 39, 75). « Tu ne bois pas de vin » se rend par « Le gai jus de la grappe ne réjouit pas ton sein »:

The grape's gay juice thy bosom never cheers. (Corsaire, I, 429.)

L'idée que les palais modernes attendent « la patine » du temps se traduit : « Les palais de l'heure présente attendent que le Temps soit leur apanage »:

The Palace of the present hour
Must yield its pomp, and wait till Ages are its dower. (Ch. H. IV, 129.)

La superstition est interpelée en ces termes pompeux :

Foul superstition! howsoever disguised
Idol, Saint, Virgin, Prophet, Crescent, Cross
For whatsoever symbol thou art prized
Thou sacerdotal gain, but general loss!
Who from true Worship'sgold can separate thy dross? (1)

Le poète a des grâces vieillottes et ridicules quand il parle des femmes qui prirent part aux guerillas: « Est-ce en vain que la Vierge espagnole, réveillée, suspend au saule sa guitare silencieuse et, oubliant son sexe devient l'épouse du poignard? » (Ch. H. I, 54)

Hangs on the willow her unstrung guitar
And all unsexed, the anlace hath espoused.

A part l'imitation pseudo-classique, on notera la banalité des épithètes, la pauvreté compliquée des images.

---

(1) Odieuse superstition ! de quelque déguisement que tu te couvres, idole, saint, vierge, prophète, croissant ou croix, quel que soit le symbole qui te donne du prix, gain pour le sacerdoce, perte pour les autres hommes, qui pourra séparer de l'or du vrai culte ton alliage impur ? (Ch. H., II, 44.)

Janthe est une « jeune péri d'occident » aux yeux de gazelle. Un orage dans la nuit ressemble à l' « éclair de l'œil noir d'une femme » (*Ch. H.* III, 92). Le soleil couchant a les couleurs « du dauphin mourant ». (*Ib.* IV, 29). Les Alpes « palais de la Nature » élèvent dans les nuages les pinacles de leurs crânes neigeux » :

> *The Alps*
> *Have pinnacled in clouds their snowy scalps. (Id., 6, III, 62.)*

« Les joues de l'Océan, creusée de fossettes, réflètent les teintes variées des pics mirés dans les eaux rieuses qui baignent les paradis de la côte d'Orient » :

> *There mildly dimpling, Oceans cheek*
> *Reflects the tints of many a peak*
> *Caught by the laughing tides that lave*
> *These Edens of the eastern wave. (Giaour, 12-15.)*

La cathédrale de Florence est un sanctuaire où « la sculpture rivalise avec sa sœur aux couleurs d'arc-en-ciel » :

> *Where sculpture with her rainbow Sister vies. (Ch. H. IV, 61.)*

Mars nourrit sa vue de « la joue de Vénus » et Vénus laisse pleuvoir de sa bouche, « comme d'une urne, des baisers de lave » sur le visage de Mars :

> *...lava kisses melting while they burn*
> *Showered on his eyelids, brows and mouth, as from an urn. (Id., 51.)*

Parfois, le vers, sans images, est simplement faible et plat. Le poète raconte qu'il a souffert et lutté, qu'il a songé à mourir; « à présent, il voudrait vivre, *pour voir ce qui peut arriver :*

> *But now I fain would for a time survive*
> *If but to see what next can well arrive. (Ep. à Augusta, st. 4.)*

Manfred, quand apparaît le fantôme de sa bien-aimée, découvre sur ses joues un vermillon qui n'est pas naturel et rappelle

celui des feuilles d'automne. Il s'écrie: « *C'est bien le même.*
Oh Dieu, qu'il me faille trembler en le regardant* »:

It is the same! Oh, God! that I should dread
To look upon the same ! (11. 4, 101.)

Ces chutes dans la prose sont fréquentes à la fin des stances:

't world disarm
The spectre Death, had the substantial power to harm (1).

L'oreille musicale de Byron peu exigeante, accepte des
alliances de sons comme *high Hymettus* (le haut Hymette, pro-
noncez *haï haï*, *Corsaire* 1206). Sa mélodie a souvent la douceur
facile et vulgaire des romances de l'époque

Till the gay mariner's guitar
Is heard, and seen the evening star. (Giaour, 40.)
Where the tints of the earth and the hues of the sky
In colour though varied, in beauty may vie (2).

Comme rythmiste enfin, Byron a réussi plusieurs *Mélodies
hébraïques*, les petits poèmes *A Thyrza*, *When we two parted*; il
triomphe dans l'adaptation de l'*octave* italienne à des sujets à
moitié comique, comme ceux de *Beppo*, de *Don Juan*, mais nul
n'a jamais défendu son vers blanc (3), non plus que les stances
irrégulières de *Ciel et Terre* où le chœur des Esprits annonce en
ces termes la venue du Déluge:

All shall be void
Destroyed !
--nother element shall be the lord
Of life and the abhorred
Children of dust be quenched... (4).

---

(1) *Ch. H.* III, 90, cf. *ibid.* IV, 177 *in fine*. « Cela désarmerait le spectre
Mort, s'il avait un pouvoir important de nuire. »

(2) « (Un climat) où les teintes de la terre et les nuances du ciel, différentes entre elles, rivalisent de beauté. » (*Fiancée d'Abydos*, 11-12.)

(3) « Blanc, certes, s'écrie Swinburne, mais ce n'est point un vers! »

Blank it assuredly is
But verse it certainly is not !

(4) « Tout sera vide, détruit; un autre élément sera maître de la vie
et les enfants de la poussière disparaîtront. »

La composition des longs poèmes tels que le *Corsaire* est extérieure et machinale comme celle d'un *libretto* d'opéra. Décor, une plage au bord d'une mer d'azur. Groupe de pirates sur la grève. Chœur des pirates. Episode, au cri de: « Une voile! une voile! » De graves nouvelles, apportées par le navire forcent Conrad, le chef des pirates à quitter son île. Sombres pressentiments du Corsaire. Adieux à « son oiseau de beauté », à sa chère Médora dont il entend, à travers le treillis du balcon moresque, résonner le chant suave. Romance et duo, finale du premier acte.

Deuxième acte. Le pacha célèbre par une fête sa victoire sur les pirates. Conrad déguisé en derviche pénètre dans le palais qu'il fait incendier par ses hommes. Il épargne les femmes et, d'un bras vigoureux, « avec les égards dûs à la beauté malheureuse » emporte la reine du harem, la belle Gulnare.

Des transitions tout artificielles, sous forme d'interrogations oratoires opèrent le glissement des tableaux. Le Corsaire est jeté en prison. « Mais qui s'avance dans le silence du cachot? qui se penche sur son sommeil? Est-ce un ange envoyé du ciel? (XII). — Non, c'est la belle Gulnare. — Et quelle est cette perle qui tombe et brille sur ses chaînes? »

What gem hath dropped and sparkles o'er his chains ? (XV).
— Une larme sacrée, — la pitié de Gulnare...!

Acte troisième. Le soleil se couche en Morée. Douleur de Médora qui ne voit point revenir Conrad. Nouveau changement à vue: dans l'appartement secret du harem, Seyd devise pour sa victime des tourments raffinés. Gulnare le poignarde et sauve le Corsaire. Celui-ci fidèle à Médora, fuit dans une barque, ne retrouve plus Médora, qui est morte, et disparaît mystérieusement.

Lara fait penser davantage aux surprises d'un roman-feuilleton. Décor féodal. Lara, dans lequel on devine Conrad vieilli, revient, après une longue absence au château de ses ancêtres, accompagné du jeune page Kaled en qui l'on retrouvera Gulnare. Fête au château voisin du seigneur Othon. « Appuyé contre un pilier, les bras croisés sur la poitrine, contemplant les danseurs, Lara ne s'aperçoit pas qu'un œil sévère est fixé sur lui. « C'est lui, s'écrie l'étranger, comment est-il ici et qu'y fait-il? » Lara: Quand je connaîtrai ton nom, je saurai te répondre. »

Défi de l'étranger et allusion mystérieuse à une dette ancienne de Lara « que l'éternité lui défend d'oublier.

Au chant deuxième, duel où Lara blesse Othon, champion de l'étranger. Guerre des barons. Mort de Lara: il saisi la main de son page, lui sourit, puis son visage devient immobile, sans repentir, comme dans la vie (XIX). Le page se jette sur son corps et s'évanouit: « On déchire les vêtements du page, pour ranimer ce cœur qui n'a plus de sentiment... on découvre une femme! » ((XXI). Tel est l'épisode qui excitait l'enthousiasme de Taine:

« Quelqu'un de nous a-t-il pu oublier la mort ue Lara après l'avoir lue? Quelqu'un a-t-il vu ailleurs, sauf dans Shakespeare, une plus lugubre peinture de la destinée de l'homme en vain cabré contre son frein? Quoique généreux comme Macbeth, il a tout osé... Corsaire, il a tué; coupe-jarret, il assassine et les meurtres anciens qui peuplent ses rêves viennent avec leurs ailes de chauve-souris heurter aux portes de son cerveau. On ne les chasse pas, ces noires visiteuses... Et pourtant c'est un noble spectacle que de voir l'homme debout, la contenance calme, jusque sous leur attouchement. Le dernier jour est venu, et six pouces de fer ont eu raison de toute cette force et de toute cette furie » (2).

Parlerons-nous des *Drames* qui occupent une place considérable (1) dans l'œuvre de Byron? Malgré les unités classiques observées soigneusement, ces drames ne sont point construits. Les scènes se succèdent sans progression interne et sans lien organique. Un défaut plus grave et mainte fois signalé, c'est l'impuissance de Byron à concevoir des âmes autres que la sienne. Parmi tant d'acteurs de ses poèmes dramatiques, il n'a jamais créée qu'un seul type d'homme, sombre, altier, immédiatement reconnaissable. Enfermé dans la contemplation de lui-même, il n'a jamais su faire que « l'épopée de son propre cœur. »

Pourtant, avec ses lacunes et ses tares, il nous retient, nous séduit et nous captive. Son œuvre n'ennuiera jamais, si l'on veut

---

(1) *Manfred, Caïn, Sardanapale, Ciel et Terre, Marino Faliero*, les *Deux Foscari*.

(2) TAINE, *Hist. litt. angl.*, p. 373.

bien la lire tout entière dans le même esprit qu'on lit *Harold*
ou *Don Juan*, c'est-à-dire comme le journal intime et continu,
les Mémoires inconscients où se révèle un personnage unique,
mais si vivant, si *représentatif* qu'il nous dédommage des figures
manquées de ses drames. Le spectacle de ses refoulements et de
ses heurts est dramatique d'ailleurs, parfois tragi-comique. La
naïveté de son orgueil, la transparence de ses affectations rend ces
péchés inoffensifs. Qu'on cesse de le traiter en prophète et l'on
trouvera du charme en sa fatuité.

« L'enfance avec ses grâces et ses mille choses divines, disait
Barbey d'Aurevilly, mais aussi avec ses enfantillages, se mêle
à la grandeur de Byron. Ce beau front de jeune homme qu'il
emporta comme Achille prématurément dans la tombe, il ne
put jamais entièrement l'essuyer des teintes d'aurore de l'enfance. »

Lisons-le, non pour l'art mais pour lui-même, goûtons-le, non
dans l'électuaire des « pages choisies » mais à même le torrent
trouble des œuvres complètes. Là nous découvrirons, parmi le
bouillonnement et les taches d'écume, la vibration intérieure et
le frémissement d'une forte personnalité. Elle éclate en ces
lignes:

« Si je pouvais donner un corps à mes pensées les plus intimes,
si je pouvais leur trouver une expression matérielle et peindre
d'un seul mot mon âme, mon cœur, mon esprit, mes passions,
mes sentiments dans leur force comme dans leur faiblesse; tout
ce que j'ai cherché et cherche encore, tout ce que je souffre, tout
ce que je sais, toute ce que j'éprouve sans en mourir, ce mot
serait-il la foudre, je parlerais: mais je vis et je meurs sans révéler mon secret; les paroles manquent à ma pensée, semblable à
une épée qui reste dans le fourreau. » (*Ch. H.* II, 97).

C'est Byron qui explique ailleurs ses inégalités: « Je ne puis
jamais me refondre; je suis comme le tigre; si je manque le premier bond, je rentre en grondant dans mon jungle; si je le fais
juste, il est écrasant. »

Phrase admirable, bien que le poète se flatte et que ces bonds
de tigre soient peu fréquents. Walter Scott exprimait la même
idée sous une forme plus modeste en disant que Byron écrit
« avec l'aimable négligence d'un homme de qualité ». On sait
qu'il feignit de n'être, en poésie, qu'un amateur.

En revanche, il se vantait de ses prouesses en fait de natation, de tir au pistolet; il enviait la gloire politique d'un Fox ou d'un Chatham. Il chercha longtemps sa vocation véritable et crut l'avoir trouvée, sur la fin de sa vie, dans l'action. Il voulut être grand homme plutôt que grand écrivain. En réalité, l'homme fut plus grand que le poète.

Celui-ci n'atteint presque jamais au sublime ni à la profondeur. Sa plus haute concentration se trouve dans le petit poème *Prometheus* écrit en 1816, peut-être sous l'influence de Shelley et l'on regrette qu'un souffle prométhéen n'ait point passé dans l'âme de ses héros favoris. Ses plus hautes envolées s'élèvent du milieu de la critique religieuse et philosophique de *Caïn*: « O éther inimaginable et magnifique! O innombrables masses de lumière qui ne cessez de vous multiplier à mes yeux; qu'êtes-vous? qu'est donc ce désert azuré où vous roulez comme les feuilles tombées sur les fleuves limpides de l'Eden? Votre carrière vous est-elle tracée, ou parcourez-vous dans un joyeux désordre un univers aérien, infini par son étendue? Cette pensée afflige mon âme enivrée d'éternité. » (I, 1, v. 98).

Mais si Byron touche rarement « à la cime », il est roi dans les régions moyennes de la poésie: dans la satire où ses colères, son amour propre et sa verve étincelante le servent à l'envi; dans la peinture du bonheur que représente une passion sensuelle et tendre; dans l'amour de la nature et de la liberté.

Son prétendu pessimisme a sa source non dans l'inquiétude métaphysique mais dans un désir de vivre que la vie même ne parvient pas à satisfaire. Il aima le succès, la puissance, la gloire. Il aima tous les plaisirs et d'abord les joies de la vie errante, la charmante émotion du voyage :

> I stood in Venice, on the Bridge of Sighs;
> A Palace and a prison on cach hand :
> I saw from outh the wave her structures rise
> As from the stroke of the Enchanter's wand;
> A thousand years their cloudy w:ngs expand
> Around me, and a dying glory smiles
> O'er the far times, when many a subject land
> Looked to the winged Lion's marble piles
> Where Venice sate in state, throned on her hundred isles! (*Ch. H.*
> [IV, 1.)

Il aima les plaisirs de l'amour et la vie méridionale affina son âme jouissante:

« J'aime à voir le soleil se coucher, sûr qu'il se lèvera demain, non pas débile et clignotant dans le brouillard, comme l'œil d'un ivrogne qui geint, mais avec tout le ciel pour lui seul... J'aime leur langue, ce doux latin bâtard qui se fond comme des baisers sur une bouche de femme, qui glisse comme si on devait l'écrire sur du satin, où pas un accent ne semble rude comme nos âpres gutturales du Nord, aigres et grognantes... J'aime aussi les femmes (pardonnez ma folie), depuis la riche joue de la pay-sanne d'un rouge bronzé et ses grands yeux noirs avec leurs volées d'éclairs qui vous disent mille choses en une fois, jusqu'au front de la noble dame, plus mélancolique, mais calme, avec un regard limpide et puissant, son cœur sur les lèvres, son âme dans les yeux, douce comme son climat, rayonnante comme son ciel » (1).

Dans la satire moitié plaisante, moitié poétique de *Beppo*, de *Don Juan*, Byron rencontre sa vraie voie et la perfection du style: justesse, naturel, adaptation exacte de la forme au fond, prodigieuse aisance d'une causerie en vers (2) L'absence de com-position devient une grâce, les vers plats semblent comiques, les vers emphatiques ont l'air d'une spirituelle parodie. Les six cent pages de *Don Juan* enchantent par leur variété. L'inlassable moquerie de la Respectabilité anglaise, de cette hypocrisie du *Cant*, qui consiste à énoncer en phrases toutes faites des senti-ments tout faits, n'empêcha pas l'élan lyrique des strophes célè-bres sur *Les Iles de la Grèce* (Ch. VI), ni le joli roman de Doña

---

(1) Beppo, trad. Taine.
(2) L'on n'a pas assez remarqué la parenté de ce langage avec celui de Pope dans la *Bouche volée*

...My Lord, why, what the devil
Z...ds! damn the lock! 'fore Gad, you must be civil!
Plague on't! 'tis past jest— nay prithee, pox!
Give her the hair. » He spoke, and rapp'd his box...
Sooner let earth, air, to chaos fall,

Men, monkeys, lap-dogs, parrots, perish all! (Pope, *Rape of the Lock.)*
La différence est dans le rythme : chez Pope, le *couplet héroïque*; chez Byron, l'*octave* empruntée à un poète burlesque, Hookham Frere.

Julia (Ch. I), ni l'idylle d'Haydée (III, IV). Byron incapable
de concevoir des âmes tragiques autres que la sienne, a su, par
contre, esquisser quelques figures de comédie ou de roman, —
portraits de femmes surtout, dont il connaît à fond les grâces et
les coquetteries.

Qu'on songe au caractère de Lady Adeline (Ch. XV) qui,
chaste et fidèle à un solennel époux mais éprise de Don Juan,
voudrait le marier pour l'arracher aux séductions d'une blonde
et grasse duchesse, mais le marier à une jeune fille pas trop
brillante, dont la beauté n'eût rien d'humiliant pour elle-même.
Très amusante à ce propos, l'explication du spectre qui hante
les nobles corridors des châteaux anglais. Taine, qui s'attache à
l'image d'un Byron désespéré, dénature en cynisme, en raillerie
amère, la gaieté de ces épisodes.

L'auteur d'*Harold* eut peut-être moins de mélancolie qu'on ne
lui en prêta: mais il eut, comme on disait jadis « infiniment
d'esprit ».

On le vit encore dans cette parodie de Southey, — la *Vision
du Jugement*.

Le roi George III étant mort en 1820, dément ou peu s'en
faut, après un règne interminable et sans éclat, le poète Lauréat Southey, l'année suivante, décrivit l'Apothéose du monarque
dans sa *Vision du Jugement*, précédée d'une préface où l'auteur
de *Don Juan* est traité de « chef de l'école satanique, — lui-
même d'un orgueil diabolique et d'une audace impie. »

Byron riposta par une seconde *Vision du Jugement* qui le
laissa bien vengé, et fit condamner l'éditeur.

Au Paradis, Saint Pierre bâille en jouant avec ses clefs qui
se rouillent; car le céleste séjour est délaissé depuis l'ère criminelle ou gauloise qu'inaugura la Révolution. Les anges s'en-
rouent à force de chanter et n'ont d'autre besogne que de remonter périodiquement le soleil et la lune ou de retenir en son orbite
« quelque jeune étoile vagabonde »:

> The Angels all were singing out of tune
> And hoarse witt having little else to do
> Excepting to wind up the sun and moon
> Or curb a runaway young star or two.

Cependant, on annonce un arrivant : George III. — « Quel George? Quel Trois? *What George? Wath Third* », grogne Saint Pierre. Satan et l'archange Michel se disputent l'âme du prince qui court de grands risques par l'éloquence du diable: J'accorde qu'il eut les « vertus neutres », dit le dangereux avocat, j'accorde sa fidélité conjugale mais que pensent de lui l'Amérique, l'Irlande et tous ceux qu'il laissa opprimer? On appelle les témoins. Le démon Asmodée, tout essoufflé, l'épaule presque démise, apporte sous son bras le Lauréat auteur de tant de copieux ouvrages. Il l'a cueilli à sa table de travail, au bord du lac de Keswick. Le témoin a écrit la vie de Nelson, celle de Wesley, il écrira si l'on veut celle de Satan :

> He had written Wesley's life : here, turning round
> To Satan : « Sir, I'm ready to write yours...

Il commence à réciter des vers: tout le monde s'endort; Saint Pierre indigné applique au malheureux panégyriste trois coups de clef qui renvoient le poète lakiste au fond de son lac préféré.

On ne devinerait pas, dans cette satire d'une inspiration tout urbaine qui troubla les admirateurs d'Harold (1), — l'amant des vagues, des forêts et des lieux sauvages, le poète qui a dit :

> There is a pleasure in the pathless woods
> There is a rapture on the lonely shore. *(Ch. H. IV, 178.)*

Dans le sentiment de la nature chez Byron, il convient de distinguer ce qui lui appartient en propre de ce qui dérive d'autres poètes par assimilation. Il rencontra Shelley, et l'on vit dans ses vers des fluidités shelleyennes, l'idée panthéiste d'une immortalité conçue comme un retour de l'âme à l'univers animé (2).

Aux bords du Léman, se souvenant de Wordsworth, il écrivit, lui aussi, des vers lakistes. Les chuchotements de l'onde « lui

---

(1) Amédée Pichot, le populaire traducteur français, auquel nous avons emprunté maintes citations, déclare « qu'il est pénible de voir un grand poète descendre à ces burlesques jeux d'esprit. » *(Essai sur Byron,* p. 130.)

(2) *Ch. H.* III, 87, 74.

firent des reproches, avec la voix d'une sœur ».Il entendit « le
bruit léger de l'eau qui retombe de la rame » en une stance qui
laisse un écho dans *le Lac* de Lamartine (3). Il emprunte à
Wordsworth sa philosophie, le désir d'union mystique avec la
nature et reproduit ses accents avec la fidélité du pastiche:

> I live not in myself but I become
> Portion of that around me. *(Ch. H.* III, 72.)
> Are not the mountains, waves and skies a part
> Of me and of my soul, as I of them? *(Ibid.,* 75.)
> I love not Man the less, but nature more
> *From these our interviews. (Ibid.,* IV, 178.)
> With the stars
> And the quick spirit of the Universe
> *He held his dialogues. (Dream,* VIII) (1).

Le sentiment personnel, caractéristique de Byron est moins
pieux, moins recueilli mais non moins poétique: désir fougueux,
de se mêler à la nature sans pourtant s'oublier en elle; besoin
violent, « athlétique » de dominer les éléments ou de lutter avec
eux, d'épouser les énergies naturelles pour sentir en soi passer
les pulsations qui accélèrent la puissance vitale. Corps à corps
avec les vagues, dans *les Deux Foscari* (I, sc. 1):

« Que de fois, d'un bras robuste, j'ai fendu ces flots, opposant
à leur résistance un sein audacieux! D'un geste rapide, je reje-
tais en arrière ma chevelure humide, j'élevais en souriant ma
bouche au-dessus de la mer qui la caressait comme une coupe.
Je suivais les flots dans leurs mouvements; plus ils s'élançaient,
plus ils me soulevaient avec eux et souvent en me jouant je plon-
geais dans leurs gouffres... je m'élevais en frappant avec bruit
les vagues puis donnant libre cours à mon souffle longtemps suspendu, j'écartais l'écume avec dédain et poursuivais ma carrière, comme un oieau de mer. »

La passion de la mer paraît au début du *Corsaire* et dans la
superbe stance du départ pour l'exil:

> Once more upon the waters, yet once more
> And the waves bound beneath me as a steed
> That knows his rider. Welcome to their roar! *(Ch. H.,* III, 2).

---

(1) *Ibid.,* 85, 86.
(2) Cf. *Ch. H* III, 16, *The Island* II, 16.

Les vagues, notez-le, reconnaissent en Harold « leur maître ».
Il aime plonger ses mains dans leurs crinières et, à la fin du
Pèlerinage, c'est vers elle que bondit son adieu :

> And I have loved thee, Ocean·! and my joy
> Of youthful sports was on thy breast to be
> Borne, like thy bubbles, onward : from a boy
> I wantoned with thy breakers. They to me
> Were a delight ; and if the freshening sea
> Made them a terror, 'twas a pleasing fear,
> For I was as it were a Child of thee,
> And trusted to thy billows far and near,
> And laid my hand upon thy mane—as I do here. (*Ch. H.*
> [IV, 184.)

Manfred éprouve les mêmes ivresses parmi les grandes montagnes, devant les chutes d'eau que le vent déjette « comme la
queue d'un coursier blanc », au milieu des brumes, pareilles aux
fumées de l'enfer, que les pics échevèlent (1).

> My joy was in the wilderness, to breathe
> The difficult air of the mountain's top...

« Ma joie était d'errer, dans la solitude, de respirer l'air difficile des montagnes glacées; sur la cime desquelles les oiseaux
n'osent bâtir leur nid et dont le granit sans gazon est fui des
insectes. J'aimais à me plonger dans le torrent, à exercer mes
forces contre ses courants rapides... Je contemplais les éclairs
pendant l'orage, jusqu'à ce que mes yeux fussent éblouis; ou
j'écoutais la chute des feuilles lorsque les vents d'automne
dépouillaient les forêts. Tels étaient mes plaisirs. Tel était mon
amour pour la solitude que si les hommes dont je m'affligeais
d'être le frère se trouvaient sur mes pas, je me sentais humilié,
dégradé. Je n'étais plus, comme eux, qu'une créature d'argile » (2).

Ce qu'il aime, on l'entend, ce n'est pas de s'anéantir pour trouver Dieu, comme Wordsworth, l'âme universelle, comme Shelley : c'est de fuir les hommes pour se trouver seul et, partant,
plus libre et plus grand.

---

(2) *Manfred*, II, 2.

Le sentiment de la nature est inséparable de la passion pour
la liberté, qui intéresse le jugement qu'on portera sur la valeur
morale ou sociale de son œuvre. Carlyle, quand il écrivit :
« Ferme ton Byron, ouvre ton Goethe », ne vit qu'une partie de
la vérité.

La mélancolie romantique, légitime en tant qu'elle indique la
haine du médiocre, un idéalisme latent, un conflit passager de
l'âme avec la vie terrestre, devient puérile et vaine dès qu'elle
s'immobilise et se complaît en son attitude.

Tout n'est pas feint dans la mélancolie de Byron et nous pouvons l'en croire, quand il déclare que « ni la musique du pâtre,
ni le craquement des avalanches, ni les torrents, ni les montagnes, ni les glaciers n'ont pu, pour un moment, alléger le
poids qui pèse sur son cœur ni le rendre capable d'oublier sa
triste identité » *(Lettres*, 29 sept. 1816). Mais il eut tort de se
draper dans sa tristesse, de la porter avec coquetterie, de faire
admirer comme une élégante supériorité ce « mal du siècle »
qui, non vaincu, signifie stérilité, faiblesse, inaptitude à la vie.

Comme son pessimisme n'a rien de philosophique, sa révolte
contre la société, son besoin de liberté ne furent d'abord qu'impatience de jeune homme contre les entraves qui gênaient son
bon plaisir. Mais peu à peu le sentiment s'épura. L'histoire véridique d'Harold, Carlyle ne l'a point racontée. Un génial enfant
gâté se heurte au monde et aux hommes ; ses froissements lui
révèlent son âme, le mûrissent et le rendent plus fort ; ses déboires
lui ouvrent les yeux sur les abus et les mensonges ; l'égoïsme n'a
pas disparu, mais les griefs personnels se confondent avec ceux
de l'Europe et de l'humanité ; les rancunes deviennent des armes
au service des plus nobles causes : haine de l'injustice, amour de
la liberté politique et de la liberté de pensée. Il cessa de « porter son cœur en écharpe » et se tourna vers la satire et l'action.
Sans doute, Shelley eut l'âme plus pure et plus désinteressée.
Mais cet « ange de la révolution » fut « un ange inefficace », trop
détaché du monde pour détester autre chose que des idées. A
Byron, de mener l'attaque vigoureuse contre la respectabilité
sournoise, la routine et les préjugés dont il avait souffert. Humain
par ses colères, il touche le lecteur qui reconnaît son semblable
et son frère .

Il n'est point vrai, comme le dit Carlyle, « qu'il n'eût rien à nous apprendre. Byron est un auteur moral: négativement, parce qu'il représente, comme l'a vu Carlyle, une maladie de son temps; positivement aussi, parce qu'il combat des vices de tous les temps.

Conscient de son rôle de libérateur, il appelle *Don Juan* « le plus moral de ses poèmes ». — « Va, mon livre, tu seras assailli par ceux qui aiment à dire que le blanc est noir. Tant mieux! je saurai demeurer seul mais je ne voudrais pas changer la liberté de mes pensées pour un trône ». (XI, 90). — « Oh! que n'ai-je une force de quarante pasteurs (*a forty-parson power*) pour chanter tes louanges, hypocrisies! Que ne puis-je entonner un hymne aussi bruyant que les vertus dont tu t'enorgueillis.Oh! que n'ai-je les trompettes des chérubins, ou la trompette acoustique de ma bonne vieille tante... » (X, 34). — « Je combattrai, en paroles du moins (et, si l'occasion s'en présentait, en action) tous ceux qui font la guerre à la pensée... les tyrans et leurs sycophantes ». (IX, 24).

Il a revendiqué, pour la raison humaine, le droit d'examiner toute vérité reçue. Intellectuellement, le scandale du drame *Caïn* qui faillit être poursuivi parce qu'il discute le péché originel et le plan moral de l'univers en se fondant sur Cuvier, fut assainissant.

Politiquement, cet individualiste réclame le libre développement des individualités agrandies qu'on appelle des nations. Il trouve pour elles tantôt des accents lyriques: « Je crois entendre un petit oiseau qui chante que les peuples finiront par être les plus forts » (*D. J.* VIII, 50); tantôt des mots éloquents brandis comme par une fronde. Le génie de Napoléon l'éblouit, lui inspire quelques-uns de ses plus beaux vers, mais lui qui chanta Bonnivard n'adore pas Napoléon: « Le salut de la France ne dépend ni de Napoléon ni de Capet, mais des lois et des droits égaux » (1). S'il n'applaudit pas, comme ses compatriotes, à la chute du « tyran », c'est qu'on l'a remplacé par des tyrans médiocres. Waterloo fut une victoire « faiseuse de rois » (*king-making victory*, *Ch. H.*, III, 17). Le poète perce à jour l'hypocrisie

---

(1) *Ode from the French*, 1816.

réactionnaire de la Sainte Alliance « qui imite la Trinité comme le singe imite l'homme et qui avec trois niais s'imagine faire un Napoléon » (1). Il demande si l'on rendra « hommage aux loups, après avoir terrassé le lion? » (2). Les sarcasmes sur l'œuvre du congrès de Vienne accomplie au mépris de quelques nationalités, ne manquent pas d'enseignements pour notre génération.

Européen par les sympathies qu'il éprouve et qu'il inspire, il rapprocha l'Angleterre de l'Europe, la rendit moins insulaire, élargit son horizon sur l'humanité, prépara l'ère actuelle.

Nul ne prit part plus ardente aux malheurs de la Pologne démembrée, de l'Amérique du Sud, aux revendications de l'Irlande.

« Ces brigands austro-germains, écrivait-il de Pise, aucun Italien ne les déteste plus que moi. »

On connaît ses beaux cris en faveur de l'Italie, dans *Childe Harold*, en faveur des Hellènes, dans le *Giaour* et la strophe sur Marathon (3

On sait ce qu'il fit pour la Grèce.

« Un jour viendra, disait Mazzini, où la démocratie européenne reconnaîtra ce qu'elle doit à Byron: la Sainte Alliance de la Poésie et de la Liberté, l'union si rare de l'art et de l'action... »

C'est, en effet, ce que symbolise la mort du poète à Missolonghi. Quelques semaines avant, en des vers sans emphase, à l'occasion de sa trente-sixième année, le poète n'aspirait plus qu'à la tombe du soldat:

> Seek out, less often sought than found
> A soldier's grave, for thee the best ;
> Then look around, and choose thy ground,
> And take thy rest.

---

(1) *Age of Bronze*, VIII.
(2) *Ch. H.* III, 19.
(3) *Don Juan* III, 86.

Il eût pu ajouter, plus justement qu'un autre poète, son imitateur et son disciple: ·

« Je ne sais si j'ai mérité le laurier suprême des poètes, mais sur mon cercueil posez un glaive, car je fus un brave soldat dans la guerre de libération de l'humanité. »

A ce titre, et comme d'une personnalité géniale, fascinante par elle-même et par l'âge qu'elle fascina, — se livrant à nous, grandeur et faiblesse, dans une œuvre inégale mais candide et vivante, le centenaire de Byron, qui approche, gardera sa mémoire.

Dante et les Flandres

par Paul ERRERA

Professeur à l'Université de Bruxelles.

———

*Lecture faite en séance de l'Académie royale de Belgique,
le 6 juin 1921.*

Messieurs,

A plusieurs reprises, Dante mentionne des gens et des choses
de notre pays. Il n'est sans doute pas indigne de lui de le rappeler spécialement dans cette cérémonie où l'Académie royale de
Belgique a voulu s'associer à l'hommage que le monde entier
rend cette année au génie du poète. Il y a là comme un point
d'attache qui nous met avec lui en contact direct et nous donne
le droit de nous approcher de lui comme il s'est approché de
nous.

Sans nous arrêter à l'allusion faite à la duchesse Marie de
Brabant, femme du roi de France Philippe III le Hardi, *la
donna di Brabante* comme elle est appelée par Dante (1); sans
nous arrêter même à un personnage plus intéressant, Siger de
Brabant (2), philosophe averroïste (3) et professeur réputé que
nous trouvons à côté de Robert de Sorbon, lors de la fondation
de l'Université de Paris, et que Dante a sans doute voulu venger
des soupçons d'hérésie dont il eut tant à souffrir, en le plaçant
parmi les docteurs, au quatrième ciel du Paradis; nous vous
demandons, Messieurs, la permission de vous entretenir quelques instants de deux passages de la Comédie où il est question
des Flandres. Dans l'un et l'autre, Dante signale l'opiniâtreté

---

(1) Purg. VI, 23.

(2) Par. X, 136.

(3) FRANÇ. D'OVIDIO, *Studi sulla Divina Commedia*. Palerme, 1901, dans
l'étude sur Dante et Grégoire, VII, p. 398.

avec laquelle leurs habitants refoulaient de leur sol une fois les
envahissements des flots de la mer, l'autre fois les envahissements du pouvoir royal, opiniâtreté qui formait déjà un trait
spécifique du caractère flamand: il serait aisé de le retrouver à
travers les siècles et de montrer son influence sur les destinées
de notre pays.

La première allusion est une de ces comparaisons familières
au Poète pour éveiller en nous la vision exacte des lieux où son
imagination veut nous transporter. Nous sommes au septième
cercle de l'Enfer; Dante et Virgile marchent le long d'une rive
que les flammes ne peuvent atteindre, sur une berge qui rappelle
les digues qu'élèvent les Flamands entre Wissant et Bruges,
afin de se préserver contre les envahissements de la mer, alors
qu'ils craignent que le flot ne s'avance et ne submerge leurs
terres. D'ailleurs, les Padouans défendent de même leurs bourgs
et leurs châteaux contre la crue subite de la Brenta, au moment
de la fonte des neiges sur la Chiarentana (1):

> Quale i Fiamminghi tra Guizzante e Bruggia,
> Temèndo il fiotto che vèr lor s'avvènta,
> Fanno lo schermo perché il mar si fuggia;
> E quale i Padovan lungo la Brènta,
> Per difènder lor ville e lor castèlli,
> Anzi che Chiarentana il caldo sènta.

C'était donc déjà aux temps de Dante une caractéristique de
notre pays que ces constructions de digues auxquelles les Flandres doivent en partie leur fertilité, leur existence même. Au
XIIIᵉ siècle, comme plus tard au XVIᵉ, ce spectacle attirait
l'attention des observateurs étrangers. Il devait faire dire à Guichardin, dans sa « Description de tous les Pays-Bas », à propos
du littoral flamand et avant de citer les vers de Dante: « Là et ez
lieux voisins tirans à Bruges, à cause que la terre y est basse de
son assiette, le flot et flus des ondes de la mer a un grand effort

---

(1) Enfer, XV, 4 à 9. Est-ce le nom d'une montagne ou d'une région, la
Carinthie, dont les limites étaient mal définies? Voir G. A. Scartazzini,
Enciclopedia Dantesca. Milan, 1896, v. Chiarentana, t. I, p. 359. Cet excellent ouvrage peut être consulté sur tous les noms cités au cours de cette
notice, notamment sur les variantes de Guizzante.

et violence et surtout lorsque règne et souffle le vent qui est entre le septentrion et l'occident. » (1)

Faut-il reprendre la discussion relative à Guizzante, long-temps et parfois encore maintenant (2) confondu avec Cat-zand? Le passage de Guichardin, que nous venons de citer, a été bien souvent invoqué en faveur de l'opinion commune. Il assi-mile en effet Guizzante à Catzand et ajoute même assez ingénue-ment que, si l'appellation dantesque est incorrecte, « peut-être la faute vient-elle de l'impression! » (3). Sans doute le voya-geur du XVIe siècle avait visité Catzand et observé le système des digues qui, de ce côté, correspondait parfaitement au tiercet de l'Enfer ; sans doute aussi ignorait-il l'existence de Wissant, localité lointaine aux confins de la Flandre et de la Normandie.

D'autre part, Dante eut peut-être été plus précis en parlant de Catzand. Toutefois, un témoignage irrécusable nous permet d'identifier la bourgade citée avec Bruges. En effet, le chroni-queur toscan, Giovanni Villani, presque contemporain du Poète, trace, dans ses « Histoires florentines », l'itinéraire de l'armée anglaise au lendemain de la bataille de Crécy et indique les villes suivantes: *Mosteruolo* (Montreuil-sur-Mer, Pas de Calais), *Bologna Sorlamere* (Boulogne-sur-Mer), *Guizante*, comme dans notre texte, enfin *Calese* (Calais) (4). Wissant devait avoir alors une certaine importance, car Villani le traite de *villa* qui,n'étant pas emmurée, fut mise à sac et à feu et entièrement abîmée par les Anglais. On le voit, Wissant est ici correctement situé entre Boulogne et Calais.

Une autre preuve encore nous est fournie par des documents, ceux-ci tout à fait contemporains de Dante et dont il n'est pas impossible qu'il eût connaissance. Il s'agit d'abord d'un périple de l'an 1300 environ, connu sous le nom de Carte pisane (5).

---

(1) GUICHARDIN, *Description de tous les Pays-Bas*, édit. française, Calais, 1609, p. 372.

(2) Ainsi dans un article du journal *Het laatste Nieuws* du 19 mai 1921 : *Dante Alighieri Een Vriend der Vlamingen.*

(3) GUICHARDIN, *Ibidem*.

(4) GIOVANNI VILLANI, *Storia*, Firenze, 1587, liv. XII, p. 878.

(5) NORDENSKJÖLD, *Periplus. An Essay on the early History of Charts*, Stockholm, 1897 ; R. BEAZLY, *The Dawn of Modern Geography*, vol. III, Oxford, 1906, p. 518.

C'est même, paraît-il, le plus ancien document de ce genre appartenant à la famille des portulans pisans. Ne parlons pas des erreurs ét des inexactitudes de cette carte rudimentaire, ô combien ! Bornons-nous à rappeler qu'entre les indications *Normundia* et *Flandris*, quelques noms de ports sont inscrits le long de la côte, parmi lesquels se trouvent au nord-est *Brujis* et au sud-ouest *Chiusant*, qui répond évidemment à Wissant, les Italiens ayant quelque peine à rendre le son W qui n'existe pas dans leur langue (1). Sur une autre carte, datée de 1313 et faisant partie d'un atlas génois, nous retrouvons Guisant correctement situé entre Boulogne et Calais (2). Nous donnons ces références, que nous pourrions multiplier, pour établir l'importance de Wissant et la connaissance que pouvait en avoir un Florentin de l'époque. Dante nous fait donc entrevoir la côte flamande tout entière, depuis sa métropole jusqu'à l'extrême ouest, là précisément où les dunes ont été remplacées par ces falaises blanches qui, le long de la côte française, semblent correspondre avec précision à celles qui bordent la côte anglaise sur l'autre rivage de la Manche. « *Tra Guizzante et Bruggia* » comprend donc non deux localités proches comme Bruges et Catzand, reliées par des digues, mais deux points extrêmes, limitant l'étendue du littoral flamand dans la partie susceptible d'être envahie par les flots de la mer, ou plutôt par les crues des cours d'eau, sur lesquels la marée se fait si vivement sentir.

Afin de rendre la comparaison plus accessible à ses lecteurs italiens, Dante leur rappelle les travaux analogues exécutés en Vénétie. Mais comment connaissait-il lui-même si bien les Flandres ? Faut-il s'en étonner ? Non. Les rapports entre nos grandes villes et celles de l'Italie étaient alors constants et fré-

---

(1) Voici les noms des ports que nous voyons sur cette carte : Brujis, Porto Nuovo, Sancta Maria Bulogna, Grava Lingua, San Gelhaby (?) et enfin Chiusant. L'orthographe de ce nom varie de carte à carte : Guinzat, Guinsant, etc., mais on le retrouve sur la plupart d'entre elles, dès le XIVᵉ siècle. Cf. NORDENSKJÖLD, *Ibidem*, p. 42. .

(2) *Atlas* de PIETRO VESCONTE, Bibl. Nat. de Paris, Gé. D. D. 687, Réserve. Voici les ports flamands indiqués sur cette carte (nous mettons en italique ceux qui, vu leur importance sont écrits à l'encre rouge : *Bruges*, Cavo Santa, Catelina, Ostende, Novo Porto, Dumoqerqo, Gravelingas, *Cales*, Guisant, Belogna.

quents: l'histoire économique des deux pays aujourd'hui si bien étudiée le démontre surabondamment. N'a-t-on pas dit qu'à l'époque de Dante, parler de la Flandre à Florence était chose courante autant que de parler de Buenos-Ayres de nos jours dans le port de Gênes (1) ? Que l'on songe à l'importance qui devait s'attacher pour les gens du *Trecento* à ces grands travaux d'art dont la construction était alors encore rare et exigeait des ressources techniques et financières importantes pour l'époque !

Une preuve topique et encore inédite dans ses précisions sur les rapports entre l'Italie et les Flandres nous est fournie par un travail récent sur le commerce de l'argent au moyen âge. Votre Compagnie a couronné récemment le Mémoire que l'un de mes collègues de l'Université de Bruxelles, Georges Bigwood, consacrait à ce sujet (2). Il a relevé dans nos archives les noms de familles italiennes connues alors sous l'appellation générique de Lombards, appellation couramment appliquée à des Florentins, à des Lucquois, à d'autres encore qui ne venaient point de Lombardie. Ces prêteurs d'argent, auxquels s'adressaient les villes et les corporations flamandes, parlaient certes, dans leurs foyers, de ce qu'ils avaient vu au cours de leurs voyages. Il n'est pas difficile d'identifier les noms de quelques-uns d'entre eux, contemporains de Dante, avec des membres de familles mentionnées dans la Comédie. Citons les Buonsignori, les Peruzzi, les Interminelli, les Gianfigliazzi, les Bardi (3). Si Dante ne les nomme pas tous, du moins ses allusions permettent-elles de les identifier.

Des esprits simplistes ont tiré des vers que nous commentons cette conclusion, semblable en hardiesse et en inexactitude à bien d'autres raisonnements analogues: le Poète doit avoir vu ce dont il parle; ce n'est que de science directe que s'acquièrent des notions d'une aussi puissante réalité. De là est sortie l'hypothèse, aujourd'hui abandonnée, d'un voyage de Dante en Flandre. Poussant plus loin des déductions aussi erronées, n'a-t-on

---

(1) Parodi, *Lectura Dantis genovese*, p. 1ᴊ.

(2) Georges Bigwood, *Le Commerce de l'Argent dans la Belgique du moyen-âge.* Bruxelles, 1920 (Mss).

(3) Buonsignori, Enfer XXIX, 127-28 ; *Peruzzi*, Parad. XVI, 126 ; *Interminelli*, Enfer XVIII, 115-116 ; *Gianfigliazzi*, Enfer, XVII, 59-60 ; les *Bardi* étaient de la famille du mari de Béatrice Portinari.

pas voulu mener ainsi Dante jusqu'à Oxford ? Ces deux hypothèses se greffent l'une et l'autre sur le séjour présumé à Paris,
qui lui-même est contesté par les critiques les plus autorisés (1)
et dont il nous semble avoir entendu sonner le glas funèbre jeudi
dernier, en Sorbonne, dans la déclaration du président Poincaré (2). Nous n'aurions pas à chercher bien longtemps pour
trouver des modes de raisonner analogues à propos d'un autre
grand génie... Mais prenons garde de nier la présence de Dante
sur les lieux qu'il connaît: nous risquons de tomber de Charybde
en Scylla. Un logcien hypercritique pourrait en tirer argument
pour conclure que ce n'est pas lui qui a écrit la Divine Comédie,
dont on ne possède d'ailleurs pas une ligne manuscrite. N'ou-
blie-t-on pas que, lorsqu'il s'agit de ces rares esprits qui ont
atteint les plus hautes cimes de la pensée humaine, l'argumentation banale est déplacée et que l'éclair du génie peut opérer
ce miracle de réalisation, à l'occasion d'un mot surpris au vol,
d'une indication même imprécise ou incomplète? Combien nous
préférons la manière de voir de Sainte-Beuve, quand il nous
parle des puissantes images dantesques : « ...de même qu'on a
dit qu'un peu de philosophie et de science éloigne de la religion
et que beaucoup de philosophie y ramène, de même il y a un
degré de poésie qui éloigne de l'histoire et de la réalité, et un
degré supérieur de poésie qui y ramène et qui l'embrasse » (3).
D'ailleurs, qui sait si Dante n'était pas un de ces travailleurs
acharnés, se documentant, selon l'expression moderne, avant
d'écrire et nourrissant leur imagination des aliments substan-
tiels fournis par la mémoire. Combien a-t-on pu relever d'erreurs
dans son poème, si l'on se replace en l'état des connaissances de
son temps ? Assez peu. Ce serait alors le cas de rappeler cette
judicieuse remarque de l'un des vôtres, Messieurs, qui traita, il
y a bon nombre d'années, le sujet que j'ose aujourd'hui aborder

---

(1) D'OVIDIO, Op cit. traite le voyage à Paris d'historiette, storiella,
mais, d'autre part, PIO RAJNA, « Per la questione dell'Andati di Dante a
Parigi » dans les « Studi Danteschi », dirigées par MICHEL BARBI (vol. 11,
1920, pp. 75-87), considère au contraire ce voyage comme une réalité. Ses
arguments sont-ils probants ?

(2) L'orateur invoqua les travaux les plus récents de l'érudition française.

(3) Causeries du Lundi, « Dante »; 11 déc. 1854, t. XI, p. 208.

devant vous. Dans une étude de M. le premier président Lameere, nous lisons, en effet : « Bien souvent ces fortes expressions, qui communiquent le sentiment de la réalité, ne sont que
le fruit d'une information laborieuse et précise que l'art condense en un trait » (1).

Ce n'est pas sur des arguments fragiles et des preuves aussi
indirectes que se peut étayer un fait positif comme la venue de
Dante en nos pays. Toute la Comédie n'est-elle pas un voyage
dans des régions que Dante fait apparaître à nos yeux avec une
puissance évocatrice insurpassée? N'arrive-t-il pas à confondre
parfois, dans notre esprit, les lieux qu'il nous dépeint avec ceux
que nous avons visités ? Un poète a pu dire qu'il en fit le tableau

> Avec tant d'énergie et tant de vérité
> Que les petits enfants qui le jour dans Ravenne
> Le voyaient traverser quelque place lointaine,
> D saient en contemplant son front livide et vert,
> Voilà, voilà celui qui revient de l'enfer !

Allons-nous en conclure qu'il y est allé, comme le faisaient
naïvement ces enfants de Ravennes, au dire d'Auguste Barbier (2) ?

La seconde allusion aux villes de Flandre que nous rencontrons dans la Comédie est de nature à ne surprendre personne, à
aucun point de vue. Elle a trait, en effet, aux luttes qui ensan-
glantaient nos provinces au début du XIVe siècle et qui comptent
parmi les faits les plus marquants du temps. Il suffit de rappeler la place qu'elles occupent dans les Histoires de Villani auxquelles nous avons déjà fait allusion (3).

Nous sommes au Purgatoire, où le Poète rencontre Hugues
Capet, qu'il appelle Ugo Ciapetta. Il en tire occasion pour laisser
libre cours à sa haine contre la monarchie française. Le chef de
la famille alors règnante s'accuse d'ailleurs lui-même sans ménagement (il s'agit, ne l'oublions pas, d'une âme du purgatoire).
Hugues Capet se dit racine d'une mauvaise plante qui envahit

(1) J. LAMEERE, Dante à Oxford et en Flandre, d'après M. Gladstone.
(Revue de Belgique, Bruxelles, 1893, p. 11 du tiré à part.)
(2) AUGUSTE BARBIER, Iambes : Dante.
(3) GIOVANNI VILLANI, Storia, t. I, pp. 326 et suiv.

toute la chrétienté et qui rarement a porté un bon fruit. Mais,
ajoute l'Ombre, si Douai, Lille, Gand et Bruges le pouvaient,
tôt il en serait tiré vengeance; je la demande à Celui qui juge
toute chose :

> *Io fui radice della mala pianta,*
> *Che la tèrra cristiana tutta aduggia,*
> *Si che buon frutto rado se ne schianta.*
> *Ma, se Doagio, Lilla, Guanto et Bruggia*
> *Potesser, tosto ne saria vendetta;*
> *Ed io la chèggio a Lui che tutto giuggia* (1).

Et la diatribe continue contre les Philippes et les Louis, sous
forme d'un tableau des invasions françaises en Italie jusqu'au
moment où le Poète écrivait ces lignes, jusqu'aux luttes entre
Philippe le Bel et Boniface VIII.

Ici surtout, nous devons admirer la précision avec laquelle
l'auteur a indiqué les quatre villes plus que toutes autres hostiles aux Leliaerts. Les communiers de Gand et de Bruges figuraient nombreux dans les rangs des milices qui combattirent la
Chevalerie royale en 1302. Lille et Douai, bien que soumises plus
directement à la domination du roi de France, furent des foyers
de résistance et des lieux de refuge pour les adversaires de Philippe le Bel. Notre éminent confrère Pirenne en fait la remarque
et vient ainsi apporter le témoignage de la science moderne en
faveur de l'exactitude de l'indication dantesque (2).

Une question plus haute se pose à l'occasion des vers que nous
avons cités. Pouvons-nous découvrir la cause de cette haine du
Poète contre les Capétiens? Faut-il s'arrêter à certains détails,
comme ce nom de boucher, *beccaio*, donné, à tort du reste, au
père d'Hugues Capet ? Dante met, en effet, dans la bouche de
celu-ci cet humble aveu :

> *Figliuol fui d'un beccaio di Parigi* (3).

---

(1) Purg. XX, 43-48.
(2) PIRENNE, *Histoire de Belgique*, t. I (Bruxelles, 1900), p. 386.
(3) Purg. X, 52.

Peu nous importe : un chef de dynastie est toujours un parvenu, qu'il soit fils d'un Maire du Palais ou d'un commerçant. Tout le monde, il est vrai, ne raisonne pas ainsi. Etienne Pasquièr rappelle le courroux que ce mot suscita chez François Iᵉʳ, alors qu'il se faisait lire et commenter ce passage de la Comédie: « Le Roi », dit l'auteur des Recherches de la France, « fut indigné de cette imposture et commanda qu'on le lui ostast, voire fut en emoy d'en interdire la lecture dedans son Royaume » (1).

Mais cherchons plutôt la raison profonde des sentiments d'hostilité de Dante contre les Capétiens. Si des haines personnelles peuvent l'avoir entraîné à l'égard de quelques compatriotes qu'il place en enfer, avec un certain parti-pris, des mobiles d'un autre ordre doivent seuls inspirer un jugement aussi général et aussi absolu. Nous pouvons les découvrir sans doute dans les idées politiques si ardemment défendues par le Poète. Il était monarchiste au sens qu'il a lui-même défini dans son traité de Droit politique, *De Monarchia*. Un pouvoir civil unique et suprême lui semblait nécessaire à la paix du monde. Ce pouvoir, qu'il faisait remonter au peuple romain et au titre impérial, il ne le concevait que selon les principes de la féodalité, c'est-à-dire attaché à la couronne du Saint Empire, héritier des Césars. En face du Pape, le fier Gibelin place donc l'Empereur ; en face, mais non en-dessous, comme le démontrent l'image des deux soleils (2) et les vers qui la suivent où est affirmée la séparation nécessaire du temporel et du spirituel, « *idue reggimenti* », comme il les appelle (3). Quiconque dispute à l'Empereur, suzerain pour tout le monde et vassal pour personne, sa suprématie temporelle, est l'ennemi de la monarchie ainsi comprise et partant ennemi de la paix de l'Europe occidentale. Une aussi haute idée du titre impérial explique seule que Dante mette au fond de l'enfer, à côté de rial explique seule que Dante mette au fin fond de l'enfer, à côté de Judas Iscariote, Brutus et Cassius (4) ; à côté du traître à la

---

(1) E. Pasquier, *Recherches de la France*, liv. VI, chap. Iᵉʳ : De la fatalité qu'il y eut en la lignée de Hugues Capet au préjudice de celle de Charlemagne : contre la sotte opinion de Dante Poète italien, qui estima que Capet estoit issu d'un boucher. Cf. H. Hauvette, *Dante et la Pensée moderne*. (*Revue de Paris*, 1ᵉʳ juin 1921. p. 611.) Amsterdam, 1723, t. I, col. 514.

(2) Purg. XVI, 107.

(3) Purg. VI, 97 et suiv.

(4) Enfer, XXXIV, 65-67.

Majesté divine la plus haute, les traîtres à la Majesté humaine
la plus haute, car Brutus et Cassius n'ont pas toujours été traités aussi sévèrement ; la condamnation prononcée ici contre eux
n'est point en rapport avec l'opinion que Dante se faisait de la
personne de Jules César : les textes ne manquent pas pour le
démontrer (1).

L'idée pacificatrice de l'unité civile qui avait sombré avec
l'Empire romain s'était réalisée à nouveau avec Charlemagne.
Sa descendance aurait dû la perpétuer ; mais il n'en fut pas ainsi.
L'obstacle principal vint de la France, dont la puissance et la
cohésion grandissantes donnaient un démenti à la suzeraineté
nominale du Saint Empire. Plus qu'aucune autre famille
régnante, les Capétiens vinrent compromettre l'hégémonie impériale, qui s'affaiblit à mesure que s'affermit la royauté française.
C'est elle qui depuis a conduit l'Etat dans la voie de l'unité rêvée
par Dante ; sans doute a-t-elle, mieux qu'aucun autre, mieux surtout que l'Empire germanique, incarné la notion romaine et
impériale. Aussi un auteur tout récent a-t-il pu dire : « La natio-
» nalité française, adéquatement réalisée dans la nation fran-
» çaise, est la plus ancienne, la plus unifiée, la plus cohérente
» de l'Europe. Nous portons en nous, comme un héritage de la
» Rome des Césars et de la Rome des Papes, la notion, le culte
» de l'unité. » (2)

Al'époque où Dante concevait son œuvre, la partie n'était pas
encore définitivement gagnée par la France ; la Papauté, en tant
que puissance temporelle, allait seulement devenir sa vassale à
Avignon. Dante fut à l'avance aussi clairvoyant que devait
l'être, après, Sainte-Catherine de Sienne. On sait à quel point
l'inquiétait le péril qui menaçait l'Eglise. Il nous le dit lui-même
en termes assez véhéments. Ainsi seulement s'explique l'appel
désespéré du Poète gibelin à l'empereur Albert de Habsbourgs,
Alberto Tedesco (3), afin qu'il vienne réconcilier les ennemis,
redresser les abus, pacifier le pays :

> *Vièni a veder la tua Roma che piagne,*
> *Vedova e sola, e di e notte chiama:*

---

(1) Enfer, IV, 123 ; Purg. XXVI, 96-98.
(2) René Pinon, *La Reconstruction de l'Europe politique*. Paris, 1920,
Le Rhin libre, VII, p. 113.
(3) Purg. VI, 97 et suiv.

Cesare mio, perchè non m'accompagne?
Vièni a veder la gènte quanto s'ama;
E se nulla di noi pietà ti move,
A vergognar ti vièn della tua fama (1).

Pour Dante, monarchie n'est pas synonyme d'absolutisme; l'Empereur devait être comme le chef et le modérateur de tous les gouvernements placés sous son autorité. Cet empereur aurait même dû être Italien, au moins de cœur, afin qu'il réalisât tout d'abord l'unité cisalpine : Rome n'était-elle pas sa capitale ? Les haines de province à province, de ville à ville, de famille à famille, si amèrement déplorées dans les vers de Dante, amènent l'Auteur à affirmer, dans le *De Monarchia,* cette nécessité d'un gouvernement unique pour assurer sur terre la paix aux hommes de bonne volonté (2).

Il ne s'agit, bien entendu, que de souveraineté temporelle, car la spirituelle des successeurs de Saint-Pierre est pour Dante un dogme intangible. Mais il ne peut concilier avec sa conception monarchique la puissance territoriale de l'Eglise, et l'on sait en quels termes il s'exprime à ce sujet. Ici encore réapparaît l'homme de parti qui enveloppe ses passions du manteau de la plus sublime poésie. Il confond dans une même réprobation et le pouvoir et les richesses temporels; il le dit dans un chant de l'Enfer (3), il le redit dans un chant du Purgatoire (4), li le répète encore dans un chant du Paradis (5), « réservant ses foudres les plus ardentes pour les faire lancer par la main de Saint-Pierre, le premier et le plus grand des apôtres, le premier et le plus grand des pontifes (6) ». Aussi ne peut-on être surpris des sentiments que Dante inspirait à certains prélats, ses contemporains, sentiments qui embrassaient dans une haine commune l'homme

---

(1) *Ibidem,* 112-117.

(2) *Melius est humanum genus per unum regi quam per plura et sic per Monarcham qui unicus est princeps... Unde sequitur. humanum genus optime se habere cum ab uno regatur.* Lib. I, p. 556.

(3) Enfer, XIX, spécialement 115 à 117.

(4) Purg. XVI, spécialement 106 et suiv.

(5) Par. XXVII, spécialement 40 et suiv.

(6) CORRADO RICCI, *Ore ed Ombre dantesche,* Florence, 1921, p. 292.

et ses idées, sentiments que la mort ne put apaiser. Dans une
étude récente sur « les Refuges de l'Exilé », Corrado Ricci
montre la fille d'Alighieri, à qui il avait donné le nom de Béatrice, retirée à Ravennes, au couvent de Saint-Etienne des Oli-
viers, inquiète du sort posthume de son père: « Dans l'humble
cellule brûle la petite lampe devant l'image de Marie et sœur
Béatrice murmure la prière, afin d'écarter de la dépouille mor-
telle et des œuvres paternelles l'ire des ennemis proches et lointains. Car, comme on le sait, le fier Bertrando del Poggetto,
cardinal de San Marcello, neveu, sinon fils, de Jean XXII, voulait enlever du sépulchre le corps du Poète et, en même temps
que le livre *De Monarchia*, le brûler et en jeter les cendres au
vent. » (1)

Que pouvait valoir l'appel du grand Italien à l'Empereur allemand ? En face de cette ombre de toute puissance se dresse
Philippe le Bel, dont la réelle autorité pèse sur ses vassaux, sur
ses pairs, sur celui-là même qui aurait dû être son *superanus ?*
Dante voit la royauté française se poser en adversaire et en ennemie du Saint-Siège même, ce qu'en chrétien fervent il ne peut
souffrir. On comprend qu'oubliant sa haine contre la personne
du Pape encore vivant (2), ses sympathies aillent aux rebelles de
Flandre qui osaient braver et tenir en échec la monarchie capé-
tienne; on comprend son invocation aux quatre villes soulevées!
Comme on comprend, d'autre part, que Boniface VIII se soit
fait réveiller en pleine nuit pour entendre le récit de la bataille
de Courtrai (3).

Peut-on induire de là que Dante était de sentiments plus germaniques que français ? Nullement. Son œuvre a contribué à la
formation de l'idée, de l'âme et de l'unité italiennes à un point
tel qu'il est permis de dire sans crainte d'anachronisme : Il ne
fut ni Français, ni Allemand; il fut Italien et parmi les plus
ardents. Que son poème ait été composé à la plus grande gloire
de Dieu et de l'Eglise; que l'on puisse appliquer à l'œuvre de ce
fervent Chrétien la parole d'un pape: « *Quot scripsit articulos,*

---

(1) CORRADO RICCI, *Ibidem*, p. 64.
(2) Enfer, XIX, 52 et suiv.
(3) PIRENNE, t. I, p. 385.

tot miracula fecit ! » (1) ; qu'il ait voulu immortaliser le souvenir de sa Béatrice ; qu'il ait satisfait à toutes ses pasisons — à
ses rancunes au moins autant qu'à ses sympathies — cela est
certain ; mais ce qui ne l'est pas moins, c'est que la Comédie
constitue un des éléments, et non des moindres, de l'idée nationale italienne, idée force s'il en fut, puisque, malgré mille
obstacles et six siècles de résistance, cette idée est devenue enfin
une totale réalité. Heureux les pays qui comptent parmi leurs
facteurs un chef-d'œuvre de la pensée humaine ; heureux surtout
ceux pour qui ce chef-d'œuvre est un poème qui dans son immaté-
rialité défie le temps et dans sa perfection défie les contingences.

---

(1) Ces paroles sont celles du pape Jean **XXII**, au sujet de l'œuvre de
Thomas d'Aquin, lorsqu'il s'agit de la canonisation de ce saint auquel on
reprochait de n'avoir point accompli de miracles.

Les Étapes de la Morale

par P. Teissonnière

On a tenté deux explications des origines de la morale.

Il y aurait eu, disent les uns, au point de départ des civilisations, une sorte de révélation, faite à l'humanité, des principes généraux de la morale, des obligations essentielles auxquelles l'humanité est tenue, et toutes les variations de la conscience, au cours des âges, n'auraient été qu'une altération, une corruption de ces données primitives. N'est-ce pas du Sinaï que Moïse avait rapporté le Décalogue, et n'est-ce pas à cette source d'inspiration que les prophètes, d'époque en époque, ramenaient le peuple d'Israël si prompt à s'égarer? Toute la morale chrétienne a jailli de cette source, et l'on peut considérer à bon droit que c'est d'elle aussi qu'est issue toute une école dite « néo-kantienne » (1), plus ou moins fidèle au grand philosophe de Kœnigsberg, et qui fait de « l'impératif catégorique » une sorte de révélation, d'oracle, dont l'autorité ne souffre pas la discussion. Dans cet « impératif » serait enfermée, sous forme de principe abstrait et absolu, de maxime universelle de moralité, l'idée en quelque sorte innée, la règle de conscience, dont nos diverses obligations ne seraient qu'une application fragmentaire, spéciale, aux diverses circonstances de temps et de lieu au sein desquelles nous nous mouvons.

Au contraire, disent les autres, à ses origines, l'humanité n'a pas été morale, mais amorale. La proclamation des codes de moralité, comme le Décalogue, n'est pas primitive, elle est le fruit d'une civilisation déjà très avancée. Ce qui est primitif, ce ne sont pas des principes abstraits, mais des règles concrètes, variant à l'infini, et apprises au hasard des circonstances, ou plu-

---

(1) Renouvier, Secrétan, G. Frommel, H. Bois, Fulliquet, etc.

tôt des nécessités de la vie sociale; c'est la multitude des petites prescriptions, des usages, des rites, des menus devoirs, souvent absurdes et superstitieux, dans le réseau desquels s'est peu à peu enchevêtrée l'activité des individus vivant en groupes, ayant à compter avec les croyances de la religion, et les menaces de la force, dans un monde peuplé de rivaux contre lesquels il fallait soutenir la lutte, et d'esprits protecteurs ou malfaisants avec lesquels on s'ingéniait à nouer des rapports de bonne intelligence. Aussi, disent-ils, voyez la multiplicité, l'absurdité, les contradictions des prescriptions qui ont eu force de loi morale dans les sociétés, au cours de l'histoire, et dont on retrouve, aujourd'hui encore, les analogues sous les diverses latitudes de notre planète !

De fait, un naturaliste qui, n'ayant jamais étudié la botanique que dans son jardin, se trouverait tout-à-coup transporté au milieu d'une forêt vierge, en pleine flore équatoriale, ne serait pas plus embarrassé que n'est le moraliste quand il entreprend de classer, à travers l'immense kaléïdoscope de la géographie et de l'histoire, la diversité, presque infinie, des idées morales.

Le temps n'est pas bien éloigné de nous où de fort honnêtes gens se faisaient un cas de conscience de livrer au bras séculier ceux qu'ils tenaient pour sorciers, ou pour hérétiques, et où le bras séculier faisait torturer et brûler ces soi-disant criminels, en application des lois établies par des législateurs réputés très justes et très scrupuleux.

Pendant combien de siècles la conscience n'a-t-elle pas admis l'esclavage? « Jadis de grands marchés d'esclaves florissaient à Ephèse, Samos, Chios, Athènes, Delos, Rome, etc...L'institution de l'esclavage était jugée légitime par tous, même par les philosophes grecs. Les plus sages, parmi les anciens, en condamnaient les abus, mais non le principe. Aristote va jusqu'à dire que la civilisation ne peut subsister que par l'esclavage ». Quand la tombe s'ouvrait devant les maîtres, ceux-ci n'éprouvaient aucun remords de leurs exactions, croyant avoir usé d'un droit, et n'avoir honnêtement rien à se reprocher. Comme nous avons le souci de laisser à nos enfants une fortune augmentée, ils n'avaient qu'un regret, celui de ne pouvoir laisser aux leurs plus d'esclaves pour les servir.

En Occident, tuer un chat, une grenouille, un chien, peut être un délit; ce n'en est pas un si, ce chat, cette grenouille, ce chien

vous appartiennent. Transportez-vous dans l'Inde, où ces animaux sont sacrés. Les tuer, pour un brahmane, est aussi grave
que d'assassiner un soudra, c'est-à-dire un homme de condition
inférieure. Chez nous le parricide est un crime horrible. Mais
l'est-il partout et toujours? Dans certaines peuplades, tuer ses
parents devenus vieux était un acte de piété filiale. C'est ainsi
que les Battas de Sumatra, gens doux et pacifiques, avaient une
coutume bien épouvantable et bien émouvante. Aux premiers
signes de la vieillesse, les enfants priaient leur père de se suspendre par les mains à une branche. Les jeunes gens secouaient
alors l'arbre avec vigueur, en chantant: « La saison est venue,
le fruit est mûr et il doit tomber. » En effet, « le fruit » ne tar-
dait pas à se laisser choir. Les enfants tuaient alors leur père, et
au cours d'une cérémonie à la fois familiale et religieuse, ils lui
donnaient la sépulture en le mangeant pieusement. L'explora-
teur Cook, dans son « Histoire universelle des voyages », raconte
les angoisses d'un sauvage expatrié, qui voulait à tout prix retourner dans son pays, parce qu'il n'avait pas accompli le rite de
manger ses vieux parents, tandis qu'un autre dépérissait faute
d'avoir vengé, par un meurtre, les mânes des siens, dont il attribuait la mort aux maléfices d'une tribu voisine. Chez les anthro-
pophages, dévorer son ennemi vaincu, lui manger le cœur, c'était
acquérir ses vertus guerrières. Celui qui aurait voulu se dérober
à ce festin sacré aurait été considéré comme un homme peu soucieux d'augmenter la gloire future de sa tribu, comme un mauvais patriote.

On pourrait accumuler à l'infini les exemples de ces variations,
de ces contradictions de la conscience humaine, en passant en
revue, à travers les âges, l'histoire du travail, de la propriété,
de la pudeur, des obligations conjugales... Quel album de Caran
d'Ache on en tirerait, où l'on trouverait à la fois de quoi rire
et de quoi pleurer! Sans doute connaissez-vous l'aventure de ce
chef sauvage des îles de la mer du Sud, lequel avait quatre
femmes, comme l'y autorisait la loi du pays. Arrivent des missionnaires, qui le convertissent, et lui donnent à entendre que,
suivant la loi chrétienne, il ne peut être le mari que d'une seule
femme. A quelque temps de là, le chef avertit les missionnaires
qu'il s'est mis en règle. On le félicite: « Et qu'avez-vous fait de
vos autres femmes? » — « Massa, répondit-il avec un sourire épa-
noui, je les ai mangées! »

Ce coup d'œil superficiel jeté sur l'histoire, suffit à nous rendre sensible tout ce qu'il y a de conventionnel dans certaines proclamations, plus éloquentes que réfléchies, comme, par exemple, dans la célèbre apostrophe que prête Rousseau à son vicaire Savoyard: « Conscience! Conscience, instinct divin, immortelle et céleste voix, guide assuré d'un être ignorant et borné, mais intelligent et libre, juge infaillible du bien et du mal, qui rends l'homme semblable à Dieu! C'est toi qui fais l'excellence de sa nature et la moralité de ses actions; sans toi je ne sens rien en moi qui m'élève au-dessus des bêtes, que le triste privilège de m'égarer d'erreurs en erreurs à l'aide d'un entendement sans règle et d'une raison sans principe. » La conscience, « guide assuré »? La conscience, « juge infaillible... jamais abusé par l'entendement sans règle? Hélas! l'histoire ne nous permet plus de parler ainsi.

Comme toutes choses, dans l'humanité, la conscience a eu des origines modestes, elle a commencé par d'informes balbutiements. Ce n'est que plus tard, de la multitude des prescriptions concrètes et tâtonnantes, qu'elle s'est élevée aux principes de nos morales contemporaines. *Loin d'être d'origine surnaturelle, comme le voudraient les théologiens de la tradition, ou d'être primitives et innées*, comme le prétendent quelques philosophes, *les maximes générales de moralité sont le fruit d'une lente élaboration, d'abstractions successives, auxquelles l'esprit s'est élevé, comme il s'élève de la multitude des phénomènes naturels, à la formule des lois.* Ce n'est que dans l'imagination de Rousseau qu'il a existé de « bons sauvages », dans lesquels parlait la conscience, comme elle nous parle. « Le sauvage libre de Rousseau, dit spirituellement Salomon Reinach, n'est pas un vrai sauvage, c'est un philosophe qui s'est mis tout nu. »

Mais si l'histoire donne tort aux théologiens, c'est-à-dire à leur théorie par trop simpliste des origines de la morale, elle ne justifie pas davantage les sceptiques. Du spectacle incontestable des variations de la conscience, beaucoup de gens aujourd'hui, et qui se croient des esprits forts, tirent cette conclusion commode: puisque nous n'avons, en morale, de certitude, de règle sûre d'aucune sorte, il ne se faut, disent-ils, échauffer pour aucun principe; et, souriants, amusés des erreurs des autres, ou de leur jobardise, ils demeurent, pour leur propre compte, parfaitement amoraux.

N'échapperons-nous au surnaturalisme, au dogmatisme des uns, que pour tomber dans le scepticisme corrosif des autres? Sans doute, il est facile de glaner à travers l'histoire ce qu'on pourrait appeler « les coquilles de la conscience ». Mais que dire d'un critique qui ne jugerait un livre que d'après les fautes de sens, ou d'orthographe que le prote y a laissées? C'est un peu ce que font nos sceptiques, et ce n'est point ce qu'il faut faire. *Les règles de la morale, telles qu'elles se sont élaborées au cours des âges, ne sont pas le produit d'une fantaisie capricieuse,* soit religieuse, soit laïque, pas plus qu'elles n'émanent du bon plaisir de quelque divinité arbitraire... Elles sont sorties des entrailles mêmes des choses, *elles sont l'expression de certaines nécessités vitales, et c'est ce qui leur donne leur valeur, et leur autorité aux yeux de la raison.*

C'est sur cette genèse des idées morales, sur les étapes qu'elles ont parcourues, sur les stratifications successives de l'édifice qu'elles ont construit, que je voudrais un instant attirer et retenir votre attention.

* * *

« Les êtres, comme le remarquait Alfred Fouillée dans sa « Critique des Systèmes de Morale contemporains », forment une échelle dont l'homme occupe le sommet. Pour l'animal solitaire, les lois les plus élevées sont celles de la vie individuelle; il ne conçoit pas de motif supérieur. Pour l'animal sociable, se sont les lois de la vie sociale. Pour l'être pensant, ce sont les lois de la pensée et de la vie même, qui sont sans doute les lois de l'univers. »

De là, en quelque sorte, *trois morales,* qui se superposent.

Premièrement *une morale, qui fut celle du primitif, lequel vivant à l'état d'anarchie, et en concurrence absolue avec tous les autres êtres, même ceux de son espèce, ne put avoir que les règles d'une conduite individualiste, égoïstement, férocement dominée par l'instinct de conservation personnelle.*

Ensuite, *une morale sociale, restrictive de l'individualisme, expression des solidarités unissant les membres d'un même groupe, conservatrice du lien de l'association, de l'ordre politique établi, lequel exige de chaque associé qu'il se subordonne*

aux nécessités de l'existence collective, qu'il respecte les con-
ditions du contrat social.

Enfin, s'agitant *au sein des morales sociales, à tendance stag-*
nante, une morale évolutive, ayant des fins universelles, devan-
çant les temps, adaptée par l'imagination et la raison à une
société humaine en gestation, ou même à une société cosmique
préfigurée.

Examinons successivement ces trois formes de moralité, dans
l'ordre chronologique où elles se sont constituées au fur et à
mesure des progrès humains, et que nous retrouvons stratifiées
et emmêlées dans la complexité de la conscience contemporaine.

I

LA MORALE ANIMALE

Il y a, dis-je, d'abord, à la racine de tout, une morale animale,
naturelle, spontanée, laquelle ne veut connaître que les règles
d'une conduite foncièrement individualiste. Cette morale repose
sur l'instinct de la conservation, sur le vouloir vivre dont sont
animés les êtres de toute catégorie. Elle a pour principe le développement de soi-même en jouissance, en gloutonnerie, en activité, en ruse, en puissance, en force... C'est elle que pratiquent
le carnassier fondant sur sa proie, le chat jouant avec la souris,
la mante religieuse cisaillant les pattes d'une sauterelle.

Notez bien que cette moralité bestiale n'est pas si rudimentaire qu'elle le paraît, elle n'est pas la simple impulsion d'un
appétit. Elle connaît l'art de se gouverner soi-même, de se dominer, de subordonner un premier mouvement, un intérêt immédiat, à une utilité personnelle future. Un animal sait s'abstenir
de manger, plutôt que de toucher à une nourriture suspecte,
qu'il soupçonne d'être nocive, ou de n'être qu'un appât. Il se
méfie de l'inconnu. Il sait rester patiemment à l'affût, contrefaire le mort, et très longtemps, risquer le tout pour le tout, afin
de tromper un ennemi. Le grand acteur, Frédéric Lemaitre,
racontait qu'ayant à jouer le rôle d'une majesté déchue, héroïque
dans sa douleur, et voulant donner à son visage l'expression
d'une impassibilité grave et puissante, il allait au Jardin zoologique, contempler, derrière les barreaux de sa cage, la face
d'un lion, et son regard fixe, souverainement indifférent, qu'aucun appel ne réussit à détourner de sa vision lointaine.

C'est à cette morale animale que se réduisait la morale de l'homme primitif, de l'homme des bois, et que se réduit encore, à peu de chose près, celle du sauvage. Rien de plus naturel, pour un cannibale, que de dévorer son ennemi. Il ne comprend pas notre façon, dite civilisée, de tuer à la guerre pour tuer, ni le dégoût que nous inspire la chair humaine, sinon la chair blanche qui, paraît-il, n'est pas fameuse et sent le cadavre, du moins la chair noire, dont il fait ses délices. Ne s'est-il pas trouvé, à notre époque même, un médecin paradoxal, pour soutenir, dans un de nos grands quotidiens, que c'est faute de cette saine et naturelle nourriture que l'estomac des civilisés est, en général, si délabré?

L'enfant, dans les premiers mois de sa vie, n'est, lui aussi qu'un petit animal. Rien n'existe que pour son service; il rapporte tout à soi, tire tout à soi. Il prend toute la place qu'il peut prendre. Que lui importe que sa mère dorme ou veille, qu'il lui grille ou lui morde le sein? Avec le même égoïsme inconscient, il arrache les poils du chat, et se suspend à la nappe au risque de renverser tout le couvert. Il ne connaît d'autre règle morale que son besoin d'expansion, d'activité, de vie, il n'est qu'une petite convoitise déchaînée. Si ses moyens d'action étaient à la hauteur de ses velléités, il serait un être extrêmement dangereux. Ce n'est que plus tard qu'il sortira de la morale animale pour apprendre d'autres devoirs. Pour le moment, c'est un lionceau.

Mais il peut se faire que ce lionceau devienne lion, qu'il grandisse en ruse et en force, tout en gardant son âme animale, sans qu'aucune éducation efficace soit venue brider son instinct. Alors, gare à ceux qui l'approcheront, ou se trouveront sur son chemin. Sans souci de la vie des autres, il aura pour seul principe de « vivre sa vie ». Il voudra s'affranchir de toute contrainte légale, il jettera l'anathème à la société tout entière et se dressera contre elle. On le verra avec « la bande à Bonnot », se barricader dans quelque « fort Chabrol »; on le retrouvera parmi les « bandits des Aubrais », ou parmi « les chauffeurs de la Drôme ». Il tirera sur les agents de police, en criant: « Assassins! » Il proclamera son « droit de vivre », et dans son testament il écrira, fort de ce droit qu'il croit imprescriptible et illimité de « vivre sa vie »: « Puisque votre société imbécile et criminelle prétend me l'interdire, eh bien, tant pis pour elle, tant pis pour vous tous! »

Qu'est-ce autre chose, tout cela, qu'une reviviscence, au sein des sociétés modernes, de plus en plus policées, de cette morale purement animale, qui fut celle de l'homme des bois aux origines préhistoriques ...

II

LA MORALE SOCIALE

Voilà d'où nous venons. Nous voici maintenant au seuil de la morale sociale.

Cette morale, elle aussi, a ses racines dans l'animalité. Ce serait faire injure à la bête, de ne pas reconnaître qu'elle a su s'élever parfois fort au-dessus du brutal instinct de la conservation personnelle. Tous les animaux ne sont pas des isolés, ayant pour unique souci de trouver une proie, et de ne pas en être une. Plusieurs vivent en société. Si la morale sociale est l'art de régler les activités individuelles en vue d'un but collectif, quoi de plus moral qu'une ruche, ou qu'une fourmilière ? La division du travail, la fidélité à la fonction, le soin de la progéniture, le dévouement à la chose publique, et même l'héroïsme y sont poussés fort loin.

Oui, la morale sociale existe chez les animaux, même chez ceux qui ne vivent en société qu'occasionnellement. Les bisons menacés savent se former en phalange macédonienne, les cornes en dehors, les petits à l'abri au milieu du cercle, afin d'offrir à l'ennemi comme un mur hérissé de piques. Des oiseaux migrateurs, les hirondelles, avant de se mettre en route pour ces pays de soleil où le climat sera plus doux, où ils trouveront en abondance le gibier des insectes, éprouvent d'abord leurs forces en des vols éliminatoires. Ceux qui se révèlent incapables de franchir la mer, d'aller jusqu'au bout de l'étape, comme les vieux parents des Fidjiens quand survient la décrépitude, sont mis à mort. Une mort violente leur épargne l'agonie d'une mort lente, par le froid ou par la faim. Tous ceux qui prennent le vol doivent arriver.

N'y a-t-il pas là comme une image ue ces sociétés antiques, où l'autorité des lois s'imposait à tous d'une façon si rigoureuse, avec un caractère si absolu, qu'elle en venait à dominer

les instincts les plus naturels, ceux même de la maternité et de la paternité? Tout enfant qui naissait à Sparte était présenté à l'assemblée des vieillards, qui ne lui reconnaissaient le droit de vivre que s'il était bien conformé, et le condamnaient à mort dans le cas contraire. La moralité humaine ne s'est pas faite en un jour, elle ne nous est pas tout-à-coup tombée du ciel, comme une révélation fabriquée de toutes pièces. Elle a déjà sa source et son image dans la moralité de ceux que François d'Assise appelait « nos frères inférieurs ».

Comment s'est donc formée, chez les premiers hommes, la conscience sociale? Elle est apparue du jour où s'est fondée la société elle-même, et sous la pression des mêmes nécessités. La plus fondamentale des nécessités a été pour l'homme celle de se défendre; elle fut son institutrice de la première heure. L'homme animal est assez pauvrement armé dans la lutte pour la vie. Jeté au milieu des bois, parmi tant de bêtes mieux outillées que lui, comme une petite grenouille toute nue, il dut, bon gré, mal gré, chercher sa force dans l'association, se construire des abris, se fabriquer des armes, se relayer pour monter la garde, organiser lui aussi, comme les bisons, avec, en plus, ses ressources propres d'intelligence et de ruse, sa phalange macédonienne. Telle fut l'origine des premiers groupements sociaux, lesquels se renforcèrent à mesure que l'homme, devenant collectivement un loup pour l'homme, les tribus se dressèrent les unes contre les autres, rivalisant d'avidité et de force, cherchant à se dominer.

Mais tandis que la lutte continuait de groupe à groupe, que se passait-il à l'intérieur du groupe lui-même ? Les individus se disciplinaient. La vie en société n'est possible qu'à de certaines conditions, en dehors desquelles elle se dissocie. Elle implique une solidarité des individus associés, une subordination de leurs intérêts à ceux du groupe, et, par conséquent, une restriction de leur liberté personnelle. Cette restriction, la loi ne tarda pas à la consacrer, à la sanctionner. Et qu'arriva-t-il? Toutes les fois que l'individu voulut étendre l'exercice de sa liberté jusqu'à porter atteinte à celle d'autrui, il rencontra des résistances. L'égoïsme primitif de l'homme qui, dans l'isolement, ne connaissait d'autres limites que celles de son pouvoir, se heurta au cercle dont l'environnaient les égoïsmes coalisés des autres individus de son groupe, prêts à faire rentrer son propre égoïsme dans le rang.

L'homme enfant, (nous le remarquions tout à l'heure), se croit tout permis, il tend la main vers tous les objets pour s'en emparer, il blesse sans se soucier de ce qu'il fait. A tout bout de champ ses parents entravent ses actes par des exhortations, des réprimandes, des menaces, des punitions de toutes sortes. Ses camarades dans le jeu, ses instituteurs à l'école en font autant. Plus tard ses relations d'affaire ou de société, ses lectures achèvent de lui révéler que ses intérêts n'existent pas seuls, et ne comptent pas seuls, qu'il est des limites que sa volonté ne doit pas franchir sous peine de répression, toutes les libertés associées ayant des droits à faire valoir; il apprend en un mot que s'il est des actions licites, il en est d'interdites dans la collectivité dont il fait partie. Et toutes ces suggestions qu'il a reçues, qu'a reçues tout homme du jour où la vie sociale s'est organisée, ont peu à peu discipliné son égoïsme. *Comme plusieurs images, superposées sur le même cliché, donnent une photographie composite, ces multiples impératifs ont marqué sur la volonté de l'homme leur empreinte, lui ont fait entendre cette voix mystérieuse et anonyme que Rousseau appelait « la voix du devoir », et qui n'est, en réalité, que le commandement de la cité ou de l'Etat.*

L'observation psychologique nous permet de prendre, en quelque sorte sur le fait, cette espèce d'hallucination de l'impératif catégorique, où quelques penseurs, comme Secrétan, ou Gaston Frommel, ont voulu voir une véritable théophonie, Dieu lui-même parlant à la conscience de l'homme et pesant sur elle pour l'incliner au devoir. Je tiens de Frommel un trait qu'il m'a confé sans s'apercevoir qu'il allait au renversement de son hypothèse. Un de ses enfants était gourmand, et, déjà tout petit, s'en allait droit au sucrier, quand on l'abandonnait par mégarde à sa portée. Maintes fois on l'avait réprimandé, le menaçant du bon Dieu auquel rien n'échappe, lui faisant défense expresse de recommencer. Un jour l'enfant arrive tout pâle: « Père, en passant près du sucrier, j'ai entendu une voix qui m'a dit: Ne prends pas de sucre! » Il saute aux yeux qu'il ne s'agit pas là d'une de ces voix auxquelles croyaient les contemporains de Jeanne d'Arc, mais d'une simple association d'idées, qui va du sucre à la défense dont il est l'objet, et accroche l'une à l'autre. Ce n'est pas Dieu qui parle; c'est le père, la mère, ou la gouvernante, ou mieux, ce sont les trois en même temps, de telle sorte que leur voix n'est plus reconnue.

Voilà, au point de départ, le sens de l'obligatoire et de l'interdit, du bien et du mal. La morale sociale fut une sorte de discipline imposée à l'instinct animal, et créée peu à peu par ce que Nietsche appelle « une contrainte prolongée ». Ce que les parents ont commencé, la société la continue. Elle dit à l'un: « Arrête », et il s'arrête; elle dit à l'autre: « Va », et il va; à un troisième: « Fais cela », et il le fait. Elle commande à Léonidas de rester à son poste, et il meurt aux Thermopyles, avec ses trois cents braves, pour le salut de la Grèce. Elle dit au matelot: « Reste à ton bord, quand même le vaisseau sombre »; au mécanicien: » Reste sur ta machine, quand même elle déraille; à l'artilleur: « Fais-toi tuer sur ta pièce, plutôt que de fuir ». Pourquoi? Parce que la société subordonne l'instinct de la conservation individuelle à l'instinct qu'elle a de sa propre conservation.

Au fond, *c'est la société qui est intéressée à la morale qu'elle enseigne. Aussi cette morale n'a-t-elle qu'un caractère restreint d'universalité. Elle est liée aux groupement sociaux qu'elle fait vivre, et qui la font vivre, elle varie avec ces groupements, et, pour certains devoirs, parfois les plus importants, n'en dépasse pas les frontières.* Toute morale sociale est plus ou moins nationaliste.

Considérez, par exemple, dans le peuple d'Israël, la notion du prochain. Elle ne s'étend pas au-delà du prochain Juif, le seul qu'il faille « aimer comme soi-même ». La morale juive n'est pas une morale d'exportation, et n'oublie jamais la différence entre le concitoyen et l'étranger. Et quand cet étranger devient un ennemi, et que cet ennemi est vaincu, tout est permis à son égard, la rapine, le viol, le meurtre. Que dis-je permis? Si le peuple vaincu a été « voué par interdit », c'est-à-dire promis au « Dieu des armées », pour un sacrifice d'actions de grâces, toute la population, hommes, femmes, vieillards, enfants, et parfois même les animaux domestiques, tout doit être passé au fil de l'épée. Se dérober à cette cruelle obligation, se laisser aller à quelque mansuétude, comme fit Saül à propos du roi d'Amaleck, c'est s'exposer à toutes les malédictions divines, à toutes les fureurs du grand prêtre, le Dieu d'Israël n'étant ici qu'Israël lui-même, l'incarnation et le symbole de son égoïsme féroce, de son orgueil et de son ambition.

Toute morale sociale a deux faces, ou, si vous préférez, deux sortes de jugements qu'elle applique très distinctement. D'une façon générale, une nation bénit qui la sert, maudit qui la dessert. D'après Perry, les Esquimaux, respectueux de leur parole quand ils l'engagent entre eux, ne s'estiment pas liés par des promesses faites à des étrangers. Une nation approuve ou répudie l'espionnage, suivant qu'elle le pratique ou qu'elle en souffre. « Vérité en-deçà des Pyrénées, erreur au-delà! » Une morale sociale porte moins des jugements de valeur que des jugements d'utilité publique. Elle s'inspire de ce principe qu'une action ne peut être bonne si elle nuit à la patrie, et qu'une action utile à la patrie ne peut être mauvaise. Elle est l'expression d'un intérêt, d'un vouloir vivre collectif, auquel elle subordonne à la fois l'utilité individuelle de ses membres, qui lui doivent tout jusqu'au sacrifice de leur vie, et l'utilité, l'existence même de tout groupement rival.

Ce caractère social de la morale se trahit jusque dans le détail. Il n'y a pas seulement une moralité nationale; au sein même de cette morale on aperçoit des subdivisions. *Il y a des morales de caste, des morales de classe, des morales professionnelles.* Le taux de l'intérêt n'est pas le même pour un brahmane et pour un soudra. Un spécialiste de la critique, ne reconnaît pas le « devoir de croire », il se fait un cas de conscience de la loyauté intellectuelle; ce devoir est reconnu par le fidèle d'une Eglise dogmatique, laquelle ne pourrait subsister si l'hérésie n'était combattue au même titre que le péché. Les gladiateurs de Rome s'étaient si bien faits à leur condition, s'étaient à ce point pénétrés de leur rôle, qu'ils finissaient par se plaindre de la rareté des jeux, refusant, par honneur professionnel, de combattre des adversaires indignes de leur valeur, et s'appliquant, lorsque le sort du combat leur était défavorable, à tomber avec grâce, pour mériter encore les applaudissements du cirque. Jusque dans une société de voleurs, il reste un fond de moralité spéciale, sans lequel l'association se dissoudrait, et se livrerait elle-même à la police.

On conte qu'un célèbre cuisinier, Vatel, au service du prince de Condé, se tua de désespoir, pendant une fête, que le prince donnait au roi, parce qu'une partie des préparatifs qu'il avait ordonnés avait manqué son effet, la marée n'étant pas arrivée à temps. Il s'est tué, disait Mme de Sévigné dans une de ses lettres, « à force d'avoir de l'honneur à sa manière ». Ce qui ne l'avait peut-être pas empêché, suivant un usage immémorial, de taire de son vivant « sauter l'anse du panier ».

Alexandre Schanne, dans ses « Souvenirs de Schaunnard », note un curieux trait de moralité professionnelle, bien connu de tous les artistes peintres. Il s'agit des modèles d'atelier. « Croiriez-vous, dit-il, que ces filles ont de la pudeur? Un étranger vient-il à entrer dans l'atelier, le porteur d'eau, le marchand de couleur... Aussitôt le modèle se voile sous la pièce la plus ample de son vêtement qui est toujours à sa portée, et ne reprend la pose que l'intrus parti, à moins qu'on ne lui certifie que ce dernier est artiste lui-même. »

Il y a ainsi une varité infinie de morales coexistantes, et nous n'en finirions pas de les énumérer: il y a une morale militariste dominée par l'esprit de corps (on l'a bien vu lors de l'affaire Dreyfus); — il y a une morale patronale et une morale syndicaliste, qui tranchent l'une sur l'autre au moment des grèves; — il y a une morale bourgeoise de la propriété, et une morale communiste qui, partant de ce principe proudhonien que « la propriété, c'est le vol », en prépare la reprise au nom du peuple...

En fait, les hommes d'une même classe, les citoyens d'une même patrie, les disciples d'une même religion, se font bien la même idée de ce qui est juste ou coupable: voilà pour l'unité de la morale sociale; — mais changez de climat, d'époque, de culte, ou simplement de milieu social, et vous constatez des divergences extraordinaires: voilà pour les contradictions de la morale sociale.

En quoi consiste donc la moralité, du point de vue social? « A être, comme dit Durkheim, solidaire d'un groupe ». La moralité varie comme cette solidarité. En réalité, *il y a autant de morales qu'il y a de groupes humains. Le fond commun de toutes ces morales, leur objet universel, est d'assurer chacune l'existence de son groupe.* Chaque société fait donner à ses membres une culture morale appropriée à ses fins collectives. De telle sorte qu'apparaissent revêtues du caractère de moralité (j'attire l'attention sur ces formules de conclusion), de telle sorte qu'*apparaissent revêtues du caractère de moralité, toute croyance et toute pratique tendant à la conservation, au développement du groupe social, tel qu'il est organisé au moment de l'observation;* — *et, inversement, apparaissent revêtues du caractère d'immo-*

ralité, toute croyance et toute pratique tendant à la désagréga-
tion du groupe social au sein duquel elles se répandent.

Ainsi, la morale animale est l'expression de l'instinct de conservation personnelle, du vouloir vivre individuel.

La morale sociale est l'expression d'un autre instinct, plus
élevé dans l'ordre hiérarchique des valeurs, celui de la conservation collective, du vouloir vivre social.

III

LA MORALE UNIVERSELLE

Par-delà la morale animale, par-delà la morale sociale, il y a,
il doit y avoir une morale universelle.

La vie n'est pas simple. Plus elle se développe et vieillit,
plus elle se complique. Elle subdivise ses fonctions, multiplie ses organes, étend le rayon de ses solidarités presque à
l'infini... Au sein des groupements nationaux s'agitent, nous
l'avons vu, des morales de caste et de classe, des morales confes-
sionnelles et professionnelles, entre lesquelles la morale nationale tâche de faire l'unité. Mais la morale nationale elle-même
n'est pas la dernière et suprême étape de la moralité qui poursuit
son ascension.

Au fur et à mesure que se sont constituées les nationalités et
qu'elles ont grandi, versant à l'acquis de la civilisation le trésor
de leurs expériences séculaires, nouant d'un bout du monde à
l'autre le réseau de leurs relations économiques, financières,
intellectuelles, et celui de leur sensibilité nerveuse (postale,
télégraphique), les groupes nationaux, de plus en plus, par-
dessus les frontières, se sont enchevêtrés. Quand un membre a
souffert, tous ont souffert, et les solidarités, s'accroissant de jour
en jour, ont entraîné, dans les obligations réciproques, une
extension et des transformations correspondantes. Aucun lien
n'unissait jadis deux nations situées aux antipodes. A l'heure
actuelle, aucune nation ne vit plus isolément, et dépend, pour
une large part, de toutes les autres.

Aussi, n'est-elle pas libre d'agir entièrement à sa guise; elle
doit compter avec l'opinion mondiale et son verdict, lequel est
capable de fortifier ou de ruiner son crédit. Elle est amenée par

là à confronter sa moralité avec celle des autres peuples. Elle devient à son tour une unité, une sorte de personne morale, d'individu collectif, au sein d'une société plus vaste, plus globale, la Société des Nations, qui ne peut subsister en dehors de certaines règles, et réclame, elle aussi, ses droits à la vie, à la stabilité, à la sécurité, et n'admet pas qu'on les heurte. Pour que se maintienne la Société des Nations, le contrat plus ou moins tacite qui la fonde, et lie ses membres les uns aux autres, doit être respecté; s'il est trahi, la Société elle-même est menacée de dissolution. Il faut que les nations soient fidèles à leurs traités, respectueuses de leurs droits réciproques, ou la grande famille humaine est déchirée. Le monde, dans son ensemble, a besoin que l'ordre règne, que la paix soit, et c'est pourquoi il impose à chaque peuple des obligations d'humanité qui limitent son pouvoir et ses ambitions.

Le vouloir vivre individuel est dominé par l'instinct de la conservation nationale; cet instinct national à son tour doit compter avec un troisième instinct de conservation, qui prend de jour en jour une plus haute conscience de lui-même, l'instinct de la société globale des nations, le vouloir vivre de l'humanité collective, laquelle représente une valeur supérieure à toute autre valeur individuelle ou sociale.

Un peuple, comme un individu, peut n'avoir qu'une moralité animale, n'être parmi les nations, qu'une bête de proie d'autant plus dangereuse qu'elle est plus puissante, mieux outillée. On l'a bien vu, au cours de la terrible guerre qui s'achève, et où les idées se sont entre-choquées plus encore que les homms et les canons. Le monde a vécu comme en suspens sur l'abîme. L'égoïste férocité d'un impérialisme qui ne croyait à rien au-dessus de lui-même, a rompu l'équilibre international, il a fait à l'humanité une blessure qui a saigné à son flanc, et l'a anémiée jusqu'à faire palpiter son cœur. Sous l'aiguillon de ce danger, les puissance latentes, les forces morales qui sommeillaient et qu'on croyait trop éparses dans les esprits pour pouvoir s'assembler encore en un faisceau de clartés, surgirent tout-à-coup, élevèrent leur protestation solennelle, proclamèrent la loi de cette société universelle, dont les peuples sont les membres, et qu'ils ne peuvent trahir sans trahir l'humanité. Une conscience américaine leur servit d'organe. Comme autrefois Moïse du Sinaï, Wilson rapporta de la Maison Blanche les tables de cette loi nouvelle, en quatorze commandements. L'Humanité parut à ce moment comme une sorte de personnalité morale qu'on ne pouvait souffleter sans sacrilège, comme un dieu qui venge l'affront...

Le péril conjuré, cet instinct de conservation de l'Humanité semble à nouveau s'être assoupi, et les vieux impérialismes, expression des égoïsmes nationaux, tendent à reparaître. La Société des Nations et sa morale humaine, plus haute que toutes les anciennes morales sociales, est encore fragile et vagissante. Mais elle existe, et bien qu'on ait tenté de l'étouffer dès son berceau, au pays même où elle est née, elle a déjà prouvé sa vitalité et sa force. On pourra contrarier sa croissance, parfois la faire chanceler ; il est trop tard pour la faire disparaître. L'attention du monde s'est portée sur elle et l'a couronnée de tous les espoirs de la civilisation. Elle grandira, l'avenir lui appartient, car elle a la garantie de deux puissances irrésistibles : le temps et la raison travaillent pour elle.

L'homme isolé, n'avait qu'une moralité animale, réglée par le seul instinct de sa propre conservation. Le temps l'a fait sortir de l'état sauvage, et l'a fait entrer dans l'état policé : quand les hommes se sont associés pour fonder la tribu, puis la cité, quand les cités cessant d'être rivales, ont élargi le cercle de leur solidarité en fondant les nationalités et les patries, les concitoyens ont désarmé les uns vis-à-vis des autres, ils ont connu des morales sociales, dont les devoirs, suivant la progression de cette solidarité, se sont universalisés de plus en plus, l'instinct de la conservation nationale dominant les instincts individuels. Aujourd'hui, le temps prépare une autre merveille : ce sont les peuples qu'il veut faire sortir de l'état sauvage, pour les faire entrer, à leur tour, dans l'état policé. Déjà il les a groupés en de vastes alliances, qui se nouent, se dénouent et se renouent. La Société des Nations n'est qu'un pas de plus dans l'évolution, le prolongement de l'histoire, elle est leur aboutissement nécessaire. Quand la solidarité aura achevé de lier le faisceau des peuples, multipliant entre eux les échanges de la richesse matérielle et de la richesse intellectuelle, les faisant tributaires les uns des autres, les alimentant de plus en plus au même trésor amassé de siècle en siècle par l'effort commun, ils en viendront à considérer une guerre comme un déchirement civil, comme une atteinte portée au corps sacré de l'Humanité, comme une trahison de l'homme par l'homme, comme la calamité suprême

et la suprême immoralité. Ce jour-là l'instinct de conservation
de la société des peuples civilisés, dominant à son tour l'instinct
des nationalismes agressifs, les règlera et les subordonnera aux
fins supérieures d'une morale universelle. De la caverne à la
tribu, de la tribu à la cité, de la cité à la province, de la province à la patrie, de la patrie aux alliances, et des alliances à
la Société des Nations, l'homme suit un chemin qui monte, il va
se poliçant d'âge en âge. .

A travers l'histoire travaille une autre puissance d'évolution
et de progrès, la raison, qui tend, elle aussi, comme la solidarité, à l'universel. La raison est dangereuse pour l'etroitesse des
morales sociales, pour leur fanatisme nationaliste, pour leurs
préjugés. Elle note les usages, les rapproche, les compare, fait
saillir les différences, les contradictions, cherchant la vérité dans
l'unité. Avec le Décalogue, fait-elle observer, dans l'enceinte
des frontières de chaque peuple, la morale sociale enseigne à
l'individu: « Tu ne convoiteras point ce qui appartient à ton
prochain ». Cependant, quelle est la diplomatie qui, tournée vers
le dehors, vers l'étranger, ne se fait pas une règle de convoiter, et
un triomphe de conquérir? — Dans la cité, c'est un principe
reconnu que nul n'est admis à se faire justice à soi-même; pour
prévenir la violence on a institué les tribunaux. Au contraire,
en cas de conflit, la plupart des nations ne mettent-elles pas leur
point d'honneur à prendre les armes plutôt que de laisser arbi-
trer leur différend, surtout si, se croyant les plus fortes, elles
escomptent la victoire? — Pour un simple particulier, la vie d'un
autre homme est à ce point sacrée qu'y porter atteinte expose à
des peines infamantes. Mais les états, dans leurs querelles, et
quelle que soit la valeur de leur cause, ne font-ils pas si bon
marché de la vie humaine, qu'ils organisent pour les plus grands
massacreurs d'hommes, des honneurs exceptionnels? « Plaisante
justice, dirait Pascal, qu'une rivière borne! »

Ainsi parle la raison, cherchant, par dessus les frontières,
l'unité de la morale. Quoi d'étonnant si, dans les sociétés
antiques, où l'individu appartenait corps et biens à la nation,
où règnait une discipline de fer, presque comme chez les abeilles
ou les fourmis, où le nationalisme était aigu, quoi d'étonnant si
les philosophes, les poètes, n'étaient pas aimés, si Athènes songeait à les expulser de la République, si Sparte n'en a jamais
eu... Ces hommes, en effet, rompant l'étroitesse des préjugés

sociaux, franchissant l'espace, devançant les temps, surent s'élever au-dessus de la mêlée, à la contemplation du monde futur et de ses lois, rêvant d'une morale qui n'était pas applicable à leur époque, qui n'était qu'une prophétie. On le leur fit bien voir. A quoi tendaient leurs observations, si ce n'est à dissocier la morale courante, ou du moins à la réformer? Cette morale se défendit. Pour un ordre social établi, pour une religion établie, toute moralité nouvelle, toute religion nouvelle commence par être suspecte, par être répudiée, ou même persécutée comme un danger public. Ce sont les honnêtes gens de son temps, les bien pensants, qui forcèrent Socrate à boire la ciguë, l'élite morale et religieuse du peuple juif qui condamna le Christ et le fit crucifier, les fidèles du paganisme qui martyrisèrent les premiers chrétiens, et les chrétiens d'après Constantin qui poursuivirent les hérétiques... Combien sont morts pour une idée généreuse, entrée depuis dans la conscience universelle!

Il est des esprits, ayant eu la divination, ou ayant le sens de la communion mondiale des hommes et des peuples, pour qui la vérité, la justice, le droit, sont un idéal plus haut que toutes ses réalisations terrestres. Ils ont accroché leur char à une étoile. Ils méditent une société universelle, où les individus et les nations auraient les mêmes règles d'honnêteté, où les devoirs vis-à-vis de l'humanité primeraient tous les devoirs. Ils voudraient clore l'ère des luttes homicides, fonder sur le droit la fraternité des patries, donner à l'ordre international la garantie de toutes les puissances de la civilisation coalisées pour le maintien de la paix ; et, pour cette société future des nations, ils préparent une morale, inadéquate encore aux sociétés présentes et rivales et contre laquelle se dressent toutes les forces d'un passé de violence qui ne veut pas mourir, mais dont le rayonnement attire au zénith le regard des hommes et le fascine. Ceux-là ne sont plus les citoyens d'une seule patrie, ils cherchent les maximes d'une moralité universelle à laquelle ils veulent nous hausser, ils sont déjà, avec un Widrow Wilson, des *citoyens du monde*, en marche vers cette « terre promise ». Entre les nations, colonnes marbre de l'histoire, ils rêvent de jeter les arceaux d'une solidarité universelle, la voûte d'une paix où se puisse abriter le bonheur humain.

Ils auront raison... quand les temps seront accomplis...

***

Telles ont été, telles paraissent devoir être les principales étapes de la morale à travers l'histoire.

Il semble évident que *la morale est d'origine sociale*, et que *son développement est en rapport constant avec l'évolution des sociétés* elles-mêmes. A vrai dire, plusieurs morales se sont stratifiées, superposées successivement dans la conscience de l'homme, tendant à des maximes de plus en plus universalisées, à mesure que la solidarité étendait son cercle.

Par quel laborieux et séculaire enfantement, de l'homme des bois le citoyen du monde a-t-il pu naître? Tous les progrès de l'humanité sont comme une marche à l'étoile. Il a fallu que dans la conscience individuelle fussent dressées l'une après l'autre, pour l'arracher à son égoïsme fondamental, *des valeurs de plus en plus hautes*, dont il nous a été facile de suivre la progression.

Au fond de toute morale il y a une sorte de religion, qui en fait l'âme.

La première des religions, la plus naturelle, la plus simple, c'est la religion de soi. C'est d'elle que s'inspire la moralité animale, fondée sur l'instinct de la conservation. Elle met l'individu, son égoïsme, sa vie, au-dessus de tout. L'homme animal ne reconnaît pas de valeur supérieure à lui-même: il est son dieu.

La morale sociale commence, quand l'individu reconnaît une valeur qui le surpasse, capable de le gouverner et de le règler. Cette valeur, c'est la société: elle discipline son égoïsme, elle restreint et subordonne ses libertés aux nécessités de la vie en commun, le soumet à des fins collectives, lui inspire le culte de la cité, de la patrie, dont la conservation prime le droit de sa conservation personnelle, au point que la cité, la patrie peuvent lui dire: « Meurs pour moi! »

La troisième morale, enfin, encore en gestation, mais déjà visible, tend à subordonner, et les individus, et les patries, à une valeur plus haute encore, plus universelle, aux droits de la collectivité toute entière, à la conservation de la communauté civilisée, laquelle peut dire, au nom de la Sociétée des Nations, de ses lois et de sa force: « Ici, j'oppose mon veto! » Au-dessus de la religion nationale, grandit la religion de l'Humanité.

Sommes-nous au sommet de l'échelle des valeurs, aux suprêmes limites de la morale? Il est des regards, regards de l'esprit, qui vont encore au-delà...

Un individu est peu dans la Société ; une société est peu dans l'Humanité. Mais l'humanité ne vit-elle pas à son tour au sein de l'Univers qui l'embrasse, la domine, et auquel il lui faut apprendre à s'adapter? Nous sommes des vivants microscopiques, sur une planète minuscule, près d'un atome de soleil, parmi des nébuleuses chassées comme des tourbillons de sable dans l'infini. Faible unité d'un si grand corps, comment l'humanité n'aurait-elle pas le pressentiment que dans l'univers profond un plus vaste esprit que le sien palpite et règne, et que ses lois sont sa loi?

Notre plus haute morale, nous la cherchons encore...

Le premier gouvernement démocratique

A BRUXELLES

(1303 - 1306)

par Paul Bonenfant

Travail composé pour le cours pratique de M. le professeur Des Marez.

Les problèmes sociaux qui agitèrent nos villes au moyen âge présentent une analogie frappante avec ceux qui, actuellement encore, sont au premier rang de nos préoccupations (1). Tout épisode qui s'y rattache participe directement de l'intérêt de l'ensemble; mais celui que nous allons examiner n'est pas sans s'offrir spécialement à l'attention. Les événements de 1303-1306 marquent, en effet, une étape dans le développement social de Bruxelles au moyen âge. C'est alors que, pour la première fois, nous voyons les artisans, las de formuler vainement leurs griefs contre l'ordre économique ou social, essayer de réaliser leurs aspirations en s'emparant de l'administration politique de la ville. C'est alors que surgit le premier gouvernement démocratique bruxellois. L'histoire de son avènement et de sa chute vaudrait à elle seule d'être rappelée.

Mais ces événements présentent plus qu'un intérêt purement local. Dans leur origine et leur développement, ils viennent confirmer une fois de plus la loi, qui veut qu'en histoire, en sociologie, comme ailleurs, des effets semblables résultent de causes identiques.

Ils ne sont enfin, qu'une de ces violentes commotions sociales dont furent secoués les Pays-Bas tout entiers et le duché de Bra-

---

(1) Cf. Des Marez, Les luttes sociales en Flandre (*Revue de l'Université de Bruxelles*, 5e année, 1899-1900, p. 649 ss.).

bant plus particulièrement, à la suite du triomphe des artisans flamands à Courtrai, et ainsi rejaillit sur eux une parcelle du puissant intérêt, qu'éveille l'immense effort de libération tenté alors par les masses opprimées.

I. — ETAT SOCIAL DE BRUXELLES
A LA FIN DU XIIIe SIECLE

Origine des classes sociales à Bruxelles

Surgie au XIe siècle, par la force de la vie économique, sur les rives marécageuses de la Senne, protégées par le *castrum* de l'île Saint-Géry, la ville de Bruxelles s'était largement développée au siècle suivant, sous l'œil bienveillant du duc. L'industrie drapière, au début du XIIIe siècle, s'y était répandue, une grande prospérité en était résultée, si bien qu'à la fin du siècle, Bruxelles comptait au premier rang des agglomérations industrielles et marchandes des Pays-Bas (1).

Ici aussi, comme partout ailleurs, ce puissant accroissement de richesse avait violemment accentué les oppositions de classe au sein de la population urbaine et à un groupe de capitalistes, qui tendait à concentrer tout le pouvoir entre les mains de ses lignages, s'opposait maintenant l'immense majorité de la population extra-lignagère. C'est de la rivalité de ces deux partis que naissent les nombreux conflits sociaux qui, à partir de la seconde moitié du XIIIe siècle, vont pendant deux cents ans remplir les annales de la ville.

*
* *

Le Patriciat .

Toute la puissance de l'aristocratie provenait de sa richesse: c'étaient des marchands, surtout des drapiers et des teinturiers, qui grâce à la prospérité de leurs affaires, avaient pu acquérir des

---

(1) Des Marez, Les luttes sociales à Bruxelles au moyen âge (*Revue de l'Université de Bruxelles*, 11e année, 1905-1906), pp. 287-289.

propriétés immobilières, dans la ville comme dans la campagne environnante. Eux seuls, possédaient un capital suffisant pour se livrer à la grande industrie: tous ceux qui vivaient du travail de la laine étaient à leur merci.

Ce patriciat se répartissait en sept lignages, sortes de grandes familles artificielles, qui souvent rivales entre elles, faisaient front dès que leurs privilèges étaient menacés (1). Et ces privilèges étaient nombreux. Poussés par l'orgueil de caste, les patriciens recherchaient avidement tout ce qui pouvait les distinguer des autres bourgeois et les rapprocher des nobles féodaux, auxquels de nombreux mariages vont les unir au XVe siècle. Mais pendant tout le XIVe, ces deux aristocraties vont encore se tenir à distance l'une de l'autre et si certains praticiens urbains possèdent déjà des seigneuries rurales, ils les doivent le plus souvent à l'extinction de quelque ancienne famille noble. Mais ils se ratrappaient largement, à l'intérieur de la ville, du dédain dans lequel les tenaient les féodaux. Là, c'est à eux qu'appartient le titre de *sire (heere, dominus)*. Comme les chevaliers, ils portent un costume spécial; comme eux, ils servent à cheval à la guerre; comme eux, ils dressent des donjons de pierres couronnés de tourelles et de créneaux *(steenen)*; comme eux, ils s'entourent de toute une suite de *clientes*, ont un régime spécial en prison et étalent au-dessus de leur porte des armoiries que reproduisent leurs sceaux; comme eux enfin, ou les enterre dans les églises, où le prêtre recommande journellement leur âme aux fidèles (2).

Mais, ce par quoi les patriciens manifestaient surtout leur puissance, c'est en monopolisant à leur profit l'échevinage et la gilde.

L'Echevinage

Les échevins, qui s'étaient rendus dans une large mesure indépendants du duc, réglaient souverainement toutes les questions politiques, administratives ou judiciaires. Une charte de 1235

---

(1) HENNE et WAUTERS, Histoire de la Ville de Bruxelles, t. I (Bruxelles, 1845), p. 49. Ces rivalités se retrouvent, et particulièrement violentes, à Louvain. Cf. VANDERLINDEN, Geschiedenis van de stad Leuven (Leuven, 1899), p. 18.

(2) PIRENNE, Histoire de Belgique, t. I, 3e éd. (Bruxelles, 1909), p. 370. DES MAREZ, Luttes sociales à Bruxelles, p. 294.

avait rendu l'échevinage annuel (1), mais quelques familles
patriciennes se le transmettaient jalousement de génération en
génération. « Seuls les lignages présentaient les candidats aux
fonctions publiques, seuls ils les nommaient avec l'approbation
du duc » (2).

La Gilde

Maîtres ainsi de la direction politique de la ville, les patriciens
en avaient aussi, grâce à la gilde, l'administration économique.
Dès le moment, où elle nous apparaît en effet, en 1281 (3), la
gilde est composée exclusivement de marchands drapiers et de
fabricants de drap: tout homme de métier pour y entrer doit
renoncer à son métier et de plus payer un droit très élevé (4)
Sous le patronage de l'échevinage, elle dirige tout ce qui concerne la vente et la fabrication des draps, elle concentre le commerce d'exportation (5), elle réglemente les salaires des artisans
de la laine, les empêche de se grouper en corporations. D'abord
association purement privée, elle dut obtenir sans peine sa reconnaissance officielle de l'échevinage, dont tous les membres lui

---

(1) Den Luyster ende glorie van het hertogdom van Brabant (Bruxelles, [1699]), Ire partie, p. 43. Le renouvellement annuel fut imposé par
le pouvoir princier pour restreindre l'autonomie des villes, on ne peut le
considérer comme un trophée des artisans, l'apparition de cette annalité
étant antérieure aux premiers conflits sociaux.

(2) DES MAREZ, L'organisation du travail à Bruxelles au XVe siècle
(Bruxelles, 1904 ; Mém. couronnés Acad., in-8o, t. LXV), p. 376. La charte
de Bruges de 1241 mentionne comme exclus de l'échevinage : les voleurs, les
faux-monnayeurs et... les artisans qui n'auraient pas abandonné leur
métier depuis un an et un jour et ne feraient pas partie de la Hanse de
Londres. (WARNKÖNIG et GHELDOLF, Histoire de la Flandre, t. IV, 1851,
p. 229.)

(3) HENNE et WAUTERS, t. 1, p. 50, n.

(4) Cela n'est pas mentionné avant 1306, mais il est probable qu'il en
était déjà ainsi auparavant, c'est-à-dire avant 1303. (V. ci-dessous pp. 14
et 24.)

(5) Cf. Malines 1276: « Si quis burgensis, non confrater dicte gulde,
tamquam mercator ultra Mosam perrexerit, persolvat hansam, videlicet
sex solidos et quatuor denarios colonienses. Si vero fuerit de officio
fullonum aut textor aut ceteri fallacis officii, solvet dupliciter hansam
antedictam. » Même disposition pour ceux qui franchissent l'Escaut.
VANDER LINDEN, Histoire de la constitution de la ville de Louvain, Gand,
1892, p. 162.)

étaient affiliés, et dès que les artisans osèrent contester son autorité, elle devint ainsi un organisme constitutif de l'administration urbaine. Le duc lui-même, en 1289, approuva sa constitution (1).

Le duc.

Pendant près d'un siècle, en effet, les trois Jean (Jean Ier,
1267-1294; Jean II, 1294-1312; Jean III, 1312-1355) furent les
fidèles alliés de l'aristocratie urbaine; et alors qu'en Flandre ou
à Liège, on vit souvent le prince, inquiet de la puissance patricienne, prendre le parti des *minores*, le duc de Brabant, lui, ne
dévia jamais de sa ligne de conduite. C'est que les deux alliés —
duc et patriciat — avaient compris à merveille les avantages considérables que chacun d'eux retirait de leur accord. D'abord, le
gouvernement aristocratique était commun à toutes les villes du
duché, et les alliances qu'elles avaient conclues entre elles grou-
paient en un formidable faisceau toutes les forces patriciennes.
Le duc aurait-il osé s'y heurter? Il avait d'autres raisons d'ailleurs pour s'attirer leurs bonnes grâces : perpétuellement en
guerre, il voyait son trésor se vider avec une rapidité effrayante.
Aussi n'était-il que trop heureux d'accorder quelque faveur « à
ses chers échevins », moyennant laquelle, ceux-ci lui consenti-
raient un emprunt de quelques milliers de livres, qu'il rembour-
serait plus tard par une nouvelle concession. Mais les patriciens
aussi avaient compris ce que valait pour eux l'appui du duc : il
était le protecteur naturel, leur seul protecteur contre la démocratie turbulente. Aussi le ménagèrent-ils toujours et affichèrent
toujours les sentiments les plus loyalistes. Ils firent si bien que le
maintien du régime aristocratique apparut au duc comme la
garantie de la fidélité de ses villes (2).

---

(1) VAN HEELU, Rijmkronijk, ed. Willems (Bruxelles, 1836), p. 501;
Luyster van Brabant, 1, p. 49. Sur tout ceci, cf. VANDERLINDEN, Les gildes
marchandes dans les Pays-Bas au moyen âge (Gand, 1896), p. 45 ss.

(2) PIRENNE, Histoire de Belgique, t. II, 2e éd. (Bruxelles, 1908), p. 49;
VANDERLINDEN, Geschiedenis van de stad Leuven, p. 20. A Louvain, les
patriciens prêtèrent tellement d'argent au duc que la ville en fut obérée.

Eclat du régime patricien.

Sous ce régime, celles-ci avaient d'ailleurs atteint un haut
degré de prospérité. A Bruxelles, comme partout, on avait entrepris de grands travaux publics: vers le milieu du XIII⁰ siècle, la
première enceinte murale de la ville avait été achevée; on avait
édifié plusieurs halles: Halles au Drap, au Pain, à la Viande,
etc., entrepris la construction sur des plans plus vastes de l'église
N.-D. de la Chapelle et de la collégiale de Sainte-Gudule. Les
voies qui aboutissent à la Grand'Place avaient été pavées, des fon-
taines érigées aux carrefours des rues, de nombreuses fondations
charitables établies, citons les hôpitaux Saint-Pierre, Saint-
Nicolas, Saint-Jacques, Saint-Jean (1). « C'est ce régime encore
qui a doté les communes d'un système financier, militaire et
administratif auquel nul changement essentiel n'a été apporté
depuis lors jusqu'à la fin du moyen âge. C'est lui qui les a pour-
vues d'écoles populaires, qui les a soustraites à la juridiction des
tribunaux ecclésiastiques, qui a fait disparaître les droits féodaux qui pesaient encore sur leur sol ou sur leurs habitants, et
qui a développé enfin, jusqu'aux dernières conséquences, les privilèges inscrits dans les chartes » (2).

*
*

* *

Le commun.

Après avoir considéré la splendeur du régime patricien, jetons
un regard maintenant sur ceux à qui l'oligarchie dirigeante
devait l'accroissement incessant de sa fortune.

Métiers de la laine.

Nous l'avons vu: c'était à l'industrie du drap que la ville
devait sa richesse. Quelle était la situation des artisans de la

---

(1) HENNE et WAUTERS, t. 1, p. 69. — DES MAREZ, Les monuments civils
et religieux (*Guide illustré de Bruxelles*, publié par le Touring Club de
Belgique, t. I, Bruxelles, mars 1918), pp. 246, 26, 31, 265, 279, 38, 100,
126 et aussi le tableau qu'il trace de la situation de la ville au XIII⁰ siècle
dans son « Traité d'architecture » (Bruxelles, 1921), p. 54.

(2) PIRENNE, Histoire de Belgique, t. I, 3⁰ éd., p. 371-372.

laine? Etroitement dépendants de la gilde au point de vue économique, brutalement traités en inférieurs par les patriciens (1),
leur part était nulle dans l'administration de la ville exclusivement réservée aux lignages.

La moyenne bourgeoisie.

A eux seuls pourtant, ils formaient la majeure partie de la
population, et ils pouvaient compter de plus sur tous ceux qui,
dans la ville, ne faisaient pas partie des lignages: moyenne bourgeoisie des bouchers, poissonniers, menuisiers, chapeliers, petits
patrons tisserands, etc., qui consciente de sa force économique
réclame à grands cris le droit de participer au pouvoir ou tout au
moins de surveiller l'emploi des finances publiques (2).

Leurs griefs.

La vénalité et la partialité, ces reproches partout et toujours
adressés à tous les gouvernements — à tort ou à raison —, étaient
les deux griefs principaux qu'articulait — ét ici avec raison —
toute la population extra-lignagère contre le gouvernement des
lignages. Ceux des mécontents dont la situation matérielle était
satisfaisante, visaient simplement à des buts politiques. Mais les
autres, les ouvriers de la draperie, tisserands et foulons, salariés,
et exploités effrontément, par les gros marchands de la gilde,
devaient voir en plus dans toute révolution le moyen d'améliorer
leur sort misérable. A eux seuls, ils ne seraient jamais parvenus

---

(1) L'art. 42 de la charte de 1229 disait : « Si vero... al.quis vasallus vel
improbus de quoquo officio alicu: honeste persone turpiter colloquitur,
si percussionem maxille reciperit, pro nih:lo reputabitur. » (HENNE et
WAUTERS, t. I, p. 58.)

(2) Ce grief est général (v. PIRENNE, Histoire de la constitution de la
ville de Dinant, p. 40), ici comme ailleurs il dut certa:nement être un des
ferments les plus violents des révoltes démocratiques. L'article 4 de la
charte de 1235 porte déjà que les échevins payeront leur part dans les
charges publiques d'après la valeur de leurs biens, et que quand le duc les
requerra pour une expédition, ils le suivront à leurs frais (HENNE et WAU-
TERS, t. I, p. 59; Luyster van Brabant, I, p. 43.) A Louvain; les échevins
s'étaient dispensés du payement de l'impôt (VANDERLINDEN, Geschiedenis
van de stad Leuven, p. 18.)

à leurs fins; mais, dirigée par des éléments d'élite empruntés à la moyenne bourgeoisie, la révolution démocratique va se développer méthodiquement pendant plus d'un siècle et finira par triompher. Il semble bien d'ailleurs qu'un certain nombre de patriciens dégoûtés des abus du régime lignager aient passé dans le camp démocratique et se soient mis à la tête du mouvement populaire (1).

Le groupement en quartiers.

Quand ils apparaissent dans l'histoire, les artisans bruxellois sont groupés en quartiers, selon leur profession : les terres du Nord-Ouest sont réservées à la culture maraîchère; les forgerons et tous ceux qui travaillent les métaux peuplent les environs de la place Saint-Jean, les bouchers le quartier des bouchers, les teinturiers le Coin des teinturiers, les métiers de la laine en général sont cantonnés au-delà de la Steenporte: les tisserands ont établi leurs métiers et monté les rames aux draps dans le quartier de la Chapelle, les foulons ont creusé leurs fosses le long de la Senne (2).

L'esprit corporatif.

Ce groupement en quartiers était extrêmement favorable au développement de l'esprit d'association chez les artisans. Mais quand ils voulurent s'unir en corporation pour défendre leurs intérêts et réclamer leurs droits, l'échevinage, à l'intervention de la gilde alarmée, s'empressa de prendre des mesures pour enrayer ces velléités dangereuses au plus haut point pour l'ordre établi. « Ils sentaient fort bien que l'émancipation dans le domaine du travail devait être forcément accompagnée de l'émancipation politique, et ils ne pouvaient de ce chef séparer leur cause de celle

(1) Le phénomène est général. Cf. les tyrans grecs, les Gracques, Henri de Dinant, les leaders socialistes du XIXe siècle et bien d'autres. V. aussi ci-dessous, p. 18.

(2) HENNE et WAUTERS, t. I, pp. 69, 162. — DES MAREZ, Luttes sociales à Bruxelles, p. 288; Organisation du travail, p. 4. — Un groupement analogue par quartiers se retrouve à Liége (KURTH, La cité de Liége au moyen âge. Bruxelles, 1910, t. I, p. 164.)

de la gilde » (1). Dans ces conditions, il ne restait aux artisans qu'un seul moyen pour faire triompher leurs aspirations, la révolte.

*
* *

Les premières luttes sociales. — Léau: 1248.

Le premier mouvement démocratique brabançon, dont nous ayons conservé des traces se produisit en 1248: les foulons de Léau se soulèvent et essaient de s'organiser en corporation. Léau était alors une agglomération industrielle importante, qui comptait au premier rang des villes du duché (2). Il ne faut donc pas s'étonner de rencontrer là la première tentative révolutionnaire des artisans brabançons. Elle échoua du reste piteusement. Les vaincus durent jurer de servir fidèlement la gilde et de ne jamais tenir d'assemblées, ni dans ni en dehors de la ville. La vie et les biens du parjure seraient à la discrétion du duc (3).Dès l'origine, nous trouvons donc celui-ci aux côtés du patriciat.

Première ligne aristocratique (1249).

Les événements de Léau ne furent certainement pas isolés. A voir la ligue formidable,que nouèrent entre elles l'année suivante les aristocraties menacées, on peut juger quelles craintes avaient dû alors être les leurs: les magistrats patriciens d'Anvers, de Bruxelles, de Diest, de Huy, de Léau, de Louvain, de Maestricht, de Malines, de Nivelles, de Saint-Trond et de Tirlemont s'engagèrent solennellement à ne pas recevoir chez eux les tisserands et les foulons, qui chassés ou fugitifs d'une de ces villes, viendraient leur demander asile (4). En 1252, Gand adhère à la ligue (5). L'internationale capitaliste unissait ainsi les villes par-dessus les barrières féodales!

---

(1) DES MAREZ, Luttes sociales à Bruxelles, p. 295.
(2) Cf. BETS, Zout-Leew, beschrijving, geschiedenis, instelllingen (Thienen, 1887-88).
(3) WAUTERS, Preuves, p. 266.
(4) MERTENS et TORFS, Geschiedenis van Antwerpen (Antwerpen, 1846-1854), t. II, p. 530.
(5) WARNKÖNIG-GHELDOLF, t. II, p. 290.

Seconde ligue aristocratique (1274).

Peu à peu cependant l'opposition croît et s'organise dans les villes brabançonnes. Les mécontents sont de plus en plus attentifs aux nouvelles qui viennent de Flandre. De leur côté, les capitalistes des deux pays resserrent les liens qui les unissent: en 1274, une alliance semblable à celle de 1249 est reconstituée. Anvers, Bruges, Bruxelles, Gand, Louvain, Malines, Tirlemont, notamment y participent (1).

C'est en vain que les artisans veulent cette fois opposer internationale à internationale: les lettres des tisserands de Paris à ceux de Tournai et de Gand sont, par malheur, interceptées et immédiatement les échevinages patriciens interdisent tous rapports entre les prolétariats.

1280: Révolte en Flandre. Répercussion à Bruxelles.

En 1280, nouveau soulèvement général des démocrates flamands: pour la première fois, les « petits » essaient de mettre un terme aux maux dont ils souffrent en s'emparant du gouvernement des villes. Le mouvement de révolte s'étend aux pays voisins et Bruxelles en ressent le contre-coup: les foulons se dressent contre la gilde et réclament une augmentation de salaire. On le voit, les revendications sont encore ici purement économiques. Après deux ans de lutte, la gilde triomphe: elle se réserve le droit de fixer le taux de répartition des salaires entre patrons et ouvriers; sous peine d'amende il est interdit aux foulons de se réunir, de faire des collectes ou d'introduire quelque nouvel usage, contraire aux intérêts urbains, sans le consentement du sergent de la gilde (2). La sujétion des artisans de la laine à l'autorité de cette association est ainsi officiellement affirmée. Mais, cette révolte, par les assemblées et les collectes qui l'accompagnent, montre les progrès considérables réalisés chez les artisans bruxellois par l'idée corporative (3).

---

(1) DES MAREZ, Luttes sociales à Bruxelles, p. 296; Organisation du travail, p. 8.

(2) WAUTERS, Preuves, pp. 268-271.

(3) DES MAREZ, Luttes sociales à Bruxelles, p. 298; Organisation du travail, p. 10.

Entraves au mouvement corporatif.

Le gouvernement aristocratique comprend le péril: en 1290, il est strictement interdit à tout métier de se constituer « en commune » sans l'autorisation de l'amman et des échevins. Ainsi la formation des corporations est à la merci de ceux-ci; et le jour où ils ne pourront plus les empêcher de naître, ils les auront toujours dans leur étroite dépendance (1) A Louvain, la situation est la même: cette année 1290, le magistrat confisque la caisse des tisserands et prend des mesures pour empêcher sa reconstitution à l'avenir (2). Quelques mois plus tard une disposition analogue est prise à Anvers (3).

Les moines mendiants.

En Brabant, comme ailleurs, les moines mendiants vont jouer dans les luttes sociales un rôle de premier plan. Les dernières années du XIII° siècle, les voient se multiplier à Bruxelles dans des proportions énormes (4). Le mysticisme, si puissant au moyen âge, ne pouvait trouver de meilleur terrain de développement que cette population ouvrière misérable et persécutée. L'espoir d'échapper à la réglementation vexatoire de la gilde contribuait encore à accroître l'ardeur avec laquelle tisserands, hommes et femmes, allaient grossir chaque jour, les rangs des Bégards et des Béguines. L'association des capitalistes drapiers s'aperçut vite du danger et l'échevinage ne demandait qu'à la soutenir, car les diatribes passionnées et les exaltations fanatiques des révolutionnaires religieux constituaient à coup sûr le ferment le plus redoutable des haines sociales (5).

---

(1) DES MAREZ, Luttes sociales à Bruxelles, p. 299; Organisation du travail, p. 158.

(2) VAN HEELU, p. 535.

(3) Brabantsche Yeesten, I, p. 677. Charte du 21 février 1291.

(4) Brabantsche Yeesten, I, p. 686. Charte de juin 1296. « Cum oppidum nostrum Bruxellense diversis ordinibus mendicantibus et pluribus hospitalibus in tantum sit praegravatum, quod minime ibidem valeant sustentari... »

(5) Ils poussaient aussi le peuple à quitter les villes et à partir pour la Terre Sainte; ils surexcitaient violemment les sentiments antisémites : les tisserands et les foulons, leurs auditeurs les plus assidus, sont au premier rang dans les pogroms; par exemple, en 1308. (Cf. HENNE et WAUTERS, t. I, p. 86.)

Dès lors, et en attendant que l'Eglise condamne comme hérétiques les doctrines les plus dangereuses de ces mystiques (1),
le pouvoir civil va prendre contre eux de nombreuses mesures;
c'est encore à Léau que nous trouvons les premières: le 21 septembre 1290, il est promulgué que les Bégards et les Béguines
seront, comme les autres citoyens, soumis à l'accise pour toutes
les marchandises qu'ils vendront (2). Tirlemont édicte la même
mesure l'année suivante (3).

A Bruxelles, depuis janvier 1296, on exige de tout ordre religieux qu'il obtienne la triple autorisation du duc, des doyen et
chapitre de Sainte-Gudule et des échevins pour venir s'établir
dans la ville. Cet établissement ne pourra en aucun cas se faire
dans le couvent des frères saccites, supprimés par décision pon-
tificale (4).

Dès 1294, les Bégards de Louvain avaient été soumis à la domination de la gilde; toutefois on leur avait reconnu une situation
spéciale (5). A Bruxelles, on alla beaucoup plus loin : les
Béguines du Wijngaard, refusant de reconnaître l'autorité de la
gilde, avaient abandonné le travail et évacué le Béguinage. On
ignore ce qui les amena à résipiscence. Toujours est-il qu'elles
durent consentir à reprendre le travail sous la direction de la
gilde et qu'elles furent placées absolument sur le même pied que
tous les autres artisans de la laine (6) : c'est la gilde qui fixe leur
salaire, l'augmente ou le diminue à son gré; toute béguine qui
contreviendra au règlement sera condamnée à l'amende et expulsée du Béguignage jusqu'à payement complet de celle-ci ; en cas
de contestation, elle ne pourra se justifier que par les moyens
ordinaires ou comme il plaira aux doyens et aux VIII de la
gilde. Telles sont les principales conditions, que celle-ci mit à la
rentrée des Béguines au Wijngaard.

(I) Cf. FRIEDBERG, Corpus juris canonici, t. II, col. 1169 et 1213 :
P. FREDERICQ, Corpus inquisitionis neerlandicae, t. I, p. 168, t. II,
pp. 72 et 78.

(2) VAN HEELU, p. 532.

(3) BETS, Histoire de Tirlemont (Louvain, 1860), t. I, p. 259.

(4) Brabantsche Yeesten, t. I, p. 686.

(5) VANDERLINDEN, Gildes marchandes, p. 47, n. 1.

(6) PIRENNE. Note sur un manuscrit de Bruxelles conservé à la bibliothèque de Berne (C.R.H., 5e s. IV, p. 43), p. 54. « Die ioffrouwen... selen
staen ten rechte der gulden, gheliic dat die van der stat doen, ende staen
in gheliken ende niet ute ghesceden noch ghenomen. »

II. — LE MOUVEMENT DEMOCRATIQUE EN BRABANT APRES LA BATAILLE DE COURTRAI (1303-1306)

La révolution de 1303.

De tels abus de pouvoir ne pouvaient que soulever l'exaspération: les villes de Brabant qui les connaissaient depuis près d'un siècle étaient mûres pour la révolte, lorsque leur parvint la nouvelle des événements de Flandre de 1302. Aussitôt, d'un bout à l'autre du duché, la révolution vole de ville en ville: partout le peuple se dresse contre la tyrannie ploutocratique. Ce n'est plus une question de salaire ou quelque autre motif économique qu'il met en avant: ce que les artisans réclament maintenant ce sont les droits politiques, dont ils ont été privés jusqu'ici. Ils comprennent que pour améliorer leur sort matériel ils doivent avant tout participer au gouvernement. C'est, d'ailleurs, la moyenne bourgeoisie qui dirige le mouvement. Les patriciens, affolés par cette attaque générale et subite, se voient partout obligés de céder.

La charte de Tirlemont de 1303.

Nous avons malheureusement conservé sur ces événements bien peu de renseignements. La réaction, qui suivit, s'attacha à faire disparaître tous les documents de cette époque. Par miracle, nous est restée une charte accordée à la ville de Tirlemont le 19 juin 1303 (1). Elle marque un triomphe politique très net du parti démocratique: dorénavant, y est-il dit, pour mettre un terme aux discordes, quant les sept jurés seront arrivés au terme de leur charge, ils choisiront leurs successeurs à la délibération des échevins et de *deux bonnes gens de chaque métier ;* les nouveaux jurés, toujours du conseil des mêmes personnes, éliront alors le maître de la commune. Celui-ci, les échevins et les jurés pour-

---

(1) WILLEMS, Mengelingen van historisch-vaderlandschen inhoud (Antwerpen, 1827-30), p. 457 ; WAUTERS, Tirlemont (Géographie et histoire des communes belges, Bruxelles, 1874), p. 182.

ront, quand ils le voudront, prendre l'avis des personnes qu'ils désirent. Ils nommeront un ou plusieurs sergents chargés de remettre les convocations. Ainsi, les « bonnes gens des métiers » obtiennent voix consultative dans les affaires publiques De plus, droite justice est garantie également aux pauvres et aux riches et les bourgeois de Tirlemont peuvent, chaque fois qu'ils le veulent, exiger que le magistrat leur rende compte de sa gestion financière.

Ces concessions politiques furent accompagnées de changements dans l'ordre économique ; mais aucun acte ne nous a transmis ceux-ci ; nous pouvons dire toutefois, sans préciser davantage, que des modifications furent apportées aux statuts de la gilde (1).

Bruxelles, 1303.

A Bruxelles, de même, les événements de 1303 amenèrent de grandes concessions en faveur des travailleurs de la laine ; malheureusement, les actes ayant disparu, nous n'avons guère ici non plus de renseignements précis. Tout ce que nous savons, c'est que le duc accorda une gilde « au commun de sa ville de Bruxelles » (2).

Mais qu'était cette gilde ? On suppose qu'elle n'était autre que l'ancienne gilde drapière dont les droits d'entrée furent abaissés et le règlement modifié de telle sorte, que l'accès en devint possible à la plupart des artisans (3).

---

(1) La charte du 1er octobre 1306 qui restaura l'anc.en régime dit, en effet : « ...die guldekenen selen houden die gulde in alle die pointen ende alle dien rechte, gelyc dat zyt van ouden tide herebracht hebben ende gehouden ». (Bets, Histoire de Tirlemont, t. I, p. 266.).

(2) « Die gulde, die wij den gemeinten van onse stad van Brussele ghegheven... » (charte du 12 juin 1306. Brabantsche Yeesten, t. I, p. 725). C'est à tort que M. Vanderlinden (Gildes, p. 49, n. 2) croit que cette gilde, mentionnée dans la sentence économique, est la même chose que la commoingnie, mentionnée dans la sentence politique du même jour. (Cette sentence politique que M. Vanderlinden croit inédite se trouve dans le Luyster van Brabant, I, p. 66.) Il me semble, par contre, évident que l'apparition de cette nouvelle gilde et celle de la commoignie fut simultanée.

(3) Vanderlinden, Gildes, p. 49.

Ici aussi, comme à Tirlemont, la constitution urbaine fut modifiée (6 mai 1303) de façon à permettre aux « petits » de participer au gouvernement: le peuple organisé en commune *(commoignie)*, mit à sa tête un *commoignemeester* et lui adjoignit un conseil de jurés *(gheswoerne)*. Le pouvoir fut partagé entre ces magistrats et les échevins, toujours exclusivement patriciens (1). Ainsi s'exerça pour la première fois la participation des ouvriers bruxellois à la vie politique.

Malines.

A Malines aussi, la démocratie triomphe.. Dès le 20 juin 1302, les artisans y avaient obtenu le droit de désigner ceux des membres de la gilde qui assisteraient les échevins et composeraient le conseil de la commune. La gilde elle-même avait été rendue largement accessible et avait perdu le monopole de l'industrie drapière (2). C'est donc à peu près la même réforme qu'à

---

(1) DE DYNTER, Breve chronicon Brabantinum, éd. De Ram, t. I, p. 57: « Anno domini XIII° III° communitas Bruxelle erecta est... » Sentence politique du 12 juin 1306 (Luyster van Brabant, I, p. 67): « Alle die Letteren ende die Charteren die wi gegeven habden der stadt ende der gemeinte van Brussel, van dien dage dat men schreef die jare ons Heeren duysentich drie hondert ende drie des sesten dages van ingaenden Meye tot op den dag van hede te niete zijn, ende emmermeer te niete bliven selen... ende seggen die Commoingnie ave... »

Le *commoignemeester* et les *gheswoerne* ne sont mentionnés qu'en 1306 (L. v. B., I,p. 63; Br. Y., t. I, p. 723); mais il me paraît évident que dès qu'il y eut une *commoignie*, il y eut un *commoignemeester*. D'autre part, chaque fois que celui-ci apparaît, il est accompagné de *gheswoerne* (notamment en 1357). Il me semble donc qu'on peut faire remonter toute cette organisation à 1303. Interprétant un passage de De Dynter, où celui-ci mêle de façon fâcheuse les événements de 1303 à ceux de 1306 (t. II, p.478: « In hujus ducis Johannis tempore acciderunt tria mirabilia. Primum fuit, quod communitas in quolibet oppido insurrexit contra ducem et nobiles oppidorum, et ex parte communitatis instituebantur *judices*, SCABINI et ceteri *rectores*: quod duravit quoadusque idem dux Johannes communitateme Bruxellensem in pratis Vilvordiensis prostravit, in prima die maïe...·), Henne et Wauters (t. I, p. 82) avaient cru que les *gheswoerne* *(judices)* et les *commoignemeesters* *(rectores)* n'étaient apparus qu'après la révolution de 1306, lorsque le peuple renouvela les échevins *(scabini)*. Wauters reconnut plus tard implicitement son erreur. (WAUTERS, Table chronologique des chartes et diplômes imprimés concernant l'histoire de Belgique, t. VIII, Bruxelles [1892], p. XXII.)

(2) Brabantsche reesten, t. I, p. 700.

Bruxelles. Ces concessions ne font d'ailleurs qu'encourager les mécontents : en 1303, l'émeute gronde dans les rues de Malines, l'écoutète est tué, les praticiens s'enfuient et, sur leurs plaintes, Jean II va mettre le siège devant la ville. Mais celle-ci n'était que depuis peu sous la domination du duc de Brabant et les habitants conservaient toujours des sympathies pour l'évêque de Liège, leur ancien seigneur ; Jean II, sûr déjà de l'appui du patriciat, voulut se rallier aussi le peuple en réconciliant les deux partis. Il entre en pourparlers avec les rebelles et la paix est bientôt conclue: le duc confirmait tous les privilèges antérieurs et admettait que des résolutions en matière financière ne pourraient plus être prises par les échevins et les jurés que d'accord avec les représentants des métiers (1).

Bois-le-Duc, Saint-Trond, Diest, Nivelles.

Mentionnons encore l'avènement de régimes démocratiques à Bois-le-Duc et à Saint-Trond, probablement aussi à Diest et à Nivelles (2).

* * *

Réveil du patriciat: nouvelle ligue aristocratique (1305).

Mais ces triomphes de la démocratie n'eurent pas de lendemain. Les patriciens, un moment désorientés sous cette attaque générale, reprirent bientôt leur sang-froid. Ils étaient parvenus d'ailleurs à maintenir intacte leur autorité dans plusieurs villes et notamment à Louvain. Toutes les forces patriciennes restées debout dans nos provinces : Maestricht, Huy, Tongres, Gand se groupent autour de la vieille capitale brabançonne. L'antique alliance antitisserande de 1249 et de 1274 se trouve ainsi renouvelée une fois de plus et les patriciens de Saint-Trond, qui viennent de rétablir leur autorité, s'empressent de consolider leur

___

(1) Brabantsche Yeesten, t. I, pp. 707-711. V. aussi ibid. p. 423 ss. et Van Velthem, Spiegel historiael, éd. Le Long (Amsterdam, 1727), p. 291 ss.

(2) Van Heurn, Historie der stad en meyerie van 's Hertogenbosch (Utrecht, 1776-1778), t. I, p. 162. — Kurth, t. I, p. 276. — Brabantsche Yeesten, t. I, p. 728. — Tarlier et Wauters, Nivelles (Géogr. et hist. des comm. belges), p. 34.

pouvoir en s'y affiliant (1). En 1305, les patriciens et la moyenne bourgeoisie de Malines s'unissent contre le prolétariat et ramènent la ville sous la domination liégeoise; on interdit sévèrement toutes corporations d'ouvriers et on établit deux *rectores lanificii*, qui ont la haute surveillance des métiers de la laine (2). Le 13 février 1306, le gouvernement démocratique de Bois-le-Duc disparaît, l'ancien régime est rétabli; les membres du gouvernement populaire sont proscrits à jamais, sous peine de mort et de confiscation des biens, des fonctions publiques et les mêmes peines sont promulguées contre quiconque tenterait de changer le gouvernement à l'avenir (3)

Surexcitation des esprits à Bruxelles.

On se figure qu'à Bruxelles aussi l'arrogance et les espérances des patriciens avaient dû renaître depuis 1303. Le peuple, d'autre part, encore tout enthousiasmé des succès obtenus et se croyant déjà sur le point d'arriver au but de ses efforts, surévaluait ses forces, s'imaginait pouvoir facilement enrayer la réaction et même continuer de l'avant dans la voie démocratique. Dans cet état des esprits, le moindre incident pouvait être gros de conséquences, les haines surexcitées par les frottements journaliers exploseraient à la moindre étincelle.

Emeute peu avant le 2 février 1306.

C'est ce qui arriva peu avant la Chandeleur (2 février) 1306: un ouvrier fut blessé par un patricien (4). Une émeute s'ensuivit, et l'exaltation des colères aidant, se transforma bientôt en révolution. Tous les artisans: cordonniers, tisserands, forgerons, bouchers, jusqu'aux cabaretiers (5), descendent dans la rue. Les

---

(1) MOLANUS, t. II, p. 1225.

(2) Cf. DAVID, Geschiedenis van de stad en de heerlijkheid van Mechelen (Leuven, 1854), pp. 474 et 476.

(3) VAN HEURN, t. I, p. 162. — WAUTERS, Table chronologique, t. VIII, p. XXIV.

(4) Le récit de ces événements nous est transmis par J. VAN BOENDAEL, Brabantsche Yeesten, L. V, Ch. VI, éd. Willems, t. I, p. 428.

(5) BARLANDUS, Ducum Brabantiæ chronica, éd. Vrientus et A. de Succa (Antverpiae, 1600), p. 51 : « Fabri, textores, sutores, tabernarij. »

patriciens se barricadent dans leurs « steenen », le peuple les y assiège, enfonce les portes et démolit tout ce qu'il peut. C'est en vain que la duchesse, Marguerite d'York, accourut du Coudenberg pour apaiser le conflit, toutes ses prières furent inutiles devant la ferme volonté des artisans de se débarrasser enfin de leurs oppresseurs (1). Aucun changement cependant n'est apporté à la constitution de la ville: le peuple se contente de remplacer cinq des échevins par des patriciens qui lui sont dévoués, preuve de plus que le parti démocratique avait à sa tête des aristocrates dégoûtés des abus des lignages (2). Des praticiens continuent donc à occuper l'échevinage, le peuple nommant les jurés et le *commoignemeester*, comme cela se pratiquait depuis 1303.

Attitude du duc.

Entretemps la duchesse avait eu hâte d'aller avertir son mari, qui était pour lors à Tervueren. Les patriciens s'étaient empressés de prendre le même chemin. Le duc, un impulsif, à la nouvelle de ce qui s'était passé et de la façon dont le commun avait accueilli les démarches de sa femme, entra dans une violente colère (3). Il jura par sa foi (4) de châtier cette ordure populaire (5) comme elle le méritait et de défendre jusqu'au bout ses chers patriciens.

Il s'allie au patriciat, 22 février.

Ceux-ci mirent ce courroux à profit et s'empressèrent de faire consigner par écrit ces belles promesses. Peut-être se souvenaient-ils de l'inconstance du duc lors du siège de Malines. Le 22 février,

---

(1) Comparer le rôle de la duchesse à celui de Robert de Béthune à Bruges en 1280. (WARNKOENIG-GHELDOLF, t. IV, p. 102.)

(2) HENNE et WAUTERS, t. I, p. 82, n. 2.

(3) Daer omme begonste die hertoghe haten
    D'e ghemeente van dier stede,
    Dat si versmaden sijns wijfs bede.
       (Brabantsche Yeesten, t. I, p. 430, vv. 450-453.)

(4) « Bi onsen trouwen ende met gezworen Eede » (acte du 22 février cité ci-après.)

(5) « Illa fæx civitatis », (BARLANDUS, p. 51.)

par un acte en bonne et due forme, Jean II s'engageait pour lui
et pour ses hoirs à rétablir « ses bonnes gens de Bruxelles, c'est-
à-dire ceux des lignages », dans leur ancien état. La constitution
antérieure à 1303 serait rétablie, la ville administrée exclusivement par l'amman ducal et les échevins, toujours choisis exclusivement dans les lignages. Si, pour arriver à cette restauration,
il survient quelque différend ou quelque guerre avec le commun
de Bruxelles ou avec n'importe qui, quels que soient le dommage
ou les circonstances, les patriciens sont absous d'avance de tout
forfait tombant sous la sanction des lois. De plus, le duc promet
de ne conclure ni paix, ni compromis d'aucune sorte, sans le
consentement des lignages. La solennité de l'acte est encore
rehaussée par le témoignage des principaux seigneurs de la cour:
Jean, sire de Cuyck, et son fils Otton, le drossard de Brabant
Wautier de Wineghem, et Florent Berthoud, seigneur de Berlaer et de Humbeke (1).

4 mars.

On retrouve chez les patriciens toute la finesse du marchand:
ils réussissent ce prodige d'habileté : se faire solliciter par le duc
de le secourir contre les révoltés! Et ils osent même mettre à leur
appui des conditions — acceptées le 4 mars : c'est que tous les
dommages qu'ils subiront du fait des événements devraient être
entièrement réparés, avant qu'une paix ou un accord soit conclu (2).

Essai de conciliation.

Sommés par le duc de rentrer dans l'obéissance ou effrayés de
l'attitude prise par le prince à leur égard, les métiers essayent
de l'apaiser, en lui faisant comprendre que ce n'est pas à son
autorité qu'ils en veulent et qu'ils sont prêts à la conciliation.
Le 19 mars, le communemestre, les jurés et les métiers de Bruxelles (apparaissant ici pour la première fois) (3), s'engagent

---

(1) Luyster van Brabant, I, p. 65. Cet acte fut cassé en 1477.

(2) Luyster van Brabant, I, p. 63.

(3) Les noms de 36 métiers sont cités. Henne et Wauters (t. I, p. 83) et
M. Des Marez (Organisation du travail, p. 14) ont reproduit cette liste.

unanimement, par devant les échevins, sur leur vie et sur leurs biens, à observer fidèlement toute décision que le duc pourrait prendre, par le conseil de ses bonnes gens, pour rétablir l'ordre dans la ville, de façon à ce que chacun puisse y vivre libre de toute contrainte de la part d'autrui. Tout le reste de la population soutiendrait le duc contre le métier ou l'homme de métier qui enfreindrait cette promesse (1). M. Des Marez fait remarquer que le mot *ambacht* n'est pas pris ici dans le sens de corporation organisée avec jurés, caisses, assemblées, règlements officiels, etc. Il désigne un groupement économique non encore émancipé mais déjà conscient (2). Le même jour, 19 mars 1306, un accord est conclu entre la commune et les lignages: les deux partis s'engagent à peu près dans les termes de l'acte précédent à accepter la décision souveraine du duc. Les comtes de Gueldre, de Luxembourg, de Juliers, de Looz, de Vianden, de nombreux autres seigneurs de moindre importance, les villes de Louvain, de Malines, d'Anvers, de Bois-le-Duc, de Tirlemont, de Nivelles, de Léau se portent garants de l'exécution de cet accord (3).

Il échoue.

Cette tentative de conciliation était condamnée à échouer: les conditions que le duc s'était engagé envers les lignages à mettre à la conclusion de la paix, ne pouvaient être acceptées des démocrates aussi longtemps qu'il leur restait quelque espoir d'y échapper. Mieux valait la résistance, qui laissait subsister l'espoir de vaincre, à une soumission passive et immédiate à la réaction. Le peuple, d'ailleurs, avait confiance en ses forces, ne venait-il pas d'expulser de la ville l'ennemi héréditaire? Les pourparlers ne furent pas poussés plus loin.

---

(1) Brabantsche Yeesten, t. I, p. 723.

(2) Organisation du travail, p. 14, n. 1. — L'organisation officielle bien connue n'apparait qu'à partir de 1365 et c'est vers 1430 seulement qu'elle sera définitivement fixée.

(3) Luyster van Brabant, I, p. 63.

III. — LE TRIOMPHE DE LA REACTION

Blocus de Bruxelles.

Pendant plus d'un mois le gouvernement démocratique administra alors Bruxelles. Le gens du duc et les patriciens, en observation à Tervueren et à Vilvorde bloquaient étroitement la ville (1) et n'attendaient que la première occasion pour s'élancer sur elle et y rentrer en maîtres : ce ne serait pas bien difficile, du côté d'Anderlecht et de Molenbeek, la vieille enceinte ne résisterait pas à la moindre attaque (2). Le commun, pressé de mettre fin au malaise économique résultant de cette guerre civile et conscient de l'impossibilité de défendre la ville contre un assaut en règle, résolut de prévenir le danger et de provoquer une décision: le 1er mai, il sortait en armes de la ville et, rangé en bataille, bannières déployées, il marche sur Vilvorde où le duc est établi.

Le combat de Vilvorde. — 1er mai.

Quand les gens du duc aperçurent cette troupe s'avançant à travers prés, ils ne surent d'abord ce qu'elle leur voulait. Ils se laissèrent ainsi surprendre et ce n'est que quand les communiers furent à proximité qu'ils comprirent à leurs gestes qu'ils cherchaient bataille. Malgré la situation défavorable de ses troupes et leur petit nombre, le duc, suivi seulement de quelques seigneurs de sa maison militaire et d'une partie des patriciens bruxellois, charge à fond de train l'ennemi qui l'attend de pied ferme. L'impétuosité de son caractère faill.. alors lui être fatale, car les prolétaires, sachant leurs piques inutiles contre les épaisses armures, ont cherché le ventre des chevaux : en quelques minutes le duc et sept de ses compagnons sont désarçonnés. Un moment on put croire que les artisans allaient l'emporter ; mais

---

(1)   Die ghemeente en dorste, clein noch groot
       Ute Brusele steken thoet.
                    (Brabantsche Yeesten, t. I, p. 430, vv. 456-466.)
(2) DES MAREZ, Les Monuments civils et religieux, p. 157.

les troupes ducales restées en arrière accourent à la rescousse, les
milices patriciennes se reforment; plus habiles à manier la
navette ou l'outil que les armes, les ouvriers succombent sous les
coups de leurs adversaires, soixante-dix sont massacrés; le reste,
à toutes jambes, fuit pour aller se mettre à l'abri dans ses murs.
ᴜien qu'alourdie par ses massives cuirasses, la cavalerie ducale
les talonne sans peine et avant que les portes aient pu se fermer
entre eux et les derniers fuyards, les seigneurs ont franchi l'enceinte.

La terreur patricienne.

Bruxelles est reconquis! Le régime démocratique a vécu, les
tisserands et les foulons dont on parvient à s'emparer sont enter-
rés vifs (1), les amendes pleuvent. Et dans ces jours de printemps, l'horreur et le deuil planent longuement et silencieusement sur la ville:

> Het was een cranc mei dat si haelden
> Want sijt swaerlike betaelden
> Met scanden ende met smerten (2).

*
* *

La Restauration.

Cette période de terreur finie, il s'agit de réorganiser l'ancien
régime. Les chartes du 12 juin 1306 y pourvurent: l'une restaura
l'ancien ordre politique, l'autre l'ancienne organisation économique.

---

(1) « De textoribus et fullonibus vivis sepultis » (acte du 7 juin 1312,
Brabantsche Yeesten, t. I, p. 750). M. Pirenne aurait voulu lire « In viis
sepultis » (Histoire de Belgique , t. II, 1ʳᵉ éd., p. 46, n. 4). M. Des Marez
montra le bien fondé de l'ancienne interprétation dans une Note sur la
peine de l'Enfouissement (Bulletin de la Commission royale des anciennes
lois et ordonnances, t. X, fasc. 2, pp. 125-133), M. Pirenne se rallia à ses
arguments (op. cit., t. II, 2ᵉ éd., p. 49, n. 1.)

(1) Brabantsche Yeesten, p. 431, v. 485-488.

Politique.

S'appuyant sur les actes du 19 mars, par lesquels les partis en présence s'engagent à accepter sa sentence quelle qu'elle soit, Jean II, « après mûre délibération et consultation de ses bonnes villes, d'hommes sages et distingués et de juristes »; établit ce qu'il croit être nécessaire pour maintenir en paix dans sa chère ville de Bruxelles pauvres comme riches et pour y faire revivre l'ancienne activité économique. Conformément aux promesses faites par lui aux lignages le 22 février précédent, il commence par supprimer la « commoignie » que le peuple s'était donnée en 1303. Toute institution de ce genre est interdite à l'avenir, à cause des excès qu'elle a amenés et envers le duc, et envers les patriciens, et envers la ville. Tous les privilèges, d'ailleurs, accordés depuis le 6 mai 1303 sont abolis. L'ancienne « keure » avec les bons usages qui la complètent, reste en vigueur. Les lignages, dont nous trouvons pour la première fois ici les noms (1), sont rétablis dans leurs antiques prérogatives: avec le concours de l'amman (2), ils administreront la ville, par l'intermédiaire des échevins, issus de leurs rangs, et renouvelés comme auparavant, tous les ans par cooptation avec l'approbation du duc. Les échevins ne peuvent être réélus deux fois de suite.

Sont à la merci du duc la vie et les biens des ouvriers qui tiendraient quelque réunion ou conseil, feraient des collectes sans l'autorisation de l'amman et des échevins ou en l'absence des délégués des autorités. Celles-ci peuvent quand elles le veulent confisquer les armes des artisans: aucun ouvrier ne peut venir en armes au secours d'un autre, à moins qu'il ne soit son parent. Chaque soir, les tisserands et les foulons auront à évacuer la ville, aucun d'eux ne peut être trouvé la nuit à l'intérieur des murailles, toujours sous peine de voir sa vie et ses biens à la discrétion du duc. En cas de nouvelle révolte des hommes de métier, l'amman ou son représentant devra soutenir les lignages, et s'il

---

(1) Voici ces noms tels qu'on les trouve dans le Luyster van Brabant : 's Huges 's Kints, des Weerts, des Leus, Rodenbeke, Seroloets, uten Steenwege, Coudenberge. Légères variantes dans A nymo (t. II, f. XCII, Archives de la ville de Bruxelles) : Shugeskints, Leeus, Serloloofs.

(2) L'amman est désigné ici sous le nom de *rechter*.

ne le faisait pas, quelques moyens que les patriciens emploient pour se défendre, ils seront reconnus légitimes.

Les échevins auront l'administration de l'hôpital Saint-Nicolas. Les revenus de cette fondation patricienne seront affectés uniquement à secourir les membres des lignages tombés dans la misère, sans tenir compte des précédents créés par l'emploi de ces fonds. La bienfaisance elle-même devenait affaire de classe !

Enfin, ou décidait que, pour bien marquer la volonté des deux partis urbains d'observer cette loi, le sceau de la ville de Bruxelles, qui leur était commun, y serait apposé. Comme témoins intervinrent le comte Gérard de Juliers, Arnould comte de Looz et de Chiny, le sire de Cuyck, Florent Berthoud seigneur de Berlaer, Rasse seigneur de Liedekerke et de Breda, et de nombreux autres seigneurs féodaux, parmi lesquels les grands dignitaires du duché : le maréchal Arnould de Wesemale et le drossard Henri de Wange (1).

Economique.

Dans sa sentence économique, après avoir développé les mêmes considérations que dans la précédente, le duc supprimait, comme il venait de supprimer la « commoignie », les privilèges accordés aux artisans en 1303 en ce qui concernait la gilde. Celle dont faisaient partie les ouvriers est abolie ; une nouvelle gilde est constituée, elle est réservée aux anciens membres de la gilde capitaliste et à leurs descendants. Pour y entrer l'artisan devra abdiquer son métier et payer un droit d'entrée de 30 marcs, ce qui est la plus forte taxe que la gilde puisse imposer. La nouvelle gilde a le monopole de la fabrication des draps et des toiles écarlates, teints en graine ou en n'importe quelle couleur. C'est elle qui mesure l'hydromel, le pastel, pèse la potasse, la garance, l'alun, le bois de brésil, les graines tinctoriales, le beurre et la laine.

La gilde réglemente tout ce qui regarde les tisserands, les foulons, les teinturiers, les noppeuses, les cardeuses, en un mot tous ceux qui travaillent la laine. Elle surveille la vente des draps et l'entretien des chassis à filer.

---

(1) Luystèr van Brabant, p. 66 ss. Cette charte fut cassée par Philippe de Saint-Pol, le 2 août 1421. — Une analyse latine très incomplète se trouve dans Miraeus, « Opera diplomatica », 2e éd. par Foppens (Louvain, 1723), t. I, p. 779.

Cette autorité de la gilde s'exerce par un conseil, composé des échevins, des doyens de la gilde et de huit assesseurs, que l'on appelle simplement les VIII de la gilde. Ce conseil peut faire prendre des gages pour que ses décisions soient respectées, il envoie à cet effet les doyens ou des sergents. L'amman est tenu de faire exécuter les décisions du conseil, au nom du duc et de la ville de Bruxelles.

Les VIII sont choisis annuellement par les échevins, dans les lignages (1); après leur élection, ils se réunissent avec ces mêmes échevins pour élire, toujours parmi les lignages, les deux doyens de la gilde. Après leur nomination, les doyens et les huit prêteront serment de maintenir les droits de la ville et de la gilde. Tout conflit concernant celle-ci sera réglé par les échevins, sous réserve de l'approbation ducale.

Quelque violente que fût la réaction, il est cependant des bornes qu'elles n'osa dépasser. Peut-être d'ailleurs, les patriciens songeaient-ils déjà à se rapprocher de la moyenne bourgeoisie, des petits patrons tisserands indépendants notamment, pour pouvoir mieux dominer le prolétariat salarié. On reconnut donc à chacun le droit de fabriquer et de vendre tous les tissus dont les frères de la gilde n'avaient pas le monopole et de pratiquer l'importation des laines, notamment d'Angleterre, ainsi que des autres marchandises (2). C'étaient précisément les mêmes concessions que Guy de Dampierre avait faites à Ypres en 1281.

Analogie avec autres révolutions.

On ne saurait d'ailleurs trop rapprocher les événements de Flandre de 1280-1281 — et ceux de Huy de 1299 — de ceux que nous venons d'analyser, ce sont les mêmes griefs du populaire, le moment est identique : pour la première fois les desiderata sur l'organisation politique viennent s'ajouter aux plaintes d'ordre

---

(1) Cette clause donna lieu peu de temps après à un conflit entre patriciens. La validité de l'élection des VIII faite par les échevins fut contestée. Le 12 juillet 1306, le duc la reconnut valable et confirma solennellement la clause controversée (acte publié par Pirenne, C. R. H., 1894, p. 57.)

(2) Brabantsche Yeesten, t. I, pp. 724 et ss.

économique. Enfin, les événements se déroulent de façon semblable et se terminent par un échec analogue des plébéiens (1).

Conséquences de la révolution à Bruxelles.

La double sentence du 12 juin 1306 apparaît dans l'histoire des villes brabançonnes du moyen âge comme le code de la réaction patricienne. On retrouvera sans peine la plupart de ses articles disséminés dans les chartes antérieures des villes de Flandre, de Brabant ou du Pays de Liége; mais aucune n'en avait encore formé un ensemble si coordonné, si imposant, si redoutable.

Comme corollaire et pour mettre le gouvernement à l'abri des attaques, que pourraient tenter les ouvriers de la draperie exclus chaque nuit de l'enceinte, les fortifications, si insuffisantes au sud-ouest, furent complétées par la création d'un nouveau rempart et de la porte de l'*erloren Cost* (2). Enfin, les moines mendiants, ces mystiques et farouches alliés du prolétariat furent l'objet d'une surveillance sévère de la part du gouvernement: en 1311, l'accès de la ville fut interdit aux dominicains (3)

L'effet de ces diverses mesures réalisa pleinement l'espoir de ceux qui les avaient inspirées: pendant plus d'un demi-siècle la vie municipale bruxelloise s'en ressentit directement, le triomphe démocratique en fut considérablement retardé, la domination des patriciens reprit une vigueur nouvelle. En 1326, ils parvinrent à se rattacher par quelques concessions une partie de la moyenne bourgeoisie (4). Considérablement affaiblis par tous ces événements, soumis constamment au régime de la terreur, ce ne sera qu'en 1360, que, malgré leur état misérable, les ouvriers bruxellois oseront de nouveau tenter de secouer le joug. Ce n'est qu'en 1421, après ceux de toutes les autres grandes villes de nos régions, qu'ils obtiendront définitivement le droit d'envoyer leurs représentants siéger à l'hôtel de ville.

***

---

(1) Cf. WARKOENIG-GHELDOLF, t. IV, pp. 101 ss. et 270, t. V, pp.381 ss; MÉLART et GORRISSEN, Histoire de la ville et du château de Huy (Huy, 1839), pp. 161-166.

(2) DES MAREZ, Monuments civils et religieux, p. 57.

(3) HENNE et WAUTERS, t. I, p. 87.

(4) DES MAREZ, Luttes sociales à Bruxelles, p. 308.

Conséquences en Brabant.

Nous avons vu que dès 1305, la réaction avait repris courage dans la plupart des villes brabançonnes. La chute du gouvernement révolutionnaire à Bruxelles, ce fut la mort de tous les espoirs démocratiques dans le duché:

> In Brabant worden, bi desen valle
> Die meentucht gheleet af alle (1).

Dès ce jour la réaction partout va s'imposer triomphante et quelques mois vont lui suffire. pour rétablir, renforcer même, l'ancien état de choses.

Louvain.

Les patriciens de Louvain, qui avaient eu la plus grande peine à réprimer chez eux les émeutes des tisserands et des foulons, exaltés par les premiers triomphes des démocrates bruxellois, virent d'un œil jaloux les garanties obtenues par leurs confrères de Bruxelles. Le duc, moyennant une rente payable pendant vingt ans, consentit volontiers à leur en fournir de semblables: la charte du 17 septembre 1306 interdit aux ouvriers les collectes; défend les rassemblements ou les conciliabules de plus de quatre personnes: ceux-ci ne peuvent avoir lieu qu'en présence d'un délégué du maire et des échevins; les ouvriers doivent livrer toutes leurs armes et des perquisitions seront faites à ce sujet par le maire. De même qu'à Bruxelles, l'officier du prince est tenu de prêter son appui aux patriciens et s'il ne le fait pas ceux-ci pourront se défendre par tous moyens qu'ils jugeront bon. Les échevins, les doyens de la gilde et les jurés seront choisis exclusivement dans les lignages. Enfin, de nombreux bannissements à perpétuité sont prononcés contre les chefs tisserands (2).

---

(1) Brabantsche Yeesten, t. I, p. 431, vv. 495-496. — Cf. aussi le passage de De Dynter, c.té ci-dessus, p. 15, n. 1.

(2) Brabantsche Yeesten, t. I, pp. 732 et 736.

Anvers.

Après Louvain, ce fut le tour d'Anvers: le 6 décembre 1306, un acte déclare que les échevins continueront comme par le passé à réglementer les ouvriers ainsi qu'il leur paraîtra le plus avantageux. Le duc s'engage à observer les règlements établis et à n'accorder aux métiers aucune « liberté ». La gilde, qui apparaît ici pour la première fois (1) et semble très faible encore, est soumise à l'autorité de l'écoutète et des échevins (2). Mais sa puissance s'accroît vite: dès 1308 elle obtient le droit de réglementer le travail de la laine, avec l'approbation des échevins, et elle peut prendre des gages pour recouvrer les amendes qu'elle inflige aux ouvriers. Toute tentative de changement de régime, toute grève, toute collecte, toute assemblée, tout essai de groupement en corporation sont interdits. Le marchand de drap qui ne fait pas partie de la gilde ne peut s'établir dans les halles et a à payer des droits spéciaux pour faire le commerce d'importation. Enfin, pour entrer dans la gilde l'ouvrier doit renoncer à son métier et payer une forte somme (3).

Diest. Nivelles, Tirlemont, Léau.

Diest (4), Nivelles (5), Tirlemont virent rétablir chez elles l'ancien régime. Dans la dernière de ces villes on s'attache spécialement à faire disparaître toutes traces de la constitution de 1303: il n'est plus question de demander l'avis des bonnes gens des métiers, le maître de la commune disparaît. Les doyens de la gilde recouvrent leurs anciens privilèges. Et enfin, la clause traditionnelle selon laquelle le maire est tenu d'accorder son appui aux patriciens, faute de quoi ceux-ci pourront se défendre par n'importe quels moyens sans encourir le moindre blâme (6).

---

(1) MERTENS et TORFS, t. II, p. 133.

(2) Brabantsche Yeesten, t. I, p. 737.

(3) MERTENS et TORFS, t. II, p. 560. — VANDER LINDEN, Gildes, pp. 51 à 53.

(4) Brabantsche Yeesten, t. I, p. 728.

(5) TARLIER et WAUTERS, Nivelles (Géographie et histoire des communes belges), p. 34.

(6) BETS, Histoire de Tirlemont, p. 264: Privilège du 1er octobre 1306. Cf. WAUTERS, Tirlemont (Géographie et histoire des communes belges), p. 33.

Léau enfin, subit le sort commun. Le 7 mai 1307, une charte, calquée sur les précédentes, interdit les collectes, ainsi que les réunions de plus de quatre personnes auxquelles n'assisteraient pas les délégués des échevins et des mambours. Confiscation des armes des métiers, bannissements perpétuels, appui du maire aux patriciens, etc., tout l'arsenal de la réaction (1).

Cette restauration générale devait avoir pour conséquence logique le développement de l'alliance, renouée à l'instigation de Louvain en 1305, entre les villes restées patriciennes. C'est ce qui arriva: le comte de Flandre lui-même, Robert de Béthune assura la ligue de son appui (2).

* * *

La lueur fulgurante, qui avait illuminé au début du XIV⁰ siècle les cœurs des artisans brabançons, était éteinte. Les ouvriers bruxellois avaient joué dans ce mouvement démocratique le premier rôle : c'est vers eux que de tous les points du Brabant montaient les espoirs d'un prolétariat qui se croyait enfin libéré. Leur chute fut aussi profonde que rapide: jamais plus au moyen âge, Bruxelles ne devait se trouver comme alors à l'avant-garde de la démocratie brabançonne. Lorsque les grondements sourds, qui emplirent toute la première moitié du XIVᵉ siècle, s'exhalèrent dans la formidable révolte de 1360, c'est Louvain qui donne l'exemple. Et, quand en 1421, les métiers bruxellois parviendront enfin au pouvoir, la question de savoir qui dirigerait les villes, de l'oligarchie ploutocratique ou de la démocratie, était partout résolue et n'inquiétait plus les esprits: tous les regards étaient déjà tournés vers la lutte qui s'annonçait grandiose entre les villes, ardentes d'autonomie, et l'Etat moderne qui concentrait chaque jour davantage la puissance aux mains du prince.

(1) BETS, Zout-Leeuw, t. I, pp. 86 ss.— Brabantsche Yeesten, t. I, p.741.
(2) Brabantsche Yeesten, t. I, p. 729. Cf. VANDERLINDEN, Geschiedenis van de stad Leuven, p. 22.

Souvenirs d'Ernest Nys

——

Bien qu'ils ne fussent pas destinés à la publicité, — Nys le dit lui-même au cours du manuscrit, — ces « Souvenirs » nous semblent intéressants et caractéristiques de la personnalité de l'auteur. Ils sont tout à son honneur, dans leur simplicité et dans leur cordialité à l'égard de ses maîtres et de ses collègues.

Nous remercions M. M. Simoens, neveu et héritier d'Ernest Nys, qui nous a autorisés à faire cette publication. Les « Souvenirs » seront ainsi connus des amis du défunt; ceux-ci verront qu'il a pensé à eux en terminant ses notes, qu'il espérait d'ailleurs continuer un jour.   N. D. L. R.

C'était en 1874. J'étais jeune, j'étais plein d'enthousiasme pour la vie qui s'ouvrait devant moi. Je venais de terminer mes études à l'Université de Gand et de recevoir, le 10 avril, le grade de docteur en droit. Sur le conseil de François Laurent, le professeur illustre, je me décidai à compléter mes travaux académiques par la fréquentation de cours à l'Université de Heidelberg. Muni d'une lettre d'introduction pour Bluntschli avec lequel il était lié d'amitié, je partis, le 29 mai, pour la jolie ville universitaire.

Ces dates n'ont guère d'importance sans doute; si je les mets, c'est pour mon souvenir personnel. Les pages que je rédige en ce moment ne sont point destinées à la publicité. Je les écris par plaisir, voulant jeter un coup d'œil sur ma vie, sur mes actions et surtout remémorer les personnalités de marque avec lesquelles j'ai été en rapport.

Je mis quelques jours à arriver à Heidelberg. Logeant successivement à Cologne, à Coblentz et à Mayence, empruntant la route majestueuse du Rhin pendant la première partie du parcours, j'arrivai à Heidelberg au commencement de juin. Que tout cela était beau! La sensation de fraîcheur et de joie dans l'existence s'imposait; le bonheur de vivre s'affirmait. La riche nature,

la situation privilégiée, au loin les collines, dans le haut les ruines
imposantes du château, tel était le cadre physique; les leçons de
maîtres éminents, la fréquentation de la bibliothèque, les conversations avec les amis dont on faisait la connaissance, remplis-
saient la journée, apportant une ample provision d'aperçus nouveaux, d'idées nouvelles.

Ma première visite fut pour Bluntschli. Je lui remis la lettre
d'introduction et deux volumes des *Principes de droit civil* que
Laurent m'avait confiés.

Né à Zurich le 7 mars 1808, Ivon Gaspard Bluntschli avait
alors 66 ans. Il avait enseigné à l'Université de Zurich, dès sa
fondation en 1833; à l'Université de Munich, à partir de 1848
et il occupait une chaire à l'Université de Heidelberg depuis 1861.
Alphonse Rivier a fort bien noté la caractéristique de l'activité
scientifique de Bluntschli. « Au lieu de se rétrécir », dit-il,
« comme tant d'autres, en avançant en âge, cette noble intelligence se développa sans cesse en largeur et en hauteur. Du
droit zurichois, Bluntschli avait passé au droit suisse et au droit
allemand, puis au droit public général: c'est le droit international qui fera désormais l'objet favori de ses études, et il y joindra
toujours plus une tendance à la vulgarisation, dans le sens élevé
de ce mot. On la lui a reproché, on y a voulu voir un abaissement de son talent. J'y vois plutôt le contraire, et quand, au
déclin de sa vie, un prince de la science et de la pensée, s'efforce
de mettre ses trésors à la portée des petits et des faibles, il me
paraît faire une œuvre de dévouement dont une âme épurée est
seule capable. »

Le savant professeur me reçut fort affectueusement; il me parla
avec éloge de Laurent. Il n'a, du reste, jamais cessé de lui rendre
hommage; il suffit pour s'en convaincre de parcourir ses livres
et surtout ses mémoires. Un lien unit ces grands hommes: l'amour
de la liberté et la lutte contre les prétentions de l'Eglise romaine;
puis tous deux avaient une tendance mystique, bien que celle-ci
fut développée à un degré plus grand chez Bluntschli. Il se fit
que Laurent fut mêlé aux luttes politiques du grand-duché de
Bade. J'ai retrouvé deux brochures publiées dans le grand-duché.
L'une est un recueil de lettres échangées entre Bluntschli et
Laurent; elle ne porte pas le nom des auteurs, l'autre indique
le nom de Laurent. Les questions politico-religieuses, et surtout
la question de l'enseignement en font l'objet. Il est probable

qu'il existe de cette collaboration d'autres écrits, car Laurent a composé maint *tract* politique ou religieux que des associations politiques, les loges maçonniques ou de simples particuliers faisaient imprimer et répandre. Bluntschli lui-même intervint à plus d'une reprise dans la politique belge; en plus d'une circonstance, il écrivit à ce sujet des études remarquées.

Dans les conversations que j'eus avec lui, Bluntschli s'étendit sur le mérite du professeur de Gand. Il me dit qu'il se plaisait à faire connaître ses livres en Allemagne. « Je les ai *propagandés* », telle est une de ses expressions.

Bluntschli était franc-maçon convaincu et zélé. Il m'engagea vivement à me rendre aux réunions amicales qui se tenaient dans le beau jardin de la loge: *Ruprecht zu den fünf Rosen*, les travaux maçonniques étant suspendus pendant les mois d'été. Il avait été initié à la loge, *Modestia cum libertate*, au mois de février 1834 et affilié à la loge de Heidelberg en 1864; depuis 1872, il était grand maître de la Grand'Loge *Au Soleil* de Bayreuth (1). J'appartenais à la loge *La Liberté* de Gand où j'avais été initié le 30 octobre 1873. En 1874, le vénérable de la loge de Heidelberg était E. Laur qui enseignait à l'université la littérature française.

Au sujet de Bluntschli franc-maçon, je rappellerai le discours qu'il prononça, en 1844, lors de la fondation de l'*Union des loges suisses*, et dans lequel il traita de la situation de la maçonnerie devant l'Etat et devant les Eglises. Il posait la question en ces termes: « La maçonnerie aurait-elle un avenir propre sans l'Etat ni l'Eglise ou à côté de l'Etat et de l'Eglise? A-t-elle vraiment un principe de vie qui lui soit propre, qui n'appartienne ni à l'Etat, ni à l'Eglise, qui ne puisse ni s'y faire reconnaître, ni y trouver son entier développement? » Bluntschli entendait par Eglise la communauté religieuse des hommes, de même qu'il entendait par l'Etat leur communauté politique. A la question qu'il posait, il répondait négativement. « L'Etat et l'Eglise, dans leur acception la plus élevée, » disait-il, « comprennent toute la vie humaine; hors d'eux, il ne reste plus de place pour une autre communauté d'hommes. » Telle était la situation qu'il prônait quand l'Eglise et l'Etat accomplissaient la mission qu'il leur assignait. Mais il

---

(1) La loge *Zur Sonne* de Bayreuth fut fondée en 1741 par le margrave Frédéric de Brandebourg-Culmbach (1711-1763).

se rendait compte de la réalité. « L'Etat et l'Eglise présents »,
ajoutait-il, « n'ont pas toujours conscience de leur principe de
vie; souvent ils le méconnaissent, le nient, le blessent. Le principe de l'humanité a-t-il une fois complètement pénétré l'Etat et
l'Eglise, est-il reconnu et réalisé en général par ceux-ci, alors la
maçonnerie a cessé d'exister. Mais, aussi longtemps que l'Etat et
l'Eglise ne sont pas devenus complètement humains, aussi longtemps la maçonnerie a dans l' « humanité » un principe qu'elle
peut revendiquer relativement par elle-même, aussi longtemps
elle a le droit d'exister. » Bluntschli déterminait la sphère d'action: « Où commencent à se montrer dans les Eglises l'esprit de
persécution et les accusations d'hérésie, là commencent la tâche
de la maçonnerie et son devoir d'entrer en lice en faveur de l'humanité, qui admet diverses directions et diverses formes. »

J'eus plusieurs fois l'occasion de voir Bluntschli de près, à
l'université où je suivis ses cours et au *Museum*, cercle littéraire,
où il se rendait l'après-midi. En 1875, l'illustre écrivain adressa
à la *Flandre libérale* deux articles fort importants que je fus
chargé de traduire en français et dont la *Gegenwart* de Berlin
publia le texte original dans ses numéros du 12 et du 19 juin.
En 1879 et dans les deux années suivantes, je publiai, dans la
Revue de droit international, la traduction des études sur le
Congrès de Berlin, dont le manuscrit allemand m'avait été remis.
En 1880, j'eus l'honneur d'assister à la session de l'Institut de
droit international tenue à Oxford. Je remplissais les fonctions
de secrétaire adjoint. C'est alors que fut discuté le *Manuel des
lois et coutumes de la guerre sur terre*. De très hautes personnalités scientifiques étaient présentes et prenaient part aux débats.
Je citerai Mountague, Bernard, Bluntschli, Gessner, Hall, Holland, de Laveleye, Lorimer, de Neuman, Leiman, Rolin-Jacquemyns et Westlake (1). J'assistai à la cérémonie où Bluntschli et

---

(1) Le 20 octobre 1884, Rolin-Jacquemyns me raconte, au sujet de
Bluntschli, que celui-ci avait les idées que voici: à Oxford, il avait dit à
Rolin-Jacquemyns que la fin du XIXe siècle serait marquée par les faits
les plus extraordinaires : une grande alliance embrasserait tous les peuples
de l'Europe ; la paix serait assurée ; un arrangement pareil à l'amphic-
tyonie serait conclu. Ce serait là la mission de l'Europe. Le tour de l'Amérique arriverait plus tard. A comparer les mémoires de Bluntschli, Gonzenbach disait de Bluntschli qu'il était fou. Il l'a dit et redit à Rivier.

Rolin-Jacquemyns furent reçus comme docteurs en droit civil;
le même honneur était destiné à Esquirou, de Parieu et à Man-
cini; leur absence les en priva. Trente années plus tard, dans la
même salle historique du Sheldonian Theater, je fus proclamé, à
mon tour, docteur en droit civil de la glorieuse université; je
l'écrivis à Thomas Erskine Holland: ce fut la plus grande joie
scientifique de ma vie.

A Heidelberg, dès les premiers jours de mon arrivée, j'avais
eu le très grand plaisir de faire la connaissance d'un docteur en
droit de l'Université de Bruxelles, Edgar Hulin; grâce à lui, je
fus présenté à deux groupes d'amis aimables, prévenants; l'un
de ces groupes était composé de Suisses français; l'autre groupe
était formé d'Allemands. Je vis ainsi de près ce que sont les
étudiants d'une université allemande; je conçus pour mes camarades la plus vive affection.

Les leçons de Bluntschli m'intéressèrent énormément. Je fréquentai, d'ailleurs, les cours d'autres professeurs, mais occasionnellement, sans prendre d'inscription et en mettant à profit
la tolérance que les maîtres allemands pratiquent au sujet des
étudiants que la curiosité légitime et l'amour de s'instruire
amènent dans leur auditoire. A cette époque enseignaient Henri
Zöpfl, Achille Renaud, Heinze, Karlowa, pour citer les noms de
professeurs ordinaires de la faculté de droit; Knies, Bunsen,
Kirchhof appartenant à la faculté de philosophie; Hitzig faisant
partie de la faculté de théologie.

La Bibliothèque était riche et hospitalière.

L'enseignement était prodigieux. L'étendue des matières frap-
pait le jeune Belge qui se souvenait du programme étriqué de son
université; la large liberté de pensée, les idées multiples qui
étaient développées l'enthousiasmaient. La lutte à ce moment
était grande : on entendait la vérité; on assistait même aux
débats; car les maîtres avaient dans l'exposé de leur doctrine
l'indépendance complète et ne devaient point s'abstenir de scruter
et d'examiner, sous prétexte de neutralité ou de respect pour les
convictions de leurs auditeurs.

Généralement, les leçons étaient prononcées avec simplicité,
sans effort vers l'éloquence; elles se distinguaient par la clarté.
Des thèses nouvelles étaient exposées; les auditeurs assistaient
fréquemment à la discussion de théories que venait défendre quelque grande personnalité et étaient ainsi mis au courant des idées

actuelles, au lieu de rester confinés dans le passé. N'avais-je pas suivi, dans mon pays natal, un cours de droit public où l'auteur le plus récent invoqué par le professeur était Benjamin Constant? Tous les professeurs avaient publié et continuaient à publier de savants livres. L'émulation les y poussait aussi bien que le goût personnel, car des professeurs extraordinaires et des privat-docents ouvraient des auditoires à la jeunesse studieuse et invitaient pour ainsi dire celle-ci à procéder elle-même au choix de ses éducateurs.

Le sentiment qu'inspirait nécessairement le séjour dans une université allemande est le respect pour la grande et active vie intellectuelle qui y règne. Le spectacle auquel assistait l'étudiant l'émerveille. Comment ne pas se livrer au travail assidu devant des exemples tels que ceux que donnent les maîtres eux-mêmes d'un labeur continuel et d'un labeur innovateur, pour employer le mot!

L'Université de Heidelberg, la *Ruperto-Carolina*, a été fondée, en 1386, par l'électeur palatin Rupert Ier et réorganisée, en 1802, par Charles-Frédéric, grand-duc de Bade. Pour le publiciste de droit international, elle offre un intérêt historique. C'est là que fut créée la première chaire de droit de la nature et des gens. Le fondateur est l'Electeur Charles-Louis. Celui-ci s'était proposé de donner un nouveau lustre à l'université et il voulut y appeler des maîtres éminents. Il avait fait offrir à Spinoza une chaire de philosophie que le grand homme refusa; il fonda la chaire du droit de la nature et des gens, en 1660, et il y appela Samuel Pufendorf. « En même temps que l'Electeur Palatin », écrit Jean Barbeyrac, donnait à Pufendorf une si haute marque de bienveillance, il s'assurait à lui-même une gloire immortelle par l'exemple qu'il donnait de faire enseigner publiquement une science nécessaire à la jeunesse et à tout le monde, mais que personne ne s'était encore avisé d'introduire dans les académies. » En 1667, le r i de Suède Charles XI forma le dessein de fonder une université. Il était le fils de Charles-Gustave, duc de Deux-Ponts, que les Etats avaient choisi pour remplacer sur le trône la reine Christine qui avait abdiqué. Le nouvel établissement de haut enseignement fut créé à Lund en Scanie et Samuel Pufendorf se vit offrir la chaire primaire de droit. « L'électeur Palatin », dit Jean Barbeyrac, « fut fâché de perdre Pufendorf, mais il ne voulut pas l'obliger à rester et il consentit qu'il acceptât le poste plus lucratif et plus avantageux qu'on lui offrait. »

Samuel Pufendorf eut comme successeur à Heidelberg Henri Cocceji; au moment de sa nomination, celui-ci avait l'intention de se fixer à Spire et de s'y livrer à la pratique du droit. Cocceji enseigna à Heidelberg de 1672 à 1688; en cette dernière année, il fut nommé professeur à Utrecht; mais il ne tarda pas à rentrer en Allemagne; à partir de 1690, il enseigna à Francfort-sur-l'Oder. Il mourut en 1719,

Jean-Louis Klüber fut aussi professeur à Heidelberg. Né en 1762, il avait débuté en 1785 par diverses dissertations moitié historique, moitié juridique qui lui valurent une chaire de professeur de droit à l'Université d'Erlangen. En 1807, il fut appelé à l'Université de Heidelberg, mais il ne tarda pas à renoncer à l'enseignement et il devint, en 1808, conseiller d'Etat et de cabinet du grand-duc de Bade. Pendant le Congrès de Vienne, il fut autorisé par son gouvernement à séjourner en cette ville, et il suivit les négociations. Il parvint à composer la collection des actes du Congrès de Vienne qui parut, de 1815 à 1830, en neuf volumes. Il publia, en 1818, son *Droit des gens moderne de l'Europe.* En 1817, il était entré comme conseiller de légation au ministères des Affaires étrangères de Prusse, mais il ne tarda pas à être suspect à la politique de réaction qui était dominante; il fut même l'objet d'une instruction judiciaire. C'est alors qu'il se démit de ses fonctions et qu'il se retira à Francfort-sur-le-Mein. Il mourut le 16 février 1836.

Charles-Salomon Zachariae, né à Meissen en 1769, étudia à Leipzig, devint professeur à Wittenberg, en 1792, et à Heidelberg, en 1807. L'illustre jurisconsulte est surtout connu comme civiliste; néanmoins son ouvrage de prédilection fut celui qu'il publia, de 1820 à 1822, sous le titre de *Vierzig Bücher vom Staate* et où, en quarante livres, il s'occupa de l'Etat. Tous ce volume est consacré au droit des gens.

Robert de Mohl naquit à Stuttgard en 1799. Sa mère était fille de Frédéric-Charles de Moser, né en 1723, mort en 1798, et petite-fille de l'illustre Jean-Jacques Moser, né en 1701, mort en 1785. Robert de Mohl étudia à Tubingen et à Heidelberg. Il fut reçu docteur en droit en 1821. En 1824, il devint professeur à Tubingen. En 1845, il fut élu membre de la seconde Chambre de la diète de Wurtemberg; mais il appartenait à l'opinion libérale et il fut privé de sa chaire. En 1847, il fut appelé à enseigner à l'université de Heidelberg. A partir de 1848, il s'occupa activement de politique, siégea au Parlement impérial, fut ministre dans le gouvernement fédéral.

Il publia d'importants ouvrages sur le droit public et, à partir de 1857, il revint à la politique qu'il avait abandonnée depuis quelques années. Il mourut en 1875. En 1861, il avait quitté Heidelberg pour représenter le grand-duché de Bade auprès de la Diète germanique et il avait eu Bluntschli comme successeur dans la chaire des sciences politiques (1).

Le 24 juillet 1874, Bluntschli avait reçu du ministère badois des affaires étrangères un télégramme qui lui annonçait qu'il était nommé délégué de l'Empire allemand à la conférence qui devait s'ouvrir à Bruxelles. Le 25 juillet, un avis affiché sur la porte de l'auditoire nous annonçait que l'éminent professeur suspendait ses leçons.

Je ne tardai pas à rentrer en Belgique, décidé toutefois à suivre pendant le semestre d'hiver les cours de l'Université de Leipzig.

Le 26 octobre 1874, j'étais admis au nombre des « citoyens académiques » de l'Université de Leipzig. Le recteur était Charles Adolphe Schmidt, professeur ordinaire de droit romain. Les étudiants se suivant en une longue file lui serraient la main et promettaient ainsi fidélité. Un diplôme était remis à chacun d'eux. Il portait l'engagement signé « *Ego*, est-il mis sur mon exemplaire, *Ernest Nys fide dextraque data promitto me Tibi, Rector Magnifice, Tuisque successoribus asse obedientiam praestiturum logibusque Universitatis obtemperaturum* ».

---

(1) En 1885 lors de la session de Bruxelles de l'Institut de droit international, j'eus d'intéressants entretiens avec Charles-Gustave Koenig, juriste fort distingué, avocat à Berne où il enseignait le droit civil. Il était né en 1828 ; il mourut en 1892. Koenig aimait à raconter des anecdotes. Il avait bien connu Bluntschli. « Celui-ci, me dit-il, le 8 septembre 1885, s'imaginait qu'il reviendrait sur notre terre, en 1940, avec Frédéric Rohmer et tout l'entourage de ce dernier. » Le livre « Denkwürdiges aus meinen Leben », journal de Bluntschli, publié en 1884, permet de juger de l'influence que Rohmer avait exercée sur son esprit. Koenig me citait un mot de Bluntschli : « Les uns font des livres, les autres les lisent ; je suis de ceux qui en font. Quand Rohmer aura fait son livre, des livres, disait Bluntschli à Gonzenbach, on pourra brûler tous les autres livres. Pour ce livre qui ne parut jamais, ainsi concluait Koenig, Rohmer coûta 8,000 florins à Bluntschli. »

En 1347, l'empereur Charles IV fonda l'université de Prague sur le modèle de l'université de Paris, avec une bibliothèque à l'usage des maîtres et des écoliers. En 1409, les professeurs allemands furent expulsés et l'université de Leipzig fut fondée. L'*Alma Universitas* compta de beaux jours, puis elle tomba aux mains de familles qui, comme les rois, donnaient à leurs fils le même prénom et constituaient d'orgueilleuses dynasties. Leur mot est connu: *Extra Lipsiam vivere est miserrim vivere*. Mais le XIXᵉ siècle apporta la libération. La vieille institution prit un rang glorieux dans les établissements d'instruction supérieure du monde.

Je suivis assidûment les leçons de Rosscher, l'illustre maître en économie politique. Les auditeurs étaient fort nombreux. J'écoutai aussi les enseignements que donnait Emile Friedberg, qui avait publié, en 1872, un remarquable ouvrage sur les limites entre l'Etat et l'Eglise. La lutte contre l'ultramontanisme se poursuivait encore dans la plupart des Etats composant l'Empire allemand.

Je travaillai beaucoup, lisant, prenant des notes, m'instruisant le plus possible, m'occupant de philosophie, d'histoire, de droit, ne négligeant ni le passé, ni le présent. Des faits politiques de la plus haute importance se passaient à ce moment, ils m'intéressaient, ils me passionnaient. Mon professeur de Gand m'engagea à collaborer à un journal qu'il venait de fonder Gand.

    « Monsieur Nys,

» Vous recevrez en même temps que ma lettre le premier numéro de la *Flandre libérale*.

» Ecrivez-nous tous les faits qui peuvent intéresser les lecteurs belges.

» Vous êtes en Allemagne que pour *voir et entendre*, que pour étudier le droit. Dites-nous ce que voyez et ce que vous entendez.

» Ecrivez à votre ami de Bruxelles. On ne peut avoir trop de correspondants.

» Ce que vous me dites de Courtrai est désolant. Voilà où en arrivera toute la Flandre s'il ne se fait une violente réaction.

» Votre bien dévoué
LAURENT.

» Lisez le plus possible et parlez l'allemand le plus possible.
À votre retour, vous nous rendrez de précieux services. »

J'avais pris la résolution de lui fournir mon travail désintéressé et je tins parole. Dès lors, je fus en correspondance avec
lui; non pas que ses lettres fussent fort nombreuses; il avait
devant lui l'achèvement de son immense ouvrage de droit civil;
mais ses communications me prouvaient l'estime qu'il professait
à mon égard, elles attestaient l'intérêt qu'il me portait, elles me
remplissait du contentement qu'éprouve tout débutant dans la
vie scientifique quand quelque grand homme lui témoigne de la
sympathie et de l'amitié.

Je copie une de ces lettres. Elle n'est pas datée; mais j'ai
l'enveloppe, et le timbre de la poste indique le 10 janvier 1875,
départ de Gand (*).

Voici le texte :

« Monsieur Nys,

» D'après ce que vous me dites, il ne faut pas songer à vous
» établir à Courtrai. Vous y seriez malheureux et en pure perte,
» sans but à poursuivre et même sans clientèle, car vous n'êtes
» pas homme à plier devant un prêtre.

» Il faut donc venir à Gand. Vous ferez un stage d'avocat,
» ne fût-ce que pour avoir les conditions requises pour entrer
» dans la magistrature. Vous avez raison de dire que la politique
» n'est pas une carrière. Mais ce peut être un but de la vie pour
» celui qui a de quoi vivre et je crois que vous êtes à peu près dans
» ce cas.

» Voilà pourquoi je vous engage à faire provisoirement de la
» politique, sauf à entrer dans la magistrature quand nous aurons
» un gouvernement libéral.

» Faut-il aller à Berlin? Je crois que ce n'est pas pour enten-
» dre des professeurs que vous êtes allé en Allemagne, mais pour
» étudier une nation qui est à la tête de la civilisation et de qui
» doit venir notre salut. Il faut donc voir si vous connaissez suf-

(*) En lisant le texte qui suit, il faut absolument se rappeler l'état
d'esprit qui régnait en 1875 dans nos milieux universitaires. N. D. L. R.

» fisamment l'Allemagne ou si vous trouvez utile de passer quel-
» ques mois (non un semestre) à Berlin.

   » Votre correspondance est excellente et dans un très bon
» esprit.

» Tout à vous de cœur,

» F. LAURENT. »

La correspondance dont il est question ici désigne les lettres
que, deux ou trois fois par semaine, j'adressais à Laurent qui
les transmettait aussitôt à l'atelier de la *Flandre libérale*. Elle
s'occupait des questions politiques qui s'agitaient dans l'Empire.
Il paraît qu'elle n'était pas sans plaire et Laurent me le fit connaître, en suggérant le moyen de la continuer. Voici à ce sujet
une lettre dont l'enveloppe porte la date postale du 27 janvier :

« Mon cher Nys,

   » Je vous écris un mot à l'université où nous faisons un examen.

   » Votre correspondance est très bien ; elle est goûtée par des
» hommes qui s'y connaissent. Nous avons seulement une crainte,
» c'est qu'elle ne vienne bientôt à cesser. N'avez-vous pas quel-
» ques amis qui puissent vous tenir au courant de ce qu'on ne
» trouve pas toujours dans les journaux? Quand vous reviendrez,
» vous lirez les journaux allemands et avec quelques correspon-
» dances, si vous parvenez à vous en procurer, vous pourrez con-
» tinuer votre rôle de correspondant. C'est la politique allemande
» qui devrait faire le fond de la politique des journaux belges, au
» lieu de ces misérables petites intrigues de France.

   » Songez à ce que je vous écris et arrangez vous de manière
» à devenir une des têtes de la *Flandre libérale.* Tous les hommes
» qui s'y connaissent disent que notre journal est bien fait: de
» Laveleye dit qu'il est trop bien fait. C'est sans doute pour cela
» qu'il n'a pas d'abonnés. Mais patience!

» Tout à vous de cœur,

» F. LAURENT. »

Voici une autre lettre de la même époque:

« Monsieur Nys,

» J'ai le plaisir de vous répéter ce que je vous ai déjà dit, que
» nous sommes très contents de votre correspondance. Cela m'a
» fait penser que vous êtes destiné à la politique plutôt qu'au
» barreau. Il faut vous sonder vous-même, là-dessus, avant de
» prendre un parti. Du reste, cela n'empêche qu'à votre retour
» vous ne fassiez un stage et que vous ne continuiez à vous occu-
» per de la *Flandre libérale*. Nous causerons de cela à votre
» retour.

» Il ne faut pas trop insister auprès de votre ami Buysschaut:
» lui est un avocat avant tout, et il arrive si souvent que les
» avocats ne sont bons à rien qu'à avocasser. Nous tâcherons de
» trouver un autre correspondant. Nous n'en avons pas encore
» à Bruxelles; les libéraux bruxellois, pour la plupart animés
» d'un mauvais esprit, soi-disant avancés et ne comprenant rien
» à la *liberté*, qu'ils ont toujours à la bouche; des libéraux à la
» façon de Laboulaye. Que l'on vienne voir dans nos Flandres
» à quoi aboutit la *liberté* de l'enseignement! A faire de la
» Flandre une capucinière et à idiotiser les populations!

» Continuez à nous envoyer vos correspondances : ce sera un
» excellent exercice pour vous, et en même temps un service que
» vous rendrez à

» Votre bien dévoué
» F. LAURENT. »

J'avais connu à Courtrai, mais fort peu, un négociant allemand, Joseph Kölkenbock, qui, après avoir fait de brillantes
affaires, s'était retiré à Leipzig. Muni d'une lettre de recommandation de son frère qui avait continué à séjourner à Courtrai,
je lui fis visite et, par lui, je fis la connaissance de personnalités
intéressantes. Il me mena à des séances maçonniques. En dehors
du monde maçonnique, je passai, grâce à lui, d'instructives
heures avec Richard André, le savant géographe, avec George
Ebers, l'illustre égyptologue, et avec le Dr Reclam, professeur
à la faculté de médecine. Reclam appartenait à une famille de
religionnaires venus à Berlin lors de la révocation de l'Edit de
Nantes. Un de ses ancêtres, le pasteur Reclam, a composé, avec

le pasteur Erman, les *Mémoires pour servir à l'histoire des réfugiés français dans les Etats du roi de Prusse*, ouvrage qui parut
en huit volumes à Berlin, de 1782 à 1794. Le professeur Reclam
avait été élève du Collège français de Berlin et jusqu'à l'âge de
quinze ans il n'avait pas appris un mot d'allemand. Il était fort
spirituel, contait très bien et ne reculait pas devant les récits
grivois. Les colonies françaises du Brandebourg dataient du règne
de l'Electeur Frédéric-Guillaume. Quand parut la révocation de
l'Edit de Nantes, ce prince offrit asile aux persécutés de France
par sa déclaration du 29 octobre 1685. Ses successeurs s'inspirèrent de son humaine politique. « Une des fondations », dit un
écrivain, « qui a le plus efficacement contribué à donner de la
solidité à tous les arrangements destinés à soutenir les colonies,
est le collège royal français de Berlin ; il fut formé sur le modèle
des collèges de France. Les patentes de sa fondation sont du
1er décembre 1689 et les statuts qui en déterminent la constitution, du 14 mai 1703. Ce collège, en offrant aux habitants du
pays la facilité de faire apprendre à leurs enfants la langue
française, devenue si nécessaire surtout à l'homme en charge, a
fourni pour les colonies françaises des personnes capables de les
servir dans les divers emplois ecclésiastiques et civils. »

La réputation de Georg M. Ebers était grande. Il avait publié
d'admirables travaux sur l'égyptologie. L'homme était simple,
aimait à causer et ne tarissait pas en anecdotes sur les savants
qu'il avait connus. Constantin Tischendorf venait de mourir ; il
en fit le plus vif éloge. « En lui, me disait-il, la terre a perdu
une force d'investigation qu'on ne remplacera plus. » Le jugement porté, il racontait ce que lui avait dit l'illustre savant.
Celui-ci avait été admis à la Bibilothèque du Vatican ; il avait
dû donner sa parole d'honneur de ne rien copier du manuscrit
qui lui était confié. « L'engagement doit-il être tenu ? » Telle
état la réflexion que faisait Tischendorf, laissant deviner la
réponse. Ebers avait vu son ami Oscar Peschel moribond. « Parlons science ! » tels avaient été les mots de celui-ci.

Richard Andrée était on ne peut plus intéressant par ses récits.
Il était grand géographe ; rédacteur d'une importante revue, il
préparait son monumental atlas. Il avait été en rapport avec
nombre d'hommes remarquables. Il citait un souvenir curieux de
son ami Bastian, lui rapportant un mot de Bouddhistes. Bastian
avait séjourné en des couvents bouddhistes de Chine ; les moines

lui avaient dit: « Que viennent faire ici vos missionnaires? Nous sommes plus savants qu'eux. »

C'était le 10 février 1875. Ebers me fit de Paris l'éloge le plus vif et le plus enthousiaste.

A la loge *Apollo*, j'avais fait la connaissance de Joseph-Gabriel Findel, l'auteur de l'*Histoire de la Franc-maçonnerie* et le directeur de la *Bauhütte*. Avec quelques frères, Findel avait fondé, au sein de la loge *Apollo*, un cercle d'études, *Massonia*. J'y fus admis. Les réunions étaient hebdomadaires; elles étaent consacrées à des communications sur l'histoire générale de l'Art royal et sur l'histoire particulière des loges importantes. Grâce à *Massonia*, il me fut donné d'assister à de belles représentations de chefs-d'œuvres dramatiques et musicaux qui, par leur sujet et par leurs auteurs, avaient un caractère maçonnique. Ainsi *Nathan le Sage* de Lessing et la *Flûte enchantée* de Mozart. Les principaux acteurs étaient des frères.

Je fis, un jour, avec des membres des loges de Leipzig, une excursion à Altenburg (1), capitale du duché de Saxe-Altenburg. Une loge sans nom y avait été fondée, probablement en 1741, par la loge *Minerva* de Leipzig. En 1785, avait été créée, dans la même ville, la loge *Archimedes zu den drei Reisbrettern*, « Archimède aux trois tables à dessiner ». C'est à une fête anniversaire de la loge *Archimède* que j'allai assister. La loge avait compté autrefois parmi ses membres le grand homme de guerre qu'était

---

(1) REQLUS, *Géographie*, t. III, p. 700. « Les Slayes de la famille ues Sorbes ou Sorabes ont pénétré jusque dans cette région de l'Allemagne (Thuringe), et même ils forment encore une population à part dans les campagnes de Saxe-Altenbourg; ils ont perdu leur idiome slave, mais ils se distinguent toujours par le costume et les mœurs. De même que la plupart de leurs frères de race, les Sorbes d'Altenburg aiment les vestes à boutons de métal luisant, les culottes larges, les grosses bottes; mais les femmes suivent des modes toutes particulières: un étroit bonnet noir retient leurs tresses réunies en chignon et laisse retomber de longs rubans sur le dos; des vestes à manches bariolées se croisent sur leurs poitrines; elles portent des robes courtes, descendant à peine aux genoux. En ce pays règne le droit dit de « juxignerie », par lequel le patrimoine passe au plus jeune des fils, les grands étant censés d'âge et de force à se tirer d'affaire tout seuls; souvent ils restent comme domestiques chez leur puîné. Les Allemands du voisinage accusent les Sorbes d'aimer trop l'argent et la bonne chère; mais ce reproche, les Sorbes ne pourraient-ils pas le renvoyer à ses auteurs? »

le prince Blücher von Wahlstadt. Blücher est mort en 1819 ;
mais son souvenir n'avait pas disparu. Il avait été maçon convaincu et zélé ; il avait aimé à prendre part aux travaux de
l'atelier et l'on vantait encore, en se rapportant à la tradition,
son éloquence entraînante et vigoureuse.

Vers la fin du semestre, je quittai Leipzig, non sans un ser-
rement de cœur. J'y avais beaucoup lu, beaucoup étudié et beaucoup appris. Je pris vers le pays natal le chemin des écoliers et
m'arrêtai plusieurs jours à Berlin, où je suivis des leçons de
Paul Hinschius, le professeur éminent de droit économique.

J'ai conservé le texte de ces leçons telles que je les ai entendues et écrites du début du mois de mars ; elles traitent des
ordres et des congrégations religieuses. Mon manuscrit est sous
mes yeux et en lisant, on ne peut s'empêcher d'admirer la précision, la clarté, l'impeccable exactitude du maître. Je le répète,
de tout cela l'étudiant belge n'avait pas même le soupçon. Le
problème examiné était alors brûlant d'actualité : le professeur
l'examinait sans passion, mais aussi sans faiblesse ; il disait ce
qu'il croyait être la vérité et ne s'abaissait pas à voiler quoi que
ce fût ; il prouvait ce qu'il affirmait et imposait ses conclusions
à ses auditeurs de bonne foi, par la seule force de son raisonnement et de sa science.

De Berlin, je partis pour la Belgique où je travaillai pendant
quelque temps à la *Flandre libérale* qui se publiait à Gand. Mais
je retournai là-bas vers la fin de l'année.

(A suivre.)

VARIÉTÉ

Cinquième semaine sociale universitaire

3-8 octobre 1921

LA FORMATION ET LE DÉVELOPPEMENT DES IDÉES
EN BELGIQUE

Le Comité exécutif de la « Semaine sociale universitaire » adresse aux étudiants belges l'appel suivant :

Au lendemain de la guerre, quelques grands problèmes s'imposaient impérieusement à l'attention. C'était celui du relèvement du pays au point de vue agricole, industriel et social ; c'était aussi celui de la vie chère et de ses lointaines répercussions. Ces questions, d'un intérêt surtout économique, se rapportaient à des nécessités matérielles réellement urgentes, et il convenait que les premières « Semaines Sociales » organisées après l'armistice leur fussent consacrées.

A présent que les traces visibles de la guerre s'effacent, il est permis d'accueillir des préoccupations qui, pour répondre à des besoins de l'esprit, n'en sont pas moins importantes.

De quelle manière se forment et se développent les idées, dans notre pays, telle est la question dont nous proposons l'étude au cours de la Vᵉ Semaine Sociale Universitaire. Y porter son attention n'est point d'ailleurs s'écarter du problème général de la restauration du pays ; ce n'est que l'envisager d'un point de vue plus élevé.

Il ne s'agit pas — faut-il le dire ? — d'épuiser un sujet aussi vaste, pas plus qu'il ne s'agit d'y consacrer des conférences ou d'académiques discussions, mais, par une enquête collective, suivant la méthode qui nous est propre, d'en saisir quelques aspects essentiels et, bien que l'idée soit impalpable, d'en suivre de près, dans leur réalité la plus immédiate, la naissance, l'épanouissement et la mort.

« La facilité des communications, la diffusion de la presse qui, chaque jour, apporte un aliment aux imaginations, entament-elles le vieux fonds des croyances populaires ou s'accroît-il, au contraire, d'apports nouveaux ?

Le néothomisme est une doctrine philosophique qui a, en Belgique, son principal foyer ; un important établssement d'étude, l'Institut Supérieur de Philosophie de Louvain lui est consacré ; comment cette doctrine est-elle née, sous quelle action s'est développée, quelle influence exerce-t-elle ?

» Dans quelles conditions se poursuit la recherche scientifique, comment ses efforts se coordonnent-ils dans les domaines voisins, comment se réalise l'application de ses résultats ?

» De quelle manière l'enseignement contribue-t-il à la transmission des idées ; par quelle voie et sous quelle forme les conceptions nouvelles y pénètrent-elles ; comment opère-t-il la sélection de ceux à qui la mission incombe d'animer le monde des idées et de les faire rayonner autour d'eux ? presse, livre, bibliothèque populaire, cinéma ?

» Comment fonctionnent les instruments de la propagation des idées :

» Comment les idées circulent-elles dans les classes populaires ; comment y sont-elles canalisées, comment s'y cristallisent-elles en formules, en symboles ; comment y déterminent-elles l'action, comment s'adaptent-elles à la réalité ?

» Quelles voies d'accès leur sont-elles ouvertes à la campagne et comment s'y exerce leur influence ?

» Comment transforment-elles le droit, la morale ? Et enfin, quel est le sort de ceux qui vivent du travail de l'idée, comment se recrutent-ils, quels sont leurs besoins et leurs aspirations ? »

Telles sont les principales questions qui s'offrent à nos investigations et sur lesquelles, pendant l'espace d'une semaine, devra porter notre enquête. Respectueux des convictions de chacun, nous y convions tous les étudiants belges, sans distinction, dont l'esprit est soucieux des grands problèmes actuels, dont la curiosité va au delà des matières exigées pour l'examen et qui, conscients de la fonction à laquelle ils sont appelés dans la société, désirent fortifier, par quelques jours de communes préoccupations, la solidarité qui doit régner entre tous ceux qui se consacrent aux choses de l'esprit.

PROGRAMME.

Lundi 3 octobre. — Séance d'ouverture : les conditions sociales de la formation et du développement des idées en Belgique.

Les croyances populaires dans le passé et le présent : le foklore (M. L. Crick). Visite du Musée du Cinquantenaire.

Mardi 4 octobre. — *L'organisation de la recherche scientifique et de l'application de ses résultats.* Le Conseil National de Recherches.

Mercredi 5 octobre. — *L'action de l'enseignement*, exposé par M. J. Destrée, Ministre des Sciences et des Arts.

La mission de l'enseignement en ce qui concerne la sélection des intel-

ligences et la transmission des idées, exposé par le professeur O. Decroly.

Le Fonds des « Mieux doués », exposé par M. P. Pastur, député permanent du Hainaut.

La « Fondation Universitaire », exposé par M. le Dr René Sand, Secrétaire général de la F. U.

JEUDI 6 OCTOBRE. — *Le mouvement des idées:*

a) *Dans la classe ouvrière* ; la Centrale d'éducation ouvrière ; séances à la Maison du Peuple et à l'Ecole Ouvrière Supérieure ; exposés par M. H. de Man, secrétaire général de la C. E. O. et M. le professeur L. de Brouckère.

b) *A la campagne* : enquête dans un village.

VENDREDI 7 OCTOBRE. — *Les instruments de la propagation des idées.*

La presse : Son rôle politique et social. L'organisation d'un grand journal ; exposé par M. E. Patris, président de l'Union professionnelle de la presse belge.

Le livre et les revues : Exposé par M. Robert Sand. Le service de la Bibliographie de la Belgique, exposé par M. H. Dommartin.

Les bibliothèques populaires, exposé par M. C. Van Overbergh, président du Comité Central des Œuvres de lecture populaires.

Le cinéma : Ce qu'il est et ce qu'il devrait être, exposé par M. Wets, juge des enfants.

SAMEDI 8 OCTOBRE. — *La Pénétration d'idées nouvelles:*

a) *Dans le droit* : séance à la « Conférence du Jeune Barreau ».

b) *Dans la morale* : Séance au siège du « Mouvement estudiantin pour la culture morale ».

Séance de clôture : *Le recrutement et la mission des élites.*

La Confédération des travailleurs intellectuels, exposé par M. le professeur Brachet.

BIBLIOGRAPHIE

Classification des Sciences. Les idées maîtresses des sciences et leurs rapports, par Adrien NAVILLE, professeur honoraire des Universités de Neuchatel et de Genève. 3e édition, entièrement renouvelée. Bibliothèque de Philosophie contemporaine. Paris, Félix Alcan, 1920.

Comme son titre l'indique, ce livre maintient cette manière de ramener la philosophie des sciences au problème central de leur classification, qui fut tout à fait classique dans la première moitié du XIXe siècle.

Ce n'est pas seulement une philosophie des sciences, au sens ordinaire du mot, que M. A. Naville nous présente ainsi, c'est l'esquisse d'une philosophie complète. Au lieu d'éliminer d'abord le plus possible les disciplines qui peuvent rentrer sous d'autres rubriques que celle de la science, comme le fit Auguste Comte au début de son cours, M. Naville généralise plutôt la notion de science, en y faisant rentrer le traitement de toutes les *questions* dont la solution demande l'usage de l'intelligence et de la raison. C'est une classification du *savoir raisonné* qu'il nous propose.

On peut, dit M. Naville, tenter de classer les sciences selon la nature de leurs objets, ce sont les classifications objectives ; elles sont insuffiantes, car *les sciences sont des réponses aux questions que l'intelligence se pose à propos des objets* (p. 7). La meilleure classification est donc en principe *subjective*, elle a pour critère les espèces de questions qu'on est amené à poser à propos des objets. La diversité de ceux-ci donnera la diversité des *espèces de sciences*, dans chacun des *genres de sciences* qui résulteront, ceux-ci, de la diversité des questions.

Il y a trois catégories de questions : Qu'est-ce qui est possible ? Qu'est-ce qui est réel ? Qu'est-ce qui est bon ? De là trois classes de sciences. Les sciences de *lois* (Théorématique), les sciences de *faits* (Histoire), les sciences de *règles* (Canonique). Dans la première classe on retrouve comme espèces les Mathématiques, la Physico-chimie, la Biologie somatique, la Psychologie, la Sociologie.

La Canonique n'étant qu'une manière de faire place dans le système à la morale et à l'esthétique en les présentant sous leur aspect normatif, on voit tout de suite que la principale nouveauté du système par rapport aux grandes classifications du passé, c'est la séparation radicale entre sciences de lois et sciences de faits, et l'importance fondamentale, en même temps que l'autonomie, conférée à l'Histoire, comme science du réel.

L'auteur prend par là une place honorable dans les controverses intéressantes et touffues qu'ont soulevées, depuis Cournot, les rapports de la Science et de l'Histoire. En séparant celles-ci dès la racine par la distinction du réel et du possible, l'auteur se condamne à renoncer, plus que d'autres classificateurs, à faire coïncider ses rubriques avec les *spécialités de fait* dans la science. Un même savant passe sans cesse la frontière entre les sciences théorématiques et les sciences historiques, entre le réel et le possible, surtout s'il est psychologue ou sociologue. M. Naville se résigne

sans peine à cet inconvénient car, dit- l, classer c'est discerner ou distinguer, mais non pas séparer ce qui est uni. Se rend-il bien compte de l'importance d'une telle concession sous la plume d'un classificateur ?

Chez aucun auteur on ne voit plus clairement que dans ce remarquable
ouvrage, résumé de toute une carrière philosoph que, que la classification
des sciences n'est qu'une occasion de réunir et d'unifier des convictions
philosophiques que l'on s'est faites d'ailleurs. Il faut reconnaître que ce
moyen est commode, que ses avantages pédagogiques sont certains, et qu'il
nous vaut en ce cas-ci un l vre d une lecture aisée et intéressante, riche
en idées ingénieuses et en opinions de bon aloi, profitable à beaucoup
d'esprits, à ceux notamment qui, ne faisant pas des mêmes problèmes
l'objet principal de leurs méditations, n'exigent d'un traité ph losophique
ni le maximum de rigueur, ni des analyses poussées à fond. E. Dupréel.

Production industrielle synthétique des composés nitrés et de leurs dérivés, par Jean Escard, ingénieur civil. Paris. Dunod, 1920 (260 p.).

L'auteur nous montre d'abord l'importance et les sources de produ ts
azotés. Il fait ensuite un exposé théorique des divers stades d'oxydation
de l'azote dans le four électrique par combinaison directe ; il approfondit
ce point : influence de la pression, de la température, de la composit on du
mélange gazeux, de l'intensité du courant et de la nature des arcs sur le
rendement ; puis transformation des oxydes d'azote obtenus en produits
industriels, notamment engrais et explosifs, enfin exposé comparatif très
documenté des méthodes et appareils électriques employés dans l' ndustrie
et avenir de cette industrie synthétique pour la France en utilisant les
chutes d'eau des Alpes. M. Escard envisage ensuite les autres méthodes de
production d'acide nitrique et des nitrates : l'oxydation catalyt que de
l'ammoniaque, l'oxydation directe de l'aote des gaz provenant des fours
à coke, des hauts fourneaux et de la distillation de la tourbe. L'auteur
insiste sur cette question de la tourbe, si importante pour la France où
de riches gisements restein inexploités : il nous montre l'emploi direct de
la tourbe soit comme support pour les nitrières, soit dans le procédé si
économique et élégant de l'électrolyse directe des tourbières. Après nous
avoir parlé de la cyanamide calcique et de l'acide cyanhydrique, de leur
préparation et de leurs divers usages, l'auteur traite ela question de
l'ammoniaque et des sels ammoniacaux. Après un examen des autres modes
d'obtention, il en arrive au procédé Haber et à son influence sur la fabrication de la soude par le procédé Solvay. Il nous semble que M. Escard
n'a pas assez fait ressortir l'importance et la valeur scient fique de ce
procédé si merveilleusement mis au point. Nous nous attendions pour finir
à ce que l'auteur compare les prix de revient de l'ammoniaque et de l'acide
nitrique obtenus par les d vers procédés : mais M. Escard remarque que
chaque pays veut être indépendant pour la production des composés nitrés :
chaque pays devra donc donner à ce problème une solution compatible avec
ses ressources naturelles, en choisissant l'un ou l'autre procédé, soit qu'il
soit riche en combustible minéral, soit qu'il soit riche en fours hydrau-
liques. J. E.

Édouard Guyot, **H. G. Wells.** Paris, Payot, 1920, in-16, 303 pages.

Un livre sur Wells n'étonnera point ceux qui, avec l'auteur, croient voir en Wells « un des esprits qui préparent le mieux notre civilisation occidentale, et l'Angleterre en particulier, à prendre conscience de ses buts ». Et que l'ourvage le plus sérieux, le plus intelligent sur ce remueur d'idées émane d'un universitaire français fera plaisir à tous ceux qui, comme nous, ont foi dans l'étude des littératures étrangères.

M. Guyot annonce qu'il s'occupera des idées de Wells plutôt que de la mise en scène et des caractères de ses romans. A vrai dire, il ne s'en tient pas toujours à ce programme, nous donne des résumés de romans connus comme *Anne Véronique*, ou déjà décrits par M. Chevrillon, comme *Tono Bungay*. Mais l'analyse idéologique comine et c'est là que nous ferons nos glanures.

M. Guyot admire avant tout chez Wells la pensée pareille à un tranchant d'épée et la volonté résolue à supprimer tout ce qui, dans l'ordre nouveau, n'est que déchet de l'ordre ancien ; en un mot, l'effort pour dégager ses compatriotes du *muddle* intellectuel. Même dans les premiers romans qui donnèrent au public l'impression d'un « Jules Verne anglais », le manteau fantastique compte pour bien peu à côté de la pensée qu'il voile. Wells est d'abord un évolutionniste qui poursuit l'évolution dans le Futur. Il est ensuite un socialiste d'espèce particulière, bientôt détaché des Webb et de leur groupe. Le socialisme est pour lui une doctrine progressive tendant à l'invisible transformation des mentalités bien plus qu'à une transformation dramatique des institutions. Individualiste, Wells cherche la formule qui concilie le maximum de liberté avec le maximum d'intervention collective. Il faut que l'humanité cesse de se conduire comme « une foule ». L'individualisme intégral ferait des êtres humains les esclaves des violents et des riches ; mais le socialime intégral en ferait « les esclaves des fonctionnaires » (p. 190).

La civilisation ne peut être que l'œuvre d'une aristocratie; « d'une minorité unie dans une résolution commune contre l'inertie, l'indifférence l'esprit d'insubordination et l'hostilité instinctive de la casse de l'humanité » (*La Recherche Magnifique*). La première conception de Wells, exposée dans les *Anticipations*, est celle d'une aristocratie *fonctionnelle*. Le Fabianisme exerçait alors sur lui une influence profonde. Il croyait à la souveraine importance des *mécaniciens*. Dans l'*Utopie moderne*, c'est l'aristocratie qui crée la fonction, non plus la fonction qui crée l'aristocratie. La classe aristocratique ne groupe plus les individus que l'évolution économique a mis dans telle occupation plutôt que dans telle autre, mais ceux dont l'âme possède une certaine qualité, chez qui la vie atteint à une certaine noblesse et à une certaine intensité (p. 210). L'idéal de Wells à ce moment, c'est le *Samouraï*. En dernier lieu, Wells renonce à la conception d'un ordre aristocratique reconnaissable à certains caractères extérieurs, à l'observation de certaines règles. L'aristocratie n'est plus que l'individu qui est parvenu à reculer les limites de son « hinterland mental », à faire prédominer la vie intérieure et réfléchie sur la vie de façade (p. 220). Ici retrouve son application la critique de l'humour et de la sentimentalité anglaise qui empêchent, selon Wells, de r'en penser à fond, et la satire des mœurs anglaises, « où les grands problèmes sont négligés au profit d'insignifiants détails de conduite... où la façon de se tenir à table et autres menues règles de civilité constituent la substance de la vie » (*Kippo.*)

M. Guyot termine par un important chapitre sur *Wells et la Femme*, tout en nous prévenant, dans l'*Avant-propos*, qu'il ne peut être absolument explicite à ce sujet et que la philosophie de Wells est en relation étroite avec certaines expériences d'un caractère intime et personnel. Wells, en effet, croit qu'il y a désaccord « entre nos idées en matière sexuelle et les conceptions que la morale sociale veut nous imposer ». A part cela, toute la question féministe est dominée pour lui par un point de vue qu'on pourrait appeler « eugénique ». C'est pour qu'elle puisse choisir librement l'époux, c'est pour qu'elle puisse porter le plus beau des enfants, et non pour que sa vanité ou un certain instinct de révolte qui gronde en elle reçoive satisfaction que la femme doit être rendue indépendante de l'homme (p. 258).

L'ouvrage ne conclut pas. Des conclusions seraient prématurées sur un écrivain dont l'œuvre n'est pas close et s'enrichit constamment. M. Guyot n'étudie pas (ou ne signale que dans une note) l'évolution religieuse qui s'est manifestée chez Wells dans *Dieu l'invisible Roc*, l'*Ame d'un Evêque* et la *Flamme vivante*. L'auteur sans doute lui ménage d'autres surprises. Souhaitons que M. Guyot, si admirablement préparé, tienne son étude à jour et nous donne plus tard sur Wells moraliste et sociologue le livre complet et définitif que les Anglais eux-mêmes ne pourront se passer de consulter. P. DE R.

H. LAMBERT, **Le nouveau contrat social ou l'organisation de la démocratie individualiste.** Bruxelles. Lamertin, 1920.

L'auteur de ce volume nourrit de vastes ambitions. Il se flatte d'apporter une contribution « à la recherche des solutions de quelques questions importantes de notre temps et de tous les temps ». C'est une lourde tâche que de repenser le *contrat social* en fonction des nécessités de l'heure présente. Il y faudrait un nouveau Rousseau. Encore n'est-il pas sûr que la mise en équation des problèmes, à la manière de Rousseau, réponde aux exigences de notre temps. La tentative, néanmoins, était intéressante. De même que le titre de l'ouvrage évoque la grande figure de Jean-Jacques, ainsi l'idée centrale du livre trahit l'influence du philosophe de Genève. C'est à la Nature qu'il convient, selon M. Lambert, de demander un remède aux maux dont souffre la société d'aujourd'hui.

Citons la conclusion de M. Lambert :

« *L'individualisme intégral et l'ordre naturel.*

» Par individualisme intégral, nous entendons un régime social permettant à tout individu de développer ses activités et, conséquemment, sa personnalité, dans la liberté, la responsabilité et la solidarité intégrales.

» Sous ce régime, les individus seront entièrement libres de pratiquer la solidarité en toute responsabilité — c'est-à-dire que la solidarité sera volontaire et la responsabilité, solidaire.

» L'individualisme intégral trouvera son expression et son application complètes dans le contrat. Car le contrat, ou convention, suppose la liberté, entraîne la responsabilité, assure la solidarité de ceux qui conviennent. Tout contrat d'association implique donc liberté, responsabilité et solidarité intégrales des associés. L'association contractuelle synthétise l'individualisme intégral.

» Celui-ci résultera de la suppression de toutes les législations actuelles sur les associations et de l'adoption de la loi générale d'association contractuelle.

» L'ordre naturel est l'ordre social qui s'établirait spontanément dans une société où les hommes vivraient dans l'individualisme intégral. »

Nous ne pouvons suivre l'auteur dans le détail de ses analyses touffues. Remarquons que M. Lambert n'étudie les problèmes économiques et sociaux que sous leur aspect spécifiquement belge. Peut-être l'universalité des conclusions que fournit l'auteur eût-elle exigé qu'il considérât son objet sous un angle à la fois moins étroit et plus exactement tracé.   E. J.

R. DE BRIEY, **L'Allemagne et l'avenir de l'Europe** (d'après les lettres d'un diplomate belge en 1848). 109 pages. Bruxelles, Lamertin, 1921.

Le comte Camille de Briey (1799-1877), ancien ministre des finances et des affaires étrangères, remplit pendant dix ans, de 1843 à 1853, les fonctions de ministre plénipotentiaire de Belgique près la Diète de Francfort. Ses lettres, publiées pour la première fois, sont des plus intéressantes. Non seulement elles touchent aux grandes question de politique internationale posées vers 1848 ; mais elles sont « actuelles », tout en révélant chez leur auteur une clairvoyance quasi prophétique à l'égard de plusieurs d'entre elles. C'est avec raison que M. R. de Briey peut écrire : « L'histoire est un perpétuel recommencement, et rien n'est plus instructif que de voir, après de longs intervalles, à la faveur de convulsions sociales, apparaître l'âme des peuples toujours identique à elle-même. Mouvements révolutionnaires, tendances autonomistes comprimées par la Prusse, antinomie des races purement germaniques et des populations allemandes qui ont subi l'influence latine, rôle fatidique de la Prusse, de l'Autriche, de la Russie, de la France, de la Pologne et de la Belgique, tous ces aspects et bien d'autres de l'histoire d'hier se confondent presque avec ceux de l'histoire d'aujourd'hui. »

On lira avec un intérêt tout particulier les extraits de la lettre du 28 janvier 1847 sur les rapports de la Prusse, de la Pologne et de la France : « La haine de la Pologne est en Allemagne une forme de l'amour de la patrie. » Au contraire, tout au long de son histoire, la France a senti la communauté d'intérêts qui l'unissait à la Pologne. Enfin, « toujours depuis trois siècles l'Allemagne a vu la Pologne venir en aide à ses ennemis de l'Ouest » (pp. 34-37). A la lumière de ses observations, la question de la Haute-Silésie n'est-elle pas mieux éclairée ? L'attitude des gouvernements de Berlin, de Paris, de Varsovie et... de Londres ne s'explique-t-elle pas aisément ?

Att rons aussi l'attention sur une révélation du comte Camille de Briey (pp. 76 et s.) Des Allemands ont songé, en 1848, à offrir à Léopold Ier la couronne de l'Empire relevé par le Parlement de Francfort, afin de mettre un terme, par le choix d'un tiers-candidat, à la rivalité de l'Autriche et de la Prusse. De Bruxelles, on engagea le comte de Briey à la plus grande circonspection, à cause de la neutralité politique de la Belgique. Mais, ajoute M. R. de Br.ey, « le danger de l'hégémonie prussienne devait retenir toute l'attention du souverain d'un pays menacé des mêmes périls d'absor-ption que les petits Etats rhénans, et son représentant à Francfort ne pouvait rester complètement étranger à un projet né en Allemagne, con-cernant le roi des Belges... Les éventualités ouvertes en 1848 permettaient peut-être, en agrandissant la Belgique vers l'Est, de libérer notre pays d'entraves factices toujours à la merci des événements.» Le 4 avril 1848, M. Arendt remettait à Francfort, dans les ma ns du comte C. de Briey, des instructions, très confidentielles, du gouvernement de Bruxelles. Mal-heureusement pour nous, notre Ministre des Affaires étrangères, en 1921, a prié l'auteur de ne pas les publier. Notre curiosité non satisfaite est d'autant plus piquée que, dans la première phrase de !a ..pêche, la seule publiée (p. 78); « l'affaire importante dont il s'agit » est recommandée à toute la discrétion du comte de Briey, à son zèle éclairé et à son dévoue-ment au Roi. Pour s'opposer à la publication d'un document remontant à 1848, notre *Foreign Office* a dû avoir des motifs très sérieux. Lesquels?

L. L.

H. Woods. **Palaeontology, Invertebrate,** 5e édit., Cambridge Biological Series, Cambridge, 1919 (410 p.).

Un petit manuel de paléontologie atteignant à sa cinquième édition est assurément un fait trop rare pour n'être pas signalé. M. Henry Woods doit ce succès tout autant aux qualités de son ouvrage, qu'à l'intérêt pour les choses de la nature qui est si vif chez les esprits cultivés de la Vieille Angleterre. Ce pays est la terre d'élection des « amants de la nature ». Qui dira le nombre de collections privées qui ont été patiemment constituées par des amateurs éclairés et nstruits, collections qui, tôt ou tard, finissent par enrichir un musée public. C'est ainsi qu'il arrive que des villes .e province du Royaume-Uni, situées loin de tout centre universitaire, pos-sèdent un musée rég'onal qui ferait l'orgueil de mainte ville universitaire du continent.

Il y aura donc bientôt trente ans, que M. Henry Woods, chargé d'un cours de paléozoologie à l'Université de Cambridge, rédigea ses notes à l'usage des étudiants. Depuis lors, les éditions se sont succédé, présentant chaque fois des améliorations intéressantes et tenant toujours compte des dernières acqu sitions de la science, susceptibles d'être comprises dans le cadre d'un enseignement élémentaire. On aimerait peut-être à voir préciser davantage les grandes lignes de la systématique, mais l'ouvrage semble avoir été conçu avec la préoccupation de fournir les éléments de la paléontologie des inver-tébrés indispensables au géologue strat graphe. Celui-ci ne se préoccupe généralement guère de la position systématique des fossiles. S'adressant à des lecteurs anglais, l'auteur a évidemment envisagé avant tout les éléments des faunes fossiles rencontrées dans les couches qui constituent le sous-sol des Iles Britanniques. Le livre manque un peu de figures, mais il a ete écrit à Cambridge où, depuis longtemps déjà et particulièrement sous l'impulsion de M. H. Woods, les laboratoires de paléontologie sont largement pourvus de collections d étude.

Cet ouvrage peut rendre de grands services aux étudiants de nos pays, car il n'a pas son équivalent en français.   V. S.

Atlas de géographie historique de Belgique. Fascicules 5, 6, 7. Bruxelles et Paris, Van Oest, 1919 et 1920.

Il n'existait pas d'Atlas de géographie historique de la Belgique. Cette lacune vient d'être heureusement comblée, à l'initiative d'un éditeur avisé et d'un historien distingué, M. Léon Van der Essen, professeur à l'Université de Louvain, qui s'est assuré, pour mener sa tâche à bonne fin, le concours de M. François-L. Ganshof, licencié ès-lettres, diplômé d'études supérieures d'histoire, élève titulaire de l'école pratique des hautes études de Paris, de M. Pierre Nothomb, docteur en droit, lauréat de l'Institut e France, et de M. J. Maury, chef du service cartographique au Ministère belge des Colonies.

L'ouvrage comprendra sept fascicules contenant chacun une ou plusieurs cartes accompagnées de cartons et de notices détaillées. Il y aura treize cartes : la Gaule Belgique à l'époque-romaine, la Belgique franque, le Lothier et la Flandre vers 1100, les principautés belges vers 1350, la Belgique bourguignonne, le Cercle de Bourgogne sous Charles-Quint, la Belgique vers 1579, la Belgique de l'Union d'Utrecht au traité de Munster, la Belgique sous le règne de Louis XIV (ces neuf cartes en quatre fascicules sont en préparation) ; les Pays-Bas autrichiens en 1786, la Belgique de 1794 à 1814, la Belgique de 1814 à 1830, la Belgique de 1830 à 1839 (quatre cartes en trois fascicules publiés en 1919 et en 1920).

Les notices parues sont l'œuvre de M. Ganshof ; M. Maury a dressé les cartes qu'y sont jointes. Les unes et les autres constituent un instrument de travail d'une haute valeur scientifique. Nous hésitons d'autant moins à l'affirmer que nous avons eu l'occasion, en ces derniers temps, d'ut liser constamment l'Atlas, soit pour notre cours de géographie historique, soit pour un livre en préparation et que cet excellent outil nous a rendu de précieux services.

Les cartes, claires, sans surcharges inutiles, donnent l'essentiel, rien que l'essentiel, c'est-à-dire les indications à la fois nécessaires et suffisantes pour comprendre, dans l'ensemble et dans le détail, la situation territoriale de la Belgique aux époques étudiées par chacune des notices. Les enclaves. si nombreuses encore en 1786, sont indiquées nettement et sans oubli, les couleurs choisies tranchent assez fortement pour faire apparaître, au premier coup d'œil, le limites des divisions politiques ou administratives. Des cartons précisent les points de détail, attirent l'attention sur des faits parfois négligés ou mal connus: les frontières de la Flandre proprement dite et de la Flandre des États de 1745 à 1785 (avec les modifications de

1718) ; la République des Etats-Belgiques unis en 1790 ; les circonscriptions ecclésiastiques et judiciaires sous le premier Emp're ; le territoire de Moresnet ; les limites d'après les *Bases de séparation* du 27 janvier 1831 et d'après les *XVIII articles...* (1).

Quant aux notices, elles sont bien faites pour satisfaire les plus d fficiles. M. Ganshof a su tirer parti de toute la documentation publiée jusqu'à ce jour : recueils d'actes diplomatiques, ouvrages historiques, atlas ou études géographiques ; et 'l a exposé avec une sobre netteté les vicissitudes, souvent extrêmement complexes, par lesquelles a passé la Belgique du XVIIIe et du premiers tiers du XIXe siècle. Il commence par analyser, pour les clauses territoriales, les traités qui, en 1713, 1714 et 1715, ont mis fin à la guerre de la Succession d'Espagne, la convention de 1718 rectifiant au profit des Pays-Bas autrichiens le traité de la Bav ère, le traité d'Aix-la-Chapelle, celui de Fontainebleau (1785) ; puis il expose toutes les contestations territoriales réglées entre notre pays et ses voisins (France, Prusse, etc.), en 1753, 1755, 1769, 1779, ainsi que les modifications de front ère intervenues en 1772 entre la France et la principauté de Liége. Dans le sixième fascicule, il reproduit les textes territoriaux du décret d'annexion à la France (9 vendémiaire an III), des traités de La Haye, de Campo-Formio, de Lunéville, de Fontainebleau (1807), de Paris (1810) ; il fourn't des renseignements précis sur les divisions et subdivisions administratives, judiciaires et religieuses. On lira avec intérêt une note sur le duché de Bouillon. M. Ganshof croit, contrairement aux indications des atlas historiques de Spruner-Mencke, de Droysen, de Schrader, de V dal-Lablache et de M. Fallex (*Carte de l'Allemagne de 1806 à 1814*), que le duché de Bouillon fut, de 1678 à 1795, un pays souverain et indépendant de la France. Les notices du 7e fascicule traitent de sujets à la fois compliqué et *actuels* : la formation du royaume des Pays-Bas, la perte de la lisière orientale de notre pays au profit de la Prusse, la question de Moresnet, l'entrée du Grand-Duché de Luxembourg dans la Confédération germanique ; puis les reman'ements de 1816 et de 1820, la convention des forteresses (1818), l'organisation administrative du royaume ; enfin les revendications territoriales vainement présentées par la Belgique à la Conférence de Londres (1830), les *Bases de séparation*, les *XVIII* et les *XXIV articles*.

Il ne nous reste qu'à formuler un souhait. Pu'ssent les quatre premiers fascicules qui restent à paraître être bientôt édités ! Tous ceux qui s'intéressent aux questions de géographie historique les attendent impatiemment. En attendant, réjouissons-nous de l'activité de notre product on scientifique en ce qui concerne notre' histoire nat'onale. En quelques mois, pour ne citer que des ouvrages généraux, le cinquième volume de l'Histoire de Belgique de M. P'renne, le manuel de M. Van Kalken, l'atlas de MM. Van der Essen et consorts : Voilà qui est de bon augure pour les progrès de la science et ce l'enseignement.   L. LECLÈRE.

(1) L'affluent de la Lesse qui passe à Rochefort ne doit pas être appelé, aux cartes X à XIII, *l'Homme*, mais la *Lomme*.

Le monde mystérieux des cristaux liquides

par Ch. Mauguin

Maître de conférences de minéralogie à la Sorbonne.

———

Conférence faite aux Universités de Bruxelles et de Liége, sous les auspices de l'Institut International de Chimie Solvay, les 6 et 9 mai 1921.

———

Les cristaux liquides forment un monde mystérieux et paradoxal dans lequel on ne se dirige pas facilement sans quelque initiation préalable. C'est pourquoi je vous demanderai la permission, avant d'aborder leur étude de faire, dans le monde mieux connu des cristaux solides, une incursion préalable au cours de laquelle nous rassemblerons les connaissances qui nous seront utiles pour interpréter la structure des nouvelles substances.

Vous connaissez tous ces formes géométriques polyédriques remarquables que revêtent spontanément un grand nombre de minéraux dans les cavités de l'écorce terrestre ou dans les roches où on les recueille: cubes de fluorine, dodécaèdres de pyrite, pyramides d'améthyste, etc.

Les personnes qui voient pour la première fois ces solides aux faces brillantes, aux arêtes rectilignes, ont toujours de la peine à admettre qu'elles dérivent du seul jeu des forces de la nature, et seraient plutôt disposées à y voir un produit de l'art du joaillier, sans se douter de l'honneur qu'elles font à cet ouvrier, en lui attribuant un travail dont la perfection exigerait souvent une habileté qu'elles ne souçonnent pas.

Parmi ces minéraux, le cristal de roche est l'un de ceux que les anciens connaissaient le mieux et admiraient le plus. Ils lui ont donné le même nom qu'à la glace, *cristallos*, parce que ce n'était pour eux que de l'eau congelée et durcie à l'extrême par le très grand froid des montagnes. Ce nom a été étendu par la suite à tous les minéraux qui, comme lui, revêtent spontanément une forme polyédrique, et qu'on appelle du terme générique de cristaux.

Ces formes polyédriques ne sont pas l'apanage exclusif des corps qui prennent naissance au sein de l'écorce terrestre. Elles se produisent sous nos yeux dans beaucoup de circonstances et de diverses manières par dissolution, par fusion, par sublimation.

Je vous rappellerai seulement ces remarquables octaèdres qu'on obtient en laissant refroidir une solution qu'on a saturée d'alun à l'ébullition, ou bien ces belles aiguilles qui se forment par refroidissement du soufre fondu, ou encore les paillettes polygonales que donnent les vapeurs d'iode en se condensant sur un corps froid. —

L'énigme que l'existence des formes cristallines posait à la sagacité des chercheurs est restée sans réponse jusqu'au début du XIXe siècle. Elle fut résolue par les réflexions pénétrantes et subtiles du grand minéralogiste français Haüy qu'on a quelquefois appelé, avec juste raison, le père de la cristallographie.

Haüy montra que les différentes formes que peut revêtir une même substance suivant les conditions dans lesquelles elle cristallise ne sont pas indépendantes; il détermina les lois remarquables qui les relient les unes aux autres et prouva que ces lois ne sont que les conséquences de la façon toute particulière dont les molécules sont arrangées à l'intérieur du cristal.

Sa conception a été reprise et complétée par Bravais, un autre maître de la cristallographie française:

Supposez trois systèmes de plans parallèles et équidistants qui découpent l'espace en petites cases prismatiques toutes égales entre elles. Placez à l'intérieur de chacune de ces petites cases des particules matérielles toutes identiques entre elles et orientées de la même manière, vous aurez réalisé l'édifice cristallin tel que l'ont conçu Haüy et Bravais.

Les particules matérielles que l'on considère ici peuvent être les molécules que les chimistes font intervenir dans leurs réactions, ou une association d'un petite nombre de ces molécules.

Vous aurez une image assez nette de cette structure en vous reportant, par la pensée à ces papiers peints dont on tapisse les murailles des appartements, et sur lesquels un motif, bouquet de fleurs ou autre, se répète indéfiniment à des distances invariables, dans le sens vertical, comme dans le sens horizontal, avec cette différence pourtant que la particule matérielle, motif de l'édifice cristallin, au lieu de se répéter seulement dans un plan, se répète suivant trois directions de l'espace.

La conception d'Haüy-Bravais, en faisant dépendre la formation des faces planes du mode particulier d'arrangement des molécules élargit considérablement l'horizon cristallographique. Au problème des formes extérieures, elle substitue le problème infiniment plus profond des structures. Le cristal n'est plus un simple polyèdre géométrique, c'est un milieu physique qui a son architecture propre avec les propriétés physiques qui en sont la conséquence.

Il pourra arriver qu'un minéral pour des raisons quelconques ne puisse se limiter par les faces qu'il prend habituellement; c'est le cas, par exemple, du quartz dans les roches, qui, se consolidant après tous les autres élémnets, est obligé de se mouler sur eux; l'étude du minéral montre que l'architecture interne est restée la même; on devra donc, malgré l'irrégularité des contours, continuer à lui appliquer le qualificatif de cristal qu'il mérite aussi nettement que lorsque ses formes se sont réalisées avec toute la perfection dont elles sont susceptibles.

Deux traits essentiels caractérisent cette structure

1° Alignement des éléments cristallins.

Dans la sorte de quinconce à trois dimensions que forment les molécules, on peut trouver des alignements en nombre infini suivant des droites ou des plans d'orientation variée. Ces alignements ne sont d'ailleurs pas tous équivalents entre eux; ils se distinguent les uns des autres par la distance des molécules qui les constituent; c'est toujours suivant des rangées et des plans où les molécules sont très rapprochées les unes des autres, que se forment les arêtes et les faces du cristal, parce que en raison même du rapprochement des molécules, la cohésion y est plus grande que dans toute autre direction.

2° Parallélisme des éléments cristallins:

Tout ce qu'on sait aujourd'hui sur les molécules chimiques conduit à les envisager comme des petits mondes assez complexes qui rappellent assez bien notre système solaire en miniature.

Dans le cristal tous ces petits moundes sont orientés parallèlement les uns aux autres, comme les dessins de la tapisserie dont
il était question tout à l'heure.

La régularité dans l'arrangement des molécules est extrêmement précieuse pour le physicien, car elle lui permet d'obtenir
sur les molécules des renseignements qu'il n'obtiendrait pas sans
elle.

Supposons, par exemple, que des molécules électrisées, s'orientent parallèlement les unes aux autres pour former un cristal,
toutes les charges positives étant d'un même côté, toutes les
charges négatives de l'autre; les deux bouts du cristal porteront
des charges de signes opposés que l'expérience pourra mettre en
évidence; c'est le cas de la tourmaline ou de l'acide tartrique.

Si les mêmes molécules s'orientent au hasard, leurs champs
électriques dirigés en tous sens se compenseront et rien n'apparaîtra à l'extérieur. L'électrisation des molécules, aussi intense
que dans le cas précédent nous échappera.

Cet exemple schématique suffit à montrer l'intérêt qui s'attache à l'étude des milieux cristallins. Cette étude renouvelée ces
dernières années par l'introduction d'une technique nouvelle
d'analyse des structures par les rayons X, est en pleine évolution
à l'heure actuelle. Le physicien anglais Bragg et son fils sont
arrivés dans un certain nombre de cas à préciser la position individuelle de chacun des atomes dans l'édifice cristallin. On est
même parvenu à obtenir des indications sur l'arrangement intérieur à l'atome. Il est inutile d'insister pour montrer la portée
considérable de ces recherches où l'on peut espérer trouver l'explication des lois fondamentales de la chimie, cette science qui
tient tant de place dans notre civilisation. Peut-être aussi four-
niront-elles les méthodes pour reproduire ceux des édifices cristallins, tels que le diamant, qui ont encore échappé à nos essais
de synthèse.

Propriétés optiques des corps cristallisés

De toutes les propriétés qui dépendent de l'orientation et de
l'arrangement des molécules dans les cristaux, il n'en est pas qui
aient donné lieu à de plus passionnantes recherches et à de plus
brillantes expériences que celles qui ont pour objet l'action des
cristaux sur la lumière.

L'optique cristalline a été inaugurée au XVII⁰ siècle par les études de l'illustre physicien hollandais Christian Huyghens, concernant « l'étrange réfraction du cristal d'Islande ». Ce cristal n'est autre que le carbonate de chaux, constituant du marbre ou de la craie, qui se trouve en Islande en cristaux de dimensions exceptionnelles et d'une limpidité parfaite.

« Sa transparence n'est guère moindre que celle de l'eau ou du cristal de roche, et sans aucune couleur. Mais les rayons de lumière y passent d'une autre façon et produisent de merveilleuses réfractions ...

» Dans tous les autres corps transparents que nous connaissons, il n'y a qu'une seule et simple réfraction, mais dans celui-ci il y en a deux différentes. Ce qui fait que les objets que l'on voit à travers, surtout ceux qui sont appliqués tout contre, paraissent doubles, et qu'un rayon de soleil, tombant sur une des surfaces, se partage en deux et traverse ainsi le cristal. »

(Christian Huyghens, *Traité de la lumière*, édition Gauthier-Villars, Paris 1920, p. 64.)

Cette étude a été poursuivie au début du XIX⁰ siècle par Biot et Arago, qui ont montré que cette étrange propriété appartenait à des degrés divers à tous les corps cristallins, sauf pourtant à ceux dont les formes dérivent du cube. Mais c'est Fresnel qui en a fourni le premier l'explication et a amené l'optique cristalline à la forme quasi parfaite qu'elle a gardée jusqu'aujourd'hui.

Il y aurait quelque témérité à chercher à vous faire un exposé complet de cette théorie de Fresnel, au cours de cette rapide conférence. J'esssaierai pourtant d'en mettre en évidence quelques traits essentiels qui nous sont indispensables pour dévoiler la nature mystérieuse des cristaux liquides.

On admet aujourd'hui que la lumière est engendrée par les oscillations de corpuscules électrisés contenus en nombre immense dans les matières incandescentes (flamme d'une bougie, arc électrique, soleil). Chacun de ces corpuscules vibre à la façon d'un tout petit pendule, mais avec une rapidité qui confond l'imagination ; on a pu déterminer, en effet, qu'en un millionième de seconde seulement, intervalle de temps trop petit déjà pour que nous puissions nous en faire une idée, chacun de nos petits pendules effectue un demi milliard de vibrations et plus. Ce nombre de vibrations est d'ailleurs variable ; c'est de lui que dépend la couleur de la lumière émise; 500 millions pour le rouge, 600 millions pour le vert, 700 milions pour le bleu.

Ces oscillations se transmettent de la source lumineuse aux corps éloignés, par l'intermédiaire du milieu qui les sépare. Dans l'espace vide de matière, comme les milieux interplanétaires, les oscillations lumineuses courent le long des rayons lumineux à la vitesse de 300,000 km par seconde. Cette vitesse énorme est supérieure à celle de tous les projectiles et de tous les astres; et pourtant il faut huit minutes aux oscillations issues du soleil pour venir jusqu'à nous, des mois ou des années pour nous venir des étoiles.

Dans les milieux matériels transparents, la vitesse de propagation est toujours plus faible que dans le vide, car l'oscillation lumineuse ne peut traverser le milieu sans mettre les éléments matériels en mouvement, ce qui naturellement ralentit sa marche. Ainsi, dans l'eau, la vitesse de la lumière n'est plus que de 200,000km. par seconde, de 125,000 km. seulement dans le diamant, etc.

On sait que les changements de vitesse que subit la lumière en passant d'un milieu dans un autre s'accompagnent généralement d'une brisure du rayon lumineux, ce qui constitue le phénomène bien connu de la réfraction de la lumière. Si un bâton plongé dans l'eau nous parait brisé, c'est parce que la lumière se propage moins vite dans l'eau que dans l'air.

Il nous faut maintenant insister sur un caractère essentiel de la vibration en chacun des points du rayon lumineux. Avant Fresnel, on croyait que la vibration avait lieu dans la direction même du rayon; Fresnel a démontré, et c'est là une de ses plus belles découvertes, que la vibration au contraire avait toujours lieu dans un plan perpendiculaire au rayon. La direction de la vibration dans le plan change d'ailleurs à tout instant dans le cas d'un rayon de lumière naturelle, mais la vibration ne sort jamais du plan.

Ce caractère de la vibration lumineuse est, comme nous l'allons voir, la clef de toute l'optique cristalline.

Biréfringence des cristaux

Considérons un rayon lumineux qui tombe en 0 sur une lame cristalline (fig. 1, p. 629); représentons par des petits bâtonnets les molécules alignées dans la face d'entrée du cristal. La vibration lumineuse perpendiculaire au rayon lumineux est donc dans le plan de la face d'entrée où elle peut prendre une direction quelconque. Le sort de cette vibration sera très différent selon sa direction. Nous avons dit, en effet, que toute vibration qui traverse un milieu transparent est retardée par la nécessité où elle est de mettre en mouvement les éléments matériels du milieu. Mais il est bien évident qu'une vibration OA perpendiculaire à nos petits bâtonnets ne rencontre pas les mêmes obstacles que la vibration OB, qui leur est parallèle ou que la vibration OC oblique sur eux.

Celle de ces vibrations qui rencontre sur son chemin les obstacles les moins importants prendra l'avance sur toutes les autres, ce sera par exemple OA ; une autre au contraire, soit OB, rencontrera les obstacles les plus sérieux et éprouvera le ralentissement maximum. L'expérience montre que ces deux vibrations dont l'une OA prend la tête et l'autre reste en queue du train lumineux qui se propage, sont toujours perpendiculaires entre elles. Toute autre vibration telle que OC se dédouble en deux composantes respectivement parallèles à OA et à OB, il ne reste plus finalement qu'une vibration de vitesse maxima, et une vibration de vitesse minima. De sorte que l'on peut dire encore que l'on a suivant une même direction, deux rayons lumineux ayant chacun leur vitesse propre et propageant des vibrations de direction déterminée.

Ces deux rayons lumineux subiront une brisure différente à la sortie du milieu cristallin, puisque ces brisures sont sous la dépendance des vitesses de la lumière dans les différents milieux. Ainsi se trouve expliqué le phénomène de la double réfraction qui nous apparaît comme une conséquence naturelle de l'orientation et de l'arrangement des particules matérielles dans le cristal.

Polarisation. — Nicols

Les deux rayons lumineux issus de cette double réfraction diffèrent des rayons de lumière ordinaire parce que les vibrations qu'ils transmettent OA pour l'un, OB pour l'autre, ont une direction absolument invariable. On dit qu'ils sont polarisés.

Le minéralogiste anglais Nicol a montré qu'on pouvait, par des artifices convenables de taille et de collage, réaliser un prisme de spath d'Islande satisfaisant à cette condition que les deux rayons qui vibrent respectivement suivant OA et OB sortent du prisme par deux faces différentes.

En recouvrant l'une des faces d'une peinture noire opaque, on peut arrêter l'une de ces vibrations, OB par exemple. Le petit appareil ainsi réalisé, qu'on appelle un nicol, du nom de son inventeur, a la propriété bien singulière d'être parfaitement transparent pour des vibrations lumineuses parallèles à OA, et absolument opaque pour des vibrations parallèles à OB.

Si l'on met l'un derrière l'autre deux de ces petits appareils en les croisant, le second est opaque pour les vibrations qui ont traversé le premier, de sorte qu'aucune lumière ne traverse le système. La lumière passe au contraire, si la direction de transparence du second nicol est parallèle à celle du premier.

Polarisation chromatique

Je vais maintenant vous décrire un des plus beaux phénomènes de l'optique cristalline qui permet par des expériences extrêmement simples et particulièrement brillantes de mettre en évidence la nature cristalline des corps.

Plaçons deux nicols l'un derrière l'autre, en ayant soin de croiser leurs directions de transparence. Nous savons que la lumière polarisée qui sort du premier est éteinte par le second. Une source éclairante, quelle que soit son intensité, restera invisible à un observateur placé derrière le système des deux nicols.

Mais il suffit d'introduire une lame cristalline biréfringente entre les deux nicols pour qu'aussitôt la lumière réapparaisse.

L'œil placé derrière le second nicol aperçoit la lame brillamment éclairée. Si la lame est d'épaisseur convenable, ni trop mince, ni trop épaisse, elle se pare de teintes extrêmement vives, dont la couleur dépend à la fois de l'épaisseur de la lame et de sa biréfringence.

Si l'on tourne le second nicol de 90° de façon que sa direction de transparence soit maintenant parallèle à celle du premier nicol, toute les teintes sont remplacées par les teintes complémentaires. Le phénomène est extrêmement brillant.

La production de ces teintes est d'autant plus remarquable qu'il n'y a aucun corps coloré sur le parcours de la lumière.

Voici l'explication du phénomène:

J'e supposerai la vibration rectiligne OI qui sort du premier nicol à 45° des deux directions de vibration accélérée et retardée de la lame cristalline parce que les raisonnement sont plus simples dans ce cas. (Fig. 2.)

Cette vibration peut être considérée comme la somme des vibrations d'égales amplitudes de deux mobiles qui partent simultanément du point O et se dirigent respectivement vers OA et OR.

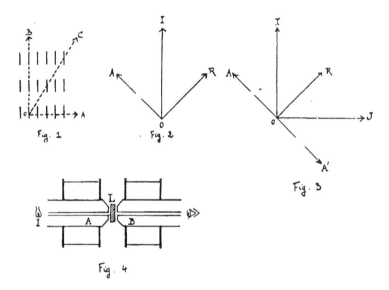

Fig. 1 Fig. 2 Fig. 3 Fig. 4

Si les deux vibrations se propageaient avec la même vitesse, à la sortie de la lame, les deux mouvements partiraient encore du point O ensemble et se composeraient toujours pour donner une vibration rectiligne dirigée suivant OI.

Il en sera de même si les deux vibrations se propageant avec des vitesses différentes, l'épaisseur est telle que l'un des mobiles soit en retard d'une oscillation complète sur l'autre, ou d'une façon générale d'un nombre entier d'oscillations complètes.

Supposons au contraire l'épaisseur telle que la vibration OR soit en retard sur l'autre d'une demi oscillation (fig. 3). Le mobile qui se meut suivant OA a déjà parcouru le chemin OAO et s'apprête à partir vers OA' quand l'autre mobile part de O pour aller vers R.

La résultante des deux mouvement OA' et OR est maintenant dirigée suivant OJ perpendiculaire sur OI.

Il en sera de même si la vibration OR est en retard d'une oscillation et demie et d'une façon générale d'un nombre entier d'oscillations complètes plus une demi oscillation.

Ainsi, chaque fois que le retard est un nombre exact d'oscillations, la vibration résultante à la sortie de la lame est dirigée suivant OI. Chaque fois que le retard est un nombre entier d'oscillations plus une demi oscillation, la vibration résultante est dirigée suivant OJ.

En orientant le second nicol suivant OI ou suivant OJ on laissera passer à volonté les unes ou les autres de ces vibrations.

Supposons qu'on opère avec de la lumière blanche, c'est-à-dire une lumière composée d'une infinité de vibrations de couleurs différentes pour lesquelles les oscillations ont lieu dans des temps différents. Les retards à la sortie de la lame cristalline ne seront pas les mêmes pour toutes les couleurs; pour certaines couleurs la vibration sera suivant OI, pour d'autres suivant OJ. Avec un nicol parallèle à OI on laissera passer les premières couleurs, on éteindra les secondes. Avec un nicol parallèle à OJ ce sera l'inverse.

La lumière émergente du deuxième nicol sera donc colorée, et les couleurs dans les deux positions de ce nicol seront complémentaires puisque les couleurs éteintes dans une position sont précisément celles qui passent dans l'autre et réciproquement.

Le microscope polarisant

Les phénomènes remarquables que nous venons d'étudier: double réfraction de la lumière, polarisation chromatique qui sont une conséquence de l'orientation et de l'arrangement régulier des molécules sont employés d'une façon constante par les minéralogistes, d'abord pour déceler l'état cristallin de la matière, ensuite pour distinguer les uns des autres les nombreux corps cristallisés que la nature met à notre disposition. On a construit pour cela des microscopes munis de deux nicols, dits microscopes polarisants, particulièrement adaptés à l'examen optique des cristaux.

Voici, à titre d'exemple, les figures que donnent un rubis, une améthyste, une topaze, observés au microscope polarisant.

Cet instrument a permis de mettre en évidence la quasi universalité de l'état cristallin. Les éléments de presque toutes les roches qui constituent l'écorce terrestre, les granites, syénites, porphyres, marbres, etc., sont cristallins.

L'état cristallin est vraiment l'état normal de la matière solide; c'est celui que prennent les corps quand aucune cause extérieure ne vient troubler le jeu des attractions naturelles des molécules.

Les milieux amorphes: liquides, verres

Les corps non cristallisés ont reçu le nom de corps amorphes; les plus typiques sont les liquides dont les caractères s'opposent de la façon la plus absolue à ceux des cristaux:

Un liquide n'a pas de formes propres, il épouse toujours la forme des vases dans lesquels il est contenu; quand on le soustrait à l'action de la pesanteur en le mettant en suspension dans un liquide de même densité (goutte d'huile dans un mélange d'eau et d'alcool), il prend une forme sphérique parfaite sous l'action des forces capillaires; mais jamais une forme polyédrique.

La mobilité du liquide paraît peu compatible avec un arrangement régulier des molécules. Si l'on observe au microscope de très petits grains en suspension dans le liquide, on constate qu'ils sont animés d'un mouvement incessant absolument désordonné; le petit grain va et vient, monte, descend, tourne sur lui-même de la façon la plus capricieuse. On sait aujourd'hui que ce mouvement a pour cause l'agitation incessante des particules liquides elles-mêmes qui se déplacent et tournent comme lui d'un mouvement capricieux beaucoup plus rapide encore.

Cette agitation désordonnée est incompatible avec l'existence des phénomènes optiques qui caractérisent le cristal: double réfraction, polarisation chromatique.

En effet, quelle que soit son orientation, une vibration lumineuse qui se propage dans le liquide rencontrera toujours en moyenne les mêmes obstacles sur sa route; elle se ralentira et s'affaiblira toujours de la même façon. Observée entre nicols croisés, une goutte liquide sera donc parfaitement obscure.

Les liquides refroidis donnent généralement naissance à des cristaux, telle l'eau qui engendre la glace. Le passage d'un état à l'autre est brusque et se fait sans étape intermédiaire.

Mais il arrive aussi que les liquides, sans se congeler, prennent une viscosité de plus en plus grande à mesure que la température s'abaisse et finissent par se comporter comme de véritables solides, sans qu'il soit en général possible de préciser l'instant où ils cessent vraiment d'être liquides. On donne le nom de verres aux solides ainsi réalisés. Les molécules n'y ont plus la mobilité qu'elles avaient dans le liquide primitif, mais elles y restent orientées au hasard et distribuées de façon quelconque; aussi, comme les liquides, les verres ne sont-ils pas biréfringents.

Ils peuvent pourtant le devenir dans certaines circonstances. Placés dans un champ électrique ou magnétique, les liquides prennent une biréfringence, extrêmement faible d'ailleurs, qu'on n'arrive à déceler qu'avec les méthodes les plus délicates de l'optique. Soumis à des efforts mécaniques, le verre peut montrer des teintes de polarisation chromatique entre deux nicols.

Mais ces phénomènes de biréfringence se distinguent de ceux qu'on observe dans les cristaux, par leur caractère accidentel; ils sont l'effet d'une action extérieure, non la conséquence d'une structure moléculaire déterminée. Ils disparaissent dès qu'on supprime l'agent qui les a provoqués.

L'opposition reste absolue entre la matière cristalline construite suivant une architecture régulière définie, et la matière amorphe dont la structure désordonnée est l'effet du hasard.

Ces conclusions parfaitement claires, étaient universellement admises dans le monde scientifique et paraissaient définitives, lorsque Lehmann annonça l'existence de cristaux liquides. Ses affirmations parurent dès l'abord un défi jeté au bon sens, un accouplement de mots qui juraient d'être associés. Si l'on ajoute que cette notion si paradoxale des cristaux liquides était accompagnée de considérations métaphysiques sur l'apparence de vie et l'âme de certaines de ces nouvelles substances, on comprendra sans peine l'accueil peu bienveillant qu'elles trouvèrent à leur berceau.

Quelques esprits curieux reprirent toutefois les expériences, sans idée préconçue, avec le simple désir de voir. En France, M. Wallerant, MM. Friedel et Grandjean, M. Gaubert et moi-même avons consacré un assez long effort à ces produits nouveaux. Il fallut bien se rendre à l'évidence. Si paradoxale que la chose put paraître au premier abord, il existe des liquides à caractères cristallins nets et incontestables.

C'est un fait d'une portée considérable puisqu'il met sous les yeux du physicien la matière dans un état où les actions mutuelles des particules.matérielles s'exercent dans des conditions inconnues jusqu'ici et dont l'étude approfondie est susceptible d'éclairer d'une lumière nouvelle la physique moléculaire.

Les cristaux liquides

Les substances susceptibles de former des cristaux liquides appartiennent à la chimie organique, c'est-à-dire qu'elles renferment du carbone. On en connaît plusieurs centaines à l'heure actuelle, de fonctions chimiques variées. Parmi les plus vulgaires on peut citer les oléates alcalins, les savons mous bien connus, l'oléate d'ammoniaque en particulier; une famille intéressante de cristaux liquides est constituée par les éthers de là cholestérine, produits importants de l'activité chimique des cellules vivantes animales ou végétales.

Mais je préfère prendre comme type de notre étude un dérivé du phénol, l'azoxyanisol qui a donné lieu aux travaux les plus nombreux et les plus précis.

L'azoxyanisol à la température ordinaire est en petits cristaux solides bien formés; il a une double réfraction considérable et un polychroïsme intense; ses cristaux observés au microscope polarisant paraissent jaunes ou blancs selon la direction de la vibration lumineuse avec laquelle on les observe.

Liquide trouble

Lorsqu'on chauffe l'azoxyanisol, il fond; le phénomène est brusque, la température restant constante (116°) pendant toute la durée de la fusion, comme il convient pour un corps pur. Le liquide qui provient de cette fusion est trouble; transparent en couche mince seulement, translucide sous quelques millimètres, il est quasi opaque sous une grande épaisseur (quelques centimètres). C'est à ce liquide trouble qu'on a trouvé les caractères cristallins très nets dont il sera question dans un instant, et l'on verra que le trouble est une conséquence même de l'état cristallin.

Si l'on élève la température jusqu'à 134°, le liquide trouble se transforme brusquement en un nouveau liquide, parfaitement limpide cette fois, jaune d'or. Il importe d'insister sur un caractère essentiel de la transformation : il ne s'agit pas ici d'une modification progressive du liquide dont l'opacité diminuerait peu à peu pendant que la température s'élève, mais d'une transformation aussi brusque que la fusion d'un corps cristallisé. Si l'on opère avec assez de lenteur, on peut avoir au contact le liquide trouble dont l'opacité a gardé sensiblement sa valeur primitive, et le liquide clair séparés l'un de l'autre par une surface de discontinuité nette, siège de tension superficielle manifeste; si l'on opère par exemple dans un tube à essai, le liquide trouble plus dense est au fond, le liquide clair surnage; un ménisque très net les sépare. La température reste constante pendant la durée de la transformation. On pourrait presque dire qu'on assiste à la fusion du liquide trouble, s'il n'y avait pas contradiction à parler de la fusion d'un corps déjà liquide.

Si on laisse refroidir le liquide limpide, les mêmes phénomènes se reproduisent en sens inverse: à 134° apparition brusque du liquide trouble; à 116° solidification du liquide trouble en cristaux ordinaires. Les deux phénomènes, fusion, trouble, et fusion limpide, sont deux phénomènes réversibles.

116° est la température d'équilibre solide, liquide trouble.

134° est la température d'équilibre liquide trouble, liquide clair.

Il est bien évident que le chimiste qui a le premier fait fondre l'azoxyanisol n'a pas eu l'idée d'attribuer le trouble qu'il observait à des propriétés cristallines, étranges chez un liquide.

Il a pensé que son liquide était souillé par une impureté insoluble (solide ou liquide) qu'il tenait en suspension; ses premiers efforts ont été d'essayer de le purifier. Tous les essais de purification par voie chimique ont échoué; plusieurs procédés de synthèse différents ont été mis en œuvre avec l'espoir que l'un d'eux conduirait à un produit exempt des impuretés insolubles présumées; ces essais furent vains.

On chercha alors, en maintenant longtemps le liquide au repos, à obtenir la séparation de l'impureté par l'action de la pesan-

teur; on fit des essais de centrifugation, de filtration sur porcelaine, de clarification par l'action du champ électrique, etc.
Tous les procédés mis en œuvre échouèrent les uns après les
autres. Le seul résultat obtenu par la purification la plus rigoureuse a été de rendre plus nettes et plus précises les deux transformations fusion trouble, fusion limpide qui se produisent à une
température aussi bien dennie que la fusion ordinaire des cristaux homogènes.

Bref, puisque le liquide trouble résiste à tous les procédés de
fractionnement, on est bien obligé malgré son aspect, de le considérer comme une substance unique.

Les phénomènes qui viennent d'être décrits ne sont pas sans
quelque analogie avec ceux qu'on observa dans la fusion d'un
corps solide ayant plusieurs formes cristallines différentes. Soit
par exemple le soufre. On le trouve à l'état naturel en beaux cristaux jaunes qui dérivent d'un polyèdre solide à huit faces que
les cristallographes appellent l'octaèdre orthorhombrique. Si on
les chauffe, ces cristaux se transforment à 96° en une seconde
variété cristalline dont les formes toutes différentes dérivent
d'un prisme oblique (soufre monoclique des minéralogistes). La
nouvelle variété de soufre persiste jusqu'à la température de
113°, où elle fond en un liquide jaune, la fusion étant aussi
brusque et réversible.

Notre liquide trouble tient entre les cristaux solides d'azoxyanisol et l'azoxyanisol liquide limpide, la même place que la
variété de soufre monoclinique entre le soufre ordinaire et le soufre fondu. Cette analogie paraîtra plus étroite lorsque nous
aurons reconnu à ce liquide trouble les caractères d'une deuxième variété cristalline d'azoxyanisol.

Viscosité du liquide trouble

Le liquide trouble est d'une mobilité parfaite. On a mesuré
avec précision sa viscosité à différentes températures, en déterminant le temps qu'il met à s'écouler par un tube capillaire sous
une pression déterminée. Elle est inférieure à celle de l'eau à
zéro degré.

Comme dans tous les cas connus, cette viscosité diminue quand
la température s'élève; mais on a constaté ce fait tout à fait inat-

tendu qu'elle remonte brusquement au moment de la fusion limpide. Ainsi le liquide limpide bien qu'il soit à une température plus élevée est plus visqueux que le liquide trouble. Ainsi encore les cristaux liquides d'azoxyanisol sont plus mobiles que le véritable azoxyanisol liquide.

Examen au microscope polarisant

La signification véritable du liquide trouble n'a pu être dévoilée que par l'étude faite au microscope polarisant. Ou plus exactement cette étude a fait dépendre les apparences singulières observées à l'œil nu de singularités plus intimes, peut-être plus surprenantes encore.

Le microscope polarisant dont on se sert pour cette étude doit avoir sa platine munie d'un dispositif de chauffage (résistance électrique par exemple), qui permette de porter et de maintenir les substances à étudier aux températures convenables. Ce microscope à platine chauffante est un appareil qui devrait se trouver dans tous les laboratoires de recherche de chimie où il serait susceptible de rendre les plus grands services.

Voici une préparation que j'ai obtenue en faisant fondre de l'azoxyanisol entre deux lames de verre et la laissant se solidifier ensuite. On la projette au moyen du microscope polarisant dont les nicols sont croisés. Vous voyez un certain nombre de plages éclairées de teintes uniformes; chacune d'elles correspond à un cristal solide qui rétablit la lumière éteinte par les nicols parce qu'il est biréfringent. Aux endroits où la préparation est suffisamment mince vous pouvez apercevoir des teintes de polarisation chromatique. Si l'on fait tourner la préparation dans son plan, chaque plage s'éteint dans quatre positions à 90°, comme font tous les cristaux. On projette maintenant avec un seul nicol; si vous suivez l'effet de la rotation d'une des plages dans son plan, vous pouvez constater qu'elle est alternativement jaune et blanche; sa teinte dépend de son orientation par rapport à la direction de la vibration qui sort du nicol: c'est le phénomène connu sous le nom de dichroïsme.

On va maintenant chauffer la préparation. Vous voyez la fusion qui commence sur le bord puis gagne peu à peu vers le centre; elle est maintenant complète. Vous pouvez constater que le liquide obtenu rétablit la lumière éteinte par les nicols exactement comme faisaient les cristaux. J'appuie sur la lame de verre avec une pointe de manière à diminuer l'épaisseur de la couche liquide, vous voyez autour de la pointe apparaître les teintes de polarisation chromatique; nous pouvons aussi, avec un seul nicol, constater comme tout à l'heure, le dichroïsme de notre liquide qui passe alternativement du blanc au jaune lorsqu'on fait tourner la préparation. Bref, le liquide montre les mêmes phénomènes qu'un cristal biréfringent. On peut d'ailleurs constater directement sa biréfringence en visant à travers lui, au microscope, les petites rayures de la lame de verre inférieure qui paraissent doubles, comme si on les regardait au travers d'une lame de carbonate de chaux (spath d'Islande).

La biréfringence de l'azoxyanisol liquide est très considérable; des mesures précises ont montré qu'elle était double de celle du spath d'Islande.

Pendant que nous causons, la température de la préparation s'est élevée; vous voyez maintenant apparaître la nouvelle phase liquide qui semble complètement noire; n'étant pas biréfringente, en effet, elle ne rétablit pas la lumière éteinte par les nicols croisés. Remarquez combien est nette et précise la limite entre les deux liquides, le liquide biréfringent au centre, le liquide ordinaire autour. La ligne de séparation est formée par l'ensemble des points de la préparation qui sont actuellement à 134°; c'est, pour employer le langage des physiciens, l'isotherme 134°.

La quantité de liquide biréfringent va en diminuant. Tout est maintenant transformé en liquide ordinaire. Si nous laissons refroidir vous allez voir les mêmes phénomènes se reproduire en sens inverse.

Le liquide biréfringent, comme vous pouvez le constater, est loin de montrer un aspect uniforme. On y distingue des plages d'orientation optiques différentes. Le passage d'une plage à l'autre est quelquefois progressif; souvent aussi le changement d'orientation est brusque et les plages sont séparées par une surface nette sur laquelle il est possible de constater des réflexions de la lumière.

Cette variation dans l'orientation optique du liquide nous permet de comprendre pourquoi il est trouble, quasi opaque en couche épaisse. Lorsque l'épaisseur augmente, le nombre des surfaces de séparation s'accroît; les réfractions et réflexions qui se produisent sur chacune d'elles éparpillent la lumière qui · arrive à ne plus pouvoir traverser.

On en saurait mieux comparer le liquide qu'à un morceau de marbre formé d'un grand nombre de petits cristaux d'orientation confuse. C'est la même matière que celle qui constitue le spath d'Islande; mais alors que celui-ci est d'une limpidité parfaite parce qu'il est formé d'un cristal unique, dans notre morceau de marbre, la lumière subit des brisures et des réflexions nombreuses au contact de chacun des petits cristaux qui le constitue et se trouve bientôt complètement éteinte.

Si l'on avait un moyen d'imposer une même orientation à tous les petits cristaux du marbre, on en ferait un cristal de spath d'une transparence absolue. Ceci n'est pas en notre pouvoir, mais on peut réaliser l'expérience avec l'azoxyanisol. Il suffit pour cela de le placer dans un champ magnétique suffisamment intense.

Voici comment on dispose l'expérience (fig. 4, p. 629); A et B · sont les pièces polaires d'un électroaimant percées d'un canal longitudinal. L est l'azoxyanisol fondu au travers duquel on observe, en regardant par le canal des pièces polaires, une lampe électrique à incandescence I. En l'absence de champ magnétique on n'arrive pas à distinguer le filament de la lampe; on n'aperçoit qu'une vague lueur; le milieu n'est pas transparent, seulement un peu translucide.

Si l'on excite l'électroaimant, le liquide se clarifie presque instantanément; le filament de la lampe se voit à travers lui avec une netteté parfaite. Le marbre a été transformé en spath limpide.

Le trouble réapparaît dès qu'on coupe le courant dans l'électro-aimant; spontanément, le spath s'est résolu en une infinité de petits cristaux d'orientation confuse.

La clarification de l'azoxyanisol fondu que nous avions poursuivie en vain par les méthodes de purification chimique ou de fractionnement physique se trouve réalisée ici sans que nous ayons rien extrait du liquide; il a suffi d'orienter ses éléments parallèlement les uns aux autres.

Orientation par les lames de verre

Le champ magnétique n'est d'ailleurs pas indispensable pour obtenir ce résultat. J'ai reconnu, en effet, que l'irrégularité de l'orientation de l'azoxyanisol liquide entre deux lames de verre était due aux impuretés qui souillent toujours ces lames, même lorsqu'on les a nettoyées et essuyées avec le plus grand soin. Pour éloigner complètement ces impuretés, il faut chauffer les lames de verre dans l'acide sulfurique concentré, et les laver à l'eau distillée ; après quoi on les sèche par un courant d'éther pur que l'on distille sur elles dans un appareil convenablement disposé. On se garde bien de les essuyer, même avec un linge très propre ; on ne ferait ainsi que les souiller à nouveau ; toutes les traces du frottement du linge sur le verre se révèleraient par des stries nombreuses dans la préparation cristallo-liquide. Le contact avec les doigts est plus néfaste encore.

Les précautions ayant été prises pour éviter toute contamination du verre, on obtiendra par fusion de l'azoxyanisol une préparation limpide, exempte des irrégularités d'orientation et des surfaces de discontinuité qui étaient dans la préparation primitive. Mais on constate en même temps au microscope polarisant que la biréfringence a disparu. Est-ce à dire que cette biréfringence est un effet des impuretés qui souillent les lames de verre et qu'il a suffi de les éliminer pour faire de notre azoxyanisol un liquide ordinaire? Non, un phénomène nouveau s'est produit, extrêmement remarquable:

Les cristallographes ont reconnu depuis longtemps que, dans tout cristal biréfringent, quel qu'il soit, il existe toujours, soit une, soit deux directions suivant lesquelles le cristal se comporte comme un corps à réfraction unique. Ils ont appelé ces directions remarquables les axes optiques du milieu cristallin, et classé les cristaux en deux groupes, ceux qui n'ont qu'un axe optique et ceux qui en ont deux .

L'azoxyanisol fondu (et tous les autres cristaux liquides), appartient à la catégorie des cristaux à un seul axe optique. C'est-à-dire que le liquide est biréfringent dans toutes les directions, sauf une suivant laquelle il réfracte la lumière à la façon d'un liquide ordinaire.

Or, l'azoxyanisol a la propriété tout à fait remarquable d'orienter toujours son axe optique normalement aux lames de verre pourvu que celles-ci soient d'une propreté parfaite. Lorsque nous regardons la préparation posée sur la platine du microscope, il se rouve que les rayons lumineux la traversent précisément dans la direction normale aux lames de verre suivant laquelle elle présente une réfraction unique ; voilà pourquoi nous lui trouvons les caractères d'un liquide ordinaire.

Mais, inclinons la préparation sur l'axe du microscope de façon que la lumière la traverse obliquement, ou plus simplement encore appuyons légèrement sur le couvre-objet afin de troubler l'orientation du liquide. Immédiatement la lame s'illumine. La biréfringence n'était pas disparue ; nous regardions simplement par hasard dans l'unique direction où elle n'existe pas.

Toute hésitation sur la nature des phénomènes disparait d'ailleurs immédiatement si, au lieu d'éclairer la préparation avec un faisceau de lumière parallèle, on l'observe dans un faisceau de lumière convergente. Elle montre alors la figure classique: une croix noire traversant une série d'anneaux colorés, à laquelle les cristallographes reconnaissent les cristaux à un axe optique.

C'est exactement celle que nous avions obtenue avec le spath d'Islande ou le rubis.

Pour vous montrer que nous avons bien affaire à un liquide, j'appuie sur la préparation. Vous voyez la croix noire et les anneaux se déformer ; ils reprennent leur aspect primitif quand on laisse le repos se rétablir.

Le caractère cristallin et la mobilité du liquide se manifestent ainsi d'une manière frappante.

Fusion de l'azoxyanisol entre des lames cristallines

Au lieu d'utiliser des lames de verre pour la fusion de l'azoxyanisol, on peut se servir des lames qu'on obtient si facilement par le clivage du mica ; en détachant les lames au moment même de faire l'expérience, on est assuré d'avoir des surfaces parfaitement propres sans qu'il soit besoin de nettoyage quelconque.

L'action d'orientation du mica est aussi nette que celle du verre ; mais cette fois l'axe optique de l'azoxyanisol se place parallèlement aux faces des lames, de sorte qu'on obtient de tout autres figures en lumière convergente. Un grand nombre de minéraux faciles à cliver se comportent comme le mica. Ceci va nous permettre de comprendre certaines particularités remarquables fournies par les cristaux liquides d'azoxyphénétol, un composé chimique très voisin de l'azoxyanisol.

Orientation de l'azoxyphénétol par les pellicules cristallines

Voici une préparation de cette nouvelle substance cristallisée à l'état solide entre deux lames de verre. Son aspect est, au microscope polarisant, tout à fait analogue à celui de l'azoxyanisol; chaque plage de teinte uniforme que vous apercevez correspond à un cristal d'orientation déterminée, très biréfringent, fortement dichroïque.

Chauffée, elle fond à 134°. Le liquide obtenu est biréfringent comme l'était l'azoxyanisol; mais vous pouvez constater un phénomène nouveau: le liquide présente des plages ayant exactement les mêmes contours que les plages solides antérieures.

Chauffons jusqu'à la fusion limpide; les plages disparaissent puisqu'il n'y a plus de biréfringence. Elles se reforment sans modification quand en refroidissant, on retrouve le liquide biréfringent.

Chacune de ces plages liquides se comporte comme un cristal homogène; l'orientation cristalline varie seulement d'une plage à l'autre.

L'explication du phénomène est la suivante: les cristaux solides primitifs adhérents aux lames de verre ont laissé sur elles de minces pellicules de molécules orientées qui ne sont détruites, ni par la fusion trouble à 134°, ni par la fusion limpide à 168°. Ce sont ces pellicules qui déterminent l'orientation du liquide sous-jacent exactement comme les lames de mica dans le cas de l'azoxyanisol.

Ces pellicules sont doubles, existant à la fois sur le porte-objet et sur le couvre-objet où elles dessinent deux figures identiques exactement superposées. On peut mettre en évidence ces deux figures en faisant glisser l'une des lames sur l'autre; on voit alors tous les contours se dédoubler, l'une des figures restant fixe, l'autre chevauchant sur elle.

Orientation pendant le mouvement du liquide

L'action d'orientation des pellicules sur le liquide est particulièrement intense, comme j'ai pu le mettre en évidence par l'expérience suivante:

Ayant fait choix d'une plage liquide bien homogène, on l'observe au microscope polarisant en lumière convergente monochromatique (flamme colorée par des vapeurs de sel marin). On aperçoit alors des franges dont l'aspect dépend de l'orientation du liquide dans la plage mais rappelle toujours celui des franges de cristaux uniaxes: systèmes d'hyperboles ou anneaux plus ou moins excentrés.

Tout en poursuivant l'examen optique, on soulève lentement la lamelle couvre-objet, la lame porte-objet restant fixe, de façon à faire croître progressivement l'épaisseur de la préparation. Malgré les mouvement qu'on provoque ainsi dans le liquide, les franges restent parfaitement nettes; on les voit seulement se déplacer dans le champ du microscope, non par suite de l'agitation, mais parce que l'on augmente l'épaisseur du milieu biréfringent traversé par la lumière. Lorsqu'on abaisse le couvre-objet, les franges se déplacent en sens inverse. Il suffit de compter celles qui passent en un point du champ du microscope pour une variation connue d'épaisseur, pour avoir une mesure de la biréfringence du liquide.

Je terminerai sur cette expérience; nulle autre, en effet, ne saurait mieux mettre en évidence le paradoxe que réalisent les cristaux liquides: montrer tous les caractères optiques propres à l'arangement moléculaire des cristaux, dans un fluide en mouvement.

Les cristaux liquides présentent encore bien d'autres propriétés curieuses; celles qui ont été décrites ici ont été choisies parmi les plus simples et les plus caractéristiques. Malgré l'étude précise qui en a été faite, il n'a pas encore été possible de mettre au point une théorie qui les explique d'une façon absolument satisfaisante. Les recherches sont poursuivies avec ardeur, car il n'est pas douteux qu'elles fourniront des renseignements d'une importance capitale pour la physique moléculaire encore bien obscure des cristaux solides et des liquides ordinaires.

Les états de la matière intermédiaires entre l'état cristallin et l'état liquide

par Ch. Mauguin

Maitre de conférences de minéralogie à la Sorbonne

———

*Conférence faite aux Universités de Bruxelles et de Liége,
sous les auspices de l'Institut International de Chimie Solvay,
les 7 et 10 mai 1921.*

———

J'ai l'intention, au cours de cette causerie, de pénétrer un peu plus avant dans le domaine des cristaux liquides qu'il m'a été possible de le faire dans ma conférence d'hier et de préciser, autant qu'on le peut à la lumière des faits actuellement connus, les relations de ces singulières substances avec les cristaux d'une part et les liquides vrais d'autre part, qui nous sont plus familiers.

Du point de vue expérimental, le cristal est essentiellement caractérisé par son anisotropie; en général, cette anisotropie se manifeste dans les propriétés optiques; si elle manque au point de vue optique, comme c'est le cas pour les cristaux cubiques, elle apparaît dans quelque autre propriété, comme les propriétés élastiques en particulier.

Parmi les propriétés anisotropes des cristaux, il en est toujours qui varient d'une façon discontinue avec l'orientation et ce sont celles-là qui définissent d'une façon plus précise l'état cristallin.

L'expérience permet de constater dans tout cristal l'existence d'un faisceau de plans remarquables dont les propriétés diffèrent d'une grandeur finie de celles des plans infiniment voisins. C'est à ce faisceau qu'appartiennent les plans susceptibles de servir de face au cristal, les plans de clivage, les plans de glissement, ou encore les plans de réflexion cumulative des rayons X.

Les plans du faisceau sont liés les uns aux autres par la loi des caractéristiques entières d'Haüy qui, sous sa forme la plus suggestive s'énonce en disant que ces plans sont orientés comme les plans réticulaires de plus grande densité d'un réseau parallèlépipédique.

Du point de vue théorique, le milieu cristallin est caractérisé par une structure triplement périodique qui fournit l'explication la plus directe de la loi des caractéristiques entières.

Bravais constituait le milieu cristallin en soumettant une molécule au système de translations qui se déduisent par répétition indéfinie de trois translations primitives non contenues dans un même plan. Dans le système réticulaire ainsi obtenu, toutes les molécules sont donc parallèles entre elles.

Dans les théories plus modernes, de Sohncke, Fedorow, Schoenflies, on admet que les molécules ne sont plus nécessairement parallèles les unes aux autres, mais distribuées de façon que chacune d'elles joue exactement le même rôle dans l'édifice; on peut amener une molécule sur une autre molécule quelconque en superposant l'édifice tout entier à lui-même. On démontre qu'un tel assemblage régulier peut toujours s'obtenir par un système de translations analogue à celui de Bravais appliqué à un certain nombre, toujours petit, de molécules convenablement orientées. L'ensemble de ces molécules est la particule complexe de Schoenflies.

Dans toutes ces hypothèses on retrouve donc les deux mêmes traits essentiels:

1) Parallélisme des particules cristallines;

2) Alignement des mêmes particules suivant les rangées ou les plans réticulaires d'un réseau à trois dimensions.

Le liquide, à l'inverse du cristal, est essentiellement isotrope; l'étude du mouvement brownien montre d'une façon nette que cet isotropisme est une conséquence statistique du mouvement désordonné des éléments, translations d'une part qui détruisent tout arrangement régulier qui tendrait à s'établir, rotations qui amènent les molécules à prendre toutes les orientations possibles avec une fréquence égale en moyenne dans l'espace et dans le temps.

Deux types de cristaux liquides

Les cristaux liquides peuvent, d'après leur degré de fluidité, se répartir en deux groupes nettement tranchés; le premier groupe comprend des liquides d'une grande mobilité, qui peut atteindre celle de l'eau ou même de l'alcool; citons parmi les mieux étudiés l'azoxyanisol, l'azoxyphénétol, l'acide métuoxycinnamique, l'anisaldazine.

Les cristaux liquides de la deuxième catégorie ont plutôt la consistance d'une vaseline épaisse ou d'une cire molle, que celle d'un vrai liquide! tels sont l'azoxybenzoate d'éthyle, l'azoxycinnamate d'éthyle, l'oléate d'ammoniaque, etc.

L'étude attentive de ces deux catégories de substances a permis de constater qu'elles diffèrent assez profondément l'une de l'autre par l'ensemble de leurs propriétés physiques. J'essaierai de vous montrer qu'elles fournissent en réalité deux étapes intermédiaires sur la route qui mène du désordre absolu des liquides ordinaires à l'ordre parfait des édifices cristallins solides.

Cristaux liquides du type azoxyanisol

Lorsqu'on fond l'azoxyanisol ou l'un des corps du même groupe, on constate qu'entre les cristaux solides primitifs et le liquide de fusion isotrope, s'intercale une phase liquide trouble dont le domaine de stabilité varie d'une substance à l'autre:

116-134   pour l'azoxyanisol
134-168   pour l'azoxyphénétol
160-180   pour l'anisalazine

Le liquide trouble ayant résisté à tous les essais de fractionnement doit être considéré comme une substance unique, une phase pure pour employer le langage de la physico-chimie. Les températures indiquées sont les températures d'équilibre reversible entre cette phase et le solide d'une part, le liquide isotrope d'autre part.

Les mesures de viscosité du liquide trouble ont été faites d'une façon très soignée par Bosc et ses élèves en déterminant la durée d'écoulement dans un tube capillaire sous pression connue: la mobilité est très grande pour les corps de la catégorie qui nous occupe.

Un fait remarquable c'est que cette viscosité est plus faible dans le liquide trouble que dans le liquide isotrope bien que le liquide trouble soit à une température plus basse. D'après Bosc, l'accroissement de viscosité commencerait un peu avant la température de transformation du liquide trouble en liquide clair; il y aurait un minimum net au-delà duquel la viscosité augmenterait d'une façon très rapide.

Le caractère essentiel du liquide trouble, le fait nouveau qu'il introduit dans la science est sa biréfringence, une biréfringence souvent considérable, puisque dans le cas de l'azoxyanisol la différence entre les indices extrêmes du liquide atteint 0.34, alors qu'elle n'est que 0.17 dans la calcite, cristal solide remarquable par la haute valeur de sa biréfringence.

A la vérité, le liquide trouble est loin de représenter l'équivalent d'un cristal; l'orientation des éléments biréfringents y varie d'un point à l'autre d'une façon très confuse; on peut le comparer à un morceau de marbre; en réalité, sa structure est certainement plus complexe encore, car le marbre est formé de grains dont chacun pris individuellement est un cristal à structure régulière; en aucune région du liquide il ne semble y avoir l'équivalent de ces grains. Pour passer de la structure du marbre à celle du cristal liquide, il faudrait probablement encore distordre chacun des petits cristaux.

Nous avons vu que c'est dans cette complexité de la structure et les multiples réfractions et réflexions de la lumière qui en sont les conséquences qu'il faut chercher la cause de l'opacité du liquide en couches épaisses. Nous verrons dans un instant que le trouble a encore une autre cause plus profonde.

Pour donner au liquide les caractères optiques d'un cristal, il est nécessaire de le soumettre à certaines actions d'orientation extérieures. On peut s'adresser à des agents dont l'action s'exerce dans la masse même du liquide, comme le champ magnétique, ou bien faire intervenir les actions superficielles des corps en contact avec le liquide, lames de verre, lames cristallines, etc.

Il est un point essentiel sur lequel il convient d'insister; ces actions extérieures ne créent pas la biréfringence, elles ne font que la régulariser.

Les substances susceptibles de fournir des cristaux liquides ont des molécules dont la forme doit s'éloigner considérablement de la sphère. Vorländer est arrivé à préparer un grand nombre de substances nouvelles douées de la nouvelle propriété en cherchant systématiquement à réaliser des molécules organiques aussi allongées que possible; il y parvient en particulier en enchaînant les unes aux autres des molécules à noyaux aromatiques para substitués, par exemple:

$$C\ H^3O\ \iff\ C\ H = N\ \iff\ C\ H = C\ H - C\ O^2C^2H^5$$

Il a pu montrer que les dérivés analogues ortho ou métha substitués ne fournissent pas de cristaux liquides.

Ces molécules très dissymétriques doivent être entourées d'un champ de forces très anisotrope, sous l'action duquel elles s'orientent parallèlement les unes aux autres.

On peut appliquer aux cristaux liquides une théorie tout à fait analogue à la théorie du ferromagnétisme de Pierre Weiss. On sait que ce physicien admet que le fer est spontanément aimanté par l'action d'un champ moléculaire. Dans l'état ordinaire cette aimantation n'apparaît pas à l'extérieur, par suite d'une compensation statistique due à l'irrégularité de l'orientation confuse des aimants élémentaires. Pour rendre cette aimantation manifeste, il faut donner à tous les petits aimants une orientation uniforme, ce qu'on obtient par l'action d'un champ magnétique extérieur. Ce champ ne crée pas l'aimantation, il la rend seulement visible du dehors.

C'est exactement ce qui a lieu dans le cas des cristaux liquides; les actions extérieures n'y créent pas la biréfringence, elles permettent de la régulariser et en rendent ainsi l'étude possible.

J'ai pu constater que le champ magnétique agit sur les liquides du type azoxyanisol; dans chaque cas l'axe optique du liquide s'oriente parallèlement aux lignes de force du champ, ce qui permet de réaliser deux types d'expériences selon qu'on observe le liquide dans la direction des lignes de force ou dans la direction perpendiculaire.

Dans le premier cas on peut obtenir les phénomènes optiques des lames cristallines normales à l'axe (croix noire, anneaux colorés).

Dans le deuxième cas on peut réaliser les mêmes phénomènes qu'avec une lame parallèle à l'axe: système de franges hyperboliques en lumière monochromatique, spectre cannelé en lumière blanche.

D'après le théorème du ferromagnétisme de Weiss,. l'aimantation spontanée du fer serait variable avec la température ; elle résulte, en effet, de deux actions qui se contrarient : l'action directrice du champ moléculaire qui tend à donner aux molécules une orientation uniforme ; l'agitation thermique qui tend à tout instant à détruire cette orientation. A toute température s'établit un compromis entre ces deux actions opposées.

L'agitation thermique dans le cas du magnétisme ne peut être décelée que par ses conséquences assez lointaines. Dans les cristaux liquides, on peut la mettre en évidence d'une façon beaucoup plus directe.

On peut utiliser pour cela une préparation d'azoxyanisol faite entre deux lames de verre rigoureusement propres. Dans une telle préparation, l'axe optique du liquide est toujours normal aux lames de verre. De sorte que la préparation reste éteinte entre nicols croisés comme si elle était isotrope.

Pourtant, si on l'éclaire vivement avec un arc électrique par exemple, on constate que l'extinction est loin d'être absolue, et même qu'une quantité notable de lumière traverse le système.

En outre, en observant au microscope, on voit dans le liquide un fourmillement incessant d'un pointillé noir et blanc d'allure absolument désordonnée qui rappelle tout à fait le mouvement brownien des suspensions colloïdales riches en granules.

Pourtant l'observation ultramicroscopique permet de s'assurer qu'il n'y a pas de grains dans le liquide. La cause du phénomène paraît être la suivante :

L'axe optique en raison de l'agitation thermique du liquide effectue autour de sa position moyenne des oscillations dont l'amplitude est probablement assez petite. A chaque instant se forment et se détruisent dans le liquide des paquets de molécules où domine une certaine orientation ; quand cette orientation est parallèle à l'axe du microscope, il y a extinction parfaite ; quand elle est inclinée sur cet axe, la lumière est rétablie ; comme ces paquets de molécules orientées se détruisent et renaissent sans cesse au hasard des chocs moléculaires, il en résulte l'apparence de fourmillement observée.

Dans un liquide ordinaire la même agitation existe, mais comme elle ne modifie pas les caractères optiques du milieu, elle ne peut nous être révélée qu'en se transmettant à des granules dont l'indice diffère suffisamment de celui du milieu.

Dans les cristaux liquides l'agitation thermique est directement visible parce qu'elle trouble les caractères optiques du milieu fortement biréfringent.

Ces fluctuations dans l'orientation de l'axe optique du liquide expliquent la particularité des cristaux liquides du groupe qui nous occupe de diffuser une quantité de lumière considérable. lorsqu'on les éclaire un peu vivement, particulièrement avec les dispositifs ultramicroscopiques habituels.

Je n'ai pas, jusqu'ici, fait de mesures sur ces fluctuations mais, autant qu'il est possible d'en juger, leur importance augmente quand la température s'élève.

Un accroissement de l'amplitude moyenne des fluctuations de l'axe optique doit avoir pour conséquence une diminution de la biréfringence; c'est bien ce qu'on observe; la biréfringence diminue quand la température s'élève; avec une chute particulièrement rapide quand on s'approche de la température de transformation liquide trouble — liquide isotrope. Il arrive un moment où l'agitation thermique est suffisante pour contrebalancer l'effet d'orientation du champ moléculaire, le liquide devient isotrope.

Cette transformation est tout à fait analogue, dans la théorie du ferromagnétisme de Weiss, à la disparition du magnétisme spontané du fer au point de Curie.

De même qu'au-delà du point de Curie le fer s'aimante encore très faiblement dans des champs magnétiques intenses, on peut, grâce à ceux-ci, rendre au liquide isotrope une très petite fraction de sa biréfringence, comme l'ont montré MM. Cotton et Mouton. Sous l'effet de l'agitation thermique, les molécules prennent toutes les orientations possibles; mais certaines de ces orientations, favorisées par les couples directeurs dus au champ se reproduisent avec une fréquence un peu plus grande, ce qui suffit à rendre le liquide optiquement anisotrope. Seulement, comme les champs magnétiques que nous savons réaliser ne produisent que des couples extrêmement faibles comparés à ceux qui résultent des champs moléculaires, la biréfringence ainsi communiquée au liquide est d'un ordre de petitesse infime.

Conditions aux limites imposées aux cristaux liquides
par les corps en contact avec eux

La structure des cristaux liquides ne dépend pas uniquement des actions qui s'exercent à leur intérieur: champ moléculaire, champ magnétique, agitation thermique. L'expérience montre qu'elle est sous la dépendance étroite des actions de surface au contact du liquide avec les corps extérieurs.

Le contact des solides en particulier impose aux molécules cristallines liquides une orientation bien déterminée, variable d'un solide à l'autre (verre, cristal, etc.). Ces actions sont toutes superficielles mais les molécules orientées par elles agissent de proche en proche sur les molécules sous-jacentes imposant une structure définie à tout l'édifice. On peut encore interpréter la chose, en supposant les actions intérieures (champ moléculaire, champ magnétique, agitation thermique), traduites en équations différentielles dont les solutions en nombre infini sont déterminées par les conditions aux limites qu'imposent les actions au contact.

Un grand nombre de cristaux liquides fondus entre deux lames de verre s'orientent de façon que leur axe optique soit partout normal à celles-ci; la couche liquide se comporte alors comme une lame cristalline uniaxe homogène taillée perpendiculairement à l'axe, montrant la croix noire et les anneaux colorés classiques au microscope polarisant.

Au contact d'un cristal solide l'orientation peut être toute différente. Considérons par exemple le cas de l'azoxyanisol fondu dans un clivage de mica. On sait qu'une lame de mica posée sur un support élastique, frappée avec une pointe mousse se déchire suivant une petite figure en étoile (figure de choc des minéralogistes) composée de trois petites fentes d'orientation bien déterminées: une fente principale parallèle au plan de symétrie du mica, deux fentes accessoires faisant des angles d'environ 60° à droite et à gauche de la précédente.

Fondu dans un clivage frais de mica, l'azoxyanisol oriente son axe optique parallèlement à la première fente accessoire sur l'une des parois du clivage, parallèlement à la deuxième fente accessoire sur l'autre paroi. Puisque les axes optiques n'ont pas même direction sur les deux parois du clivage (ils font approximativement 60°), la lame liquide ne saurait présenter les caractères d'un cristal homogène. On constate, en effet, que la couche liquide se comporte comme un édifice hélicoïdal, une sorte de cristal tordu qui raccorde les axes optiques extrêmes. L'angle de torsion, normalement de 60°, peut être modifié à volonté par simple rotation de l'une des lames du clivage sur l'autre.

Ces édifices hélicoïdaux observés au microscope polarisant en lumière convergente montrent des franges très nettes qui ne cessent d'être visibles lorsqu'on écarte ou rapproche les lamelles de mica de façon à faire croître ou diminuer la couche de liquide interposée; de sorte qu'il faut admettre que l'arrangement hélicoïdal est stable et persiste *même dans le liquide en mouvement*.

On peut, en modifiant les conditions extérieures, réaliser beaucoup d'autres édifices liquides biréfringents dans le détail desquels je ne puis entrer ici.

En nous limitant aux cas de structure les plus simples, on peut résumer ainsi la conception à laquelle nous sommes arrivés pour les cristaux liquides du type azoxyanisol:

Des molécules fortement anisotropes orientées parallèlement les unes aux autres par un champ directeur qui émane d'elles-mêmes, avec de légères fluctuations autour de l'orientation moyenne dues à l'agitation thermique.

L'uniformité d'orientation peut n'être réalisée que dans des éléments de volumes très petits (renfermant d'ailleurs un nombre considérable de molécules) et varier progressivement d'une région à l'autre de la préparation suivant des lois qui dépendent des conditions imposées aux éléments par l'action des corps extérieurs (structures hélicoïdales par exemple).

Des lignes ou des surfaces de discontinuité accidentelles se rencontrent fréquemment dans les préparations faites sans précautions spéciales.

Nous retrouvons donc l'un des caractères essentiels de la structure cristalline : le parallélisme des molécules. Doit-on admettre en outre une distribution réticulaire des éléments? Rien n'autorise à faire cette supposition, car on n'a jamais observé dans la catégorie des cristaux liquides qui nous occupent, de propriété physique variable d'une façon discontinue avec l'orientation; aucune apparence par exemple ne rappelle les faces planes des cristaux.

Dans aucun de ces liquides très biréfringents, je n'ai pu apercevoir la moindre apparence du mouvement brownien de l'axe optique si facile à voir dans les liquides du type azoxyanisol.

Corrélativement, les cristaux liquides du deuxième type lorsqu'ils sont parfaitement orientés entre deux lames de verre, ne diffusent pas de lumière. Leur limpidité est parfaite, comparable à celle de l'eau pure, ou d'une lame de quartz. Observés avec les dispositifs d'éclairage ultramicroscopiques, ils paraissent optiquement vides.

On voit que les cristaux liquides des deux types diffèrent par beaucoup de caractères. Mais la différence la plus essentielle est certainement celle qui a été découverte par M. Grandjean en 1916.

Cet auteur a constaté que les gouttes cristallines liquides qu'on obtient en fondant l'azoxybenzoate d'éthyle, l'azoxycinnamate d'éthyle, l'oléate d'ammoniaque ou le caprinate de cholestérine sur une surface bien plane (lame de verre ou mieux clivage de sel gemme ou de calcite) sans couvre-objet, y prennent fréquemment une structure tout à fait remarquable qu'il appelle la *structure en gradins.*

La surface de la goutte au lieu d'être arrondie comme celle d'une goutte ordinaire est formée d'une série de gradins à surface parfaitement plane. Cette structure paraît résulter de la superposition de lames à faces parallèles dont chacune a une épaisseur bien constante dans toute son étendue. Le contour des lames est arrondi, mais de forme quelconque.

L'orientation optique est uniforme dans toute l'étendue et dans toute l'épaisseur de la goutte: normale à la lame qui sert de support, normale par conséquent à la surface libre des gradins. De sorte que la préparation reste éteinte entre nicols croisés sauf pourtant sur le bord abrupt de chaque gradin où l'on aperçoit un mince liseré qui rétablit la lumière; le long de ce liseré biréfringent on aperçoit fréquemment, mais non toujours, de très petits sphérolites à croix noire semblable à une frange de perles bordant le contour des gradins.

L'épaisseur des gradins est variable, il en est pour lesquels elle est fort petite, certainement inférieure à $1/10\ \mu$. Lorsqu'on regarde la surface des gradins à un fort grossissement, on y aperçoit souvent des rides très fines qui paraissent être le bord d'autant de gradins beaucoup plus minces.

L'action de la pesanteur n'est pour rien dans la formation des gradins; car ils se produisent, quelle que soit l'inclinaison sur l'horizon de la lame qui leur sert de support. Les gradins peuvent se former dans des gouttes d'une extrême petitesse dont la face est alors plane.

La structure en gradin n'existe pas toujours; certaines gouttes cristallines liquides ont leur surface arrondie; mais alors l'orientation optique n'est plus uniforme; la goutte rétablit la lumière entre nicols croisés; l'axe optique paraît dans ce cas normal en chaque point à la surface courbe de la goutte.

M. Grandjean a constaté que lorsqu'on touche une goutte en gradin en l'un de ses points, elle se déforme par glissement les unes sur les autres des lames qui la constituent. Ces glissements s'aperçoivent très nettement lorsque par refroidissement un cristal solide prend naissance en un point de la goutte et chasse le liquide devant lui au cours de son développement.

Le coefficient de frottement interne du liquide est certainement beaucoup plus faible dans le sens parallèle à la stratification de la goutte que dans toute autre direction.

Cette variation de la mobilité du liquide avec la direction se manifeste encore d'une façon bien remarquable lorsqu'on fait fondre lentement un grain d'azoxycinnamate d'éthyle sur un clivage d'orpiment ou de talc. Nous avons vu que l'axe optique du liquide s'oriente alors parallèlement à la lame cristalline suivant une direction bien déterminée. On constate que la goutte liquide au lieu de s'étaler régulièrement autour du point où se produit la fusion, s'écoule beaucoup plus vite dans la direction perpendiculaire à son axe optique, de sorte qu'il en résulte une baguette rectiligne à bords parallèles, qui rétablit la lumière et s'éteint entre les nicols croisés absolument comme une baguette cristalline.

Stratification des lames d'eau de savon de M. J. Perrin

On ne peut s'empêcher d'établir un parallèle entre cette stratification des gouttes cristallines liquides et une autre stratification observée par Perrin dans les lames d'eau de savon.

Perrin observe au microscope, par auto-collimation, une lame

L'agitation brownienne observée dans ces liquides semble d'ailleurs tout à fait incompatible avec l'existence d'un alignement des éléments.

Il est même probable que le parallélisme des molécules n'est pas aussi complet dans le cristal liquide que dans le cristal solide. Une remarque s'impose en effet: tous les cristaux liquides sans exception sont uniaxes et leurs propriétés physiques admettent toutes l'axe optique comme axe de symétrie d'ordre infini. Comme il est absolument invraisemblable que leurs molécules soient toutes de révolution, on est conduit à admettre que la symétrie observée est un effet de moyenne. On peut concevoir en effet, que le parallélisme résultant de l'action du champ moléculaire n'est réalisé qu'à l'égard d'une droite tracée dans chaque molécule, que nous pourrons appeler son axe d'anisotropie maxima. Les molécules sous l'action de leurs chocs mutuels se déplacent par translation ou par rotation désordonnée autour de cet axe ,le seul dont la direction reste fixe (à de petites fluctuations près).

Si les molécules prennent toutes les directions possibles autour de leur axe d'anisotropie, avec la même fréquence en moyenne, toutes les droites également inclinées sur cet axe présenteront des propriétés physiques identiques. L'axe optique sera un axe de symétrie d'ordre infini, la symétrie du milieu étant celle d'un cylindre de révolution. C'est une symétrie bien différente de celle des cristaux solides qui ne peuvent admettre que des axes d'ordre 2, 3, 4 ou 6.

Le désordre du cristal liquide n'est plus tout à fait aussi grand que dans le cas des liquides ordinaires. C'est un désordre à quatre paramètres (trois pour les translations, un pour les rotations) au lieu de six. Mais nous sommes loin encore de l'ordre parfait du cristal solide. Avec les cristaux liquides du deuxième type nous nous en rapprocherons bien davantage.

Les cristaux liquides du deuxième type
(type azoxybenzoate d'éthyle)

De même que les corps du groupe de l'azoxyanisol, les substances du type azoxybenzoate d'éthyle fournissent par fusion, une phase liquide trouble biréfringente intercalée entre la phase cristalline solide et la **phase liquide isotrope.**

Cette phase trouble se distingue de celle que donne l'azoxy-anisol et ses congénères, par une viscosité beaucoup plus grande qui peut atteindre celle d'une vaseline épaisse ou d'une cire molle, et qui est toujours notablement supérieure à celle du liquide clair qui en provient par fusion.

Le trouble est dû, ici encore, aux irrégularités de la structure avec les nombreuses lignes et surfaces de discontinuité dont il sera question plus loin.

Le trouble disparaît quand l'orientation optique devient uniforme. Mais ce résultat ne peut être atteint ici par l'action du champ magnétique. Les champs les plus intenses que j'ai eu à ma disposition (18,000 gauss), n'ont produit aucun effet sur les cristaux liquides de ce groupe qui se distinguent par là nettement de ceux du groupe précédent.

L'orientation régulière peut être obtenue par l'action de surface des lames de verre ou des lames cristallines solides. L'orientation par le verre lorsqu'elle se produit, est toujours la même: l'axe optique du liquide est normal à la surface de la lame (préparation éteinte entre nicols croisés, croix noire, anneaux colorés en lumière convergente).

L'orientation sur les clivages frais des cristaux est quelquefois la même que sur le verre; mais très souvent l'axe optique s'oriente parallèlement au plan de la lame cristalline qui sert de support, en général suivant une direction cristallographique remarquable de cette lame. Par exemple, sur le clivage (0.1.0) de l'orpiment, l'axe optique de l'azoxycinnamate d'éthyle s'oriente parallèlement à la direction (100).

Sur le clivage (001) du talc, l'axe optique du même produit est perpendiculaire au plan de symétrie (010) ou bien à 60° de ce plan.

De nombreux cas d'orientations analogues ont été étudiés par M. Grandjean qui a montré la généralité du phénomène.

Nous pouvons répéter ici ce que nous avons dit des cristaux du premier groupe: l'édifice cristallin liquide est déterminé par l'action d'un champ moléculaire qui définit les conditions internes de la structure, et par les actions des corps en contact avec le liquide qui fournissent les conditions aux limites auxquelles doivent satisfaire les équations d'équilibre.

Le rôle de l'agitation thermique si considérable dans les cristaux liquides du premier groupe, paraît ici beaucoup plus effacé.

Dans aucun de ces liquides très biréfringeńts, je n'ai pu apercevoir la moindre apparence du mouvement brownien de l'axe
optique si facile à voir dans les liquides du type azoxyanisol.

Corrélativement, les cristaux liquides du deuxième type lorsqu'ils sont parfaitement orientés entre deux lames de verre, ne
diffusent pas de lumière. Leur limpidité est parfaite, comparable
à celle de l'eau pure, ou d'une lame de quartz. Observés avec les
dispositifs d'éclairage ultramicroscopiques, ils paraissent optiquement vides.

On voit que les cristaux liquides des deux types diffèrent par
beaucoup de caractères. Mais la différence la plus essentielle est
certainement celle qui a été découverte par M. Grandjean
en 1916.

Cet auteur a constaté que les gouttes cristallines liquides
qu'on obtient en fondant l'azoxybenzoate d'éthyle, l'azoxycinnamate d'éthyle, l'oléate d'ammoniaque ou le caprinate de cholestérine sur une surface bien plane (lame de verre ou mieux clivage de sel gemme ou de calcite) sans couvre-objet, y prennent
fréquemment une structure tout à fait remarquable qu'il appelle
la *structure en gradins*.

La surface de la goutte au lieu d'être arrondie comme celle
d'une goutte ordinaire est formée d'une série de gradins à surface parfaitement plane. Cette structure paraît résulter de la
superposition de lames à faces parallèles dont chacune a une
épaisseur bien constante dans toute son étendue. Le contour des
lames est arrondi, mais de forme quelconque.

L'orientation optique est uniforme dans toute l'étendue et dans
toute l'épaisseur de la goutte: normale à la lame qui sert de support, normale par conséquent à la surface libre des gradins. De
sorte que la préparation reste éteinte entre nicols croisés sauf
pourtant sur le bord abrupt de chaque gradin où l'on aperçoit un
mince liseré qui rétablit la lumière; le long de ce liseré biréfringent on aperçoit fréquemment, mais non toujours, de très petits
sphérolites à croix noire semblable à une frange de perles bordant
le contour des gradins.

L'épaisseur des gradins est variable, il en est pour lesquels
elle est fort petite, certainement inférieure à $1/10\ \mu$. Lorsqu'on
regarde la surface des gradins à un fort grossissement, on y aperçoit souvent des rides très fines qui paraissent être le bord d'autant de gradins beaucoup plus minces.

L'action de la pesanteur n'est pour rien dans la formation des gradins; car ils se produisent, quelle que soit l'inclinaison sur l'horizon de la lame qui leur sert de support. Les gradins peuvent se former dans des gouttes d'une extrême petitesse dont la face est alors plane.

La structure en gradin n'existe pas toujours; certaines gouttes cristallines liquides ont leur surface arrondie; mais alors l'orientation optique n'est plus uniforme; la goutte rétablit la lumière entre nicols croisés; l'axe optique paraît dans ce cas normal en chaque point à la surface courbe de la goutte.

M. Grandjean a constaté que lorsqu'on touche une goutte en gradin en l'un de ses points, elle se déforme par glissement les unes sur les autres des lames qui la constituent. Ces glissements s'aperçoivent très nettement lorsque par refroidissement un cristal solide prend naissance en un point de la goutte et chasse le liquide devant lui au cours de son développement.

Le coefficient de frottement interne du liquide est certainement beaucoup plus faible dans le sens parallèle à la stratification de la goutte que dans toute autre direction.

Cette variation de la mobilité du liquide avec la direction se manifeste encore d'une façon bien remarquable lorsqu'on fait fondre lentement un grain d'azoxycinnamate d'éthyle sur un clivage d'orpiment ou de talc. Nous avons vu que l'axe optique du liquide s'oriente alors parallèlement à la lame cristalline suivant une direction bien déterminée. On constate que la goutte liquide au lieu de s'étaler régulièrement autour du point où se produit la fusion, s'écoule beaucoup plus vite dans la direction perpendiculaire à son axe optique, de sorte qu'il en résulte une baguette rectiligne à bords parallèles, qui rétablit la lumière et s'éteint entre les nicols croisés absolument comme une baguette cristalline.

Stratification des lames d'eau de savon de M. J. Perrin

On ne peut s'empêcher d'établir un parallèle entre cette stratification des gouttes cristallines liquides et une autre stratification observée par Perrin dans les lames d'eau de savon.

Perrin observe au microscope, par auto-collimation, une lame

fortuites que les oléates ui entrent dans l'eau de savon appartiennent précisément à l famille des corps susceptibles de former des cristaux liquide stratifiés.

La stratification des liuides cristallins est surtout remarquable parce qu'elle manifee des propriétés vectorielles qui varient d'une façon discontinue t qu'ainsi une nouvelle étape se trouve franchie sur le chemin qi mène de la structure désordonnée du liquide à l'architecture ogulière du cristal.

L'analogie avec les ertaux solides n'est pourtant pas encore parfaite. Les cristaux liuides stratifiés, comme ceux du groupe précédent sont tous uniaxs sans exception, et l'on n'a pu déceler aucune différence entre ls propriétés physiques des droites perpendiculaires à l'axe optque. Il semble bien, ici encore, que le parallélisme des molécul n'est réalisé qu'à l'égard d'une direction, autour de laquelle lles s'orientent d'une façon parfaitement irrégulière de sorte ue par une effet de moyenne, le milieu prend une symétrie de réolution.

Les bicônes et coniquefocales de MM. Friedel et Grandjean

En dehors des gouttes a gradins, les cristaux liquides du type azoxycinnamate d'éthyledonnent naissance à certaines formations très curieuses qu'ombserve parfois comme accidents locaux dans une préparation dot l'orientation optique est, partout ailleurs uniforme, mais ui peuvent aussi constituer à eux seuls toute la préparation.

La plus simple de ces irmations consiste, lorsqu'elle est complète, en un double cônequi parait composé de fibres biréfringentes s'appuyant toutesur une même circonférence d'une part, et sur la droite perpendiclaire au plan de cette circonférence en son centre d'áutre part.

Il en résulte une doubl série de surfaces coniques de révolution, de même base, embctées les unes dans les autres. Le cercle et la droite, lignes singuPres où s'entrecroisent des éléments de direction optique variale apparaissent dans la préparation comme des petits traits ts fins visibles même en lumière naturelle.

Ces édifices sont souver incomplets; la réduction peut consister en la disparition d'uıdes deux cônes, celui qui reste ayant

d'eau de savon, d'eau de gomme-gutte, ou d'eau de colophane (1)
formée sur l'ouverture d'un diaphragme à iris (d'un condensa-
teur Zeiss) vivement éclairée par la lumière d'un arc renvoyée
par un petit prisme à réflexion totale placé au-dessus de l'objectif.

Une lame de savon ordinaire montre en s'amincissant les couleurs d'interférence bien connues qui varient de façon continue
jusqu'au gris de premier ordre, puis cinq séries de taches noires
entre lesquelles l'épaisseur varie par sauts brusques.

Avec l'eau de colophane, on avec l'eau de savon additionnée
d'uranine ou d'esculine, on obtient des lames qui montrent un
grand nombre de plages dont les contours sont formés par des
arcs de cercle ; les unes correspondent aux taches noires précédentes, mais un grand nombre montrent des teintes d'interférence vives correspondant à des épaisseurs beaucoup plus
grandes.

L'épaisseur de la lame liquide constante dans l'étendue d'une
plage comme le montre l'uniformité de la teinte, varie brusquement d'une plage à l'autre. Perrin a reconnu que ces variations
d'épaisseur avaient lieu par multiples entiers d'une constante,
et que l'ensemble résultait effectivement de l'empilement de
lamelles admettant toutes une même épaisseur sensiblement égale
à 5×10^{-7} cm. Ces empilements ont pu être suivis dans le cas de
la colophane jusqu'à l'épaisseur relativement considérable de 3μ
(correspondant à 600 lames environ).

On voit fréquemment à l'intérieur des taches noires, de très
fines gouttelettes supportées par la lame liquide et animées d'un
mouvement brownien très vif, dans le plan de la lame (mouvement brownien à deux dimensions) qui démontre la fluidité de la
lame dans son propre plan.

La stratification des lames de Perrin et celles des cristaux
liquides ont elles la même origine profonde? Il est encore impossible de se prononcer d'une façon ferme. Mais on ne peut manquer d'être frappé par cette coïncidence qui n'est peut-être pas

---

(1) Cette eau de gomme gutte ou de colophane s'obtient en précipitant par
l'eau une solution alcoolique de gomme gutte ou de colophane ; à l'émulsion
de granules ainsi formée, on ajoute la quantité de potasse suffisante pour la
clarifier (par dissolution des granules). On chasse ensuite l'alcool par chauffage
prolongé et on dilue jusqu'à concentration convenable.

fortuites que les oléates qui entrent dans l'eau de savon appartiennent précisément à la famille des corps susceptibles de former des cristaux liquides stratifiés. .

La stratification des liquides cristallins est surtout remarquable parce qu'elle manifeste des propriétés vectorielles qui varient d'une façon discontinue et qu'ainsi une nouvelle étape se trouve franchie sur le chemin qui mène de la structure désordonnée du liquide à l'architecture régulière du cristal.

L'analogie avec les cristaux solides n'est pourtant pas encore parfaite. Les cristaux liquides stratifiés, comme ceux du groupe précédent sont tous uniaxes sans exception, et l'on n'a pu déceler aucune différence entre les propriétés physiques des droites perpendiculaires à l'axe optique. Il semble bien, ici encore, que le parallélisme des molécules n'est réalisé qu'à l'égard d'une direction, autour de laquelle elles s'orientent d'une façon parfaitement irrégulière de sorte que par une effet de moyenne, le milieu prend une symétrie de révolution.

Les bicônes et côniques focales de MM. Friedel et Grandjean

En dehors des gouttes en gradins, les cristaux liquides du type azoxycinnamate d'éthyle donnent naissance à certaines formations très curieuses qu'on observe parfois comme accidents locaux dans une préparation dont l'orientation optique est, partout ailleurs uniforme, mais qui peuvent aussi constituer à eux seuls toute la préparation.

La plus simple de ces formations consiste, lorsqu'elle est complète, en un double cône qui parait composé de fibres biréfringentes s'appuyant toutes sur une même circonférence d'une part, et sur la droite perpendiculaire au plan de cette circonférence en son centre d'autre part.

Il en résulte une double série de surfaces coniques de révolution, de même base, emboitées les unes dans les autres. Le cercle et la droite, lignes singulières où s'entrecroisent des éléments de direction optique variable apparaissent dans la préparation comme des petits traits très fins visibles même en lumière naturelle.

Ces édifices sont souvent incomplets; la réduction peut consister en la disparition d'un des deux cônes, celui qui reste ayant sa base soit sur les lames de verre, soit à la surface libre du liquide.

D'autres fois l'édifice étant accolé au verre par un plan passant par l'axe des cnes, c'est dans le sens longitudinal que s'opère la réduction.

Une autre modification du double cône beaucoup plus fréquente que le double cône normal est réalisée de la façon suivante: le cercle sur lequel s'appuient les fibres cristallines est remplacé par une ellipse et l'axe des cônes par une branche d'hyperbole, lieu des sommets des cônes de révolution passant par cette ellipse.

Les préparations montrent souvent un nombre considérable de ces édifices accolés suivant des lois plus ou moins compliquées avec les systèmes de deux courbes, ellipses et hyperboles (coniques focales), visibles en lumière polarisée ou en lumière naturelle sous forme de lignes très fines, surtout accentuées au voisinage de leur sommet où la discontinuité optique est la plus marquée.

On peut rapprocher des formations précédentes les édifices singuliers que forment les cristaux liquides du type azoxycinnamate d'éthyle lorsqu'ils flottent librement au sein d'un solvant, ou encore lorsque la préparation du corps pur étant maintenue au voisinage du point de fusion isotrope, on observe les cristaux liquides au milieu d'un excès du liquide isotrope.

Ces édifices revêtent les formes les plus variées, baguettes cylindriques, fuseaux, quilles, balustres, amphores, etc. Mais si capricieux que soient leurs profils, ces figures sont toujours de révolution autour d'un axe. Il n'est pas rare pourtant d'y reconnaître de petites déformations locales où l'on distingue des groupes focaux ellipse, hyperbole de très petite dimension.

Toutes ces figures ont une biréfringence élevée et sont fortement dichroïques (blanc-jaune). On peut calculer leurs propriétés optiques en assimilant chaque fibre à un cristal unique allongé dans la direction de l'axe optique.

Il n'est pas rare de voir deux de ces édifices qui viennent au contact diffluer l'un dans l'autre à la façon de deux gouttes d'huile, ce qui montre qu'ils sont liquides.

Si ce sont des baguettes cylindriques, toujours allongées suivant l'axe optique, qui se soudent, on voit généralement la plus

courte donner naissance à un bourrelet autour de la plus grande.
C'est une conséquence du fait déjà signalé plus haut que l'écoulement du liquide est plus facile dans les directions perpendiculaires à l'axe optique que dans la direction même de l'axe optique.

Les figures en quilles, balustres, etc., prennent naissance par un processus analogue.

Cristaux liquides doués de polarisation rotatoire

Un certain nombre des cristaux liquides parmi ceux qui sont susceptibles de prendre la structure en gradin, possèdent le pouvoir rotatoire. Tels sont, en particulier, les éthers de la cholestérine, le cyanbenzal-aminocinnamate d'amyle actif, etc.

Ce dernier produit est particulièrement remarquable à cet égard. Son pouvoir rotatoire atteint la valeur énorme de 15.000° par millimètre.

Pour étudier ce pouvoir rotatoire, on fait fondre la substance entre une lame de verre plane et une lentille plan convexe; la lame liquide dont l'épaisseur croît du centre au bord de la préparation, observée entre deux nicols, en lumière monochromatique montre une série d'anneaux noirs qui correspondent aux rotations 180°, 360°, etc. Connaissant la courbure de la lentille, il est facile de calculer l'épaisseur du liquide en chacun des différents anneaux, et par suite la valeur du pouvoir rotatoire spécifique.

Outre son pouvoir rotatoire, la substance présente un dichroïsme tout particulier, absorbant la lumière polarisée circu-dichroïsme tout particulier, absorbant la lumière polarisée circulaire droite, laissant passer la lumière polarisée circulaire gauche. Corrélativement les préparations du même corps réfléchissent de la lumière polarisée circulaire droite avec un éclat métallique particulier.

M. Grandjean a constaté sur cette substance fondue dans un clivage de mica, une stratification très nette en lamelles dont il a déterminé l'épaisseur: $1,88 \times 10^{-5}$ cm. au voisinage de la température de solidification, $2,18 \times 10^{-5}$ cm. au voisinage du point de fusion isotrope.

Polymorphisme des cristaux liquides

Les deux types de structure intermédiaires entre l'état cristallin et l'état liquide que nous avons étudiés sur des corps différents, peuvent s'observer dans un même corps dans deux domaines de températures différentes.

On peut citer comme cas les plus nets de ce dimorphisme des cristaux liquides, l'anisal-aminocinnamate d'éthyle α-méthylé.

Voici quels sont les caractères principaux de ce dernier: ses cristaux chauffés fondent à 95° en un liquide biréfringent que sa grande mobilité apparente de suite au type azoxyanisol. Ce liquide s'oriente d'une façon parfaite sous l'action du champ magnétique ou des lames de verre, les préparations normales à l'axe montrent le mouvement brownien de l'axe optique, accompagné comme d'habitude d'un pouvoir diffusif élevé. Bref, il a tous les caractères des liquides à molécules parallèles, à propriétés vectorielles toutes continues.

Le parallélisme des molécules est détruit par l'agitation thermique à 125°; le liquide devient isotrope.

Refroidi en présence de germes cristallins, le liquide biréfringent se solidifie reversiblement à 95°. Mais si ces germes manquent, il peut subir une surfusion notable. Jusqu'à 76° ses propriétés restent les mêmes. Puis brusquement apparaît une nouvelle phase que sa viscosité élevée rattache aux cristaux liquides du type azoxycinnamate d'éthyle.

La transformation se manifeste à l'œil nu par un éclaircissement instantané du liquide dont le pouvoir diffusif disparait. Les gouttelettes non recouvertes d'un couvre-objet prennent une structure en gradin très nette, indiquant l'apparition des propriétés vectorielles discontinues.

Cette seconde phase liquide biréfringente ne s'observe qu'au dessous de 76°. La stratification du milieu est incompatible avec une agitation thermique trop violente. Si la température remonte la stratification est détruire; le mouvement brownien de l'axe optique réapparaît.

Ainsi donc nous réalisons par simple variation de température deux phases qui représentent deux stades entre le cristal solide et le liquide vrai. Celle de ces deux phases qui s'observe à plus basse température (<76°) a une structure qui se rapproche davantage de l'état cristallin (propriétés vectorielles discontinues); celle qui s'observe à plus haute température (>76°) est plus voisine du liquide (mouvement brownien de l'axe optique).

Les deux phases se comportent très différemment dans le champ magnétique: la phase à mouvement brownien visible s'oriente dans les champs même faibles; les champs les plus forts sont sans action sur la phase donnant les gouttes en gradin. Ces différences peuvent être illustrées par une expérience frappante.

Une préparation du produit fondu entre deux lames de verre est soumise à l'action d'un champ magnétique parallèle aux lames. On laisse la température s'abaisser graduellement. Entre 125° et 76°, l'axe optique prend la direction des lignes de force du champ. En lumière convergente on a les franges d'une lame cristalline parallèle à l'axe: hyperboles conjuguées.

A 76° l'axe optique cesse d'obéir au champ magnétique, il se redresse brusquement pour s'orienter normalement aux lames de verre : les hyperboles font place à la croix noire et anneaux colorés des lames perpendiculaires à l'axe.

Si l'on réchauffe la préparation, le changement inverse se produit: la rotation des molécules parfaitement réversible a lieu dans un sens ou dans l'autre lorsqu'on passe par la température de 76°.

Conclusions

De l'étude précédente, il résulte que le passage de l'état cristallin à l'état liquide, par élévation de température, peut s'opérer suivant quatre modes différents.

1 D'abord le mode classique, qui paraissait universel avant la découverte des liquides biréfringents: dans le cristal qu'on échauffe, les déplacements par agitation thermique des molécules autour de leur position d'équilibre, d'abord très petits, s'intensifient et atteignent à une température bien définie (température de fusion), une amplitude suffisante pour contrebalancer l'action des forces qui maintenaient les alignements réticulaires, et celle des couples qui imposaient aux particules une orientation uniforme; l'édifice cristallin se trouve brusquement et complètement détruit pour faire place à un liquide dont les

molécules se déplacent et tournent sur elles-mêmes sans autres lois que celles du hasard de leurs chocs mutuels.

2) Dans certaines substances exceptionnelles à molécules fortement anisotropes (azoxyanisol, etc.), l'agitation thermique à une température déterminée (fusion trouble), libère les molécules des liens, qui les maintenaient dans un alignement réticulaire rigide, mais laisse subsister des champs moléculaires suffisants pour imposer une orientation uniforme, à de petites fluctuations près, à une droite tracée dans chaque molécule, qu'on peut appeler axe d'anisotropie maxima de la molécule. Les molécules se déplacent par translation ou tournent autour de leur axe d'anisotropie au gré capricieux des chocs des molécules voisines. Il en résulte un milieu liquide très fluide en général, fortement biréfringent, admettant un axe de symétrie statistique d'ordre infini. Cet état persiste dans un domaine défini de température; mais si l'on continue à échauffer la substance, il arrive un moment (fusion limpide) où l'agitation thermique contrebalancera l'action des champs directeurs, et où les molécules acquièrent la liberté complète d'allure qui caractérise l'état liquide vrai.

3) Les liquides à molécules orientées dont il vient d'être question sont très voisins des liquides vrais. L'azoxycinnamate d'éthyle et les corps du même type peuvent fournir par fusion des édifices liquo-cristallins à structure stratifiée beaucoup plus voisins des cristaux véritables. Dans ces édifices les molécules, dont l'axe d'anisotropie maxima garde une orientation uniforme, sont vraisemblablement réparties suivant des plans parallèles entre eux qui rappellent les plans réticulaires d'un cristal, mais elles se déplacent dans ces plans et tournent autour de la normale au plan selon les hasards des chocs contre les molécules environnantes. On pourrait presque dire que ces édifices sont liquides parallèlement à la stratification, solides normalement au plan des strates. Ils sont détruits par une élévltion de température suffisante et donnent naissance au liquide vrai.

4) Les deux états nouveaux de la matière: le liquide stratifié, le liquide à molécules libres mais orientées, peuvent se rencontrer chez une seule et même substance. Le passage de l'état cristallin à l'état fluide se fait alors en trois temps selon le système suivant: cristal — liquide stratifié — liquide à molécules orientées — liquide vrai.

Nous avons vu des cas où l'une ou l'autre des phases nouvelles peut être instable et ne s'obtient que grâce à un phénomène de surfusion mais elles ne diffèrent pas en cela de certaines phases cristallines, instables comme elles, qui s'observent dans des conditions analogues.

Ajoutons qu'à l'heure actuelle on ignore tout encore des conditions auxquelles doivent satisfaire les actions intermoléculaires pour permettre l'existence et la permanence des nouveaux états intermédiaires entre le cristal et le liquide, que l'agitation thermique tend sans cesse à détruire. On ne sait rien non plus des forces qui donnent naissance à ces édifices coniques si singuliers que fournissent avec une fréquence remarquable les nouveaux produits. Ce sont là les problèmes de demain.

1859-1914
Un mémoire du maréchal de Moltke

par Léon Leclère

Prorecteur de l'Université (1)

Dans le quart de siècle antérieur à la grande guerre, et surtout dans les années qui l'ont immédiatement précédée, de nombreux publicistes — écrivains militaires, historiens, hommes politiques — ont étudié la possibilité d'un conflit entre nos voisins de l'Est et ceux du Sud. Tous, ou presque tous, ils ont fait prévoir une invasion allemande en Belgique. D'accord sur ce point, ils ne différaient d'avis que sur l'ampleur de la manœuvre. Se limiterait-elle à la rive droite de la Meuse? Prendrait-elle, aù contraire, comme axe le cours de ce fleuve, en s'étendant largement sur sa rive gauche? Tout cela est bien connu. On sait moins que le plan décrit dans les livres des Brialmont et des Bänning, des Langlois et des Maitrôt, des Schlieffen et des Bernhardi, le plan de 1914, n'a pas été seulement la conséquence de l'accroissement des effectifs allemands depuis 1870. Ce plan date de 1859. Si son principal exécutant fut, il y a six années, le général de Moltke, chef du grand état-major de Berlin, son auteur, il y a plus de soixante ans, n'est autre que le célèbre maréchal du même nom. A plus d'un demi-siècle de distance, le neveu, en élève consciencieux, a essayé de traduire dans les faits les « directives » qui lui avaient été tracées par l'oncle.

* * *

Dans le *Correspondant* du 10 septembre 1913 (2), le général Maitrôt, ancien chef d'état-major du VIe corps de l'armée fran-

---

(1) Lecture faite à la *Classe des lettres et des sciences morales et politiques de l'Académie royale de Belgique.* (*Bulletin* de 1920, n°s 11-12, pp. 475-494.)

(2) *Un dernier mot sur l'offensive allemande en Belgique*, pp. 881-882.

çaise, publia, en les commentant, des extraits d'un rapport adressé le 26 février 1859 par le premier Moltke, qui dirigeait alors l'état-major prussien, à son ministre, le général de Bonin.

L'éminent collaborateur du *Correspondant* avait déjà, en 1911 et en 1912, attiré l'attention de ses compatriotes sur la probabilité d'une invasion allemande par la Belgique (1). Son article de 1913 avait pour but de signaler à nouveau cette éventualité aux chefs militaires français, trop indifférents au « danger du Nord » et qui, du moins le général Maitrôt l'espérait, « s'inclineraient peut-être devant l'autorité de Moltke ». Que l'écrivain français « ait prêché dans le désert » (2), on ne le sait malheureusement que trop: le plan de concentration et d'opérations des troupes françaises, le plan XVII, n'a pas tenu un compte suffisant — l'événement l'a prouvé — des études où avait été annoncée, depuis longtemps déjà, l'attaque allemande par la Belgique. Quoi qu'il en soit, le rapport de Moltke, déjà plein d'intérêt en 1913, a pris maintenant, après la grande guerre, les allures d'une prophétie, ainsi qu'on va en juger.

* * *

Pour en saisir toute la portée, il convient de rappeler brièvement les circonstances qui ont provoqué sa rédaction.

Il date de l'époque où se préparait la guerre d'Italie. Le 10 décembre 1858, Napoléon III et Victor-Emmanuel avaient signé un traité secret confirmant l'accord de Plombières et assurant à la Sardaigne l'appui de la France contre l'Autriche. Le 1er janvier 1859, l'Empereur, à la réception du jour de l'An aux Tuileries, avait adressé au baron de Hübner, ambassadeur de François-Joseph, ces paroles significatives: « Je regrette que nos relations avec le gouvernement autrichien ne soient plus aussi bonnes que par le passé. » Le 10 du même mois, devant le Parlement de Turin, le roi de Sardaigne se déclarait « prêt à marcher résolument au-devant des éventualités de l'avenir, à ne plus sacrifier au respect des traités le long cri de douleur qui

---

(1) Voir ses articles du *Correspondant* et son livre : *Nos frontières de l'Est et du Nord*. Berger-Levrault, 1912.

(2) J'emprunte les expressions mises entre guillemets à une lettre qu'a bien voulu m'adresser le général Maitrôt. le 12 août 1920.

s'élevait vers lui de tant de parties de l'Italie » ; le 30 était célébré le mariage du prince Napoléon, cousin de l'Empereur, avec la princesse Clotilde, fille de Victor-Emmanuel ; le 3 février enfin, Arthur de la Guéronnière faisait connaître, dans sa brochure : *Napoléon III et l'Italie*, l'objet de l'action politique impériale au delà des Alpes.

L'Europe fut profondément troublée par ces événements qui se succédaient avec une foudroyante rapidité. En Prusse, le prince Guillaume (régent depuis le 7 octobre 1858) et ses ministres les suivaient de près.

A vrai dire, le régent était « bien résolu à ne pas s'engager trop vite (contre la France) et à ne pas se jeter dans les plus redoutables dangers pour les beaux yeux d'une rivale (l'Autriche) qu'il n'aimait guère » (1). Il n'en prit pas moins, sans tarder, des précautions d'ordre militaire. Dès le 1er février, son ministre de la guerre écrivait au général de Moltke que le conflit franco-autrichien en Italie devenait de plus en plus vraisemblable. Il lui demandait une étude d'ensemble sur la situation et, plus particulièrement, des indications sur les forces que la Prusse pourrait grouper sur le Rhin, tout en maintenant un corps d'observation à la frontière russe (2).

Dès le 7, le chef d'état-major adressait au général de Bonin un long rapport (3), complétant un travail daté du mois d'octobre 1858. Détachons de ce premier mémoire, et pour éclairer les conclusions de celui qui le suivit le 26 février, les passages relatifs à la Belgique (4) :

« Depuis qu'elle a conquis son indépendance, la Belgique a pris un essor sans égal parmi les autres Etats européens. Malgré la diversité des races, il s'y est développé un réel sentiment national. La nécessité, absolue au début, de s'appuyer sur la

---

(1) E. Denis, *La fondation de l'Empire allemand*, p. 214 : « Prenons garde de provoquer la guerre sur le Rhin... Que, d'autre part,nous tenions nos sabres prêts, c'est très nécessaire. » (Lettre au roi de Saxe, 17 mars 1859.)

(2) *Moltkes militärische Korrespondenz*, 1859. Berlin, Mittler, 1902, pp 1-2.

(3) *Ibidem*, pp. 3-34.

(4) *Moltkes militärische Korrespondenz*, 1859. Berlin, Mittler, 1902, pp. 11-13.

France a cessé. La Belgique voit dans ce pays le seul ennemi véritable de son indépendance nationale ; elle considère l'Angleterre, la Prusse, et même la Hollande comme ses alliés certains. Si la neutralité de la Belgique est respectée (par la France), la plus grande partie de notre frontière de l'ouest est pleinement garantie. La Belgique compte, pour protéger sa neutralité, mettre en ligne une force de 100,000 hommes. Les forteresses belges ont besoin de 40,000 hommes de garnison. On veut, en abandonnant tout le pays et la capitale, concentrer le reste de l'armée dans un camp retranché à Anvers et tenir là, en attendant la venue d'un secours extérieur... C'est de la Prusse seule que la Belgique peut attendre un secours efficace. Le camp d'Anvers est mal choisi pour favoriser cette éventualité. Avec les moyens dont disposeront en rase campagne les VIIe et VIIIe corps prussiens, après qu'ils auront dû garnir les places du Rhin, les forteresses fédérales *et même éventuellement Maestricht et Venloo* (1), ils sont hors d'état de porter un secours direct aux troupes belges. Le projet du gouvernement pour l'établissement d'un camp retranché à Anvers vient, d'autre part, d'être repoussé par les Chambres (2) ; et l'armée belge ne trouverait pas, dans les ouvrages existants, l'abri qu'elle espère. Un camp retranché à Namur, au contraire, couvrirait la plus grande partie du pays et, jusqu'à un certain point, la capitale ; une position de flanc sur la Meuse, en liaison avec la place forte de Namur, la gauche couverte par les Ardennes, à une marche des forteresses de Charleroi, Dinant et Huy, ayant derrière elle la riche cité de Liège et un chemin de fer, se prête également bien, pour l'armée belge, à l'offensive et à la défensive. On est amené par suite à se demander s'il ne serait pas possible de décider le gouvernement belge à concentrer son armée sur la Meuse et non vers Anvers, cela, bien entendu, *sans prendre avec lui d'engagement défini* (3). »

---

(1) C'est nous qui soulignons. On voit que Moltke faisait bon marché de la neutralité de la Hollande, en ce qui concerne au moins le Limbourg. Et cela, quelques lignes après avoir escompté le respect par la France de la neutralité belge !

(2) P. HYMANS, *Frère-Orban*, t. II, p. 73.

(3) Nous soulignons encore. Moltke voulait obtenir un avantage précis de la Belgique, mais sans contre-partie. Au surplus, le conseil de Moltke a été suivi en 1914 par notre état-major. Il s'est servi de la ligne de la Meuse... mais contre l'Allemagne !

Le 20 février, l'étude de Moltke fut communiquée, confidentiellement, par son destinataire au baron de Schleinitz, ministre
des affaires étrangères; puis elle fut lue par son auteur, le 27,
dans une conférence politique et militaire tenue sous la présidence du prince-régent. Peu de jours avant cette réunion, Moltke
avait été avisé par le ministre de la guerre qu'on pouvait entrevoir « la possibilité d'une participation active de la Belgique
et de la Hollande à la guerre contre la France » (1). Ce « fait
nouveau » engagea le chef d'état-major à rédiger un second rapport. C'est le mémoire du 26 février 1859.

* *
*

Il est accompagné d'une courte lettre au ministre de Bonin :
« L'allusion confidentielle de Votre Excellence à une coopération
active éventuelle de la Belgique et de la Hollande avec la Prusse
dans une guerre contre la France — écrit Moltke — m'a donné
l'occasion d'envisager de plus près cette éventualité; l'obligation
de protéger ces deux Etats sur leur territoire impose la nécessité
de concentrer la masse principale de nos forces sur le Rhin inférieur avec déplacement de l'offensive principale vers la Belgique qui sera vraisemblablement le prochain théâtre d''opérations (2). »

Le mémoire porte pour titre: *Premier dispositif de l'armée*
prussienne dans le cas d'une coopération active de la Belgique
et de la Hollande dans une guerre contre la France. Il est trop
étendu pour être publié ici intégralement. Nous en reproduirons
seulement les parties essentielles, sauf à résumer les autres (3):

« Si la Prusse intervient maintenant dans le conflit provoqué
par l'empereur Napoléon, le but de cette intervention volontaire,
d'accord avec l'Autriche et l'Allemagne, est, d'une façon générale, de profiter des circonstances favorables pour repousser
l'agression de la France et de placer ce pays dans une situation
telle que dans l'avenir il doive renoncer à une attaque contre les
provinces du Rhin.

» Le résultat d'une guerre heureuse serait déjà par lui-même
assez important; seulement il y manque un dédommagement

---

(1) *M. m. K.*, p. 39.
(2) *Ibidem*, pp. 41-50.
(3) *Ibidem*, pp. 41-50.

matériel quelconque pour les gros sacrifices que la Prusse aurait consentis de son propre gré. Un tel dédommagement ne peut être obtenu que par la conquête de territoires que l'on ne peut vraisemblablement trouver qu'en France. Mais il va de soi que le territoire que l'on veut garder doit être véritablement occupé à la conclusion de la paix ainsi que ses forteresses, et que la conquête doit être couverte par une force organisée. L'échange contre une portion de territoire non occupée, plus avantageuse pour nous, mais non conquise et protégée par nos armes, comme il vient d'être dit, présente de grosses difficultés.

» *En 1830, la conquête de la Belgique pourait être envisagée par nous comme le but d'une guerre, mais aujourd'hui il n'est pas de l'intérêt de la Prusse de l'anéantir. D'ailleurs, la situation politique actuelle s'y opposerait peut-être, et puis la question n'est pas à envisager, si la Belgique et son armée marchent avec nous* (1).

» La guerre devant être conduite avec la coopération de la Belgique et de la Hollande, il nous faut les protéger toutes les deux en pénétrant chez elles. L'offensive conduit alors dans la direction de Paris, et, en cas de succès, après de nombreux sièges, à la conquête des départements du Nord-Est de la France. Mais ceci constitue une conquête à laquelle il est difficile de prétendre. Sans lien direct avec les territoires prussiens, cette partie de l'empire français ne pourrait être attribuée à la Prusse, ni laissée aux mains d'un Etat aussi faible que la Belgique. La perte de cette frontière, en raison de la proximité de sa capitale, serait pour la France une menace contre son existence même, et l'Allemagne devrait rester en armes pour maintenir la Belgique en possession d'un territoire dont elle ne pourrait jamais occuper les forteresses.

» *La seule conquête durable à laquelle la Prusse puisse prétendre en France est constituée par les vieilles provinces de l'Alsace et de la Lorraine, dont la population est encore allemande, bien que portée vers la France par ses sentiments. La France et l'Allemagne atteindraient de cette manière leur limite naturelle, les Vosges...*

. . . .

_____

(1) Nous mettons en italique les passages les plus significatifs du document.

» Strasbourg et Metz sont toutes deux *indispensables à la sécurité future de l'Allemagne.* Il faut pour le moins admettre que Metz et le Palatinat rhénan reviendront à la Prusse, s'il est donné en échange à l'Allemagne du Sud un riche territoire en Alsace, et qu'en outre Strasbourg deviendra une forteresse de la Confédération.

» Un résultat quelconque ne peut être visiblement atteint que par l'anéantissement de la puissance militaire de la France dans des batailles successives.

» Quel que puisse être le bût de la guerre, l'armée française restera donc toujours le premier objectif. Dans le projet d'un plan de campagne, on doit faire état de deux considérations: d'une part, assurer la supériorité de nos armes sur l'armée ennemie et d'autre part, se ménager l'occupation du territoire que d'on voudra garder (1). Si nous ne trouvons pas l'armée ennemie dans ce territoire, — et ce sera le cas si notre offensive est conduite à travers la Belgique, — nous devons avoir deux buts distincts et mettre sur pied deux armées séparées...Dans la direction de Paris (par la Belgique), on n'aura pas besoin sans doute de chercher longtemps l'armée ennemie; elle se présentera d'elle-même. Paris étant devenu la plus grande forteresse du monde, l'armée française n'est plus obligée en aucune façon de s'interposer entre l'armée d'invasion et la capitale. Celle-ci peut être laissée à elle-même. *Si donc nous rencontrions l'ennemi dans la région de Reims, nous devrions aussitôt nous détourner de la direction de Paris. Disposant vraisemblablement de la supériorité numérique, nous attaquerions et nous battrions les Français derrière l'Aisne; nous les repousserions au delà de la Marne, de la Seine, de l'Yonne et enfin de la Loire; et c'est alors que nous pourrions nous diriger vers Paris.* L'impression morale résultant de ces opérations militaires serait peut-être assez grande pour amener la capitulation de Paris et la chute du pouvoir napoléonien.

» La conquête de la rive gauche du Rhin, de Belfort à Metz, serait l'objet réel de la guerre; le moyen d'y parvenir serait une offensive par la Belgique dans la direction de Paris, offensive qui aurait pour objectif l'armée française. »

_____

(1) L'Alsace-Lorraine.

Le point de vue stratégique et le point de vue politique imposent donc la division de l'armée prussienne en deux fractions, celle du Rhin inférieur et celle du Mein. L'armée du Mein, la plus faible, serait chargée de protéger l'Allemagne du Sud et d'occuper l'objectif territorial; l'armée du Rhin, la plus forte, aurait pour mission de rendre possible et d'assurer cette occupation par des batailles: « Il est d'une importance décisive de nous assurer la victoire par la supériorité du nombre, dès le premier choc avec la masse des forces françaises. »

L'armée principale du Bas-Rhin doit donc être aussi forte que possible. Elle se composerait de cinq corps prussiens (165,000 hommes), à Luxembourg, Trèves, Aix-la-Chapelle, Düren, Bonn; de deux corps de la Confédération (69,000 hommes), à Cologne et Coblentz; de l'armée hollandaise (20,000 hommes), de l'armée belge (80,000 hommes) (1), au total 314,000 hommes. L'armée du Mein s'élèverait à 130,000 hommes seulement.

**
**

Le mémoire dont nous venons de reproduire ou de résumer le texte suggère plusieurs remarques: les unes se rapportent à l'histoire militaire, les autres à l'histoire politique.

Lorsque Moltke l'écrivait, il avait manifestement en vue des éventualités qu'il estimait toutes proches, Et il s'en fallut de peu, en effet, de « l'épaisseur d'un cheveu », a dit plus tard Bismarck, qu'un conflit armé ne se produisît alors entre la France et la Prusse.

Le 7 juin, trois jours après la bataille de Magenta, le prince-régent, inquiet des progrès français en Italie et soutenu par l'opinion allemande, ordonna la mobilisation de six corps d'armée prussiens et proposa de réunir sur le Rhin des troupes d'observation. Napoléon III vit le danger. Au lendemain de Solférino, il proposa la paix à François-Joseph. Les préliminaires, rapidement conclus le 11 juillet, à Villafranca, conduisirent, au mois de novembre, au traité de Zurich. Le travail de

---

(1) Les Hollandais concentrés à Maestricht, les Belges sur la ligne Liége-Namur.

Moltke (1) ne fut donc pas utilisé sur-le-champ. L'illustre homme de guerre put, en attendant des jours meilleurs pour ses visées agressives, le classer dans un dossier. Il ne se doutait certes pas qu'il avait, en le rédigeant, fourni le thème de la manœuvre de son neveu et successeur à la tête du grand état-major prussien.

La comparaison entre le plan de 1859 et les opérations des armées allemandes dans les cinq premières semaines de la grande guerre révèle, en effet, non pas seulement des analogies, mais d'évidentes similitudes. En 1914, les troupes impériales ont reçu deux missions différentes, conformément au rapport du 26 février. L'aile gauche, de la frontière suisse à Thionville, a joué le rôle assigné par Moltke l'ancien à l'armée du Mein. Déployée en Alsace et en Lorraine, elle est restée sur la défensive jusqu'au jour où, après avoir repoussé, à Morhange et à Sarrebourg (20-22 août), les attaques françaises, elle a pu s'avancer vers Nancy et vers Lunéville. Assurément, l'énorme augmentation des effectifs avait permis de lui donner un nombre de soldats bien supérieur à celui que le premier Moltke avait assigné à l'armée du Mein. Cependant, comme dans le plan de 1859, elle ne comprenait que la moindre partie des forces allemandes du front occidental : 360,000 hommes (2). Au contraire, le centre et l'aile droite, destinés à la manœuvre offensive par la Belgique, de Thionville à Aix-la-Chapelle, comptaient 1,040,000 soldats (3), concentrés au moment de l'attaque dans la région déterminée par le mémoire du 26 février: Aix-la-Chapelle, Düren, Cologne, Bonn, Coblence, Trèves.

Même similitude en ce qui concerne l'objectif suprême des armées d'attaque : Paris, et leur mission préalable: la destruction des troupes françaises couvrant la capitale et le centre de leur pays. Même similitude enfin dans la manœuvre décisive : « *Si nous rencontrions l'ennemi dans la région de Reims, nous derrions aussitôt nous détourner de la direction de Paris.* »

---

(1) Complété jusqu'au 22 juillet par d'autres mémoires et rapports. (*Mil. Korresp.*, pp. 60-179.)

(2) 6e armée (Ruprecht de Bavière), 7e (von Heeringen), détachement d'armée von Deimling.

(3) 1re armée (von Kluck), 2e (von Bülow), 3e (von Hausen), 4e (Albrecht de Wurtemberg), 5e (Kronprinz impérial).

Ainsi s'exprimait l'auteur du plan de 1859. Or, que s'est-il passé dans les premiers jours de septembre 1914? La première armée (von Kluck), celle qui occupait, à l'aile marchante, l'extrême droite de l'immense dispositif allemand, l'armée qui avait passé à toute vitesse par Bruxelles, Tournai, Cambrai et Saint-Quentin, atteignit Compiègne le 1er septembre, Chantilly et Senlis le 2, jour du départ pour Bordeaux du gouvernement de la République. Ses pointes d'avant-garde pénétrèrent même dans le rayon des forts de Paris situés au N.-E. du camp retranché. Il semblait que la grande capitale, dont la prise aurait eu une énorme importance politique et morale, allait tomber au pouvoir du général allemand par une attaque brusquée.

Alors se produisit, on s'en souvient, un coup de théâtre : Dans la soirée du 3, le général Galliéni, gouverneur de Paris, est averti par des reconnaissances de cavalerie et d'avions que la 1re armée allemande semble se diriger, non pas vers le S.-O.,mais vers le S.-E. de Senlis. Le 4, le communiqué de Bordeaux contient cette phrase : « A notre aile gauche, l'ennemi paraît négliger Paris pour poursuivre sa tentative de mouvement débordant. » Le 5, une note du gouvernement militaire de Paris constate que « l'ennemi continue de laisser le camp retranché de Paris sur la droite et de marcher dans la direction du Sud-Est ». Le même jour, Galliéni, d'accord avec le généralissime Joffre, porte la 6e armée française (Maunoury) « dans le flanc des armées allemandes qui glissent vers le Sud-Est ». Le 5, à 2 heures de l'après-midi, commençait, à Monthyon, la bataille de l'Ourcq, prélude de cet ensemble de combats livrés entre le 5 et le 13 septembre, de l'est de Paris à l'ouest de Verdun, et baptisés depuis lors d'un nóm collectif : la bataille de la Marne.

Von Kluck, parvenu aux portes de Paris, avait constaté que si les armées (française et anglaise) qui lui étaient directement opposées étaient éprouvées par leurs échecs et par une retraite continue et rapide de dix jours, elles étaient loin de pouvoir être considérées comme hors de combat. Fallait-il, dans ces circonstances, continuer la marche sur Paris? Soit de son initiative personnelle,soit sur l'ordre du grand-quartier général de Luxembourg, von Kluck obéit au conseil stratégique donné dans le mémoire de 1859. *Il se détourna de Paris pour achever d'abord la destruction de ses adversaires,* sauf à revenir ensuite — ce que les événements l'ont heureusement empêché de faire — à son premier objectif (1). « La plupart des critiques militaires — écrit un historien de la grande guerre — approuvent von Kluck d'avoir pris ce parti et, comme ils disent, *joué la règle.* » Mais le succès n'a pas, on le sait, couronné sa manœuvre. Est-ce parce qu'il regrette, depuis les jours de la Marne, d'avoir écouté la voix lointaine du premier stratégiste allemand du XIXe siècle que von Kluck a déclaré, après l'armistice, à un journaliste français : « Nous (les généraux allemands) avons peut-être été trop savants (2)? » Il est possible.

* *
*

Passons aux remarques d'ordre politique : Comme les quatre autres grandes puissances, la Prusse avait en 1839 garanti la neutralité permanente de la Belgique. On vient de voir comment Moltke en tenait compte vingt ans plus tard! Non seulement il traçait un plan de marche des armées prussiennes à travers notre pays, dans le cas où il eût été envahi *d'abord* par des troupes françaises, pour lui apporter le secours d'un des Etats garants; mais il encourageait aussi l'éventualité d'un envoi de forces allemandes en Belgique, même si les Français prononçaient leur attaque contre la Prusse en prenant comme base d'opérations l'Alsace et la Lorraine, Il le dit en termes exprès à la fin du mémoire : « Si la principale armée française part de Lille et de Valenciennes pour envahir la Belgique, l'armée du Bas-Rhin marchera vers la France du Nord par la Belgique, avec 240,000 hommes (Belges et Hollandais compris), le reste servant, sur la Moselle, à contribuer à la protection du pays rhénan et du grand-duché de Luxembourg. Si, au contraire, le gros des forces françaises se concentre autour de Metz pour attaquer la Rhénanie, la masse de l'armée allemande du Bas-Rhin se joindra à l'armée du Mein; toutefois le troisième corps prussien aidera les Belges et les Hollandais à protéger Bruxelles et à s'établir jusqu'à Mons et à Tournai (3). »

Le dédain de Moltke pour la neutralité belge, garantie par la

---

(1) BABIN, *La bataille de la Marne,* pp. 16-17.
(2) GIRAUD, *Histoire de la Grande Guerre,* pp. 133-135, 182.
(3) *Mil. Korresp.,* pp. 48-50.

Prusse, est d'ailleurs tel qu'il a écrit, au début de son mémoire, sans paraître en remarquer toute la signification, une phrase que nous avons soulignée : « En 1830, la conquête de la Belgique pouvait être envisagée par nous comme le but d'une guerre; mais aujourd'hui il n'est pas de l'intérêt de la Prusse de l'anéantir. » Disciple de Clausewitz, Moltke avait étudié le plan d'opérations contre la France établi par son maître pendant l'automne de 1830 (1). Selon Clausewitz, la Belgique était le but essentiel de la guerre. Ce n'est plus, en 1859, l'avis de Moltke. Pourquoi? Parce que depuis 1830 est intervenu le traité de garantie de notre neutralité et que la Prusse entend faire honneur à la signature qu'elle y a apposée? Moltke se garde de dire rien de semblable. S'il ne faut pas « anéantir » la Belgique, c'est parce qu'elle coopérera selon toute vraisemblance à la manœuvre des troupes prussiennes. Il n'est donc plus de l'intérêt de la Prusse de la supprimer.

On n'excuserait pas Moltke en soutenant qu'il était amené par ses fonctions à envisager seulement le coté technique et non l'aspect diplomatique des questions militaires et qu'il n'avait pas, dans ses hypothèses stratégiques, à rappeler à son ministre que la Belgique était neutre. La neutralité belge était en 1859 un fait comme un droit; Moltke avait donc, en dressant son plan, à s'en préoccuper comme de toutes les autres réalités : « Aucun intérêt stratégique ne justifie la violation du droit (2). » En tous cas le baron de Schleinitz devait s'en souvenir. Or, le ministre des affaires étrangères de Prusse a lu le premier mémoire de Moltke, celui du 7 février; il a assisté à la conférence du 27, où le chef d'état-major a exposé les idées contenues dans ce mémoire et, sans aucun doute, celles du rapport qu'il venait d'envoyer la veille au général de Bonin; de plus, c'est à coup sûr

---

(1) *Mil. Korresp.*, Anlage, t. I, pp. 181-197. Le rapport de Clausewitz mériterait une étude détaillée que nous n'avons pas à entreprendre ici. Il est riche en considérations pleines d'actualité. De 1914 à 1918, les Allemands, dans la Belgique occupée par eux, se sont souvenus des conseils de Clausewitz, qui voulait, en 1830, utiliser les sentiments et les menées des orangistes, comme les gouverneurs généraux von Bissing et von Falkenhausen firent servir à leurs desseins de conquête les doctrines et les intrigues des activistes.

(2) Réponse du gouvernement belge à l'ultimatum allemand (3 août 1914).

une communication de M. de Schleinitz qui a permis au ministre de la guerre de faire prévoir confidentiellement à Moltke la collaboration militaire de la Belgique et de la Hollande. Le chef de la politique étrangère de la Prusse caressait donc ou tolérait que l'on caressât autour de lui l'idée d'une violation de notre neutralité. On voit que le péril de l'Est, qui, pour certains, ne s'est révélé brusquement qu'en 1914, — ou dans les années immédiatement antérieures à la grande guerre, — ce péril qui pour d'autres ne s'est précisé qu'entre 1875 et 1880 (1), date de beaucoup plus loin. Il apparaît nettement sous la plume de Moltke dès 1859. Il était contenu d'ailleurs, dès 1830, dans le plan de Clausewitz, dès 1836 dans la résolution de la Diète de Francfort d'empêcher la Belgique de se fortifier sur sa frontière de l'Est (2). Au surplus, à y bien regarder, il est né avec la conclusion des traités de 1815, qui ont installé la Prusse à Aix-la-Chapelle et la Confédération germanique à Luxembourg. Lord Castlereagh, à l'issue du Congrès de Vienne, s'écria, dit-on : « Les Prussiens à Aix-la-Chapelle! Quelle imprudence! Dans moins d'un siècle, ils seront à Anvers (3). »

En somme, de 1839 à 1914, les hommes d'Etat et les militaires de Berlin n'ont pas considéré comme inexistante la neutralité de la Belgique; mais ils en ont eu, les mémoires de 1859 le prouvent, une conception spéciale. Ils l'estimaient en tant qu'elle était utile à leurs projets. Si la France la respectait, la

---

(1) « On s'est trop habitué en Belgique à ne voir de péril pour notre neutralité que du côté du Midi. Le danger d'hier peut redevenir celui de demain ; celui d'aujourd'hui vient d'ailleurs », écrivait Banning, en 1882, dans ses *Considérations politiques sur la défense de la Meuse.*

(2) Protocole de la séance du 18 août 1836. Voir dans l'*Histoire du Traité de 1839*, d'A. DE RIDDER, l'explication de ce fait : « Il est, disait la *Gazette d'Augsbourg*, du 13 janvier 1839, de la plus haute importance pour la Confédération germanique d'avoir la faculté d'occuper la Belgique aussitôt qu'*une guerre avec la France pourrait nous menacer* (pp. 332 et suiv.). » Remarquons l'expression soulignée. Elle est identique à celle des notes officielles et officieuses allemandes de 1914, tâchant de justifier l'invasion de la Belgique par la prétendue « menace » d'une invasion française.

(3) BABELON, *Histoire abrégée de Sarrebrück*, p. 49. — BANNING, *Les Traités de 1815.* (Mémoire publié en 1919, par le Comité de politique nationale.)

Rhénanie était couverte; mais si la Belgique demandait à être
« protégée » par la Prusse contre une « menace » française,
alors la neutralité devait se concilier avec la faculté pour les
armées allemandes de se servir de notre territoire pour envahir
la France.

* * *

Cette neutralité, l'avons-nous compromise en 1859, comme
le laisserait entendre la communication du général de Bonin au
général de Moltke, lorsqu'il lui faisait espérer la « coopération
active éventuelle de la Belgique et de la Hollande avec la Prusse
dans une guerre contre la France »? Le général Maitrôt est
disposé à répondre affirmativement : « Il ne semble pas douteux
d'après ces documents (1), écrit-il, qu'une entente secrète a dû
exister entre le prince-régent de Prusse et le roi des Belges, aux
termes de laquelle la Belgique prêtait les mains à la violation
de sa propre neutralité. Nous disons *entente* et non *traité*, parce
que, pour un traité, il eût fallu le contreseing des ministres
intéressés, ce qui n'eut pas lieu (2). »

Certes, l'établissement et la consolidation du second Empire
avaient provoqué, depuis 1852, en Belgique, un malaise persistant. On s'y demandait si Napoléon III, qui ne cachait pas son
aversion pour les traités de 1815, n'allait pas de nouveau revendiquer la frontière du Rhin. L'Empereur n'avait, il est vrai,
rien entrepris contre la Belgique pendant les premières années
de son règne. Toutefois, l'inquiétude n'avait pas disparu. Elle
s'était accentuée dans les premiers mois de 1859. Léopold Ier
écrivait, le 6 févrire, à sa nièce, la reine Victoria: « Les cieux
seuls savent à quelle danse l'empereur Napoléon nous conduira...
Pour nous, pauvres gens qui nous trouvons *aux premières loges*,
ces incertitudes sont bien peu agréables (3). » Suit-il de là qu'au
mépris de la neutralité belge, le souverain ait conclu une entente
secrète, d'ailleurs sans valeur au regard de notre droit consti-
tutionnel, avec le prince-régent de Prusse? On ne trouve aucune

---

(1) Les mémoires de Moltke et « les papiers de Rogier, publiés par
Discailles. »

(2) *Loc. cit.*, p. 864.

(3) *Revue des Deux-Mondes*, 15 nov. 1907, p. 284.

trace d'un pareil fait, aucun indice d'une intention de ce genre, ni dans l'œuvre consacrée à Ch. Rogier par Ernest Discailles, ni ailleurs. Tout au contraire, la correspondance de Firmin Rogier, ministre de Belgique près la Cour des Tuileries, en 1859, contient deux lettres significatives. Le 9 juin, M. Materne. secrétaire général du ministère des affaires étrangères, écrit à Firmin Rogier : « Le bruit a couru qu'on avait exprimé l'espoir, au.sein de la Diète de Francfort, que les troupes allemandes voulant pénétrer en France trouveraient passage à travers la Belgique. Je ne puis croire à l'existence d'un pareil langage dans une assemblée sérieuse. Je juge bon, toutefois, de vous signaler les rumeurs qui ont circulé à ce sujet. Veuillez saisir la première occasion d'en entretenir le comte Walewski (1). Vous lui direz *incidemment* que vous aviez entendu parler de ces propos attribués à quelques membres ardents de la Diète ; et vous ajouterez que vous êtes en mesure de garantir que l'Allemagne n'a jamais fait la moindre allusion à une chose qu'elle reconnaît elle-même comme parfaitement inadmissible (2) et que, au surplus, nous saurions bien empêcher. » Le 18, Firmin Rogier fait connaître au baron de Vrière (3) ses déclarations au comte Walewski: la Belgique ne donnerait point passage à des troupes allemandes qui voudraient pénétrer en France ; jamais aucun Etat de l'Allemagne n'avait fait au Cabinet de Bruxelles la moindre allusion à l'exécution d'une mesure semblable, qui serait. une violation du territoire belge et une atteinte manifeste à la neutralité qui nous est garantie par les traités (4).

Ces témoignages sont péremptoires. Ils suffisent pour détruire une affirmation unilatérale, et d'ailleurs peu catégorique (5), d'un homme d'Etat prussien qui a pris (il ne fut pas le seul, on l'a bien vu depuis lors) ses désirs pour des réalités. En cas de

---

(1) Ministre des affaires étrangères de Napoléon III.

(2) M. Materne ne connaissait ni les mémoires de Moltke, ni la communication de M. de Schleinitz !

(3) Notre ministre des affaires étrangères.

(4) E. DISCAILLES, *Un diplomate belge à Paris de 1830 à 1864*, pp. 532-533, lettres CDXLIV, CDXLVI.

(5) Il avait été question seulement d'une coopération « éventuelle, possible ».

conflit, l'attitude de la Belgique de 1859 eût été celle de la Belgique de 1914.

* * *

Une dernière remarque: douze ans avant le traité de Francfort, le mémoire propose comme but territorial de la guerre la conquête de l'Alsace et de la Lorraine (1). Il y a là un point de vue nouveau, d'après l'éditeur de la *Correspondance militaire de Moltke* (2). Nouveau, nous le voulons bien, en ce sens que pour la première fois le chef de l'état-major prussien émet pareille idée dans un document officiel. Mais depuis 1815, et surtout depuis 1840, les hommes politiques et les historiens, les philologues et les poètes, les professeurs d'université dans leur chaire, tout ce qui comptait en Allemagne avait revendiqué l'Alsace et la Lorraine comme des terres germaniques pour des raisons d'ordre historique, linguistique, géographique, ethnologique (3).

Dès 1841, Moltke lui-même, dans son étude sur la *question de la frontière occidentale*, avait réclamé les deux provinces d'Alsace et de Lorraine « arrachées à l'Allemagne comme un lambeau de chair vive-» ; et il avait proclamé que « la France n'a pas le moindre titre légitime à la frontière du Rhin » (4). Il ne fait donc que répéter en 1859 officiellement ce qu'il avait toujours pensé, ce qu'il avait déjà écrit dix ans auparavant. En 1859 comme en 1841, il fut d'ailleurs l'interprète des sentiments de l'Allemagne intellectuelle.

---

(1) Il y a dans le texte un lapsus ou une contradiction : Moltke propose les Vosges comme frontière franco-allemande ; et cependant, il voudrait réunir à l'Allemagne la Lorraine, qui s'étend à l'ouest de ces montagnes.

(2) *Mil. Korresp.*, p. 40.

(3) Voir les textes dans MAY, *Histoire du Traité de Francfort*, pp. 73 et s., 83 ; dans DELAHACHE, *La carte au liseré vert (Cahiers de la quinzaine*, 1909), pp. 56-66 ; dans ANDLER, *Les origines du pangermanisme*. De 1812 à 1868, c'est une série ininterrompue, depuis Stein parlant des « vieilles terres impériales d'origine et de langue allemandes qu'il faudra reprendre à la France », jusqu'aux étudiants de Berlin invitant les étudiants de Strasbourg à quitter leur « état de bâtards. Redevenez de vrais enfants de la patrie allemande. Alors, quand nous serons victorieux dans la prochaine guerre, ce qui est hors de doute, nous vous presserons contre notre forte poitrine. »

(4) ANDLER, ouv. cité, pp. 152-153.

Certains historiens, séduits par la théorie, fabriquée outre-Rhin en 1870, de la guerre *défensive*, de la guerre *imposée* alors par la France à l'Allemagne, n'ont pas prêté une attention suffisante à ces revendications vieilles de près d'un siècle. Une douloureuse expérience nous a permis de mieux comprendre qu'eux la réalité des choses; nous savons maintenant ce que les Allemands entendent par guerre *défensive* et *imposée*. Ces termes, ne les ont-ils pas employés pour qualifier la guerre de 1914 à 1918, déchaînée par eux et par eux imposée à l'Europe ? En fait, l'Allemagne de 1870 visait depuis longtemps à la conquête de l'Alsace-Lorraine; entre cent autres preuves, le rapport de Moltke le démontre à toute évidence.

*
* *

Il y aurait sans doute à faire d'autres observations sur le rapport du 26 février 1859. Celles qui viennent d'être présentées suffiront peut-être à justifier une conclusion de valeur pratique.

Là lecture du mémoire prouve que ce n'est pas seulement en 1870 que l'Allemagne a songé à conquérir l'Alsace-Lorraine, que ce n'est pas en 1914 seulement que les milieux militaires allemands ont considéré les traités de 1830 comme « un chiffon de papier » (1) et qu'ils ont conçu la manœuvre débordante à travers notre pays comme le meilleur moyen de vaincre la France et de prendre Paris. Tout cela se trouve explicitement dans notre document, onze ans avant la guerre franco-allemande et cinquante-cinq ans avant le début de la grande guerre. Qu'est-ce à dire, sinon que les plans militaires, les conceptions diplomatiques, les revendications politiques sont, en Allemagne, plus peut-être que partout ailleurs, le résultat d'une longue, patiente et tenace élaboration?

Que l'exemple du passé nous fasse donc méditer sur les éventualités de l'avenir. Si, longtemps avant 1870 et avant 1914, les représentants les plus qualifiés du peuple allemand — et Moltke assurément était un de ceux-là — ont songé à la guerre

----

(1) Le ministre prussien Delbrück a employé cette expression dès 1872, à propos d'un projet de convention ferroviaire à conclure entre la Prusse et le grand-duché de Luxembourg.

contre la France, à la conquête de l'Alsace-Lorraine et à l'invasion de la Belgique, en dépit de sa neutralité, serait-il sage, serait-il prudent de croire aujourd'hui que l'Allemagne vaincue va être assez brusquement transformée par sa défaite pour renoncer définitivement à ce que j'appellerais volontiers « les plans occidentaux » formés par elle depuis cent ans, et hier encore, au détriment de la Belgique et de la France? Qu'un pareil changement puisse s'accomplir totalement et rapidement, ce serait là un phénomène heureux et souhaitable sans doute. Mais les historiens n'ont jamais, que nous sachions, enregistré jusqu'ici de pareilles renonciations de tout un peuple à des idées, à des tendances auxquelles il s'est accoutumé, auxquelles il a cru pendant un long espace de temps. Clairvoyance et vigilance, tel est par conséquent, et pour de nombreuses années encore, le mot d'ordre que nous prescrit l'examen du mémoire de Moltke, de ce texte précieux auquel les récents événements ont rendu une véritable « actualité ».

Souvenirs d'Ernest Nys

(Suite)

Pendant mon séjour au pays natal, je collaborai assidûment au journal fondé par Laurent; je rédigeai de nombreux articles, ayant trait surtout à l'histoire des luttes pour la liberté de conscience. Ils avaient quelques succès. A Berlin, je continuai à envoyer deux correspondances par semaine. Je fréquentai la tribune des journalistes du Reichstag à laquelle j'avais été admis, je m'occupai de lecture et je suivis des cours à l'Université.

« Mon cher Monsieur Nys,

» Vous voilà au cœur de la Prusse; je ne sais pas si je dois
» dire au cœur de l'Allemagne Berlin n'est pas Paris. Les
» Allemands du Midi ne souffrent pas les Prussiens; les Berli-
» nois surtout jouissent d'une réputation de noceurs, de gascons,
» de vantards, qui les a fait détester cordialement à Luxembourg.
» Vous me direz ce qu'il en est.

» Notre journal jouit d'une excellente réputation : des gens
» qui s'y connaissent disent que c'est le meilleur des journaux
» belges. Malheureusement les abonnements ne viennent pas, et
» les annonces arrivent bien lentement.

» Quand comptez-vous revenir?

» Ne comptez pas mes lettres et ne m'en voulez pas quand je
» ne réponds pas. Je suis l'homme le plus occupé du monde
» entier, je crois. Où avez-vous trouvé en Allemagne un homme
» qui approche de 65 ans et qui travaille de 4 heures du matin
» jusqu'à 8 heures du soir?

» Tout à vous de cœur,

» F. LAURENT. »

A cette époque, Henri de Treitschke était une des figures les plus importantes du monde littéraire et politique. Né en Saxe, le 15 septembre 1834, il s'était de bonne heure prononcé pour la thèse de la suprématie prussienne au sein de la Confédération, pour la lutte contre l'Autriche et pour la réalisation de l'unité allemande. Son style était remarquable; les images s'y accumulaient; les faits historiques se suivaient; la passion éclatait, passion pour la gloire de la race tout entière et pour l'édifice politique qui se construisait : l'Empire allemand. Aux premiers instants de ses leçons, il avait peine à se faire comprendre des auditeurs; les paroles mal articulées sortaient difficilement de la bouche; mais bientôt la netteté de l'élocution s'affirmait et alors se déroulaient de nobles phrases, qui entraînaient et subjuguaient. Le cours de politique était très instructif pour la compréhension exacte des événements qui se produisirent · sous nos yeux. Treitschke connaissait le présent; il connaissait l'avenir. A ce cours assistaient des membres du parti socialiste et dans leur journal étaient résumées et critiquées nombre d'opinions émises par le professeur, partisan convaincu de la méthode et des procédés de Bismarck. Treitschke donnait aussi un cours public; c'était le soir; la salle était comble : 500 à 600 personnes s'y trouvaient, parmi lesquelles des généraux, des colonels, des lieutenants-colonels en uniforme. Dans le semestre d'hiver de 1875, l'éminent professeur exposa toute l'histoire des luttes de Cavour pour l'unité italienne. C'était d'un intérêt attachant; l'orateur invoquait les faits et les documents; il faisait apparaître l'action secrète et les manœuvres diplomatiques des hommes d'Etat. Les leçons étaient composées avec un art consommé et je me souviens d'une péroraison où le maître rappelait les immenses services des Electeurs de Brandebourg et honorait la mémoire de Frédéric-Guillaume; il montrait le Brandebourg écrasé par la Suède, alors encore puissante; en quelques phrases, il nous dépeignait les vives souffrances qui devaient durer jusqu'au jour de la libération, jusqu'au moment où retentiraient les trompettes de Fehrbellin. Son dernier cri fut strident et sauvage, et ses mots : *die Trompetten von Fehrbellin* firent sur son nombreux auditoire un effet saisissant que je n'oublierai jamais. On connaît l'épisode fameux dans l'histoire de la Prusse. C'était le 28 juin 1675. Les troupes suédoises s'étaient jetées sur le Brandebourg; le Grand Electeur, qui venait de faire la campagne d'Alsace, s'était avancé

contre elles; il les avait assaillies près de Rathenow et il les avait
vaincues dans la localité, désormais glorieuse à jamais, de Fehrbellin (1).

Rodolphe Gneist était l'honneur de la faculté de droit. Il était
né à Berlin, le 13 août 1816, et avait commencé a enseigner
en 1839. Il était entré ensuite dans la magistrature : il était voué
à la défense des idées libérales. Vint le triomphe de la réaction ;
Gneist se consacra à la science, mais en 1859 il prit de nouveau
part aux luttes politiques. J'avais pour lui une lettre d'introduction de Laurent; je le vis chez lui plusieurs fois et je jouis de
son aimable hospitalité, profitant de ses conversations et des observations dont elles étaient semées. Le 29 novembre 1875, un des
entretiens de Rodolphe Gneist me frappa; rentré chez moi, j'écrivis des notes que je reproduis ici. « Ce qu'il faudrait à la
Belgique, disait-il, c'est un pouvoir royal plus fort; comme complément, une Chambre haute ayant plus de pouvoir, étant plus
solidement assise. La dynastie devrait s'appuyer sur le prolé-a-
riat. Le travail ne peut être que lent. Le changement fréquent
de ministère est mauvais. Les libéraux devraient procéder lentement. L'instruction devrait être leur point de départ : un enseignement national, inculquant la tolérance. La dynastie devrait
aussi s'appuyer sur l'armée. La Constitution est de la phraséo-
logie. Elle a été longtemps admirée. La Constitution prussienne
a été calquée sur la Constitution belge. Les auteurs de la Constitution prussienne avaient cinq semaines devant eux. Le clergé

---

(1) SCHORLL, 1, p. 148. Frédéric-Guillaume, l'électeur de Brandebourg.
— Campagne de 1675. « Dans le temps que les forces principales de l'électeur de Brandebourg s'arrêtaient sur le Rhin, la Suède, pour satisfaire
aux engagements qu'elle avait pris avec la France, fit entrer une armée
dans la Marche de Brandebourg. L'électeur qui avait pris ses quartiers
d'hiver en Franconie, n'eut pas sitôt refait ses troupes des fatigues de la
campagne d'Alsace, qu'il vola au secours de son pays. Il fit tant de diligence qu'il surprit les Suédois à Rathenau, et les défit complètement, le
18 juin 1675, auprès de Fehrbellin.

» Les Suédois, déclarés ennemis de l'Emp re, furent attaqués par l'Électeur dans leurs propres Etats ; il leur enleva successivement toutes leurs
places en Poméranie, pendant que l'évêque de Munster, réuni aux ducs de
Brunswick-Lunebourg, les dépouillait de Bremen et de Verden. Le roi de
Danemark s'empara de Wismar et de plusieurs villes de Suède.

(Indication qui n'a pu être identifiée. N. D. L. R.)

allemand n'est pas savant : la dernière génération n'a rien produit dans cet ordre de choses. Le vieux catholicisme ne sera sauvé que si l'ultramontanisme persiste à se montrer révolutionnaire. Alors il deviendra une Eglise nationale. Sinon, ses membres resteront des dissidents. La Bavière est de fabrication napoléonienne : avant Bonaparte, elle avait à peine le quart de son étendue actuele. Le paysan bavarois est religieux ; il n'est pas fanatique. Le tiers de la population est protestant : ce sont des protestants sérieux, rigides. Deux ou trois dissolutions peuvent avoir lieu, mais non pas actuellement : il faut temporiser ; le parti ultramontain n'est uni que contre l'ennemi ; laissez-le : deux, trois directions se produiront. La dynastie des Wittelsbach a peur de l'ultramontanisme. Le roi Maximilien l'a dit au roi Louis : « Avec la Curie, pas de paix possible. » La Prusse ménage la Bavière ; si un cabinet ultramontain venait au pouvoir, elle y gagnerait ; elle pourrait agir ; elle tient la Bavière dans sa griffe. L'Allemagne est la seule puissance qui puisse empêcher la Russie et l'Autriche de se combattre. La France se jette dans les bras de la Russie. L'Allemagne a de grandes obligations envers la Russie. La France a toujours spolié l'Allemagne : cinq ou six fois par siècle. La guerre de la Revanche peut éclater dans deux ans ! Avec une nation si confiante en elle-même, comme la France, rien ne doit étonner. Encore dans de mauvaises conditions, cela est possible. A l'Allemagne d'être prête. La France a besoin d'un roi. Dieu a créé ainsi les Français. Pour la République, il faut des races puritaines, des protestants, ayant le culte de la légalité ; les Hollandais, par exemple. La Belgique aussi a besoin de la monarchie. En Italie, on est ou serviteur de l'Eglise, ou bien on la rend ridicule, suivant qu'on en reçoit des services ou du mal. Le Catholicisme est terriblement organisé. La Turquie est destinée à périr. Quand? Dans les années 1880, 1890? Elle ne survivra pas au siècle. Les populations chrétiennes ne sont pas assez fortes. La meilleure solution serait celle qui ferait retourner toutes ces populations à l'Autriche qui a déjà des Slaves, mais la Hongrie ne voudra pas. »

Gneist était un ami intime du prince de Bismarck, qu'il admirait et qu'il estimait beaucoup.

A cette époque, Heffter, déjà âgé (il était né en 1796), donnait des leçons de droit ecclésiastique et de droit des gens. J'assistai à des leçons de Droysen et de Mommsen. Ce dernier, mordant et combattif, attaquait Cicéron (1) !

Je fis visite à Berlin à un très grand homme, Jean-Baptiste Nothomb. Celui-ci était depuis de longues années ministre de Belgique près le roi de Prusse. Nothomb, avec Joseph Lebeau et avec Sylvain van de Weyer, a collaboré à fonder la Belgique indépendante et a aidé à lui donner son statut international. Jamais, dans notre pays, on n'a rendu justice à son mérite ni reconnu les immenses services qu'il nous a rendus. Il avait occupé le pouvoir pendant des années, quand les luttes politiques l'amenèrent à se retirer de la vie de combat et à accepter les fonctions de ministre plénipotentiaire à Berlin. Ici il trouva des hommes d'Etat qui le jugèrent et l'estimèrent à sa valeur. Il donna à la Belgique tout son dévouement et lui consacra toute son intelligence. Il fut le plus actif agent en tout ce qui protégea notre pays ; je citerai deux exemples : la libération de l'Escaut et les deux traités conclus en 1870 pour nous garantir contre les entreprises belliqueuses de la France et de la Prusse assistée de ses alliés.

Nothomb fut uni d'une amitié étroite avec Henri Geffcken et avec le diplomate français Rothan. Geffcken m'a toujours parlé de lui avec une véritable admiration. Rothan lui a rendu un éclatant témoignage. « Déjà en 1831, à la Conférence de Londres, écrit ce dernier, où tout jeune il représentait son gouvernement naissant, Jean-Baptiste Nothomb avait contribué pour une bonne part à faire avorter les projets de Talleyrand qui, suivant l'expression de lord Palmerston, combattait comme un lion pour obtenir en échange de la neutralité belge la réunion du Luxembourg à la France. C'était un homme de grande valeur, d'une expérience consommée, le type accompli du représentant d'un Etat neutre, sans passion, sans parti-pris, rond d'allures, toujours

---

(1) Je songeai aux lignes de Ste-Beuve consacrées à un passage de Pline le Naturaliste : « A côté et comme en regard de César, a écrit le critique français, Pline exalte Cicéron, celui qu'il appelle *le flambeau des Lettres*. Il fait voir dans le texte (car les meilleures traductions sont pâles en ces endroits) avec quelle effusion il célèbre ce beau génie, le seul que le peuple romain ait produit de vraiment égal à son empire : « Je te salue, ô toi, s'écrie-t-il, qui le premier fus nommé Père de la patrie, toi qui le premier mérita le triomphe sans quitter la toge... »

prêt à obliger ses collègues, mais de force à les bien juger et à deviner les secrets de leur portefeuille. Il était au nombre des rares diplomates qui avaient pressenti M. de Bismarck. C'est lui qui écrivait lors de son entrée au pouvoir en 1862, rappelant le mot de Ruy Blas : « Il sera Richelieu... s'il n'est Olivarez. » C'est lui aussi qui, en 1850, peu de semaines avant Olmütz, avait dit du roi Frédéric-Guillaume : « Vous verrez qu'il ira jusqu'au bout de l'abîme, pour se retourner et tomber dans la boue. » Il avait le mot pittoresque et typique. Sans préventions contre la France, il reconnaissait les bienfaits de la révolution de 1789 ; il admirait surtout le code civil. Nos ministres qui se succédaient à Berlin sans relâche, — on en compta jusqu'à huit dans l'espace de quatre années, de 1848 à la fin de 1852, — étaient heureux de recourir à son expérience. Il les initiait à l'étiquette formaliste de la Cour, les mettait au courant des précédents, leur signalait les écueils et, en quelques traits caractéristiques, rehaussés par des anecdotes piquantes, il leur faisait le portrait des princes et des hommes marquants dans la politique. Peut-être trouvait-il qu'à instruire et à renseigner les autres, on s'instruisait et se renseignait soi-même : *Discimus discendo*. Il est aujourd'hui le Nestor de la diplomatie européenne. Il a suivi de près, depuis quarante ans, toutes les transformations de la politique prussienne, il a assisté à ses défaillances et à ses relèvements glorieux. L'empereur Guillaume tient à sa personne comme on tient aux vieux compagnons avec lesquels on a parcouru les longues étapes de la vie, et le prince chancelier, qui lui sait gré d'avoir deviné sa fortune, affecte d'oublier les traits railleurs décochés parfois à M. de Bismarck (1). »

Je demandai audience au ministre de Belgique et je fus introduit auprès de lui. Il lisait à ce moment Voltaire et tenait à la main le *Dictionnaire philosophique*. Il me parla de l'université, des fortes études qui se faisaient en Allemagne, de la politique intérieure de la Belgique. A ce moment, un mouvement se produisait dans le parti libéral belge en faveur de la revision de la loi de 1842 sur l'enseignement primaire. Cette loi avait été rédigée par Nothomb, alors ministre de l'intérieur, et votée grâce à ses

---

(1) G. ROTHAN, Souvenirs diplomatiques. L'affaire du Luxembourg. (*Revue des Deux Mondes*, 1er octobre 1881, p. 533.)

efforts. Il blâmait le mouvement en faveur de la revision. « Ma loi », disait-il en parlant de la loi de 1842; il s'attachait à me prouver l'immense péril que courait le parti libéral s'il soulevait une aussi formidable question.

Grâce à une lettre de recommandation pour un médecin militaire, je fus introduit dans un cercle très intéressant; c'étaient une dizaine d'officiers supérieurs qui se réunissaient le samedi soir dans une *Weinstube* et causaient des affaires du jour. Je me souviens d'un mot prononcé par l'un d'eux au sujet de la Belgique. Il me l'avait montrée sans charges militaires, sans gros budget de la guerre, sans aucune dépense pour la marine. « Et croyez-vous, me disait-il, que vous pourrez éternellement vivre ainsi, en vous contentant de gagner de l'argent, tandis que deux grands Etats se saignent à blanc, à côté de vous, pour maintenir la paix et la civilisation? »

Comme correspondant de journal, j'avais été admis à la tribune de la presse et j'assistai à plusieurs séances du Reichstag. Je vis et j'entendis quelquefois le prince de Bismarck. L'homme était imposant, mais la voix de l'orateur était plutôt faible. Le 22 novembre 1875, j'entendis Bismarck s'expliquer sur les droits du parlement en matière d'impôts. Il exposait l'idée de faire servir les impôts à consolider l'Empire. « Plus nous créons d'institutions communes à l'Empire, disait-il, plus nous constituons une fortune commune de l'Empire, plus aussi nous affermissons l'Empire. Si l'Empire périssait, ce dont Dieu nous garde et nous gardera, les choses ne se résoudraient pas en une sorte de néant, comme il est arrivé pour d'autres Etats, mais le *statu quo ante* renaîtrait. Le particularisme prussien, le plus puissant et de beaucoup le plus dangereux auquel nous ayons à faire (*Hilarité*), prendrait son élan avec une vigueur singulière. Ainsi le malheur d'une ruine de l'Empire serait pour notre sentiment patriotique allemand extraordinairement grave; mais, matériellement, le rétablissement d'une institution analogue à l'ancienne Confédération semblerait peut-être supportable à quiconque n'a pas été lui-même envoyé près l'ex-diète fédérale. » Dans le même discours, Bismarck fit ressortir les inconvénients de ce qu'il appelait la collectivité ministérielle, c'est-à-dire le collège des ministres décidant sans se préoccuper d'un ministre président. « Un seul peut être responsable, ajoutait-il, les autres ne peuvent l'être qu'autant qu'ils ne sont pas couverts par la responsabilité du chancelier, — et je ne comprends pas la responsabilité des ministres de telle façon que je croie pouvoir, pour chaque branche du service, en couvrir les dépenses. Ce dont' je crois être responsable seulement, c'est que l'homme qu'il faut soit à la place qu'il lui faut, unissant l'honorabilité à la capacité personnelle, — et que les erreurs de principe, matériellement reconnaissables, — celles surtout que le Reichstag a signalées, — ne puissent pas s'invétérer. Quant aux détails, je ne puis en être responsable ; cette responsabilité-là incombe à chaque ministre de l'Empire, — car nous avons des ministres de l'Empire et nous en aurons davantage, je l'espère et le souhaite : l'Office des affaires étrangères, la marine, l'Office des chemins de fer ; nous avons encore depuis peu les Postes, la télégraphie et l'Office judiciaire de l'Empire ; bref, cela peut bien se développer et je souhaite très vivement, par exemple, que l'administration de l'Alsace-Lorraine soit rendue indépendante de la même façon ; car je puis encore moins contrôler les détails de l'administration de ce pays que ceux des ministres de l'Empire. »

J'assistai à d'autres débats concernant un projet de loi apportant des modifications et des additions au code pénal. Il s'agissait notamment de l'art. 353a sur les délits commis par des fonctionnaires de l'Office des affaires étrangères. « La peine disciplinaire, disait le chancelier, est complètement insuffisante, surtout dans un service où se trouvent des gens très à leur aise et parfois très ambitieux. Le résultat extrême d'une peine disciplinaire, c'est la révocation. Dans certaines circonstances, cette révocation peut être parfaitement indifférente à celui qui en est frappé ; elle peut, dans certains cas, le mettre à même de se draper dans l'apparât du martyre politique et d'en tirer certains avantages pour des plans ultérieurs. Bref, ce n'est pas une peine qui intimide... Si je dois demeurer responsable de la gestion de notre Office extérieur et de ses résultats, ainsi que je l'ai été jusqu'ici, je ne saurais me contenter du simple pouvoir disciplinaire, et j'ai besoin d'un renfort sur ce point. Il est très vraisemblable, d'ailleurs, que cet article du Code pénal, s'il est adopté, ne sera jamais appliqué ; son existence suffira pour produire l'obéissance absolue dont j'ai besoin et que je ne saurais obtenir par le simple désagrément d'une enquête disciplinaire, qu'il ne dépend pas même de moi seul de provoquer... La question de mesure est discutable, le degré de pénalité n'a pas même besoin d'être très élevé; ce qui m'importe seulement, c'est d'avoir, outre le pouvoir disciplinaire, le recours à la procédure judiciaire. Je ne demande pas même, — peut-être les peines réglementaires offriraient-elles une ressource, mais elles ont leurs limites et sont indifférentes à un homme riche, — je ne demande pas même le droit attribué à un supérieur militaire, lequel est à la fois accusateur, témoin et juge dans une cause; je demande seulement qu'on accorde à celui qui est chargé des plus grands intérêts de l'Empire, de ses relations extérieures, le droit et la possibilité de recourir au juge et de réclamer de lui une assistance impartiale, lorsque son autorité légitime est lésée et mise en question d'une manière dangereuse pour l'intérêt général. La possibilité que ce recours puisse avoir lieu, suffira, suivant moi, pour atteindre le but. Il n'est pas vraisemblable, — si nous étions armés d'un tel paragraphe — que moi ou mon successeur nous ayions à en faire usage; je puis du moins ne point le désirer, — et ce n'est guère supposable, vu la haute position, l'éducation et les sentiments patriotiques de nos représentants à l'étranger; mais les événements de cette année nous ont prouvé que ce qui n'est pas supposable peut pourtant arriver. »

Le 10 février 1876, eut lieu la troisième lecture du projet de loi apportant des modifications et des additions au Code pénal. Bismarck prononça un discours intéressant en plus d'un passage. Il parla des abus qui peuvent être commis par la presse et de l'altération du véritable état de choses en ce qui concerne la guerre et la paix. Il cita des exemples. « En 1871, dit-il, autant qu'il m'en souvienne, on disait que nous voulions conquérir les provinces baltiques de la Russie. Ce bruit était répandu principalement par des feuilles polonaises, lesquelles en tout temps se grisent volontiers de l'espérance qu'une guerre puisse surgir entre l'Allemagne et la Russie. » L'orateur constata le mal que les fausses nouvelles pouvaient faire sur « les gens très crédules de la Bourse »; il affirma néanmoins que « sur des articles de journaux personne ne fait la guerre. » « Je vous rappelle, ajouta-t-il, les angoisses de la Bourse, au printemps dernier, à propos des articles qui parurent dans certaines feuilles nullement officieuses, — je veux parler de la *Poste*, pour la nommer par son nom, — journal pour lequel jamais , que je sache, je n'ai fait un article, encore moins celui qui était intitulé: « La guerre en perspective »; mais je n'ai pas blâmé l'article, car, suivant moi, lorsqu'on sent que dans certains pays une minorité pousse à la guerre, on doit alors crier bien haut, pour éveiller à cet égard l'attention de la majorité ; en effet, la majorité n'a d'ordinaire aucun goût pour la guerre ; c'est par les minorités, ou dans des Etats absolus, par les souverains ou les cabinets, que la guerre est allumée. Mais celui-là certainement n'est pas suspect de vouloir la guerre, d'être un brandon d'incendie qui le premier crie au feu ! S'il y avait réellement un ministre qui, dans quelque but tout à fait injustifié, voulait pousser à la guerre, il s'y prendrait en vérité tout autrement qu'en commençant par sonner l'alarme dans la presse, car il ne ferait ainsi qu'appeler les pompiers. Avant tout il devrait chercher à gagner l'assentiment de son souverain. Sans cela, le ministre le plus habile et jouissant de la plus haute confiance, — qu'il soit aussi belliqueux qu'il voudra, — ne peut rien faire chez nous, car c'est Sa Majesté l'Empereur qui mobilise l'armée et déclare la guerre ; ce ministre ne peut donc jamais, sans l'Empereur, faire réussir ses velléités guerrières. »

Le chancelier insista sur le caractère pacifique du peuple allemand, « tant qu'on ne l'attaque pas ». « Nous n'avons rien à conquérir, dit-il, rien à gagner, nous sommes satisfaits de ce que nous avons et c'est nous calomnier que de nous imputer quelque désir de conquête, quelque idée d'agrandissement. »

Au commencement de mars 1876, je rentrai en Belgique. Je quittai avec quelque peine Berlin, son université, ses musées Je m'étais fait une vie de lecture et de rédaction.

Voici deux lettres qui se rapportent à cette époque :

. « Mon cher Nys,

» Comme vous ne me donnez pas de vos nouvelles, il faut que
» je vous en demande. Ecrivez-moi et dites-moi, au long et au
» large, ce que vous faites. Etes-vous parvenu à vous créer quel-
» ques relations ? La solitude ne convient pas à l'homme, à moins
» qu'on ne se soit fait comme moi une existence de labeur inces-
» sant. Les Allemands sont, dit-on (je n'ai jamais été en Alle-
» magne), très hospitaliers ; si la chose est vraie, il faut accepter
» les offres que l'on vous fera ; votre éducation politique y
» gagnera ; on apprend bien des choses, entre quatre murs, que

» l'on ne dit pas à la tribune et que l'on n'imprime pas. Puis
» vous vivrez un peu de la vie intime. Le travail ne tient pas lieu
» de tout. Moi, travailleur comme il n'y en a plus, je le sens;
» mais croyez-moi que sans le travail je ne vivrais plus. Vous
» avez encore tout à apprendre. Etudiez le jour et écrivez beau-
» coup ; les idées ne se précisent que lorsqu'on les met par écrit;
» la *Flandre* en profitera et vous y gagnerez encore davantage.
» Vous avez trouvé votre carrière où vous êtes sûr de réussir, puis-
» que vous réussissez dès maintenant. C'est beaucoup, c'est tout
» que d'avoir un but dans la vie. Et y en a-t-il un plus beau que
» celui de travailler à affranchir la Belgique du honteux joug
» sous lequel elle est encore courbée! La *Flandre*, je l'espère,
» comptera parmi les œuvres civilisatrices. Faites-en votre affaire,
» attachez-vous-y corps et âme, vous vous préparerez par là tout
» le bonheur dont on peut jouir dans ce monde: l'activité intel-
» lectuelle poursuivant un grand but. Les chagrins, les tour-
» ments et déceptions ne manquent pas dans la vie. Vivre, c'est
» souffrir; mais vivre, c'est aussi agir. Et l'action est le meilleur
» remède contre la souffrance. Cela prouve que l'homme est fait
» pour agir. Votre carrière est par excellence une vie d'action. Je
» vous en félicite.

» C'est la plus longue lettre que j'ai écrite depuis longtemps.
» Et elle est encore bien courte. Vous devinerez précisément tout
» ce que je pourrais ajouter. Mon travail me réclame. J'attends
» de vos nouvelles, une longue lettre, et ne comptez pas mes
» réponses. Songez au labeur qui pèse sur moi, et croyez-moi

» Tout à vous de cœur,
» Fr. Laurent. »

« Mon cher Nys,

» Un mot pour vous féliciter de votre résolution. Poursuivre
» un grand but dans la vie, c'est bien le plus grand bonheur que
» Dieu puisse donner à ses élus. Vous aiderez à répandre la bonne
» semence. Il y a toujours des graines qui germent. Personnel-
» lement je suis très heureux de vous revoir ici. Vous avez été
» un de mes élèves de prédilection ; ce sera une douce satisfaction
» pour moi de laisser une lignée qui combattra aux premiers
» rangs. Et la victoire est certaine.

» Je vous embrasse de cœur,
» Fr. Laurent.

Je revis encore l'Allemagne; c'était en 1887, quand la session de l'Institut de droit international dont j'étais membre se tint à Heidelberg. J'étais alors juge au tribunal de première instance de Bruxelles et professeur à la faculté de droit de l'université de la même ville. J'eus l'honneur d'être désigné pour rendre à François Laurent l'éloge qui lui était dû. C'est dans la salle académique que se passa la cérémonie.

En 1914, l'Institut de droit international devait se réunir à Munich, selon la décision prise à Oxford en 1913. La date était le 19 septembre. La guerre éclata et la session ne put avoir lieu. Je ne revis point l'Allemagne.

Je séjournai quelque temps à Gand, puis à Anvers et, au mois d'août 1877, je partis pour Oxford.

A Gand, je fis la connaissance de Gustave Rolin-Jacquemyns. J'ai fait l'éloge de ce grand homme, qui toujours m'a témoigné une vive sympathie et une réelle considération. Jusqu'au jour de sa mort, il me donna des preuves de son amitié et de sa confiance.

Bluntschli venait de publier son volume sur la Politique; Emile Varlez, auditeur militaire, et moi, nous songeâmes à le traduire en français. Rolin-Jacquemyns voulut bien transmettre l'expression de notre désir au savant professeur.

La lettre que voici concerne la demande :

« Cher Monsieur,

» Je ne comprends rien au silence de M. Bluntschli. Deux jours après vous avoir vu, c'est-à-dire il y a plus de quinze jours, je lui ai écrit au sujet de votre désir et de celui de M. Varlez de traduire sa *Politik*, et au sujet d'une autre affaire encore. Lui d'ordinaire si exact, ne m'a rien répondu! Je commence à craindre que ma lettre ou sa réponse ne se soit égarée, ou bien qu'il soit malade ou absent. De toute façon, au reçu de votre lettre d'avant-hier, j'ai décidé de lui écrire de nouveau et d'une manière pressante. Je ne doute pas, s'il est à Heidelberg et en bonne santé, que sa réponse ne m'arrive par retour du courrier et je m'empresserai de vous la transmettre.

» Croyez bien, cher Monsieur, à mes meilleurs sentiments.

» G. ROLIN-JACQUEMYNS.

» Domburg, Schuttershof,

» 22 juin 1877. »

Dès le lendemain, Rolin-Jacquemyns m'adressa une nouvelle lettre que voici :

« Cher Monsieur,

» Je reçois à l'instant une lettre de Bluntschli, datée du 21 juin, qui s'est croisée avec celle que je lui ai adressée hier. Voici textellement ce qu'il m'écrit au sujet de votre proposition :
 « Der erste Band meiner modernen Staatslehre ist unter dem
» Titel : Théorie générale de l'Etat, in Paris bei Guillaumin et
» Camp., erschienen, übersetzt von Hin. v. Rietmatten.
 » Ich habe denselben davon unterrichtet das die von Ihnen
» empfohlenen Belgier die Politik übersetzen und herausgeben
» wollen. Es wäre mir ganz erwünscht, wenn das geshehe. Ich
» beürchte, dass Rietmatten durch seine katolischen Neigungen
» nicht der richtige Uebersetzer der Politik sei, die den Ultra-
» montanen scharf zu Leibe geht. Aber ich habe noch keine
» Antwort und halte doch für schiklich, vorrst eine Verständi-
» gung mit Rietmatten zu suchen. Sobald ich Bericht erhalte,
» werde ich Ihnen Kenntniss geben. »
 » De mon côté, il va sans dire que je m'empresserai de vous informer de ce que Bluntschli m'apprendra.
 » Croyez-moi

» Votre dévoué
» G. ROLIN-JACQUEMYNS. »

» Domburg, 23 juin 1877. »

Rietmatten ayant exprimé le désir de traduire la *Politik*, Bluntschli accepta.

J'avais résolu de me rendre en Angleterre pour continuer mes études, et je m'étais assigné Oxford pour résidence. Je ne mis pas longtemps à réaliser mon plan. Je partis d'Anvers par le *Baron Osy*, traversai Londres en cab, pris le train à Paddington station, et arrivai à la gare d'Oxford, le 9 août 1877, à 2 heures de l'après-midi. Le lendemain j'étais installé dans un fort modeste appartement, chez de très braves gens, au n° 10 de Turlstreet. Je passai là d'heureuses semaines, lisant des livres que j'empruntais à la bibliothèque publique, prenant de copieuses notes que j'ai encore en ma possession, fréquentant assidûment la riche Bibliothèque Bodléienne, faisant des recherches et des études, et pas-

sant mes après-midis dans les admirables jardins de collèges, où
je lisais assis sur quelque banc. Ma joie était grande, mon bonheur me semblait complet. J'étais sans souci aucun pour l'avenir;
je me contentais de jouir du présent qui était si agréable et si
aimable.

Un homme de grande valeur, dont je devins, des années plus
tard, le confrère à l'Académie de Belgique, l'illustre bibliographe
Ferdinand van der Haeghen, m'avait remis une lettre d'introduction pour le chef de la Bibliothèque. Elle était flatteuse pour
moi, beaucoup trop flatteuse. Je la reproduis, dût-on me reprocher
quelque vanité. La voici :

« Gand, 8 août 1877,

» Monsieur,

» Je prends la liberté de vous présenter mon concitoyen et ami,
M. Ernest Nys, docteur en droit et en sciences politiques et administratives, lequel fait en ce moment un voyage littéraire et scientifique en Angleterre. Qu'il me soit permis de recommander très
spécialement ce jeune savant à votre bienveillance et de solliciter
pour lui l'accès de la riche bibliothèque confiée à vos soins.

» En vous remerciant d'avance, je vous prie, Monsieur et très
honoré collègue, d'agréer l'assuransce de ma considération la
plus haute.

» F. van der Haeghen.»

» A Monsieur Coxe, bibliothécaire en chef de la Bodleien
Library, à Oxford. »

La réception fut charmante. Le docteur Coxe me présenta à
l'un des conservateurs, le savant hébraïsant Neubauer, qui voulut
bien m'installer dans l'historique salle de lecture, où, entouré des
vénérables in-folios, je pus me livrer à mes recherches et à mes
travaux. Je fus admis aussi à la Radcliffe Library, dépendance
de la Bodleien Library, consacrée spécialement aux ouvrages contemporains: ici le lecteur pouvait prendre dans les rayons les
volumes qu'il lui plaisait de lire. De tous les livres que j'ai
maniés, j'ai fait des extraits et parfois copié de longues et
instructives pages.

Je quittai Oxford, pour me rendre à Londres, le 2 octobre 1877.

Mais j'eus le vif plaisir de revoir plus d'une fois la ville séduisante. J'y fus secrétaire adjoint de l'Institut de droit international en 1880, comme je l'ai déjà dit (1) ; j'étais l'hôte du Collège nal en 1880, comme je l'ai déjà dit; j'étais l'hôte du Collège Oriel; en 1884, en revenant d'Edimbourg, où j'avais reçu le grade de docteur ès lois, *honoris causa*, j'acceptai, avec Alphonse Rivier et avec Frédéric de Martens, l'invitation que nous fit sir William Markby, ancien juge aux Indes, professeur à Oxford : nous fûmes reçus à *All Souls College*. En 1902, je représentai l'Université de Bruxelles aux fêtes organisées pour célébrer le troisième centenaire de la mort de Thomas Bodley. En 1913, j'assistai aux travaux de l'Institut de droit international et, le 6 août, j'obtins le grade de docteur en droit civil *honoris causa*.

A Londres, j'eus accès provisoirement à la salle de lecture du British Museum ; au bout de peu de jours, ma situation fut régularisée : le 8 octobre 1877. Ma carte d'admission porte cette date, qui figure sur toutes les cartes qui m'ont été remises depuis, aux périodes semestrielles de renouvellement. Que de fois, depuis 1877, n'ai-je pas passé des vacances de quelques jours, de quelques semaines et même de deux mois dans l'admirable salle de lecture! J'y fus à la veille de la guerre; je comptais travailler pendant une quinzaine de jours encore. Je savais que les hostilités étaient là menaçantes. Le samedi 1er août, il me fallut songer au départ pour la Belgique, où je devais faire le service des vacations à la Cour d'appel. Le dimanche 2 août, je partis pour Bruxelles : la tragique période commençait. Me sera-t-il donné de jouir encore de l'hospitalité de la glorieuse institution, de

---

» Cher Monsieur Nys,

» Je dis à van Doosselaere de vous envoyer tout ce qu'il pourra en fait d'épreuves cette semaine. Pour les bons à tirer, vous apporteriez les épreuves à Oxford. Il sera bon d'avoir tout l'article de Martens pour le montrer à l'auteur, et s'assurer de son assentiment pour la division de l'article.

» Nous aurons M. Pierantoni, mais M. Asser tient bon dans son détestable projet.

» J'ai enfin écrit à M. Lorimer. A lundi.

» Mille amitiés.   A. RIVIER. »

puiser dans ses richesses innombrables, d'y travailler, comme je l'ai fait avec passion et avec acharnement?

J'étais à Londres depuis quelques jours, en 1877, quand je reçus de Rolin-Jacquemyns une lettre que je tiens à recopier. Je la reproduis :

« Cher Monsieur,

» C'est avec le plus grand plaisir que je vous donne, au nom de l'auteur, l'autorisation de traduire les *Institutes of Law* de M. Lorimer, à qui j'avais d'ailleurs, après l'échec de mes négociations avec Bluntschli, fait part de la proposition que je comptais vous faire. Je vous enverrais dès à présent les pages manuscrites de la seconde édition, que j'ai en mains, si je pensais qu'il vous était possible de vous mettre à l'œuvre immédiatement. Je les tiens à votre disposition. Voulez-vous vous mettre directement en relation avec l'auteur? Vous ferez la connaissance d'un des hommes les meilleurs et d'un des penseurs les plus originaux que j'aie encore rencontrés.

» Croyez à tous mes meilleurs sentiments.

» G. ROLIN-JACQUEMYNS. »

» P. S. A partir du 26, je serai à Gand. »

» Heerle-Minderhout par Hoogstraete, 19 octobre 1877. »

» 2° P. S. Avez-vous la première édition des *Institutes?* Si vous ne l'avez pas, veuillez m'indiquer à quelle adresse il faudrait vous l'envoyer.»

Quelques jours plus tard, je reçus une nouvelle lettre :

« Mon cher Monsieur Nys,

» Je vous envoie par ce courrier, sous pli recommandé, les trente-huit premières pages de la seconde édition (inédite) de Lorimer. J'ai écrit à l'auteur pour le prier de vous adresser directement la suite ainsi qu'un exemplaire de la première édition.

» Agréez, je vous prie, l'assurance de tous mes meilleurs sentiments.

» G. ROLIN-JACQUEMYNS. »

» Heerle-Minderhout, 24 octobre 1877.

Mais j'eus le vif plaisir de revoir plus une fois la ville séduisante. J'y fus secrétaire adjoint de l'Instut de droit international en 1880, comme je l'ai déjà dit (1) ; étais l'hôte du Collège nal en 1880, comme je l'ai déjà dit; j tais l'hôte du Collège Oriel; en 1884, en revenant d'Edimborg, où j'avais reçu le grade de docteur ès lois, *honoris causa*, j'cceptai, avec Alphonse Rivier et avec Frédéric de Martens, l'initation que nous fit sir William Markby, ancien juge aux Inde, professeur à Oxford : nous fûmes reçus à *All Souls College*. n 1902, je représentai l'Université de Bruxelles aux fêtes orgnisées pour célébrer le troisième centenaire de la mort de Thmas Bodley. En 1913, j'assistai aux travaux de l'Institut de coit international et, le 6 août, j'obtins le grade de docteur en coit civil *honoris causa*.

A Londres, j'eus accès provisoirement la salle de lecture du British Museum ; au bout de peu de jour ma situation fut régularisée : le 8 octobre 1877. Ma carte d'achission porte cette date, qui figure sur toutes les cartes qui m'ont été remises depuis, aux périodes semestrielles de renouvellemer. Que de fois, depuis 1877, n'ai-je pas passé des vacances de uelques jours, de quelques semaines et même de deux mois dns l'admirable salle de lecture! J'y fus à la veille de la guerre je comptais travailler pendant une quinzaine de jours encore. J savais que les hostilités étaient là menaçantes. Le samedi 1er août, il me fallut songer au départ pour la Belgique, où je devais fire le service des vacations à la Cour d'appel. Le dimanche 2 août. je partis pour Bruxelles : la tragique période commerait. Me sera-t-il donné de jouir encore de l'hospitalité de la lorieuse institution, de

---

(1)   ruxelles, le 31 août 1880.

» Cher Monsieur Nys.

» Je dis à van Doosselaere de vous envoyerout ce qu'il pourra en ʼ d'épreuves cette semaine. Pour les bons à irer. vous apporterʼ épreuves à Oxford. Il sera bon d'avoir tout article de Martenʼ montrer à l'auteur, et s'assurer de son assenment pour la l'article.

» Nous aurons M. Pierantoni, mais M. Asr tient bor table projet.

ʼ J'ai enfin écrit à M. Lorimer. A lundi.

» Mille amitiés.

puiser dans ses richesse innombrables, d'y travailler, comme je l'ai fait avec passion et avec acharnement?

J'étais à Londres deuis quelques jours, en 1877, quand je reçus de Rolin-Jacquemns une lettre que je tiens à recopier. Je la reproduis:

« Cher Monsier,

» C'est avec le plus gand plaisir que je vous donne, au nom de l'auteur, l'autorisation de traduire les *Institutes of Law* de M. Lorimer, à qui j'avas d'ailleurs, après l'échec de mes négociations avec Bluntschli fait part de la proposition que je comptais vous faire. Je vous nverrais dès à présent les pages manuscrites de la seconde éditon, que j'ai en mains, si je pensais qu'il vous était possible de vas mettre à l'œuvre immédiatement. Je les tiens à votre dispositin. Voulez-vous vous mettre directement en relation avec l'autet? Vous ferez la connaissauce d'un des hommes les meilleurs et 'un des penseurs les plus originaux que j'aie encore rencontrés.

» Croyez à tous mes meilleurs sentiments.

» G. ROLIN-JACQUEMYNS. »

» P. S. A partir du 2, je serai à Gand. »

» Heerle-Minderhout ar Hoogstraete, 19 octobre 1877. »

» 2° P. S. Avez-vous a première édition des *Institutes*? Si vous ne l'avez pas, veuiez m'indiquer à quelle adresse il faudrait vous l'envoyer.»

Quelques jours plus trd, je reçus une nouvelle lettre :

« Mon cher Mosieur Nys,

» Je vous envoie narce courrier, sous pli recom-
trente-huit prem   'n seconde éd...
Lorimer.   ıss,
tement '   Coll.
                                                        .. 1830.
†:   politique
                                              . J. Avocat

» P. S. Je pars aujourd'hui pour Gand pour m'y installer définitivement.

» Voulez-vous un mot d'introduction pour M. Westlake à Londres? »

Le 29 octobre, Rolin-Jacquemyns m'écrivit de nouveau :

« Cher Monsieur Nys,

» Ci-inclus un mot d'introduction auprès de M. Westlake. Je vous donne sur l'enveloppe l'adresse de ses *Chambers* dans Lincoln's Inn. Sa demeure est Oxford's square, 16. Mais vous êtes plus sûr de le trouver dans Lincoln's Inn entre 9 ou 10 heures du matin et 6 heures après-midi.

» Je suis charmé que vous ayez commencé la traduction Lorimer. J'ai écrit à ce dernier et je pense que vous aurez bientôt de ses nouvelles.

» Je vous salue bien cordialement.

» G. Rolin-Jacquemyns. »

» Gand, 29 octobre 1877. »

Je ne fis pas, en cette année, la connaissance de Westlake; mais à un subséquent voyage, j'en reçus le plus amical accueil, et depuis lors jusqu'à la fin de sa laborieuse existence, je demeurai lié avec lui. Je travaillais à la traduction de ses travaux, ou, quand il les rédigeait en français, à leur révision; je surveillais l'impression de ses brochures. Je le vis, d'ailleurs, à de nombreuses reprises, à Bruxelles, à Gand, à Londres. Je lui dédiai un de mes livres. Enfin je rédigeai le chapitre où sont rappelés les services qu'il rendit à la science du droit des gens dans le beau livre que Mme Westlake publia en mémoire de son mari.

Je conçus pour James Lorimer une affection profonde et un respect filial.

James Lorimer était né, le 4 novembre 1818, à Aberdalgie, dans le comté de Perth. Après avoir fait des études moyennes à l'école de grammaire de Perth, il commença ses études supérieures à l'université d'Edimbourg et les continua aux universités de Berlin et de Bonn. L'influence de la culture allemande sur son esprit fut grande; ses ouvrages en témoignent; mais il se rattache cependant avant tout à l'Ecole philosophique écossaise et spécialement au maître illustre, William Hamilton, dont il prononçait le nom avec respect. Lui-même a expliqué comment il est parti du système philosophique, commun dans ses grandes lignes à l'Ecosse et à la France, pour embrasser ensuite le champ plus vaste de la spéculation allemande ; il a noté comment il s'est attaché à éviter tout autant l'idéalisme que le sensualisme.

Lorimer entra, en 1845, au barreau d'Edimbourg. La pratique du droit ne lui souriait point. Il se consacra plus spécialement aux études théoriques. Il écrivit nombre d'intéressants articles dans les recueils périodiques ; il publia des travaux importants sur le rôle des universités, sur les meilleurs modes de représentation nationale ; il composa un Manuel de droit écossais, qui est parvenu à sa cinquième édition. Ses études politiques attirèrent sur lui l'attention d'un homme de grande valeur, sir George Cornewall Lewis.

En 1862, il fut appelé à la chaire de droit public et de droit de la nature et des gens de l'université d'Edimbourg. Cette chaire avait été fondée en 1707, peu après la réunion de l'Ecosse et de l'Angleterre. Les termes mêmes employés dans le brevet de nomination nous ramènent à l'époque où les théories en droit international se basaient sur les théories de l'égalité naturelle et d'un état imaginaire de nature. Mais il ne faut point que nous nous montrions ingrats ; on a pu le dire avec raison, à l'exception du mot liberté, il n'est pas un terme qui ait joué un rôle aussi important, aussi bienfaisant, dans l'histoire de l'humanité que le terme droit naturel, dans le sens vieilli du mot. C'est en son nom que presque tous les anciens abus ont été dénoncés, attaqués, détruits.

Lorimer réunissait à un degré exceptionnel les qualités — que l'observateur superficiel s'imagine être presque inconciliables — du philosophe et du jurisconsulte. Dès le début de son enseignement, il se fixa pour objet de déterminer les limites dans lesquelles les principes de l'éthique sont applicables aux relations que les individus ou les communautés — agents à la fois libres et responsables — ont entre eux. Les résultats de ses travaux et de ses méditations se trouvent consignés dans deux ouvrages importants, les *Institutes of Law* et les *Institutes of the Law of Nations*.

Le professeur d'Edimbourg fut lié d'une amitié étroite avec Prévost-Paradol, pour la mémoire duquel il professait une véné-

ration profonde. Il jouissait de l'estime complète du duc d'Aumale; c'est chez Lorimer que fit une partie de son éducation le fils unique du duc, le jeune prince de Condé que la mort devait ravir tôt à son père.

Longtemps j'entretins avec James Lorimer une correspondance qui pour moi était des plus instructives. Je pourrais en donner de copieux extraits. Les lettres qu'il écrivait étaient piquantes, parsemées d'anecdotes; elles témoignaient de combativité et plus d'un jugement était sévère, dès que l'auteur s'en prenait à quelque adversaire de ses chères théories.

John Westlake naquit dans le comté de Cornouailles en 1828. Il fit de très brillantes études à l'université de Cambridge et fut admis au barreau par la Société de Lincoln's Inn en 1851. C'est en 1858 qu'il publia son ouvrage si important, intitulé: *i reatise on private international Law*, dont la cinquième édition parut en 1912. Je ne fais que reproduire des considérations que j'ai déjà émises. A cette époque, aux années 1860 et suivantes, d'importants problèmes se posaient dans la politique générale. L'Italie accomplissait l'unité que ses enfants les plus illustres avaient rêvée et souhaitée pendant des siècles; l'Allemagne se préparait au rôle qu'elle prétendait remplir; dans la plupart des pays de l'Europe, des aspirations vers la liberté se manifestaient avec une intensité toujours plus grande. Aux Etats-Unis se livrait une lutte d'une violence inouïe, dont l'enjeu était, en définitive, l'abolition de l'esclavage noir. Une phase nouvelle semblait commencer dans l'histoire de l'humanité. Westlake avait l'esprit trop ouvert pour ne point saisir que les intérêts mêmes du monde moderne appelaient la solution généreuse et libérale. Il se jeta dans le mouvement et donna à l'œuvre l'assistance de sa vigoureuse intelligence et de son indomptable énergie. Deux hommes l'assistèrent, dont les noms resteront inséparables du sien : Gustave Rolin-Jacquemyns et Thomas Michel-Charles Asser. Comme résultat final, ce concours et cette combinaison d'efforts assurèrent, on peut le dire, plus d'un progrès dans la science du droit des gens. On leur doit la fondation de la *Revue de Droit international et de Législation comparée*, qui date de 1868, et la création de l'Institut de Droit international dont la première séance se tint à Gand, le 8 septembre 1873.

En 1888, John Westlake fut appelé à occuper la chaire de droit international fondée, en 1868, à Cambridge par William Whewelle, et dont sir William Harcourt et sir Henry Sumner Maine avaient été successivement les titulaires.

En 1894, John Westlake réunit plusieurs études fondamentales sous le titre de: *Chapters on the principles of international Law,* que je traduisis en français. En 1904 parut le premier volume de son traité: *International Law*; il est intitulé *Peace*. En 1907 fut publié le second volume; il porte comme sous-titre : *War*. « Si Westlake, a écrit Thomas Erskine Holland, fut essentiellement un jurisconsulte, il était aussi un politique clairvoyant, un économiste, un réformateur en ce qui touche les questions sociales. Il manifesta, à l'occasion, son ardente sympathie pour les nationalités opprimées, soit en Finlande, soit dans les Balkans. Sa carrière, comme membre libéral du Parlement pour la Division Rumford d'Essex, fut abrégée par l'attitude caractéristique et indépendante qu'il prit en votant contre le Home Rule en Irlande. Il était, en effet, en toutes choses, *tenax propositi*, tout en étant conciliant avec ses adversaires et le plus chaud des amis. »

Je fis aussi la connaissance de sir Travers Twiss auquel je pus rendre service dans la revision et la correction de ses articles de la *Revue de Droit international*. Twiss était né à Westminster en 1809. Il entra, en 1826, au Collège de l'Université à Oxford. Il fit ses études avec distinction, devint *tutor*, fit des publications. De 1842 à 1847, il occupa à l'université la chaire d'économie politique (1)

« Twiss, écrit Holland, avait pris ses grades en droit, et, déjà en 1840, il avait été admis au barreau par la Société de Lincoln's Inn et, un an plus tard, au Collège des avocats ou des docteurs en droit, société qui a cessé d'exister depuis 1857, mais qui, pendant des siècles, avait joui du monopole de la pratique, ainsi que des positions judiciaires dans la Cour de l'Amirauté et les cours ecclésiastiques. C'était devant de tels tribunaux, comme spécialiste en droit romain, canonique et international, qu'il s'est élevé au

---

(1) Alumni Oxonienses. 1715-1886. Sir Travers Twiss. — Travers Twiss, fils de Robert, de Saint-Georges, Londres, docteur. — University Coll. Immatriculé le 5 avril 1826 à l'âge de 17 ans. Scholor 1827-1830. B. A. 1830. Fellow 1830-1863. Tutor de 1836 à 1843. Professeur d'économie politique de 1842 à 1847. Regius Professor of Civil Law, de 1855 à 1870. Avocat à Doctors Commons en 1841. Professeur de droit international à King's College, Londres, Knighted — le 4 novembre 1867.

premier rang parmi les avocats, tout en écrivant des ouvrages.
Pendant la guerre de Crimée, il a plaidé constamment devant la
cour des prises. En 1849, il est devenu commissaire général du
diocèse de Cantorbéry; en 1852, vicaire général de l'archevêque;
en 1858, chancelier du diocèse de Londres; en la même année,
conseiller de la Reine; en 1862, avocat général de l'Amirauté.
En 1867, il est devenu le dernier titulaire de l'office d'avocat
général de la Reine, dont la suppression a été la conséquence
logique de l'extinction précédente du collège des avocats. » Un
jour, l'infortune s'abattit sur sir Travers Twiss; un folliculaire
l'attaqua avec violence au sujet du mariage qu'il venait de contracter; il se vit obligé par ses collègues de faire un procès qu'il
perdit, bien que le juge exprimât tout son mépris pour son adversaire; il cru devoir se démettre de toutes ses fonctions.

Thomas Erskine Holland est un homme de la plus haute valeur.
Sa science est grande, son esprit juridique est aisé, il a une forme
concise et nette dans l'expression de sa pensée, il a le don d'impressionner le lecteur par sa vigueur de raisonnement. J'ai été
en fréquentes relations avec lui. Il m'a toujours témoigné une
vive affection. Grâce à lui, je suis devenu membre correspondant
de l'Académie britannique et je ne crois pas errer quand je lui
attribue l'initiative de la décision que prit le Conseil hebdomadaire de l'université d'Oxford, en 1913, de me conférer le grade
de docteur en droit civil *honoris causa* (1).

J'ai déjà, à plusieurs reprises, mentionné le nom d'Alphonse
Rivier; j'y reviendrai tantôt et je dirai tout le bien qu'il faut
dire de cet esprit si distingué, de ce cœur si dévoué, de ce travailleur si zélé. En ce moment, une brève réflexion me vient. De
Laurent, de Lorimer, de Rivier, de Rolin-Jacquemyns, de West-

---

(1) « Si mihi in hoc insignissimo virorum consessu florem ipsum juris
peritiae delibare liceret, hunc eo auctore qui optime in hoc genere judicare
potest inter doctos doctissimum vocarem. Namque et Professor idem et
judex quaestionis in civitate Belgarum factus et Hagensi concilio adscrip-
tus ne in tanta quidem curarum multitudine non ita legendo et scribendo
vacavit ut innumerabilem eius operum seriem fando vix enumerare pos-
sim : inter qua praecipue nominandus esse videtur liber ille aureus quo
totam juris gentium cognitionem est complexus. Praesento vobis virum
eruditissimum ERNESTUM NYS, Judicem, juris gentium in Universitate
Bruxellensi professorum, ut admittatur ad gradum Doctoris in Jure Civili
honoris causa. — La même promotion comprend von Bar, Clunet, Fusinato
et Elihu Root, présents à la cérémonie, et Lammasch, absent.

lake, j'ai publié des notices biographiques. Holland est encore en pleine vigueur malgré son âge avancé. Je n'ai plus de ses nouvelles directes depuis bientôt deux années et demie, mais il y a quelques mois, j'ai reçu la visite d'un jeune Américain, étudiant à Oxford, qui m'a donné à son sujet les plus rassurants renseignements. Il y a peu d'années, à l'occasion du discours qu'il a prononcé en prenant congé de son auditoire d'Oxford pour devenir professeur émérite, il. m'a été donné de résumer sa carrière, de rappeler ses titres scientifiques et de célébrer son très grand talent.

Thomas Erskine Holland est né à Brighton en 1835. Il a étudié à Oxford, est devenu membre du barreau en 1863. En 1874, il remplaça Montague Bernard comme professeur de droit international à l'Université d'Oxford. Il prononça sa leçon d'ouverture le 7 novembre. Il l'avait consacrée à Albéric Gentil. Sans doute, les écrivains du droit des gens connaissaient l'existence de Gentil, ils citaient son nom, ils invoquaient parfois son avis ; mais leur connaissance était superficielle, leurs notions étaient vagues, et c'est à Holland que revient le mérirte d'avoir mis en lumière la vie et les œuvres de l'exilé italien que l'Université d'Oxford avait accueilli avec tant de bienveillance et qui avait si noblement répondu à la confiance de sa patrie d'adoption. La leçon prit une importance inattendue. Dans la lecture qu'il fit à All Souls College, le 17 juin 1910, il l'indiqua en quelques lignes amusantes : un monument dans l'église de Sainte-Hélène à Londres, près de laquelle Gentil avait été inhumé, la formation d'un comité en Italie, des protestations dans les Pays-Bas qui aboutirent à l'érection d'une statue à Grotius, des souscriptions à Rome en vue d'honorer la mémoire d'un héros de l'ultramontanisme, Garcia Moreno, président de la République de l'Equateur, qui venait d'être assassiné (Gentil avait été condamné par l'Inquisition comme hérétique), finalement l'inauguration, en 1908, de la statue de Gentil dans sa ville natale, San Ginesio.

Mentionnons les savantes leçons d'ouverture que Thomas Erskine Holland a prononcées, chaque année, pendant sa longue période d'enseignement, ses travaux pleins d'érudition sur les origines et sur les premiers temps de l'Université d'Oxford, son édition admirable du *De jure Belli* de Gentil, son édition du *Ius feciale* de Richard Zouch, ses manuels du droit de prise et du droit militaire, exécutés à la demande du gouvernement anglais, ses lettres au *Times* sur les questions du jour, remarquables par leur précision, leur exactitude, leur exposé net.

Je ne puis pas négliger de citer le nom d'un homme illustre, qui me témoigna une grande amitié. Tobie-Michel-Charles Asser vit le jour à Amsterdam le 29 avril 1838. Docteur en droit en 1860, il fut avocat près la cour d'appel de cette ville, où il devint professeur en droit en 1862. En 1877, il fut nommé titulaire de la chaire de droit international que la loi sur l'enseignement supérieur venait de créer.

Asser avait fait ses études à l' « Athénée illustre » qui devint l'université d'Amsterdam. C'est à Leyde qu'il avait été promu au doctorat en droit. En 1910, fut célébré son cinquantième anniversaire. L'ancien ministre des affaires étrangères, de Beaufort, retraça la brillante carrière du jubilaire et rappela les services exceptionnels que celui-ci avait rendus à la science, à la patrie et à l'humanité. Il insista sur le rôle qu'il avait rempli dans le puissant mouvement vers l'internationalisme qui s'est manifesté dans la dernière moité du XIXe siècle. Il fit ressortir aussi qu'un sincère libéralisme pénètre ses écrits et est apparent dans son œuvre diplomatique et législative, en d'autres termes, dans sa participation aux conférences de droit international privé et aux conférences de la paix. Pourquoi ne mentionnerais-je pas l'observation qu'Asser a faite en parlant de son ami Rolin-Jacquemyns qui, comme lui, avait débuté vers 1860 dans la vie de la propagande? « Ceux qui commençaient alors leur carrière, a-t-il écrit, étaient pleins d'enthousiasme pour l'idée du progrès par la science et par la liberté. »

Asser m'a toujours porté beaucoup d'affection. La *Revue de Droit international*, dont il était l'un des directeurs, nous mettait constamment en rapport épistolaire, et, dans ses fréquents voyages à Bruxelles, j'avais le plaisir et l'honneur de le voir. Il était associé de l'Académie royale de Belgique et il fut rapporteur de la Commission nommée par la Classe des lettres et des sciences morales et politiques pour le prix Emile de Laveleye, dans la période de 1901 à 1906. Le prix Emile de Laveleye a été fondé, en 1895, pour perpétuer la mémoire de cet homme illustre; il a pour objet de récompenser les services éminents rendus à la science dans le domaine de l'économie politique et de la science sociale, par un savant belge ou étranger, vivant au moment de l'expiration de la période du concours. D'après le règlement, il faut que l'ensemble des travaux de ce savant soit considéré par le jury comme ayant fait faire des progrès importants à l'économie politique et à la science sociale, y compris la science financière, le droit international et le droit public, la politique générale ou nationale. « Pour la première période, disait Asser dans son rapport, le prix a été décerné à Karl Bücher, professeur à l'université de Leipzig. C'est l'œuvre d'un éminent économiste et sociologue qu'on a voulu consacrer par ce choix. Le jury nommé pour désigner le savant auquel sera accordé le prix pour la deuxième, a cru devoir fixer son choix sur un jurisconsulte ayant rendu des services éclatants à la science du droit international ». La commission me proposait à la Classe et le prix me fut effectivement décerné. Le rapport n'est que trop flatteur. Asser s'est complu à faire mon éloge et à énumérer mes principales publications, en ajoutant des commentaires approbateurs. « Le jury a compris, disait-il notamment, qu'on trouverait difficilement, à l'heure présente, un savant ayant, dans le domaine du droit international, un ensemble d'œuvres plus remarquables que celles de M. Ernest Nys, conseiller à la Cour d'appel de Bruxelles, professeur à l'Université libre et membre de la Classe des lettres et des sciences morales et politiques. Pour justifier ce choix, il suffira d'indiquer les traits caractéristiques de la méthode de M. Nys : retour aux sources originales, conscience scrupuleuse dans l'investigation, critique toujours vigilante dans l'appréciation. L'œuvre de M. Nys est remarquable par la conviction ardente qu'il a du droit des nations; c'est un pacifiste dans le bon sens du terme, ennemi des phrases creuses et des déclamations. »

Au début de 1878, je repris à Anvers le stage d'avocat que j'avais commencé à Courtrai et à Gand; je fis un nouveau séjour à Londres en 1879. Des faits non sans importance se produisaient en Belgique : le 11 juin 1878, le gouvernement catholique était remplacé par le gouvernement libéral. Sous un ministère clérical, le libre penseur n'eut jamais la moindre faveur : à certains moments, il sembla y avoir des exceptions à cette règle; mais l'explication n'était pas difficile à trouver : c'est que Léopold II avait imposé à ses ministres fanatiques sa volonté toute-puissante. Quoiqu'il en soit, avant juin 1878, je n'avais jamais songé à entrer dans les fonctions publiques et je n'avais jamais fait la moindre démarche. La victoire des libéraux changea totalement ma situation. Je n'avais cessé de collaborer aux journaux, j'avais rendu à mon parti des services qu'on se plaisait à reconnaître, j'avais au sein du cabinet des appuis en la personne de Frère-Orban, de Rolin-Jacquemyns, de Jules Bara, et j'étais devenu un ami de Jules Van Zele, le chef du cabinet de Bara au département de la justice. Dans les premiers jours de 1880, je devins chef de bureau au ministère de la justice; en mai 1882, je fus nommé juge au tribunal de première instance d'Anvers (1); en 1883, je fus tranféré au tribunal de Bruxelles en la même qualité.

C'est en juin 1878 que j'eus le grand bonheur de faire la connaissance d'Alphonse Rivier qui depuis lors jusqu'à la dernière minute de son existence, n'a cessé de me témoigner le plus vif intérêt et qui, ayant l'amitié agissante, me rendit les plus signalés services. Par lui je me créai des relations avec la plupart des jurisconsultes qui s'occupaient de droit des gens; je les voyais quand ils donnaient leur collaboration à la *Revue de Droit international*; ils se montraient sensibles à ma serviabilité, ils rendaient compte de mes publications et ils les citaient avec éloge dans leurs propres ouvrages.

Quand j'entrai en rapport avec Rivier, j'étais avocat à Anvers; il me proposa de collaborer à la *Revue de Droit international et de Législation comparée*, dont il était devenu le rédacteur en chef quand Rolin-Jacquemyns avait accepté le portefeuille de ministre de l'intérieur. Je travaillai assidûment; j'écrivis des articles, je traduisis de nombreux articles de l'anglais, de l'allemand, du

---

(1)   « Ce 8 avril 1882.

      » Mon cher Nys,

    » Reçu votre nouvelle brochure. Merci.

    » Continuez vos études; elles vous serviront de titre pour la chaire du droit des gens.

    » On me dit à l'instant que vous allez être nommé juge à Anvers. Mes félicitations. C'est un titre de plus si vous voulez entrer à l'université.

    » Et puis la carrière judiciaire est si belle.

    » Vous êtes mon débiteur, mon cher Nys, pour l'œuvre de la *Société Cattïer.*

    » Veuillez déterminer vous-même le montant de votre dette, et me l'envoyer par telle voie que vous voudrez, en bon sur la poste par exemple.

                                    » Tout à vous,

                                  » F. LAURENT.

néerlandais. J'aidai Rivier dans la préparation des programmes pour l'Institut de droit international et dans la publication des annuaires.

En 1879, j'eus l'occasion de faire un nouveau séjour à Londres. Je fréquentai la Bibliothèque si riche de Lincoln's Inn et je me repris à puiser dans les trésors du British Museum. Une étude sur le droit international et la papauté, parue dans la *Revue*, eut l'honneur d'être traduite en anglais : je dédiai la traduction à sir Robert Phillimore, qui tint à me remercier de vive voix et qui, dans une nouvelle édition de son important ouvrage, fit mention de mes pages. J'eus l'honneur de voir William Ewart Gladstone; des années plus tard, il voulut bien se souvenir de moi : en 1891, je reçus, à l'occasion de l'envoi d'un de mes livres, d'aimables lignes qui se terminaient par les mots : « My best wishes for your country! » En 1870, Gladstone avait été l'un des clairvoyants et dévoués protecteurs de la Belgique.

Rentré en Belgique, je fus nommé, comme je viens de le dire, chef de bureau au ministère de la justice ; ma besogne était légère ; mais j'avais à ma disposition une très jolie bibliothèque où les ouvrages de droit et d'histoire abondaient ; je pouvais emprunter des livres à la Bibliothèque royale, je disposais des beaux et rares ouvrages qu'avait réunis Alphonse Rivier. Je publiai ainsi la *Guerre maritime*, puis le *Droit de la Guerre et les Précurseurs de Grotius*. Quand je fus nommé juge, je continuai mes études juridiques et historiques, je fis une édition de l'*Arbre des Batailles* d'Honoré Bonet (1), je collaborai plus assidûment que jamais

---

(1)   « Gand, le 29 juin 1883.

» Mon cher Monsieur Nys,

» Je vous suis très reconnaissant de l'envoi que vous avez bien voulu me faire d'un exemplaire de l'*Arbre des Batailles* publié par vos soins et enrichi d'une préface extrêmement intéressante.

» J'ai lu cette préface d'un bout à l'autre et je ne puis que vous féliciter de ce que vous poursuivez avec tant d'ardeur et de succès vos études sur les origines du droit international. J'espère que le moment où vous pourrez tout entier vous livrer à vos études favorites ne tardera pas trop à venir.

» En attendant, recevez, mon cher Monsieur Nys, avec mes remerciements et mes félicitations, l'assurance de mes meilleurs sentiments.

A. WAGENER. »

à la *Revue*, je ne cessai d'écrire dans les journaux. Rivier m'avait fait entrevoir que je pourrais entrer à l'Université libre de Bruxelles comme professeur. Il me fit nommer en 1885 (I)

Alphonse-Pierre-Octave Rivier naquit à Lausanne le 9 novembre 1833. Les Rivier étaient originaires de Saint-Paul-Trois-Châteaux, dans la Drôme, et s'étaient expatriés lors de la révocation de l'édit de Nantes, pour demeurer fidèles à leur foi; ils s'étaient fixés à Genève d'abord, à Lausanne ensuite. Théodore Rivier, chef d'une nombreuse famille dont Alphonse était le cadet, jouissait à Lausanne d'une considération méritée. Il avait épousé Joséphine Vieusseux, descendante, elle aussi, de réfugiés pour cause de religion et apparentée à plusieurs des meilleures familles de Genève. Parmi les ascendants paternels et maternels figurent des personnages qui portent des noms célèbres dans les lettres et dans les sciences, et Alphonse Rivier aimait ainsi à rappeler qu'il se rattachait, par les liens de la parenté ou de l'alliance, à Thomas de Sarzane, un ami des beaux manuscrits, qui fut pape sous le nom de Nicolas V; à Guillaume Budé, l'helléniste et le philologue qui détermina François Ier à fonder le Collège de France; à Scipion Gentil, le frère d'Albéric Gentil; à Jean-Jacques Burlamaqui, l'auteur de *Principes de Droit naturel et politique*. Il était l'arrière-petit-fils d'Etienne Clavière,

---

(1)　　　« Cher Monsieur Nys,

» Le malheur redouté est arrivé. Il importe que vous vous mettiez sur-le-champ en mesure de faire le cours d'Introduction historique au code civil, attendu que je vous proposerai pour en être chargé pour le plus tôt possible « *modicum tempus* »: le temps nécessaire pour vous préparer, cela va sans dire, à la Faculté, puis au Conseil.

» Je pense que ce dernier ne fera aucune difficulté, quant à la Faculté, tout le monde sera d accord..

·» Il me paraît que vous pouvez prendre largement trois bonnes semaines pour votre préparation. Pendant ce temps, je prendrai une des heures qu'avait M. Fét's pour avancer mon propre cours.

» Vous commencerez, je pense, par être nommé agrégé suppléant *chargé de cours*; vous recevriez en octobre le titre de professeur extraordinaire. Je vous proposerais pour l'*Encyclopédie* et l'*Introduction historique au Code civil*.

» Mais il faudra que, le cas échant et à l'occasion, vous y puiss'ez joindre encore un autre cours, pour éviter un trop grand morcellement.

» Bien à vous.　　　　　　　　　　　　A. RIVIER. »

l'ami de Brissot et de Mirabeau, dont on a vanté le fonds inépuisable d'idées neuves et généreuses et dont Brissot dépeint si bien « l'invincible penchant vers les révolutions ».

Alphonse Rivier fit ses premières classes à Lausanne et à Genève et quand il s'agit de faire le choix des études universitaires,il se décida pour la science du droit. Deux hommes distingués ne furent pas sans influence sur la détermination: c'étaient le juriste Alphonse Nicole, son parrain, ami de son père, et le professeur Pierre Odier, un parent du côté maternel. Alphonse Nicole était un petit-neveu de Pierre Nicole, le célèbre janséniste, disciple et collaborateur d'Antoine Arnauld; il occupait les fonctions de substitut du procureur général du canton de Vaud. Pierre Odier enseignait avec un rare talent le droit civil à l'Académie de Genève; il est l'auteur du *Traité du Contrat de Mariage*, un des meilleurs livres sur la matière.

C'est à l'Académie de Lausanne que Rivier subit les épreuves de licencié en droit. Il voulut compléter ses études en Allemagne et il se fixa à Berlin, où il suivit les cours de la faculté de droit et où il conquit, en 1858, le grade de docteur en droit. Il avait approfondi l'étude du droit romain sous la direction de Keller et de Rudorff et l'étude du droit des gens sous la direction de Heffter. De ses illustres maîtres de Berlin, il gardait le plus reconnaissant souvenir. Longtemps après, il rappelait combien ils étaient simples, accessibles, bons et comment ils lui avaient fait gracieux accueil. L'un d'eux l'avait pris en affection et lui avait ouvert tout large son cabinet de travail et sa riche bibliothèque : c'était Frédéric-Louis de Keller. Professeur à Zurich, chef dirigeant du parti radical, Keller s'était trouvé en lutte avec Bluntschli, qui dirigeait le parti libéral-conservateur, mais lors de la crise que provoqua, en 1839, la nomination de David-Frédéric Strauss à la chaire de dogmatique chrétienne, il avait assisté à l'effondrement de sa politique. En 1844, il avait accepté une chaire à l'université de Halle et, en 1847, il avait été appelé à Berlin, où il succéda à Georges-Frédéric Puchta. Ce dernier, qui mourut en 1846, avait remplacé à Berlin, en 1842, Frédéric-Charles de Savigny, qui avait quitté l'enseignement pour occuper les fonctions de ministre de la justice. Rivier avait obtenu l'amitié d'un très savant homme, Henri-Edouard Dirksen, professeur extraordinaire à Kœnigsberg, devenu personnage important dans l'ordre judiciaire, professeur honoraire à Berlin, membre de l'Académie royale de Prusse. C'était, au dire de Rivier, un travailleur infatigable, hautement érudit; c'était aussi un esprit critique et moqueur, méprisant nombre de soi-disant savants. Quand il abordait Rivier, il posait comme question première sa phrase: « *Was sagen die Icti?* » (que disent les jurisconsultes?) exprimant ainsi par le mot *Icti*, abrégé de *Jurisconsulti*, tout le dédain qu'il professait. L'œuvre de Dirksen témoigne de tant d'érudition qu'on conçoit à la rigueur qu'il n'ait point été séduit par tous ceux au milieu desquels se passait sa laborieuse existence.

A partir de 1861, Rivier collabora aux revues. En 1863, il obtint l'autorisation d'enseigner à l'université de Berlin. La carrière du professorat lui était désormais ouverte en Allemagne et le gouvernement prussien songeait à utiliser son talent et à lui confier une chaire universitaire quand, en 1864, il fut appelé à Berne, où l'on venait de créer une chaire de langue française pour l'enseignement du droit romain et du droit français. Trois années plus tard, il acceptait l'offre flatteuse que lui faisait l'Université de Bruxelles de remplacer un jurisconsulte éminent, Charles Mainz, dans la chaire de droit romain. Il fit sa leçon d'ouverture le 18 octobre 1867. J'ai eu l'occasion, dans un recueil juridique anglais, d'insister sur les qualités professorales d'Alphonse Rivier. Il réunissait en lui les dons précieux de l'enseigneur, la netteté, la logique, la vue large, joints à une vaste érudition.

La nature avait doué Rivier d'un caractère gai, enjoué, et comme sa conversation était pétillante, comme il avait une mémoire prodigieuse et qu'il n'avait rien oublié de ce qu'il avait vu et de qu'il avait lu, il était on ne peut plus intéressant de l'entendre conter les souvenirs de ses lectures ou bien les nombreuses anecdotes dont il avait connu les personnages. Il avait suivi la bonne méthode : jeune, vivre autant que possible avec les survivants des anciennes générations; vieux, admettre les jeunes dans son intimité. On vit, en réalité, trois fois la vie de l'homme et on jouit de manière plus consciente du spectacle intéressant de ce monde, de la vue de ce diorama qui se déroule devant les yeux étonnés et en présence duquel, à mesure qu'on avance en âge, on se demande avec un intérêt croissant ce que sera la représentation de demain.

Vingt années durant, j'ai vécu dans l'intimité de Rivier; vingt années durant, j'ai pu apprécier ses qualités de cœur aussi grandes que ses qualités d'esprit. J'ai été son collaborateur au secrétariat général de l'Institut de droit international; je l'ai assisté dans la rédaction de la *Revue de Droit international et de Législation comparée*; j'ai eu le plaisir et le bonheur d'être son collègue à l'univerité; j'ai été son compagnon de route en d'amusants voyages; j'ai été ainsi à même de le juger mieux que personne. Il était foncièrement bon; il aimait à rendre service, ayant à ce sujet la conscience d'une faiblesse native qui était un mérite et reconnaissant qu'il lui était impossible de refuser quoi que ce fût quand l'intéressé songeait seulement à insister.

Parmi les grands ouvrages de l'éminent homme, je citerai l'*Introduction historique au Droit romain*, dont la première édition date de 1871; le *Traité élémentaire des Successions à cause de mort en Droit romain*, paru en 1878; le *Précis du Droit de famille romain*, paru en 1891. Il publia, en 1884, les *Eléments de Droit international privé ou du Conflit des Lois. Droit civil. Procédure. Droit commercial.* C'était une traduction française, formant en réalité une nouvelle édition augmentée et annotée du savant ouvrage d'Asser. *Schets van het international Privaatrecht*. En 1889, il fit paraître le *Lehrbuch des Völkerrechts*. Il collabora au *Handbuch des Völkerrechts auf Grundlage europäischer Staats Praxis*, entreprise collective que dirigeait Franz de Holtzendorff. En 1896, il rendit à la science un inappréciable service en nous donnant les *Principes du Droit des Gens*, ouvrage comprenant deux volumes. ·

Pourquoi ne reproduirais-je pas les lignes que j'écrivais, en 1898, au sujet des *Principes du Droit des Gens?* « Pour le fond même, disais-je, à part quelques réserves à faire au sujet de certaines affirmations trop conservatrices ou, pour le dire, réactionnaires, que de bonnes et d'utiles choses! Rivier, notamment, expose et défend la large notion de l'indépendance des Etats et de la reconnaissance de leurs droits; il combat, en droit international, pour le respect de la dignité et de la liberté des communautés politiques; il montre que, sans cette dignité et cette liberté, le droit international n'est plus qu'une trompeuse dénomination. N'oublions pas qu'il ne s'agit point de simples questions académiques ni de controverses sans intérêt pratique. La politique est là qui opère et qui agit. En ce qui concerne plus spécialement le principe de l'égalité des Etats, le concert européen

s'est chargé de prouver devant le monde entier comment il conçoit les droits et les devoirs des grands Etats, et quiconque suit
avec quelque attention le cours des événements et tient note des
affirmations successives des grandes puissances, se demande avec
inquiétude si l'existence des petits Etats européens est actuellement assurée et si nous n'assisterons pas bientôt à quelque
scandaleuse application de l'immoral système des compensa-
tions. »

Pendant douze années, Alphonse Rivier fut consul général de
la Confédération suisse en Belgique ; il fut également, pendant
ce laps de temps, consul général de la Confédération suisse pour
l'Etat indépendant du Congo. Par ses consultations, il avait rendu
de très grands services lors de la Conférence de Berlin de 1884
et de 1885 relative à la question africaine. Il fit partie de conférences internationales importantes. A deux reprises, il fut désigné comme arbitre dans des différends entre la France et la
Grande-Bretagne d'abord, entre la Russie et la Grande-Bretagne
ensuite. Il mourut le 21 juillet 1898. Il était souffrant depuis
quelques jours ; la veille, un mieux sensible s'était manifesté ; il
avait siégé aux examens et présidé une des commissions de la
faculté de droit. Je le vis à l'université ; il était gai ; sa conversation était, comme toujours, spirituelle et aimable. Le 21 au
matin, vers 3 heures, il se sentit pris de suffocation ; il put appeler
à l'aide ; dix minutes d'intolérable souffrance s'écoulèrent. « Je
meurs! », tels furent ses derniers mots. Le mal l'avait terrassé.

Les funérailles eurent lieu le lundi 25 juillet 1878. Rolin-
Jacquemyns venait d'arriver du Siam ; il était à Spa ; je pus le
prévenir par télégramme. Je le vois encore, devant le cercueil du
défunt ; je l'entends ; il rappelait « son regard franc et droit,
l'expression finement attentive de sa physionomie, son langage
simple, clair, précis, ennemi de toute vulgarité et de tout mensonge ». C'était la voix entrecoupée de larmes qu'il prononçait
ces mots, et devant moi apparaissaient comme dans un beau
tableau les traits de l'homme que nous pleurions.

- Au nom des collaborateurs de Rivier dans la science du droit
international, il me fut donné de faire son éloge. J'insistai sur
un point de son enseignement. « Il s'agit, dis-je, d'empêcher les
groupements de grandes puissances se préparant à écraser ce que
l'on appelle dédaigneusement les « petits Etats » ; il s'agit d'empêcher dans le domaine de la science la justification du droit du

plus fort; il s'agit de protester, selon le conseil des juristes de la vieille Irlande, contre l'injustice de peur qu'elle ne puisse invoquer la prescription et affirmer la légitimité du fait accompli. »

Le corps fut conduit à l'église évangélique du Musée où se fit la cérémonie religieuse. Il fut inhumé au cimetière d'Uccle.

J'avais un grand ami en la personne de Max Sulzberger, rédacteur principal de l'*Etoile-belge*. Je lui avais remis quelques lignes de nécrologie sur l'illustre défunt; il les lut attentivement; il connaissait les liens qui m'attachaient au savant professeur, il savait l'estime qu'avait eue pour moi cet homme dévoué; il approuva le vif éloge que j'avais rédigé. « Vous n'aurez plus de second Rivier dans la vie, » dit-il. C'était vrai.

Je clos ce cahier de notes. Certes, je compte le reprendre et retracer d'autres souvenirs personnels. J'écris pour moi; tout au plus, si plus tard je parviens à compléter ces pages, seront-elles données à quelques amis. J'écris ces dernières lignes, le 2 mars 1917, le 942e jour de la guerre.

BIBLIOGRAPHIE

Traité élémentaire d'Economie politique, par Bèrtrand Nogaro, professeur d'économie politique à la Faculté de droit de l'Université de Caen. Paris. Marcel Giard et Cⁱᵉ, 1921. VIII-598. pp.

En un volume de moins de 600 pages, M. Nogaro a réussi à faire un exposé très complet de la science économique portant tout ensemble sur les faits, les lois, le mouvement des idées. Usant avec sobriété d'une documentation abondante et sûre, il s'est particulièrement appliqué à saisir sur le vif le « moment d'évolution » où sont parvenues, au point de vue économique, les sociétés humaines. Il a réussi à le faire sans sacrifier la théorie, toujours nécessaire quoiqu'on en ait beaucoup médit. M. Nogaro a même contribué à la renouveler, notamment dans l'important domaine des phénomènes monétaires. Ses études antérieures sur le change et la balance des comptes sont, du reste, bien connues et leurs conclusions ont prévalu dans une large mesure en dépit des résistances de l'école ancienne.

Ni dogmatique, ni passionné, l'auteur du *Traité élémentaire d'économie politique* — titre trop modeste, soit dit en passant — est un excellent conducteur pour tous ceux qui veulent s'initier à la science économique. Assurément, ce n'est pas un livre séulement qu'il faut lire pour devenir économiste. Il ne faut même pas se contenter de lire ; il faut observer et méditer ; et il est extrêmement utile de retrouver par un travail personnel ce que d'autres ont trouvé avant nous : c'est signe d'aptitude au raisonnement et à la recherche. Il importe surtout d'exercer son jugement. Mais un bon guide, pour les débuts, est chose précieuse. Il est des économistes qui, durant toute leur carrière, ont souffert de s'être imprégnés avec excès, dans leurs premières années, de la dialectique prestigieuse de cette école autrichienne qui se complaît dans les subtilités. Volupté intellectuelle dangereuse et dont la modération et le sens juste de la réalité de mon collègue français gardera, au contraire, ses disciples et ses lecteurs. D'autre part, l'œuvre de M. Nogaro tranche heureusement sur l'intransigeant conservatisme et l'individualisme trop absolu de l'école des Molinari, des Leroy-Beaulieu, des Yves Guyot. Dans quel esprit vraiment scientifique est écrite cette œuvre, c'est ce que montrent parfaitement les lignes suivantes qui en sont presque la conclusion (p. 575) :

« ... Il convient d'ajouter que les systèmes doctrinaux se réfugient de plus en plus en dehors du domaine de la science,..... de plus en plus, les élucubrations doctrinales deviennent étrangères au développement de la pensée économique. Et il faut ajouter, à la louange de la science économique contemporaine, que, si les différences de caractère, d'ambiance ou de culture générale se traduisent, chez les économistes, par les divergences d'opinion, ces divergences n'influent plus guère aujourd'hui sur leurs méthodes de travail: ils savent que leur tâche professionnelle consiste à exposer ce qui est, sans se préoccuper de ce qui doit ou devrait être, et qu'ils ont le devoir de faire connaître le résultat intégral de leurs recherches, sans souci des conséquences doctrinales qui peuvent en être tirées par d'autres, — ou par eux-mêmes, mais en dehors de leur activité proprement scientifique. »

Ces nettes déclarations sont, à de longues années d'intervalle, l'écho de la parole célèbre de Dunoyer : « Je ne propose pas ; je n'impose pas ; j'expose. » Il ne faudrait pas toutefois en exagérer la portée et confiner absolument l'économiste dans la sereine indifférence du travailleur de laboratoire. On ne saurait oublier que, dans le domaine social, les hommes agissent sur les événements et le devoir de ceux qui savent... un peu plus que les autres n'est-il pas d'exercer une certaine action ? L'essentiel est qu'ils séparent toujours l'action de la connaissance, que celle-ci commande à celle-là et non l'inverse. Notre devise est et doit être en effet : la vérité quand même !   MAURICE ANSIAUX.

GUST. COHEN, **Ecrivains français en Hollande dans la première moitié du XVIIIᵉ siècle.** 756 pages, avec 52 planches hors texte. — **Mystères et moralités du manuscrit 617 de Chantilly.** CXLIX-134 pp. Les deux ouvrages chez Ed. Champion, 1920. Thèses de doctorat ès-lettres.

Ces deux livres, de sujets divers, mais tous deux de grand intérêt, ne doivent pas seulement être signalés dans cette *Revue* à cause de leur valeur scientifique, mais aussi parce que leur auteur, aujourd'hui docteur ès-lettres et professeur à Strasbourg, naguère professeur à l'Université d'Amsterdam, a commencé jadis à l'Université de Bruxelles ses études supérieures continuées à Liége, sous la direction de M. Maurice Wilmotte.

Depuis vingt ans, M. Cohen se voue, avec une persévérance et une ardeur dignes de tous les éloges, à de patientes études de philologie et de littérature françaises. Il ne les a interrompues qu'aux jours tragiques de la grande guerre, pour remplir son devoir envers sa patrie. Gravement blessé, il les a reprises avant même d'être entièrement revenu à la santé. Personne mieux que lui ne méritait d'être désigné pour monter à l'Université, désormais française, de Strasbourg la garde intellectuelle du Rhin.

M. Cohen a découvert, à la bibliothèque du château de Chantilly, un manuscrit précieux dont on peut dire que sa publication, entourée d'un savant commentaire, a d'un coup sensiblement enrichi notre ancienne littérature romane. Ce manuscrit de Chantilly appartient à la Wallonie et au dialecte liégeois, comme l'auteur le démontre dans une étude linguistique attentive. Il réussit en outre à identifier la « suer Katherine Bourlet » qui a signé l'*explicit* de deux des œuvres dramatiques contenues dans le manuscrit : elle a vécu au couvent des Dames blanches de Huy, dans la seconde moitié du XVᵉ siècle. A-t-elle composé ou simplement copié ces drames naïfs dont la langue s'apparente plutôt au parler du pays de Herve qu'à celui de la Meuse, en amont de Liége? L'auteur ne tranche pas la question.

La thèse principale de M. Cohen, éditée avec la même élégance typographique que la thèse secondaire, est une contribution capitale, et qui manquait, aux relations intellectuelles de la France et de la Hollande. Ce volume comprend trois parties. La première traite de Jean de Schelandre et des Français qui, au début du XVIIe siècle, aidèrent Maurice de Nassau à lutter contre l'Espagne. M. Cohen y prouve notamment que l'*Ode pindarique* de J. de Schelandre n'a pu être écrite que par un témoin oculaire des événements qui y sont chantés. La seconde partie nous introduit à l'Université de Leyde, et passe en revue les nombreux savants français qui y furent appelés : le théologien Lambert Daneau, le juriste Hugues Doneau, le botaniste de l'Escluse, les deux illustres philologues Scaliger et Saumaise, d'autres encore ; elle explique aussi la presence à Leyde, en 1615, de Théophile de Viaud et de Louis de Balzac ; elle montre enfin tout ce que la France du XVIIe siècle a apporté à l'intelligence hollandaise, en échange de cet accueil libéral, dans cette atmosphère propice à l'épanouissement d'une pensée libre.

La troisième partie — 329 pages — est tout entière consacrée à Descartes, soldat de Maurice de Nassau, étudiant à Leyde, surtout à Descartes philosophe, trouvant à Amsterdam, à Deventer, à Leyde, l'asile qu'il lui fallait pour méditer. M. Cohen prouve que de 1629 à 1649 l'existence du père de la philosophie moderne a été associée, mêlée à celle des universités hollandaises, soit que ses idées y aient recruté des partisans, tels que Regus ou Heerebord, soit qu'elles s'y soient heurtées à des adversaires, comme Voetius et Triglandius. C'est une nouvelle biographie cartésienne qui a été écrite par M. Cohen ; elle est pleine d'aperçus nouveaux, elle ne laisse aucun trait dans l'ombre, narre la touchante histoire de la liaison de Descartes avec la servante Hélène et de la courte vie de sa fillette, Francine (1635-1640). L'auteur a utilisé de la manière la plus heureuse les lettres familières de Descartes ; du contrat d'édition du *Discours de la Méthode*, il nous donne un fac-simile (pl. XLI-XLII).

Félicitons M. Cohen d'avoir pleinement réussi à traiter avec une érudition déconcertante par l'abondance des détails et la sûreté de l'information, et dans une forme particulièrement vivante et agréable, ce beau sujet. Il ne l'a pas seulement renouvelé ; il l'a, en de nombreux endroits, traité pour la première fois. L. Leclère.

L'Alsace Française

Nous apprenons que la grande revue de Strasbourg, *L'Alsace Française*, fondée par le regretté Dr Bucher, Commandeur de la Légion d'honneur, publiera prochainement un numéro spécial consacré à la Belgique et placé sous le haut patronage des autorités des deux pays.

L'Alsace Française, organe politique et littéraire hebdomadaire, est assurée de la collaboration de M. Raymond Poincaré, M. Maurice Barrès, M. Henri Bordeaux, M. René Bazin, M. René Doumic, de l'Académie française, de M. André Tardieu, ancien ministre, M. Charles Reibel, député, ancien ministre, lui donne un article mensuel. Un grand nombre de parlementaires d'Alsace et de Lorraine, notamment le général Hirschauer, sénateur de la Moselle, M. Frédéric Eccard, sénateur du Bas-Rhin, MM. Frey et Wetterlé, députés du Bas et du Haut-Rhin, ainsi que de nombreux professeurs à l'Université de Strasbourg, collaborent à cette publication.

Notons que Mme la Comtesse de Noailles et M. Benjamin Valloton, membres étrangers de l'Académie française de Belgique, sont parmi les collaborateurs et les amis de l'*Alsace Française*.

Nous reparlerons du numéro spécial belge que prépare cette importante revue de la France de l'Est. Nous avons simplement voulu prendre date, en annonçant son excellente initiative.

Nous avons reçu :

Revue du Néo-positivisme. Directeur Fr. HERTE. Herstal.
Montparnasse. Revue d'Art mensuelle.

CHRONIQUE UNIVERSITAIRE

UNION NATIONALE DES ASSOCIATIONS D'ÉTUDIANTS DE BELGIQUE

(Section des Sciences)

RAPPORT DE LA COMMISSION DE L'ENSEIGNEMENT

Les étudiants de la Faculté des Sciences de l'Université de Bruxelles et de l'Université de Liége affirment l'intérêt qu'ils portent à la réforme de l'Enseignement supérieur. Ils expriment leur confiance dans la haute compétence des professeurs de leur Faculté qui sont membres du Conseil de Perfectionnement de l'Enseignement supérieur. Ils souhaitent la réalisation rapide de ces réformes et soumettent au Conseil de Perfectionnement les vœux suivants :

I. — DE L'ENSEIGNEMENT MOYEN.

L'étiage de l'Enseignement supérieur dépend pour une bonne part de l'organisation des études moyennes. Le programme de celles-ci doit être élaboré en conformité de vues avec les exigences actuelles de l'Enseignement supérieur. En ce qui concerne les études moyennes préparatoires à la Faculté des Sciences des Universités :

1o L'inscription en section latine des humanités anciennes serait rendue obligatoire conformément à la loi de 1881 sur l'enseignement moyen ; toutefois le nombre d'heures consacrées au cours de latin pourrait être réduit de moitié ;

2o L'enseignement de l'anglais et de l'allemand serait rendu obligatoire : il est nécessaire de connaître ces deux langues pour se tenir au courant des progrès de la science et se documenter dans la recherche scientifique ;

3o Les sciences naturelles devraient être enseignées dès le début des études moyennes. Il faudrait y adjoindre des séances obligatoires de manipulations, de construction d'appareils, etc., afin de développer l'habileté manuelle, ainsi que des excursions fréquentes, obligatoires pendant toute la durée des études, et au cours desquelles le professeur s'attache à développer l'esprit d'observation des élèves ;

4o L'enseignement de la chimie (y compris la minéralogie) devrait être le même en section latine qu'en section commerciale (cf. le programme des athénées royaux) ;

5o Une demi-heure par jour au moins devrait être consacrée à la culture physique.

II. — DE L'EXAMEN D'ENTREE A L'UNIVERSITE.

La commission désirerait voir établir un examen d'entrée à la Faculté des sciences.

Cet examen ne confère aucun grade spécial ; il n'est pas destiné à vérifier la *somme* des connaissances du candidat. Son seul but est de contrôler par des questions simples et de portée très générale *l'aptitude intellectuelle, le degré de jugement* et les *facultés d'observation et de compréhension* du candidat — non l'étendue de sa mémoire.

Il s'agit au contraire, afin de saisir sur le vif les facultés du candidat, qu'il ne soit pas préparé à cette épreuve par un surmenage préalable. Cette épreuve pourrait se réaliser comme suit (1).

1º Résumé écrit et en français correct d'un texte d'écrivain scientifique dont lecture a été faite par l'examinateur.

Dans la correction des épreuves, il importe de tenir compte :

a) Des défauts de jugement ; *b*) des phrases incorrectes ; *c*) des défauts de compréhension ; *d*) des inexactitudes.

2º Résumé écrit et en français d'une lecture de langue étrangère : anglais ou allemand, au choix du candidat. (Remarque : Il importe surtout de savoir *lire* une langue étrangère.)

3º Questions simples dont la réponse mettra en relief le *jugement* du candidat, dans chacune des branches suivantes :

Géométrie (8 livres). Algèbre. Trigonométrie. Physique. Chimie. Géographie physique. Biologie.

Les réponses seront orales, afin que le professeur puisse au besoin ramener un candidat défaillant dans la bonne voie.

Il s'agit en effet surtout d'éliminer les incapacités absolues, de sorte que le triage soit effectué avant le début des études.

III. — DE LA CANDIDATURE EN SCIENCES.

La Commission estime que les types de candidatures devraient être multipliés ; elle se rallie à la thèse soutenue par M. Fred. Swarts, président de la Société Chimique de Belgique, dans son allocution prononcée à l'Assemblée Générale du 30 janvier 1921 (2) et ne croit pouvoir faire mieux que d'en détacher les passages suivants comme exposé des motifs :

« Est-ce à dire que les études préparatoires doivent être absolument identiques ? Il me paraît dangereux de soutenir pareille thèse. Il est par exemple indispensable que le chimiste ait des connaissances suffisantes, je ne dirai pas en zoologie ou en botanique, mais en biologie générale, connaissances dont la nécessité est moindre pour le physicien.

» Ce qu'il faut chercher à obtenir, c'est la suppression de ce moule unique, où l'on forme aussi bien un zoologue qu'un chimiste, un géomètre qu'un physicien.

---

(1) Cf. A. GRAVIS, Quel est le savoir des étudiants à leur entrée à l'université ?
(2) Sur la formation des chimistes en Belgique. (*Bull. Soc. chimique de Belgique*, nº 3, mars 1921, pp. 72-84.)

» Les types de candidatures en sciences devraient être multipliés ; le programme d'études étant distinct pour chaque spécialisation future, mais assez général pour ouvrir plusieurs voies à l'étudiant et lui assurer une préparation qui fasse que le grade de docteur auquel il aspire soit adéquat à sa signification étymologique.

» Il y aurait bien des réserves à faire en ce qui concerne la durée des études. On sait que la lói fixe à quatre ans la durée minima des études du doctorat en sciences, c'est-à-dire moins qu'il 'n'en faut pour former un avocat, un ingénieur. Or il en est de la durée des études comme du prix des vivres ; le prix maximum devient immédiatement le prix normal ; de même trop d'étudiants imaginent que la durée minima est la norme et harcèlent littéralement leurs professeurs pour obtenir qu'ils puissent terminer leurs études dans ce délai, absolument insuffisant pour presque tous.»

En conséquence, exprime le vœu de voir créer les types de candidatures suivants :

Candidature en sciences chimiques et minérales.

(Préparatoire aux sciences chimiques [chimie minérale, organique et analytique], physico-chimiques et minérales [cristallographie, minéralogie, géologie]).

Logique (un semestre, une heure par semaine).
Physique expérimentale et exercices pratiques.
Chimie générale (organique, inorganique et physico-chimie) et exercices pratiques.
Eléments de Cristallographie et de Minéralogie et exercices pratiques.
Eléments de Mathématiques supérieures et de mécanique rationnelle et exercices pratiques.
Psychologie (deuxième semestre, une heure).
Biologie générale et théories de l'évolution (deuxième semestre, quatre heures) et exercices pratiques.

Candidatures en sciences biologiques.

(Préparatoires à la Zoologie, la Botanique et la Paléontologie.)

Logique (un semestre, une heure).
Physique expérimentale et exercices pratiques.
Chimie générale (organique, inorganique et physico-chimie) et exercices pratiques.
Eléments de Mathématiques supérieures et exercices pratiques.
Eléments de Géologie et exercices pratiques.
Psychologie (deuxième semestre, une heure).
Biologie générale et théories de l'évolution (deuxième semestre, quatre heures) et exercices pratiques.
Compléments de Zoologie et Botanique, Microscopie. Excursions.

Candidature en sciences naturelles.

(Préparatoire à la Médecine, la Pharmacie et l'Ecole vétérinaire.)

Logique (un semestre, une heure).

Physique expérimentale et exercices pratiques.

Chimie générale (organique, inorganique et physico-chimie) et exercices pratiques.

Eléments de Mathématiques supérieures et exercices pratiques.

Eléments de Géologie et exercices pratiques.

Psychologie (deux semestres, une heure).

Biologie générale et théories de l'évolution (deuxième semestre, quatre heures) et exercices pratiques.

Technique microscopique.

REMARQUE. — *A.* Le cours de *Logique* devrait être une introduction à la philosophie des sciences et constituer le substratum indispensable à la discipline intellectuelle, particulièrement à la discipline scientifique. Son programme minimum devrait comporter : *Logique formelle*, les *Théories de la connaissance* et *Classification des Sciences*.

B. Suppression du cours de *Morale.*

C. Le cours de *Chimie générale* devrait être réparti sur les deux années de candidature afin de tenir en haleine les étudiants qui se destinent à la *Chimie.*

D. Les Eléments de *Mathématiques supérieures* et de *Mécanique rationnelle* sont la préparation indispensable aux études supérieures scientifiques, en particulier de la physique, de la chimie physique et de la cristallographie. Ces cours doivent être rendus obligatoires et comporter un examen. Il convient aussi d'attirer l'attention des étudiants en sciences biologiques et médicales sur l'importance que présente la culture mathématique au cours de leur formation scientifique.

E. Un cours de *Biologie générale* et l'exposé des *théories de l'Evolution* semble une préparation suffisante pour les étudiants qui se destinent aux sciences chimiques et minérales sauf exception prévue à l'article « Doctorat ». Ce cours comporterait le programme actuel retranché de sa partie systématique qui pourrait être réduite à un schéma de l'Evolution des organismes.

IV. — DU DOCTORAT.

Le régime du doctorat devrait posséder une souplesse suffisante pour permettre à chaque étudiant de diriger ses études suivant sa prédilection, en évitant toutefois la spécialisation outrée, aussi bien que l'incohérence dans le plan des études.

En effet, la Faculté des sciences doit avoir pour but essentiel la formation de professeurs et de chercheurs dont la collaboration à l'industrie est de plus en plus importante et appréciée.

On ne doit y enseigner que la science pure à l'exclusion des sciences appliquées réservées aux ingénieurs (sauf le cas prévu plus loin pour le titre spécial de Docteur en sciences chimiques pures et appliquées).

« Ce grade (de Docteur en sciences) doit être le plus élevé que confèrent les universités et il est mauvais que des médiocrités viennent encombrer nos laboratoires pour élaborer péniblement une thèse dont le professeur ou ses collaborateurs auront fait tous les frais (1). »

La durée légale minimum de ces études devrait être portée à cinq ans.

Il ne devrait y avoir qu'un grade : celui de Docteur en sciences.

Les études du Doctorat comporteraient plusieurs disciplines :

Mathématiques. Physique. Physico-chimie. Chimie générale. Minéralogie et Cristallographie. Géologie. Zoologie. Botanique. Paléontologie, dans chacune desquelles il devrait être permis à l'étudiant de choisir, dans une certaine mesure : les branches secondaires qui servent de complément et qui viennent étayer la branche qui fait l'objet principal des études. Dans la pratique, il serait établi des plans d'études-types se rapprochant des programmes actuels de doctorat et au sujet desquels l'étudiant consulterait ses professeurs au début de ses études.

Il serait désirable d'amender certains programmes du doctorat :

Chimie. Complément de préparation générale portant sur les matières suivantes :

Chapitres spéciaux de physique mathématique (au choix du professeur).

Compléments de chimie minérale, en particulier les complexes.

Sciences minérales: 1º Pour les élèves qui se spécialiseront en Minéralogie et Cristallographie : Chapitres spéciaux de Physique-mathématique. Compléments de Chimie minérale. Physico-chimie ;

2º Pour les élèves qui se spécialiseront en Géologie. Compléments de Zoologie et de Botanique.

Pour les deux spécialités : Nécessité absolue d'un cours développé de Pétrographie.

Le Doctorat en sciences biologiques (grade scientifique) devrait être légalisé.

Doctorat en sciences chimiques pures et appliquées.

La Commission croit qu'il est tout à fait désirable de créer un grade spécial pour les chimistes qui se destinent à l'industrie, et une fois de plus a recours à la compétence de M. Swarts et se rallie aux excellents arguments qu'il fait valoir dans son allocution :

« Encore faudrait-il s'entendre sur la signification et la portée du cours de chimie industrielle générale, montrant par quelques exemples bien choisis comment se réalise cette « mise au point » dont je parlais tout à l'heure (2).

---

(1) SWARTS, *loc. cit.*

(2) Cette mise au point n'est pas, comme d'aucuns pourraient le croire, la réalisation de l'appareillage industriel, mais bien la recherche de toutes les causes qui influent sur la marche de la réaction, de toutes les réactions dites secondaires, c'est quelquefois la découverte d'une méthode nouvelle-

» Il doit aussi faire connaître l'outillage de la chimie industrielle, la technique des opérations générales. On doit se borner ici à des descriptions dans lesquelles les principes de la construction doivent être développés plus que les détails dans la disposition. Les visites d'usines peuvent dans une large mesure compenser ce qu'un tel enseignement a d'insuffisant.

»... Un cours de chimie industrielle quelque peu complet prendrait une extension telle qu'il ne trouverait place dans aucun programme universitaire.

» On devrait par conséquent réduire au minimum la partie spéciale de ce cours; le chimiste qui veut s'adonner à une branche quelconque de la chimie appliquée trouvera à se documenter dans les monographies. On peut en dire autant pour les cours de métallurgie et d'électrochimie. Dans ma pensée, le docteur en sciences chimiques qui veut faire carrière dans l'industrie suivrait ces cours, et j'ajouterai que leur fréquentation, au moins de quelques-uns d'entre eux, constitueraï une formation complémentaire des plus heureuse même pour le chimiste qui compte s'adonner exclusivement à la chimie pure. *On pourrait créer un grade de docteur en sciences chimiques pures et appliquées, qui comporterait plusieurs spécialisations:* chimie industrielle inorganique, organique, électrochimie, chimie des fermentations, cette dernière impliquant nécessairement la connaissance de la bactériologie. *Mais en tout cas, cette spécialisation ne pourrait être faite que moyennant l'obtention préalable ou concomitante du grade de docteur en chimie générale.* »

V. — DES PRIVAT DOCENT.

Il est désirable de multiplier, tant au point de vue de la formation générale que de la spécialisation, les chaires de privat docent.

. Les cours suivants paraissent particulièrement recommandables:

Histoire et philosophie des sciences. Stéréochimie. Théorie électronique. Anthropologie. Méthodes graphiques. Chimie biologique. Théorie de la lumière. Fermentations. Electrochimie. Thermodynamique. On devrait aussi donner aux étudiants toute facilité pour suivre des cours dans d'autres facultés.

VI. — DU PROFESSORAT DANS L'ENSEIGNEMENT MOYEN.

Les Docteurs en sciences chimiques ne devraient pas être autorisés à professer les cours de Botanique et de Zoologie dans l'enseignement moyen. Cette situation est illogique. Seuls les docteurs en sciences biologiques, botaniques ou zoologiques devraient être admis à donner cet enseignement.

VII. — ANNEXE.

Faculté des Sciences de l'Université de Bruxelles.
Rapport des élèves du *Doctorat en Sciences physiques et mathématiques*

1. *Examen d'entrée.* Il serait désirable d'instituer un examen d'entrée analogue à celui de l'Ecole Polytechnique, en y ajoutant les notions élémentaires de Physique expérimentale.

2. *Candidature*. Première année. — *A*. Les cours de Géométrie analytique et d'Analyse mathématique sont actuellement communs aux premières candidatures en sciences et Polytechnique. Ces cours devraient être *dis-tincts*, les buts poursuivis étant différents dans les deux facultés.

B. Cours de physique complétant celui de l'Athénée, mais cours simple, ne faisant appel à aucune notion de mécanique et d'intégral.

Insister sur les diagrammes et les principaux appareils.

Manipulations.

Deuxième année. *A*. Suppression du cours de Morale, remplacé par un cours de biologie élémentaire.

B. Report du cours de logique au doctorat.

C. Cours de physique développé, mais n'empiétant pas sur celui de physique mathématique du Doctorat.

3. *Doctorat*. — *A*. Renforcement considérable du programme de physique, de façon à permettre à ceux qui spécialisent celle-ci d'arriver à la connaître.

B. Suppression de la thèse, tout au moins en Analyse et en Géométrie.

Ces deux cours seraient rendus obligatoires pour les étudiants spéciali-sant les mathématiques pures.

Le développement des mathématiques étant considérable, il est impos-sible de fournir un travail ayant quelque valeur en l'espace d'un an.

La suppression de la thèse permettrait à l'étudiant d'acquérir une cul-ture mathématique plus étendue.

Les quatre années d'études conféreraient le grade de licencié rendant possible l'accès au professorat dans l'enseignement moyen.

Le titre de Docteur serait donné après un travail original et serait équivalent au titre actuel de Docteur spécial.

TABLE DES ARTICLES

PARUS PENDANT LA 26ᵐᵉ ANNÉE (1920-1921)

TABLE DES VARIÉTÉS

Table des ouvrages analysés dans la Bibliographie

classés par ordre alphabétique des noms d'auteurs.

———

Lightning Source UK Ltd.
Milton Keynes UK
UKHW012027201118
332601UK00013B/2005/P